Otto Böhtlingk Bearbeitet von

Sanskrit-Wörterbuch. Teil 1 -1852-1855

Die Vocale // Sanskrit-Wörterbuch in kürzerer Fassung. Erster Teil - Die Vocale

Otto Böhtlingk Bearbeitet von

Sanskrit-Wörterbuch. Teil 1 -1852-1855
Die Vocale // Sanskrit-Wörterbuch in kürzerer Fassung. Erster Teil - Die Vocale

ISBN/EAN: 9783337321246

Hergestellt in Europa, USA, Kanada, Australien, Japan

Cover: Foto ©Thomas Meinert / pixelio.de

Weitere Bücher finden Sie auf **www.hansebooks.com**

ANSKRIT-WÖRTERBUCH

IN KÜRZERER FASSUNG

BEARBEITET

VON

OTTO BÖHTLINCK.

ERSTER THEIL.

DIE VOCALE.

ST. PETERSBURG.
Buchdruckerei der Kaiserlichen Akademie der Wissenschaften.
(Wass.-Ostr. 9. L. No. 12.)
1879.

Zu beziehen durch Eggers & Comp. in St. Petersburg und durch Leopold Voss in Leipzig.

Preis dieses Theiles: 3 Rbl. 50 Cop. Silb. = 11 Mark 70 Pf.

VORWORT.

Neben dem vor wenigen Jahren vollendeten sogenannten Petersburger Wörterbuch in sieben Bänden schien es angemessen, eine kürzere Bearbeitung herzustellen, welche dem Bedürfniss der Anfänger und solcher Benützer entspräche, für welche der dort gegebene Apparat zu reich ist. Dieses war zugleich eine Gelegenheit, für das Wörterbuch selbst die im Augenblick möglichen Ergänzungen und Verbesserungen zu geben. Als der Unterzeichnete diese Absicht seinen Freunden Roth, Kern, Stenzler und Weber kund that, wurde er von ihrer Seite nicht nur dazu ermuntert, sondern erhielt auch die Versicherung, sie wollten gern dem neuen Unternehmen auf jegliche Weise Vorschub leisten. Das gegebene Versprechen haben sie glänzend gelöst, indem sie mehr verbesserten und Neues hinzuthaten, als ich erwarten konnte und durfte. An Verbesserungen hat es Keiner von ihnen fehlen lassen, des Neuen spendeten aber Roth und Kern am meisten. Aber auch andere Gelehrte beeilten sich ihre grösseren oder kleineren Beiträge zu liefern. Mit Dankbarkeit gedenke ich der Herren C. Cappeller, B. Delbrück, R. Garbe, K. Geldner, J. Jolly, A. Leskien, J. Muir, R. Pischel, A. Schiefner, Leopold Schröder und W. O. E. Windisch; der grösste Dank gebührt aber immer den zuerst genannten vier Freunden.

Das neue Wörterbuch sollte also nicht das ältere verdrängen, sondern in einem mehr oder weniger abhängigen Verhältniss von diesem auftreten. Es sollte verbessern, wo Etwas zu verbessern war, und hinzufügen, wo Etwas fehlte, dagegen aber durch Weglassung aller dort gegebenen Citate und Stellen stets daran mahnen, dass das grössere Wörterbuch die Hauptquelle bleiben müsse. Jeder wird bald selbst gewahr werden, ob er mit dem kürzeren Werke sich begnügen könne, oder ob er auch nach dem ausführlicheren zu greifen habe; wer aber dieses besitzt, wird das andere nicht entbehren wollen, weil es, wie schon vorhin bemerkt wurde, berichtigt und ergänzt, weil es das an verschiedenen Orten Zerstreute zusammenfügt und endlich, weil es beim Gebrauch viel handlicher sein wird.

Accentuirt sind nur diejenigen Wörter, die in accentuirten Texten vorkommen. War der Accent eines in einem accentuirten Texte erscheinenden Wortes nicht zu bestimmen, weil dieses hier nur im Vocativ steht, dann wurde das Buch, in dem das Wort zuerst auftritt, stets genannt. Ein Wort, eine Bedeutung, eine Construction oder ein Genus, die bis jetzt nur von Grammatikern oder Lexicographen aufgeführt werden, sind mit * bezeichnet worden. Wenn aber der Grammatiker oder Lexicograph nicht einfach überliefert oder vielleicht nur ad hoc von ihm erfundene Wörter oder ganze Sätze uns vorführt, sondern als selbstständiger Autor ein Wort verwendet, so ist ein solches Wort als ein in der Literatur belegtes betrachtet worden. Das hier und da citirte Bhattikâvja hat als blosse Exemplification von Pâṇini's Grammatik keinen Anspruch auf den Namen eines selbstständigen Literaturwerkes. Ein früher angeführtes Citat wird man in der Regel nur dann wiederholt finden, wenn es zu einer anderen Bedeutung des Wortes gestellt oder verbessert worden ist. Hier und da ist ein Citat nur ein scheinbar neues, insofern nur eine bessere Ausgabe oder ein mehr zugängliches Buch an die Stelle gesetzt wurde; in der Regel geschieht dieses aber nur dann, wenn Misstrauen zur abermaligen Prüfung einer Stelle Veranlassung gab. Dass oft nachgeprüft worden ist, davon wird man sich bald überzeugen können; dass aber nicht alle Stellen noch einmal angesehen worden sind, brauche ich wohl kaum zu erwähnen. Bei Büchern, die vollständige Indices haben, sind die Zahlen nicht ohne Noth beigefügt worden, insbesondere in den späteren Bogen. Die mangelnden Belege für neu aufgenommene Composita findet man im grösseren Werke entweder unter dem ersten oder unter dem zweiten Worte. Wörter, in denen ब und व oder श, ष und स wechseln, werden nur in der älteren oder besser beglaubigten Schreibart aufgeführt.

Dass die Nachträge so stark geworden sind, erklärt sich zum grössten Theil daraus, dass dieser und jener mir seinen Beitrag zu spät zustellte, dass ein Buch nicht zu rechter Zeit mir zur Hand war, und endlich daraus, dass ein dem Setzer abgewonnener Vorsprung mich verleitete, bis dahin ganz unberücksichtigt gebliebene oder nicht vollständig ausgebeutete Werke für das Wörterbuch zu verwerthen.

Zum Schluss lasse ich das Verzeichniss der in diesem ersten Theile citirten Werke folgen. Zwei Zahlen ohne Angabe eines Buches verweisen auf die zweite Auflage meiner Chrestomathie. Der am Ende eines Titels in Klammern stehende Name bezeichnet den Gelehrten, der die Beiträge für dieses Wörterbuch aus dem angegebenen Buche ganz oder zum grössten Theile geliefert hat.

Âçv. Çr. = Âçvalâjana's Çrautasûtra in der Bibl. ind.
Âçv. Gṛhj. = Âçvalâjana's Gṛhjasûtra; Ausg. von Stenzler.
Âçv. Gṛhj. Pariç. = Pariçishṭa zu Âçv. Gṛhj. in der Bibl. ind.
Agni-P. = Agnipurâṇa in der Bibl. ind.
Ait. Âr. = Aitarejâraṇjaka in der Bibl. ind. In der Regel citirt nach Seite und Zeile (Kern und Roth).
Ait. Br. = Aitarejabrâhmaṇa, Ausg. von Haug.
Ait. Up. = Aitarejopanishad in der Bibl. ind.
AK. = Amarakoça, Ausg. von Loiseleur Deslongchamps.
Âdiçdarça, Benares 1921 (Stenzler).
Amṛt. Up. = Amṛtabindûpanishad in der Bibl. ind. (Geldner und Roth).
Ânandag. = Ânandagiri, Glossator zu Çaṁkarâćârja's Comm. zu Bṛh. Âr. Up. in der Bibl. ind. (Kern).
Anukram. zu ṚV. = Anukramaṇikâ zu ṚV. im Comm. Sâjaṇa's.
Âpast. = Âpastamba's Dharmasûtra, Ausg. von Bühler.
Âpast. Çr. = Âpastamba's Çrautasûtra, Hdschr. (Garbe und Roth).
Ârjabh. = Ârjabhaṭa, Ausg. von Kern (Kern).
Ârjav. = Ârjavidjâsudhâkara, Bombay 1868 (Kern).
Ârsh. Br. = Ârshejabrâhmaṇa, Ausg. von Burnell.
Âruṇ. Up. = Âruṇejopanishad in der Bibl. ind. (Geldner und Roth).
Âtmop. = Âtmopanishad in der Bibl. ind. (Geldner und Roth).
AV. = Atharvaveda, Ausg. von Roth und Whitney (Roth).
AV. Ǵjot. = Ǵjotisha zum AV., Hdschr. (Roth).
AV. Paipp. = AV. der Paippalâda-Schule, Hdschr. (Roth).
AV. Pariç. = Pariçishṭa zum AV., Hdschr. (Roth).
AV. Prâjaçć. = Prâjaçćitta zum AV., Hdschr. (Roth).
Bâdar. = Bâdarâjaṇa's Brahmasûtra in der Bibl. ind.
B. A. J. = Bombay Asiatic Journal (Geldner).
Bâlar. = Bâlarâmâjaṇa, Benares 1869 (Kern).
Beitr. z. K. d. ig. Spr. = Beiträge zur Kunde der indogermanischen Sprachen.
Benf. Chr. = Benfey's Chrestomathie.
Bhag. = Bhagavadgîtâ, Ausg. von Schlegel.
Bhâg. P. = Bhâgavatapurâṇa. Die 9 ersten Skandha nach Burnouf's Ausgabe, wenn nicht ausdrücklich ed. Bomb. hinzugefügt wird; die letzten Skandha nach der ed. Bomb. In Klammern eingeschlossene Zahlen verweisen auf ed. Bomb.
Bhar. Nâṭjaç. = Bharatîjanâṭjaçâstra am Schluss von Daçar. in der Bibl. ind.
Bhâshâp. = Bhâshâparićkheda in der Bibl. ind.
Bhaṭṭ. = Bhaṭṭikâvja, Calcutta 1828.
Bhâvapr. = Bhâvaprakâça, Calcutta 1873 und Hdschr. (Roth).
Bhavishjott. P. = Bhavishjottarapurâṇa nach Citaten in andern Werken.
Bhoǵa-Ćar. = Bhoǵaćaritra, Madras 1862 (Stenzler).
Bhoǵa-Pr. = Bhoǵaprabandha, Benares 1923 (Kern).
Bibl. ind. = Bibliotheca indica.
Bîǵag. = Bîǵagaṇita, Calcutta 1846 (Kern).
Brahmabindûp. = Brahmabindûpanishad in der Bibl. ind. (Geldner und Roth).
Brahma-P. = Brahmapurâṇa nach Citaten in verschiedenen Werken.
Brahmas. = Bâdar.
Brahmop. = Brahmopanishad in der Bibl. ind. (Geldner und Roth).
Bṛhadd. = Bṛhaddevatâ.
Bṛh. Âr. Up. = Bṛhadâraṇjakopanishad in der Bibl. ind.
Bühler, Rep. = Detailed Report of a Tour in search of Sanskrit Mss. made in Kâśmîr, Rajputana, and Central India. By G. Bühler. Bombay 1877.
Bühl. Guz. = Catalogue of S. Mss. from Guzerat etc. by G. Bühler. Bombay 1871—1873 (Roth).
Burn. Intr. = Burnouf, Introduction à l'histoire du Buddhisme indien.
Çabdać. = Çabdaćandrikâ, nach Goldstücker.
Çâk. = Çâkuntala, Ausg. von Böhtlingk, wenn nicht ausdrücklich Pisch. (Pischel) oder Prem. (Premaćandra) hinzugefügt wird.
Çaṁk. = Çaṁkarâćârja als Commentator verschiedener Upanishad.
Çâṇḍ. = The Aphorisms of Śâṇḍilya in der Bibl. ind.
Çâṅkh. Br. = Çâṅkhâjana's Brâhmaṇa (Weber).
Çâṅkh. Çr. = Çâṅkhâjana's Çrautasûtra (Weber).
Çâṅkh. Gṛhj. = Çâṅkhâjana's Gṛhjasûtra, herausg. von Oldenberg in Ind. St. 15.
Çânt. = Çântanava's Phiṭsûtra, Ausg. von Kielhorn.
Çârṅg. Paddh. = Çârṅgadhara's Paddhati, Hdschr. im Asiatischen Museum der Kais. Ak. d. Ww. in St. Petersburg.
Çârṅg. Saṁh. = Çârṅgadhara's Saṁhitâ, Bombay 1833 (Roth).
Çat. Br. = Çatapathabrâhmaṇa, nach Weber's Index.
Cat. C. Pr. = A Catalogue of S. Mss. existing in the Central Provinces. Ed. by F. Kielhorn. Nagpur 1874 (Roth).
Cat. NW. Pr. = A Catalogue of S. Mss. in private libraries of the North-Western Provinces. I. Benares 1874 (Roth).
Ćaur. = Ćaurapańćâçikâ, Ausg. von Weber.
Childers = Childers' Pali-Wörterbuch.
Chr. = Böhtlingk's Sanskrit-Chrestomathie, 2te Aufl.
Çiç. = Çiçupâlavadha, Calcutta 1815.
Çira-Up. = Çiraupanishad in der Bibl. ind. (Geldner und Roth).
Colebr. Alg. = Colebrooke, Algebra with Arithmetic and Mensuration u. s. w. London 1817.
Colebr. Misc. Ess. = Miscellaneous Essays by H. T. Colebrooke. London 1837.
Çulp. = Çulpati.
Çulbas. = Çulbasûtra in der Zeitschrift The Pandit IX. X und New Series I (Cappeller).
Çvetâçv. Up. = Çvetâçvataropanishad in der Bibl. ind.
Daçak. = Daçakumâra, Ausg. von Bühler (Cappeller).
Daçar. = Daçarûpa in der Bibl. ind.
Daiv. Br. = Daivatabrâhmaṇa, Calcutta 1873 und Ausg. von Burnell, Mangalore 1873 (Roth).
Devatâdhj. Brâhm. = Daiv. Br.
Dhammap. = Dhammapada, Ausg. von Fausböll.
Dhanv. = Dhanvantari's Wörterbuch, Hdschr. (Roth).
Dhâtup. = Dhâtupâṭha, Ausg. von Westergaard.
Dhjânab. Up. = Dhjânabindûpanishad in der Bibl. ind. (Geldner und Roth).
Dhûrtan. = Dhûrtanartaka, Hdschr. (Cappeller).
Dhûrtas. = Dhûrtasamâgama in Lassen's Anthologie.
Dh. V. = Dhanańǵajavigaja, Calcutta 1871 (Cappeller).
Divjâv. = Divjâvadâna, Hdschr. (Schiefner).
Ǵâbâlop. = Ǵâbâlopanishad in der Bibl. ind. (Geldner und Roth).
Ǵaim. = Ǵaimini's Mîmâṁsâdarçana in der Bibl. ind.
Ǵaim. Bhâr. = Ǵaimini's Bhârata, nach Citaten in Ind. St.
Gal. = Galanos' Wörterbuch, Abschrift von Weber; vgl. Monatsbericht der Kön. Pr. Akad. der Wissensch. 1876, S. 801. fgg. (Cappeller).
gaṇa im Gaṇapâṭha zu P.
Gaṇar. = Gaṇaratnamahodadhi, nach der im Druck befindlichen Ausg. von Eggeling. Nur ein paar Mal gelegentlich citirt.
Gaṇit. = Gaṇitâdhjâja in Bhâskara's Siddhântaçiromaṇi, Benares 1866 (Kern).
Gaṇit. Adhim. = Gaṇita, Adhimâsanirṇaja (Kern).
Gaṇit. Bhagaṇ. = Gaṇita, Bhagaṇâdhjâja (Kern).
Gaṇit. Grah. = Gaṇita, Grahânajanâdhjâja (Kern).
Gaṇit. Pratjabd. = Gaṇita, Pratjabdaçuddhi (Kern).
Gaṇit. Tripr. = Gaṇita, Tripraçnâdhikâra (Kern).
Garbhop. = Garbhopanishad in Bibl. ind. (Geldner und Roth).
Gaudap. = Gaudapâda, Commentator der Sâṁkhjakârikâ.
Gaut. = Gautama's Dharmaçâstra, Ausg. von Stenzler.
Gît. = Gîtagovinda, Ausg. von Lassen.
Gobh. = Gobhila's Gṛhjasûtra in der Bibl. ind. (Roth).
Golâdhj. = Bhâskara's Golâdhjâja (Kern).

GOLD. = GOLDSTÜCKER's Wörterbuch.
Gop. Br. = GOPATHABRĀHMAṆA in der Bibl. ind. (ROTH).
GOVINDĀN. = GOVINDĀNANDA, Glossator zu ÇAṀKARĀKĀRJA's Comm. zu BĀDAR. (KERN).
H. = HEMAKANDRA's ABHIDHĀNAKINTĀMAṆI, Ausg. von BÖHTLINGK und RIEU.
HALĀJ. = HALĀJUDHA's Wörterbuch, Ausg. von AUFRECHT.
H. an. = HEMAKANDRA's ANEKĀRTHASAṀGRAHA.
Hār. = HĀRĀVALĪ.
HARISV. = HARISVĀMIN.
HARIV. = HARIVAṀÇA. Mit einer Zahl die ältere Calc. Ausg. gemeint, mit drei Zahlen die neuere lithographirte.
HARSHAK. = HARSHAKARITA, Calcutta 1876 (KERN).
HĀSJ. = HĀSJĀRṆAVA, Bombay 1787 und Hdschr. (CAPPELLER).
HAUG, Acc. = HAUG, Ueber das Wesen und den Werth des vedischen Accents. München 1874.
HEMĀDRI = HEMĀDRI's KATURVARGAKINTĀMAṆI in der Bibl. ind.
HEM. Jog. = HEMAKANDRA's JOGAÇĀSTRA in Z. d. d. m. G. 28. Aus einem hdschr. Comm. hat WINDISCH manche Berichtigung und Erklärung mir bereitwilligst zukommen lassen.
HEM. Pr. Gr. ed. Bomb. = HEMAKANDRA's Prâkrit-Grammatik, Bombay (STENZLER).
Hip. = HIḌIMBAVADHA, Ausg. von BOPP.
HIT. = HITOPADEÇA, Ausg. von SCHLEGEL und LASSEN.
HIT. ed. JOHNS. = HITOPADEÇA, Ausg. von JOHNSON, London und Hertford 1847.
JĀǴŃ. = JĀǴŃAVALKJA's Gesetzbuch, Ausg. von STENZLER.
J. A. O. S. = Journal of the American Oriental Society.
Ind. Antiq. = Indian Antiquary (ROTH).
Ind. St. = Indische Studien von WEBER.
JOGAS. = JOGASŪTRA.
JOGAT. Up. = JOGATATTVOPANISHAD in der Bibl. ind. (GELDNER und ROTH).
JOLLY, Schuld. = JOLLY, Ueber das indische Schuldrecht, in Münchener philos.-philol. Abh. 1877, S. 287. fgg.
J. R. A. S. = Journal of the Royal Asiatic Society (KERN).
Kāç. = KĀÇIKĀ VṚTTI in der Zeitschrift The Pandit VII. fgg.
Kād. = KĀDAMBARĪ, Calcutta Saṁvat 1919 (KERN).
KAKR. = KAKRADATTA, Commentator von KARAKA und SUÇRUTA, Hdschr. (ROTH).
KĀLAK. = KĀLAKĀKĀRJA, Hdschr. (SCHIEFNER).
Kām. Nītis. = KĀMANDAKĪJANĪTISĀRA in der Bibl. ind.
Kaṇ. = KAṆĀDA's VAIÇESHIKADARÇANA in der Bibl. ind.
Kāṇḍ. = KĀṆḌOPĀKARAṆA in LA.
KAṆḌAK. = KSHEMĪÇVARA's KAṆḌAKAUÇIKA (PISCHEL).
KAP. = KAPILA's SĀṀKHJAPRAVAKANA. Einen vollständigen Index hat WINDISCH zur Verfügung gestellt.
Kār. = Kārikā.
KARAKA = KARAKASAṀHITĀ, Calcutta 1929 und 1877 und Hdschrr. im Besitz von ROTH (KERN und ROTH).
KARMAPR. = KARMAPRADĪPA (STENZLER). Steht unter dem falschen Titel KĀTJĀJANASMṚTI im DHARMAÇĀSTRASAṀGRAHA, Vol. I, S. 603—614.
Kāṭh. = KĀṬHAKA (WEBER).
KATHĀS. = KATHĀSARITSĀGARA, Ausg. von BROCKHAUS.
Kātj. Çr. = KĀTJĀJANA's ÇRAUTASŪTRA, nach WEBER's Index.
Kātj. Dh. = KĀTJĀJANA's DHARMAÇĀSTRA (STENZLER).
Kātj. Snānas. = KĀTJĀJANA's SNĀNASŪTRA (STENZLER).
Kauç. = KAUÇIKA's SŪTRA zum AV., Hdschrr. (ROTH und WEBER).
KAURAP. = KAURAPAṄKĀÇIKĀ, Ausg. von BOHLEN.
Kaush. Ār. = KAUSHĪTAKIĀRAṆJAKA (WEBER).
Kaush. Up. = KAUSHĪTAKIBRĀHMAṆOPANISHAD in der Bibl. ind.
KAUTUKAS. = KAUTUKARATNĀKARA, Hdschr. (CAPPELLER).
Kāvjapr. = KĀVJAPRAKĀÇA, Calcutta 1866. Nach Ullâsa und Sûtra citirt, wenn nicht S. (Seite) und Z. (Zeile) hinzugefügt werden.
KENOP. = KENOPANISHAD in der Bibl. ind.
KHANDOM. = KHANDOMAṄGARĪ, herausg. von BROCKHAUS in Berichte über die Verhandlungen der Kön. Sächsischen Gesellschaft der Wissenschaften zu Leipzig. Phil.-hist. Kl. Bd. VI, 1854.
KHĀND. Up. = KHĀNDOGJOPANISHAD in der Bibl. ind.
Kir. = KIRĀTĀRǴUNĪJA, Calcutta 1814.
Kṛshis. = PARĀÇARA's KṚSHISAṀGRAHA, Calcutta 1802 (ROTH).
Kshitīç. = KSHITĪÇAVAṀÇĀVALĪKARITA, Ausg. von PERTSCH.
Kshurikop. = KSHURIKOPANISHAD in der Bibl. ind.
Kull. = KULLŪKA, Commentator des MANU.
Kumāras. = KUMĀRASAMBHAVA, Ausg. von STENZLER.
Kumārasv. = KUMĀRASVĀMIN, Commentator des PRATĀPAR. (PISCHEL).
Kusum. = KUSUMĀÑǴALI, Ausg. von COWELL.
Kuval. = KUVALAJĀNANDA, nach zwei lithogr. Ausgg.
LA. = LASSEN's Anthologie 3te Ausg.
Laghuk. = LAGHUKAUMUDĪ, Ausg. von BALLANTYNE, Benares 1867 (CAPPELLER).
Lalit. = LALITAVISTARAPURĀṆA in der Bibl. ind. (KERN).
Lāṭj. = LĀṬJĀJANA's ÇRAUTASŪTRA in der Bibl. ind.
Līlāv. = BHĀSKARA's LĪLĀVATĪ, Calcutta 1846 (KERN).
L. K. = Laghuk.
Lot. de la b. l. = BURNOUF, Lotus de la bonne loi.
M. = MĀNAVADHARMAÇĀSTRA.
Madanav. = MADANAPĀLA's MADANAVINODA, Benares 1869 und Hdschr. (ROTH).
Mādhav. Kāl. = MĀDHAVA's KĀLANIRṆAJA (WEBER).
Mahān. = MAHĀNĀṬAKA, lith. in Benares.
Mahān. (K.) = KLUGMANN's Ausg. des MAHĀNĀṬAKA.
Mahāvīrak. = MAHĀVĪRAKARITA, Ausg. von TRITHEN.
Mahīdh. = MAHĪDHARA, Commentator der VS.
Maitrjup. = MAITRJUPANISHAD in der Bibl. ind. Die Accente, die wegen ihrer Fehlerhaftigkeit oft weggelassen oder durch (?) als verdächtig bezeichnet wurden, hat SCHRÖDER einer Hdschr. entnommen.
Maitr. S. = MAITRĀJAṆĪ SAṀHITĀ, zur Herausgabe vorbereitet von L. SCHRÖDER. Da die accentuirten Hdschrr. nicht gleich zu Anfang zur Hand waren, konnten einige Accente erst in den Nachträgen angegeben werden (SCHRÖDER).
Mālatīm. = MĀLATĪMĀDHAVA, nach zwei Ausgaben, Calcutta 1830 und Bombay 1876.
Mālav. = MĀLAVIKĀGNIMITRA, Ausg. von TULLBERG.
Māṇḍ. Çiksh. = MĀṆḌŪKĪ ÇIKSHĀ (WEBER).
Mān. Gṛhj. = MĀNAVAGṚHJASŪTRA, nach einer Hdschr. in der Universitätsbibliothek zu Bombay (SCHRÖDER).
Mān. K. S. = MĀNAVAKALPASŪTRA, nach Citaten bei GOLD.
Mantrabr. = MANTRABRĀHMAṆA, Calcutta 1872 (ROTH).
Mārk. P. = MĀRKAṆḌEJAPURĀṆA in der Bibl. ind.
Mat. med. = The Materia medica of the Hindus compiled from Sanskr. medical works by UDOY CHAND DUTT Civil Medical Officer. With a Glossary of Indian Plants by GEO. KING Superint. R. Bot. Garden Calc. and the author. Calcutta 1877.
MAYR, Ind. Erb. = Das indische Erbrecht von AUREL MAYR, Wien 1873.
MBh. = MAHĀBHĀRATA, citirt nach Parvan, Adhjâja und Çloka der Bomb. Ausg. Die ältere Calcuttaer Ausg. mit zwei Zahlen wird nur dann angeführt, wenn sie eine abweichende Lesart bietet.
Med. = MEDINĪKOÇA.
Med. avj. = AVJAJĀNEKĀRTHAVARGA am Ende des MEDINĪKOÇA.
Megh. = MEGHADŪTA, Ausg. von STENZLER.
Mit. = MITĀKSHARĀ. Bei zwei Zahlen ist der VJAVAHĀRĀDHJĀJA, Calcutta 1829, gemeint, bei zwei Zahlen mit folgendem a oder b nebst Angabe der Zeile — das vollständige Werk in 4to.
M. K. S. = Mān. K. S.
Mṛkkh. = MṚKKHAKAṬIKA, Ausg. von STENZLER. Comm. zu Mṛkkh. sind die Auszüge in den Anmerkungen zu meiner Uebersetzung dieses Schauspiels.
Mudrār. = MUDRĀRĀKSHASA, nach zwei Ausgaben, Calcutta 1831 und 1926 (CAPPELLER).
Nāgān. = NĀGĀNANDA, nach zwei Calcuttaer Ausgaben (CAPPELLER).
Naish. = NAISHADHAKARITA.
Nār. = NĀRADA's DHARMAÇĀSTRA (JOLLY).
Nigh. Pr. = NIGHAṆṬUPRAKĀÇA (ROTH).
Nīl. = A rational Refutation of the Hindu Philosophical Systems, by NEHEMIAH NĪLAKAṆṬHA S'ĀSTRI GORE. Translated etc. by FITZ-EDWARD HALL. Calcutta 1862.
Nīlak. mit einer Zahl = Nīl.
Nīlak. = NĪLAKAṆṬHA, Commentator des MBh.
Nīlar. Up. = NĪLARUDROPANISHAD in der Bibl. ind. (GELDNER und ROTH).
Nir. = NIRUKTA, Ausg. von ROTH (ROTH).
Njājam. = ǴAIMINĪJANJĀJAMĀLĀVISTARA, Ausg. von GOLDSTÜCKER und COWELL (KERN).
Njājas. = GOTAMA's NJĀJADARÇANA in der Bibl. ind. Die Ausg. Calcutta 1828 wird durch Beifügung von (1828) bezeichnet. (KERN).
Nj. K. = NJĀJAKOÇA or Dictionary of the technical Terms of the Njāja Philosophy, by BHĪMĀKĀRJA JHALAKĪKAR. Bombay 1875.

Nṛs. Up. = Nṛsiṅhatāpanījopanishad, herausg. von Weber in Ind. St. 9 und in der Bibl. ind.
P. = Pāṇini.
Paṅkad. = Paṅkadaṇḍakkhattraprabandha, herausg. von Weber.
Paṅkar. = Nārada's Paṅkarātra in der Bibl. ind.
Paṅkat. ohne nähere Angabe = Paṅkatantra, vollständige Ausg. von Kosegarten. Mit Beifügung von ed. Bomb. — die Ausg. von Bühler und Kielhorn.
Parāç. = Parāçara's Dharmaçāstra (Stenzler).
Pār. Gṛhj. = Pāraskara's Gṛhjasūtra, Ausg. von Stenzler.
Pariçish. = Pariçishṭa in Paribhāshenduçekhara, Ausg. von Kielhorn.
Pat. zu P. = Patañgali zu Pāṇini.
Piṇḍop. = Piṇḍopanishad in der Bibl. ind. (Geldner und Roth).
Pischel, de Gr. pr. = Pischel, de Grammaticis pràcriticis. Vratislaviae 1874.
Prab. = Prabodhakandrodaja, Ausg. von Brockhaus.
Praçnop. = Praçnopanishad in der Bibl. ind.
Prājaçkittat. = Prājaçkittatattva (Roth).
Prajogar. = Nārājaṇabhaṭṭa's Prajogaratna (Stenzler).
Prasannar. = Ǵajadeva's Prasannarāghava (Kern).
Pratāpar. = Pratāparudrija.
Prij. = Prijadarçikā, Calcutta 1874 (Cappeller).
Proc. A. S. B. = Proceedings of the Asiatic Society of Bengal.
Pushpas. = Pushpasūtra (Weber).
R. = Rāmājaṇa. Das 1ste und 2te Kāṇḍa nach der Ausg. von Schlegel, das 3—6te nach der von Gorresio, das 7te nach der Bomb. Ausg., wenn nicht ausdrücklich eine andere Ausgabe genannt ist. Eine eingeklammerte Zahl bezieht sich auf ed. Bomb.
Rāǵan. = Rāǵanighaṇṭu, Hdschr. (Roth).
Rāǵat. = Rāǵataraṅgiṇī. Die 6 ersten Bücher nach der Ausg. von Troyer. Die Beiträge aus dem 7ten und 8ten Buche von Kern.
Ragh. = Raghuvaṅça, Ausg. von Stenzler, wenn nicht ed. Calc. hinzugefügt wird.
Ratnam. = Ratnamālā (Roth).
Roxb. = Flora indica or description of Indian plants. By the late William Roxburgh. Serampore 1832 (Roth).
Ṛtus. = Ṛtusaṅhāra, Ausg. von Bohlen.
ṚV. = Ṛgveda (Roth).
ṚV. Prāt. = Prātiçākhja zum Ṛgveda.
Saddh. P. 4 = das 4te Kapitel des Saddharmapuṇḍarīka, lithographirt in Parabole de l'Enfant égaré. Par Ph. Éd. Foucaux. Paris 1854.
Sāh. D. = Sāhitjadarpaṇa in der Bibl. ind.
Sāj. = Sājaṇa.
Sāmav. Br. = Sāmavidhānabrāhmaṇa, Ausg. von Burnell.
Saṅhitop. = Saṅhitopanishad, Ausg. von Burnell.
Sāṅkhjak. = Sāṅkhjakārikā, Ausg. von Wilson.
Sāṅkhj. Up. = Sāṅkhjopanishad in der Bibl. ind. (Geldner und Roth).
Saṅgīt. K. = Anantadeva's Saṅgītakaustubha, obl. fol.
Sārās. = Sārasundarī, ein Commentar zu AK.
Sārāv. = Sārāvalī, citirt bei Utpala zu Varāh. Bṛh.
Sarvad. = Sarvadarçanasaṅgraha in der Bibl. ind. (Kern).
Sarvop. = Sarvopanishatsāra in der Bibl. ind. (Geldner und Roth).
Sāv. = Sāvitrī, herausg. von Bopp.
Shaḍv. Br. = Shaḍviṅçabrāhmaṇa (Weber).
Siddh. Çir. = Siddhāntaçiromaṇi (Kern).
Spr. = Indische Sprüche, herausg. von O. Böhtlingk. 2te Aufl. Von 7614 an in Mélanges asiatiques, T. VIII, S. 217. fgg. Ebendaselbst S. 203. fgg. stehen die durch »zu Spr.« bezeichneten Varianten.
S. S. S. = Saṅgītasārasaṅgraha, Calcutte 1932 (Cappeller).
Subhāshitar. = Subhāshitaratnākara, Bombay 1872.
Suçr. = Suçruta (Roth).
Suparṇ. und Suparṇādhj. = Suparṇādhjāja, herausg. von Elimar Grube in Ind. St. 14.
Sūrjad. = Sūrjadevajaǵvan (Kern).
Sūrjas. = Sūrjasiddhānta in der Bibl. ind.
SV. = Sāmaveda (Roth).
SV. Ār. = Āraṇjaka zum SV. (Roth).
Taitt. Ār. = Taittirījāraṇjaka in der Bibl. ind.
Taitt. Up. = Taittirījopanishad in der Bibl. ind.
Tāṇḍja-Br. = Tāṇḍjabrāhmaṇa in der Bibl. ind. Im grossen Wörterbuch als Paṅkav. Br. citirt.
Tarkas. = Tarkasaṅgraha, Allahabad 1849 (Roth).
Tattvas. = Tattvasamāsa, Mirzapore 1850 (Roth).
TBr. = Taittirīja Brāhmaṇa (Roth).
Trik. = Trikāṇḍaçesha.
TS. = Taittirījasaṅhitā (Roth und Weber).
TS. Prāt. = Prātiçākhja zur TS., Ausg. von Whitney.
Uǵǵval. = Uǵǵvaladatta, Commentator der Uṇādisūtra.
Uṇādis. = Uṇādisūtra, herausg. von Aufrecht.
Uttarar. = Uttararāmakarita, nach zwei Ausgaben, Calcutta 1831 und 1862.
Vāgbh. = Vāgbhaṭa's Āǵurvedadarçana (Roth).
Vaǵras. = Vaǵrasūkī, Ausg. von Weber.
Vaidjabh. = Vaidjabhāshja (Roth).
Vaitān. = Vaitānasūtra, Ausg. von Garbe.
Vāju-P. = Vājupurāṇa, nach Citaten in andern Werken.
Vālakh. = Vālakhilja, die zwischen ṚV. 8,48 und 49 eingeschobenen Lieder (Roth).
Vāmana = Vāmana's Kāvjālaṅkāravṛtti, Ausg. von Cappeller.
Vaṅçabr. = Vaṅçabrāhmaṇa, Ausg. von Burnell (Roth).
Varāh. Bṛh. = Varāhamihira's Bṛhaǵǵātaka (Kern).
Varāh. Bṛh. S. = Varāhamihira's Bṛhatsaṅhitā (Kern).
Varāh. Jogaj. = Varāhamihira's Jogajātrā, herausg. von Kern in Ind. St. 10. 14 und 15.
Varāh. Lagh. = Varāhamihira's Laghuǵātaka. Die zwei ersten Adhjāja herausgegeben von Weber in Ind. St. 2.
Vārtt. = Vārttika.
Vās. = Vāsantikā, Hdschr. (Cappeller).
Vāsav. = Vāsavadattā in der Bibl. ind.
Veṇīs. = Veṇīsaṅhāra, Ausg. von Grill (Cappeller).
Verz. d. B. H. = Weber, Verzeichniss der Berliner Handschriften.
Verz. d. Oxf. H. = Aufrecht, Verzeichniss der Oxforder Handschriften.
Vet. = Vetālapaṅkaviṅçati in LA.
Viddh. = Viddhaçālabhaṅǵikānāṭikā in der Zeitschrift Pratnakamranandinī (Cappeller).
Vikr. = Vikram[illegible]rvaçī, Ausg. von Bollensen.
Vikramāṅkaḱ. = Vikramāṅkadevakarita, Ausg. von Bühler.
Vishṇus. = Vishṇusūtra, zur Herausgabe vorbereitet von J. Jolly (Jolly).
VP. = Vishṇupurāṇa, ed. Bomb.
VP.² = 2te Auflage von Wilson's Uebersetzung des Vishṇupurāṇa, herausgegeben von Hall.
VS. = Vāǵasanejisaṅhitā (Roth und Weber).
VS. Prāt. = Prātiçākhja zu VS. in Ind. St. 4.
Weber, Ǵjot. = Weber, Ueber den Vedakalender, Namens Ǵjotisham.
Weber, Kṛshṇaǵ. = Weber, Ueber die Kṛshṇaǵanmāshṭamī. Berlin 1868.
Weber, Nax. = Weber, Die vedischen Nachrichten von den naxatra. Berlin 1860.
Wilson, Sel. W. = Select Works of H. H. Wilson.
Wise = Commentary on the Hindu System of Medicine, by T. A. Wise. Calcutta 1845.
Z. d. d. m. G. = Zeitschrift der deutschen morgenländischen Gesellschaft.

Jena, den 1sten Mai 1879.

O. Böhtlingk.

1. अ Pron. der 3ten Person. Davon अस्मै, अस्यै, अस्मात्, अस्यास्, अस्य, अस्मिन्, अस्याम्, आभ्याम्, एभिस्, आभिस्, एभ्यस्, आभ्यस्, एषाम्, आसाम्, एषु, आसु. Diesem, diesem hier u. s. w. Unbetont Subst. ihm, ihr u. s. w. — Vgl. अयम्, अया, इदम्, इम, इयम्, एन, एना.

2. अ° vor Consonanten, अन्° vor Vocalen = ἀ, ἀν priv. अब्राह्मण kein Brahman, अनध्याय kein Lesen, अस्वेद schweisslos, अनङ्ग körperlos, अशुचि unrein, अनर्ह unwürdig, अकृत्वा nicht gethan habend, अनर्चितुम् (selten) nicht ehren, अस्पृहयन्ति (Bala. P. Çiç. 15,33) sie begehren nicht.

3. *अ Interj.

4. *अ m. 1) Vishṇu. — 2) fingirter Mannsname.

अऋणिन् Adj. frei von Schulden.

अंश m. 1) Theil: स्वांशतस् 139,1. — 2) Antheil, Erbtheil. — 3) Einsatz bei Wetten ṚV. 1,80,5. Tâṇḍja-Br. 20,13,3. — 4) Partei. — 5) Grad eines Kreises. — 6) *Tag Gal. — 7) N. pr. eines Âditja.

अंशक 1) m. a) Theil Ind. St. 10,108. — b) Grad eines Kreises. — 2) *n. Tag.

*अंशकरण n. Theilung.

अंशकल्पना f. Bestimmung —, Zumessung eines Antheils, — Erbtheils 193,18.

अंशप्रकल्पना f. dass. M. 8,211.

अंशप्रदान n. Gewährung eines Erbtheils 201,15.

अंशभागिन् Adj. einen Antheil habend: गोत्ररिक्थांश° 198,20.

अंशभाज् Adj. Theil habend, — nehmend: धर्मस्य Gaut. 11,11. महांश° Chr. 98,18.

अंशभू m. Theilhaber, Parteigenosse TS. 6,4,8,2.

अंशभूत adj. einen Theil von (Gen.) bildend, — seiend 106,32.

*अंशय्, अंशयति theilen.

अंशहर Adj. ein Erbtheil empfangend.

अंशावतरण n. die Herabkunft der Theile (der Götter).

अंशिता f. das Erbesein, — Erhalten eines Erbtheils.

अंशी Adv. mit कर् theilen.

अंशु m. 1) Soma-Stengel (Kâtj. Çr. 9,4,20) und -Saft. — 2) Strahl 93,5. 102,18. 170,27. — 3) N. pr. eines Mannes.

अंशुक n. 1) Gewand, Ueberwurf, Tuch 252,9. 320,2. Spr. 7813. — 2) Band am Rührstab.

अंशुकान्त m. Zipfel eines Gewandes, — Tuches 290,10 (am Ende eines adj. Comp. f. आ).

*अंशुधर m. die Sonne.

अंशुधान n. N. pr. eines Dorfes.

अंशुनदी f. N. pr. eines Flusses.

अंशुपट्ट n. eine Art Zeug.

*अंशुपति m. die Sonne.

*अंशुमत्फला f. Musa sapientum.

अंशुमन्त् 1) Adj. a) reich an Soma-Pflanzen oder -Saft. — b) faserig. — c) strahlenreich. — 2) m. a) die Sonne 250,18. — b) N. pr. α) verschiedener Männer 106,18. — β) eines Berges. — 3) f. °मती a) Hedysarum gangeticum. — b) N. pr. eines Flusses.

अंशुमालिन् m. die Sonne.

*अंशुल m. N. pr. = चाणक्य.

अंशुविमर्द m. ray-obliteration Sûrjas. 7,19.

*अंशुहस्त m. die Sonne.

अंस m. 1) Schulter 112,1. 120,11. — 2) Ecke eines Vierecks Çulbas. 1,34. 40. — 3) Du. die beiden oberen Arme des Altars.

अंसकूट m. 1) Achsel 135,31. — 2) *Buckel am Buckelochsen.

अंसत्र n. Panzer.

अंसत्रकोश Adj. einen Panzer zum Fass habend.

अंसध्री f. ein best. Geräth zum Kochen.

अंसपृष्ठ n. Achsel 136,25.

अंसफलक n. Schulterblatt.

*अंसभार m. Schulterlast. *°भारिक Adj. auf der Schulter eine Last tragend.

अंसमूल n. Schulterhöhe Râǵat.

अंसय्, °यति mit वि 1) unschädlich machen, abwehren. — 2) enttäuschen.

अंसल Adj. kräftig, stark.

*अंसेभार m. und *°भारिक Adj. = अंसभा°.

(अंस्य) अंसिअ Adj. an den Schultern befindlich.

*अंह्, अंहते gehen. — Caus. अंहयति schicken. — Desid. अञ्जिहिषते gehen wollen.

अंहति f. 1) Bedrängniss, Noth. — 2) *Krankheit. — 3) *Gabe, Geschenk (auch *अंहती).

अंहस् n. 1) Bedrängniss, Noth 1,10. 6,18. अंहस् am Versschluss = अंहसम् ṚV. 8,3,1. — 2) Sünde.

अंहसस्पति und अंहस्पति m. Herr der Noth, N. des Schaltmonats.

*अंहिति f. Gabe, Geschenk.

अंहीयंस् Adj. enger.

अंहु 1) *Adj. eng. — 2) n. Drangsal.

अंहुभेद Adj. (f. ई) engspaltig.

अंहुर Adj. bedrängt.

अंहूरण 1) Adj. (f. आ) eng. — 2) n. Drangsal.

अंहोमुच् Adj. aus der Noth befreiend.

अंहोयु Adj. bedrängend.

अंह्रि m. 1) Fuss. — 2) *Wurzel.

*अंह्रिप m. Baum.

*अंह्रिशिरस् n. = अंह्रिस्कन्ध Gal.

*अंह्रिस्कन्ध m. der obere Theil des Fussblatts.

1. अक n. 1) (Nichtfreude) Leid, Schmerz TS. 5,3,2,1. — 2) *Sünde.

2. अक m. das Suffix aka 238,6. 239,3. 4.

*अकच m. Ketu, der niedersteigende Knoten.

अकातुक Adj. unverdrossen.

*अकटुफल m. eine best. Pflanze Gal.

अकठोर Adj. nicht hart, zart Viddh. 72,11.

अकडम und °चक्र n. ein best. Diagramm.

अकण्टक Adj. (f. आ) 1) dornenlos. — 2) frei von Feinden. — 3) unbehindert, ungehemmt.

अकण्ठ Adj. keinen Hals habend Spr. 2.

अकण्ठताल्वोष्ठ Adj. nicht mit der Kehle, nicht mit dem Gaumen und nicht mit den Lippen hervorgebracht Ind. St. 8,33.

अकत्थन n. das Nichtprahlen.

अकथम् Adv. ohne vieles Reden, ohne Weiteres.

अकथह und °चक्र n. ein best. Diagramm.

अकथित Adj. unerwähnt, unbesprochen 221,10.

अकनिष्ठ 1) Adj. pl. von denen keiner der jüngste ist. — 2) m. pl. eine best. Klasse von Göttern (bei den Buddhisten).

*अकनिष्ठग m. ein Buddha.

अकन्या f. keine Jungfrau mehr.

अकपीवत् m. N. pr. eines der sieben Ṛshi unter dem vierten Manu.

अकम्पन m. N. pr. 1) eines Fürsten. — 2) eines Rakshasa.

अकम्पित 1) Adj. nicht zitternd, fest 111,26. — 2) *m. N. pr. eines Gaṇâdhipa bei den Ǵaina.

अकर Adj. steuerfrei Gaut. 10,11.

1. अकरण n. das Nichtthun, Unterlassen 234,21. Gaut. 12,27. 18,32.

2. अकरण Adj. 1) nicht durch Kunst erzeugt, natürlich Spr. 4103. — 2) unthätig oder ohne Organe Ind. St. 9,163.

*अकरणि f. Nichtvollbringung (als Verwünschung).

*अकरणीय Adj. P. 6,2,160, Sch.

*अकरा f. Phyllanthus Embelica.

अकरुण Adj. nicht mitleidig, grausam, unbarmherzig. °म् Adv. R. 2,78,8. Nom. abstr. °त्व n. Spr. 3.

अकर्कर m. N. pr. eines Schlangendämons.

अकर्कश Adj. nicht hart, weich, zart.

अकर्ण Adj. (f. आ) 1) nicht langohrig TS. 6,1,6,7. Çat. Br. 3,3,1,16. — 2) taub 283,12. — 3) ohne Steuerruder. — 4) ohne eine ausspringende Unebenheit, — Zapfen. — 5) ohne Karṇa (den Sohn der Kuntî) Veṇîs. 97.

अकर्णक Adj. (f. °र्णिका) 1) ohrenlos. — 2) ohne Steuerruder.

*अकर्ण्य Adj. P. 6,2,156, Sch.

*अकर्तन m. Zwerg.

अकर्तृ Nom. ag. kein Thäter, — Handelnder 273,5. 10.

अकर्तव्य Adj. was nicht gethan werden darf; n. Unthat 87,30.

अकर्मक Adj. kein Object habend, intransitiv 225,21.

*अकर्मकृत् Adj. den Geboten einer Secte entgegen handelnd Gal.

अकर्मण्य Adj. 1) Nichts zu leisten im Stande seiend R. 2,64,33 (84). — 2) womit Nichts mehr zu machen ist, unrettbar verloren. — 3) einem Ritus nicht entsprechend Verz. d. Oxf. H. 60,a,7. 8.

अकर्मधारय m. kein Karmadhâraja P. 6,2,130.

1. अकर्मन् n. Unthätigkeit.

2. अकर्मिन् Adj. 1) Nichts thuend, faulenzend Spr. 4. — 2) kein gutes Werk übend, ruchlos.

अकर्मशील Adj. unthätig, faul.

अकल Adj. ohne Theile.

अकलङ्क 1) Adj. fleckenlos zu Spr. 2408. — 2) m. N. pr. eines Ǵaina.

अकल्कक Adj. ohne Falsch, ehrlich MBh. 3,82, 11. 13,23,29. 33.

अकल्कता f. Ehrlichkeit.

*अकल्कन Adj. ohne Falsch, ehrlich H. 490.

*अकल्का f. Mondschein.

अकल्प Adj. (f. आ) 1) nicht geeignet zu (Acc.). — 2) nicht im Stande seiend, — vermögend; die Ergänzung im Loc., Inf. oder im Comp. vorangehend. Spr. 7014. Bhâg. P. 3,30,13. 14. 31,8. 4,3,21. 5, 14,25. 7,12,23.

अकल्मष Adj. (f. आ) fleckenlos MBh. 3,221,20. Kâṇḍ. 28.

अकल्माष m. N. pr. eines Sohnes des vierten Manu.

अकल्य Adj. (f. आ) nicht gesund, krank 213,14. 22. Gaut. 9,28.

अकल्याण Adj. (f. ई) unfreundlich, unwirsch AK. 1,1,2,18.

अकव Adj. nicht karg (subj. und obj.)

अकवच Adj. panzerlos.

अकवारि Adj. (f. ई) nicht geizig.

अकवि Adj. nicht weise.

अकस्मात् Adv. ohne wahrnehmbare Veranlassung, unerwartet, mir Nichts dir Nichts 111,22. 121,19. 125,17. 251,21. Gaut. 9,7. 51.

अकाण Adj. (f. आ) nicht einäugig TS. 6,1,6,7. Çat. Br. 3,3,1,16.

अकाण्ड Adj. ohne wahrnehmbare Veranlassung erscheinend, unerwartet. अकाण्डे ohne wahrnehmbare Veranlassung, unerwartet, plötzlich.

*अकाण्डतिक्त m. ein best. Baum Gal.

अकाम Adj. (f. आ) 1) keine Neigung —, keine Liebe zu Etwas oder zu Jmd habend, nicht gern Etwas thuend 29,23. Gaut. 13,19. — 2) mit Unlust verbunden, unfreiwillig. — 3) Bez. eines best. Saṁdhi.

अकामकर्शन Adj. die Wünsche nicht schmälernd.

अकामतस् Adv. unfreiwillig, unabsichtlich.

अकामता f. das Freisein von Neigung, — Liebe.

अकामहत Adj. nicht von Liebe getroffen, frei von Begierden Çat. Br. 14,7,1,33.

अकाय Adj. körperlos.

अकायस्थ m. kein Schreiber Spr. 3501.

अकार m. der Laut अ 20,20.

अकारक Adj. der Etwas nicht erreicht, zu Etwas nicht gelangt 233,11. Nom. abstr. °त्व n. ebend.

1. अकारण n. kein Grund. °णात्, °णेन und °णे (305,12. 317,2. 325,11) ohne Veranlassung, — Grund. अकारण° dass. 177,23.

2. अकारण Adj. grundlos Suçr. 1,310,4. °णम् Adv.

अकारणपूर्वक Adj. nicht schon in der Ursache enthalten Z. d. d. m. G. 29,240.

*अकारिन् Adj.

अकारुणिक Adj. mitleidlos Nâgân. 83,9.

अकार्पण्य n. das nicht kläglich Thun, — nicht Jammern Gaut. 8,23. MBh. 14,38,2.

अकार्य Adj. 1) was nicht gethan werden kann oder darf; n. Unthat, eine unerlaubte Handlung 41,25. 26. 40,10. 181,23. 315,32. °तम was vor Allem nicht gethan werden darf. — 2) der nicht zur Thätigkeit angetrieben werden kann. Davon °त्व n. Nom. abstr.

अकार्यकरण n. das Thun dessen, was man nicht thun sollte, Spr. 17.

अकार्यकारिन् Adj. der eine unerlaubte Handlung begangen hat.

अकाल m. Unzeit; °ले zur Unzeit, ausser der Zeit; °लतस् dass. 170,18. अकाल° dass. ebend.

अकालचर्या f. unzeitiges Handeln Spr. 21.

अकालजलद m. N. pr. eines Dichters.

अकालजलदोदय m. 1) das Aufsteigen von Wolken ausser der Zeit. — 2) * Nebel.

अकालज Adj. vor der Zeit erfolgend.

अकालमृत्यु m. frühzeitiger Tod, N. pr. eines mythischen Wesens.

अकालवेला f. Unzeit, ungewöhnliche Zeit Spr. 5279.

अकालसह Adj. nicht lange sich zu halten vermögend.

अकालहीनम् Adv. ohne Zeitverlust, alsbald Mâlav. 71,10. Veṇîs. 100,12.

अकालिकम् Adv. dass. MBh. 4,27,7. 5,32,22. Auch 1,103.46 ist wohl so zu lesen st. अकालिकाः.

अकासार m. N. pr. eines Lehrers.

अकिंचन Adj. Nichts besitzend, arm.

अकिंचनता f. und अकिंचनत्व n. Besitzlosigkeit, Armuth.

अकिंचित्कर Adj. Nichts zu Wege bringend, zu Nichts nutze Spr. 7785. Veṇîs. 44,16. Pañćat. 187,24.

अकितव m. Nicht-Spieler.

अकिल्बिष Adj. fehlerlos.

अकीर्तन n. das Nichterwähnen Veṇîs. 10,22.

अकीर्ति f. Unehre, Schande Spr. 7710 (Pl.). °कर Adj. Schande bringend Chr. 100,17.

अकीर्तित Adj. unerwähnt 225,12. 17.

अकुटिलरेख Adj. geradlinig Çulbas. 2,33.

अकुण्ठ Adj. nicht stumpf, scharf (eig. und übertr.).

अकुतश्चिद्भय Adj. von keiner Seite her gefährdet.

अकुतस् Adv. in Verbindung mit अपि von keiner Seite her.

अकुतोभय und अकुतश्चभय Adj. = अकुतश्चिद्भय.

अकुत्र Adv. dahin wohin es sich nicht gehört.

अकुत्सित Adj. tadellos Spr. 3929.

(अकुप्यक) अकुपितक Adv. stiellos.

*अकुप्य n. Gold und Silber und auch = कुप्य.

अकुप्यन्त् Adj. nicht aufwallend AV. 20,130,8.

अकुमार m. kein Knabe mehr.

अकुर्वन्त् Adj. nicht thuend, unterlassend 170,23.

अकुल Adj. von niedrigem Geschlecht 161,22. Davon °ता f. Nom. abstr.

अकुली v. l. für अकुल्ली.

अकुलीन Adj. dass. Spr. 34.

अकुशल 1) Adj. (f. आ) a) unerspriesslich, unheilvoll, schlimm: कर्मन् Bhag. 18,10. गति Bhâg. P. 2,10,40. — b) dem es schlimm ergeht, unglücklich. — c) ungeschickt, unerfahren Ind. St. 1,45. 15,62. — 2) n. a) Unheil, Uebel. — b) ein unheilvolles, — böses Wort.

अकुसुमित Adj. nicht blühend Mallv. 47.

अकुहक m. kein Charlatan Suçr. 1,30,2.

अकूट Adj. (f. आ) 1) nicht ungehörnt TS. 5,1,6,7. — 2) nicht trügerisch (Waffen) Jâjñ. 1,323. nicht falsch (Münze) 2,241.

अकूपार 1) Adj. nirgend eine Grenze habend, unbegrenzt. — 2) m. a) Meer: °वत् 170,2. — b) Schildkröte. — c) N. pr. einer Schildkröte. — d) *ein Âditja. — e) N. pr. eines Mannes. — 3) f. आ N. pr. einer Âñgirasî. — कू = कु Pron. interr.

*अकूर्च m. ein Buddha.

अकृत 1) Adj. (f. आ) a) ungethan, unvollbracht 32,23. 38,15. 161,24. 163,8. — b) unbearbeitet, unzubereitet. — c) unausgebildet, unvollkommen, unreif. — d) ungeschaffen, von Ewigkeit her bestehend. — e) unaufgefordert. — 2) n. eine bisher ungethane, — unerhörte That.

अकृतत्व n. das Nichtgemachtsein Tattvas. 17.

*अकृतकारम् Adv. auf eine Weise, wie es früher nicht gethan worden ist.

अकृतज्ञ Adj. undankbar Spr. 36.

अकृतपूर्व Adj. früher nicht gethan 315,4. Spr. 7733.

अकृतप्रयत्न Adj. der sich nicht angestrengt hat Mahâbh. Einl. 17,a.

अकृतबुद्धि Adj. von unreifem Verstande 60,22. M. 7,30. Jâjñ. 1,354. Davon °त्व n. Nom. abstr.

अकृतव्रण m. N. pr. verschiedener Männer.

अकृतसंहित Adj. noch nicht in die Saṁhitâ umgesetzt RV. Prât. 4,7.

अकृतात्मन् Adj. von ungebildetem Geiste 55,14. 67,21. 94,10. M. 6,73. 7,28.

अकृतान्न n. unzubereitete Nahrung Gaut. 16,18.

अकृतार्घ Adj. dem der Argha nicht erwiesen wird Pâr. Gṛhj. 1,3,31.

अकृतार्थ Adj. (f. आ) unbefriedigt 108,2. Çâk. 34.

अकृतास्त्र Adj. der sich nicht in den Waffen geübt hat MBh. 3,239,14.

अकृताह्निक Adj. der die Tagesgebräuche unterlässt MBh. 3,289,17.

अकृत्तनाभि Adj. dessen Nabelschnur noch nicht abgeschnitten ist Çat. Br. 11,8,3,6.

अकृत्तरुच् Adj. von unverkürztem Glanze RV.

अकृत्य Adj. nicht zu thun, zu unterlassen; n. ein zu unterlassendes Werk, Unrecht Suçr. 1,86,4. Spr. 40 fg. 1879 fg. Sâh. D. 1,14. Pañkat. 128,12. °कारिन् MBh. 3,262,12.

अकृत्रिम Adj. (f. आ) ungekünstelt, nicht durch Kunst erzeugt, natürlich Spr. 6964. 7290.

अकृत्स्न Adj. (f. आ) unvollständig 33,3. 33,12.

अकृपण Adj. nicht kläglich thuend 138,1.

अकृश Adj. nicht mager.

अकृशाश्व m. N. pr. eines Sohnes des Saṁhatâçva.

अकृषीवल Adj. (f. आ) den Acker nicht bebauend.

अकृष्ट 1) Adj. a) ungepflügt, Subst. ungepflügter Boden Çat. Br. 7,2,2,5. — b) wildwachsend Spr. 47. — 2) m. Pl. Bez. bestimmter Ṛshi MBh. 12,166,28. अकृष्टा माषाः desgl. Hariv. 11333.

अकृष्टपच्य Adj. (f. आ) 1) auf unbestelltem Boden wachsend, wildwachsend. — 2) ungepflügt Getraide wachsen lassend: पृथिवी VP. 1,13,50.

अकृष्णकर्मन् Adj. der keine schwarze That vollbracht hat, unschuldig.

अकृष्णतेजस् m. der Mond Weber, Gjot. 35,1.

अकेतु Adj. formlos, ununterschieden.

अकेश Adj. (f. आ und ई) haarlos.

अकेशव Adj. ohne Keçava d. i. Kṛshṇa Vaṇis. 87.

अकैतव Adj. nicht geheuchelt: कोप Çiç. 69,2.

*अकोट m. Areca Faufel oder Catechu.

अकोप m. N. pr. eines Ministers des Daçaratha.

अकोविद Adj. (f. आ) nicht kundig, unbekannt mit (Gen.).

*अकोशल n. = आक्कोशल.

*अक्का f. Mutter.

अक्त 1) Partic. von अञ्ज् und अज्. — 2) f. अक्ता Nacht.

अक्तु m. 1) Licht, Glanz 2,18. — 2) Dunkel, Nacht. अक्तुभिस् bei Nacht 9,15.

अक्न Partic. von अच्.

अक्नोपन Adj. nicht nässend Nir. 7,14.

1. अक्र Adj. unthätig.

2. अक्र m. Banner 2,26.

अक्रत 3. Pl. Med. von 1. कर्.

अक्रतु Adj. 1) unmächtig, kraftlos. — 2) unverständig. — 3) frei von Verlangen.

1. अक्रम m. gestörte Ordnung, Ungehörigkeit, Verkehrtheit Spr. 1103. Bhâg. P. 4,16,7. अक्रमात् gegen alle Ordnung, widernatürlich.

2. अक्रम Adj. nicht allmählich —, mit einem Male erfolgend.

अक्रविहस्त Adj. keine blutigen Hände habend.

अक्रव्याद् (AV.) und °द Adj. kein Fleisch essend.

अक्रान्त Adj. nicht verdoppelt RV. Prât. 6,14.

अक्रिया f. das Nichtthun, nicht zu Wege Bringen von (Gen.), Unterlassung 232,15. Gaut. 19,2.

अक्रीडन्त् Adj. nicht spielend.

अक्रूर 1) Adj. nicht rauh, weich, zart. — 2) m. a) N. pr. verschiedener Männer. — b) mystische Bez. des Anusvâra.

अक्रूरेश्वरतीर्थ n. N. pr. eines Tîrtha.

1. अक्रोध m. das Nichtzürnen, sich nicht dem Zorn Hingeben Gaut. 10,51.

2. अक्रोध Adj. dem Zorn sich nicht hingebend R. 4,20,12. Spr. 7427.

अक्रोधन 1) Adj. dem Zorn sich nicht hingebend. — 2) m. N. pr. eines Fürsten VP. 4,20,2.

अक्रोधमय Adj. dessen Wesen nicht Zorn ist Çat. Br. 14,7,2,6.

*अक्लिका f. Indigopflanze.

अक्लिन्नवर्त्मन् n. eine best. Augenkrankheit.

अक्लिष्ट Adj. 1) nicht abgenutzt, frisch, integer Çâk. 118. 147. — 2) nicht zu Schanden werdend: व्रत R. 1,34,1. वचन 38,6.

अक्लिष्टकर्मन् (R. 1,34,17) und °कारिन् (MBh. 3,41,12. 43,10. R. 1,77,19) Adj. unermüdlich thätig.

अक्लिष्टभाव m. Lebhaftigkeit R. 5,1,61.

अक्लीब Adj. männlich. Davon °ता f. männliches Benehmen.

अक्लेद्य Adj. nicht feucht zu machen Bhag. 2,24.

अक्लेश m. keine Beschwerde (Abl. ohne Anstrengung) Spr. 30. 7746.

अक्ष्, *अक्षति und *अक्ष्णोति, Partic. अष्ट. 1) erreichen, erlangen: आप्तार्थ. — 2) durchdringen, erfüllen. — Mit निस् entmannen, verschneiden. — Mit सम् (अक्षते) durchdringen.

1. अक्ष m. 1) Würfel 224,7. — 2) *Würfelspiel. — 3) Bez. der Zahl fünf. — 4) Terminalia Bellerica (die Pflanze und die Nuss). — 5) *der Same von Elaeocarpus Ganitrus u. einer anderen Pflanze. — 6) auch n. ein best. Gewicht = कर्ष.

2. अक्ष m. 1) Wagenachse. — 2) das auf zwei Stützen ruhende Querstück, an welches eine Wage gehängt wird. — 3) Schlüsselbein. — 4) Schläfe-

bein. — 5) geographische Breite. — 6) ein best. Längenmaass, = 104 Aṅgula Çulbas. 1,11. — 7) * Rad. — 8) * Karren.

3. अक्ष 1) m. n. Sinnesorgan. — 2) am Ende eines adj. Comp. (f. ई) = अक्षि a) Auge 163, 2. 174, 3. 175, 25. 184, 1. 186, 6. — b) Masche. — 3) m. Seele Ind. St. 14,382.

4. अक्ष m. N. pr. verschiedener Männer.

5. * अक्ष m. 1) Schlange. — 2) Bein. Garuḍa's. — 3) Process. — 4) Kenntniss. — 5) ein Blindgeborener.

6. * अक्ष n. 1) Sochalsalz. — 2) blauer Vitriol.

अक्षक 1) m. oder n. wohl Schlüsselbein. — 2) * m. Dalbergia ougeinensis. — 3) f. ई eine best. Schlingpflanze.

अक्षकाम Adj. (f. आ) Würfel liebend.

* अक्षकितव m. Würfelspieler Ind. St. 13,472.

अक्षक्षपण und °क m. N. pr. eines Würfelspielers.

अक्षचरण m. Bein. des Philosophen Gautama.

* अक्षज m. 1) Donnerkeil. — 2) Bein. Vishṇu's.

अक्षण m. n. Ungelegenheit, Verdruss Lalit. 344, 3. 450, 13. 458, 13.

1. अक्षण्वन्त् Adj. mit Augen versehen.

2. अक्षण्वत् Adj. nicht verletzend, — beschädigend.

अक्षत 1) Adj. a) unverletzt, unbeschädigt 140, 11. °योनि Adj. 199, 9. — b) ungemahlen. — 2) n. Sg. und m. Pl. unenthülstes Korn. — 3) m. Pl. N. pr. eines Geschlechts. — 4) f. आ a) eine unverletzte Jungfrau Jâân. 1,67. — b) eine best. Pflanze.

अक्षत्र Adj. ohne Kriegerkaste.

* अक्षदर्शक und * अक्षदृश् m. Richter.

अक्षदृक्कर्मन् n. operation for latitude J. A. O. S. 6,310.

* अक्षदेविन् und * अक्षद्यू m. Würfelspieler.

अक्षद्यूत n. Würfelspiel.

अक्षद्रुग्ध Adj. von den Würfeln gehasst, im Spiel Unglück habend oder mit Würfeln schadend, ein betrügerischer Spieler.

* अक्षधर m. Trophis aspera.

अक्षधुर् und °धुरा f. Zapfen der Achse.

* अक्षधूर्त m. Würfelspieler.

* अक्षधूर्तिल m. Bulle.

अक्षन् n. 1) Auge. In der klassischen Sprache nur अक्ष्णा (230, 18), अक्ष्णे, अक्ष्णस् (Spr. 7620), अक्षणि und अक्षिणि (अक्षन् in der älteren Sprache), अक्ष्णोस् (Spr. 7690), अक्ष्णाम् (98, 11). Im ṚV. अक्षाणि und अक्षभिस्. — 2) Sinnesorgan: अक्षभिस् Bhâg. P. 4,29,5.

अक्षपटल n. Archiv.

अक्षपद् m. Bein. des Philosophen Gautama.

* अक्षपरि Adv. mit Ausnahme eines Würfels.

अक्षपराजय m. Niederlage im Würfelspiel.

* अक्षपाटक m. Richter.

अक्षपाद् m. Bein. des Philosophen Gautama.

* अक्षपिण्ड m. = अक्षपीड.

अक्षपीड 1) m. Chrysopogon acicularis. — 2) f. * आ eine best. Pflanze.

अक्षप्रपातन n. Wendung des Auges Harîv. 9141.

अक्षभङ्ग m. Achsenbruch Ind. St. 5,371.

अक्षभा f. shadow of latitude J. A. O. S. 6,230.

अक्षभूमि f. ein Platz zum Würfelspiel.

अक्षभेद m. Achsenbruch Ind St. 5,353.

अक्षम Adj. (f. आ) 1) einer Sache nicht gewachsen, nicht vermögend, unfähig; mit Loc., Inf. oder am Ende eines Comp. 179, 32. — 2) missgünstig.

अक्षमा f. Missgunst, Neid 223, 12.

अक्षमाला f. 1) ein Rosenkranz aus den Samenkörnern des Elaeocarpus Ganitrus. — 2) Bein. der Arundhatî 180, 30. — 3) N. pr. der Mutter Vatsa's.

अक्षमालिका f. 1) = अक्षमाला 1) 110, 13. — 2) Name einer Upanishad.

अक्षमालिन् Adj. mit einem Rosenkranz versehen.

अक्षय 1) Adj. (f. आ) unvergänglich 88, 26. 96, 16. — 2) f. आ der 7te Tag eines Mondmonats, der mit einem Sonn- oder Montag beginnt, oder der 4te Tag eines solchen, der mit einem Dienstag anhebt.

अक्षयता f. Unvergänglichkeit: स्त्रीषु unerschöpfliches geschlechtliches Vermögen Suçr. 2,159, 18.

अक्षयतृतीया f. der dritte Tag in der lichten Hälfte des Monats Vaiçâkha.

अक्षयत्व n. Unvergänglichkeit.

अक्षयमति m. N. pr. eines Buddhisten.

अक्षयसेन m. N. pr. eines Fürsten. उक्षसेन v. l.

अक्षयिणी f. die Unvergängliche, viell. Bez. der Durgâ.

अक्षय्य Adj. unvergänglich, unerschöpflich Mann. IX. अक्षय्यम् als Glückwunsch an einen Vaiçja so v. a. mögest du nie Mangel haben MBh. 13,23,26.

अक्षय्यनवमी f. der 9te Tag in der lichten Hälfte des Âçvina.

अक्षर 1) Adj. nicht zerrinnend, unvergänglich 284, 32. — 2) n. a) (ausnahmsweise auch m.) Wort; Silbe; die heilige Silbe ओम्; Laut; Vocal. — b) Schriftstück, Urkunde Spr. 4235. — c) Wasser. — d) die höchste Gottheit, der letzte Grund alles Seins. — e) Seele. — f) * Luft, Atmosphäre. — g) * Befreiung der Seele von ferneren Wiedergeburten. — h) * Kasteiung. — i) * Gesetz, Recht. — k) * Opfer. — l) * Achyranthes aspera. — 3) m. a) * Schwert. — b) * Bein. Vishṇu's und Çiva's. — Vgl. अक्षरा.

अक्षरक n. Vocal.

* अक्षरकोश m. Birkenrinde und andere Stoffe, auf denen man schreibt, Gal.

* अक्षरचञ्चु, * °चण und * °चुञ्चु m. Schreiber.

अक्षरच्छन्दस् n. ein nach der Zahl und nach der Quantität der Silben gemessenes Metrum.

* अक्षरजननी f. Schreibrohr.

* अक्षरजीवक, * °जीविक u. * °जीविन् m. Schreiber.

* अक्षरतूलिका f. Schreibrohr.

* अक्षरन्यास m. Schrift.

1. अक्षरपङ्क्ति f. ein best. Metrum.

2. अक्षरपङ्क्ति Adj. eine Fünfzahl von Silben enthaltend.

अक्षरप्रकृति Adj. von unvergänglicher Natur und Laute zur Voraussetzung habend Ind. St. 14,386.

अक्षरभाज् Adj. Antheil an einer Silbe habend.

अक्षरमाला (Spr. 7827) und °मालिका f. ein (vom Schicksal Einem an die Stirn geschriebener) Buchstabenkranz.

* अक्षरमुख m. Anfänger, Schüler.

अक्षरमुष्टिका f. Fingersprache.

अक्षरयमक n. Aufeinanderfolge von zwei gleichlautenden Silben Comm. zu Vâmana 4,1,2.

अक्षरवर्जित Adj. analphabet Spr. 4778.

अक्षरविन्यास m. Schrift.

अक्षरव्यक्ति f. deutliche Aussprache der Laute.

अक्षरशस् Adv. silbenweise.

* अक्षरसंस्थान n. Schrift.

अक्षरसंहिता f. die Saṁhitâ in Bezug auf das Zusammenfliessen von Silben TS. Prât. 24, 2. 4.

अक्षरसमाम्नाय m. Alphabet.

अक्षरसंपद् f. das Zutreffen der Silbenzahl.

अक्षरा f. Rede, Worte.

अक्षराङ्ग n. ein zum Vocal gehöriger Theil.

अक्षराज m. König der Würfel.

* अक्षराधार m. = अक्षरकोश Gal.

अक्षर्य Adj. (f. आ) der Silbenzahl entsprechend.

* अक्षवती f. Würfelspiel.

* अक्षवाट m. Kampfplatz für Ringer.

* अक्षशौण्ड Adj. den Würfeln ergeben.

अक्षसूक्त n. das Würfellied, Bez. der Hymne ṚV. 10,34.

अक्षसूत्र n. = अक्षमाला Rosenkranz.

अक्षहृत Adj. im Würfelspiel abgenommen Ind. St. 13,472.

* अक्षाग्रकील und * °क m. Achsennagel.

अक्षातिवाप m. wohl = अक्षावाप MBh. 4,70,7.

अक्षानह् Adj. an die Achse gebunden.

अक्षान्ति f. Missgunst, Neid.

अक्षारलवण n. Nicht-Gesalzenes.

अक्षारलवणाशिन् Adj. nichts Gesalzenes essend 38, 10. अक्षाराल° v. l.

अक्षावपन n. *Spielbrett* Çat. Br. 5,3,1,10.

अक्षावाप m. *ein best. Beamter, der das Würfelspiel leitet oder überwacht*, ebend.

अक्षि n. 1) *Auge*. Davon nur अक्षि (230,20), अक्षिणी, अक्षिभ्याम्, अक्षीणि (auch अक्षी in der älteren Sprache), अक्षिभिस्, अक्षिभ्यस्, अक्षिषु; auch am Anf. eines Comp. Vgl. अक्षन् und अक्षी. — 2) *Bez. der Zahl zwei*. — 3) *Sinnesorgan*. — 4) Name einer Upanishad.

*अक्षिक m. *ein best. Baum*.

*अक्षिकनीनिका f. *Augenstern* Gal.

अक्षिकूट n. *der Vorsprung über dem Auge, Rand der Augenhöhle* Hariv. 3,96. Suçr. 2,93,1. 273,9. 339,3. 376,12. *°क n. dass.

अक्षिगत Adj. 1) *vor Augen seiend*. — 2) *ein Dorn im Auge seiend*.

अक्षिगम्य Adj. *den Augen zugänglich, wahrnehmbar* Verz. d. Oxf. H. 259,b,8.

अक्षिगोचरय्, °यति *Jmd* (Acc.) *ansehen, des Anblickes würdigen*.

*अक्षिद्राक् n. = अक्ष्णो मूलम्.

अक्षित 1) Adj. a) *unverletzt*. — b) *unvergänglich*. — 2) n. a) *100000 Millionen*. — b) **Wasser*.

अक्षितावसु Adj. *unvergänglichen Reichthum besitzend*.

अक्षिति 1) f. *Unvergänglichkeit*. — 2) Adj. *unvergänglich*.

अक्षितोति Adj. *unvergängliche Hülfe gewährend*.

अक्षिनिमेष m. *Augenblick* Suçr. 1,19,2.

अक्षिपक्ष्मन् n. *Augenwimper*.

अक्षिपत् Adv. *klein wenig* 19,6.

अक्षिपाक m. *Augenentzündung* Suçr. 1,301,7. 2,303,21. 312,7.

*अक्षिब m. n. = अक्षीब.

अक्षिभू Adj. *vor Augen seiend, augenscheinlich*.

*अक्षिभेषज n. *eine best. Pflanze*.

अक्षिभ्रुव n. *die Augen und die Brauen*.

अक्षियत् Adj. *keinen festen Wohnsitz habend, unstät*.

अक्षिरोग m. *Augenkrankheit* Comm. zu Kâtj. Çr. 25,3,14.

*अक्षिलोमन् n. *Augenwimper*.

*अक्षिविकूणित n. *Seitenblick*.

अक्षिसंतर्जन *eine best. mythische Waffe*.

अक्षी f. *Auge*. Davon अक्ष्यौ AV. Ait. Br. Çat. Br. Pâr. Gṛhj. 3,6,12. अक्षीभ्याम् RV. AV. अक्ष्योस् VS. अक्ष्योस् (अक्षोस् gewiss fehlerhaft) AV. — Vgl. अक्षि.

अक्षीण 1) Adj. a) *nicht erschöpft, nicht zu Ende gehend*. — b) *nicht abnehmend* (vom Monde). — c) *nicht an Gewicht verlierend*. — 2) m. N. pr. eines Sohnes des Viçvâmitra.

*अक्षीब 1) Adj. *nicht berauscht, nüchtern*. — 2) n. *Hyperanthera (Guilandina) Moringa*. — 3) n. *Meersalz*.

अक्षीयमाण Adj. *nicht vergehend, unvergänglich* 3,7. *unerschöpflich*.

अक्षु m. *eine Art Netz*.

अक्षुण्ण Adj. 1) *unverletzt*: विधि 176,28. ब्रह्मचर्य R. 1,8,9. — 2) *nicht abgedroschen, neu* Mâlatîm. 81,7 (49,5). — 3) *ununterbrochen, dauernd* Veṇîs. 2.

अक्षुद्र Adj. (f. आ) 1) *nicht gering, — unbedeutend* Spr. 3803. — 2) *nicht gemein, — niedrig* MBh. 2,5,12.

अक्षुध् f. *Nicht-Hunger, das Sattsein*.

अक्षुध्य Adj. *keinen Hunger zulassend*.

1. अक्षेत्र n. *kein Feld, unbeackerter Boden*.

2. अक्षेत्र Adj. *ohne Felder, unbebaut*.

*अक्षेत्रज्ञ Adj. P. 7,3,30.

अक्षेत्रविद् Adj. *der Gegend unkundig*.

अक्षेत्रिन् Adj. *kein eigenes Feld habend* 191,11.18.

*अक्षेत्रज्ञ्य n. = आक्षे° P. 7,3,30.

*अक्षोट, अक्षोड und *अक्षोडक m. *Wallnussbaum*.

*अक्षोभ m. *ein Pfosten zum Anbinden eines Elephanten*.

अक्षोभ्य 1) Adj. *unerschütterlich*. — 2) m. N. pr. eines Mannes.

अक्षौहिणी f. *ein vollständiges Heer* = 10 Anîkinî. °पति *Heerführer* Veṇîs. 14,19.

अक्ष्ण Adj. = अखण्ड Uǵǵval.

अक्ष्णया Adv. 1) *in die Quere; diagonal* Çulbas. 3,85. — 2) *in verkehrter, sündhafter Weise* Çat. Br. 14,4,2,16.

अक्ष्णयादेश m. *Zwischengegend* Çat. Br. 8,1,4,2.

अक्ष्णयाद्रुह् Adj. *ungeschickt kränkend*.

अक्ष्णयापरिच्छेदन n. *diagonale Theilung* Çulbas. 3,65.

अक्ष्णयारज्जु f. *Diagonale* Çulbas. 1,43. fgg.

अक्ष्णयावन् Adj. *in die Quere gehend*.

अक्ष्णयास्तोमीया Adj. f. *Bez. best.* Ishṭakâ TS. 5,3,2,1. Çat. Br. 8,4,4,3.

अक्ष्यामय m. *Augenkrankheit*.

अक्ष्यामयिन् Adj. *augenkrank*.

*अखट्ट m. *Buchanania latifolia*.

*अखट्टि m. *Grille, Laune*.

अखण्ड Adj. *ungetheilt, ganz, untheilbar*. तिथि *ein lunarer Tag, der ganz in einen bürgerlichen Tag fällt*. °द्वादशी *der 12te Tag in der lichten Hälfte des Monats* Mârgaçîrsha.

*अखण्डन m. *Zeit*.

अखण्डानन्दमुनि und अखण्डानुभूति N. pr. zweier Männer.

अखण्डित Adj. *unverletzt*. Mit einem Abl. *unverbrüchlicher als* 111,30. *unverletzt* in übertr. Bed. so v. a. *ununterbrochen, ungestört*: प्रेमन् Kumâras. 7,28. °उद्दामधैर्य Adj. Kathâs. 84,68. ब्रह्मचर्य Bhâg. P. 1,3,6. *unabgelohnt*: °पी Adj. 3,31,37.

*अखण्डितर्तु Adj. *die Jahreszeit nicht verletzend, d. i. sie einhaltend, ihr entsprechend*.

अखनत् Adj. *nicht grabend*.

अखर्व 1) Adj. *unverstümmelt*. — 2) *अखर्वा f. *eine best. Pflanze* Gal.

अखात 1) Adj. *nicht vergraben*. — 2) *n. a) *ein nicht gegrabener, ein natürlicher Teich*. — b) *Höhle* Gal.

अखादत् Adj. *nicht zerkauend* Pâr. Gṛhj. 2,10,15.

अखिद्र Adj. (f. आ) *nicht schlaff, nicht kränklich, frisch*.

अखिद्रयामन् Adj. *unermüdlichen Ganges*.

अखिल Adj. (f. आ) *ohne Lücke, ganz, sämmtlich, all*; n. *Alles* 253,11. अखिलेन *ganz, vollständig*.

*अखेटिक m. *Jagdhund*. — Vgl. आखेटिक.

अखेद m. *Nichtermüdung, das Frischbleiben* 123,13.

अखेदित्व n. *das nicht ermüdend Sein*.

अख्खल Interj. der Freude und Ueberraschung. अख्खली mit कर् *diesen Freuderuf ausstossen*: °कृत्य Absol. 15,23.

1. *अग m. 1) *Schlange*. — 2) *die Sonne*. — 3) *Wasserkrug* (wegen अगस्ति).

2. अग 1) *Adj. *nicht gehend, sich nicht bewegend*. — 2) m. a) *Baum*. — b) *Berg*.

*अगच्छ m. *Baum*.

अगजा 1) n. **Erdharz*. — 2) f. आ Bein. der Pârvatî (*die Berggeborene*) Subhâshitar. 3,1.

अगणित Adj. *für Nichts angeschlagen* VP. 4,4,14.

अगणेय Adj. *unzählbar, unberechenbar*.

अगण्य Adj. dass. Spr. 7088. 7748.

अगत 1) Adj. *noch nicht gegangen* TBr. 2,1,2,3. — 2) n. *das noch nie betretene Gebiet* (des Todes) AV.

अगति f. 1) *Unmöglichkeit irgendwohin zu gehen, — zu gelangen*. — 2) *das seinem Weibe Nichtbeiwohnen*. — 3) *das nicht zum Ziele Gelangen, das nicht zu Stande Kommen* (von Wünschen).

अगतिक Adj. (f. आ) 1) *keinen Ausweg habend, nicht wissend was zu thun*. — 2) *kein anderes Mittel neben sich habend*. गति so v. a. *das allerletzte Mittel*. — 3) *mit keiner Präposition oder mit keinem sich eng anschliessenden Adverb verbunden*.

अगतीक Adj. (f. आ) *nicht zu gehen, nicht zu wandeln*.

1. अगद m. *Nicht-Kranksein, Gesundheit*.

2. अगद 1) Adj. frei von Krankheit, gesund. — 2) m. Arzenei, insbes. Gegengift.

*अगदंकार m. Arzt.

*अगद्य्, °द्यति 1) gesund sein oder — werden. — 2) heilen.

अगन् 2te und 3te Sg. Imperf. von गम्.

अगन्तव्य Adj. worauf man nicht treten kann Ind. St. 9,164.

अगन्ध Adj. geruchlos.

अगम 1) Adj. a) unbeweglich. — b) unzugänglich. — 2) m. a) Baum. — b) *Berg.

अगम्य Adj. 1) unzugänglich. — 2) zu dem man nicht gehen soll Spr. 38. — 3) f. आ der man nicht beiwohnen darf. — 4) unverständlich 181,32.

अगम्यागमन n. das Beiwohnen einer Frau, der man nicht beiwohnen darf. Davon °गमनीय Adj. darauf bezüglich, darin bestehend.

अगम्यागामिन् Adj. einer Frau beiwohnend, der man nicht beiwohnen darf, Gaut. 13,18.

*अगरी f. Andropogon serratus.

*अगरु m. n. = अगुरु 2) a).

अगरुसार m. = अगुरुसार Vishn. 86,2.

अगर्तमित् Adj. nicht in eine Grube versenkt.

अगर्भा Adj. f. nicht trächtig.

अगर्हित Adj. 1) nicht getadelt, nicht geringschätzig behandelt. — 2) untadelhaft.

अगव्यूति Adj. ohne Weideland, unfruchtbar.

अगस्ति m. 1) N. pr. eines alten Ṛshi. Die Sage lässt ihn aus dem in einen Wasserkrug gefallenen Samen von Mitra und Varuṇa entstehen und das Meer austrinken. Er steht in besonderer Beziehung zum Süden. Pl. seine Nachkommen. — 2) der Stern Canopus. — 3) Agati grandiflorum Desv. Suçr. 1,223,8.

*अगस्तिद्रु m. = अगस्ति 3).

*अगस्ती f. das Weib des Agastja.

*अगस्तीय Adj. von अगस्त्य.

अगस्त्य und अगस्तिय m. = अगस्ति.

अगस्त्यतीर्थ n. N. pr. eines Tîrtha.

अगस्त्याय्, °यते dem Agastja gleichen.

अगस्त्यार्घ m. ein dem Canopus bei seinem heliakischen Aufgange dargebrachter Argha.

अगस्त्येश्वरतीर्थ n. N. pr. eines Tîrtha Verz. d. Oxf. H. 66,a,20.

अगस्त्योदय m. (Aufgang des Canopus) der 7te Tag in der dunklen Hälfte des Monats Bhâdra.

*अगा ved. Adj. nicht gehend.

अगाग्र n. Berggipfel 87,2.

अगातृ Nom. ag. schlechter Sänger Tâṇḍja-Br. 13,10,8.

अगात्मजा f. Bez. der Pârvatî.

अगाध 1) Adj. (f. आ) nicht seicht, tief (eig. und übertr.) 128,4. °हृदय Adj. Spr. 7617. 7618. — 2) m. a) *Grube. — b) Bez. eines best. Feuers.

1. अगाधजल n. tiefes Wasser Spr. 59.

2. *अगाधजल 1) Adj. mit tiefem Wasser. — 2) m. ein tiefer See.

अगार m. (selten) und n. Behausung, Haus.

अगारदाहिन् Adj. der ein Haus in Brand steckt, Brandstifter Gaut. 13,18.

अगारिन् Adj. ein eigenes Hauswesen habend; m. Hausherr so v. a. Laie bei den Gaina.

अगावह m. N. pr. verschiedener Männer.

*अगिर m. 1) Feuer. — 2) die Sonne. — 3) ein Rakshas.

अगिरौकस् Adj. der sich durch kein Lied zum Verweilen bringen lässt.

अगु 1) Adj. der keine Kühe hat. — 2) m. Bez. Râhu's (strahlenlos).

1. अगुण m. schlechte Eigenschaft, Untugend 181,17.

2. अगुण Adj. 1) ohne Qualitäten. — 2) der Vorzüge ermangelnd, werthlos.

अगुणज्ञ Adj. Verdienste nicht schätzend Mudrâr. 61,3.

अगुणत्व n. Qualitätslosigkeit.

अगुणवत् Adj. qualitätslos Kap. 1,1,16.

अगुणिन् Adj. ohne Vorzüge Spr. 3544.

अगुणीभूत Adj. nicht zu etwas Untergeordnetem geworden 226,16.

अगुप्त Adj. ungehütet Mṛkkh. 113,6.

अगुरु 1) Adj. a) nicht schwer, leicht. — b) prosodisch kurz. — 2) m. n. a) Amyris Agallocha, Aloeholz (sehr wohlriechend). — b) *Dalbergia Sissoo.

अगुरुप्रगुप्त Adj. nicht vom Lehrer angewiesen Gobh. 3,1,33.

*अगुरुशिंशपा f. Dalbergia Sissoo.

*अगुरुसार m. ein best. Parfum.

अगूढ Adj. nicht versteckt Kâvjapr. 2,13.

*अगूढगन्ध n. Asa foetida.

अगृभीत Adj. unergreifbar, unbezwinglich.

अगृभीतशोचिस् Adj. von unfassbarem Glanze.

अगृह्य Adj. unfassbar Çat. Br. 14,6,9,6.

अगृह्यमाणकारण Adj. bei dem keine eigennützigen Motive wahrgenommen werden.

अगोःप्रापणम् Adv. so dass eine Kuh es nicht erreicht Kâtj. Çr. 5,10,18.

अगोचर Adj. nicht im Bereich von Etwas seiend, unzugänglich für (Gen. oder im Comp. vorangehend). वाचाम् so v. a. nicht zu schildern Spr. 6408. दृष्ट्यगोचर für's Auge unerreichbar Pańkat. 106,13.

अगोचरता f. das nicht im Bereich Liegen von (Gen.) Spr. 4473.

अगोता f. Mangel an Kühen.

अगोत्र Adj. ohne Geschlechtsnamen Çat. Br. 14,6,8,8.

अगोपा Adj. ohne Hirten, ungehütet.

अगोरुध Adj. die Kühe nicht von sich fern haltend d. i. sie zulassend.

(अगोह्य) अगोहिय Adj. nicht zu verhüllen.

*अगौकस् m. 1) Vogel. — 2) Löwe. — 3) das शरभ genannte Thier.

अग्धाद् Adj. Ungegessenes essend.

*अग्नामरुत् m. Du. Agni und Marut.

अग्नायी f. 1) Agni's Gattin. — 2) *das zweite Weltalter, das Tretâjuga.

अग्नाविष्णु m. Du. Agni und Vishṇu AV.

अग्नि m. 1) Feuer. — 2) der Gott des Feuers. — 3) Feuersbrunst. — 4) das Brennen des Arztes. — 5) das Feuer im Magen, Verdauungskraft. — 6) Schichtung des Feueraltars Ind. St. 13,217. — 7) Feueraltar Çulbas. 2,1. — 8) *Galle. — 9) Semecarpus Anacardium Suçr. 2,119,18. *Plumbago zeylanica und *Citrus acida. — 10) Bez. der Zahl drei. — 11) mystische Bez. des Lautes r. — 12) Bez. der Nominalstämme auf इ und उ.

अग्निक m. 1) wohl Semecarpus Anacardium, n. Acajounuss. — 2) eine best. Schlangenart. — 3) *Coccinelle.

*अग्निकण m. Feuerfunken.

अग्निकर्मन् n. 1) Feuergeschäft (Schichtung des Feuers u. s. w.) Çat. Br. 6,6,1,1. 7,3,1,4. 4,6,12. 9,2,3,6. 13,8,4,11. — 2) das Brennen (des Arztes). — 3) Agni's Thätigkeit.

अग्निकल्प Adj. feuerartig Çat. Br. 6,1,2,10.

*अग्निकाश्यपीय Adj. über Agni und Kaçjapa handelnd.

*अग्निकारिका f. Anlegung des heiligen Feuers.

अग्निकार्य n. 1) dass. — 2) die dabei hergesagten Gebete.

*अग्निकाष्ठ n. Aloeholz.

*अग्निकुक्कुट m. Feuerbrand.

अग्निकुण्ड n. 1) ein Becken mit glühenden Kohlen R. 5,10,16. Spr. 62. — 2) eine Höhlung in der Erde zur Aufbewahrung des heiligen Feuers.

अग्निकुमार m. 1) eine best. Mixtur. — 2) N. pr. eines Mannes.

अग्निकेतु 1) Adj. Feuer zum Wahrzeichen habend. — 2) m. N. pr. eines Rakshasa.

*अग्निकोण m. Südost (unter Agni's Herrschaft).

अग्निकौतुक n. eine durch Feuer hervorgebrachte

absonderliche Erscheinung.

अग्निक्रिया f. *Feueranlegung, Sorge um's Feuer.*

अग्निक्षेत्र n. *der für den Feueraltar bestimmte Platz* Ind. St. 13,235.

अग्निगर्भ 1) Adj. (f. आ) *Feuer im Schoosse bergend.* — 2) m. a) *der Stein Sûrjakânta.* — b) **Krystall* Gal. — c) **ein best. aus dem unterseeischen Feuer entstandener schaumartiger Stoff auf dem Meere.* — d) N. pr. eines Mannes. — 3) *f. आ *eine best. Pflanze.*

अग्निगृह n. 1) *der Ort, wo das heilige Feuer aufbewahrt wird.* — 2) *ein zum Dampfbad eingerichtetes Gemach.*

अग्निग्रन्थ m. Titel einer *Schrift.*

अग्निचक्र n. *Feuerbereich* Ind. St. 14,137.

अग्निचय m. 1) *das Schichten des Feueraltars* Çulbas. 1,1. — 2) *ein brennender Scheiterhaufen.*

अग्निचयन n. *das Schichten des Feueraltars* Ind. St. 13,217.

अग्निचित् Adj. *der den Feueraltar schichtet.*

अग्निचित्या f. *Schichtung des Feueraltars.*

*अग्निचित्वत् Adj. *reich an Agnikit's.*

अग्निज 1) Adj. *feuergeboren,* von Vishṇu. — 2) *m. = अग्निगर्भ 2) c).

*अग्निजन्मन् Adj. *feuergeboren,* m. Beiw. Skanda's.

अग्निजा Adj. *feuergeboren.*

*अग्निजार und *°ज्वाल m. = अग्निगर्भ 2) c).

अग्निजिह्व Adj. *den* Agni *zur Zunge habend, durch's Feuer die Opfer verzehrend.*

अग्निजिह्वा f. 1) *Feuerzunge, Feuerflamme.* — 2) **Methonica superba.*

अग्निजीविन् Adj. *durch Feuer seinen Lebensunterhalt habend* (wie z. B. ein Schmied) Ind. St. 13,319.

अग्निज्योतिस् Adj. *flammend* Kâts. Çr. 4,14,13.

अग्निज्वलिततेजन Adj. *mit einer im Feuer glühend gemachten Spitze versehen.*

अग्निज्वाला f. 1) *Feuerflamme.* — 2) **Grislea tomentosa.* — 3) **Commelina salicifolia* (und andere Species) Roxb.

अग्नितप् Adj. *sich am Feuer wärmend.*

अग्नितपस् Adj. *wie Feuer glühend.*

अग्नितप्त Adj. *feuerglühend.*

अग्निता f. *das Feuersein.*

अग्नितीर्थ n. N. pr. eines Tîrtha.

अग्नितेजस् 1) Adj. *mit* Agni's *Schärfe (zerstörender Kraft) versehen.* — 2) N. pr. eines der 7 Ṛshi im 11ten Manvantara.

अग्नित्रय n. und अग्नित्रेता f. *die drei heiligen Feuer.*

अग्निद Adj. *Feuer anlegend, Brandstifter.*

अग्निदग्ध und अग्निदग्ध Adj. *durch Feuer gebrannt, verbrannt.* — 2) m. Pl. Bez. best. Manen.

अग्निदत्त 1) m. ein Mannsname. — 2) f. आ ein Frauenname.

*अग्निदमनी f. *Solanum Jacquini.*

अग्निदायक Adj. = अग्निद.

अग्निदाह m. 1) *Brandwunde.* — 2) *brandähnliches Glühen* (des Horizonts) Hariv. 8287.

अग्निदिश् f. *Südost* Ind. St. 14,320.

अग्निदीपन Adj. (f. ई) *die Verdauung fördernd.*

अग्निदीप्त 1) Adj. *feuerglühend.* — 2) *f. आ = अग्निज्वाला 3).

अग्निदीप्ति f. *Thätigkeit der Verdauung.*

अग्निदूत Adj. Agni *zum Boten habend, von* A. *überbracht.*

अग्निदैवत Adj. Agni *zur Gottheit habend* Çat. Br. 14,6,9,25.

*अग्निदैवा f. und अग्निदैवत (Varâh. Bṛh. S. 71,6) = अग्निनक्षत्र.

अग्निध् m. *der mit dem Anzünden des heiligen Feuers beauftragte Priester.*

*अग्निधमनी f. *eine best. Pflanze* Gal.

अग्निधान n. *Feuerbehälter.*

अग्निधारा f. N. pr. eines Tîrtha.

अग्निनक्षत्र n. Agni's *Mondhaus,* d. i. Kṛttikâ Çat. Br. 2,1,2,1.

अग्निनयन n. = अग्निप्रणयन.

अग्निनामन् n. *ein Name* Agni's Çat. Br. 5,3,5,3.

अग्निनित्यधारिन् Adj. *stets das Feuer unterhaltend* Kâts. Çr. 4,10,16.

अग्निनिधान n. *das Einsetzen des Feuers* Kâts. Çr. 6,3,3. 16,1,1. 17,7,3.

*अग्निनिर्यास m. = अग्निगर्भ 2) c).

अग्निनुन्न Adj. *durch Feuer (einen Blitzstrahl) vertrieben.*

अग्निपद Adj. *dessen Tritte Feuer sind,* Beiw. und als m. *Name des Rosses.*

अग्निपरिक्रिया f. *Pflege des heiligen Feuers.* Richtiger °परिष्क्रिया.

अग्निपरिच्छद m. *das zu einem Feueropfer erforderliche Geräthe.*

अग्निपरिष्क्रिया f. *Pflege des heiligen Feuers.*

अग्निपरीक्षा f. *Feuerprobe* (als Gottesurtheil).

अग्निपर्वत m. *ein feuerspeiender Berg.*

अग्निपात m. *Sprung in's Feuer.*

अग्निपानीयव्रत n. *die Observanz, zuerst in's Feuer und dann in's Wasser sich zu stürzen,* Comm. zu Hâla 188. 213.

अग्निपुच्छ n. *der Schwanz des in Vogelgestalt geschichteten Feueraltars.*

अग्निपुर 1) n. N. pr. einer *Stadt.* — 2) f. यो Agni's *Burg* Çat. Br. 6,3,3,25.

अग्निपुराण n. Titel eines Purâṇa.

अग्निप्रणयन n. *das Herbeibringen des Feuers auf den geschichteten Altar* Ind. St. 13,279. °प्रणयनीय Adj. *darauf bezüglich.*

अग्निप्रदान n. *das dem Feuer Uebergeben* Pańkat. 188,1.

अग्निप्रभा f. *ein best. giftiges Insect.*

अग्निप्रवेश m. und °प्रवेशन n. *das Besteigen des Scheiterhaufens, freiwilliger Tod im Feuer.*

*अग्निप्रस्तर m. *Feuerstein.*

अग्निप्रायश्चित्त n. (Ind. St. 13,233) und °प्रायश्चित्ति f. (Çat. Br. 6,6,4,11. 14) *Sühnungsceremonie beim Schichten des Feuers.*

अग्निबाहु m. 1) **Rauch.* Vgl. अग्निवाह. — 2) N. pr. eines Sohnes des ersten Manu und des Prijavrata (VP. 2,1,7).

अग्निबिन्दु m. ein Mannsname.

अग्निबीज n. 1) **Gold.* — 2) Bez. *des Lautes* r.

*अग्निभ n. *Gold.*

अग्निभू (*aus Feuer entstanden,* Agni's *Sohn*) 1) m. a) *ein N. Skanda's. — b) N. pr. verschiedener Männer. — 2) *n. °भु) *Wasser.*

*अग्निभूति m. ein Mannsname.

अग्निभ्राजस् Adj. *von feurigem Glanze.*

*अग्निमणि m. *der Stein* Sûrjakânta.

*अग्निमन्थ m. *das Feuerzeug.*

अग्निमत् Adj. 1) *am Feuer befindlich.* — 2) *das heilige Feuer unterhaltend.* — 3) *mit guter Verdauung begabt.*

अग्निमन्थ m. *Premna spinosa.*

अग्निमन्थन n. *das Erzeugen von Feuer durch Reibhölzer.* °मन्थनीय Adj. *darauf bezüglich.*

अग्निमय Adj. (f. ई) *feurig.*

अग्निमाठर m. N. pr. eines Lehrers VP. 3,4,16.

अग्निमान्द्य n. *träge Verdauung.*

अग्निमित्र m. N. pr. eines Fürsten.

अग्निमिन्ध m. *der mit dem Anzünden des Feuers beauftragte Priester.*

अग्निमुख 1) m. a) **Gottheit.* — b) **ein Brahman.* — c) **Plumbago zeylanica.* — d) **Semecarpus Anacardium.* — e) N. pr. einer Wanze. — 2) *f. ई a) *Semecarpus Anacardium.* — b) *Methonica superba.*

अग्निमूढ Adj. *durch Feuer (einen Blitzstrahl) verwirrt.*

अग्नियुत oder अग्नियूप m. N. pr. des Verfassers von ṚV. 10,116.

अग्नियोजन n. *das Anschirren des Feueraltars* (eine best. Ceremonie) Ind. St. 13,289.

*अग्निरक्षण n. *Pflege des heiligen Feuers.*

*अग्निरज m. *Coccinelle.*

अग्निरहस्य n. *das Geheimniss des Feuers*, N. des 10ten Kâṇḍa im Çat. Br.

अग्निराजन् Adj. Agni *zum Fürsten habend.*

अग्निराशि m. *ein brennender Scheiterhaufen* Ind. St. 14,16.

*अग्निरुहा f. *eine best. wohlriechende Pflanze.*

अग्निरूप Adj. *feuerfarbig.*

अग्निरेतस Adj. *aus* Agni's *Samen entstanden.*

अग्निरोहिणी f. *eine best. Krankheit.*

अग्निलोक m. Agni's *Welt.*

*अग्निलोचन m. Beiw. Çiva's Gal.

अग्निवत् Adv. *wie beim Schichten des Feuers* Kâtj. Çr. 22,1,15.

अग्निवत् Adj. 1) *am Feuer befindlich.* — 2) *mit einem (andern) Feuer verbunden*, Beiw. Agni's TS. 2,2,4,6.

अग्निवर्चस् m. N. pr. eines Lehrers VP. 3,6,16.

अग्निवर्ण 1) Adj. (f. आ) a) *feuerfarbig.* — b) *glühend heiss.* — 2) m. N. pr. eines Mannes.

*अग्निवर्धक und *°वर्धन Adj. *die Verdauung befördernd.*

*अग्निवल्लभ m. *Shorea robusta und das Harz derselben.*

अग्निवादिन् m. *Verehrer des Feuers.*

अग्निवार्त Adj. = अग्निजीविन् Varâh. Bṛh. S. 17,15.

अग्निवासस् Adj. *mit feuerfarbenem Gewande.*

*अग्निवाह m. *Rauch.*

अग्निविधा f. *Weise des Feuers* Çat. Br. 13,8,3,17.

अग्निविमोचन n. *das Ausspannen des Feueraltars* (eine best. Ceremonie) Ind. St. 13,280.

अग्निविहरण n. *Feuervertheilung, das Wegnehmen der Feuerbrände vom* Gârhapatja *und Vertheilung derselben auf die Feuerplätze des* Sadas.

*अग्निवीर्य n. *Gold.*

अग्निवेताल m. N. pr. eines Mannes Ind. St. 14,130.

अग्निवेला f. *die Zeit, da man die Feuer zu entzünden pflegt, Nachmittag.*

अग्निवेश m. N. pr. eines Arztes und anderer Männer.

अग्निवेश्मन् m. *der 14te Tag des* Karmamâsa Ind. St. 10,296.

अग्निवेश्य m. 1) N. pr. eines Mannes. — 2) *der 22te* Muhûrta Ind. St. 10,296.

अग्निशरण n. *der Ort, wo das heilige Feuer aufbewahrt wird.*

अग्निशर्मन् m. N. pr. eines Mannes.

अग्निशाल m. und °शाला f. = अग्निशरण.

अग्निशिख 1) Adj. *dessen Spitze wie Feuer brennt*, von Pfeilen. — 2) m. a) **Pfeil.* — b) **Lampe.* — c) **Carthamus tinctorius* und **Crocus sativus.* — d) ein Mannsname. — 3) *n. a) *Gold.* — b) *Safran und die Blüthe von Carthamus tinctorius.*

अग्निशिखा f. 1) *Feuerflamme.* — 2) **Gloriosa superba* und **Menispermum cordifolium.*

अग्निशुश्रूषा f. *aufmerksame Pflege des Feuers.*

*अग्निशेखर n. *Safran.*

अग्निशेष m. 1) *Feuerrest.* — 2) *Nachtrag zu dem die Anlegung des heiligen Feuers betreffenden Theile der* TS.

अग्निश्री Adj. *von der Pracht des Feuers.*

अग्निश्रोणि f. *Schenkel des Feueraltars* Kâtj. Çr. 17,2,11.

अग्निष्टुत् m. 1) *der erste Tag des* Agnishṭoma (Agni *verherrlichend*). — 2) N. pr. *eines Sohnes des* Manu Kâkshusha Hariv. 1,2,15 (अग्निष्टुभ् die ältere Ausg.). VP. 1,13,5.

अग्निष्टुभ् m. = अग्निष्टुत् 2).

अग्निष्टोम m. 1) *eine best. liturgische Handlung, die eine* Saṁsthâ *des* Ǵjotishṭoma *bildet.* °सामन् Ind. St. 10,353. Vaitâna 25. — 2) **ein darauf bezüglicher* Mantra *oder* Kalpa.

अग्निष्टोमसद् Adj. *den* Agnishṭoma *begehend* Çat. Br. 4,2,4,7. Dazu Nom. abstr. °सद्य n. 12.

अग्निष्टोमसाम und °सामन् n. *das* Sâman *des* Agnishṭoma Çat. Br. 13,5,1,1. 2. 4,10. 30.

अग्निष्टोमस्तोत्र (oder °स्तोत्र) n. Titel eines vedischen Buchs.

अग्निष्ठ 1) m. a) *der unter den 21* Jûpa *beim* Açvamedha *dem Feuer zunächst stehende mittlere (11te)* Jûpa. — 2) *Pfanne oder Feuerbecken.* — 3) f. आ *die unter den 8 Ecken des* Jûpa *dem Feuer zugewandte Ecke.*

अग्निष्ठिका f. *Feuerbecken.*

अग्निष्वात्त Adj. *vom Feuer verzehrt*, Bez. der Manen und später m. Pl. Bez. *bestimmter Manen.*

अग्निसंस्कार m. *das mit Feuer vollzogene Sacrament, Verbrennung eines Verstorbenen.*

अग्निसंकाश Adj. *wie Feuer glänzend.*

अग्निसत्ता f. etwa *Stockung der Verdauung.*

अग्निसंदीपन Adj. *die Verdauungskraft erregend.*

*अग्निसंभव m. 1) *Chylus.* — 2) *wilder Safflor.* — 3) = अग्निगर्भ 2) c).

अग्निसरस् n. N. pr. eines Tîrtha.

अग्निसव m. *Weihe des Feuers* TS. 5,6,8,1. Çat. Br. 9,3,4,7. 9. 10,1,5,3.

*अग्निसहाय m. *wilde Taube.*

अग्निसाक्षिक Adj. Agni *zum Zeugen habend.*

अग्निसात् Adv. mit कर् *verbrennen* 121,22.

अग्निसाद m. *Nachlass der Verdauung* Suçr. 1,83,8.

*अग्निसार n. *ein aus Kupfervitriol und Curcuma bereitetes Kollyrium.*

*अग्निसिंह m. N. pr. des Vaters des 7ten schwarzen Vâsudeva bei den Ǵaina, °नन्दन N. des 7ten schwarzen Vâs.

*अग्निसुत m. Agni's *Sohn*, d. i. Skanda Gal.

अग्निस्तम्भ (Ind. St. 14,4) m. und अग्निस्तम्भन n. *Stillung des Feuers* (durch Zaubermittel).

*अग्निस्तोक m. *Funke* P. 3,1,65, Sch.

अग्निस्थल n. *Feuerplatz* Ind. St. 13,270.

अग्निस्मृति f. Titel eines Werkes.

अग्निस्वामिन् m. ein Mannsname 121,7.

अग्निहवन n. *Brandopfer* Gaut. 2,4.

अग्निहुत् Adj. *im Feuer geopfert.*

अग्निहोतर् Adj. Agni *zum Opferer habend.*

1. अग्निहोत्र n. 1) *Feueropfer, Brandopfer und das dabei Geopferte* (227,11.12). — 2) *geheiligtes Feuer.*

2. अग्निहोत्र 1) Adj. Agni *opfernd.* — 2) f. ई *eine zum Feueropfer bestimmte Kuh* Çat. Br. 11,3,1,1. 3. 2,1. 3,2,2. 3. अग्निहोत्रीवत्स m. 12,4,1,11.

अग्निहोत्रस्थाली f. *Feueropfertopf* Çat. Br. 12,4,1,11.

अग्निहोत्रहवणी f. *Feueropferlöffel.*

अग्निहोत्रहुत् Adj. *Feueropfer darbringend.*

अग्निहोत्रहोम m. *Feueropferspende* Kâtj. Çr. 4,2,17. 6,11. 5,6,32.

अग्निहोत्रायणिन् Adj. *der bloss das Feueropfer darbringt* Kâtj. Çr. 4,6,11.

अग्निहोत्रावृत् f. *das blosse Feueropfer ohne Sprüche* Kâtj. Çr. 25,6,20.

अग्निहोत्राहुति f. *Feueropferspende.*

अग्निहोत्रिन् Adj. *Feueropfer darbringend, das heilige Feuer unterhaltend.*

अग्निहोत्रेष्टि f. *Feueropferdarbringung* Kâtj. Çr. 4,15,29.

अग्निहोत्रोच्छिष्ट und °होत्रोच्छेषण (TS. 2,5,3,6) n. *Ueberrest vom Feueropfer.*

अग्निहोम m. *Feueropfer* Kâtj. Çr. 7,1,31.

अग्नीत्प m. Pl. N. pr. eines Volkes.

अग्नीध् m. *der mit dem Anzünden des heiligen Feuers beauftragte Priester.*

अग्नीध्र m. 1) N. pr. eines Sohnes des Prijavrata VP. 2,1,7. eines der 7 Ṛshi im 14ten Manvantara. — 2) Pl. v. l. für अग्नीत्प.

अग्नीन्द्र m. Du. Agni und Indra.

अग्नीन्धन n. *das Anzünden des heiligen Feuers* Gaut. 23,20.

अग्नीपर्जन्य m. Du. Agni und Parǵanja ṚV.

*अग्नीय Adj. *auf* Agni *bezüglich.*

*अग्नीवरुण m. Du. Agni und Varuṇa.

अग्नीषार m. eine Statue des Agni.

अग्नीषोम m. Du. Agni und Soma. अग्नीषोमायाम् Kâtj. Çr. 14,1,13. अग्नीषोमप्रणयन n. das Hinüberbringen des Feuers und des Soma Ind. St. 10,367.

अग्नीषोमभूत Adj. Agni und Soma seiend 102,1.

अग्नीषोमात्मक Adj. die Natur Agni's und Soma's habend.

अग्नीषोमीय Adj. dem Agni und Soma geweiht u. s. w. Davon अग्नीषोमीयत्व n. Nom. abstr.

अग्नौकरण n. Brandopfer Cit. im Comm. zu Kâtj. Çr. 4,1,7.

अग्न्यगार m. Aufbewahrungsort des heiligen Feuers.

अग्न्यन्त m. Rand des Feueraltars Çulbas. 2,24.

अग्न्यन्वाधान n. das Hinzulegen von Brennholz Kâtj. Çr. 2,1,2.

अग्न्यागार m. = अग्न्यगार.

अग्न्यात्मक Adj. (f. °त्मिका) Agni's Natur habend.

अग्न्याधान und अग्न्याधेय n. das Anlegen des heiligen Feuers. अग्न्याधेयरूप n. Çat. Br. 11,1,8,7. °शर्करा f. 12,8,4,11. °हविस् 12,1,8,1.

अग्न्याधेयिक Adj. (f. ई) wohl fehlerhaft für आ° Comm. zu Kâtj. Çr. 4,11,12.

*अग्न्यालय m. wohl = अग्न्यगार.

अग्न्याहित Adj. der das heilige Feuer angelegt hat.

अग्न्युक्थ n. Agni-Spruch Kâtj. Çr. 18,3,2.

*अग्न्युच्छिष्ट n. Asche Gal.

अग्न्युत्पात m. eine feurige Erscheinung Karaka 1,8.

अग्न्युत्सादिन् Adj. der das heilige Feuer ausgehen lässt.

अग्न्युपस्थान n. Verehrung des Feuers.

अग्न्येध m. Feueranzünder.

*अग्मन् n. Kampf, Schlacht.

1. अग्र n. (ausnahmsweise m.) 1) Spitze, äusserstes Ende, Gipfel 93,10. — 2) das Oberste, Oberfläche. — 3) Anfang, Anbruch. — 4) das Vorzüglichste, Beste. — 5) *Menge; *ein best. Gewicht; *best. Almosen. — 6) अग्रम् mit einem Gen. oder am Ende eines Comp. vor, vor — hin: नीलस्तैर्नृपस्याग्रम् 128, 15. 24. (मम) चक्षुषो ऽग्रे प्राप्तः vor Augen R. 6,36, 73. — 7) अग्रेण a) vorn Çat. Br. 3,3,2,5. — b) mit Acc. vor Çat. Br. 4,4,5,9. — 8) अग्रे a) vorn, voran, vor sich 290,7. Spr. 7618. भू sich voranstellen Chr. 323,25. Mit einem Gen. oder am Ende eines Comp. vor, vor — hin, zu — hin 131,16. In der Reihenfolge von Gesprochenem oder Geschriebenem ist अग्रे unten, später. — b) vor so v. a. in Gegenwart von (Gen. oder im Comp. vorangehend) 144,10. 165,8. 310, 15. — c) am Anfange, zuerst, zuvörderst 19,18. 20. 27,26. 38,5. 47,18. — d) nach einem Abl. α) von — an (आ bis folgt) Çat. Br. 2,3,4,1. 3,1,2,10. 12, 6,4,41. — β) vor (zeitlich) Ait. Up. 4,3. M. 3,114.

2. अग्र 1) *Adj. der erste; der beste; überschüssig. — 2) f. आ measure of amplitude.

अग्रकर m. Finger und zugleich der erste Strahl 132,27. Çiç. 9,34.

*अग्रकाय m. Vorderkörper.

अग्रग Adj. vorangehend. Am Ende eines Comp. durch das Ende von — gehend.

अग्रगण्य Adj. würdig an der (die) Spitze von (Gen.) gerechnet (gestellt) zu werden.

अग्रगामिन् Adj. vorangehend.

अग्रच्छद m. Blattspitze Vikram. 64,4.

अग्रज 1) Adj. zuerst geboren. — 2) m. a) ein älterer Bruder. — b) ein Brahman. — c) *eine Krähenart Dhanv. — 3) *f. आ eine ältere Schwester.

*अग्रजङ्घा f. Schienbein.

अग्रजन्मन् m. 1) *ein älterer Bruder. — 2) ein Brahman. — 3) *ein Mann aus einer der drei oberen Kasten.

अग्रजा Adj. zuerst geboren.

*अग्रजातक und *°ज्ञाति m. ein Brahman.

अग्रजिह्व n. Zungenspitze.

अग्रज्या f. the sine of amplitude.

अग्रणी 1) Adj. (Nom. °णीस्, n. °णि) anführend, der erste, vorzüglichste 128,13. — 2) m. Name eines Agni.

अग्रणीति f. die erste Darbringung.

अग्रतस् 1) Adv. a) vorn, voran, vor sich, vor sich hin 291,17. 308,31. 311,23. कृ vor sich kommen lassen; voranstellen, vorangehen lassen (eig. und übertr.). — b) am Anfange, zuerst, zuvörderst. — 2) Praep. mit Gen. a) vor, vor — hin 40,1. — b) in Gegenwart —, im Beisein von 98,4. 180,5. 214,10.

*अग्रतःसर Adj. (f. ई) vorangehend.

अग्रतीर्थ m. N. pr. eines Fürsten.

अग्रदानिन् Adj. vorher für Andere bestimmte Gaben annehmend.

अग्रदिधिषु m. = अग्रेदिधिषु.

अग्रद्वीप N. pr. einer Insel.

अग्रनख Nagelspitze Spr. 86.

अग्रनासिका f. Nasenspitze; Schnabelspitze Ind. St. 8,376 (adj. Comp. f. आ).

अग्रपयोधर m. Brustwarze (adj. Comp. f. आ).

*अग्रपर्णी f. Carpopogon pruriens.

अग्रपा Adj. zuerst von Etwas trinkend.

अग्रपाक m. die Erstlinge einer Frucht Kâtj. Çr. 4,6,1.

अग्रपाद m. Fussspitze Çiç. 18,51.

अग्रपूजा f. die erste Ehre, Vorrang, Ehrengabe.

अग्रपेय n. Vorrang im Trinken, der erste Trunk.

अग्रप्रदायिन् Adj. zuerst reichend MBh. 5,40,33.

अग्रप्रशीर्ण Adj. am Gipfel zerbrochen Çat. Br. 11,1,8,6.

*अग्रबीज Adj. durch Ableger sich fortpflanzend.

अग्रभार्य Adj. ungreifbar, unfassbar.

अग्रभाग m. Obertheil, Spitze, Gipfel.

अग्रभुज् Adj. zuerst essend.

अग्रभू Adj. an der Spitze stehend.

अग्रभूमि f. oberstes Stockwerk Megh. 68.

अग्रमहिषी f. die erste, vornehmste Gemahlin eines Fürsten.

अग्रमांस n. 1) *Herz. — 2) Leberanschwellung.

अग्रयातर् Nom. ag. vorangehend.

*अग्रयान n. das Hinaustreten vor das Heer in der Absicht den Feind herauszufordern.

अग्रयायिन् Adj. vorangehend; der beste unter —.

अग्रयावन् Adj. vorangehend.

अग्रयोधिन् Adj. vorkämpfend, Vorkämpfer.

*अग्रलोहिता f. eine dem Spinat verwandte Gemüsepflanze.

अग्रवक्त्र n. ein best. chirurgisches Instrument.

अग्रवत् Adj. zuoberst befindlich.

अग्रवीर m. Hauptheld.

अग्रवेग m. Hauptströmung Karaka 1,8.

अग्रशस् Adv. von Anfang an.

अग्रसंध्या f. Morgenröthe.

अग्रसर Adj. vorangehend. Davon Nom. abstr. °ता f.

1. अग्रहन् Adj. vielleicht das Beste zerstörend.

2. *अग्रहन् m. ein Brahman auf der 3ten Lebensstufe.

अग्रहण Adj. nicht ausdrücklich erwähnt, — genannt.

अग्रहस्त m. 1) Finger. — 2) Spitze des Elephantenrüssels.

*अग्रहायण m. der Anfang des Jahres, der Monat Mârgaçîrsha. — Vgl. आ°.

अग्रहार m. ein mit bestimmten Vorrechten an Brahmanen verliehenes Grundstück.

अग्राक्षन् n. Seitenblick.

अग्रादन् Adj. zuerst essend ṚV.

अग्रानीक n. Spitze des Heeres, Vordertreffen.

अग्राम्यभोजिन् Adj. keine im Dorfe bereitete Speise geniessend Gaut. 3,28.

*अग्रायणीय n. Titel der 2ten der 14 älteren Schriften der Gaina.

अग्राशन Adj. vor Jmd (Abl.) essend.

अग्रासन n. Ehrensitz Ind. St. 13,406.

अग्राहिन् Adj. nicht fassend (von Werkzeugen und Blutegeln).

अग्राह्य Adj. 1) *nicht zu packen, — fassen:* मूर्धसु Mṛkkh. 122,20. *nicht fassbar* Spr. 75. — 2) *nicht wahrnehmbar* 86,21. *nicht begreifbar* Spr. 75. — 3) *nicht anzuerkennen* MBh. 13,103,9.

अग्राह्यक Adj. *unfassbar, unerkennbar* MBh. 12,81,1.

अग्राह्यत्व n. *Unwahrnehmbarkeit* Schol. zu Ǵaim. 1,3,22.

अग्राह्यनामका f. *einen unbegreiflichen Namen führend.* Davon Nom. abstr. °ता f. Dhûrtas. 78,1.

अग्रि m. ein zur Erklärung von अग्नि erfundenes Wort Çat. Br. 2,2,4,2. 6,1,1,11.

अग्रिम 1) Adj. (f. आ) a) *voranstehend, der vordere.* In der Reihenfolge von Gesprochenem oder Geschriebenem so v. a. *folgend.* — b) *der erste.* — c) *der älteste.* — 2) *f. आ *die Frucht der Anona reticulata.*

अग्रिय 1) Adj. a) *an der Spitze stehend, der erste.* — b) *vorzüglich;* n. *das Beste.* — c) *erstgeboren.* — 2) °यम् Adv. *vorn an* ṚV. 4,34,3. — 3) *m. *ein älterer Bruder.*

*अग्रीय 1) Adj. *vorzüglich.* — 2) m. *ein älterer Bruder.*

अग्रु Adj. (f. अग्रू) *ledig, unverheirathet.* Pl. f. Bez. *der Finger.*

अग्रेग und °गा (TBr. 2,4,7,6) Adj. *voran gehend.*

अग्रेगू Adj. *sich vorwärts bewegend.*

अग्रेणी Adj. *vorangehend, Anführer.*

अग्रेतन Adj. *vorn befindlich, nächst folgend.*

अग्रेत्वरी Adj. f. *voran gehend.*

अग्रेदिधिषु 1) m. *ein Mann, der in erster Ehe mit einer Wittwe verheirathet ist,* Gaut. 15,16 (°षू). Angeblich *ein Vater, der eine jüngere Tochter vor einer älteren verheirathet.* — 2) f. °षु und °षू *eine vor der älteren Schwester verheirathete jüngere Schwester.*

अग्रेपा und °पू Adj. *voran —, zuerst trinkend.*

*अग्रेवृ Adj. *etwa voran —, zuerst sich drehend.*

*अग्रेवण n. *Waldrand.*

अग्रेवध Adj. *treffend was vor Einem steht.*

अग्रेसर Adj. (f. ई) 1) *voran gehend:* मरणाग्रे° *im Tode.* — 2) *vorzüglich.*

*अग्रेसरिक Adj. *voran gehend.*

अग्रेसरी Adv. mit कर् *an die Spitze stellen.*

अग्रोपहरणीय Adj. *bezüglich auf das, was zuerst anzuwenden ist* (bei einem Kranken).

अग्र्य 1) Adj. (f. आ) *an der Spitze stehend* so v. a. *vorzüglich, der vorzüglichste* 91,21. 98,17. 130,30. Mit einem Gen. oder am Ende eines Comp. *der vorzüglichste, beste, erste unter* — 66,7. 97,12. Mit einem Loc. *ausgezeichnet in Etwas.* — 2) *m. *ein älterer Bruder.* — 3) *f. आ *die drei Myrobalanen* Vaidyaka.

अग्र्यतपस् m. N. pr. eines Muni.

*अग्लास्नु Adj. *gesund* Gal.

अघ 1) Adj. a) *schlimm, gefährlich.* — b) *mit Sünden beladen, verunreinigt.* — 2) n. a) *Uebel, Gefahr, Schaden.* — b) *Sünde, Schuld* 104,27. Spr. 7678. — c) *Unreinheit* (in rituellem Sinne). — d) *Schmerz, Leid.* — 3) f. अघा Pl. *das Sternbild* Maghâ.

अघकृत् Adj. *Schaden zufügend.*

अघघटितघटित Adj. *schlecht zusammengefügt* Spr. 79.

अघटिस्थान n. N. pr. einer Oertlichkeit.

अघदेव m. N. pr. eines Mannes.

*अघन Adj. *nicht dick, flüssig.*

अघमर्षण 1) Adj. *Sünden vergebend;* n. (sc. सूक्त) *ein best. Gebet* (wohl ṚV. 10,190) Gaut. 19,12. 24,10.12. — 2) m. N. pr. des angeblichen Verfassers von ṚV. 10,190. Pl. *seine Nachkommen.*

अघमार Adj. *schlimmen Tod bringend.*

*अघय्, °यति *sündigen.*

अघरुद् Adj. *hässlich heulend.*

अघर्मधामन् m. *der Mond.*

अघल Adj. (f. आ) *schlimm.*

*अघवत् Adj. *schuldvoll.*

अघविघातकर्तर् Nom. ag. *Sünden —, Schuld tilgend* 104,27.

अघविनाशिन् Adj. *dass.* Spr. 7833.

अघविष Adj. (f. आ) *gefährliches Gift führend.*

अघवृद्धिमत् Adj. *mit einem Wachsen der Sünde verbunden* Verz. d. Oxf. H. 272,b, No. 641.

अघशंस Adj. *Böses wünschend, auf Unheil bedacht, böswillig.*

अघशंसहन् Adj. *Böswillige vernichtend.*

अघशंसिन् Adj. *eine Schuld bekennend* R. 2,64,19.

अघहार m. *ein schlimmer Räuber, Räuberhauptmann.*

अघात m. *Nichtverletzung.*

*अघातिन् und अघातुक (Maitr. S. 1,4,7. 6,4) Adj. *nicht schädigend, unschädlich.*

अघापह Adj. *Sünden tilgend;* m. N. pr. eines Liñga.

अघाय्, °यति *Schaden zufügen wollen.* — Mit अभि *dass.*

अघायु Adj. *der Schaden zufügen will, boshaft.*

अघारिन् Adj. *nicht salbend* (die Haare).

1. अघाश्व Adj. *ein schlimmes Pferd habend.*

2. अघाश्व (अघ + अश्व von अश्) m. *wohl eine best. Schlangenart.*

अघासुर m. N. pr. eines Asura.

अघाहन् n. *Unglückstag* Çâñkh. 4,13,11.

अघृण Adj. *ohne Mitleid, hartherzig* 103,23.

अघोर 1) Adj. *nicht grausig.* — 2) m. *eine Form* Çiva's. — 3) f. आ *der 14te Tag in der dunklen Hälfte des Monats* Bhâdra.

अघोरघण्ट m. *ein Verehrer der* Devî *in einer best. Form.*

अघोरघोररूप Adj. *von nicht grausiger und zugleich grausiger Gestalt,* von Çiva.

अघोरचक्षुस् Adj. *kein grausiges Auge —, keinen bösen Blick habend.*

अघोररुद्र m. *eine Form des* Çiva Verz. d. Oxf. H. 44,b,13.

अघोरशिवाचार्य m. N. pr. eines *Lehrers.*

1. अघोष m. *Tonlosigkeit* (bei der Aussprache der harten Consonanten u. der verschiedenen Hauche).

2. अघोष Adj. *tonlos* (von Lauten).

अघोषमहाप्राणप्रयत्नवत् Adj. *mit Tonlosigkeit und starkem Hauche articulirt.*

अघोषवत् und अघोषिन् Adj. = 2. अघोष.

*अघोस् Voc. von अघवत्.

अघ्नत् Adj. *nicht tödtend, — verletzend* Gaut. 12,18.

अघ्न्य und अघ्निय, अघ्न्य und अघ्निय m. *Stier;* f. आ *Kuh.*

अघ्राणत्व n. *Geruchlosigkeit* (act.) Tattvas. 33.

अघ्रातर् Nom. ag. *nicht riechend* (trans.) Maitrjup. 6,11.

अघ्रेय Adj. *woran man nicht riechen darf.*

*अङ्क्, अङ्कते (लक्षणे. गत्यां लक्षणायाम्).

अङ्क m. (adj. Comp. f. आ) 1) *Haken.* — 2) *Biegung zwischen Arm und Hüfte, Brust, Schooss* 90,11. 97,9. 120,11. 184,29. — 3) *Seite, Nähe* 23,4. — 4) *ein best. Theil des Wagens.* — 5) *Mahl, Zeichen, Mahlzeichen, Brandmahl* 110,12. 249,3. अङ्कमुद्रा 118,8. — 6) *Zahlzeichen, Ziffer; Anzahl; Coefficient.* — 7) *die Zahlen eins und neun.* — 8) *Act* (im Schauspiel) 297,21. — 9) *eine besondere Art Schauspiel.* — *10) *Schmuck; Linie; Platz, Stelle; Vergehen; Körper.* — 11) Du. N. pr. zweier mythischer Wesen TS. 1,1,8,2. Tâṇḍja-Br. 1,7,5. Pâr. Gṛhj. 3,14,6.

अङ्ककरण n. *Brandmarkung* Gaut. 12,47.

अङ्ककार m. *ein von einer Partei zur Entscheidung einer Sache erwählter Kämpfer* Bâlar. 214,3. 5. 216,13. Davon °त्व n. Nom. abstr. 214,9. °कारी Adv. mit कर् *zu einem solchen Kämpfer erwählen* 17.

अङ्कच्छेद m. *Abschluss eines Actes* Bhar. Nâṭjaç.

18,15. 25. 29.

अङ्कतन्त्र n. Titel eines Werkes.

अङ्कति m. 1) *Feuer. — 2) *Wind. — 3) *ein Brahman; *ein Brahman, der das heilige Feuer unterhält. — 4) N. pr. eines Mannes. — Vgl. अङ्गति.

अङ्कधारणा f. Geradehaltung der Brust Âçv. Çr. 1,1,9.

अङ्कन 1) Adj. (f. आ) Zeichen machend. — 2) n. Aufdrückung eines Mahls (auch bildlich); Brandmarkung.

अङ्कपात m. Conto Spr. 3038.

*अङ्कपालि und *°का f. Umarmung.

अङ्कपाली f. 1) dass. Ind. St. 14,156,2. — 2) *Amme. — 3) *Medicago esculenta.

अङ्कबन्ध m. Aufdrückung eines Mahls.

अङ्कभाज् Adj. in den Schooss kommend, zufallend.

अङ्कभृत् Adj. auf dem Schoosse haltend.

अङ्कमुख n. Exposition im Schauspiel.

अङ्कय्, °यति kennzeichnen, ein Mahl einbrennen, brandmarken Ind. St. 13,466, N. 1 (दलितास्पिष्ति मूलम्). अङ्कित gekennzeichnet, gebrandmarkt Chr. 99,4. 11. 20. 115,14. 118,15. 174,26.

अङ्कलक्षण n. Mahl, Brandmarke.

अङ्कलोड्य m. eine best. Pflanze.

अङ्कस् n. Biegung, Krümmung.

अङ्कसे Seite, Weiche (beim Rosse).

अङ्काङ्क n. Wasser.

अङ्कावतरण n. und अङ्कावतार m. Uebergang zu einem andern Acte, Vorbereitung der Zuhörer am Schlusse eines Actes zum folgenden Acte.

अङ्कास्य n. diejenige Schlussscene eines Actes, welche, indem sie eine Unterbrechung herbeiführt, den Uebergang zum folgenden Acte vermittelt.

अङ्किन् 1) Adj. einen Haken habend. — 2) *m. eine Art Tamburin. — 3) *f. °नी Collectivum.

*अङ्की f. = अङ्किन् 2).

*अङ्कुट und *अङ्कुटक m. Schlüssel.

अङ्कुप n. Wasser.

अङ्कुर (adj. Comp. f. आ) m. 1) junger Schoss, Sprössling 63,9. 183,4. junges Gras. — 2) Warze; vgl. मांसाङ्कुर. — 3) eine best. Frauenkrankheit. — 4) *Haar. — 5) *Wasser. — 6) *Blut. — 7) *Beryll Gal.

*अङ्कुरक m. Vogelnest.

अङ्कुरण n. das Aufschiessen, Aufgehen, Spriessen (auch übertr.).

अङ्कुरय् aufschiessen. अङ्कुरित aufgeschossen, aufgegangen, gesprosst: नयेनाङ्कुरितं शौर्यम् so v. a. vom Klugheit begleiteter Heldenmuth Spr. 3390.

अङ्कुरवत् Adj. mit jungen Trieben versehen.

अङ्कुराय्, °यते aufschiessen, spriessen 186,2.

अङ्कुली f. Kaiss Tâṇḍja-Br. 7,9,11. अकुली v. l.

अङ्कुश 1) m. *n. a) Haken, insbes. zum Antreiben eines Elephanten 185,12. — b) in übertr. Bed. so v. a. Sporn, Reizmittel, oder auch Mittel gegen Etwas. — c) eine best. Stellung der Hand. — d) *Clitoris Gal. — e) *Riegel oder Schlüssel Gal. — 2) *f. आ oder ई N. pr. einer Göttin bei den Gaina.

अङ्कुशग्रह m. Elephantentreiber.

*अङ्कुशदुर्धर m. ein auch mit dem Haken schwer zu leitender Elephant.

अङ्कुशित Adj. mit einem Haken angetrieben.

अङ्कुशिन् Adj. mit einem Haken versehen so v. a. an sich ziehend.

अङ्कूयत् Partic. Krümmungen —, Seitenwege suchend.

*अङ्कूर = अङ्कुर 1).

अङ्कूरय्, °यति = अङ्कुरय्.

*अङ्कूष m. Ichneumon.

अङ्केशय Adj. auf Jmdes Schoosse liegend, — sitzend.

अङ्कोट, अङ्कोठ, अङ्कोल und *अङ्कोलक m. Alangium hexapetalum.

*अङ्कोलिका f. Umarmung.

अङ्कोल्ल m. = अङ्कोट u. s. w.

अङ्कोल्लतीर्थ n. N. pr. eines Tîrtha.

*अङ्कोल्लसार m. ein best. Pflanzengift.

1. *अङ्क्य m. eine Art Tamburin. Vgl. अङ्किन्.

2. अङ्क्य Adj. zu zeichnen, zu brandmarken.

अङ्ख्, °यति (Partic. अङ्खयन्त्) umrühren, vermengen. — Mit परि Med. durcheinandermengen, zerstören ṚV.

अङ्ग्, अङ्गति gehen. — Vgl. पल्यङ्ग्.

1. अङ्ग Part. 1) gerade, nur, ein nächst vorhergehendes oder nur durch हि oder ईम् getrenntes, in der Regel am Anfange eines Stollens (anders 11,21) stehendes Wort hervorhebend 6,11. 19,27. 20,5. — 2) anrufend oder auffordernd 236,9. — 3) किमङ्ग vielmehr Spr. 2706.

2. अङ्ग m. N. pr. 1) Pl. eines Volkes und Landes (auch Sg.) 220,7. — 2) verschiedener Männer.

3. अङ्ग (adj. Comp. f. ई) n. (m. verdächtig) 1) Glied des Körpers, Körpertheil 167,30. 172,3. 230,16. मुख्याङ्गानि 251,27. acht Körpertheile 130,16. 137,30. sieben Kâṭh. 14,6. — 2) männliches Glied. — 3) Körper 47,24. 94,16. 93,8. 123,13. अङ्गं प्रदा sich (einem Manne) hingeben Ind. St. 14,153, Çl. 33. — 4) Glied —, Theil eines Ganzen, Bestandtheil 98,17. 206,27. — 5) unwesentlicher, secundärer Theil Daçak. 1,11. — 6) Anhang, ergänzendes Werk, insbes. die sechs zum Veda (शिक्षा, व्याकरण, छन्दस्, निरुक्त, कल्प und ज्योतिष) 72,30. Daher — 7) die Zahl sechs. — 8) Name der heiligen Texte der Gaina. — 9) Hülfsmittel 152,10. 285,23. — 10) in der Grammatik Thema, Stamm (aber nicht vor allen Suffixen) P. 1,4,13. 15. 17. — 11) *Geist.

*4. अङ्ग Adj. 1) mit Gliedern versehen. — 2) nahe, anstossend.

अङ्गक n. = 3. अङ्ग 1) 3) (Spr. 7043. 7657).

अङ्गग्रह m. Gliederschmerz Suçr. 2,232,7.

अङ्गग्लानि f. Erschlaffung des Körpers Mahâv. 69. Spr. 1637.

*अङ्गचप m. Perinaeum Nigh. Pr.

अङ्गज 1) Adj. a) im, am, aus dem Körper entstanden, daran haftend, körperlich. — b) *schön, hübsch. — 2) *m. a) Sohn. — b) Kopfhaar. — c) Geschlechtsliebe, der Liebesgott. — d) Trunkenheit. — e) Krankheit. — 3) *f. आ Tochter. — 4) *n. Blut.

अङ्गजनुस् m. Sohn.

अङ्गजात m. Sohn; Pl. Kinder.

अङ्गज्वर m. Gliederschmerz.

अङ्गण n. Hof.

अङ्गपादेव m. N. pr. eines Mannes B. A. J. 4,112.

अङ्गता f. Nom. abstr. zu 3. अङ्ग 1) Nâish. 67,12.

*अङ्गति m. 1) Feuer. — 2) ein Brahman; ein Brahman, der das heilige Feuer unterhält. — 3) Bein. Vishṇu's. — Vgl. अङ्कति.

अङ्गत्व n. Nom. abstr. zu 3. अङ्ग 3), 5) und 6) (Ind. St. 13,453, N. 2).

अङ्गद 1) m. N. pr. verschiedener Männer und eines Affen. — 2) f. आ a) *N. pr. des Weibchens des Weltelephanten des Südens. — b) Name der 14ten Kalâ des Mondes. — 3) n. (adj. Comp. f. आ) ein am Oberarm getragenes Geschmeide.

अङ्गदिन् Adj. ein Geschmeide am Oberarm tragend Ind. St. 13,383. Suçr. 2,170,18.

अङ्गदीय Adj. dem Aṅgada gehörig.

अङ्गदेय m. N. pr. eines Mannes.

अङ्गद्वीप m. N. pr. einer der kleineren Weltinseln.

अङ्गन 1) n. a) *Gang, Bewegung. — b) Hof. — c) N. pr. einer Stadt. — 2) f. आ a) Frau, Frauenzimmer. — b) Weibchen eines Thieres: गजाङ्गना, करिण्यङ्गना, भृङ्गाङ्गना (297,18), पिकाङ्गना Spr. 7097. — c) die Jungfrau im Thierkreise. — d) *N. pr. des Weibchens des Weltelephanten des Nordens oder des Südens.

*अङ्गनाप्रिय m. Jonesia Asoca.

अङ्गबन्धन n. das Einfangen: विहङ्गानाम् Spr. 7814.

*अङ्गबालिन् m. Büffel Nigh. Pr.

*अङ्गभ m. eine Reitart Gal.

*अङ्गभङ्ग m. = अङ्गचप Nigh. Pr.

अङ्गभञ्जन n. Seitenschmerzen.

अङ्गभाग m. Körpertheil Ind. St. 14,390.

अङ्गभू m. Sohn Çiç. 1,1.

अङ्गभेद m. Gliederreissen.

अङ्गमन्त्र m. ein unwesentlicher, secundärer Spruch Ind. St. 13,101. — Vgl. मूलमन्त्र.

*अङ्गमर्द, *°मर्दक und *°मर्दिन् m. der das Gliederreiben als Geschäft betreibt.

अङ्गमुद्रा f. eine best. Fingerstellung.

अङ्गमेजयत्व n. das Zittern des Körpers.

अङ्गयष्टि f. ein schlanker Körper.

*अङ्गरक्त m. eine best. Pflanze.

अङ्गरक्षक m. Leibwächter.

*अङ्गरक्षणी f. Panzer.

अङ्गरक्षा f. Leibwache.

*अङ्गरक्षिणी = अङ्गरक्षणी.

अङ्गराग m. (adj. Comp. f. आ) Puder, Salbe, Schminke 127,22. n. R. ed. Bomb. 2,118,18.

*अङ्गराज् m. König der Aṅga, Bez. Karṇa's.

अङ्गरुह् n. 1) Haar am Körper; Fell. — 2) Feder.

अङ्गलोक m. N. pr. einer Oertlichkeit.

अङ्गलोड्य m. Amomum Zingiber.

*अङ्गवस्त्रोत्था f. Kleiderlaus Gal.

अङ्गविकार m. Gebrechen des Körpers 230,16.

*अङ्गविकृति f. Ohnmacht.

*अङ्गविक्षेप m. Körperstellung.

अङ्गविद्या f. Chiromantie M. 6,50.

*अङ्गवैकृत n. Wink, Zeichen.

अङ्गव्यथा f. körperlicher Schmerz Kṣem. 6,8

अङ्गशस् Adv. in Theile Çat. Br. 3,8,3,10.37.

*अङ्गस् n. Vogel.

अङ्गसंस्कार m. und *°संस्क्रिया f. Pflege des Körpers. °संस्कारकर्म कर् sich putzen, sich schmücken.

अङ्गसंहिता f. die Saṁhitâ in Bezug auf das Verhältniss zwischen Consonant und Vocal in einem Worte TS. Prât. 24,2.

अङ्गस्पर्श m. Körperberührung (सह् mit) 154,23.

अङ्गहार (Kathâs. 97,33) und *°हारि m. Gesticulation.

अङ्गहीन 1) Adj. dem ein Glied fehlt. — 2) *m. der Liebesgott (körperlos).

अङ्गहीनत्व n. Nom. abstr. von अङ्गहीन 1).

अङ्गहोम m. ein den Körpertheilen geltendes Opfer TBr. 3,8,22,4.

अङ्गाङ्गिभावसंकर m. in der Rhet. fehlerhafte Vermengung von Haupt- und Nebenbegriffen Kuval. 166,a (199,a).

*अङ्गाधिप m. Oberherr der Aṅga, Bez. Karṇa's.

अङ्गानुकूल Adj. (f. आ) dem Körper angenehm Mṛcch. 31.

अङ्गार 1) m. und ausnahmsweise n. Kohle (sowohl glühend, als kalt) 179,21. °निकर m. Kohlenhaufe Spr. 7781. — 2) *m. der Planet Mars. — 3) *m. ein best. Heilmittel. — 4) m. N. pr. eines Mannes, Pl. eines Volkes MBh. 6,9,60.

अङ्गारक 1) m. a) Kohle 176,17. — b) der Planet Mars. — c) das Männchen des Vogels Kâlikâ. — d) *weisser oder gelber Amaranth und Eclipta prostrata. — e) N. pr. eines Mannes, eines Rudra, eines Asura und *eines Piçâka (Gal.). — 2) *f. °रिका a) Zuckerrohrstengel. — b) Knospe der Butea frondosa. — 3) n. ein best. gegen Fieber angewandtes öliges Präparat.

अङ्गारककर्मान्त m. Kohlenbrennerei.

अङ्गारकचतुर्थी f. ein best. vierter Tag Verz. d. B. H. 134,2 v. u.

अङ्गारकतीर्थ n. N. pr. eines Tîrtha.

अङ्गारकदिन n. der 14te Tag in der dunklen Hälfte des Kaitra.

*अङ्गारकमणि m. Koralle.

*अङ्गारकर्कटी f. eine Art Gebäck Gal.

अङ्गारकर्मान्त m. = अङ्गारककर्मान्त MBh. 12, 140,11.

अङ्गारकारक und °कारिन् m. Kohlenbrenner.

*अङ्गाराङ्कित Adj. von अङ्गारक.

*अङ्गारकुष्ठक m. ein best. Heilmittel.

अङ्गारकेश्वरतीर्थ n. N. pr. eines Tîrtha.

अङ्गारगर्ता f. N. pr. eines Flusses.

*अङ्गारग्रन्थि m. eine best. Pflanze Gal.

अङ्गारजीविका f. Kohlengewerbe, d. i. ein Gewerbe, bei dem man Kohlen braucht.

*अङ्गारधानिका, *°धानी und *°धारिका (Nigh. Pr.) f. Kohlenbecken.

*अङ्गारपरिपाचित Adj. auf Kohlenfeuer geröstet.

अङ्गारपर्ण 1) m. Bein. Kitraratha's. — 2) *f. ई Clerodendrum Siphonanthus R. Br.

*अङ्गारपात्री f. Kohlenbecken.

*अङ्गारपुष्प m. Terminalia Catappa.

*अङ्गारपूरिका f. Brodkuchen, Laib Nigh. Pr.

*अङ्गारभक्षक m. der Vogel Kakora Gal.

*अङ्गारमञ्जरी und *°मञ्जी f. Caesalpina Banducella.

*अङ्गारमणि m. Koralle Gal.

*अङ्गारमण्डक m. eine Art Gebäck Gal.

अङ्गारवती f. N. pr. einer Tochter des Asura Aṅgâraka.

*अङ्गारवल्लरी und *अङ्गारवल्ली f. eine Karañga-Species, rother Abrus precatorius und Clerodendrum Siphonanthus R. Br. Nigh. Pr.

अङ्गारवार m. dies Martis.

*अङ्गारवृक्ष m. Terminalia Catappa Nigh. Pr.

*अङ्गारशकटी f. ein Kohlenbecken auf Rädern.

*अङ्गारसद्न n. Kohlenpfanne Nigh. Pr.

*अङ्गारसार m. Dalbergia Sissoo Roxb. Nigh. Pr.

अङ्गारावक्षयण n. Kohlenschaufel oder Kohlenzange Çat. Br. 14,9,4,19.

*अङ्गारि f. Kohlenbecken.

*अङ्गारित 1) Adj. verbrannt. — 2) f. आ a) Kohlenbecken. — b) Knospe. — c) Schlingpflanze. — 3) n. das Hervorbrechen der Knospen der Butea frondosa.

अङ्गारिन् 1) Adj. so eben von der Sonne verlassen. — 2) *f. °रिणी a) Kohlenbecken. — b) Schlingpflanze.

*अङ्गारीय Adj. zu Kohlen bestimmt.

*अङ्गार्या f. Kohlenhaufe.

*अङ्गिका f. Frauenjacke.

अङ्गिन् Adj. 1) mit Gliedern versehen; m. Besitzer von Gliedern oder Körpertheilen 230,18.252,8. ein mit Gliedern versehenes —, ein lebendes Wesen. — 2) mit allen Gliedern versehen. — 3) mit Hülfsmitteln versehen 152,13. von Hülfsmitteln begleitet 286,15. — 4) der wichtigste, Haupt-.

अङ्गिर m. N. pr. eines Mannes.

अङ्गिर m. 1) = अङ्गिरस् 1) 3). — 2) *Rebhuhn Nigh. Pr.

अङ्गिरस् m. 1) Bez. höherer Wesen, die als Vermittler zwischen Göttern und Menschen auftreten. Agni heisst der erste unter ihnen. — 2) Pl. Bez. des Atharvaveda. — 3) N. pr. eines Ṛshi. — 4) der Stern ε im grossen Bären 218,22. — 5) der Planet Jupiter Ind. St. 14,315. — 6) अङ्गिरसामयनम् ein best. Sattra Ind. St. 10,393.

अङ्गिरस m. = अङ्गिरस् 3).

अङ्गिरस्तम Adj. (f. आ) der würdigste unter den Aṅgiras.

अङ्गिरस्वत् Adv. wie Aṅgiras oder die A.

अङ्गिरस्वत् Adj. von den Aṅgiras begleitet.

अङ्गिरोवत् Adv. wie Aṅgiras Verz. d. B. H. 56,2.

अङ्गी (von 3. अङ्ग) Adv. mit कर् Act. mit Acc. 1) sich aneignen, Gewalt bekommen über. — 2) sich mit Jmd oder Etwas einverstanden erklären, sich gefallen —, über sich ergehen lassen, einwilligen 135,9. — 3) versprechen, zusagen, sich zu Etwas verpflichten 163,5. — 4) einräumen, zugestehen, annehmen. — 5) berücksichtigen, beherzigen. — Caus. mit doppeltem Acc. bewirken, dass Jmd einwilligt.

अङ्गीकरण n. *Einräumung, Zugeständniss, Annahme* 277,20. 279,30.

अङ्गीकार m. *dass.* 277,20. 281,28.

*अङ्गीकृति f. *dass.*

*अङ्गीय Adj. *auf die* Aṅga *bezüglich.*

अङ्गुरि und *°री f. *Finger, Zehe.*

*अङ्गुरीय und अङ्गुरीयक n. *Fingerring.*

अङ्गुल 1) m. n. *die Breite des Daumens als Längenmaass,* = $\frac{1}{24}$ Hasta 163,5. 217,16. = 14 Aṇu Çulbas. 1,4,5. — 2) *m. *Finger, Daumen.* *n. *Finger des Elephantenrüssels* Gal. — 3) *m. N. pr. eines Ṛshi, = Kâṇakja, = Kâtjâjana (Gal.).

अङ्गुलक am Ende eines adj. Comp. = अङ्गुल 1).

अङ्गुलि und अङ्गुली f. 1) *Finger, Zehe.* — 2) *Finger am Elephantenrüssel.*

अङ्गुलिका f. *eine Ameisenart.*

*अङ्गुलिज्ञ m. *Fingernagel* Gal.

*अङ्गुलितोरण n. *die zum Packen in Form eines Thorbogens gestellten Finger* Gal. — Vgl. अर्धचन्द्र.

अङ्गुलित्र und °त्राण n. *eine Art Fingerhut der Bogenschützen zum Schutz vor dem Anstreifen der Bogensehne.*

अङ्गुलिपर्वन् n. *Fingergelenk.*

अङ्गुलिप्रणेजन n. *Waschwasser für die Finger.*

अङ्गुलिमुख n. *Fingerspitze* Çiç. 9,64.

अङ्गुलिमुद्रा und *°मुद्रिका f. *Siegelring.*

*अङ्गुलिमोटन n. *das Knacken mit den Fingern.*

अङ्गुलिविन्यास m. *Fingerstellung* Verz. d. Oxf. H. 217,a, N. 2.

*1. अङ्गुलिषङ्ग m. *Berührung mit den Fingern.*

*2. अङ्गुलिषङ्ग Adj. (f. आ) *mit den Fingern berührt.*

*अङ्गुलिसंदंश (so zu lesen Hâr. 203) m. *zangenartig zusammengelegte Finger.*

अङ्गुलिस्फोटन n. *das Knacken mit den Fingern.*

*अङ्गुलीक n. *Fingerring.*

*अङ्गुलीग्रन्थि m. *Fingergelenk* Nigh. Pr.

अङ्गुलीपर्वन् n. *dass.* Kâtj. Çr. 3,4,9.

*अङ्गुलीफला f. *eine Bohnenart* Nigh. Pr.

*अङ्गुलीभव m. *Fingernagel* Nigh. Pr.

अङ्गुलीमुद्रा f. *Fingerabdruck, Fingerspur* 114,28.

अङ्गुलीय 1) m. N. pr. eines Mannes. — 2) n. *Fingerring.*

अङ्गुलीयक n. 1) *Fingerring.* — 2) **Zehenring* Gal.

*अङ्गुलीसंभूत m. *Fingernagel.*

अङ्गुल्यग्र n. *Fingerspitze* Çat. Br. 8,1,3,9. Spr. 87.

अङ्गुल्यग्रनख m. *Fingernagelspitze* Spr. 86.

अङ्गुल्यन्तर n. *Zwischenraum zwischen den Fingern* Kâtj. Çr. 9,4,11.

अङ्गुष्ठ m. 1) *Daumen; grosse Zehe.* — 2) = अङ्गुल 1).

अङ्गुष्ठपर्वन् n. *Daumengelenk* 73,29.

अङ्गुष्ठमूल n. *Daumenwurzel, der unterste Theil des Daumens* M. 2,59.

अङ्गुष्ठाग्र n. *Spitze des Daumens* Schol. zu TS. Prât. 23,17.

अङ्गुष्ठिका f. *ein best. Strauch.*

अङ्गुष्ठ्य Adj. *am Daumen befindlich.*

अङ्गेष्ठा Adj. *in einem Gliede sitzend.*

*अङ्गोञ्छ m. und *अङ्गोञ्छन n. *Handtuch* Gal.

अङ्गोर्मिन् Adj. *tönend, rauschend* (?).

(अङ्ग्य) अङ्गिय Adj. *in den Gliedern befindlich.*

*अङ्घ्, अङ्घते (गत्याक्षेपे).

*अङ्घ und अङ्घम् n. *Sünde.*

अङ्घारि m. N. pr. eines himmlischen Soma-Wächters.

अङ्घ्रि m. 1) *Fuss* 104,7. 132,29. — 2) *Fuss eines Sessels.* — 3) *Stollen* (metrisch). — 4) *Wurzel.*

*अङ्घ्रिकरक m. *Carissa Carandas Lin.* Nigh. Pr.

*अङ्घ्रिकवच n. *Schuh* Nigh. Pr.

*अङ्घ्रिग्रन्थिक n. *Wurzel des langen Pfeffers* Nigh. Pr.

अङ्घ्रिप m. *Baum* Vâsav. 45.

*अङ्घ्रिपर्णी *Hedysarum lagopodioides.*

*अङ्घ्रिपिच्छ m. *Taube* Gal.

*अङ्घ्रिवल्लिका f. = अङ्घ्रिपर्णी.

*अङ्घ्रिसंधि m. *Fussknöchel* Râǵan.

*अङ्घ्र्य m. *dass.* Nigh. Pr.

अच्, अञ्च्, अचति, °ते, अञ्चति, °ते 1) *biegen.* अञ्चित *gebogen; kraus, lockig.* — 2) *gehen.* संकोचमञ्चति त्वयि (d. i. सरसि) *kommen in, theilhaft werden* Spr. 7734. — 3) *verfahren, zu Werke gehen* Comm. zu TBr. 2,1,a,5. — 4) *in Ehren halten.* अञ्चित *ausgezeichnet, ausserordentlich.* — 5) अञ्चितम् Adv. *behutsam, aufmerksam.* °ाञ्चित häufig fehlerhaft für °ाचित (चि mit आ). — Caus. अञ्चयति *erregen, bewirken* Git. 10,11. — Mit अनु *nachgehen, folgen.* — Mit अप *fortdrängen, vertreiben.* — Mit अव, Partic. अवाञ्चित *gesenkt.* — Mit आ *biegen, krümmen.* Absol. आच्य 37,28. Partic. आक्न. — Mit उद् 1) *aufheben, in die Höhe ziehen; ausschöpfen, leeren.* Partic. उदक्न. — 2) *erregen, bewirken* Prasannar. 136,1 v. u. — 3) *sich erheben* Bâlar. 203,8. *ertönen.* — Caus. 1) *in die Höhe ziehen; erheben* Bâlar. 206,4 v. u. — 2) *ertönen lassen.* — Mit व्युद् Caus. (°अञ्चयति) *erheben* Viddhaç. 76,18. — Mit समुद् *in die Höhe heben.* Partic. समुदक्न. — Caus. °अञ्चयति *erregen, bewirken.* — Mit उप *schöpfen.* — Mit नि 1) *niederbiegen.* Partic. न्यक्न und न्यञ्चित. — 2) *sich beugen, sich senken, herabhängen* Bâlar. 64,9 v. u. 204,4. 208,8 v. u. — Mit उपनि *hinbiegen* Çat. Br. 11,4,8,1. — Mit परि *herumbiegen, umwenden* 19,1. — Mit प्रति Pass. *sich anschliessen an* Ait. Âr. 1,4,1. Partic. प्रत्यञ्चित *geehrt.* — Mit वि *auseinanderbiegen; ausweiten, ausbreiten.* — Mit सम् *zusammenbiegen, zusammendrängen.* Partic. समक्न.

अचक्र Adj. (f. आ) 1) *räderlos.* — 2) *der Räder nicht bedürfend, von selbst sich bewegend.*

अचक्रिवंस् Adj. *an einer* Krijâ *unschuldig.*

1. अचक्षुर्विषय m. *dem Auge sich entziehender Bereich* 93,20.

2. अचक्षुर्विषय Adj. *dem Gesichtskreis entzogen, mit dem Auge nicht zu bemeistern.*

अचक्षुष्क Adj. *augenlos* Çat. Br. 14,6,8,8.

*1. अचक्षुस् n. *ein böses —, unglückbringendes Auge.*

2. अचक्षुस् Adj. *augenlos* 273,5. 288,12. so v. a. *blind* Spr. 5760.

*अचण्डी f. *eine fromme (nicht böse) Kuh.*

*अचतुर Adj. *ohne Vier und ungeschickt.*

अचर und अचरन्त् Adj. *sich nicht von der Stelle bewegend, unbeweglich.*

अचरण n. *unrichtiges Benehmen* Çat. Br. 2,6,1,3.

अचरम Adj. *nicht der letzte, auf den stets ein Anderer folgt.*

अचर्मक Adj. *hautlos.*

अचल 1) Adj. (f. आ) *unbeweglich* (eig. und übertr.) 56,5. 93,13. 219,15. 286,31. Spr. 7637. — 2) m. a) *Berg* 219,16. 220,11. — b) **Nagel, Bolzen.* — c) N. pr. *des ersten der 9 weissen Bala bei den Ǵaina, eines Dichters und eines Lexicographen. — 3) f. आ a) *die Erde* 219,15. — b) Bez. *einer der 10 Stufen, die ein* Bodhisattva *zu ersteigen hat, bevor er* Buddha *wird.* — c) N. pr. einer der Mütter im Gefolge Skanda's und N. pr. einer Râkshasî.

*अचलकीला f. *die Erde.*

*अचलत्विष् m. *Cuculus indicus.*

अचलधृति f. *ein best. Metrum* Ind. St. 8,318. fg.

अचलन n. 1) *das sich nicht Bewegen, Verbleiben an einem und demselben Orte* Pańkat. 214,16. — 2) *das nicht Ablassen von* (Abl.) 137,16. Daçak. 2,12.

अचलन्त् Adj. *sich nicht fortbewegend von* (Abl.) Sarvad. 13,18.

अचलपुर n. N. pr. einer *Stadt.*

*अचलभ्रातर् m. N. pr. eines Gaṇâdhipa bei den Ǵaina.

अचलमति m. N. pr. eines Mâraputra Lalit. 394,16.

अचलस्वामिन् m. N. pr. eines Mannes B. A. J. 2,4,5.

अचलासप्तमी f. *der 7te Tag in der lichten Hälfte*

des Açvina und Mâgha.

अचलेश m. eine Form des Çiva.

अचषाल Adj. ohne चषाल Lâṭj. 8,5,7.

अचाक्षुष Adj. nicht wahrnehmbar Kap. 1,60.

अचाण्डाल m. kein Kâṇḍâla Çat. Br. 14,7,1,22.

अचामर Adj. ohne Fliegenwedel Sâh. D. 319,10.

*अचार m. kein Weg Gal.

*अचाह Adj. P. 5,2,100.

अचाल्य Adj. nicht von der Stelle zu rücken MBh. 13,35,20.

अचिकित्वंस् Adj. sich auf Etwas nicht verstehend.

अचिकित्स्य Adj. unheilbar, nicht wieder gut zu machen Gaim. S. 628, Z. 8.

*अचिक्कण Adj. nicht glatt, rauh.

1. अचित् f. Nicht-Geist, Materie Sarvad. 46,3. 4.

2. अचित् Adj. unverständig 14,4.

अचित Adj. ungeschichtet Çat. Br. 7,2,2,15.

अचित्त Adj. 1) ungesehen, unbemerkt. — 2) vernunftlos, unverständig, dumm Ind. St. 13,480.

अचित्तपाजस् und अचित्तमनस् m. N. pr. zweier Ṛshi Kâṭh. 9,12. Maitr. S. 1,9,1. 3. — Vgl. अच्युतपाजस् und अच्युतमनस्.

अचित्ति f. 1) Thorheit, Verblendung. — 2) ein Verblendeter.

अचित्र n. das Dunkel.

अचिन्ता f. das Nichtdenken an Etwas 161,19.

अचिन्तित Adj. unerwartet 145,23.

अचिन्तेन्द्रवर (?) m. N. pr. eines Mannes B. A. J. 10,54,16.

अचिन्त्य Adj. mit den Gedanken nicht zu erreichen, wovon man sich keine Vorstellung machen kann 300,31. Spr. 7620.

अचिर 1) Adj. nicht lang, kurz (von der Zeit). अचिरम् (am Anf. eines Comp. अचिर) Adv. vor Kurzem; in Kurzem, bald; in kurzen Zwischenräumen, wiederholt 187,13. अचिरेण und अचिरात् (65,16. 124,23. 139,6. 320,24) nach kurzer Zeit in Kurzem, bald. — 2) f. आ N. pr. einer Frau.

अचिरद्युति, °प्रभा, °भास्, *°रोचिस्, *अचिरांशु und *अचिराभा f. Blitz (von kurzem Lichte).

*अचिरोढा f. junge Ehefrau Gal.

अचिष्णु Adj. beweglich.

अचेतन Adj. (f. आ) vernunftlos, unverständig, seines Verstandes nicht mächtig, bewusstlos. Davon Nom. abstr. °ता f.

अचेतयितव्य Adj. nicht denkbar Ind. St. 1,165.

अचेतस् Adj. unverständig 67,3. bewusstlos.

अचेतान Adj. bethört, verblendet.

अचेष्ट Adj. regungslos. अचेष्टम् Adv. Spr. 91.

अचेष्टता f. Regungslosigkeit.

अचेष्टमान Adj. sich nicht bewegend, Nichts thuend Spr. 91, v. l.

अचैतन्य n. das Fehlen der Intelligenz, — des Bewusstseins MBh. 12,181,17.

अचोदक Adj. keine Anweisung enthaltend Gaim. 2,2,18.

अचोदन n. und °ना f. keine Anweisung Gaim. 4, 2,23. 1,2,27. 3,6,27. 5,3,16.

अचोदस् Adj. nicht antreibend.

अचोदस् Adj. unangespornt.

अचोदित Adj. nicht angewiesen Gaim. 3,2,3. 5, 2,17. Davon Nom. abstr. °त्व n. 3,8,35.

अचोद्यमान Adj. unangetrieben 162,3.

1. अच्छ (ausnahmsweise) und अच्छा Adv. nahe dabei, coram ṚV. 8,33,13. In Verbindung mit Verben der Bewegung, des Redens und Hörens zu, zu — hin, versus. Als Präp. mit Acc. (Loc. nur einmal).

2. अच्छ 1) Adj. a) klar, durchsichtig; blank, rein (auch übertr.). — b) lauter (ohne Zusatz) Kâraka 1,13. — 2) *m. a) Krystall. — b) eine best. Pflanze.

3. *अच्छ m. = भल्ल Bär.

अच्छन्दस् n. kein vedisches Lied Lâṭj. 3,1,31.

अच्छन्दस्कम् Adv. ohne das Wort छन्दस्.

*अच्छभल्ल m. Bär.

अच्छम्बट्कार m. das nicht Etwas Fehlenlassen Çat. Br. 11,3,4,2. 13,4,1,12. Maitr. S. 1,5,6.

अच्छल n. kein Betrug, Wahrheit Mudrâr. 46,13. °वादिन् Adj. wahr redend Hariv. 11638.

अच्छाच्छ Adj. vollkommen klar, — durchsichtig.

अच्छादीक्षित m. N. pr. eines Mannes.

अच्छाय Adj. schattenlos.

अच्छावाक m. der Einlader, N. eines best. Priesters, eines der drei Gehilfen des Hotar, Ind. St. 10,144. अच्छावाकचमस Kâtj. Çr. 9,12,13. °विप्रच्छ 14,16. 22,10,3. °पाद m. der Ort wo der A. ruft Vait. 16. °शास्त्र n. Titel eines Werkes. °सामन् n. Tâṇḍja-Br. 13,11,10.

अच्छावाकीय Adj. auf den Akkhâvâka bezüglich, ihm gehörig. — 2) n. das Geschäft —, Amt des Akkhâvâka.

अच्छिद्यमान Adj. nicht splitternd, nicht brechend.

अच्छिद्र 1) Adj. a) unbeschädigt, unversehrt, fehlerlos. — b) ununterbrochen. अच्छिद्रम् und अच्छिद्रेण ohne Unterbrechung, von Anfang bis zu Ende. — 2) n. N. eines Sâman.

अच्छिद्रकाण्ड n. N. eines Prapâṭhaka im TBr.

अच्छिद्रता f. Vollständigkeit Tâṇḍja-Br. 18,5,4. 21,7,5.

अच्छिद्रयामन् Adj. von ununterbrochenem Gange.

अच्छिद्रोक्थ Adj. dessen Sprüche lückenlos sind Ait. Br. 2,38.

अच्छिद्रोति Adj. vollkommenen Schutz gewährend.

अच्छिद्रोध्नी Adj. f. ein unversehrtes Euter habend.

अच्छिन्न Adj. 1) nicht abgeschnitten Pâr. Gṛhj. 1,16,3. — 2) unversehrt.

अच्छिन्नपत्त्र Adj. 1) mit unversehrten Schwingen versehen. — 2) unversehrte Blätter habend.

अच्छिन्नपर्ण Adj. unversehrte Blätter habend.

*अच्छुप्ता f. N. pr. einer Vidjâdevî.

अच्छुरिका f. Schild oder Rad.

अच्छेन Adj. genäht.

अच्छेदन n. das Nichtabschneiden Kâtj. Çr. 6,1,23.

*अच्छेदिक Adj. nicht verdienend abgehauen u. s. w. zu werden.

अच्छेद्य Adj. nicht abzuhauen Bhag. 2,24.

अच्छोक्ति f. Anrede.

अच्छोद 1) n. N. pr. eines Sees. — 2) f. आ N. pr. eines Flusses.

अच्युत und अच्युत (Çat. Br. von Agni und einer ihm geweihten Gabe) 1) Adj. a) nicht umfallend, feststehend, unerschütterlich (eig. und übertr.). — b) beständig, unvergänglich. — 2) m. a) Bein. Vishṇu's 104,24. 105,8. 200,14. — b) Bhauma, ein best. Erdgenius. — c) N. pr. eines Arztes und eines Dichters.

अच्युतकृष्णानन्दतीर्थ m. N. pr. eines Autors.

अच्युतक्षित् Adj. auf unerschütterlichem Grunde ruhend.

अच्युतचरित n. Titel eines Gedichts.

अच्युतच्युत् Adj. Unerschütterliches erschütternd.

*अच्युतज m. Pl. Bez. einer Klasse von Göttern bei den Gaina.

अच्युतजल्लकिन् m. N. pr. eines Autors.

अच्युतठक्कुर m. N. pr. eines Mannes.

*अच्युतदन्त und *अच्युतन्त m. N. pr. eines Mannes.

अच्युतपाजस् m. N. pr. eines Maharshi Taitt. Âr. 3,3,1. — Vgl. अचित्तपाजस्.

अच्युतभट्ट m. N. pr. eines Mannes B. A. J. 4,106,8.

अच्युतमनस् m. N. pr. eines Maharshi Taitt. Âr. 3,3,1. — Vgl. अचित्तमनस्.

अच्युतमूर्ति m. Bein. Vishṇu's.

अच्युतस्थल n. N. pr. eines Ortes.

*अच्युताग्रज m. Bein. Balarâma's und Indra's.

अच्युताश्रम m. N. pr. eines Mannes.

अज्, अजति und अजते (selten) 1) treiben, antreiben; wegtreiben. आजिम् einen Wettlauf anstellen. — 2) schleudern. — Mit अति hinübertreiben Lâṭj. 3,6,2. — Mit अप wegtreiben 1,12. — Mit अभि 1) hintreiben. — 2) vereinigen, verbinden. — Mit अव herabtreiben. — Mit आ 1) herbeitreiben. —

2) *fahrend herbeikommen.* — Mit अभ्या *herantreiben.* — Mit उद् 1) *heraustreiben* 3,17. — 2) *herausholen.* — Mit उप *herantreiben.* — Mit निस् *heraustreiben.* — Mit प्र *antreiben.* — Mit वि 1) *vertreiben.* — 2) *durchfurchen.* — Mit सम् 1) *zusammentreiben.* — 2) *feindlich zusammenbringen.* — 3) *zu Paaren treiben.*

1. अज 1) m. a) *das Treiben, Zug.* — b) *Treiber.* एकपाद् *der einfüssige, ein Genius des Sturmes.* — c) *Ziegenbock* Spr. 7696. — d) *Widder im Thierkreise.* — e) **penis* Gal. — f) Pl. N. pr. α) eines Volkes. — β) einer Klasse von Ṛshi MBh. 1,211,5. — g) N. pr. verschiedener Männer. — 2) f. अजा a) *Ziege* 31,12. 191,9. 239,18. 258,30 (gedeutet als *die Ungeborene, die Natur*). — b) *eine best. Pflanze, deren Knolle einem Ziegeneuter gleicht.*

2. अज 1) Adj. *ungeboren, von Ewigkeit her da seiend* 284,33. Çat. Br. 14,7,2,22. — 2) m. a) *der Ungeborene, Ewige,* Bez. eines uranfänglichen, ungeschaffenen göttlichen Wesens. Später Bez. Brahman's, Vishṇu's, Çiva's und *Kâmadeva's. — b) (in Folge einer gezwungenen Erklärung) *eine Art Getreide.* — c) *die Zeit.* — d) **der Mond.* — 3) f. अजा *die unerzeugte, ewige Natur.* Auch als Mâjâ gedeutet. — 4) n. आयवम् Name eines Sâman.

अजक m. N. pr. eines Asura und eines Fürsten (VP. 4,7,3).

अजकर्ण m. 1) *Ziegenohr.* — 2) *Pentaptera tomentosa.*

*अजकर्णक m. *Shorea robusta.*

*अजकव n. = अजकाव 3) Gal.

अजका f. 1) **eine junge Ziege.* — 2) **Ziegenwamme* Comm. zu Kâtj. Çr. 1,2,6. — 3) *eine best. Krankheit des Augensterns.*

अजकाजात n. = अजका 3).

अजकाव 1) Adj. *mit einer wammenähnlichen Verzierung versehen.* — 2) m. oder n. *ein best. giftiges Thierchen,* etwa *Scorpion.* — 3) m. n. **Çiva's Bogen.*

अजकूला f. N. pr. einer Stadt.

*अजक्षीर n. *Ziegenmilch.*

अजगन्धा f. *Ocimum villosum* Râǵan. 4,180. *Carum Carvi* Ratnam. 104.

*अजगन्धिका f. *Ocimum villosum.*

*अजगन्धिनी f. *Odina pinnata.*

अजगर 1) m. a) *eine grosse Schlange, Boa.* — b) N. pr. eines Asura. — 2) f. ई *eine best. Pflanze.*

अजगल्लिका f. *eine best. Kinderkrankheit.*

अजगव 1) m. N. pr. eines Schlangenpriesters. — 2) n. a) **Çiva's Bogen.* — b) *das mittlere Drittel der Mondbahn.* — Vgl. आजगव.

*अजगाव n. *Çiva's Bogen.*

अजघन्य Adj. *nicht der letzte, — schlechteste, der vorzüglichste.*

अजघ्नुषी Adj. f. *die nicht getödtet hat.*

*अजजीवन (Gal.) und *अजजीविक m. *Ziegenhirt.*

*अजटा f. *Flacourtia cataphracta* Râǵan. 5,92.

अजड 1) Adj. (f. आ) *nicht geistesschwach, bei Verstande* 134,6. °धी Adj. *verständig, klug* Bhâg. P. 7,5,46. — 2) *f. आ *Carpopogon pruriens* und *Flacourtia cataphracta.* — Vgl. अजटा und जटा.

*अजतुन्द n. P. 6,1,155, Sch.

1. अजत्व n. = अजात्व.

2. अजत्व n. *das Ungeborensein* Ind. St. 9,153.

*अजथ्या f. *gelber Jasmin.*

*अजदण्डी f. *eine best. Pflanze* Râǵan. 5,134.

*अजदेवता f. *das 25te Mondhaus,* Pûrvabhadrapadâ.

1. अजन 1) *Adj. *treibend.* — 2) m. Bez. Nârâjaṇa's. — 3) *n. *das Treiben.*

2. अजन Adj. *menschenleer;* n. *Einöde* 29,27. 28.

अजनजन्मन् m. Bez. Pragâpati's (*von* Nârâjaṇa *erzeugt*). °जन्मर्क्ष n. *das Mondhaus* Rohiṇî Bhâg. P. 10,3,1.

अजननि f. *das Nichtgeborensein* (bei Verwünschungen).

अजनयोनि m. Bez. Brahman's.

अजनाभ Bez. Bhâratavarsha's.

*अजनामक m. *eine best. mineralische Substanz.*

*अजनाशन m. *Wolf* Râǵan. 19,2.

*अजनि *Bahn.*

*अजन्य n. *ein Unglück verheissendes Naturereigniss.*

1. अजप m. *Ziegenhirt.*

2. अजप 1) Adj. (f. आ) a) *keine Gebete kennend* Gaut. 6,12. 15,18. — b) *ohne Murmeln der* Vjâhṛti Ait. Âr. 5,1,4. — 2) *m. *ein Brahman, der ketzerische Werke liest.* — 3) *f. *ein best. Zauberspruch,* = हंसमन्त्र.

*अजपथ m. vielleicht = अजवीथी.

*अजपद und *°पाद Adj. *ziegenfüssig.*

अजपार्श्व m. N. pr. eines Sohnes des Çvetakarṇa.

अजपाल m. 1) *Ziegenhirt.* — 2) N. pr. des Vaters von Daçaratha.

अजबन्धु? AV.

अजबस्त m. N. pr. eines Mannes Verz. d. Oxf. H. 55,b,22. — Vgl. अजवस्ति.

*अजभक्ष m. und *°भक्षा f. (Gal.) *eine best. Pflanze mit langen Stacheln* Râǵan. 8,27.

*अजभद्र m. *eine best. Pflanze* Gal.

अजमायु Adj. *wie ein Ziegenbock meckernd.*

*अजमार m. vielleicht N. pr. eines Mannes.

अजमीढ und °मीळ्ह m. N. pr. eines Mannes. Angeblich auch ein Bein. Judhishṭhira's. Pl. Name einer Völkerschaft.

अजमुखी f. N. pr. einer Râkshasî.

अजमोद m. und °मोदा f. *Carum Carvi (Kümmel), Apium involucratum (Eppich* Rosn. 2,97) und *Ligusticum Ajowan.*

*अजमोदिका f. *Ligusticum Ajowan.*

*अजम्भ m. *Frosch.*

1. अजय m. *Niederlage* in जयाजयौ.

2. अजय 1) m. a) Bein. Vishṇu's. — b) N. pr. eines Lexicographen, = °पाल. — c) *N. pr. eines Flusses in Râḍha. — 2) *f. आ a) *Hanf.* — b) N. pr. einer Freundin der Durgâ.

अजयगर्ग m. N. pr. eines Mannes.

अजयपाल m. N. pr. zweier Männer.

अजर्गीन Adj. AV. 12,2,53 fehlerhaft für अक्षोपीन.

अजय्य Adj. 1) *unbesiegbar.* — 2) **ungewinnbar.*

अजर 1) Adj. (f. आ) *nicht alternd, sich nicht abnutzend, ewig jung* 162,5. — 2) *f. आ a) *Aloe perfoliata* Râǵan. 5,49. *Flacourtia cataphracta* 90. *Argyreia speciosa* 3,106. — b) Bein. des Flusses Sarasvatî Nigh. Pr.

अजरत्व n. *das Nichtaltern* Ind. St. 9,153.

अजरस् (f. °सी), अजरायु und *अजरम् Adj. *nicht alternd.*

अजरामरत्व n. *ewige Jugend und Unsterblichkeit* Ind. St. 14,384.

अजर्य 1) Adj. *nicht alternd, — vergehend.* — 2) n. *Freundschaft.*

अजर्षभ m. *Ziegenbock.*

*अजलम्बन n. *Antimonium.*

अजलोम *Ziegenhaar* Çat. Br. 6,5,2,4.

अजलोमन् 1) n. dass. Çat. Br. 6,4,4,22. 7,5,2,13 (könnte überall auch °लोम n. sein). — 2) *m. *Carpopogon pruriens.*

अजलोमी f. = अजलोमन् 2).

अजवस् Adj. *nicht rasch.*

*अजवस्ति m. N. pr. eines Mannes. Pl. *seine Nachkommen.*

*अजवाह N. pr. einer Gegend.

अजवीथी f. *Ziegenbahn,* Bez. der Strecke der Mondbahn, welche die Mondhäuser Hasta, Ćitrâ und Viçâkhâ (oder Mûla, Pûrvâshâḍhâ und Uttarâshâḍhâ) umfasst.

अजशृङ्गी f. *Odina pinnata* und = कर्कटशृङ्गी Bhâvapr. 2,67,17.

*अजपी f. *Alaun* Nigh. Pr.

*अजस्तुन्द n. N. pr. einer Stadt.

अजस्र Adj. (f. आ) *nicht ermattend, ewig frisch* 20,13. अजस्रम् (43,21. Am Anfange eines Comp. अजस्र 98,14. 99,24) und अजस्रया Adv. *ununterbrochen, beständig, wiederholentlich* (mit einer Negation *niemals*).

अजहत्स्वार्था Adj. (f. आ) *seine ursprüngliche Bedeutung nicht aufgebend.* — Vgl. अजहल्लक्षणा.

अजहल्लक्षणा f. *eine Etwas mitteilbar ausdrückende Bezeichnungsweise mit Nichtaufgabe der ursprünglichen Bedeutung des Wortes* 279,10. 14.

*अजहल्लिङ्ग Adj. *sein ursprüngliches Geschlecht nicht aufgebend.*

*अजाकृपाणीय Adj. *nach Art der Ziege und der Scheere geschehen.*

*अजान्त्री f. *Ficus oppositifolia* Rāǵan. 11,136.

अजाक्षीर n. *Ziegenmilch* Çat. Br. 14,1,2,13.

*अजागर m. *Verbesina prostrata.*

अजागलस्तन m. *die* (zu Nichts nützende) *Zitze* (d. i. *Wamme*) *am Halse der Ziege.*

अजाग्रत् Adj. *ohne Wachen, nicht wachend* Ind. St. 9,131.

अजाङ्गल n. *feuchte Gegend* Suçr. 2,135,11.

अजाजि und अजाजी f. *Kümmel.*

*अजाजीव m. *Ziegenhirt.*

अजात Adj. *nicht geboren, noch nicht geboren.*

*अजातककुद् Adj. *dem der Buckel noch nicht gewachsen ist.*

अजातपक्ष Adj. *dem die Flügel noch nicht gewachsen sind* 77,10.

अजातरोम Adj. *noch unbehaart* MBh. 3,112,3.

अजातलोम्नी Adj. f. dass. so v. a. *noch nicht mannbar.*

अजातव्यञ्जन Adj. *dem der Bart noch nicht gewachsen ist.*

अजातव्यञ्जनाकृति Adj. *bei dem sich noch keine Spur von Bart zeigt* MBh. 1,137,33.

अजातशत्रु 1) Adj. *keine Feinde habend; dem kein Gegner gewachsen ist.* — 2) m. Bein. Judhishṭhira's und N. pr. verschiedener Männer.

अजातशोक Adj. *kummerlos* Çat. Br. 12,3,4,6.

अजातसार Adj. (f. आ) *kraftlos* R. ed. Gorr. 1,30,17.

*अजातारि m. Bein. Judhishṭhira's.

अजालुप Adj. *nicht klebrig* Suçr. 1,101,13.

*अजातौल्वलि m. *Ziegen-*Taulvali als *Neckname.*

अजात्व n. Nom. abstr. von अजा *Ziege.*

*अजाद m. N. pr. des *Hauptes eines Kriegerstammes.*

*अजादनी f. *eine Art Nachtschatten.*

अजानत् Adj. *nicht kennend, Etwas nicht wissend, unbekannt mit* (Acc.) 120,21. Spr. 99. fg.

अजामि und *अजानिक Adj. *unbeweibt.*

अजानुसम Adj. *höher oder niedriger als das Knie.*

*अजानेय 1) Adj. *furchtlos.* — 2) m. *ein Pferd von edler Race.* — Vgl. आजानेय.

*अजान्त्री f. *Convolvulus argenteus.*

अजापयस् n. *Ziegenmilch.*

*अजापाल (Gal.) und *अजापालक m. *Ziegenhirt.*

अजामि Adj. 1) *nicht verschwistert, nicht verwandt.* — 2) *Geschwistern nicht geziemend.* — 3) *nicht gleichartig, — parallel.*

*अजामिकृत् *Brühe* Gal.

अजामिता f. und अजामित्व n. *Nichtgleichförmigkeit, Abwechselung.*

अजामिल m. N. pr. eines Mannes.

अजावयः m. Pl. (31,20) und अजाविक n. Sg. (101, 23. 193,23. 24) *Ziegen und Schafe.*

1. *अजाश्व n. *Ziegen und Pferde.*

2. अजाश्व Adj. *Ziegen zu Rossen* (d. i. *zum Gespann*) *habend.*

अजासुत m. *Zicklein* Bhāvapr. 2,9,18.

*अजिका f. *junge Ziege.*

अजिगमिषत् Adj. *zu gehen nicht beabsichtigend* Sarvad. 10,4.

अजिज्ञासु Adj. *nicht wissbegierig* Tattvas. 37.

अजित 1) Adj. *unbesiegt.* — 2) m. a) *ein best. mächtiges Gegengift* (auch अजितं सर्पिः genannt). — b) *ein best. zu den Mäusen gezähltes giftiges Thier* (v. l. अजिर). — c) ein N. Vishṇu's. — d) Pl. N. einer Klasse von Göttern. — e) N. pr. einer der 7 Ṛshi im 14ten Manvantara und vieler anderer Personen. — 3) f. आ N. pr. eines Wesens im Gefolge der Devî.

अजितकेशकम्बल m. N. pr. eines Mannes.

*अजितबला f. N. pr. einer Göttin bei den Ǵaina.

अजितभृत्य Adj. *der seine Diener nicht im Zaum zu halten vermag.* Davon Nom. abstr. °ता f. Kir. 120.

अजितविक्रम m. Bein. Ḱandragupta's des Zweiten.

अजितशान्तिस्तव m. Titel eines *Lobliedes.*

अजितात्मन् Adj. *der sich nicht beherrscht.*

अजितापीड m. N. pr. eines Fürsten.

अजितेन्द्रिय Adj. *der seine Sinne nicht beherrscht* 93,18.

अजिन 1) n. *Fell* 22,15. 37,4. 94,1. *ein Schlauch oder Beutel von Leder.* — 2) m. N. pr. eines Sohnes des Havirdhâna VP. 1,14,8.

*अजिनपत्त्रा, *°पत्त्रिका und *°पत्त्री f. *Fledermaus.*

*अजिनफला f. *wohl eine best. Pflanze.*

अजिनयोनि 1) m. f. *die Stätte der Felle, d. i. Alles was Felle liefert.* — 2) *m. *Antilope.*

अजिनवासिन् Adj. *in ein Fell gekleidet.*

अजिनसंध m. *Kürschner.*

अजिनावती f. N. pr. einer Vidjâdharî.

*अजिनिन् m. *Brahmanenschüler* Gal.

अजिर 1) Adj. (f. आ) *rasch, beweglich.* अजिरम् Adv. — 2) m. a) *eine Mausart* (v. l. अजित). — b) *eine best. Verfluchungsceremonie.* — c) N. pr. eines Schlangenpriesters. — 3) *f. आ ein N. der Durgâ. — 4) n. a) *Hof* (am Ende eines adj. Comp. f. आ). — b) **Sinnesobject.* — c) **Frosch.* — d) **Wind.*

अजिरवती f. N. pr. eines Flusses.

अजिरशोचिस् Adj. *mit beweglichem Feuerschein.*

अजिराधिराज m. *der rasche Oberkönig.*

अजिराय्, °यते *rasch sein, eilen* ṚV.

*आजिरीय Adj. von अजिर.

अजिह्म 1) Adj. (f. आ) *nicht krumm, gerade; redlich* (von Personen und Thätigkeiten). अजिह्मम् Adv. *geradeaus* Gaut. 23,10. — 2) *m. a) *Fisch.* — b) *Frosch.*

अजिह्मग 1) Adj. *geradeaus gehend.* — 2) m. *Pfeil.*

अजिह्माग्र Adj. *mit einer geraden Spitze versehen.*

*अजिह्व m. *Frosch.*

अजिह्विका f. N. pr. einer Râkshasî MBh. 3, 280,45.

*अजीकव n. Çiva's *Bogen.*

अजीगर्त m. N. pr. eines Ṛshi.

अजीत Adj. *unversehrt; unverwelkt, frisch.*

अजीतपुनर्वण्य n. *Ungeschundenheit oder Wiedergewinnung* (*des Geraubten*).

अजीति f. *Unversehrtheit.*

अजीर्ण n. *Unverdaulichkeit, Indigestion.*

*अजीर्णजरणी n. *eine Art Curcuma* Nigh. Pr.

अजीर्णभुज् Adj. *der Gegessenes nicht verdaut hat* Bhâvapr. 1,91,15.

अजीर्णिन् Adj. *an Indigestion leidend.*

अजीर्ति f. *Unverdaulichkeit.*

*अजीला f. *das Weibchen einer Affenart* Gal.

अजीव Adj. *leblos* Bhâg. P. 3,29,25.

अजीवन Adj. *ohne Lebensmittel.*

अजीवनार्ह Adj. *nicht würdig zu leben* R. 2,38,7.

*अजीवनि f. *Nichtleben, Tod* (bei Verwünschungen).

अजीवत् Adj. *nicht lebend, — leben könnend, sich nicht ernähren könnend.*

अजीवित n. *Nichtleben, Tod* MBh. 1,158,33.

अजुगुप्सु Adj. *keinen Widerwillen gegen Etwas habend, nicht wählerisch* Ind. St. 16,63.

अजुर und अजुर्य (auch अजुरिय) Adj. *nicht alternd, unvergänglich.* °र्यम् Adv. ṚV. 1,146,4. 5,69,1.

अजुष्ट Adj. *unangenehm, widerwärtig, unheimlich.*

अजुष्टि f. *Unzufriedenheit.*

अजुह्वत् Adj. *nicht opfernd* TBr. 1,4,9,1.

अजूर्यत् Adj. *nicht alternd.*

अजेय 1) Adj. *unbesieglich.* — 2) m. a) **Terminalia Arǵuna* Nigh. Pr. — b) N. pr. eines Fürsten. — 3) n. *ein best. Gegengift.*

अजैकप m. = अजैकपद् und अजैकपादर्क्ष.

अजैकपद् (Nom. °पात्) und *°पाद् m. = अज एकपाद् (s. 1. अज 1,b) als N. eines Rudra und Bein. Vishṇu's.

*अजैकपाद्दैवत्य (Gal.) und अजैकपादर्क्ष n. *das unter* Aǵaikapad *stehende Mondhaus* Pûrvabhadrapadâ.

*अजैडक n. *Ziegen und Schafe.*

*अजोडुम्बरफला f. *eine best. Pflanze* Gal.

अजोष Adj. *kein Genüge habend, unersättlich.*

(अजोष्य) अजोषिय Adj. *nicht beliebt, — willkommen.*

*अज्जुका f. *Hetäre* (im Drama) Daçak. 2,68.

*अज्झटा f. *Flacourtia cataphracta.* — Vgl. अच्छटा.

*अज्झल m. *Kohle.*

अज्ञ 1) Adj. a) *unwissend, einfältig, dumm, unerfahren* 152,25. 159,12. 162,7. 238,18. 272,7. Spr. 7684. *keinen Verstand habend,* von Thieren und Unbelebtem. — b) angeblich *allwissend.* — 2) °म् Adv. *unvermerkt* Cit. im Comm. zu TBr. 3,380,3 v. u.

*अज्ञक Adj. (f. आ und अज्ञिका) *recht unwissend.*

अज्ञता f. *Unwissenheit, Dummheit* 187,8.

अज्ञात Adj. *unbekannt* 131,26. 281,4. Spr. 7622. *ungekannt als* Chr. 199,3. °भुक्त *was man ohne zu wissen gegessen hat.* अज्ञातम् Adj. *ohne Wissen von* (Gen.) 61,6. 73,10.

*अज्ञातक Adj. *recht unbekannt.*

अज्ञातकेत Adj. *unbekannte Absichten habend.*

अज्ञातयक्ष्म m. *verborgene Krankheit* (Ind. St. 9,400).

अज्ञाति m. *kein Blutsverwandter.*

1. अज्ञान n. 1) *das Nichtwissen; Unwissenheit, Unverstand* 211,32. 257,14. Spr. 110. 7853. अज्ञानात् und अज्ञानतस् *ohne Wissen* 43,9. 153,25. 28. — 2) Bez. *der Urmaterie als der letzten materiellen Ursache.* Je nachdem sie als ein Gesammt- oder als ein Einzelding betrachtet wird, steht ihr als ein von ihr bedingter Intellect der allwissende Gott oder der sogenannte Vernünftige (प्राज्ञ) gegenüber. 258,11. fgg.

2. अज्ञान Adj. *unklug, unerfahren* Spr. 112.

अज्ञानपूर्वम् Adv. *ohne Wissen* Gaut. 20,8.

अज्ञानबोधिनी f. Titel einer Schrift.

अज्ञानवत् Adj. *unwissend* Ind. St. 14,386.

अज्ञानाध्यापन n. *Unwissenheit und das Nichtunterrichten* Gaut. 21,12.

अज्ञानार्थ Adj. *nicht die Bedeutung «wissen» habend* 235,16.

अज्ञामि Adj. *keine Verwandte habend.*

अज्ञेय Adj. *nicht zu wissen, nicht erkennbar* 120, 11. Ind. St. 1,19.

अज्म m. und अज्मन् n. *Bahn, Zug.*

अज्यानि f. *Unversehrtheit.*

अज्येयता f. *Ununterdrückbarkeit* Çat. Br. 11,5, 7,1. Ind. St. 10,60. fgg.

अज्येष्ठ Adj. 1) *nicht der älteste* 201,20. Pl. *von denen keiner der älteste ist.* — 2) *nicht der beste* 195,32.

अज्येष्ठवृत्ति Adj. *sich nicht wie ein ältester Bruder betragend* 105,6.

अज्येष्ठिनेय Adj. *nicht der älteste aus der ersten Ehe des Vaters* Gaut. 28,10.

अज्र m. *Ebene, Flur, Gefilde* 7,18.

(अज्र्य) अज्रिय Adj. *auf der Ebene befindlich.*

अज्विन् Adj. *sich treibend, sich bewegend* Âçv. Ça. 6,5,2.

1. अञ्च् s. अच्.

2. °अञ्च् Adj. (*gebogen*) *gerichtet nach, zu.*

*अञ्चति m. 1) *Wind.* — 2) *Feuer.*

*अञ्चन n. 1) *das Biegen.* — 2) *Fussfessel für ein Pferd* Gal. — R. 6,96,24 wohl fehlerhaft für अञ्चल; ed. Bomb. 115,28 दृत्तानी चैव पी° st. नयनाञ्चनपी°.

अञ्चल m. *Saum —, Borte —, Zipfel eines Gewandes oder Tuches* Spr. 5802. 7813. — Vgl. नयनाञ्चल und लोचनाञ्चल.

*अञ्चितभ्रू f. *Weib* Râǵan. 18,5.

अञ्चु bei den Grammatikern Bez. von 2. °अञ्च् 231,26.

अञ्ज्, अनक्ति und अङ्क्ते 1) *salben, bestreichen, beschmieren;* Med. *sich salben, sich Salbe überstreichen* 13,16. 237,18. घृताक्त 192,1. रुधिराक्त 101, 32. — 2) *schmücken, ausrüsten;* Med. *sich schmücken.* — 3) *verherrlichen, ehren.* — 4) *an den Tag legen.* — Caus. *bestreichen.* — Mit अनु *bestreichen* 30,32. — Mit अन्तर् *in sich aufnehmen.* — Mit अभि 1) *salben, bestreichen;* Med. *sich salben, sich bestreichen* 237,18. तैललवणाभ्यक्त 218,4. — 2) *schmücken.* — Mit आ 1) *salben.* — 2) *glätten, ebnen.* — 3) *verherrlichen, ehren.* — Mit समा *gemeinsam salben* Kauç. 79. — Mit उद् (अनक्ति) *in die Höhe heben* Ṛv. 4,6,3. Gehört der Bed. nach zu अच्. — Mit उप *einschmieren.* — Mit नि 1) *einsalben.* — 2) Med. *hineinschlüpfen in* (अन्तर्). न्यक्त *in einem Andern enthalten, inhärirend.* — Mit प्रति 1) *bestreichen.* — 2) *schmücken.* — Mit वि 1) Med. *durchsalben.* — 2) Med. *sich salben, — herausputzen; sich ein Ansehen verschaffen.* — 3) *offenbaren, an den Tag legen* Spr. 7820. व्यक्त (s. auch bes.) *offenbar, sinnlich wahrnehmbar, verständlich.* व्यक्तम् Adv. *offenbar, deutlich; sicher, gewiss* 38,23. 180,2. 319,16. 326,7. — Caus. *offenbaren, an den Tag legen, klar machen* 190,18. Ind. St. 9,20. — Mit अनुवि *deutlich —, klar werden* (?) Comm. zu AV. Prât. 4,107. — Mit अभिवि Pass. *an den Tag treten, erscheinen* 287,30. अभिव्यक्त *offenbar, deutlich hervortretend.* °म् Adv. *offenbar.* — Mit सम् 1) *besalben, schmücken* 37,20. 21. — 2) *zubereiten, ausrüsten, ausstatten.* — 3) *verherrlichen.* — 4) *zusammenfügen, vereinigen.* — 5) *belecken, verzehren;* Med. *sich nähren mit* (Instr.), *geniessen.*

अञ्जक m. N. pr. eines Sohnes des Viprakitti VP. 1,21,11.

अञ्जन 1) n. a) *das Salben, Bestreichen, Beschmieren.* — b) *das Offenbaren, Klarmachen,* insbes. *der Bedeutung eines mehrdeutigen Wortes* Kâvjapr. 2, 19. — c) *Salbe.* — d) *schwarze Augensalbe und die dazu verwandten Stoffe,* wie z. B. *Antimonium* 83, 11. — e) **Dinte.* — f) **Nacht.* — g) **Feuer.* — h) *Bein. Çiva's Gal. — 2) m. a) **Hauseidechse.* — b) N. pr. α) eines Welterhalters. — β) einer mythischen Schlange. — γ) eines Fürsten von Mithilâ VP. 4,5,12. — δ) eines Berges. — 3) f. आ a) **eine Eidechsenart.* — b) N. pr. einer Frau und einer Affin (der Mutter Hanumant's). — 4) f. ई a) **eine bosssirte weibliche Figur;* vgl. अञ्जलिकारिका. — b) *N. zweier Pflanzen Râǵan. 4,169. 6,132. — c) N. pr. der Mutter Hanumant's Bhâvapr. 1, 101,2 v. l.

अञ्जनक 1) *Adj. *das Wort* अञ्जन *enthaltend.* — 2) f. ई *eine best. Pflanze.* — 3) f. *अञ्जनिका a) *eine Eidechsenart.* — b) *eine Mausart* (fehlerhaft für अञ्जलिका).

अञ्जनकेश 1) Adj. (f. ई) *eine Mähne so schwarz wie Augensalbe habend.* — 2) *f. ई *ein best. vegetabilischer Parfum.*

*अञ्जनकेशी (°केशिनी?) f. *eine best. Pflanze* Gal.

अञ्जनगिरि m. N. pr. eines Berges Spr. 3468. — Vgl. कृष्णाञ्जनगिरि.

अञ्जनचूर्ण n. *pulverisirtes Antimonium* 217,5.

*अञ्जनत्रय und *°त्रितय n. *die drei Arten Kollyrium* Râǵan. 22,12.

अञ्जननामिका f. *Auswuchs am Augenlide.*

अञ्जनपर्वत m. N. pr. eines Berges Pańkat. 120,2.

अञ्जनपुर n. N. pr. einer *Stadt*.

*अञ्जनप्रभ m. *Moringa pterygosperma Gaertn.* Rāǵan. 7,28.

अञ्जनवृक्ष m. *ein best. Baum*: °दारुमय *aus dem Holze dieses Baumes gemacht* Pańkat. 10,7.

*अञ्जनागिरि, अञ्जनाचल und अञ्जनाद्रि m. N. pr. eines *Berges*.

*अञ्जनाधिका f. *eine Eidechsenart*.

*अञ्जनान्वय m. *ein Elephant mit besonderen Kennzeichen* Gal.

अञ्जनाभ m. N. pr. eines Berges.

*अञ्जनावती f. N. pr. des Weibchens des Weltelephanten Supratîka oder Añgana.

*°अञ्जल = अञ्जलि.

अञ्जलि m. *die beiden hohl und offen an einander gelegten Hände, zwei Handvoll* (auch als best. *Hohlmaass*) 37,9. °पान Adj. *aus den Händen trinkend*, मूषिकाञ्जलि *die an einander gelegten Vorderpfötchen einer Maus*, कुसुमाञ्जलि *zwei H. Blumen* 290,4. उदकाञ्जलि 107,23. अञ्जलिमात्र n. Çat. Br. 4,5,10,7. Die Hände hohl an einander legen und dieselben zur Stirn führen ist ein Zeichen der Ehrerbietung und Unterwürfigkeit. 96,12. अञ्जलिं कर् Spr. 7690 (Med.). Chr. 79,31. 170,25. बन्ध् 314,13.

अञ्जलिक 1) m. *eine Art von Pfeilen*. — 2) *f. आ *eine junge Maus*.

अञ्जलिकर्मन् n. *das Aneinanderlegen der hohlen Hände* (als Zeichen der Ehrerbietung).

*अञ्जलिकारिका f. 1) *eine bossirte menschliche Figur*; vgl. अञ्जन 4) a). — 2) *Mimosa pudica*.

अञ्जलिपात m. = अञ्जलिकर्मन्.

*अञ्जलिशुक्ति f. *zweischalige Muschel* Rāǵan. 13,132.

अञ्जली Adv. mit कर् *die Hände hohl an einander legen*.

अंञ्जस् 1) n. a) *Salbe, Mischung*. — b) Name eines Sâman Ârsh. Br. 2,1,1. — 2) Acc. Adv. *rasch, plötzlich, alsbald*. — 3) अंञ्जसा Instr. Adv. a) *stracks, gerades Weges, geradeaus*. — b) *alsbald, sogleich*. — c) *in Wahrheit, der Wahrheit gemäss*.

अञ्जस 1) *Adj. *gerade, ehrlich*. — 2) f. ई *die Rasche*, N. eines in den Lüften gedachten Stromes.

अञ्जसायन Adj. (f. ई) *geradeaus gehend, — führend*.

अञ्जसीन Adj. (f. आ) dass.

अञ्जस्पा Adj. *alsbald trinkend*.

अञ्जःसव m. *beschleunigte Soma-Kelterung* 21,32. Çat. Br. 12,3,3,6 fgg.

*अञ्जहासा f. *eine kleine Traubenart*.

अञ्जि 1) Adj. a) *salbend* (ein Opfer). — b) *schlüpfrig* (vom penis). — 2) m. f. n. *Salbe, Farbe, Schmuck* 13,16.

अञ्जिक m. N. pr. eines Sohnes des Jadu.

अञ्जिन m. N. pr. eines Dânava.

अञ्जिमन्त् Adj. *gesalbt, geschmückt*.

अञ्जिव Adj. *schlüpfrig, glatt*.

*अञ्जिष्ठ und *अञ्जिष्णु m. *die Sonne*.

अञ्जिसक्थ Adj. *gefleckte Hüften habend*.

*अञ्जिहिषा f. *Verlangen zu gehen*.

अञ्जीर m. *Feigenbaum*.

अञ्जोगीन (Conj.) Adj. *stracks zum Ziele führend*.

अञ्जोविद्य n. N. eines Sâman.

अञ्ज्येत Adj. *schwarzweiss gefleckt*.

अट्, अटति *einen Streifzug unternehmen, herumschweifen, umherlaufen, durchirren*. भिक्षाम् *betteln gehen*. — Intens. अटाट्यते *hinundher irren, durchirren*. — Mit परि *herumschweifen, umhergehen, lustwandeln, durchirren* 107,27. Gaut. 9,32.

*अट्ट m. n. = उदग्र Gal.

अटन n. *das Hinundhergehen, Herumschweifen*.

अटनि und °नी f. *das eingekerbte Ende des Bogens* 145,13. — Vgl. आर्त्नी.

अटमान m. N. pr. eines Fürsten.

अटरूष, °रूष und °रूषक m. *Adhatoda Vasica Nees.* oder *Gendarussa vulgaris Nees.*

*अटवि und अटवी f. *Wald* 107,11. 27. 119,27.

अटविक m. *Förster*. Wohl fehlerhaft für आटविक.

अटवीबल n. *ein aus Waldbewohnern bestehendes Heer* Spr. 3610.

अटवीशिखर m. Pl. N. pr. eines Volkes MBh. 6,9,48.

*अटा, *अटाटा und *अटाट्या f. *das Herumschweifen, Umhergehen* (als Bettler).

*अटाय्, °यते *herumschweifen, umhergehen*.

*अट्, अट्टते *überschreiten; tödten*. — Caus. *अट्टयति *geringschätzen*.

1. *अट्ट Adv. *laut*.

2. अट्ट 1) *Adj. *trocken*. — 2) m. a) *Wachtthurm*. — b) *Marktplatz*. — c) **Uebermaass*. — d) N. pr. eines Jaksha. — 3) *f. आ Vârtt. zu P. 3,1,17. — 4) n. **Speise*.

*अट्टक m. *Thurm*.

*अट्टट् Adv. *laut*.

अट्टट्टहास m. *lautes Lachen* Mârk. P. 80,21. अट्टट्ट° v. l.

*अट्टन n. *eine scheibenförmige Waffe*.

अट्टपतिभाग m. *Marktherrnantheil*, Bez. einer best. Steuer in Kaçmîra.

*अट्टस्थली f.

अट्टहसित n. *lautes Lachen*.

1. अट्टहास m. dass. 111,24.

2. अट्टहास 1) *Adj. *laut lachend*. — 2) m. a) Bein. Çiva's. — b) N. pr. eines Jaksha. — c) N. pr. eines Berges. — d) * = अट्टहासक Gal. — 3) f. आ Bein. der Durgâ.

*अट्टहासक m. *Jasminum hirsutum Lin.*

*अट्टहासिन् m. Bein. Çiva's.

अट्टहासेश्वरतीर्थ n. N. pr. eines Tîrtha.

अट्टहास्य n. *lautes Lachen*.

अट्टाट्टहास m. *lautes Lachen*. अट्टट्ट° v. l.

*अट्टाय्, °यते.

अट्टाल und °क 1) m. *Wachtthurm*. — 2) f. अट्टालिका a) **königlicher Palast*. — b) N. pr. einer Gegend.

अट्टालिकाकार m. *Maurer* (als Sohn eines Malers und einer unzüchtigen Çûdra-Frau).

*अट्टालिकाबन्धम् Adv.

अट्टिलिका f. N. pr. einer Stadt.

अट्टूर m. N. pr. eines Mannes.

अट्या f. *das Umherschweifen, Sichherumtreiben*.

*अठ्, अठति und °ते *gehen*.

अठिद m. Pl. N. pr. eines Volkes MBh. 6,9,64.

*अड्, अडति *sich anstrengen*.

°अड *Stachel, Spitze*.

अडकवती f. N. pr. einer mythischen Stadt Lalit. 247,10.

*अडगडा m. *eine best. Pflanze* Gal.

*अडिनी f. *Zehenschmuck* Gal.

*अड्ड्, अड्डति (अभियोगे, समसाव्योगे, समाधाने).

अड्डचल m. *ein best. Theil des Pfluges*.

*अड्डन n. *Schild*.

*अण्, अणति *tönen*. अण्यते *athmen*.

*अणक Adj. *klein, gering, verachtet*.

*अणकीय Adj. von अणक.

*अणव्य Adj. *mit Panicum miliaceum besäet*.

*अणि und *अणी m. f. 1) *Achsennagel*. — 2) *Ecke eines Hauses*. — 3) *Grenze*.

अणिकर्तर् m. *das Subject im Nicht-Causativum* 223,21.

अणिमन् 1) m. a) *Dünne, Feinheit* Çat. Br. 14,7,2,20. — b) *Magerkeit*. — c) *die feinsten Bestandtheile von Etwas*. — d) *die Zauberkraft sich unendlich klein zu machen*. — 2) अंणिमन् n. *das kleinste Stück*.

अणीयस् Adj. *kleiner, kürzer* Çulbas. 1,55.72.37.

अणिष्ठ Adj. *der feinste, kleinste; sehr fein, sehr klein*.

अणीचिन् m. N. pr. eines Mannes.

अणीमाण्डव्य m. N. pr. eines Rshi.

अंणीयंस् Adj. *feiner, kleiner; sehr fein, sehr klein, sehr gering*.

अणीयस Adj. = अणीयंस्.

अणीयस्क Adj. *feiner, dünner, kleiner.*

अणीयस्त्व n. Nom. abstr. von अणीयंस्.

*अणीव gaṇa सुखादि.

अणु 1) Adj. f. (अण्वी) *fein, dünn, schmal, sehr klein, von geringem Umfange* 54,22. 102,9. Çat. Br. 14,7,2,11. *sehr gering, unbeträchtlich; fein, subtil* in übertr. Bed. अणु Adv. *schwach.* अणुतर *sehr schwach.* — 2) m. a) *Panicum miliaceum.* — b) *Atom* Ind. St. 14,366. — c) *ein überaus kleiner Zeittheil,* = 2 Paramâṇu = 1/3 Trasareṇu Bhâg. P. 3,11,5. — d) *Spruch.* — e) * Bein. Çiva's. — f) N. pr. eines Sohnes des Jajâti; vgl. अनु. — 3) f. अण्वी *die Zarte, Feine,* Bez. des *Fingers.* — 4) n. *der vierte Theil einer Mora.*

अणुक 1) Adj. (f. आ) a) *überaus klein, — wenig.* — b) * *geschickt.* — 2) m. oder n. *Atom.*

अणुजङ्घ Adj. *kleinbeinig* Mantrabr. 2,5,6.

अणुता f. *Dünne, Verengerung.*

अणुतैल n. *eine Art Oel.*

अणुत्व n. *Kleinheit, Feinheit, atomistische Natur.*

*अणुभा f. *Blitz.*

अणुभाष्य n. Titel eines Werkes.

अणुमध्यबीज m. Titel einer Hymne.

अणुमात्रा f. *eine Viertel-Mora.*

अणुमात्रिक Adj. 1) *aus feinen Atomen bestehend.* — 2) *eine Viertel-Mora habend* Comm. zu TS. Prât. 19,4.

अणुमुख Adj. (f. ई) *kleinmäulig* 217,6.

अणुरक्त Adj. *fein und roth* Kauçikop. 8.

*अणुरेवती f. *Croton polyandrum.*

अणुवेदान्त m. Titel eines Werkes. °तत्त्वप्रकाश n. desgl.

अणुव्रत n. *eine kleine Pflicht* oder — *Gelübde* bei den Gaina.

अणुव्रतिन् (Conj.) m. *ein Mann, der diese Gelübde hält.*

*अणुव्रीहि m. *eine best. feinkörnige Reisart.*

अणुशस् Adv. *fein, in kleine Stückchen.*

अणुह m. N. pr. eines Sohnes des Vibhrâga.

अणूभाव m. *das Fein—, Dünn—, Schwachwerden.*

*अण्ठ्, अण्ठते *gehen.* °तृणापिठत Suçr. 2,458,11 wohl fehlerhaft für °तृणान्वित.

अण्ड 1) *m. n. a) *Ei* 53,1. 2. 152,1. 265,17. — b) *Hode* 146,9. — c) * *Hodensack.* — d) * *männlicher Same.* — e) * *Moschus.* — 2) m. Bein. Çiva's.

अण्डक n. 1) *Ei.* — 2) * *Hode.*

अण्डकटाह m. *die Schale des Welteis* VP. 2,4,96.

*अण्डकोटरपुष्पी f. *Convolvulus argenteus.*

अण्डकोश m. 1) * *Hodensack.* — 2) *das Weltei, Weltall* Spr. 7761.

*अण्डकोशक m. *Hodensack.*

अण्डगत Adj. *im Ei steckend* 75,20.

अण्डज 1) Adj. *aus einem Ei geboren* 268,12. 17. — 2) m. a) *Vogel* (अण्डज Ind. St. 14,3,2 fehlerhaft für आण्डज). — b) * *Schlange.* — c) * *Eidechse.* — d) * *Fisch.* — e) *eine best. Constellation* (= विहग) Varâh. Bṛh. 12,3. 5. — 3) *f. आ *Moschus.*

अण्डजेश्वर m. *Gebieter der Vögel,* Bein. Garuḍa's.

अण्डधर m. Bein. Çiva's.

*अण्डर् und davon *अण्डराय्, °यते.

अण्डवर्धन n. und अण्डवृद्धि f. *Anschwellung der Hoden.*

*अण्डसमुद्भवा f. *eine Eidechsenart* Gal.

*अण्डालु m. *Fisch.*

अण्डिन् Adj. *hodensackähnlich* Bhâvapr. 6,173,24.

*अण्डिर m. *Mensch* Gal.

*अण्डीर 1) Adj. a) *uncastrirt.* — b) *kräftig.* — 2) m. Bein. Indra's Gal.

अण्यन्त Adj. *nicht mit dem Character des Causativs* इ *versehen* 225,23.

अण्व n. *feiner Zwischenraum in der* Soma-*Seihe.*

अण्वत्त m. *eine Frage mit einer feinen, spitzfindigen Lösung* Çat. Br. 14,6,10,1.

अण्वी s. u. अणु.

अत्, अतति, °ते *gehen, wandern, laufen* 10,19. — Mit *अभि *besuchen, einkehren.* — Mit *अव *hinabgehen.* — Mit सम् *sich hinbegeben zu.*

अतच्छेषत्व n. *das nicht Ergänzung Sein davon, Selbstständigkeit.*

अतट m. *ein jäher Abhang, Abgrund* Çiç. 137.

अतत्त्व n. *Unwirklichkeit.* °तस् *nicht in Wirklichkeit, nur scheinbar* 274,11.

अतत्त्वज्ञ Adj. *die Wahrheit nicht kennend* Spr. 124.

अतत्पर Adj. *nicht das bezweckend.* Davon Nom. abstr. °त्व n. Daçak. 4,26.

अतत्संस्कारार्थ Adj. *nicht zu dessen Förderung dienend.* Davon Nom. abstr. °त्व n. Gaim. 6,4,15.

अतथा Adj. *nicht »ja« sagend, verneinend.*

अतथोचित Adj. *nicht so gewohnt, nicht gewohnt an* (Gen.).

अतथ्य Adj. *unwahr* Spr. 125.

अतदर्थ Adj. *nicht dazu dienend* Gaim. 1,2,1.

अतद्गुण 1) Adj. *nicht von dessen Eigenschaften.* Davon Nom. abstr. °त्व Gaim. 6,7,16. — 2) m. *eine rhetorische Figur, in der an einem Dinge eine bei ihm erwartete Eigenschaft oder Zustand negirt wird,* Kâvyapr. 10,52.

अतद्धर्मन् Adj. *nicht von dessen Eigenthümlichkeit.* Davon Nom. abstr. °र्मत्व n. Kap. 1,52.

अतद्विकार m. *keine Modification davon* Gaim. 1, 3,17.

*अतन und *अतनवस् Adj. *laufend, wandernd.*

अतनु 1) Adj. *nicht gering, — unbedeutend* Çiç. 105. Spr. 4472, v. l. 7623. — 2) m. *der Liebesgott, Geschlechtsliebe* Spr. 7623.

अतत्त्व n. *Nebensache, das worum es sich nicht handelt, das worauf es nicht ankommt.*

अतत्त्वी Adj. f. *saitenlos.*

अतन्द्र Adj. (f. आ) *unermüdlich.*

अतन्द्रचन्द्रक n. Titel eines Schauspiels Hall in der Vorrede zu Daçak. 30.

अतन्द्रित (91,18. 207,25) und अतन्द्रिन् Adj. *unermüdlich, unverdrossen.*

अतन्निमित्तत्व n. *das nicht Ursache Sein davon* Gaim. 1,1,24.

अतप m. Pl. Name einer Klasse von Göttern bei den Buddhisten.

अतपस् und अतपस्क Adj. *keine Kasteiungen übend.*

अतप्ततनू Adj. *dessen Körper (Masse) undurchglüht (roh) ist.*

अतप्यमान Adj. *kein Leid empfindend.*

अतमआविष्ट Adj. *nicht von Finsterniss erfüllt* Maitrjup. 6,24.

अतमस् Adj. *ohne Finsterniss* Çat. Br. 14,6,8,8.

अतमस्क Adj. *ohne die Qualität* तमस् Ind. St. 9,163.

अतमेरु Adj. *nicht schlaff.*

अतर्क Adj. *von spitzfindigen Erwägungen sich fern haltend* MBh. 13,23,19.

अतर्कित Adj. *an den oder woran man nicht gedacht hat, unerwartet* 123,14.

अतर्क्य Adj. *undenkbar, unbegreiflich* Spr. 4463.

अतल n. Name einer Hölle 268,4.

*अतलस्पर्श, *°स्पृश् und *अतलेस्पर्श (Gal.) Adj. *unergründlich.*

अतव्यंस् Adj. *nicht stärker, schwächer.*

1. अतस् Adv. 1) als Abl. von 1. अ *dieser* sowohl in subst. als in adj. (würde hier unbetont sein) Bed. Mit एकैक 32,8. भूयंस् 33,10. अधिक 182,23. उत्तर 34,20. पर 48,12. 328,7. 83. अतो ऽर्थात्, अतः स्थानात्. — 2) *von da, — hier* (örtlich und zeitlich); *darauf; von hier an, von nun an* 18,10. 27,10. 110,29. 24,20. 26,22. 35,20. 216,27. 247,24. अत ऊर्ध्वम् *nach dieser Zeit, darauf, alsdann, von da an, von nun an* 25,3. 37,3. 38,9. 199,32. अतः परम् *dass.* 191,26. 213,12. 216,11. *noch immer* 291,8. — 3) *in Folge dessen, daher, darum, also* 40,22. 79,8. 91,30. 95,24. 113,28. 153,18. 278,27. 279,30.

2. अतस् das Suffix तस् (z. B. in दक्षिणतस्; 232,5.

अतस 1) *m. a) Wind. — b) Geschoss. — c) Seele. — d) ein Gewand aus Bast. — 2) f. ई Linum usitatissimum (auch Crotolaria juncea). — 3) n. Gebüsch, Gestrüpp RV.

(अतसाय्य) अतसाय्य Adj. zu erbetteln, zu erbitten.

अतसि m. Bettler.

अतसुच् = 2. अतस् 232,6.

अतापकर Adj. keine Hitze —, keine Qual verursachend Spr. 7639.

अतापस m. kein Asket Çat. Br. 14,7,1,22.

अतार n. einer der 8 Gegensätze der Siddhi im Sâṁkhja Tattvas. 37.

अति 1) Adv. a) vorbei, vorüber. — b) über das gewöhnliche oder gehörige Maass: überaus, sehr, vorzüglich, in hohem Grade (2,18); allzu, allzusehr, allzuviel. — 2) Praep. mit Acc. über, über — weg, über — hinaus (im Raume, in der Zeit, an Zahl, an Macht, an Intensität einer Thätigkeit u. s. w.) 1,16. 4,25. 5,11. Mit Gen. (selten) über, oben an. — Mit Abl. (?) über. — 3) Adj. darüber hinausgehend Çat. Br. 6,6,1,1.

*अतिकठिनतण्डुल m. eine Reisart Gal.

अतिकठोर Adj. sehr rauh (Wind) Pañkat. 93,1.

*अतिकण्ट und *°क m. Tribulus lanuginosus und Alhagi Maurorum Nigh. Pr.

*अतिकथ Adj. 1) übertrieben, unglaublich. — 2) für den kein Gesetz mehr besteht.

*अतिकथा f. übertriebene, unwahre Erzählung.

*अतिकन्द (Gal.) und *°क m. ein best. Knollengewächs.

अतिकर्शन n. zu grosse Abmagerung Suçr. 1,323,1. °कर्षण gedr.

अतिकल्यम् Adj. zu früh am Tage.

अतिकल्याण Adj. (f. ई) unschön.

अतिकश Adj. der Peitsche nicht mehr gehorchend.

अतिकष्ट Adj. (f. आ) überaus streng (व्रत) Pañkat. 32,9. schlimmer: °तरम् Spr. 7717.

*अतिकामुक m. Hund Râgan. 19,12.

अतिकाय 1) Adj. a) einen sehr grossen Körper habend, von starkem Körperbau Suçr. 2,307,13. — b) von grossem Umfange überh. — 2) m. N. pr. eines Râkshasa.

*अतिकारक Adj. = अतिक्रान्तः कारकान्.

*अतिकारीषगन्ध्य Adj. Ind. St. 13,418.

अतिकिरिट (°किरीट Comm.) Adj. zu kleine Zähne habend TBr. 3,4,1,19.

*अतिकुत्सित Adj. sehr verachtet.

अतिकुपित Adj. sehr erzürnt 162,11.

अतिकुल्व und °कूल्व allzu kahl.

अतिकृच्छ्र m. eine best. zwölftägige Kasteiung.

अतिकृत Adj. 1) zu weit getrieben, übertrieben. — 2) ausserordentlich, überaus gross. °प्रमाण Adj. (= अतिकृत Comm.) MBh. 3,112,1.

अतिकृतार्थ Adj. überaus geschickt, — gewandt MBh. 3,86,18.

अतिकृति f. Uebermaass Vaitân. 138.

अतिकृश Adj. allzu mager.

अतिकृष्ण Adj. allzu oder sehr dunkelfarbig.

अतिकेसर m. Trapa bispinosa.

1. अतिकोप m. heftiger Zorn MBh. 3,286,14.

2. अतिकोप Adj. dessen Zorn vergangen ist.

अतिकोपसमन्वित Adj. heftig zürnend, sehr ergrimmt 108,3.

अतिक्रम m. 1) das Hinüberschreiten. — 2) Ueberschreitung des Maasses. — 3) das Verstreichen, Vorübergehen (der Zeit) 297,7. — 4) das Sichvergehen, Versehen, Missgriff 184,13. Gaut. 12,17. — 5) Uebertretung, Verletzung (eines Gelübdes), das Sichnichtkümmern um Etwas Gaim. 5,4,6. — 6) Nichtbeachtung, Vernachlässigung (einer Person). — 7) *fehlerhaft für अभिक्रम.

अतिक्रमण n. 1) das Vorübergehen Çat. Br. 11,4,3,3. — 2) das Ueberschreiten des Maasses, Zuvielthun. — 3) das Verstreichen (der Zeit) 70,2. — 4) das Ueberschreiten. — 5) *das Zubringen der Zeit.

°अतिक्रमिन् Adj. übertretend, verletzend.

अतिक्रान्तभावनीय Adj. Bez. eines Jogin auf einer best. Stufe.

अतिक्रान्तयोगिन् Adj. mit dem (factisch) vorübergegangenen (Monde) in (theoretische) Conjunction tretend.

अतिक्रुष्ट n. heftiges, verzweifeltes Geschrei.

अतिक्रूर Adj. überaus furchtbar, — schrecklich 53,17.

अतिक्रोश m. grosse Beschwerde Spr. 128.

*अतिखट्व Adj.

अतिखर Adj. sehr rauh, — scharf (von Tönen).

°अतिग Adj. 1) hindurchgehend, hinübergehend über, überschreitend, überwältigend 62,6. — 2) überschreitend so v. a. zuwiderhandelnd.

*अतिगण्ड Adj. 1) dickbackig. — 2) m. eine best. Constellation.

*अतिगन्ध 1) m. Michelia Champaca, eine Jasminart und ein duftendes Gras (भूतृण). — 2) n. Schwefel.

*अतिगन्धक m. eine best. Pflanze Gal.

*अतिगन्धालु m. eine best. Pflanze.

अतिगम्भीर Adj. überaus tief, unergründlich (dem Charakter nach).

अतिगर्व m. grosser Hochmuth Sâh. D. 139.

अतिगर्वित Adj. überaus hochmüthig Mârk. P. 88,24.

*अतिगव Adj. = गामतिक्रान्तः.

अतिगहन Adj. (f. आ) überaus tief Spr. 1047.

अतिगहनत्व n. Dichtigkeit Sâh. D. 12,5.

अतिगाढ Adj. sehr bedeutend (गुण) Sâh. D. 304,13. °म् Adv. zu sehr MBh. 4,4,36.

*अतिगार्ग्य m. ein vorzüglicher Gârgja Pat. zu P. 6,2,191.

अतिगुण Adj. ausserordentlich, ausgezeichnet. °ता f. Nom. abstr. Spr. 4821.

अतिगुप्त Adj. gut versteckt Spr. 6089, v. l.

अतिगुरु Adj. überaus gewichtig, gewichtiger als (Abl.) Spr. 7857.

*अतिगुहा f. Haemionites cordifolia Roxb.

*अतिगो f. eine vorzügliche Kuh.

अतिग्रह m. 1) der mächtigere Ergreifer, Bez. der den acht Graha entsprechenden Objecte oder Functionen Çat. Br. 14,6,2,1. — 2) das Ueberflügeln, Uebertreffen.

अतिग्राह m. = अतिग्रह 1).

अतिग्राह्य m. (sc. ग्रह) haustus insuper hauriendus, Bez. dreier Füllungen des Bechers, welche beim Soma-Opfer geschöpft werden, Ind. St. 9,233. Lâṭj. 3,6,11. Davon °त्व n. Nom. abstr. TS. 6,6,8,1 und °ग्राह्यवत् Adj.

अतिग्लान m. Pl. N. pr. eines Geschlechts. अभि° v. l.

अतिघन Adj. überaus dicht: °तर Pañkat. 148,5.

अतिघोर Adj. überaus furchtbar Kauç. 46. Vaṁçabr. 63.

अतिघ्नी f. die höchste Stufe Çat. Br. 14,8,1,22.

(अतिघ्न्य) अतिघ्निय Adj. am höchsten stehend AV. 11,7,16.

अतिचण्ड 1) Adj. sehr heftig (Wind) Varâh. Bṛh. S. 32,14. — 2) f. आ N. pr. einer Nâjikâ der Devî.

अतिचतुर Adj. überaus rasch 136,2.

अतिचन्द्र m. N. pr. eines Daitja.

अतिचन्द्रार्कभास्वर Adj. leuchtender als Mond und Sonne Hariv. 8971.

*अतिचमू Adj.

अतिचरण Adj. (f. आ) = प्राक्करण.

*अतिचरा f. Hibiscus mutabilis.

अतिचापल्य n. ausserordentliche Beweglichkeit.

अतिचार m. 1) *das Ueberholen. — 2) *vorzeitiger Eintritt eines Planeten in ein anderes Sternbild. — 3) Uebertretung.

अतिचारिन् Adj. sich vergehend Gaut. 22,35.

अतिचारु Adj. überaus lieblich Hit. 33.

अतिचिरम् Adv. *sehr lange* Lâṭj. 10,16,11.

अतिच्छत्र 1) *m. *Pilz* und Name *zweier anderer Pflanzen.* — 2) f. °त्रा *Anethum Sowa oder gemeiner Anis;* **Asteracantha longifolia Nees.*

अतिच्छत्रक 1) *m. Name *zweier Pflanzen.* — 2) f. °त्रिका *Anethum Sowa oder gemeiner Anis.*

अतिच्छन्द m. vielleicht *Rechthaberei.*

अतिच्छन्दस् 1) Adj. *frei von Verlangen* Çat. Br. 14,7,1,22. — 2) f. a) Bez. *zweier Reihen von Versmaassen.* — b) *ein best. Backziegel bei der Schichtung des Feueraltars* Ind. St. 13,262. — 3) n. = 2) f. a).

अतिच्छान्दस m. *ausgezeichneter Metriker* Ind. St. 8,279.

अतिच्छेद m. *das Splitterrichten.*

अतिजगती f. *ein Versmaass von* 4×13 *Silben.*

अतिजन n. *jenseits menschlicher Wohnsitze gelegener Raum.*

*अतिजर und *°जरस् Adj. *von hohem Alter.*

1. अतिजव m. *ausserordentliche Geschwindigkeit.*

2. अतिजव Adj. *sich sehr rasch bewegend.* Davon Nom. abstr. °ता f. *grosse Eile* Mudrâr. (n. A.) 45,4.

अतिजवनता f. *grosse Eile* Mudrâr. (n. A.) 78,1.

1. अतिजागर m. *zu langes Wachen* Âpast. Up. 27.

2. *अतिजागर m. *der schwarze Reiher.*

अतिजात Adj. *mit Vorzügen* (im Vergleich zu den Eltern) *geboren* Spr. 2378. fg.

अतिजीव Adj. *überaus lebenskräftig.*

अतिजीवन्मृतक Adj. *mehr todt als lebend* 106,8.

अतिज्वलस् Adj. *über dem Leuchtenden stehend* Ind. St. 9,155.

अतिडीन n. *schneller Flug* MBh. 8,1900. °डीनक n. dass. MBh. 8,41,27.

अतितपस्विन् 1) Adj. *überaus asketisch* 71,20. — 2) *f. °नी *eine best. Pflanze* Nigh. Pr.

अतितमाम् Adv. *in sehr hohem Grade* Schol.

अतितर° Adv. *überaus* Spr. 3801.

अतितराम् 1) Adv. a) *stärker, heftiger, besser.* — b) *überaus, in hohem Grade* 97,32. 170,9. — c) *ganz und gar* 285,9. — d) *mehr.* कान्त *lieblicher als* (Abl.) Spr. 6044. — 2) Praep. mit Acc. *über* (dem Range nach).

अतितर्पित Adj. *zu stark mit* तर्पण *behandelt* Bhâvapr. 2,153,21.

अतितानव n. *grosse Schmächtigkeit, — Magerkeit* Spr. 83.

अतिताम्र Adj. *dunkelroth* Taitt. Âr. 191,6.

अतितारिन् Adj. *hinübersetzend, — führend* 22,14.

अतितार्य Adj. *zu überwältigen.*

अतितितीर्षु Adj. *über Etwas hinwegzukommen wünschend.*

अतितीर्थ n. N. pr. eines Tîrtha.

*अतितीवा f. *eine Art* Dûrvâ-*Gras.*

अतितृप्ति f. *Uebersättigung.*

अतितृष्ण Adj. *von heftigem Durst gequält.*

अतितृष्णा f. *zu heftige Begierde* Spr. 129.

*अतितेजनी f. *eine best. Pflanze* (त्रिपर्णी) Nigh. Pr.

अतितेजस् 1) Adj. *überaus glanzvoll; von gewaltiger Kraft, — Macht* Spr. 6902. 1435. — 2) f. a) *Blitz* Suçr. 1,39,10. — b) *die 14te Nacht im* Karmamâsa Ind. St. 10,296.

अतितेजस्विन् Adj. = अतितेजस् 1) 106,4. Spr. 130.

*अतित्यद् und *अतित्वम् Adj.

अतित्वर् Adj. *sehr eilend* R. 4,15,18.

अतिथि m. 1) *Gast.* — 2) am Ende eines Comp. *obliegend; gelangt —, gekommen zu.* कर्णपथातिथि *zu Ohren gelangt* Râǵa-Tar. 7,1264. Vikramâṅkaé. 6,9. — 3) N. pr. eines Fürsten.

अतिथिक्रिया f. *die einem Gaste zukommende Ehrenbezeigung, Bewirthung.*

अतिथिचर्या m. N. pr. verschiedener Männer.

अतिथिता f. *Gastverhältniss* Naish. 22,45.

अतिथित्व n. 1) *Gastverhältniss.* — 2) am Ende eines Comp. Nom. abstr. von अतिथि 2): श्रवणपथातिथित्वमेति *so v. a. gelangt zu Ohren von* (Gen.) 302,28.

अतिथिदेव Adj. *den Gast verehrend.*

अतिथिधर्म m. *die gerechten Ansprüche eines Gastes.*

अतिथिधर्मिन् Adj. *Ansprüche auf den Namen eines Gastes habend.*

अतिथिन् 1) Adj. *wandernd.* — 2) m. N. pr. eines Fürsten.

अतिथिपति m. *Gastwirth, hospes.*

अतिथिपूजन n. und °पूजा f. *ehrenvolle Aufnahme eines Gastes.*

अतिथिमत् Adj. *das Wort* अतिथि *enthaltend.*

अतिथिव्रत Adj. *stets Gastfreundschaft übend* MBh. 13,31,11.

अतिथिसंविभाग m. *Gastfreundschaft.*

अतिथिसत्कार m. *Bewirthung eines Gastes.*

*अतिथ्यर्था f. dass. Gal.

अतिदग्ध Adj. *übermässig gebrannt* Suçr. 2,47,19.

अतिदत्त m. N. pr. *zweier Männer.*

अतिदन्तुर Adj. *zu sehr hervorstehende Zähne habend* TBr. 3,4,1,19.

1. अतिदर्प m. *grosser Uebermuth, arge Frechheit* Spr. 135.

2. अतिदर्प m. N. pr. einer Schlange.

अतिदर्शिन् Adj. *weit sehend.*

अतिदातर् Nom. ag. *gar zu freigebig* Spr. 174.

अतिदान n. 1) *zu grosse Freigebigkeit* Spr. 136. fg. — 2) *eine sehr grosse Gabe.*

अतिदान्त m. N. pr. eines Fürsten Hariv. 1,39, 58. अरिदान्त v. l.

अतिदारुण Adj. 1) *sehr hart* Suçr. 2,349,2. — 2) *sehr schrecklich* Ind. St. 9,459. °म् Adv. R. 2,64,31.

अतिदारुणता f. *ausserordentliche Heftigkeit* (der Hitze) Pat. 5,19.

अतिदाह m. *heftiges Brennen* 185,16.

*अपिदीप्ति f. *weiss blühende Vitex Negundo* Nigh. Pr.

*अतिदीप्य und *°क (Gal.) m. *Plumbago rosea.*

अतिदीर्घ Adj. *allzu lang.*

अतिदुःखान्वित Adj. *sehr betrübt* 69,18.

अतिदुःखित Adj. dass. Râǵa-Tar. 5,216.

अतिदुर्गामनु m. *ein best. Spruch.*

अतिदुर्बल Adj. *überaus schwach, — elend* Spr. 1478.

अतिदुर्मनायमान Adj. *sich stark grämend* Mâlav. 69,13.

*अतिदुर्लभ Adj. *sehr schwer zu erlangen.*

अतिदुर्वह Adj. *überaus schwer zu ertragen.* Davon Nom. abstr. °त्व n. Veṇis. 42,1.

अतिदुर्वृत्त Adj. (f. °त्ता) *sich sehr schlecht betragend* 140,6. R. 2,37,21.

अतिदुःश्रव Adj. *überaus unangenehm zu hören* Veṇis. 133.

अतिदुष्कर Adj. *überaus schwierig* 162,19. Spr. 4098, v. l. Veṇis. 19,13.

*अतिदुष्ट m. *Asteracantha longifolia* Nigh. Pr.

अतिदुस्तर Adj. *überaus schwer zu passiren* MBh. 3,283,14.

अतिदूर Adj. *sehr weit* Spr. 138. *zu weit entfernt* 3351. °त्व n. *weite Entfernung* 7849.

अतिदेव m. *ein mächtiger Gott.*

अतिदेविन् Adj. *leidenschaftlich Würfel spielend.*

अतिदेश m. *Uebertragung, Ausdehnung auf* 243, 6. 7. Njâjam. 8. 7. 7,1,1. fgg.

अतिदेशक Adj. *übertragend, ausdehnend auf* Comm. zu Njâjam. 7,3,20.

अतिदेशन n. *das Uebertragen, Ausdehnen auf* Njâjam. 7,3,8.

अतिदेश्य Adj. *zu übertragen, auszudehnen auf* Njâjam. 7,2,1. Davon Nom. abstr. °त्व n. S. 7.

अतिदेष्टव्य Adj. dass. Comm. zu Njâjam. 7,1,10. 8,1,10.

अतिद्युम्न Adj. *sehr ausgezeichnet, — bedeutend* Ait. Âr. 318,12.

अतिद्विलोपम् Adv. *mehr als zweimal* Gaut. 18,5.

अतिधनलुब्ध Adj. *sehr habsüchtig* Ind. St. 8,376.

अतिधन्वन् m. N. pr. eines Mannes.

अतिधूसर Adj. dunkelgrau H. 1327.

अतिधृति f. ein Versmaass von 76 Silben und später von 4 X 19 Silben. Daher auch Bez. der Zahl 19.

*अतिधेनु Adj.

अतिधैर्य n. übertriebener Ernst MBh. 4,4,37.

अतिननामिन् Adj. über dem nanâmin stehend Ind. St. 9,155.

अतिनामन् m. N. pr. eines der 7 Ṛshi im 6ten Manvantara.

अतिनाष्ट्र Adj. den Gefahren entronnen.

अतिनिचृत् f. ein best. Metrum.

अतिनिद्र Adj. überaus tief schlafend.

*अतिनिद्रम् Adv. über die Zeit des Schlafens hinaus.

°अतिनिद्रा f. Schlafsucht Gal.

अतिनिद्रालु Adj. sehr schlafsüchtig MBh. 3,286,20.

अतिनिर्दय Adj. ohne alles Mitleid Pañkat. 214,23.

अतिनिर्बन्ध m. grösste Angelegentlichkeit. °र्बन्धेन und °र्बन्धतम् angelegentlichst, auf's Dringendste 106,25. Kathâs. 26,161.

अतिनिर्मथन n. heftiges Quirlen MBh. 1,18,41.

अतिनिर्वसुत्व n. grösste Armuth Râǵa-Tar. 6,19.

अतिनिवृत् f. fehlerhaft für अतिनिचृत्.

अतिनिष्करुण Adj. über die Maassen grausam Çiç. 180.

अतिनिष्णात Adj. sehr erfahren Benf. Chr. 190,12.

अतिनीचैस् Adv. in überaus geneigter Stellung, gar zu ehrerbietig Spr. 3355.

अतिनीला f. N. pr. einer buddhistischen Göttin.

अतिनृसिंह Adj. über Nṛsiṁha stehend Ind. St. 9,153.

अतिनैरन्तर्य n. Ununterbrochenheit im strengsten Sinne des Wortes Comm. zu Ragh. 3,58.

*अतिनौ Adj. aus dem Schiff gestiegen, ausgeladen

अतिपक्व Adj. überreif, überständig Bhâvapr. 2,12,21.

अतिपञ्चगुण Adj. mehr als fünffach Gaut. 12,36.

*अतिपतन n. das Ueberschreiten.

°अतिपत्ति f. das Verstreichen.

*अतिपत्त्र m. ein best. Knollengewächs Râǵan. 7,80.

*अतिपत्त्रक m. Tectona grandis Râǵan. 9,130.

अतिपद Adj. mit einem überschüssigen Versfuss.

अतिपद्म Adj. mit grossen rothen Flecken versehen. अभिपद्म v. l.

*अतिपन्थास् Nom. m. ein guter Weg.

अतिपर Adj. (f. आ) auf अति folgend Ind. St. 8,467.

अतिपरिक्लिष्ट Adj. sehr leidend R. 4,24,17.

अतिपरिक्षत Adj. stark verwundet M. 7,93.

अतिपरिचय m. zu nahe Bekanntschaft, zu grosse Vertrautheit Spr. 139. fg. 7722.

अतिपरुष Adj. überaus rauh, — stechend.

अतिपरोक्ष Adj. sehr dem Auge entzogen, überaus dunkel.

अतिपात m. 1) das Weiterhinausweichen Ait. Br. 4,18. — 2) das Verstreichen. — 3) Versäumniss, Vernachlässigung. — 4) Angriff auf; s. गुणाति° und प्राणाति°.

अतिपातक n. Todsünde MBh. 13,63,16.

अतिपातिन् Adj. 1) einen schnellen Verlauf habend, acut. — 2) überholend 97,18. — 3) versäumend, vernachlässigend 213,15.

अतिपाद m. das Zuweitgehen, Ueberschreiten.

अतिपादनिचृत् f. ein best. Metrum. °निवृत् fehlerhaft.

अतिपार (Conj.) Adj. zu breit.

अतिपारग Adj. übersetzend, errettend. Wohl zu lesen अति पारगो नः.

°अतिपिच्छिल 1) m. eine Batate. — 2) f. आ Aloe perfoliata Nigh. Pr.

अतिपितृ Adj. den Vater übertreffend.

अतिपितामह Adj. den Grossvater übertreffend.

अतिपीडन n. heftiges Drücken Kathâs. 18,370.

अतिपीडित Adj. von einem Unglück verheissenden Gegenstande stark bedeckt Varâh. Bṛh. S. 53,81.

अतिपुण्य Adj. vollkommen rein, — unschuldig Spr. 7678.

अतिपुण्यवत् Adj. sehr glücklich Kathâs. 41,13.

अतिपूत Adj. zu sehr gereinigt.

अतिपूरुष m. ein grosser Held.

अतिपूर्व Adj. lange vergangen Spr. 7233, v. l.

अतिपेशल Adj. überaus geschickt, — gewandt Spr. 123, v. l.

अतिप्रकाश Adj. allgemein bekannt.

अतिप्रगे Adv. allzu früh am Morgen.

अतिप्रचण्ड Adj. überaus ungestüm.

अतिप्रणय m. zu grosse Vertraulichkeit.

अतिप्रणयन Adj. einem Andern (Abl.) entnommen Comm. zu Lâtj. 2,2,22.

अतिप्रताप m. grosse Hitze Suçr. 2,372,3.

अतिप्रपीडित Adj. zu stark gedrückt Suçr. 2,201,19.

अतिप्रबन्ध m. Ununterbrochenheit 90,9.

अतिप्रमाण Adj. (f. आ) von aussergewöhnlicher Grösse 42,11. R. ed. Gorr. 1,29,8. Kathâs. 11,44.

अतिप्रयुक्त Adj. sehr häufig gebraucht Vâmana 5,1,13.

अतिप्रवरण n. das Berufen in zu grosser Anzahl, Uebertreibung des Pravara.

अतिप्रवर्तिन् Adj. zu sehr den Lüsten fröhnend MBh. 1,140,70; vgl. 2,60,21.

अतिप्रवृद्ध Adj. 1) sehr vorgerückt (Alter) 49,13. — 2) allzu übermüthig 208,9.

अतिप्रश्न m. eine die Grenzen überschreitende Frage.

अतिप्रसक्त Adj. zu sehr an Jmd oder Etwas hängend Spr. 3330.

अतिप्रसक्ति f. und °प्रसङ्ग m. 1) zu starkes Hängen an, — Fröhnen. मृगयातिप्रसङ्गतस् im grossen Jagdeifer 112,14. — 2) zu weite Anwendbarkeit, zu weite Ausdehnung (einer Regel). — 3) (°प्रसङ्ग) das Zuweitgehen, übertriebene Weitschweifigkeit Vagis. 4,2. Râǵa-Tar. 4,54. 307.

अतिप्रसङ्गिन् Adj. zu sehr den Lüsten fröhnend MBh. 2,60,21; vgl. 1,140,70.

अतिप्रसिद्ध Adj. allgemein bekannt AK. 3,4,28,220.

अतिप्रस्ताव m. eine recht passende Gelegenheit.

अतिप्रहार m. starker Schlag, — Schuss MBh. 8,51,38.

अतिप्रांशु Adj. überaus hoch Prab. 21,10.

अतिप्राकृत Adj. ganz gewöhnlich, — gemein, — ungebildet 270,30.

अतिप्राचीन Adj. sehr alt Ind. St. 2,251.

अतिप्राप्ति f. zu weites Zutreffen Comm. zu TS. Prât. 3,1.

अतिप्राणप्रिय Adj. theurer als das Leben.

अतिप्रैषित n. die Zeit nach den Praisha's.

अतिप्रौढयौवन Adj. (f. आ) in der Blüthe der Jugend stehend 146,2.

अतिप्लवन n. das Hinübersetzen über (Gen.) Mârk. P. 74,10.

अतिबल 1) Adj. überaus stark, — mächtig 186,11. — 2) m. N. pr. eines Fürsten, eines Wesens im Gefolge Skanda's und einer buddhistischen Gottheit. — 3) f. आ a) Sida cordifolia und rhombifolia. — b) ein best. Zauberspruch. — c) N. pr. einer Tochter Daksha's.

अतिबलिन् Adj. überaus kräftig Kathâs. 38,132.

अतिबहिर्मुख Adj. sehr abgeneigt Comm. zu Bhâg. P. 10,32,7.

अतिबहु Adj. sehr viel Varâh. Bṛh. S. 51,29. Kathâs. 30,93. Comm. zu Kâty. Çr. 88,16.

अतिबहुप्रलाप Adj. sehr geschwätzig Bhâvapr. 1,83,16.

अतिबाल 1) Adj. (f. आ) überaus jung. — 2) eine zweijährige Kuh Prâjaçkittat.

अतिबाहु m. N. pr. eines Gandharva und eines der 7 Ṛshi im 14ten Manvantara.

*अतिबीज m. Mimosa arabica Nigh. Pr.

अतिबीभत्स Adj. *überaus ekelhaft, — widrig, — schlimm* R. 3,1,21. Mālatīm. 159,20. Vagis. 68,6. Mālav. P. 16,18.

अतिबृंहण Adj. *zu feist machend* Bhāvapr. 1,40,12.

*अतिबृहत्फल m. *Brodfruchtbaum* Nigh. Pr.

अतिब्रह्मचर्य n. *übertriebene Enthaltsamkeit, — Keuschheit.*

*अतिब्राह्मण m. *ein vorzüglicher Brahman* Ind. St. 13,342.

अतिभद्र Adj. *über dem* bhadra *stehend* Ind. St. 9,155.

अतिभय n. *grosse Gefahr* AK. 2,8,2,88.

*अतिभवती f.

अतिभानु m. N. pr. *eines Sohnes des* Kṛṣṇa.

1. अतिभार m. *schwere Last* 152,26. चिन्ता° *von Sorgen* 311,11. 10 v. u. *eine zu schwere Arbeit* Spr. 1926. 3307. 3587. R. 3,74,30. 5,23,22 (अतिभाव gedr.). नास्ति वचनस्यातिभारः so v. a. *eine ausdrückliche Bestimmung ist mächtiger als Alles.*

2. अतिभार 1) Adj. *sehr schwer* Çat. Br. 3,4,4,3, v. l. — 2) N. pr. eines Fürsten. °भार v. l.

*अतिभारग m. *Maulthier.*

अतिभाव fehlerhaft für अतिभार.

*अतिभी f. *Blitz.*

अतिभीरु Adj. *gar zu furchtsam.*

1. अतिभीषण Adj. *gar fürchterlich* 107,12.20. MBh. 1,177,21. Spr. 3906.

2. अतिभीषण Adj. *über dem* bhīṣaṇa *stehend* Ind. St. 9,155.

अतिभु Adj. *Alle überragend.*

अतिभूमि f. *Höhepunkt, hoher Grad.* °मिं गतो न शक्यते निवर्तयितुम् *zu weit gegangen* Kin. 178.

अतिभूरि Adj. *ausserordentlich viel* 220,30.

अतिभैरव Adj. *überaus grausig* 84,12. Venis. 73,13.

अतिभोजन n. *zu vieles Essen.*

अतिभ्रू Adj. *starke Brauen habend* Suçr. 2,314,20.

*अतिम Adj.

*अतिमङ्गल्य m. *Aegle Marmelos.*

*अतिमञ्जुला f. *Rosa glandulifera* Nigh. Pr.

1. अतिमति f. *Uebermuth.*

2. अतिमति Adj. *überaus klug.*

अतिमध्यंदिन n. *gerade die Mittagsstunde.*

अतिमनोरम Adj. (f. आ) *sehr reizend* Mālav. P. 97,19.

अतिमनोहर Adj. *dass.* R. 1,9,35.

अतिमर्त्य Adj. *übermenschlich.*

*अतिमर्याद Adj. *übermässig.*

अतिमलिन Adj. *sehr schmutzig, — gemein* 103,15.

अतिमहस् Adj. *über dem* mahant *stehend* Ind. St. 9,155.

अतिमहा° Adj. *überaus gross* Suçr. 2,397,14.

अतिमांस Adj. *zu fleischig.*

अतिमात्र Adj. *übermässig; keine Grenzen kennend.* °मात्रम् (am Anf. eines Comp. °मात्र) Adv. *über die Maassen, überaus, sehr* 175,30. 217,9. 316,8. °शस् *dass.*

अतिमान m. *Hochmuth, Uebermuth* Spr. 145.

*अतिमान्वस् m. *Taube* Gal.

अतिमानिन् Adj. 1) *hochmüthig.* — 2) *zartes Ehrgefühl besitzend* zu Spr. 3443.

अतिमानुष Adj. *übermenschlich* MBh. 1,154,1. 3,270,10. Rāja-Tar. 7,229.

अतिमार m. N. pr. eines Fürsten. °भार v. l.

अतिमारुत m. *heftiger Wind.*

अतिमिर्मिर Adj. *stark blinzelnd* TBr. 3,4,4,19.

अतिमुक्त 1) Adj. a) **frei von aller Begierde.* — b) **zeugungsunfähig.* Vgl. मुच् mit अति. — 2) *m. *Gaertnera racemosa, Diospyros glutinosa* (Nigh. Pr.) und *Dalbergia ougeinensis.*

अतिमुक्तक 1) m. = अतिमुक्त 2) und *Premna spinosa.* — 2) n. *die Blüthe einer dieser Pflanzen* Hariv. 2,89,20.

अतिमुक्तकमला f. ein Mädchenname Lalit. 351,18.

अतिमुक्ति f. *vollständige Befreiung.*

अतिमुखर Adj. *überaus geschwätzig* 181,22.

अतिमुद् f. *übergrosse Freude* Hir.

अतिमूढ Adj. *sehr thöricht* 251,32.

अतिमूत्रल Adj. *viel Urin erzeugend* Bhāvapr. 2,65,6.

अतिमूर्ति f. *eine best. Ceremonie.*

अतिमूर्धम् Adv. *übermässig* Āpast. Up. 21.

अतिमृत्यु Adj. *den Tod besiegend.*

अतिमृत्युमृत्यु Adj. *über dem* mṛtjumṛtju *stehend* Ind. St. 9,155.

अतिमृदुगमना f. N. pr. einer buddh. Göttin.

अतिमेमिष Adj. *die Augen aufreissend, stier blickend* TBr. 3,4,8,19.

अतिमैथुन n. *allzu häufiger Geschlechtsgenuss.*

अतिमोक्ष m. *vollständige Befreiung.*

अतिमोक्षिन् Adj. *sich losmachend, entrinnend.*

*अतिमोदा f. *Jasminum heterophyllum* Roxb.

अतियत्न m. *grosse Bemühung, — Anstrengung* Spr. 147.

अतियम m. N. pr. eines Wesens im Gefolge Skanda's.

अतियव m. *eine Gerstenart.*

अतियशा Adj. (f. आ) *von grossem Ruhm* MBh. 3,80,4.

अतियशस् Adj. *dass.*

अतियाज Adj. *fleissig verehrend, fromm.*

अतियुक्तता f. *grosse Geschicklichkeit* Sarvad. 13,19.

*अतियुवन् m. *ein beginnender Jüngling.*

*अतियूयम् Adj.

अतियोग m. *Uebermaass, Ueberfülle.*

अतिरंहस् Adj. *von ausserordentlicher Geschwindigkeit.*

*अतिरक्त 1) n. *Zinnober* Nigh. Pr. — 2) f. आ *eine der 7 Zungen des Feuers.*

अतिरक्तता f. *zu grosse Geneigtheit zu* (Loc.) Spr. 2238.

*अतिरक्ताङ्ग m. *ein best. Fisch* (चिलिचीम) Gal.

अतिरत्न n. *kostbarer Edelstein* Spr. 5910.

अतिरथ m. *grosser Kriegsheld.*

अतिरमणीय Adj. *sehr angenehm, — anmuthig, — schön* Spr. 148.

अतिरम्य Adj. *dass.* 104,28.

1. अतिरस m. *zu starker Grundton* (in einem Kunstwerke) Daçar. 3,29.

2. अतिरस 1) Adj. (f. आ) *sehr wohlschmeckend* Çiç. 5,63. — 2) *f. आ *Sanseviera ceylanica* Roxb. und *eine andere Pflanze.*

*अतिराजकुमारि Adj. *eine Prinzessin übertreffend.*

*अतिराजन् m. *ein vorzüglicher König* und Adj. *einen König übertreffend.*

*अतिराजय्, °यते *sich vornehmer als ein König gebärden.*

अतिरात्र 1) Adj. *übernächtig* 16,1. — 2) m. a) *übernächtiger Opferdienst*, Bez. einer der Grundformen des Soma-Opfers Ind. St. 10,352. — b) Bez. *der überschüssigen Tage im Sonnenjahr im Vergleich zum Jahre von 360 Tagen* Ind. St. 10,309.

अतिरिक्तता f. *Uebermaass.*

अतिरुच् f. *Fessel beim Pferde.*

अतिरुचिरा f. *ein best. Metrum.*

अतिरुष् Adj. *überaus zornig, wüthend* Spr. 7045.

*अतिरुह्या f. *eine best. Pflanze* (रोहिणी) Nigh. Pr.

*अतिरूढ m. *eine Bohnenart* Nigh. Pr.

1. अतिरूप n. *grosse Schönheit* Spr. 149.

2. अतिरूप Adj. (f. आ) *schön, hübsch* 121,8.

अतिरेक m. 1) *Ueberschuss, Ueberbleibsel.* — 2) *Uebermaass, hoher Grad.* Davon Nom. abstr. °त्व n.

अतिरेखा f. *ein best. Metrum.*

*अतिरै Adj. (n. °रि).

*अतिरोग m. *Schwindsucht.*

अतिरोगिन् Adj. *schwindsüchtig.*

अतिरोदन Adj. *heulerisch* Bhāvapr. 1,87,2.

अतिरोप्य Adj. *zu verpflanzen, verpflanzt werdend* Suçr. 1,196,14.

*अतिरोमश *wilde Ziege oder eine Affenart.*

अतिरौद्रता f. *sehr ungestümes Wesen.*

*अतिल und *°क Adj. *keinen Sesam erzeugend* Mahâbh. 6,82,a.

*अतिलक्ष्मी Adj.

अतिलङ्घन n. *übertriebenes Fasten.*

°अतिलङ्घिन् Adj. *überschreitend, ein Versehen machend bei.*

अतिललाटंतप Adj. *stark die Stirn erhitzend* Vidde. 82,11.

अतिललित Adj. *überaus anmuthig, — lieblich* 188,1.

अतिलाघव n. *grosse Leichtigkeit, — Gewandtheit* Ind. St. 14,381.

अतिलिका f. *ein best. Metrum.*

अतिलुब्ध Adj. *überaus gierig, — habsüchtig* 169, 26. Davon Nom. abstr. °ता f. Spr. 328.

अतिलोभ m. *heftiges Verlangen, Habgier* Spr. 150.

अतिलोभता f. *dass.* Spr. 328, v. l.

अतिलोम Adj. (f. आ) *überaus haarig.*

अतिलोमश 1) Adj. (f. आ) *allzu behaart.* — 2) f. आ *eine best. Pflanze.*

अतिलोल Adj. *überaus schwankend* Çiç. 10.

अतिलोहित Adj. *dunkelroth* Kumâras. 3,29. Çiç. 119. f. °लोहिनी Chr. 220,3.

अतिलौल्य n. *zu heftiges Verlangen, zu grosse Gier* 161,17.

अतिवक्तृ Nom. ag. 1) **geschwätzig.* — 2) *tadelnd, mit Worten beleidigend.*

अतिवक्र Adj. *in einem best. Stadium der rückläufigen Bewegung begriffen* (Planet). n. *eine solche Bewegung.*

*अतिवपुस् Adj.

अतिवर्तन n. *das Entgehen, Freikommen von.*

अतिवर्तिन् Adj. 1) *überschreitend, übersetzend* (mit Acc.). — 2) *übertretend, verletzend.* — 3) *nicht beachtend.* — 4) *überschlagend, aussetzend.*

*अतिवर्तुल m. *eine Erbsenart.*

अतिवर्तव्य Adj. *zu übergehen, — vernachlässigen.*

अतिवर्ष m. n. (MBh. 2,33,8) und °वर्षण n. *zu viel Regen.*

अतिवल्लभ Adj. (f. आ) *überaus lieb* Kathâs. 30, 112. Davon Nom. abstr. °त्व n. Vâṇîs. 36.

अतिवात m. *heftiger Wind* Gobh. 3,3,28.

अतिवाद m. 1) *hartes Wort, liebloses Urtheil, Lästerung* Spr. 151. fgg. — 2) *Machtwort, ein die Sache entscheidender Ausspruch* MBh. 3,31,7. — 3) liturgischer Name *des Verses* AV. 20,135,4.

अतिवादिन् Adj. *im Disputiren den Sieg davontragend.* भवति तेनातिवादी (so lese ich) Muṇḍ. Up. 3,1,2.

अतिवाह्य n. *das Verbrachtwerden.* निद्राति° Kathâs. 18,196.

अतिविकट 1) Adj. (f. आ) *ungeheuerlich, scheusslich* Sarvad. 178,11. — 2) m. **böser Elephant.*

अतिविद्धभेषज Adj. (f. ई) *Stichwunden heilend.*

अतिविधुर Adj. *in einem sehr kläglichen Zustande sich befindend* 187,17.

अतिविपुल Adj. *sehr gross, — umfangreich* Ind. St. 8,391.

अतिविलक्षण Adj. (f. आ) *ganz anders als sonst* Vidde. 62,2.

अतिविशुष्क Adj. *sehr trocken* Suçr. 2,349,2.

अतिविश्व m. N. pr. eines Muni.

अतिविषम Adj. *überaus gefährlich, — bösartig.* Mit Abl. *noch gefährlicher als* Spr. 6214.

अतिविषा f. *Birke und Aconitum ferox.*

अतिविषाद m. N. pr. eines Arztes.

अतिविष्णु Adj. *über* Vishṇu *stehend* Ind. St. 9,133.

अतिविसारिन् Adj. *umfangreich.*

अतिविस्तर m. *grösstes Detail, übertriebene Weitschweifigkeit* 290,15. Vikr. 3,6. Varâh. Bṛh. S. 1,9. °तम् *ganz ausführlich* Chr. 320,26.

अतिविस्तार m. *grosser Umfang.* °विस्तीर्ण *zu umfangreich* Pañkat. 243,21.

अतिविस्मयनीय Adj. *grosses Staunen erregend* Lalit. 293,13.

अतिवीत Adj. *über und über verhüllt* Ait. Âr. 468,20.

अतिवीर Adj. *über dem* Vîra *stehend* Ind. St. 9,133.

अतिवीर्यपराक्रम Adj. *von ausserordentlicher Tapferkeit und Macht* 105,28.

अतिवीर्या f. N. pr. einer buddhistischen Göttin.

अतिवृत्त Adj. *längst vergangen.*

अतिवृत्ति f. 1) *Ueberfluss, zu starker Erguss* (des Blutes). — 2) *Uebertretung, Nichtbeachtung.*

अतिवृद्ध Adj. *sich stark hervorthuend durch* (Instr.) R. 1,28,6.

अतिवृद्धि f. *starkes Wachsen, starke Zunahme.*

*अतिवृषल m. *ein vorzüglicher* Çûdra Ind. St. 13,342.

अतिवृष्टि f. *Uebermaass von Regen* 220,21.

अतिवेग m. *grosse Geschwindigkeit, — Hast* Râǵa-Tar. 3,406.

अतिवेगित Adj. *mit stark beschleunigter Bewegung* Sûrjas. 2,10.

अतिवेगिन् Adj. *sehr geschwind, reissend* Mârk. P. 74,10.

अतिवेदन Adj. (f. आ) *sehr schmerzhaft* Karaka 1,17.

अतिवेपथु Adj. *heftig zitternd* VP. 1,15,44.

अतिवेलम् Adv. *über die Maassen.*

अतिवोढृ Nom. ag. *der über Etwas* (Acc.) *hinüberführt.*

अतिव्यक्तम् Adv. *zu deutlich* TS. Prât. 17,8.

अतिव्यथन n. *das Verursachen von heftigen Schmerzen.*

*अतिव्यथा f. *heftiger Schmerz.*

अतिव्यय m. *Verschwendung* Spr. 134.

अतिव्याधिन् Adj. *durchbohrend, verwundend.*

अतिव्याप्ति f. *das Umfassen von zu Vielem.*

अतिव्रत Adj. *überaus —, zu fromm* Spr. 174.

अतिशंसना f. *das Weiteraufsagen* Ait. Âr. 1,4,1.

*अतिशकटि Adj.

*अतिशक्तिता f. *Besitz überaus grosser Kraft.*

अतिशक्र Adj. *über* Indra *hinausgehend, wie es nicht einmal bei* Indra *sich findet* MBh. 3,168,41. Am Anf. eines Comp. Adv. Ragh. 19,20.

अतिशक्वरी f. *ein Metrum von 60 Silben; später ein Metrum von 4 X 15 Silben.*

अतिशङ्कित Adj. *sich sehr scheuend vor* (Abl.) Mṛkkh. 116,12.

अतिशय 1) Adj. (f. आ) *hervorragend, besser, vorzüglicher als* (Abl.). — 2) m. a) *Ueberschuss, Ueberfluss, ein Mehr von Etwas* 249,24. वीर्यातिं° 99,18. 210,6. 211,28. 323,19. कस्यापि को ऽप्यतिशयो ऽस्ति *so v. a. Einer hat immer Etwas vor einem Andern voraus* Spr. 7605. अतिशयेन und अतिशय° *in höherem —, in hohem Grade, überaus* 177,21. 187,19. 304,28. — b) *Macht über* (Gen.) *so v. a. die Macht Etwas aus sich zu erzeugen* Comm. zu Brahmas. 2,1,18.

अतिशयन 1) Adj. (f. ई) *vorzüglich, ausgezeichnet.* — 2) *n. = अतिशय 2) a).

अतिशयवत् Adj. *die Macht besitzend, Etwas aus sich zu erzeugen.* Davon Nom. abstr. °वत्त्व n. Comm. zu Brahmas. 2,1,18.

अतिशयिन् Adj. = अतिशयन.

अतिशयोक्ति f. *Uebertreibung, Hyperbel* Kâvjâd. 10,14.

अतिशयोपमा f. *ein übertriebenes Gleichniss* (term. techn.) 248,18.

अतिशर्वर n. *Tiefe —, Mitte der Nacht.*

अतिशस्त्र Adj. *Waffen übertreffend.*

अतिशाक्वर Adj. *im Metrum* Atiçakvarî.

अतिशायन 1) Adj. *übertreffend.* — 2) = अतिशय 2) a).

अतिशायिन् 1) Adj. a) *übertreffend; gesteigert.* — b) *steigernd.* — 2) f. °नी *ein best. Metrum.*

अतिशिशिर Adj. *sehr kühl* Spr. 543.

अतिशीघ्र Adj. überaus rasch, — schnell.

अतिशीघ्रकारिन् Adj. allzu rasch wirkend Kâraka 1,12.

*अतिशीतम् Adv. über die Kälte hinaus.

अतिशीतल Adj. (f. आ) sehr kalt Suçr. 2,397,10.

अतिशुक्र Adj. allzu hell.

अतिशुक्रल Adj. stark auf Samenerzeugung wirkend Bhâvapr. 2,8,9.

अतिशुक्ल Adj. überaus weiss H. 1309.

अतिशुद्ध Adj. vollkommen rein (eig. und übertr.) 147,13. Spr. 155.

अतिशुष्क Adj. ganz ausgetrocknet, — dürr Hit.

*अतिशूक m. Gerste Nigh. Pr.

*अतिशूकत्र m. eine Waizenart Nigh. Pr.

अतिशून्य n. gesteigerte Leere, Bez. eines best. geistigen Zustandes beim Jogin.

अतिशूर m. ein gar zu Heldenmüthiger Spr. 174.

अतिशेष m. Ueberbleibsel. अतिशेषेण Kaind. Up. 6,15 fehlerhaft für अवि°.

*अतिशोभन Adj. überaus prächtig, — schön.

अतिशौच n. zu grosse Reinlichkeit Spr. 156.

अतिश्रम m. grosse Ermüdung Spr. 1493.

*अतिश्री Adj.

अतिश्रेष्ठ Adj. der allervorzüglichste. Davon Nom. abstr. °त्व n. Vorzug (mit Abl.).

अतिश्लक्ष्ण Adj. zu zart TBr. 3,4,1,19.

*अतिश्व Adj. (f. ई) einen Hund übertreffend; mehr als hündisch.

अतिश्वन् (?).

अतिषङ्ग m. इन्द्रस्य N. verschiedener Sâman.

अतिष्कंद् f. Ueberspringung, Ueberschreitung 17,14.

अतिष्कंदरी Adj. f. überspringend, überschreitend.

अतिष्ठस् Adj. 1) nicht stehen bleibend, rastlos sich bewegend. — 2) nicht Stand haltend, sich einer Sache (Loc.) entziehend 213,26.

अतिष्ठा 1) Adj. darüber stehend, hinüberragend. — 2) f. Vorstandschaft, Vortritt. °काम Adj. Kâty. Çr. 21,1,1.

अतिष्ठावन्, °ष्ठावस् Adj. überragend, vorstehend.

अतिसक्ति f. 1) grosse Nähe von. — 2) innige Neigung zu.

अतिसक्तिमत् Adj. zu sehr hängend an (Loc.) Spr. 4450. 6802.

अतिसखि m. grosser Freund Spr. 7683.

अतिसंक्रुद्ध Adj. sehr erzürnt 59,3.7. R. 5,72,17.

अतिसंक्षेप m. zu grosse Kürze.

अतिसंचय m. zu grosser Vorrath 145,27.28.

अतिसंधम् Adv. gegen die festgesetzte Ordnung.

अतिसंधान n. das Betrügen und अतिसंधित Adj. betrogen. Schlecht für अभि°.

अतिसंधेय Adj. ganz beizulegen, — zu dämpfen.

अतिसंनिधान n. allzu grosse Nähe 144,2.

अतिसमीपता f. dass.

अतिसंबाध Adj. gedrängt voll R. ed. Gorr. 2,4,16.

अतिसंभ्रम m. heftige Aufregung 323,6. Bhâg. P. 10,81,5.

अतिसर्ति m. Anlauf, Anstrengung.

अतिसरस Adj. sehr schmackhaft, mit Abl. schmackhafter 167,17.

अतिसर्ग m. 1) Verleihung, Gewährung, Bewilligung 31,24. — 2) Abtretung Nir. 3,4.

अतिसर्जन n. 1) Freigebigkeit. — 2) * Mord.

अतिसर्पण n. heftige Bewegung.

अतिसर्व Adj. 1) mehr als vollständig. — 2) über Alles oder Alle erhaben.

अतिसर्वतोमुख Adj. über dem sarvatomukha stehend Ind. St. 9,155.

अतिसत्कृत्या Instr. Adv. in allzu grosser Uebereilung 50,26.

अतिसांवत्सर Adj. (f. ई) überjährig, über ein Jahr hinausgehend Gaut. 3,35. 12,30.

अतिसाध्वस n. grosse Bestürzung; allzu grosse Scheu vor (Gen.) Spr. 4911.

*अतिसाम्या f. der Saft der Rubia Manjith.

अतिसायम् Adv. zu spät am Abend.

अतिसार m. Durchfall 220,14.

*अतिसारकिन् Adj. mit Durchfall behaftet.

*अतिसारघ्नी f. Birke Nigh. Pr.

अतिसारिन् Adj. mit Durchfall behaftet.

अतिसाहस n. eine sehr verwegene, unbesonnene Handlung 102,19. Mṛkkh. 64,24.

*अतिसिक्त Adj. zu stark begossen; n. impers. P. 1,4,95, Sch.

अतिसिद्धि f. eine grosse Vollkommenheit.

अतिसुकुमार Adj. überaus zart Bhâg. P. 3,3,31.

अतिसुख 1) Adj. höchst angenehm R. 2,63,19. — 2) n. übergrosse Freude Bhûtan.

अतिसुन्दरा f. ein best. Metrum.

अतिसुरभि Adj. überaus wohlriechend Çiç. 6,67.

अतिसुलभ Adj. sehr leicht zu haben zu Spr. 533.

अतिसूक्ष्म Adj. (f. आ) überaus fein 247,4. 260,17.

अतिसृज्य Adj. zu beurlauben Çat. Br. 1,9,3,2.

अतिसृष्टि f. eine höhere Schöpfung 31,27.

अतिसेन m. N. pr. eines Mannes.

अतिसेवा f. zu häufiger Gebrauch, Missbrauch.

अतिसौपर्ण Adj. über das — des Garuḍa gehend.

*अतिसौम्या f. eine best. Pflanze Gal.

अतिसौरभ 1) Adj. sehr wohlriechend AK. 2,4,2,14. — 2) *n. Mangofrucht Nigh. Pr.

अतिसौहित्य n. Uebersättigung.

*अतिस्कन्धा f. eine best. Pflanze Nigh. Pr.

अतिस्तन Adj. von der Brust entwöhnt.

अतिस्तब्ध (Ausg. °स्वच्छ) Adj. zu steif, — spröde Bhâvapr. 2,88,13.

अतिस्तुत Adj. sehr oder zu stark gelobt Schol. zu P. 1,4,95. 8,2,144.

अतिस्तुति f. überschwängliches Lob.

*अतिस्त्रि Adj. ein Weib übertreffend.

*अतिस्थिर Adj. überaus fest, — dauerhaft.

अतिस्थूल Adj. allzu dick, überaus dick, allzu plump.

अतिस्नेह m. zu grosse Anhänglichkeit R. 6,31,34.

अतिस्पर्श m. zu starke Berührung.

अतिस्पष्टम् Adv. zu deutlich Comm. zu TS. Prât. 17,8.

*अतिस्फिर Adj. sehr beweglich.

*अतिस्रवा f. Sanseviera Roxburghiana Nigh. Pr.

अतिस्वप्न n. (!) übermässiger Schlaf. अतिस्वप्नातिजागरम् Ind. St. 9,34.

अतिस्वल्प Adj. ganz klein, — unbedeutend Pañkat. 118,23.

अतिस्वार् und °स्वार्य m. ein best. Svara.

*अतिहसित n. anhaltendes oder lautes Lachen.

*अतिहस्तय्, °यति die Hände ausstrecken und einen Elephanten überholen.

*अतिहास m. anhaltendes oder lautes Lachen.

अतिह्रस्व Adj. allzu kurz.

अतिह्रेपण Adj. sehr beschämend Kir. 159. 178.

अतीकाश m. 1) Schein. — 2) Oeffnung, Zwischenraum.

अतीक्ष्ण Adj. 1) nicht scharf, stumpf P. 6,2,161. — 2) nicht scharf, — streng, milde. Spr. 5143. R. 1,7,12.

अतीक्ष्णाग्र Adj. stumpf auslaufend Çat. Br. 3,2,4,7.

अतीत m. Pl. N. einer Çiva'itischen Secte.

अतीतत्व n. das Vorübersein Nj. K.

अतीत्वरी Adj. f. übertretend, ausschlagend.

अतीन्द्रिय 1) Adj. a) übersinnlich 98,8. — b) Uebersinnliches schauend. — 2) n. Geist, Seele.

अतीन्द्रियत्व n. Uebersinnlichkeit Kap. 5,41. Nilak. 2,1,34.

अतीरेक m. Ueberschuss Çat. Br. 4,5,10,6.

अतीर्थ n. 1) ungebräuchlicher Weg, etwas Ungebräuchliches Anupadas. 1,8. अतीर्थेन nicht auf die gebräuchliche Weise Çat. Br. 11,4,2,14. Lâty. 2,4,5. — 2) unpassende Gelegenheit, Unzeit Bhâg. P. 5,26,24. — 3) ein Theil der Hand, der nicht Tîrtha heisst, Gobh. 1,2,17. — 4) eine unwürdige Person MBh. 12,34,1.

अतीव 1) Adv. über die Maassen, in hohem Grade,

sehr. शाम्यति न च गच्छत्यतीव erlischt nicht ganz MBh. 3,270,11. कारणं मुक्त्वा वैरस्यातीव so v. a. den wahren Grund R. 4,8,19. अतीव न शायते so v. a. alsbald MBh. 5,33,120. मन्ये ich glaube fest Çâk. 137, v. l. (Pañkat. 43,2 falsche Lesart). — 2) Praep. a) mit Acc. über, vor, im Vorzug vor. — b) mit Abl. im höheren Grade als Spr. 4380.

अतीवाद m. = अतिवाद 3) Vaitân. 32.

अतीषङ्ग m. Name eines Sâman.

अतीसार m. Durchfall.

*अतीसारकिन् Adj. mit Durchfall behaftet.

अतुर Adj. nicht reich.

अतुल 1) Adj. (f. आ) unvergleichlich, sonder Gleichen 52,27. 165,27. zu Spr. 3140. — 2) m. a) *Sesamum orientale. — b) das Jahr von 360 Tagen. — 3) *f. आ Bein. der Gaurî Gal.

अतुल्य Adj. sonder Gleichen (Schmerz) Suçr. 2,470,19.

अतुल्यत्व n. Ungleichheit Gaim. 2,2,20. 3,2,33.

अतुष Adj. ohne Hülsen Çat. Br. 2,5,2,14.

अतुष्ट Adj. unzufrieden Kâm. Nîtis. 13,18.

अतुष्टि f. das Nichtbefriedigtsein (neun Arten im Sâmkhja) Tattvas. 20. 36.

अतुष्टिदान n. das Nichtbefriedigen der Wünsche eines Andern Spr. 190, v. l.

अतूतुजि Adj. nicht rasch bei der Hand, säumig.

1. अतूर्त Adj. unüberwältigt, unbesiegt.

2. अतूर्त 1) Adj. unübertroffen, unübertrefflich. — 2) n. der unüberschrittene Raum, das Unendliche.

अतूर्तदक्ष Adj. dessen Kraft unübertroffen ist RV.

अतूर्तपन्थास् Adj. Nom. dessen Pfad nicht überschritten wird, unnahbar.

अतूलपूर्ण Adj. nicht mit Baumwolle gefüllt MBh. 11,23,19.

अतृण n. etwas Anderes als Gras Spr. 7848.

अतृणत् 3te Sg. Imperf. von तर्द्.

अतृणाद Adj. noch kein Gras fressend Çat. Br. 14,4,2,5.

*अतृण्या f. Mangel an Gras.

अतृदिल Adj. nicht löcherig, — porös.

अतृप Adj. unzufrieden mit (Instr.).

अतृप्णुवत् Adj. unersättlich.

अतृप्त Adj. ungesättigt, unbefriedigt Kathâs. 9,15.

अतृप्तता f. das Ungesättigt —, Unbefriedigtsein.

अतृप्यत् Adj. nicht satt werdend Kathâs. 26,237.

अतृषित Adj. nicht gierig.

अतृष्ण Adj. begierdenlos Vaṇis. 4.

अतृष्णज् Adj. nicht durstig.

अतृष्य Adj. dem Durst unzugänglich.

अतृष्यत् Adj. nicht gierig.

1. अतेजस् n. Abwesenheit von Licht, Schatten.

2. अतेजस् und अतेजस्क Adj. lichtlos, glanzlos.

अतेजोमय Adj. nicht aus Licht bestehend Çat. Br. 14,7,2,6.

अतोनिमित्तम् Adv. aus dem Grunde, dadurch MBh. 3,61,24.

अतोऽर्थम् Adv. zu diesem Endzweck, deshalb R. 3,8,15.

अत्क m. 1) Gewand, Hülle, Mantel. — 2) Blitz. — 3) *Reisender. — 4) *Körpertheil. — 5) N. pr. eines Mannes.

अत्कील m. N. pr. eines Mannes.

अत्तर् Nom. ag. Esser, Verzehrer. f. अत्त्री TS. 6,4,10,4. 5.

अत्तव्य Adj. zu essen, zu geniessen.

*अत्ता f. 1) Mutter. — 2) ältere Schwester. — 3) der Mutter ältere Schwester.

अत्ति 1) Adj. essend, verzehrend. — 2) *ältere Schwester (im Drama).

*अत्तिका f. = अत्ति 2).

अत्तिच्छन्दस् f. etym. Spielerei Çat. Br. 8,6,2,13.

अत्तु Nom. act. अत्तवे zum Essen, Geniessen. अत्तुम् Infin.

*अत्न m. die Sonne.

अत्य und अतिय Adj. eilend, rennend; m. Renner; Ross; f. आ Stute.

अत्यंसल Adj. allzu kräftig, — feist TBr. 3,4,8,19.

अत्यंह m. N. pr. eines Mannes.

अत्यंहस् Adj. über jede Noth hinweg.

अत्यग्नि m. allzu rasche Verdauung.

अत्यग्निष्टोम m. eine der sieben Grundformen des Soma-Opfers.

अत्यग्र Adj. dessen Spitze übersteht.

अत्यङ्कुश Adj. über den Haken hinaus, nicht mehr sich damit lenken lassend.

*अत्यङ्ग Adj. der das Land der Aṅga passirt hat.

*अत्यङ्गुल Adj. mehr als eine Daumenbreite messend.

अत्यच्छ Adj. überaus durchsichtig, — rein (auch übertr.) Spr. 163.

अत्यद्भुत 1) Adj. überaus wunderbar 63,12. MBh. 3,72,25. — 2) m. N. pr. des Indra im 9ten Manvantara VP. 3,2,21. — 3) n. grosses Wunder R. 3,15,9.

अत्यध्वन् m. zu vieles Reisen.

अत्यनिलप्रवेग Adj. rascher als der Wind MBh. 3,269,6.

अत्यन्त 1) Adj. a) bis zu Ende während, fortwährend, ununterbrochen 227,19. — b) vollständig, vollkommen 242,1. — c) übermässig, sehr bedeutend. — 2) अत्यन्तम् und अत्यन्त° Adv. a) bis zu Ende, das ganze Leben hindurch, auf immer, fortwährend, beständig 200,30. — b) vollständig, durchaus. — c) in hohem Grade, überaus 83,16. 86,3. 26. 162,21. 175,20. 324,31. 327,28. — 3) *अत्यन्ताय für immer, stets.

*अत्यन्तग Adj. sehr viel gehend.

अत्यन्तगत Adj. für immer fortgegangen.

*अत्यन्तगामिन् Adj. sehr viel gehend.

*अत्यन्तपद्मा f. = कमलिनी Nigh. Pr.

*अत्यन्तसार Adj. sehr befreundet Bhar. zu AK.

अत्यन्तशोकारी f. Bein. der Dâkshâjaṇî.

*अत्यन्तशोणित n. Röthel Nigh. Pr.

अत्यन्तसुकुमार m. Fennich, Panicum italicum.

अत्यन्ताभाव m. vollkommenes Nichtsein, — Negation.

अत्यन्तिक n. zu grosse Nähe. सत्रोऽत्यन्तिके.

*अत्यन्तीन Adj. viel gehend.

अत्यपतर्पण n. zu strenges Fasten Suçr. 1,370,6.

अत्यमर्षण (MBh. 1,154,30) und °मर्षिन् (Bhâg. P. 3,1,17) Adj. sehr ungehalten.

अत्यम्बुपान n. zu vieles Wassertrinken Spr. 170.

अत्यम्ल 1) Adj. überaus sauer. — 2) *f. आ wilder Citronenbaum. — 3) *n. Spondias mangifera.

*अत्यम्लपर्णी f. eine best. Schlingpflanze.

*अत्यम्लरसा f. eine best. Pflanze Gal.

अत्यय m. 1) Hinübergang. — 2) Vorübergang, das Verstreichen, zu Ende Gehen 84,9. 16. — 3) das in Gefahr —, in eine bedenkliche Lage Gerathen oder sich darin Befinden 137,16. 123,18. periculum in mora Jâćń. 2,12. — 4) Leiden, Beschwerden. — 5) Vergehen, Versehen. — 6) *Tod. — 7) *Strafe.

*अत्ययिन् Adj. P. 3,2,157, Sch.

अत्यराति m. N. pr. eines Mannes.

*अत्यर्क m. die weisse Calotropis gigantea Râǵan. 10,28.

अत्यर्थ 1) *Adj. übermässig, heftig. — 2) अत्यर्थम् und अत्यर्थ° Adv. über die Maassen, in hohem Maasse, heftig, überaus 54,16. 313,6.

अत्यर्थानुराग Adj. (f. आ) sehr geliebt AK. 3,4,76.

अत्यर्द m. etwa Bedrängniss im Namen eines Sâman Ârsh. Br. 1,148.

अत्यर्ध 1) Adj. mehr als halb. — 2) m. विश्वामित्रस्य Name eines Sâman.

अत्यल्प Adj. sehr klein, — wenig Spr. 171. zu klein, — wenig. °त्व n. grosse Unbedeutendheit Ind. St. 8,434.

अत्यवि Adj. über die Schafwolle rinnend.

1. अत्यशन n. Uebermaass im Essen.

2. अत्यशन m. der 12te Tag im Karmamâsa Ind. St. 10,296.

अत्यश्नत् Adj. zu viel essend Bhag. 6,16.

अत्यष्टि f. ein Metrum von 68 Silben; später ein Metrum von 4×17 Silben. Daher Bez. der Zahl siebzehn Comm. zu Ârsh. S. 30.

अत्यष्टिसामग्री f. Titel eines Werkes.

अत्यहम् Adj. über dem Ich stehend Ind. St. 9,155.

*अत्यह्न Adj. über einen Tag während.

*अत्याकार m. Verachtung, Geringschätzung.

अत्याकुल Adj. sehr verworren Mṛkkh. 130,8.

अत्यागिन् Adj. 1) nicht verlassend, — im Stich lassend, — verstossend Gaut. 21,1. — 2) nicht verzichtend Bhag. 18,12.

अत्यादर m. grosse —, allzu grosse Rücksicht 162, 18. °पर recht vorsichtig Spr. 172. अत्यादरेण überaus dringend.

अत्यादान n. 1) ein Wegnehmen im Uebermaass. — 2) *= अत्याधान 2) Gal.

अत्यादित्य Adj. die Sonne übertreffend.

अत्याधान n. 1) das Darüberlegen, Auflegen. — 2) *Vergehen.

1. अत्यानन्द m. übermässige Geilheit Çat. Br. 9,2,9,5.

2. अत्यानन्द Adj. (f. आ) überaus geil Suçr. 2,397,5.

अत्याप्ति f. volle Erreichung AV. 11,7,22.

*अत्यामर्द m. Kampf Gal.

*अत्याय m. Nom. act. P. 3,1,141.

अत्यायत Adj. hoch aufgeschossen Mṛkkh. 34,5.

(अत्यायम्) अतियायम् Absol. mit Ueberschreitung.

अत्यायुस् Adj. sehr alt Vapis. 104.

अत्यारूढि f. zu hohes Steigen.

अत्यार्य Adj. zu ehrenhaft Spr. 174.

*अत्याल m. ein best. Strauch.

अत्याश m. Uebermaass im Essen.

अत्याशा f. übertriebene Hoffnung, — Erwartung.

अत्याश्चर्य Adj. überaus wunderbar 182,10.

अत्याश्रमिन् Adj. über die vier Âçrama erhaben.

अत्यासन्न Adj. gar zu nahe Spr. 176.

*अत्यासम् Absol. mit Ueberspringung von.

अत्यासारिन् Adj. übermässig zuströmend.

अत्याहार m. Uebermaass im Essen Ind. St. 9,34.

अत्याहित Adj. widerwärtig, unerwünscht; n. Widerwärtigkeit, Unglück.

अत्युक्थ n. und अत्युक्था f. ein best. Metrum.

अत्युक्ति f. 1) vieles Reden. — 2) Uebertreibung Spr. 177.

अत्युक्था f. = अत्युक्ता.

1. अत्युग्र 1) Adj. (f. आ) überaus gewaltig, über die Maassen stark, — grausig 143,28. Kathâs. 18,351. — 2) *n. Asa foetida.

2. अत्युग्र Adj. über dem Ugra stehend Ind. St. 9,135.

*अत्युग्रगन्धा f. Sansevieria zeylanica Nigh. Pr.

अत्युच्चगामिन् m. N. pr. eines Buddha.

*अत्युच्चैस् Adv. überaus hoch, — laut.

अत्युच्छ्रय m. das Hochaufrichten MBh. 1,63,10.

अत्युच्छ्रित Adj. zu hoch gestiegen Spr. 178.

अत्युत्कट Adj. übermässig, sehr bedeutend Spr. 2042, v. l.

अत्युत्साह m. gesteigerte Kraft, — Energie.

अत्युत्सेक (Conj.) m. allzu grosser Hochmuth Spr. 179.

अत्युदात्त Adj. überaus hervorragend 162,25.

अत्युन्नत Adj. überaus hoch Spr. 181. 183.

अत्युन्नति f. hoher Standpunkt, hohe Stellung 183, 2. Spr. 182 (Conj.).

*अत्युपध Adj. auf die Probe gestellt, ehrlich befunden.

अत्युर्वीश m. Oberkönig Varâh. Bṛh. 19,3.

अत्युल्बण Adj. übermässig, sehr heftig, — stark.

अत्युष्ण Adj. sehr heiss.

*अत्यूमशा Adv.

अत्यूर्ध्वाक्ष Adj. mit hoch emporgerichteten Augen Taitt. Âr. 191,7.

अत्यूर्मि Adj. überwallend.

अत्यूह 1) m. Pfau Kâraka 1,27. दात्यूह v. l. — 2) *f. आ Nyctanthes arbor tristis.

1. अत्र und अत्रा (metrisch im Veda) Adv. 1) als Loc. zu अ Subst. und Adj. an —, in —, auf ihn, — diesen 16,22. 231,18. 289,28. आरुह्य 111,21. लोलुपा बुद्धिः 107,21. unter diesen 69,32. 131,27. कृते 13,19. 39,26. 44,18. 68,27. 110,18. 111,28. अन्तरे so v. a. inzwischen 142,15. 145,20. 150,13. — 2) hier, da, daselbst 1,4. 3,12. 67,12. 77,28. 87,7. 111,7. hierher 150,17. 151,17. 19. 153,18. da hinein 67,7. 78,7. 110,1. — 3) hierbei, in diesem Falle, in dieser Sache, in Bezug darauf 34,26. 33,7. 48,22. 53,8. कोऽत्र हेतुः 180,24. — 4) hier im Leben 174,14. 180, 2. 182,16. — 5) da, damals, dann 7,5. 8,5. 13,21.

2. अत्रं (अत्त्र etym.) m. Fresser.

3. अत्रं (अत्त्र etym.) n. Nahrungsstoff.

4. अत्र Adj. keinen Beschützer habend. Etym. Spielerei.

अत्रत्य Adj. hiesig, hier wohnend.

अत्रदघ्नं Adj. (f. आ) bis dahin reichend.

अत्रप Adj. (f. आ) schamlos.

अत्रभवत् Adj. (f. °भवती) verehrungswürdig. Im Drama ehrenvolle Bez. einer anwesenden dritten Person: der Herr —, die Dame hier.

अत्रस्थ Adj. hier befindlich, — weilend Pañkat. 136,6.

अत्रस्नु Adj. nicht erbebend, — furchtsam.

अत्रासित Adj. nicht erschreckt Vapis. 96.

अत्रि (etym. अत्त्रि) 1) Adj. Alles verzehrend. — 2) m. a) N. pr. eines alten Ṛshi 11,23. Aus seinen Augen entspringt der Mond Spr. 7620. 7828. Pl. Atri's Nachkommen. — b) der Stern δ im grossen Bären 218,22. — 3) f. अत्री angeblich Atri's Gattin Anasûjâ MBh. 13,17,28.

अत्रिकाश्रम n. N. pr. eines Tîrtha.

अत्रिचतुरह m. ein best. Opfer.

1. अत्रिजात m. der Mond (Atri's Sohn).

2. अत्रिजात m. ein Angehöriger einer der drei oberen Kasten (nicht dreimal geboren).

*अत्रिदृग्ज m. der Mond.

अत्रिन् (etym. अत्त्रिन्) Adj. gefrässig.

*अत्रिनेत्रज, *°नेत्रप्रसूत und *°नेत्रभू m. der Mond.

*अत्रिभरद्वाजिका f. eine eheliche Verbindung zwischen den Nachkommen Atri's und Bharadvâǵa's.

अत्रिवत् Adv. nach Art des oder der Atri.

अत्रीश्वर n. N. pr. eines Tîrtha.

अत्र्यार्षेय Adj. keine drei Ṛshi-Stammbäume habend Gaim. 6,1,43.

अत्वक्क und अत्वच् Adj. hautlos, rindelos.

अत्वर Adj. ohne Hast, bedächtig Jâǵñ. 1,289.

अत्वरत् (MBh. 12,138,90. 91) und *अत्वरमाण nicht eilend.

अत्वरा f. Nichtübereilung, Bedächtigkeit Spr. 185.

अत्सरुक Adj. ohne Stiel. चमस Kâtj. Çr. 24,4, 40. Tâṇḍja-Br. 25,4,4. Lâṭj. 10,12,19.

अथ (अथा metrisch im Veda) Adv. 1) darauf, dann, alsdann, da. Insbes. nach einem Relativum, einer Temporal- oder Conditional-Partikel (यद्, यदा, चेद्). darauf so v. a. dafür, in Anbetracht dessen 17,6. — 2) anreihend: und, sodann, ferner. शतशोऽथ सहस्रशः 84,9. Statt des einfachen अथ auch अथापि. — 3) am Anfange eines Werkes, eines Abschnittes und bei den Lexicographen am Anfange eines neuen Artikels so v. a. von hier an, jetzt. Statt des einfachen अथ auch अथातः. — 4) und dennoch 29,6. — 5) aber, jedoch, dagegen 21,26. 31,25. 32,15. 22. 82,10. 179,1. 241,21. Bisweilen folgt noch तु, पुनर् oder च. — 6) wenn aber 79, 17. 218,2. — 7) = अथ वा oder 177,5. — 8) bedeutungslos zur Completirung des Verses 196,9. — 9) अथो (अथ-उ) = अथ 1) 2) 3) (bei den Lexicographen) 4). — 10) अथो वा = अथ वा oder auch. — 11) अथ वा und अथ — वा a) oder auch, oder 66, 1. 67,9. 147,22. Spr. 7703. अथ वा — अथ वा entweder — oder MBh. 1,139,13. 14. न — अथ वा und

न — अथ वा न *weder — noch*. अथ वा können das zu ihnen gehörende Wort auch zwischen sich nehmen. Gleichbedeutend mit अथ वा ist वाथ (Spr. 5338), अथ वापि (Chr. 66,3), अथापि वा, अथापि — वा, वाप्यथ. — b) *jedoch* 143,10. 145,21. 132,3. 313,6. — c) *oder wenn* MBh. 3,72,17. अथ वा च dass. 12,128,37. — d) *sogar, selbst*. — 12) अथ किम् *wie denn anders? so ist es, allerdings.*

अथर्यी f. etwa *Spitze* (*eines Pfeils oder einer Lanze*).

*अथर्, अथर्यति (गतिकर्मन्).

अथर्य (VS.) und अथर्यु Adj. *Spitzen* (*Pfeile* u. s. w.) *zeigend*, — *werfend*.

अथर्व 1) Adj. st. अथर्य in derselben Formel. — 2) m. N. pr. = अथर्वन्.

अथर्वण 1) m. a) *der* Atharvaveda. — b) *Bein. Çiva's. — 2) Adj. *zum* Atharvan *in Beziehung stehend* Ind. St. 9,90. 120.

*अथर्वणि m. schlechte Form für आ°.

अथर्वन् m. 1) *Feuerpriester*. — 2) N. pr. des ersten Feuerpriesters; Pl. *sein Geschlecht*. — 3) Sg. und Pl. *die Zaubersprüche* Atharvan's, der Atharvaveda. Nach einer Aut. auch n. — 4) Bein. Çiva's und Vasishṭha's.

अथर्वभूत Adj. Atharvan *seiend*, Bez. best. Maharshi.

अथर्ववत् Adv. *wie der oder die* Atharvan.

अथर्वविद् Adj. *den* Atharvaveda *kennend* Ind. St. 10,138.

अथर्ववेद m. *die vierte der vedischen Liedersammlungen*.

अथर्ववेदिन् Adj. *den* Atharvaveda *kennend*, — *lehrend*.

अथर्वशिखा f. Name verschiedener Upanishad.

अथर्वशिरस् n. 1) desgl. — 2) Bez. *best. Backsteine* Comm. zu TBr. 1,5,9,1.

अथर्वशीर्ष Adj. *den* Atharvaveda *zum Haupt habend* MBh. 13,17,91.

अथर्वहृदय n. Name eines Pariçishṭa zum Atharvaveda.

अथर्वाङ्गिरस् 1) m. Pl. a) *die Geschlechter des* Atharvan *und* Aṅgiras. — b) *die ihnen zugeschriebenen Sprüche*; speciell *die des* Atharvaveda 34,18. — 2) m. Sg. Aṅgiras *in seinem Bezug zum* Atharvaveda MBh. 5,18,6.

अथर्वाङ्गिरस 1) Adj. (f. ई) *von* Atharvan *und* Aṅgiras *stammend*. — 2) m. a) Sg. und Pl. *die Lieder des* Atharvaveda. — b) = अथर्वाङ्गिरस् 2) MBh. 5,18,7.

अथर्वाण *die Lieder des* Atharvaveda. °विद् MBh. 12,342,100. °शिरस् Ind. St. 9,18.

अथर्वी f. Adj. etwa *von einer Spitze* (*einem Pfeil* u. s. w.) *getroffen*.

अथर्व्यु Adj. wohl fehlerhaft für अथर्यु.

अथो und अथौ s. u. अथ.

1. अद्, अत्ति (अदत्त ausnahmsweise) *essen, verzehren* (auch uneig.), *geniessen* 30,13. 108,2. 245,1. Naish. 3,5,35. — Caus. आदयति und °ते *essen lassen* 225,31. *füttern, auffüttern*. — Mit अपि *abfressen*. — Caus. *mehr zu fressen geben*. — Mit अव *abspeisen*. — Mit आ *essen*. — Mit प्र *verzehren*. — Mit प्रति *dagegen* —, *zur Vergeltung* —, *zur Ausgleichung essen*. — Mit वि *verfressen, benagen*. — Mit सम् *verzehren, aufzehren*.

2. °अद् und °अद Adj. *essend, verzehrend*.

अदक्ष Adj. (f. आ) *nicht rührig, träge, faul* MBh. 18,3,20.

1. अदक्षिण Adj. (f. आ) 1) *nicht recht, link*. — 2) *unerfahren, einfältig*. — 3) *unliebenswürdig, ungefällig* 319,30. R. ed. Bomb. 5,9,72.

2. अदक्षिण Adj. *kein Geschenk* —, *keinen Lohn gebend; von keinem G.* oder *L. begleitet*.

अदक्षिणत्व n. *das von keinem Geschenk* oder *keinem Lohn Begleitetsein*.

अदक्षिणीय Adj. *eines Geschenkes* oder *Lohnes unwürdig*.

अदक्षिण्य Adj. *zu einem Geschenk* oder *Lohn sich nicht eignend* TS. 1,5,4,2.

अदण्ड्य Adj. *der Strafe* (auch *Geldstrafe*) *nicht unterworfen; keine Strafe verdienend* 209,26. 212,1.

अदत्क Adj. *zahnlos*.

अदत्त Adj. (f. आ) 1) *nicht gegeben*. — 2) *nicht zur Ehe gegeben* (von einem Mädchen). — 3) *nicht definitiv gegeben* von einer Gabe, die noch zurückgenommen werden kann. — 4) *nicht gegeben habend*.

अदत्तदान n. *das Nichtspenden* Spr. 189.

अदत्तफल n. *der Lohn dafür, dass man nicht gespendet hat* 180,16.

अदत्तादान n. *das Nehmen dessen, was Einem nicht freiwillig gegeben wird*, Gaut. 2,17.

अदत्रया (etym. °त्रया) Adv. *ohne Lohn, umsonst*.

अददत् Adj. *nicht gebend* 200,30. *nicht wiedergebend* Jâǵń. 2,36.

*अदद्यास् Adj.

अदधि n. *Anderes als saure Milch* Gaut. 17,14.

अदन n. 1) *das Essen, Geniessen*. — 2) *Futter*.

1. अदत् Adj. *essend, geniessend*.

2. अदत् Adj. *zahnlos*.

1. *अदन्त m. 1) *Eber*. — 2) *Vogel* Gal.

2. अदन्त Adj. *auf kurzes* अ *auslautend* 223,8.

अदन्तक (TS.) und अदन्तक Adj. (f. आ) *zahnlos* Çat. Br. 11,4,1,12.

अदन्तजात Adj. *dem die Zähne noch nicht gewachsen sind* Âçv. Gṛhj. 4,4,21.

अदन्तत n. *Zahnlosigkeit* Gaim. 3,3,43.

अदन्त्याघातिन् Adj. *nicht an den Zähnen anstossend* (शब्द) Lâṭy. 5,10,18.

*अदन्त्य 1) Adj. *nicht dental*. — 2) n. *Zahnlosigkeit*.

अदब्ध Adj. 1) *unversehrt, ungefährdet; unverletzlich*. — 2) *ungetäuscht*. — 3) *nicht täuschend, zuverlässig, treu*. — 4) *lauter, rein*.

अदब्धचक्षुस् Adj. *dessen Auge sich nicht täuscht* AV. 13,2,44.

अदब्धनीति Adj. *dessen Führung zuverlässig ist*.

अदब्धव्रतप्रमति Adj. *um die unverrückte Ordnung besorgt*.

अदब्धायु Adj. *der die Menschen nicht schädigt* VS. 2,20.

अदब्धासु Adj. *dessen Leben ungefährdet ist*.

अदम Adj. *nicht schädigend, wohlwollend*.

अदभ्र Adj. *nicht wenig, viel*.

*अदमुयच् Adj.

1. अदम्भ m. *Nichtverstellung, Aufrichtigkeit*.

2. अदम्भ Adj. *ehrlich*. °वृत्ति Adj. Hariv. 4137.

अदय Adj. *unbarmherzig*. °यम् Adv. so v. a. *heftig* (umarmen).

*अदरक m. N. pr. eines Mannes.

*अदर्श m. 1) *Neumondstag* (richtig दर्श). — 2) *Spiegel* (richtig आदर्श).

1. अदर्शन n. 1) *das Nichtsehen, Nichtwahrnehmen* 163,1. Gaim. 1,1,12. — 2) *das Nichtprüfen* 209,24. — 3) *das Nichtbesuchen, Sichfernhalten von Jmd*. — 4) *das Nichterscheinen, Nichtvorkommen, Nichtsichtbarsein, Unsichtbarkeit* 222,8. अदर्शनात् *ausserhalb des Gesichtskreises von* (Abl.). — 5) **Finsterniss* Gal. (m.!).

2. अदर्शन Adj. *unsichtbar*.

अदर्शनपथ m. *ein Bereich, wohin Jmdes* (Gen.) *Auge nicht reicht*, MBh. 3,42,31.

अदर्शनी Adv. mit भू *unsichtbar werden*.

*अदर्शनीय Adj. *unsichtbar*. °यम् Pańkat. 138,24 fehlerhaft für °पतम् oder °गताम्.

*अदल 1) m. *Barringtonia acutangula* Gaertn. — 2) f. आ *Aloe indica* Royle.

अदशन् *nicht zehn*.

अदशमास्य Adj. *noch nicht zehn Monate alt*.

अदशरात्र Adj. *ohne* Daçarâtra-*Feier* Lâṭy. 5,2,30.

अदस् 1) Nom. und Acc. Sg. n. *jenes*; *es* 128,24. Vgl. अमी, अमु und अमि. — 2) Acc. Adv. *dort* 29,19. *dorthin*.

अदस्त Adj. *nicht abnehmend, unerschöpflich.*

*अदस्य्, °स्यति Denom. von अदस्.

अदाक्षिणात्य m. Pl. *keine Südländer* so v. a. Gauḍa's Kâvjâd. 1,80.

अदातर् Nom. ag. 1) *nicht gebend; geizig, karg* 176,6. — 2) *keine Zahlung leistend, zur Z. nicht verpflichtet.* — 3) *ein Mädchen nicht verheirathend* 188,18.

1. अदान Partic. *gegessen —, gefressen werdend* 7,21.

2. अदान n. *das Nichtgeben, Vorenthalten* 212,21. Spr. 7140.

3. अदान Adj. *nicht spendend und keinen Brunstsaft entlassend* Spr. 6753.

अदान्त Adj. *ungezähmt, ungebändigt* Gaut. 2,32. MBh. 12,2,20. Bulg. P. 7,5,20.

अदान्य Adj. *nicht schenkend.*

अदाभ्य und अदाभिय 1) Adj. *dem man Nichts anhaben kann, unverletzbar, untrüglich.* — 2) m. *ein best.* Graha (*Becherfüllung*) *beim* Soma-*Opfer.*

अदाभ्यत्व n. *Unantastbarkeit* Maitr. S. 4,7,7.

1. अदामन् Adj. *keine Gaben spendend.*

2. अदामन् Adj. *ungebunden.*

अदायाद Adj. (f. ई und später आ) *nicht erbend, nicht erbberechtigt* 198,4. Çat. Br. 11,5,3,11.

अदायिक Adj. *wozu keine Erben da sind.*

अदायिन् Adj. *nicht gebend.*

अदार Adj. *unbeweibt.*

अदारसृत् 1) Adj. *in keine Spalte gerathend.* — 2) n. Name eines Sâman. Davon Nom. abstr. °सृत्त्व n. Tâṇḍja-Br. 13,3,7.

अदारुण Adj. *nicht hart, — unbarmherzig, mild* 161,27.

अदाशु, अदाशुरि und अदाश्वंस् Adj. *den Göttern nicht huldigend.* Compar. vom letzten अदाशूष्टर.

अदास m. *kein Sclave, freier Mann.*

अदाहुक Adj. *nicht brennend, — sengend* Maitr. S. 1,8,9.

अदाह्य Adj. *unverbrennbar* Bhag. 2,24.

अदिक्क Adj. *keine Weltgegend für sich habend.*

1. अदिति f. *Mangel an Besitz, Dürftigkeit.*

2. अदिति 1) Adj. *schrankenlos, ungebunden, unendlich; unaufhörlich, unerschöpflich.* — 2) f. *a) Ungebundenheit, Unendlichkeit, Unvergänglichkeit.* — *b)* personificirt als Mutter der Âditja. Später Mutter aller Götter. — *c) Milchkuh.* — *d) Milch.* — *e) Weib.* — *f)* Bez. des *Todes* Çat. Br. 13,6,2,5. — *g)* **Erde.* — *h)* **Rede, Stimme.* — *i)* **Du. Himmel und Erde.*

*अदितिज m. *ein Gott.*

अदितित्व n. 1) *Unvergänglichkeit.* — 2) *das Wesen der* Aditi Çat. Br. 10,6,5,5.

*अदितिदैवत्य n. *das Mondhaus* Punarvasu Gal.

*अदितिनन्दन und *अदितिपुत्र (Gal.) m. *ein Gott.*

अदितिवन n. N. pr. eines *Waldes.*

अदितीश्वरतीर्थ n. N. pr. eines Tîrtha.

अदित्सत् und अदित्सु (195,22) Adj. *nicht geneigt zu geben.*

*अदिव्यगन्ध m. *Schwefel* Gal.

अदीक्षित Adj. *ungeweiht.*

अदीक्षितापन n. *eine best. Begehung* Ind. St. 2,299.

अदीन Adj. *nicht niedergedrückt, wohlgemuth.*

अदीनमनस् (MBh. 3,166,12), अदीनसत्त्व (Chr. 46,3. MBh. 3,165,7. R. 4,29,25) und अदीनात्मन् (MBh. 3,54,27. R. 1,1,16) Adj. *wohlgemuth.*

अदीयमान Adj. *nicht gegeben werdend;* f. आ *zur Ehe* 193,31.

अदीर्घ Adj. *nicht lang* 273,15.

अदीर्घसूत्र Adj. *nicht saumselig.* Davon Nom. abstr. °ता f.

अदुःख Adj. *frei von Leiden, heilbringend.*

अदुःखनवमी f. *der 9te Tag in der lichten Hälfte des* Bhâdrapada.

अदुग्ध Adj. *unausgemolken; unausgesogen.*

अदुच्छुन Adj. *kein Unheil mit sich führend.*

अदुरुक्त Adj. *nicht falsch —, nicht verletzend gesprochen* Tâṇḍja-Br. 17,1,9.

अदुर्ग Adj. *ohne Burg* Spr. 193.

अदुर्मख Adj. *unverdrossen.*

अदुर्मङ्गल Adj. (f. ई) *kein Unglück bringend.*

अदुष्कृत् Adj. *nicht übelthuend.*

अदुष्ट Adj. 1) *untadelhaft, wogegen sich Nichts sagen lässt, gut* 43,6. — 2) *unschuldig* R. 3,91,2.

अदुष्टत्व n. Nom. abstr. zu अदुष्ट 1) 213,30.

अदुष्प्राप Adj. (f. आ) *nicht schwer zu erreichen* 113,13.

अदुह्माना Adj. f. *keine Milch gebend* Kâty. Çr. 25,1,18.

अदू Adj. *gabenlos* (?).

अदून Adj. *ungequält, unbeschädigt.*

अदूर 1) Adj. *nicht fern, nahe, benachbart.* — 2) n. *Nähe.* अदूरे, अदूरात् und अदूरतस् *in der Nähe, nahe bei* 114,5. 232,10.

अदूरकोप Adj. (f. आ) *zum Zorn geneigt* Kâd. 160.

अदूरगामिन् Adj. *nicht weit weg gehend* Lâṭj. 4,8,5.

*अदूरत्रिंश Adj. Pl. *gegen 30* P. 2,2,25, Sch.

अदूरभव, °वर्तिन् (Ragh. 1,37) und °स्थ Adj. *in der Nähe befindlich; nahe bevorstehend.*

अदूषण n. *das nicht zu Grunde Gehenlassen* Kâm. Nîtis. 14,17.

अदूषित Adj. 1) *untadelhaft, gut* 206,5. — 2) f. आ *nicht verunehrt, — geschändet* Hariv. 8544.

अदूषितकौमारा Adj. f. *deren Jungfräulichkeit nicht verletzt ist* Kathâs. 26,180.

*अदृक्पय m. = बुध Gal.

अदृपित und अदृप्त Adj. *nicht verblendet, besonnen, aufmerksam.*

अदृप्तक्रतु Adj. *aufmerkend, besonnen.*

अदृप्यत् Adj. *aufmerkend.*

*अदृश् Adj. *blind.*

अदृश्य 1) Adj. *a) unsichtbar* 88,6. 157,10. 30. *nicht zum Vorschein kommend, versteckt.* — *b) unansehnlich, hässlich* MBh. 3,173,66. — 2) *f. आ N. pr. einer Apsaras Gal.

अदृश्यकरण n. *das Unsichtbarmachen.*

अदृश्यत् 1) Adj. *unsichtbar* MBh. 1,210,19. — 2) f. °न्ती N. pr. der Gattin Çakti's MBh. 1,177,11.

अदृश्यमान Partic. *ungesehen* AV. 18,8,13.

अदृश्यरूप Adj. (f. आ) *unsichtbar* Sûrjas. 2,1.

अदृश्याञ्जन n. *eine unsichtbar machende Salbe* Spr. 5978.

अदृश्यीकरण n. *ein Mittel sich unsichtbar zu machen.*

अदृष्ट und अदृष्ट (Çat. Br.) 1) Adj. *a) bis dahin nicht gesehen, unbekannt.* — *b) dem Auge entrückt, unsichtbar* 163,8. 4. — *c) unvorhergesehen, unerwartet, unverhofft* 39,1. — *d) nicht gutgeheissen, — vorgeschrieben, unerlaubt.* — *e) erst später —, nach dem Tode sich zeigend.* — *f) übernatürlich.* — 2) m. *dem Auge sich entziehendes giftiges Gewürm.* — 3) n. *a)* **eine unvorhergesehene Gefahr.* — *b) Schicksal.* — *c) eine sittliche oder unsittliche Handlung als Ursache künftiger Wirkungen.*

अदृष्टकारित Adj. *durch eine unsichtbare höhere Macht bewirkt* 210,13. Suçr. 1,21,10. Kan. 5,2,17.

अदृष्टदर्शन n. *Schauen von Nichtgesehenem* Simav. Br. 3,4,1.

अदृष्टनर und अदृष्टपुरुष Adj. *ohne Mittelsperson abgeschlossen* (संधि *Bündniss*).

अदृष्टपूर्व Adj. (f. आ) *früher nicht gesehen, — gekannt.*

अदृष्टरश्मि Adj. *blank* (*Spiegel*) Simav. Br. 3,4,4.

अदृष्टरूप Adj. (f. आ) *von unbekanntem Aeussern* R. 2,55,29.

अदृष्टवत् Adv. *unerwartet, in Folge guter oder böser Handlungen* MBh. 12,204,2.

अदृष्टहन् Adj. *dem Auge sich entziehendes (giftiges Gewürm) tödtend.*

*अदृष्टि und *अदृष्टिका f. *ein Blick des Missfallens.*

अदृष्टिदान n. *das Sichnichtzeigen, das Nichtvorlassen* Spr. 196.

अदेय Adj. *nicht zu geben, was nicht gegeben zu werden braucht, was man nicht geben mag* 90,22. Spr. 7764.

अदेव 1) Adj. (f. ई) *den Göttern feindlich.* — 2) m. *Nichtgott* 207,32. *ein* Asura.

अदेवक Adj. (f. आ) *an keinen Gott gerichtet.*

अदेवता f. *keine Gottheit.*

अदेवत्र Adj. *den Göttern nicht zugewandt.*

अदेवयत् und अदेवयु Adj. *die Götter nicht liebend.*

अदेवर m. *ein Anderer als ein Schwager* Gaut. 18,7.

अदेवृघ्नी Adj. f. *den Schwager nicht tödtend.*

अदेश m. *unrechter Ort.*

अदेशकाल *unrechter Ort und unrechte Zeit.*

अदेश्य Adj. *nicht am Orte befindlich, der bei einer Sache gar nicht zugegen gewesen ist.*

*अदेह m. *der Liebesgott* Gal.

अदैन्य n. *gehobene Stimmung, guter Muth* MBh. 12,274,18.

अदैव Adj. *wobei die Götter nicht betheiligt sind.*

अदैवकृत Adj. *nicht vom Schicksal bewirkt* MBh. 3,33,40.

अदोमद und अदोमध Adj. *keine Beschwerden verursachend.*

अदोमय Adj. *aus Jenem gebildet, Jenes enthaltend.*

अदोमूल Adj. (f. आ) *darin wurzelnd* R. 1,53,22.

1. अदोष m. 1) *kein Uebel, — Misstand* Kâty. Çr. 25, 3,23. — 2) *kein Vergehen, keine Sünde* Gaut. 23,29.

2. अदोष Adj. (f. आ) *schuldlos* 120,18. Bhag. 14,84.

अदोषगुणात्मता f. *das Freisein von Fehlern und Vorzügen* Sâh. D. 248,20.

अदोषता f. *Fehlerlosigkeit* Sâh. D. 603.

अदोह m. *das keine Milch Geben.*

अदौर्बल्य n. *kein Gefühl der Schwäche* Karaka 1,16.

अद्द m. 1) *etwa Rohrstab, Stengel.* — 2) **aus Reismehl gebackener Opferkuchen.*

अद्धा Adv. *fürwahr.* अद्धातम Adj. *ganz deutlich, — offenbar* Ait. Âr. 47,10. अद्धातमाम् Adv. *ganz sicher.*

अद्धाति m. *der im Besitz der Wahrheit ist, Weiser.*

अद्धाबोधेय m. Pl. Name einer Schule.

अद्धालोहकर्णा (vielleicht अध्या°) Adj. *ganz rothe Ohren habend.* अधिरूढकर्णा v. l.

अद्भिस् Instr. Pl. von अप् *Wasser.*

अद्भुत und einmal अद्भुत 1) Adj. (f. आ) *a) unsichtbar.* — *b) geheimnissvoll; wunderbar* 38,8. 51, 21. 63,6. — 2) m. *a) das Wunderbare als poetischer* Rasa. — *b) eine best. künstliche Schreibart.* — *c)* N. pr. des Indra im 11ten Manvantara. — 3) n. *Wunder, ein ausserordentliches Naturereigniss* 220, 32. Spr. 7861. °तम n. *ein sehr grosses Wunder.*

अद्भुतक्रतु Adj. *geheimnissvoll wirkend.*

अद्भुतगीता f. Titel eines Werkes Bühl. Gur. 4,36.

अद्भुततरंगिणी f. desgl. Cat. C. Pr. 222.

अद्भुतत्व n. *Wunderbarkeit.*

अद्भुतधर्म m. *die wunderbare Natur,* Bez. eines der 9 buddhistischen Aṅga Childers s. v.

अद्भुतपुण्य m. N. pr. eines Dichters.

अद्भुतब्राह्मण n. Titel eines Brâhmaṇa.

अद्भुतरामायण n. Titel zweier Werke.

अद्भुतविधि Adj. *wunderbar verfahrend* Kathâs. 18,367.

अद्भुतविवेक m. Titel eines Werkes Cat. NW. Pr. 174.

अद्भुतशान्ति f. Titel eines Pariçishṭa zum Atharvaveda.

अद्भुतसागर m. Titel eines Werkes Bühl. Gur. 4,114.

अद्भुतसार m. 1) **das Harz der Mimosa Catechu.* — 2) Titel eines Werkes.

*अद्भुतस्वन m. Bein. Çiva's.

*अद्भुताध्यापक m. *ein Mann, der die über Wunder handelnden Bücher lehrt.*

अद्भुतार्थ Adj. (f. आ) *wunderbare Dinge enthaltend* Kâvjâd. 1,38.

अद्भुतावह Adj. (f. आ) *Staunen erregend* Râgat. 7,352. 570.

अद्भुतैनस् Adj. *an dem kein Fehler wahrzunehmen ist.*

अद्भुतोत्तरकाण्ड n. Titel eines Nachtrags zum Râmâjaṇa.

अद्भुतोपम Adj. *einem Wunder gleichend* MBh. 3, 100,41.

अद्भुतोपमा f. *ein Gleichniss, bei dem ein Wunder, etwas Unmögliches, vorausgesetzt wird,* 248,22.

अद्भ्यस् Dat. und Abl. Pl. von अप् *Wasser.*

अद्मन् n. *Speise, Mahl.*

*अद्मनि m. *Feuer.*

*अद्मर Adj. *gefrässig.*

अद्मसद् m. *Tischgenosse.*

अद्मसद्य n. *Tischgenossenschaft.*

अद्मसद्वन् m. *Tischgenosse.*

अद्य und selten अद्या, auch अद्यो (ved.) Adv. *heute; jetzt.* अद्यैव *schon heute, alsbald* 48,16. 103, 7. अद्यापि *noch heute, noch jetzt* 128,18. Spr. 7705. 7720. *schon heute, — jetzt.* अद्यापि mit einer Negation im Satze *noch immer nicht* 43,12. 103,5. 250,2. *jetzt noch nicht; jetzt nicht mehr.* अद्य पूर्वम् und अद्य यावत् (142,2) *bis jetzt.* अद्य प्रभृति und अद्यारभ्य *von heute an, von jetzt an* 146,29. 155, 30. अद्येदानीम् = अद्य = इदानीम्.

अद्यतन 1) Adj. *a) heutig, jetzig; jetzt lebend.* — *b) am selben Tage erfolgend.* — 2) f. ई *Aorist.*

अद्यतनीय Adj. *heutig.*

अद्यतस् Adv. *von heute an* Daçar.

अद्यत्व n. *Jetztzeit.*

अद्यदिन n. und अद्यदिवस m. *der heutige Tag.*

अद्यश्व Adj. *das Heute und Morgen enthaltend* Tâṇḍja-Br. 9,4,13.

*अद्यश्वीन Adj. 1) *was heute oder morgen erfolgen kann.* — 2) f. आ *unmittelbar vor der Niederkunft sich befindend.*

अद्यसुत्या f. Soma-*Kelterung innerhalb eines und desselben Tages* Kâty. Çr. 12,5,26. Âçv. Çr. 6,11,15. Lâṭj. 1,4,15.

अद्याश्व n. *das Heute und Morgen.*

अद्याहृत Adj. *heute herbeigeholt.*

अद्यु Adj. *nicht brennend.*

अद्युत् Adj. *glanzlos.*

(अद्यूत्य) अद्यूत्येम n. *unglückliches Spiel.*

अद्रव Adj. *nicht flüssig* Kâç. zu P. 4,1,54.

अद्रवपायिन् Adj. *nichts Flüssiges trinkend* Suçr. 1,239,8.

1. अद्रव्य n. *ungeeigneter Gegenstand, untaugliches Subject* Mâlav. 14,23.

2. अद्रव्य Adj. *besitzlos.* Dazu Nom. abstr. °त्व n. Gaim. 6,1,10.

अद्रष्टर् Nom. ag. *nicht sehend* Maitrjup. 6,11.

अद्रि m. 1) *Fels, Berg* 7,18. 10,4. 99,19. *Gebirge.* — 2) *Schleuderstein.* — 3) *Stein zum Schlagen des* Soma. — 4) *Wolke.* — 5) Bez. der Zahl sieben (wegen der *sieben Hauptgebirge*). — 6) N. pr. eines Sohnes des Vishvagaçva MBh. 3,202,8. — 7) **Baum.* — 8) **die Sonne.*

*अद्रिकदली f. *eine Species der* Kadali Gal.

*अद्रिकर्णी *Clitoria Ternatea Lin.*

अद्रिका f. 1) **Koriander* Nigh. Pr. — 2) N. pr. einer Apsaras.

*अद्रिकीला f. *die Erde.*

अद्रिकृतस्थली f. N. pr. einer Apsaras.

*अद्रिज 1) n. *Erdharz.* — 2) f. आ *a) eine Pfefferart* Râgan. 6,18. — *b) die Göttin* Pârvatî.

*अद्रिजतु n. *Erdharz* Nigh. Pr.

अद्रिजा Adj. *felsgeboren.*

अद्रिजूत Adj. *durch die Pressteine beschleunigt.*

अद्रितनया f. 1) *die Göttin* Pârvatî. — 2) *ein best. Metrum.*

अद्रिदुग्ध Adj. *mit Steinen gemolken, — ausgepresst.*

*अद्रिद्विष् m. Bein. Indra's.

*अद्रिधन्वन् m. Bein. Çiva's Gal.

*अद्रिनन्दिनी f. die Göttin Pârvatî.

अद्रिबर्हस् Adj. felsenfest ṚV. TBr. 2,7,13,2.

अद्रिबुध्न Adj. Felsen zum Boden habend, auf Felsen gegründet.

अद्रिभिद् 1) Adj. Felsen spaltend. — 2) *m. Bein. Indra's.

*अद्रिभू f. Salvinia cucullata.

अद्रिभेदन n. 1) das Entzweigehen eines Soma-Steines Kâtj. Çr. 25,12,15. — 2) das Spalten der Felsen Spr. 7616.

अद्रिमातर् Adj. den Felsen zur Mutter habend, felsentsprossen.

*अद्रिमाष m. Pl. eine Bohnenart Nigh. Pr.

अद्रिमूर्धन् m. Berggipfel MBh. 12,321,11.

*अद्रिराज् und अद्रिराज (MBh. 3,42,24) m. Fürst der Berge, Bein. des Himâlaja.

अद्रिवस् Adj. (Voc. °वस्) mit Schleudersteinen versehen ṚV.

*अद्रिशय्य Adj. auf dem Berge ruhend, Beiw. Çiva's.

अद्रिषुत Adj. mit Steinen gekeltert.

अद्रिसंहत Adj. mit Steinen zermalmt.

अद्रिसानु Adj. auf Bergesrücken weilend ṚV.

*अद्रिसानुजा f. eine best. Pflanze Nigh. Pr.

*अद्रिसार m. Eisen.

अद्रिसारमय Adj. eisern MBh. 3,173,33.

*अद्रीश m. Fürst der Berge, Bein. des Himâlaja und Çiva's.

अद्रुत Adj. nicht beschleunigt TS. Prât. 23,20.

अद्रुह् Adj. (Nom. अध्रुक्) nicht schädigend, wohlwollend.

अद्रुहाण und अद्रुह्वन् Adj. dass. ṚV.

*अद्रेष्क m. Melia sempervirens Nigh. Pr.

अद्रोग्धर् Nom. ag. nicht übelwollend.

अद्रोघ und अद्रोघ Adj. arglos, wohlwollend. अद्रोघम् Adv. ohne Gefährde.

अद्रोघवाच् Adj. dessen Rede arglos ist.

अद्रोघावित Adj. Arglosigkeit liebend.

1. अद्रोह m. keine Feindseligkeit, Wohlwollen. अद्रोहसमयं कर् Friede geloben.

2. अद्रोह Adj. nicht feindselig Spr. 3301.

अद्रोहिन् Adj. dass.

°अद्वन् Adj. essend.

अद्वय 1) Adj. nicht zweierlei, zweitlos, einig 238,7. 284,33. — 2) m. a) *ein Buddha. — b) N. pr. = अद्वयानन्द. — 3) n. Nichtdualismus, Monismus.

अद्वयतारक Titel einer Upanishad.

अद्वयत्व n. das nicht zweierlei Sein, Einheit 288,16.

अद्वयस् Adj. nicht doppelzüngig, aufrichtig, ergeben.

*अद्वयवादिन् m. ein Buddha.

अद्वयस् Adj. = अद्वयस्.

अद्वयानन्द 1) Adj. dessen Wonne die Einheit ist 253,15. — 2) m. N. pr. eines Lehrers 253,13.

अद्वयामृतयति m. N. pr. eines Mannes B. A. J. 10,54.

अद्वयाविन् und अद्वयु Adj. = अद्वयस्.

अद्वार् f. was keine Thür —, kein Thor ist Çat. Br. 11,1,6,3. MBh. 13,123,11.

अद्वार n. 1) dass. Çat. Br. 14,6,8,9. Kâtj. Çr. 8,4,26. 21,4,28. — 2) nicht die rechte Ausgangsgegend Ind. St. 14,321.

1. *अद्विज m. ein Brahman, der durch das Ausgehenlassen des heiligen Feuers seiner Kaste verlustig gegangen ist.

2. अद्विज Adj. keine Brahmanen habend.

अद्वितीय Adj. zweitlos 282,25. 286,8.

अद्वियोनि Adj. nicht aus zwei (Vocalen) hervorgegangen, nicht diphthongisch ṚV. Prât. 11,2.

अद्विरुक्तत्व n. das nicht zweimal Gesagtsein Gaim. 3,6,2.

अद्विर्वचन n. keine Wiederholung Gaim. 2,4,16.

(अद्विषेण्य), अद्विषेणियम् und अद्वेष Adj. nicht übelwollend, wohlwollend.

अद्वेषरागिन् Adj. frei von Ab- und Zuneigung.

अद्वेषम् Adv. ohne Abneigung, in friedlicher Gesinnung.

अद्वेष्टृत्व n. Wohlwollen 289,3. 6.

1. अद्वैत n. Nichtdualität, Einheit 288,27. अद्वैतेन mit Ausschluss eines Andern, einzig und allein.

2. अद्वैत 1) Adj. ohne Dualität, zweitlos, einig 261,7. 281,35. — 2) m. N. pr. = अद्वैतानन्द.

अद्वैतकौस्तुभ m., °चन्द्रिका f., °चिन्तामणि m. und °ज्ञानसर्वस्व n. Titel von Schriften.

अद्वैतत्व n. Nom. abstr. zu 2. अद्वैत 1) Ind. St. 9,154.

अद्वैतदर्पण m., °दीपिका f., °ब्रह्मसिद्धि f., °मकरन्द m. und °रत्नलक्षण n. Titel von Schriften.

*अद्वैतवादिन् m. Bein. Çaṁkarâkârja's Gal.

अद्वैतविद्याविनोद m. und °सिद्धि f. Titel von Schriften.

अद्वैताचार्य m. N. pr. eines Lehrers.

1. अद्वैतानन्द m. 1) die Wonne über den Monismus. — 2) Titel einer Schrift.

2. अद्वैतानन्द m. N. pr. eines Lehrers.

अद्वैतामृत n. Titel einer Schrift.

अद्वैतोपनिषद् f. Titel einer Upanishad.

अद्वैधम् Adv. gleichmässig R. ed. Bomb. 2,118,3.

अध und अधा (älter als अथ, अथा) Adv. 1) darauf, dann, alsdann, da. Insbes. nach einem Relativum, einer Temporal- oder Conditional-Partikel. — 2) und, sodann. अध — अध sowohl — als auch 30,13. अध — अध वा entweder — oder. — 3) aber, dagegen, jedoch. — 4) darum, deshalb.

अधउपासन n. euphemistische Bez. des Beischlafs Çaṁk. zu Bṛh. Âr. Up. 6,4,3.

*अधःकर m. der untere Theil der Hand (vom Handgelenk bis zu den Wurzeln der Finger).

अधःकरण n. das Unterordnen Sâh. D. 296,10.

अधःकृष्णाजिनम् Adv. unter das schwarze Fell.

अधःक्रिया f. Erniedrigung, Geringschätzung.

अधःखनन n. das Untergraben Spr. 1516.

*अधःपटु m. Kampher Gal.

अधःपात m. 1) ein Fall nach unten (auch uneig.) Spr. 2887. — 2) = अधःपातन Bhâvapr. 3,99,19.

अधःपातन n. das Fällen (in der Chemie).

अधःपिण्ड Adj. mit den Knöpfchen nach unten Kâtj. Çr. 17,4,2.

*अधःपुट n. Nuss der Buchanania latifolia Nigh. Pr.

*अधःपुष्पी 1) Pimpinella Anisum. — 2) Elephantopus scaber. — 3) Phlomis esculenta Râgan. 4,83.

अधःप्रदेश m. Schamtheile Harîv. 8735.

अधःप्राक्शायिन् (richtig अधःप्राक्शा°) Adj. auf dem Erdboden, nach Osten gewendet, schlafend.

अधन Adj. keinen eigenen Besitz habend, besitzlos; unbemittelt, arm 147,22. zu Spr. 2939.

अधन्य Adj. (f. आ) 1) dass. Vielleicht aber fehlerhaft für अधान्य keine Getraide habend. — 2) unglücklich Pat. 23,1.

अधप्रिय Adj. jetzt erfreut ṚV.

अधम 1) Adj. (f. आ) a) der unterste. — b) der niedrigste, am Tiefsten stehende, geringste 104,31. 161,15. 163,11 (auch in der 1ten Bed.). 12. पन्नगाधम der niedrigste unter 46,9. कुरुकुलाधम 59,14. अधमां [illegible] sinke auf die tiefste Stufe. विश्वस्मात् niedriger als Alles. समोत्तमाधमाः Gleiche, Stärkere, Schwächere. — 2) m. eine Art Nebenmann. °प्रभव Adj. (पुत्र) Sinîvâlî bei Utpala im Eingange zu Varâh. Bṛh. 23(21). — 3) f. आ eine best. Heroine.

अधमचेष्ट Adj. von der niedrigsten Handlungsweise 104,33.

*अधमद्विज m. ein mit Idolen herumgehender Brahmane Gal.

अधमधी Adj. von ganz geringem Verstande 163,16.

अधमयोनिज Adj. (f. आ) von einer ganz niedrigen Mutter stammend 189,23.

अधमर्ण und अधमर्णिक m. Schuldner.

*अधमशाख m. und *°शाखीय Adj.

*अधमाङ्ग n. Fuss.

अधमाधम Adj. *unter Allen am Tiefsten stehend* Spr. 2379.

*__अधमार्ध__ m. *der unterste Theil* und *__अधमार्ध्य__ Adj. *zu unterst befindlich.*

अँधर 1) Adj. (f. आ) a) *der untere.* अँधरं कर् *sich unterwerfen, überwältigen* 3,19. अँधरः पद् *unterworfen werden.* — b) *niedriger —, tiefer stehend.* मँद् *als ich.* — c) *in einer Disputation* (Gal.) *oder in einem Process unterliegend.* — 2) m. a) *Unterlippe;* Sg. collect. *die Lippen* 167,29. 219,17. 231,21. 23. Spr. 7627. fg. Am Ende eines adj. Comp. f. आ. — b) *eine Reisart* Gal. — c) *auch n. *pudendum muliebre.* — 3) *f. आ *Nadir.* — 4) *n. *der untere Theil.*

*__अधरकण्टक__ 1) m. *Alhagi Maurorum* Nigh. Pr. — 2) f. °कण्टिका *Asparagus racemosus* Rāǵan. 4,118.

अधरकण्ठ m. *der untere Hals; der untere —, hintere Theil der Kehle.*

*__अधरतस्__ Adv. *unten.*

*__अधरमधु__ n. *Lippenhonig, Speichel.*

अँधरमूल Adj. *mit nach unten gehenden Wurzeln* Çat. Br. 1,3,3,10.

अधराय्, °यति *übertreffen, beschämen* Prasannar. 33,1.

अधरसपत्न Adj. *der seine Nebenbuhler besiegt hat* Maitr. S. 3,4,10.

*__अधरस्तात्__ und *__अधरस्मात्__ Adv. *unten.*

अधरहनु f. *der untere Kinnbacken.*

अधराचीन, (**अधराच्य**) **अधराचिव** und **अधराञ्च्** (f. °राची) Adj. 1) *nach unten gerichtet.* — 2) *nach Süden gerichtet, südlich.* अधराक् Adv. *von Süden her.*

अधरात् und **अधरात्तात्** Adv. *unten.*

अधरारणि f. *das untere Reibholz* (bei der Erzeugung des Feuers) 31,1.

अधरी Adv. mit कर् *sich unterwerfen, besiegen, übertreffen.* Mit भू *unterliegen.*

*__अधरीण__ Adj. *unterliegend.*

*__अधरेण__ 1) Adv. *unten.* — 2) Praep. mit Acc. und Gen. *unterhalb.*

*__अधरेद्युस्__ Adv. *den Tag zuvor, vorgestern.*

अधरोत्तर 1) Adj. a) *unterliegend oder gewinnend.* — b) *vorangehend und nachfolgend, früher und später.* — 2) n. a) *eine niedrigere und höhere Stufe, Rangordnung.* — b) *ein Drunter und Drüber, ein Durcheinander.* — c) *Anrede und Entgegnung.*

*__अधरोरुक__ n. vielleicht *ein bis zum Unterschenkel reichendes Gewand* (vgl. अधोरुक) Ind. St. 13,471.

अधरोष्ठ und **अधरौष्ठ** n. 1) *Unterlippe.* — 2) *Unter- und Oberlippe, die Lippen.* Am Ende eines adj. Comp. f. ई.

अधर्म m. *Ungesetzlichkeit, Unrecht; Schuld* 182,11. 203,18. 221,16. अधर्मेण *auf eine ungerechte —, ungesetzliche Weise* 41,21. 103,15. Erscheint personificirt.

अधर्मज्ञ Adj. *das Gesetz —, das Rechte nicht kennend* M. 8,59.

अधर्मदण्डन n. *ungerechte Bestrafung* M. 8,127.

अधर्ममय Adj. *nicht aus Recht bestehend.*

अधर्मिष्ठ Adj. *das Rechte nicht thuend; ungesetzlich.*

अधर्मशरण Adj. *nicht auf das Gesetz sich stützend* Spr. 461.

अधर्म्य Adj. = अधर्मिष्ठ.

अधर्षण (Mbh. 13,17.52) und °णीय Adj. *dem man nicht zu nahe treten darf.*

*__अधवा__ f. *Wittwe.*

*__अधवार__ m. *Dieb.*

अधश्चरणावपात m. *das sich Jmden zu Füssen Werfen* 184,15.

*__अधश्चोर__ m. *Dieb.*

अधःशय Adj. (f. आ) *auf der Erde liegend.*

अधःशय्य Adj. *auf dem Erdboden schlafend.*

अधःशय्या f. *das Schlafen auf dem Erdboden.*

अधःशय्यासनिन् Adj. *auf dem Erdboden schlafend und sitzend* Gaut. 2,21. 14,37.

*__अधःशल्य__ m. *Achyranthes aspera* Rāǵan. 4,90.

अधःशायिता f. *das Schlafen auf dem Erdboden* Gaut. 19,15.

अधःशायिन् Adj. *auf dem Erdboden schlafend* 38,10.

अधःशिरस् 1) Adj. *mit nach unten gerichtetem Kopfe.* — 2) m. *eine best. Hölle* VP. 2,6,4.

अधःशीर्ष Adj. = अधःशिरस्.

अधस् 1) Adv. a) *unten* 10,11. 23. 80,12. 106,28. 173,28. *auf dem Erdboden* 33,22. 299,21. अधो ऽधो विद्यमानानाम् *tiefer und tiefer gelegen* 268,4. — b) *hinunter, hinab* 67,6. 132,23. 168,25. 170,27. 173,16. 180,12. 290,10. अधः कर् *nach unten thun* 163,9. auch so v. a. *übertreffen* Kād. 202. — 2) Praep. a) *unter, unterhalb.* α) mit Acc. (gewöhnlich nur auf die Frage *wohin*) 56,10. verdoppelt 227,6. — β) mit Gen. (gewöhnlich auf die Frage *wo*) 56,12. 110,23. 111,7. — γ) mit Abl. (auf die Frage *wo*). — δ) am Ende eines Comp. (auf die Frage *wo*) 134,22. — b) *vor* (zeitlich) mit Abl. Cit. im Comm. zu Gobh. 1,4,29.

अधस्तन Adj. 1) *der untere.* — 2) *vorangehend* (in einem Buche).

अधस्तराम् Adv. *sehr niedrig, nahe der Erde.*

°__अधस्तल__ n. *die unter Etwas ausgebreitete Fläche, — Stelle.*

अधस्तात् 1) Adv. a) *unten; auf dem Erdboden* 134,12. 169,13. — b) *hinunter, hinab.* — c) *von unten her* 35,22. — d) *in Unterwürfigkeit* 32,21. — e) *vorher* Jaim. 1,106. — 2) Praep. *unter, unterhalb* (auf die Frage *wo* und *wohin*). a) mit dem Gen. 100,2. — b) mit dem Abl. — c) am Ende eines Comp.

अधस्तादिश् f. *Nadir.*

अधस्तान्निर्बाधम् Adv. *mit den Knöpfchen nach unten* Çat. Br. 7,1,1,10.

अधस्पद 1) Adj. (f. आ) *unter den Füssen befindlich, unterwürfig.* °पदं कर् *unter die Füsse treten; überwinden.* °पदम् Adv. *unter den Füssen, — die Füsse.* — 2) n. *Ort unter den Füssen* (des Unterworfenen).

अधःस्थ Adj. (f. आ) *unten befindlich, — liegend* Spr. 224. Bhâg. P. 2,100,23.

अधःस्थानासन n. *das Niedrigerstehen oder -sitzen* Gaut. 2,27.

अँधा s. अँध.

*__अधामार्गव__ m. *Achyranthes aspera.*

अधारणक Adj. *unerträglich.*

अधार्मिक Adj. *ungerecht, seine Pflichten nicht erfüllend.*

अधार्य Adj. 1) *nicht zu tragen, zu schwer zum Tragen.* — 2) *nicht zurückzuhalten, — aufzuhalten* Mbh. 13,35,20. — 3) *dem man obzuliegen nicht vermag.*

1. **अँधि** 1) Adv. a) *in der* (*die*) *Höhe.* — b) *in hohem Grade.* — c) *inwendig* 19,20. — d) *ausserdem, überdies* 8,12. — 2) Praep. a) mit Acc. α) *über, oberhalb* 227,3. — β) *auf — hin, über — hin* Spr. 4035. Auch verdoppelt. — γ) *hin — zu, an — heran* Gaut. 12,41. 13,27. — δ) *in.* — ε) * *in Bezug auf.* — b) mit Instr. *über — hinweg.* — c) mit Abl. α) *über* (örtlich und im Vergleich). — β) *von — herab, von — her* (örtlich und zeitlich), *von — hinweg, aus — hervor* 8,11. 14,12. 16,13. — γ) *nach* (zeitlich) Air. Up. 4,3. — δ) *um — willen.* — ε) *anstatt* ṚV. 1,140,11. — ζ) *in Bezug auf.* — d) mit Gen. *nach* (zeitlich). — e) mit Loc. α) *über* (der Zahl und dem Range nach). * *über und zugleich unter* (der Stellung nach) 228,10. 11. — β) *auf, auf — hin, in, an* 8,9. 14,17. 15,27. — γ) *gegen, in Bezug auf* 30,22. *wider* VS. 20,17. — f) am Ende eines Comp. *über* (der Zahl nach).

2. *__अधि__ 1) m. = आधि *Seelenleiden.* — 2) f. = अधि *eine Frau zur Zeit der Katamenien.*

अधिक 1) Adj. (f. आ) a) überschüssig, den Ueberschuss bildend, hinzukommend, mehr seiend. — b) das gewöhnliche Maass überschreitend, überfliessend, mit einem Ueberschuss versehen, mehr oder grösser als gewöhnlich, gesteigert, ausserordentlich 40,4. 303,14. 310,17. Spr. 7818. Das den Ueberschuss oder Ueberfluss ausdrückende Wort steht im Instr. (Spr. 6681, v. l.) oder geht im Comp. voran Chr. 99,31. 195,19. 233,23. 235,4. एकमधिकं शतम् = एकाधिकं शतम् 101 MBh. 3,72,2. — c) der höchste, beste Spr. 6089. — d) überwiegend, überlegen, höher stehend, mehr, grösser, stärker, heftiger, vorzüglicher, mehr geltend 130,22. 250,7. गुणतम् überlegen an, सख्याधिक desgl. Var. in LA. 29,1. Das beim Vergleich Zurücktretende steht im Abl. (63,35. 168,33. 176,14. 182,22. 197,30. 228,7. Spr. 7667), Instr. oder Gen. oder geht im Comp. voran (31,27. 122,27. 171,30). शताधिका über das Hundert hinausgehend 78,2. In dieser Bed. auch अधिकतर Spr. 2316. — e) darüber (Abl.) hinaus liegend, entfernter (von der Zeit) Suçr. 2, 295,4. अधिके ततः zwei (Jahre) später M. 2,65. — f) *dem Maasse nach niedriger stehend, kleiner als (Abl.). — 2) अधिकम् und अधिक° Adv. a) mehr als gewöhnlich, in hohem Grade, sehr 166,6. 175,21. 319,2. — b) mehr, in höherem Grade, stärker 96,26. Das beim Vergleich Zurücktretende im Abl. oder im Comp. vorangehend 126,20. 113,26. अधिकतरम् dass. — 3) n. a) Ueberschuss. — b) in der Rhetorik das Uebermaass —, Grössersein u. s. w. des Enthaltenden (Beispiel Spr. 1764) oder des Enthaltenen Vâmana 4,2,11. Kâvjâd. 10, 42. Sâh. D. 723.

*अधिककण्टक m. Alhagi Maurorum Râǵan. 4,44.

अधिकक्रोध Adj. überaus erzürnt Ragh. 12,30.

अधिकगुण Adj. vorzügliche Eigenschaften besitzend Suçr. 1,187,17. Davon Nom. abstr. °ता Mudrâr. 20,1.

अधिकत्व n. das Zuviel. Am Ende eines Comp. das Ueberwiegen —, Vorherrschen von.

अधिकदन्त m. Ueberzahn Suçr. 2,127,1.

अधिकमास m. Schaltmonat.

अधिकरण n. (am Ende eines adj. Comp. f. आ) 1) Substrat, das worauf Etwas bezogen wird. — 2) Stoff, Substanz. — 3) Fach, Zweig, Branche Spr. 6926. — 4) ein einem speciellen Gegenstande gewidmeter Abschnitt, Artikel, Paragraph. — 5) Gericht, Gerichtshof. — 6) in der Gramm. das worauf, worin, woran, wo oder wann Etwas geschieht oder Statt findet, der Begriff des Locativs 224,12. 233,3. 237,28. 238,17.

अधिकरणकौमुदी f., °चन्द्रिका f. und °पुलक m. Titel von Schriften.

अधिकरणन्यायमाला f. Titel einer Schrift.

अधिकरणमण्डप Gerichtshalle Kâd. 98.

अधिकरणमाला f. und °रत्नमाला f. Titel von Schriften.

अधिकरणलेखक m. Gerichtsschreiber Kâd. 98.

अधिकरणसिद्धान्त m. eine Hauptwahrheit, aus der andere Wahrheiten sich von selbst ergeben, Njâjas. 1,1,30. Kâraka 3,8.

अधिकरणिक m. Richter. Vgl. आधि°.

*अधिकर्द्धि Adj. = समृद्ध.

अधिकर्मकर und °कर्मकृत् m. Oberaufseher über die Arbeiter.

अधिकर्मकृत m. Oberaufseher, Verwalter, Schaffner.

*अधिकर्मिक m. Oberaufseher über einen Markt.

अधिकल्पिन् Adj. etwa Uebervortheiler (im Spiele).

अधिकवयस् Adj. in vorgerückten Jahren Venis. 85.

*अधिकषाष्टिक Adj. über sechzig werth u. s. w.

अधिकष्ट n. grosses Elend, grosser Jammer.

*अधिकसाप्ततिक Adj. über siebzig werth u. s. w.

अधिकाक्षर Adj. (f. आ) eine überschüssige Silbe habend Nir. 7,13.

अधिकाङ्ग 1) Adj. (f. ई) ein überzähliges Glied habend. — 2) m. n. *eine auf dem Panzer über die Brust getragene Schärpe.

अधिकाधिक Adj. stets wachsend, — zunehmend 173,28.

अधिकार m. (am Ende eines adj. Comp. f. आ) 1) Oberaufsicht, Verwaltung, Amt 140,3. — 2) Berechtigung, Anspruch, Befähigung zu (Loc.). — 3) *Prärogative eines Fürsten. — 4) das Trachten nach (Loc.). — 5) das worauf Etwas bezogen wird; am Ende eines adj. Comp. bezüglich auf. — 6) ein der Besprechung eines bestimmten Gegenstandes gewidmeter Abschnitt in einem Lehrbuch, das Kapitel von (geht im Comp. voran) 239,8. — 7) bei den Grammatikern der an die Spitze eines neuen Abschnittes gesetzte Gegenstand, über den von da an gehandelt werden soll und der in allen folgenden Regeln bis zu einem neuen Abschnitte in derselben grammatischen Form, in der er am Anfange auftritt, zu ergänzen ist. 221,6. 226,35.

अधिकारक Adj. einen Gegenstand vorführend, einleitend TS. Prât. 22,6.

अधिकारपुरुष m. Beamter.

अधिकारमाला f. und °संग्रह m. Titel von Schriften.

अधिकारस्थ Adj. in einem Amte stehend. पुरुष Beamter Spr. 7638.

अधिकारिता f. und अधिकारित्व n. Oberaufsicht über (Loc. oder im Comp. vorangehend).

अधिकारिन् 1) Adj. a) ein Amt bekleidend; die Oberaufsicht über Etwas (geht im Comp. voran) habend 109,15. — b) Ansprüche auf Etwas (geht im Comp. voran) habend; zu Etwas geeignet, tauglich 233,28. 234,3. 236,24. — 2) *m. Mensch.

अधिकार्थवचन n. Uebertreibung.

*अधिकार्य.

अधिकृत m. Haupt, Aufseher, Verwalter, Chef, Beamter (das Amt im Loc. oder im Comp. vorangehend).

°अधिकृतत्व n. das über Etwas Gesetztsein, das Bestimmtsein zu.

*अधिकृष्णम् Adv. in Bezug auf Kṛshṇa.

*अधिक्रम m. Angriff.

अधिक्षित् m. Beherrscher.

अधिक्षेप m. Beschimpfung, Verspottung.

अधिगन्तर् Nom. ag. Finder Gaut. 10,36.

अधिगन्तव्य Adj. 1) zu erlangen, zu gewinnen 191,32. — 2) zu erreichen, zu ergründen Spr. 1339. — 3) zu studiren.

अधिगम m. 1) Auffindung, Erlangung, Antreffung, Habhaftwerdung Gaut. 10,39. — 2) Gewinn. — 3) Erfahrung, Erleidung. — 4) Gewinnung einer Ueberzeugung, Erkenntniss Gaut. 11,23. — 5) Studium, das Lernen, Lesen.

अधिगमन n. 1) das Erlangen, Antreffen, Habhaftwerden. — 2) Studium, das Lesen.

अधिगम्य Adj. 1) wohin man zu gelangen hat Bhâg. P. 5,10,10. — 2) zugänglich. — 3) erkennbar, fassbar. — 4) zu studiren.

(अधिगर्त्य) अधिगर्तिय Adj. auf dem Wagensitze befindlich.

अधिगव Adj. vom Rind —, von der Kuh kommend AV. 9,6,39.

अधिगुण Adj. mit hohen Eigenschaften begabt.

अधिगोप्तर् Nom. ag. Hüter.

अधिचङ्क्रम Adj. (f. आ) über Etwas kriechend AV. 11,9,16.

अधिचर Adj. überschüssig.

अधिचरण in स्वाधि°.

*अधित Adj.

अधिजनन n. Geburt.

अधिजानु Adv. auf das Knie.

अधिजिह्व m. Ueberzunge, Geschwulst an der Zunge.

अधिजिह्विका f. 1) dass. — 2) *Zäpfchen im Halse Nigh. Pr.

अधिज्य Adj. mit aufgezogener Sehne Çat. Br. 14,

6, 8, 2. अधिज्यधन्वन् Adj. an dessen Bogen die Sehne aufgezogen ist 9,1,8,6. Chr. 96,2. अधिज्यता f. Nom. abstr.

अधिज्योतिषम् Adv. in Bezug auf das Leuchtende.

अधित्यका f. Bergebene, Bergplateau Çiç. 4, 10.

अधिदण्डनेतर् m. der oberste Richter, Jama Bhâg. P. 3,16,10.

अधिदन्त m. Ueberzahn.

अधिदिन n. überschüssiger Tag. Pl. die höhere Zahl der Lunartage im Ahargaṇa im Vergleich zu den Solartagen Siddh. Çir.

अधिदीधितिभावार्थ m. Titel einer Schrift.

अधिदेव m. ein höchster Gott.

अधिदेवतम् Adv. in Bezug auf die Götter.

अधिदेवता f. eine höchste Gottheit, Schutzgottheit.

अधिदेवन n. Spielbrett beim Würfelspiel.

अधिदैव n. die den Agens einer Thätigkeit leitende Gottheit Gop. Br. 1,4,2.

अधिदैवत n. Schutzgottheit und = अधिदैव.

अधिदैवतम् Adv. in Bezug auf die Gottheit, — das göttliche Princip.

अधिदैवत्य n. die oberste göttliche Stellung unter (Abl.) Maitrjup. 4,4.

अधिनाथ m. 1) Oberherr. — 2) N. pr. eines Autors.

अधिनिर्णिज् Adj. in ein Prachtgewand gehüllt.

अधिप m. Gebieter, Herr, Oberhaupt; Regent in der Astrol.

अधिपति m. 1) dass. — 2) Wirbel auf dem Kopfe.

अधिपतिवती Adj. f. den Herrn in sich enthaltend Maitrjup. 6,5.

अधिपत्नी f. Oberherrin.

अधिपथम् Adv. über einen Pfad hinweg.

अधिपा m. Gebieter, Herrscher.

अधिपांसुल Adj. überaus staubig.

अधिपाश m. Knebel Kauç. 49.

अधिपुरुष m. der höchste Geist Gaim. 1,2,16.

अधिपूतभृतम् Adv. über dem den gereinigten (Soma) enthaltenden (Kübel).

अधिपूरुष m. der höchste Geist VP. 1,12,39.

अधिपेषण Adj. worauf Etwas zermalmt wird.

अधिपौरुष n. die höchste Manneskraft MBh. 13, 16, 18.

अधिप्रजम् Adv. in Bezug auf die Nachkommenschaft, — Familie.

अधिप्रज्ञम् Adv. in Bezug auf die Erkenntniss Kaush. Up. 3,8.

अधिप्रष्टियुग n. das Joch am Prashṭi-Pferde.

अधिप्लवन n. das Hinüberspringen über (im Comp. vorangehend).

अधिफाणित Adj. mit verdicktem Zuckerrohrsaft übergossen MBh. 13,64,26.

अधिबल n. 1) das Ueberbieten (Rede durch Rede). — 2) in der Dramatik hinterlistiger Anschlag.

अधिबाधितर् Nom. ag. Belästiger, Quäler.

अधिबुभूषु Adj. der die Oberhand bekommen will.

*अधिभू m. Herrscher, Gebieter.

अधिभूत n. das Gebiet oder Object des Agens.

अधिभूतम् Adv. in Bezug auf die Wesen Kaush. Up. 3,8.

अधिभोजन n. Zugabe.

अधिमखम् Adv. bei Gelegenheit eines Opfers.

अधिमन्थ m. eine best. Krankheit des Auges.

अधिमन्थन 1) Adj. womit gerieben wird. — 2) n. das (harte) Holzstück, welches auf dem (weichen) gerieben wird.

अधिमांस und °क n. von Speichelfluss begleitete schmerzhafte Anschwellung des Zahnfleisches in der Gegend des Weisheitszahnes.

अधिमांसार्मन् n. eine best. Krankheit des Weissen im Auge Suçr. 2,310,9.

अधिमात्र Adj. übermässig Jogas. 2,34. Davon Nom. abstr. °त्व n. 1,22.

अधिमात्रकारुणिक (अतिमात्र°?) n. N. pr. eines Mannes.

अधिमात्रम् Adv. in Bezug auf die Lautmaasse.

अधिमास und °क m. Schaltmonat.

अधिमासदिन n. = अधिदिन Comm. zu Siddh. Çir.

अधिमित्र n. in der Astrol. gelegentlicher Freund Varâh. Bṛh. 13,1. Davon Nom. abstr. °ता f. Utpala zu 22,3.

अधिमुक्ति f. Neigung, starker Zug nach; Vertrauen (buddh.).

अधिमुक्तिक 1) m. Bein. Mahâkâla's. — 2) am Ende eines adj. Comp. = अधिमुक्ति Lalit. 312,2.

*अधिमुक्तिका f. Perlmutter Nigh. Pr.

अधिमोक्ष m. buddh. = अधिमुक्ति.

1. अधियज्ञ m. das höchste Opfer.

2. अधियज्ञ Adj. auf das Opfer bezüglich. °यज्ञम् Adv. in Bezug auf das Opfer.

*अधियाग n. = अधिकाङ्ग 2).

अधियोग m. eine best. Constellation Varâh. Bṛh. 13,2.

अधियोध R. Gorr. fehlerhaft. युधि यो॰ ed. Bomb. 6,48,24.

अधिरज्जु Adj. einen Strick mit sich führend.

अधिरथ 1) Adj. a) auf dem Wagen stehend, zu Wagen seiend; m. Kämpfer zu Wagen, Wagenlenker. — b) durch einen Wagen vermehrt, nebst einem Wagen. — 2) m. N. pr. verschiedener Männer. — 3) n. Wagenlast.

अधिरथीय n. कुत्सस्य Name eines Sâman.

अधिराज् und °राज (137,29. 139,6) m. Oberherrscher, Oberhaupt.

अधिराजता f. Oberherrschaft über (Gen.).

अधिराजन् m. Oberherrscher, Oberhaupt.

अधिराज्य n. 1) Oberherrschaft. — 2) N. pr. eines Reiches.

अधिराज्यकुशाद्य m. N. pr. eines Reiches MBh. 6, 9, 44.

अधिराष्ट्र n. N. pr. eines Reiches.

अधिरुक्म Adj. Goldschmuck an sich tragend.

अधिरूढकर्णी Adj. v. l. zu अश्वाल्हकर्णी Maitr. S. 3,13,3.

अधिरोढव्य n. impers. zu steigen auf (Loc.).

अधिरोपण n. das Aufsteigenlassen, Aufsetzen auf (im Comp. vorangehend).

अधिरोहण 1) n. das Steigen auf (Loc. oder im Comp. vorangehend), Besteigen Çat. Br. 7,3,8,17. — 2) *f. ई Leiter.

*अधिरोहिणी f. Leiter.

अधिलोक m. die höchste Welt.

अधिलोकम् Adv. in Bezug auf die Welten.

अधिवक्तर् Nom. ag. Fürsprecher oder Segner.

अधिवङ्ग n. N. pr. eines Waldes.

*अधिवचन n. Beiwort, Name, Benennung.

अधिवत्सर n. das Jupiterjahr von 361 Tagen.

अधिवपन n. das Aufstreuen.

अधिवर्चस् n. Abtritt Gobh. 1,4,10. °वर्च n. v. l.

अधिवर्तन n. das an's Feuer Rücken.

अधिवसति f. Wohnstätte, Wohnung.

अधिवस्त्र Adj. mit Gewändern bekleidet.

अधिवाक m. Fürsprache oder Segen.

अधिवाक्कुलाद्य m. N. pr. eines Reiches MBh. 6,352.

अधिवाद m. Beleidigung mit Worten Maitr. S. 3,2,2.

1. अधिवास m. 1) Bewohner. — 2) Nachbar 213, 6. 11. — 3) Wohnung, Wohnort, Sitz 216,23 (am Ende eines adj. Comp. f. आ).

2. अधिवास m. Ueberwurf, Decke.

3. अधिवास m. Parfüm MBh. 3,43,17. Davon Nom. abstr. °ता Spr. 2302.

अधिवासन n. 1) das Parfümiren 246,23. — 2) Einweihen (einer Götterstatue). °मण्डप die Festhütte, in der dieses geschieht.

अधिवासना f. Willfahrung (buddh.).

अधिवासभूमि f. Wohnort.

*अधिवासित n. Wohnung Gal.

*°अधिवासिन् Adj. wohnend, wachsend in.

अधिवाह m. Aufseher über das Gespann.

अधिवाकन m. N. pr. eines Mannes.

अधिविकर्तन n. ferneres Zerschneiden.

अधिविज्ञान n. höchstes Wissen.

अधिविद्यम् Adv. in Bezug auf das Wissen.

अधिवृक्षसूर्ये Loc. zur Zeit, wo nur noch die Baumwipfel von der Sonne beschienen werden. Am Anf. eines Comp. °सूर्य° Gaut. 5,40.

अधिवेत्तव्या Adj. f. durch eine zweite Frau hintanzusetzen 193,10.14.

अधिवेदन n. das Heirathen einer zweiten Frau bei Lebzeiten der ersten Verz. d. Oxf. H. 85,a,27.

अधिवेदम् Adv. in Bezug auf den Veda.

*अधिवेदिका und *°वेदिनी f. eine zweite Frau bei Lebzeiten der ersten Gal.

अधिवेद्या Adj. f. = अधिवेत्तव्या 193,1.

अधिवेश्म Adv. im Hause.

अधिशय m. Zuschuss Lâṭj. 6,5,12.16.19.22.24.29.

अधिशिरस् Adv. über den Kopf Kauç. 27.

अधिश्रयण 1) n. das auf's Feuer Setzen. — 2) *f. ई Ofen.

अधिश्रयणीय Adj. auf das Adhiçrajaṇa bezüglich.

अधिश्रयितवै Dat. Inf. auf's Feuer zu setzen.

अधिश्री Adj. auf der Höhe des Glücks stehend.

अधिश्रोत्रम् Adv. an den Ohren.

अधिषवण 1) Adj. zum Pressen (des Soma) dienend. — 2) n. a) Presse, namentlich Du. die beiden Theile derselben: der Deckel und der durchlöcherte Trog. — b) das Fell, auf welchem der ausgepresste Soma-Saft läuft.

(अधिषवण्य) अधिषवणीय m. Du. die beiden Theile der Soma-Presse.

अधिष्ठातर् Nom. ag. (f. °त्री) Vorsteher, der über Jmd oder Etwas gesetzt ist. Davon Nom. abstr. °तृत्व n.

अधिष्ठान n. 1) Standort, Grundlage, Sitz, Platz 106,12. — 2) Standplatz des Kriegers auf dem Wagen Sâmav. Br. 3,6,4. — 3) Residenz. — 4) Anwesenheit Mâlav. — 5) Herrschaft, hohe Stellung, Macht. — 6) Segen (buddh.).

अधिष्ठानवत् Adj. auf fester Grundlage ruhend.

अधिष्ठापक Adj. über Etwas stehend, beaufsichtigend.

अधिष्ठेय Adj. zu beherrschen; was beherrscht wird.

अधिष्ण्य und °वत् (Vaitân. 16) Adj. keinen Dhishṇja genannten Nebenaltar habend.

अधिसीमकृष्ण m. N. pr. eines Fürsten VP. 4,21,3.

अधिसेनापति m. Oberheerführer.

*अधिस्त्रि Adv. = स्त्रियाम्.

अधिस्त्री f. eine hochstehende Frau.

अधिस्पर्शम् Adv. in Bezug auf die Berührung.

*अधिहरि Adv. = हरौ.

अधिहस्ति Adv. auf einem Elephanten.

अधिहस्त्य n. ein in der Hand gehaltenes Geschenk, mit dem man vor seinem Lehrer u. s. w. erscheint.

अधीक् die Wurzel इ, इति mit अधि 235,30.

अधीकार m. 1) Oberaufsicht, Verwaltung (mit Loc.). — 2) Befähigung.

अधीतवेद (!) Adj. der den Veda durchstudirt hat Çat. Br. 14,6,11,1.

अधीति f. 1) Erinnerung. — 2) Studium.

अधीतिन् Adj. 1) belesen, bewandert in 233,8. — 2) mit dem Studium der heiligen Schriften beschäftigt.

अधीन Adj. (f. आ) meist am Ende eines Comp. 1) liegend auf Spr. 6012. — 2) Jmdn gehörig. — 3) untergeben, untergeordnet, abhängig von.

अधीनत्व n. Unterthanenschaft, Abhängigkeit.

अधीमन्थ m. = अधिमन्थ.

1. अधीर 1) Adj. (f. आ) a) nicht fest, beweglich. — b) unentschlossen, wankelmüthig, ängstlich, kleinmüthig. Eine solche Heroine geschildert Spr. 7028. — 2) *f. आ Blitz.

2. अधीर Adj. (f. आ) unverständig.

अधीरता f. Kleinmuth.

अधीराक्ष Adj. mit beweglichen Augen 240,31.

1. अधीवास m. Wohnung, Wohnort, Sitz.

2. अधीवास m. Ueberwurf, Mantel.

1. अधीवासस् n. dass. Vaitân. 36.

2. अधीवासस् Adv. über dem Kleide.

अधीश m. Oberherr, Fürst, Gebieter. Davon Nom. abstr. °ता f. 139,19.

*अधीशितर् Nom. ag. Gebieter so v. a. Gatte, Geliebter.

*अधीश्वर m. 1) Oberkönig. — 2) ein Arhant bei den Gaina.

अधुना Adv. jetzt.

अधुनातन Adj. jetzig.

*अधुर Adj. unbelastet.

अधूमक Adj. rauchlos.

अधृत Adj. sich nicht ruhig verhaltend TS. 5,3,2,1. Auch als Beiw. Vishṇu's.

अधृति f. 1) Unruhe, Unbehaglichkeit. — 2) Wankelmuth.

अधृष्ट Adj. 1) unwiderstehlich, unbezwinglich 11,9. 18,3. — 2) nicht keck, bescheiden, schüchtern Pañkat. III,193.

अधृष्य 1) Adj. a) an den man sich nicht wagt. — b) *stolz. — 2) f. आ N. pr. eines Flusses.

अधेनु f. eine nicht milchende Kuh Gaut. 9,19. Uebertr. so v. a. etwas Unfruchtbares.

अधैर्य n. Wankelmuth, Kleinmuth.

अधोऽक्षत Adj. nicht bis zur Achse reichend.

*अधोंऽशुक n. Untergewand.

अधोक् 3. Sg. Imperf. vom दुह्.

अधोऽक्षज Adj. unter einer Achse geboren; m. Beiw. Vishṇu's.

अधोऽक्षम् und °क्षेण Adv. unter der Achse.

अधोगत Adj. 1) untergegangen und tief sich verneigend Spr. 3076. — 2) nach unten verschoben (eine Art des Beinbruchs) Çârṅg. S. 1,7,58. Bhâvapr. 5,128.

1. अधोगति f. Gang nach unten (auch zur Hölle), das Sinken.

2. अधोगति Adj. nach unten gehend; zur Hölle fahrend.

अधोगमन n. das Abwärtsgehen Tattvas. 32.

*अधोघण्टा f. Achyranthes aspera.

अधोजानु Adv. unterhalb des Knies Çat. Br. 13,8, 3,12. Kâtj. Çr. 21,4,16.

*अधोजिह्विका f. Zäpfchen im Halse.

*अधोदारु n. Säulenstuhl von Holz.

*अधोदिश् f. Nadir.

1. अधोदृष्टि f. Blick zur Erde.

2. अधोदृष्टि Adj. den Blick nach unten gerichtet.

अधोदेश m. der untere Theil des Leibes Mahîdh. zu VS. 39,88.

अधोनयन n. das Herunterbringen.

अधोनिलय m. Hölle Spr. 5177.

अधोनिवीत Adj. mit heruntergestreifter Opferschnur Âçv. Gṛhj. 4,2,9.

अधोपहास m. ein Spiel in den unteren Regionen so v. a. Beischlaf.

अधोबिन्दु Adj. dessen Tropfen nach unten laufen Joga. Up. 9.

अधोभक्त m. nach dem Essen genommene Arzenei.

अधोभव Adj. = अधोगत 2) Bhâvapr. 5,125.

अधोभाग m. 1) der untere Theil; Tiefe. — 2) der untere Theil des Leibes 217,8.

*अधोभुवन n. Unterwelt.

*अधोभूमि f. unten —, am Fusse eines Berges gelegenes Land.

*अधोमर्मन् n. After.

अधोमुख 1) Adj. (f. ई) a) mit nach unten gerichtetem Gesicht 65,17.27. — b) nach unten gerichtet 99,8. 317,7. zu Spr. 1519. — 2) m. a) eine best. Hölle VP. 2,6,17. — b) *Beiw. Vishṇu's. — 3) *f. आ eine best. Pflanze, = गोजिह्वा. — 4) *f. ई ein best. Vogel Gal.

अधोराम Adj. *unten um Leibe dunkelfarbig.*

अधोलम्ब m. *Senkrechte* Colebr. Alg. 68.

*अधोलोक m. *Unterwelt.*

*अधोवदन Adj. 1) *mit nach unten gerichtetem Gesicht.* — 2) *nach unten gerichtet.*

अधोवर्चस् Adj. *nach unten taumelnd, zu Boden sinkend.*

अधोवायु m. *Furz.*

अधोऽवेक्षिन् Adj. *zur Erde blickend* Spr. 980, v.l.

अधोऽश्वम् Adv. *unter das Pferd.*

अधौत Adj. *ungewaschen* Pâr. Gṛhy. 2,8,10.

अध्यंस Adj. *auf der Schulter liegend.*

अध्यक्ष 1) Adj. (f. आ) a) *mit eigenen Augen sehend, Augenzeuge.* — b) *wahrnehmbar.* — 2) m. a) *Aufseher* 19,27. — b) **Mimusops Kauki.*

अध्यक्षरम् Adv. *in Bezug auf die Silben.*

अध्यग्नि Adv. *über dem Feuer* (bei der Trauung).

*अध्यञ्च् Adj. *nach oben gerichtet.*

अध्यणुमात्रिक Adj. *um ein Viertel einer Mora länger* Comm. zu TS. Prât. 22,12.

अध्यण्डा f. *Carpopogon pruriens* und *Flacourtia cataphracta.*

अध्यधिक्षेप m. *frecher Tadel.*

अध्यधीन Adj. *vollkommen abhängig, Sclave.*

अध्यधेन Instr. Adv. *in die Nähe von, dicht zu — hin* 30,1.

अध्ययन n. *Studium, das Lesen* (insbes. der heiligen Schriften); *das Lernen von Jmd* (Abl.)

अध्ययनदानिक Adj. *in der Unterweisung im Studium bestehend* Suçr. 1,8,6.

अध्ययनसंप्रदान n. *Unterweisung im Studium.* Davon °दानीय Adj. *darauf bezüglich* Suçr. 1,8,2.

अध्ययनादान n. *Empfang von Unterricht von Jmd* (Abl.)

*अध्ययनीय Adj. *zu studiren, zu lesen.*

अध्यर्ध 1) Adj. (f. आ) *anderthalb.* — 2) f. आ *ein Backstein von best. Grösse* Çulbas. 3,56.121.127.

*अध्यर्धक Adj. *für anderthalb gekauft u. s. w.*

*अध्यर्धकंस 1) m. *anderthalb* Kaṁsa (*ein best. Maass*). — 2) Adj. *so viel enthaltend.*

*अध्यर्धकाकिणीक Adj. *anderthalb* Kâkiṇî *werth u. s. w.*

*अध्यर्धकार्षापण 1) m. *anderthalb* Kârshâpaṇa. — 2) Adj. *so viel werth u. s. w.*

*अध्यर्धकार्षापणिक Adj. = अध्यर्धकार्षापण 2).

*अध्यर्धखारीक Adj. *anderthalb* Khârî *enthaltend.*

*अध्यर्धपण्य Adj. *anderthalb* Paṇa *werth u. s. w.*

*अध्यर्धपाद्य Adj. *anderthalb Viertel werth u. s. w.*

*अध्यर्धप्रतिक Adj. *anderthalb* Kârshâpaṇa *werth u. s. w.*

*अध्यर्धमाष्य Adj. *anderthalb* Mâsha *wiegend.*

*अध्यर्धविंशतिकीन Adj. *dreissig werth u. s. w.*

*अध्यर्धशत 1) n. *hundertundfunfzig.* — 2) Adj. *so viel werth u. s. w.*

*अध्यर्धशतमान 1) m. *anderthalb* Çatamâna. — 2) Adj. *so viel werth u. s. w.*

*अध्यर्धशत्य Adj. *hundertundfunfzig werth u. s. w.*

*अध्यर्धशाण 1) m. *anderthalb* Çâṇa. — 2) Adj. *so viel wiegend.*

*अध्यर्धशाण्य Adj. = अध्यर्धशाण 2).

*अध्यर्धशातमान Adj. = अध्यर्धशतमान 2).

*अध्यर्धशूर्प 1) m. n. *anderthalb* Çûrpa. — 2) Adj. *so viel enthaltend.*

*अध्यर्धसहस्र 1) n. *tausendfünfhundert.* — 2) Adj. *so viel werth u. s. w.*

*अध्यर्धसाहस्र Adj. = अध्यर्धसहस्र 2).

*अध्यर्धसुवर्ण 1) m. n. *anderthalb* Karsha *Gold.* — 2) Adj. *so viel werth u. s. w.*

*अध्यर्धसौवर्णिक Adj. = अध्यर्धसुवर्ण 2).

अध्यर्धेड Adj. *anderthalb* Iḍâ *enthaltend.* n. *Name eines* Sâman Tâṇḍya-Br. 19,11,1. सोमसामन् n. *dass.*

अध्यर्बुद n. *Uebergeschwulst, Uebergewächs.*

अध्यर्हणीय Adj. *hoher Ehren werth.*

अध्यवसान n. (adj. Comp. f. आ) *das Gewinnen einer festen Ansicht, das sich für Etwas Bestimmen.*

अध्यवसाय m. 1) *dass.* — 2) *Beschlussfassung, fester Vorsatz.* — 3) buddh. *blosse Meinung* Sarvad. 22,17.

अध्यवसायक m. = अध्यवसाय 2).

अध्यवसायित Adj. *fest beschlossen.*

अध्यवसायिन् Adj. *sich zu Etwas entschliessend* 105,22.

अध्यवसिति f. *Voraussetzung.*

अध्यवसेय Adj. buddh. *was man sich bloss vorstellt* Sarvad. 22,16.

अध्यवहनन Adj. *worauf gedroschen wird.*

अध्यशन n. *das Zusichnehmen von Speisen, bevor die vorangegangene Mahlzeit verdaut ist.*

*अध्यश्व Adj. *zu Pferde sitzend.*

अध्यस्थ n. *Oberfläche eines Knochens.*

अध्यस्थि n. *Ueberknochen.*

अध्याण्डा f. *eine best. Pflanze* (vgl. अध्यण्डा).

अध्यात्म 1) Adj. *der Person angehörig, persönlich eigen.* — 2) n. a) *die höchste Seele.* — b) *die Seele als Agens einer Thätigkeit.*

अध्यात्मकल्पतरु m. und °चिन्तामणि m. *Titel von Schriften.*

अध्यात्मम् Adv. 1) *in Bezug auf die Person, — das Selbst, — die Allseele.* — 2) *zu sich hin; an sich, am Leibe* Gov. Br. 3,3,1.

अध्यात्मप्रदीपिका f., °बोध m., °मीमांसा f., °रामायण n., °विद्योपदेशविधि m., °शास्त्र n. und °मुधातरंगिणी f. *Titel von Schriften.*

अध्यात्मिक Adj. *auf den höchsten Geist oder auf die Seele bezüglich.* Richtiger आध्या°.

अध्यात्मोत्तरकाण्ड n. *das letzte Buch des* Adhjâtmarâmâjaṇa.

अध्यापक m. *Lehrer.*

अध्यापन n. *das Unterrichten.*

अध्यापय्, °यति Caus. von इ, एति mit अधि.

अध्यापयितर् Nom. ag. *Lehrer.*

अध्याप्य Adj. *zu unterrichten.*

अध्याय 1) *Adj. *studirend, lesend, belesen.* — 2) m. a) *Studium, das Lesen* (insbes. der heiligen Schriften. — b) *die für das Studium der heiligen Schriften angemessene Zeit.* — c) *grösserer Abschnitt in einem Werke, lectio.*

अध्यायशतपाठ m. Titel eines Werkes.

अध्यायिन् Adj. *studirend, lesend.*

अध्यारोप m. (257,31. 258,3) und अध्यारोपण n. *falsche Uebertragung.*

अध्यारोह m. *das Aufsteigen* (auch uneig.).

अध्यावाप m. *das Aufstreuen, Aufschütten.*

अध्यावाहनिक n. *das aus dem elterlichen Hause mitgebrachte Vermögen einer Frau* 200,13.

अध्याशय m. buddh. *Neigung, Gesinnung* Lalit. 10,18. 11,5. 13,2. 215,7.

अध्यास m. 1) *das Aufsetzen, Aufstellen.* — 2) *falsche Uebertragung.* — 3) *Anhang, Zusatz.*

अध्यासन n. *Sitz, Aufenthaltsort.*

अध्यासभाष्य n. Titel einer Schrift.

अध्यासित n. *das Sitzen auf* Ragh. 2,52.

अध्यासितव्य Adj. *zu übernehmen.*

अध्यासिन् Adj. *sitzend auf* Spr. 4820.

अध्यास्या f. *eine anzuhängende* Ṛk Lâṭy. 3,8,29.

*अध्याहरण n. *das Erwägen, Betrachten.*

अध्याहर्तव्य Adj. *zu ergänzen* Comm. zu Njâjam. 2,1,38.

अध्याहार m. 1) *Aufbürdung, Zuschiebung.* — 2) *Ergänzung, Supplirung.* — 3)* *Erwägung, Betrachtung.*

अध्याहार्य Adj. *zu ergänzen.*

अध्युष्ट Adj. *viertehalb.*

*अध्युष्ट्र m. *ein mit einem Kamel bespannter Wagen.*

अध्यूढ 1) Adj. **reich.* — 2) m. a) *ein Sohn, mit welchem die Mutter schon schwanger war, als sie heirathete.* — b) *Bein. Çiva's.* — 3) f. आ *eine Frau, deren Mann nach ihr wieder geheirathet hat.* — Vgl. ऊह् mit अधि.

अध्यूळ्ह m. = अध्यूढ 2) a).

अध्यूधी f. ein best. über dem Euter gelegener Körpertheil.

अध्येतर् Nom. ag. (f. °त्री) Student, Leser.

अध्येतव्य Adj. zu studiren, zu lesen. Davon Nom. abstr. °त्व n.

अध्येय Adj. dass.

अध्येषण 1) n. und °णा f. Bitte, Aufforderung. — 2) f. Ehrenerweisung Nir. K.

अध्योढ m. = अध्यूढ 2) a).

अ॑ध्रि Adj. unaufhaltsam AV. 3,20,10 (अ॑द्रि gedr.).

अ॑ध्रिगु 1) Adj. unaufhaltsam vordringend. — 2) m. a) eine best. Thieropferformel, die das Wort अध्रिगु enthält. — b) N. pr. eines Mannes.

अध्रिज Adj. unaufhaltsam.

*अध्रियमाण gaṇa पार्श्वादि.

अ॑ध्रुव Adj. (f. आ) 1) nicht am Ort verharrend, beweglich Çat. Br. 2,2,3,3. Dazu Nom. abstr. °त्व n. Mahābh. 1,261,b. — 2) nicht beständig, schnell vergehend Çat. Br. 13,2,6,10. Chr. 183,22. — 3) nicht bestimmt, ungewiss. — 4) ablösbar (von einem Theile des Körpers, dessen Verlust nicht den Tod herbeiführt.)

अध्रुष m. eine schmerzhafte harte und rothe Anschwellung in der Gegend des Gaumens.

अध्रौव्य n. das Nichtverharren am Orte Mahābh. 1,262,a.

°अध्व und °अध्वक m. = अध्वन्.

*अध्वतमिन् m. Vogel Nigh. Pr.

अध्वग 1) Adj. (f. आ) auf dem Wege befindlich. परलोकाध्वग zur anderen Welt Spr. 2204. — 2) m. a) Reisender, Wanderer, Spaziergänger 133,18. 176,28. 234,7. Spr. 5713. — b) *Kamel. — c) *Maulthier. — d) *Vogel Nigh. Pr. — 3) *f. आ die Gaṅgā.

अध्वगत् Adj. einen Weg zurücklegend, wandernd.

*अध्वगभोग्य m. Spondias mangifera.

*अध्वगमन n. das Reisen.

*अध्वजा f. eine best. Pflanze.

अ॑ध्वन् m. 1) Weg. — 2) Reise, das Reisen, Wandern 31,21. 127,4. — 3) Wegemaass, Entfernung; Längenmaass, Länge 227,19. 231,28. — 4) Reise in's Jenseits: दुर्गमं पुरुषेणोक्तं मन्ये सुधान्यनागते so v. a. wenn man noch nicht sterben will MBh. 14,80,24. — 5) Schule (eines Veda). — 6) Zeit Lalit. 101,1. — 7) *Luft. — 8) *= संस्थान, अवस्कन्द (अवस्कन्ध, स्कन्ध).

अध्वनीन m. Reisender Rāǵat. 7,1011.

अध्वन्य 1) *Adj. zur Reise geeignet. — 2) m. Reisender, Wanderer 177,8.

अध्वप m. Wegemeister, ein mit der öffentlichen Sicherheit betrauter Beamter.

अध्वपति m. 1) Herr der Wege VS. — 2) = अध्वप.

अध्व॑र 1) Adj. nicht zu Fall bringend, — schädigend AV. 7,58,1. TS. 3,1,9,2. — 2) m. a) religiöse Feier, Opferfest; Soma-Opfer. — b) *Luft. — c) N. pr. α) *eines Vasu. — β) verschiedener Männer. — 3) f. आ a) eine dem Ingwer ähnliche Wurzel Bhāvapr. 1,170,21. — b) Bein. der Dākshājaṇī.

अध्वरक॑र्मन् n. jede zum Soma-Opfer gehörige Ceremonie Çat. Br. 7,3,2,4.

अध्वरकृ॑त् Adj. Opfer verrichtend.

अध्वरग Adj. zum Opfer bestimmt. सोम MBh. 3,269,21.

अध्वरतत्त्व n. Titel einer Schrift.

अध्वरत्व n. das Wesen der Opferfeier Maitr. S. 3,6,10.

*अध्वरथ m. Reisewagen.

अध्वरदीक्षणीया f. zum Soma-Opfer gehörige Weihe.

अध्वरधिष्ण्य॑ m. Nebenaltar beim Soma-Opfer Çat. Br. 3,4,2,5.

अध्वरपद्धति f. Titel eines Werkes.

अध्वरप्रायश्चित्ति॑ f. die zum Soma-Opfer gehörige Sühnceremonie.

अध्वरमय Adj. Bez. der Mahânâmnî-Verse Ârsh. Br. 2,26.

अध्वर॑वत् Adj. das Wort अध्वर enthaltend.

अध्वरश्री॑ Adj. das Opferfest verschönend.

अध्वर॑स् Adj. = अध्वर Çat. Br. 1,7,2,15.

अध्वरसमिष्टयजुस् n. ein zum Soma-Opfer gehöriger Schlussopferspruch (sammt Spende).

अध्वरहोत्र n. bei den Maga so v. a. अग्निहोत्र der Brahmanen.

अध्वरीय्, °य॑ति den Opferdienst besorgen.

अध्वरेष्ठा॑ Adj. bei der Opferfeier ausharrend.

अध्वर्य्, Partic. अध्वर्य॑त् den Opferdienst besorgend.

अध्वर्यु॑ m. dienstthuender Priester 18,4. Bez. eines best. beim Cultus thätigen Priesters. In der ältesten Zeit tritt neben ihm noch der Hotar auf, später ausser diesem noch der Brahman und der Udgâtar (oder Âgnîdhra) 24,9. 36,7. Sein Ritual ist der Jaǵurveda, woher der Pl. des Wortes zur Bez. dieses Veda dient. Der Du. umfasst den Adhvarju und den Pratiprasthâtar. अध्वर्युकाण्ड Kâtj. Çr. 5,8,26. °ब्राह्मण n. (Sâj. zu ṚV. 10,61) und °सूत्र n. Titel von Schriften.

*अध्वशल्य m. Achyranthes aspera.

अध्वस्मन् Adj. unbefleckt, unverdunkelt.

अध्वाधिप m. = अध्वप.

1. अध्वान m. = अध्वन् Weg, Reise.

2. अध्वान m. Lautlosigkeit, das Stummsein Mṛḱḱh. 77,3.

*अध्वान्तशात्रव m. Bignonia indica.

अध्वेश m. = अध्वप.

1. अन्° s. 2. अ°.

2. अन्, अ॑निति und अ॑निति 1) athmen 19,17. — 2) nach Luft schnappen, lechzen. — 3) *gehen. — Mit अप ausathmen, aushauchen. — Mit अभ्यप anathmen. — Mit अव einathmen. — Mit व्यव dazwischen athmen Maitr. S. 4,7,7. Tâṇḍja-Br. 7,1,9. — Mit उदा (उदानिति fehlerhaft für उदनिति). — Mit उद् 1) hinaufathmen. — 2) ausathmen. — Mit अभ्युद् anathmen, anhauchen. — Mit *परा und *परि. — Mit प्र 1) einathmen. — 2) athmen 32,2. — 3) leben. — 4) wehen. — Caus. athmen machen, beleben. प्राणित 1) am Leben erhalten. — 2) beseelt, von Verlangen erfüllt Etwas zu thun (Inf.). — Mit अनुप्र nachathmen, hinterher athmen. — Mit अभिप्र einathmen; beeinathmen. — Mit वि 1) athmen. — 2) den Athem durch den Körper durchathmen. — Mit अभिवि behauchen, durchathmen. — Mit सम् athmen, leben. — Mit अनुसम् darnach athmen Ait. Br. 4,30.

1. अन Pron. der 3ten Person dieser, dieser hier. Davon nur अने॑न, अन॑या und अनयो॑स् (280,30. 281,17). — Vgl. अना॑.

2. अन॑ m. Hauch, Athem.

3. *अन Adv. nicht.

अनंश Adj. keinen Erbtheil erhaltend 200,27.

*अनंशुमत्फला f. Musa sapientum.

*अनक 1) Adj. = अधाक. — 2) m. = आनक Trommel Gal.

*अनकदुन्दुभि m. N. pr. des Vaters von Vasudeva.

*अनकस्मात् Adv. nicht plötzlich, — unerwartet.

अनकामम्मार Adj. nicht unerwünscht tödtend Ait. Âr. 280,14.

अ॑नक्त Adj. ungesalbt Çat. Br. 2,6,2,6. 3,4,2,19.

अन॑क्ष् (Nom. अन॑क्) und अनक्ष Adj. augenlos, blind.

अनक्षर Adj. 1) lautlos, stumm Spr. 6434. °म् Adv. ohne Worte Kâd. 161. — 2) *was nicht gesagt werden dürfte.

अनक्षसङ्गम् (Maitr. S. 3,9,3) und अ॑नक्षस्तम्भम् Adv. so dass die Wagenachse nicht gehemmt wird.

*अनक्षि n. böser Blick.

अनक्षिक Adj. augenlos.

*अनगाध Adj. nicht tief, flach Gal.

*अनगार m. ein Einsiedler, der sein Haus verlassen hat.

अनगारिका f. *das Leben eines religiösen Bettlers.*

अनग्न 1) Adj. (f. आ) *nicht nackt;* — *entblösst* (Speise) Jñ. 1,166. Davon Nom. abstr. अनग्नता f. — 2) * f. आ *die Baumwollenstaude* Nigh. Pr.

अनग्नंभावुक Adj. *sich nicht (schamlos) entblössend.*

1. अनग्नि m. *Nicht-Feuer, etwas Anderes als Feuer.*

2. अनग्नि Adj. 1) *kein Feuer unterhaltend.* — 2) *wobei kein Feuer angewandt wird.* — 3) *wobei kein* अग्निचयन *Statt gefunden hat.* — 4) *unverheirathet, caelebs.* — 5) *an Verdauungslosigkeit leidend.*

अनग्निक Adj. *ohne Feuer, nicht mit Feuer in Berührung kommend* Gop. Br. 1,2,13. Çulbas. 2,7. Spr. 3471.

अनग्निचित् Adj. *der das Feuer nicht schichtet* Çat. Br. 13,8,4,11. Kâtj. Çr. 21,4,11.

अनग्निचित्य Adj. *wobei kein* अग्निचयन *Statt gefunden hat* Kâtj. Çr. 8,3,2.

अनग्निचित्या f. *das Nichtschichten des Feuers* Çat. Br. 5,6,2,1.18.

अनग्नित्रा Adj. *kein Feuer pflegend.*

अनग्निदग्ध 1) Adj. *nicht im Feuer* —, *nicht auf dem Scheiterhaufen verbrannt.* — 2) m. Pl. *eine best. Klasse verstorbener Väter.*

अनघ 1) Adj. (f. आ) a) *nicht schadhaft, makellos.* — b) *keinen Schaden nehmend, unbeschädigt* Ragh. 3,7. — c) * *gefällig, hübsch.* — d) *frei von Schuld, unschuldig* 166,28. Häufig in der Anrede 40,18. 50,32. 51,21. *frei von Schuld in Bezug auf Jmd* (Gen.). — 2) m. a) * *weisser Senf* Gal. — b) * Bein. Çiva's. — c) Bein. Skanda's — d) N. pr. eines Gandharva, eines Sâdhja, eines Sohnes des Vasishtha (VP. 1,10,13) und des Surodha. — 3) f. आ a) Pl. *ein best. Mondhaus,* = अघा und मघा. — b) N. pr. einer Göttin.

अनघाष्टमी f. *ein best. achter Tag.*

अनङ्कुरित Adj. *nicht hervorgesprossen,* — *gewachsen.* Bari Spr. 7631.

अनङ्कुश Adj. *dem Leithaken nicht gehorchend, unbändig, auf Nichts hörend.*

1. अनङ्ग n. *kein unwesentlicher Theil* (einer Opferhandlung) Gaim. 4,4,19. Davon Nom. abstr. °त्व n. 6,3,20.

2. अनङ्ग 1) Adj. *gliedlos, körperlos* 32,16. — 2) m. a) *der Liebesgott* 130,11. 296,15. — b) *Geschlechtsliebe* Spr. 5778. — c) in der Astrol. *das 7te Haus* Varâh. Brh. 9,2. — 3) f. आ a) Name der Dâkshâjaṇî. — b) N. pr. eines Flusses. — 4) * n. a) *Luft, Luftraum.* — b) *der Geist.*

* अनङ्गक m. *der Geist.*

अनङ्गक्रीडा f. 1) *Minnespiel* 147,3. — 2) *ein best. Metrum* Ind. St. 8,321. fg.

अनङ्गत्रयोदशी f. *ein best. dreizehnter Tag.*

अनङ्गत्व n. *Glied* —, *Körperlosigkeit* 296,13.

अनङ्गद Adj. *Liebe spendend und ohne Armband* Vâs.

अनङ्गदनिष्कधृक् Adj. *kein Armband und keinen Brustschmuck tragend* R. ed. Bomb. 1,6,11.

अनङ्गद्वादशी f. *ein best. zwölfter Tag.*

अनङ्गपुर n. N. pr. *einer Stadt.*

अनङ्गभीम m. N. pr. eines Fürsten.

अनङ्गमञ्जरी f. N. pr. einer Tochter Anañgodaja's.

* अनङ्गमेजय Adj. *die Glieder* —, *den Körper nicht bewegend.*

अनङ्गरङ्ग m. Titel einer *erotischen* Schrift.

अनङ्गरति f. N. pr. einer Tochter Viradeva's 130,12.

अनङ्गलेखा f. N. pr. einer Tochter Balâditja's.

अनङ्गविद्या f. *ars amandi* Benf. Chr. 180,6.

अनङ्गशेखर m. *ein best. Metrum.*

अनङ्गसुन्दरी f. ein Frauenname Ind. St. 14,101.

अनङ्गसेन 1) m. ein Mannsname. — 2) f. आ ein Frauenname.

अनङ्गहीन Adj. *dem kein Glied fehlt* Ind. St. 10,147.

अनङ्गापीड m. N. pr. eines Fürsten.

* अनङ्गारिसुहृद् m. Anañga's *Feind* d. i. Çiva.

अनङ्गीकार m. *Nichteinräumung* Sarvad. 2,11.

अनङ्गीकृत Adj. 1) *womit man sich nicht einverstanden erklärt hat* Kathâs. 7,58. — 2) *nicht beherzigt,* — *berücksichtigt* Kathâs. 18,326.

अनङ्गुरि Adj. *fingerlos.*

अनङ्गुलीयक Adj. *ohne Fingerring* Mṛkkh. 80,24.

अनङ्गुष्ठ Adj. *ohne Daumen* Gaut. 1,46.

अनङ्गोदय m. N. pr. eines Fürsten.

* अनच्छ Adj. *nicht klar, trübe.*

* अनणका und * अनणिका f.

* अनञ्जन n. *Luft.*

अनञ्जित Adj. *ungesalbt* Spr. 239.

अनट् Adj. *ohne Augment* (अट्) AV. Prât. 14,56 (अनट् gedr.).

अनडुच्छत n. *hundert Stiere.*

* अनडुज्जिह्वा f. *Elephantopus scaber.*

* अनडुत्क Adj.

अनडुत्पुच्छ n. *Stierschwanz.*

अनडुद Adj. *einen Stier schenkend.*

अनडुद्वत n. N. zweier Sâman.

अनडुह 1) m. am Ende eines copul. Comp. *Stier.* — 2) f. ई *Kuh.*

* ° अनडुहम् Adv.

* अनडुह्य्, ° ह्यति = अनड्वानिवाचरति.

अनड्वह् 1) m. (अनड्वान्, अनड्वन्, अनड्वाहम्, अनडुद्भ्याम्) *Stier.* — 2) f. अनड्वाही a) * *Kuh.* — b) N. pr. eines Flusses.

अनणु 1) Adj. *nicht fein.* Adv. *stark, laut* Sâh. D. 233,15. — 2) n. *grobes Korn* (Erbsen u. s. w.).

अनत Adj. *nicht in einen cerebralen Laut verwandelt* RV. Prât. 4,11.

अनतिकृच्छ्रेण Instr. Adv. *ohne grosse Beschwerde* Vishn. 48.

अनतिकृष्ण Adj. *nicht zu dunkel,* — *schwarz* Lâṭj. 1,1,7.

अनतिक्रम m. *das Nichtüberschreiten* Çat. Br. 3,3,4,5.

अनतिक्रमण n. dass. Mit. 150,9.

अनतिक्रमणीय Adj. 1) *unvermeidlich* Spr. 6628. — 2) *nicht zu übergehen,* — *ausser Acht zu lassen,* — *zu vernachlässigen, zu berücksichtigen* (von Personen und Sachen) 42,30. Mṛkkh. 40,16. 50,3. Çâk. 22,12. 29,20. 93,19. 99,21.

अनतिक्रामत् Adj. *nicht übertretend,* — *dawider handelnd* Gaut. 23,25.

अनतिक्रुद्ध Adj. *nicht gar zu sehr erzürnt auf* (Gen.) Çâk. 112,9.

अनतिक्षार m. *das Nichtüberfliessen* Tâṇḍja-Br. 13,7,9.

अनतिथि m. *Nicht-Gast* Gaut. 5,43.

अनतिदग्ध Adj. *nicht ganz ausgedörrt* Çat. Br. 1,4,1,14.

अनतिदाह m. *nicht zu heftiges Brennen* Çat. Br. 5,7,1,15. 16. 26.

अनतिदूरे Loc. *nicht in zu grosser Entfernung* Pańkat. 174,10.

अनतिदृश्य Adj. *undurchsichtig.*

अनतिद्रुत Adj. *unübertroffen.*

अनतिनेद m. *das Nichtüberschäumen* Maitr. S. 3,10,4.

अनतिपक्व Adj. *nicht sehr reif,* — *gesetzt* Benf. Chr. 195,13.

अनतिपात्य Adj. *nicht zu versäumen,* — *vernachlässigen* Çâk. 60,17.

अनतिपृथु Adj. *nicht zu umfänglich,* — *gross* Kâtj. Çr. 2,5,20.

अनतिप्रकाशक Adj. *nicht in hohem Grade erleuchtend.* Davon Nom. abstr. °त्व n. 260,5.

अनतिप्रयुक्त Adj. *nicht sehr häufig gebraucht* Comm. zu Vâmana 5,1,13.

अनतिप्रश्न्य Adj. (f. आ) *in Bezug worauf eine die Grenzen überschreitende Frage unangemessen ist.*

अनतिभोग m. *nicht zu starke Benutzung* Gaut. 12,38.

अनतिमानिन् Adj. *keine zu hohe Meinung von*

sich habend Çat. Br. 5,3,8,19.

अनतिरात्र m. kein Atirâtra Çat. Br. 5,1,2,2. Lâṭj. 8,12,9.

अनतिरिक्त Adj. nicht überschüssig, — zu viel Çat. Br. 3,9,2,15. 7,3,2,39. 13,8,2,13.

अनतिरिक्ताङ्ग Adj. kein Glied zu viel habend Lâṭj. 1,1,7.

अनतिलम्बिन् Adj. nicht sehr weit herabhängend Mâlav. 82.

अनतिवाद m. das Nichtniederdisputiren Tâṇḍja-Br. 11,3,6.

अनतिवादन (Kâṭh. 31,12), अनतिवादिन् (Tâṇḍja-Br. 11,3,7) und अनतिवादुक (TS. 6,4,8,2) Adj. nicht niederdisputirend (mit Acc.)

अनतिविस्तीर्ण Adj. nicht sehr umfangreich Kâvjâd. 1,18.

अनतिवृत्ति f. das Nichthinübergehen über P. 2,1,6, Schol.

अनतिवेलम् Adv. nicht in gar zu langer Zeit Bhaṭṭ. P. 4,21,39.

अनतिव्याध्य Adj. unverwundbar, stichfest.

अनतिशंस m. das Nichtüberpreisen Gop. Br. 2,4,15.

अनतिशङ्का f. keine allzu grosse Furcht R. 2,23,6.

अनतिशङ्क्य Adj. kein grosses Misstrauen erregend. Davon Nom. abstr. °त्व n. Gaim. 4,1,3.

अनतिशयनीय Adj. unübertrefflich Kir. 5,52.

अनतिश्वेत Adj. nicht allzu weiss Lâṭj. 1,1,7.

अनतिसृष्ट Adj. keine Erlaubniss habend, nicht autorisirt AV. 15,12,8. 11.

अनतीत Adj. nicht verstrichen 37,2.

अनत्यन्तगत Adj. nicht ganz zutreffend, — genau Nir. 12,40.

अनत्यन्तगति f. das nicht zum Abschluss Kommen P. 5,4,4.

1. अनत्यय m. das Nichthinübergehen Çat. Br. 13,8,4,1. 2.

2. अनत्यय Adj. nicht abgehend (Klystier) Bhâvapr. 2,125,6.

अनत्याश m. kein Uebermaass beim Essen Gaut. 5,37.

अनत्युद्य Adj. quo superior dici non potest.

अनदत् Adj. nicht essend, — verzehrend.

*अनदस् Nom. Sg. n. nicht Jenes P. 1,1,15, Vârtt., Sch.

अनद्धा Adv. ungewiss, unsicher, unbestimmt.

अनद्धापुरुष m. Scheinmann, kein wirklicher Mensch. (Thor Gal.)

अनद्भुत Adj. nicht wunderbar oder n. kein Wunder Spr. 240.

अनद्यतन m. der nichtheutige Tag, nicht derselbe Tag 240,25. P. 3,3,15. 5,3,21. भूतान° nicht derselbe Tag in der Vergangenheit, भविष्यदन° nicht derselbe Tag in der Zukunft Chr. 243,22. Spitzfindig erklärt als den heutigen —, denselben Tag nicht enthaltend 240,27. 28. °वत् Adv. 243,30.

अनधःपतन n. das Nichtherabstürzen Comm. zu Tâṇḍja-Br. 17,4,2.

अनधस् Adv. nicht unten.

अनधिकार m. Nichtberechtigung Verz. d. Oxf. H. 276,b,7.

अनधिकृत Adj. nicht als zu behandelnder Gegenstand vorangesetzt. Davon Nom. abstr. °त्व n. Comm. zu TS. Prât. 7,13.

अनधिगत Adj. nicht erreicht 163,17.

अनधिगमनीय Adj. nicht erreichbar von (Gen.) Pañkat. 203,10.

अनधिश्रयण n. das nicht auf's Feuer Stellen Kâtj. Çr. 4,13,16.

अनधिष्ठान n. 1) das Nichtstehen auf Kâtj. Çr. 15,8,29. — 2) Abwesenheit Spr. 466.

अनधिष्ठित Adj. nicht besetzt, — eingenommen Kap. 6,60.

*अनधीन (Trik. 3,3,317) und °क Adj. unabhängig.

अनधीयत् Adj. nicht studirend Ait. Âr. 469,9.

अनध्यक्ष Adj. nicht wahrnehmbar Bhâshâp. 48.

अनध्ययन n. Unterlassung des Studiums M. 3,63. Spr. 2991.

अनध्यवसाय m. falsche Auffassung Nj. K.

अनध्यात्मविद् Adj. den höchsten Geist nicht kennend M. 6,82.

अनध्याय m. Unterlassung —, Einstellung des Studiums M. 2,105. fg. 4,102.

अनध्यापिन् Adj. nicht studirend Spr. 6270.

अनध्यास Adj. (f. आ) ohne Anhang, — Zusatz Lâṭj. 6,3,18.

अनधन्य Adj. unbewandert in (Loc.) Spr. 242.

*अनन n. das Athmen, Leben.

अननुध्याति f. das Nichterschauen Maitr. S. 4,7,5.

अननुतिष्ठत् Adj. nicht ausführend Râǵat. 1,79.

अननुदर्शन n. das Nichtanweisen, Nichtlehren Comm. zu AV. Prât. 1,8.

अननुध्यायिन् Adj. 1) Nichts vermissend Ait. Br. 3,47. — 2) nicht nachstellend TBr. 2,1,6,5.

अननुनासिक Adj. nicht nasal Comm. zu AV. Prât. 1,8. °म् Adv. nicht näselnd Suçr. 1,13,5.

अननुप्रज्ञान n. das Nichtauffinden Çat. Br. 6,3,2,31.

अननुबन्धक Adj. ohne grammatischen Anubandha.

अननुभावक Adj. unverständlich. Davon Nom. abstr. °ता f. Bhâshâp. 83.

अननुभाषण n. das Schweigen zu einem dreimal formell ausgesprochenen Argument des Gegners Njâjas. 5,2,17.

अननुमेय Adj. nicht zu erschliessen Kull. zu M. 1,5.

अननुयाज Adj. ohne Nachopfer.

अननुयोग m. das Nichtrügen (eines vorgebrachten Arguments) Comm. zu Njâjas. 5,2,22.

अननुरागिन् Adj. nicht zugeneigt Sâh. D. 76,21.

अननुरूप Adj. nicht angemessen Çiç. 6.

अननुवषट्कृत n. Nichtwiederholung des schliessenden Einladungsrufes zu einem Opfer Âçv. Çr. 6,11,3.

अननुवृत्ति f. Ungehorsam gegen (Gen.) Kull. zu M. 9,62.

अननुव्रत Adj. (f. आ) ungehorsam, nicht ergeben.

अननुष्ठान n. Vernachlässigung Kap. 1,8. Hit. 4,13.

अननुसंधान n. das aus dem Auge Lassen Kâvjapr. S. 199, Z. 7.

अननुसरण n. das Nichtnachgehen (um Dienste zu leisten) Spr. 7722.

अननुकार m. das Nichtgleichen Kâvjapr. 10,32.

अननूक्त Adj. nicht studirt (beim Lehrer).

अननूक्ति Adj. der den Veda nicht studirt hat.

अननूचान Adj. nicht gelehrt.

अननूयाज Adj. ohne Nachopfer TS. 6,1,8,2.

अनन्त 1) Adj. (f. आ) endlos, unendlich 2,10. 34,24. 56,17. 165,28. — 2) m. a) Bein. Vishṇu's 104,29. 103,4. Rudra's oder Çiva's, *Baladeva's, *Agni's (Gal.), Çesha's (des Fürsten der Schlangen) 36,19. *Vâsuki's (eines andern Schlangenfürsten). — b) N. pr. α) eines der Viçvedevâs. — β) *des 14ten Arhant's der gegenwärtigen Avasarpiṇî. — γ) verschiedener Männer. — c) *Vitex Negundo. — d) mystische Bez. des Lautes आ. — 3) f. आ a) *die Erde. — b) Bein. der Pârvatî. — c) N. pr. α) *einer buddhistischen Göttin. — β) der Gattin Ǵanameǵaja's. — d) *ein best. Fisch. — e) Hemidesmus indicus RBr., *Alhagi Maurorum Tournef., *Agrostis linearis L., *Terminalia citrina Roxb., *Emblica officinalis, *Cocculus cordifolius DC., *Premna spinosa, *Piper longum, *Jussiaea repens und *= विशल्या. — 4) *n. a) Luft, Luftraum. — b) Talk.

अनन्तःपादम् Adv. nicht innerhalb eines Stollens P. 3,2,68.

अनन्तक Adj. unendlich.

अनन्तकर Adj. unendlich machend.

अनन्तकाय (?) Hem. Jog. 3,6. 46.

*अनन्तग Adj. in's Unendliche fortgehend.

अनन्तगण्य m. N. pr. eines buddh. Heiligen.

अनन्तचतुर्दशी f. *der 14te Tag in der lichten Hälfte des* Bhâdra.

अनन्तचारित्र m. N. pr. eines Bodhisattva.

*अनन्तजित् m. N. pr. des 14ten Arhant's der gegenwärtigen Avasarpiṇî.

अनन्तता f. *Unendlichkeit.*

अनन्ततीर्थ 1) m. N. pr. eines Autors. — 2) n. N. pr. eines Tîrtha.

*अनन्ततीर्थकृत् m. = अनन्तजित्.

अनन्ततृतीया f. *ein best. dritter Tag.*

*अनन्तदृष्टि m. Bein. Çiva's.

अनन्तदेव m. N. pr. verschiedener Männer.

अनन्तनाथ m. N. pr. eines Lehrers (= शेष).

अनन्तनाथकथा f. Titel einer Gaina-Schrift.

अनन्तनारायण m. N. pr. eines Mannes.

अनन्तनेमि m. N. pr. eines Fürsten von Mâlava.

अनन्तपद n. Vishṇu's *Pfad, der Luftraum* Spr. 7632.

अनन्तपार Adj. *womit man nie zu Ende kommt* Spr. 243.

अनन्तपिङ्गल m. Pl. N. pr. eines Volkes.

अनन्तपुर n. N. pr. einer *Stadt.*

अनन्तपुरी m. N. pr. eines Lehrers.

अनन्तभट्ट m. N. pr. eines Gelehrten D. A. J. 4, 116. °दीपिका f. Titel einer Schrift.

अनन्तभट्टीय Adj. von Anantabhaṭṭa *verfasst.*

अनन्तमति m. N. pr. eines Bodhisattva.

*अनन्तमूली f. *Alhagi Maurorum* Nigh. Pr.

अनन्तर 1) Adj. (f. आ) a) *Nichts im Innern habend.* — b) *durch keinen Zwischenraum getrennt, unmittelbar angrenzend,* — *folgend, zunächst gelegen, der nächste* 74,17. 199,31. 226,20. Ind. St. 18,411. Mit Abl. — c) *ohne Verzug an Etwas* (Loc.) *gehend* MBh. 3,280,7. — d) *zu einer unmittelbar folgenden niederen Kaste gehörig.* — 2) अनन्तरम् Adv. a) *unmittelbar daneben.* — b) *unmittelbar darauf, alsdann* 107,21. 142,36. *unmittelbar nach;* die Ergänzung im Abl. (96,4. 97,23. 29), Gen. oder im Comp. vorangehend.

अनन्तरज 1) Adj. a) *der nächstälteste* 83,7. — b) *geboren aus der Verbindung eines Mannes aus einer höheren Kaste mit einer Frau aus einer unmittelbar darauf folgenden.* — 2) f. आ *jüngere Schwester* Bhag. 7,19.

अनन्तरजात Adj. = अनन्तरज 1) b).

अनन्तरज्ञ Adj. *keinen Unterschied kennend* Spr. 1301.

*अनन्तरन्धिका f. *ein poröser Kuchen aus Reismehl* Nigh. Pr.

अनन्तराय m. *keine Unterbrechung,* — *Hemmung* Tâṇḍya-Br. 4,1,6.

अनन्तराम m. N. pr. eines Mannes.

अनन्तरायम् Adv. *in ununterbrochener Folge, nach einander.*

अनन्तराशि m. *eine unendliche Grösse.*

अनन्तरित Adj. 1) *nicht getrennt,* — *geschieden* Çat. Br. 7,3,4,14. 12,3,3,3. fgg. *durch* (Instr.) Vop. 3,18, Sch. — 2) *nicht vermittelt durch* (im Comp. vorangehend) Sâh. D. 10,18.

अनन्तरिति f. *Nichtausschliessung, Nichtübergehung* TS. 5,2,3,6. Ait. Br. 1,22.

अनन्तरीण Adj. *in Verbindung mit* Sünde so v. a. *Todsünde* (buddh.).

अनन्तर्गर्भ Adj. *keinen Schössling in sich habend* Kâty. Çr. 2,3,31. Âçv. Gṛhy. 1,3,3.

अनन्तर्धान n. *das Nichtenthaltensein* Sarvad. 1,19.

अनन्तर्वासस् Adj. *ohne Untergewand* Bhâg. P. 9,8,6.

अनन्तर्हित Adj. 1) *durch Nichts getrennt, unmittelbar zusammenhangend,* — *folgend* Ind. St. 18,418. — 2) *unbedeckt* Gobh. 2,6,3. *bloss* (Erde). — 3) *nicht mit Anderm versetzt, rein.*

अनन्तवन्त् 1) Adj. *kein Ende habend, unendlich* Khând. Up. — 2) m. Bez. des 2ten *Fusses* Brahman's ebend.

अनन्तवर्मन् m. N. pr. eines Fürsten.

अनन्तविक्रमिन् m. N. pr. eines Bodhisattva.

अनन्तवीर्य 1) m. N. pr. a) *des 23ten Arhant's der zukünftigen Utsarpiṇî. — b) eines Autors. — 2) f. आ N. pr. einer buddh. Göttin.

अनन्तव्रत n. *ein dem* Vishṇu *geheiligter Festtag am 14ten Tage der lichten Hälfte des* Bhâdra. °कथा f. Titel einer Schrift.

अनन्तशक्ति m. N. pr. eines Fürsten.

अनन्तशयन n. N. pr. einer Oertlichkeit.

*अनन्तशीर्षा f. N. pr. der Gattin Vâsuki's.

अनन्तशुष्म Adj. *von unendlichem Ungestüm.*

अनन्तानन्द m. N. pr. eines Lehrers. °गिरि m. und °रघुनाथयति m. desgl.

अनन्तेवासिन् m. *kein Schüler.*

अनन्तेश्वर N. pr. eines Heiligthums.

अनन्तोदात्त Adj. *nicht auf der letzten Silbe betont* TS. Prât. 16,5.

अनन्त्य 1) Adj. *nicht der letzte* Ind. St. 10,410. — 2) n. *Unendlichkeit.*

अनन्द m. Pl. N. pr. einer Welt.

अनन्ध Adj. *nicht blind* 43,10.

अनन्धता (!) f. *Nichtblindheit* Ind. St. 14,1.

अनन्न n. *Nichtspeise, verbotene Speise.*

1. अनन्य Adj. *nicht verschieden von* (Abl.) ṚV. Prât. 6,10.

2. अनन्य Adj. (f. आ) *nur auf einen Gegenstand* (Loc.) *gerichtet.*

अनन्यकारित Adj. *nicht durch ein anderes* (Wort) *hervorgerufen* ṚV. Prât. 10,7.

अनन्यकार्य Adj. *dem es um nichts Anderes als um* (Loc.) *zu thun ist.*

अनन्यग Adj. (f. आ) *nicht ehebrüchig.*

अनन्यगति Adj. *an den Ort gebunden* Bhâvapr. 1,34,6.

अनन्यगतिक Adj. *keine andere Zuflucht habend.* Davon Nom. abstr. °ता f. Comm. zu Mṛkkh. 71,9.

अनन्यचित्त Adj. (f. आ) und अनन्यचेतस् (101,17) Adj. *dessen Gedanken auf keinen andern Gegenstand als* (Loc.) *gerichtet sind.*

अनन्यज 1) Adj. *nicht unehelich erzeugt* Spr. 3593. — 2) *m. Bein. Kâma's.

अनन्यता f. *Identität* Sâh. D. 31,7.

अनन्यथा Adv. *nicht anders* Tarkas. 21.

अनन्यदेव Adj. *keine andern Götter habend.*

अनन्यपरायण Adj. *keinem oder keiner Anderen zugethan* Çiç. 67.

अनन्यपूर्व Adj. 1) m. *früher mit keiner Anderen vermählt.* — 2) f. आ *früher mit keinem Andern vermählt.*

अनन्यमनस् Adj. *an keinen Andern oder an keine Andere denkend* Nigh. 36.

अनन्यमानस Adj. (f. आ) dass. MBh. 3,46,4.

अनन्ययोगम् Adv. *nicht in Folge eines andern* (Wortes) ṚV. Prât. 11,13.

अनन्यराधस् Adj. *nach nichts Anderem strebend* Bhâg. P. 9,21,17.

अनन्यरुचि Adj. *an nichts Anderm Gefallen findend* Mâlav. 54.

*अनन्यविकृति Adj. = एकाग्र Gal.

अनन्यविषय Adj. *auf nichts Anderes sich beziehend, nichts Anderm zukommend.*

*अनन्यवृत्ति Adj. *nur mit einem Gegenstande beschäftigt.*

अनन्यसंतति Adj. *ohne andere Nachkommenschaft* Bhâgav. 3,53.

अनन्यसम Adj. (f. आ) *keinem Andern* (*keiner Anderen*) *gleichend, unübertroffen* 126,19.

अनन्यसाधारण Adj. (f. ई) *mit keinem Andern gemein, k. A. gehörig.*

अनन्यसामान्य Adj. *unübertroffen* 130,6.

अनन्यादृश Adj. *nicht nach der Art Anderer, aussergewöhnlich.*

अनन्यानुभव m. N. pr. eines Lehrers.

अनन्यार्थ Adj. *nicht eines Andern wegen daseiend* Ind. St. 1,15.

अनन्याश्रित Adj. *nicht auf einen Andern übergegangen* Jâǵń. 2,51.

अनन्वाभाव m. *das Nichtnachkommen* Maitr. S. 3,8,8.

अनन्वय m. *eine Redefigur, in welcher ein Gegenstand, weil ihm nichts Anderes gleichkommt, mit sich selbst verglichen wird*, Kâvjapr. 10,3.

अनन्ववचार m. *das Nichtnachschleichen.*

अनन्ववप्राप m. *das Nichtgewinnen nach* — Maitr. S. 3,9,5. 10,6.

अनन्ववायन n. *das Nichtnachschleichen.*

अनन्वागत Adj. *unbetroffen von* (Instr.).

अनन्वाभक्त Adj. *unbetheiligt bei* (Loc.) Çat. Br. 1,5,3,4.

अनन्वारब्ध Adj. *nicht von hinten angefasst habend oder seiend* Kâtj. Çr. 4,2,37.

अनन्वित Adj. *nicht richtig getroffen, — gemeint* Nir. 1,14.

अनन्वितार्थत्व n. *das Nichtgemeintsein der Bedeutung* P. 2,1,46, Sch.

*अनप Adj. *wasserlos.*

अनपकर्मन् n. *Nichtablieferung.*

अनपकारिन् Adj. *Niemanden Etwas zu Leide thuend, — gethan habend* 38,27.

अनपकृत n. *keine Beleidigung* MBh. 3,63,5.

अनपक्रम m. *Nichtweggang.*

अनपक्रामिन् Adj. *nicht fortgehend, bleibend, treu anhängend.*

अनपक्राम m. *das Stehenbleiben auf der Stelle.*

अनपक्रामुक Adj. (f. आ) *nicht entlaufend* Maitr. S. 4,2,4. Tâṇḍja-Br. 6,10,19.

अनपक्रिया f. *Nichtablieferung.*

अनपग Adj. (f. आ) *sich nicht fortbewegend, — trennend von* (Abl.); *nicht weichend von* (im Comp. vorangehend).

अनपचित Adj. *ungeehrt* Lâṭj. 9,10,2.

अनपच्युत Adj. *sich nicht ablösend, fest haftend.*

अनपजय्यम् Adv. *so dass es nicht wieder erobert werden kann.*

अनपत्य 1) Adj. (f. आ) *kinderlos* 13,6. 200,3. 201,17. — 2) n. *Kinderlosigkeit.*

अनपत्यता f. *Kinderlosigkeit* Kâd. 70.

अनपत्यवत् Adj. *kinderlos.*

अनपत्रपणीय Adj. *vor dem man sich nicht scheut.*

अनपदेश m. *kein Grund* Kaṇ. 3,1,7. 15.

अनपदेश्य Adj. *nicht zu bezeichnen, von zweifelhaftem Geschlecht* Gaut. 17,17.

अनपर्यता f. *wohl fehlerhaft für* अनपत्यता.

अनपनय m. *Nichtwegnahme.*

अनपनिधाय्यम् Adv. *ohne Etwas wegzulegen, — wegzulassen.*

अनपनोद m. *Nichtzurückweisung.*

अनपप्रोषित n. *das Nichtverreistsein.*

अनपभ्रंश m. *Nichtfall, Nichtsturz* Tâṇḍja-Br. 17,4,2.

*अनपपति Adv. *früh am Morgen.*

अनपर Adj. *Keinen hinter sich habend.*

अनपराद्ध 1) Adj. *a) unfehlbar, fehlerlos* Çat. Br. 2,1,3,19. — *b) der Niemanden Etwas zu Leide gethan hat* MBh. 3,284,12. — 2) अनपराद्धम् Adv. *ohne Schaden für* (Gen.).

अनपराध 1) Adj. *schuldlos, unschuldig* Nir. 10,11. — 2) अनपराधम् Adv. *unfehlbar* Çat. Br. 1,2,5,10.

अनपराधत्व n. *Schuldlosigkeit* Nir. 11,24.

अनपराधिन् Adj. *Niemanden Etwas zu Leide thuend, — gethan habend* 46,7.

अनपरोध m. *Nichtverwehrung.*

*अनपलापुक Adj. P. 6,2,160, Sch.

अनपवर्ग m. *Nichtabschluss* Haug in Z. d. d. m. G. 29,184.

अनपवाचन Adj. *nicht wegzusprechen, — abzuwehren.*

अनपवाद Adj. *unbestreitbar* Karaka 1,12.

अनपवृक्त Adj. 1) *nicht abgeschlossen* Haug in Z. d. d. m. G. 29,181. — 2) *nicht ausgebraucht* Kâtj. Çr. Comm. 1060,18.

अनपवृज्य Adj. *nicht zu Ende zu bringen.*

अनपव्ययत् Adj. *nicht ablassend.*

अनपश्रित Adj. *unverhüllt* Lâṭj. 2,6,2. Ait. Âr. 468,1 v. u.

अनपसर Adj. *von einer früheren Aussage nicht abgehend* (?).

अनपसरण n. *das auf seinem Platze Bleiben.*

अनपस्पृश् Adj. *sich nicht weigernd.*

अनपस्फुर्, अनपस्फुर (f. आ) und अनपस्फुरत् Adj. *sich nicht sträubend, nicht ausschlagend.*

अनपहतपाप्मन् Adj. *nicht übelfrei* Çat. Br. 2,1,2,4. 7,4,4,1.

अनपाकरण n. = अनपाकर्मन् Gold. u. अपाकरण.

अनपाकर्मन् n. *Nichtablieferung.*

अनपानयितव्य Adj. *kein Object des* Apâna *bildend* Ind. St. 9,163.

1. अनपाय m. *das Jmdn* (Abl.) *Nichtentzogenwerden* Ǵaim. 3,3,18.

2. अनपाय 1) Adj. *ohne Hindernisse —, glücklich von Statten gehend.* — 2) m. Bein. Çiva's.

अनपायित्व n. Nom. abstr. von अनपायिन्.

अनपायिन् Adj. *sich nicht fortbewegend, am Platz verharrend, sich nicht trennend, beharrlich, beständig.*

अनपावृत् Adj. *unabgewandt, unablässig.*

अनपिनद्ध Adj. *ungebunden.*

अनपिहित Adj. *nicht verdeckt* Çat. Br. 7,4,3,37.

अनपेक्ष Adj. 1) *keine Rücksicht nehmend, auf Nichts achtend.* — 2) *unabhängig.*

अनपेक्षत्व n. *Unabhängigkeit.*

अनपेक्षम् Absol. *ohne sich umzusehen* Çat. Br. 12,9,2,8. 14,3,4,28. Kâtj. Çr. 5,10,23.

अनपेक्षमाण Adj. *sich nicht umsehend* Çat. Br. 13,6,2,20.

अनपेक्षा f. 1) *keine Rücksicht* 284,21. — 2) *Unabhängigkeit von* Comm. zu TS. Prât. 14,18.

अनपेक्षित Adj. *unberücksichtigt* M. 8,309. Mṛkkh. 117,12.

अनपेक्षिन् Adj. *keine Rücksicht nehmend auf* (Gen.).

अनपेत Adj. 1) *nicht vergangen.* — 2) *sich nicht entfernt habend von* (Abl.) MBh. 11,23,33.

अनपोढ Adj. 1) *nicht weggeschoben* Ragh. ed. Calc. 16,6. — 2) *nicht aufgegeben, — fahren gelassen* Ragh. 12,31.

अनपोद्धार्य Adj. *wovon Nichts weggenommen werden darf.*

अनप्त Adj. *nicht wässerig.*

अनप्नस् Adj. *ohne Habe, inops.*

अनप्सा f. = ἀναφή.

अनभिगत Adj. *nicht aufgefasst, — begriffen* Çat. Br. 1,1,3,9. 4,6,9,19.

अनभिगमनीय Adj. *unzugänglich für* (Gen.).

अनभिघात m. *Nichthemmung.*

अनभिघारित Adj. *nicht besprengt* TBr. 2,1,3,3. Kâtj. Çr. 25,10,7.

अनभिचरणीय Adj. *nicht zu behexen* Kull. zu M. 11,197.

अनभिजात Adj. (f. आ) *unedel, gemein* Mudrâr. 35,11 (62,1).

अनभिजित Adj. *noch nicht gewonnen.*

अनभिज्ञ Adj. *unkundig, sich nicht verstehend auf* (Gen., Loc. oder im Comp. vorangehend) Spr. 246. Davon Nom. abstr. °त्व n. Kull. zu M. 2,123.

अनभिज्ञेय Adj. *nicht wiederzuerkennen* Kâd. 173.

अनभिताप Adj. *keinen Hass hegend gegen* (Loc.) Gaut. 13,2.

अनभिदाह m. *das Nichtanbrennen* Tâṇḍja-Br. 9,7,6.

अनभिद्रुह् Adj. *nicht befeindend.*

अनभिद्रोह m. *Nichtbeleidigung, Nichtkränkung* Spr. 3167.

अनभिधर्ष m. *das Nichtbewältigen* Tâṇḍja-Br. 14,2,6.

अनभिधान n. *das Nichtaussagen, Nichtaus-*

drücken 210,31. Sâh. D. 575.

अनभिधायक Adj. *nicht besagend, — ausdrückend.* Davon Nom. abstr. °त्व n.

अनभिध्या f. *das Nichtbegehren nach* (Loc.) Spr. 257.

अनभिध्येय Adj. *an den man nicht denken mag* Mbh. 1,30,12.

अनभिनिविष्ट Adj. *sich nicht berührend mit* (Instr.).

अनभिनीत 1) Adj. *nicht von Gesten begleitet.* Davon °म् Adv. Suçr. 1,13,6. — 2) *unwahrscheinlich* Mahâbh. 3,85,a.

अनभिपरिहार m. *das Nichtumfahren.*

अनभिप्राप m. *das Nichthinanreichen* Kauç. 7.

अनभिप्रापण n. *das nicht zum Schluss Kommen* Ind. St. 8,120.

अनभिप्रेषित Adj. *nicht anbefohlen.*

अनभिभवगन्ध Adj. (f. आ) *keine Spur von Geringachtung verrathend* Spr. 4253, v. l.

अनभिभाषिन् Adj. *nicht anredend* 38,21.

अनभिमत Adj. *unerwünscht* Hit. 9,8.

अनभिमानुक Adj. *nicht nachstellend* (mit Acc.).

*अनभिम्लात m. N. pr. eines Mannes. °म्लान v. l.

अनभिम्लातवर्ण Adj. *von unvermischter —, frischer Farbe.*

*अनभिम्लान m. s. अनभिम्लात.

अनभिरूप Adj. 1) *nicht entsprechend.* — 2) *ununterrichtet, ungelehrt* Ind. St. 13,380.

*अनभिलाष m. *Mangel an Appetit* Râǵan. 20,18.

अनभिलुलित Adj. *unberührt* Çâk. 61.

अनभिव्यात Adj. (f. आ) *nicht krank* Lâṭy. 8,3,3.

अनभिव्याहुक Adj. *nicht grüssend* Gop. Br. 1,3, 19. Vaitân. 11.

अनभिवाद्य Adj. *nicht zu begrüssen.*

अनभिव्यक्त Adj. *matt leuchtend* Vikr. 40,2.

अनभिशङ्क्य Adj. *dem man nicht misstrauen kann.*

अनभिशस्त, अनभिशस्ति, अनभिशस्तेन्य und °अनभिशस्त्य Adj. *unbescholten.*

अनभिषङ्ग m. *das Nichthängen an den Dingen* Suçr. 1,312,19.

अनभिषेचनीय Adj. *der Weihung nicht würdig.*

अनभिष्ठान n. *das Nichttreten auf* Comm. zu Kâty. Çr. 15,8,30.

अनभिष्वङ्ग m. *das Nichthängen an* (Loc.).

अनभिसंहित्य Adv. *ohne Absicht* 107,5.

अनभिसंधान n. *keine Rücksicht auf einen Vortheil.*

अनभिसंधिपूर्वक° Adv. फल° *ohne Rücksicht auf irgend einen Vortheil* Comm. zu Mṛćh. 1,17.

अनभिसंबन्ध m. *kein Zusammenhang* Gaim. 4,1,3. Kâç. zu P. 1,4,58.

अनभिस्नेह Adj. *kein Verlangen habend nach* (Loc.).

अनभिहित Adj. 1) *nicht befestigt, — gebunden.* — 2) *nicht ausgedrückt, — bezeichnet* 228,24. fgg.

अनभीक्ष्ण° Adv. *selten.*

अनभीशु Adj. *ohne Zügel.*

अनभ्यक्त Adj. *ungeschmiert* TS. 7,1,8,3.

अनभ्यनुज्ञा f. *keine Erlaubniss.*

अनभ्यनुज्ञात Adj. *nicht die Erlaubniss habend von* (Instr.) M. 2,229.

अनभ्यसनशील Adj. *faul im Studiren* R. 1,10,12.

अनभ्यागमिष्यत् Adj. *zu besuchen nicht beabsichtigend.*

अनभ्यारूढ Adj. 1) *unerstiegen* AV. 11,5,23. — 2) *unerreicht* Çat. Br. 3,4,2,7. 12,2,2,10.

अनभ्यारोह m. *das Nichthinanfsteigen.*

अनभ्यारोह्य Adj. *nicht zu erklimmen.*

अनभ्यावर्तिन् Adj. *nicht wiederkehrend.*

अनभ्यावृत्ति f. *Nichtwiederkehr.* Instr. *nicht wiederum* Spr. 4697.

*अनभ्याशमित्य Adj. *in dessen Nähe man nicht gehen soll.*

1. अनभ्यास m. *Nichtbeschäftigung mit* (Gen.), *das Nichtobliegen* Spr. 218.

2. अनभ्यास Adj. *ohne Wiederholung* Lâṭy. 2,10,19.

अनभ्युत्कुष्ट Adj. *nicht durch lauten Zuruf ermuntert.*

अनभ्युत्थायिन् Adj. *sich nicht vor Jmd erhebend.*

अनभ्युदृष्ट Adj. *bei dessen Opfer der Mond gar nicht sichtbar geworden ist.*

अनभ्युपगम m. *Nichteinräumung.*

अनभ्युपाय m. *kein geeignetes Mittel* Mahâbh. Einl. 10,b. 11,a.

अनभ्र Adj. (f. आ) *ohne Wolke* 316,10.

अनभ्रक m. Pl. N. pr. einer Klasse buddh. Götter.

अनभ्रि Adj. *ohne Spatel hervorgebracht.*

*अनम m. *ein Brahman.*

अनमस्यु Adj. *sich nicht beugend* RV. 10,48,6.

अनमाग Indecl. *vor dem man sich* (*ich mich*) *nicht verneigt* (*verneige*) Ind. St. 9,148.

*अनमिलंपच Adj. *geizig.*

अनमित्र 1) Adj. *frei von Feinden, unangefeindet.* — 2) m. N. pr. eines Mannes. — 3) n. *Feindlosigkeit.*

अनमित्रलाभ m. *das Nichtbekommen von Feinden* 186,22.

अनमीव 1) Adj. (f. आ) a) *ohne Leiden, gesund, munter* 6,19. — b) *kein Leid bringend* 12,18. 13, 5. — 2) n. *Wohlsein.*

अनमुत्र Adj. *für den es kein adorte giebt.*

अनम्बर m. *ein nackt einhergehender Gaina-Mönch.*

अनम्बूकृत Adj. *nicht von Speien begleitet.*

अनम्भस् n. *kein Wasser* Kâtyâyana. S. 297, Z. 2.

अनम्र Adj. *sich nicht beugend, widerspänstig* Spr. 249.

अनम्ल Adj. *nicht sauer.*

1. अनय m. *unkluges Benehmen.*

2. अनय m. 1) *Missgeschick, Unglück, Elend.* — 2) **Gang zur Linken* (der Figuren in einem best. Spiele).

अनयमित्र m. N. pr. eines fingirten Fürsten Hit.

अनरक und अनरकेश्वरतीर्थ n. N. pr. eines Tîrtha.

1. अनरण्य n. *Nichtwald.*

2. अनरण्य m. N. pr. verschiedener Männer.

अनरवत् Adj. *ohne Speichen.*

अनराल Adj. *gerade.*

अनरिप्रतिष्ठित Adj. *bei einem Feinde nicht vorkommend* Ind. St. 13,437.

अनरुस् Adj. *nicht wund, heil.*

अनर्गल Adj. *ungehemmt frei* 98,8.

1. अनर्घ m. *falscher Preis* Jâǵń. 2,250.

2. अनर्घ Adj. = अनर्घ्य Kathâs. 24,148. 172.

अनर्घराघव n. Titel eines Schauspiels.

अनर्घ्यं Adj. = अनर्घ्य.

अनर्घ्य Adj. *unschätzbar an Werth* 110,4. 121, 9. Spr. 7621. Davon Nom. abstr. °त्व n. Spr. 6928.

अनर्घ्यराघव n. = अनर्घराघव.

अनर्चित Adj. 1) *ungeehrt* M. 3,100. 4,28. 29. — 2) *nicht mit Ehrerbietung gereicht* Gaut. 17,21. M. 4,213.

1. अनर्थ m. 1) *Unnützes, Ungehöriges, Unsinn.* — 2) *Nachtheil, Schaden, Uebel* 94,3. 183,19. 184,16.

2. अनर्थ Adj. 1) *unnütz.* — 2) *unglücklich.* — 3) *Unheil bringend.* — 4) *bedeutungslos.*

अनर्थक Adj. 1) *unnütz* 214,17. *werthlos.* — 2) *unglücklich* Spr. 3377. — 3) *bedeutungslos.*

अनर्थज्ञ Adj. *den Sinn nicht kennend.*

अनर्थदर्श und °क m. (?) Har. Jos. 3,73. 113.

*अनर्थनाशिन् Adj. *Unheil zu Nichte machend,* von Çiva.

अनर्थपण्डित Adj. *auf Unheil sich verstehend* 182,16.

अनर्थबुद्धि Adj. 1) *auf Unheil sinnend* R. 1,2,32. — 2) *dem der Verstand Nichts nützt, einfältig.* Davon Nom. abstr. °ता f. R. 3,85,8.

अनर्थलुप्त Adj. *von allem Unnützen befreit.* °म् Adv.

अनर्थान्तर n. *keine andere —, dieselbe Bedeutung* 214,30. 221,8.

अनर्थित्व n. *das Nichtbegehren, Nichtverlangen* Spr. 256.

अनर्थिन् Adj. *keine Bedeutung für Jmd* (Gen.) *habend* R. 2,41,16.

अनर्थ्य Adj. *zu Nichts gut, unnütz* 28,28.

अनर्पुक Adj. *keine* (speciellen) *Wünsche erfüllend* Gobh. 1,1,18.

अनर्पण n. *das Nichtweggeben.*

अनर्व Adj. (f. आ) *unangefochten, unwiderstehlich, schrankenlos.*

अनर्वण 1) Adj. dass. — 2) m. N. pr. eines Gottes.

अनर्वन् Adj. = अनर्व. Loc. अनर्वन् *in Sicherheit.*

अनर्विश् Adj. *dessen Wohnung der Wagen ist.*

अनर्शनि m. N. pr. eines Mannes.

अनर्शराति Adj. *der keine verletzende Gabe giebt.*

अनर्ह Adj. (f. आ) 1) *unwürdig; sich nicht eignend für* (im Comp. vorangehend) 119,18. — 2) *Etwas nicht verdienend* (in gutem Sinne); *der Nichts verschuldet hat.*

अनर्हता f. *das Nichtgeeignetsein, Nichtvermögen* 281,17.

अनर्हस् Adj. *unwürdig* MBh. 3,269,10.

अनल 1) m. a) *Feuer.* — b) *der Gott des Feuers* und als solcher einer der acht Vasu. — c) *das Verdauungsfeuer.* — d) **Galle.* — e) **Wind.* — f) **Plumbago zeylanica* und **rosea, *Semecarpus Anacardium.* — g) mystische Bez. des *Lautes r.* — h) *Bein. Vasudeva's. — i) N. pr. eines Affen. — 2) f. आ N. pr. eines mythischen Wesens und einer Tochter Mâljavant's.

अनलंकरिष्णु Adj. P. 3,2,136, Sch.

अनलंकृत Adj. *nicht geschmückt* Sâh. D. 41,10.

अनलंकृति Adj. *ohne rhetorischen Schmuck* Kâvjâd. 1,4.

अनलदीपन Adj. *die Verdauung fördernd.*

*अनलप्रभा f. *Cardiospermum Halicacabum Lin.*

*अनलप्रिया f. *Agni's Gattin.*

अनलम् Adv. *nicht im Stande zu* (Inf.) Çiç. 7,10.

अनलवाट N. pr. einer Stadt.

*अनलविवर्धनी f. *Gurke* Nigh. Pr.

अनलस Adj. *nicht träge, fleissig* Gaut. 9,65.

अनलसाद m. *Schwäche der Verdauung.*

अनलाय्, °यते *wie Feuer sich benehmen.*

*अनलि m. *Agati grandiflora Desv.*

अनल्प Adj. *nicht wenig, viel* Kathâs. 18,292.

अनवकर Adj. *wohin man nichts wegschüttet* Tâṇḍja-Br. 1,6,5.

अनवकाश Adj. (f. आ) *keinen Platz findend, nicht zur Anwendung kommend* P. 1,4,1, Sch. Davon Nom. abstr. °त्व n.

अनवकाशित Adj. *zu den* Avakâça *genannten Sprüchen nicht zugelassen* Harisv. zu Çat. Br. 4, 5,6,6.

अनवकॢप्त Adj. *nicht entsprechend, — richtig* 35,28.

अनवकॢप्ति m. *Unwahrscheinlichkeit.*

अनवगत 1) Adj. *nicht erlangt.* — 2) *unverstanden* Nir. 4,1.

अनवगम m. *Nichtverständniss* Sâh. D. 211,19.

अनवगाढ Adj. *nicht tief gehend.*

अनवगृह्य Adj. *dem* Avagraha (Gramm.) *nicht unterliegend* Ind. St. 4,109.

अनवग्रह m. *kein* Avagraha (Gramm.).

अनवग्लापम् Adj. *nicht erschlaffend* AV. 4,4,7.

अनवच्छित्ति f. *Ununterbrochenheit.*

अनवच्छिन्न Adj. 1) *ununterschieden.* — 2) *nicht bestimmt, — definirt, — begrifflich begrenzt* Spr. 2769. Dazu Nom. abstr. °त्व n. Sarvad. 84,21.

अनवच्छेद m. *das Unbestimmtsein, Unbestimmtheit* Sâh. D. 17,13.

अनवतप्त m. N. pr. 1) eines Schlangenfürsten Lalit. 249,14. — 2) eines Sees (wohl = रावणह्रद).

अनवतप्तपरिपृच्छा f. Titel einer Schrift.

अनवतृण्ण Adj. *nicht durchlöchert* Çat. Br. 11, 1,8,33.

*अनवत्र n. *das mit Leben Begabtsein.*

अनवदानीय Adj. *nicht zur Theilung geeignet* TBr. 1,3,9,4.

अनवद्य (einmal अनवद्रिय) 1) Adj. (f. आ) *tadellos, makellos.* — 2) f. आ N. pr. einer Apsaras.

अनवद्यता f. und अनवद्यत्व n. *Untadelhaftigkeit.*

अनवद्यरूप Adj. (f. आ) *von tadellosem Aeussern.*

अनवद्याङ्ग Adj. (f. ई) *von tadellosem Körper* 70,28.

अनवद्राणी Adj. *nicht einschlummernd.*

(अनवधर्ष्य) अनवधर्षिय Adj. *dem man nicht trotzen kann.*

1. *अनवधान n. *Unachtsamkeit.*

2. *अनवधान Adj. *unachtsam.*

*अनवधानता f. *Unachtsamkeit.*

अनवधारण 1) Adj. *nicht fest bestimmend* Ind. St. 13,419,2. — 2) n. *keine feste Bestimmung* ebend. 23.

अनवधारणीय Adj. *nicht genau zu bestimmen.*

*अनवधि Adj. *unbegrenzt.*

अनवधृत Adj. *nicht genau bestimmt.* °म् Adv. so v. a. *nach eigenem Gutdünken.*

अनवधृष्य Adj. *dem man nicht zu nahen wagt.*

अनवन n. *das Nichtbeschützen, Nichtbeherrschen* P. 1,3,66.

अनवनामितवैजयन्त m. N. pr. einer Welt (buddh.).

अनवनिक्तपाणि Adj. *der sich nicht die Hände gewaschen hat* Ind. St. 10,17.

अनवपात m. *Nichtherabfall.*

अनवपृग्ण Adj. *ungetrennt.*

अनवबद्ध Adj. *nicht stockend* Suçr. 2,184,15.

अनवबोध m. *das Nichterkennen.*

अनवब्रव Adj. *wider den man Nichts sagen kann.*

अनवभास m. *das Nichterscheinen* 283,9.

अनवभ्रराधस् Adj. *bleibenden Lohn gebend.*

अनवम Adj. (f. आ) 1) *nicht der niedrigste, hoch* MBh. 3,268,11. — 2) am Ende eines Comp. *nicht schlechter als* Ragh. 9,11.

अनवमत Adj. *nicht geringgeschätzt* Karaka 1,11.

अनवमर्शम् Adv. *ohne zu berühren.*

अनवमृश्य Adj. *unberührbar, unantastbar.*

अनवमेहनीय Adj. *nicht zu bepissen* so v. a. *höher als bis zum penis reichend* (Wasser) Gobh. 3,3,15.

अनवर Adj. *nicht niedriger, — geringer, höher als* (Abl.).

अनवरत Adj. und °म् Adv. *ununterbrochen, beständig* 106,28. 284,14.

अनवराध m. N. pr. eines Fürsten VP. 4,12,15.

*अनवरार्ध्य Adj. *der vorzüglichste.*

अनवरुद्ध Adj. *nicht erlangt auf seinen Theil, Jmdn* (Gen.) *nicht gegeben, — zukommend* Çat. Br. 1,6,8,10. 3,2,8,22. 4,6,9,20. 5,2,8,3.

अनवरोध्य Adj. *nicht zu Etwas anzuhalten, — zu zwingen* Gaut. 13,4.

अनवलम्बन n. *das Sichnichtklammern an, Fahrenlassen* 286,19.23.25.29.

अनवलेप Adj. *ungesalbt* und zugleich *frei von Hochmuth* Çiç. 9,61.

अनवलोक्य Adj. *nicht anzusehen.*

अनवलोप m. etwa *das Nichtzukurzkommen* Tâṇḍja-Br. 6,3,13. = घातिनाश Comm.

अनवलोभन n. *das Nichtabgehen der Leibesfrucht*, Bez. einer best. Ceremonie während einer Schwangerschaft. Alter Fehler für अनवलोपन.

अनवसर्त Adj. *keinen Halt machend, rastlos.*

अनवसर m. *nicht die rechte Gelegenheit, ungünstiger Augenblick, das nicht am Platz Sein* Spr. 4011. °प्रवेश Hit. 33,11.

अनवसर्ग m. *das Nichtloslassen* Gaim. 3,2,8.

अनवसित 1) Adj. = अनवस. Davon Nom. abstr. °त्व n. — 2) f. आ *ein best. Metrum* Ind. St. 8,376.

*अनवस्कर Adj. *nicht besudelt, rein.*

अनवस्थ 1) Adj. *unbeständig.* — 2) m. Bez. eines der 7 Ullâsa bei den Kaulika.

अनवस्था f. *das kein Ende Nehmen, regressus in infinitum* 215,12. Nalâdh. 4,2.15. Comm. zu TS. Prât. 14,28.

1. अनवस्थान n. *Unbeständigkeit* Nalâdh. 2,2,63.

2. *अनवस्थान 1) Adj. *unbeständig.* — 2) m. *Wind.*

अनवस्थायिन् Adj. *unbeständig, schwankend*

Suçr. 1,335,21. Naish. 3,2,15. Davon Nom. abstr. °पित्व n. 2,2,31.

अनवस्थित Adj. unbeständig, schwankend. रात्रौ भावः R. 5,31,10. Von einer Person so v. a. rathlos Kathâs. 80,10 (zu lesen तत्रानवस्थितास्ति°). Von einer Frau so v. a. leichtsinnig, untreu. Von einem Begriff so v. a. relativ. °विद्ध unsicher geschlagen (Ader) Suçr. 1,362,3.

अनवस्थितचित्त Adj. unbeständigen Sinnes Spr. 238. fg.

अनवस्थितत्व n. 1) Unstätigkeit, Unbeständigkeit Kâç. zu P. 2,1,17. — 2) Unbestimmtheit.

अनवस्थिति f. 1) kein Stillstand, keine Ruhe. — 2) Unstätigkeit. — 3) = अनवस्था Nj. K.

अनवस्यत् Adj. nicht ablassend, — aufgebend.

अनवस्करण n. das Nichtwegwerfen.

अनवहित °Adv. unaufmerksam Vikr. 133.

अनवह्वर Adj. ränkelos, redlich.

अनवानत् Adj. keinen Athem holend Çat. Br. 1,3,5,13. fgg. 4,6,6,5. 11,1,6,31. 13,8,2,4.

अनवानम् Adv. ohne Athem zu holen, ohne Pause.

अनवाप्त Adj. nicht erlangt, — erreicht 201,11. Spr. 4133.

अनवाप्ति f. Nichterlangung.

अनवाप्य Adj. nicht zu erlangen, — erreichen 163,21.

अनवार्य Adj. nicht weichend, — aufhörend.

अनविप्रयुक्त Pragnop. 5,6 fehlerhaft für अनतिप्र°.

अनवीकृत Adj. nicht erneuert, — in eine neue Form gekleidet, — anders gesagt Kâvjâd. 7,8.

°अनवेक्षक Adj. keine Rücksicht nehmend auf.

अनवेक्षण n. das Nichtaufpassen, Sorglosigkeit Spr. 2991. 6007.

अनवेक्षम् Adv. ohne sich umzusehen.

अनवेक्षमाण Adj. sich nicht umsehend Âçv. Gṛhj. 4,4,9.

अनवेक्षा f. Rücksichtslosigkeit.

अनवेक्षितम् Adv. ohne darauf zu blicken Gobh. 1,2,19.

अनशन n., अनशनता f. und *अनशना (Gal.) f. das Nichtessen, Fasten.

अनशनाय Adj. keinen Hunger empfindend. Davon Nom. abstr. अनशनायत्व n. Ind. St. 9,154.

अनशित Adj. nicht gegessen 35,28,26.

अनशितुम् Infin. nicht zu essen Kaush. Up. 4,10,2.

अनश्नत् Adj. nicht essend. अनश्नत्सांगमन: Bez. des in der Sabhâ befindlichen Feuers.

अनश्नान Partic. (f. आ) dass. MBh. 3,191,22.

अनश्रु Adj. thränenlos.

1. अनश्व m. Nicht-Pferd, etwas Anderes als ein Pferd.

2. अनश्व Adj. rosselos.

अनश्वदा Adj. keine Rosse gebend.

अनश्वन् m. N. pr. eines Fürsten.

अनश्वर Adj. unvergänglich Spr. 2578.

अनष्टक Adj. die Ashṭakâ vernachlässigend Âçv. Gṛhj. 3,4,11.

अनष्टपशु Adj. von dessen Heerde Nichts verloren geht.

अनष्टवेदस् Adj. von dessen Habe Nichts verloren geht.

अनष्टापदी f. kein achtfüssiges d. i. kein trächtiges Mutterthier Çat. Br. 4,5,2,12.

अनस् n. 1) Wagen, Lastwagen 8,7.9. 8,7.8. — 2) *gekochter Reis. — 3) *Mutter. — 4) *Geburt. — 5) *lebendes Wesen.

*°अनस n. = अनस् 1).

अनसूय 1) Adj. nicht murrend, — ungehalten, insbes. über das Glück Anderer. — 2) m. N. pr. eines Mannes. — 3) f. आ N. pr. verschiedener Frauen.

अनसूयक Adj. (f. °सूयिका) = अनसूय MBh. 3,122,19.

अनसूयत् Partic. dass. MBh. 1,110,76.

अनसूया f. das Nichtmurren, Nichtungehaltensein, insbes. über das Glück Anderer.

अनसूयातीर्थ n. N. pr. eines Tîrtha.

अनसूयितर् Nom. ag. = अनसूय 1) MBh. 1,110,71.

अनसूयु Adj. = अनसूय.

अनसूरि m. kein Unweiser, ein Weiser.

अनस्त Adj. nicht geschleudert Çat. Br. 3,7,3,2.

अनस्तमित Adj. 1) noch nicht untergegangen (von der Sonne). — 2) unaufhörlich.

अनस्तमितके Loc. vor Sonnenuntergang.

अनस्थ, अनस्थक (Maitr. S. 3,7,3), अनस्थन्, अनस्थि, अनस्थिक (TS. 7,3,12,2) und अनस्थिक Adj. knochenlos. अनस्थि Subst. ein knochenloses Thier.

अनस्वत् 1) Adj. mit einem Wagen verbunden, an einen Wagen gespannt. — 2) f. अनस्वती Wagenzug, Heereszug.

अनहंवादिन् Adj. nicht nur von sich redend, nicht eingebildet.

अनहंकर्तव्य Adj. kein Object des Ichbewusstseins bildend Ind. St. 9,163.

अनहंकृत Adj. uneigennützig.

*अनहंकृति f. Nichthochmuth, Bescheidenheit.

अनहम् Nom. Nicht-Ich Ind. St. 9,148.

अनहर्जात Adj. an einem unglücklichen Tage geboren. Davon Nom. abstr. °ता f.

अनक्ष Adj. s. अनक्ष्.

अना Adv. je, je und je; mit einer Neg. nie.

अनाकम्प्य Adj. unerschütterlich.

अनाकर्णितकेन Instr. mit einer Miene, als ob man Nichts gehört hätte, Prasannar. 21. 38. 113.

अनाकाङ्क्ष Adj. keiner Ergänzung bedürfend Nj. K.

अनाकाल 1) Unzeit. — 2) schlechte Zeit, Hungersnoth. °भृत in schlechter Zeit unterhalten.

1. अनाकाश n. kein freier Raum, erfüllter Raum R. 3,29,7.

2. अनाकाश Adj. ätherlos.

अनाकुल 1) Adj. (f. आ) unverworren, unverwirrt (eig. und übertr.) 214,20. 118,25. sicher vom Gange. — 2) *f. ई ein best. Knollengewächs Gal.

अनाकूत Adj. 1) ungetrieben, ungerufen. — 2) nicht gewartet, — gepflegt.

अनाकृष्ट Adj. nicht angezogen, — fortgerissen Ragh. 1,22.

अनाक्ताक्ष Adj. an den Augen nicht gesalbt AV. 20,128,6.

अनाक्रमणीय und °क्रम्य Adj. nicht zu besteigen.

*अनाक्रान्ता f. Solanum Jacquini Willd.

अनाक्षित् Adj. nicht ruhend.

अनाख्यात Adj. nicht angezeigt, — angegeben.

अनाख्येय Adj. nicht mitzutheilen, — zu sagen.

अनाग Adj. (f. आ) schuldlos, sündlos.

अनागच्छत् Adj. nicht kommend Sarvad. 13,7.

अनागत Adj. 1) noch nicht angekommen, — angelangt 142,20. MBh. 14,80,24. — 2) bevorstehend, zukünftig 105,26. 161,11. अनागतं वा für die Zukunft sorgen Spr. 263. — 3) noch nicht erreicht. — 4) nicht anzutreffen, — zu finden R. 3,56,18 (30,9).

अनागतरोगिन् Adj. mit dem (factisch) noch nicht erschienenen Monde in (theoretische) Conjunction tretend.

अनागतवत् Adj. die Zukunft betreffend Spr. 266. fg.

अनागतविधातर् Nom. ag. 1) Vorkehrungen für die Zukunft treffend. — 2) N. pr. eines Fisches.

अनागतविधान n. das Treffen von Vorkehrungen für die Zukunft Spr. 270.

अनागतार्तवा Adj. f. noch nicht die Katamenien habend.

अनागम m. das nicht Herbeikommen, — Erscheinen Gaut. 1,1,12.

अनागमक Adj. ohne Âgama (gramm.).

अनागमिष्यत् Adj. der nicht herbeikommen wird.

1. अनागस् Adj. schuldlos, sündlos 71,1.10.

2. अनागस् Adj. unschädlich ṚV. 10,163,2.

अनागा f. N. pr. eines Flusses.

अनागामिन् m. der nicht Wiederkehrende, bei den Buddhisten Bez. der 3ten Stufe auf dem Wege zum Nirvâṇa.

*अनागामुक Adj. P. 6,2,160, Sch.

अनागास्त्व n. Schuldlosigkeit, Sündlosigkeit 11,8.

अनागूर्तिन् Adj. der die Âgur nicht verrichtet hat.

अनागोहत्या f. Mord an einem Schuldlosen.

अनाग्नेय Adj. dem Agni nicht zuständig.

अनाघ्रात Adj. woran man nicht gerochen hat Spr. 271. °पूर्व Adj. nie früher gerochen Kin. 162.

अनाचरण n. das Nichtbewerkstelligen, Unterlassen Kull. zu M. 6,92.

अनाचार m. 1) kein Brauch Lâṭj. 10,1,15. — 2) ungewöhnliche Erscheinung. — 3) schlechtes Betragen, Unsitte Ind. St. 16,98.

अनाचाररूप Adj. (f. आ) von ungewöhnlichem Aussehen.

अनाजानत् Adj. nicht inne werdend.

अनाजिगमिषु Adj. zu kommen nicht beabsichtigend Mahâbh. 1,57,b.

अनाज्ञा f. Nichterlaubniss 200,31.

अनाज्ञात Adj. unbekannt, unbemerkt. अनाज्ञातम् Adv. auf unbekannte —, unerklärliche Weise.

अनाज्ञाताज्ञातकृत Adj. auf erklärliche oder unerklärliche Art vollbracht Vaitân. 23.

अनाज्यलिप्त Adj. nicht mit Opferschmalz gesalbt Kâtj. Çr. 4,4,10.

अनाढ्यतर Adj. nicht sehr wohlhabend Çat. Br. 6,5,2,16.

*अनाढ्यंभविष्णु Adj. P. 6,2,160, Sch.

*अनातङ्क Adj. gesund Râǵat. 20,46.

अनातत Adj. nicht angespannt.

1. *अनातप m. Schatten.

2. अनातप Adj. schattig 172,20.

अनातपत्र Adj. ohne Sonnenschirm Sâh. D. 340,9.

अनातुर Adj. 1) unversehrt, gesund. — 2) unverdrossen. — 3) nicht von Liebe gequält Spr. 272.

अनात्त Adj. nicht genommen, — entzogen Kâtj. Çr. 9,5,12.

अनात्मक Adj. ohne Substanz, unreal (buddh.).

अनात्मज्ञ Adj. (f. आ) unverständig, einfältig.

अनात्मत्व n. das nicht Seele Sein 272,27. 31.

1. अनात्मन् m. 1) was nicht Seele (Geist) ist 273, 8. — 2) *nicht selbst, ein Anderer.

2. अनात्मन् Adj. ohne Geist, — Verstand.

अनात्ममुख Adj. (f. ई) nicht zu sich gekehrt Mahîdh. zu VS. 12,52.

अनात्मवत् Adj. seiner nicht mächtig, sich nicht zügelnd, — gehörig haltend (von einem Kranken)

अनात्मश्लाघाकर Adj. sich nicht selbst rühmend Sâh. D. 32,21.

अनात्मसंपन्न Adj. geistlos, dumm Spr. 437.

अनात्मसात्कृत Adj. nicht sich angeeignet Comm. zu Mṛkkh. 113,6.

अनात्मीय Adj. was Einem nicht angehört.

अनात्म्य 1) Adj. unpersönlich. — 2) n. Thorheit Bhâg. P. 4,4,29.

अनात्रेयी f. eine Frau, welche nicht eben das Reinigungsbad nach den Katamenien vollzogen hat, Gaut. 22,17.

अनाथ 1) Adj. (f. आ) schutzlos, hülflos. °वत् Adv. 66,23. — 2) अनाथ n. Schutzlosigkeit, Hülflosigkeit.

अनाथपिण्डद und °पिण्डिक m. Bein. Sudatta's.

अनाथपुरी m. N. pr. eines Autors.

अनाथशरण Adj. (f. आ) an Niemanden einen Schutz habend Kaurap. 21.

अनाद m. Ton —, Klanglosigkeit.

1. अनादर m. Nichtachtung, Mangel an Rücksicht, Nichtbeachtung, Gleichgültigkeit gegen (Loc.) 173, 15. 233,22. अनादरात् ohne Weiteres, mir Nichts dir Nichts Spr. 6012.

2. अनादर Adj. Nichts hoch anschlagend Çat. Br. 13,6,2,2. Khând. Up. 3,14,2.

अनादरण n. das Nichtbeachten, das sich gleichgültig Verhalten.

अनादरवत् Adj. Gleichgültigkeit verrathend.

अनादराक्षेप m. in der Rhet. eine Erklärung, dass man mit Etwas nicht einverstanden sei, die man dadurch an den Tag legt, dass man sich zur Sache gleichgültig stellt.

अनादवत् Adj. keinen Laut von sich gebend Ind. St. 9,12.

अनादातर् Nom. ag. Nichts nehmend, — empfangend.

अनादातव्य Adj. nicht zu greifen Ind. St. 9,164.

अनादि Adj. ohne Anfang 104,18. Davon Nom. abstr. °ता f. Nîl. 35.

अनादिमत् Adj. dass. Çvetâçv. Up. 4,4, (°मान्त्वं zu lesen).

*अनादिवार्त्ता f. Ueberlieferung.

अनादिष्ट Adj. 1) unaufgezeigt, unbestimmt. — 2) nicht angewiesen, — angegeben, — vorgeschrieben Lâṭj. 1,1,3. — 3) keinen Befehl habend Spr. 274.

अनादृत Adj. 1) nicht —, gering geachtet (Jmd). — 2) unbeachtet, unberücksichtigt (Etwas). Dazu Nom. abstr. °त्व n. Sâh. D. 213,4.

अनादेय Adj. 1) was man nicht nehmen darf Spr. 275. fg. — 2) nicht anzunehmen, unzulässig 213, 4. 215,27.

1. अनादेश m. das Fehlen einer Anweisung, — Vorschrift.

2. अनादेश Adj. आक्रूपारम् N. eines Sâman.

अनादेशकर Adj. eine Anweisung nicht ausführend Bhâg. P. 8,20,14.

1. अनाद्य Adj. 1) was nicht gegessen werden darf. — 2) den man nicht aussaugen darf.

2. अनाद्य Adj. ohne Anfang Brahmabindûp. 9.

अनाद्यनन्त Adj. ohne Anfang und ohne Ende.

अनाद्यन्त Adj. (f. आ) dass. Spr. 277. Âçvalâ. 3,11.

अनाद्युदात्त Adj. nicht auf der ersten Silbe betont TS. Prât. 8,10.

अनाधि Adj. sorgenlos Ragh. 9,54.

अनाधृष् Adj. Niemanden Etwas anhabend.

अनाधृष्ट Adj. an den oder woran sich Niemand heranwagt, unangreifbar, unantastbar Çâñkh. Br. 27,5. Ait. Âr. 386,11. 12.

अनाधृष्टि m. N. pr. verschiedener Fürsten.

अनाधृष्य Adj. = अनाधृष्ट Çâñkh. Br. 27,5. Chr. 54,12. प्रजापतेस्त्वनूः Ait. Br. 5,25. Âçv. Çr. 8,13,15.

अनाध्यान n. kein wehmüthiges Zurückdenken.

अनानत 1) Adj. ungebeugt. — 2) m. N. pr. eines Ṛshi.

अनानन्दयितव्य Adj. nicht das Object der Wollust bildend Ind. St. 9,164.

अनानार्थ m. kein neuer Satz Ind. St. 4,155.

अनानुकृत्य Adj. unnachahmlich.

अनानुजा f. keine jüngere Schwester TS. 4,3,24,2.

अनानुद Adj. nicht nachgebend.

अनानुदिष्ट Adj. unaufgefordert.

अनानुपूर्व्य n. gestörte Reihenfolge ṚV. Prât. 2, 43. 11,8.

अनानुभूति f. nicht dienstbereit, ungehorsam.

अनापद् f. Nicht-Noth. अनापदि ohne Noth, in normalen Verhältnissen.

अनापान m. N. pr. eines Fürsten.

अनापि Adj. ohne Freunde oder Verwandte.

अनापूयित Adj. nicht stinkend Çat. Br. 1,1,2,5.

अनाप्त Adj. 1) nicht hinanreichend 36,21. — 2) unerreicht, unerreichbar Çâñkh. Br. 27,5. Ait. Âr. 386,12. प्रजापतेस्त्वनूः Ait. Br. 5,25. Âçv. Çr. 8,13, 15. — 3) ungeschickt.

अनाप्ति f. Zielverfehlung 206,14.

अनाप्य und अनापित्व Adj. unerreichbar Çâñkh. Br. 27,5. प्रजापतेस्त्वनूः Ait. Br. 5,25. Âçv. Çr. 8,13,15.

अनाप्रीत Adj. nicht mit den Âprî-Versen besprochen Çat. Br. 3,2,4,37.

अनाप्लुताङ्ग Adj. der sich nicht gebadet hat MBh. 3,43,5.

अनाब्यु m. eine best. Pflanze AV. 6,16,1.

अनाबाध Adj. *unbelästigt, ungehemmt* (Weg).

अनाभयिन् Adj. *furchtlos* RV.

अ॑नाभू Adj. *nicht dienstfertig, ungehorsam.* Rudra Maitr. S. 1,8,5.

अनाभ्युदयिक Adj. *Unheil bringend.*

अनामक 1) m. *Schaltmonat.* — 2) *n. *Hämorrhoiden.*

अनामत्व n. *Namenlosigkeit.*

अ॑नामन् 1) Adj. *namenlos.* — 2) *m. *Ringfinger.*

अनामर्त *eine best. Krankheit.*

अनामय 1) Adj. (f. आ) a) *nicht verderblich* AV. 1,8,12. — b) *gesund, in gutem Wohlbefinden, dem Nichts fehlt.* — c) *wo Wohlergehen herrscht.* — d) *Gesundheit schaffend* 166,27. — e) *verschont von* (Abl.) 79,20. — 2) m. Bein. Çiva's. — 3) n. *Gesundheit, Wohlergehen.*

अ॑नामयत्नु Adj. *nicht wehe thuend, — schmerzend.* °यता Instr. *in vollkommenem Wohlbefinden.*

अनामयित्नु Adj. *nicht krank machend, heilend.*

*अनामा und अ॑नामिका f. *Ringfinger.*

अ॑नामिन् Adj. *sich nicht beugend, unbeugsam.*

अनामृण Adj. *unverletzlich.*

अ॑नामृत Adj. *nicht vom Tode berührt* TS. 5,2,3, 1. 2. Mantrabr. 1,5,11.

अनाम्नात Adj. *nicht überliefert, — gelehrt.*

अनाम्नाय m. *Nichtüberlieferung* Spr. 278.

अनाम्य Adj. *sich nicht biegen lassend* Spr. 3378.

अनायक Adj. (f. आ) *führerlos.*

अ॑नायत Adj. *nicht angebunden.*

1. अनायतन und अ॑नायतन n. *nicht der entsprechende —, nicht der heimatliche Platz.*

2. अनायतन und अनायतनवत् Adj. *keinen entsprechenden —, keinen eigenen Platz habend.*

*अनायत्तवृत्तिता f. *Unabhängigkeit, Freiheit.*

1. अनायास m. 1) *Nichtanstrengung.* — 2) *Unermüdlichkeit* MBh. 5,34,72.

2. अनायास Adj. *keine Anstrengung —, keine Mühe verursachend* MBh. 12,242,13.

अनायुध Adj. *ohne Opfergeräthe.*

अ॑नायुवान Partic. *nicht ansichziehend* (die Flügel) Çat. Br. 4,1,2,26.

अनायुषा f. N. pr. einer Tochter Daksha's.

अनायुष्य Adj. *dem Leben nicht zuträglich, das Leben verkürzend.*

अनायुस् f. = अनायुषा.

अनारत Adj. und °म् Adv. *unaufhörlich, beständig.*

अनारभ्य Adj. 1) *nicht zu beginnen* Spr. 280. Davon Nom. abstr. °त्व n. Kâtj. Çr. 28,8,27. — 2) *unmöglich* Comm. zu Gaim. S. 215,1 v. u.

अनारभ्यवाद m. *eine nicht ad hoc gegebene, sondern allgemeine Bestimmung* Gaim. 3,6,14. Davon Nom. abstr. °त्व n. 5,6,3.

अनारभ्यविधि m. und अनारभ्यविधान n. *dass.* Comm. zu Kâtj. Çr. 1, 3,36. 15,1,1.

अनारभ्यविहित Adj. *nicht ad hoc vorgeschrieben* Comm. zu Çat. Br. 809,9.

अनारभ्यसमधीत (Comm. zu Kâtj. Çr. 19,6,2) und अनारभ्याधीत Adj. *ohne einen besondern rituellen Zweck recitirt.*

अनारम्बण Adj. *ohne Stütze* Khând. Up. 2,9,5.

1. अनारम्भ m. 1) *das Nichtgehen an* (Gen.), *das Nichtbeginnen* Bhag. 3,4. Spr. 281. — 2) *das Nichtgründen eines eigenen Haushalts* Kap. 1,12.

2. अनारम्भ Adj. *Nichts unternehmend* MBh. 12, 216,21.

अनारम्भण Adj. *woran man sich nicht halten kann.*

अनारम्भिन् Adj. *Nichts unternehmend* Gaut. 3,13.

अनाराशंस Adj. *ohne die* नाराशंस *genannten* Soma-*Becher* Gop. Br. 2,1,13.

अनारूढ Adj. 1) *nicht enthalten in, — liegend in* (Loc.) Comm. zu Kap. 1,87. — 2) *sich nicht begeben habend, nicht gerathen in* (Acc.) Venis. 106.

अनारोग्य Adj. *der Gesundheit nicht zuträglich.*

अनारोग्यकर Adj. *dass.* Karaka 3,3.

अनार्जव n. 1) *unehrliches Benehmen* 180,11. — 2) **Krankheit.*

अ॑नार्त Adj. *nicht krank, gesund.*

अनार्तव Adj. *der Jahreszeit nicht entsprechend.*

अ॑नार्ति f. *Leidlosigkeit.*

अनार्य Adj. (f. आ) und Subst. *unehrenhaft, kein* Ârja, *sich nicht wie ein* Ârja *betragend, für einen* Ârja *sich nicht schickend, nicht arisch* 103,1. 170, 18. 204,18.

*अनार्यक n. *Aloeholz.*

अनार्यकर्मिन् Adj. *der Werke eines Nicht-*Ârja *vollbringt.*

*अनार्यज n. *Aloeholz.*

अनार्यजुष्ट Adj. *woran Ehrenhafte keinen Gefallen finden* Bhag. 2,2. R. 2,82,13.

अनार्यता f. *Unehrenhaftigkeit.*

अनार्यतिक्त m. *Gentiana Chiraita Wall.*

अनार्यवृत्त Adj. *von unehrenhaftem Betragen* Spr. 282.

अनार्ष Adj. *nicht von den* Ṛshi *herstammend, nicht der* Saṁhitâ *entsprechend; keinem* Ṛshi *zukommend, nicht an den Namen eines* Ṛshi *gefügt* (Suffix).

अ॑नार्षेय Adj. *nicht von den* Ṛshi *stammend.*

अनार्ष्यविलोप m. *keine Nichtstörung der* Saṁhitâ *d. i. Störung der* Saṁhitâ RV. Prât. 11,28.

अनालपन n. *keine Unterhaltung mit* (Gen.) Çiç. 7,10.

अ॑नालब्ध Adj. 1) *nicht angefasst, — berührt* MBh. 5,48,102. — 2) *nicht geschlachtet* Çat. Br. 13,1,2,1.

अनालमर्थ्य n. *das nicht die Bedeutung von* अलम् *Haben* Mahâbh. 3,95,a.

अनालम्ब 1) Adj. *ohne Stütze, — Halt.* — 2) *f. ई Çiva's *Laute.*

अनालम्बनम् Adv. *ohne Haltpunkt, phantomartig* Prab. 71,1.

अनालम्बुक (!) und अनालम्भुकँ Adj. (f. आ) *unberührbar.*

अनालस्य n. *Unverdrossenheit* Spr. 2183.

अ॑नावयत् Adj. *keine Empfängniss zu Stande bringend* AV. 7,60,3.

अनावरण Adj. *unverhüllt* (buddh.).

अनावरणज्ञानविशुद्धगर्भ und अनावरणास्वरमण्डलघुरनिर्घोषगर्भ m. N. pr. zweier Bodhisattva.

अनावरणिन् m. Pl. N. pr. einer buddh. Secte.

अनावर्तिन् Adj. *nicht wiederkehrend* Spr. 284.

अनाविद् Adj. *nicht hervorbringend, — bewirkend* Sâh. D. 219,20.

अ॑नाविद्ध Adj. 1) *unverwundet; undurchbohrt* Spr. 271. *unversehrt.* — 2) *keine langen Composita enthaltend* Vâmana 1,3,15.

अनाविल Adj. 1) *nicht trübe, klar, durchsichtig.* — 2) *gesund,* von Personen (Spr. 2140) und Gegenden.

अनाविष्कृत Adj. *nicht an den Tag gelegt* Kumâras. 7,35.

अ॑नावृत् Adj. *nicht wiederkehrend* 30,13.

अ॑नावृत Adj. 1) *unverhüllt* Çat. Br. 14,5,2,18. — 2) *ungeschlossen* R. 2,88,19. Spr. 283. *uneingezäunt* Gaut. 12,21. *nicht gedeckt, — verschanzt* (Heer) R. 2,88,20.

अ॑नावृत्त Adj. *unbetreten.*

अनावृत्ति f. *Nichtwiederkehr* (zu einem neuen Leben).

अनावृष्टि f. *Mangel an Regen, Dürre.*

अनाव्याध Adj. (f. आ) *unerbrechbar, fest.*

1. अ॑नाव्रस्क m. 1) *Nichtabfall* TS. 3,1,5,1. — 2) *Unversehrtheit.*

2. अनाव्रस्कँ Adj. *nicht abfallend.*

अ॑नाशक n. *das Nichtessen, Fasten; das zu Tode Hungern.*

अनाशकायन n. *das Fasten.*

अनाशस्ते Adj. *auf den man nicht vertrauen kann.*

अनाशास्य Adj. *was man sich nicht wünscht.*

अनाशित Adj. *hungrig* R. 5,17,34. 24,31.

1. अनाशिन् Adj. *nicht essend.* Davon Nom. abstr.

°शित्व n. das Nichtessen.

2. अनाशिन् Adj. nicht verloren gehend.

अनाशिष्ठ Adj. der langsamste Ait. Br. 4,9.

अनाशित Adj. nicht erwünscht Rigv. 7,1877.

अनाशीर्दा Adj. die Erwartung nicht erfüllend.

1. अनाशु Adj. nicht schnell, langsam.

2. अनाशु Adj. keine raschen Rosse besitzend.

अनाश्रम m. keiner der 4 oder 3 Âçrama Jâgñ. 3,241.

अनाश्रमिन् Adj. zu keinem Âçrama gehörend. Davon Nom. abstr. °मित्व n.

1. अनाश्रय m. Unabhängigkeit von (Gen.) RV. Prât. 11,86.

2. अनाश्रय Adj. keinen Halt gewährend. Davon Nom. abstr. °ता f. Kull. zu M. 3,180.

अनाश्रव fehlerhaft für अनास्रव.

अनाश्रित Adj. sich nicht an Jmd oder Etwas haltend, unabhängig, keine Rücksicht nehmend auf Gaudap. zu Sâmkhjak. 10. Bhag. 6,1. R. 3,10,6. Bhâg. P. 1,13,42. — पाषण्डश्रनाश्रिताः Jâgñ. 3,6 wohl ein alter Fehler für पाषण्डमाश्रिताः.

अनाश्वंस् Adj. nicht gespeist habend 240,10. TS. 1,6,7,3. TBr. 1,1,4,3.

अनार्ष्ट्र Adj. keiner Gefahr unterworfen 36,12.

अनास् Adj. ohne Mund oder Antlitz.

अनासन n. das Nichtsitzen Kâtj. Çr. 25,4,7.

अनासन्न Adj. nicht nahe bei (Gen.) Lâtj. 5,10,20. Âpast. 1,6,21.

अनासाद्य Adj. unerreichbar 96,2.

अनासिक Adj. (f. आ) 1) nasenlos. — 2) nicht nasal Ind. St. 9,32.

अनास्तिक Adj. ungläubig, gottlos MBh. 1,74,96.

अनास्तिक्य n. Unglauben, Gottlosigkeit MBh. 1, 212,17.

अनास्तीर्ण Adj. unüberdeckt, bloss Venis. 28,11.

अनास्था f. Gleichgültigkeit gegen (Loc.) Ragh. 2, 17. Kumâras. 5,12. 63. Vâs. 2. Sarvad. 22,8.

अनास्थान Adj. keinen Standpunkt gewährend.

अनास्रव Adj. frei von sündhaften Neigungen, — unreinen Leidenschaften Lalit. 303,7.

अनास्राव Adj. kein Gebrechen bewirkend.

अनास्वादित Adj. nicht geschmeckt Spr. 274. °पूर्व Adj. früher nicht geschmeckt R. 1,9,86. Chr. 99,2.

अनाहत 1) Adj. a) nicht angeschlagen, nicht geschlagen (ein musik. Instr.). °हता दुन्दुभयो विनेदुः MBh. 3,162,34. 14,80,10. °शङ्ख nicht geblasen Suçr. 2. °ज्या nicht gespannt MBh. 3,18,102. nicht angeschlagen, von einem Laute. — b) *beim Waschen nicht geschlagen, nicht gewaschen, neu (von Zeugen). — c) *nicht multiplicirt. — 2) n. der 4te von den 6 mystischen Kreisen am Körper.

अनाहनन n. das Nichtaufschlagen.

अनाहवनीय m. kein Âhavanîja-Feuer Çat. Br. 12,9,8,13.

1. अनाहार m. das nicht zu sich Nehmen von Speise.

2. अनाहार Adj. keine Speise zu sich nehmend. Davon Nom. abstr. °ता f. Lalit. 320,20. 321,1.

अनाहार्य Adj. nicht herbeizuschaffen.

अनाहिताग्नि Adj. der kein heiliges Feuer angelegt hat, — unterhält. Davon Nom. abstr. अनाहिताग्निता.

अनाहुति f. 1) Unterlassung der Opferspenden. — 2) ungeeignete Opferspende.

अनाहूत Adj. ungerufen, unaufgefordert MBh. 1,136,18. Spr. 287. fg.

अनाह्रियमाण Adj. nicht herbeigeschafft werdend Lâtj. 2,8,19.

अनाह्वान n. das Nichtherbeirufen Lâtj. 1,4,16. Spr. 280. das Nichtcitiren vor Gericht Chr. 213,6.

अनिकामम् Adv. ungern.

अनिकृन्तन n. das Nichtabschneiden Pâr. Grhj. 2,10,24.

अनिकेत 1) Adj. wohnungslos. Davon Nom. abstr. °ता f. Bhâg. P. 11,3,25. — 2) m. Bez. eines best. Krankheitsdämonen Hariv. 9560.

अनिक्षिप्तधुर (°धूर gedr.) m. N. pr. eines Bodhisattva.

*अनिक्षु m. Saccharum spontaneum Lin.

अनिखात Adj. nicht eingegraben Çat. Br. 3,6,1,14.

अनिगड Adj. wo (nur) die Ketten fehlen 134,6.

अनिगद Adj. ohne Nigada Kâtj. Çr. 6,10,25.

अनिगीर्ण Adj. nicht verschluckt, — unterdrückt Sâh. D. 17.

1. अनिग्रह m. 1) Nichtzügelung Spr. 248. — 2) kein Versehen im Beweise Nyâjas. 5,2,23. 23.

2. अनिग्रह Adj. ohne Handgriff Suçr. 1,24,11.

अनिघ Adj. unverletzt Lalit. 438,5.

अनिङ्ग Adj. untheilbar, untrennbar AV. Prât. 4,12.

अनिङ्गन n. das Nichtschütteln Kâtj. Çr. 16,1,8.

अनिङ्गयत् Adj. nicht lösend, — trennend RV. Prât. 13,11.

अनिङ्ग्य Adj. = अनिङ्ग RV. Prât. 3,20. 9,15. Davon Nom. abstr. °त्व n. Comm. zu AV. Prât. 4,76.

अनिङ्ग्यमान Adj. nicht berührt —, nicht geschüttelt werdend.

अनिचय Adj. keine Vorräthe habend Gaut. 3,11.

अनिच्छत् Adj. Etwas nicht wollend MBh. 12, 16,26. Chr. 121,14.

अनिच्छा f. das Nichtwollen, Abneigung 289,11. Instr. ohne es zu wollen.

अनिज्या f. kein Opfer Gaut. 4,4,2.

अनित n. das Nichtabgehen, — Nichtabweichen von (Abl.) Çulbas. 1,4. 6,3. 16,10. 29,3.

अनिताभा f. N. pr. eines Flusses.

अनितरेतरकारण Adj. (f. आ) nicht gegenseitig verursacht Kap. 2,1,15.

अनित्थंविद्वस् Adj. so nicht wissend Çat. Br. 7, 2,2,9.

अनित्य 1) Adj. a) nicht ewig dauernd, vergänglich 163,23. 183,17. 255,28. — b) nicht beständig, vorübergehend, zufällig oder gelegentlich zur Erscheinung kommend. — c) ungewöhnlich, extraordinär. — d) unbeständig, wankelmüthig. — e) dessen Ausgang sich nicht bestimmen lässt. — 2) °म् Adv. nicht beständig, nur dann und wann.

अनित्यता f. Vergänglichkeit, Unbeständigkeit 225,28.

अनित्यत्व n. 1) dass. 255,27. 273,6. — 2) Zufälligkeit, Ungewissheit. — 3) Unbeständigkeit, Wankelmuth.

अनित्यसम m. eine auf die Vergänglichkeit sich stützende Einwendung Nyâjas. 5,1,32. Sarvad. 114,12.

अनिदंविद् Adj. dieses nicht kennend Nir. 2,3. Ait. Âr. 460,14.

अनिद्र Adj. (f. आ) schlaflos, wach.

अनिद्रा f. Schlaflosigkeit.

अनिध्म Adj. ohne Brennstoff, dessen nicht bedürfend.

अनिन Adj. unkräftig, feig.

अनिन्द m. Pl. N. pr. eines Volkes.

अनिन्दत् Adj. nicht tadelnd Gaut. 9,59.

अनिन्दा f. nicht tadelnde Worte AV. 11,8,22. Spr. 295.

अनिन्दित Adj. tadellos

अनिन्द्य und अनिन्दिय 1) Adj. dass. — 2) m. N. pr. einer Einsiedelei.

अनिन्द्र Adj. (f. आ) Indra nicht verehrend, ihm feind.

अनिन्द्रक Adj. des Indra beraubt.

1. अनिन्द्रिय n. Geist.

2. अनिन्द्रिय Adj. keine Sinne habend Ind. St. 9,165.

अनिपद्यमान Adj. sich nicht zur Ruhe legend.

अनिपान n. das Nichttrinken, Durst Bhâg. P. 3, 26,9.

अनिपुण Adj. (f. आ) ungeschickt, tactlos Venis. 35,18.

अनिबद्ध Adj. 1) unangebunden. — 2) nicht gebunden an, sich nicht kümmernd um (Loc.). गुरुशाले MBh. 1,29,31. — 3) nicht gebunden, — durch einen vorangehenden Act zu Etwas verpflichtet

GAUT. 13,4. 8. M. 8,76. — 4) unzusammenhängend, ungereimt. °प्रलापिन् JÂÂN. 3,135. Mit वाचा wohl dass. MBH. 13,163,9. — 5) einfach, einförmig VÂMANA 1,3,24. 20.

अनिबाध m. Unbedrängtheit, Freiheit.

अनिभृत Adj. 1) nicht fest, beweglich, unruhig, unstät NIR. 10,4. MEGH. 67. KIR. 13,66. — 2) unbescheiden BHARṬ. NÎTIÇ. 34,119.

अनिभृतत्व n. Beweglichkeit NIR. 10,4.

अनिभृष्ट Adj. nicht erliegend, — erlahmend.

अनिभृष्टतविषि Adj. von nicht erlahmender Kraft.

अनिमान Adj. unermesslich.

1. अनिमित्त n. kein Grund, keine Ursache GAIM. 1,1,4. अनिमित्ततस् (BHARṬ. NÎTIÇ. 34,106) und अनिमित्त° ohne Grund, ohne Veranlassung.

2. अनिमित्त 1) Adj. (f. आ) a) das Ziel verfehlend R. 6,91,20. — b) wofür keine Vorzeichen sind, nicht im Voraus bestimmbar 181,25. — c) grundlos. — d) uneigennützig. — 2) °म् Adv. ohne Grund, ohne Veranlassung BHÂG. P. 3,15,31.

अनिमित्तनिमित्त Adj. uneigennützig. धर्म BHÂG. P. 3,15,14.

अनिमिष 1) Adj. a) die Augen nicht schliessend, wachsam 4,30. BHÂG. P. 3,20,12. — b) nicht blinzelnd, sich nicht schliessend (von den Augen) R. 3,60,10. KATHÂS. 18,13 (zu lesen ऽनिमिषे). — 2) °षम् Adv. rastlos. — 3) m. a) ein Gott. — b) *Fisch. — c) die Fische im Thierkreise. — d) N. pr. α) eines Kinderdämons PÂR. GṚHJ. 1,16,23. — β) eines Sohnes des Garuḍa.

अनिमिषदृश् m. Fisch Spr. 4376.

अनिमिषन्त् Adj. die Augen nicht schliessend, wachsam 2,28.

अनिमिषम् und अनिमिषा Adv. wachsam.

*अनिमिषाचार्य m. Bein. Bṛhaspati's.

अनिमिषीय fehlerhaft für नैमिषीय.

1. अनिमेष m. das Nichtblinzeln, Nichtsichschliessen (der Augen) 98,11. °विलोकनीय Ind. St. 14,366.

2. अनिमेष 1) Adj. nicht blinzelnd, sich nicht schliessend. — 2) m. a) ein Gott BHÂG. P. 6,10,1. — b) *Fisch.

अनिमेषता f. das Nichtblinzeln, Sichnichtschliessen ÇIÇ. 9,11.

अनिमेषम् Adv. wachsam.

अनियत Adj. 1) ungebunden, unbeschränkt, nicht fest bestimmt VARÂH. BṚH. S. 3,6. 11,13. — 2) nicht hergebracht, ungewöhnlich, auffallend. °वेष MBH. 3,260,12. — 3) nicht unbetont, betont RV. PRÂT. 11,28.

अनियतपुंस्का Adj. f. keinen bestimmten Mann habend, sich mit verschiedenen Männern abgebend Ind. St. 13,423.

अनियतवृत्ति Adj. keinen bestimmten Lebensunterhalt habend PAT. zu P. 3,2,21.

अनियतात्मन् Adj. den Geist nicht in der Gewalt habend Spr. 3032.

अनियम m. 1) Nichtbeschränkung, das so aber auch anders sein Können GAUT. 6,6. — 2) das Sichgehenlassen Spr. 7336.

अनियमोपमा f. ein Gleichniss, bei dem es unentschieden bleibt, ob nicht noch etwas Anderes zur Vergleichung herbeigezogen werden könnte, 248,14.

अनियम्य Adj. nicht zu bändigen.

अनियामक Adj. nicht bestimmend. Davon Nom. abstr. °त्व n. SARVAD. 16,11.

अनियुक्त Adj. nicht beauftragt, nicht speciell angewiesen 197,7. 210, 23. 26. JÂÂN. 3,288. HARIV. 7339. R. GORR. 2,92, 2. 93,16. KATHÂS. 60,112. nicht betraut mit (Loc.) Spr. 299.

अनियुज्यमान Adj. was Jmdm nicht aufgetragen wird KULL. zu M. 9,252.

अनियोग m. 1) Nichtverwendung LÂṬJ. 8,1,9. — 2) unpassender Auftrag MBH. 12,327,47. R. ed. GORR. 2,98,17.

अनियोगत R. 2,60,7 fehlerhaft für अनियोग.

अनियोज्य Adj. nicht aufzutragen (ein Geschäft).

अनिर् Adj. kraftlos, matt.

अनिरवसित Adj. nicht aus der Gemeinschaft verstossen Ind. St. 13,358.

अनिरशित Adj. nicht aufgegessen ÇAT. BR. 2,5,3,16.

अनिरा f. Entkräftung, Siechthum.

अनिराकरण n. das Nichtsondern SARVAD. 10,1.

*अनिराकरिष्णु Adj. P. 3,2,160, Sch.

अनिराहित Adj. nicht abzubringen.

अनिरुक्त Adj. 1) nicht ausgesprochen, — unmittelbar verständlich, — von selbst sich ergebend, was oder worin Etwas erst zu erschliessen ist 38,16. AIT. BR. 6,27. TÂṆḌJA-BR. 17,1,5. VS. PRÂT. 4,199.

अनिरुक्तगान eine best. Art den Sâmaveda zu singen. °त्व n. Nom. abstr. SÂJ. zu ÇAT. BR. 1,3,5,10.

अनिरुद्ध 1) *Adj. a) ungehemmt, frei MED. (वामर्गलि zu lesen). — b) beweglich. — 2) m. a) N. pr. α) eines Sohnes des Kâmadeva. Bez. des ersten aus dem goldenen Weltei entstandenen Wesens, betrachtet als 4ter Vjûha Vishṇu's (SARVAD. 54,2) und identificirt mit dem Ahamkâra GOLDST. 2,1, Comm. — β) eines Bhikshu und eines Autors. — b) Bein. Çiva's. — 3) f. ई Titel eines Werkes des Aniruddha. — 4) *n. Strick.

अनिरुद्धचम्पू f. Titel eines Werkes.

*अनिरुद्धपथ n. Luftraum.

*अनिरुद्धभाविनी f. Aniruddha's Gattin Ushâ.

अनिरुप्त Adj. nicht vertheilt GAIM. 5,3,10.

अनिर्दाह m. Nichtentreissung TS. 3,1,8,2. TBR. 1,8,9,1.

अनिर्धात्य Adj. nicht herauszuschaffen.

अनिर्जित Adj. nicht erobert MṚKKH. 113,6.

अनिर्णिक्त Adj. nicht gereinigt (eig. und übertr.) M. 11,189.

अनिर्दश Adj. (f. आ) aus den zehn Tagen (nach einer Geburt oder einem Sterbefall) noch nicht heraus GAUT. 17,22.

अनिर्दशाह Adj. (f. आ) dass.

अनिर्दिष्ट Adj. nicht angegeben, — genannt, — näher bestimmt 226,26. ÇULBAS. 3,15,14. M. 3,11.

अनिर्दिष्टकारिन् Adj. der nicht thut, was ihm aufgetragen wird, MBH. 12,247,17.

अनिर्देश m. keine nähere Bezeichnung GAIM. 3,3,34.

अनिर्देश्य Adj. nicht anzugeben, — näher zu bestimmen GAUT. 21,7. VISHṆ. 50. BHÂVAPR. 2,32,3.

अनिर्बन्धरुष् Adj. dessen Zorn nicht anhält RAGH. 16,80.

अनिर्भिन्न Adj. ununterbrochen und ununterschieden Spr. 300.

*अनिर्माल्या f. Trigonella corniculata Lin.

अनिर्वचनीय Adj. nicht in Worte zu fassen, — näher zu bestimmen 258,11. KAP. 5,54.

अनिर्वर्णनीय Adj. nicht zu betrachten ÇÂK. 64,8.

अनिर्वाच्य Adj. = अनिर्वचनीय Spr. 300.

अनिर्वाण 1) Adj. a) nicht erloschen, noch nicht zu Ende gegangen (Tag). — b) noch nicht beruhigt, noch wild (Elephant). — 2) *m. Phlegma, Schleim NIGH. PR.

अनिर्वृत्त Adj. nicht erfolgt, — zu Stande gekommen 192,4.

अनिर्वेद m. Nichtverzagung, Selbstvertrauen, moralischer Muth Spr. 301. fgg.

अनिर्वेदित Adj. nicht an den Tag gelegt MṚKKH. 50,9.

अनिर्वेश Adj. der seine Sünden nicht gesühnt hat.

अनिर्हृत Adj. nicht verjagt von (Abl.) ÇAT. BR. 1,1,2,28.

अनिर्ह्रादिन् Adj. nicht schallend, — laut 301,11.

अनिल m. 1) Wind 104,3. 219,11. — 2) der Gott des Windes 76,24. 219,21. Wird zu den Marut und zu den Vasu gezählt. *Pl. eine best. Klasse von Göttern (49 an der Zahl). — 3) der Wind im Körper (einer der drei Rasa desselben). — 4) mystische Bez. des Lautes य्. — 5) N. pr. a) eines Sohnes des Tamsu VP. 4,19,2. — b) *des 17ten Arhant's der vergangenen Utsarpiṇî. — c) eines Râkshasa.

*अनिलकुमार m. Pl. eine best. Klasse von Göttern.

*अनिलघ्नक m. Terminalia Bellerica Roxb. Rāǵan. 11,238.

अनिलज m. Bein. Hanumant's.

*अनिलनिर्यास m. Terminalia tomentosa Nigh. Pr. Wohl fehlerhaft für नील°.

अनिलप्रकृति m. der Planet Saturn.

अनिलम्भ m. eine best. Meditation (buddh.).

अनिलय Adj. (f. आ) nicht rastend, ruhelos. प्रजापतेस्तनूः Ait. Br. 5,25. Āçv. Çr. 8,13,13.

अनिलयन n. keine Zufluchtsstätte Taitt. Up. 2,6. 7.

*अनिलसख und अनिलसारथि (MBh. 1,15,4) m. Feuer, der Gott des Feuers.

अनिलात्मक Adj. rheumatisch Karaka 1,17.

*अनिलान्तक m. Terminalia Catappa.

अनिलायन n. Luftweg.

अनिलाहति f. Windstoss 294,20.

अनिवर्तक Adj. nicht umkehrend, — fliehend.

अनिवर्तन Adj. keine Rückkehr gestattend Bhāg. P. 6,5,21.

अनिवर्तनीय Adj. nicht rückgängig zu machen, — zu hemmen.

अनिवर्तित्व n. Nichtumkehr, tapferer Widerstand.

अनिवर्तिन् 1) Adj. a) nicht umkehrend, — fliehend, tapfern Widerstand leistend. — b) nicht rückgängig zu machen, — zu hemmen Hariv. 4830. अभिवर्तिन् (wohl besser) v. l. — 2) m. N. pr. eines Mannes Lalit. 302,0.

1. अनिवारण n. 1) das Nichtabhalten, Nichtzurückhalten 210,31. — 2) Unvermeidlichkeit Sarvad. 7,13.

2. अनिवारण Adj. = अनिवार्य Bhāg. P. 3,15,28.

अनिवारित Adj. ungehemmt Vaṇis. 140.

अनिवार्य Adj. nicht abzuhalten, — abzuwehren, — zurückzuhalten, unhemmbar, unwiderstehlich.

अनिविशमान Adj. (f. आ) nicht rastend 12,23.

अनिवीर्य (!) Adj. nicht impotent.

अनिवृत Adj. nicht zurückgehalten.

अनिवृत्त 1) Adj. nicht umkehrend, — fliehend MBh. 7,140,13. Bhāg. P. 6,10,38. — 2) °म् Adv. ohne dahin zurückzukehren Gaut. 3,15.

अनिवृत्तमांस Adj. des Fleischgenusses sich nicht enthaltend Uttarar. 72,5.

अनिवृत्ति f. 1) Nichtumkehr, tapferer Widerstand Gaut. 10,16. — 2) das Nichtaufhören, Nichtunterbleiben Gaut. 14,46. Kātj. Çr. 22,2,14. 3,81. — 3) Bez. der 9ten unter den 14 Stufen, die nach dem Glauben der Ǵaina zur Seligkeit führen.

अनिवेदन n. das Nichtkundthun R. 5,13,38.

अनिवेशन Adj. (f. आ) keine Einkehr gestattend.

अनिशम् Adj. ununterbrochen, beständig Spr. 7634. अनिश° dass. 104,28.

अनिशित Adj. und अनिशितम् Adv. rastlos.

अनिशितसर्ग Adj. rastlos sich ergiessend.

1. अनिश्चय m. Unentschiedenheit Mudrār. 34,13 (59,11).

2. अनिश्चय Adj. unentschieden, unsicher Tattvas. 37.

अनिश्चित Adj. unentschlossen Spr. 305.

अनिश्चित्य Adj. unergründlich.

अनिःशस्त Adj. nicht abgewiesen.

अनिःशेषित Adj. nicht vollständig vernichtet Vaṇis. 20.

अनिषङ्ग Adj ohne Wehrgehäng, unbewehrt.

अनिषव्य Adj. (f. आ) Pfeilen nicht zugänglich 18,1.

अनिषुचारिन् Adj. nicht mit Pfeilen (sondern mit Schlingen auf die Jagd) gehend Gaut. 17,17.

अनिषेध Adj. (f. आ) ungehemmt.

अनिष्कषाय Adj. nicht frei von Schmutz, — schlechter Leidenschaft.

अनिष्कृत Adj. ungeschmückt.

अनिष्कृति Adj. für den es keine Sühne giebt.

1. अनिष्ट 1) Adj. a) unerwünscht, unlieb, unangenehm; n. Unerwünschtes u. s. w. 58,15. 139,25. 189,19 (mit Gen.). 217,18. 254,12. — b) unheilvoll, schädlich; n. Unheil. — c) verboten, verrufen 208,7. — 2) *f. आ Sida alba Lin.

2. अनिष्ट Adj. 1) nicht geopfert. — 2) dem nicht geopfert worden ist.

अनिष्टक Adj. ohne Backsteine Çat. Br. 9,3,1,57.

अनिष्टवर्मन् m. N. pr. eines Fürsten.

अनिष्टका f. kein wirklicher Backstein Çat. Br. 8,2,1,10. Çulbas. 2,39.

अनिष्टयज्ञ Adj. dessen Opfer nicht (mit Erfolg) dargebracht ist Gop. Br. 1,5,25.

अनिष्टिज्ञ Adj. die Aussprüche einer Autorität nicht kennend Mahīdh. 8,46,b.

अनिष्टिन् Adj. der nicht geopfert hat.

अनिष्टृत Adj. nicht abgeschüttelt, unvertrieben.

अनिष्ठुर Adj. nicht rauh, — hart, — roh 138,2. Laute, Worte Bhār. Nāṭjaç. 18,120. Kāvjād. 1,69.

अनिष्णात Adj. uneingeweiht, ungebildet R. 3,17,20.

अनिष्पत्त्रम् Adv. so dass die Federn des Pfeils nicht herausstehen, so dass der Pfeil sammt den Federn eindringt.

अनिष्पन्द MBh. 6,8,13 fehlerhaft für °ष्यन्द.

अनिष्पन्न Adj. nicht gerathen, — reif geworden 243,24. Nom. abstr. °त्व n. ebend.

अनिष्यन्द Adj. schweisslos MBh. 6,8,13.

*अनिस्तब्ध Adj. ungehemmt.

अनिस्यन्दिन् Adj. keine Flüssigkeit träufelnd, — durchlassend.

अनिरु Adj. für den es kein anderes giebt Āpast. 2,21,10.

अनिहत Adj. nicht getödtet Vaṇis. 106,11.

अनिहित Adj. 1) nicht niedergesetzt —, hingestellt Kātj. Çr. 9,13,26. 11,1,15. — 2) nicht consonantisch auslautend (अनिहितम् st. अनिहिते zu lesen) VS. Prāt. 5,29.

अनीक n. 1) Angesicht eig. und übertr. acies, Vorderseite, Front Çulbas. 3,57.167. = मध्य (Comm.) Mitte 2,72. — 2) Glanzerscheinung Agni's. — 3) Schärfe (eines Beils), Spitze (eines Pfeils). — 4) Reihe, Zug. — 5) Heer 98,32. — 6) *Schlacht.

अनीकपति m. Heerführer LA. 89,4.

अनीकवत् Adj. glanzvoll (von Agni).

अनीकविदारण m. N. pr. eines Bruders des Ǵajadratha MBh. 3,263,12.

*अनीकस्थ m. 1) Kämpfer. — 2) Leibwache. — 3) Abrichter von Elephanten. — 4) Kriegstrompete. — 5) Zeichen.

अनीकाग्र n. Spitze des Heeres R. 6,3,16.

अनीकाधिपति m. Heerführer Ind. St. 10,313.

*अनीकिनी f. Heer und der 10te Theil eines vollständigen Heeres (अक्षौहिणी).

अनीच Adj. (f. आ) nicht niederen Standes Daçak. 2,59.

*अनीचदर्शिन् m. N. pr. eines Buddha.

अनीचानुवर्तिन् Adj. nicht Gemeinem sich hingebend MBh. 3,73,14.

अनीजान Adj. der nicht geopfert hat.

अनीड, अनीळ Adj. nestlos.

अनीत Adj. nicht hingebracht Çat. Br. 4,5,10,7. Kātj. Çr. 25,11,7. 12,20.

अनीति f. unkluges Benehmen, dummer Streich.

अनीतिज्ञ Adj. der es nicht versteht sich klug zu benehmen 136,4.

अनीप्सित Adj. unerwünscht, unlieb 223,1.

अनीर्षु MBh. 12,230,18 fehlerhaft für °र्ष्यु.

अनीर्ष्य (Spr. 3592) und अनीर्ष्यु (MBh. 12,8441. Spr. 310) Adj. nicht neidisch, — eifersüchtig.

अनील m. N. pr. eines Schlangendämons.

1. अनीश 1) Adj. (f. आ) nicht Herr, nicht im Stande oder kein Recht habend über Etwas (Gen.) zu verfügen. — 2) f. आ Ohnmacht, Gefühl der Nichtigkeit.

2. *अनीश Adj. keinen Herrn über sich habend, Bein. Vishṇu's und Çiva's.

अनीशत्व n. Nom. abstr. zu 1. अनीश 1).

अनीशान Adj. machtlos Ait. Âr. 171,8.

1. अनीश्वर Adj. (f. आ) = 1. अनीश 1) Spr. 3561. Mit Inf. nicht vermögend zu.

2. अनीश्वर Adj. 1) herrenlos, keinen Herrn über sich habend Kumâras. 2,9. — 2) dem höchsten Wesen nicht zukommend.

अनीश्वरत्व n. Nom. abstr. zu 1. अनीश्वर 260,1.

अनीह m. N. pr. eines Fürsten.

अनीहा f. Genügsamkeit, Zufriedenheit.

अनीहित Adj. nicht erstrebt, — gewünscht 187,23.

1. अनु 1) Adv. a) hinterher, nach Andern R. 2,100, 9. — b) später, darauf. — c) wiederum. — 2) Praep. a) entlang, über — hin, längs, an, mit Acc. und *Gen. — b) durch — hin, mit Acc. — c) zu — hin, nach — hin, mit Acc. — d) hinter, hinter — her, mit Acc. und *Abl. — e) zur Zeit von, um (mit Uebergang in die distributive Bedeutung), mit Acc. — f) unmittelbar nach, nach, auf (zeitlich), mit Acc. Abl. und Gen. — g) nach (in der Reihenfolge), mit Acc. Lâṭj. 8,2,29. — h) gemäss, nach Art, entsprechend, mit Acc. — i) für (Gegensatz gegen, wider), mit Acc. — k) in Betreff von, in Bezug auf, mit Acc. — l) in Folge, wegen, mit Abl.

2. अनु m. 1) im ṚV. Bez. nicht-arischer Leute. — 2. N. pr. eines Fürsten.

अनुक 1) Adj. (f. आ) a) *hinter Etwas her, begierig. — b) abhängig. — 2) *m. Liebhaber Gal.

अनुकच्छम् Adv. am Ufer Megh. 21.

अनुकथन n. 1) *spätere Erwähnung. — 2) Berichterstattung.

*अनुकदली f. eine Art Musa Nigh. Pr.

अनुकनखलम् Adv. über Kanakhala Megh. 50.

*अनुकनीयंस् Adj. der nächst jüngste.

अनुकम्पक 1) Adj. am Ende eines Comp. Mitgefühl habend mit. — 2) m. N. pr. eines Fürsten.

अनुकम्पन n. Mitleiden, Mitgefühl.

अनुकम्पनीय Adj. bemitleidenswerth.

अनुकम्पा f. Mitleid, Mitgefühl mit (Gen. und Loc. oder im Comp. vorangehend) 40,10. 187,27.

अनुकम्पिन् Adj. Mitgefühl habend mit (Gen. oder im Comp. vorangehend).

अनुकम्पोक्ति f. Beileidsbezeugung Spr. 6233.

अनुकम्प्य Adj. 1) bemitleidenswerth Spr. 490. — 2) *rasch, ungestüm.

अनुकर 1) Adj. nachahmend. — 2) m. Handlanger, Gehülfe.

अनुकरण n. Nachahmung 294,31. Spr. 6282. Kâvjâd. 7,11.

अनुकरणशब्द m. Klangwort Ind. St. 13,107.

अनुकर्तृ Nom. ag. Nachahmer, Darsteller.

अनुकर्मन् m. N. pr. eines der Viçve Devâs.

अनुकर्ष 1) m. a) das hinter sich Herziehen. In der Gramm. Heranziehung (aus dem Vorangehenden). — b) Boden eines Wagens. — c) Vorrathsstück zu einem Wagen. — 2) n. (!) das in Schulden Stecken (nach Nîlak.) MBh. 2,13,13.

अनुकर्षण 1) Adj. (f. ई) an sich ziehend Kâraṇḍ. 1,13. — 2) n. a) = अनुकर्ष 1) a) in der Gramm. Hcd. 239,19,22. — b) fehlerhaft für अनुतर्षण.

²अनुकर्षन् m. = अनुकर्ष 1) b).

अनुकर्षिन् Adj. nach sich ziehend Spr. 3590, v. l.

अनुकलम् Adv. auf je ein Sechzehntel Çat. Br. 12,8,3,13.

1. अनुकल्प m. eine secundäre Vorschrift, die an die Stelle der primären tritt, wenn diese nicht zum Vollzuge gelangen kann, 211,5.

2. अनुकल्प 1) Adj. allen Forderungen entsprechend MBh. 5,46,15. — 2) °म् Adv. nachträglich Gobh. 1,5,20.

अनुकाङ्क्षिन् Adj. nachstrebend 94,11.

1. अनुकाम m. Verlangen, Begehr.

2. अनुकाम Adj. dem Wunsche entsprechend. °मम् Adv. nach Wunsch.

अनुकामकृत् Adj. die Wünsche erfüllend.

अनुकामिन् Adj. begierig.

*अनुकामीन Adj. nach seiner Neigung verfahrend. Davon *°ता f. N. abstr.

अनुकार 1) Adj. gleichend 313,18. — 2) °m. Nachahmung.

अनुकारक Adj. gleichend Daçaras. 17.

अनुकारिन् Adj. 1) nachahmend, gleichend, ähnlich 106,30. darstellend. — 2) sich richtend nach Spr. 3162. einschlagend (einen Weg) 2002.

1. अनुकार्य Adj. darzustellen Daçar. 4,36.

2. अनुकार्य n. ein später zu vollbringendes Werk.

अनुकालम् Adv. immer zu seiner Zeit Spr. 4039.

अनुकीर्तन n. das Hersagen, Nennen 215,7. Weitererzählen.

अनुकीर्त्य Adj. auf —, herzuzählen.

अनुकूल 1) Adj. (f. आ) a) am Ufer wohnend, — gelegen. — b) *abschüssig. — c) günstig (Wind, Schicksal, Vorzeichen) Spr. 7635. (g. — d) entsprechend, zusagend, geeignet, angenehm 186,12. — e) gut mit Jmd stehend Spr. 6818. — f) treu ergeben, nur Eine liebend. — 2) Adv. अनुकूलम् a) am Ufer Spr. 6634. — b) dem Zuge —, dem natürlichen Laufe entsprechend AV. 5,14,13. — 3) f. आ a) *Croton polyandrum. — b) ein best. Metrum. — 4) n. eine best. rhetorische Figur: Darstellung von Unangenehmem, das zu Angenehmem führt. Beispiel Spr. 1799.

*अनुकूलिका f. Croton polyandrum Nigh. Pr.

अनुकूलज m. ein am Ufer wachsender Baum.

अनुकूलता f. 1) Geneigtheit (des Schicksals). दृष्ट्यनुकूलता zu brennen. — 2) das Gutstehen mit Jmd.

अनुकूलत्व n. Geneigtheit, Günstigkeit.

अनुकूलन n. Geneigtmachung, das Freundlichthun, Schmeicheln.

अनुकूलय्, °यति 1) Jmd (Acc.) geneigt, — freundlich sein, schmeicheln. — 2) weiter erklärten Ânandag. in Bṛh. Âr. Up. S. 730.

अनुकूलवत् Adj. wohl fehlerhaft.

अनुकूलवेदनीय Adj. als angenehm empfunden werdend. Davon Nom. abstr. °त्व n.

*अनुकूलिनी f. = अनुकूलिका Nigh. Pr.

अनुकृति f. 1) Nachahmung, nachahmende Darstellung. तदनुकृति Adv. dem entsprechend 21,13. — 2) Willfahrung.

अनुकृत्य Adj. nachahmenswerth.

अनुकृष्टत्व n. das Herangezogensein, aus dem Vorangehenden Ergänztwerden P. 8,4,55, Sch.

अनुकृति f. Eigenthümlichkeit.

अनुक्त Adj. nicht ausgesprochen, nicht ausgedrückt, unbesprochen Kâtj. Çr. 19,7,13. Naish. 5, 1,22. Chr. 226,26. 233,8. Davon Nom. abstr. °त्व n. Naish. 5,1,22.

अनुक्तनिमित्त f. ein feines und verstecktes Compliment bei guter Gelegenheit.

अनुक्थ Adj. 1) liederlos, nicht spruchkundig. — 2) nicht von Uktha begleitet Ait. Br. 6,13.

अनुक्रम m. 1) Reihenfolge. °क्रमेण (218,33) und °क्रमात् (101,4. 211,18) der Reihe nach. — 2) Stammtafel. — 3) Verzeichniss, Inhaltsverzeichniss.

अनुक्रमण 1) n. das Aufzählen der Reihe nach. — 2) f. ई Inhaltsverzeichniss.

अनुक्रमणिका f. Inhaltsverzeichniss.

अनुक्री adj. nachträglich gekauft; m. ein best. Ekâha.

अनुक्रोश 1) m. Mitleid, Mitgefühl mit (प्रति Loc. Gen. oder im Comp. vorang.) 43,12. — 2) n. इन्द्रस्य N. eines Sâman.

अनुक्रोशवत् Adj. mitleidig.

अनुक्रोशाक्षेप m. in der Rhetorik eine durch Bedauern an den Tag gelegte Erklärung, dass man mit Etwas nicht einverstanden sei.

अनुक्रोशात्मता f. Mitleidigkeit 61,15.

अनुक्षणम् Adv. in Einem fort 140,20.

अनुक्षत्तृ m. Diener des Thürstehers.

अनुख्यातृ Nom. ag. Verkündiger.

अनुख्याति f. Erschauung.

अनुग 1) Adj. (f. आ) *a) nachgehend, nachfolgend* Tāṇḍja-Br. 2,8,2. 11,11,8. 15,8,3. *dem Manne im Tode* Chr. 135,16. — *b) sich richtend nach, entsprechend* 197,6. — 2) m. *a) Begleiter*, Sg. (Bhāg. P. 7,1742) und Pl. (Chr. 113,6) *Gefolge*. — *b)* * *Geliebter, Gatte.*

अनुगङ्गम् Adv. *an der* Gaṅgā Ind. St. 13,377.

*अनुगणितिन् Adj. *der durchgezählt hat* (mit Loc.).

अनुगण्डिका f. *Hügelkette* MBh. 6,7,23.

*अनुगत n. *der gemässigte Tact.*

अनुगति f. 1) *das Nachgehen, Folgen.* — 2) * *Einwilligung.* — 3) *das Erlöschen.*

अनुगन्तर् Nom. ag. (f. °न्त्री) *nachgehend, nachfolgend* Comm. zu Tāṇḍja-Br. 15,6,3.

अनुगन्तव्य Adj. *dem man nachgehen —, nachwandeln soll, zu begleiten* 163,23.

अनुगम m. 1) *das Nachgehen, Folgen.* — 2) *das Sichhingeben.* — 3) *das Eindringen in Etwas, Erfassung.* — 4) *Folgerung.*

अनुगमन n. 1) *das Nachgehen, Folgen* (auch übertr.) Gaut. 7,3. 14,31. *dem Manne im Tode.* — 2) *das Erlöschen.*

अनुगम्य Adj. *dem man nachgehen —, folgen soll.*

अनुगर m. *die an den Recitirer ergehende Aufforderung* 223,22.

*अनुगव Adj. *so weit entfernt als Kühe gehen.*

*अनुगवीन m. *Kuhhirt.*

*अनुगादिन् Adj. *nachsprechend* P. 5,4,13.

अनुगान n. *Nachgesang.* Davon °नस् Adv.

अनुगामिन् Adj. 1) *nachgehend, folgend; folgsam*, mit Acc. — *b) sich hingebend, — ergebend.* — 2) m. *Begleiter, Diener.*

*अनुगामीन Adj. *schnell, feurig* (Ross) Gal.

अनुगामुक Adj. *nachgehend, folgend.*

अनुगिरम् Adv. *am Berge.*

अनुगीता f. *Nachgesang*, Titel eines Parvan im MBh.

अनुगीति f. *ein best. Metrum.*

*अनुगु Adv. *hinter den Kühen.*

अनुगुण 1) Adj. (f. आ) *von entsprechenden Eigenschaften, entsprechend, gleichartig* 236,17. 264,14. Davon °त्व n. Nom. abstr. — 2) °म् Adv. *je nach den Verdiensten.*

अनुगुणित Adj. *angepasst, entsprechend* Bhāg. P. 3,28,31.

अनुगुणी Adv. Vikr. 49 schlechte Lesart für शतगुणी.

अनुगेय Adj. *nachzusingen* Gobh. 3,3,8.

अनुगोप्तर् Nom. ag. *Schützer, Helfer.*

अँनुग्र und अनुग्रँ 1) Adj. *nicht gewaltig, schwach* Ind. St. 9,148. — 2) f. आ *eine best.* Çakti.

*अनुग्रधन्वन् m. Bein. Indra's Gal.

अनुग्रह 1) m. *a) Gunst-, Gnadenbezeugung, Genügethun, Willfahrung, Gefallen* 43,19. 107,22. 137,11. 181,9. 216,18. 290,19. Gaut. 3,24. 28,31. — *b) Förderung einer Sache, Beitragen zu Etwas* RV. Prāt. 11,10. — *c) das Insichenthalten, Miteinschliessen* Gaim. 4,1,17. 5,7,20. — *d) das Ichbewusstsein.* — *e)* mystische Bez. von औ. — *f) ein best. Schöpfungsact* VP. 1,5,22. °सर्ग m. dass. Tattvas. 43. — 2) f. आ *eine best.* Çakti.

अनुग्रहकृत् Adj. *Genüge thuend, genehm* Jāǵñ. 2,253.

अनुग्रहण n. = अनुग्रह 1) *a).*

अनुग्रामम् Adv. *in ein Dorf* Lāṭj. 8,2,24.

अनुग्राहक Adj. (f. °हिका) 1) *Genüge thuend, Hülfe leistend, zu Jmdes Partei stehend.* Dazu Nom. abstr. °ता f. Sarvad. 154,18. °त्व n. Brahmabindūp. 22. — 2) *Etwas begünstigend, — fördernd, zu Etwas beitragend* Nilakaṇṭha S. 1, Çl. 3. Çaṁk. zu Bṛh. Ār. Up. S. 758. Mit. 3,45,a,10.

अनुग्राह्य Adj. *dem man eine Gunst —, einen Gefallen erzeigen will* Gaut. 6,24. *begünstigt werdend, in Gunst stehend bei* (Gen.) R. 4,7,2. 6,100,11. Kād. 68,3 v. u. Davon °ता f. Nom. abstr.

अनुघट्टन n. *das Fortsetzen* (einer Erzählung) Kād. II,2.

अनुघाय (!) Adj. *hinterher schlagend* Taitt. Ār. 2,4,1.

अनुचँर 1) Adj. (f. ई) *nachgehend, folgend* 141,22. — 2) m. *a) Begleiter, Diener.* Pl. *Gefolge.* Am Ende eines adj. Comp. f. आ. — *b) Folgestrophe.* — 3) f. ईँ *Begleiterin, Dienerin.* °रीतमीप Adj. Kāvj. Çr. 28,2,11.

अनुचरण n. *das Wandern* Kauç. 43.

अनुचारक m. *Diener*, °रिका f. *Dienerin* Daçar. Nāṭjaç. 34,30.

अनुचित Adj. 1) *woran man nicht gewohnt ist* 121,4. — 2) *unpassend, ungebührlich* 115,2. 132,3. 137,2. Spr. 7037. — 3) *nicht gewohnt an.*

अनुचितार्थ Adj. *eine ungewöhnliche oder unpassende Bedeutung habend* Kāvjapr. S. 133, Z. 8. Davon Nom. abstr. °ता f. und °त्व n. Sāh. D. 212,9. 213,3.

अनुचिन्तन (284,14) n. und °चिन्ता f. *das Sichbeschäftigen der Gedanken mit Etwas, das Nachsinnen über.*

अनुच्च Adj. = अनुदात्त *unbetont* AV. Prāt. S. 261 (II, 3).

अनुच्चलत् Adj. *sich nicht entfernend von* (Abl.) Çiksh. 28.

अनुच्चार m. *das Nichtaussprechen, Nichthörbarmachung* Vop. 1,2, Sch.

अनुच्चारक Adj. *nicht aussprechend, — hörbar machend.*

अनुच्चारण n. 1) = अनुच्चार Comm. zu TS. Prāt. 4,23. — 2) *das Stillschweigen zu Etwas* Nilakaṇṭha. 5,2,17.

अनुच्छादँ m. *ein best. Vorgang bei Anlage eines Gewebes.*

अनुच्छित्तिधर्मक (Çaṁk. zu Khānd. Up. 2,12,9) und अँनुच्छित्तिधर्मन् Adj. *nicht der Vernichtung unterliegend* Çat. Br. 14,7,3,15.

अनुच्छिद्यमानता f. *das nicht Unterbrochenwerden, — Gehemmtwerden* Sāh. D. 75,2.

अनुच्छिन्न Adj. *nicht unterbrochen, — gehemmt* Sāh. D. 76,9.

1. अनुच्छिष्ट n. *kein blosser Rest* Ragh. 12,15.

2. अनुच्छिष्ट Adj. *an dem kein Speiserest haftet, rein.*

अनुच्छेदात्मक Adj. (f. °त्मिका) = अनुच्छित्तिधर्मक Çaṁk. zu Khānd. Up. 2,12,9.

अनुच्छ्वसत् Adj. *nicht athmend* R. 1,64,20. Spr. 7614.

अनुज 1) Adj. (f. आ) *nachgeboren, jünger* 83,7. 101,27. 193,19. — 2) m. *jüngerer Bruder* 91,21. — 3) f. अाँ *a) jüngere Schwester.* — *b)* * *eine best. Pflanze.* — 4) *n. *ein best. Parfum.*

अनुजन्मन् m. *jüngerer Bruder.*

अनुजात 1) Adj. s. u. जन्. — 2) f. आ *jüngere Schwester.*

अनुजिघृक्षा f. 1) *das Verlangen Jmd zu willfahren.* — 2) *das Miteinschliessenwollen* Nilakaṇṭha. 8,7,10.

अनुजिघ्रँ Adj. *anschnuppernd.*

अनुजीविन् 1) Adj. *von einem Andern lebend.* Subst. *Untergebener* 148,18. — 2) m. N. pr. einer Krähe.

अनुजीव्य Adj. *wonach man zu leben hat.*

अनुज्ञा f. 1) *Einwilligung, Erlaubniss.* Davon °त्व n. Nom. abstr. Ind. St. 9,134. — 2) *Einwilligung zum Fortgehen, Entlassung.*

अनुज्ञाक्षेप m. in der Rhetorik *eine Erklärung, dass man mit Etwas nicht einverstanden sei, die man dadurch an den Tag legt, dass man seine Einwilligung dazu giebt.* Beispiel Spr. 3237.

अनुज्ञातर् Nom. ag. *Einwilliger, Erlaubnissertheiler* Ind. St. 9,133. Davon °तृत्व n. Nom. abstr. 134.

अनुज्ञान n. 1) *Einwilligung, Erlaubniss* Gop. Br. 2,2,5. — 2) *Entlassung, Freilassung* Gaut. 12,43.

*अनुज्येष्ठ Adj. *der nächst älteste.*

अनुज्येष्ठम् Adv. *dem Alter nach.*

अनुतटम् und अनुतट° *am Ufer* Mahāv. VIII.

अनुतप्ता f. N. pr. eines Flusses VP. 2,4,11.

अनुतमाम् Adv. am Meisten.

*अनुतर m. Fährgeld.

*अनुतर्ष m. 1) Durst. — 2) Verlangen, Begierde. — 3) Trinkschale, insbes. für berauschende Getränke.

*अनुतर्षण n. = अनुतर्ष 3).

अनुतर्षुल Adj. Durst —, Verlangen bewirkend.

अनुताप m. 1) Reue Spr. 7782. — 2) Leid, Weh.

अनुतापन Adj. Leid —, Weh bewirkend.

*अनुतिलम् Adv. gaṇa परिणुखादि.

अनुतिष्ठासु Adj. im Begriff stehend Etwas (Acc.) auszuführen.

*अनुतूलय्, °यति = तूलेनानुकुष्णाति Kāç. zu P. 3,1,25.

अनुतोद m. Nachstoss so v. a. Wiederholung (im Gesang) Tāṇḍja-Br. 8,9,13. °तोदस्य Name eines Sāman Ārsh. Br. 1,337.

अनुत्कर्ष m. Nichtaufschub, Nichtverzögerung Gaim. 6,5,38.

अनुत्त Adj. nicht zu verrücken, unbezwinglich.

1. अनुत्तम Adj. nicht der letzte (im Varga) d. i. kein Nasal.

2. अनुत्तम 1) Adj. (f. आ) (nichts Höheres über sich habend) der höchste, vorzüglichste, stärkste, heftigste 90,16. Beiw. Çiva's. — 2) *f. आ N. pr. einer Apsaras Gal.

अनुत्तमन्यु Adj. dessen Grimm nicht zu verscheuchen ist.

अनुत्तमाम्भसिका f. im Sāṁkhja Hingabe an Sinnengenuss ohne Rücksicht auf das für Andere daraus entstehende Weh.

1. अनुत्तर 1) *Adj. a) der untere. — b) südlich. — c) niedrig, schlecht. — 2) n. das Nichtantworten.

2. अनुत्तर 1) Adj. a) *ohne Höheres, der vorzüglichste. — b) *fest. — c) keine Antwort gebend. — d) wogegen man Nichts erwiedern kann. — 2) *m. Pl. eine best. Klasse von Göttern bei den Gaina.

अनुत्तरयोगतन्त्र n. Titel eines Tantra (buddh.).

अनुत्तरोपपातिक Adj. in Verbindung mit दशा Pl. Titel eines heiligen Buches der Gaina.

अनुत्तान Adj. nicht flach Suçr. 1,45,12.

अनुत्तुण्डित Adj. nicht mit der Spitze hervorragend Suçr. 1,100,15.

अनुत्थान n. Mangel an Energie Rāgat. 5,232.

अनुत्पत्ति f. 1) Nichtentstehung Gauḍap. zu Sāṁkhjak. 10. — 2) das nicht ausdrückliche Erwähntsein Gaim. 4,3,36.

अनुत्पत्तिक Adj. (f. ई) noch nicht entstanden (buddh.).

अनुत्पत्तिसम m. eine auf das Nichtentstandensein sich stützende Einwendung Njājas. 5,1,12. Sarvad. 114,11.

अनुत्पन्न Adj. nicht entstanden Sarvad. 15,20.21.

अनुत्पाद m. 1) Nichtentstehung Sarvad. 21,9.12. — 2) das nicht zum Vorschein Kommen 177,5.

अनुत्पादन n. das Nichterzeugtwerden Tattvas. 17. 18. Gauḍap. zu Sāṁkhjak. 10.

अनुत्सन्न Adj. nicht verschwunden, — abhanden gekommen Çat. Br. 7,3,2,12.

अनुत्साहता f. Mangel an Thatkraft.

अनुत्सिक्त Adj. nicht aufgefüllt.

अनुत्सुकता f. Anspruchslosigkeit.

अनुत्सूर Adj. nicht aufgegangen (Sonne).

अनुत्सृष्ट Adj. kein zum Opfer bestimmtes Thier freilassend Āçv. Gṛhj. 4,8,37.

अनुत्सेक m. Nichtüberhebung, Bescheidenheit 179,13.

अनुत्सेकिन् Adj. sich nicht überhebend Çāk. 93.

अनुदक 1) Adj. (f. आ) wasserlos Gaut. 20,4. wozu kein Wasser gegossen ist, wobei k. W. angewandt wird Verz. d. Oxf. H. 282,b,35. — 2) अनुदकम् Adv. ohne Wasser zu berühren und ohne Wasser hinzuzugiessen.

अनुदशिर Rückgrat.

अनुदपान n. kein Wassertrinken, Durst Bhāg. P. ed. Bomb. 5,26,7.

अनुदय m. das nicht zum Vorschein Kommen 177,6.

*अनुदर Adj. (f. आ) keinen starken Bauch habend.

अनुदर्श m. Vorstellung, Ermahnung.

अनुदर्शन n. das in Betracht Ziehen, Erwägung.

अनुदर्शिन् Adj. in Betracht ziehend, erwägend.

अनुदात्त 1) Adj. a) nicht erhaben, gewöhnlich, gemein (Sprache). — b) nicht erhoben, gesenkt (Ton); m. der gesenkte Ton. — c) mit dem gesenkten Tone gesprochen. — 2) m. N. pr. eines Schlangendämons (buddh.).

अनुदात्ततर m. der gesenkte Ton vor einem Udātta oder Svarita P. 2,1,40, Sch.

अनुदात्तत्व n. Nom. abstr. zu अनुदात्त 1) b).

अनुदानितव्य Adj. nicht das Object des Udāna bildend Ind. St. 9,165.

1. अनुदार Adj. unedel.

2. अनुदार Adj. in der Gewalt seines Weibes stehend.

अनुदासीन Adj. nicht gleichgültig gegen (प्रति) Mṛkkh. 33,20 (63,4).

1. अनुदित Adj. nicht aufgegangen (Sonne).

2. अनुदित Adj. 1) nicht besprochen. अनुदितप्राय Adj. so zu sagen n. b. Bhāg. P. 1,5,8. — 2) nicht auszusprechen, nefandus Chr. 30,6.

अनुदिनम् und अनुदिन° Adv. Tag für Tag 104,24. 103,2. 313,4. Kād. 120,16.

अनुदिवसम् Adv. dass.

अनुदीर्ण Adj. sich nicht überhebend. Davon Nom. abstr. °त्व n. MBh. 12,274,18.

*अनुदृष्टि f. ein Frauenname.

अनुदेय 1) n. Geschenk ṚV. 4,20,11. — 2) f. अनुदेयी etwa Mitgabe.

अनुदेश m. 1) eine nachfolgende, zu einer vorangehenden in Bezug stehende Aufzählung 228,2. — 2) Anweisung, Belehrung.

अनुदेशिन् Adj. 1) in einem Anudeça erscheinend Vimāna 4,3,17. — 2) am selben Orte wohnend Āçv. Gṛhj. 1,23,20.

अनुदेश्य Adj. womit man auf Jmd hinweist.

अनुदेहम् Adv. im Rücken, von hinten.

अनुद्दृहन् Adj. nicht aufhörend Ait. Ār. 311,9 (अनू° gedr.).

अनुद्घाटन n. das Nichteröffnen Kusumāñj. 6,a (7,b).

अनुद्घात m. kein Ruck, — Stoss Çāk. 102. Ragh. 2,72 (vgl. ed. Calc.).

अनुद्धत Adj. nicht hochfahrend 180,26.

अनुद्धान n. das Nichtverlassen Tāṇḍja-Br. 5,5,3. 18,10,10.

अनुद्धृत 1) Adj. nicht herausgenommen, vom Āhavanīja-Feuer, wenn es noch nicht aus dem Gārhapatja herausgenommen ist. — 2) nicht ausgelesen. — im Voraus für sich genommen 105,18.

अनुद्धृताभ्यस्तमय m. Untergang der Sonne, ehe der Āhavanīja aus dem Gārhapatja herausgenommen ist.

अनुद्धट Adj. (f. आ) 1) nicht leidenschaftlich, ruhigen Charakters Bhāg. Nīlakaṇṭh. 34,40. 49. — 2) *voller Vertrauen, nicht argwöhnisch.

*अनुद्य Adj. nicht zu sagen P. 3,1,101, Sch. (अनूद्य fehlerhaft).

अनुद्यम m. keine Anstrengung zu Spr. 3306.

अनुद्यमान Adj. nicht gesprochen werdend Çat. Br. 4,2,2,11.

अनुद्यूत n. Fortsetzung des Würfelspiels.

अनुद्योग m. keine Bemühung, — Anstrengung Spr. 3306.

अनुद्योगिन् Adj. sich nicht anstrengend, träge Spr. 7700.

अनुद्र Adj. wasserlos.

अनुद्रष्टव्य Adj. zu erschauen.

*अनुद्रुत n. ein best. Tact, = ½ Druta = ¼ Mātrā.

अनुद्गिरत् Adj. nicht ausspeiend d. h. — entwischen lassend (Dampf) Karaka 1,14.

अनुद्वात Adj. nicht verlöscht.

अनुद्विग्न Adj. nicht aufgeregt, — erschrocken. °म् Adv. Mṛkkh. 142,22.

अनुद्वेग m. *keine Aufregung, Ruhe des Gemüths* MBh. 13,274,15. R. 3,14,20. Sâh. D. 38,14.

अनुद्वेगकर Adj. *nicht aufregend, — in Angst versetzend* 211,11.

अनुद्वेजक Adj. *nicht aufregend, keinen Anstoss erregend bei* (Gen.). Nom. abstr. °त्व n. Comm. zu Mṛkkh. 63,1.

अनुद्वेजयत् Adj. *nicht aufregend* Mṛkkh. 141,12.

1. अनुधावन n. *das Nachlaufen, Nachrennen.*

2. अनुधावन n. *das Abwaschen, Reinigen.*

अनुध्या f. *Sorge* AV. 7,114,2.

अनुध्यान n. 1) *das Gedenken, Denken an.* — 2) *religiöse Betrachtung* Gop. Br. 2,2,5.

अनुध्येय Adj. *dessen man gedenken muss.*

अनुनय 1) Adj. *freundlich* (Rede). — 2) m. a) *Zufriedenstellung, Versöhnung, Gewinnung für sich* 151,14. 171,14. — b) *freundliches Benehmen, Freundlichkeit.* — c) * *Begrüssung.*

अनुनयवत् Adj. = अनुनय Comm. zu R. ed. Bomb. 4,27,33.

अनुनाद m. 1) *Nachklang.* — 2) *Klang* Çiç. 7,18.

अनुनादिन् Adj. *nachtönend, widerhallend.*

अनुनायन Adj. *versöhnend.*

अनुनायिका f. *Heroine zweiten Ranges.*

*अनुनाश m. gaṇa संकाशादि.

अनुनासिक 1) Adj. a) *von einem nasalen Klange begleitet, nasal.* — b) *näselnd.* Davon °त्व n. Nom. abstr. — 2) n. *das Näseln.*

अनुनासिक्य Adj. = अनुनासिक 1) a).

अनुनिधानम् Adv. *nach der Lage d. h. — Reihe* Gobh. 1,4,7.

अनुनिर्वाप्य 1) Adj. *hinterdrein herauszunehmen, — zu vertheilen* TS. 2,5,2,1. — 2) f. °या *eine best. Ceremonie.*

अनुनिशम् Adv. *jede Nacht.*

अनुनिष्पादिन् Adj. *in zweiter Reihe Etwas zu Wege bringend* Nyâyam. 4,1,14.

अनुनेय Adj. *zufrieden zu stellen, zu versöhnen.*

अनुन्मदित Adj. *nicht toll.*

अनुन्माद m. *das Nichttollsein* Maitr. S. 3,1,2.

अनुन्यास m. Titel einer gramm. Schrift.

अनुपकार्य Adj. *mittellos* Kâraka 1,11,29.

अनुपकारिन् Adj. *keinen Dienst erweisend oder zu erweisen vermögend* 140,30. Kathâs. 22,36.

अनुपक्रान्त Adj. 1) *nicht ärztlich behandelt* Kâraka 1,16. — 2) *nicht begonnen* Gaim. 5,2,14.

अनुपक्षित Adj. *unvergänglich.*

अनुपगीतम् Adv. *so dass kein Anderer mitsingt.*

अनुपघात m. *kein Ungemach* Gaim. 3,4,39, v. l.

अनुपघातिन् Adj. *nicht beschädigend, — verletzend.*

अनुपघ्नत् Adj. *nicht beeinträchtigend* 201,9.

अनुपचारयुक्त Adj. *nicht aufgeputzt, — geschmückt* R. 5,13,59 (9,72).

अनुपजात Adj. *nicht entstanden, — zum Vorschein gekommen* Çaṅk. zu Khând. Up. 1,10,1.

अनुपजीवनीय Adj. 1) *ohne Lebensunterhalt.* — 2) *keinen Leb. gewährend.*

*अनुपठितिन् Adj. *der wiederholt hat.*

अनुपतप्त *nicht unwohl, gesund* Kâtj. Çr. 22,3,38.

अनुपति Adv. *hinter dem Gatten her.*

अनुपत्त्रिका f. *etwa Brief.*

अनुपत्यक Adj. *freistehend* (Haus) Kâraka 1,16.

1. अनुपथ m. *ein nach Jmd betretener Weg.*

2. अनुपथ 1) Adj. a) *den Weg entlang gehend.* — b) *hinter Jmd hergehend* Bhâg. P. 10,87,29. — 2) m. *Diener.* — 3) अनुपथम् Adv. *am Wege.*

अनुपद्द Adj. *eintreffend.*

अनुपद 1) *Adj. *auf dem Fusse folgend.* — 2) °म् Adv. a) * *am Fusse.* — b) *bei jedem Schritt.* — c) *auf dem Fusse, unmittelbar hinter her, — hinter* (Gen.). — d) *unmittelbar nachher, — nach* (Gen.). — e) *wiederholentlich* 187,19. — 3) *m. N. pr. eines Mannes, Pl. *seine Nachkommen.* — 4) n. Titel eines zum SV. gehörenden Upâṅga. वसिष्ठस्य Name eines Sâman.

अनुपदवी f. *ein nach Jmd betretener Pfad.*

अनुपदसूत्र n. Titel eines zum SV. gehörenden Werkes.

अनुपदस्य und अनुपदस्वत् Adj. *unerschöpflich, unversiegbar.*

अनुपदहत् Adj. *nicht anbrennend* Gobh. 3,7,7.

अनुपदासुक Adj. *nicht ausgehend.*

अनुपदिन् 1) Adj. *auf dem Fusse folgend, suchend.* — 2) *m. *Nachsteller, Feind* Gal.

अनुपदिष्ट Adj. *nicht gelehrt* Sarvad. 4,22.

*अनुपदीना f. *Stiefel.*

अनुपदेशक Adj. *keine Anweisung enthaltend.* Davon Nom. abstr. °त्व n. Comm. zu Gaim. S. 217, Z. 7.

अनुपधान n. *das Nichthineinfügen* Comm. zu Lâṭj. 7,9,8.

अनुपधि m. *Nichthinzufügung* Lâṭj. 7,9,9.

अनुपन्यस्त Adj. *nicht auseinandergesetzt, — dargelegt* Sâh. 2,19.

अनुपपत्ति f. *das Nichtzutreffen, Unstatthaftigkeit, Unmöglichkeit.*

अनुपपद्यमान Adj. *nicht zutreffend* Lâṭj. 10,8,5.

अनुपपन्न Adj. *nicht zutreffend, — passend, unstatthaft* Lâṭj. 8,2,5. Çiç. 111,1. Mâlav. 57,8. Davon °ता f. Nom. abstr. Comm. zu TS. Prât. 4,33.

अनुपपन्नार्थ Adj. (f. आ) 1) *dem Sinne nach nicht zutreffend* Nir. 1,15. — 2) *in Wirklichkeit nicht bestehend* Bhâg. P. 5,14,5.

अनुपपात m. *kein Unfall* Gaim. 3,4,39.

अनुपपादक m. *eine best. Klasse von* Buddha's.

अनुपबाध Adj. (f. आ) *unbedrängt* Çat. Br. 8,5,6,2.

अनुपभोग m. *Nichtgenuss* Kap. 6,40.

अनुपभोग्य Adj. *ungeniessbar* 85,20.

अनुपम 1) Adj. (f. आ) *unvergleichlich, unübertrefflich.* — 2) f. आ N. pr. a) *des Weibchens eines Weltelephanten. — b) eines Frauenzimmers. — c) einer Stadt.

अनुपममति m. N. pr. eines Mannes.

अनुपयत् Adj. *nicht beiwohnend* (einer Frau) 186,18.

अनुपयुक्त Adj. *nicht anwendbar, sich zu Etwas nicht eignend, untauglich* 156,24. Çiç. 97,3. Kathâs. 72,118. Ind. St. 1,16,10.

अनुपयुज्यमान Adj. *zu Nichts nütze* Uttarar. 73, 16 (98,1).

अनुपयोगिन् Adj. *nicht zu Etwas dienend.* Davon Nom. abstr. °गित्व n.

अनुपरत Adj. *unermüdlich* Çat. Br. 1,3,2,6.

अनुपरिक्रमण n. *das der Reihe nach Umschreiten* Ait. Âr. 409,7.

अनुपरिक्रामम् Adv. *der Reihe nach umhergehend* Çat. Br. 11,8,2,6. Pâr. Gṛhj. 1,15,16.

अनुपरिधि Adv. *an den um das Altarfeuer gelegten grünen Hölzern.*

अनुपरिपाटिक्रम m. *regelmässige Reihenfolge* Vaîr. Bṛh. S. 107,15.

अनुपरिश्रित् Adv. *an den kleinen Steinen, mit denen der Altar umlegt wird.*

अनुपरोध m. *Nichtbeeinträchtigung, Nichtschädigung* (einer Person oder Sache) Pâr. Gṛhj. 2,17,8.

अनुपलक्षण n. *kein Bezeichnen* Gaim. 3,2,30.

अनुपलक्षित Adj. 1) *nicht bloss angedeutet, ganz eigentlich* Bhâg. P. 5,17,1. — 2) *unbemerkt.*

अनुपलब्धि f. *Nichtwahrnehmung, Nichtwahrnehmbarkeit* Nyâyas. 5,1,29. 30. Sarvad. 8,15. TS. Prât. 23,7. Kuvalaj. 196,b (164,a).

अनुपलब्धिसम m. *eine auf den Nichtwahrnehmbarkeit sich stützende Einwendung* Nyâyas. 5,1,29. Sarvad. 114,12.

अनुपलभमान Adj. *nicht wahrnehmend* Kuvalaj. 196,b.

अनुपलभ्यमान Adj. *nicht wahrgenommen werdend* P. 5,3,80, Sch.

अनुपलम्भ m. *Nichtwahrnehmung* Kap. 1,156. Nyâyas. 5,1,29. Sarvad. 7,20. °भात्मकत्व n. *Nicht-*

wahrnehmbarkeit Nâjas. 5,1,20.

अनुपलाभ m. *Nichterhaschung.*

अनुपलाल m. N. pr. eines den Kindern gefährlichen Dämons. पलालानुपलालौ AV. 8,6,2.

अनुपश्यात m. N. pr. eines Mannes Lalit. 393,2.

अनुपश्य Adj. *erschauend.*

अनुपसंहारिन् Adj. *nicht Alles Andere ausschliessend* Tarkas. 41.

अनुपसन्न Adj. *nicht genaht* (um Belehrung zu erhalten) Nir. 2,3.

अनुपसर्ग Adj. *nicht mit einer Präposition verbunden* 237,3.

अनुपसर्जन n. *kein in einer Zusammensetzung oder in einer Ableitung seine ursprüngliche Selbstständigkeit einbüssendes Wort* P. 4,1,14.

अनुपसृष्ट Adj. *ohne Einschübe* Ind. St. 13,146.

अनुपसेचन Adj. *ohne Beguss, — Brühe.*

अनुपसेवन n. *das Sichenthalten* (einer Speise u. s. w.) Kâraka 1,11.

अनुपस्तीर्ण Adj. *unbelegt, unbedeckt* Âpast. 2,22,2. °शायिन् Adj. *auf der blossen Erde schlafend* MBh. 12,176,13.

अनुपस्थकृत Adj. *nicht mit angezogenen Beinen sitzend* Âpast. 1,6,14.

अनुपस्थान n. 1) *das Sichnichteinstellen zu* Lâtj. 2,7,3. — 2) *das nicht zu Diensten* oder *zu Willen Sein* R. 5,72,42.

अनुपस्थापन n. *das nicht gegenwärtig —, nicht zur Hand Haben* Hem. Jog. 3,114.116.

अनुपस्थित Adj. *unvollständig* Çat. Br. 2,3,4,13.

अनुपस्थिति f. *Unvollständigkeit* ebend.

अनुपस्पृशत् Adj. *nicht berührend* Vaitân. 3.

अनुपहत Adj. *mit keinem Uebel behaftet, gesund* Kâraka 3,8.

अनुपहतकर्णेन्द्रियता f. *die Eigenschaft ein mit einem Uebel nicht behaftetes Gehörorgan zu besitzen* Lot. de la b. l. 603.

अनुपहतकुष्ट Adj. ebend.

अनुपहतात्मक Adj. *nicht niedergeschlagen, wohlgemuth* Kathâs. 27,130.

अनुपहित Adj. *unbedingt* 261,5. 270,16.

अनुपहूत Adj. 1) *nicht eingeladen.* — 2) *wozu nicht eingeladen worden ist.*

अनुपहूयमान Adj. *nicht eingeladen werdend* Maitr. S. 2,2,13.

अनुपाकृत Adj. *ungeweiht* M. 5,7. Jâgń. 1,171.

अनुपाक्त Adj. *nicht geschmiert* TS. 2,6,3,3.

अनुपाख्य Adj. *nicht unmittelbar wahrzunehmen* P. 5,3,80.

अनुपाङ्ग m. *das Nichtschmieren* (eines Wagens) Kâraka 3,3.

अनुपात m. 1) *das Nachgehen, Folgen* Spr. 5027 (Conj.). — 2) *Proportion* (mathem.).

अनुपातक n. *eine einer Todsünde gleichkommende Sünde.*

अनुपातिन् Adj. *nachgehend, folgend.*

अनुपात्त Adj. 1) *nicht aufgefangen* (Feuer) Nir. 7,23. — 2) *nicht erwähnt, — ausdrücklich genannt* Sâh. D. 217,6.

अनुपादान n. *Nichterwähnung, Unterdrückung eines Wortes* Kâtsapr. S. 173, Z. 16.

अनुपाधि m. *keine Voraussetzung, — Bedingung.* °रमणीय *unbedingt reizend.*

अनुपान n. *das Trinken* und *der Trunk* (zu einer Speise oder Arzenei) Suçr. 1,236,16. 2,134,19. Varâh. Brh. S. 76,4.

अनुपानत्क Adj. *unbeschuht* Kâtj. Çr. 15,8,30.

अनुपानमञ्जरी f. Titel einer Schrift.

अनुपानीय 1) Adj. (f. आ) *zum Trunk gehörig, ihn begleitend.* — 2) n. *in der Nähe befindliches Wasser* Çaṁk. zu Khând. Up. 1,10,3.

अनुपाय m. *kein rechtes Mittel* MBh. 2,17,5.

अनुपालक Adj. *wahrend, hütend.*

अनुपालन n. *das Wahren, Beobachten.*

अनुपालम्भ m. *kein Vorwurf, — Tadel* Nir. 1,14. Gaim. 1,2,45.

अनुपालिन् Adj. 1) = अनुपालक. — 2) *Jmd die ihm gebührende Achtung erweisend.* Dazu Nom. abstr. °लिता Lalit. 23,10.

अनुपाल्य Adj. *zu wahren, — hüten.*

अनुपावृत्त m. Pl. N. pr. eines Volkes MBh. 6,9,48.

*अनुपुरुष m. 1) *ein Mann, von dem die Rede war.* — 2) *ein nachfolgender Mann.*

*अनुपुष्प m. *Saccharum Sara Roxb.*

अनुपूर्व 1) Adj. (f. आ) a) *je einem Vordern nachstehend.* °दंष्ट्रौ Çat. Br. 12,1,4,10.11. — b) *regelmässig, symmetrisch.* — 2) अनुपूर्वम् und अनुपूर्व° Adv. a) *nach einander.* — b) *vorwärts.* — c) *nach wie vor* Spr. 6706.

अनुपूर्वज Adj. *je das nächste Mal geboren* Kâtj. Çr. 15,3,25.

अनुपूर्ववत्सा Adj. (f. आ) *ein Kalb nach dem andern werfend.*

अनुपूर्वशस् Adv. *der Ordnung nach, nach der Ordnung* (Gen.).

अनुपूर्व्य und °पूर्विय (Ṛv. Conj.) Adj. (f. आ) 1) *sich an Mehreren hin bewegend.* — 2) = अनुपूर्व 1) a).

अनुपृष्ठम् Adv. *hinter dem Rücken* Gobh. 3,2,2.8,3.

अनुपृष्ठ्य Adj. (f. आ) *der Länge nach genommen* Kâtj. Çr. 18,8,7.

अनुपेत (Çat. Br. 11,4,4,9. 8,20) und अनुपेतपूर्व Adj. *der sich noch nicht zum Lehrer in die Lehre begeben hat* 38,15.

अनुपोढ Adj. *nicht vorgeschoben* (Riegel) Ragh. 16,6 fehlerhaft für अनपोढ.

अनुपोप्त Adj. *worauf nicht aufgeschüttet ist* TS. 5,3,8,2.

अनुप्रदातृ Nom. ag. *Vermehrer.*

अनुप्रदान n. *Vermehrung, das Hinzukommende* TS. Prât. 2,8. 23,2. Ind. St. 4,336. m. (!) AV. Prât. 1,12.

अनुप्रपत्तव्य n. impers. *zu folgen, sich anzuschliessen.*

*अनुप्रपातम् und *अनुप्रपादम् Absol. गेहं गेहमनु°, गेहमनु° अनु° und गेहानु° *von Haus zu Haus gehend.*

अनुप्रमाण Adj. *dem Maasse u. s. w. entsprechend.*

अनुप्रयोक्तव्य Adj. *hinzuzufügen.*

अनुप्रयोग m. 1) *Hinzufügung.* — 2) *Nachahmung.*

अनुप्ररोह m. *nachfolgendes Aufschiessen* Gaim. 6,5,36.

*अनुप्रवचन n. *das Lernen des* Veda *bei einem Lehrer.*

अनुप्रवचनीय Adj. *zum* अनुप्रवचन *gehörig, — erforderlich* 38,6.7. Gobh. 3,2,49. °होम *das Opfer, welches der Lehrer vollzieht, wenn er einen Abschnitt der* Veda-*Recitation mit dem Schüler beendet hat.*

अनुप्रवण Adj. (f. आ) *entsprechend.*

अनुप्रवेश m. 1) *Eintritt, das Eindringen* 97,2. Kâd. 108,12. — 2) *Erforderniss, Motiv* Çaṁk. zu Bâdar. S. 74, Z. 5.

*अनुप्रवेशन n. = अनुप्रवेश 1).

अनुप्रवेशनीय Adj. *auf das Hereintreten bezüglich.* चिकित्सितानु° *in's Krankenzimmer* d. i. *in die Praxis* Suçr. 1,29,18.

*अनुप्रवेशम् Absol. गेहं गेहमनु°, गेहमनु° अनु° und गेहानु° *Haus für Haus betretend.*

अनुप्रवेशिन् Adj. *eindringend* Mantrabr. 2,5,1.

अनुप्रवेष्टव्य Adj. 1) *zu betreten* Suçr. 1,30,4. — 2) *weiter zu verfolgen, — auszuführen* Lalit. 168, 11. 169,15.20.

अनुप्रशमन n. *das Beruhigen, Beschwichtigen.*

अनुप्रशान्ति Adj. *vollkommene Beruhigung im Gefolge habend.*

अनुप्रश्न m. *Frage, Erkundigung nach* (Gen.) Gaut. 5,41.

अनुप्रसक्ति f. *Anschluss.*

अनुप्रसर्पिन् Adj. *nachschleichend* Gaim. 3,5,32.

अनुप्रहरण n. *das Werfen in's Feuer.*

अनुप्रहारम् Adv. *mit einem Schlage* Ind. St. 3,371.

अनुप्रहरणभाजन n. *was die Stelle des* Anupraharaṇa *vertritt* Çat. Br. 3,4,2,21.

अनुप्रहृत्य Adj. *in's Feuer zu werfen.*

अनुप्राणन n. *das Beleben, Verstärken.*

अनुप्रास m. *Alliteration* Vâmana 4,1,8. fgg. Kâvjapr. 9,2.

अनुप्रेषण n. *das Nachsenden.*

अनुप्रैष m. *nachträgliche Aufforderung* Çat. Br. 12,8,2,20.

अनुप्लव m. *Begleiter, Gefährte.*

अनुबन्ध 1) m. a) *das Anbinden.* — b) *das Hängen an, Anhänglichkeit.* — c) *zusammenhängende Reihe, ununterbrochene Folge, Fortdauer, stete Wiederholung* 293,11. 306,20. 308,20. 328,15. Gaut. 12,31. Benf. Chr. 195,8. Ind. St. 15,415. — d) *Folge, die Folgen* 163,29. Spr. 318. fg. 4059. 4535. — e) *Grund, Motiv, Absicht* MBh. 3,298,25 (Sâv. 6,26). Spr. 2937. — f) *Anhängsel, Alles was zu Einem gehört, Weib und Kind* R. 2,7,28. 97,27. — g) *begleitende Krankheitsursache, — Affection.* — h) im Vedânta *Erforderniss* (deren vier) 253,24.28. — i) in der Gramm. *ein stummer Buchstab oder eine stumme Silbe, die an eine Wurzel, ein Thema, Suffix u. s. w. gefügt werden, um eine Eigenthümlichkeit derselben zu bezeichnen.* — k) **Anfang.* — l) **ein Bischen.* — m) *= प्रकृत्यादि. — n) *= मुख्यानुयायी शिशुः. — 2) *f. ई a) *Durst.* — b) *Schlucksen, singultus.*

अनुबन्धन n. = अनुबन्ध 1) c).

°अनुबन्धित्व n. *das Verbundensein mit.*

अनुबन्धिन् Adj. 1) *sich weithin erstreckend, — ausbreitend.* — 2) *während, lange —.* — 3) am Ende eines Comp. *zusammenhängend —, verbunden mit* 214,21. 254,24.

अनुबन्ध्य Adj. 1) *begleitend* Kârr. zu Suçr. 1,83. — 2) wohl nur fehlerhaft für अनू°.

अनुबल n. *Nachtrab eines Heeres.*

अनुबिम्ब n. *Gegenbild.*

*अनुबोध m. *Wiedererregung eines verflüchtigten Geruchs.*

अनुबोध्य Adj. *zu erkennen.*

अनुब्राह्मण n. *ein* Brâhmaṇa*-ähnliches Werk.*

अनुब्राह्मणम् Adv. *laut dem* Brâhmaṇa.

अनुब्राह्मणिक (Comm. zu Lâṭj. 6,9,1) und °ब्राह्मणिन् Adj. *ein* Anubrâhmaṇa *studirend* Vaitân. 17.

अनुभ Adj. Du. *keiner von Beiden* MBh. 12,239,5.

अनुभय Adj. *keines von Beiden* Sarvad. 147,14.

अनुभयात्मन् Adj. *weder von dieser, noch von jener Art.* Davon Nom. abstr. °त्मता f. Sâh. D. 603.

अनुभर्तृ Nom. ag. *etwa eindringend.*

अनुभव m. 1) *Empfindung, Gefühl* 253,16. 270,31. 272,30. 273,7. Spr. 7627. Ind. St. 2,163. Sarvad. 16,9. — 2) *Geist* R. 4,42,9. Kâd. 196,16.

अनुभवस्वरूपप्रकरण n., अनुभवप्रदीपिका f. und अनुभवादर्शीया f. Titel von Schriften.

अनुभवानन्द m. N. pr. eines Lehrers.

अनुभाव (am Ende eines adj. Comp. f. आ) m. 1) *Genuss, Sinn für* Kathâs. 3,37. — 2) *Macht, Gewaltigkeit, Kraft* R. 4,63,30. 51,9. Ragh. 1,37. 2,75. Kathâs. 4,117. Bâlar. 238,12. — 3) in der Rhetorik *das einem Gemüthszustande entsprechende und denselben verrathende Symptom* Kâvjapr. 4,28. — 4) *= सतां मतिनिश्चयः und *= निश्चय.

अनुभावन n. *das Erregen der* Anubhâva *genannten Symptome.*

अनुभाविन् Adj. *Augen- oder Ohrenzeuge* Âpast. 1,10,6.

अनुभाव्य Adj. *zu empfinden, empfunden werdend* Sarvad. 10,9.

अनुभाषण s. अननुभाषण.

अनुभाषितृ Nom. ag. *zu Jmd sprechend, — sagend.*

°अनुभास m. *eine Krähenart* Nigh. Pr.

अनुभित्ति Adv. *der Matte entlang.*

°अनुभू Adj. *wahrnehmend.*

अनुभूताख्या f. *Erzählung des Wahrgenommenen, — Erlebten.*

अनुभूति f. *Gewinnung eines Begriffs, — einer Vorstellung von Etwas* Ind. St. 9,154. 162.

अनुभूतिप्रकाश m. Titel eines Werkes.

अनुभूतिस्वरूपाचार्य m. N. pr. eines Grammatikers.

अनुभोग m. *Genuss.*

अनुमत n. *Einwilligung.* °मते *mit E. von* (Gen.).

अनुमति f. 1) *Einwilligung, Zustimmung, Einverständniss.* Als Genie personificirt. — 2) *der Mond einen Tag vor dem Vollmond.* Personif. als Tochter des Aṅgiras und der Smṛti VP. 1,10,8.

*अनुमध्यम Adj. *auf den mittlern (Bruder) folgend.*

*अनुमनन n. *das Einwilligen, Zustimmen.*

अनुमन्तृ Adj. *einwilligend, zustimmend.*

अनुमन्तव्य Adj. *wozu die Zustimmung erforderlich ist.*

अनुमन्त्रण n. *das Hersagen eines Spruches an* (Gen. oder im Comp. vorangehend) Gaut. 27,6.8.

अनुमरण n. *das Nachsterben, im Tode Folgen;* insbes. *Selbstverbrennung der Wittwe* 105,26.29. 155,12.

अनुमरु m. Pl. N. pr. einer Gegend.

अनुमर्शम् Absol. *greifend, anfassend* Çat. Br. 4,3,2,1.

अनुमल्ल N. pr. einer Gegend.

अनुमा f. *Schluss, Folgerung.*

अनुमातव्य Adj. *zu schliessen, — folgern.*

अनुमाद्य und अनुमादिष्व Adj. *dem man zujauchzen muss.*

1\. अनुमान m. *Einwilligung, Erlaubniss.*

2\. अनुमान n. (fehlerhaft auch m.) 1) *das Schliessen, Folgern, Beweismittel einer Schlussfolgerung* Gaim. 1,3,2.5.15. Njâjas. 2,1,28. Dazu Nom. abstr. °त्व n. Comm. ebend. °अनुमानतम् *gemäss.* — 2) *eine best. rhetorische Figur* Kâvjapr. 10,31. Beispiel Spr. 5005.

अनुमानखण्डतर्क m., °चिन्तामणि m., °चिन्तामणिदीधिति f., °जगदीशीकोड m., °तत्त्वचिन्तामणि m. und °दीधिति f. Titel von Werken oder Abschnitten in denselben.

अनुमानन n. *das Bereden, zu gewinnen Suchen.*

अनुमानपरिच्छेद m., °प्रकाश m., °प्रामाण्यव्यवस्थापन n., °प्रामाण्यरहस्य n., °मणिदीधिति f., °मयूख m., °माथुरी f., °मूलटिप्पणी f. und °शिरोमणि m. Titel von Schriften.

*अनुमानोक्ति f. *Logik.*

अनुमापक Adj. *durch eine Schlussfolgerung beweisend für.* Davon Nom. abstr. °त्व n. Comm. zu Njâjam. 1,3,17.

अनुमार्ग m. *das Hinterhersein.* Instr. *hinter —* (Gen.) *her* Kathâs. 80,55 (°मार्गेणास्याः zu lesen). 104. Kâd. 170,6.

अनुमार्शन n. Titel best. zum Veda gehöriger Vorschriften.

अनुमालिनीतीरम् Adv. *am Ufer der* Mâlinî Çâk. 7,10.

*अनुमाषम् Adv. gaṇa परिमुखादि.

अनुमिति f. *Schluss.* Davon °त्व n. Nom. abstr.

अनुमितिदीधिति f., °परामर्शकार्यकारणविचार m., °परामर्शवाद m., °परामर्शविचार m., °मानसवाद m. und °लक्षणावतारण n. Titel von Werken.

अनुमित्सा f. *die Absicht, einen Schluss zu machen,* Kusum. S. 4, Z. 16.

अनुमृग्य Adj. *was man sucht, wonach man trachtet.*

अनुमृत् Adj. *im Tode folgend.*

अनुमेय Adj. *zu erschliessen.* Davon Nom. abstr. °ता f. Sarvad. 16,14. °त्व n. 47,5.

अनुमोदन n. *das Sichfreuen über.*

अनुमोदक m. wohl Bez. eines verderblichen Agni AV.

अनुम्लोचन्ती und अनुम्लोचा f. N. pr. einer Apsaras.

अनुयजुस् Adv. dem Spruche gemäss.

*अनुयवम् Adv. gaṇa परिमुखादि.

अनुया Adj. nachfolgend.

*अनुयाग m. P. 7,3,62, Sch.

अनुयाज m. Nachopfer.

अनुयाजवन्त् Adj. von Nachopfern begleitet.

अनुयातर् Nom. ag. Begleiter.

अनुयातव्य Adj. dem man nachgehen muss.

अनुयात्र n. und °यात्रा f. Geleit, Gefolge 132,26.

अनुयात्रिक m. Pl. Gefolge. Vgl. यानु°.

अनुयान n. das Nachgehen, Folgen.

अनुयायिन् 1) Adj. nachgehend, folgend (eig. und übertr.); m. Begleiter, Pl. Gefolge. Davon °यायिता f. Nom. abstr. — 2) m. N. pr. eines Sohnes des Dhṛtarâshṭra.

*अनुयुक्तिन् Adj. gaṇa इष्टादि.

अनुयुगम् Adv. je nach dem Weltalter.

अनुयुञ्जक Adj. gern rügend.

अनुयुज् Adj. abhängig.

*अनुयूपम् Adv. gaṇa परिमुखादि.

अनुयोक्तर् Nom. ag. Befrager, Lehrer, insbes. ein besoldeter.

अनुयोक्तव्य Adj. zu befragen.

अनुयोग m. 1) Befragung, Erkundigung nach, das Ausfragen. — 2) Rüge Naish. 5,2,28. P. 8,2,94.

अनुयोगद्वारसूत्र n. Titel eines Gaina-Werkes Ind. St. 16,283.293.

*अनुयोजन n. Frage.

अनुयोज्य Adj. 1) zu Jmdes Befehlen stehend. — 2) zu befragen.

अनुरक्ति f. Zuneigung, Anhänglichkeit Spr. 6180, v. l.

अनुरज्जु Adv. nach der Schnur.

अनुरञ्जन n. das für sich Gewinnen, Sichverpflichten.

अनुरणन n. das Widerhallen.

अनुरथ m. N. pr. eines Fürsten VP. 4,12,10.

*अनुरथम् Adv. hinter dem Wagen P. 2,1,6, Sch.

अनुरथ्या f. Rand der Strasse, Fussweg.

अनुरस m. Beigeschmack.

*अनुरहसम् Adv. P. 5,4,81.

अनुराग (am Ende eines adj. Comp. f. आ) m. 1) Färbung. — 2) Röthe. — 3) Zuneigung 96,9. Wohlgefallen an. — 4) Zufriedenheit Spr. 3663.

अनुरागवन्त् 1) Adj. a) roth. — b) verliebt, ein Liebesverhältniss habend mit (सह) 156,18. — 2) f. °वती N. pr. eines Frauenzimmers.

अनुरागशृङ्गारवत्यौ Nom. Du. f. Anurâgavatî und Çṛṅgâravatî Kathâs. 123,330.

अनुरागिता f. Zuneigung.

अनुरागिन् Adj. 1) zugeneigt (einer Person oder Sache), verliebt 123,12. — 2) lieblich Kathâs. 18,328.

अनुरात्रम् Adv. zu nächtlicher Weile.

अनुराध 1) *Adj. unter dem Mondhause Anurâdhâ geboren. — 2) m. a) Pl. ein best. Mondhaus. — b) N. pr. eines Mannes. — 3) f. आ a) ein best. Mondhaus. — b) N. pr. eines Frauenzimmers.

अनुराधपुर n. N. pr. einer Stadt.

अनुरुद्ध m. N. pr. eines Vetters des Çâkjamuni.

अनुरुध् Adj. anhänglich. Vgl. अनूरुध्.

*अनुरुहा f. eine Cyperus-Art Nigh. Pr.

अनुरूप 1) Adj. (f. आ) a) entsprechend, angemessen, gleichkommend 30,3. 38,5. 71,12. 72,13. °अनुरूपम्, °अनुरूपेण und °अनुरूपतस् entsprechend, gemäss. — b) fähig, einer Sache (Gen.) gewachsen. — 2) m. Antistrophe.

अनुरूपक Adj. entsprechend, angemessen.

*अनुरेचनी oder *अनुरेवती f. Croton tiglium Râgan. 6,161.

अनुरोध m. (am Ende eines adj. Comp. f. आ) Willfahrung, Rücksicht (auf Personen und Sachen) 113,9. 120,13.

अनुरोधन n. 1) Rücksichtnahme, Bevorzugung Spr. 4320. — 2) Mittel Jmd zu gewinnen.

अनुरोधिता f. = अनुरोधन 1).

अनुरोधिन् Adj. Rücksicht nehmend, Etwas beobachtend.

अनुरोह m. Nachsling, Nachwuchs Tâṇḍja-Br. 1,10,10.

*अनुरोहस् m. N. pr. eines Mannes.

अनुलग्न Adj. (f. आ) abhängig, untergeordnet Tâṇḍja-Br. 18,9,16. 20,12,5.

*अनुलाप m. Wiederholung des Gesagten.

*अनुलासक m. Pfau Râgan. 19,91.

अनुलेप m. 1) Salbung. — 2) Salbe R. 3,3,19 (अनुलेपश zu lesen).

अनुलेपन n. (am Ende eines adj. Comp. f. आ) 1) das Salben. — 2) Salbe.

*अनुलेपिका f. gaṇa महिष्यादि.

°अनुलेपिन् Adj. eingesalbt, gesalbt mit.

अनुलोम 1) Adj. (f. आ) a) dem Haarwuchs —, dem Strich —, einer natürlichen oder vorgezeichneten Richtung oder Ordnung folgend. f. zu einer niedrigeren Kaste gehörig als der Mann, mit dem sie sich verheirathet. — b) = अनुलोमज Gaut. 4,16. — c) gütlich. संभाषा Karaka 3,8. — 2) *m. N. pr. eines Mannes, Pl. seine Nachkommen. — 3) f. आ ein best. Zauberspruch. — 4) अनुलोमम् und अनुलोम° Adv. in der natürlichen Richtung oder Ordnung, von oben nach unten u. s. w. 218,5. — 5) अनुलोमेन freundlich Spr. 324.

अनुलोमकल्प m. Titel eines Werkes.

अनुलोमज Adj. aus der Verbindung eines Mannes höherer Kaste mit einer Frau niederer Kaste geboren.

अनुलोमता f. entsprechendes —, richtiges Verhältniss, Angemessenheit Karaka 1,16. Sarvad. 21,10.17.

अनुलोमन 1) Adj. in die rechte Richtung bringend, fördernd; insbes. Winde abführend. — 2) n. Förderung, Abführung.

अनुलोमय्, °यति 1) in die richtige Lage bringen Suçr. 1,308,18. — 2) abführen (Winde).

अनुलोमिन् 1) Adj. am Ende eines Comp. fördernd, abführend. — 2) m. N. pr. eines Mannes, Pl. seine Nachkommen.

अनुल्बण Adj. (f. आ) das Maass einhaltend, nicht zu gross und nicht zu klein, nicht zu viel und nicht zu wenig, correct Vâmana 4,1,9. Davon °त्व n. Nom. abstr. Daçar. 2,33.

अनुल्लङ्घित Adj. nicht übertreten. शासन Kathâs. 56,152. VP. 4,24,3. Bhâg. P. 5,20,6. 12,1,9.

1. अनुवंश m. 1) Reihenfolge des Geschlechts, genealogische Zusammenstellung. — 2) Neben-, Seitengeschlecht.

2. अनुवंश 1) Adj. (f. आ) ebenbürtig. — 2) °म् Adv. dem Geschlecht nach.

अनुवंश्य Adj. (f. आ) auf die Genealogie bezüglich.

अनुवक्तव्य Adj. zu lehren, mitzutheilen.

अनुवक्र Adj. (f. आ) Bez. einer best. Bewegung eines Planeten. n. diese Bewegung. In °म् Adv.

अनुवचन n. 1) das Nachsprechen, Wiederholen, Hersagen Gaut. 1,52.55. — 2) Abschnitt, Lection.

*अनुवचनीय Adj. von अनुवचन.

अनुवत्सर m. das vierte Jahr im fünfjährigen Cyclus.

*अनुवनम् Adv. nach der Richtung des Waldes hin P. 2,1,15, Sch.

°अनुवन्दिन् Kathâs. 11,52 wohl fehlerhaft für °अनुवर्तिन्.

अनुवर्तन n. 1) Fortdauer. — 2) Nachgeltung eines Wortes in einem nachfolgenden Sûtra Comm. zu TS. Prât. 9,9. 10,14. 13,16. — 3) das Willfahren; Folgsamkeit Spr. 4813. — 4) das Sichfügen in, Sichschicken zu (Gen.) Karaka 1,13.

अनुवर्तनीय Adj. 1) dem man folgen muss, nach dem man sich zu richten hat. — 2) dem man sich hinzugeben hat, wozu man sich entschliessen muss.

अनुवर्त्मन् Adj. begleitet von (Instr.) AV. Paipp. 1,18.

°अनुवर्तित्व n. das Willfahren.

अनुवर्तिन् Adj. 1) nachgehend, folgend (eig. und

übertr.). Mit Acc., gewöhnlich aber am Ende eines Comp. — 2) *folgsam, gehorsam.* — 3) *gleich, ähnlich.*

1. अनुवर्त्मन् n. *ein von einem Andern schon gewandelter Weg.*

2. अनुवर्त्मन् Adj. *nachfolgend, dienend.*

अनुवर्त्मम् Adv. *den Weg entlang* Kâtj. Çr. 15,6,31.

अनुवर्त्य Adj. 1) *dem man folgen muss, wonach man sich zu richten hat.* — 2) *aus dem Vorhergehenden zu ergänzen.*

1. अनुवश m. *Gehorsam.*

2. अनुवश Adj. *zu Jmdes Willen seiend.*

अनुवषट्कार m. und अनुवषट्कृत n. *Wiederholung des schliessenden Einladungsrufes zu einem Opfer.*

अनुवह् m. *eine der 7 Zungen des Feuers.*

अनुवाक m. 1) *das Nachsprechen; Wiederholung.* — 2) *Lection, Abschnitt* 227,27.

अनुवाकसंख्या f., अनुवाकानुक्रमणी f. und अनुवाकानुनपाधिवरण n. Titel von Schriften.

अनुवाक्य 1) Adj. *a) zu recitiren.* — *b) nachzusprechen* Gobh. 3,3,8. — 2) f. आ *der von dem* Hotar *oder* Maitrâvaruṇa *zu recitirende Vers, in welchem die Gottheit von der ihr bestimmten Gabe in Kenntniss gesetzt und dazu eingeladen wird,* Ind. St. 9,189.

अनुवाक्यवत् und अनुवाक्यावत् (Âçv. Çr. 1,3,20) Adj. *von einer* Anuvâkjâ *begleitet.*

अनुवाच् f. = अनुवाक्या.

अनुवाचन n. *das Veranlassen von Seiten z. B. des* Adhvarju, *dass z. B. der* Hotar *seine Formel recitirt.*

*अनुवाचनीय Adj. von अनुवाचन.

अनुवात m. *vom Rücken her blasender Wind.* °म् Adv. *vor dem Winde.*

अनुवाद m. 1) *Wiederholung* 209,22. *abermalige Besprechung, das Zurückkommen auf einen schon besprochenen Gegenstand* (insbes. zur Erhärtung und Bestätigung einer Aussage) Bhâg. P. 5,10,15. Davon Nom. abstr. °ता f. und °त्व n. Nîlak. 3,2,5 und Comm. — 2) *Uebersetzung* Comm. zu Mṛcch. 163,20. — 3) * *Schmähung.*

अनुवादक Adj. *wiederholend* (zur Erhärtung oder Bestätigung) Nîlak. 3,2,6. Davon Nom. abstr. °त्व n. Comm. zu 3,34.

अनुवादिन् Adj. 1) *nachsprechend, wiederholend.* — 2) *übereinstimmend, gleichkommend* 205,28.

अनुवाद्य Adj. *zu wiederholen* Kâvjapr. S. 183, Z. 8. Davon Nom. abstr. °त्व n. Sâh. D. 214,4.

अनुवास m. *öliges Klystier.*

अनुवासन 1) m. und n. *öliges Klystier,* n. *das Setzen eines öligen Klystiers* Karaka 10,4. — 2) n. *ein best. mit Mineralien vorgenommener Process.* — 3) n. * *das Beräuchern.*

*अनुवासनीय Adj. von अनुवासन.

अनुवासरम् Adv. *Tag für Tag.*

°अनुवासिन् Adj. *sich aufhaltend.*

अनुवास्य Adj. *dem ein öliges Klystier zu setzen ist.*

अनुवित्ति f. *Auffindung.*

अनुविद्वंस् Adj. *gefunden habend* AV. 12,2,38.82.

अनुविध Adj. *sich nach Jmd richtend, an Jmd hängend.*

अनुविधातव्य Adj. *einer Anordnung gemäss zu thun.*

अनुविधान n. *das Sichrichten nach Etwas, Gemässheit* Kand. zu Karaka 1,19. Abl. am Ende eines Comp. *gemäss.*

अनुविधायिन् Adj. 1) *sich wonach richtend.* — 2) *gehorsam, folgsam.*

अनुविधेय Adj. 1) *wonach man sich zu richten hat* Spr. 4334. — 2) *in Uebereinstimmung mit* (Instr.) —, *gemäss vorzuschreiben.*

अनुविन्द m. N. pr. eines Fürsten MBh. 2,31,10.

अनुविश्व m. N. pr. eines Volkes Varâh. Bṛh. S. 14,31.

अनुविष्टम्भ m. *allmähliches Sichfestsetzen, — Platzgreifen.*

अनुवृत् Adj. *nachwandelnd* Tâṇḍja-Br. 1,10,9.

अनुवृत्त 1) Adj. *rundlich, gewölbt.* — 2) n. *Gehorsam* Spr. 3093.

°अनुवृत्तत्व n. *das Begleitetsein von* Nil. K.

अनुवृत्ति f. 1) *Foridauer* 142,2. 288,24. 25. — 2) in der Gramm. *Nachgeltung eines Wortes in einem nachfolgenden* Sûtra 240,15. — 3) *Wiederkehr, Wiederholung.* — 4) *Willfahrung.* — 5) *das Sichrichten nach Etwas, Berücksichtigung, das Entsprechen.* — 6) *das Nachgehen, hinter Etwas her Sein* Sâh. D. 54,21.

अनुवेदान्तरसप्रकरण n. s. अणुवेदान्त°.

अनुवेदि Adv. *längs der Opferstätte.*

अनुवेद्यन्तम् Adv. *längs der Grenze der Opferstätte.*

अनुवेध m. *das Besetztsein mit* so v. a. *Enthalten von.*

अनुवेलम् Adv. *von Zeit zu Zeit, gelegentlich.*

अनुवेल्लित n. *eine Art von Verband.*

अनुवेश m. *das Hereintreten.*

अनुवेश्य m. wohl nur fehlerhaft für आनु°.

अनुवैनेय Adj. Lalit. 277,7.

अनुव्यञ्जन n. *ein secundäres Merkmal* (buddh.) Lalit. 114,10.

अनुव्यम् Adv. mit अस् *unterliegen,* mit भू *hinterher folgen.*

अनुव्यवसाय m. *richtiger Begriff* Nil. K.

अनुव्याख्या f. Titel einer Schrift.

अनुव्याख्यान n. *eine best. Klasse von exegetischen Texten.*

अनुव्याहरण n. *wiederholtes Hersagen.*

अनुव्याहार m. *Verfluchung.*

अनुव्याहारिन् Adj. *verfluchend, schmähend.*

*अनुव्रजन n. *das Nachfolgen, Begleiten.*

अनुव्रजम् Adv. *in Schaaren.*

अनुव्रज्या f. *das Begleiten eines Fortgehenden* Gaut. 5,38. Bhâg. P. 7,762.

अनुव्रत Adj. (f. आ) *nach Gebot handelnd, gehorsam, ergeben* (mit Acc. und Gen.). — n. fehlerhaft für अणुव्रत.

अनुशंस Adj. *Uebles nachredend* Taitt. Âr. 2,4,1.

*अनुशतिक Adj. P. 7,3,20.

अनुशब्द m. *Nachruf, Nachhall* Duṛṭav. 16.

अनुशय 1) m. *a) Reue.* — *b) Rückgängigmachung* (eines Kaufes oder Verkaufes) 212,23. — *c) unüberwindlicher Hass* MBh. 5,95,15. R. Gorr. 1,2, 13. — *d) Eindruck im Geiste, Vorstellung* Bhâg. P. 12,87,22. — *e) der in der anderen Welt nicht verbrauchte Rest der Folgen der Werke, der die Seele wieder zur Erde führt.* Davon Adj. °वत् *mit einem solchen Rest behaftet* Bâdar. 3,1,8. Eine ähnliche Bed. hat das Wort अनुशय bei den Buddhisten. — 2) f. ई *Geschwür auf der Oberfläche des Fusses.*

अनुशयाक्षेप m. in der Rhetorik *eine durch Reue an den Tag gelegte Erklärung, dass man mit Etwas nicht einverstanden sei.* Beispiel Spr. 821.

अनुशयाना f. *eine nach dem Verlust des Geliebten der Reue sich hingebende Heroine.*

अनुशयिन् Adj. 1) *treu anhängend.* — 2) *Reue empfindend* Spr. 5528, v. l. — 3) am Ende eines Comp. *mit der Vorstellung von — behaftet* Jogas. 2,7.8.

*अनुशर m. *ein* Râkshasa.

अनुशस्त्र n. *ein die Stelle eines chirurgischen Instruments vertretender Gegenstand.*

*अनुशाप m. wohl fehlerhaft für अनुशय.

*अनुशायिन् Adj. *sich erstreckend.*

अनुशाल्व m. N. pr. eines Daitja.

अनुशासन n. *Unterweisung, Lehre.* Auch Bez. *einer Klasse von Texten.*

अनुशासनीय Adj. 1) *zu unterweisen.* — 2) *zu bestrafen* Vedânta. 23,8.

अनुशासितृ Nom. ag. 1) *Lenker, Regierer.* — 2) *Unterweiser, Lehrer.*

अनुशासिन् Adj. *züchtigend, strafend.*

अनुशास्ति f. *Unterweisung.*

अनुशासिन् Adj. *erlernend, sich übend in* R. 2, 63,36.

अनुशिख m. N. pr. eines Schlangenpriesters Tāṇḍja-Br. 25,15,3.

*अनुशिवम् Adv. *nach* Çiva.

अनुशिशु Adj. (f. gleich) *von Jungen (Füllen u. s. w.) begleitet.*

अनुशीलन n. 1) *Uebung, Studium.* — 2) *das Nachthun, Nachleben.*

अनुशुश्रूषा f. *Gehorsam.*

अनुशोचन n. *das Wehklagen.*

अनुशोचिन् Adj. *wehklagend um.*

*अनुशोणम् Adv. *am Flusse Çoṇa.*

अनुशोभिन् Adj. *prächtig, schön.*

*अनुश्चोत (°श्च्योत) m. *das Beträufeln* Gal.

*अनुश्रव m. *Ueberlieferung.*

*अनुश्राद्ध n. *Manenopfer* Gal.

अनुश्लोक m. Name eines Sāman.

*अनुषक् Adv. neben आनुषक्.

अनुषङ्ग m. 1) *das Hängenbleiben —, Haften an* (Loc.). — 2) *das Hängen mit den Gedanken —, das Denken an* Spr. 2416, v. l. 2188. 2322, v. l. Kathās. 22,258. — 3) *unmittelbare Folge.* — 4) *Anhängsel, Refrain.* — 5) *der im* Dhātupāṭha *dem consonantischen Auslaut einiger Wurzeln vorangehende Nasal.* — 6) *Herbeiziehung eines Wortes aus der Umgebung zur Ergänzung* Comm. zu VS. Prât. 1, 173. — 7) **Mitleid.*

अनुषङ्गिन् Adj. 1) *anhaftend.* — 2) *nothwendig folgend, — sich ergebend* Comm. zu Njājam. 1,30. — 3) *im* Dhātupāṭha *vor dem consonantischen Auslaut einen Nasal habend.*

अनुषञ्जनीय Adj. *aus der Umgebung als Ergänzung herbeizuziehen.*

*अनुषद् Adv. gaṇa चार्वादि und स्वरादि.

*अनुषण्ड Bez. oder N. pr. einer Gegend.

अनुषत्यम् Adv. *der Wahrheit gemäss, aufrichtig.*

*अनुषूक m. *Nachtrieb der Reispflanze* Comm. zu TS. 2,3,4,2.

अनुष्टुंभ् Nom. in TS. st. अनुष्टुप्.

अनुष्टुति f. *Lob, Preis.*

अनुष्टुप्पूर्णि Adj. *mit einer* Anushṭubh *geschehend* Çat. Br. 6,6,2,3.

अनुष्टुप्शिरस् Adj. *die* Anushṭubh *zum Kopf habend.*

अनुष्टुप्शीर्षन् Adj. dass. Ait. Âr. 2,6.

अनुष्टुप्संपद् f. *Herstellung einer* Anushṭubh.

अनुष्टुब्गर्भा f. *ein best. Metrum.*

अनुष्टुभ् 1) Adj. *nachjauchzend* ṚV. 10,124,9. — 2) f. a) *Lobgesang.* — b) **Rede.* — c) *ein Metrum von 4×8 Silben.* — d) Bez. der Zahl acht.

अनुष्टोभन n. *das Nachtrillern* Daiv. Br. 3.

अनुष्ठा Adj. Pl. *auf einander folgend.*

अनुष्ठातृ Nom. Ag. *Ausführer, Vollführer.*

अनुष्ठान 1) n. *das Obliegen, Verrichten, Ausführen* 244,3. 234,4. 282,30. 283,22. Gaut. 8,16. — 2) f. ई *Ausführung, Handlung.*

अनुष्ठानपद्धति f. Titel einer Schrift.

अनुष्ठानशरीर n. *der zwischen dem feinen und dem groben Körper angenommene Körper.*

अनुष्ठापन n. *das Obliegen-, Verrichtenlassen.*

अनुष्ठायस्वर्गस्तोम n. Name eines Sāman.

अनुष्ठायिन् Adj. *obliegend, verrichtend.*

अनुष्ठितत्व n. *das Ausgeführtsein* TBr. Comm. 1,126.

अनुष्ठु und अनुष्ठुया Adv. *sogleich.*

अनुष्ठेय Adj. *zu verrichten, auszuführen* 156,6. 158,27. Davon Nom. abstr. °त्व n. Comm. zu Njājam. 1,1,3.

अनुष्ठ्या Adv. *unmittelbar (persönlich), sofort.*

अनुष्ण 1) Adj. (f. आ) a) *nicht heiss, kalt* 42,26. 43,9. Dazu Nom. abstr. °त्व n. Tarkas. 48. — b) **apathisch, träge.* — 2) *m. *Thor* Gal. — 3) f. आ N. pr. eines Flusses MBh. 6,9,24. — 4) *n. *die Blüthe der Nymphaea coerulea.*

अनुष्णगु m. *der Mond.*

*अनुष्णवल्लिका und *°वल्ली (Gal.) f. *Panicum dactylon* Râǵan. 8,108.

अनुष्णाशीत Adj. *weder warm noch kalt* Tarkas. 14.

अनुष्यन्द m. *Hinterrad.*

अनुष्वधम् Adv. *nach Wunsch, gern.*

अनुष्वापम् Absol. *fortschlafend.*

अनुसंपान n. *das Besuchen der Reihe nach.*

अनुसंवत्सर m. *Jahr.*

*अनुसंचरण n. gaṇa अनुशतिकादि.

अनुसंसर्पम् Adv. *nachschleichend.*

अनुसंहार m. *Zurückziehung, Aufhebung.*

अनुसंहितम् Adv. *nach der* Saṁhitâ.

अनुसक्थम् Adv. *den Schenkel entlang* Lâṭj. 8,8,31.

*अनुसंचरण n. v. l. für अनुसंवरण.

अनुसंतति f. *Fortsetzung* Maitr. S. 2,2,4.

अनुसंतान m. *Sprössling, Sohn* Gaut. 15,28.

अनुसंधान n. 1) *das Untersuchen, Richten der Aufmerksamkeit auf Etwas.* — 2) *die Anwendung, der 4te Theil im Syllogismus.*

*अनुसंधि m. *Vereinigung.*

अनुसंधेय Adj. *worauf man seine Aufmerksamkeit zu richten hat.*

अनुसमय m. *das der Reihe nach Vorsichgehen* Njājam. 5,2,6. 7. Ǵaim. S. 337. fgg.

अनुसमापन n. *Vollendung, Schluss.*

*अनुसमुद्रम् Adv. *am Meere.*

अनुसमेतव्य Adj. *der Reihe nach abzumachen* Comm. zu Njājam. 5,2,8. 10.

अनुसर Adj. (f. ई) *nachgehend, sich richtend nach.*

अनुसरण n. *das Nachgehen, Folgen, Verfolgen* 131,24. 136,30. 137,2. *das hinter Etwas her Sein* Sâh. D. 54,21. तदनुसरणक्रमेण *stets hinter ihm her.*

अनुसर्ग m. *secundäre Schöpfung.*

अनुसर्तव्य 1) Adj. *dem man nachgehen muss.* — 2) n. impers. *gemäss zu verfahren* Kâvjapr. S. 171, Z. 14.

अनुसर्प m. *schlangenartiges Geschöpf.*

अनुसर्पण n. *das Nachgehen, Suchen.*

अनुसवनम् Adv. 1) *bei jedem* Savana Gaut. 26, 10. — 2) *beständig, in Einem fort.*

अनुसहायीभाव m. *das zum Gehülfen Werden, Beitragen zu Etwas.*

°अनुसाधिन् Adj. *zu Stande bringend.*

*अनुसामम् Adv. P. 5,4,75.

*अनुसायम् Adv. *jeden Abend.*

अनुसार m. 1) *das Nachgehen, Folgen, Verfolgen.* — 2) *Gemässheit* 200,18 (Jâǵn. 2,1). 210,1. — 3) *gesetzliche Vorschrift.*

°अनुसारक 1) *nachgehend, trachtend nach.* — 2) *sich richtend nach.*

अनुसारिता f. (Sarvad. 21,17) und °रित्व n. *das sich Richten nach, Gemässsein* Comm. zu TS. Prât. 13,16.

अनुसारिन् Adj. 1) *nachgehend, folgend* 106,31. — 2) *nachgehend so v. a. trachtend nach, zu erreichen sich bestrebend* Spr. 1858. 5403. — 3) *anhängend, Anhänger (einer Schule).* — 4) *sich richtend nach, entsprechend, gemäss seiend.* — 5) *klebend, haftend an.*

*अनुसार्यक *ein best. wohlriechendes Moos* Nigh. Pr.

अनुसीतम् Adv. *der Furche nach.*

*अनुसीरम् Adv. *dem Pfluge nach.*

*अनुसू 1) N. pr. eines Mannes oder einer Frau. — 2) Titel eines Werkes.

अनुसूयक Adj. und अनुसूया f. fehlerhaft für अन°.

अनुसृति f. 1) *das Nachgehen, Verfolgen.* — 2) *N. pr. eines Frauenzimmers.

*अनुसृष्टि f. N. pr. eines Frauenzimmers.

अनुसेवा f. *Dienst, Aufwartung.*

°अनुसेविन् Adj. *obliegend.*

*अनुसैन्य n. *Hintertreffen.*

अनुसोमम् Adv. *wie beim* Soma.

*अनुस्कन्दम् Absol. गेहं गेहमनु°, गेहमनु° अनु° und गेहानु° *in jedes Haus springend.*

अनुस्तरण 1) m. *erst in zweiter Reihe zu schlach-*

tendes Opferthier Ind. St. 9,246. 10,348. — 2) अनुस्तरणी f. *eine bei einem Todtenopfer geschlachtete Kuh, mit deren Gliedern der Leichnam Glied für Glied belegt wird.*

अनुस्तरणिकी f. = अनुस्तरणी.

अनुस्तोत्र n. Titel einer Schrift.

अनुस्फुर Adj. *hinschnellend.*

अनुस्मरण n. *das Gedenken.*

अनुस्मृति f. 1) *das Gedenken* LALIT. 34,10. fgg. — 2) Titel einer Schrift.

°अनुस्यूतत्व n. *das sich Hindurchziehen durch* 266,8.

अनुस्र्यामन् Adj. *nicht bei Tageslicht ausgehend.*

अनुस्रोतस् Adv. *mit der Strömung.*

अनुस्वान m. *Widerhall.*

अनुस्वार m. *das nasale Lautelement eines nasalirten Vocals.*

अनुस्वारवत् Adj. *mit einem* Anusvâra *versehen.*

अनुस्वारी Adv. mit भू *zu einem* Anusvâra *werden.*

अनुह्र m. N. pr. eines Mannes VP. 4,19,12.

अनुहरण n. *das Nachtragen* KÂTJ. ÇR. 5,8,28. 14,1,16.

अनुहरत् m. N. pr. eines Mannes.

अनुहव m. *Nachruf, Zurückruf.*

*अनुहार m. 1) *Nachahmung.* — 2) *Gleichheit.*

°अनुहारक Adj. *gleichend.*

*अनुहार्य m. = अन्वाहार्य.

*अनुहोड gaṇa अनुशातिकादि.

अनुहोम m. *Nachspende* VAITÂN. 10. KÂTJ. ÇR. 23,3,20.

अनुह्राद m. N. pr. eines Bruders des Anuhrâda.

अनुह्राद und अनुह्राद m. N. pr. eines Sohnes des Hiraṇjakaçipu.

अनूक 1) m. n. *Rückgrat*, insbes. *dessen oberer Theil.* — 2) m. *der den Rückgrat des Feueraltars bildende Streifen.* — 3) *aufsteigende Linie.* त्रिपुरुषानूकम् Adv. *drei Generationen hinauf.* — 4) n. * *Geschlecht, Familie.* — 5) m. * *ein vorangehendes Leben* UTPALA zu VARÂH. BṚH. S. 68,103 und zu BṚH. 26(23),18. — 6) n. *Temperament, Charakter* VARÂH. BṚH. S. 68,108. BṚH. 26(23),18. — 7) f. आ N. pr. einer Apsaras.

अनूकाश m. 1) *Schein, Beleuchtung.* — 2) *das Sichtbarsein.* — 3) *Hinblick, Rücksicht.*

अनूकाशिन् Adj. *beschauend.*

अनूक्त n. und अनूक्ति f. (NAIGH. 3,3,34) 1) *Nacherwähnung, wiederholte Erwähnung.* — 2) Veda-*Studium.*

अनूक्य und अनूक्थ्य 1) Adj. *im Rückgrat befindlich.* मज्जन् *Rückenmark* ÇAT. BR. — 2) n. *Rückgrat.*

अनूख्य *falsche Schreibart für* अनूपर.

अनूचान Adj. 1) *gelehrt.* — 2) * *bescheiden.*

अनूचानपुत्र m. *der Sohn eines Gelehrten* ÇAT. BR. 11,5,6,5.

अनूचानर्त्विज् Adj. *einen gelehrten Priester habend* KÂTJ. ÇR. 7,1,18.

अनूची s. u. अन्वञ्च्.

अनूचीन Adj. *auf einander folgend* ÇULBAS. 1,67. 3,65. °म् Adv. *der Länge nach* 259.

अनूचीनगर्भ Adj. *nach einander geboren.*

अनूचीनत्व n. *Aufeinanderfolge.*

अनूचीनाहम् Adv. *an aufeinanderfolgenden Tagen.*

1. अनूद्य Adj. *zu studiren.*

2. अनूद्य n. *Armlehne eines Sessels.*

अनूद्रावरी f. = अनु°.

अनूढा 1) Adj. f. *unverheirathet* 93,8. — 2) Subst. *Concubine.*

अनूति f. *Nicht-Hülfe.*

अनूदक n. *Mangel an Wasser, Dürre.*

अनूदय m. N. pr. eines Sohnes des Dhṛtarâshṭra.

अनूदर 1) Adj. *bauchlos.* — 2) v. l. für अनूदय.

अनूदेश m. eine best. rhetorische Figur: *entsprechende Anweisung für jeden einzelnen Fall.*

*अनूद्य Adj. *nachzusprechen.*

अनूधस् Adj. *euterlos.*

अनून 1) Adj. (f. आ) a) *woran Nichts fehlt, vollständig, voll, ganz.* — b) *nicht schlechter* —, *nicht geringer als* (Abl.). — 2) Adv. am Anf. eines Comp. *überaus, sehr* Spr. 181. — 3) f. आ N. pr. einer Apsaras.

*अनूनक Adj. = अनून 1) a).

अनूनवर्चस् Adj. *vollständigen Glanz habend.*

अनूप 1) * Adj. *am Wasser gelegen, wasserreich.* — 2) m. (am Ende eines adj. Comp. f. आ) a) *wasserreiche Gegend, Sumpfland.* — b) *Wasserbecken.* — c) *Gestade, Ufer.* — d) N. pr. eines best. *Küstenlandes.* — e) *(statt आनूप) *Büffel.* — f) N. pr. eines Ṛshi. Auch — अनूपसिंह.

अनूपज 1) Adj. *in der Nähe von Wasser wachsend.* — 2) * n. *Ingwer.*

अनूपराम und अनूपविलास m. Titel von Werken.

अनूपसदम् Adv. *bei jeder* Upasad-*Feier.*

अनूपसिंह m. N. pr. eines Fürsten.

*अनूपालु m. *ein best. giftiges Knollengewächs* GAL.

*अनूपाद्य n. *frischer Ingwer* GAL.

(अनूप्य) अनूपिय Adj. *in Teichen oder Sümpfen befindlich.*

अनूबन्ध m. = अनु° *Fortdauer, Ununterbrochenheit* Ind. St. 10,418.

अनूबन्ध्य Adj. (f. आ) *nachträglich anzubinden d. i. zu schlachten.* Auch Subst. m. f. mit Ergänzung von पशु oder वशा.

अनूयाज m. = अनुयाज *Nachopfer* TS. 6,1,8,5.4.

अनूराध 1) Adj. *Gelingen schaffend.* — 2) m. f. (आ) Pl. *ein best. Mondhaus*, = अनुराध.

अनूरु m. *Morgenröthe*, person. *als Wagenlenker der Sonne* Spr. 7671. BHÂG. P. 8,10. *als Bruder d. S.* 8242.

अनूर्ध्व Adj. *folgend, anhänglich.*

अनूरुसारथि m. *die Sonne.*

अनूर्ध्वभास् Adj. *dessen Licht nicht in die Höhe strebt.*

अनूर्मि Adj. *vorwärts drängend, — eilend.*

अनूला f. N. pr. eines Flusses.

अनूवृजु Du. *ein best. Körpertheil.* Vgl. वृक्क.

अनूषर Adj. *nicht salzhaltig* ÂÇV. GṚHJ. 2,7,2.

अनूष्मन् Adj. *nicht aspirirt.*

अनूष्मवत् Adj. *keine Spirans enthaltend* TS. PRÂT. 4,13.

अनूह्य Adj. *unbegreiflich* MAITRJUP. 6,17.

*अनृक्क (so st. अनृच्क zu lesen) Adj. *keine Lieder enthaltend.*

अनृक्षर Adj. *ohne Spitzen, dornenlos.*

अनृग्यजुस् Adj. *weder mit dem* Ṛg —, *noch mit dem* Jaǵurveda *vertraut* MBH. 12,60,44.

अनृच् Adj. 1) *keine Lieder enthaltend.* — 2) *nicht mit dem* Ṛgveda *vertraut.*

अनृच 1) Adj. = अनृच् 2). — 2) °म् Adv. *nicht an die* Ṛk *sich haltend.*

*अनृचवत् Adj. *reich an Männern, die nicht mit dem* Ṛgveda *vertraut sind.* Compar. *अनृचीयस्.

अनृजु 1) Adj. a) *nicht gerade, rückläufig* (Planet) SIDDH. ÇIR. — b) *unredlich.* — 2) * n. *Tabernaemontana coronaria* NIGH. PR.

अनृजुगामिन् Adj. *nicht gerade gehend* KARAṆA 1,14.

अनृण Adj. (f. आ) *schuldlos, sch. an, in Bezug auf* (Gen.) 42,8. Davon Nom. abstr. °ता f. und °त्व n.

अनृणाकर्तोस् Gen. Inf. (in Verbindung mit ईश्वर) *von der Schuld zu befreien* AIT. BR. 1,14.

अनृणिन् Adj. *schuldlos* Spr. 7741.

अनृणता f. *Schuldlosigkeit.*

अनृत 1) Adj. (f. आ) a) *unrecht, unwahr.* — b) *der Unwahrheit ergeben, Lügner.* — 2) n. a) *Unwahrheit, Lüge, Betrug.* Personif. als Sohn Adharma's und der Hiṁsâ. — b) Bez. *eines best. mystischen Geschosses.* — c) * *Ackerbau.*

अनृतदूत m. *ein lügnerischer Bote* ÂPAST. bei SÂJ. zu ÇAT. BR. 5,3,2,11.

अनृतदेव Adj. *unwahre Götter habend* (GRASSMANN bleibt bei *falscher Spieler*).

अनृतद्विष् Adj. *Lüge hassend.*

अनृतपशु m. *Thierfigur* Kâtj. 36,6.

अनृतपूर्वम् Adv. *unwahr* 41,1.

अनृतमय Adj. *unwahr, lügenhaft.*

अनृतवाच् und अनृतवादिन् Adj. *unwahr redend.*

अनृताभिशंसन n. *falsche Beschuldigung* Gaut. 21,10.

अनृताभिशस्त Adj. *fälschlich angeklagt* Verz. d. Oxf. H. 282,b,29.

अनृताभिसंध Adj. *unwahr redend* Khând. Up. 6,16,1.

अनृतिक und अनृतिन् Adj. *lügnerisch,* m. *Lügner.*

अनृती Adv. mit कर् *Jmd* (Acc.) *zum Lügner machen* R. ed. Gorr. 2,21,3.

अनृतु m. 1) *unrechte Jahreszeit.* — 2) *unrechte Zeit zum Beischlaf.*

अनृतुपा Adj. *ausser der Zeit trinkend.*

अनृतुभव Adj. (f. आ) *ausser der Jahreszeit erfolgend* Varâh. Bṛh. S. 46,23.

अनृतेष्टका f. *kein richtiger Backstein* Çat. Br. 6,2,2,30.

अनृत्तदर्शिन् Adj. *keinem Tanze zuschauend* Âpast. 1,3,11.

अनृत्विज् m. *kein Priester* Çat. Br. 2,1,4,4.

अनेधमान Adj. *nicht gedeihend* Çat. Br. 3,6,2,24.

अनृशंस Adj. (f. आ) *nicht boshaft, wohlwollend.* Davon Nom. abstr. °ता f. und °त्व n.

अनृषि m. *kein* Ṛshi Ind. St. 13,337.

अनृषिकृत Adj. *nicht von einem* Ṛshi *verfasst* Ind. St. 1,44.

अनेक Adj. *mehr als Einer, vielfach;* Pl. *mehrere, verschiedene, viele.*

अनेककर्मन् Adj. *verschiedene Thätigkeiten bezeichnend* Nir. 4,19.

अनेककाम Adj. *Mannichfaches wünschend.*

अनेककृत् Adj. *Mannichfaches thuend,* von Çiva.

*अनेकग m. *Vogel.*

अनेकत्र Adv. *an vielen Orten* Viddh. 26,11.

अनेकत्व n. *Vielheit* 239,19.26.

अनेकधा Adv. *in viele Theile, auf vielfache Weise.*

अनेकप m. *Elephant.*

अनेकपद Adj. *viele* (mehr als vier) *Worte enthaltend* VS. Prât. 1,137.

अनेकपितृक m. Pl. *Enkel mit verschiedenen Vätern* Jâǵń. 2,120.

अनेकरूप Adj. (f. आ) *mannichfaltig* Spr. 6738.

*अनेकलोचन m. Bein. Çiva's.

*अनेकवर्ण m. *Feldmaus* Gal.

अनेकवर्णसमीकरण n. *eine Gleichung mit mehr als einer unbekannten Grösse.*

अनेकवर्षशतिक Adj. *viele hundert Jahre alt* R. ed. Gorr. 2,1,28. 3,73,28.

अनेकविकल्प Adj. *mannichfach.*

अनेकविजयिन् Adj. *der öfters gesiegt hat* Spr. 6740, v. l.

अनेकविध Adj. *mannichfach* 43,19. Davon Nom. abstr. °त्व n. 200,20.

अनेकशफ Adj. *kein Einhufer* Vârtt. zu P. 1,2,73.

अनेकशब्द Adj. *durch mehrere Wörter bezeichnet, synonym.*

अनेकशस् Adv. *vielfach, in grosser Anzahl oder Menge, von verschiedener Art, zu wiederholten Malen* 107,27. 140,6.

अनेकशास्त्रपद्धति f. Titel eines Werkes.

अनेकसंस्थान Adj. *von mannichfachem Aussehen, mannichfach verkleidet* 201,30.

अनेकसहस्ररश्मि Adj. *Tausende von Strahlen habend* (Mond) R. 5,11,1.

अनेकाकिन् Adj. *nicht allein, begleitet von* (Instr.).

अनेकाक्षर Adj. *mehrsilbig* AV. Prât. 4,15.

अनेकान्त m. *kein absoluter Fall, der Fall, dass Etwas so und auch anders sein kann,* Suçr. 2,330,7. 339,2 (अनेकान्तार्थ: gedr.). Sarvad. 41,20. 43,1. Davon Nom. abstr. °त्व n. 45,6.

अनेकान्तवाद m. *Skepticismus.* °प्रवेशक n. Titel eines Werkes.

*अनेकान्तवादिन् m. 1) *ein* Ǵaina. — 2) *ein* Arhant bei den Ǵaina.

अनेकार्थ Adj. *mehr als eine Bedeutung habend.* Davon Nom. abstr. °त्व n. Comm. zu TS. Prât. 1,1. 8,8. अनेकार्थकोश m. (auch bloss अनेकार्थ), °तिलक n., °ध्वनिमञ्जरी f., °संग्रह m. und °समुच्चय m. Titel von Wörterbüchern.

अनेकीभवन्त् Adj. *nicht zu Eins werdend, geschieden bleibend* ṚV. Prât. 13,18.

*अनेकीय Adj. von अनेक.

*अनेड Adj. *dumm.*

*अनेडमूक Adj. 1) *taubstumm.* — 2) *blind.* — 3) *böse.*

(अनेद्य) अनेदिय Adj. *untadelig.*

अनेन Adj. *ohne Hirsche.*

अनेनस् 1) Adj. *fehlerlos, schuldlos, sündlos.* — 2) m. N. pr. verschiedener Männer.

अनेनस्य n. *Schuldlosigkeit.*

*अनेमन् Adj. = प्रशस्य.

अनेवंविद् und अनेवंविद्वंस् Adj. *so oder Solches nicht wissend.*

अनेवम् Adv. *nicht so* Bâdar. 3,1,8.

अनेहस् 1) Adj. a) *unerreichbar, unvergleichlich.* — b) *unbedroht, sicher.* — 2) m. *Zeit* Bâlar. 84,14. — 3) n. *Sicherheit, Schutz.*

अनैकान्तिक Adj. *so und auch anders sein könnend.* Davon Nom. abstr. °त्व n. Naish. 5,1,22.

अनैकान्त्य n. *Nicht-Absolutheit, das so und auch anders Seinkönnen* Sarvad. 30,6. Spr. 3955 (अनैकान्त्यात् die richtige Lesart).

अनैडक Adj. (f. ई) *nicht vom Thiere* Eḍaka *kommend.*

अनैन्द्र Adj. *nicht an* Indra *gerichtet* Ǵaim. 3,2,37.

अनैपुण n. *Ungeschicklichkeit, Unerfahrenheit.*

अनैमित्तिक Adj. *nicht gelegentlich, — der erste beste* Kauç. 67.

अनैश्वर्य n. *Nichtherrschaft.*

*अनो Adv. *nicht.*

अनोकह m. *Baum.*

अनोङ्कृत Adj. *nicht von* ओम् *begleitet.*

अनोजस् Adj. *kraftlos, schwach* Spr. 4739.

अनोरथ m. Pl. *Last- und Streitwagen.*

अनोवाह् Adj. *einen Wagen ziehend.*

अनोवाह्य Adj. *auf Wagen zu fahren.* °म् Adv. *fuderweise.*

अनौचित्य n. 1) *Unangemessenheit.* — 2) *Ungewöhnlichkeit* Comm. zu Mṛkkh. 44,14.15.

अनौजस्य n. *Mangel an Energie.*

अनौद्धत्य n. *Nicht-Hoffart.*

अनौषध n. *kein Heilmittel* Spr. 7566.

अन्त m. (selten n.; am Ende eines adj. Comp. f. आ) 1) *Rand, Saum, Grenze, Endpunkt, Ende im Raume* 26,6. दिशो ऽप्यन्तात् *vom Ende der Welt sogar* 291,8. °अन्तम् Adv. *bis zu* (im Raume). — 2) *Ende eines Gewebes, Zettelende, Leiste, Saum.* — 3) *unmittelbare Nähe.* अन्ते *bei, neben* 30,22. 110,25. *in Gegenwart von.* — 4) *Ende, Ausgang, Schluss* 96,31. 100,17. 103,11. 104,3. 119,29. 138,10. 106,22 (n.). 172,4. 283,4. 290,13. अन्ते *schliesslich* 139,8.20. ग्रहणान्तम् Adv. *bis zur Erlernung* 38,6. Am Ende eines adj. Comp. *schliessend mit* 38,14. 166,21. 185,19. 220,4. 262,20. M. 1,50. — 5) *Lebensende, Tod* 108,4. — 6) *Endsilbe, Endung, Auslaut* 229,16. 235,7. *das letzte Wort* 227,4. — 7) *Pause.* — 8) *Höhepunkt, das non plus ultra von* (Gen.) Kâd. 139,11. — 9) *Lösung, Entwirrung.* — 10) *Abrechnung* 33,18. — 11) *100,000 Millionen.* — 12) *Zustand.* — 13) *das Innere.* °अन्ते (auf die Frage wo) und °अन्तम् (auf die Frage wohin) *in.* — Nach den Lexicographen und Grammatikern noch *Theil* und *Entschluss* und als Adj. *nahe; lieblich* (Çiç. 4,40 so erklärt).

अन्तःकरण n. *das innere Organ* 263,27.29. 266,17. 287,33. 289,12. *Herz* Spr. 7642. °प्रबोध m. Titel einer Schrift.

*अन्तःकुटिल m. *Muschel.*

अन्तःकृमि m. *Wurmkrankheit.*

*अन्तःकोटरपुष्पी f. = अण्डकोटरपुष्पी.

अन्तःकोप m. *innerer Groll* Spr. 1876.

अन्तःकोश m. *das Innere einer Vorrathskammer u. s. w.*

अन्तःक्रतु Adv. *während eines Opfers* Gaim. 5,2,25.

अन्तःपञ्चमकारपूजन n. *das im Innern Opfern der fünf* म (मद्य, मांस, मत्स्य, मुद्रा und मैथुन).

अन्तःपदम्, °पदे und अन्तःपद° *innerhalb eines Wortes.*

अन्तःपरिधि Adv. *innerhalb der* Paridhi *genannten Hölzer.*

अन्तःपरिमार्जन n. *innerlich gebrauchtes Heilmittel* Karaka 1,11.

अन्तःपर्शव्य n. *das an den Rippen befindliche Fleisch.*

अन्तःपवित्र *der innerhalb der Seihe sich befindende* Soma.

अन्तःपशु Adv. *zur Zeit, da das Vieh im Stall ist.*

अन्तःपात m. 1) *ein in der Mitte der Opferstätte eingeschlagener Pflock.* — 2) Bez. eines best. Saṁdhi: *Einschiebung eines Consonanten.*

°अन्तःपातित n. *das Enthaltensein in.*

अन्तःपात्य = अन्तःपात 1).

अन्तःपात्र n. *der innere Raum eines Gefässes* (*vielleicht der hohle Leib*) AV. 11,9,15.

अन्तःपादम् Adv. *innerhalb eines Stollens.*

अन्तःपार्श्व n. *das an den Seiten befindliche Fleisch.*

अन्तःपाल m. *Haremswächter.* अन्तपाल v. l.

अन्तःपुर n. 1) *königliche Burg.* — 2) *Harem, Gynaeceum, Frauengemach* 42,19. — 3) Sg. und Pl. *die Bewohnerinnen des Gynaeceums.* Sg. *Gattin* Rāǵat. 8,1. collect. *Frauenzimmer, das schöne Geschlecht* Varāh. Bṛh. S. 8. 7, Z. 5. 6.

अन्तःपुरचर m. *Diener im Harem* R. 2,78,10. Spr. 336.

अन्तःपुरजन m. Sg. *die Frauen im Harem.*

अन्तःपुरवृद्धा f. *alte Dienerin im Harem* Kād. 68,20.

*अन्तःपुराध्यक्ष m. *Aufseher des Harems.*

अन्तःपुरिका f. *eine Frau im Harem* Kād. 60,21. 70,6. °जन m. *die Frauen* f. H. 100,13.

अन्तःपुरीय्, °यति *wie im Harem sich benehmen.*

अन्तःपूजा f. *innere d. i. stille Verehrung.*

अन्तःपेय n. *das Einschlürfen, Trinken.*

अन्तःप्रकृति f. Pl. *die constitutiven Elemente des eigenen Staates mit Ausnahme des Fürsten* Pańkat. ed. orn. 38,16.

अन्तःप्रज्ञ Adj. *dessen Erkenntniss nach innen gerichtet ist.*

अन्तःप्रतिहारम् Adv. *innerhalb der* Pratihāra *genannten Silben* Lāṭj. 5,10,22.

अन्तःप्रवेश m. *das Hineinschlüpfen* Suçr. 2,22,15.

अन्तःप्रसवा Adj. f. *schwanger* Harîv. 1348.

अन्तःप्राणिन् m. *Wurm* VP. 3,11,15. अपुप्राणिन् v. l.

1. अन्तर्क m. *Saum, Rand.*

2. अन्तक 1) Adj. *das Ende bereitend, den Tod bringend.* — 2) m. a) *der Endemacher, Tod; der Todesgott* (Jama) 65,26. 150,8. Spr. 7644. — b) *ein best. Fieber.* — c) N. pr. *zweier Männer.*

3. °अन्तक Adj. 1) *auslautend auf* Taitt. 3,5,21. H. 242. — 2) *enthaltend* Taitt. 2,1,5.

अन्तकज्वर m. *ein best. Fieber* Verz. d. Oxf. H.

अन्तकद्रुह् f. *Unhold (Dämon) des Todes.*

अन्तकर Adj. *das Ende —, den Tod bereitend.* Gewöhnlich am Ende eines Comp. 64,5. f. ई R. 3,43,28 fehlerhaft.

अन्तकरण 1) Adj. dass. 74,25. — 2) n. *Vernichtung* (Conj.).

°अन्तकारिन् Adj. = अन्तकर.

अन्तकाल m. 1) *Todesstunde* Spr. 7644. — 2) *Ende der Welt* Ind. St. 9,133.

अन्तकृत् 1) Adj. *das Ende bereitend.* स्त्रीयितान्त°. — 2) *Tod, der Todesgott.*

अन्तकृद्दशा m. Pl. Titel eines Gaina-Werkes.

अन्तग Adj. 1) *bis zum Ende von — gehend.* — 2) am Ende eines Comp. *vollständig vertraut mit.*

अन्तगत Adj. 1) *zu Ende gegangen* Tāṇḍja-Br. 4, 9,17. Spr. 2506. — 2) *am Ende stehend, auslautend.*

अन्तगति Adj. *mit dem es zu Ende geht.*

अन्तगमन n. 1) *das zu Ende Kommen mit* (Gen.). — 2) °*das Sterben.*

अन्तगामिन् Adj. *zum Tode gehend.*

°अन्तचर Adj. *an den Grenzen von — lebend.*

अन्तचार m. Pl. N. pr. eines Werkes.

अन्ततस् Adv. 1) *vom Ende* (*von den Enden*) *aus.* — 2) *am Ende, — Umkreise; aus der Nähe von* (Gen.) Çat. Br. 12,4,3,3. — 3) *am Schluss von* (Gen.); *schliesslich* 32,22. 33,1. Spr. 7703. 7781. — 4) *in der letzten, schlechtesten Weise.* — 5) *wenigstens.* — 6) *innerhalb* Çulbas. 3,129. 207.

अन्तताष्ट्री f. Name eines Sāman.

अन्तद्वीप N. pr. eines Landes. °द्वीपिन् m. *ein Bewohner dieses Landes.*

अन्तपाल m. in Verbindung mit दशोष्म् so v. a. *Seitenblick* Bhām̀av. 48. नयनान्त° dass. 20.

अन्तपाल m. 1) *Grenzwächter.* — 2) = अन्तःपाल R. ed. Bomb. 2,37,25.

अन्तपाल N. pr. einer Oertlichkeit.

अन्तभाज् Adj. *am Ende stehend, auslautend.*

1. अन्तम Adj. 1) *der nächste.* — 2) *sehr nahe stehend* so v. a. *befreundet; überaus lieb.*

2. अन्तम Adj. 1) *der letzte.* In °मात्रिन् Adv. *zuletzt.*

अन्तमस्था f. *ein Metrum von 46 Silben.*

अन्तर् 1) Adv. *innen, innerhalb; zwischen durch; in's Innere, hinein* 166,11. 248,25. 304,27. 310, 12. — 2) Praep. a) mit Loc. *innerhalb, in, zwischen, unter, inmitten; in — hinein.* अन्तरा *inmitten.* — b) mit Acc. *zwischen.* — c) mit Gen. *in, innerhalb, zwischen, inmitten* 76,10. 137,10. 299,10. 304,22. Spr. 7646. 7732. *aus — heraus* Çiç. 3,77. — d) am Ende eines Comp. *in, innerhalb* 135,32. *in — hinein.*

अन्तर 1) Adj. (f. आ) a) *nahe, ganz nahe* Ṛ V. Çat. Br. 3,3,4,15. — b) *nahe stehend* so v. a. *befreundet, überaus lieb.* अन्तरतर *Jmd* (Gen.) *sehr n. st.* 32,7. TS. 6,2, 8,7. अन्तरतम *am Nächsten verwandt* (von Lauten). — c) (*dem Mittelpuncte nahe*) *im Innern befindlich, der innere* 217,17.20. Çvetāçv. Up. 1,7. Von Kleidungsstücken so v. a. *Unter-.* Mit einem Abl. *mehr nach innen befindlich als* (von Kleidungsstücken *dem Körper näher liegend*) Çat. Br. 3,2, 4,11. 5,2,4,8. Maitr. Çr. 7,3,20. 14,3,4. *innerhalb von — befindlich* Çat. Br. 14,6,9,7. Gg. — d) *ein anderer, verschieden von* (Abl.). — 2) n. (adj. Comp. f. आ) a) *das Innere:* अविद्यायामन्तरे *mitten in der Unwissenheit.* मुनिमन्तरमाविशत् *drang in den Muni.* अन्तरम् *hinein, in — hinein.* अन्तरात् *aus — heraus.* अन्तरे *in, hinein, in — hinein* 127, 6. °अन्तरेषु dass. 297,19. अन्तर° dass. 133,14. 181,14. — b) *Zwischenraum.* अन्तरमन्तरम् so v. a. *Platz gemacht!* अन्तरम् mit Gen. oder am Ende eines Comp. *zwischen* (auf die Frage *wohin*). अन्तरे *dazwischen* 290,4. *unterwegs.* Mit Gen. oder am Ende eines Comp. *zwischen, unter.* — c) *Entfernung, Abstand.* ललान्तरे 173,1. — d) *Loch, Oeffnung.* — e) *Eingang.* नाप्नोति छिद्रे ऽन्तरम् 133,4. शोकस्य नान्तरे दातुमर्हसि R. 4,6,18. LA. 52,10. — f) *Zwischenglied, was sich zwischen zwei Gegenständen befindet.* — g) *Zwischenzeit, Zeitraum* Pańkat. 183,2. एतस्मिन्नन्तरे *inzwischen, mittlerweile* 39,18. 43,21. 45,2. तस्मिन्नन्तरे, अत्रान्तरे (142, 13. 143,20. 150,18) und तत्रान्तरे (106,24) dass. किं चित्कालान्तरम् *eine kleine Weile.* क्षणान्तरे *nach einer Weile* 114,22. कतिपयदिनान्तरे 106,1. निमिषान्तरात् *einen Augenblick darauf.* कालान्तरेण *nach Verlauf einiger Zeit* 41,27. कथान्तरे *während der Erzählung* 117,15. — h) *Periode.* — i) *Gelegenheit.* — k) *Gelegenheit zum Angriff, Blösse,*

Schwäche. — l) Unterschied 115,1. 171,2. 181,2. तया समुद्देश च 132,2. Pañkat. 167,6. — m) Unterschied zwischen zwei Grössen, Rest bei einer Subtraction. — n) Besonderheit, Species 163,7. प्रतिमन्नवस्थान्तरे in dieser eigenthümlichen Lage Spr. 4012. उरगत्वग्ब्रह्मसूत्रान्तर Adj. eine Schlangenhaut als eine besondere Art von Brahmanenschnur tragend Çak. 170, v. l. — o) Klausel. — p) Verschiedenheit. देशान्तराणि andere Gegenden 121,26. 124,24. नरान्तर ein anderer Mann 130,12. 131, 6. 158,26. अन्यत्स्थानान्तरम् ein anderer Ort. स्तम्भान्तरेषु in verschiedenen Säulen Kâd. 70,18. — q) Abwesenheit, Entfernung. — r) Bürgschaft. — s) Bezug, Rücksicht. °अन्तरे in Bezug auf R. 2,80,16. wegen 10,15. MBh. 3,208,15. — t) *Seele. — u) *Untergewand.

अन्तरगत Adj. 1) steckend in (Gen. oder im Comp. vorangehend) 120,23. R. 1,31,9. 83,7. — 2) entfernt Spr. 5801. अनत्यन्तरगत nicht weit entfernt R. 4,18,17.

1. अन्तरग्नि m. das Feuer der Verdauung.

2. अन्तरग्नि Adj. im Feuer befindlich.

1. अन्तरङ्ग n. 1) ein innerer Körpertheil. — 2) Herz 176,4.

2. अन्तरङ्ग Adj. 1) das Innere —, das Wesen einer Sache betreffend, wesentlich, vor allem andern in Betracht kommend. Dazu Nom. abstr. °त्व n. — 2) Jmd nahe stehend, mit Jmd vertraut, wohlbekannt. — 3) in der Gramm. das Thema betreffend, — berührend. Comp. °तर und °तरक, Nom. abstr. °त्व n.

अन्तरचक्र n. Alles was zu den (32) Zwischenräumen (der Windrose) gehört Varâh. Bṛh. S. 87, Unterschr.

°अन्तरचारिन् Adj. steckend in MBh. 1,133,23.

अन्तरज्ञ Adj. zu unterscheiden verstehend, die Menschen gut kennend. Davon Nom. abstr. °ता f. Râgat. 8,13.

अन्तरण n. das Uebergangenwerden.

अन्तरतस् 1) Adv. im Innern, innerhalb Çulbas. 3,199.208. fg. — 2) Praep. mit Gen. innerhalb. Am Ende eines Comp. aus — hervor.

अन्तरदिशा f. Zwischengegend.

अन्तरन्त[:]स्थ Adj. in der Mitte einen Halbvocal enthaltend Ind. St. 13,487.

अन्तरपूरुष m. Seele.

अन्तरप्रभव Adj. dazwischen (aus der Vermischung zweier Kasten) geboren.

अन्तरप्रेक्षिन् Adj. auf eine Blösse lauernd MBh. 1,128,30. 7,117,5. R. 3,52,13. 5,9,46.

अन्तरभावना f. composition by the difference Colebr. Alg. 171.

*अन्तरयण n. Hinderniss.

*अन्तरयन m. N. pr. einer Gegend.

अन्तरलप्राण m. Pl. equivalent respirations of the interval J. A. O. S. 6,268.

अन्तरवचारिन् Adj. sich einschleichend, eindringend.

अन्तरवयव m. der innere Theil.

अन्तरस्थ 1) Adj. (f. आ) im Innern von (Gen. oder im Comp. vorangehend) befindlich 103,5. MBh. 3,165,2. der innere Spr. 3809. — 2) m. Bürge.

°अन्तरस्थित Adj. stehend innerhalb von 133,14.

अन्तरा 1) Adv. a) mitten inne, darin, dazwischen; hinein. Mit स्था sich dazwischenstellen. — b) unterweges. — c) in der Nähe. — d) beinahe. — e) in der Zwischenzeit. — f) dann und wann. अन्तरान्तरा dass. Kâd. 63,9. hie und da 136. अन्तरा — अन्तरा — अन्तरा das eine Mal, d. andere M., d. dritte M. 133,1. — 2) Praep. a) zwischen, mit Acc. und Loc. — b) während, mit Acc. Sâh. D. 425. — c) ohne, mit Ausnahme von, mit Acc. R. ed. Bomb. 2,41,18.

अन्तरांस m. Brust.

अन्तराकाश m. Station in der Luft Ind. St. 9, 232. 360.

अन्तरागमन n. das dazwischen Durchgehen Kâty. Çr. 25,4,17. M. 4,126.

अन्तरागार n. das Innere eines Hauses.

अन्तराग्नि m. = 1. अन्तराग्नि Garbhop. 2.

अन्तरात्मक Adj. (f. ई) der innere Maitrjup. 6,1.

अन्तरात्मन् m. Seele, Herz, das Selbst.

अन्तरात्मेष्टकम् Adv. zwischen dem Mittelkörper des Agni und den Backsteinen.

अन्तरादिश् f. Zwischengegend.

अन्तराधान Adj. aufgezäumt.

अन्तराधि m. Rumpf Suçr. 1,125,12.

अन्तरान्वेषिन् Adj. auf eine günstige Gelegenheit wartend Çâk. 101,11.

अन्तरापण m. (Ende eines adj. Comp. f. आ) etwa Budenreihe auf dem Markte.

*अन्तरापत्या Adj. f. schwanger.

अन्तराभक्त n. eine Arzenei, die zwischen zwei Mahlzeiten genommen wird, Suçr. 2,533,4.

अन्तराभर्तृ Adj. herbeischaffend, mittheilend.

अन्तराभव m. Zwischenexistenz (zwischen Tod und Wiedergeburt) AK. 3,4,135.

अन्तराय m. 1) Hinderniss. — 2) Zwischenzeit.

अन्तराराम Adj. am Innern seine Freude habend.

अन्तराल 1) *Adj. (f. आ) dazwischenliegend. — 2) n. a) Zwischenraum Çulbas. 1,68. °ले unterweges. — b) Zwischenzeit. घड्यन्तराल Bhar. Nâṭjaç. 18,53. °ले inzwischen Âpast. 2,1,18. Mṛkkh. 146,21, v. l. — c) Vermittelung Çiçp. 37. — d) Zwischenkaste.

*अन्तरालक n. Zwischenraum.

अन्तरालभू f. der zwischen (Gen.) gelegene Raum.

अन्तरालप्रत n. Zwischenobservanz Ind. St. 10, 338.

अन्तराली Adv. mit कर् Etwas als Vermittelung gebrauchen Comm. zu Çiçp. 37.

*अन्तरावेदी f. Veranda.

अन्तराशृङ्गम् Adv. zwischen den Hörnern.

अन्तरिक्ष 1) n. a) Luftraum. — b) Name eines Sâman. — 2) m. N. pr. verschiedener Männer VP. 3,3,14 (अन्तर°). 4,22,3.

अन्तरिक्षक्षित् Adj. im Luftraum wohnend Khând. Up. 2,24,9.

अन्तरिक्षग 1) Adj. im Luftraum sich bewegend 52,19. — 2) m. Vogel MBh. 2,53,21.

अन्तरिक्षचर Adj. (f. ई) durch den Luftraum wandelnd MBh. 1,152,30.

*अन्तरिक्षजल n. Regen Gal.

अन्तरिक्षप्रा Adj. die Luft durchziehend.

अन्तरिक्षप्रुत् Adj. die Luft durchschwimmend.

अन्तरिक्षलोक m. die Luft (als besondere) Welt.

अन्तरिक्षसंशित Adj. durch die Luft angetrieben.

अन्तरिक्षसद् Adj. in der Luft sich aufhaltend.

अन्तरिक्षसद्य n. Aufenthalt in der Luft.

अन्तरिक्षायतन Adj. die Luft zum Sitz habend Çat. Br. 4,3,2,13. 6,3,4,12.

(अन्तरिक्ष्य) अन्तरिक्षिय Adj. in der Luft befindlich.

अन्तरित 1) Adj. s. 3. इ mit अन्तर्. — 2) f. आ eine Art Räthsel Kâvjâd. 3,102.

अन्तरिति f. das Ausschliessen Maitr. S. 4,3,1.

अन्तरिन्द्रिय n. inneres Organ 260,15. 286,3.

अन्तरी Adv. mit कर् zwischen sich nehmen.

अन्तरीक्ष n. 1) Luftraum. — 2) *Talk. — Richtiger अन्तरिक्ष.

अन्तरीक्षग und अन्तरीक्षचर schlechte Lesarten für अन्तरिक्ष°.

*अन्तरीक्षजल n. das Wasser im Luftraum.

अन्तरीक्षन् m. N. pr. = अन्तरिक्ष.

अन्तरीक्षावचर m. dessen Gebiet die Luft ist Lal. de la b. l. 334.

*अन्तरीप n. Insel.

*अन्तरीय n. Untergewand.

अन्तरुष्य m. Station.

*अन्तरुष्णा f. das weisse Dûrvâ-Gras Râǵan. 8,112.

अन्तरेचर Adj. im Innern (des Hauses) sich tummelnd.

अन्तरेण 1) Adv. dazwischen. — 2) Praep. mit

Acc. a) innerhalb. — b) zwischen. Auch am Ende eines Comp. — c) während. — d) ohne 209,12. — e) ausser, mit Ausnahme von 39,10. — f) in Bezug auf, wegen. Auch mit Gen.

*अन्तर्गडु Adj. untauglich, unnütz. काव्यान्तर्गडुभूत Sâh. D. 640 ist काव्यान्तर् गडुभूत.

अन्तर्गतमनस् Adj. in sich gekehrt.

अन्तर्गर्भ und °र्गर्भिन् Adj. in अनन्त°.

अन्तर्गलगत Adj. im Halse steckend Pañkat. 203,10.

अन्तर्गिरि m. N. pr. eines Landes.

अन्तर्गिर्य m. Pl. N. pr. eines Volkes.

अन्तर्गृह n. inneres Gemach.

*अन्तर्घण und *अन्तर्घन m. 1) Platz vor dem Hause. — 2) N. pr. eines Dorfes.

*अन्तर्घात m. P. 3,3,78, Sch.

अन्तर्ज Adj. im Innern entstehend, — lebend.

*अन्तर्जठर n. Magen.

अन्तर्जम्भ m. das Innere des Rachens.

अन्तर्जलचर (R. 4,40,21) und °र्जलनिवासिन् (210,9.) Adj. im Wasser lebend.

अन्तर्जलसुप्त Adj. im Wasser schlafend Kathâs. 18,319.

अन्तर्जलौघ m. innere Wassermasse Megh. 60.

अन्तर्जानु 1) Adj. die Hände zwischen den Knieen haltend. — 2) Adv. zwischen den Knieen.

अन्तर्ज्योतिस् Adj. der sein Licht nach innen gekehrt hat.

*अन्तर्दधन n. Ferment.

अन्तर्दशा f. Zwischenperiode in Jmds Loose.

अन्तर्दशाह m. Zwischenraum von zehn Tagen.

अन्तर्दाव m. Mitte des Brandes.

अन्तर्दाह m. innere Gluth.

अन्तर्दिवाकीर्त्य Adj. einen Kâṇḍâla bergend Pâr. Gṛhj. 2,11,4.

अन्तर्दुःख Adj. (f. आ) im Innern betrübt Kathâs. 18,356.

अन्तर्देश m. Zwischengegend.

अन्तर्देह 1) *Eingeweide. — 2) m. eine Art Fieber Bhâvapr. 3,79,12.

*अन्तर्द्वार n. innere Thür.

अन्तर्द्वीपिन् m. v. l. für अन्तर्दीपिन्.

अन्तर्धन n. innerer Schatz Spr. 7371.

*अन्तर्धा f. Verhüllung, Verbergung.

अन्तर्धान 1) n. a) das Bedecken. — b) das Verschwinden, Unsichtbarwerden. °धानं गम् (107,13), इ, व्रज् (63,20) verschwinden. — c) etwa ein versteckter, abgelegener Raum MBh. 13,104,49. — 2) m. N. pr. eines Sohnes des Pṛthu.

अन्तर्धानकट n. Deckelgefäss.

अन्तर्धानचर Adj. unsichtbar gehend R. 6,19,48

अन्तर्धि m. 1) *das Dazwischentreten. — 2) Verbergung, Verhüllung 222,3. अन्तर्धिं गम् verschwinden. — 3) Zwischenzeit. — 4) = अन्तर्धान 2).

अन्तर्धिन् Adj. etwa im Hause beschäftigt Âpast. 1,3,41.

अन्तर्नख Adj. soviel man zwischen den Nägeln (mit den Fingerspitzen) fassen kann.

अन्तर्नगर n. Burg, Palast des Königs.

अन्तर्निधन n. ein in der Mitte befindliches Nidhana Tâṇḍja-Br. 7,6,13.

अन्तर्निहित Adj. hineingelegt Mîmâ. 29.

अन्तर्न्यस्त Adj. dass. AK. 3,2,3.

1. अन्तर्बाष्प m. verhaltene Thränen 308,22.

2. अन्तर्बाष्प Adj. die Thränen verhaltend.

अन्तर्बाष्पशीतल Adj. unter Dampf erkaltet Bhâvapr. 3,16,13.

अन्तर्भवन° Adv. im Hause, in's Haus Megh.

अन्तर्भाव m. das Enthaltensein in (Loc.) 263,21.

अन्तर्भावित Adj. in Etwas enthalten.

अन्तर्भूतत्व n. das Enthaltensein in (Loc.) 220,24.

अन्तर्भूमिगत Adj. unter die Erde gegangen, u. der E. befindlich MBh. 1,210,8. 3,172,8.

अन्तर्भौम Adj. unterirdisch.

अन्तर्मदावस्थ Adj. dessen Brunst noch im Innern ist, — noch nicht äusserlich hervorgetreten ist Ragh. 2,7.

*अन्तर्मनस् Adj. in sich gekehrt, betrübt.

अन्तर्मलिनचेतस् Adj. eine schwarze Seele habend Pañkar. 1,2,38.

*अन्तर्मस्तुनाद m. Muschel Râǵan. 13,131.

अन्तर्मातृका f. (?) Verz. d. Oxf. H. 93,a,1 v. u.

अन्तर्मुख 1) Adj. in den Mund gehend. — 2) f. ई ein best. Fehler der weiblichen Scham Çârṅg. Saṁh. 1,7,102. — 3) n. ein best. chirurgisches Instrument.

अन्तर्मुखता f. Sarvad. 17,16 fehlerhaft; vgl. Pandit 1,216,a.

अन्तर्मुद्र m. eine best. Andachtsform.

अन्तर्मृत Adj. im Mutterleibe gestorben.

*अन्तर्य Adj. innerlich.

अन्तर्यजन n. inneres Opfer.

अन्तर्याग m. 1) dass. — 2) Titel eines Werkes.

°अन्तर्यामीय Adj. Vop. 26,4.

अन्तर्याम und अन्तर्यामग्रह m. eine Soma-Füllung unter Einhaltung des Athems. अन्तर्यामग्रहण n. Nom. act. अन्तर्यामपात्र n. das dazu gebrauchte Gefäss.

अन्तर्यामिन् m. der innere Lenker 230,1.

अन्तर्योग m. innere Versenkung.

अन्तर्लम्ब Adj. spitzwinkelig.

अन्तर्लापिका f. ein Räthsel, das zugleich die Lösung enthält. Beispiel Spr. 7803. fg.

अन्तर्लोम Adj. mit den Haaren nach innen gekehrt.

अन्तर्वंशिक m. Aufseher im Harem.

*अन्तर्वक्र m. Muschel Gal.

*अन्तर्वण Adj. im Walde gelegen.

अन्तर्वत् Adj. (f. अन्तर्वती und अन्तर्वत्नी) schwanger 103,14.

*अन्तर्वमि m. Indigestion.

अन्तर्वर्त m. das Ausfüllen von Ritzen mit Gras TS. 6,2,10,7.

अन्तर्वर्तिन् Adj. drinnen befindlich, intent.

अन्तर्वसु m. ein best. dreitägiges Soma-Opfer

अन्तर्वस्त्र n. Untergewand.

अन्तर्वाणि Adj. gelehrt Spr. 7043.

अन्तर्वावत् Adv. innen.

अन्तर्वास m. Station Ind. St. 9,300.

अन्तर्वासस् n. Untergewand.

अन्तर्वासिक m. = अन्तर्वंशिक Pañkat. ed. Bomb. 3,38,1 v. u.

अन्तर्विकारागम Adj. im Innern einen Vikâra oder Âgama zeigend VS. Prât. 4,32.

*अन्तर्विगाहन n. das Hineindringen.

अन्तर्विद्वंस् Adj. genau kennend, internoscens.

अन्तर्विष Adj. (f. आ) im Innern Gift enthaltend Spr. 7043.

अन्तर्वेग Adj. in Wirksamkeit befindlich Bhâvapr. 3,49,8.

अन्तर्वेदि 1) m. Pl. die Bewohner von Antarvedi. — 2) f. ई (°दि) das Land zwischen der Gaṅgâ und der Jamunâ. — 3) °वेदि Adv. innerhalb der Opferstätte.

*अन्तर्वेशिक (Gal.) und *अन्तर्वेश्मिक m. = अन्तर्वंशिक.

*अन्तर्ह्वाण n. Nom. act. P. 8,4,24, Sch.

*अन्तर्हनन m. N. pr. eines Dorfes.

अन्तर्हस्तम् Adv. in der Hand.

अन्तर्हस्तीन Adj. in der Hand befindlich.

अन्तर्हास m. verhaltenes Lachen.

अन्तर्हित Partic. von धा, दधाति mit अन्तर्.

अन्तर्हितात्मन् Adj. verborgenen Geistes (Çiva).

अन्तर्हिति f. Verborgenheit.

अन्तर्हृदय Adj. in sich gekehrt Maitrjup. 6,10.

अन्तलीला f. Titel eines Werkes.

अन्तवत् Adv. wie ein Auslaut. Davon Nom. abstr. अन्तवत्त्व n. und अन्तवद्भाव m.

अन्तवत् Adj. 1) endlich, vergänglich. — 2) ein Wort in der Bedeutung von अन्त enthaltend Ait. Br. 5,1. Ind. St. 9,284.

अन्तवास m. Pl. N. pr. eines Volkes.

*अन्तवासिन् m. Schüler.

अन्तर्विपुला f. ein best. Metrum.

अन्तर्वेला f. Todesstunde.

*अन्तःशय्या f. 1) Lager auf der Erde. — 2) Todtenbahre. — 3) Friedhof. — 4) Tod.

अन्तश्चर Adj. im Körper sich bewegend.

अन्तश्चाण्डाल Adj. einen Kâṇḍâla bergend Âpast. 1,9,15.

अन्तःशैल्य [?] Adj. = अन्तःशीत Kull. zu M. 1,49.

अन्तःशर m. inneres Rohr TS. 5,2,6,2. 6,1,3,5.

अन्तःशरीरवृत्ति Adj. im Körper weilend. Davon Nom. abstr. °त्व n. Njâjas. 3,2,37.

अन्तःशरीरस्थ Adj. dass. MBh. 3,291,28.

1. अन्तःशल्य n. ein Pfeil (bildlich) im Herzen Spr. 7685.

2. अन्तःशल्य Adj. einen Pfeil (bildlich) im Herzen tragend.

अन्तःशव Adj. eine Leiche enthaltend Pâr. Gṛhj. 2,11,4. Gaut. 16,19. Âpast. 1,9,14. 16,20.

अन्तःशिला f. v. l. für अन्तशिला.

अन्तःशैल m. ein Bewohner von Antargiri.

अन्तःश्रि [?] Adv. von einer best. Aussprache.

अन्तःश्लेष m. (Maitr. S. 2,8,12) und °श्लेषण n. das Gerüste, wodurch Etwas getragen wird.

अन्तसत्क्रिया f. die letzte Ehre (die man einem Verstorbenen bezeigt) Rágat. 7,1138.

1. अन्तस्ताप m. innere Gluth Mâlatîm. 30,4.

2. अन्तस्ताप Adj. im Innern Gluth empfindend.

अन्तस्तारम् Adv. in den Augensternen Vaitân. 73,3.

अन्तस्तोय Adj. Wasser bergend.

अन्तस्त्य n. Eingeweide.

अन्तस्थ Adj. am Ende stehend. — Vgl. अन्तःस्थ.

*अन्तस्थीय (अन्तःस्थीय!) Adj. gaṇa गहादि.

अन्तस्पथ Adj. auf dem Wege befindlich.

अन्तःस्वरित Adj. den Svarita auf der Endsilbe habend.

अन्तःसंज्ञ [?] Adj. das Bewusstsein verhaltend, kein B. äussernd, von Pflanzen Gaut. 8,2. M. 1,49.

1. अन्तःसत्त्व n. inneres Wesen Spr. 807.

2. *अन्तःसत्त्व 1) Adj. (f. आ) schwanger. — 2) f. आ Semecarpus Anacardium.

अन्तःसदसम् Adv. innerhalb des Sadas.

अन्तःसलिल Adj. (f. आ) mit verhülltem Wasser 90,8.

अन्तःसलिलम् Adv. im Wasser Vasis. 89,1.2. °सलिलस्थ Adj. im Wasser stehend Pañkat. 237,3.

अन्तःसानु Adv. im Bergrücken Kir. 5,26.

अन्तःसाम Adv. innerhalb eines Sâman Lâṭj. 7,8,5.

1. अन्तःसार n. innerer Gehalt (eig. und übertr.) Spr. 330. zu 807.

2. अन्तःसार Adj. 1) im Innern Kraft (oder Wasser) besitzend. — 2) im Innern hart, — fest.

अन्तःसुख Adj. im Innern seine Freude habend.

अन्तःस्तोभ Adj. Stobha enthaltend Ârsh. Br. 1 am Ende.

अन्तःस्तोमभागम् Adv. innerhalb der Stomabhâgâ genannten Backsteine Çat. Br. 8,6,1,1.

अन्तःस्थ 1) Adj. im Innern befindlich Çat. Br. 1,1,2,3. dazwischen befindlich Ind. St. 3,253. Bhâg. 8,22. stehend —, befindlich in (Gen. oder im Comp. vorangehend) Chr. 112,1. Spr. 7828. — 2) f. आ a) Zwischenzeit Tâṇḍja-Br. 12,13,21. — b) Halbvocal. — Gewöhnlich defectiv अन्तस्थ geschrieben.

अन्तःस्थाक्षरस् n. eine best. Klasse von Metren.

अन्तःस्थीभाव m. Uebergang in einen Halbvocal.

*अन्तःस्फोटना f. Solanum diffusum Nigh. Pr. — Vgl. निःस्फोट°.

अन्तःस्पन्द Adj. innerhalb der Schnur gelegen Çulbas. 3,83.

अन्तःस्पर्श Adj. im Innern Gefühlssinn habend (Pflanzen) Bhâg. P. 3,10,18.

अन्तःस्मित n. verhaltenes Lachen Kaurap. 14.

*अन्तःस्वेद m. Elephant.

*अन्तादि m. Du. Anfang und Ende.

अन्तावसायिन् m. 1) ein Kâṇḍâla Gaut. 20,1. f. °नी 20,1. 23,32. — 2) *Barbier. — 3) *N. pr. eines Mannes.

1. अन्ति 1) Adv. a) gegenüber, davor. — b) Angesichts, in Gegenwart, nahe. — 2) Praep. mit Gen. oder am Ende eines Comp. in der (die) Nähe von, zu.

2. *अन्ति f. im Schauspiel ältere Schwester.

अन्तिक 1) *Adj. nahe. — 2) *f. आ a) im Drama ältere Schwester. — b) eine best. Pflanze. — c) Ofen Gal. — 3) n. Nähe. अन्तिकम् in die Nähe, herbei; zu — hin, auf — zu, vor — hin; mit Gen. und *Abl. oder am Ende eines Comp. (so auch bei den folgenden Casus). अन्तिकेन nahe bei. अन्तिकात् aus der Nähe; in der (die) Nähe, dicht bei 54,7. 78,25 von (z. B. kaufen) 109,5. अन्तिके in der Nähe, dicht an; in Gegenwart von. अन्तिक° in der Nähe.

*अन्तिकादागत Adj. aus der Nähe gekommen P. 6,3,2, Sch.

*अन्तिकाश्रय m. Stütze.

अन्तिकी Adv. mit भू nahe kommen.

अन्तिगृह m. Nachbar.

*अन्तितम Adj. sehr nahe.

अन्तितस् Adv. aus der Nähe.

अन्तिदेव Adj. die Götter um sich habend.

अन्तिनार m. N. pr. eines Fürsten.

अन्तिम Adj. 1) der letzte. — 2) am Ende eines Comp. unmittelbar folgend auf. — 3) *sehr nahe.

अन्तिमित्र Adj. Freunde um sich habend.

अन्तिवाम Adj. (f. आ) Werthes nahe bringend.

अन्तिषद् angeblich ved. Adj.

अन्तिसुम्न Adj. mit Huld nahe AV. 7,112,1.

*अन्ती f. Ofen.

*अन्तेगुरु Adj. P. 6,3,11, Vârtt.

अन्तेऽवसायिन् m. ein am Ende der Stadt oder des Dorfes Wohnender, ein Mann aus niedrigstem Stande.

अन्तेवास m. Nachbar, Gefährte.

*अन्तेवासि Adv. gaṇa द्विदण्ड्यादि. Fehlt in Kâç.

अन्तेवासिन् 1) *Adj. am Ende —, an der Grenze sich befindend oder lebend. — 2) m. a) Schüler. Dazu Nom. abstr. °सित्व n. Dhûrtas. 14. — b) *= अन्तेऽवसायिन्.

अन्तोदात्त Adj. oxytonirt. Davon Nom. abstr. °त्व n.

अन्त्य 1) Adj. (f. आ) a) am Ende befindlich, der letzte. — b) am Ende eines Comp. unmittelbar folgend auf. — c) der niedrigste, unterste, elendeste. — 2) m. a) ein Mann aus der niedrigsten Kaste. — b) *Cyperus hexastachyus communis Nees. — 3) f. आ a) eine Frau aus der niedrigsten Kaste. °गमन Rágat. 5,399. — b) day-measure, radius ± the sine of ascensional difference. — 4) n. a) die Zahl 1000,000,000,000,000. — b) die Fische im Thierkreise.

*अन्त्यक m. = अन्त्य 2) a).

अन्त्यकर्मन् n. letzte Handlung, Leichenverbrennung.

अन्त्यज (f. आ), अन्त्यजन्मन् und अन्त्यजाति Adj. in einer niedrigen Kaste geboren. Auch Subst.

अन्त्यजातिता f. Nom. abstr. von अन्त्यजाति.

अन्त्यपत् Adj. auf das Aeusserste fallend (Donnerkeil) Maitr. S. 2,1,8.

अन्त्यपद n. last root Colebr. Alg. 303.

अन्त्यभ n. 1) die Fische im Thierkreise. — 2) *das Mondhaus Revatî.

अन्त्यमूल n. = अन्त्यपद.

अन्त्ययोनि Adj. von der niedrigsten Herkunft.

*अन्त्यवर्ण m. ein Çûdra.

अन्त्यविपुला f. ein best. Metrum Ind. St. 8,297. fgg.

अन्त्यानुप्रास m. Endalliteration.

अन्त्यावसायिन् m. = अन्तेऽवसायिन्.

अन्त्याश्रमिन् Adj. auf der letzten Lebensstufe stehend. Fehlerhaft für अत्याश्रमिन्.

(अन्त्यूति) अन्तिऊति Adj. mit Hülfe nahe.

अन्त्येष्टि f. Todtenopfer. °पद्धति f., °प्रयोग m. und °विधि m. Titel von Werken.

अन्त्र 1) n. Eingeweide. — 2) *f. ई Ipomoea pes caprae Roth.

अन्त्रकूज m. Kollern im Leibe.

*अन्त्रगुण m. Mastdarm.

*अन्त्रंधमि Indigestion.

अन्त्रपाचक eine best. Pflanze (deren Harz giftig ist).

अन्त्रवर्ध्मन् n. und °वृद्धि f. Leistenbruch.

*अन्त्रवल्लिका f. eine Soma-Pflanze Rāǵan. 3,88.

अन्त्रविकूजन n. = अन्त्रकूज.

अन्त्रशिला f. N. pr. eines Flusses. v. l. चित्रशिला und अन्तःशिला.

*अन्त्राद m. Eingeweidewurm Nigh. Pr.

*अन्त्रिका f. eine best. Pflanze Gal.

*अन्द्, अन्दति binden.

अन्दु (Çiç. 20,41) und *अन्दू f., *अन्दुक und *अन्दूक m. Kette, insbes. Fusskette (auch als Frauenschmuck).

अन्दोलन n. das Schwingen.

*अन्दोलय्, °यति schwingen.

अन्ध्रक m. N. pr. v. l. आर्द्रक.

अन्ध 1) Adj. (f. आ) a) blind. Am Ende eines Comp. geblendet (in übertr. Bed.), berauscht durch 176,16. परिमलान्ध Kād. 33,2. 212,9. getrübt durch (vom Geiste) Chr. 127,23. — b) blind so v. a. trübe, beschlagen (von einem Spiegel) 86,10. — c) blind so v. a. stockfinster Spr. 7647. 7750. — 2) m. N. pr. a) eines Flusses. — b) Pl. eines Volkes MBh. 6,357. अन्ध्र ed. Bomb. — 3) m. n. *Finsterniss. — 4) *n. trübes Wasser und Wasser überh.

अन्धक 1) Adj. blind. — 2) m. a) Koriander Bhāvapr. 1,169,9. * = अन्धपुष्पिका Dhanv. 4,88. — b) N. pr. α) eines von Çiva erschlagenen Asura. — β) verschiedener Männer. Pl. ihr Geschlecht. — 3) f. a) अन्धका das Mondhaus Inakā. — b) *अन्धिका α) Nacht. — β) ein best. Spiel. — γ) krankes Auge. — δ) Frauenzimmer. — ε) = सर्षपी und सिद्धा.

अन्धकघातिन् und अन्धकरिपु (Spr. 7620) m. Bein. Çiva's.

*अन्धककवर्त m. N. pr. eines Gebirges. *°वर्तीय m. Pl. die Bewohner desselben.

अन्धकार 1) Adj. (f. आ) finster, dunkel. — 2) n. (Ende eines adj. Comp. f. आ) Finsterniss 104,17. Davon Nom. abstr. °ता f. Kād. 39,21. 54,2.

अन्धकारक N. pr. 1) m. eines Sohnes des Djutimant, n. des von ihm beherrschten Varsha VP. 2,4,48. — 2) m. eines Berges VP. 2,4,50.

अन्धकारमय Adj. finster.

अन्धकारि m. Bein. Çiva's.

अन्धकारित Adj. verfinstert, in Finsterniss gehüllt Kād. 32,14. 38,4. 56,3. 71,13. 91,10. 116,18.

*अन्धकासुहृद् m. Bein. Çiva's.

अन्धकूप m. blinder —, verdeckter Brunnen 128,2.

*अन्धंकरण Adj. (f. ई) blind machend.

अन्धतमस n. dichte Finsterniss.

अन्धता f. Blindheit.

*अन्धतामस n. = अन्धतमस.

अन्धतामिस्र 1) m. dichte Finsterniss (des Geistes) Tattvas. 34. तामिस्रो ऽन्धतामिस्रः st. dessen Märk. P. 47,15. VP. 2,5,5. — 2) n. eine best. Hölle.

अन्धत्व n. Blindheit.

*अन्धपुष्पिका f. eine best. Pflanze Dhanv. 4,18.

अन्धपूतना f. N. pr. eines den Kindern verderblichen Dämons.

*अन्धमूषिका f. Lepeocercis serrata Trin.

*अन्धंभविष्णु und अन्धंभावुक Adj. blind werdend.

अन्धय्, °यति blind machen.

1. अन्धस् n. Finsterniss.

2. अन्धस् n. 1) Kraut, insbes. Soma-Kraut und der daraus gepresste Saft. — 2) Rasenufer. — 3) Saft, Flüssigkeit. — 4) Speise MBh. Bhāg. P. Spr. 7826, N.

*अन्धाक m. = अन्धपुष्पिका Dhanv. 4,88.

*अन्धातमस n. = अन्धतमस.

अन्धालजी f. ein blinder (sich nicht öffnender) Abscess im Auge.

अन्धाहि 1) m. eine best. ungiftige Schlange. — 2) m. f. *ein best. Fisch.

अन्धी Adv. mit कर् blind machen, mit भू blind werden 40,19.

अन्धीगु m. N. pr. eines Ṛshi.

अन्धु m. Brunnen Rāǵat. 8,2417.

*अन्धुल m. Acacia Sirissa Buch.

अन्धूकभट्ट m. N. pr. eines Mannes.

अन्ध्र m. N. pr. 1) eines Volkes MBh. 5,9,49. — 2) einer Mischlingskaste. °जातीय VP. 4,24,12. Bhāg. P. 12,1,20.

अन्ध्रभृत्य m. Pl. N. pr. einer Dynastie VP. 4,24,18.

अन्न 1) *Adj. gegessen. — 2) n. a) Speise, Nahrung; insbes. Reis (gekocht oder roh). न त्वाम् मन्ये so v. a. ich achte dich weniger als ein Reiskorn 230,1. — b) *Wasser. — c) *Wolke Gal.

अन्नकाम Adj. nach Speise verlangend.

अन्नकाल m. der Zeitpunkt, wo der Appetit (bei einem Kranken) sich wieder einstellt, Bhāvapr. 3, 37,16. 40,10.

*अन्नकोष्ठक m. Kornkammer.

अन्नगति m. Speiseröhre.

*अन्नगन्धि m. eine Species von Durchfall.

अन्नजा f. eine Species des singultus Çārṅg. Saṁh. 1,7,18.

अन्नजित् Adj. Speise ersiegend Çat. Br.

अन्नजीवन Adj. von Speise lebend.

अन्नतम m. Maitrjup. 3,5 und °माम् Adv. Ait. Âr. 96,4 v. u. wohl fehlerhaft.

अन्नतेजस् Adj. dessen Lebenskraft Speise ist.

अन्नद 1) Adj. Speise gebend. Auch von Çiva. — 2) f. आ eine 16jährige nicht menstruirende Jungfrau, die bei der Durgâ-Feier diese Göttin vertritt.

अन्नदानकल्प m. Titel einer Schrift.

अन्नदातर् Nom. ag. Geber von Speise, Brodherr Spr. 3328.

अन्नदान n. das Geben von Speise.

अन्नदोष m. Versehen beim Genuss von Speisen, Genuss unerlaubter Speisen.

अन्नपक्ति f. Zubereitung von Speisen M. 9,11.

अन्नपति m. Herr der Speise. Bein. Savitar's, Agni's und Çiva's.

अन्नपतीया f. wohl Bez. des Verses VS. 11,83 Pār. Gṛhj. 3,1,5.

अन्नपत्नी f. Herrin der Speise. प्रजापतेस्तनूः Ait. Br. 5,25. Âçv. Ça. 8,13,13.

अन्नपत्य n. Herrschaft über Speise Maitr. S. 1,6,1.3.

*अन्नपाकतोद und *°पाकमूल m. Cholik Gal.

अन्नपाश m. Speiseband (das Leib und Seele zusammenhält) Mantrabr. 1,33. Gobh. 2,3,21.

अन्नपू Adj. Speise reinigend.

अन्नपूर्ण 1) wohl ein mit Speise gefülltes Gefäss. — 2) Titel einer Upanishad. — 3) f. आ a) eine Form der Durgâ. — b) N. pr. eines Frauenzimmers.

अन्नपूर्णाकल्पलता f. und °पूर्णाष्टक m. n. Titel von Werken.

अन्नपूर्णाभैरवी und अन्नपूर्णेश्वरी f. eine Form der Durgâ.

अन्नपेय n. als Erkl. von वाजपेय.

अन्नप्रद Adj. Speise verleihend Çat. Br. 11,2,8,3.6.

अन्नप्रसवीय Adj. Umschreibung von वाजप्र° Çat. Br. 5,3,4,1.

अन्नप्राशन n. erste Fütterung des Kindes mit Reis. Auch Titel eines Pariçishṭa zum SV.

अन्नभट्ट m. N. pr. eines Autors Tarkas. 59. Auch अन्नंभट्ट geschrieben.

अन्नभाग m. Speiseantheil.

अन्नभुज् Adj. Speise geniessend, von Çiva.

अन्नमय Adj. aus Speise gebildet, daraus bestehend 268,32. 280,7. Davon °त्व n. Nom. abstr.

अन्नमल n. 1) *Excremente. — 2) eine Ausscheidung des Reises Kull. zu M. 11,93. *Arack.

अन्नंभट्ट s. अन्नभट्ट.

अन्नयोनि Arack.

अन्नरक्षा f. Schutz der Speisen (vor Gift u. s. w.).

अन्नरस n. Sg. und m. Pl. Speise und Trank.

अन्नरसमय Adj. *aus Speise und Trank gebildet, daraus bestehend.*

अन्नवत् Adj. *mit Speise versehen.*

अन्नविकार m. 1) *Umwandelung von Speise.* Davon Nom. abstr. °त्व n. 260,7. — 2) **männlicher Same.*

अन्नविद् Adj. *Speise erwerbend.*

अन्नसंस्कर्तर् Nom. ag. *Speisebereiter, Koch* Âpast. 2,8,16.

अन्नसंस्कार m. *Zubereitung der Speisen* Mbh. 3,67,3.

अन्नहोम m. *Speiseopfer (ein best. Opfer).*

अन्नाकाल m. fehlerhaft für अनाकाल.

अन्नाद Adj. (f. ई und आ) *Speise essend.* प्रजापतेस्तनुः Ait. Br. 5,25. Âçv. Çr. 8,13,12. Von अन्नादी f. Superl. अन्नादितमा Adj. f. *am meisten essend,* als Bez. *des Zeigefingers.*

अन्नादिन् Adj. dass.

अन्नाद्य n. 1) *das Zusichnehmen von Speisen; Nahrung.* °काम Adj. *nach Nahrung verlangend.* — 2) **das Blatt der Flacourtia cataphracta* Gal.

अन्नाभिरुचि f. *Appetit* Suçr. 2,136,9.

अन्नायु Adj. erfunden zur Erklärung von वायु.

अन्नावृध् Adj. *an Speise sich erlabend.*

अन्नाहार m. *der die Speisen aufträgt* Kauç. 92.

अन्नियत् Adj. *nach Speise verlangend.*

1\. अन्य (ausnahmsweise अनिय) Adj. (f. आ, n. अन्यद्) 1) *ein anderer, der andere.* Wie पर im Gegens. zu आत्मन् und स्व. Wiederholt und auf dasselbe Subst. bezogen *immer wieder ein anderer.* Am Anfange eines Comp. in substantivischer Bed. auch im f. अन्य. अन्यश्च *und etwas Anderes* so v. a. *ferner.* अन्यः कश्चित् oder कश्चन (ausnahmsweise auch का allein) *irgend ein anderer.* अन्य (oder एक und का mit चिद्) — अन्य *der eine — der andere.* Bei einer mehr als zweifachen Theilung werden noch अपर und die Ordinalia zu Hülfe genommen. Das zweite अन्य fehlt 91,28. Oft müssig, indem der Gegensatz sich von selbst versteht. — 2) *ein anderer als, verschieden von,* mit Abl., Instr. (? 193,23), अन्यतस्, अन्यत्र, ऋते, विना, मुक्त्वा, °वर्जम् und °व्यतिरिक्त. In dieser Bed. auch im Comp. nachstehend. — 3) *ein anderer* so v. a. *ein zweiter* (bei Vergleichen) 300, 27. — 4) in Verbindungen wie अन्यस्मिन्नहनि so v. a. *ein* (als unbestimmter Artikel). — 5) *gewöhnlich, gemein* 153,27. — 6) अन्यत्करोषि *du machst etwas Anderes* so v. a. *einen Fehler* Ind. St. 13,404.

2\. अन्य 1) Adj. (f. अन्यिया) *nie versiegend.* — 2) n. *Unerschöpflichkeit.*

अन्यक Adj. *ein anderer.*

अन्यकर्तृक Adj. *einen andern Agens habend* 222,27.

अन्यकाम Adj. (f. आ) *einen Andern liebend.*

*अन्यकारुका f. *ein in Excrementen lebender Wurm.*

अन्यकृत Adj. *von Andern gethan.*

अन्यक्षेत्र n. *fremdes Gebiet.*

अन्यगत Adj. *auf einen Andern sich beziehend* 314,14 (im Prâkrit).

अन्यगामिन् Adj. *ehebrüchig.*

अन्यगोचरा f. N. pr. einer der Mütter im Gefolge Skanda's.

अन्यचश्वेत Adj. *ganz weiss.*

अन्यचित्त Adj. (f. आ) *an einen Andern (eine Andere) denkend* 169,20.

अन्यचेतस् Adj. *zerstreut* 302,12.

अन्यच्छायायोनि Adj. *entlehnt.*

अन्यजन्मन् n. *das künftige Leben* Spr. 7855.

अन्यजात Adj. *von einem Andern gezeugt, — hervorgebracht.* m. *Bastard.*

अन्यतएनी Adj. f. *auf einer Seite bunt* VS. 24,8.

अन्यतःक्ष्णुत् Adj. *von einer Seite scharf.*

अन्यतःप्लक्षा f. N. pr. eines Lotusteiches.

अन्यतम Adj. (f. आ) 1) *einer von Mehreren, entweder der eine oder der andere;* mit Gen. (st. dessen auch ततस्) oder am Ende eines Comp. — 2) *ein anderer* so v. a. *ein zweiter* (bei Vergleichen).

अन्यतर Adj. (f. आ) *einer von Zweien* (Gen.). अन्यतर — अन्यतर *der eine — der andere.* अन्यतरस्याम् *auf die eine oder die andere Weise.*

अन्यतरतस् Adv. 1) *auf einer von zwei Seiten.* — 2) *auf die eine oder die andere Weise.*

अन्यतरतोदन्त Adj. (f. आ) *nur auf einer Seite Zähne habend.*

अन्यतरतोनमस्कार Adj. *nur auf einer Seite* नमस् *habend* Çat. Br. 9,1,1,20.

अन्यतरतोपृक्त Adj. *nur von einer Seite bespannt.*

अन्यतरात्र Adv. *auf den einen oder andern von Zweien.*

*अन्यतरेद्युस् Adv. *an dem einen oder an dem andern Tage.*

अन्यतःशितिबाहु Adj. *dessen Vorderfüsse nur von einer Seite weiss sind* VS. 24,7.

अन्यतःशितिरन्ध्र Adj. *dessen Ohrhöhle nur von einer Seite weiss ist* VS. 24,3.

अन्यतस् 1) Adv. a) = Abl. von अन्य oder अन्या Sg. und Pl. 171,17. 197,15. — b) = Loc. von अन्य oder अन्या Sg. und Pl. 166,15. — c) *auf der einen Seite, nach einer Seite hin.* अन्यतस् — अन्यतस् *auf der einen Seite — auf der anderen Seite.* — d) *anderswoher* 181,32. — e) *anderswo* Spr. 85. — f) *anderswohin* 77,11. 173,18. 297,24. — 2) Praep. mit Abl. *ausser* Âçv. Gṛhy. 4,5,7, v. l.

अन्यतस्त्यजायिन् Adj. *Gegner überwindend.*

अन्यता f. *Verschiedenheit.*

अन्यतोघातिन् Adj. *nach einer Seite hinschlagend.*

अन्यतोज्योतिस् Adj. *nur auf einer Seite Licht — und — einen* Gjotis-*Tag habend* Çat. Br. 12,2,2,1.

अन्यतोदत् Adj. *nur auf einer Seite bezahnt.*

अन्यतोमुख Adj. *nur auf einer Seite ein Gesicht habend.*

अन्यतोऽरण्य n. *Land mit Wald nur auf einer Seite.*

अन्यतोवात m. *eine best. rheumatische Krankheit des ganzen Auges* Suçr. 2,314,20. Çārṅg. Saṁh. 1,7,97.

अन्यत्काम Adj. *nach etwas Anderm verlangend.*

*अन्यत्तादृश P. 6,3,99.

अन्यत्र Adv. 1) ohne Casus. a) = Loc. von अन्य oder अन्या 131,1. — b) *anderswo.* Abwechselnd mit क्व चित् und अपरत्र. — c) *bei einer anderen Gelegenheit, in einem andern Falle, sonst.* — d) *anderswohin.* — 2) mit einem Abl. a) *anderswo —, anders —, in einem andern Falle als in; anders, als wenn* (Partic.); *mit Ausnahme von, ausser durch, — von, — vor, — in, — auf.* — 3) mit विना *anderswo als.* — 4) am Ende eines Comp. *zu einer anderen Zeit als.*

अन्यत्रमनस् Adj. *mit den Gedanken anderswo seiend.*

अन्यत्व n. *das Anderssein, Verschiedenheit.*

अन्यत्रस्थानगत Adj. *an anderer Stelle befindlich* Lîl. 2,10,21.

अन्यथय्, °यति *ändern.*

अन्यथा Adv. 1) *anders.* अन्यथा — अन्यथा *anders — und wieder anders* 161,1 fgg. Mit भू *anders werden, eine Aenderung erfahren* 60,1. 73, 28. Mit गम् dass. Mit कर् *anders handeln; ändern* 13,16. 61,9. *etwas Anderes mit Etwas thun* 231, 21. *zuwiderhandeln, vereiteln.* अन्यथा कथा *aus einem andern Grunde* Mahâbh. Mit अतस्, इतस् oder ततस् *auf eine davon verschiedene Weise.* — 2) *andernfalls, sonst* 42,10. 73,21. — 3) *in Folge einer anderen Veranlassung.* — 4) *anders als es sich in Wirklichkeit verhält, fälschlich* 153,21. Mit कर् *fälschlich verfahren, Etwas nicht so machen, wie es sein sollte,* 202,29. 210,27. 213,31. *falsch auffassen* 115,16. *als falsch erweisen.*

*अन्यथाकारम् Adv. *auf andere Weise.*

अन्यथाख्याति f. *die Behauptung, dass ein Ding*

nicht das sei, als was es erscheine, Kap. 5,55. Als Titel eines Werkes = °तत्त्व n.

अन्यथाजातीयक Adj. *anders geartet.*

अन्यथात्व n. *Verschiedenheit.*

अन्यथादर्शन n. *falsche Prüfung* (eines Processes) 209,25.

अन्यथाप्रथा f. *das Anderswerden* 274,10.11.

अन्यथाभाव m. 1) *Veränderung.* — 2) *Verschiedenheit.*

अन्यथाभिधान n. *falsche Aussage* (vor Gericht) 210,21.

अन्यथाभूत Adj. *verändert.*

अन्यथावाद m. Titel einer Schrift.

अन्यथावादिन् Adj. 1) *für falsch erklärend.* — 2) *eine Klage in anderer Weise als ursprünglich vorbringend.* Davon Nom. abstr. °दित्व n. 214,14.

अन्यथावृत्ति Adj. *verändert* Megh. 3. Kathâs. 77,39.

अन्यथासिद्ध Adj. *falsch bewiesen.* Davon Nom. abstr. °त्व n.

अन्यथासिद्धि f. *falscher Beweis.* °विचार m. Titel eines Werkes.

अन्यथास्तोत्र n. *ironisches Lob.*

*अन्यदर्थ P. 6,3,100.

अन्यदा Adv. 1) *zu einer anderen Zeit, sonst* Spr. 368. — 2) *eines Tages, einst.*

*अन्यदाशा f., *अन्यदाशिस् f., *अन्यदास्था f. und *अन्यदास्थित Adj. P. 6,3,99.

अन्यदीय Adj. *einem Andern gehörig,* — *eigen.*

*अन्यदुत्सुक Adj. und *अन्यदूति f. P. 6,3,99.

*अन्यदुर्वचलेखनी f. *eine best. Fertigkeit* Gal.

अन्यदेवत, °देवत्य (Çat. Br. 12,7,3,16. Maitr. S. 2,4,3) und °दैवत Adj. *an eine andere Gottheit gerichtet, einer anderen G. geweiht.*

*अन्यद्राग m. P. 6,3,99.

अन्यधर्म Adj. *von anderer Eigenthümlichkeit.* Davon Nom. abstr. °त्व n. Kap. 1,53.152.

अन्यनाभि Adj. *von anderer Sippe* AV. 1,30,1.

अन्यपदार्थप्रधान Adj. *wobei die Bedeutung eines andern* (*nicht im Compositum befindlichen*) *Wortes die Hauptsache ist* (wie im Bahuvrîhi) Schol. zu P. 2,2,24.

अन्यपुष्ट m. *der indische Kuckuck.* f. आ *das Weibchen desselben.*

अन्यपूर्वा Adj. f. *die mit einem Andern früher versprochen oder verheirathet war oder geschlechtlichen Umgang gepflogen hat* R. 2,13,68.

अन्यपूर्विका Adj. f. dass. Satja bei Utpala zu Varâh. Bṛh. 18,30.

अन्यबीजज Adj. *aus dem Samen eines Andern entsprossen* 109,19.

अन्यभाव m. *Veränderung.*

*अन्यभृत् m. *Krähe.*

अन्यभृत m. = अन्यपुष्ट Ind. St. 4,108. f. आ.

अन्यमनस् Adj. 1) *an Anderes oder Andere denkend.* — 2) *etwas Anderes meinend* Ait. Br. 2,6.

अन्यमनस्क Adj. (f. आ) = अन्यमनस् 1) Pańkat. 20.

अन्यमातृज m. *der Sohn von einer andern Mutter.*

अन्यमानस Adj. (f. आ) = अन्यमनस् 1).

अन्ययुक्त Adj. *mit etwas Anderm verbunden.*

अन्ययोग m. *Verbindung mit etwas Anderm.*

अन्यराजन् Adj. *einem Andern unterworfen.*

अन्यराष्ट्रीय Adj. *aus einem andern Königreiche.*

1. अन्यरूप n. (adj. Comp. f. आ) *eine andere (fremde) Gestalt.*

2. अन्यरूप (f. आ) und अन्यरूपिन् Adj. *anders gestaltet, von veränderter Gestalt.*

*अन्यर्हि Adv. = अन्यदा.

अन्यलिङ्ग und °क Adj. *das Geschlecht eines andern Wortes annehmend, adjectivisch.*

अन्यलोक्य Adj. *für eine andere Welt bestimmt* 105,8.

*अन्यलोह n. *Messing* Nigh. Pr.

अन्यवत् Adv. (dem Geschlecht nach) *wie ein anderes (Wort),* d. i. *adjectivisch* Mbh. dh. 42.

अन्यवर्ण Adj. (f. आ) *andersfarbig.* Davon Nom. abstr. f. ता Mbh. 13,77,23.

अन्यवादिन् Adj. = अन्यथावादिन् 2) 214,15.

अन्यवाप m. *der indische Kuckuck.*

अन्यविषय Adj. (f. आ) *ein anderes Object habend, auf etwas Anderes gerichtet,* — *sich beziehend, Anderes betreffend.*

अन्यव्रत Adj. *Andern ergeben, ungetreu.*

*अन्यशाखक m. *ein zu einer anderen Schule übergegangener Brahman.*

अन्यस्त्रीग Adj. *der Frau eines Andern beiwohnend, Ehebrecher.*

अन्यादृश, °दृश् und °दृक्ष (f. ई) Adj. *anders aussehend,* — *geartet.*

अन्यापदेशशतक n. Titel einer Schrift.

अन्याय m. *ungebührliches* —, *unrechtmässiges Verfahren* 181,23. 210,22. °वर्तिन् und °वृत्त (Gaut. 28,10) Adj. *sich ungebührlich betragend.*

अन्यायसमास m. *unregelmässiges Compositum* VS. Prât. 5,39.

अन्याय्य Adj. *ungesetzlich* 212,17.

1. अन्यार्थ m. *eines Andern Sache* Gaut. 8,2,8.

2. अन्यार्थ 1) Adj. (f. आ) a) *einen andern Zweck habend* Gaut. 2,3,29. Dazu Nom. abstr. °त्व n. — b) *einen andern Sinn habend, zweideutig* Daçar. 3,16. — 2) n. *Gebrauch eines Wortes in nicht herkömmlicher Bedeutung.*

अन्यार्थवत् Adj. *von anderer Bedeutung.*

अन्यून Adj. (f. आ) *nicht zu wenig, hinreichend.* दशतस् *nicht weniger als zehn.*

अन्यूनाङ्ग Adj. *kein Glied zu wenig habend* Lâṭj. 1,1,7.

अन्यूनातिरिक्त (Çat. Br. 11,2,3,9) und अन्यूनाधिक Adj. *nicht zu wenig und nicht zu viel.*

अन्येद्युष्क Adj. *andertägig.*

अन्येद्युस् Adv. 1) *am andern, folgenden Tage.* — 2) *eines Tages.*

अन्योकस् Adj. *nicht an seinem Sitze befindlich.*

अन्योक्ति f. 1) *variirender Ausspruch über einen und denselben Gegenstand.* — 2) *allegorischer Ausspruch.* — 3) Titel einer Schrift. °परिच्छेद m. Pl. desgl.

अन्योढा Adj. f. *mit einem Andern verheirathet.*

अन्योदर्य 1) Adj. *einem andern Mutterleibe entsprossen.* — 2) m. = अन्यमातृज.

अन्योऽन्य (Çat. Br.) 1) Subst. nur in den obliquen Casus des Sg. (Pl. R. 5,74,36. Çiç. 18,22) im Gebrauch, mit Unterscheidung des weiblichen Geschlechts am zweiten Gliede. *Einer den Andern u. s. w.* अन्योऽन्यम् und अन्योऽन्य° Adv. *gegenseitig, im Verhältniss zu einander.* — 2) n. *eine best. rhetorische Figur, bei der zwei Dinge als auf gleiche Weise auf einander einwirkend vorgestellt werden,* Kâvjapr. 10,34.35.

अन्योऽन्यता f. *Gegenseitigkeit.*

अन्योऽन्यधर्मिन् Adj. *Einer des Andern Eigenthümlichkeiten habend* MBh. 14,23,21.31.

अन्योऽन्याश्रय m. *Wechsel des Einen mit dem Andern* Spr. 1111.

अन्योऽन्याभाव m. *gegenseitiges Nichtsein.*

अन्योऽन्यापेक्ष Adj. *Eines vom Andern abhängig.*

*अन्योऽन्योक्ति f. *Unterhaltung.*

अन्योऽन्योपमा f. *ein Gleichniss von der Formel: a gleicht b und b gleicht a.* 248,10.

*अन्योपभुक्तपतिका f. *die Frau eines ehebrecherischen Mannes* Gal.

अन्वक्त 1) *Adj. *nachfolgend.* — 2) °म् Adv. *hinterher, unmittelbar darnach* Gaut. 14,9.

अन्वक्षरवाक्य und अन्वक्षरसंधि m. *ein best. Saṁdhi* RV. Prât. 4,12 nebst Comm.

अन्वक्स्थानिन् und °स्थानीय Adj. *an Würde nachstehend* Âpast. 1,6,29.34.

अन्वग्भानु m. N. pr. eines Sohnes des Raudrâçva.

*अन्वग्भावम् Adv. *in freundlicher Weise.*

अन्वङ्गम् Adv. *für jeden Theil einer Handlung.*

अन्वञ्च् 1) Adj. (f. अनूची und अनूची) a) *hinterher folgend* (mit Acc.). — b) *der Länge nach genommen.* — 2) Adv. अन्वक् a) *hinterher* 132,3. *hinter* — (Acc.) *her.* — b) *mit भू *sich geneigt erweisen.*

अन्वध्यायम् Adv. *dem heiligen Text gemäss.*

अन्वन्तरापणम् Adv. *etwa längs den Budenreihen am Markte* R. ed. Bomb. 2,57,18. Der Comm. trennt अनु als selbständiges Wort.

अन्वय m. (adj. Comp. f. आ) 1) *Nachkommenschaft.* — 2) *Geschlecht, Familie* 113,13. 124,27. — 3) *Verbindung, Zusammenhang.* — 4) *grammatischer Zusammenhang der Wörter, grammatische Construction; logischer Zusammenhang.* — 5) *Anziehungsmittel* Kâm. Nîtis. 5,61.

अन्वयबोधिका und °बोधिनी f. Titel von Commentaren.

अन्वयवत् Adv. *in Gegenwart eines dabei Betheiligten* (des Besitzers u. s. w.).

अन्वयव्यतिरेकिन् Adj. *mit Etwas zusammenhängend und auch davon ausgeschlossen* Tarkas. 37.

अन्वयागत Adj. *ererbt* Spr. 7652. Pañkat. ed. Bomb. 3,70,4.

अन्वयार्थप्रकाशिका f. Titel eines Commentars.

अन्वयिन् Adj. 1) *zur selben Familie gehörig.* — 2) *mit Etwas zusammenhängend, sich aus Etwas ergebend.* Dazu Nom. abstr. °यिता f. Verz. d. Oxf. H. 229,b,20. °यित्व n. 31.

अन्वर्तितर् (metrisch für अनुव°) Nom. ag. *Bewerber.*

अन्वर्तिष्ये AV. 14,1,56 metrisch für अनुव°.

अन्वर्थ Adj. (f. आ) *der Sache entsprechend, von selbst verständlich* 132,18. 222,20.

अन्वर्थमुक्तावली f. Titel einer Schrift.

अन्ववचार m. in अनन्ववचार.

अन्ववलम्ब Adj. *entlang hängend* (mit Acc.) Gobh. 1,2,2.3.

अन्ववसर्ग m. 1) *Abspannung, Erschlaffung.* — 2) *Gewährung.*

अन्ववसायिन् Adj. *sich anschliessend an, abhängig von* (Gen.) Çat. Br. 11,4,2,13.

अन्ववाय m. *Geschlecht, Familie* MBh. 1,200,2.

अन्ववायन n. in अनन्व°.

अन्ववेक्षण n. *das Sehen nach, Aufsicht über* (Gen).

अन्ववेक्षा f. *Rücksichtnahme.*

अन्ववेक्षिन् Adj. *sich umschauend, bedächtig* Spr. 338.

अन्वष्टका f. *der Tag nach der* Ashṭakâ. Auch °की (?).

अन्वष्टक्य n. *die an den* Anvashṭakâ *stattfindende Ceremonie.*

अन्वहम् Adv. *Tag für Tag.*

अन्वा (für अनुत्रा) f. *das Nachwehen* Tâṇḍja-Br. 1,9,8. Gop. Br. 2,2,13 (zu lesen प्रवास्यन्वासि).

अन्वाकर्षक Adj. *aus dem Vorangehenden heranziehend* Comm. zu TS. Prât. 1,34. 10,17.

अन्वाकृति f. *Nachbildung, bildliche Darstellung.*

अन्वाख्यान n. 1) *eine* (dem Text) *sich anschliessende Erklärung.* — 2) *genaue Angabe.*

अन्वाख्यायक Adj. *genau angebend.*

अन्वाचय m. *Anreihung einer Nebensache an eine Hauptsache.*

*अन्वाजे Adv. in Verbindung mit कर्.

अन्वादेश m. *Zurückverweisung.*

अन्वादेशक Adj. *zurückverweisend* TS. Prât. 22,5.

अन्वाधान n. *das Hinzulegen*, in धाय्यन्वाधान.

अन्वाधि m. *ein Gegenstand, den man einer Person übergiebt, damit sie ihn einem Dritten einhändige,* Gaut. 12,42.

अन्वाधेय und °क n. *Besitz, zu dem eine Frau nach ihrer Verheirathung gelangt ist.*

अन्वाध्य m. Pl. *eine best. Klasse von Göttern.*

अन्वान्त्र्य Adj. *in den Eingeweiden befindlich.*

अन्वाप्टीन m. N. pr. eines Fürsten. अल्लापट्टीन v. l.

अन्वापात्य Adj. *was angereiht —, supplirt wird.*

अन्वारभ्य Adj. *von hinten anzufassen.*

अन्वारम्भ m. und अन्वारम्भण n. *das Anfassen von hinten.*

अन्वारम्भणीया f. *Eingangsceremonie.*

अन्वारोह m. Pl. Bez. best. Gapa *bei Soma-Libationen* TS. 3,2,8,1. Personif. Ind. St. 3,450,2.3.

*अन्वारोहण n. *das Besteigen des Scheiterhaufens nach dem Gatten.* Davon *°णीय Adj.

अन्वालभन und °लम्भन (?) n. *etwa Griff, Handhabe.*

अन्वावर्तम् Adv. *in Bezug auf die Reihenfolge* Çat. Br. 8,4,3,1. 6,9,23.

1. अन्वासन n. 1) *das Sichsetzen nach einem Andern.* — 2) *das Bedienen, Aufwarten* Spr. 4546. Auch *f. आ Gal. — 3) **Werkstube eines Künstlers.* — 4) **Trauer.*

2. अन्वासन n. *öliges Klystier.* Vgl. अनुवासन.

अन्वासेचन n. *das Besprengen.*

अन्वास्थान n. (Comm.) und °स्थाय m. *Erreichung* Tâṇḍja-Br. 15,11,16.

अन्वाहरण n. und °हार m. *Fortsetzung.*

अन्वाहार्य 1) m. *Reisspeise, welche an den* Darça-Pûrṇamâsa-*Feiern dem* Ṛtvig *als Geschenk gereicht wird.* — 2) n. *das an jedem Neumondstage zu Ehren der Manen gefeierte Todtenmahl.* Auch °क.

अन्वाहार्यपचन m. *das südliche Altarfeuer.*

अन्वाहार्यवत् Adj. *mit dem* अन्वाहार्य *genannten Todtenmahl verbunden* Gobh. 4,1,5.

अन्विति f. 1) *Nachfolge.* — 2) **Verbindung.*

अन्वीतक Adj. (f. °तिका) *besorgt um.*

अन्वीक्षण n. *das Untersuchen, Nachforschen* Njâjas. Comm. S. 3, Z. 4 v. u.

अन्वीक्षा 1) *das Schauen.* — 2) *Untersuchung, logische Prüfung* Njâjas. Comm. S. 3, Z. 4 v. u.

अन्वीक्षितव्य Adj. *im Auge zu behalten, zu bedenken.*

अन्वीत Adj. = अन्वित *begleitet von* Bâlar. 172, 6 v. u. Kir. 12,35.

अन्वीपम् Adv. *den Strom entlang* Maitr. S. 4,4,1.

अन्वृचम् Adv. *in der Reihenfolge der Verse.*

अन्वृजु Adj. *in richtigem Lauf sich bewegend,* Beiw. Indra's Maitr. S. 1,2,10.

अन्वेतवै Dat. Inf. *um* — (Acc.) *entlang zu gehen* ṚV. 7,44,5.

अन्वेतव्य Adj. *worauf Etwas* (Instr.) *folgen muss* Comm. zu Njâjam. 4,1,1.

अन्वेष m. *das Suchen, Forschen nach.*

अन्वेषक Adj. *suchend, forschend nach.*

अन्वेषण n. (106,26. 172,7. 310,19) und °णा f. (Kap. 1,122) = अन्वेष.

अन्वेषणीय Adj. *zu suchen so v. a. bedenklich, fraglich.*

अन्वेषिन् Adj. und अन्वेष्टर् Nom. ag. *suchend.*

अन्वेष्टव्य Adj. *zu suchen, ausfindig zu machen* Mudr. XII. *zu durchsuchen* Mâlav. P. 22,1.

अन्वेष्य Adj. 1) dass. 40,26. — 2) = अन्वेषणीय.

1. अप् *thätig sein, arbeiten.* अपो पैदप्रे वनेषु ṚV. 3,6,7.

2. अप् *Werk.* Gen. अपस् (abhängig von धुरि) ṚV. 1,151,4. Vgl. अपुर्.

3. अप् f. Pl. (im Veda auch Sg.) 1) *Wasser, Gewässer.* — 2) *der Stern δ Virginis.* — 3) **Luft.*

1. अप Adv. 1) *ab, fort, weg* (Gegens. उप) in Verbindung mit Verben und Substantiven. *Praep. mit Abl. *von — weg, mit Ausschluss von.* — 2) *hinab* (= अव und im Gegens. zu उद्).

2. °अप = 3. अप्.

*अपकर m. N. pr. einer Gegend. Davon *°क Adj. *daselbst gebürtig.*

अपकर्तर् Nom. Ag. *Beleidiger.*

अपकर्मन् n. *Ablieferung,* in अनप°.

अपकर्ष m. 1) *Abzug, Abnahme* (z. B. der Bogensehne). — 2) *Abnahme* (Gegens. *Zunahme*), *Schmälerung, Verminderung, Verschlechterung.* — 3) *Auf-*

hebung, Ungültigmachung Mahābh. 3,113,a. — 4) das Vorgreifen, Anticipation Nîlakṇ. 5,1,22.27.31. Chr. 232,3.

अपकर्षक Adj. schmälernd, vermindernd.

अपकर्षण 1) Adj. dass. — 2) n. a) das Fortschleppen, Entfernen, Wegschaffen, Entziehen MBh. 12, 157,3. — b) das Herunterziehen (Gegens. उत्कर्षण). — c) das Erniedrigen Spr. 6. — d) das Aufheben, Ungültigmachen. — e) das Vorgreifen, Anticipiren Nîlakṇ. 5,1,26.

अपकर्षसम m. im Njâja das Sophisma: a und b haben eine Eigenschaft gemein, folgt fehlt auch Beiden eine andere Eigenschaft. Nîlakṇ. 5,1,4. Sarvad. 114,19.

अपकर्षिन् Adj. fortziehend Spr. 2177.

अपकल्मष Adj. frei von Sünde.

अपकाम 1) m. Unlust, Verdruss, Tort AV. 9,8,8. — 2) °मम् Adv. wider den Willen.

अपकार m. 1) Schadenzufügung, Beleidigung, Beeinträchtigung 161,4. — 2) Verschmähung, Zurückweisung Ind. St. 15,166,1. — Fehlerhaft für अपचार Spr. 2841, v. l.

*अपकारगिर् f. ein beleidigendes Wort.

अपकारता f. = अपकार 1) MBh. 3,73,13.

अपकारशब्द m. = अपकारगिर्.

अपकारिन् Adj. Jmd zu nahe tretend, Schaden —, Leid zufügend.

अपकीर्ति f. Schande, Schmach Pañkad. 15.

अपकीर्त्य Adj. (f. आ) unehrenhaft Bhâg. 7,274.

*अपकुति P. 6,2,187.

अपकुञ्ज m. N. pr. eines Schlangendämons. अपकुञ्जर v. l.

अपकृत n., °कृति f. und °कृत्य n. = अपकार 1).

*अपकृष्ट m. Krähe.

अपकोश Adj. aus der Scheide gezogen Bhoga-Kar. 5,1.

1. अपक्रम m. 1) Weggang. — 2) *Flucht. — 3) Declination (astron.) Sûrja. Çir. Ânanda.

2. अपक्रम Adj. nicht in der gehörigen Reihenfolge stehend. n. in der Rhetorik Bez. eines best. Fehlers Vâmana 2,2,23.

अपक्रमण n. das Weggehen, Entkommen.

अपक्रममण्डल n. Ekliptik Comm. zu Ânandak. 4,1.

अपक्रमिन् Adj. fortgehend, in अनप°.

अपक्रान्तमेध Adj. ohne Saft und Kraft Çat. Br. 1,2,3,9.

अपक्रान्ति f. Weggang Maitr. S. 1,8,4.

अपक्राम m. das Entlaufen, in अनप°.

अपक्रामुक Adj. (f. आ) entlaufend, davongehend TS. 5,7,9,2. Tâṇḍja-Br. 13,5,16.

अपक्रिया f. 1) Ablieferung, in अनप°. — 2) = अपकार 1) Spr. 7749. — 3) eine verkehrte Weise zu verfahren Spr. 2339.

*अपक्रोश m. Schmähung.

अपक्व Adj. (f. आ) 1) ungebrannt Spr. 394. — 2) unverdaut. — 3) unreif (auch von Geschwüren). — 4) unreif so v. a. unausgebildet. — 5) nicht reif zu sterben, noch nicht dem Tode verfallen.

अपक्वता f. Unreife, Unfertigkeit.

अपक्ष Adj. 1) unbeflügelt AV. 11,5,21. Çulbas. 2, 20. — 2) ohne Anhang MBh. 1,148,27.

अपक्षपुच्छ Adj. ohne Flügel und Schwanz Çat. Br. 13,8,2,15. Çulbas. 2,21.

अपक्षय m. Abnahme.

अपक्षलोप (Vikr. ed. Pischel 43) und अपक्षसाद (Vikr. ed. Boll. 44) m. Nichtverlust der Flügel.

अपक्षिगणसंपात Adj. wo sich keine Vögel zeigen R. 7,34,27.

*अपक्षित m. N. pr. eines Mannes.

अपक्षीयमाणपक्ष m. die zweite Hälfte des Monats, da der Mond abnimmt, Çat. Br. 11,1,7,4.14,9,3,13.

अपक्षेपण n. v. l. für अवक्षेपण, z. B. Tarkas. 55.

अपख्याति f. Unehre, Schande Bhâg.-P. 66,14.

अपग Adj. (f. आ) sich abwendend von (Abl.).

अपगम m. und अपगमन n. Fortgang, Schwund, das Weichen, Scheiden, Verstreichen.

अपगर m. Tadler (ein Amt bei einem Opfer) Lâṭj. 4,3,2.

अपगर्जित Adj. donnerlos.

अपगल्भ Adj. unkeck, verzagt, verlegen, beschämt.

*अपगा f. = आपगा Fluss.

*अपगारम् Absol. schmähend, tadelnd.

अपगुण Adj. ohne Vorzüge. Davon Nom. abstr. °ता f. Sâh. D. 603. Die richtige Lesart ist aber स्त्रैणाभाव गुणता.

अपगोरण n. das Bedrohen.

*अपगोरम् Absol. = अपगारम्.

अपगोह m. Versteck.

अपग्राम Adj. aus der Gemeinde gestossen.

1. *अपघन m. Körpertheil.

2. अपघन Adj. wolkenlos 106,28.

अपघाटिला f. ein best. musikalisches Instrument.

अपघात m. Abwehr, Verscheuchung Çat. Br. 11, 5,8,1.

अपघातक Adj. abwehrend, verscheuchend.

अपघृण Adj. mitleidlos, grausam Spr. 7762.

*अपच Adj. nicht kochend, nicht kochen könnend.

अपचय m. 1) Abnahme, Verminderung Gaut. 10, 35. 27,12. — 2) in der Astrol. das 1te, 2te, 4te, 5te, 7te, 8te, 9te und 12te Haus.

अपचरित n. Vergehen.

अपचायिन् Adj. schmälernd, beeinträchtigend; Jmd die gehörige Achtung versagend. Oefters mit उपचायिन् verwechselt.

अपचार m. 1) das Fehlen, Mangeln 38,12. Comm. zu Nîlakṇ. 6,3,8.12. — 2) Hingang, Tod. — 3) Vergehen, Versehen Gaut. 25,8. — 4) das Misslingen, Missrathen.

अपचारिन् Adj. 1) abgehend —, abfallend von. — 2) ein Versehen begehend. — 3) untreu (von einer Gattin).

*अपचिकीर्षा f. die Absicht, Jmd zu nahe zu treten.

अपचित् f. ein best. schädliches Insect.

अपचिति f. 1) Vergeltung (im Guten und im Bösen) 46,8.15. अपचितिकाम Adj. Tâṇḍja-Br. 19,8,1. Kâtj. Çr. 22,10,10. — 2) Sühne. — 3) *Verlust. — 4) *Ausgabe. — 5) ein best. Kratu Tâṇḍja-Br. 19, 8,1. Kâtj. Çr. 22,10,28. Âçv. Çr. 9,8,21 (Comm. m.). Vaitân. 40. — 6) N. pr. einer Tochter Marîkî's.

अपचितिमत् Adj. geehrt.

अपची f. scrophulöse Knoten am Nacken u. s. w.

अपच्छत्त्र Adj. ohne Sonnenschirm.

अपच्छिद् f. Abschnitzel Çat. Br. 3,3,4,9. Tâṇḍja-Br. 11,11,2. 12,5,2. 14,5,1. 18,6,28.

अपच्छेद m. 1) das Abschneiden Çulbas. 3,78.157. — 2) Ablösung, Trennung (von einer geschlossenen Reihe) Gaim. 6,5,56. Comm. zu Nîlakṇ. 6,5,21.

अपच्छेदन n. 1) Theilung Çulbas. 1,11. 3,66. — 2) = अपच्छेद 2) Nîlakṇ. 6,5,21.

अपच्यावं m. das Hinwegstossen.

*अपज्ञाग m. N. pr. eines Mannes.

अपजय्य s. अनप°.

अपजिघांसु Adj. abzuwehren beabsichtigend.

अपजिहीर्षा f. das Verlangen zu rauben.

अपजिहीर्षु Adj. zu rauben beabsichtigend.

*अपज्ञान n. das Abläugnen, Verheimlichen.

अपज्य Adj. ohne Bogensehne.

अपज्वर Adj. fieberlos 62,2.12.

अपञ्चम m. kein Nasal VS. Prât. 4,160.

अपञ्चीकृत und °भूत n. Pl. die noch nicht unter einander gemischten feinen Elemente 263,13. 274,17.

अपटाक्षेप m. schlechte Lesart für अपटीक्षेप.

*अपटान्तर Adj. unmittelbar anstossend.

*अपटी f. Schirm um ein Zelt. Vgl. पटी.

अपटीक्षेप m. das Nichtwegschieben des Vorhanges. °क्षेपेण प्रविश् so v. a. unerwartet und ungestüm auf der Bühne erscheinen.

अपटु 1) Adj. a) nicht scharf, — stechend, von Strahlen 219,28. — b) untauglich, unfähig Spr.

7002. — c) *krank. — 2) *m. Mutterblutfluss Gal.

अपटुत्व n. Unfähigkeit 287,33.

*अपठ Adj. nicht lesend, nicht lesen könnend.

अपण्डित Adj. ungelehrt, ungebildet, dumm 187,6. Davon Nom. abstr. °ता f. Spr. 7163.

अपण्य Adj. was nicht verkauft werden darf; n. eine Waare, die nicht verkauft werden darf, Gaut. 7,8.

अपतनधर्मिन् Adj. was nicht abzufallen pflegt Suçr. 1,117,19. Davon Nom. abstr. °र्मित्व n. ebend.

अपतन्त्रक m. ein best. Starrkrampf.

अपतराम् Adv. weiter weg Maitr. S. 1,4,12.

अपतर्पण n. das Sichnichtsattessen, Beobachtung von Diät.

अपतानक m. Starrkrampf. °किन् Adj. damit behaftet.

1. अ॑पति m. kein Gatte.

2. अपति (Gaut. 18,4) und अपतिका Adj. f. ohne Gatten, d. i. sowohl unverheirathet, als auch die den Gatten verloren hat.

अ॑पतिघ्नी Adj. f. den Gatten nicht tödtend.

अपतित Adj. 1) nicht herabgefallen, — herabgesunken (Brüste) MBh. 3,281,18. — 2) nicht aus der Kaste gestossen Gaut. 21,1. 31. 8,359. Mṛcch. 131, 20. — 3) nicht zu spät kommend, — verscherzt Gaut. 1,12.

अपतितान्योऽन्यत्यागिन् Adj. Einer den Andern verlassend, ohne dass Einer aus der Kaste gestossen wäre, Jâĝ. 2,237.

अपतिव्रता Adj. f. dem Gatten untreu 189,17.

अपतुषार Adj. frei von Nebel. Davon Nom. abstr. °ता f.

अ॑पतूल Adj. (f. आ) ohne Wedel, — Rispe.

*अपत्रा f. Capparis aphylla Nigh. Pr.

अपत्नीक Adj. 1) keine Gattin habend Spr. 7623. — 2) wobei die Gattin fehlt.

अ॑पत्य n. 1) Abkömmling, Nachkommenschaft, Kind (von Menschen und Thieren). — 2) ein patronymisches Suffix.

*अपत्यजीव und *°क m. Putranjiva Roxburghii Râǵan. 9,145.

*अपत्यदा f. ein best. Strauch Râǵan. 4,161.

अपत्यपथ m. Scheide (des Weibes).

अपत्यप्रत्यय m. Patronymicum.

अ॑पत्यवत् Adj. mit Nachkommenschaft gesegnet.

*अपत्यबाह्लिका f. Soma-Pflanze Râǵan. 3,89.

*अपत्यशत्रु m. Krebs.

अपत्यसाच् Adj. von Nachkommenschaft begleitet.

*अपत्यसिद्धिकृत् m. = अपत्यजीव Nigh. Pr.

अपत्यार्थ m. Patronymicum AK. 3,6,57.

अपत्रपण n. und °त्रपा f. Scham, Verlegenheit.

*अपत्रपिष्णु Adj. schamhaft, verschämt.

*अपत्राप्य Adj. P. 3,1,126.

*अपत्रिगर्तम् Adv. mit Ausnahme von Trigarta P. 6,2,33, Sch.

अपथ्, °पथि, °पन्थन्, °पन्था m. = 1. अपथ.

1. अ॑पथ n. 1) Nichtweg, Wegelosigkeit. अपथेन nicht auf dem gewöhnlichen Wege. — 2) Abweg (eig. und übertr.); unrechter Ort Spr. 5001.

2.* अपथ Adj. (f. आ) wegelos, schlechte Wege habend.

*अपथकल्पना f. das Bauen von Luftschlössern Gal.

अपथ्य Adj. nicht förderlich, — zuträglich, — heilsam Gaut. 7,12. Spr. 396.

°अपथ्यकारिन् Adj. gegen Jmd Ränke schmiedend Mudrâr. 25,10. 27,14. 28,4. Davon Nom. abstr. °रित्व n. 27,16.

अप॑द् (f. अप॑द् und अप॑दी) und अ॑पद् Adj. fusslos.

1. अ॑पद n. 1) kein Aufenthaltsort. — 2) unrechter Ort.

2. अपद Adj. fusslos Spr. 7653.

अपदक्षिणम् Adv. nach links hin.

अपदश Adj. ohne Verbrämung, — Franzen.

अपदमुक्त Adj. nicht an der richtigen Stelle abbrechend Kâvyapr. S. 181, N. 101. Statt dessen im Text 7,9 weniger gut अपदयुक्त.

*अपदरूहा und *°रोहिणी f. Vanda Roxburghii Nigh. Pr.

अपदस्थ Adj. nicht an, auf seinem Platze seiend MBh. 1,146,27. Kâvyapr. 7,6.

अपदान n. glorreiche That.

अपदान्तर 1) *Adj. unmittelbar anstossend. — 2) °म् Adv. ohne Verzug, alsbald.

°अपदिशम् Adv. in einer Zwischengegend.

अ॑पदुष्पद् f. sicherer Tritt ṚV. 10,99,8.

अपदेश m. 1) Anweisung, nähere Bezeichnung Ǵaim. 3,4,2. — 2) Bezeichnung, Benennung. — 3) Vorwand 170,16. — 4) Schein R. 1,63,12. — 5) Verläugnung Káraka 1,29. — 6) Argument, Grund Kap. 1,2,4. das zweite Glied in einem Syllogismus Nyâyas. 2,1,35. — 7) *Ziel. — 8) *Ort.

°अपदेशिन् Adj. den Schein —, das Aussehen von Etwas annehmend.

अपदेश्य Adj. anzugeben, anzuzeigen.

अपदोष Adj. fehlerlos. Davon Nom. abstr. °ता f.

अपद्म Adj. (f. आ) ohne Lotusblüthe Mṛcch. 82,20.

अपद्रव्य n. schlechte Waare.

अपद्वार n. Seitenthür, Hinterthür Gal.

अपधा f. Versteck.

अपधुरम् Adv. weg von —, neben den Jocharmen.

अपधूम Adj. rauchlos. Davon Nom. abstr. °त्व n.

अपध्यान n. Missgunst, Bosheit.

अपध्वंस m. 1) Verborgenheit. — 2) Sturz, Entwürdung. °ज m. ein Kind aus gemischter Ehe.

अपध्वंसिन् Adj. zu Nichte machend.

अपध्वान्त Adj. misstönend.

1. अपनय m. 1) Wegnahme. — 2) Vertreibung, Verscheuchung. — 3) Entziehung Ǵaim. 3,2,30. 31. 5,44. 6,33. 5,4,16. 6,5,2. 11. — 4) das Abbringen (von einer Meinung).

2. अपनय m. unkluges Benehmen 74,26.

अपनयन 1) Adj. wegnehmend, raubend Spr. 5609. — 2) n. a) das Wegschaffen, Fortbringen an einen andern Ort. — b) das Vertreiben, Verscheuchen, Entfernen. — c) das Escamotiren Naish. 5,2,5. — d) das Eliminiren Colebr. Alg. 207.

अपनयिन् Adj. sich unklug benehmend.

अ॑पनाभि Adj. ohne Nabel.

अपनाम m. Biegung Çulbas. 3,114. 141. 156. 159.

*अपनामन् n. P. 6,2,187.

अपनिद्र Adj. aufgeblüht.

अपनिधि Adj. schatzlos, arm.

अपनिनीषु Adj. Etwas (Acc.) zu vertreiben beabsichtigend Kâd. 33,16.

अपनिर्वाण Adj. noch nicht zu Ende gegangen.

अपनीत 1) Adj. schlecht ausgeführt, verpfuscht MBh. 5,39,54. — 2) n. unkluges —, schlechtes Benehmen.

अपनीति f. Entziehung (mit Abl. der Person) Naish. 3,3,29.

°अपनुद् Adj. vertreibend, verscheuchend.

अपनेतृ Nom. ag. Verscheucher.

अपनेतव्य Adj. fortzuführen.

अपनेय Adj. zu verscheuchen, — entfernen Spr. 399.

अपनोद 1) *Adj. verscheuchend in शोकापनोद Mahâbh. 3,64,b. — 2) m. a) Forttreibung, Abweisung, Zurückweisung. — b) Verscheuchung, Entfernung Spr. 7765. so v. a. Sühnung.

अपनोदन 1) Adj. vertreibend, entfernend. — 2) n. das Vertreiben, Verscheuchen, Entfernen.

अपनोद्य Adj. fortzutreiben, zurückzuweisen.

अपन्थदायिन् Adj. nicht aus dem Wege gehend, den Weg für sich in Anspruch nehmend Gobh. 3,2,16.

अपन्थन् und अपन्था s. अपथ्.

अ॑पन्नगृह Adj. dessen Haus nicht gefallen ist.

अपन्नद Adj. dem die Zähne noch nicht ausgefallen sind Gaut. 17,31.

अ॑पन्नदत् Adj. (f. °दती) dass. TS. 2,1,8,7. TBr. 1,3,4,5.

अपन्याय्य Adj. ungeziemend. Davon Nom. abstr. °त्व n. Comm. zu Kâty. Çr. 25,4,2.

अपपाठ m. 1) Verstoss beim Recitiren. — 2) falscher Wortlaut, falsche Lesart.

अपपात्र (Âpast. 1,3,25) und °पात्रित Adj. vom Gebrauch der Geschirre ausgeschlossen.

अपपादत्र Adj. ohne Fussbekleidung.

अपपित्व n. Trennung, Entfernung.

अपपीडा f. plötzlicher und lebensgefährlicher Krankheitsanfall Râǵat. 8,2000.

*अपपूत n. P. 1,2,167.

अपप्रजाता Adj. f. die eine Fehlgeburt gemacht hat.

अपबर्हिष् Adj. ohne Barhis-Abschnitt.

अपभय Adj. (f. आ) furchtlos. प्रशाम्यतेऽस्तनूः Âçv. Çr. 8,13,12.

अपभरणी f. Pl. das letzte Mondhaus.

अपभर्तृ Nom. ag. Hinwegnehmer.

अपभर्तवै Dat. Inf. hinwegzunehmen ṚV. 10,14,2.

*अपभाषण Adj. eine falsche d. i. fremde Sprache redend.

अपभी Adj. furchtlos.

अपभूति f. das Nichtgerathen.

अपभ्रंश m. 1) Herabfall, Sturz. — 2) falsche sprachliche Form. — 3) ein best. gering geachteter Dialect. Dazu Nom. abstr. °ता f.

अपभ्रष्ट Adj. verdorben (Sprache), provinciell.

अपम 1) Adj. der entfernteste, letzte. — 2) m. Declination eines Planeten.

अपमङ्गल (Conj.) Adj. Unheil bringend.

अपमज्या f. Sinus der Declination Golâdh. 7,47.

अपमण्डल n. Ekliptik.

अपममण्डल n. dass. Golâdh. 6,8. 7,16.

अपमर्त्य n. विशोकाय° Name eines Sâman.

अपमर्द m. feuchter Schmutz.

अपमर्श m. (adj. Comp. f. आ) Berührung.

अपमल Adj. rein Spr. 4019, v. l.

अपमशिञ्जिनी f. = अपमज्या Gaṇit. Tripr. 48.

अपमान m. und weniger gut n. Verachtung, Geringschätzung.

अपमानिन् Adj. geringachtend, verschmähend.

अपमारिन् Adj. wegsterbend, hinsiechend.

1. अपमार्ग m. Abwischung.

2. अपमार्ग m. Seitenweg.

अपमार्जन 1) Adj. abwischend, entfernend, zu Nichte machend. — 2) n. a) das Abwischen, Reinigen Gaut. 2,2. — b) Reinigungsmittel Suçr. 2,357,7.

अपमित्य und *अपमित्यक n. Schulden.

*अपमुख P. 6,2,186.

अपमूर्धन् Adj. kopflos.

अपमृग Adj. wildlos 107,11.

अपमृत्यु m. grosse Todesgefahr.

अपमेघोदय Adj. ohne Wolkenaufzug Kumâras. 6,54.

अपयशस् n. Unehre, Schande 184,20. Vaṅs. 11,2.

अपयस्य Adj. ohne Milchmolken.

अपयातव्य n. impers. aufzubrechen.

अपयान n. 1) Rückzug, Flucht. — 2) das Weichen, zu Schanden Werden. — 3) Declination (astron.) Comm. zu Ârjabh. 1,6. 4,1.

अपयोधरसंसर्ग Adj. (f. आ) wobei keine Berührung der Brüste stattfindet Ragh. 12,65.

अपप्रद्रीक्षित m. v. l. für अपप्रद्री°.

1. अपर 1) Adj. (f. आ) a) der hintere, weiter gelegen. — b) der spätere M. 9,98. — c) der folgende. — d) westlich. ततस् westlich davon 218,31. — e) nachstehend, geringer, niedriger. — f) ein anderer. किमपरम् was Anderes? und auch so v. a. was thut dieses zur Sache? gleichviel. Ein anderer als (Abl.; ausnahmsweise Gen. Spr. 7030); der andere, ein anderer, — zweiter (bei Vergleichungen); im Gegens. zu स्व ein fremder. Gegenüber von एक, अन्य oder क mit चिद् der eine — der andere. Entgegengesetzt. Gegenüber von अशुचि so v. a. rein Spr. 6322, von मलीयस् so v. a. geringer 5692. — g) absonderlich, aussergewöhnlich 178,1. — 2) m. Hinterfuss des Elephanten Çiç. 5,48. — 3) f. आ a) *Westen. — b) *Hintertheil des Elephanten. — c) Nachgeburt (v. l. अवरा). — d) *Uterus. — 4) *n. Hintertheil des Elephanten.

2. अपर n. und अपरी f. Zukunft.

*अपरकान्यकुब्ज m. N. pr. eines Dorfes im Westen von Kânjak. Adj. dort befindlich.

अपरकार्य n. ein später zu vollbringendes Geschäft Spr. 5012.

अपरकाल Adj. von späterer Zeit. Davon Nom. abstr. °त्व n. Kâty. Çr. 1,4,20. 2,13,10.

*अपरकाशकृत्स्न m. Pl. die im Westen wohnenden Schüler des Kâçakṛtsna.

अपरकाशि m. Pl. die westlichen Kâçi MBh. 6,9,42.

अपरकुन्ति m. Pl. die westlichen Kunti MBh. 6,9,43.

*अपरकृष्णमृत्तिका f. N. pr. eines Dorfes.

अपरगण्डिका m. Pl. N. pr. einer Hügelkette MBh. 6,6,35.

अपरगोदानीय m. N. pr. eines Dvîpa.

अपरचीन m. Pl. die westlichen Kîna.

अपरज Adj. später geboren.

अपरजन m. Sg. und Pl. die westlichen Völker Gop. Br. 2,6,16.

अपरजलधि m. der westliche Ocean Kir. 11,37,4.

अपरतस् Adv. 1) an einem andern Orte. — 2) auf der Westseite Çulbas. 3,71.

अपरताल N. pr. einer Gegend.

*अपरति f. = अवरति.

अपरत्र Adv. 1) an einem andern Orte, anderswohin Bâlar. 2,87. — 2) im andern Falle.

*अपरत्रैगर्तक Adj. Mahâbh. in Ind. St. 13,372.

अपरत्व und °क n. in der Phil. das Nichtfernsein.

अपरथा Adv. anders.

*अपरदक्षिणम् Adv. südwestlich.

अपरदिश् f. Westen Spr. 7639.

अपरनन्दा f. N. pr. eines Flusses.

अपरपक्ष m. die zweite Hälfte eines Mondmonats. Davon Adj. *अपरपक्षीय.

*अपरपञ्चाल m. Pl. die westlichen P.

*अपरपर Adj. Pl. = अपरे च परे च.

अपरपर्पट m. Pl. N. pr. eines Volkes.

अपरपर्वत m. Pl. v. l. für अपरपर्पट.

*अपरपाञ्चालक Adj. von अपरपञ्चाल.

अपरपुरुष m. Nachkomme Çat. Br. 13,5,6,11.

अपरबल्लव m. Pl. die westlichen Ballava MBh. 6,9,62.

अपरभाव m. Folge.

1. अपरम् Adv. 1) in der Folge, künftighin 29,1. darauf, nachher 40,8. ततोऽपरम् 25,17. — 2) ferner, überdies, noch. अपरं च 140,13. — 3) westlich von (Abl.).

2. अपरम् Adv. künftig.

*अपरमागधक Adj. Mahâbh. in Ind. St. 13,384.

*अपरयायात n. Titel einer Erzählung.

अपरयोग Adj. ohne andere Zuthat, unvermischt Âpast. 1,17,20.

अपररात्र m. die zweite Hälfte der Nacht.

अपरवक्त्र n. ein best. Metrum.

अपरवत् Adj. ohne ein Folgendes.

*अपरविदेह m. Pl. die westlichen Videha.

अपरशुवृक्ण Adj. nicht mit einem Beile abgehauen TS. 5,1,10,1. Çat. Br. 6,6,3,5.

अपरशैल m. Pl. N. pr. einer buddh. Schule.

अपरश्वस् Adv. übermorgen Gobh. 4,2,1.

अपरसक्थ n. Hinterschenkel.

अपरसद् Adj. hinten sitzend Tâṇḍja-Br. 1,5,8.

*अपरसमम् Adv. gaṇa तिष्ठद्ग्वादि in der Kâç.

*अपरस्पर Adj. Pl. ununterbrochen.

अपरस्परसंभूत Adj. nicht Eines aus dem Andern entstanden.

*अपरहैमन Adj. auf die zweite Hälfte des Winters bezüglich u. s. w.

अपराग m. Abneigung, feindliche Gesinnung.

अपराग्नि m. Du. das westliche und südliche Feuer.

अपराङ्ग n. Theil eines Andern. Davon Nom. abstr. °त्व n. Ind. St. 4,276.

अपराङ्मुख Adj. nicht den Rücken kehrend.

अपराजयिन् Adj. niemals verlierend (im Spiele).

अपराजित 1) Adj. (f. आ) a) unbesiegt, unbesiegbar, unüberwindlich. — b) दिश् Nordosten. — 2) m. a) ein best. giftiges Insect. — b) *Bein. Vishṇu's und Çiva's. — c) N. pr. α) eines Rudra. — β) eines Schlangendämons. — γ) eines Sohnes des Kṛshṇa. — δ) eines Wesens im Gefolge Padmapāṇi's. — ε) *Pl. einer Klasse von Göttern bei den Ǵaina. — ζ) eines mythischen Schwertes. — 3) f. आ a) *Clitoria Ternatea Lin., Marsilea quadrifolia Lin., Sesbania aegyptiaca Pers. — b) ein best. Metrum. — c) die 10te Nacht im Karmamāsa Ind. St. 10,296. — d) eine Form der Durgā. — e) ein zehnjähriges nicht menstruirendes Mädchen, welches bei der Durgā-Feier diese Göttin vertritt. — f) N. pr. eines Wesens im Gefolge der Durgā. — g) N. pr. der Burg Brahman's Khānd. Up. 8,5,3. — 4) n. = 3) g) Kaush. Up. 1,3. 5.

अपराजिष्णु Adj. niemals unterliegend.

*अपराद्धपृषत्क Adj. dessen Pfeil das Ziel verfehlt, ungeschickt im Bogenschiessen.

अपराद्धि f. Versehen, Missgriff.

*अपराद्धेषु Adj. = अपराद्धपृषत्क.

अपराध m. (adj. Comp. f. आ) Vergehen, Versehen, Fehler, Schuld; Beleidigung.

अपराधभञ्जनस्तोत्र n. Titel einer Hymne.

*अपराधय gaṇa ब्राह्मणादि.

अपराधिक Adj. = अपराधिन् und zugleich ohne Rādhikā Spr. 7765.

अपराधिता f. Nom. abstr. von अपराधिन्.

अपराधिन् Adj. eines Vergehens schuldig, der Jmdn beleidigt hat.

अपराधीन Adj. von keinem Andern abhängig Çat. Br. 11,5,7,1.

अपरान्त 1) Adj. im äussersten Westen wohnend, — befindlich. — 2) m. a) das Land im äussersten Westen. Pl. die Bewohner desselben. — b) Ende, Schluss. — c) Tod. — d) Untertheil des Hinterfusses eines Elephanten Çiç. 11,7. Kir. 7,27.

अपरान्तक 1) m. Pl. die Bewohner des äussersten Westens. f. अपरान्तिका. — 2) f. °न्तिका ein best. Metrum. — 3) n. ein best. Gesang.

अपरापत्य Adj. ohne Nachkommenschaft AV. 12,5,45.

अपरापरोत्पत्ति f. Entstehung Eines nach dem Andern Nājāj. 3,2,11. Comm. zu 13.

*अपरापस्थाणा f. gaṇa क्षत्रादि in der Kāç.

अपराभाव m. das Nichtunterliegen, Nichtverkommen.

अपराभूत Adj. nicht unterlegen, — verkommen.

अपरार्क m. N. pr. eines Commentators und eines Werkes.

अपरार्ध n. die andere Hälfte Gaut. 8.

अपराशा f. Westen Ind. St. 14,328.

अपरासिक्त Adj. nicht verschüttet, — vorbei gegossen.

अपराहत Adj. unvertrieben AV. 18,4,38.

अपराह्ण m. Nachmittag.

*अपराह्णक m. ein Mannsname.

*अपराह्णतन und *अपराह्णेतन Adj. nachmittägig.

अपरिक्रम Adj. der nicht umhergehen kann R. 2,63,40.

अपरिक्रामम् Absol. ohne umherzugehen.

अपरिक्लिष्ट 1) Adj. nicht leidend, — schwierlich (Kuh) Jāǵń. 1,208. — 2) °म् Adv. nicht ungern, gern MBh. 3,2,62.

अपरिक्लेश m. Wohlergehen Mudrār. 24,14. 23,1.

अपरिक्षत Adj. unverletzt Çāk. 72.

अपरिगणित Adj. nicht aufgezählt, — aufgeführt. Davon Nom. abstr. °त्व n.

अपरिगण्य Adj. nicht zu berechnen, — genau anzugeben.

अपरिगत Adj. unbekannt, unerforschlich Kād. 90,19.

1. अपरिग्रह m. 1) das Nichtumfassen, Nichteinschliessen Comm. zu TS. Prāt. 16,29. — 2) Besitzlosigkeit 283,28.

2. अपरिग्रह Adj. 1) besitzlos. — 2) unbeweibt Kumāras. 1,54.

अपरिचारक Adj. ohne Pfleger.

अपरिचित Adj. unbekannt, mit Jmd nicht vertraut Kād. 117,8. 119,1. Mallin. zu Kir. 3,2. 21.

अपरिच्छद Adj. ohne Gefolge, — Reisezeug 169,15.

अपरिच्छिन्न Adj. unbegrenzt 201,23. Spr. 300.

अपरिच्छेद m. Mangel einer Entscheidung Çāk. 106.

अपरिजात Adj. unreif geboren, nicht lebensfähig zur Welt gekommen.

अपरिज्ञातपूर्व Adj. früher nicht gekannt MBh. 13,23,30.

अपरिज्यानि f. das nicht zu Schanden Werden. इष्टापूर्तस्य eine best. Spende.

अपरितोष Adj. unbefriedigt.

अपरित्याग m. das Nichtaufgeben, das Nichtfahrenlassen 279,12.

अपरित्याज्य Adj. nicht aufzugeben, — fahren zu lassen Kathās. 3,37.

1. अपरिनिष्ठान n. das nicht ganz fest Fixirtsein J. R. A. S. 1863.

2. अपरिनिष्ठान Adj. ohne Endziel Comm. zu Nājaj. 3,2,42.

अपरिपक्व Adj. nicht ganz reif (Frucht, Geschwür, Verstand).

अपरिपर Adj. keinen Umweg machend Maitr. S. 3,7,7. 4,8,5.

अपरिपादिन् Adj. dem Nichts zustösst (von einem Schiffe) Mantrabr. 2,5,14.

अपरिपूत Adj. ungereinigt (Korn) M. 8,330.

अपरिभक्त m. das Nichtumgehen Jmds beim Essen, N. einer best. Begehung Lāṭj. 3,2,1.

अपरिभिन्न Adj. nicht zerbröckelt Çat. Br. 5,3,2,7.

अपरिमाण n. Unbegrenztheit Ǵaim. 6,4,36.

अपरिमित Adj. ungemessen, unbegrenzt, von unbestimmtem Maasse u. s. w. Çulbas. 1,39.

अपरिमितधा Adv. in unzählbaren (-bare) Theilen (Theile).

अपरिमितविध Adj. unbestimmt wie vielfach Çat. Br. 10,2,8,17.

अपरिमितालिखित Adj. unbestimmt mit wie viel Strichen versehen Çat. Br. 1,7,3,17. Kātj. Çr. 16,4,25.

अपरिमेय Adj. unzählbar, unzählig Mālatīm. 49,3.

*अपरिम्लान m. rother Kugelamaranth.

*अपरियाणि f. das Nichtumhergehenkönnen (als Verwünschung).

अपरिलोप m. Nichteinbusse RV. Prāt. 1,26(16).

अपरिवर्गम् Adv. ohne Ausnahme.

अपरिवाद्य Adj. nicht zu tadeln Gaut. 8,18.

अपरिविष्ट Adj. nicht umhüllt.

अपरिवीत Adj. dass.

अपरिवृत Adj. unumfangen, unumschlossen; uneingehegt Gaut. 12,28.

अपरिशङ्कित Adj. nicht geahnt Spr. 194.

अपरिशुद्ध Adj. ungereinigt, unrein (eig. und übertr.) Suçr. 2,190,11.

अपरिशेष Adj. ohne Rest, allumfassend.

अपरिश्लथम् Adv. recht stark, — fest (umarmen) Uttarar. 108,18 (147,6).

अपरिसंवत्सर Adj. (f. आ) kein volles Jahr bestehend Āpast. 1,10,11.

अपरिसंख्यान n. Unzählbarkeit, unendliche Verschiedenheit Nājaj. 3,1,18.

अपरिसंख्येय Adj. unzählbar, unendlich verschieden Comm. zu Nājaj. S. 1, Z. 10. Davon Nom. abstr. °त्व n. ebend.

अपरिसमाप्तिक Adj. endlos.

*अपरिस्कन्दम् Absol. ohne umherzuhüpfen Bhaṭṭ. 9,75.

अपरिहत Çāk. 69,12 fehlerhaft für अपरिहृत.

अपरिहार m. Nichtvermeidung 279,31.

अपरिहार्य Adj. nicht zu vermeiden Gaut. 8,13. Karaka 1,11. Spr. 2383.

अपरिहित n. ein noch nicht getragenes, reines

Kleid Âpast. 1,16,20.

अपरिह्वृत Adj. nicht vermieden Çiç. 60,12 (Conj.).

अपरिह्वृत Adj. unbeschädigt, ungefährdet.

अपरीक्षित Adj. unüberlegt, unbesonnen (von Sachen und Personen). °कारक n. Titel des 5ten Buches im Pańćat. nach der ed. Bomb.; °कारणीय und °कारित n. (wohl °कारिन्) bei Kos.

अपरीत 1) Adj. unbezwungen, unbezwinglich. — 2) m. Pl. N. pr. eines Volkes.

अपरीवृत Adj. unumschlossen Ṛv. 2,10,3.

अपरुष् Adj. frei von Zorn.

अपरुष Adj. (f. आ) nicht barsch, — roh.

अपरूप n. Missgestalt, Missgeburt.

अपरेण Praep. hinter; westlich von (mit Acc.).

*अपरेतरा f. Osten.

अपरेद्युस् Adv. am folgenden Tage. संप्राप्ते nachdem der folgende Tag gekommen war.

*अपरैषुकामशम Adj. Ind. St. 13,393.

अपरोक्ष 1) Adj. vor Augen liegend, wahrnehmbar. — 2) °म् Adv. im Angesicht von. — 3) अपरोक्षात् vor aller Augen, offenbar. — 4) अपरोक्षे in Jmds Beisein 242,18.

अपरोक्षत्व n. das vor Augen Stehen 276,9.

अपरोक्षय्, °यति sich von Etwas (Acc.) durch Augenschein überzeugen 43,6.

अपरोक्षानुभव und अपरोक्षानुभूतिसुधार्णव m. Titel einer Schrift.

अपरोद्धर् Nom. ag. Abhalter.

अपरोध m. Ausschluss, Verbot, in अनप°.

अपरोधुक Adj. abhaltend Maitr. S. 2,2,1.

अपर्कपृष्ठ m. ein best. Ekâha Çâṅkh. Çr. 16,8,23.

अपर्ण 1) Adj. blattlos. — 2) f. आ Bein. der Umâ.

1. अपर्तु m. nicht die rechte Jahreszeit Gaut. 16,10.31. Âpast. 1,11,27. 31.20.

2. अपर्तु Adj. unzeitig; nicht der Jahreszeit entsprechend. Adv. ausserhalb der Jahreszeit Gaut. 3,21.

*अपर्य्, अपर्यति Denom. von अपर.

अपर्यग्निकृत Adj. den der Feuerbrand nicht umkreist hat Çat. Br. 12,9,2,9.

अपर्यन्त Adj. 1) unbegrenzt 43,28. — 2) mit Etwas nicht zu Ende (Stande) kommend Lalit. 187,12.

अपर्यागत Adj. kein Jahr alt (Korn) Suçr. 1,199,17.

अपर्याप्त Adj. nicht genügend, — ausreichend.

अपर्याप्तवत् Adj. nicht vermögend (mit Inf.) Ragh. 16,25.

अपर्युषित Adj. 1) ganz frisch, — neu (eig. und übertr.) Veṇîs. 84,10. 89,17. — 2) nicht alt geworden, alsbald getilgt (Sünde) MBh. 1,170,21.

अपर्वक Adj. ohne Gelenk.

अपर्वतनदीवृत Adj. ohne Berge, Flüsse und Bäume R. ed. Bomb. 4,43,19.

*अपर्वदण्ड m. ein best. Rohr Râǵan. 8,75.

अपर्वन् n. 1) eine Stelle, wo kein Gelenk ist, 1,10. — 2) kein natürlicher Haltepunkt in einer Erzählung Kâm. Nîtis. 5,44. — 3) ein Tag, der kein Parvan ist, ein gewöhnlicher Tag. — 4) die Zeit, da keine Sonnen- oder Mondfinsterniss Statt finden sollte, MBh. Milav. Bhâg. P.

अपर्वभङ्गनिपुण Adj. Kâm. Nîtis. 11,40 vielleicht fehlerhaft für आपर्व°.

*अपल n. Keil.

अपलताभवन Adj. (f. आ) ohne Lauben.

अपलाप m. 1) Läugnung, Verneinung. — 2) *Zuneigung. — 3) Achselhöhle Bhâvapr. 1,58.

अपलापिन् Adj. verschweigend, verhehlend.

अपलाल m. N. pr. eines Râkshasa.

अपलाश Adj. unbelaubt.

*अपलाषिका f. Durst.

*अपलाषिन् und *अपलाषुक Adj. frei von Verlangen.

अपलित Adj. nicht ergraut.

*अपलुपम् Acc. Inf. abzureissen.

अपल्पूलनकृत Adj. ungebeizt.

अपवक्तर् Nom. ag. Abwehrer.

अपवक्त्र und °क n. ein best. Metrum.

अपवत्स Adj. (f. आ) kalblos.

*अपवन n. Park.

अपवत् Adj. wässerig.

अपवमान m. kein Pavamâna genanntes Stotra. Loc. ausser beim P. Sl. Kâty. Çr. 11,1,27.

अपवरक m. n. Schlafgemach.

अपवर्ग m. 1) Abschluss, Ende 237,25. — 2) die letzte Befreiung der Seele, endliche Erlösung 83,28. — 3) der Ort, wo die endliche Erlösung Statt findet, Bhâg. P. 3,20,18. — 4) plötzliches zu Nichts Werden. — 5) Gabe, Geschenk. — 6) Beschränkung (einer Regel) Çulbas. 2,50.

अपवर्जन n. 1) das Beschliessen, Beendigen. — 2) das Abtreten, Geben (z. B. einer Tochter zur Ehe). — 3) *das Verlassen. — 4) *die letzte Befreiung der Seele.

अपवर्ण Adj. fehlerhaft dem Laute nach.

अपवर्त m. 1) der zur Reduction angewandte Divisor, der grösste gemeinschaftliche Divisor zweier Grössen. — 2) Reduction durch Division ohne Rest Bîǵag. 39. 40.

अपवर्तन n. 1) *Umkehr, Flucht. — 2) das Wegrücken, Entfernen. — 3) das Entziehen. — 4) und 5) = अपवर्त 1) und 2) Colebr. Alg. 153.

अपवर्तिका f. Schurz.

अपवर्त्य Adj. durch Division auf die geringsten Grössen zu reduciren Bîǵag. 46.

अपवाधन n. in अनप°.

अपवाद m. 1) Widerlegung 237,31. — 2) Aufhebung, Zurücknahme; Ausnahme 227,15. 228,11. 29. 238,19. — 3) Tadel, üble Nachrede. — 4) Befehl, Geheiss Kir. 14,27.

अपवादक Adj. aufhebend, annullirend Comm. zu TS. Prât. 14,5. 6. तदपवादकत्व n. Nom. abstr. ebend.

°अपवादिन् Adj. tadelnd.

अपवाद्य Adj. was aufgehoben, — annullirt wird Comm. zu TS. Prât. 14,5.

*अपवारण n. das Verbergen, Verstecken.

अपवारितम्, °तकेन und °वार्य (307,25) Adv. im Drama im Geheimen, so dass es nur die zunächst betheiligte Person hört oder sieht.

अपवास m. 1) das Verlöschen. — 2) *eine best. Pflanze, = यवास.

अपवाह m. 1) Abfluss. अपवाहतस् auf der Seite des Abflusses. — 2) Wegführung. वसिष्ठस्य oder वसिष्ठाप° N. pr. einer Oertlichkeit. — 3) Abnahme, Verminderung. — 4) ein best. Metrum. — 5) Pl. N. pr. eines Volkes.

अपवाहक m. = अपवाह 3).

अपवाहन n. 1) das Wegführen. — 2) Abnahme, Verminderung.

अपवाह्य Adj. wegzuführen.

अपविक्षत Adj. unverletzt.

अपविघ्न Adj. frei von Hindernissen Ragh. 3,38. कच्चित्तपोऽपविघ्नं ते geht es ohne Hindernisse bei dir her?

अपविद्ध Partic. von व्यध् mit अप.

*अपविषा f. Kyllingia monocephala Lin.

*अपवीणा P. 5,2,107.

अपवीरवत् Adj. nicht mit einem Speere bewaffnet.

अपवृक्ति n. das Fertigsein, Nichts mehr zu thun Haben Comm. zu Kâty. Çr. 493,24. 528,19.

अपवृक्ष Adj. in अनप°.

1. अपवृत्त n. Ekliptik Golâdh. 8,69. 11,3.

2. अपवृत्त Adj. von schlechtem Benehmen 106,19.

अपवृत्ति f. das Ablaufen, Abrutschen Spr. 52.

अपवेध m. fehlerhafte Durchbohrung.

अपव्याख्या f. falsche Erklärung.

अपव्यापार Adj. ohne Beschäftigung, — Amt.

अपव्रत Adj. 1) ungehorsam. — 2) das gewohnte Thun aufgebend.

अपशङ्कम् Adv. furchtlos.

अपशब्द m. 1) üble Nachrede Spr. 3911. 7654. — 2) verdorbene Wortform, ungrammatische Sprache ebend.

अपशब्दखण्डन n. Titel eines Werkes.

अपशव्य Adj. *für das Vieh nicht dienlich.*

अपशशितिलक Adj. *ohne Mond als Stirnmahl.*

अपशस्त्र Adj. *waffenlos.*

अपशिरस्, अपशीर्ष und अपशीर्षन् Adj. *kopflos.*

1. अपशु m. *zum Opfer untaugliches Vieh* Nir. 1,4,13. Davon Nom. abstr. °त्व n. Comm. ebend.

2. अपशु Adj. *ohne Vieh, — Opferthier* Âçv. Gṛhy. 4,8,33.

अपशुघ्नी Adj. f. *kein Vieh tödtend.*

*अपशुच् m. *die Seele.*

अपशुष्क Adj. (f. आ) *abwendig* (Comm.).

अपशूद्र m. *kein Çûdra* Gaim. 6,1,33.

अपशूल Adj. *ohne Spiess.*

अपशोक 1) Adj. *kummerlos.* — 2) *m. *Jonesia Asoka* Roxb.

अपश्चाद्दघ्वन् und अपश्चाद्दघ्वन् Adj. *nicht zurückbleibend, — zu kurz kommend* Maitr. S. 3,9,4.

1. अपश्चिम Adj. *nicht der letzte.*

2. अपश्चिम Adj. *der allerletzte, äusserste.* °म् Adv. *zum allerletzten Mal* Mṛcch. 133,14.

अपश्य Adj. *nicht sehend.*

अपश्यना f. *das Nichtsehen* (buddh.).

अपश्यत् Adj. *nicht sehend* Mṛcch. 111,3.

अपश्रय m. *Polster.*

अपश्री Adj. *der Schönheit beraubt.*

अपश्रुति Adj. *den Ohren unangenehm.*

*अपष्ठ m. n. *Spitze des Widerhakens, mit dem ein Elephant geleitet wird.*

अपष्ठु 1) *Adj. a) *entgegengesetzt.* — b) *der linke.* — 2) Adv. a) *in verkehrter Weise, falsch* Çiç. 19,17 (अपष्ठु प° zu lesen). — b) **tadellos.* — c) **schön, reizend.* — 3) *m. *Zeit.*

*अपष्ठुर und *अपष्ठुल Adj. *entgegengesetzt.*

1. अपस् n. 1) *Werk, Handlung, insbes. das heilige Werk am Altar.* — 2) *bewegliche Habe.*

2. अपस् 1) Adj. *werkthätig, werkkundig.* — 2) f. Pl. a) *die Finger.* — b) *die drei Göttinen der heiligen Rede.*

3. अपस् Adj. *aquosus.*

अपसद m. *ein Ausgestossener, der Schlechteste unter.* विहंगाप° *ein niederträchtiger Vogel* Kâd. 218,21. — Pl. *Kinder aus gemischten Ehen, wenn der Vater einer niedrigeren Kaste als die Mutter angehört.*

*अपसमम् Adv. gaṇa तिष्ठद्ग्वादि. v. l. अपरसमम्.

अपसर m. 1) wohl *das Abgehen von Etwas* (in अनप°). — 2) *Entfernung, Distanz* Golâdh. 13,26.

अपसरण n. *das Fortgehen, Rückzug* Spr. 408. °तस् Çat. Br.

*अपसर्जन n. 1) *das Verlassen.* — 2) *das Spenden.* — 3) *die letzte Befreiung der Seele.*

अपसर्प m. *Späher* Bâlar. 13,2.

अपसर्पण n. *das Fortgehen, Sichentfernen, Weichen.* Mit प्रति *das Zurückkehren nach.*

अपसर्पिणी f. = अवसर्पिणी.

अपसलवि und अपसलैस् Adv. 1) *nach links hin.* — 2) *mit der Stelle zwischen Daumen und Zeigefinger.*

अपसव्य Adj. 1) *nicht der linke, der rechte.* °म् mit कर् *Jmdm* (Acc. und Loc.) *die rechte Seite zukehren und die heilige Schnur auf die rechte Schulter hängen.* — 2) *in der Auguralkunde von rechts nach links gerichtet, zur Linken stehend, nach links sich bewegend.* Dazu Adv. °म् und °सव्येन *zur Linken, von rechts nach links.* — 3) **entgegengesetzt* (= 2).

अपसव्यवत् Adj. *wobei die heilige Schnur auf der rechten Schulter hängt.*

अपसार m. *Ausgang, Ausweg.*

अपसारण n. *das Entfernen, Fortlassen.*

अपसारिन् Adj. *abnehmend, sich vermindernd.*

अपसार्य Adj. *fortzuschicken, zu entfernen.*

*अपसार्वसेनि Adv. *mit Ausnahme von* Sârvaseni Kâç. zu P. 6,2,33.

अपसिद्धान्त m. *eine Behauptung oder ein Dogma im Widerspruch mit dem eigenen System* Nyâyas. 5,2,1.24. Sarvad. 13,4.

अपसी s. 2. अपस्.

*अपसीर P. 6,2,187.

अपसृति f. *Entfernung, Distanz* Golâdh. 13,27.

अपसृप्ति f. *Fortgang, Weggang aus* (Abl.).

*अपसौवीरम् Adv. *mit Ausnahme von* Sauvîra Kâç. zu P. 6,2,33.

अपस्कम्भ m. *Befestigung.*

अपस्कर m. 1) *Theil eines Wagens.* Auch n. — 2) *Excremente* I.A. 4,6. — 3) **Schamtheile.*

अपस्खल m. *das Ausgleiten.*

अपस्तम्भ und °स्तम्भ m. *ein luftführendes Gefäss an der Seite der Brust* Bhâvapr. 1,58.

अपस्नान n. 1) *Wasser, in dem sich ein Anderer gebadet hat.* — 2) **Abwaschung nach einem Todesfall.*

अपस्पति m. N. pr. eines Sohnes des Uttânapâda.

अपस्पर्श Adj. (f. आ) *unempfindlich.*

1. अपस्पृश् Adj. *nicht hart berührend, — weh thuend.*

2. अपस्पृश् Adj. *sich nicht berühren lassend,* in अनप°.

*अपस्फिग n. P. 6,2,187.

अपस्फुर्, अपस्फुर (in अनप°) und अपस्फुरत् (in अनप°) Adj. *wegschnellend, ausschlagend.*

अपस्मय Adj. *ohne Hochmuth.*

अपस्मार m. (*Verlust des Bewusstseins*) *Besessensein; Fallsucht* Karaka 2,8. 8,8.

अपस्मारिन् Adj. *besessen; von Fallsucht behaftet.*

अपस्मृति Adj. 1) *keine Erinnerung von Etwas habend.* — 2) *an Etwas nicht denkend, zerstreut.* — 3) *kein klares Bewusstsein habend, ausser sich.*

अपस्य्, °स्यति *thätig sein.*

1. अपस्य 1) Adj. *geschäftig.* — 2) अपस्या f. *Geschäftigkeit, Thätigkeit.*

2. अपस्य 1) Adj. अपसिंच (f. अपस्या) *aquosus.* — 2) f. आ Bez. *bestimmter Backsteine.*

अपस्यु Adj. *geschäftig.*

अपस्वान m. *Orkan* Âpast. 1,11,30.

°अपह Adj. (f. आ) *abwehrend, vertreibend, zu Nichte machend* 72,18. 101,12. Spr. 7853.

अपहतपाप्मन् Adj. *vom Uebel befreit* Çat. Br. 2,1,2,1. 6,2,2,19.

अपहति f. *Abwehr, Vertreibung.*

अपहनन n. *das Abhalten,* in अनप°.

अपहन्तर् Nom. ag. (f. °हन्त्री) *Abwehrer, Vertreiber.*

अपहरण n. 1) *das Forttragen, Entwenden.* — 2) *das Weiterbefördern* (eines Flüchtlings) Mṛcch. 111,9. — 3) *das Entfernen, Vertreiben, zu Nichte Machen.* श्रमाप° *der Müdigkeit* Kâd. II,36,18.

अपहरस् Adj. *nicht verderblich* Tâṇḍya-Br. 12,13,4.

अपहर्त m. = अपहर्तर् *Wegnehmer.*

अपहर्तर् Nom. ag. 1) *Hinwegführer.* — 2) *Wegnehmer, Entwender.* — 3) *Entferner, zu Nichte Macher.* — 4) N. pr. eines Schlangendämons.

अपहर्तव्य Adj. *hinwegzuführen* 182,2.

अपहर्ष Adj. *keine Freude verrathend* (Blick) Kâd. II,60,19.

*अपहला P. 6,2,187, Sch.

अपहस्त m. *Stoss mit der Hand* (*Rücken der Hand* Comm.).

अपहस्तय्, °यति *von der Hand schlagen, von sich stossen, zur Seite schieben, abschütteln, zurückweisen* Sarvad. 124,7. °हस्तित Partic. Kâd. 227,13. 262,20.

अपहानि f. *das Schwinden.*

अपहार m. 1) *das Fortreissen, Mitsichreissen.* — 2) *Fortnahme, Entwendung, Raub.* — 3) *Verscheuchung, Entfernung.* — 4) *Verheimlichung, Verläugnung* Çiç. 13,21.22. — 5) *Vorenthaltung.* — 6) *ein abgerissenes Stück.* — 7) *Verlust.*

अपहारक Adj. 1) *entwendend, stehlend, Dieb.* — 2) *verheimlichend, verläugnend.*

अपहारण n. *das Wegführenlassen* Spr. 7312, v. l.

अपक्षारवर्मन् m. N. pr. eines Mannes.

अपक्षारिन् Adj. 1) mit sich fortreissend (auch in übertr. Bed.). — 2) wegnehmend, entwendend. — 3) entfernend, zu Nichte machend. — 4) verheimlichend, verläugnend.

अपक्षास m. 1) spöttisches Lachen. — 2) *Lachen ohne Veranlassung.

अपक्षास्य Adj. zu verlachen, — verspotten.

अपाहिंकार Adj. ohne Silbe हिङ्.

अपहृति f. das Fortnehmen, Entfernen Spr. 7759.

अपह्नव m. 1) Läugnung, das in Abrede Stellen 242,1. — 2) Verhüllung, Einkleidung. — 3) Genugthuung Çat. Br. — 4) *Zuneigung.

अपह्नुति f. Läugnung und auch Verhüllung, Einkleidung (als eine best. rhet. Figur) Vâmana 4,3,5.

अपह्नोतर् Nom. ag. Läugner, etwas in Abrede stellend.

अपह्रास m. Verminderung.

अपह्रेपण n. das Beschämen.

अपांवत्स m. ein best. Stern.

अपाक् s. अपाञ्च्.

1. अपाक Adj. von fern kommend, aus der Ferne sichtbar.

2. अपाक m. Unverdaulichkeit.

3. अपाक Adj. unreif (Geschwüre u. s. w.).

अपाकचक्षस् Adj. fernglänzend.

अपाकज Adj. (nicht gereift) ursprünglich, natürlich.

अपाकरण n. 1) das Wegtreiben. — 2) das Abliefern, Abtragen (einer Schuld).

अपाकरिष्णु Adj. übertreffend (mit Acc.) Spr. 5896.

*अपाकर्तोस् Abl. Inf. mit पुरा vor dem Wegtreiben.

अपाकर्मन् n. Ablieferung, Abtragung, in अनपा°.

*अपाकशाक n. Ingwer.

अपाका Adv. fern.

अपाकात् Adv. aus der Ferne.

अपाकिन् Adj. 1) unverdaulich. — 2) unreif (Geschwüre u. s. w.).

अपाकृति f. Fernhaltung.

अपाकेस्थ Adj. fern stehend.

अपाक्तात् Adv. von hinten.

*अपाक्ष Adj. = अध्यक्ष, प्रत्यक्ष.

*अपाक्षभ Adj. = अपाचीन Gal.

अपाङ्क्तेय und अपाङ्क्त्य (Gaut. 17,18. 21,11) Adj. nicht würdig mit andern geachteten Personen an Etwas Theil zu nehmen. Dazu Nom. abstr. अपाङ्क्तेयत्व n.

अपाङ्ग 1) *Adj. glied —, körperlos. — 2) m. (adj. Comp. f. आ und ई) a) der äussere Augenwinkel. — b) gefärbtes Mal auf einem Körpertheile.

*अपाङ्गक m. Achyranthes aspera.

*अपाङ्गदर्शन n. und अपाङ्गदृष्टि f. (Spr. 3395) Seitenblick.

*अपाङ्गदेश m. = अपाङ्ग 2) a).

अपाङ्गनेत्र Adj. (f. आ) zur Seite blickend.

अपाङ्गप्रेक्षित n. und अपाङ्गमोक्ष m. Seitenblick.

अपाचक Adj. nicht für sich selbst kochend MBh. 13,12,10.

*अपाचीतरा f. Norden.

अपाचीन Adj. 1) rückwärts —, westlich belegen. — 2) *südlich. — 3) *umgekehrt.

अपाच्य, अपाचिर्द्य Adj. 1) westlich. — 2) südlich.

अपाञ्च् 1) Adj. (f. अपाची) a) rückwärts —, westlich gelegen, — gewandt AV. 3,3,6. — b) *südlich. — 2) Adv. अपाक् im Westen. — 3) *f. अपाची Süden.

*अपाञ्जस् P. 6,2,187.

*अपाटव n. Unwohlsein.

अपाणि Adj. ohne Hände.

अपाणिनीय Adj. nicht Pâṇini ciyen Ind. St. 13,140.

अपाणिपाद Adj. ohne Hände und Füsse 273,15.

अपाण्डव Adj. ohne Pâṇḍava Veṇîs. 67.

अपातक n. kein Verbrechen 120,16. Gaut. 3,24.

अपात्त Partic. von दा, ददाति mit अपा.

*अपात्यय m. das Abläugnen, Verheimlichen.

1. अपात्र m. (selten) und n. unwürdige Person 172,30. 184,14.

2. अपात्र Adj. ohne Gefässe. Davon Nom. abstr. °त्व n. Gaim. 4,1,34. °ता Comm. ebend.

अपात्रकृत्या f. eine Handlung, die Jmdn zu einer unwürdigen Person macht.

अपात्रवर्षण n. das Spenden an Unwürdige Spr. 413.

अपात्रवर्षिन् Adj. Unwürdigen spendend 158,3.

अपात्रीकरण Adj. zu einer unwürdigen Person machend.

अपाद 1) Adj. ohne Stollen, nicht metrisch Kâtj. 1,23. — 2) *f. आ = वल्गुली Gal.

अपादक Adj. fusslos.

अपादातर् Nom. ag. Wegnehmer.

अपादादि m. nicht der Anfang eines Stollens VS. Prât. 2,17.

अपादान n. 1) das bei einer Trennung am Platz Verbleibende (der Begriff des Ablativs). — 2) das wovon ein Stück abgeschnitten worden ist, das zurückgebliebene St. Comm. zu Nyâyam. 6,4,1. Dazu Nom. abstr. °त्व n. ebend.

अपाद्य Adj. (f. आ) Bez. bestimmter Ishṭi.

*अपाधान P. 6,2,187.

अपान m. 1) der eingezogene, von oben nach unten sich bewegende Hauch im Körper 264,20.24. अपानद्रुपं n. Çat. Br. 11,2,7,27. — 2) After 44,27.28. — 3) Name eines Sâman Tâṇḍja-Br. 5,1,9. वसिष्ठस्य अ° desgl.

अपानदा Adj. den Einhauch schenkend.

*अपानपवन m. = अपान 1).

अपानपा Adj. den Einhauch schützend.

अपानभृत् Adj. Bez. best. Ziegeln.

अपानृत Adj. frei von Lüge, wahr.

अपानोद्गार m. Farz Spr. 2259.

अपान्तरतमस् m. N. pr. eines alten Weisen.

*अपांनपात् m. = अपां नपात्.

*अपांनप्त्रिय und °नप्त्रीय Adj. P. 4,2,27.28.

*अपांनाथ m. 1) das Meer. — 2) Bein. Varuṇa's.

अपांनिधि m. 1) *Bein. Çiva's. — 2) Name eines Sâman.

अपाप Adj. (f. आ) nicht schlecht, unschuldig 103,6. Mâlav. 134,1.2. 133,11.

अपापकाशिन् Adj. nicht hässlich aussehend.

अपापकृत् Adj. nicht Böses thuend.

अपापचेतस् Adj. von guter Gesinnung, unschuldig MBh. 3,63,17.

अपापपुरी f. N. pr. einer Stadt.

अपापवस्यस n. keine verkehrte Ordnung, kein Wirrwarr.

अपापविद्ध Adj. nicht mit Fehlern behaftet.

अपामभविष्णु (अपामम्भ°?) Adj. nicht kränklich werdend Maitr. S. 3,6,3.

अपामार्ग m. Achyranthes aspera. अपामार्गतैल n. Mat. med., अपामार्गतण्डुल m. und अपामार्गहोम m.

अपामार्जन n. das Abwischen, Wegkehren, Abwehren. °स्तोत्र n. Titel einer Hymne.

अपामीव n. und अपामीवन् m. u. Name eines Sâman (auch आदित्यस्य, इन्द्रस्य).

अपांपति m. 1) das Meer. — 2) Varuṇa.

*अपांपित्त n. Feuer.

अपाय m. 1) Weggang, das Sichentfernen. — 2) das Entzogenwerden von (Abl.) Nâlam. 3,5,29. — 3) Ausgang, Ende. — 4) Verfall. — 5) Vergehen LA. 23,17. — 6) Nachtheil, Schaden, Gefahr R̥V. Prât. 11,31.

अपायत्ति f. (?) Kâçu. 28,8.

अपायन n. das Weggehen, Sichentfernen.

अपायिन् Adj. abgehend, mangelnd.

1. अपार m. diesseitiges Ufer.

2. अपार Adj. (f. आ) 1) unbegrenzt, unermesslich. अपारे so v. a. auf hohem Meere. — 2) auf hohem Meere befindlich.

अपारपार Adj. über das unermessliche Meer (des Lebens) hinüberführend VP. 1,15,56.

अपारयत् Adj. nicht vermögend, — könnend Kâd.

239,21. 11,42,11.

अपार्ण Adj. entfernt von (Abl.).

अपार्थ Adj. 1) zwecklos, unnütz. °म् Adv. ohne eigennützige Motive Gaudap. zu Sāṁkhjak. 60. — 2) sinnlos.

अपार्थक 1) Adj. (f. अपार्थिका; अपार्थका fehlerhaft) = अपार्थ 1) und 2). n. Unsinn Njājas. 5,2,10. °म् Adv. in uneigennütziger Weise Sāṁkhjak. 60.

अपार्थिव Adj. nicht irdisch Ragh. 8,34.

अपार्धक्षेत्र Adj. nur ein halbes Feld einnehmend Ind. St. 8,442. 10,287.

अपाध्य m. Pl. N. pr. der Verfasser eines Mantra Ind. St. 3,458.

अपाल 1) Adj. (f. आ) ohne Hüter, — Hirten R. ed. Bomb. 2,14,51. Bhaṭṭ. 3,56. — 2) f. अपाला N. pr. einer Tochter Atri's.

*अपालङ्क m. Cathartocarpus fistula.

अपालम्ब m. ein vom Wagen herabhängendes Holz zum Hemmen desselben.

अपालयत् Adj. nicht schützend Spr. 5418.

अपावृत् in अनपावृत्.

अपावृत्ति f. Verschluss.

अपावृत्त* n. das Sichwälzen eines Pferdes.

अपावृत्तक Adj. flüchtig geworden.

*अपावृत्ति f. = उद्वर्तन.

अपाव्य Adj. als Bez. bestimmter Götter und Mantra. Davon Nom. abstr. °त्व n. Kāṭh. 30,9.

*अपाण्या f. P. 6,2,156, Sch.

अपाश्रय m. 1) Rücklehne Daçak. 90,13. — 2) Stütze, Halt. — 3) etwa Zelt R. 5,11,10. — 4) * Gitter, Geländer.

अपाश्रयण n. das Sichanlehnen Gaut. 2,14.

अपाश्रयवत् Adj. eine Stütze habend an (Instr.).

°अपाश्रयिन् Adj. dass.

अपाषण्ड Adj. nicht ketzerisch Bhâg. 5,26,22 (अपाखण्ड Burn., अपाखण्ड ed. Bomb.).

अपाष्टि f. in अयोऽपाष्टि = अपाष्ठ, अपाष्ठि.

अपाष्ठ m. (adj. Comp. f. आ) Haken.

अपाष्ठवत् Adj. mit Haken versehen.

अपाष्ठिह und °हन् Adj. mit den Krallen tödtend Çat. Br. 12,7,3,6. 9,13.

अपासङ्ग m. 1) von unbekannter Bed. Kāṭh. 23,2. — 2) *= उपासङ्ग Köcher.

अपासन n. 1) das Wegwerfen, Weglegen. — 2) * Mord.

अपि 1) Praep. mit Verben oder in Verbindung mit einem Loc. (im ṚV.) dicht an, hinein in, in, bei. — 2) Adv. a) dazu, auch, ferner, desgleichen. अपि च, चापि, अपि चैव, चैवापि und तथैवापि dass. अपि — अपि (oder च) sowohl — als auch. ये ऽपि — ते ऽपि auch diejenigen, welche. न केवलम् — अपि nicht nur — sondern auch 96,28. 97,30. वापि und अपि वा oder auch. वापि — अथ वा — वापि entweder — oder — oder auch. यदि वा — यदि वापि — यदि वापि mit Potent. sei es, dass — oder dass — oder auch dass. न — नापि — न चैव (auch ohne Wiederholung der Negation) weder — noch — noch auch. — b) auch so v. a. sogar, selbst, obgleich. अपि च dass. यद्यपि, अपि ह यदि (27,20) und यदि चेत् selbst wenn. तथापि dennoch. In einem negativen Satze nicht einmal. अपि च — न चापि sogar — nicht aber so v. a. lieber — als. — c) aber, jedoch beim Wechsel des Subjects. — d) nur. — e) wenigstens, doch, tamen. — f) giebt einem Interrogativum die Bed. eines Indefinitum. — g) nach Zahlwörtern so v. a. alle. Eben so अपि च und अपि चैव. अन्ये ऽपि und परे ऽपि die übrigen. Pleonastisch nach उभ, उभय, सर्व und अशेषतस्. — h) am Anfange eines Satzes Fragepartikel. — i) am Anfange eines Satzes mit einem Potent. ach wenn doch. — k) अपि नाम am Anfange eines Satzes ob wohl, vielleicht. — l) न च — अपि तु nicht — sondern Spr. 5257. — m) * vor einem Imperat. bei einer freundlichen Aufforderung. — n) *सर्पिषो ऽपि स्यात् = सर्पिषो बिन्दुरपि स्यात्.

अपिकक्ष m. 1) die Gegend der Achselgruben und Schulterblätter. — 2) N. pr. eines Mannes; Pl. seine Nachkommen.

(अपिकक्ष्य) °कक्षिय Adj. in der Gegend der Achselgruben befindlich.

अपिकर्ण m. die Gegend des Ohres.

अपिगुण Adj. vorzüglich, vollkommen.

*अपिगृह्य (ved.) und *पिगृह्य Adj.

*अपिचक्षा f. ein best. Vogel Gal.

अपिज Adj. nachgeboren, hinzugeboren.

अपित् Adj. versiegt, vertrocknet.

अपितर् m. Nicht-Vater Çat. Br. 14,7,1,22.

अपितृक Adj. vaterlos Āpast. 1,11,2.

अपितृदेवत्य Adj. nicht an die Manen als Gottheit sich richtend 35,26. Çat. Br. 11,1,2,3.

अपित्र्य Adj. nicht väterlich 201,4.

अपित्व n. Betheiligung, Antheil 28,13.

अपित्विन् Adj. betheiligt, Antheil habend.

अपिद्रष्टर् Nom. ag. Zuschauer, Aufseher Ind. St. 10,144.

अपिधान 1) n. a) das Bedecken. — b) Bedeckung, Hülle, Decke. — c) Verschluss. — d) Schloss, Riegel. — 2) अपिधानी f. etwa Teppich.

अपिधानवत् Adj. verdeckt.

अपिधि m. dargereichte Gabe.

अपिनद्धमुख Adj. dessen Maul verbunden ist AV. Paipp. 19,6.

अपिनेतर् Nom. ag. Hingeleiter zu (Gen.) Çat. Br. 12,4,4,1.

अपिपक्ष m. Seitengegend.

अपिपास Adj. durstlos, kein Verlangen mehr empfindend. Davon अपिपासत्व n. Durstlosigkeit Ind. St. 9,154.

अपिप्राण Adj. (f. ई) jeden Athemzug begleitend.

अपिभाग Adj. Antheil habend.

अपिवाक Adj. Rede stehend Kāṭh. 13,1.

अपिवत् Adj. अपि enthaltend.

अपिवान्यवत्सा f. = अभिवान्यवत्सा.

अपिवाप m. Bez. eines best. Puroḍāça.

अपिव्रत Adj. an einer religiösen Feier betheiligt, blutsverwandt.

अपिशर्वर 1) Adj. in die Nacht reichend, nächtlich. — 2) n. Nachtzeit.

अपिशल m. N. pr. eines Mannes; Pl. seine Nachkommen.

अपिशसस् Abl. Inf. mit पुरा ohne wegzuschneiden.

अपिष्ट Adj. ungemahlen Çat. Br. 2,6,1,5.

अपिहित Partic. von धा, दधाति mit अपि.

अपिहिति f. Verschluss Maitr. S. 2,4,2. Tāṇḍja-Br. 10,3,4. 21,7,3.

अपी f. s. अप्य.

अपीच्य, अपीचीय Adj. 1) geheim, verborgen. — 2) sehr schön, reizend.

अपीडु Adj. untreibend.

अपीडयत् Adj. 1) nicht anstrengend, — ermüdend Spr. 441. — 2) nicht beeinträchtigend, nicht brechend (व्रतम्, धर्मम्).

अपीडा f. Nichtschädigung, Nichtbeeinträchtigung MBh. 12,87,32.

अपीडित Adj. 1) nicht gepresst, — gedrückt Spr. 3890. — 2) unverletzt, unversehrt Gaut. 1,25.

अपीडितवर्णम् Adv. ohne einen Laut zu quetschen Suçr. 1,13,5.

1. अपीत Adj. eingegangen in (Acc.), sich vereinigt habend mit Çat. Br. 10,3,2,15. Kaush. Up. 6,6,1.

2. अपीत Adj. 1) nicht getrunken Spr. 442. — 2) noch nicht getrunken habend MBh. 2,32,11.

अपीति f. das Eingehen in Etwas, Verschwinden.

अपीनस m. verstopfte Nase, Schnupfen.

अपीव्य Adj. v. l. für अपीच्य 2).

अपुंश्चलीय Adj. kein Hurenkind Spr. 3591.

अपुंस् s. अपुमंस्. अपुंस्त्व n. Unmannheit.

अपुंस्का Adj. f. gattenlos Bhaṭṭ. 5,70.

*अपुच्छा f. Dalbergia Sissoo Roxb.

अपुण्यभाज् Adj. unglückselig Kir. 11,82.

अपुण्यवत् Adj. dass. Kād. II,89,9. 123,13.

1. अपुत्र m. Nichtsohn.

2. अपुत्र (f. आ) und अपुत्रक (f. अपुत्रिका) sohnlos.

अपुत्रता f. Sohnlosigkeit.

अपुत्रिक Adj. der keine Tochter hat, die er an Sohnes Statt annehmen könnte.

अपुत्रिन् (106,6), अपुत्रिय und अपुत्र्य Adj. sohnlos, kinderlos Mantrabr. 1,4,3. Çānkh. Gṛhy. 1,16.

अपुनःप्रत्यय m. das nicht wieder Verlieren.

अपुनर् Adv. 1) ein für allemal. — 2) mit भू nach nicht wieder zusichkommen Çat. Br. 12,7,3,10.

अपुनरपगम m. das nicht wieder Fortgehen.

अपुनरावर्तन n. Nichtwiederkehr (in's Leben) Subāl. Up. 3.

अपुनरावृत्ति f. dass. und auch so v. a. Tod.

अपुनरुक्त 1) Adj. nie zu viel, wovon man nicht genug haben kann Kād. II,69,5. 127,1. 142,22. — 2) n. (Nirukta 5,2,16) und °रुक्ति f. keine unnütze Wiederholung.

*अपुनर्गेय Adj. nicht zum zweiten Mal zu singen Ind. St. 13,485.

अपुनर्जन्मन् Adj. nicht wiedergeboren werdend.

अपुनर्दर्शन n. das Nichtwiedersehen.

अपुनर्दीयमान Adj. nicht zurückgegeben werdend AV. 12,5,44.

अपुनर्निवर्तम् Absol. ohne Wiederkehr Tāṇḍya-Br. 6,3,10.

अपुनर्भोग्य Adj. nicht wieder zu geniessen TBr. 3,2,8,11.

अपुनर्भव m. 1) Nichtwiederkehr (z. B. von Krankheiten). — 2) das Nichtwiedergeborenwerden, endliche Erlösung.

अपुनर्भाव m. = अपुनर्भव 2).

अपुनर्भाविन् Adj. 1) nicht wiederkehrend, der letzte Vaṃç. 115. — 2) nicht wiedergeboren werdend.

अपुनःसंभव Adj. (f. आ) nicht wieder erstehend.

अपुमंस् m. Nichtmann, Eunuch Bālar. Nāṭyaç. 34,88.

अपुरस्तात् Adv. nicht von Osten Kāty. Çr. 21,4,10.

अपुरुषाभिवीत Adj. nicht von Menschen angetrieben Çat. Br. 4,5,8,11.

अपुरोगव Adj. führerlos Ait. Br. 6,33.

अपुरोडाश Adj. (f. आ) ohne Puroḍāça Kāty. Çr. 25,3,22.

अपुरोऽनुवाक्यक Adj. ohne पुरोऽनुवाक्या.

अपुरोरुक्क Adj. ohne पुरोरुच्.

1. अपुरोहित m. kein Purohita Çat. Br. 5,5,2,12.

2. अपुरोहित Adj. ohne Purohita Ait. Br. 8,24.

अपुवाय्, °यति schlecht werden, verderben.

अपुष्कल Adj. nicht zutreffend Vaṃç. 70,32.

अपुष्ट Adj. 1) nichtssagend, überflüssig Kāvyād. 7,7. Dazu Nom. abstr. °ता f. und °त्व n. — 2) *leise.

अपुष्टार्थ n. in der Rhetorik ein gesuchter und dabei nichtssagender Ausdruck. Dazu Nom. abstr. °त्व n.

अपुष्प 1) Adj. (f. आ) blüthenlos. — 2) *m. Ficus glomerata Nigh. Pr.

*अपुष्पफलद m. Artocarpus integrifolia und Ficus glomerata (Nigh. Pr.).

*अपुस् n. v. l. für वपुस् Naigh. 3,7.

अपूजित Adj. ungeehrt Spr. 445.

अपूज्य Adj. unehrenwerth Spr. 446. fg.

अपूत Adj. 1) ungereinigt. — 2) unrein Gaut. 28,6.

अपूप m. 1) Kuchen, feines Brot. — 2) Honigwaben. — 3) *Weizen.

अपूपक m. und अपूपिका f. Kuchen.

अपूपनाभि Adj. dessen Nabel (Mitte) durch einen Kuchen gebildet ist.

*अपूपमय Adj. aus Kuchen bestehend.

अपूपवत् Adj. von Kuchen begleitet.

अपूपशाला f. Bäckerei.

अपूपापिहित Adj. mit Kuchen bedeckt.

अपूपीय्, °यति Kuchen wünschen Kāty. Çr. 12,3,13.

*अपूपीय und *अपूप्य Adj. zu Kuchen dienend.

*अपूप्य m. Weizenmehl.

अपूरण 1) Adj. unersättlich Spr. 124. — 2) *f. ई Salmalia malabarica Sch. u. End.

अपूरुष Adj. unbelebt.

अपूरुषघ्न Adj. nicht Männer tödtend.

अपूर्ण 1) Adj. a) nicht voll. कल्केन woran nur Eins fehlt 91,2. — b) nicht ganz, gebrochen (Zahl). — 2) n. Anakoluth.

अपूर्त्ति f. Nichterfüllung der Wünsche MBh. 12, 285,26.

अपूर्यमाण Adj. nicht voll werdend Kāty. Çr. 24,1,4.

1. अपूर्व 1) Adj. (f. आ) a) keinen Vorderen —, kein Vorderes habend. — b) keinen Vorgänger habend P. 4,2,13. noch nicht dagewesen, ganz neu Gaim. 3,8, 31. प्रजापतस्तेनू: Āçv. Çr. 5,13,13. unvergleichlich. — 2) m. (sc. यज्ञ) mit oder ohne प्रजापतेस् ein best. Opfer Tāṇḍya-Br. 17,10,4. Vaitān. 39. — 3) n. die wunderthätige Wirkung einer religiösen Handlung Nyāyam. 2,1,1. fgg. Comm. zu Gaim. 2,1,1. fgg.

2. अपूर्व Adj. व zum vorangehenden Laut habend.

अपूर्वकरण n. bei den Gaina Bez. der achten zur Erlösung führenden Stufe.

अपूर्वता f. 1) das keinen Vorderen —, kein Vorderes Haben Comm. zu Tāṇḍya-Br. 17,10,4. — 2) Neuheit 282,28.

अपूर्वत्व n. 1) das keinen Vorderen —, kein Vorderes Haben. — 2) Neuheit 283,13. Gaim. 1,5,6.

अपूर्वदर्शन Adj. früher nie gesehen Kād. 215,9.

अपूर्वपति Adj. f. die früher keinen Gatten gehabt hat, zum ersten Mal verheirathet Ind. St. 13,469.

अपूर्वपद Adj. ohne vorangehendes Wort, nicht am Ende eines Compositum stehend P. 4,1,140.

अपूर्ववाद m. Titel eines Werkes.

अपूर्विन् Adj. der Etwas früher nicht gethan hat Spr. 480.

अपूर्वेण Adv. nie zuvor.

(अपूर्व्य) अपूर्विय Adj. (f. आ) 1) dem Nichts vorangeht, der erste. — 2) der vorzüglichste, unvergleichlich.

अपृक्त Adj. aus einem einzigen Vocal oder Laute bestehend. °पूर्व Adj. VS. Prāt. 4,184. °मध्य Adj. 181.

अपृणक् 3. Sg. Imperf. von पर्च्.

अपृणत् Adj. nicht spendend, geizig.

अपृथक्त्व n. das Nichtgesondertsein.

अपृथक्त्विन् Adj. der kein Gesondertsein annimmt MBh. 12,320,176.

अपृथक्श्रुति Adj. nicht einzeln hörbar ṚV. Prāt. 13,16.

अपृथग्दर्शन Adj. keine Verschiedenheit sehend in (Loc.) MBh. 12,239,3.

अपृथग्धर्मिन् Adj. keine gesonderten Eigenschaften habend Maitrjup. 6,22.

अपृथग्विवेक्य Adj. nicht als gesondert zu unterscheiden abend.

अपृथात्मज Adj. ohne Arǵuna Vaṃç. 97.

अपृश्नि Adj. nicht scheckig Kāty. Çr. 14,2,12.

अपृष्ट Adj. ungefragt Gaut. 13,5. Spr. 3594. अपृष्टे wenn nicht gefragt worden ist 289.

अपृष्ठशमन Adj. ohne पृष्ठशमनीय Kāty. Çr. 26,6,14.

अपृष्ठशमनीय Adj. dass. Lāṭy. 10,17,10.

अपेत 1) m. N. pr. eines Sohnes des Çvaphalka. उपेत v. l. — 2) f. आ a) das Sichumsehen, Lauern auf Etwas. — b) Beachtung, Berücksichtigung, Betracht, Rücksicht 238,9. 285,8. Instr. in Betracht von so v. a. im Vergleich zu 265,11.30. तदपेत Adj. darauf Rücksicht nehmend Gaut. 8,7. — c) Erwartung, das Verlangen, Erforderniss 279,1.2. 280,4. निमित्तापेक्षत्व n. das Erfordern einer Ursache Comm. zu TS. Prāt. 9,22.

अपेक्षया (Conj.) Adj. hinschauend auf.

अपेक्षणीय Adj. zu berücksichtigen Spr. 3093, v. l. Dazu Nom. abstr. °त्व n.

अपेक्षाबुद्धि f. Relativitätsbegriff Bhāshāp. 107, 11. fgg.

अपेक्षाव्याख्यान n. Titel eines Commentars.

अपेक्षितत्व n. das Erwartetwerden, das Erfor-

derlichsein 282,20. Kap. 2,2,5.

अपेक्षिता f. *Erwartung.*

अपेक्षिन् Adj. 1) *berücksichtigend, beachtend.* — 2) *erwartend, abwartend.*

अपेक्ष्य Adj. *auf den man Rücksicht zu nehmen hat* Kathâs. 12,132 (अप्रेक्ष्य gedr.).

अपेतप्रजनन Adj. *nicht mehr zeugungsfähig* Kâts. Ça. 22,4,7.

अपेतप्राण Adj. *verstorben* 107,6.

*अपेतराक्षसी f. *Ocimum sanctum.*

अपेन्द्र Adj. *wovon* Indra *ausgeschlossen ist.*

अपेय Adj. *nicht trinkbar* Spr. 2130. *zu trinken verboten* Gaut. 17,24.

अपेशल Adj. *ungeschickt, unpassend* Comm. zu Gaim. S. 216, Z. 10.

अपेशस् Adj. *gestaltlos.*

अपेषण n. *das Nichtmahlen* Kâts. Ça. 8,2,18.

*अपेक्षिकटा (besser अपोत्कटा Kâç.), *अपेक्षिद्वितीया, *°प्रघसा, *°वर्णापाला und *°स्वागता f. gaṇa मयूरव्यंसकादि.

अपैशुन n. *keine Hinterbringerei* Bhag. 16,2.

अपोगण्ड Adj. 1) *nicht unerwachsen.* — 2) *jugendlich.* — 3) **sehr furchtsam.* — 4) **ein Glied zu viel oder zu wenig habend.* — 5) **runzelig.*

अपोढ Partic. von वह् mit अप.

अपोदक Adj. (f. आ) 1) *wasserlos, — dicht.* — 2) *nicht wässerig, — flüssig* AV. 5,13,2.6.

*अपोदिका f. = उपोदिका *Basella cordifolia Lam.*

अपोदित्य n. impers. *abzugehen von* (Abl.).

अपोद्धार्य in अनपोद्धार्य.

*अपोनप्त्र = अपां नपात् P. 4,2,27.

अपोनप्त्रिय und °नप्त्रीय Adj. *den* अपां नपात् *betreffend, ihm geweiht.*

अपोम्भन n. *Hemmung, Fessel.*

अपोह m. 1) *Vertreibung, Verdrängung, Entfernung* Sarvad. 13,18. Comm. zu Nyâyas. 5,1,37. — 2) *Bestreitung, Absprechung, Negirung.*

*अपोत्कटा und *अपोत्कर्दमा f. gaṇa मयूरव्यंसकादि in der Kâç.

अपोहन 1) Adj. (Conj.) *vertreibend, verscheuchend.* — 2) n. a) *das Vertreiben, Entfernen* Dhâç. 13,15. — b) *das Bestreiten, Absprechen, Negiren.*

अपोहनीय und अपोह्य Adj. *zu vertreiben, zu verscheuchen, zu entfernen.*

अपौरादर° *ohne Bemühung der Bürger* Kumâras. 6,41.

अपौरुषेय Adj. *nicht von Menschen kommend, — herstammend.*

अपौल्कस n. *kein* Paulkasa Çat. Br. 14,7,1,22.

अप्कृत्स्न m. *eine best. Meditation* (buddh.).

अप्चर m. *Wasserthier.*

अप्त Adj. in अनप्त.

*अप्नस् n. *Werk, Handlung* Uṇâdis. 4,205.

अप्तु (अ + प्तु von पत्) 1) Adj. *federleicht, winzig* Maitr. S. 3,9,1. — 2) *m. *Körper.*

अप्तुमत् Adj. *das Wort* अप्तु *enthaltend* Maitr. S. 3,9,1.

अप्तुर् Adj. *geschäftig, emsig.*

(अप्तूर्य) अप्तुरिय n. *Geschäftigkeit, Emsigkeit.*

अप्तोर्याम und °यामन् (Tâṇḍya-Br. 20,3,5. Lâṭy. 9,5,12) m. *eine best. Art das* Soma-*Opfer zu feiern.* Davon Nom. abstr. °त्व n. Tâṇḍya-Br. 20,3,5.

(अप्न्य) अप्निअ Adj. *wässerig.*

अप्नराज् Adj. *über Besitz gebietend.*

अप्नवान m. 1) N. pr. eines Mannes. — 2) **Arm.*

अप्नस् 1) n. a) *Besitz, Habe, Reichthum.* — b) *Werk.* — c) **Nachkommenschaft.* — d) **Gestalt.* — 2) Adj. *thätig, emsig.*

अप्नस्वती Adj. f. *einträglich, ertragreich.*

अप्नःस्थ m. *Gutsherr.*

अप्पय्यदीक्षित m. = अप्पदीक्षित.

अप्पति m. 1) Varuṇa. — 2) **Meer* Gal.

अप्पदीक्षित (die richtige Form) und अप्पय्यदीक्षित m. N. pr. des Verfassers des Kuvalajânanda.

*अप्पित्त n. *Feuer.*

अप्पिदीक्षित m. = अप्पदीक्षित.

अप्पूर्वम् Adv. *nach vorangegangener Wasserdarbringung* Âçv. Gṛhs. 4,7,13.

अप्य und अप्यप्य Adj. (f. आ und अप्यी) *im Wasser befindlich, von ihm stammend, zu ihm gehörig.*

अप्ययदीक्षित m. = अप्पदीक्षित.

अप्यय m. 1) *das Eingehen in Etwas, Verschwinden; das Vergehen, Ende,* im Gegens. zu प्रभव, भव oder उत्पत्ति. — 2) *Einmündung, Zusammenfluss* Tâṇḍya-Br. 25,10,15. — 3) *Zusammenstoss, Fuge, Verbindungsstelle* Çulbas. 3,22. 87. 129. — 4) N. pr. eines Mannes.

अप्ययदीक्षित und अप्पय्य m. = अप्पदीक्षित.

अप्यर्धम् Adv. *in der Nähe von* (Gen.).

अप्यायदीक्षित m. = अप्पदीक्षित.

अप्रकट Adj. (f. आ) *nicht zu Tage liegend.* °म् Adv. *unbemerkt.*

अप्रकटीकृत Adj. *nicht an den Tag gelegt* Spr. 460.

अप्रकम्प Adj. *nicht bebend, unbeweglich.* °म् Adv. *fest.*

अप्रकम्पिन् Adj. dass. Ait. Âr. 405,11.

अप्रकरण n. *kein Gegenstand der Rede* Gaim. 2, 3,12. 3,4,20. 6,35.

अप्रकरणोत्पत्ति Adj. *ohne Gegenstand der Rede oder ausdrücklich erwähnt zu sein* Kâts. Ça. 1,3, 28; vgl. Gaim. 4,3,34. 35 und उत्पत्तिवाक्य.

*अप्रकाण्ड m. *Strauch, Busch* Gal.

अप्रकाश 1) Adj. (f. आ) a) *nicht hell, dunkel.* — b) *versteckt, heimlich, von Andern nicht gesehen* Mṛkkh. 61,8, v. l. — 2) °म् Adv. *im Geheimen.* — 3) m. a) *Dunkel* 272,13. — b) **geheime Mittheilung.*

अप्रकाशक Adj. 1) *nicht erhellend* Tattvas. 26. — 2) **versteckt, geheim* Gal.

अप्रकाशन n. *das Nichtoffenbaren, Nichtverrathen* Spr. 496.

अप्रकाशमान Adj. *unsichtbar* 52,9.

अप्रकाश्य Adj. *nicht vor die Oeffentlichkeit zu bringen, — zu zeigen.*

अप्रकीर्णप्रसृत Adj. *nicht verworren und nicht weitschweifig.* Davon Nom. abstr. °त्व n. 11. 68.

अप्रकीर्ति f. *Unberühmtheit* Nilak. zu MBh. 12, 138,3.

अप्रकृत Adj. *wovon nicht die Rede ist, nicht hingehörig* Kâraka 1,29. 3,8. Dazu Nom. abstr. °त्व n. Gaim. 2,2,10. 13. Kâts. Ça. 6,7,2, v. l.

अप्रकृति Adj. *nicht im normalen Zustande befindlich* Jolly, Schuld. 308.

अप्रकृतिक Adj. *ohne Stamm, — Thema, — Wurzel.*

*अप्रकृष्ट m. = अपकृष्ट *Krähe.*

अप्रकृतत्व n. *Nichthingehörigkeit, Unwesentlichkeit.*

अप्रकेत Adj. *nicht unterscheidbar, unerkennbar.*

अप्रक्षालित Adj. *ungespült* Gop. Br. 1,3,12. Vaitân. 7.

अप्रक्षित Adj. *unerschöpflich.*

अप्रख्यता f. *Unberühmtheit, Unansehnlichkeit* MBh. 12,138,3.

अप्रगल्भ Adj. (f. आ) *feig, ängstlich, verzagt* 86,28. 181,30. Spr. 461. 7002. Çiç. 26,10. Vaṃç. 31,13.

*अप्रगुण Adj. *verwirrt.*

अप्रगृह्य Adj. (RV. Prât. 1,16) und अप्रग्रह m. (TS. Prât. 13,6) *kein* प्रगृह्य *genannter Vocal.*

अप्रचङ्कश Adj. (f. आ) *ohne Schärfe.*

अप्रचेतस् Adj. *unverständig.*

अप्रच्छिन्न Adj. *nicht gespalten* Âçv. Gṛhs. 1,3,3.

अप्रच्छेद्य Adj. *nicht zu spalten.*

अप्रच्याव m. *das Nichtzusammenstürzen* Tâṇḍya-Br. 9,2,1.

अप्रच्यावुक Adj. (f. आ) *nicht hinfällig.*

अप्रच्युत Adj. 1) *unerschüttert.* — 2) *nicht abfallend von* (Abl.), — *untreu werdend.*

अप्रच्युति f. *das Nichthinfälligwerden.*

अप्रजस् Adj. (f. आ) 1) *kinderlos.* मिथुन so v. a. *unfruchtbar.* — 2) f. *nicht gebärend, das Kind im*

Mutterleibe zurückhaltend.

1. अप्रजज्ञि Adj. *nicht zeugungskräftig.*

2. अप्रजज्ञि Adj. *unkundig.*

अप्रजनन Adj. *nicht zeugend.* Davon Nom. abstr. °त्व n. Gaut. 3,2.

अप्रजनिष्णु Adj. *nicht zeugungsfähig* Maitr. S. 1,6,10.

अप्रजस् und अप्रजस् Adj. *kinderlos.*

अप्रजस्ता f. und अप्रजास्य n. *Kinderlosigkeit.*

अप्रजाता Adj. f. *niemals niedergekommen* MBh. 5,88,3.

अप्रजास्त्व n. *Kinderlosigkeit.*

अप्रज्ञ Adj. *nicht erkennend.*

अप्रज्ञात Adj. *ungekannt* M. 1,5.

अप्रज्ञात्र Adj. *sich verirrend, fehl gehend.*

अप्रणाश m. 1) *das Nichtverschwinden* Tāṇḍya-Br. 14,2,6. — 2) *das Nichtzugrundegehen.*

1. अप्रणीत Adj. *nicht zum Altar hingetragen* M. 9,317.

2. अप्रणीत n. *eine Begehung, bei der kein heiliges Wasser gebraucht wird,* Âçv. Çr. 1,1,3.

अप्रणोद्य Adj. *nicht abzuweisen* Gaut. 17,3.

अप्रतर्क्य Adj. *wovon man sich keine Vorstellung machen kann.* क्वाप्यप्रतर्क्यो ययौ *so v. a. er gieng, man wusste nicht wohin,* 120,25.

अप्रती Loc. Adv. *ohne Entgelt, umsonst.*

अप्रति Adj. *unwiderstehlich.*

1. अप्रतिकर m. *kein Entgelt.* Instr. *ohne E.*

2. *अप्रतिकर Adj. 1) *vertrauend.* — 2) *des Vertrauens würdig.*

अप्रतिकर्मन् Adj. *von unvergleichlichen Thaten.*

अप्रतिकार Adj. *wogegen sich Nichts thun lässt* Veṇis. 164.

अप्रतिकारिन् Adj. *keine Gegenmittel anwendend, sich nicht ärztlich behandeln lassend.*

अप्रतिकूल Adj. (f. आ) *sich Jmd* (Gen.) *nicht widersetzend* Ind. St. 5,301. *willig zu* (Loc.).

अप्रतिकृत Adj. *wogegen Nichts gethan worden ist* Veṇis. 119.

अप्रतिकृष्ट Adj. *unverkümmert* Âpast. 1,30,13.

अप्रतिख्यात Adj. *nie gesehen.*

अप्रतिगृह्य Adj. *von dem man Nichts annehmen darf.*

अप्रतिग्रहण n. *das Nichtannehmen, Zurückweisen.*

अप्रतिग्राहक Adj. *Nichts annehmend.*

अप्रतिग्राह्य Adj. 1) *was nicht angenommen werden darf.* — 2) *von dem man Nichts annehmen darf* Sâmav. Br. 1,7,3.

अप्रतिघ Adj. *nicht zurückzuschlagen, unwiderstehlich, überall hindringend.*

अप्रतिघात m. *Unbehindertheit* Nyâyas. 3,1,45.

अप्रतिघातक Adj. *auf keinen Widerstand stossend.*

अप्रतिचक्र Adj. 1) *einen unvergleichlichen Discus besitzend.* — 2) *dem kein anderer Discus gewachsen ist.*

अप्रतिज्ञा f. *Nichteinwilligung in* (Loc.).

अप्रतिज्ञात Adj. *nicht genehmigt* Kâtj. Çr. 4,11,1.

अप्रतिद्वंद्व und °द्वंद्विन् Adj. *ohne Nebenbuhler, unangefochten, unanfechtbar.* Dazu Nom. abstr. °द्वंद्वता f.

अप्रतिधुर Adj. *keinen würdigen Deichselgenossen habend.*

अप्रतिधृष्टशवस् Adj. *von unwiderstehlicher Kraft.*

अप्रतिधृष्य Adj. *nicht auszuhalten* Ait. Âr. 386,13. प्रज्ञापतेस्तनूः Âçv. Çr. 1,13,12.

अप्रतिनोद n. *Nichtzurückweisung.*

अप्रतिपत्ति f. 1) *das Nichtkennenlernen.* शब्दानाम् Mahâbh. Einl. 18,a. — 2) *das Nichtverstehen, Nichtbegreifen* Nyâyas. 1,1,60. 5,2,19. — 3) *Unentschlossenheit, Verblüfftheit, Rathlosigkeit* Daçak. 4,12. Sâh. D. 173. 33,21. Kîr. 180,1.

अप्रतिपद् Adj. *verblüfft, rathlos.*

अप्रतिपद्यमान Adj. *sich nicht einverstanden erklärend mit* (Acc.) Çâk. 110.

अप्रतिपादक Adj. *nicht zukommen lassend,* — *spendend an* (Loc.).

अप्रतिपादन n. *das Nichtzukommenlassen, Vorenthalten* 184,11.

अप्रतिपालन n. *Mangel an Schutz.*

अप्रतिपूरुष Adj. *seines Gleichen nicht habend.*

अप्रतिप्रसव m. *kein Gegengeheiss* Gaim. 2,4,21.

अप्रतिबद्ध Adj. *nicht fern gehalten, zum Gefolge gehörend* Kâd. II,102,20.

1. अप्रतिबन्ध m. *Abwesenheit eines Hindernisses.*

2. अप्रतिबन्ध Adj. *unbehindert, ungehemmt.*

1. अप्रतिबल Adj. *einer Sache nicht gewachsen.*

2. अप्रतिबल Adj. *dem Niemand gewachsen ist.*

अप्रतिबुद्ध Adj. *nicht erleuchtet, dumm* Spr. 7662.

अप्रतिबुद्धक Adj. *dass.* MBh. 12,308,4.

अप्रतिबोध° *um nicht wieder zu erwachen* Ragh. 8,57.

अप्रतिब्रुवत् Adj. *nicht widerredend.*

*अप्रतिभ Adj. *verblüfft.*

अप्रतिभा f. 1) *das Nichterscheinen, Ausbleiben* Gaut. 13,28. — 2) *das Nichtanstehen, Nichtpassen.* — 3) *Verblüfftheit* Nyâyas. 5,2,1. 19.

अप्रतिम Adj. (f. आ) *unvergleichlich.*

अप्रतिमन्यूयमान Partic. *unfähig, den Zorn gegen Jmd geltend zu machen.*

अप्रतिमान und अप्रतिमेय Adj. *unvergleichlich.*

अप्रतिमुक्त Adj. *nicht beurlaubt* Kâd. II,48,3.

अप्रतियत्नपूर्व Adj. (f. आ) *nicht künstlich erzeugt* Çiç. 3,54.

अप्रतियोगिन् Adj. *nicht correlativ; in keinem Gegensatz stehend zu* — Bhâshâp. 68. Davon Nom. abstr. °गित्व n. Tarkas. 45.

अप्रतियोधिन् Adj. *dem Niemand zu widerstehen vermag.*

अप्रतिरथ 1) Adj. *keinen ebenbürtigen Gegner habend.* — 2) m. N. pr. a) *eines* Ṛshi, *eines Sohnes des* Indra. — b) *eines Sohnes des* Rantināra VP. 4,19,3. — 3) n. *die von* Apratiratha *verfasste Hymne.* Dazu Nom. abstr. अप्रतिरथत्व n. Maitr. S. 3,3,7.

1. अप्रतिरूप Adj. (f. आ) 1) *unangemessen, unpassend.* — 2) *hässlich, widerlich.*

2. अप्रतिरूप Adj. (f. आ) *ohne Gegenbild, unvergleichlich.*

*अप्रतिरूपकथा f. = मंगणिका.

अप्रतिरूप्य n. fehlerhaft für अप्राति°.

(अप्रतिवाच्य) °वाचिय Adj. *dem man nicht zu widersprechen vermag* Pâr. Gṛhy. 3,13,4.

अप्रतिवातम् Adv. *nicht gegen den Wind* Âpast. 1,6,28.

अप्रतिवाद m. *Widerspruchslosigkeit* Ait. Âr. 439,8.

अप्रतिवादिन् Adj. *nicht widersprechend, fügsam.*

अप्रतिवार Adj. *unabwehrbar* Suçr. 1,307,8. 20.

1. अप्रतिवारण n. *das Nichtabwehren, Nichtwiderstehenkönnen.*

2. अप्रतिवारण Adj. *nicht abzuwehren.*

अप्रतिवार्य Adj. *nicht abzuwehren, unaufhaltsam.*

(अप्रतिवाद्य) °वादिय Adj. = अप्रतिवाच्य Pâr. Gṛhy. 3,13,4, v. l.

अप्रतिवाश्यमान Adj. *nicht zubellend,* — *zublökend u. s. w.* Lâṭj. 9,8,17. 19.

अप्रतिविधेय Adj. *gegen den oder wogegen nicht anzukämpfen ist* Kâd. 70,22.

अप्रतिवीर्य Adj. *dem Niemand gewachsen ist.*

अप्रतिशंसत् Adj. *nicht entgegenrufend* Çat. Br. 11,5,8,9.

अप्रतिशार m. *das Nichtzerbrechen* (intrans.).

अप्रतिशस्त Adj. *nicht entgegengerufen* Çat. Br. 11,5,8,10.

अप्रतिशीन Adj. *nicht erkältet* Comm. zu Nyâyas. 5,2,10.

अप्रतिषिक्त Adj. *nicht begossen* Maitr. S. 1,8,8.

अप्रतिषिद्ध Adj. *nicht verboten* Suçr. 1,330,8.

अप्रतिषेक्य Adj. *nicht zu begiessen* Maitr. S. 1,8,8.

अप्रतिषेध m. *ungültige Einwendung* Nyâyas. 2,

1,33. 3,1,5. 8.

अ॑प्रतिष्कुत Adj. *unaufhaltsam.*

*अप्रतिष्कृत Adj. *dem man Nichts entgegensetzt* Nir. 6,16.

अप्रतिष्टब्ध Adj. *nicht gestützt auf* (Instr.) Āpast. 1,6,16.

अप्रतिष्ठ 1) Adj. *nicht fest stehend, keinen Bestand habend, beständigem Wechsel unterliegend, Gefahren aller Art ausgesetzt* (von Personen und Sachen) M. 3,180. MBh. 1,227,11. 13,26,13. Bhāg. 6,38. — 2) m. *eine best. Hölle* VP. 2,6,3.

अप्रतिष्ठान Adj. *ohne festen Ort* AV. 11,3,49.

अप्रतिष्ठायुक Adj. *keinen Halt habend* Maitr. S. 4,1,13.

अ॑प्रतिष्ठित Adj. 1) = अप्रतिष्ठ. — 2) *unbegrenzt* Bhāg. P. 3,10,11.

अप्रतिसंक्रम Adj. *nicht gegenseitig verknüpft* Comm. zu Nyāyas. 3,2,13.

अप्रतिसंख्यानिरोध m. *unbewusste Vernichtung* (buddh.) Bādar. 2,2,22.

अप्रतिसङ्गिन् Adj. *auf kein Hinderniss stossend, unwiderstehlich.*

अप्रतिसंचर m. *keine Rückbewegung.*

अप्रतिसंधान n. 1) *das nicht wieder in's Bewusstsein Rufen* Comm. zu Nyāyas. 3,1,14. — 2) *das Nichtwiedergeborenwerden* Comm. zu Nyāyas. 4,1,64.

अप्रतिसंधि m. *Nichtwiedergeburt* Comm. zu Nyāyas. 3,2,72.

अप्रतिसंधेय Adj. *unwiderstehlich.*

अप्रतिसमाधेय Adj. *nicht gut zu machen* Comm. zu Gaim. 1,1,12.

अप्रतिसंबद्ध Adj. *in keinem Zusammenhang stehend* Nyāyas. 3,2,7. 15.

*अप्रतिस्खलित Adj. *an Nichts hängen bleibend* Nir. 6,16.

*अप्रतिस्तब्ध Adj. *ungehemmt* Bhaṭṭ. 9,59.

अप्रतिहत Adj. 1) *ungehemmt, ununterbrochen, unbeschränkt, unverwehrt, unangefochten, unaufhaltsam, unwiderstehlich. Ungehemmt* so v. a. *nicht vermieden* Çiç. 60,12, v. l. — 2) *nicht abgelaufen, — verstrichen* Pār. Gṛhy. 2,1,2.

अप्रतिहतनेत्र m. N. pr. eines Devaputra Lalit. 346,11.

अप्रतिहातव्य Adj. *nicht aufzugeben, — zu scheuen* Comm. zu Nyāyas. 1,1,2.

1. अप्रतिहार m. *das Nichtzuholen* Tāṇḍja-Br. 24, 1,12.

2. अप्रतिहार Adj. (f. आ) *ohne die* Pratihāra *genannten Silben* Lāṭj. 7,2,6. 3,13.

अप्रतिहार्य Adj. *unwiderstehlich.*

अप्रतीकार Adj. 1) *sich nicht widersetzend.* — 2) *wogegen es keine Abhülfe giebt, unheilbar* Kād. 36,24. 173,21.

अ॑प्रतीक्षम् Adv. *ohne zurückzublicken.*

अप्रतीघात m. = अप्रतिघात Comm. zu Nyāyas. 3,1,46. 50.

अ॑प्रतीत Adj. 1) *unwiderstehlich.* — 2) *nicht allgemein verständlich* Vāmana 2,1,8. Dazu Nom. abstr. °त्व n. Sāh. D. 213,6. — 3) *nicht froh, traurig.*

अप्रतीति f. *das nicht allgemein verständlich Sein, das sich nicht von selbst Ergeben* 279,1.

अप्रतीतिक Adj. = अप्रतीत 2).

अ॑प्रतीत्त Adj. *nicht zurückerstattet.*

अप्रतीप 1) *sich nicht widersetzend.* अप्रतीपेन *ohne Widerrede.* — 2) m. N. pr. eines Fürsten.

अप्रतीभा f. *das Nichtverfallen auf Etwas* Āpast. 2,9,4.

अप्रतीवाप Adj. *ohne Beimischung.*

अप्रत्ता Adj. f. *unverheirathet* Gaut. 28,24. Nir. 3,5.

अप्रत्यक्ष Adj. *nicht vor Augen liegend, — sichtbar* Mahāṇ. 4,2,2. Davon Nom. abstr. °त्व n. ebend.

अप्रत्यक्षित Adj. *nicht mit eigenen Augen geschaut* Kād. II,111,15.

अप्रत्यभिघारण n. *das Nichtwiederbegiessen* Kātj. Çr. 5,6,22.

अप्रत्यभिज्ञान n. *Nichtwiedererkennung* Nyāyas. 3,2,5. 7.

1. अप्रत्यय m. 1) *Misstrauen* Verz. d. Oxf. H. 210,b, 12. — 2) *kein Suffix* P. 1,1,69.

2. अप्रत्यय Adj. 1) *Misstrauen setzend in* (Loc.). — 2) *Misstrauen erweckend* Spr. 7700.

अप्रत्ययक Adj. (f. °यिका) *ohne Suffix.*

अप्रत्यवरोहिन् Adj. *sich nicht vom Sitz erhebend.*

अप्रत्यवाय m. *keine Sünde* Gaim. 1,3,10.

अप्रत्यवेक्षण n. *das Sichnichtkümmern um —, Vernachlässigung.*

अप्रत्याख्यायिन् Adj. *nicht abweisend* 39,5. 8.

अप्रत्याख्येय Adj. 1) *nicht zurückzuweisen* Cit. im Comm. zu Mṛcch. 63,2. — 2) *nicht zu läugnen* Comm. zu Nyāyas. 3,1,27. — 3) *unheilbar.* Davon Nom. abstr. °ता.

अप्रत्यादातव्य Adj. *nicht zu verwerfen.*

अप्रत्याम्नाय m. *keine Gegenbestimmung* ṚV. Prāt. 1,16 (25).

अ॑प्रत्यालभमान Adj. *sich nicht zur Wehr setzend* Çat. Br. 1,6,2,22.

अप्रत्युच्चारण n. *das Nichtergreifen des Wortes zur Erwiederung* Nyāyas. 5,2,17 (nach der richtigen Lesart).

अप्रत्युच्चारयत् Adj. *nicht das Wort ergreifend zur Erwiederung* Comm. zu Nyāyas. 5,2,17.

अप्रत्युत्थायिक Adj. *gegen den man sich nicht erhebt* Gop. Br. 1,3,19. Vaitān. 11.

अप्रत्यृत Adj. *keinen Widerstand findend an* (Loc.) Nir. 4,17.

अप्रथित Adj. *nicht ausgebreitet* Nir. 1,14.

अप्रदक्षिणम् Adv. *nach links* Kātj. Çr. 4,13,12, v. l. Jñāt. 1,232.

अ॑प्रदग्ध Adj. *nicht verbrannt* Çat. Br. 11,1,6,33.

अप्रदातर् Nom. Ag. 1) *nicht gebend.* — 2) *eine Tochter nicht verheirathend* Spr. 1690, v. l.

अप्रदान n. *das Nichtgeben, Nichtgewähren* Jñān. 3,79.

अप्रदानवत् Adj. *nicht spendend, geizig.*

अ॑प्रदाह m. *das Nichtverbrennen.*

अप्रदीप Adj. (f. आ) *ohne Leuchte* Garga in Varāh. Bṛh. S. 2,9.

अ॑प्रदुग्ध Adj. *nicht ausgemolken.*

अ॑प्रदृपित Adj. *nicht achtlos.*

अप्रधान Adj. *nicht obenan stehend, eine untergeordnete Stellung einnehmend* Spr. 433. 464. P. 2,3, 19 (könnte hier auch n. *etwas Untergeordnetes* sein).

अप्रधानकाल Adj. *nicht zur eigentlichen Zeit gehörig* Kātj. Çr. 1,7,15.

अप्रधानकालीन Adj. dass. Davon Nom. abstr. °त्व n. Comm. zu Kātj. Çr. 1,7,15.

अप्रधानता f. (Hit. 52,1) und अप्रधानत्व n. *das Untergeordnetsein, untergeordnete Stellung.*

अप्रधृष्य Adj. *dem man Nichts anhaben kann.*

अप्रनष्ट Adj. *nicht verschwunden* MBh. 12,293,18.

अ॑प्रपदन n. *schlechter Zufluchtsort.*

अ॑प्रपाद m. *kein vorzeitiges Abgehen des Fötus.*

अ॑प्रपादुक Adj. *nicht vorzeitig abgehend* (Fötus) Maitr. S. 3,7,5.

अप्रबोध m. 1) *das Nichterwachen.* — 2) *Unwissenheit.*

अप्रबोधिता f. *Nichterwachen, spätes Erwachen* MBh. 12,248,15.

अप्रभव m. *keine Quelle —, kein Veranlasser von* (Loc.) Gaut. 28,51.

अप्रभविष्णु Adj. *unvermögend, machtlos.*

अप्रभात Adj. (f. आ) *noch nicht hell geworden, — dem Tageslicht gewichen* Kād. II,67,5.

अप्रभाव Adj. = अप्रभविष्णु. Davon Nom. abstr. °त्व n. Spr. 4436.

अ॑प्रभु Adj. dass. Mit Loc. eines Nom. act. Als m. *nicht Herr von* (Gen.). अप्रभुरस्यात्मनः सीदति मे हृदयम् Kād. 39,20. Davon Nom. abstr. अप्रभुता f. (R. 2,23,30) und अप्रभुत्व n. MBh. 12,228,73.

अ॑प्रभूती Instr. *ohne Anwendung von Gewalt.*

अप्रभ्रंश m. das Nichtkommen um Etwas (Abl.)

अप्रमत्त Adj. nicht fahrlässig, aufmerksam, achtsam. Davon Nom. abstr. °त्व n. Râǵat. 6,362.

अप्रमय Adj. unvergänglich.

अप्रमा f. falscher Begriff Bhâshâp. 125. Tarkas. 53.

अप्रमाण n. keine Autorität MBh. 13,163,25. Çâk. 121. etwas Nichtssagendes Tarkas. 50.

अप्रमाणविद् Adj. die Bedeutung einer Sache nicht kennend Bhâg. P. 8,9,12.

अप्रमाणशुभ und अप्रमाणाभ m. Pl. zwei Klassen von Göttern (buddh.) Lalit. 171,4. 2.

अप्रमाणी Adv. mit कर् Jmd (Acc.) nicht als Autorität behandeln Kâd. 11,17. 221,15.

1. अप्रमाद m. Aufmerksamkeit, Sorgsamkeit MBh. 14,1,14.

2. अप्रमाद Adj. = अप्रमत्त. Davon Nom. abstr. °ता f.

अप्रमादम् Absol. 1) aufmerksam, sorgfältig AV. 12,1,7. 18. — 2) unablässig, unverändert.

अप्रमादिन् und अप्रमाद्यत् (Nir. 4,19) Adj. = अप्रमत्त.

अप्रमायुक Adj. nicht plötzlichen Todes sterbend.

अप्रमीय Adj. was nicht zu Grunde gehen sollte.

अप्रमुदिता f. im Sâṁkhja eine best. Unvollkommenheit (असिद्धि).

अप्रमूर Adj. besonnen.

अप्रमृष्य Adj. unvertilgbar, unverwüstlich.

अप्रमेय Adj. 1) unmessbar, unergründlich. — 2) unbeweisbar M. 1,3.

अप्रमेयात्मन् Adj. von unergründlichem Wesen (Çiva).

अप्रमोद m. keine Freude, — Lust M. 3,61.

अप्रमोदमाना f. im Sâṁkhja eine best. Unvollkommenheit (असिद्धि).

अप्रयच्छत् Adj. 1) nicht abliefernd Jâǵñ. 2,236. — 2) ein Mädchen nicht verheirathend Gaut. 18,23.

अप्रयत Adj. nicht innerlich und äusserlich zu einer ernsten Handlung vorbereitet, unrein Âpast. 1,14,18.20. 16,21.22. auch von einer Speise 21.

1. अप्रयत्न keine Anstrengung. अप्रयत्न° ohne A. 161,9.

2. अप्रयत्न Adj. sich nicht bemühend um, gleichgültig gegen (Loc.).

अप्रयाज Adj. ohne Prajâǵa TS. 6,1,5,4.

अप्रयाणक n. Unterbrechung einer Reise.

*अप्रयाणि f. das Nichtaufbrechen (als Drohung).

*अप्रयापणि f. das Nichtaufbrechenlassen (als Drohung).

अप्रयावन् Adj. wohl fehlerhaft für अप्रयावम्.

अप्रयावम् Absol. achtsam.

अप्रयास m. keine Anstrengung. Instr. ohne A.

अप्रयुक्त Adj. unangewandt, ungebräuchlich Z. d. d. m. G. 29,189. fg. Davon Nom. abstr. °ता f. und °त्व n. Sâh. D. 213,9.

अप्रयुच्छत् Partic. nicht lässig, achtsam.

अप्रयुत und अप्रयुत्वन् Adj. nicht lässig, achtsam.

अप्रयोग m. Ungebräuchlichkeit Mahâbh. Einl. 16,a.

1. अप्रयोजक Adj. Etwas nicht veranlassend, — bewirkend Ǵaim. 4,1,25. Davon Nom. abstr. °त्व n.

2. अप्रयोजक Adj. unmotivirt, zwecklos.

*अप्रलम्बम् Adv. ohne Zögern.

अप्रवक्तर् Nom. ag. nicht unterrichtend, untauglich zum Unterricht Ait. Âr. 370,15. Spr. 6608.

अप्रवर्ग्य Adj. ohne Pravargja Çat. Br. 14,2,2,48. 3,9,30. Kâtj. Çr. 8,2,16.

अप्रवर्तिन् Adj. unbeweglich Çat. Br. Kaush. Up.

अप्रवात n. windstiller Ort Kâraka 1,13.

अप्रवाद MBh. 14,15 fehlerhaft für अप्रमाद.

अप्रवासगमन n. das Verbleiben in der Heimath Spr. 1943.

अप्रवासिन् Adj. nicht in die Fremde ziehend Spr. 3009.

अप्रवीण Adj. ungeschickt, untüchtig Mallin. Einl. 17,a. Comm. zu AV. Prât. 4,107.

अप्रवीता Adj. f. ungeschwängert, unbelegt.

अप्रवृत्ति f. 1) Unwirksamkeit Suçr. 1,23,14. — 2) das nicht mehr am Platz Sein, kein ferneres Fortgelten Kâtj. Çr. 4,3,22. 7,5,25.

*अप्रवृद्ध Adj. gaṇa प्रवृद्धादि.

अप्रवृद्धि f. das Nichtwachsen H. 63.

अप्रवेद Adj. (f. आ) nicht aufspürend (in feindlicher Absicht).

अप्रव्रज्य n. das Nichtausziehen in die Fremde MBh. 3,27,17.

1. अप्रशस्त Adj. 1) nicht lobenswerth, tadelhaft. — 2) verrufen, Unglück verheissend. — 3) mangelhaft, schadhaft Kâraka 49,12. — 4) unrein, n. Unrath.

2. अप्रशस्त Adj. = अप्रशस्त 1).

अप्रशान्त Adj. nicht zur Ruhe des Gemüths gelangt MBh. 12,247,16.

अप्रशीर्णाग्र Adj. dessen Spitze nicht abgebrochen ist Kâtj. Çr. 2,3,31.

अप्रश्न m. keine Frage Nîlak. 4,2,11.

अप्रसक्त Adj. aus etwas Vorangehendem nicht folgend Comm. zu TS. Prât. 14,4.

अप्रसक्ति f. das Nichthängen an (Loc.).

अप्रसङ्ग m. keine Anwendbarkeit auf Etwas.

अप्रसन्न Adj. 1) *nicht klar, trübe Gal. — 2) nicht beruhigt (Sinne) R. Gorr. 2,15,7.

अप्रसव m. kein Keltern von Soma Kâtj. Çr. 16,7,13.

अप्रसवधर्मिन् Adj. nicht die Eigenschaft des Fortpflanzens besitzend Tattvas. 17. 18.

अप्रसह्य Adj. unerträglich, nicht auszuhalten, unwiderstehlich.

अप्रसाद m. 1) Getrübtheit (der Sinne) Suçr. 2,47,21. — 2) Ungunst, unfreundliches Benehmen Spr. 466.

अप्रसादित Adj. nicht klar gemacht Spr. 442.

अप्रसाह्य Adj. keiner Macht unterworfen, in Allem Herr seiner selbst.

अप्रसिद्ध Adj. 1) nicht zu Stande gekommen Kumâras. 3,19. — 2) unbekannt Comm. zu TS. Prât. 13,14. 15. nicht allgemein bekannt, — verständlich Kap. 3,1,15. unerhört Chr. 215,14. 18.

1. अप्रसूत Adj. 1) keine Erlaubniss habend Çâṅkh. Çr. 14,7,3. — 2) unerlaubt Çat. Br. 4,1,4,3. 6.

2. अप्रसूत Adj. (f. आ) nicht geboren habend, unfruchtbar Spr. 2055. Bhâvapr. 2,9.

अप्रसृत Adj. 1) nicht gäng und gäbe, ungewöhnlich. — 2) nicht weitschweifig; s. अप्रकीर्णप्रसृत.

अप्रस्ताव्य Adj. mit keinem Prastâva zu versehen.

अप्रस्तुत Adj. 1) nicht löblich, unpassend R. 5,5,6. — 2) nicht in Rede stehend, warum es sich nicht handelt, nicht dahin gehörig.

अप्रस्तुतप्रशंसा (Vâmana 4,3,4) und अप्रस्तुतस्तुति f. in der Rhet. mittelbare oder implicirende Redeweise.

अप्रहत Adj. 1) *unbearbeitet, unbebaut. — 2) nicht abgedroschen, — plattgetreten Kâd. II,98,11.

अप्रहन् Adj. nicht beschädigend.

अप्रहर्ष m. Betrübniss, Leidwesen.

अप्रहाण n. das Nichtaufgeben, Nichtfahrenlassen Comm. zu Njâjas. 1,1,22.

अप्रहावरी Adj. f. nicht schwindend Maitr. S. 4,4,1.

अप्रहित Adj. 1) nicht angetrieben. — 2) nicht ausgesandt.

अप्रहुत Adj. womit kein Schlag ausgeführt wird Çat. Br. 3,7,3,2.

अप्रहृष्ट Adj. nicht erfreut, — froh.

अप्राकरणिक Adj. nicht zu dem in Rede stehenden Gegenstande gehörig.

अप्राकृत Adj. (f. ई) nicht ursprünglich, secundär Ǵaim. 6,5,19.

अप्रागल्भ्य n. Nichtüppigkeit Comm. zu Ǵaim. 6, 3,29.

*अप्राच्य Adj. untergeordnet.

अप्राज्ञ Adj. unverständig, dumm. Davon Nom. abstr. °ता M. 4,167.

अप्राण Adj. ohne Athem, unbelebt 273,5.

अप्राणत् Partic. nicht athmend, unbelebt Lâṭj.

3,7,16.

अप्राणापिनव्य Adj. *nicht durch den* Prâṇa *zu erreichen* Nṛs. Up. in Ind. St. 9,165.

अप्राणिन् Adj. *unbelebt.*

अप्राणिभव Adj. *nicht von einem lebenden Wesen kommend, durch ein Instrument bewirkt* (Ton) S.S.S. 21.

अप्रातराश Adj. *kein Frühstück einnehmend.*

अप्रातिकूल्य n. *Nichtwidersetzung.*

अप्रातिरूप्य n. *Unvergleichlichkeit.*

अप्रातिलोम्य n. *kein feindseliges Entgegentreten.*

अप्रादेशिक Adj. *nicht nachzuweisen, — zu belegen.*

अप्राधान्य n. *das nicht die Hauptperson (Hauptsache) Sein* 200,24. 230,13.

अप्राप्त Adj. 1) *nicht angelangt bei* (Acc.) Çat. Br. 5,3,4,13. Ragh. 12,96. — 2) *noch nicht gekommen, — da seiend* Hit. 54,8. — 3) *nicht erlangt* Gauḍap. zu Sâṁkhjak. 62. *nicht erfahren* Kumâras. 7,90. — 4) *nicht zum Abschluss gekommen* Jâǵñ. 2,243. — 5) *was aus keiner Regel folgt, — sich ergiebt* P. 8,2,33, Schol. — 6) *keine Geltung habend* Gaim. 1,2,9. — 7) *unerwachsen* 193,24.

अप्राप्तकाल 1) Adj. *dessen Zeit noch nicht gekommen ist* (von Personen und Sachen) Spr. 468. 3393. — 2) n. *Nichtbeobachtung der gehörigen Reihenfolge* (in einer Disputation) Njâjas. 5,2,1.11.

अप्राप्तवयस् Adj. *unerwachsen* MBh. 1,157,35.

अप्राप्तविकल्प m. *eine Wahl zwischen Zweien, ohne dass das Eine sich aus irgend einer Regel ergäbe.* Davon Nom. abstr. °त्व n. 226,14.

अप्राप्तावसर Adj. *ungelegen* (Wort) Hit. 54,11.

अप्राप्ति f. *das Nichtzutreffen* Kâtj. Çr. 1,13,25.

अप्राप्तिसम m. *ein Sophisma, bei dem der Zusammenhang zwischen dem Beweisgrunde und dem zu Beweisenden fehlt,* Njâjas. 5,1,7. Sarvad. 114,11.

अप्राप्नुवत् Adj. *nicht findend* MBh. 10,16,11.

अप्राप्य Adj. *nicht zu erreichen.* Superl. °तम.

अप्राप्यकारिन् Adj. *wirkend ohne in unmittelbarer Berührung mit dem wahrgenommenen Objecte zu stehen* Comm. zu Njâjas. 3,1,44.47. Davon Nom. abstr. °रित्व n. 49.

अप्राप्यग्रहण n. *Wahrnehmung ohne unmittelbare Berührung mit dem wahrgenommenen Objecte* Njâjas. 3,1,44.

अप्रामाणिक Adj. *auf keiner Autorität beruhend.*

अप्रामाण्य n. *das keine Autorität Sein* Kap. 1,1,8. Njâjas. 2,1,8. *das Mangeln eines Beweises* Chr. 267,21.

अप्रामिसत्य Adj. *ewig wahr* RV.

अप्रायत्य n. *nicht gehöriges Vorbereitetsein zu einer ernsten Handlung* Âpast. 1,11,23.

अप्रायश्चित्त n. *keine Sühnung* Kâtj. Çr. 7,5,10.

अप्रायश्चित्तिकृत् Adj. *eine Sühnung unterlassend* Çat. Br. 11,1,8,1.

अप्रायु Adj. *unablässig.*

अप्रायुस् Adj. *nicht lässig, eifrig.*

अप्रार्थक Adj. *sich nicht bewerbend* (um ein Mädchen).

अप्रार्थित Adj. *ungebeten* Spr. 7663.

अप्रावृत Adj. *unverhüllt* Çat. Br. 7,3,2,11.

अप्राशन n. *das Nichtessen, Nichtgeniessen* MBh. 12,180,23.

अप्राशितर् Nom. ag. *nicht essend, — geniessend* MBh. 12,31,21.

अप्राशित्रिय Adj. *ungeeignet für die* प्राशित्र *genannte Speise* TS. 2,6,8,5.

अप्रिय 1) Adj. *unlieb, widerwärtig;* n. *etwas Unangenehmes, Widerwärtigkeit, eine unangenehme Nachricht* u. s. w. 71,15. 140,23. 319,26. — 2) m. a) *Feind.* — b) N. pr. eines Jaksha. — 3) *f. आ *Silurus pungentissimus.*

अप्रियंवद Adj. (f. आ) *unfreundlich redend, grob* Jâǵñ. 1,73.

अप्रियकर Adj. *unerfreulich* M. 7,204.

अप्रियभागिन् Adj. *reich an Widerwärtigkeiten* Spr. 3150.

अप्रियवादिन् Adj. = अप्रियंवद.

अप्रीति f. *Feindschaft* Mâlav. 131,14.

अप्रीतिकर Adj. *keine Freude bewirkend* M. 12,28.

अप्रेक्षणीय Adj. *nicht sehenswerth, hässlich anzuschauen* 47,20.

अप्रेक्षाकारिन् Adj. *ohne Ueberlegung handelnd.* Davon Nom. abstr. °रिता f. Daçak. 4,28.

अप्रेक्षापूर्वकारिन् Adj. dass. Râǵat. 4,610. Davon Nom. abstr. °रिता f. 88.

अप्रेक्ष्य Adj. *unsichtbar.* — Kathâs. 12,132 fehlerhaft für अपेक्ष्य.

अप्रेत Adj. *noch nicht fortgegangen* Çat. Br. 2,3,2,9.

*अप्रेतराक्षसी f. = *अपेतराक्षसी.

*अप्रेमन् Adj. *unfreundlich.*

अप्रोक्षित Adj. *unbesprengt, ungeweiht* Çat. Br. 4,2,2,13. Kâtj. Çr. 1,10,5.13. Âpast. 1,15,12.

*अप्रोट m. *Lerche* Nigh. Pr.

अप्रोदित Adj. *unausgesprochen* TS. 2,2,9,5.

अप्रोषित Adj. *nicht verreist, — abwesend* Kâtj. Çr. 3,4,29. Vaitân. 18.

अप्रोषिवंस् Adj. *nimmer weichend, am Orte verweilend.*

अप्रौढ Adj. (f. आ) 1) *nicht stark genug um zu* (Inf.) Râǵat. 7,1462. — 2) *schüchtern* Spr. 1390.

अप्सव (f. आ) und अप्सवत् (MBh. 12,236,18) *ohne Schiff, wo es kein Schiff giebt.*

अप्लुत Adj. *nicht auseinandergezogen* (Vocal) AV. Prât. 1,97. 4,120.

अप्वा, अप्वा f. *eine best. Krankheit.* Auch personif.

अप्सर m. *Wasserthier* M. 7,72, v. l.

*अप्सरःपति m. Bein. Indra's.

अप्सरस् und अप्सरा f. Bez. *weiblicher Wesen geisterhafter Art, die als Weiber der* Gandharva *erscheinen.* In der epischen Poesie werden sie auf Bitten der Götter von Indra auf die Erde gesandt, um Büsser in ihren Kasteiungen zu stören.

अप्सरस्तीर्थ n. N. pr. eines *mythischen Teiches.*

अप्सरापति m. *Herr der* Apsaras.

*अप्सराय्, °यते *sich wie eine* Apsaras *benehmen.*

अप्सरेश्वरतीर्थ n. N. pr. eines Tîrtha.

अप्सव Adj. *Wasser spendend.*

अप्सव्य Adj. *im Wasser befindlich* u. s. w. Beiw. Varuṇa's Maitr. S. 2,3,3.

अप्सस् n. *Stirn, Gesicht überh.*

अप्सा Adj. (*Nass spendend*) *erquickend, stärkend.*

अप्सुक्षित् Adj. *in den Gewässern wohnend.*

अप्सुज und °जा Adj. *in den Wassern geboren.*

अप्सुजित् Adj. *in den Wassern siegend.*

अप्सुदीक्षा f. *Weihe im Wasser* Ind. St. 10,358.

*अप्सुमति P. 6,3,1, Vârtt. 6.

अप्सुमन्त् Adj. 1) *dem die Bezeichnung* अप्सु *zukommt, d. h. im Wasser erscheinend* Maitr. S. 2,1, 9. Çat. Br. 12,4,4,4. AV. Pariç. 2,7. — 2) *das Wort* अप्सु *enthaltend.*

अप्सुयोग m. *die bindenden Kräfte im Wasser.*

अप्सुयोनि Adj. *aus den Gewässern stammend.*

अप्सुवाह् Adj. *im Wasser fahrend.*

अप्सुषद् Adj. *im Wasser wohnend.*

अप्सुषोम m. *ein mit Wasser gefüllter Becher.*

अप्सुसंशित Adj. *in den Wassern erregt.*

अप्सुहोम्य m. N. pr. eines *Mannes.*

अफल 1) Adj. (f. आ) a) *ohne Frucht.* — b) *fruchtlos, unfruchtbar, keinen Nutzen bringend, ohne Erfolg, vergeblich* 71,26. 75,6. Gaut. 9,46. Spr. 424. 479. Dazu Nom. abstr. °ता f. MBh. 3,79,14. — c) *entmannt, castrirt* 88,13.30. — 2) *m. *Tamarix indica.* — 3) *f. आ *Aloe indica Royle* und *Flacourtia cataphracta Roxb.*

अफलप्रेप्सु Adj. *keinen Lohn verlangend* Bhag. 18,23.

अफलयुक्त Adj. *mit keinem Lohn verbunden* Kâtj. Çr. 1,2,4.

अफलाकाङ्क्षिन् Adj. *keinen Lohn erwartend* Bhag. 17,11.

अफल्गु Adj. *kostbar* Çiç. 3,76.

अफालकृष्ट Adj. nicht auf gepflügtem Acker wachsend Jâģñ. 3,46.

*अफुल्ल Adj. (f. आ) unaufgeblüht Gal.

1. अफेन Adj. (f. आ) schaumlos 42,26.

2. *अफेन n. Opium.

अबण्ड Adj. (f. आ) unverkrüppelt Çat. Br. 3,3,4,10.

अबद्ध Adj. 1) nicht gebunden, — angebunden Kull. zu M. 8,342. — 2) ungereimt, sinnlos.

*अबद्धक Adj. = अबद्ध 2).

*अबद्धमुख Adj. ein loses Maul habend.

अबद्धमूल Adj. nicht fest wurzelnd Suçr. 1,88,10.

अबद्धवत् Adj. fehlerhaft, ungrammatisch Bala. P. 1,5,11.

अबाधा f. Segment der Basis eines Dreiecks Lîlâv. 140.

अबधिर Adj. nicht taub.

*अबध्य Adj. = अबद्ध 2).

अबन्ध्र (अबन्ध्र) Adj. bandlos, auseinanderfallend.

अबन्धक 1) Adj. wobei kein Pfand gegeben wird Mit. bei Gold. — 2) *m. N. pr. eines Mannes. Pl. seine Nachkommen.

अबन्धन Adj. nicht angebunden.

अबन्धु Adj. ohne Verwandte, — Genossen.

अबन्धुकृत् Adj. Mangel an Genossen verursachend.

अबन्ध्य Adj. der nicht gefesselt oder gefangen gesetzt werden darf Gaut. 8,13.

अबन्ध्र s. अबन्ध्र.

*अबर्बर = शबल Gal.

अबर्ह Adj. noch ohne Schwanzfedern 77,6.

1. अबल n. Schwäche, Unbedeutsamkeit u. s. w., in बलाबल.

2. अबल 1) Adj. (f. आ) kraftlos, schwach. — 2) m. a) *Crataeva Roxburghii R. Br. — b) N. pr. eines Fürsten. — 3) f. आ a) Weib 92,28. 106,4. — b) v. l. für अचला in der Bed. 3) b). — c) ein Frauenname.

अबलधन्वन् Adj. dessen Bogen kraftlos ist.

अबलवत् Adj. schwach Vaṇis. 18,2.

अबलाबल Adj. ohne Kraft und Schwäche (Çiva).

अबलास Adj. nicht Schleim erzeugend.

अबलीयंस् Adj. schwächer.

अबल्य und अबल्य n. Schwäche, Krankheit.

*अबष्कयणी f. = बष्कयणी Sâs. zu AK.

अबहिर्धा Adv. nicht ausserhalb.

अबहिष्कार्य Adj. nicht auszuschliessen Gaut. 6,15.

अबहुवादिन् Adj. nicht geschwätzig Gobh. 1,3,78.

अबहुश्रुत Adj. nicht sehr gelehrt.

1. अबाध m. das Nichtvorhandensein eines Widerspruchs.

2. अबाध Adj. ungehemmt, ungeplagt, ungequält.

अबाधक Adj. (f. आ) ungehemmt.

अबाधकर Adj. keinen Schmerz —, keine Leiden verursachend Suçr. 1,130,7.

अबाधकव्रत n. eine best. Begehung.

अबाधित Adj. 1) ungehemmt. — 2) nicht verboten, erlaubt. — 3) wogegen sich Nichts einwenden lässt.

अबान्धव Adj. ohne Angehörige M. 10,55. Suçr. 2,79,12.

अबान्धवकृत Adj. nicht durch Angehörige bewirkt Çis. 92.

अबालसत्त्व Adj. nicht den Charakter eines Knaben habend Çis. 101,21.

अबालिश Adj. nicht kindisch, — dumm.

अबालेन्दु m. Vollmond.

1. अबाह्य Adj. nicht äusserlich, innerlich.

2. अबाह्य Adj. Nichts ausser sich habend.

अबिन्धन Adj. Wasser zum Brennstoff habend. वह्नि das unterseeische Feuer Ragh. 13,4.

अबिभीवंस् (अबिभ्युस्) und अबिभ्यत् Adj. furchtlos.

1. अबीज n. schlechter Same, schlechtes Korn 206,15.

2. अबीज 1) a) Adj. ohne Samen Spr. 3097. — b) zeugungsunfähig 193,7. — 2) *f. आ Rosine ohne Kerne Nigh. Pr.

अबीजक Adj. unbesäet M. 10,71.

अबीभत्स Adj. (f. आ) nicht widerlich, einen angenehmen Eindruck machend MBh. 3,30,25.

अबुद्ध Adj. dumm, thöricht. Davon Nom. abstr. °त्व n.

1. अबुद्धि f. 1) Unverstand, Thorheit MBh. 12,204,4. — 2) keine Absicht. Instr. ohne A.

2. अबुद्धि Adj. unverständig, thöricht. Davon Nom. abstr. °ता f. MBh. 3,2022. Râgat. 1,79.

अबुद्धिपूर्व 1) Adj. a) unbeabsichtigt MBh. 3,77,12. — b) mit Nichtintellect beginnend Vishṇ.-P. bei Gold. — 2) °म् Adv. ohne Vorbedacht Âpast. 2,26,18. MBh. 1,161,7.

अबुद्धिपूर्वक Adj. 1) unbeabsichtigt Vishṇ.-P. bei Gold. — 2) mit Nichtintellect beginnend VP. 1,5,4.20.

अबुद्धिमत् Adj. dumm, einfältig 153,6.

अबुद्धिस्थ Adj. dem Geiste nicht gegenwärtig Kull. zu M. 3,106.

अबुध und अबुध Adj. unvernünftig, thöricht.

अबुध्न Adj. bodenlos.

अबुध्य Adj. nicht zu wecken.

अबुध्यमान Adj. nicht erwachend.

अबुभुत्समान Adj. nicht zu kennen wünschend Comm. zu Nâjas. 4,2,38.

अबोद्धव्य (!) Adj. nicht mit dem Verstande zu erreichen Nṛs. Up. in Ind. St. 9,165.

1. अबोध m. 1) Unkenntniss Nâjas. 1,3,29. 37. — 2) Mangel an Einsicht, Unverstand Spr. 4488.

2. अबोध Adj. 1) keine Einsicht habend, unverständig Spr. 641. 3677. — 2) unkenntlich Bala. P. 3,7,11.

अबोधक Adj. nicht belehrend, — begreiflich machend Nâjas. 1,1,19. Davon Nom. abstr. °त्व n. Comm.

अबोधपूर्वम् Adv. ohne es zu wissen Spr. 5715.

अब्जय्, अब्जायते zu einer Lotusblume werden.

अब्ज 1) Adj. wassergeboren. — 2) m. a) Muschel. — b) der Mond Golâdh. 10,8. — c) *Barringtonia acutangula Gaertn. — d) Bein. Dhanvantari's. — e) N. pr. eines Sohnes des Viçâla. — 3) n. a) Lotusblume 297,17. Ragh. 4,61. — b) die Zahl 1000,000,000. — c) diejenige Constellation, bei der die Planeten promiscue in den vier Kendra stehen.

*अब्जकर्णिका f. Samenkapsel der Lotusblume Nigh. Pr.

अब्जज m. Bein. Brahman's.

अब्जनाभ m. Bein. Vishṇu's.

अब्जपाणि m. N. pr. eines Buddha, = पद्मपाणि.

*अब्जबान्धव m. die Sonne.

*अब्जबीजभृत् m. weisser Oleander Nigh. Pr.

अब्जभव m. Bein. Brahman's.

*अब्जभोग m. Lotuswurzel.

*अब्जयोनि m. Bein. Brahman's.

*अब्जवाहन m. Bein. Çiva's.

*अब्जसम् n. Gestalt.

अब्जसंभव m. Bein. Brahman's.

अब्जसरस् n. Lotusteich 133,1[illegible]

*अब्जहस्त m. die Sonne.

अब्जा Adj. wassergeboren.

अब्जाद m. Gans, Schwan.

अब्जासन n. eine best. Art zu sitzen, = पद्मासन.

अब्जित् Adj. Wasser gewinnend.

अब्जिनी f. Lotuspflanze; Lotusteich.

अब्जिनीपति m. die Sonne.

*अब्जिनीबन्धु m. dass. Gal.

अब्द m. 1) Jahr. Am Ende eines adj. Comp. f. आ. — 2) *Wolke Bhaṭṭ. 2,50. — 3) Cyperus hexastachyus Nees. — 4) *N. pr. eines Berges.

°अब्दक Adj. —jährig.

अब्दतन्त्र n. Titel eines astronomischen Werkes.

अब्दप und अब्दपति m. der planetarische Jahresregent Gaṇit. Pratyabd. 1. 13.

*अब्दमुक्ता f. eine Perlenart Gal.

अब्दया Instr. Adv. aus Lust zur Wasserspende.

अब्दरहस्य n. Titel eines Werkes.

*अब्दवाहन m. Bein. Çiva's.

*अब्दसार m. eine Art Kampher.

अब्दाधिप m. = अब्दप Ganit. Pratjabd. 11.

अब्दिमन्त् Adj. wolkenreich.

अब्दैवत Adj. die Wasser zur Gottheit habend.

अब्धि m. 1) Meer Spr. 7671. — 2) *Teich, See. — 3) Bez. der Zahl vier. — 4) Titel eines Werkes.

अब्धिकन्या f. Patron. der Lakshmi Spr. 3719.

*अब्धिकफ m. os sepiae.

*अब्धिज 1) m. a) ein edles Pferd Gal. — b) os sepiae Nigh. Pr. — c) Du. die beiden Açvin. — 2) f. आ Branntwein.

अब्धिजीविन् m. Fischer.

अब्धितनय m. Du. die beiden Açvin.

*अब्धिद्वीपा f. die Erde.

*अब्धिनगरी f. die Stadt Dvârakâ.

*अब्धिनवनीतक m. der Mond.

*अब्धिफल n. ein best. Arzeneimittel Râǵan. 6,213.

*अब्धिफेन m. os sepiae.

*अब्धिमण्डूकी f. Perlenmuschel.

*अब्धिवल्लभ m. Koralle Gal.

*अब्धिवस्त्रा f. die Erde Gal.

*अब्धिशयन m. Bein. Vishṇu's.

*अब्धिसद्मन् m. Bein. Varuṇa's Gal.

*अब्धिसार m. Perle Râǵan. 13,147.

*अब्धिसेतुकृत् m. Bein. Râma's Gal.

*अब्ध्यग्नि m. das unterseeische Feuer.

अब्बिन्दु m. Wassertropfen.

अब्भक्ष 1) Adj. nur Wasser geniessend Gaut. 26, 10. Jâǵń. 3,286. — 2) *m. Schlange.

अब्भक्षण n. Genuss blossen Wassers Bhâg. P. 8,4,40.

अब्रह्मचर्य Adj. unkeusch.

*अब्रह्मचर्यक n. geschlechtliche Nichtenthaltsamkeit.

अब्रह्मण्य 1) Adj. Brahmanen nicht hold. — 2) n. Gewalt und Unrecht, insbes. als Ausruf eines Brahmanen, dem Gewalt angethan wird.

अब्रह्मता f. unheilige Gesinnung.

अब्रह्मदत्त m. kein Brahmadatta Ind. St. 13,370.

1. अब्रह्मन् n. nicht das Brahman TBr. 3,12,9,3.

2. अब्रह्मन् m. ein Anderer als ein Brahman Çat. Br. 12,6,1,38.

3. अब्रह्मन् Adj. 1) von keiner Andacht u. s. w. begleitet. — 2) ohne Brahmanen.

*अब्रह्मबन्धूक Adj. ohne ब्रह्मबन्धू Kâç. zu P. 6, 2,173.

1. अब्राह्मण 1) m. kein Brahman. — 2) f. अब्राह्मणी keine Brahmanin Ind. St. 10,87.

2. अब्राह्मण und अब्राह्मणक Adj. ohne Brahmanen.

अब्राह्मण्य n. 1) Verletzung des für Brahmanen gültigen Gesetzes Âçv. Çr. 9,3,20. — 2) = *अब्रह्मण्य 2).

अब्रुवत् Adj. nicht aussagend Jâǵń. 2,76.

अब्लिङ्ग 1) n. Pl. Bez. der Verse RV. 10,9,1-3. — 2) f. आ Pl. dass. Gaut. 25,7.

अभक्त Adj. 1) nicht zugetheilt. — 2) keinen Theil von Etwas bildend, nicht zu Etwas gehörig Mahâbh. 6,57,a. Davon Nom. abstr. °त्व n. P. 7,2,13, Sch. — 3) nicht zugethan, — ergeben Spr. 4160. 6800. mit Loc. der Person Bhâg. P. 5,10,23.

अभक्तच्छन्द m. Mangel an Appetit.

अभक्षित Adj. nicht verzehrt.

अभक्ष्य Adj. nicht zu essen, — geniessen Âpast. 1,17,32.

अभग Adj. (f. आ) 1) unglücklich. — 2) unschön Gobh. 1,3,17.

अभग्नकाम Adj. (f. आ) dessen Begehren nach — (Loc.) von — (Instr.) nicht gestört wird Ragh. 5,7.

अभग्नमान Adj. wobei die Ehre nicht leidet Spr. 3023.

अभग्नयोग Adj. dessen Meditation nicht gestört wird MBh. 13,18,50.

अभङ्ग m. ein best. Tact S. S. S. 211.

अभङ्गश्लेष m. eine Zweideutigkeit ohne verschiedene Zerlegung eines Wortes Kâvjapr. S. 228, Z. 3.

अभङ्गुर Adj. (f. आ) 1) eben (Boden). — 2) unvergänglich, dauerhaft.

अभद्र Adj. unheilvoll; n. Unheil Gaut. 9,20. Âpast. bei Kull. zu M. 4,180; anders der gedr. Text 1,31,13.

1. अभय 1) Adj. (f. आ) ohne Gefahr, sicher. वाच् Sicherheit versprechend MBh. 4,67,4. — 2) m. a) Bein. Çiva's. — b) N. pr. eines Sohnes des Dharma und eines natürlichen Sohnes des Bimbisâra. — 3) f. आ a) Terminalia Chebula. — b) Bein. der Dâkshâjaṇî. — 4) n. a) Sicherheit der Person (adj. Comp. f. आ) 128,25. अभयतम n. grösste Sicherheit. — b) ein auf die Sicherheit der Person gerichteter Opferspruch. — c) *die Wurzel von Andropogon muricatus.

2. अभय Adj. keine Furcht kennend.

अभयगिरिवासिन् m. Pl. Bez. einer Schule des Kâtjâjana.

अभयंकर und अभयंकृत् Adj. Sicherheit schaffend. इडस्याभयंकरम् Name eines Sâman.

*अभयजात m. N. pr. eines Mannes.

*अभयडिण्डिम m. Kriegstrommel.

अभयत्व n. Gefahrlosigkeit Ind. St. 9,134.

अभयद 1) Adj. Sicherheit gewährend. — 2) m. a) *ein Arhant bei den Ǵaina. — b) N. pr. eines Fürsten VP. 4,19,1.

अभयदक्षिणा f. Sicherheitsversprechen.

अभयदत्त m. N. pr. eines Arztes Mudrâr. 45(76),17.

अभयदान n. Gewährung von Sicherheit. °सार Titel eines Werkes.

अभयदेव m. N. pr. eines Mannes Ind. St. 14,361.

अभयंदद m. Bein. Avalokiteçvara's.

अभयप्रद 1) Adj. Sicherheit gewährend 31,10. — 2) m. N. pr. eines Wesens im Gefolge Padmapâṇi's.

अभयप्रदान n. = अभयदान.

अभययाचना f. das Bitten um Sicherheit der Person Ragh. 11,78.

अभयवचन n. und अभयवाच् f. Sicherheitsversprechen.

अभयसनि Adj. Sicherheit schenkend.

अभयाकरगुप्त und अभयानन्द m. N. pr. zweier Männer.

अभव m. Vernichtung.

अभवन्मतयोग und अभवन्मतसंबन्ध m. in der Rhet. fehlerhafte Construction.

अभव्य Adj. wie Jmd nicht sein sollte.

*अभव्यक्तम m. ein Schwan mit schwarzen Flügeln Gal.

*अभल्लका und *अभल्लिका f.

अभाग Adj. ohne Antheil, — Erbtheil.

अभागधेय Adj. dem Etwas nicht zu Theil werden soll Spr. 3399.

अभागिन् Adj. an Etwas nicht betheiligt, von Etwas ausgeschlossen Gaim. 1,2,5. zu Etwas (Gen.) nicht berechtigt Comm. zu Mṛkkh. 22,25.

अभाग्य 1) Adj. (f. आ) unglücklich MBh. 3,281, 20. — 2) n. Unglück.

अभाजन n. kein Gefäss für (Gen.), so v. a. nicht würdig Kâd. 68,25. 75,9.

अभान n. das Nichterscheinen 283,17.

अभार्य Adj. ohne Gattin.

अभाव m. 1) das Nichtdasein, Fehlen, Unterbleiben, Abwesenheit. — 2) das Nichtsein. — 3) Vernichtung, Tod.

°अभाववत् Adj. Etwas nicht habend, ermangelnd Tarkas. 19. 40.

अभाववाद m. Titel eines Werkes.

अभाविन् Adj. 1) nicht geschehen sollend 159,1. — 2) wie Jmd nicht sein sollte Hariv. 11190.

अभाषमाण Adj. Nichts sagend MBh. 4,66,25.

अभाषितपुंस्क Adj. kein entsprechendes Masculinum habend P. 7,3,35.

अभास्वर Adj. nicht glänzend.

अभि 1) Adv. a) herbei. — b) darüber hinaus. — 2) Praep. a) mit Acc. α) zu — her, zu — hin, nach — hin, gegen. — β) in — hinein Çat. Br. 5,7,2,7. — γ) um, für, zur Gewinnung von. — δ) über —

hinaus. — ε) um — willen. — ζ) gegen, in Bezug auf, auf, über. — η) *in distributiver Bed., die aber schon im wiederholten Acc. liegt. — b) mit Abl. α) mit Ausschluss von, ohne ṚV. 1,139,5. 10, 25,3. — β) hervor — aus Spr. 3573 (wohl fehlerhaft für अधि).

अभिक Adj. begierig, lüstern.

अभिकर m. der Ausführende Gov. Br. 1,5,24.

अभिकरण s. स्वप्नाभिकरण.

अभिकाङ्क्षा f. Verlangen, Begehren nach (Acc. oder im Comp. vorangehend).

अभिकाङ्क्षिन् Adj. verlangend, begehrend nach (Acc. oder im Comp. vorangehend).

1. अभिकाम m. Liebe, Zuneigung; Verlangen nach, Wunsch.

2. अभिकाम Adj. (f. आ) in Liebe zugethan; hingezogen zu, verlangend nach (Acc. oder im Comp. vorangehend).

अभिकाल m. N. pr. eines Dorfes.

अभिकृति f. ein best. Metrum.

अभिकृत्वरी f. eine Art Hexe.

अभिक्रतु Adj. übermüthig.

अभिक्रन्द m. das Anschreien, Anbrüllen. इन्द्रस्य Name eines Sâman.

अभिक्रम m. 1) das Herantreten Lalit. 231,1. — 2) *muthiger Angriff. — 3) Unternehmung. — 4) Bewältigung Tâṇḍja-Br. 20,1,2. — 5) *das Hinaufsteigen. — 6) das erste Glied der Krama-Recitation.

अभिक्रमण n. das Hineintreten Gaut. 2,36. Gaut. S. 233, Z. 8. Nalod. 3,1,20.

अभिक्रान्त n. = अभिक्रान्ति Tâṇḍja-Br. 20,1,2.

अभिक्रान्ति f. Bewältigung Tâṇḍja-Br. 20,1,2. Gaut. 25,3.

अभिक्रान्तिन् Adj. der mit Etwas (Loc.) begonnen hat. Superl. °क्रान्तितम Lâṭj. 8,6,1.

अभिक्रामम् Absol. hinzutretend.

अभिक्रोशक m. Anschreier, Schelter.

अभिक्षत्तर् Nom. ag. Vorleger, Vorsetzer (von Speisen), Wirth.

अभिक्षदा Adj. ohne Bitte gebend.

अभिक्षित Adj. nicht angebettelt Çat. Br. 11,3,2,7.

अभिख्या f. 1) Anblick. — 2) Schein, Glanz, Schönheit. — 3) Klarheit, Deutlichkeit Comm. zu TS. Prât. 23,7. — 4) Berühmtheit. — 5) Name, Benennung. — 6) *Einsicht, Verstand. — 7) *Bericht, Erzählung.

अभिख्यातर् Nom. ag. Aufseher, Hüter.

अभिगन्तर् Nom. ag. 1) Nachsteller. — 2) Beischläfer. — 3) Begreifer, Versteher.

अभिगन्तव्य Adj. aufzusuchen Spr. 6761. Vasis. Bqu. 6. 2,11.

अभिगम m. 1) Herbeikunft. — 2) Besuch Mudr. 49. — 3) Beschlafung. — Wird mit अधिगम verwechselt.

अभिगमन n. 1) das Herankommen, Herbeikommen, Annäherung, das Hingehen zu Gaut. 18,18. — 2) das Besuchen, Aufsuchen. — 3) das Beschlafen Gaut. 12,3. — 4) das Reinigen und Bestreichen (mit Kuhmist) des Weges zu einer Götterstatue.

अभिगम्य Adj. 1) adeundus, zu besuchen. — 2) zugänglich, einladend.

अभिगर m. 1) beifälliger Zuruf (in der Liturgie). — 2) eine best. beim Opfer fungirende Person, welche einen beistimmenden Zuruf zu sprechen hat, Maitr. S. 1,9,4. Lâṭj. 4,3,4. 10,20,12.

अभिगर्जन n. wildes Geschrei.

अभिगर्जिन् (Conj.) Adj. anbrüllend.

अभिगामिन् Adj. beschlafend. Mit Acc. VP. 2,5,12.

अभिगुप्ति f. Bewahrung, Behütung. आत्माभि° MBh. 12,299,7.

अभिगूर्ति f. Lobgesang.

अभिगृध्र Adj. heftig nach Etwas verlangend.

अभिगोष Adj. zurufend.

अभिगोप्तर् Nom. ag. Bewacher, Hüter.

अभिग्रह m. 1) das Anfassen. — 2) *Angriff, Herausforderung. — 3) *Raub. — 4) *Ansehen, Autorität.

*अभिग्रहण n. das Rauben, Raub.

अभिग्रहीतर् Nom. ag. Ergreifer Maitr. S. 1,3,12.

अभिग्लान m. Pl. N. pr. eines Geschlechts. अतिग्लान v. l.

अभिघात 1) m. a) Schlag, Anprall. — b) unangenehme, schädliche Einwirkung M. 12,77. Kathâs. 17,30. Sâṁkhjak. 1. — c) krankhafte Veränderung Suçr. 2,123,11. — d) Entgegenwirkung, Niederdrückung. आधिभौतिकस्य दुःखस्य रत्नादिना Gaudap. zu Sâṁkhjak. 1. दुःखत्रया° Comm. zu einem Jogas. bei Gold. — e) eine best. Aussprache VS. Prât. 1, 31. — 2) n. unerlaubte Consonantenverbindung. — 3) Adj. (f. आ) beschädigt.

अभिघातक Adj. entgegenwirkend, entfernend.

अभिघातिन् 1) Adj. treffend. — 2) m. Feind.

अभिघार m. 1) Besprengung. — 2) Bestreuung, Mischung Gobh. 4,2,19. — 3) *geklärte Butter.

अभिघारण n. das Besprengen, Begiessen.

अभिघ्राण n. = अभिजिघ्रण Comm. zu Gobh. 2,8,25.

अभिचक्षण 1) n. Besprechung. — 2) f. आ Umblick, Ausblick.

अभिचक्षे Dat. Inf. um zu sehen 2,2.

अभिचक्ष्य Adj. conspicuus ṚV. 2,4,7.

अभिचन्द्र m. der 6te Muhûrta Ind. St. 10,296.

*अभिचर m. Begleiter, Diener.

अभिचरणीय Adj. 1) zum Behexen geeignet Lâṭj. 8,2,10. Tâṇḍja-Br. 2,1,1. — 2) zu behexen, in अनभि°.

अभिचरित (Conj.) n. Behexung Kâṭh. 37,14.

अभिचरितवै Dat. Inf. zu behexen (praedicativ) TBr. 1,7,8,3.

अभिचरितोस् Gen. Inf. in Verbindung mit ईश्वर zu behexen Kâṭh. 37,14 (Conj.).

अभिचार m. Behexung, Bezauberung. °कल्प m. Titel eines Werkes.

अभिचारक und °चारिक Adj. auf Behexung bezüglich.

अभिचारिन् Adj. behexend, bezaubernd.

*अभिचार्य Partic. fut. pass. von चर् mit अभि.

अभिचेष्टा f. Thätigkeit Kâd. 2,40.

अभिच्छायम् Adv. in der Schattenlinie.

अभिजन m. 1) Abstammung, Herkunft Lâṭj. 8, 6,1. — 2) edle Abstammung, Adel der Geburt Spr. 2388. — 3) Geschlecht, Familie. — 4) *Familienhaupt. — 5) *Geburtsort der Vorfahren; *Geburtsort überh. — 6) guter Ruf Râǵat. 7,317.

अभिजनन n. das Geborenwerden Spr. 5960, v. l.

अभिजनवन्त् Adj. von edler Herkunft.

अभिजनितोस् Abl. Inf. (abhängig von निरवधीत् hielt ab, verwehrte) zur Welt zu kommen als (Acc.).

अभिजय m. Besiegung.

अभिजात 1) m. der 11te Tag im Karmamâsa Ind. St. 10,296. — 2) n. edle Abstammung Spr. 4393. 6101.

अभिजातता f. Adel der Geburt Spr. 4284.

अभिजाति f. Herkunft, Geburt.

अभिजिघ्रण n. das Küssen auf (Loc.) Gobh. 2,8,25.

अभिजित् 1) Adj. siegreich. — b) *unter dem Sternbild Abhiǵit geboren. — 2) m. a) ein best. eintägiges Soma-Opfer. अभिजिद्विश्वजितौ Çat. Br. 12,2,2,11. — b) das 20te (22te) Mondhaus 220,9. — c) die 8te Stunde des Tages, Mittagsstunde AV. Ǵjot. 1,8. R. 6,112,70. — d) N. pr. des Sohnes oder des Vaters (VP. 4,14,4) des Punarvasu.

अभिजित m. 1) = अभिजित् 2) b) MBh. 13,64,27. — 2) = अभिजित् 2) c) MBh. 1,123,6. Hariv. 3248. 3317.

अभिजिति f. Sieg, Erkämpfung.

अभिज्ञ 1) Adj. (f. आ) kundig, erfahren, vertraut mit (Gen. oder im Comp. vorangehend). शापाभिज्ञां करोति माम् lässt mich erfahren, so v. a. empfinden Kâd. 160,17. Davon Nom. abstr. °ता f. und °त्व n. — 2) f. आ a) das Gedenken, Sicherinnern. — b) höhere, übernatürliche Kenntniss und Macht *eines* Buddha.

अभिज्ञान n. 1) *das Erkennen, Wiedererkennen Jmdes.* — 2) *Kenntniss.* — 3) *Erkennungszeichen, Erkennungsmahl.* — 4) *Zeichen, Beweis für* (प्रति oder Loc.). — 5) *Erinnerungen* R. 1,68,1.12. — 6) = अभिज्ञानशकुन्तल.

अभिज्ञानशकुन्तल n. Titel eines Schauspiels.

अभिज्ञापक Adj. *zur Erkenntniss bringend.*

अभिज्ञायम् in यथाभिज्ञायम्.

अभिज्ञु Adv. 1) *knielings, kniend.* — 2) *bis an's Knie.*

अभिज्ञेतर Adj. *unbekannt mit Etwas.*

अभिज्ञेय in अनभिज्ञेय.

अभितरम् (Maitr. S. 1,4,12) und अभितराम् Adv. *näher hinzu.*

अभितश्चर m. Pl. *Gefolge.*

अभितस् Adv. Praep. 1) *herbei, hinzu* MBh. 3, 295,11. *zu — hin,* mit Acc. — 2) *nebenbei, daneben, nahebei, coram* Spr. 1269. *in der Nähe von* (Gen.); *im Angesicht von* (Acc.) so v. a. *gleichzeitig* Spr. 76. — 3) *auf —, zu beiden Seiten von* (Acc.) Spr. 5844. — 4) *vor und nach* (Acc.) Gaut. 16,10. — 5) *von allen Seiten, ringsum; um — herum,* mit Acc. — 6) *hinter,* mit Acc. R. 2,103,21. — 7) *durchaus, vollkommen.* तेषां कालो ऽभितः प्राप्त इहोपयातुम् so v. a. *es ist die höchste Zeit, dass* MBh. 3,266,7. लोकदोषमहं मन्ये चाभितस्त्वाम् 216,16. गुणावृतः R. ed. Bomb. 1,7,15. — 8) ** schnell.*

अभितःसर Adj. *zu beiden Seiten laufend* Nilar. Up. 23.

अभिताप m. 1) *Hitze* 324,31. Çiç. 9,1. — 2) *Schmerz* (des Körpers oder der Seele).

अभितापन Adj. *Hitze oder Schmerz bereitend* Suçr. 2,302,12.

अभिताम्र Adj. (f. आ) *dunkelroth.*

अभितिग्मरश्मि Adv. *zur Sonne hin.*

अभितृणवत् Adj. *Ableitungen von* तर्द् *mit* अभि *enthaltend* Ait. Br. 6,11. Gop. Br. 2,2,20.

अभितृत्ति f. *Eröffnung für sich, Gewinnung* Kâtu. 25,4.

अभितोदेवयजनमात्रदेश Adj. *dessen Platz nach allen Seiten hin zu einer Opferstätte hinreicht* Kâtj. Çr. 7,1,14.

अभितोभाविन् Adj. *auf beiden Seiten befindlich* P. 6,2,182.

अभितोरात्रम् Adj. *gegen die Nacht hin.*

अभितोऽस्थि Adj. *von Knochen umgeben.*

अभित्ति f. *das Nichtbersten.*

अभित्रास m. *Einschüchterung* Âpast. 1,8,30.

अभित्रिपिष्टपम् Adv. *über dem Himmel* (Hott).

अभित्सार m. *Beschleichung, Erwischung* Kâtu. 27,9.

अभिदक्षिणम् Adv. *rechtshin* Lâtj. 5,12,20.

अभिदर्दि m. *in Opferschmalz schwimmendes Mus* TS. 1,6,7,2.

अभिदर्शन n. *das Erblicken oder das sich dem Auge Darbieten* 203,13. 212,15.

अभिदिप्सु Adj. *feindselig, arglistig.*

अभिदूति Adv. *an eine —, zu einer Botin* Çiç. 9,56.

अभिदेवन n. *Würfelbrett* MBh. 5,15,8.

अभिद्रुह् Adj. *feindselig.*

अभिद्रोह m. *Beleidigung, Kränkung.*

अभिधर्म m. *die Metaphysik der Buddhisten.* °कोश m., °धर्मप्रस्थान n., °पिटक m. und °समुच्चय m. Titel verschiedener Werke.

*अभिधर्षणा n. *das Besessensein.*

अभिधा 1) Adj. *umgebend.* — 2) f. *a) Name, Benennung.* Am Ende eines adj. Comp. f. आ. — *b) die ursprüngliche Bedeutung eines Wortes* Sâh. D. 232. 287. — *c) * Laut* Çabdar. bei Gold.

अभिधातर् Nom. ag. *sagend, sprechend* Çiç. 13,62.

अभिधातव्य Adj. *zu sprechen, zu sagen* MBh. 13,23,36.

अभिधान 1) n. *a) Zusammenlegung, Verknüpfung.* °न्तरे Loc. (v. l. °नम्) *enger zusammen.* — *b) das zur Sprache Bringen, Aussagen, Kundthun* 209,15. — *c) einfache Aussage* (keine Vorschrift) Gaim. 2,1, 31. — *d) Nennung, Benennung* Bâdar. 1,1,24.25. Dazu Nom. abstr. °त्व n. Gaim. 2,1,13. — *e) Name.* Am Ende eines adj. Comp. f. आ 126,19. — *f) Wort* M. 2,32. — *g) * Rede.* — *h) Wörterbuch.* — 2) f. °धानी *Halfter.*

अभिधानकोश m. *Wörterbuch.*

अभिधानचिन्तामणि m., °चूडामणि m. und °तन्त्र n. Titel von *Wörterbüchern.*

अभिधानमाला f. *Wörterbuch* und Titel eines best. *Wörterbuchs.*

अभिधानरत्नमाला f. Titel eines *Wörterbuchs.*

अभिधापक Adj. *bezeichnend, besagend, ausdrückend.*

अभिधायम् in गोत्राभिधायम्.

अभिधायिन् Adj. 1) *aussagend, lehrend.* पृष्टाभि° *auf eine Frage Bescheid zu geben wissend.* — 2) *sagend, sprechend.* — 3) *bezeichnend, besagend.*

अभिधावक Adj. *herbeilaufend.*

अभिधावृत्तिमातृका f. Titel eines Werkes Ind. St. 14,179. 404.

अभिधित्सा f. *der Wunsch zu bezeichnen, — auszusagen* Kâvjapr. 10,20.

अभिधृष्णु Adj. *bewältigend, beherrschend* (mit Acc.).

अभिधेय 1) Adj. *a) zu bezeichnen, — besagen, auszudrücken; was besagt —, ausgedrückt —, benannt wird.* — 2) n. *a) Sinn, Bedeutung* 213,19. — *b) das näher Bezeichnete, Gemeinte* so v. a. *Substantiv.* °वत् (dem Geschlecht nach) *wie das dazu gehörige Substantiv,* d. i. *movirt* Mbh. dh. 3.

अभिधेयत्व n. *Benennbarkeit.*

अभिध्या f. 1) *Begehren, Verlangen.* — 2) ** Begehren nach fremdem Gute.*

अभिध्यान n. 1) *das Richten der Gedanken auf* (Gen.). — 2) *Begehren, Verlangen nach* (Loc.) M. 12,5.

°अभिध्यायिन् Adj. *seine Gedanken richtend auf.*

अभिध्येय Adj. *worauf man seine Gedanken richten soll.*

अभिनन्द m. 1) *Wollustgefühl.* — 2) *Verlangen nach.* — 3) *der erste Monat* Ind. St. 10,298. — 4) *ein best. Tact* S. S. S. 235. — 5) N. pr. verschiedener Männer. Auch °पण्डित.

अभिनन्दन m. 1) *ein best. Tact* S. S. S. 211. — 2) N. pr. zweier Männer.

अभिनन्दनीय Adj. *zu beloben, anzuerkennen.*

°अभिनन्दितर् Nom. ag. *Erfreuer, Zufriedensteller* MBh. 12,231,1.

अभिनन्दिन् Adj. *seine Freude an Etwas habend, verlangend nach.*

अभिनन्द्य Adj. = अभिनन्दनीय.

अभिनभस् Adv. *zum Himmel* Ind. St. 14,385.

अभिनभ्यम् Adv. *in Wolkennähe.*

अभिनम्र Adj. (f. आ) *stark geneigt.*

अभिनय 1) m. *Pantomime; theatralische Darstellung.* — 2) v. l. für अधिबल und अभिबल. — Fehlerhaft für अभिनव (so ed. Bomb.) Pañkat. 127,22.

अभिनव 1) Adj. (f. आ) *ganz neu, — frisch.* — 2) m. N. pr. zweier Männer.

अभिनवकालिदास m. *der moderne K.* = माधवाचार्य.

अभिनवगुप्त m. N. pr. eines Autors.

अभिनवचन्द्रार्घविधि m. *die Darbringung des* Argha *an den Neumond,* Titel eines Abschnittes im Bhavishjott. P.

अभिनवचिन्तामणि m. Titel eines Werkes.

अभिनवतामरस 1) n. *ein best. Metrum.* — 2) f. आ Titel eines Werkes.

अभिनवनृसिंहभारती m. N. pr. eines Lehrers.

अभिनवयौवन (Hit. ed. Johns. 1336) und अभिनववयस्क (Chr. 148,11) Adj. (f. आ) *in der ersten Jugend stehend.*

अभिनववृत्तरत्नाकर m. Titel eines Werkes.

अभिनवशाकटायन m. *der moderne Çâk.*

अभिनवसच्चिदानन्दभारती m. N. pr. eines Lehrers.

अभिनवी Adv. mit भू *sich erneuern* Comm. zu Bhaṭṭ. bei Gold.

अभिनह्न n. *Binde* (z. B. über die Augen).

अभिनासिकाविवरम् Adv. *zu den Nasenlöchern hin.*

अभिनिधन n. Name verschiedener Sâman.

अभिनिधान 1) n. *das Darüberlegen* Kâtj. Çr. 5,1,31. 25,3,13. — 2) n. und m. *Annäherung* (der Laute in der Aussprache).

अभिनिपात m. = अभिनिधान 2).

अभिनिम्रोचन n. *das Untergehen der Sonne darüber* Comm. zu Kâtj. Çr. 25,3,24. 25.

°अभिनियम m. *das Bestimmtsein je nach* Âpast. 1,16,7.

*अभिनिर्याण n. *Auszug gegen den Feind.*

अभिनिर्वृत्ति f. *das Zustandekommen, Gelingen.*

अभिनिलीयमानक Adj. *Angesichts eines Beobachters sich in sein Nest legend* (Vogel).

अभिनिर्वर्तम् Absol. *sich wieder zurückwendend zu* (Acc.) TS. 5,4,22,4. Kâṭh. 27,9.

अभिनिविष्टता f. *Hartnäckigkeit* Sâh. D. 184.

अभिनिवेश m. 1) *Hang —, Drang zu* (Loc. oder im Comp. vorangehend) 224,28. Kâd. 165,3. — 2) *das Festhalten an Etwas* Gaut. 28,33. *Bestehen auf* (Loc.), *Hartnäckigkeit* Kumâras. 5,7. Ragh. 14,43. Prab. 67,14. — 3) *Lebenslust, Lebensdrang.* — 4) *Betriebsamkeit* Varâh. Bṛh. S. S. 4, Z. 19.

अभिनिवेशन n. *Hang zu Etwas.* तदभि° Adj. Kâraṇḍ. 3,8.

अभिनिवेशिन् Adj. 1) *einen Hang zu Etwas habend.* Davon Nom. abstr. °शित्व n. Kâd. 213,1. — 2) *hartnäckig auf Etwas bestehend.*

अभिनिष्कारिन् Adj. *der es auf Jmd abgesehen hat.*

अभिनिष्क्रमण n. *das Verlassen des Hauses um Mönch zu werden* (buddh.).

अभिनिष्ठान m. *Endlaut*, insbes. *Endvocal* und Visarga.

अभिनिष्पत्ति f. *das Hervortreten, Erscheinen.*

अभिनिष्यन्द m. *das Träufeln.*

*अभिनिस्तान m. = अभिनिष्ठान.

अभिनिहित Partic. von धा, दधाति mit अभिनि.

अभिनिह्नव m. Name eines Sâman.

अभिनील Adj. *sehr dunkelfarbig* Lalit. 120,16.19.

अभिनृम्ण Adj. (f. आ) *überaus heilbringend.*

अभिनेतर् Nom. ag. *Herbeiführer* ṚV. 4,30,2. Çat. Br. 13,1,2,4.

अभिनेतव्य und °नेय Adj. *aufzuführen, darzustellen.*

अभिन्न Adj. 1) *nicht durchbohrt, — verwundet* Spr. 2605, v. l. — 2) *nicht durchdrungen* Çiç. 37. — 3) *unverletzt.* — 4) *nicht zerbrochen* Çat. Br. 5,6,4,8. — 5) *ganz* (von einer Zahl). — 6) *nicht unterbrochen, zusammenhängend* ṚV. अभिन्ने AV. — 7) *ungetheilt, einheitlich.* — 8) *nicht verschieden, identisch, derselbe; nicht verschieden von* (Abl. oder im Comp. vorangehend) 281,4.

अभिन्नगति Adj. *seinen Gang nicht ändernd* Çiç. 14.

अभिन्नतरक Adj. *gar nicht verschieden* Mahâbh. 2,307,a.

अभिन्नत्व n. *das Einssein, Uebereinstimmung* R. 5,82,7.

अभिन्नवेल Adj. *die Schranken nicht durchbrechend* Spr. 489.

अभिन्नस्थिति Adj. dass. Çiç. 107.

अभिन्यास m. *eine best. Form des Fiebers* Bhâvapr. 3,77.86.

अभिपतन n. *das Herbeifliegen* Spr. 392.

अभिपत्ति f. *das Erfassen.*

अभिपद्म Adj. *mit rothen Flecken auf der Haut versehen.*

अभिपरिहार in अनभि°.

अभिपात m. *das Herbeieilen* Kâd. II,137,12.

अभिपातिन् Adj. 1) *herbeieilend* Spr. 4325. — 2) *beispringend.*

अभिपाल m. *Hüter, Wächter.*

अभिपालन n. *das Hüten, Schützen.*

अभिपित्व n. 1) *Einkehr.* — 2) *Abend.*

अभिपुष्प Adj. *mit Blüthen bedeckt.*

अभिपूरण n. *das Füllen, Ausfüllen.*

अभिपूर्त n. *Erfülltes* AV. 9,5,13.

अभिपूर्व 1) Adj. *in der bestimmten Reihe folgend* Tâṇḍja-Br. 16,4,5. — 2) अभिपूर्वम् und अभिपूर्वेण (Tâṇḍja-Br. 17,2,2) Adv. *der Reihe nach.*

अभिप्रक्रम्य Adj. *zu beschreiten* Tâṇḍja-Br. 20,11,6.

अभिप्रचक्षे Dat. Inf. *um zu sehen* ṚV. 1,113,6.

अभिप्रतारिन् m. N. pr. eines Mannes.

अभिप्रदक्षिणम् Adv. *rechtshin.* Mit कर् und Acc. *Jmd r. umwandeln.*

अभिप्रदर्शन n. *das Zeigen, Vorführen.*

अभिप्रधर्षण n. *das Anthun eines Leides.*

अभिप्रभङ्गिन् Adj. *zerbrechend.*

अभिप्रमुर् Adj. *zermalmend.*

अभिप्रयायम् Absol. *hinzutretend.*

अभिप्रयायिन् Adj. *herbeikommend.*

अभिप्रव m. = अभिप्लव Kâṭh. 33,8.

अभिप्रवर्तन n. *das Austreten* (des Schweisses).

अभिप्रवेश m. *das Betreten* (eines Ortes).

अभिप्रश्निन् Adj. *fragelustig.*

अभिप्रसारण n. *das Ausstrecken der Beine gegen Jmd* (Gen.) *hin* Âpast. 1,8,4.

अभिप्रातर् Adv. *gegen Morgen.* Nach einem Comm. *am vierten Tage in der Frühe.*

अभिप्रापण n. in सर्वाभि°.

अभिप्राप्ति f. *Ankunft.*

अभिप्राय m. 1) *Ziel.* कर्त्रभिप्राय Adj. *dessen Ziel der Agens ist* P. 1,3,72. — 2) *Absicht, Wille* 302,6. 328,11. Spr. 490. 492. — 3) *Meinung, Ansicht.* — 4) *Sinn, Bedeutung, Inhalt.* — 5) *Auffassung —, Betrachtung als* 258,19.22. 259,20. — 6) *blosser Schein; Erscheinung, Phantom.* — 7) in der Dramatik *Darstellung einer Unmöglichkeit als solcher an einem Gleichniss.* — 8) = विवृत्त्यभिप्राय ṚV. Prât. 14,11.

अभिप्री Adj. *erfreuend.*

अभिप्रीति f. *Befriedigung* Tâṇḍja-Br. 5,4,15.

अभिप्रेप्सु Adj. *verlangend nach* (Acc.).

अभिप्रेरण n. *das in Bewegung Setzen.*

अभिप्लव m. *eine best. sechstägige* Soma-*Feier.* पृष्ठ्याभिप्लवौ.

अभिफल n. = अधिफल 2).

अभिबाधितर् Nom. ag. *Beleidiger, Quäler.*

अभिबुद्धि f. *eine Function des Intellects.*

अभिभर्तृ Adv. *am Gatten, in Gegenwart des G.*

अभिभव 1) Adj. *übermächtig.* — 2) m. (adj. Comp. f. आ) a) *Uebermacht* Bhag. 1,41. Pañcat. 224,15. — b) *das Ueberwältigtwerden, Unterdrücktwerden, Unterliegen durch* (Abl., Instr. oder im Comp. vorangehend) 325,15. Naish. 3,1,12. Ragh. 4,21.9,4. Kumâras. 3,18. Çiç. 40. Mâlav. 86. Siṅhâs. 7.12. Kathâs. 10,45. 19,98. — c) *Erniedrigung, Geringachtung* Spr. 4401.

अभिभवन n. 1) *das Ueberwältigen* Lalit. 6,6. — 2) *das Ueberwältigtwerden* M. 6,62.

अभिभा f. *Unglückszeichen.*

अभिभार Adj. *belastet, schwer.*

अभिभावक Adj. *überwältigend* Comm. zu Naish. 3,2,14.

°अभिभाविन् Adj. dass. Kâd. 192,4.

अभिभाषण n. *das Anreden, Reden.*

अभिभाषिन् Adj. *redend, sprechend.*

अभिभाष्य Adj. *anzureden.*

अभिभु und °भू 1) Adj. *übermächtig, überlegen* (mit Acc.). Compar. °भूतर. — 2) m. °भु *ein best. Monat.* — 3) m. °भू a) *ein best. Würfel.* — b) N. pr. eines Schlangenfürsten Pâr. Gṛh. 2,14,16.

अभिभूति 1) f. a) *Ueberlegenheit, Uebermacht.* — b) * *Erniedrigung, Geringachtung.* — 2) Adj. *übermächtig, überlegen* ṚV. 4,41,4.

(अभिभूत्यौजस्) °भूत्योजस् Adj. *von überlegener Kraft.*

अभिभूय n. Ueberlegenheit.

अभिभूवरी Adj. f. überlegen.

अभिमति f. das in Beziehung Bringen der Objecte zum Ich.

अभिमनस् Adj. strebend —, verlangend nach.

*अभिमनाय्, °यते streben —, verlangen nach. — °Desid. अभिमिमानयिषते.

अभिमन्तर् Nom. ag. 1) Bedroher Gov. Br. 1,3,20. — 2) der die Objecte in Beziehung zu sich bringt Ind. St. 9,162.

अभिमन्तव्य Adj. zu halten —, anzusehen für 148,13.

अभिमन्तोस् Gen. (von ईश्वर abhängig) Inf. Jmd (Acc.) Etwas anzuhaben.

अभिमन्त्रण n. 1) das Anrufen, Anreden. — 2) das Besprechen, Einsegnen.

अभिमन्थ m. = अधिमन्थ.

अभिमन्थन n. das Drehholz bei der Feuerreibung Kauç. 69.

अभिमन्यु m. N. pr. verschiedener Männer 228, 18. परिक्षिदभिमन्युजः 37,11. 38,18. °पुर n. N. pr. einer Stadt. °स्वामिन् m. N. pr. eines Heiligthums.

*अभिमर m. 1) Todtschlag. — 2) Kampf, Schlacht. — 3) Aufstand des Heeres. — 4) Fesselung.

अभिमर्द m. 1) Gewaltthat MBh. 3,269,4. — 2) *Kampf, Schlacht. — 3) *berauschendes Getränk.

°अभिमर्दिन् Adj. bedrückend, Gewalt anthuend.

अभिमर्श m. (adj. Comp. f. आ) Berührung, Antastung.

अभिमर्शक Adj. berührend, antastend.

अभिमर्शन 1) Adj. dass. — 2) n. das Berühren Gaut. 1,38.

अभिमा f. Maass (in die Breite) Maitr. S. 1,4,11.

अभिमाति 1) f. a) feindlicher Anschlag, Nachstellung. — b) Nachsteller, Angreifer. — 2) Adj. nachstellend, feindlich.

अभिमातिजित् Adj. Nachsteller besiegend.

अभिमातिन् Adj. nachstellend.

अभिमातिषह् und °षाह् Adj. Feinde überwindend. Dazu Nom. abstr. (°षाह्य) °षाह्य n.

अभिमातिहन् Adj. Gegner schlagend.

अभिमाद्यत्क Adj. ein wenig angeheitert.

अभिमान m. 1) feindliche Absicht, Nachstellung. — 2) Selbstgefühl, Hochmuth, Stolz. — 3) Selbstgefühl, so v. a. das in Beziehung Bringen der Objecte zum Ich. — 4) Voraussetzung bei sich; die falsche Meinung, dass man Etwas besitze. — 5) Voraussetzung, insbes. eine falsche. — 6) Zuneigung Spr. 1060.

अभिमानवत् Adj. 1) Selbstgefühl besitzend, stolz Spr. 496. — 2) am Ende eines Comp. bei sich voraussetzend, zu besitzen wähnend.

*अभिमानिता n. geschlechtliche Vermischung.

अभिमानिता f. Selbstgefühl Spr. 6063.

°अभिमानित्व n. das Sichhalten für 264,9. 268,25.

अभिमानिन् 1) Adj. a) eingebildet, stolz, hochmüthig. — b) am Ende eines Comp. α) bei sich voraussetzend, zu besitzen wähnend. — β) sich haltend für, sich einbildend zu sein. — γ) geltend für, vorstellend. — 2) m. ein best. Agni VP. 1,10,14. Bhâg. P. 4,1,59.

अभिमानुक Adj. nachstellend (mit Acc.).

*अभिमाय Adj. verwirrt, confus.

अभिमारुतम् Adv. gegen den Wind Spr. 6122.

अभिमिह्य Adj. zu beharnen.

अभिमुख 1) Adj. (f. ई; *in einigen Fällen auch आ) n; mit zugewandtem Gesicht, zugewandt (die Ergänzung im Acc., Dat., Gen. oder im Comp. vorangehend). — b) Jmd (Gen., Instr.) geneigt, es mit Jmd haltend. — c) nahe bevorstehend Vikr. 28. — d) am Ende eines Comp. einem best. Zeitpunkt nahe (यौवनाभि°, पाकाभि°); im Begriff stehend zu (Nom. act.); bedacht auf (मङ्गलाभि°). — 2) °म् und अभिमुख° Adv. entgegen 133,9. °कृत und °निकृत so v. a. von vorn R. 4,23,12. Spr. 499. इतोऽभि° hierherwärts. Mit Acc., Gen. oder am Ende eines Comp. nach der Richtung von, gegen (feindlich), gegenüber von, zu — hin, nach — hin 133,4. 291, 26. — 3) °खे gegenüber (mit Gen. oder am Ende eines Comp.). — 4) *f. ई Bez. einer der 10 Stufen, die ein Bodhisattva zu ersteigen hat, bevor er Buddha wird.

अभिमुखी Adv. mit भू sich Jmd zuwenden, sich als günstig erweisen (Schicksal) 291,6.

अभिमुखीकरण n. das Sichzuwenden zu Jmd Pañkat. 23,b,9.

अभिमेधिका f. Pl. Schimpfreden.

अभियज्य Adj. mit Opfern zu begehen Gobh. 1,3,3.

अभियाचन n. Bitte, in सत्याभि°.

अभियातर् Nom. ag. Angreifer.

*अभियाति und *°यातिन् m. Feind. — Vgl. °माति, °मातिन्.

अभियान n. 1) das Herankommen. — 2) feindlicher Angriff.

अभियायिन् Adj. 1) herankommend, —ziehend. — 2) sich hinbegebend zu (Acc. oder im Comp. vorangehend) Spr. 7383. — 3) losgehend auf, angreifend.

अभियुग्वन् m. und अभियुज् f. Angreifer.

अभियोक्तर् Nom. Ag. 1) Angreifer. — 2) Ankläger.

अभियोक्तव्य Adj. anzuklagen.

अभियोग m. 1) Anwendung, häufige A. — 2) Bemühung, Anstrengung, Fleiss; Richtung der Thätigkeit auf, das Sichhingeben, Bemühung um (Loc. oder im Comp. vorangehend). — 3) feindlicher Angriff. — 4) Anklage 213,23.

अभियोगिन् Adj. anklagend.

अभियोजन n. nachträgliches Anschirren.

अभियोज्य Adj. anzugreifen, angreifbar.

अभिरक्षण n. und °रक्षा f. das Schützen, Hüten.

अभिरक्षितर् Nom. ag. Beschützer, Hüter.

अभिरति f. 1) Freude an (Loc. oder im Comp. vorangehend). — 2) N. pr. einer Welt (buddh.).

अभिराज् Adj. ringsum herrschend.

अभिराधन n. das Zufriedenstellen Jmds (Gen.).

1. अभिराम 1) Adj. (f. आ) erfreulich, angenehm, Wohlgefallen bewirkend für oder durch (im Comp. vorangehend). °अभिरामम् und °अभिराम° Adv. — 2) m. a) Lust —, Freude an (im Comp. vorangehend). — b) N. pr. eines Scholiasten des Çâkuntala.

2. अभिराम n. eine auf Râma bezügliche Dichtung.

अभिरामपशुपति m. N. pr. eines Dichters.

अभिराममणि n. Titel eines Schauspiels.

अभिराष्ट्र Adj. Reiche bewältigend.

अभिरुचि f. Gefallen an (Loc. oder im Comp. vorangehend) Kâd. II, 140,23.

अभिरुचित m. N. pr. eines Vidjâdhara-Fürsten.

अभिरुचिर Adj. prächtig.

अभिरुत n. Gesang R. Gorr. 1,9,13 (17 Schl.). Geschrei 5,70,19.

अभिरूप 1) Adj. (f. आ) a) entsprechend, angemessen. — b) hübsch, schön 230,3. — c) gebildet, gelehrt Gaut. 10,44. — 2) *m. a) der Mond. — b) Bein. Vishṇu's, Çiva's und Kâma's.

अभिरूपक Adj. unterrichtet Ind. St. 13,348.

अभिरूपता f. feine Bildung, Wohlerzogenheit Kâd. 233,16.

अभिरूपवत् Adj. hübsch, schön.

अभिरोद्धर् Nom. ag. Abwehrer Maitr. S. 2,2,13.

अभिरोरुद Adj. zu Thränen rührend.

अभिलक्ष्य Adj. erkennbar an (im Comp. vorangehend) 292,13.

अभिलक्ष्यम् Adv. nach dem Ziele hin 93,22.

अभिलङ्घन n. 1) das Hinüberspringen über (Gen.). — 2) das Uebertreten, Zuwiderhandeln.

°अभिलङ्घिन् Adj. übertretend, zuwiderhandelnd.

अभिलप्य Adj. auszudrücken, in निरभि°.

अभिलषणीय (Spr. 1769) und °लष्य (Spr. 303) Adj. zu dem oder wozu man sich hingezogen fühlt, begehrenswerth.

अभिलषित n. das Begehrte, Gewünschte, Wunsch.

°चिन्तामणि m. Titel eines Werkes.

अभिलाप m. 1) *Rede, Ausdruck.* — 2) *Ankündigung* Kir. 202,22.

*अभिलाव m. *das Abschneiden, Mähen.*

अभिलाष m. (adj. Comp. f. श्रा) *Verlangen, Lust nach* (Loc. oder im Comp. vorangehend). In der Poetik *die erste Regung der Liebe.*

अभिलाषक Adj. *verlangend nach* (Acc.).

अभिलाषिन् Adj. *verlangend nach* (Loc. oder im Comp. vorangehend) 108,8.

अभिलाषुक Adj. (f. श्रा) *verlangend nach* (Acc. oder im Comp. vorangehend).

अभिलूता f. *ein best. spinnenartiges Insect.*

*अभिलोडक m. = लेट्टल.

अभिवदन n. *Anrede.* — Auch fehlerhaft für °वादन.

अभिवत् Adj. *das Wort* अभि *enthaltend.*

अभिवन्दन n. *ehrfurchtsvolle Begrüssung.*

अभिवपस् Adj. *erlabend* Maitr. S. 3,12,1.

अभिवर्णन n. *Beschreibung, Schilderung.*

अभिवर्तिन् Adj. 1) *herankommend* Harit. 2,31, 86. — 2) *entgegengehend.*

अभिवर्धन n. *das Verstärken, Vermehren* Kir. II, 36,16.

अभिवर्ष m. *Regen.*

अभिवर्षण n. *das Beregnen, Regnen.* कामाभि° so v. a. *das Gewähren von Wünschen* Bhâg. P. 12,10,32.

अभिवर्षिन् Adj. *regnend.*

अभिवहन n. *das Herbeiführen.*

अभिवाञ्छा f. *Verlangen nach* (im Comp. vorangehend).

अभिवात Adj. (f. श्रा) *siech, krank* Lâṭy. 8,5,3.

अभिवातम् Adj. *gegen den Wind.*

अभिवाद m. 1) *Begrüssung* Gaut. 6,5. 8. — 2) = अति° *harte Worte.*

अभिवादक Adj. 1) *begrüssend, Begrüsser* Kull. zu M. 2,135. *salutaturus* (mit Acc.). — 2) *höflich.*

अभिवादन n. *Begrüssung* Lâṭy. 2,4,17. Gaut. 9,45.

अभिवादनीय Adj. 1) *der Begrüssung würdig.* — 2) *zur Begrüssung in Beziehung stehend, bei der B. gebraucht* (Namen).

अभिवादयितृ Nom. ag. *Begrüsser* Kull. zu M. 2,128.

अभिवादिन् Adj. 1) *erklärend, Erklärer.* — 2) *Etwas aussagend, besagend.*

अभिवाद्य 1) Adj. *zu begrüssen, begrüssungswürdig* Lâṭy. 2,6,17. n. impers. *zu grüssen*, mit Dat. der Person Âpast. 1,14,14. 15. 18. — 2) m. Bein. Çiva's.

अभिवान्यवत्सा und अभिवान्या f. *eine Kuh, die ein angewöhntes (fremdes) Kalb nährt.*

अभिवास m. (Nîlak. 5,1,31) und °वासन n. (Comm. zu TS. 1,142,12 und zu Nîlak. 5,1,31) *Bedeckung.*

1. अभिवासम् n. अङ्गिरसाम् Name eines Sâman.

2. अभिवासम् Adv. *über dem Kleide.*

अभिवास्य Adj. *zu bedecken.*

अभिवाह m. *das Heranfliessen.* °तस् TS. 5,6,2,4.

अभिवाह्य n. *das Hingeführtwerden.*

अभिविक्रम Adj. *von grossem Muth.*

अभिविधि m. *das Allumfassen, das abl. inclusivus Sein.*

अभिविपण्यु Adj. *etwa von allem Getriebe fern.*

अभिविमान Adj. *den Jedermann bei sich voraussetzt.*

अभिविवृद्धि f. *grösseres Gedeihen, Segen.*

अभिविशङ्किन् Adj. *sich fürchtend vor* (Abl.) Spr. 4013.

अभिवीर Adj. *von Helden umgeben.*

अभिवृत्ति f. *das Herankommen.*

अभिवृद्धि f. *Wachsthum, Zuwachs, Gedeihen.*

अभिवेग m. *das Schwanken.*

अभिवेधिन् Adj. *durchschneidend* Comm. zu Âpast. 4,19.

अभिवोढर् Nom. ag. *Zuführer* Kâraka 1,12.

अभिव्यक्ति f. *Offenbarwerdung, Erscheinung* Nîlak. 3,1,42.

अभिव्यञ्जक Adj. 1) *offenbarend, zur Erscheinung bringend.* — 2) *symbolisch bezeichnend.*

अभिव्यादान n. *das Verschlingen, Verschlucken* (eines Vocals) RV. Prât. 14,27.

अभिव्याधिन् Adj. *verwundend.*

अभिव्यापक und °व्यापिन् Adj. *allumfassend.*

अभिव्याप्ति f. *das Allumfassen.*

अभिव्याप्य Adj. *was mit umfasst wird, in Etwas enthalten ist.*

अभिव्याहरण n. (Durga zu Nir. 1,16) und °हार m. *das Reden, Aussprechen.* Letzteres auch *Ausspruch.*

*अभिव्याहारिन् Adj. *sprechend.* कोकिलाभि° *wie.*

अभिव्रड्ग m. *das Umdrehen, Wegschleudern.*

अभिशंसन n. 1) *Beleidigung durch Worte.* — 2) *Beschuldigung*, in अनृताभि° und मिथ्याभि°.

अभिशंसिन् Adj. *beschuldigend*, in मिथ्याभि°.

अभिशङ्का f. 1) *Misstrauen gegen* (Gen.). — 2) *Besorgniss.*

अभिशङ्किन् Adj. *misstrauend, nicht glaubend an.*

अभिशङ्क्य Adj. *dem man misstraut, woran man nicht glaubt.*

*अभिशपन n. *Verleumdung.*

अभिशस् f. *Verwünschung.*

अभिशस्तक Adj. 1) *verklagt, bescholten.* — 2) *aus Fluch entsprungen.*

अभिशस्ति f. 1) *Verwünschung, Fluch.* — 2) *das durch Fluch herbeigeführte Unheil, Unglück.* — 3) *Verwünscher, Flucher.* — 4) *Tadel.* — 5) *Beschuldigung*, in मिथ्याभि°. — 6) **schlechter Ruf, böser Leumund.* — 7) **das Bitten, Betteln.*

अभिशस्तिचातन Adj. *Fluch abwehrend.*

अभिशस्तिपा und °पावन् Adj. *vor Fluch schützend.*

अभिशस्तेन्य und °शस्त्य Adj. in अनभि°.

अभिशाप m. 1) *Fluch.* — 2) *schwere Beschuldigung.* — 3) **Verleumdung.*

अभिशिरस् Adj. *den Kopf richtend nach* (Acc.).

अभिशिरोऽग्र Adj. (f. श्रा) *mit zum Kopf gerichteten Spitzen* Gobh. 3,9,14.

अभिशुन Adj. *im Vortheil befindlich* (Ringer).

अभिशोक m. *Gluth.*

अभिशोच Adj. *glühend, leuchtend.*

अभिशोचन n. *Qual.*

अभिशोचयिष्णु Adj. *Hitze oder Qual verursachend.*

अभिश्नथस् Abl. Inf. *vor dem Durchbohren* (sich fürchten) RV. 10,138,5.

अभिश्राव m. *Erhörung.*

अभिश्रिष् f. *Binde* RV. 8,1,12.

1. अभिश्री 1) Adj. a) *sich aneinander schliessend, — lehnend* RV. 1,144,6. AV. 8,3,14. — b) *ordnend*, mit Acc. TBr. 3,4,3,11. — 2) m. *Anreiher, Ordner.* Auch f. RV. 10,130,5.

2. अभिश्री f. *Beimischung* RV. 9,79,5. 86,27.

अभिश्वसस् Abl. Inf. *vor dem Herblasen* (sich fürchten) RV. 10,92,8.

अभिश्वास m. *Anhauchung, Anfachung.*

अभिषङ्ग m. (adj. Comp. f. श्रा) 1) *Hang zu, Gefallen an* Bhâg. P. 10,90,11. — 2) *Verwünschung.* — 3) *das Besessensein*; vgl. भूताभि°. मनसः so v. a. *Trübung des Geistes.* — 4) *Niederlage, erlittene Demüthigung.* — 5) **Schwur.* — 6) **Verleumdung.* — 7) *Umarmung.*

अभिषङ्गिन् Adj. *eine Niederlage beibringend, demüthigend.*

अभिषच् (stark °षाच्) Adj. 1) *folgend, begleitend.* — 2) *anhänglich, zugethan.*

अभिषव m. 1) *das Keltern* (des Soma). — 2) **Gährungsmittel.* — 3) **vorgeschriebene Abwaschung.* — 4) **Opfer.* — 5) **saurer Reisschleim* Hâll. 2,168; vgl. 2).

अभिषवण 1) n. *das Keltern* Nir. 4,16. — 2) f. °षवणी Pl. *Kelter.*

*अभिषक् m. = भिषक् Gal.

अभिषिषेणयिषु Adj. *im Begriff mit seinem Heere heranzurücken.*

अभिषुक m. *eine best. Pflanze mit ölhaltigem Samen.*

अभिषुत *n. saurer Reisschleim.

अभिषेक m. 1) Besprengung, Weihung durch Besprengung mit Wasser (namentlich zum Königthum). — 2) Weihwasser. — 3) vorgeschriebene Abwaschung 92,15. Kâd. 42,6.

अभिषेक्तर् Nom. ag. Besprenger, Weiher.

अभिषेक्तव्य Adj. zu weihen.

अभिषेक्य Adj. zur Weihung bestimmt, der W. würdig.

अभिषेचन n. 1) das Besprengen, Uebergiessen. — 2) das Weihen (insbes. zum Königthum).

अभिषेचनीय 1) Adj. a) der Weihung würdig. — b) zur Weihung gehörig, — bestimmt. — 2) m. Weihungsfeier. °वत् Adv. Kâty. Çr. 18,6,15.

अभिषेच्य Adj. zu weihen.

अभिषेधी Adj. Geschosse richtend.

अभिषेणन n. Kriegszug gegen (im Comp. vorangehend).

अभिषेणय्, °यति Jmd (Acc.) mit Krieg überziehen Spr. 441. Vaṇis. 32.

अभिषोतर् Nom. ag. der den Soma auspressende Priester.

अभिष्टन m. Getöse.

अभिष्टव m. Lob, Preis.

1. अभिष्टि m. Adj. überlegen, siegreich.

2. अभिष्टि f. Hülfe, Förderung.

अभिष्टिकृत् Adj. Hülfe schaffend.

अभिष्टिद्युम्न Adj. an Hülfe reich.

अभिष्टियासि RV. 2,20,2 nach Grassmann für अभिष्टी यासि.

अभिष्टिमत् Adj. hülfreich.

अभिष्टिशवस् Adj. kräftigen Beistand gewährend.

अभिष्ठान n. das Betreten, in अनभि°.

अभिष्वात m. Pl. N. pr. eines Geschlechts.

अभिष्यत् oder °न्त m. N. pr. eines Sohnes des Kuru MBh. 1,94,50.

अभिष्यन्द m. 1) *das Träufeln. — 2) Triefäugigkeit, Augenentzündung. — 3) Ueberfülle, Ueberschuss.

अभिष्यन्दिन् Adj. 1) träufelnd, flüssig. — 2) auflösend, laxativ. — 3) zu Blutandrang reizend, congestiv Mat. med. 6.

अभिष्वङ्ग m. Zuneigung, das Hängen an (Loc. und Instr.).

अभिष्वङ्गिन् Adj. auf Etwas versessen Maitrjup. 7,10.

अभिसंयोग m. Verbindung, Relation Ǵaim. 6,1,3.

अभिसंरम्भ m. Wuth.

अभिसंराधन n. das Befriedigen, Zufriedenstellen.

अभिसंवर्धन n. Wachsthum.

अभिसंश्रय m. 1) Verbindung, Zusammenhang. — 2) Zuflucht.

अभिसंसारम् Absol. in Menge hinzueilend.

अभिसंस्कार m. 1) Bearbeitung, Zubereitung. — 2) Bildung, Formation. — 3) Conception, Gedanke, Idee (buddh.).

अभिसंस्तव m. höhere Berechtigung Ǵaim. 4,1,24. 4,30.

अभिसंस्थम् Adv. nach der Reihe, — Ordnung Gop. Br. 2,3,1.

*अभिसंलेप m. Einschrumpfung.

अभिसंख्य Adj. ersichtlich Comm. zu Ǵaim. 6,7,40. Davon Nom. abstr. °त्व n. Ǵaim. 6,7,40.

अभिसंख्या f. Zahl, Anzahl.

अभिसंख्येय Adj. zu zählen.

अभिसंचारिन् Adj. wandelbar.

अभिसंज्ञित Adj. benannt, geheissen.

अभिसत्कर् s. u. सत्.

अभिसत्वन् Adj. von Mannen umgeben.

अभिसंदेह n. Du. penis et vulva.

अभिसंदोह n. v. l. für अभिसंदेह.

°अभिसंधक Adj. betrügend. Nach den Erklärern schmähend.

अभिसंधा f. Aussage, Rede, in अनृताभि° und सत्याभि°.

अभिसंधान n. 1) das Zusammenhalten, Verbundensein. — 2) Aussage, Rede, in सत्याभि°. — 3) bestimmte Absicht, Interesse an einer Sache. — 4) das Betrügen.

अभिसंधि m. 1) Absicht, Beabsichtigung. — 2) Anschlag, consilium Daçak. 1,37. Sâh. D. 375. — 3) Intention, Meinung (eines Autors). — 4) *Meinung, das Dafürhalten Bhaṭṭ. bei Gold. — 5) Bedingung Çâk. ed. Pisch. 84,2. Mâlav. 9,5.

*अभिसंधित Adj. in Verbindung mit पुत्री so v. a. an Sohnes Statt angenommen Gal.

°अभिसंधिन् Adj. 1) aussagend, redend, in सत्याभि°. — 2) betrügend, in सर्वाभि°.

अभिसंधिपूर्व Adj. beabsichtigt Gaut. 23,7.

अभिसंधिपूर्वकम् Adv. in einer bestimmten Absicht 107,5.

अभिसमय m. 1) Verabredung, Uebereinkommen. — 2) klare Erkenntniss (buddh.).

अभिसंपत्ति und °संपद् f. das Werden zu Etwas, das Gleichwerden.

अभिसंपराय m. Loos im Jenseits Lalit. 101,8.

*अभिसंपात m. Zusammenstoss, Kampf.

अभिसंप्लव m. das Ineinanderfliessen Comm. zu Njâjas. 4,1,2.

अभिसंबन्ध m. Verbindung, Relation, das in Zusammenhang Stehen mit (Instr.) Ǵaim. 6,2,8. 3,3,6,10.11. das zu Etwas Gehören.

अभिसंबाध Adj. gedrängt voll R. 2,3,16.

अभिसंबोधन n. Erlangung der Bodhi (buddh.).

अभिसंभव m. Erreichung und °न n. das Erreichen Çaṁk. zu Bâdar. 4,2,5.6.

अभिसंमुख Adj. (f. आ) mit dem Antlitz zu Jmd (Acc.) gerichtet, ehrerbietig.

अभिसर m. (adj. Comp. f. आ) Gefährte.

अभिसरण n. Besuch in Liebesangelegenheiten Sarvad. 9,6. Kâd. 183,16.

अभिसर्ग m. Schöpfung, Schöpfungsperiode.

*अभिसर्जन n. 1) das Spenden. — 2) Mord. — Vgl. अतिस°.

अभिसर्तर् Nom. ag. Angreifer.

अभिसर्पण n. 1) das Herankommen, Annäherung. — 2) das Aufsteigen (des Saftes im Baume).

अभिसान्त्व m. gute, — beschwichtigende Worte R. 5,36,44.

अभिसायम् Adv. gegen Abend.

अभिसार 1) m. (adj. Comp. f. आ) a) Angriff. — b) Angriffstruppen. — c) Besuch in Liebesangelegenheiten, Stelldichein. — d) Lohn für Meldung (buddh.). — e) *Gefährte. — f) *= साधन. — g) Pl. N. pr. eines Volkes. — 2) f. ई N. pr. einer Stadt MBh. 3,23,19.

अभिसारस्थान n. Ort zum Stelldichein Sâh. D. 47,14.

अभिसारिका f. ein Mädchen, das sich zum Stelldichein begiebt.

अभिसारिन् 1) Adj. sich wohin begebend; f. zum Geliebten sich b. Vikr. 68,6. — 2) °f. रिणी ein best. Metrum.

*अभिसावकीय, °यति Denom.

*अभिसुसूम् Adj.

अभिसेवन n. Ausübung, Gebrauch.

अभिस्कन्दम् Absol. herbeispringend.

अभिस्थिरम् Adv. sehr nachdrücklich.

अभिस्नेह m. Hinneigung zu, Verlangen nach.

अभिस्यन्द m. und °स्यन्दिन् Adj. s. °ष्यन्द und °ष्यन्दिन्.

*अभिस्यन्दिरमण n. Vorstadt.

अभिस्रवत् Adj. strömen lassend MBh. 13,14,309.

अभिस्वयमातृण्णम् Adv. auf den Svajamâtṛṇṇâ genannten Backstein.

अभिस्वर् f. Zuruf.

अभिस्वरे Loc. Praep. hinter (mit Gen.).

अभिस्वर्तर् Nom. ag. Anrufer, Sänger.

अभिहति f. 1) Anprall (eines Pfeils) Kâd. II,134,3. — 2) Multiplication und das Product zweier mit einander multiplicirter Zahlen Lîlâv. 147. Bîǵag. 123.

अभिहरण n. das Herbeibringen.

अभिह्वर्तृ Nom. ag. *Entwender, Entführer.*

अभिह्वर्तव्य Adj. *herbeizubringen, was herbeigebracht wird.*

अभिह्व m. *Ausgiessung des Opfers* Mân. Ç. S. bei Gold.

अभिह्वार m. 1) *Herbeibringung.* — 2) *Raub.* — 3) **feindlicher Angriff.* — 4) **Anstrengung.* — 5) *Untermengung* Kâraka 1,11.

अभिह्वास m. *Scherz, Kurzweil.*

अभिहिङ्कृ s. u. हिङ्.

अभिहिङ्कार m. *der Laut* हिङ् *mit dem Gapa* भूर्भुवः स्वरोम्.

अभिहित Partic. von धा, दधाति mit अभि.

अभिहितता f. *das Gesagtwordensein* Sarvad. 22,7.

अभिहितत्व n. *das Genanntwordensein* Çaṅk. zu Bâdar. 1,15.

अभिहूति f. *Herbeirufung.*

अभिहोतवै Dat. Inf. *zu opfern* Cit. bei Kumârila nach Gold.

अभिहोम m. = अभिह्व Kumârila bei Gold.

अभिह्रुत् und अभिह्रुति 1) Adj. *zu Fall bringend.* — 2) f. *Fall, Niederlage.*

अभिह्वार m. *ein Ort, an dem man in's Wanken kommt, — fällt.*

अभी Adj. *furchtlos.*

1. अभीक 1) n. *das Zusammentreffen.* — 2) अभीके Loc. a) *gleichzeitig, gerade da, zumal.* — b) *zu rechter Zeit, gelegen.* — 3) m. *Liebhaber* Viddh. 63,4.

2. अभीक Adj. *furchtlos.*

3. *अभीक 1) Adj. *grausam.* — 2) m. a) *Herr.* — b) *Dichter.*

अभीक्ष्णम् Adv. a) *jeden Augenblick, wiederholt, beständig.* — 2) *sofort, alsbald* Spr. 6126. — 3) *sehr, in hohem Grade.* अभीक्ष्ण° Râǵat. 7,1032.

अभीक्ष्णशस् Adv. *beständig, ununterbrochen.*

अभीचार m. *Behexung* Âpast. 1,29,15.

अभीत Adj. (f. आ) *furchtlos.* °वत् Adv. Spr. 2550.

अभीति f. *Anlauf, Angriff* ṚV. 2,33,3.

अभीत्वरी Adj. f. *anlaufend, anstürmend.*

अभीपतस् Adv. *zutreffend, zu rechter Zeit.* Vgl. समीप.

अभीपद m. N. pr. eines Ṛshi. °पाद v. l.

°अभीप्सिन् Adj. *verlangend —, begehrend nach.*

अभीप्सु Adj. dass., mit Acc.

अभीमान m. = अभिमान, in निरभी°.

अभीमानिन् m. = अभि° *ein best.* Agni.

अभीमोदमुद् Adj. *fröhlich aufjubelnd.*

*अभीर fehlerhaft für आभीर.

अभीराज़ी f. *ein best. giftiges Insect.*

अभीरु 1) Adj. a) *furchtlos.* — b) *nicht furchtbar, harmlos.* — 2) m. a) euphem. Bein. Bhairava's. — b) N. pr. eines Fürsten. — 3) f. अभीरु (°रू) *Asparagus racemosus.*

अभीरुण Adj. *Nichts zu befürchten habend, arglos.*

*अभीरुपत्री f. = अभीरु 3).

अभीलापलप् Adj. *klagewimmernd.*

अभीवर्ग m. *Bereich.*

अभीवर्त 1) Adj. *Sieg verleihend.* — 2) m. a) *siegreicher Angriff, Sieg.* — b) Name verschiedener Sâman, insbes. *das Lied* ṚV. 10,174. Lâṭy. 1,12, 12. 10,8,6 (°स्तोत्रीय).

अभीवृत् Adj. (nach Sâj.) *herankommend, in der Nähe befindlich.* Besser अभी वृत् Partic.

अभीशाप m. *schwere Beschuldigung.*

अभीशु m. 1) *Zügel.* — 2) *Lichtstrahl* Çiç. 1,22. — 3) **Finger;* **Arm.* — 4) N. pr. eines Ṛshi.

अभीशुमन्त् Adj. *strahlend.*

*अभीषङ्ग = अभिषङ्ग *Verwünschung.*

अभीषह् 1) Adj. *übergewaltig.* — 2) f. *Gewalt.*

अभीषाह् m. Pl. N. pr. eines Volkes MBh. 7,157, 29. 8,5,52.

अभीष्ट 1) n. *Wunsch* 130,7. — 2) *f. आ *Piper Betle Lin.* Çabdâr. nach Gold.

अभीष्टता f. *Beliebtheit* Spr. 7712.

अभीष्टतृतीया *der dritte Tag in der lichten Hälfte des* Mârgaçîrsha.

अभीष्टदेवता f. *Herzensgottheit.* Ihrer gedenkt man, wenn es an's Sterben geht.

अभीष्मद्रोणा Adj. *ohne* Bhîshma *und* Droṇa Veṇîs. 79.

अभुक्त Adj. *ungenossen* Spr. 807.

अभुक्तपूर्व Adj. *früher nicht genossen* MBh. 12, 180,23.

अभुक्तवन्त् Adj. *noch nicht gegessen habend, nüchtern* MBh. 3,52,44. Suçr. 1,330,7.

अभुज् Adj. *der Etwas nicht genossen hat.*

अभुजिष्या f. *ein unabhängiges Frauenzimmer.* Davon Nom. abstr. °त्व n.

अभुञ्जत् Adj. *nicht zu Theil werden lassend, karg.*

अभुञ्जान Adj. *keine Speise zu sich nehmend* Gaut. 23,21. R. 1,64,20.

अभुर m. v. l. für अङ्कुर Gobh. 2,10,29.

अभुव n. = अभ्व *Ungethüm* Maitr. S. 4,1,12.

अभूत Adj. *nicht gewesen* Kâṭh. 8,1,9. *was sich nicht zugetragen hat* Kâm. Nîtis. 13,40. °त्व n. *Unmöglichkeit* Comm. zu Kâtj. Çr. 2,38.

अभूततद्भाव m. *das zu dem Werden, was Jmd oder Etwas früher nicht gewesen ist.*

अभूतदोष Adj. *schuldlos* Spr. 4851.

अभूतपूर्व Adj. *früher nicht dagewesen* R. 1,9,20. Veṇîs. 37. Kuvalaj. 197,a (164,a).

अभूतरजस् m. Pl. N. pr. einer Klasse von Göttern im 5ten Manvantara VP. 3,1,21.

अभूतलस्पर्श Adj. *den Erdboden nicht berührend.* Davon Nom. abstr. °ता f. Çâk. 189.

अभूतार्थ m. *etwas Unmögliches.*

अभूताहरण n. *das Bringen einer falschen Nachricht, das Irreleiten.*

अभूति f. 1) *das Nichtsein.* — 2) *Schwäche, Armseligkeit.* — 3) *Unheil, Unglück* MBh. 1,74,118. 2,81,24.

अभूतोपमा f. *ein Gleichniss, bei dem etwas Unmögliches vorausgesetzt wird,* 249,20.

अभूमि f. 1) *irgend Etwas mit Ausnahme des Erdbodens.* — 2) *ein ungeeigneter Boden, kein Bereich für* (Gen.) Kâd. 49,24. 250,7.

अभूमिज Adj. *auf ungeeignetem Boden gewachsen.*

अभूमिसाह्वय m. *Lippe.*

अभूयःसंनिवृत्ति f. *Nichtwiederkehr* Bhâg. 10,38.

अभूयिष्ठ Adj. *nicht zahlreich* Spr. 2821.

अभूष Adj. *schmucklos* Bhaṭṭ. 3,27.

अभृत Adj. *keinen Lohn beziehend.*

अभृत्यात्मन् Adj. *sich nicht als Diener benehmend, ungehorsam gegen* (Loc.) Kâd. II,54,20.

अभेत्तृ Nom. ag. *kein Durchbrecher* (der Schranken) 97,11.

1. अभेद m. 1) *Ungetrenntheit, Ungetheiltheit* 163,3. Spr. 509. — 2) *kein Unterschied, Nichtverschiedenheit* 260,28.31. 285,17.

2. अभेद Adj. *nicht verschieden, ein und derselbe* 104,2.

अभेदक Adj. *keinen Unterschied bewirkend* Mahâbh. 1,19,a.b.

अभेदिन् Adj. = 2. अभेद Sarvad. 18,1.

अभेद्य 1) Adj. *nicht spaltbar, undurchdringlich.* Dazu Nom. abstr. °त्व n. — 2) *n. *Diamant.* *m. Gal.

अभोग m. *Nichtgenuss* Spr. 3754. Mudr. 109.

अभोगघ्न् Adj. *den Kargen schlagend.*

अभोग्य 1) Adj. *ungeniessbar* Mudr. 109, v. l. *von einem Frauenzimmer, der man nicht beiwohnen kann* MBh. 13,93,132. — 2) n. *Atom, Urstoff.*

अभोजन n. (auch Pl.) *das Nichtessen, keine Nahrung zu sich Nehmen* Lâṭy. 8,8,40.

अभोज्य Adj. 1) *zu essen verboten* 107,10. Gaut. 17,8. 23,23. 24,8. — 2) *dessen Speise man nicht geniessen darf.*

अभोज्यान्न Adj. = अभोज्य 2) M. 4,221.

अभौजिष्य n. *Nichtsclaverei, Freiheit* Suparṇâdhy. 12,3.

अभौतिक Adj. *nicht aus den Elementen hervorgegangen, — materiell* Gauḍap. zu Sâṁkhjak. 54.

Comm. zu Nyâyas. 2,1,20.21. Davon Nom. abstr. °त्व n. ebend.

अभ्यग्नि 1) m. N. pr. eines Mannes. — 2) Adv. in's Feuer.

अभ्यग्र Adj. (f. आ) 1) ununterbrochen Âpast. 1,11,25. — 2) schnell. — 3) frisch. — 4) *nahe.

*अभ्यङ्क Adj. (f. आ) vor Kurzem gekennzeichnet (Vieh) Kâç. zu P. 2,1,14.

अभ्यङ्ग m. 1) Salbung, Bestreichung mit fetten Stoffen Spr. 7711. — 2) Salbe.

अभ्यञ्जक Adj. salbend, einreibend.

अभ्यञ्जन, अभ्य॑ञ्जन n. 1) das Einreiben mit fettigen Stoffen. Neben आञ्जन so v. a. das Salben der Füsse. — 2) ölige Salbe, Oel. — 3) *Rahm Nigh. Pr. — 4) Schmuck.

अभ्यञ्जन्य Adj. dem die Fusssalbung zukommt.

अभ्यञ्ज्य Adj. zu salben, einzureiben.

अभ्यधिक 1) Adj. (f. आ) a) überschüssig, hinzukommend, mehr seiend. — b) das gewöhnliche Maass überschreitend, vorzüglich, ausserordentlich 51,25. — c) überlegen, vorangehend, mehr geltend, höher stehend, mehr, grösser, stärker, heftiger, vorzüglicher. Ein Abl., Instr. oder ein in Comp. vorangehendes Wort bezeichnet entweder den Ueberschuss शतमभ्यधिकं षष्टितः hundertundsechzig 221,2. कतिपयतृणैरभ्यधिकं गुरुत्वम् Kumârila bei Gold.) oder das Uebertroffene (शरीराभ्य° lieber als die eigene Person 112,12). In Congruenz mit einem Adj. so v. a. das Adj. im Compar. Spr. 3277. — 2) °म् Adv. in hohem Grade, ausserordentlich, sehr.

°अभ्यध्ययन n. das Studium an (einem Orte) Gaut. 1,61.

अभ्यध्वम् Adv. nach dem Wege hin, auf den W. अभ्यध्वे Loc. auf dem Wege.

अभ्यनुज्ञा f. (adj. Comp. f. आ) 1) Zustimmung, Gutheissung (eines Arguments) Nyâyas. 3,2,12. — 2) Ermächtigung, Erlaubniss Âçv. Gṛhy. 4,7,21. Ṛv. Prât. 15,6. — 3) Entlassung, Beurlaubung.

अभ्यनुज्ञान n. 1) das Zustimmen, Gutheissen (eines Arguments) Comm. zu Nyâyas. 1,1,40.42. — 2) Ermächtigung, Erlaubniss.

अभ्यनुज्ञापन n. das Veranlassen Etwas gutzuheissen 244,6.

अभ्यनुज्ञेय Adj. anzuerkennen, gutzuheissen Comm. zu Nyâyas. 3,2,14.

अभ्यन्तर 1) Adj. (f. आ) a) der innere, innerlich, im Innern sich befindend, enthalten in (Loc., Gen. oder im Comp. vorangehend). — b) eingeweiht in, vertraut mit (Loc.) Mudr. 28. — c) der nächste, ein Angehöriger Spr. 2618. — d) geheim. — 2) n. a) das Innere. °म् hinein, hinein in (im Comp. vorangehend) 297,16. 317,25. नासाभ्यन्तरचारिन् in der Nase. — b) Zeitraum. °रे zwischen durch (zeitlich) Mṛkkh. 48,23. षण्मासाभ्यन्तरे in einem Zeitraum von sechs Monaten.

अभ्यन्तरतस् Adv. im Innern, einwärts.

अभ्यन्तरदोषकृत् Adj. im Lande Aufruhr stiftend, Staatsverbrecher.

अभ्यन्तरायाम m. eine best. von Krämpfen begleitete Nervenkrankheit.

अभ्यन्तरी Adv. mit कर् 1) dazwischensetzen, einfügen. — 2) einweihen in (Loc.). — 3) zu seinem Nächsten machen Spr. 2616.

अभ्यन्तरीकरण n. das Einweihen in (Loc.).

अभ्यन्तरीकरणीय Adj. einzuweihen in (Loc.) Kâd. 114,2.

*अभ्यमन n. Bedrängung, Plage.

*अभ्यमनवत् Adj. bedrängend, plagend.

अभ्यमित्रम् Adv. gegen den Feind Yâjñ. 151.

*अभ्यमित्रीण (Bhaṭṭ. 5,47), *अभ्यमित्रीय, *अभ्यमित्र्य (Bhaṭṭ. 5,46) und *अभ्यमिन् Adj. muthig den Feind angreifend. °त्रीणता f. eine günstige Gelegenheit den Feind anzugreifen Râjat. 7,1318.

अभ्यय m. 1) Herbeikunft, Eintritt (der Finsterniss). — 2) Untergang (der Sonne).

अभ्ययोध्यम् Adv. gegen Ajodhjâ Bhaṭṭ. bei Gold.

अभ्यरि Adv. gegen den Feind.

अभ्यर्कबिम्बम् Adv. gegen die Sonnenscheibe.

अभ्यर्चन n. Verehrung, Anbetung.

अभ्यर्चनीय und अभ्यर्च्य (Varâh. Bṛh. S. 2,21) Adj. hoch zu ehren.

अभ्यर्ण 1) Adj. nahe (örtlich und zeitlich) 313,10. — 2) n. Nähe, Nachbarschaft 133,21.

अभ्यर्णता f. Nähe Kâd. 140,12.

अभ्यर्थन n. (Spr. 1983) und °ना f. das Bitten, Betteln.

अभ्यर्थनीय Adj. mit einer Bitte anzugehen Spr. 3379.

अभ्यर्थित n. Bitte Jâân. 2,43.

°अभ्यर्थिन् Adj. bittend um.

अभ्यर्थ्य Adj. = अभ्यर्थनीय Spr. 4334.

(अभ्यर्धयज्वन्) अभिर्यर्ध° Adj. besondere Opferer habend, — Opfer empfangend.

अभ्यर्धस् Adv. abseits —, gesondert von (Abl.) Maitr. S. 2,3,4. TS. 2,3,2,1.

अभ्यर्हणा n. Ehrenbezeugung, Verehrung.

अभ्यर्हणीय Adj. ehrenwerth, ehrwürdig Spr. 1960. Davon Nom. abstr. °ता f.

अभ्यर्हितत्व n. das Mehrgelten als (Abl.) Comm. zu Nyâyas. 1,3,1.

*अभ्यवकर्षण n. das Herausziehen.

अभ्यलंकार m. (adj. Comp. f. आ) Schmuck.

अभ्यल्प Adj. recht klein.

अभ्यवकाश m. freier Raum, das Freie.

अभ्यवदान्य (Çat. Br.) Adj. Jmd (Acc.) um Etwas (Gen.) bringend.

*अभ्यवस्कन्द m. und *°न n. Ueberfall.

अभ्यवहरण n. 1) das Hinabschaffen, Fortschaffen. — 2) das Zusichnehmen von Speise und Trank.

अभ्यवहार m. = अभ्यवहरण 2) Gaut. 1,44.

अभ्यवहारिन् Adj. essend, in मत्स्याभ्य°.

अभ्यवहार्य 1) Adj. essbar, geniessbar. — 2) n. Speise.

अभ्यवायन n. das Hinabgehen.

*अभ्यशन n. das Erreichen.

अभ्यसन n. das Obliegen, das Sichbeschäftigen mit Etwas Spr. 2034.

अभ्यसनीय Adj. dem man obzuliegen hat, dessen man sich zu befleissigen hat.

अभ्यसितव्य Adj. dass. Comm. zu Nyâyam. 2,4,1.

अभ्यसूयक Adj. unwillig Bhâg. 16,18.

अभ्यसूया f. 1) Unwille, Zorn Megh. 39. — 2) Neid, Missgunst.

अभ्य॑स्तम् Adv. mit इ oder गा über Jmd oder Etwas (Acc.) untergehen (von der Sonne) Ait. Br. 1,3. Çat. Br. 3,2,2,27. 9,3,3. 12,4,4,6. अभ्यस्तमित Adj. der bei Sonnenuntergang schläft Gaut. 23,21.

अभ्यस्तमय m. s. अनुदिताभ्यस्तमय.

अभ्यस्य Adj. = अभ्यसनीय.

अभ्याकर्ष m. das Ansichziehen.

*अभ्याकाङ्क्षित n. falsche Anklage.

अभ्याकारम् Absol. unter Heranlockung Ait. Br. 3,5.

अभ्याक्रामम् Absol. unter wiederholtem Zurückkehren.

अभ्याख्यान n. falsche Anklage.

अभ्यागत m. Gast.

अभ्यागम m. 1) Annäherung Kâd. II,33,6. — 2) Besuch. — 3) das Theilhaftigwerden Nyâyas. 3,2,41. — 4) *Nähe. — 5) *Schlag. — 6) *Kampf. — 7) *Feindschaft.

अभ्यागमन n. das Herankommen, Herankunft.

अभ्यागामिन् Adj. herankommend Ind. St. 9,360.

अभ्यागारम् Adv. zum Hause hin Çâṅkh. Br. 17,8.

*अभ्यागारिक Adj. für sein Haus Sorge tragend.

अभ्याघात m. 1) Ueberfall. — 2) Anstoss, Unterbrechung Comm. zu Tâṇḍja-Br. 14,9,30.

*अभ्याघातिन् Adj. zu überfallen pflegend.

अभ्याघात्य Adj. mit Anstoss (d. h. Unterbrechung

und Wiederholung) gesprochen werdend Tāṇḍya-Br. 14,9,30.

अभ्याघात m. 1) feindlicher Angriff. — 2) Unfall Çāṅkh. Br. 9,4.

अभ्याज्ञाय m. Anweisung, Befehl.

अभ्याततति f. Bestreichung Comm. zu TS. III,261,16.

अभ्यातान m. Pl. Bez. best. kriegerischer Sprüche. Davon Nom. abstr. °त्व n. TS. 3,4,6,2.

अभ्यात्मम् Adv. gegen sich, zu sich hin. Compar. अभ्यात्मतरम् näher zu sich hin Āçv. Çr. 5,5,13.

अभ्यात्माग्र Adj. mit zu sich hin gekehrten Spitzen Āçv. Gṛhy. 1,17,8.

अभ्यादान n. Beginn.

अभ्याधान n. das Hinzulegen.

अभ्यानन Adj. mit zugekehrtem Gesicht.

अभ्याप्त Partic. praet. pass. von आप् mit अभि.

अभ्याप्ति f. Erreichung, Erlangung Ait. Ār. 1,4,2.

*अभ्यामर्द m. Kampf, Schlacht.

अभ्यायंसेन्य Adj. der sich herbeiziehen lässt.

अभ्यारम् Adv. zur Hand, bereit.

अभ्यारम्भ m. 1) Anfang, Beginn. — 2) Wiederbeginn, -holung Tāṇḍya-Br. 13,10,3. 14,4,2.

अभ्यारोह m. 1) das Hinaufsteigen. — 2) Zunahme. — 3) das Beten bestimmter Gebete.

अभ्यारोहणीय m. eine best. Ceremonie Āçv. Çr. 9,3,2. Lāṭj. 9,1,2. 7. 8. 3,13. Maç. 4,7.

अभ्यारोहुक Adj. besteigend Maitr. S. 3,8,10.

अभ्यारोह्य Adj. zu erklimmen, in अनभ्या°.

अभ्यावर्तम् Absol. unter Wiederholung, wiederholentlich.

अभ्यावर्तिन् 1) Adj. wiederkehrend. — 2) m. N. pr. eines Mannes.

अभ्यावृत्ति f. Wiederholung Gaim. 5,2,8.

अभ्याश 1) Adj. nahe, — bevorstehend. — 2) °म् Adv. in der Nähe, zur Hand Tāṇḍya-Br. 9,8,3. Ait. Ār. 318,16. — 2) m. a) Erlangung, Erreichung. — b) wahrscheinliches Ergebniss, — Folge. — c) Nähe 84,18. Mit Gen. oder Abl. 232,29. 233,7.

*अभ्याशी Adv. mit भू nahe kommen.

अभ्यास m. 1) Hinzufügung Çulbas. 2,4. — 2) *Waffenübung. — 3) Wiederholung 282,20. 283,19. — 4) Reduplication (gramm.). — 5) Refrain. — 6) Multiplication. — 7) das Obliegen, Uebung, anhaltende Beschäftigung mit Etwas, wiederholte Anwendung, Gebrauch, Gewohnheit; insbes. wiederholtes Recitiren, Studium.

अभ्यासयुत Adj. mit einem Vorangehenden zu verbinden Tāṇḍya-Br. 21,12,2. 22,3,1. 6. 16,1. 18,1. Vaitān. 41.

अभ्यासवत् Adj. als Bez. eines Jogin auf der ersten Stufe.

अभ्यासकूपार n. Name eines Sâman.

*अभ्यासादन n. Ueberfall.

अभ्यासादयितव्य Adj. was man in die Nähe kommen lassen darf.

अभ्यासारिणी Adj. f. = अभिसारिणी Kâtj. 25,3.

अभ्यासिन् Adj. 1) am Ende eines Comp. obliegend, nachgehend Gaut. 21,1. — 2) = अभ्यासवत् Sarvad. 178,21.

अभ्याहनन n. Anstoss, Unterbrechung Comm. zu Tāṇḍya-Br. 14,9,30.

अभ्याहार m. 1) Herbeischaffung. — 2) *Raub.

अभ्याहित Partic. praet. pass. von धा, दधाति mit अभ्या. °पशु m. Bez. eines best. Geschenkes.

अभ्युक्षण n. das Besprengen Lâṭj. 4,4,16. 5,4,7.

अभ्युच्चय m. Vermehrung, Zunahme.

अभ्युच्छ्रयवत् Adj. hoch, höher als (Abl.).

अभ्युज्जयिनि Adv. nach Uggajinî hin.

अभ्युत्थान n. 1) das sich vor Jmd vom Sitze Erheben (eine Höflichkeit) Spr. 7665. — 2) Erhebung, Aufbruch. — 3) das Emporkommen, Erreichen einer hohen Stellung, — eines hohen Grades, zur Geltung Gelangen. अभ्युत्थानेन दैवस्य so v. a. durch die Macht des Schicksals.

अभ्युत्थायिन् Adj. in अनभ्यु°.

अभ्युत्थिताश्व m. als N. pr. eines Fürsten fehlerhaft für व्युषिताश्व.

अभ्युत्थेय Adj. vor dem man sich zu erheben hat.

अभ्युत्पतन n. das an Jmd Hinaufspringen.

अभ्युत्सेक m. fehlerhaft für अत्युत्सेक; vgl. Spr. 179.

अभ्युदय m. 1) Aufgang der Sonne, während Etwas noch geschieht, Kâtj. Çr. 25,3,20. Gaim. 6,5,1. — 2) Beginn, Anfang, Eintritt, Anbruch 85,8 (der Finsterniss). — 3) glücklicher Erfolg, Glück, Heil R. 4,20,8. 62,24. Pl. Chr. 291,16. — 4) Festlichkeit; insbes. ein Manenopfer bei freudigen Anlässen M. 3,254. — 5) das Obenaufsein, gesteigertes Selbstgefühl. — 6) fortuna, Vermögen, Reichthum.

अभ्युदयन in मायाभ्युदयन.

अभ्युदयिन् Adj. sich einstellend Spr. 552.

अभ्युद्यायिन् Adj. sich auflehnend gegen (Acc.).

अभ्युदित 1) n. das Aufgehen über (während) einer Handlung. — 2) f. आ eine best. Ceremonie, die in einem solchen Falle zu vollziehen ist.

अभ्युदितशायिता f. das bei Sonnenaufgang noch Schlafen.

अभ्युदितेष्टि f. eine Ceremonie, über die der Mond bereits aufgegangen ist.

अभ्युद्ग Pat. zu P. 6,3,30.

अभ्युदयाख्य m. ein best. Kalpa (buddh.).

अभ्युद्गता f. in der Tonkunst eine best. Mûrkhanâ S. S. S. 31.

अभ्युद्गम m. und *°न n. = अभ्युत्थान 1).

अभ्युद्दृष्टा und अभ्युद्दृष्टेष्टि f. eine Ceremonie, die erst nach dem Sichtbargewordensein des Mondes beginnt.

अभ्युद्द्रवण n. das Hinauslaufen.

अभ्युन्नति f. fehlerhaft für अत्युन्नति; vgl. Spr. 182.

अभ्युपगन्तव्य 1) n. impers. zu gehen an (Dat.). — 2) Adj. a) einzuräumen, zuzugeben. — b) anzuerkennen, anzunehmen Çaṅk. zu Bādar. 2,2,10. Comm. zu Nyâjas. 2,1,2.

अभ्युपगम m. 1) *Annäherung. — 2) Einräumung, Eingeständniss 308,12. — 3) Annahme Çaṅk. zu Bādar. 2,2,10. — 4) Zusage, Versprechen 223,27.

अभ्युपगमवाद m. ein Streit in versöhnlichem Geiste.

अभ्युपगमसिद्धान्त m. ein Dogma, das man argumenti causa zugiebt, Nyâjas. 1,1,31.

अभ्युपपत्तर् Nom. ag. Beispringer, Helfer.

अभ्युपपत्ति f. 1) das Beispringen, zu Hülfe Kommen, Sichannehmen Jmds. — 2) Anerkennung Comm. zu Nyâjas. 3,2,78.

अभ्युपाय m. 1) Mittel Gaut. 11,38. °तस् mit allen Mitteln, nach besten Kräften. सूक्ष्मेणाभ्युपायेन oder अतीक्ष्णेना° auf ganz zarte Weise. — 2) *Einwilligung, Versprechen.

अभ्युपायन n. Geschenk.

अभ्युपेतव्य Adj. anzuerkennen, anzunehmen Comm. zu Nyâjas. 3,1,18.

अभ्युपेतहान n. das Aufgeben von etwas früher Angenommenem Çaṅk. zu Bādar. 2,2,7.

अभ्युपेत्याशुश्रूषा f. Kündigung des Dienstverhältnisses nach eingegangener Verpflichtung.

*अभ्युष n. nur ein wenig geröstetes Korn u. s. w. Davon *Adj. अभ्युषीय und अभ्युष्य.

अभ्युषस् Gen. Inf. (abhängig von ईश्वर) zu verbrennen Kâṭh. 20,1.

अभ्युष्टमिश्र Adj. halb angebrannt Çat. Br. 11, 2,7,33.

अभ्यूढि f. das Hinfahren zu.

अभ्यूष m. = अभ्युष, °खादिका f. ein best. Spiel.

*अभ्यूषीय und *अभ्यूष्य Adj. von अभ्यूष.

अभ्यूह m. 1) Vermuthung Mâlatîm. 7,8 (10,4). — 2) Erschliessung; das Schliessen, Folgern.

अभ्यूहितव्य (Nyâ. 1,8) und अभ्यूह्य Adj. zu erschliessen.

*अभ्येष m. und *Adj. अभ्येषीय, अभ्येष्य gaṇa अपूपादि.

*अभ्योषण n. und *अभ्योषणीय Adj. bei Sâj. zur Erklärung von अभिश्रि.

*अभ्योष m. und *Adj. अभ्योषीय, अभ्योष्य = अभ्युष u. s. w.

*अभ्र्, अभ्रति umherirren.

अभ्रं 1) m. (selten) und n. trübes Wetter; Gewölk, Gewitterwolke, Wolke. — 2) n. Luftraum Çiç. 9,8. — 3) n. Bez. der Null Ganit. 1,21. Ârjabh. S. 88, Z. 4 v. u. — 4) n. Staub (?). — 5) n. Talk Mat. med. 76. — 6) n. *Gold.

अभ्रंलिह् 1) Adj. bis an die Wolken reichend. — 2) m. Wind.

अभ्रक n. Talk Bhâvapr. 2,104.

अभ्रगङ्गा f. die himmlische Gaṅgâ Kâd. 137,18.

अभ्रंकष 1) Adj. bis an die Wolken reichend Kâd. 36,14. 97,11. — 2) *m. Wind.

अभ्रच्छाया f. der (schnell vorübergehende) Schatten einer Wolke Spr. 514. fgg.

अभ्रजा Adj. durch Dünste veranlasst.

अभ्रतरु m. eine best. Lufterscheinung.

*अभ्रनाग m. Weltelephant.

*अभ्रपथ m. Luftraum, Atmosphäre.

*अभ्रपिशाच und *°क m. Bez. Râhu's.

अभ्रपुष्प n. 1) Wasser- oder Luftblume (als Unding) Naish. bei Gold. — 2) *Calamus Rotang.

अभ्रप्रुष् f. das Sprühen einer Wolke.

*अभ्रमतङ्ग m. Indra's Elephant.

*अभ्रमांसी f. eine kleinere Species der Valeriana Jatamansi Jones (im Gebirge Kedâra) Râgan. 12,104.

*अभ्रमातङ्ग m. Indra's Elephant.

अभ्रमु f. N. pr. des Weibchens von Indra's Elephanten Bâlar. 140,10.

*अभ्रमुप्रिय und *अभ्रमुवल्लभ m. Indra's Elephant.

अभ्रयन्ती Adj. f. Gewitterwolken bildend; als Subst. Name einer der 7 Kṛttikâ.

*अभ्ररोह n. Beryll Râgan. 13,194. *अभ्रलोह m. n. Gal.

*अभ्रलिप्त Adj. (f. ई) hier und da mit Wolken bezogen.

अभ्रवर्ष Adj. aus dem Gewölk regnend.

*अभ्रवाटिक m. Spondias mangifera.

*अभ्रविलिप्त Adj. (f. ई) = अभ्रलिप्त Kâç. zu P. 4,1,51.

अभ्रवृक्ष m. = अभ्रतरु.

अभ्रसनि Adj. Wolken verschaffend.

*अभ्रसार m. Kampher Nigh. Pr.

अभ्रात n. Name eines Sâman Ârsh. Br. 2,23,6. Sâmav. Br. 2,1,6.

अभ्रातर् Adj. f. bruderlos. अभ्रात्री in einem Citat in Nir.

अभ्रातृक Adj. (f. आ) dass. Gaut. 28,20.

अभ्रातृघ्नी Adj. f. nicht den Bruder tödtend.

अभ्रातृमती Adj. f. = अभ्रातर्.

अभ्रातृव्य 1) Adj. (f. आ) ohne Nebenbuhler RV. 8,21,13. प्रजापतेस्तनूः Ait. Br. 5,25. Âçv. Çr. 8,13,12. — 2) n. Name eines Sâman.

अभ्रानध्याय m. Einstellung des Studiums wegen trüben Wetters Gobh. 3,3,16.

*अभ्राय्, °यते Wolken erregen.

अभ्रावकाशिक und अभ्रावकाशिन् Adj. sich dem Regen aussetzend.

अभ्रि und *अभ्री f. Hacke, Spate. अभ्रिवत् wie es bei der Hacke geschehen ist.

अभ्रिखात Adj. mit der Hacke ausgegraben AV.

अभ्रित Adj. (f. आ) mit Wolken bezogen.

अभ्रिय und अभ्रिय 1) Adj. aus der Wetterwolke kommend, zur W. gehörig. — 2) m. n. Gewitterwolke.

अभ्रीय Adj. auf Talk bezüglich.

अभ्रूणहन् Adj. kein Tödter einer Leibesfrucht.

अभ्रूविलास Adj. nicht mit den Brauen spielend Spr. 517.

अभ्रेष m. das Nichtfehlgehen, in Ordnung Sein Vaitân. 33.

*अभ्रोत्थ n. Indra's Donnerkeil.

*अभ्र्य Adj. von अभ्र.

अभ्व, अभ्वं (AV.) und अभ्वं (Çat. Br.) 1) Adj. ungeheuer, unheimlich. — 2) n. a) ungeheure Grösse, — Macht. — b) Unheimlichkeit, Grauen. — c) Ungethüm. — d) *Wasser; *Wolke.

1. अम्, *अमति, *अमिति (गत्यादिषु, गतौ शब्दे संभक्तौ) und अमीति festmachen, festsetzen. — अमुर्यम् Acc. des Partic. perf. schädlich, verderblich. — Caus. आमयति Schaden leiden, schadhaft —, krank sein. — Mit अभि Act. und Med. gegen Jmd (Acc.) andringen, plagen. *अभ्यमित und *अभ्यान्त krank. — Mit परि bedrängen, plagen Kâty. 13,1. — Mit *वि Partic. ved. व्यमान. — Mit सम् Med. 1) sich Jmd verbinden. — 2) sich verbünden. — 3) unter sich festsetzen.

2. *अम् Adv. 1) schnell. — 2) ein wenig.

1. अम Pron. dieser. Von den Commentatoren als प्राण gedeutet.

2. अम 1) m. a) Andrang, Wucht, Ungestüm. — b) Betäubung, Schrecken. — c) * = आम Krankheit. — 2) *Adj. = आम unreif.

अमङ्गल 1) Adj. unheilbringend. — 2) *m. Ricinus communis L. — 3) n. Unheil Veṇîs. 3,6. 8.

अमङ्गल्य 1) Adj. unheilbringend Pushpadanta im ÇKDr. — 2) n. Unheil Bâlar. P. 4,23,24. °वादिन् U. verkündend Naish. 67,8.

अमज्जक m. marklos.

*अमण्ड m. = आमण्ड, मण्ड Ricinus communis L.

1. अमत Adj. 1) unempfunden, unvermuthet Kaṭh. Up. 6,1,3. — 2) nicht gebilligt, — gutgeheissen.

2. *अमत m. 1) Krankheit. — 2) Tod. — 3) Zeit. — 4) Staub.

अमतपरार्थ Adj. eine zweite nicht zu billigende Bedeutung habend. Dazu Nom. abstr. °ता f.

1. अमति f. 1) Schein, Schimmer, Erscheinung; = रूप Naigh. 3,7. — 2) *Zeit. — 3) *der Mond.

2. अमति f. 1) Armuth, Dürftigkeit. — 2) dürftig, arm.

3. अमति f. das Nichtwissen. Instr. ohne es zu wissen, absichtslos Gaut. 23,2. 38.

अमतीवन् Adj. dürftig, arm.

1. अमत्र Adj. fest.

2. अमत्र (RV. 3,36,4) und अमत्रक n. Krug, Trinkschale; Gefäss überh.

अमत्रिन् Adj. mit einer Trinkschale versehen.

अमत्सर Adj. uneigennützig, nicht an seine Person denkend 211,3. M. 3,231. Kathâs. 16,114.

अमद Adj. freudlos Bhaṭṭ. 7,58.

अमद्यप Adj. keine berauschenden Getränke trinkend Suçr. bei Gold.

अमधव्य Adj. der Süssigkeit (des Soma) nicht würdig.

अमधु n. keine Süssigkeit Çat. Br. 6,2,3,39.

अमध्यम Adj. Pl. von denen keiner der mittlere ist.

अमनःप्रयोग Adj. gedankenlos TS. Prât. 23,6.

1. अमनस् n. kein geistiges Vermögen.

2. अमनस् Adj. 1) ohne geistiges Vermögen Muṇḍ. Up. 2,2. — 2) unverständig.

अमनस्क 1) Adj. a) ohne geistiges Vermögen Sarvad. 35,7. fgg. — b) unverständig. — c) nicht aufgelegt, — guter Dinge Kâd. II,66,28. — 2) n. = °योगविवरण.

अमनस्कयोगविवरण n. Titel einer Schrift.

अमनस्कल्प m. = शून्याशून्य, परापर.

*अमनि f. Uṇâdis. 2,103. = गति Ujjval.

अमनी Adv. mit भू sich von seinem Manas befreien. Davon Nom. act. अमनीभाव m. Maitrjup. 6,31.

अमनुष्य m. 1) kein Mensch, ein anderes Wesen als ein Mensch Kâty. Çr. 1,6,17. नामनुष्ये भवत्यग्निः kein Feuer ohne Menschen. — 2) Unhold.

अमनोज्ञ Adj. unangenehm Kâty. Çr. 25,11,20.

अमन्तृ Nom. ag. nicht denkend Maitrjup. 6,11.

अमनस्य Adj. dem Manas nicht zugänglich Nṛs. Up. in Ind. St. 9,165.

अमन्तु Adj. ohne Berather, rathlos, unberathen.

1. अमन्त्र n. kein Zauberspruch Spr. 7666.

2. अमन्त्र Adj. (f. आ) 1) von keinem Veda-Spruch begleitet. — 2) die Veda-Sprüche nicht kennend.

1. अमन्त्रक n. kein vedischer Spruch Varâh. Bṛh.

S. 1,3.

2. अमन्त्रक Adj. (f. अमन्त्रिका) = 2. अमन्त्र 1).

अमन्त्रतन्त्र Adj. ohne Zauberspruch und Beschwörungsformel Spr. 6898.

1. अमन्त्रत्व n. das kein Veda-Spruch Sein Gaim. 2,1,34.

2. अमन्त्रत्व n. Nom. abstr. zu 2. अमन्त्र 1) Gaim. 2,2,27.

अमन्त्रवत् Adj. von keinem Veda-Spruch begleitet Âçv. Gr. 2.

अमन्त्रविद् 1) Adj. die Veda-Sprüche nicht kennend. — 2) m. N. pr. eines Fürsten.

अमन्द 1) Adj. a) nicht träge, munter. — b) reichlich Spr. 6757. Rágh. 1,34. n. Fleiss, Grosses Spr. 3294. — c) klug LA. 88,3. — 2) Adv. अमन्दम् und अमन्द° heftig, stark Bhaṭṭ. 11,11. 2,31. Çatr. 22. — 3) *m. Baum.

अमन्दता f. das Klugsein, Verständigsein Spr. 4714.

अमन्यमान Adj. sich einer Sache nicht versehend.

अमन्युत Adj. (f. आ) keinen Groll hegend.

अमम 1) Adj. a) ohne Selbstgefühl. — b) gleichgültig, unbekümmert um (Loc.). — 2) m. a) der 23te Muhûrta Ind. St. 10,296. — b) *N. pr. eines Arhant's bei den Gaina.

अमयि Adj. unsterblich.

अमर 1) Adj. (f. आ und ई) unsterblich, unvergänglich. °वत् Adv. 162,3. — 2) m. a) ein Gott. — b) Bez. der Zahl 33 Gaṇit. 2,2. — c) *Quecksilber. — d) Euphorbia Tirucalli L. und *Turridium indicum Lehm. — e) mystische Bez. des Lautes उ. — f) N. pr. α) eines Marut. — β) = अमरसिंह. — 3) f. आ a) *Nachgeburt. — b) *Nabelschnur. — c) *Hauspfosten. — d) *Panicum dactylon, *Cocculus cordifolius DC., *Coloquinthen-Gurke, *Aloe perfoliata L. und indica Royle u. s. w. Nach dem Rudrajâmala: Dûrvâ-Gras, Vitex Negundo L., schwarzes Basilienkraut. — e) *Indra's Stadt. — 4) *f. ई Sanseviera Roxburghiana Rigan. 3,7.

अमरक m. N. pr. eines Fürsten.

अमरकण्टक n. N. pr. eines Gebirges.

अमरकोश m. Titel eines Wörterbuches.

अमरगर्भ m. ein Götterkind 47,5.

अमरगुरु m. Bṛhaspati, der Planet Jupiter Kir. 6,23.

अमरचन्द्र m. N. pr. eines Autors.

*अमरज m. ein der Acacia Catechu Willd. verwandter Baum.

अमरंजय Adj. die Götter besiegend.

अमरतटिनी f. die Gaṅgâ Spr. 1525.

अमरतरु m. ein best. Baum Spr. 7667.

अमरता f. (Sâh. D. 213,2) und अमरत्व n. das Gottsein, Zustand eines Gottes.

अमरदत्त m. ein Mannsname.

*अमरदारु n. Pinus Deodora Roxb. Nigh. Pr.

*अमरदेव m. = अमरसिंह.

*अमरद्विज m. Tempelhüter.

अमरद्विष् m. ein Asura.

अमरप und अमरपति m. Bein. Indra's.

अमरपतिकुमार m. Bez. Gajanta's Kir. 80,20.

अमरपर्वत m. N. pr. eines Berges MBh. 2,32,11.

अमरपुरी f. die Residenz der Götter.

*अमरपुष्प m. Saccharum spontaneum L., Pandanus odoratissimus und Mangifera indica.

*अमरपुष्पक 1) m. Saccharum spontaneum L. — 2) f. °ष्पिका Anethum Sowa Roxb.

अमरमङ्गल m. = अमरसिंह.

अमरमय Adj. aus Göttern bestehend.

अमरमाला f. Titel eines Wörterbuches.

अमरमृगीदृश् f. eine Apsaras.

अमरंमन्य Adj. für einen Gott geltend oder sich f. e. G. haltend.

*अमररत्न n. Krystall. Vgl. अमलरत्न.

अमरराज् und °राज m. Bein. Indra's.

अमरराजमन्त्रिन् m. Bṛhaspati, der Planet Jupiter Varâh. Bṛh. 3,14.

अमरराजशत्रु m. Bein. Râvaṇa.

अमररामायण n. Titel eines Werkes.

अमरलिङ्ग n. N. pr. einer Oertlichkeit.

अमरलोक Adj. die Welt der Götter bewohnend. Davon Nom. abstr. °ता f.

*अमरवल्लरी f. Cassyta filiformis L.

अमरविनोद m. Titel eines Werkes.

अमरशक्ति f. N. pr. eines Fürsten.

अमरसदस् n. Götterversammlung 219,14.

अमरसरित् f. die Gaṅgâ.

अमरसिंह m. N. pr. eines Lexicographen.

अमरागार n. Tempel Kir. 83,21.

अमराङ्गना f. eine Apsaras.

अमराचार्य m. Bez. Bṛhaspati's Bein. P. 6,7,15.

अमराद्रि m. N. pr. eines Berges, = अमरपर्वत. Auch *Bein. des Sumeru.

अमराधिप m. Bein. 1) Indra's. — 2) Çiva's.

अमरापगा f. die himmlische Gaṅgâ Kir. 147,18.

अमरारि m. 1) ein Feind der Götter. — 2) ein Asura.

अमरारिपूज्य m. Çukra, der Planet Venus.

अमरावति f. = अमरावती 1).

अमरावती f. 1) die Götterstadt, Indra's Residenz. — 2) N. pr. einer Stadt in Berar.

अमरी Adv. mit भू unsterblich werden, so v. a. in den Himmel kommen, im Heldenkampfe fallen Bâlar. 73,13.

अमरु, अमरू oder अमरुक m. N. pr. eines Erotikers. अमरुशतक n. heissen seine hundert Strophen. Z. d. d. m. G. 27,7.

अमरेज्य m. Bṛhaspati, der Planet Jupiter Varâh. Bṛh. 23,14. Ind. St. 14,317.

अमरेन्द्रमुनि m. N. pr. eines Mannes.

अमरेश m. Bein. 1) Çiva's. — 2) Indra's.

अमरेश्वर 1) m. Bein. a) Vishṇu's. — b) Indra's. — 2) n. N. pr. eines Liṅga.

अमरेश्वरतीर्थ n. N. pr. eines Tîrtha.

अमर्त Adj. unsterblich.

अमर्त्य. अमर्तिय 1) Adj. a) unsterblich. — b) unvergänglich, göttlich. — 2) *m. ein Gott.

अमर्त्यभाव m. Unsterblichkeit Rasa. 7,30.

*अमर्त्यभुवन n. Götterwelt, Himmel.

अमर्धत् Adj. 1) nicht lässig werdend. — 2) nicht ermüdend.

1. अमर्मन् n. keine gefährliche Stelle am Körper Spr. 6018.

2. अमर्मन् Adj. ohne gefährliche Stelle am Körper.

अमर्मवेधिन् Adj. nicht die gefährlichen Stellen am Körper treffend. Davon °वेधिता f. Nom. abstr. in übertr. Bed. H. 69.

अमर्याद Adj. keine Grenzen habend, alle Schranken überschreitend.

1. अमर्ष m. 1) das Nichtdulden, Nichtleiden. तर्षामर्ष unerträglicher Durst Spr. 3924. — 2) das Ungehaltensein, Unmuth, Aerger, Zorn 132,21. 210,6. 223,11.

2. अमर्ष m. N. pr. eines Fürsten VP. 4,4,47.

अमर्षण 1) Adj. a) der Nichts hingehen lässt, sich Etwas nicht gefallen lässt. — b) Etwas nicht erwarten könnend, mit Ungeduld verlangend nach. रणामर्षण Voc. R. 4,32,3. — 2) m. N. pr. = 2. अमर्ष. — 3) n. das Sicherflehnen gegen (Gen.) MBh. 12,35,16.

अमर्षित Adj. = अमर्षण 1) a) 84,6. 106,8.

अमर्षित्व n. das Nichtruhighinnehmen einer Beleidigung Kâm. Nîtis. 8,10. Veṇis. 30,9.

अमर्षिन् Adj. = अमर्षण 1) a) 60,29.

अमल 1) Adj. (f. आ) fleckenlos, makellos, rein, hell, klar, lauter (eig. und übertr.) 104,19. नभस् 250,21. कर्मन् 108,15. मति 108,4. Tattvas. 17.18. — 2) m. a) Bergkrystall. — b) *Bein. Nârâjaṇa's Gal. — c) N. pr. eines Dichters. — 3) *f. आ a) = अमरा Nabelschnur. — b) Embilica officinalis Gaertn. und = सप्तला. — c) Bein. der Lakshmî. — 4) *n. a) Talk. — b) Schwefelkies Nigh. Pr.

*अमलगर्भ m. N. pr. eines Bodhisattva.

अमलभास्कर m. *klare Sonne* Kâraka 1,13.

*अमलमणि m. 1) *Krystall* Râǵan. 13,204. — 2) = कर्पूरमणि Nigh. Pr.

अमलय्, °यति *rein*, — *weiss machen.*

*अमलरत्न n. = अमररत्न *Krystall* Râǵan. 13,204.

अमलपत्त्रीगर्भ m. = अमलगर्भ.

अमलसंयुत Adj. *an dem kein Flecken haftet* MBh. 13,261,18.

*अमलास्फटा f. *Emblica officinalis Gaertn.*

*अमलातक und *अमलानक n. = अम्लान *Kugelamaranth.*

अमलानन्द m. N. pr. eines Mannes.

अमलिन Adj. *rein* Spr. 4019. °धी Adj. *lauteren Geistes* 4143.

अमली Adv. mit कर् *läutern* Varâh. Bṛh. S. S. 4, Z. 20.

अमलीमस Adj. *nicht unlauter* Râǵat. 8,48.

अमलोदरी f. N. pr. einer Dichterin.

अमवत् 1) Adj. a) *ungestüm, mächtig vordringend.* — b) *gewaltig, kräftig, tüchtig.* — 2) अमवत् Adv. *ungestüm.*

अमविष्णु (मू = मीव्) Adj. *unbeweglich* ṚV. 10,94,11.

*अमस m. 1) *Krankheit.* — 2) *Thor.* — 3) *Zeit.*

अमसृण Adj. *hart, rauh* AK. 3,4,28,219.

अमस्तु Adj. *ohne Buttermilch.*

*अमस्तर m. *ein* Çûdra Gal.

अमहत् Adj. *nicht gross* Comm. zu Njâjam. 2,1,34.

अमहात्मन् Adj. *nicht hohen Sinnes* Spr. 1092.

अमहाधन Adj. *nicht sehr reich* MBh. 12,119,14.

अमह्रीयमाण Adj. (f. आ) *niedergeschlagen, betrübt* Tâṇḍja-Br. 7,5,1.

अमहीयु m. N. pr. eines Ṛshi.

1. अमा Adv. 1) *daheim, heimwärts; bei uns, euch* u. s. w. Mit कर् *zu sich nehmen, bei sich haben.* — 2) **zusammen.*

2. अमा f. = अमावास्या.

3. अमा f. *keine Autorität* Njâjam. 1,3,10.

1. अमांस n. *kein Fleisch.*

2. *अमांस Adj. *mager, schwach.*

अमांसक Adj. *fleischlos.*

अमांसभक्त (Kathâs. 7,37) und अमांसाशिन् (Çat. Br. 14,1,1,29. Kâtj. Çr. 22,7,19. Pâr. Gṛhj. 2,8,2) Adj. *kein Fleisch essend.*

अमाक्षिक Adj. *nicht von Bienen kommend.*

अमाङ्गलिक Adj. *infaustus.* Davon Nom. abstr. °त्व n. Bâlar. 41,17.

अमाजुर् Adj. f. *daheim alternd, ledig im Vaterhause bleibend.*

अमात् Abl. Adv. *aus der Nähe* oder *von Hause.*

अमातर् f. *keine Mutter* Çat. Br. 14,7,1,22.

*अमातापुत्र° Adj. *weder Mutter, noch Sohn habend,* d. i. *in seinem Eifer um das Allernächste unbekümmert.*

अमातृक Adj. *mutterlos* Âpast. 1,11,1.

अमात्य, अमातिय m. 1) *Hausgenosse, Eigener, Angehöriger.* — 2) *Gefährte des Fürsten, Minister.*

1. अमात्र Adj. 1) *maasslos, unermesslich.* — 2) *kein prosodisches Maass enthaltend.*

2. अमात्र Adj. *das Maass von* अ *habend.*

अमात्रालोप m. *kein Wegfall einer Mora* Lâṭj. 6,10,21.

अमात्व n. *das keine Autorität Sein* Njâjam. 1,3,6,30.

अमाधुर्य n. *Unlieblichkeit* S. S. S. 197.

1. अमान n. = 3. अमा Njâjam. 1,4,1.

2. अमान m. *keine Ehrenerweisung* LA. 11,10, v. l.

अमानता f. = अमात्व Njâjam. 1,3,13.

अमानन n. *Geringachtung* Spr. 196, v. l.

अमानव Sg. Collect. *Nichtmenschen, Himmelsbewohner* MBh. 3,3,56.

*अमानस्य n. = ग्लानस्य.

अमानित Adj. *nicht hoch angeschlagen* Spr. 4299.

अमानित्व n. *Bescheidenheit, Demuth* 289,3. Bhag. 13,7.

अमानिन् Adj. *bescheiden, demüthig* MBh. 13,141, 72. 14,19,2.

1. अमानुष 1) Adj. (f. ई) a) *nicht menschlich, übermenschlich, göttlich, himmlisch* 35,17. Kâd. 145,17. Dazu Nom. abstr. °ता f. 148,12. — b) *unmenschlich.* — 2) m. *kein Mensch* 24,14. 206,2. Spr. 48. — 3) f. ई *ein weibliches Thier* Gaut. 22,36.

2. अमानुष Adj. (f. आ) *menschenlos.*

अमानुषलोक m. *Himmelswelt* Kâd. 150,12.

*अमामसी und *अमामासी f. = अमावास्या *Neumondsnacht.*

अमायु Adj. 1) *ungeschickt, nicht schlau* Çat. Br. 13,5,4,12. Ind. St. 9,346. — 2) *nicht der* Mâjâ *entrückt* Ind. St. 9,163.

अमाया f. *keine Hinterlist.* Instr. *mit Offenheit, ehrlich* M. 2,51. Spr. 4168.

अमायिक Adj. *kein Blendwerk seiend.*

अमायिन् Adj. *kein Blendwerk anwendend, nicht hinterlistig verfahrend* MBh. 3,34,4.

अमार m. *Nichttödtung* Râǵat. 5,64. 119.

अमारक Adj. *nicht tödtend* Sâj. zu ṚV. 1,84,8.

अमार्ग m. *unrichtiger Weg* (eig. und übertragen) Kathâs. 105,13. Râǵat. 5,379. Instr. *auf unredliche Weise* MBh. 2,59,6.

अमार्गप्रसृत Adj. *auf einem Irrwege befindlich* Kârana 1,11.

अमार्जित Adj. *ungewaschen* MBh. 3,63,46.

अमार्तण्डीय Adj. *nicht von der Sonne kommend* Bâlar. 53,20.

*अमावसी f. = अमावास्या *Neumondsnacht.*

अमावसु m. N. pr. eines Fürsten.

अमावस्या f. = अमावास्या *Neumondsnacht* Kâṭh.

अमावासी f. = अमावास्या *Neumondsnacht.*

1. अमावास्य 1) n. *Nachbarschaft.* — 2) f. °स्या a) mit oder ohne रात्रि *Neumondsnacht,* — *tag.* — b) *Neumondsopfer* Z. d. d. m. G. 9, LVI, N. — c) Bein. der Akkhodâ.

2. अमावास्य 1) *Adj. (auch °क) *in einer Neumondsnacht geboren.* — 2) m. N. pr. eines Lehrers Vaṁçabr. 2.

*अमाष Adj. *keine Bohnen erzeugend* Mahîdh. 6, 32. a.

अमाहक 1) m. *eine best. Erscheinung an der Sonne.* — 2) n. *ein bei dieser Gelegenheit den* Magha *zu verabfolgendes Geschenk.*

अमाहकेश्वरतीर्थ n. N. pr. eines Tîrtha.

अमाहठ m. N. pr. eines Schlangendämons.

अमित 1) Adj. a) *ohne bestimmtes Maass, an kein Maass* —, *an keine Zahl gebunden.* — b) *unermesslich, unzählbar, ungeheuer.* — 2) अमितम् Adv. *unermesslich.* — 3) m. wohl = अमिताभ 2).

अमितक्रतु Adj. *von ungemessenem Muth.*

अमितगति m. N. pr. 1) eines Vidjâdhara. — 2) eines Autors.

अमितगुण Adj. *mit unzähligen Vorzügen* Spr. 7668.

अमिततेजस् Adj. *von unermesslichem Glanze* 76,26.

अमितत्व n. *Unermesslichkeit.*

अमितद्युति Adj. = अमिततेजस् Ind. St. 5,84.

अमितध्वज m. N. pr. eines Sohnes des Dharmadhvaǵa VP. 6,6,6.

अमितप्रभव m. N. pr. eines Scholiasten.

अमितबुद्धिमत् Adj. *von ungeheuerem Verstande* 72,23.

अमितरुचि m. N. pr. einer buddh. Gottheit.

अमितवीर्य Adj. *von ungemessenen Kräften* AV.

अमिताक्षर Adj. *von unbeschränkter Silbenzahl.*

अमितात्मन् Adj. *von unermesslichem Geiste* MBh. 3,166,4.

अमिताभ m. N. pr. 1) Pl. einer Klasse von Göttern im 8ten Manvantara VP. 3,2,15. — 2) eines Dhjânibuddha.

अमितायुस् m. = अमिताभ 2).

अमिताशन 1) Adj. *essend ohne Maass.* — 2) f. °ना N. pr. einer der Mütter im Gefolge Skanda's.

अमिति f. *keine Autorität* Nyâjam. 1,3,4.

अमितोदन m. = अमृतोदन.

अमितौजस् 1) Adj. *von unermesslicher Thatkraft, — Macht.* — 2) m. a) Name von Brahman's Ruhebett Kaush. Up. 1,5. — b) *N. pr. eines Mannes.

1. अमित्र 1) m. *Feind.* Das n. Spr. 822 verdächtig. °वत् Adv. *nach Feindes Art* Chr. 55,14. — 2) f. आ *Feindin* 82,9.

2. अमित्र Adj. *keinen Freund habend* Spr. 641.

*अमित्रक m. *Feind* Gal.

अमित्रकर्षण Adj. *Feinde peinigend* 170,23.

अमित्रखाद् Adj. *Feinde verschlingend.*

*अमित्रघात 1) Adj. ved. *Feinde erschlagend* Mahidh. 3,70,a. — 2) m. Bein. Bindusâra's.

अमित्रघातिन् und अमित्रघ्न Adj. *Feinde erschlagend.*

अमित्रजित् m. N. pr. eines Sohnes des Suvarṇa Vgl. मित्रजित्.

अमित्रतपन Adj. *Feinde plagend* Ait. Br. 8,28.

अमित्रता f. *das Feindsein.*

अमित्रदम्भन Adj. *Feinde beschädigend.*

अमित्रयत् und अमित्रयु Adj. *feindselig.*

अमित्रवर्मन् m. N. pr. eines Mannes.

अमित्रसह् m. N. pr. v. l. für मित्रसह्.

अमित्रसाह् Adj. *Feinde bewältigend.*

अमित्रसेना f. *Feindesheer.*

अमित्रहन् Adj. *Feinde schlagend.*

अमित्रहू Adj. *Feinde herbeirufend* Sâmavidh.Br.7,1.

अमित्राय्, °यते *sich wie ein Feind benehmen* Spr. 2103. अमित्रायत् Partic.

अमित्रायुध् Adj. *Feinde bekämpfend.*

अमित्रिन् und अमित्रिय Adj. *feindlich.*

अमिथित Adj. *nicht geschmäht, ungereizt.*

अमिथ्या Adv. *nicht unwahr, der Wahrheit gemäss.*

अमिथ्यार्थधी Adj. *die Dinge richtig anschauend* Bhâg. P. 5,2,26.

*अमिन् Adj. *krank.*

अमिन Adj. *ungestüm, stürmisch.* Nach den Commentatoren *unermesslich, unvergleichlich, unverletzlich.*

अमिनत् Adj. 1) *nicht versehrend.* — 2) *nicht fehlend, — aus der Ordnung kommend.*

*अमिरी f. *Basella lucida oder rubra* Gal.

*अमिलातक und *°म्लानक 1) n. *die Blüthe von Amlâna.* — 2) *f. °लातिका *Rosa moschata* Nigh. Pr.

अमिश्र Adj. *ungemischt; ohne Theilnahme Anderer.*

*अमिष n. = आमिष.

अमी Nom. m., अमीभिस्, अमीभ्यस्, अमीषाम् und अमीषु Pluralformen zu अदस् *jener.*

अमीलवर्ण Adj. *von unveränderter Farbe.*

अमीमांस्य Adj. *keiner Erwägung bedürfend, nicht zu beanstanden.*

अमीव 1) n. *Leid, Schmerz.* — 2) f. अमीवा a) *Plage, Drangsal.* — b) *Dränger, Plagegeist.* — c) *Krankheit* (auch persönlich gedacht).

अमीवचातन Adj. (f. ई) *Plage oder Krankheit verscheuchend.*

अमीवहन् Adj. *Leiden —, Plage tilgend.*

अमु Pronom. *jener*, in अमुम्, अमूम्, अमुना, अमुया, अमुष्मै, अमुष्यै, अमुष्मात्, अमुष्यास्, अमुष्य, अमुष्यास्, अमुष्मिन्, अमुष्याम्; अमू, अमूभ्याम्, अमुयोस्; अमून् f., अमूनि, अमून्, अमूभ्यस् f., अमूषाम् f., अमूषु f. *Auch dieser* 136,10. Vgl. अदस्, अमी und असौ.

अमुक Pron. (f. आ) *der und der, die Stelle eines Namens vertretend und unserem N. N. entsprechend.*

अमुकीय Adj. *N. N. gehörig.* f. आ so v. a. *Gattin des N. N.* So ist wohl zu lesen st. अमुकीदा Ind. St. 5,370 und अमुकिदा bei Gold.

अमुकुटिन् Adj. *mit keinem Diadem geschmückt* R. 1,6,9.

अमुक्त Adj. 1) *nicht fahrengelassen, — aus der Hand gelassen, — fortgeschleudert.* — 2) *nicht freigelassen, gehalten von* (Instr.) Sâh. D. 214,10. मानसैर्दुःखैः MBh. 12,320,109. — 3) *nicht erlöst* (von der Wiedergeburt) Tattvas. 37.

अमुक्तहस्त Adj. (f. आ) *nicht verschwenderisch.*

अमुखे (TS.) und अमुख (Çat. Br.) Adj. *mundlos* Spr. 7655.

अमुख्य Adj. *haud principalis* Comm. zu TS. Prât. 13,14.

अमुग्ध Adj. *nicht verwirrt, — verkehrt.*

अमुच् f. *keine Befreiung.*

अमुचा f. *die Nichtloslassende* als Bez. eines best. dämonischen Wesens.

अमुञ्चत् Adj. *nicht fahren lassend, — aufgebend.* पदम्पदम् Kathâs. 18,245. मौनम् 69,79.

अमुतःप्रदान n. *Darbringung von dort her* TBr. 2,2,2,3. 22,3.

अमुतस् Adv. 1) = अमुष्मात् u. s. w. *von jenem.* — 2) *von dort, dort; von hier* 136,11. — 3) *von dort* so v. a. *vom Himmel her.* — 4) *darauf, alsdann.*

अमुत्र Adv. 1) = अमुष्मिन् Kathâs. 24,205 (hier so v. a. अस्मिन् *in diesem*). — 2) *dort.* — 3) *dort und dort* 240,21. — 4) *dort oben, im Jenseits.* — 5) *dorthin.* — 6) *in's Jenseits* 67,27. 164,10. — 7) *dort, da, im Vorhergehenden, im angegebenen Falle.*

अमुत्रभूय n. *der Eingang in's Jenseits.*

अमुत्रार्थम् Adv. *für's Jenseits* M. 7,36.

अमुथा Adv. *auf jene Weise,* so. Mit अस् so v. a. *verloren sein.*

अमुदा Adv. *alsdann* LA. 116,3 v. u. (lies भूत्वामुदा°).

अमुद्र Adj. *ohne Gleichen* Kathâs. 74,213. Bâlar. 47,8.

*अमुद्र्यञ्च् und *अमुमुयञ्च् Adj. *dorthin gerichtet.*

अमुया Adv. *hin, caput, fertig.* In Verbindung mit अस् und भू so v. a. *dahin —, verloren sein.* पार्थ अमुया *heillos schlecht, — übel.*

अमुर्हि Adv. *zu der Zeit, dann, damals.*

अमुवत् Adv. *wie der und der.*

अमुष्टि m. f. *keine geballte Faust* Âçv. Çr. 1,7,6.

*अमुष्यकुल n. *das Geschlecht des und des.*

*अमुष्यपुत्र m. *der Sohn des und des.*

अमुह्यत् Adj. *das Bewusstsein nicht verlierend* Suçr. Br. 3,7,1.

अमूढ 1) Adj. *nicht verwirrt, klaren Bewusstseins.* Davon Nom. abstr. °त्व n. MBh. 12,274,18. — 2) n. Pl. *die Urelemente.*

*अमूदृश, *अमूदृश् und *अमूदृक्ष Adj. *jenem —, dem und dem ähnlich.*

अमूर Adj. (f. आ) *scharfsinnig.* ṚV. 7,36,1 ist अमूरः zu verstehen.

अमूर्त Adj. 1) *unkörperlich.* — 2) *nicht als ein Ganzes erscheinend, in kleinere Theile zerfallend* Suçr. 1,10.

अमूर्तरयस्, °रयस, °रयम् (MBh. 3,95,18. VP. 4, 7,8), °रयस (MBh. 12,166,75) und अमूर्तिमत् (VP.² 4,15) m. N. pr. eines Fürsten.

अमूल 1) Adj. (f. आ) a) *unbewurzelt, ohne Halt.* — b) *auf keinem Grundtext beruhend* Mit. bei Gold. — 2) f. आ a) *eine Zwiebelpflanze* AV. — b) **Methonica superba Lam.*

अमृक्त Adj. *unversehrt.*

अमृजित Adj. *nicht abgewaschen, — entfernt* Bhâg. P. 5,24,16.

अमृडय Adj. *unbarmherzig.*

*अमृणाल n. *die Wurzel von Andropogon muricatus.*

अमृत 1) Adj. (f. आ) a) *nicht gestorben* MBh. 1, 159,17. 13,1,32. — b) *unsterblich.* — c) *unvergänglich.* — d) **schön, lieblich.* — 2) m. a) *ein Gott.* — b) Bein. α) Çiva's. — β) *Dhanvantari's. — γ) **Phaseolus trilobus Ait.* — d) **Yamswurzel.* — 3) f. आ a) *eine Göttin.* — b) *Cocculus cordifolius DC., Panicum dactylon* Spr. 6959. **Emblica officinalis Gaertn., *Terminalia citrina Roxb., *Piper longum L., *Ocimum sanctum, *Koloquinthengurke, *Halicacabum cardiospermum* u. s. w. — c) **ein berauschendes Getränk.* — d) *die erste Kalâ des*

Mondes. — e) Bein. der Dâkshâjaṇî. — f) N. pr. a) der Mutter des Parikshit. — β) einer Schwester Amṛtodana's. — 4) n. a) *Gesammtheit der Unsterblichen.* — b) *Welt der Unsterblichkeit, das ewige Reich.* — c) *das Nichtwegsterben* ṚV. 1, 139,2. 7,37,6. — d) *Unsterblichkeit.* — e) *die letzte Befreiung.* — f) *Unsterblichkeitstrank,* ἀμβροσία, *Nektar.* Häufig so v. a. *der Gipfel aller Genüsse.* — g) *Süssigkeit* R. 7,7,3. — h) *ein best. Heilmittel; Arzenei* überh. — i) *Ueberbleibsel eines Opfers;* vgl. Bhag. 4,31. — k) *unerbetteltes Almosen.* — l) *Wasser* Spr. 7806 (zugleich *Nektar*). — m) *Milch* Spr. 2986. **warme Milch.* — n) **geklärte Butter.* — o) **gekochter Reis.* — p) **Speise.* — q) **Birne* Madanav. 68,57. — r) **Gold.* — s) **Quecksilber.* — t) **Gift* überh. und **ein best. Gift.* — u) *Strahl.* — v) **Eigenthum.* — w) *ein best. Metrum.* — x) N. pr. eines Sitzes der Götter im Norden.

अमृतक n. *Unsterblichkeitstrank* Kshanḍom. 144.

*अमृतकन्द m. *Cocculus cordifolius* Nigh. Pr.

अमृतकर m. *der Mond* Kâd. II, 134,21.

अमृतकल्परस m. *eine best. Mixtur* Mat. med. 81.

अमृतकिरण m. *der Mond* Kâd. II, 87,1.

अमृतकुम्भ m. Titel eines Werkes.

अमृतकेशव m. N. pr. eines Heiligthums.

*अमृतक्षार m. *Salmiak* Nigh. Pr.

अमृतगति f. *ein best. Metrum.*

अमृतगर्भ m. *Kind der Unsterblichkeit.*

अमृतचन्द्रसूरि m. N. pr. eines Autors.

अमृतचिति f. *Unsterblichkeitsschichtung* (von Backsteinen beim Agnikajana).

*अमृतजटा f. *Valeriana Jatamansi* Jon.

*अमृततरा f. *Terminalia citrina* Nigh. Pr.

*अमृततरंगिणी f. *Mondschein.*

अमृततेजस् m. N. pr. eines Vidjâdhara-Fürsten.

अमृतत्व n. 1) *Unsterblichkeit.* — 2) *das Ambrosiasein* Spr. 908.

अमृतदीधिति (Kâd. 51,7) und *अमृतद्युति m. *der Mond.*

अमृतधायिन् Adj. *Ambrosia schlürfend* 102,17.

अमृतधारा f. *ein best. Metrum.*

अमृतनादोपनिषद् f. Titel einer Upanishad.

अमृतप 1) Adj. *Nektar trinkend.* — 2) m. N. pr. eines Dânava.

1. अमृतपत्त्र m. *unsterblicher Flügel.*

2. अमृतपत्त्र Adj. als Erklärung von हिरण्यपत्त्र.

अमृतपायिन् Adj. *Nektar schlürfend,* so v. a. *schöne Reden hörend* Spr. 531.

अमृतपुट m. *eine Tüte mit Ambrosia* und wohl auch *ein best. Metrum,* = श्रोपुट.

अमृतप्रभ 1) m. N. pr. eines Vidjâdhara. — 2) f. आ ein Frauenname.

अमृतप्राशन 1) Adj. *von Ambrosia sich nährend.* — 2) m. *ein Gott* R. 1,16,4. 6,4,7.

अमृतप्राशिन् 1) Adj. *von Ambrosia sich nährend* R. Gorr. 1,48,8. — 2) m. *ein Gott* ebend. 20,4.

अमृतफल 1) m. a) *Birnbaum* (n. *Birne*) Mat. med. 291. — b) **Trichosanthes dioeca Roxb.* (n. *die Frucht*). — 2) *f. आ *Weinstock* und *Emblica officinalis Gaertn.*

अमृतबन्धु m. 1) *Genosse der Unsterblichkeit.* — 2) **Ross* Nigh. Pr.

अमृतबिन्दूपनिषद् f. Titel einer Upanishad.

अमृतभल्लातकी f. *eine best. Mixtur* Mat. med. 142.

अमृतभवन n. N. pr. eines Klosters.

अमृतभाषण n. Pl. *nektarsüsse Reden* Spr. 3069.

*अमृतभुज् m. *ein Gott.*

अमृतभोजन Adj. 1) *von Ambrosia sich nährend* R. Gorr. 1,48,6. — 2) *von Ueberbleibseln sich nährend* M. 3,285.

अमृतमति (so zu lesen) f. = अमृतगति.

अमृतमय Adj. (f. ई) 1) *unsterblich.* — 2) *nektarartig* 171,28. 175,17. *aus Nektar bestehend.* °शरीर Adj. *vom Monde* Spr. 531. 1108.

अमृतयज्ञ m. *ein Unsterblichkeit verleihendes Opfer* Kâtj. bei Gold.

अमृतयोग m. *ein best. astrol.* Joga.

अमृतयोनि m. *Schooss der Unsterblichen* Çat. Br. 12,9,3,11. 12.

अमृतरश्मि m. *der Mond* 126,24.

अमृतरस 1) m. *Nektar.* — 2) *f. आ *dunkle Weintraube.*

अमृतलता f. 1) *eine Nektar spendende Liane* Spr. 3608. — 2) **Cocculus cordifolius* Râéan. 3,1.

अमृतलतिका f. = अमृतलता 1).

अमृतलोक m. *die Welt der Unsterblichen* Ait. Br. 3,46.

अमृतवटी f. *best. Pillen* Mat. med. 83.

अमृतवपुस् Adj. *einen unsterblichen Leib habend.*

अमृतवर्धन m. N. pr. eines Dichters.

*अमृतवार्षिणी f. *Zunge* Gal.

*अमृतवल्ली f. *Cocculus cordifolius.*

अमृतवाका f. *ein best. Vogel.*

अमृतशास्त्र n. Titel eines buddh. Werkes.

*अमृतसंगम m. *Galmei* Nigh. Pr.

अमृतसंभव 1) Adj. *aus Nektar hervorgegangen* MBh. 13,77,23. — 2) *f. आ = अमृतवल्ली.

*अमृतसहोदर m. *Pferd* Nigh. Pr.

*अमृतसार m. und *°सा f. (Nigh. Pr.) *Candiszucker.*

*अमृतसू m. *der Mond.*

*अमृतसोदर m. *Pferd.*

*अमृतस्रवा f. *eine best. Pflanze* (im Kitrakûṭa). Auch *°स्रवी Gal.

अमृतस्राव m. *fliessendes Wasser.*

अमृतहरीतकी f. *eine best. Mixtur* Mat. med. 162.

अमृतह्रद m. *Nektarteich* Çat. 100,17.

अमृतांशु m. *der Mond* 116,17.

अमृताकर m. N. pr. eines Mannes.

अमृताक्षर n. *Unsterbliches und Unvergängliches.*

अमृतात्मन् Adj. *aus Nektar bestehend* Spr. 537.

अमृतानन्द m. N. pr. eines Mannes.

*अमृतान्धस् m. *ein Gott* AK. 1,1,1,3.

*अमृताफल n. = अमृतफल 1) b).

अमृताभिषिक्त Adj. *mit Nektar besprengt* Çat. Br. 9,4,4,8.

अमृताय्, °यते 1) *wie Unsterblichkeit erscheinen* Spr. 6507. — 2) *Nektar gleichen.* — 3) *zu Nektar werden* Kir. 19,23.

अमृतायन Adj. *nektarähnlich.*

अमृताशिन् (MBh. 12,299,7) und *अमृताशन m. *ein Gott.*

*अमृताश्म m. (?)

अमृताष्टक n. *eine Verbindung von acht Stoffen, unter denen* अमृता (*Cocculus cordifolius*) *voran steht* Mat. med. 136. 192.

अमृताष्टमीतपस् n. Titel eines Werkes.

*अमृतासङ्ग n. und °°संगम m. (Nigh. Pr.) *blauer Vitriol.*

अमृतासु Adj. *eine unsterbliche Seele habend.*

अमृताहरण 1) *m. Bein. Garuḍa's. — 2) n. Titel eines Pariçishṭa zum Sâmaveda.

अमृताहुति f. *eine best. Opferspende* Ait. Br. 2,14.

*अमृताह्व n. *Birne.*

अमृतिका f. N. pr. eines göttlichen Weibes.

अमृतिन् Adj. *unsterblich.*

अमृती Adv. mit भू *unsterblich werden* Spr. 6823.

अमृतीकरण n. *das Verwandeln in Nektar.*

अमृतेश m. Bein. Çiva's.

अमृतेशय Adj. *im* Amṛta *ruhend* Hariv. 3. 927, Z. 4 v. u.

अमृतेश्वर m. 1) Bein. Çiva's. °लिङ्ग n. — 2) *eine best. Arzenei* Bhâvapr. 4,73.

अमृतेष्टका f. *Bez. bestimmter Backsteine* (beim Agnikajana) Çat. Br. 5,1,2,13.

*अमृतोत्थ n. *Kupfervitriol* Gal.

*अमृतोत्पन्न 1) n. desgl. Râéan. 13,107. — 2) f. आ *Fliege.*

अमृतोदधि m. *Nektarmeer* Comm. zu Çat. Br. 1133,2.

अमृतोदन m. N. pr. eines Sohnes des Siṁhahanu.

*अमृतोद्भव und *अमृतोपम (Nigh. Pr.) n. *Kupfer-*

vitriol.

*अमृतोपवल्लिका f. Smilax China Lin. Nigh. Pr.

अमृत्पात्रप Adj. nicht aus einem Thongefässe trinkend Maitr. S. 2,5,9.

1. अमृत्यु m. Nichttod.

2. अमृत्यु 1) Adj. unsterblich. — 2) *m. ein Gott Gal.

अमृध्र Adj. (f. आ) 1) unablässig, unermüdlich. — 2) unausführlich.

अमृन्मय Adj. nicht irden Çulbas. 2,39. Mit Ergänzung von पात्र Geschirr Kâtj. Çr. 4,2,34. 7,4, 33. 8,2,1.

अमृन्मयप (Tâṇḍja-Br. 16,6,14) und अमृन्मयपायिन् Adj. aus keinem irdenen Geschirr trinkend Çat. Br. 14,1,1,30. Pâr. Gṛhj. 2,8,3.

अमृषा Adv. in Wahrheit, fürwahr.

अमृषोद्य n. wahre Rede, Wahrheit Bhaṭṭ. 6,67.

अमृष्ट Adj. ungewaschen, unrein R. ed. Bomb. 1, 6,10.

अमृष्टभुज् (R. 1,6,8) und अमृष्टभोजिन् (R. ed. Bomb. 1,6,11) Adj. keine leckere Speise geniessend.

अमृष्यमाण Adj. nicht geduldig ertragend, — leidend Çat. Br. 12,5,2,1-3. MBh. 3,58,19.

अमेतृण Adj. ohne Rührstab M. K. S. bei Gold.

अमेघोपप्लव Adj. nicht mit Wolken bezogen Suçr. 1,113,18.

अमेदस्क Adj. fettlos.

*अमेधस् Adj. dumm, einfältig.

अमेध्य 1) Adj. nicht opferfähig oder — würdig, unrein, unheilig, nefastus. — 2) n. Unreinigkeit, etwas Unreines; insbes. Excremente.

अमेन Adj. unbeweibt.

अमेनि Adj. nicht schleudernd, unfähig zu schleudern.

अमेय Adj. unermesslich, unergründlich.

अमेष्ट Adj. daheim geopfert.

अमेह m. Harnverhaltung.

अमोक्य Adj. unlöslich.

अमोघ 1) Adj. (f. आ) nicht irrend, — fehl gehend, — eitel, — vergeblich, einschlagend, das Ziel erreichend. — 2) m. a) das Nichtirren, Nichtfehlgehen Çat. Br. — b) Bein. Çiva's und Skanda's. — c) *N. pr. eines Flusses. — 3) f. आ a) *Bignonia suaveolens Roxb., *Embelia Ribes und *Terminalia citrina. — b) mit oder ohne रात्रि die nichtvergebliche, d. i. das Leben kürzende, Nacht. — c) mystische Bez. des Lautes ल. — d) *Bein. der Durgâ. — e) N. pr. α) einer der Mütter im Gefolge Skanda's. — β) der Gattin Çaṃtanu's. — γ) eines Speers.

अमोघकिरण m. Pl. Bez. einer best. Form der Sonnenstrahlen Varâh. Bṛh. S. 28,15.

अमोघक्रोधहर्ष Adj. der nicht vergeblich zürnt und sich freut R. 2,1,17. Spr. 538.

अमोघदण्ड Adj. nicht vergeblich strafend, von Çiva.

अमोघदर्श m. wohl = अमोघदर्शिन्.

अमोघदर्शन 1) Adj. (f. आ) dessen (deren) Erscheinen nicht vergeblich ist, d. i. Glück bringt 296,25 (im Prâkrit). Nîlak. 72,8. — 2) m. N. pr. eines Schlangendämons.

अमोघदर्शिन् m. N. pr. eines Bodhisattva.

अमोघनन्दिनी f. Titel einer Çikshâ Ind. St. 14, 160. अमोघपान° Proc. A. S. B. 1875, S. 78.

अमोघपतन Adj. nicht vergeblich fallend, das Ziel treffend Râgat. 6,181.

अमोघपाश m. 1) eine sicher festhaltende Fessel (buddh.). — 2) N. pr. eines Lokeçvara bei den Buddhisten.

अमोघराघव Titel eines Schauspiels Hall in der Vorrede zu Daçar. 30.

अमोघराज m. N. pr. eines buddh. Bettlers Lalit. 1,19.

अमोघवचन Adj. dessen Wort nicht vergeblich ist 138,14.

अमोघवती f. N. pr. eines Flusses.

अमोघवर्ष m. N. pr. eines Fürsten. °वर्ष्य B. A. 1,117.

अमोघविक्रम Adj. dessen Kraft nicht vergeblich ist, von Çiva.

अमोघसिद्धि m. N. pr. eines Dhjânibuddha.

अमोघाक्षी f. Name der Dâkshâjaṇî.

अमोघाचार्य m. N. pr. eines Autors.

*अमोघातनय m. Bein. des Flusses Brahmaputra Gal.

अमोघानन्दिनी s. अमोघनन्दिनी.

अमोच्य Adj. nicht frei zu lassen 99,23.

अमोत Adj. daheim gewebt.

अमोह Adj. nicht dem Irrthum ausgesetzt. Davon Nom. abstr. °त्व n. Ind. St. 3,134.

अमौक्तिक Adj. keine Perlen enthaltend Spr. 539.

अमौत्रधौत Adj. nicht mit Beize gewaschen Kâtj. Çr. 7,2,18.

अमौन n. das nicht Muni Sein Çat. Br. 14,6,4,1.

अम्नस् Adv. unversehens.

*अम्ब्, अम्बति (गतौ); अम्बते (शब्दे).

*अम्ब Adj. = आम्र. — Vgl. अम्बा.

अम्बक n. 1) Auge Bâlar. 259,11. 289,2. Beide Male von Çiva's Auge; vgl. त्र्यम्बक. — 2) *Kupfer. — Vgl. अम्बिका.

अम्बया f. Mütterchen.

अम्बर (Ende eines adj. Comp. f. आ) 1) n. Umkreis, Umgebung, Nähe. — 2) n. Umwurf, Kleidung, Gewand. — 3) m. (selten) und n. Luftraum, Himmelszelt 162,19 (zugleich Gewand). — 4) n. Bez. der Null. — 5) Bez. des 10ten astrol. Hauses Varâh. Bṛh. 22(20),3. Ind. St. 14,315. — 6) n. Lippe Prasannar. 39,10. — 7) n. *Baumwolle. — 8) n. *Safran. — 9) n. *Talk. — 10) n. *Ambra. — 11) m. Pl. N. pr. eines Volkes Varâh. Bṛh. S. 14,27. Sg. eines Landes Verz. d. Oxf. H. 39,a,33.

अम्बरखण्ड m. n. Lappen und zugleich Wölkchen Spr. 5544.

अम्बरचर 1) Adj. in der Luft wandelnd. — 2) m. a) Vogel (vgl. °गामिन्). — b) ein Vidjâdhara.

अम्बरचरमार्ग m. Luftraum Spr. 4379.

अम्बरचारिन् m. Planet Spr. 7780.

*अम्बरद m. Baumwolle Dhanv. 4,67.

अम्बरनगरी f. N. pr. einer Stadt.

अम्बरपथ m. Luftpfad Spr. 7734.

अम्बरप्रभा f. N. pr. einer Prinzessin.

अम्बरमणि m. die Sonne Bâlar. 78,12.

अम्बरमाला f. ein Frauenname Viddh. 38,2.

*अम्बरस्थली f. die Erde.

अम्बराधिकारिन् m. Aufseher über die Kleider (ein Hofamt) Râgat. 7,266.

*अम्बरिष n. Bratpfanne.

अम्बरीष 1) m. n. Bratpfanne TS. 1,1,9,4. — 2) m. N. pr. verschiedener Männer. — 3) m. *Thierjunges. — 4) m. *die Sonne. — 5) n. *Luftraum Uģģval. — 6) m. n. *Kampf. — 7) m. *Reue. — 8) m. *Spondias mangifera. — 9) m. *eine best. Hölle. — 10) m. Bein. *Vishṇu's, *Çiva's und Gaṇeça's.

अम्बरीषक m. Bratpfanne.

*अम्बरीषपुत्र m. Ambarisha's Sohn.

अम्बरौकस् m. ein Gott.

*अम्बर्, °र्यति zusammentragen.

अम्बष्ठ 1) m. a) Pl. N. pr. eines Volkes. Sg. ein Fürst dieses Volkes MBh. 7,93,62. fgg. — b) der Sohn eines Brahmanen von einer Frau aus der dritten Kaste Gaut. 4,16. — 2) f. आ (Kull. zu M. 10,15) und ई f. zu 1) b). — 3) f. आ gehörnter Sauerklee, Clypea hernandifolia W. u. A. Suçr. 1,150,1. *Jasminum auriculatum Vahl. und *Hibiscus cannabinus (Râgan. 4,79).

*अम्बष्ठकी f. Clypea hernandifolia Vahl.

*अम्बष्ठिका f. dass. und Clerodendrum Siphonanthus R. Br.

अम्बा f. 1) Mutter, Mütterchen. Voc. ved. अम्बे und अम्ब, klassisch nur अम्ब. अम्ब oft zu einem blossen Ausruf (etwa nicht abgeschwächt; so z. B.

auch Âçv. Çr. 2,18,13. — 2) Name einer der 7 Kṛttikâ. — 3) *Hibiscus cannabinus Râǵan. 4,79. — 4) Bein. der Durgâ. — 5) N. pr. der Tochter eines Fürsten von Kâçi MBh. 1,102,54.

अम्बाजन्मन् n. N. pr. eines Tîrtha.

*अम्बाडा, अम्बायवी (Maitr. Up. 1,3), *अम्बाला und अम्बाली (TS. 7,4,19,1.2. Ind. St. 5,31) f. *Mütterchen.* *अम्बाला auch *Hibiscus cannabinus* Râǵan. 4,79.

अम्बालभाण m. Titel eines Schauspiels.

अम्बालिका f. 1) *Mütterchen* VS. 23,18. — 2) **Hibiscus cannabinus* Râǵan. 4,79. — 3) N. pr. der Tochter eines Fürsten von Kâçi.

अम्बि und अम्बी f. *Mutter, Mütterchen.* Superl. Voc. अम्बितमे.

अम्बिक m. N. pr. eines Mannes.

अम्बिका f. 1) *Mütterchen* VS. — 2) **die jüngste Schwester* Gal. — 3) *Herbst* Kâṭh. — 4) **Wrightia antidysenterica* und **Hibiscus cannabinus* (Râǵan. 4,79). — 5) Bein. der Pârvatî und der Lakshmî (Ind. St. 2,98). — 6) N. pr. *a)* einer Schwester Rudra's und eines best. Rudra. — *b)* einer der Mütter im Gefolge Skanda's. — *c)* *einer Göttin bei den Ǵaina. — *d)* der Tochter eines Fürsten von Kâçi und anderer Frauen. — *e)* einer Oertlichkeit.

अम्बिकाखण्ड m. oder n. Titel eines *Abschnittes* im Skandapurâṇa.

अम्बिकापति m. Bez. Rudra's oder Çiva's Taitt. Âr. 10,18. Kathâs. 66,161. Kâd. 163,6.

अम्बिकावन n. N. pr. eines *Waldes.*

*अम्बिकासुत m. Bez. Dhṛtarâshṭra's Gal.

अम्बिकेय m. Metron. 1) Dhṛtarâshṭra's. — 2) *Gaṇeça's. — 3) *Kârttikeja's. — Vgl. die richtige Form आम्बिकेय.

*अम्बिकेयक m. = अम्बिकेय 2).

अम्बिकेश्वरतीर्थ n. N. pr. eines Tîrtha.

अम्बु n. 1) *Wasser.* — 2) *eine Andropogon-Art* Varâh. Bṛh. S. 51,15. Bhâvapr. 4,128. — 3) *ein Metrum von 90 Silben.* — 4) = अम्बुयन्त्र *Wasseruhr* Ind. St. 10,204. — 5) Bez. *der Zahl vier* Varâh. Bṛh. 22(20),2.

*अम्बुक m. *Asclepias gigantea* und *Ricinus* Nigh. Pr.

*अम्बुकण m. *feiner Regen.*

*अम्बुकण्टक und *अम्बुकिरात m. *Alligator.*

*अम्बुकन्द m. *Trapa bispinosa* Nigh. Pr.

*अम्बुकीश m. *Delphinus gangeticus.*

अम्बुकुक्कुटी f. *Wasserhuhn.*

*अम्बुकूर्म m. *Delphinus gangeticus.*

*अम्बुकृच्छा f. *Commelina salicifolia* Nigh. Pr.

*अम्बुकेसर m. *Citronenbaum.*

अम्बुग Adj. *im Wasser lebend.*

*अम्बुघन m. *Hagel.*

*अम्बुचत्वर n. *ein viereckiger Teich* H. an. 4,216.

*अम्बुचामर n. *Blyxa octandra* Rich.

अम्बुचारिन् 1) Adj. *im Wasser lebend;* m. *Wasserthier.* — 2) *f. °णी *Hibiscus mutabilis* Nigh. Pr.

अम्बुज 1) Adj. *im Wasser lebend.* — 2) m. *Muschel* R. 7,7,10. — 3) m. n. *eine sich am Tage öffnende Lotusblüthe.* — 4) m. **Barringtonia acutangula* Gaertn. und **Calamus Rotang* (Nigh. Pr.). — 5) n. *Indra's *Donnerkeil.*

*अम्बुजन्मन् n. = अम्बुज 3).

अम्बुजबान्धव m. *die Sonne* Spr. 2656.

अम्बुजभू m. Bein. Brahman's.

अम्बुजाक्ष Adj. (f. ई) *lotusäugig* Vis. 27.

अम्बुजासना f. N. pr. einer Göttin.

*अम्बुतस्कर m. *die Sonne.*

*अम्बुताल m. = अम्बुचामर.

अम्बुद 1) m. *a) Wolke.* — *b) Cyperus hexastachyus communis* Nees. — 2) *n. *Talk.*

अम्बुदारण्य n. N. pr. eines *Waldes.*

अम्बुदेव, अम्बुदैव und *अम्बुदैवत्य (Gal.) n. *das Mondhaus* Pûrvâshâḍhâ.

अम्बुधर m. 1) *Wolke.* — 2) **Cyperus pertenuis* Nigh. Pr.

अम्बुधि m. 1) *Meer.* — 2) Bez. *der Zahl vier.*

*अम्बुधिस्रवा f. *Aloe perfoliata.*

अम्बुनिधि m. *Meer* Spr. 7741.

अम्बुनिवह m. *Wolke.*

अम्बुप m. 1) Bez. Varuṇa's. — 2) **Cassia alata* oder *Tora L.*

अम्बुपतत्रिन् m. *Wasservogel.*

अम्बुपति m. 1) Bez. Varuṇa's. — 2) *Meer* Spr. 4317.

*अम्बुपत्त्रा f. = अम्बुद 1) *b*).

*अम्बुप्रसाद m. und °प्रसादन n. *Strychnos potatorum L.*

अम्बुभक्ष Adj. *von Wasser sich nährend* Sâṅkh. Up. 2,4.

*अम्बुभव m. *Lotusblüthe* Nigh. Pr.

*अम्बुभृत् m. 1) *Wolke.* — 2) = अम्बुद 1) *b*).

अम्बुमत् 1) Adj. *wasserreich.* — 2) f. °मती N. pr. eines Flusses.

अम्बुमात्रज Adj. *nur im Wasser lebend.*

अम्बुमुच् m. *Wolke.*

अम्बुयन्त्र n. *Wasseruhr.*

अम्बुरय m. *Strömung* 95,2.

अम्बुराशि m. *Meer.*

अम्बुरुह 1) n. (Ende eines adj. Comp. f. आ) *eine am Tage sich öffnende Lotusblüthe* 170,28. — 2) *f. आ *Hibiscus mutabilis.*

अम्बुरुहिणी f. *Lotuspflanze.*

अम्बुलीलागेह n. *ein im Wasser stehendes Lusthäuschen.*

*अम्बुवल्लिका f. *Momordica Charantia* Râǵan. 7,179.

*अम्बुवल्ली f. *Commelina salicifolia* Nigh. Pr.

अम्बुवाची f. *die 4 Tage vom 10ten bis zum 13ten in der dunkelen Hälfte des Monats* Âshâḍha. °प्रद m. *heisst der 10te,* °त्याग m. *der 13te Tag.*

*अम्बुवासिनी und *अम्बुवासी f. *Bignonia suaveolens.*

अम्बुवाह m. 1) *Wolke.* — 2) * = अम्बुद 1) *b*).

अम्बुवाहिनी f. 1) **ein Geschirr zum Wasserschöpfen.* — 2) N. pr. eines Flusses MBh. 6,9,27.

अम्बुवीच m. N. pr. eines Fürsten.

अम्बुवेग m. *Strömung* Bhag. 11,28.

अम्बुवेतस m. *eine Rohrart* Mat. med. 290.

*अम्बुशिरीषिका f. *eine best. Pflanze.*

अम्बुसेना f. N. pr. eines Flusses.

अम्बुसंप्लव m. *Wasserfluth.*

*अम्बुसर्पिणी f. *Blutegel.*

*अम्बुसेचनी f. = अम्बुवाहिनी 1).

*अम्बुस्पृहा f. *Durst* Gal.

अम्बूकृत 1) Adj. *a) von Speien begleitet.* — *b) mit fest geschlossenen Lippen ausgesprochen.* — 2) n. *a) ein best. Fehler der Aussprache;* insbes. *der Vocale.* — *b) von Speichelfluss begleitetes Brüllen.*

अम्बेक m. N. pr. eines Scholiasten.

अम्ब्यम् d. i. अम्बियम्, Acc. von अम्बी.

*अम्ब्ल = अम्ल, आम्ल.

*अम्भ्, अम्भते (शब्दे).

अम्भःपति m. Bein. Varuṇa's Ind. St. 14,329.

अम्भण n. *der Bauch der* Vîṇâ Ait. Âr. 364,8.

अम्भःश्यामाका f. *Wasserhirse* Karaka 1,27.

अम्भस् 1) *Wasser.* — 2) *die Wasser oberhalb des Himmels* Ait. Up. 1,2. — 3) *Furchtbarkeit, Macht.* — 4) Pl. Bez. *der Götter, Menschen, Manen und Ungötter* TBr. VP. 1,5,28. — 5) *Du. *Himmel und Erde.* — 6) Bez. *der Zahl vier.* — 7) *ein Metrum von 82 Silben.* — 8) mystische Bez. *des Lautes* व.

अम्भसा Instr. *am Anfange eines Comp. P. 6,3,3.

*अम्भःसार n. *Perle.*

*अम्भःसू m. *Rauch.*

अम्भिणी f. N. pr. einer Lehrerin der Vâk. — Vgl. अम्भृणी.

अम्भृण 1) Adj. *furchtbar.* Nach Naigh. *gross,* nach Sâj. *fürchterlich schreiend.* — 2) m. *a) Kufe.* — *b)* N. pr. des Vaters der Ambhṛṇî. — 3) f. अम्भृणी Bez. der Vâk als Tochter Ambhṛṇa's.

अम्भोज 1) *m. a) Lotusblüthe und Calamus Rotang Nigh. Pr. — b) der indische Kranich. — 2) *f. आ Süssholz Nigh. Pr. — 3) *f. ई eine best. Pflanze Gal. — 4) n. (Ende eines adj. Comp. f. आ) eine am Tage sich öffnende Lotusblüthe 248,9. 30. °गर्भ 319,8. नृदम्भोज 119,12.

*अम्भोजखण्ड n. Lotusgruppe.

अम्भोजजन्मन् m. Bein. Brahman's.

अम्भोजन्मन् n. = अम्भोज 4). °जन्मजनि m. Bein. Brahman's Bâla. P. 18,13,15.

अम्भोजयोनि m. Bein. Brahman's.

अम्भोजिनी f. Lotuspflanze. °वन n. Spr. 544.

अम्भोद m. 1) Wolke. — 2) *Cyperus hexastachyus communis Nees.

अम्भोधर m. 1) Wolke. — 2) * = अम्भोद 2).

अम्भोधि m. Meer 167,18. Spr. 7672.

*अम्भोधिपल्लव (Râgan. 13,161) und *अम्भोधिवल्लभ m. Koralle.

अम्भोनिधि m. Meer 163,6. 219,6.

*अम्भोवीज n. Hagel Gal.

अम्भोमुच् m. Wolke Kir. 11,70,11.

*अम्भोराशि m. Meer.

अम्भोरुह् n. = अम्भोज 4).

अम्भोरुह 1) m. a) *der indische Kranich. — b) N. pr. eines der Söhne des Viçvâmitra. — 2) n. (Ende eines adj. Comp. f. आ) = अम्भोज 4) 248,8.

अम्भोरुहमय Adj. voller Lotusblüthen Spr. 7674.

अम्मय Adj. (f. ई) aus Wasser bestehend, wässerig.

अंम्यक् 3. Sg. Aor. von म्यक्.

*अम्र m. = आम्र.

*अम्रात m. = आम्रात.

अम्रातक m. = आम्रातक Spondias mangifera Varâh. Bṛh. S. 55,11.

अम्ल 1) Adj. sauer. — 2) m. Sauerklee und *Sauerampfer. — 3) f. *ई Sauerklee. — 4) n. Buttermilch Suçr. 2,366,11.

*अम्लक 1) m. Artocarpus Lacucha Roxb. — 2) f. अम्लिका a) saures Aufstossen. — b) Tamarindus indica, eine Art Sauerampfer und eine best. Schlingpflanze.

अम्लकाञ्जिक n. saurer Reisschleim Kâraka 1,27.

*अम्लकाण्ड n. eine Grasart.

*अम्लकासिका und *अम्लकुचिका f. eine best. Pflanze Gal.

*अम्लकेसर m. Citronenbaum.

*अम्लगोरस m. Buttermilch Nigh. Pr.

*अम्लचुक्रिका f. und *अम्लचूड m. eine Art Sauerampfer.

*अम्लजम्बीर m. Citronenbaum.

अम्लता f. Säure.

*अम्लत्वच् m. Buchanania latifolia Nigh. Pr.

अम्लद्रव m. saurer Fruchtsaft Bhâvapr. 3,97.

*अम्लनायक m. Rumex vesicarius.

*अम्लनिम्बूक m. Citronenbaum.

*अम्लनिशा f. Curcuma Zerumbet Roxb. und Meriandra bengalensis (Nigh. Pr.).

*अम्लपञ्चक (Nigh. Pr.) und *अम्लपञ्चफल n. eine Verbindung von fünf best. sauren Vegetabilien.

*अम्लपत्त्र 1) m. eine best. Pflanze. — 2) f. आ eine Art Sauerampfer und eine best. Schlingpflanze. — 3) f. ई eine best. Pflanze Gal.

*अम्लपत्त्रक 1) m. Bauhinia tomentosa Râgan. 9, 39. — 2) f. °त्त्रिका Oxalis Nigh. Pr.

*अम्लपनस m. Artocarpus Lacucha Roxb.

*अम्लपादप m. Garcinia purpurea Nigh. Pr.

अम्लपित्त n. status gastricus Bhâvapr. 4,57.

*अम्लपूर n. = अम्लबीज.

अम्लफल 1) *m. Mangifera indica. — 2) n. Tamarindenfrucht.

*अम्लबीज n. die Frucht der Spondias mangifera.

*अम्लभेदन m. Rumex vesicarius.

*अम्लरुहा f. eine Art Betel.

अम्ललोणिका und अम्ललोणी f. Oxalis corniculata Lin. Mat. med. 124.

*अम्लवती f. eine Art Sauerampfer.

अम्लवर्ग m. die Gruppe der sauren Stoffe Suçr. 1,187,4.

*अम्लवल्ली f. Pythonium bulbiferum Schott.

*अम्लवाटिका f. eine Art Betel.

*अम्लवाटी f. eine best. Pflanze Gal.

*अम्लवास्तूक n. Sauerampfer.

*अम्लविषा f. eine best. Pflanze, = चञ्चुन्या Gal.

*अम्लवृत n. = अम्लबीज.

अम्लवेतस 1) m. Rumex vesicarius. — 2) *n. Fruchtessig H. 417.

*अम्लशाक 1) m. eine Art Sauerampfer. — 2) n. a) = अम्लबीज. — b) Fruchtessig.

*अम्लसार 1) m. Rumex vesicarius, Citronenbaum und Phoenix paludosa Roxb. — 2) f. आ Piper Betle L. Gal. — 3) n. saurer Reisschleim.

*अम्लसारक m. eine best. Pflanze Gal.

*अम्लस्तम्भनिका f. Tamarinde Nigh. Pr.

*अम्लहरिद्रा f. Curcuma Zerumbet Roxb.

*अम्लाङ्कुशा m. Rumex vesicarius.

*अम्लातक 1) m. Kugelamaranth. — 2) f. ई eine best. Pflanze Gal.

अम्लाध्युषित n. eine durch Genuss saurer Speise erzeugte Augenentzündung Wise 293. Suçr. 2,303, 8. 315,1.

अम्लान 1) Adj. a) unverwelkt, nicht verwelkend MBh. 13,42,14. Harīv. 7008. R. ed. Bomb. 1,10,31. Kathâs. 13,64. Pañkat. 1,11,37. Spr. 7675. — b) ungeschwächt, frisch, von Personen MBh. 4,4,14. °मनस् Adj. frischen Muthes 7,10,49. 23,40. °दर्शन Adj. ein scharfes Auge habend Kathâs. 18,133. °मुखच्छाय Adj. 39,19. °माना Adj. Spr. 1106. °लक्ष्मी Adj. Bhâg. P. 2,2,10. — 2) *m. Kugelamaranth.

*अम्लानिनी f. eine Gruppe von Kugelamaranthen.

अम्लिकावटक m. Tamarindenklösschen Bhâvapr. 2,19.

अम्लीका f. 1) saures Aufstossen. — 2) *Tamarindus indica.

*अम्लोप m. Sauerampfer Nigh. Pr.

*अम्लोटक m. Bauhinia tomentosa.

*अम्लोद्गार m. saures Aufstossen.

अय् s. इ.

अंय m. 1) am Ende eines Comp. Gang. — 2) Lauf, Umlauf. In Verbindung mit गवाम् Bez. eines best. periodischen Opfers MBh. 13,106,46. 131,50. — 3) *in einem best. Spiele mit Figuren Gang zur Rechten. — 4) gutes Geschick, Glück. — 5) Würfel. — 6) Bez. der Zahl vier.

अयःकणप m. eine best. eiserne Waffe MBh. 1, 227,25.

अयःकाय m. N. pr eines Daitja.

*अयःकिट्ट n. Eisenrost H. an. 3,330.

अयःपिण्ड m. n. ein Klumpen Eisen, eine eiserne Kugel.

*अयःप्रतिमा f. = सूर्मी Gal.

अयक्ष्मं 1) Adj. (f. आ) a) nicht krank, gesund. — b) heilsam. — 2) n. Gesundheit.

अयक्ष्मंकरण Adj. (f. ई) gesund machend.

अयक्ष्मंताति f. und अयक्ष्मत्वं n. Gesundheit.

अयक्ष्यमाण Adj. kein Opfer zu veranstalten beabsichtigend Gaim. 6,4,8. 9.

अंयजमान Adj. kein Opfer veranstaltend VS. 12, 62. Âçv. Çr. 3,3,18. Lâṭj. 10,15,7.

अयजुष्क Adj. ohne Opferspruch. °म् Adv. TBr. 3,3,6,8.

अंयजुष्कृत Adj. mit keinem Opferspruch geweiht.

अयजुस् n. kein Jagus. Instr. ohne Opferspruch Maitr. S. 3,6,5.

1. अंयज्ञ m. 1) kein wirkliches Opfer TBr. 2,1,5,6. — 2) das Nichtvorsichgehen eines Opfers Lâṭj. 3, 8,30. Gaut. 5,49.

2. अयज्ञं Adj. nicht opfernd. Auch अयज्ञंन् zu lesen.

अंयज्ञसाच् (stark °साञ्च्) Adj. keinem Opfern obliegend.

अयज्ञियं und einmal अंयज्ञिय Adj. 1) nicht zum

Opfer langend (act. und pass.). — 2) *nicht verehrungswerth, unheilig.*

अयज्ञोपवीत Adj. *ohne Opferschnur* Ind. St. 9,140.

अयज्यु und अयज्वन् Adj. *nicht Götter verehrend, unfromm.*

अयत Adj. *ungezügelt* Çat. Br. 3,2,4,18. 13,3,8,5. 14,1,2,25. In übertr. Bed. Kap. 6,2,7.

अयतस् Adj. *nicht Seite an Seite gehend.*

अयति m. 1) *kein Asket* Bhâg. 6,37. — 2) N. pr. eines Sohnes des Nahusha.

अयत्न m. *keine Anstrengung.* अयत्नेन, अयत्नात् (Pańkat. 176,8), अयत्नतस् (Chr. 289,7. Kathâs. 18,350) und अयत्न° (Chr. 170,11. 183,3) *ohne Mühe.*

अयत्नबालव्यजनी Adv. mit भू *ohne Bemühung zum Fliegenwedel werden* Ragh. 16,33.

अयथ n. 1) *Fuss.* — 2) Pl. *Gutes, Erspriessliches* Pâr. Gṛhj. 1,5,11.

अयथाकृत Adj. *nicht recht gemacht.*

अयथातथम् Adv. *nicht so wie es sein sollte.*

अयथादृष्ट Adj. *nicht so aussehend wie sonst.* Davon Nom. abstr. °त्व n. Kap. 2,2,12.

अयथादेवतम् Adv. *nicht der Gottheit entsprechend.*

*अयथापुरम् Adv. *nicht wie ehemals.*

अयथापूर्व 1) Adj. *nicht so seiend wie ehemals.* — 2) °म् Adv. *nicht in richtiger Folge.*

अयथाभिप्रेत Adj. *unerwünscht, unangenehm* P. 3,4,59.

अयथामात्रम् Adv. *nicht nach der Quantität.*

अयथायथम् Adv. *nicht wie es sein sollte, unangemessen.*

अयथार्थ Adj. (f. आ) *unrichtig, unwahr* Tarkas. 33.

अयथार्थवादिन् m. ein Mannsname (*unwahr redend*) Hâsj.

अयथावत् Adv. *unrichtig, falsch* Bhag. 18,31.

अयथास्थित Adj. *in Unordnung gerathen* Kâd. II,68,1. 123,2.

अयथेष्ट Adj. *unbeliebt, nicht beabsichtigt* Mahâbh. 8,26,a.

अयथोक्तम् Adv. *gegen die Anweisung.*

अयथोचित Adj. *ungebührlich, unpassend* Spr. 6283.

अयन 1) Adj. *gehend, kommend* VS. 22,7. — 2) n. a) *Gang, Weg.* In der Astr. *das Vorrücken.* — b) *Lauf, Umlauf.* Mit einem Gen. oder am Ende eines Comp. Bez. *bestimmter ein Jahr und länger dauernder* Soma-*Opfer* Lâtj. 10,13,2. Gaim. 2,3,5. — c) *der Lauf der Sonne nach Süden oder Norden, die Zeit von einem Solstitium zum andern, Halbjahr.* — d) *Solstitium.* — e) *Zufluchtsort, Ruhestätte* M. 1,10. — f) *Vorgang, Art und Weise.* — g) **Bestechung* Gal.

अयनकला f. Pl. *the correction, in minutes, for ecliptic deviation* J. A. O. S. 6,310.

अयनग्रह m. *the planet's longitude as corrected for ecliptic deviation* ebend.

अयनचलन n. *Verrückung der Solstitialpuncte* Golâdhj. 6,18.

अयनदृक्कर्मन् n. *operation for ecliptic deviation* J. A. O. S. 6,310.

अयनांश m. *degree of the* Ajana J. A. O. S. 6,249.

अयनान्त m. *Solstitium.*

अयन्त्र n. *kein lenkender Zügel.*

अयन्त्रण Adj. *ungebunden, frei.*

अयन्त्रित Adj. *ungezügelt, frei einhergehend* R. 2. 88,19. *seinen Lüsten freien Lauf gewährend.*

अयभ्या Adj. f. *non futuenda.*

अयम् Nom. Sg. m. *dieser.* अयं लोकः परश्च 60,17. द्विपो ऽयम् *dies ist ein Elephant* R. 2,64,14. को ऽयमायाति *wer kommt da?* Chr. 144,1. सो ऽयं देवदत्तः *dies ist jener* Dev. 276,7. अयं स कालः संप्राप्तः प्रियो यस्ते *dies ist jene Jahreszeit, welche* 85,17. अयमस्मि *da bin ich* 39,26. अयमहमागत एव नरेन्द्रोद्यानम् 201,10. अयमस्मिन्कूपे पतितो ऽहम् 40,28.

अयमित Adj. *nicht in Ordnung gehalten;* von Nägeln so v. a. *unbeschnitten* Mṛcch. 89. XII.

1. अयव m. *die dunkele Monatshälfte.*

2. अयव 1) *Adj. *keine Gerste erzeugend* Mahâbh. 6,82,a. — 2) m. *ein best. Eingeweidewurm.*

*अयवक Adj. = 2. अयव 1) Mahâbh. 6,82,a.

अयवन् m. = 1. अयव.

अयवस् Adj. *glücklich.*

अयवाह (oder आय°) m. Pl. N. pr. eines Volkes MBh. 6,9,15.

1. अयशस् n. *Unehre, Schande.*

2. अयशस् Adj. *kein Ansehen geniessend* Kâtj. Çr. 15,3,38.

अयशस्कर Adj. (f. ई) *Unehre machend* 59,6.

अयशस्य Adj. *dass.*

अयश्चूर्ण n. *Eisenfeilicht.*

अयःशङ्कु m. 1) *eiserner Nagel.* — 2) N. pr. eines Asura.

अयःशय Adj. (f. आ) *im Erz —, im Eisen ruhend.*

अयःशिप्र Adj. *eherne Backenstücke am Helm habend.*

अयःशिरस् m. N. pr. eines Asura.

अयःशीर्षन् Adj. *mit ehernem Haupte* ṚV. 8,90,3.

*अयःशूल n. *eiserner Wurfspiess,* übertr. so v. a. *gewaltsames Mittel.*

अयस् n. 1) *Erz, Metall,* insbes. *Eisen.* — 2) *eisernes Werkzeug, Schwert, Messer.* — 3) **Gold.*

°अयस n. = अयस् 1).

*अयस्कंस m. *eiserner Becher.*

*अयस्कणी f. und *अयस्काण्ड n.

अयस्कान्त m. *Magnet.*

*अयस्काम m. *Eisenschmied.*

अयस्कार m. *Grobschmied* Ind. St. 13,358, N. 3.

*अयस्कुम्भ m., *अयस्कुम्भी f. und *अयस्कुशा f.

अयस्कृति f. *Herstellung von Eisenpräparaten.*

अयस्ताप Adj. *Eisen glühend.*

अयस्तुण्ड Adj. *mit einer eisernen Spitze versehen.*

अयस्पात्र n. *ehernes oder eisernes Gefäss.*

अयस्मय 1) Adj. (f. ई) *ehern, eisern.* — 2) m. N. pr. eines Sohnes des Manu Svârokisha.

अयःस्थूण 1) Adj. *auf ehernen Säulen ruhend.* — 2) m. N. pr. eines Ṛshi. Pl. *seine Nachkommen.* °गृहपति Adj.

अया Instr. Adv. *auf diese Weise.*

अयाचक MBh. 12,312 fehlerhaft für अयाचत.

अयाचत् Adj. *nicht um Etwas bittend* MBh. 13,60,16.

अयाचित 1) Adj. *nicht erbeten, — erbettelt* Taitt. Âr. 10,18. अयाचितोपहृत *ungebeten dargereicht* Jâǵñ. 1,215. — 2) *m. N. pr. eines Ṛshi, = Upavarsha. — 3) *n. *das Aehrenlesen* Gal.

*अयाचितवल्ली f. *eine best. Pflanze* Gal.

*अयाचिन् Adj. *nicht bittend, — bettelnd.*

अयाच्यमाना Adj. f. *um die nicht geworben wird* MBh. 3,203,31.

अयाज्य Adj. 1) *für den nicht geopfert werden darf* 22,3. Lâtj. 8,10,3. — 2) *was nicht geopfert werden darf.* Davon Nom. abstr. °त्व n. Gaim. bei Gold.

अयाहार m. *das Aussprechen von* अयाट् Çat. Br. 1,7,2,12.

अयातयाम 1) Adj. *nicht erschöpft, — vergeblich, — ohne Erfolg, wirksam.* — 2) n. Pl. Bez. best. Jaǵus 102,23.

अयातयामता f. und अयातयामत्व n. *ungeschwächte Kraft, Wirksamkeit.*

अयातयामन् Adj. (f. °म्नी) = अयातयाम 1).

अयातु m. *kein Dämon.*

अयात्रा f. *Unpassirbarkeit* (des *Meeres*) R. 4,27,18.

अयात्रिक m. ein Mannsname Hâsj.

*अयाथातथ्य n. = आयाथातथ्य.

*अयाथापुर्य n. = आयाथापुर्य.

*अयान n. *natürliche Beschaffenheit, Natur.*

*अयानय 1) m. *eine best. Stellung in einem best. Spiele mit Figuren.* — 2) n. *Glück oder Unglück, Schicksal.*

*अयानयीन Adj. von अयानय 1).

*अयान्वित m. Bein. Çambarâkârja's Gal.

अयाम m. Tagesstunde. Loc. Pl. so v. a. um hellen lichten Tage Vishṇ. 82,1.

अयामन् n. keine Kriegsfahrt ṚV. 1,181,7. Vi-Lakh. 4,5.

1. अयात Adj. nicht aus Geräte bereitet Kâtj. Çr. 5,12,8.

2. अयाव und °न् m. Monat TS. 5,6,4,1.

अयावन n. keine Mischung ṚV. Prât. 11,12.

*अयावस् v. l. im gaṇa कृशाश्वादि in der Kâç.

अयाशय Adj. v. l. für अयःशय Maitr. S. 1,2,7.

अयाशु Adj. unfähig zur Begattung.

अयास् 1) Adj. (auch dreisilbig) unermüdlich, sich nicht abnutzend. — 2) *indecl. Feuer.

अयासोमीय n. Name eines Sâman.

अयास्य und अयास्य 1) Adj. unermüdlich. — 2) m. N. pr. eines Ṛshi 24,9.

अयि 1) Interj. in Verbindung mit einem Voc. (304, 32. 315,22) oder diesen vertretend. — 2) Fragepartikel.

*अयुक्छद m. Alstonia scholaris R. Br.

अयुक्त 1) Adj. a) nicht angespannt, ledig. — b) unbespannt, unangeschirrt. — c) unverbunden. — d) nicht beigefügt, fehlend, zu ergänzen H. an. 7,24. Med. avj. 48. — e) nicht angestellt R. 2,37,7. 10. 41,3. — f) nicht hängend an (Loc.) Spr. 1224, v. l. — g) unandächtig, nicht gesammelt, nicht ganz bei einer Sache seiend Bhag. 2,66. 18,28. R. 4,31,1. — h) unverständig Bhâg. P. 10,73,11. — i) nicht am Platze seiend, unangemessen, ungehörig, unpassend 117,3. 5. °बुद्धि Adj. nicht die gehörige Einsicht habend zu (Loc.) R. 2,37,22. — 2) n. eine unangemessene Metapher 232,4.

अयुक्तत्व n. das Nichtamplatzesein 278,19.

अयुक्तरूप Adj. unangemessen, unpassend.

अयुक्ति f. Unangemessenheit, Unrichtigkeit Sarvad. 18,4. °युक्त unrichtig angewandt Bhâvapr. 2,59.

*अयुक्पलाश m. = अयुक्छद.

अयुक्पादयमक n. Paronomasie im ersten und dritten Stollen Comm. zu Bhaṭṭ. 10,10.

अयुग n. kein Paar, so v. a. Eins Varâh. Bṛh. 5,5,18.

अयुगपद् Adv. nicht gleichzeitig Kap. 5,1,16. Nâjas. 3,2,6.

अयुगपद्भाव m. keine Gleichzeitigkeit Nâjas. 3,2,34.

अयुगपद्भाविन् Adj. nicht gleichzeitig bestehend Comm. zu Nâjas. 1,1,41.

*अयुगिषु m. Bein. Kâma's.

अयुगू f. ein Mädchen als einziges Kind einer Mutter Gobh. 3,5,4.

अयुग्धातु Adj. unpaare Bestandtheile habend Kâtj. Çr. 1,3,14.

अयुग्म Adj. (f. आ) unpaar.

*अयुग्मच्छद m. = अयुक्छद.

अयुग्मनेत्र m. Bein. Çiva's.

*अयुग्मपत्र und *अयुग्मपर्ण m. = अयुक्छद Nigh. Pr.

अयुग्मपादयमक n. = अयुक्पादयमक Comm. zu Bhaṭṭ. 10,10.

अयुग्मलोचन m. Bein. Çiva's Kâd. 146,21.

अयुग्मशर m. Bein. Kâma's.

अयुङ्ग Adj. unpaar.

*अयुङ्नेत्र m. = अयुग्मनेत्र.

अयुज् Adj. unpaar.

अयुज् Adj. 1) ohne Genossen, ohne Gleichen. — 2) unpaar.

अयुजिन् Adj. unpaar Tâṇḍja-Br. 3,9,2.

1. अयुत 1) Adj. ungehemmt. — 2) m. N. pr. eines Sohnes des Râdhika.

2. अयुत 1) m. n. Myriade. °[illegible] Adj. Kâtj. Çr. 22,11,6. — 2) am Anfange eines Comp. als Ausdruck eines grossen Lobes.

अयुतजित् m. wohl nur fehlerhaft für अयुताजित्.

अयुतनायिन् m. N. pr. eines Fürsten MBh. 1,95, 10. Davon Nom. abstr. °यित्व n. ebend.

अयुतशस् Adv. myriadenweise MBh. 3,13,8.

अयुतहोम m. ein best. Opfer Verz. d. Oxf. H. 35,a,19.

अयुताजित् m. N. pr. zweier Fürsten VP. 4,13,2.

अयुतायु m. desgl. VP. 4,20,3. 23,3.

अयुताश्व m. N. pr. eines Fürsten VP. 4,4,18.

अयुद्ध 1) Adj. unbekämpft, unwiderstehlich. — 2) n. kein Kampf.

अयुद्धसेन Adj. dessen Geschoss unwiderstehlich ist.

अयुद्ध्वी Absol. ohne zu kämpfen.

अयुध्य Adj. nicht zu bekämpfen.

अयुध्यमान Adj. nicht kämpfend MBh. 7,29,32.

अयुपित Adj. nicht verstört Maitr. S. 1,1,2.

अयुवमारिन् Adj. wo keine Jünglinge sterben Ait. Br. 8,25.

अये Interj. 187,16. 290,20. 291,21. 26. 312,16.

अयोअग्र Adj. (f. आ) eisenspitzig ṚV. 10,99,6.

1. अयोग m. 1) Trennung; insbes. das Nichtzusammenkommen von Geliebten Daçar. 4,47. — 2) ungenügende oder unrichtige Anwendung. — 3) schlechte Beschaffenheit 218,8. — 4) das Nichtamplatzesein 231, 32. 232,4. — 5) Unmöglichkeit 271,21. Malli. zu Kumâras. 3,14. — 6) *heftige Anstrengung. — 7) *eine schlechte Constellation. — 8) Bez. einer best. Constellation.

2. अयोग 1) m. = अयोगू. अयोगव MBh. 12,296,9. — 2) n. Bez. der letzten unter den 14 Stufen, die nach dem Glauben der Gaina zur Erlösung führen.

अयोगक्षेम m. keine Wohlfahrt, Ungemach.

अयोगवाह m. Pl. Bez. des Anusvâra, Visargaṇîja, Upadhmânîja, Gihvâmûlîja und der Jama. Sie heissen ohne Anschirrung Ziehende, weil sie, ohne in's Alphabet eingereiht zu sein, als vollberechtigte Laute anerkannt werden.

अयोगवे M. 10,32 wohl fehlerhaft für अयोगुवि (von अयोगू).

अयोगिन् m. kein Mönch.

अयोगुड m. eiserne Kugel.

अयोगू f. (wenn M. 10,32 °गुवि gelesen wird) und auch wohl m. (VS.) eine best. Mischlingskaste.

अयोग्य Adj. 1) unbrauchbar, untauglich Kâtj. Çr. 22,4,11. Spr. 735. 7666. sich zu Etwas nicht eignend, nicht befugt Jâǵń. 2,188. Jmd (Loc.) nicht gewachsen Veṇîs. 120. — 2) sinnlich nicht wahrzunehmen Kap. 5,44.

अयोग्यत्व n. das sich zu Etwas Nichteignen Kap. 5,47.

*अयोऽग्र und *°क n. Mörserkeule.

अयोघन m. eiserner Hammer.

*अयोधिकृष्ट n. Eisenfeilicht Nigh. Pr.

1. अयोजाल n. eisernes Netz R. ed. Bomb. 3,35,26.

2. अयोजाल Adj. mit einem eisernen Netze versehen.

अयोदंष्ट्र Adj. mit eisernem Gebiss versehen.

*अयोदती f. die Eisenzähnige, wohl N. pr. einer Unholdin Kâç. zu P. 5,4,143.

अयोदर्वि f. ein eiserner Löffel Bhâvapr. 2,30.

1. अयोद्धर् Nom. sg. nicht kämpfend Spr. 3009, v. l.

2. अयोद्धर् Adj. unüberwindlich.

अयोध्य 1) Adj. (f. आ) nicht zu bezwingen. — 2) f. आ N. pr. einer Stadt. °काण्ड n. Titel des 2ten Buchs im Râmâjaṇa.

1. अयोनि m. f. 1) etwas Anderes als die weibliche Scham Gaut. 25,7. — 2) *Mörserkeule.

2. अयोनि Adj. 1) ohne Ursprung, — Anfang Kumâras. 2,9. — 2) geringen Ursprungs MBh. 13,27,20. — 3) nicht entlehnt, originell.

अयोनिक Adj. ohne den Spruch एष ते योनिः (VS. 23,2).

अयोनिज Adj. (f. आ) keinem Mutterleibe entsprossen MBh. 1,67,69. Kap. 4,2,5. 10. Feuer Spr. 277. Davon Nom. abstr. °त्व n. Comm. zu Kap. 4,2,8.

अयोनिजतीर्थ und °जेश्वरतीर्थ n. N. pr. eines Tîrtha.

(अयोपाष्टि), अयोऽपाष्टि Adj. eiserne Krallen habend.

अयोबाहु m. N. pr. eines Sohnes des Dhṛtarâshṭra.

अयोमय Adj. (f. ई) eisern.

*अयोमल n. Eisenrost und Eisenfeilicht Nigh. Pr.

अयोमुख 1) Adj. a) *mit einem eisernen Maul oder Schnabel versehen.* — b) *mit einer eisernen Spitze versehen.* — 2) m. a) *Pfeil.* — b) N. pr. α) *eines* Dânava. — β) *eines Berges.*

अयोरजस् n. *Eisenrost und Eisenfeilicht* Nigh. Pr. Kauç. 8.

अयोरस m. *Eisenrost, Abgeschabtes vom Eisen.*

अयोहत Adj. *aus Erz oder Eisen getrieben.*

अयोहनु Adj. *mit ehernen Kinnbacken versehen.*

अयोहृदय Adj. *dessen Herz von Eisen ist* Ragh. 9,9.

अयौक्तिक Adj. *unpassend, ungereimt.*

अयौगपद्य n. *Nichtgleichzeitigkeit* Nilak. 2,1,24.

***अयौधिक** Adj. Kâç. zu P. 6,2,160.

अय्यातीभट्ट m. N. pr. *eines Scholiasten.*

अर्, इयर्ति, ऋणोति, ऋण्वति 1) *bewegen, aufregen, aufwirbeln, erregen, erheben* (die Stimme). — 2) *Jmd* (Dat.) *Etwas* (Acc.) *darbringen.* — 3) *Jmd* (Acc.) *ein Leid anthun* Çat. Br. 7,3,2,14. — 4) *sich in Bewegung setzen, sich erheben.* — 5) *rinnen, zerrinnen.* — 6) *stossen auf, treffen, gerathen in oder auf, erreichen, erlangen.* — 7) *Jmd* (Acc.) *zu Theil werden.* — Caus. अर्पयति 1) *schleudern, werfen.* — 2) *durchbohren.* — 3) *hineinstecken, hineinlegen, anstecken, befestigen, infigere* 44,18. — 4) *aufsetzen, auflegen, auftragen* 113,28. 176,2. 315,27. अर्पित *besetzt mit* (Instr.) MBh. 13,50,20. — 5) (Blicke, Gedanken) *richten auf* Spr. 7765. — 6) *darreichen, hingeben, übergeben* 206,31. Spr. 7623. — 7) *zurückgeben, wiedererstatten* 109,13. — 8) *aufgeben, fahren lassen* Sâh. D. 12,12. — *Intens. अरार्यते *umherirren; zu Jmd* (Acc.) *sich hinbegeben.* — Mit अनु 1) Med. *nach Jmd sich erheben.* — 2) **folgen.* — Mit अप *öffnen, aufschliessen.* — Mit अभि *hineilen zu* (Acc.). — Mit आ 1) *einfügen, einsetzen.* — 2) *herbeibringen, schaffen.* — 3) *besetzen, erfüllen mit* (Instr.) — 4) *Jmd* (Acc.) *Etwas anthun.* — 5) *herbeieilen.* — 6) *gerathen in* (Unglück). — Vgl. आर्त. — Mit उद् 1) *aufregen, auftreiben, erheben.* — 2) Act. Med. *sich erheben.* — Caus. *emporbringen, gedeihen machen.* — Mit उप 1) *hingehen zu* (Acc.). — 2) *Jmd* (Acc.) *zu Hülfe eilen.* — 3) *zu nahe treten, beleidigen.* — 4) *anstossen, ein Versehen machen.* — Mit नि 1) *niederlegen, niedersetzen.* — 2) *einfügen in* (Loc.), *verleihen.* — 3) *unterliegen* HV. 4,16,9. — Caus. *niederwerfen.* — Mit निस् 1) *hinfällig machen* HV. 1,119,7. — 2) *absondern* AV. 10,2,1. — 3) *verlustig gehen* (mit Abl. oder Gen.). — Caus. *auseinandergehen machen, auflösen.* — Mit प्र 1) *in Bewegung setzen, erregen.* — 2) *Jmd* (Dat.) *Etwas* (Acc.) *zuführen.* — 3) *sich in Bewegung setzen, vordringen.* — Caus. *in Bewegung setzen, anregen.* — Mit प्रति *einfügen.* — Caus. 1) *entgegenwerfen.* — 2) *befestigen, anfügen, auflegen* Çat. Br. 10,5,4,1. — 3) *übergeben.* — 4) *zurückgeben* 215,2. *von Neuem geben.* — Mit वि 1) *aufschliessen, erschliessen.* — 2) *sich öffnen.* — Mit सम् 1) *zusammenfügen, zu Stande bringen.* — 2) *zusammenraffen.* — 3) *zu Stande kommen.* — 4) *zusammenlaufen, — kommen, — hineilen zu* (Acc. oder Loc.), — *treffen mit* (Instr.), *sich zusammenfügen.* — Caus. 1) Act. Med. *schleudern, treffen.* — 2) *zusammenstossen lassen* Çat. Br. 13,3,8,7. — 3) *befestigen, hineinstecken, hineinlegen.* — 4) *auflegen, auftragen* 96,20. — 5) *übergeben.* — 6) *wiedergeben.* — 7) *absenden* Spr. 6989. — Partic. समर्पित *erfüllt von* Lalit. 97,9. — Mit अभिसम् *treffen, ergreifen.*

1. **अर** 1) m. und *n. *Radspeiche.* — 2) m. *speichenähnlicher Theil an einem radähnlichen Altar* Çulbas. 3,183. — 3) m. *bei den* Gaina *Speiche im Zeitenrade, deren zwölf angenommen werden.* — 4) m. *N. pr. eines Arhant und eines Kakravartin bei den Gaina.

2. **अर** m. Name eines Meeres in Brahman's Welt.

3. ***अर** Adj. *schnell, geschwind.*

अरक m. 1) = 1. अर 1). — 2) = 1. अर 2). — 3) **Blyxa octandra* Rich. und *Gardenia enneandra* Koen.

अरक्षत् Adj. *nicht schützend* M. 8,301.307.

अरक्षस् Adj. *nicht schädigend, harmlos, treu.*

अरक्षित Adj. *ungehütet* 182,16. 189,1. MBh. 12,82,1. Spr. 567.

अरक्षितर् Nom. ag. *kein Schützer* 89,6. Spr. 568. 1699. 6609.

अरक्ष्यमाण Adj. *ungeschützt* Spr. 569.

अरगराट ? AV. 6,69,1.

***अरग्वध** m. = आरग्वध.

अरघट्ट m. 1) *Schöpfrad.* — 2) *Brunnen* Râgat. 6,11.

***अरघट्टक** m. = अरघट्ट 1).

अरंकृत् Adj. *zurecht machend, ein Opfer zurichtend.*

अरंकृति f. *Dienst.*

अरंगम Adj. *hülfreich, förderlich.*

अरंगर m. (?) AV. 20,135,13.

अरञ्जिसह m. Pl. *eine best. Götterordnung* (buddh.).

अरंघुष Adj. *laut tönend, vernehmlich.*

अरजस् 1) Adj. a) *staublos.* — b) *ohne Leidenschaft* MBh. 14,46,26. — 2) f. *ein noch nicht mannbares Mädchen.*

अरजस्क Adj. *ohne die Qualität* Ragas Ind. St. 9,165.

अरजा f. N. pr. *einer Tochter des* Uçanas.

***अरजाय्**, °यते Denom. von अरजस्.

अरज्जु f. *kein Strick.*

अरज्जुबद्ध Adj. *nicht angebunden* Kâtj. Çr. 7,6,14.

***अरटु** m. *Calosanthes indica* Bl.

अरट्ट m. N. pr. *eines Mannes.*

***अरडु** m. = अरटु. Davon Adj. *अरडुक.

1. **अरण** Adj. (f. ई) *fern, fremd.*

2. **अरण** n. 1) **das Hineingehen, Sichhineinfügen.* — 2) *Zuflucht.*

1. **अरणि** 1) *m. und f. (auch अरणी) *Reibholz.* — 2) m. *Premna spinosa.* Auch *f. ई Gal. — 3) *die Sonne.*

2. **अरणि** f. *Unbehagen.*

***अरणिका** f. *Premna spinosa* Nigh. Pr.

अरणिमन्त् Adj. *in den Reibhölzern enthalten.*

***अरणीकेतु** m. *Premna spinosa.*

अरण्य 1) n. a) *Ferne, Fremde.* — b) *Wildniss, Wald.* °वत् Adv. 154,33. — 2) m. a) **ein best. Baum,* = कट्फल. — b) N. pr. *eines* Sâdhja, *eines Sohnes des* Manu Raivata *und eines Lehrers.*

अरण्यक n. *Wald.*

***अरण्यकणा** f. *wilder Kümmel* Nigh. Pr.

***अरण्यकदली** f. *wilde* Kadali.

***अरण्यकर्पासी** f. *wilde Baumwollenstaude* Gal.

***अरण्यकाक** m. *Waldkrähe* Nigh. Pr.

अरण्यकाण्ड n. *Titel des 3ten Buches im* Râmâjaṇa.

***अरण्यकार्पासी** f. *wilde Baumwollenstaude.*

***अरण्यकुलत्थिका** f. *Glycine labialis* L.

***अरण्यकुसुम्भ** m. *Carthamus tinctorius* L.

***अरण्यकेतु** m. *eine best. Pflanze* Gal.

अरण्यगज m. *wilder Elephant.*

***अरण्यघोली** f. *eine best. Gemüsepflanze.*

***अरण्यचटक** m. *wilder Sperling.*

अरण्यचर Adj. *im Walde lebend, wild.*

***अरण्यज** Adj. *im Walde lebend, — wachsend.*

***अरण्यजार्द्रका** f. *wilder Ingwer.*

***अरण्यजीर** m. *wilder Kümmel.*

***अरण्यजीव** Adj. = अरण्यचर.

***अरण्यतुलसी** f. *Ocimum adscendens* Nigh. Pr.

अरण्यद्वादशी f. *der zwölfte Tag in der lichten Hälfte des* Mârgaçirsha.

अरण्यधर्म m. *wildes Wesen, Wildheit.*

***अरण्यधान्य** n. *wilder Reis.*

अरण्यनृपति m. *König des Waldes,* Bein. *des Tigers.*

अरण्यपर्वन् n. Titel des 1ten *Abschnitts* im 3ten

Buch des MBh.

अरण्यभव Adj. *im Walde wachsend.*

अरण्यभाग Adj. *einen Theil des Waldes bildend* Çat. Br. 13,2,4,8.

*अरण्यमक्षिका f. *Bremse.*

अरण्यमार्जार m. *wilde Katze.*

*अरण्यमुद्ग m. *eine Bohnenart.*

*अरण्यरजनी f. *Curcuma aromatica* Nigh. Pr.

अरण्यराज् m. *König des Waldes,* Bein. *des Löwen und Tigers.*

अरण्यराज्य n. *Herrschaft über den Wald* 135,29.

अरण्यरुदित n. *ein Weinen im Walde,* so v. a. *vergebliches Klagen* Spr. 283 (Pl.). 570.

*अरण्यवायस m. *Rabe.*

अरण्यवास m. *der Wald als Aufenthaltsort* 92,32.

अरण्यवासिन् 1) Adj. *im Walde lebend* MBh. 3, 267,17. m. *Waldthier* Chr. 156,1. — 2) *f. °नी *eine best. Schlingpflanze.*

*अरण्यवास्तुक (Gal.) und *°वास्तूक m. *Melde.*

*अरण्यशालि m. *wilder Reis.*

*अरण्यशूरण m. *ein best. Knollengewächs.*

*अरण्यश्वन् m. 1) *Wolf.* — 2) *Schakal.*

अरण्यषष्ठिका f. *eine best. Begehung* Comm. zu Mṛčch. 54,10.

अरण्यषष्ठी f. *der 6te Tag in der lichten Hälfte des* Ǵjaishṭha.

अरण्यहलदी f. *Curcuma aromatica* Bhâvapr. 1,177.

अरण्याधीति f. und अरण्याध्ययन n. *das Studium im Walde* Sl. in der Einl. zu Taitt. Âr.

अरण्यानि und अरण्यानी f. 1) *Wildniss, grosser Wald.* — 2) *die Genie der Wildniss.*

अरण्यायन n. *das Sichzurückziehen in den Wald.*

*अरण्यीय Adj. von अरण्य.

अरण्येगेय Adj. *im Walde zu singen* Lâṭj. 7,5,13. Sâmavidh. 27,6. 29,1.

*अरण्येतिलक m. Pl. *im Walde wachsende* Tilaka, so v. a. *was keinen Nutzen bringt.*

अरण्येऽनुवाक्य Adj. *im Walde herzusagen.*

अरण्येऽनूच्य m. *eine best. Spende.*

अरण्यौकस् m. *Waldbewohner, Eremit.*

अरतत्रप m. *Hund.*

1. अरति m. *Diener, Gehülfe, Verwalter, administer.*

2. अरति f. 1) *Gefühl des Unbehagens, Verstimmtheit.* — 2) **Aufregung;* **Ungeduld,* **Sehnsucht.*

अरतिक Adj. *der* Rati *(Gattin des Liebesgottes) ermangelnd.*

अरतिज्ञ Adj. *Lust nicht kennend* Bhâg. P. 4,25,88.

अरत्नालोकसंहार्य Adj. *durch den Glanz von Edelsteinen nicht zu Nichte zu machen* Spr. 571.

1. अरत्नि m. 1) *Ellbogen.* f. Bhâg. P. — 2) *Elle, die Entfernung vom Ellbogen bis zur Spitze des kleinen Fingers,* = 2 Prâdeça oder 24 Aṅgula Çulbas. 1,16. — 3) *Winkel, Ecke.*

2. अरत्नि Adj. *ungenügsam, unzufrieden* ṚV. 2,69,2.

अरत्निक m. *Ellbogen.*

अरत्निन् Adj. *keine Kostbarkeiten besitzend.*

1. अरत्निमात्र n. *eine Entfernung von nur einer Elle* Çat. Br. 5,3,6,30.

2. अरत्निमात्र Adj. (f. ई) *eine Elle lang.* अरत्निमात्राङ्गी Adj. Kâts. Çr. 7,9,27.

अरथ Adj. *ohne Wagen.*

अरथी m. *kein Wagenlenker.*

अरध्र Adj. *nicht willig, — gehorsam.*

अरनेमि m. Brahmadatta, N. pr. eines Fürsten.

अरन्तुक n. N. pr. eines Tîrtha.

अरप Adj. *unbeschädigt.*

अरपचन m. Name einer Dhâraṇî des Mañǵuçrî.

अरपस् Adj. 1) *unbeschädigt, heil.* — 2) *nicht beschädigend.*

अरम् Adv. 1) *passend, gemäss, angemessen, entsprechend* (mit Dat.). — 2) *genug, hinreichend.* — Vgl. कर्, करोति und भू mit अरम्.

अरंमनस् Adj. *dem Willen folgend.*

1. अरमति 1) f. *Ergebenheit, Genie der gehorsamen Frömmigkeit.* — 2) Adj. *geduldig* ṚV. 10,92,4. 5.

2. अरमति (ṚV. 2,38,4. 8,31,12) und अरममाण Adj. *nicht rastend.*

अरमिष् Adj. *herbeieilend.*

*अरर 1) n. *Hülle, Deckel.* — 2) m. f. (ई) und n. *Thürflügel.*

*अररक 1) m. a) N. pr. eines Mannes gaṇa गर्गादि. — b) Pl. *die Nachkommen des* Ararakâ Mahâbh. 6,48,b. — 2) f. आ ein Frauenname ebend. Ind. St. 13,389. fg.

अररि m. 1) *Thürflügel* Râǵat. 7,899. 1085. द्वारारि 1086. — 2) **eine best. Pflanze* Gal.

अररिन्द n. 1) *ein best. bei der* Soma-*Bereitung gebrauchtes Werkzeug.* — 2) **Wasser.*

अररिवंस् (schwach अररुष्) Adj. *missgünstig, feindlich.*

अररु 1) Adj. dass. ein Asura Maitr. S. 4,1,10. TBr. 3,2,9,4. — 2) *m. *Geschoss.*

*अररे Interj.

*अरर्प्, °र्पति (वारकर्मणि).

अरलु und °क m. *Colosanthes indica* Bl.

*अरवत् Adj. *mit Speichen versehen.*

अरविन्द 1) n. *die am Tage blühende wohlriechende Blüthe von Nelumbium speciosum oder Nymphaea Nelumbo.* Davon Nom. abstr. °ता f. 251,27. °त्व n. Tarkas. 43. — 2) **Kupfer.*

*अरविन्ददलप्रभ n. *Kupfer* Nigh. Pr.

अरविन्दनाभ m. Bein. Vishṇu's.

अरविन्दिनी f. *Nelumbium speciosum* Râǵat. 7, 1516. Kir. II,88,22.

अरश्मन् Adj. *ohne Strang oder Zügel.*

अरश्मिक Adj. *ohne Zügel.*

अरस Adj. (f. आ) 1) *geschmacklos, unschmackhaft* Ind. St. 9,164. — 2) *ohne Geschmackssinn.* — 3) *kraftlos, matt.*

अरसज्ञ Adj. *keinen Geschmack —, keinen Sinn für Etwas habend* MBh. 12,180,29.

अरसयितर् Nom. ag. *Nichtschmecker* Maitrjup. 6,11.

अरसाश m. *Nichtgenuss von Säften* Kauç. 141.

अरसाशिन् Adj. *keine Säfte geniessend* Kauç. 42.

अरसिक Adj. *keinen Geschmack für das Schöne besitzend* 167,26.

अरसीठक्कुर m. N. pr. eines Dichters Z. d. d. m. G. 27,8.

अरहस्यम् Adv. *in Gegenwart Anderer* MBh. 13, 123,12.

*अरा f. = आरा *Ahle.*

अराक्षस Adj. *von* Râkshasa *befreit* MBh. 3, 284,16.

अराग Adj. *ohne Leidenschaft, — Zuneigungen* Vedântas. 4.

अरागिन् Adj. 1) *nicht farbig* Suçr. 2,343,8. — 2) = अराग Spr. 3593.

अराजक 1) Adj. *königlos* Spr. 3616. fgg. — 2) n. *Anarchie* Spr. 861.

अराजकता f. *Königslosigkeit.*

अराजन् m. *Nichtkönig.*

अराजन्य Adj. *ohne die Kriegerkaste* Çat. Br. 4, 1,4,8.

अराजान्वयिन् Adj. *zu keinem königlichen Geschlecht gehörend* Râǵat. 3,155.

अरात्रिन् Adj. *glanzlos, dunkel.*

अराटकी f. *eine best. Pflanze.*

अराड्य Adj. *langhörnig.*

अराण Partic. Aor. von अर्.

अराणि m. N. pr. eines Sohnes des Viçvâmitra MBh. 13,257. v. l. अरालि.

अराति 1) f. a) *Missgunst, Feindseligkeit.* — b) *Ungemach, Unheil, Leid.* — c) *Feind, Gottloser.* — d) *Unhold, Unholdin.* — 2) m. *Feind* 106,25.

अरातिदूषण und °दूषि Adj. *Unheil zu Schanden machend.*

अरातिय्, अरातियति = अरातीय्.

अरातिहन् Adj. *Unheil vernichtend.*

अरातीय्, °यति *feindselig gesinnt sein* (mit Dat.).

अरातीयु und अरातीवन् Adj. *feindselig gesinnt.*

अराति f. *Misslingen, Ungemach.*

अराधस् Adj. *nicht wohlthätig, — freigebig, eigennützig, geizig.*

1. अराय Adj. *geizig, karg.*

2. अराय m. und अरायी f. *eine best. Gattung von Dämonen.*

अरायक्षयण n. *ein Mittel Unholde zu vernichten.*

अरायचातन n. *ein Mittel Unholde zu verscheuchen.*

अराल 1) Adj. *gebogen, krumm, kraus* (von Haaren). — 2) m. *a) eine best. Stellung der Hand. — b) *Harz der Shorea robusta. — c) *ein brünstiger Elephant. — d)* N. pr. eines Lehrers. — 3) *f. आ und ई *a) ein unkeusches Weib. — b) ein bescheidenes Weib.* — c) ein Frauenname. — 4) n. *a) *der gekrümmte Anfang des Elephantenschwanzes* Gal. — *b) eine Art Tanz* S.S.S. 260.

अरालशकटकामुख m. *eine best. Stellung der Hände* Verz. d. Oxf. H. 202,a,26.

अरालहस्त m. *eine best. Stellung der Hand* ebend. 86,a,26. 202,a,6.

अरालि m. N. pr. eines Sohnes des Viçvâmitra MBh. 13,4,55. अरापि v. l.

*अरालु n. ein von Nîlak. erfundenes Wort.

*अरालुक m. *Calamus Rotang* Nigh. Pr.

1. अरावन् Adj. *feindselig.*

2. अरावन् m. = अर्वन् *Ross* ṚV. 7,68,7.

अराष्ट्र n. *kein Reich, — Volk* Çat. Br. 9,4,1,5. 13,4,2,17.

1. अरि Adj. *treu, anhänglich; m. ein Getreuer.*

2. अरि (auch अरी AV.) 1) Adj. *feindlich, missgünstig* ṚV. 6,13,5. 10,42,1. — 2) m. *a) Feind. — b) Feind* in astrol. Sinne. °गृह und °भ n. *das Haus eines feindlichen Planeten. — c) das 6te astrol. Haus.* — 3) f. **eine Mimosa-Art* Râǵan. 8,30 (अरि Hdschr.).

3. अरि m. = अरिन् *Rad* Spr. 3349, v. l.

अरिकर्षण Adj. *Feinde hart mitnehmend.*

अरिक्त 1) Adj. *nicht leer* Kâty. Çr. 5,6,31. — 2) **n. berauschendes Getränk* Gal.

अरिक्थभाज् (Mit. bei Gold.) und अरिक्थीय (M. 9,147) Adj. *keine Ansprüche auf ein Erbtheil habend.*

अरिगूर्त Adj. *von Treuen gepriesen.*

अरिजन n. *Schaar der Feinde* 112,10.

अरिजित् m. N. pr. eines Sohnes des Kṛshṇa von der Bhadrâ.

अरितृ Nom. ag. *Ruderer.*

1. अरित्र 1) Adj. *treibend.* — 2) m. *Ruder* Çat. Br. 4,2,5,10.

2. अरित्र n. (Ende eines adj. Comp. f. आ) *Ruder* AV. 5,4,4.

*अरित्रगाध Adj. *rudertief* Kâç. zu P. 6,2,4.

अरित्रपरण Adj. (f. ई) *durch Ruder übersetzend.*

अरिदास m. N. pr. eines Fürsten. अलिदास v. l.

अरिधायस् Adj. *treulich nährend.*

अरिन् n. *Rad; Discus.*

अरिनन्दन Adj. *Feinde erfreuend,* so v. a. *der Feinde Schadenfreude erweckend* Hit. 11,6.

अरिंदम 1) Adj. *Feinde im Zaum haltend.* — 2) m. a) Bein. Çiva's. — b) N. pr. zweier Männer.

अरिप्र Adj. *fleckenlos* (eig. und übertr.).

अरिफित Adj. *nicht in r übergehend* ṚV. Prât. 1,17(27). 2,9. 4,14. VS. Prât. 7,6.

*अरिमर्द m. *Cassia Sophora.*

अरिमर्दन 1) Adj. *Feinde zermalmend.* — 2) m. N. pr. a) eines Sohnes des Çvaphalka. — b) eines Eulenkönigs.

अरिमेजय m. N. pr. eines Schlangenpriesters (Tâṇḍja-Br. 25,15,3) und verschiedener Fürsten.

अरिमेद m. 1) **Vachellia farnesiana* W. u. A. — 2) Pl. N. pr. eines Volkes.

अरिमेदक m. *ein best. Insect.*

*अरिम्न m. wohl N. pr. eines Mannes. अरोम्न v. l.

अरिषण्य und अरिषण्यत् Adj. *nicht fehlend, sicher, zuverlässig.*

अरिष्ट 1) Adj. (f. आ) *a) unversehrt. — b) unverletzlich. — c) keiner Gefahr ausgesetzt, sicher. — d)* (euphem.) *Unglück bringend, — verheissend.* गृहोत्तम so v. a. *Unglücksgemach* R. 2,12,22. — 2) m. *a) Unheil, Unglück. — b) *Reiher. — c) *Krähe. — d) Sapindus detergens Roxb.* (oder *emarginatus*), *Seifenbaum; Azadirachta indica A. Juss.* und **Knoblauch. — e) Liqueur, weinartiges Getränk. — f)* N. pr. α) eines in Gestalt eines Stieres auftretenden Asura. — β) eines Mannes VP.[2] 3,240. रिष्ट v. l. — 3) f. आ *a) Binde, Verband. — b) *eine best. Pflanze. — c) eine Form der* Durgâ. — d) N. pr. einer Tochter Daksha's und Gattin Kaçjapa's. — 4) n. *a) Glück, Heil* MBh. 4,66,22. Jogat. Up. 13. — *b)* (euphem.) *Unheil, Unglück. — c) ungünstiges Symptom, Anzeichen des Todes. — d) *Gemach einer Wöchnerin. — e) *Buttermilch. — f) *Liqueur. — g)* Name eines Sâman.

अरिष्टक 1) m. *Seifenbaum.* — 2) f. अरिष्टका und अरिष्टिका *eine best. Pflanze.*

अरिष्टकर्मन् m. N. pr. eines Fürsten VP. 4,24,12.

अरिष्टगातु Adj. *einen sichern Wohnplatz habend.*

अरिष्टगु Adj. *dessen Heerden unversehrt sind.*

*अरिष्टगृह n. *Gemach einer Wöchnerin.*

अरिष्टग्राम Adj. *dessen Schaar unversehrt ist.*

अरिष्टताति 1) f. *Unversehrtheit, Sicherheit.* — 2) *Adj. *Glück bringend.*

अरिष्टनवनीत m. (!) Titel eines Werkes.

अरिष्टनेमि 1) Adj. *dessen Radfelge unversehrt bleibt.* — 2) m. N. pr. eines Gandharva und verschiedener anderer Personen.

अरिष्टनेमिन् m. N. pr. eines Bruders des Garuḍa, eines Muni und *eines Arhant bei den Ǵaina.

*अरिष्टपुर n. N. pr. einer *Stadt.*

*अरिष्टफल m. *Azadirachta indica A. Juss.* Gal.

अरिष्टभर्मन् Adj. *sichern Schutz gewährend* ṚV.

अरिष्टमथन m. Bein. Çiva's (eig. Vishṇu's).

अरिष्टरथ Adj. *dessen Wagen unversehrt ist.*

अरिष्टवर्ग m. *Reihe von Heilsprüchen* Sâmav. Br. 2,1,5.

अरिष्टवीर Adj. *dessen Mannen unversehrt sind.*

अरिष्टशय्या f. *Lager einer Wöchnerin* 96,19.

*अरिष्टसूदन und *अरिष्टहन् m. Bein. Vishṇu's.

*अरिष्टाश्रितपुर n. N. pr. einer *Stadt.*

अरिष्टासु Adj. *dessen Lebenskraft unversehrt ist.*

अरिष्टि f. *Unversehrtheit.*

अरिष्टुत Adj. *eifrig gepriesen.*

अरिष्यत् Adj. *keinen Schaden nehmend.*

अरिसिंह m. N. pr. eines Autors.

अरिसोम m. *eine best.* Soma-*Pflanze.*

अरिह m. N. pr. zweier Fürsten.

अरिहन् Adj. *Feinde vernichtend.*

अरीढ, अरीलुह Adj. *ungeleckt.*

अरीति und °क n. *ein best. Fehler des Ausdrucks: das Nichtstilgemässe.*

*अरीम्न m. wohl N. pr. eines Mannes Kâç. zu P. 4,2,80. अरिम्न v. l.

*अरीहण P. 4,2,80.

1. अरु = अरुस् in अरुंतुद.

2. *अरु m. 1) *die Sonne.* — 2) *roth blühender* Khadira.

अरुंषिका f. *Kopfgrind.*

अरुग्ण Adj. *ungebrochen.*

अरुच् Adj. *lichtlos.*

अरुचि f. 1) *Mangel an Appetit, Ekel.* — 2) *Widerwille, Abneigung gegen* (उपरि) Kâd. 165,3.

अरुचित Adj. *nicht zusagend, — schmeckend* Çat. Br. 14,1,2,22.

अरुज् Adj. *schmerzlos.*

अरुज 1) Adj. (f. आ) *a) schmerzlos* Suçr. 2,300, 14. 309,8. 20. — *b) nicht krank, gesund* 183,13. 217,20. — *c) wohl auf* R. 7,84,16. — 2) m. *a) *Cassia fistula.* — b) N. pr. eines Dânava.

अरुण 1) Adj. (f. आ, ved. auch ई) a) röthlich, hellbraun, goldgelb. तुषारारुण in Folge von 86,9. धूमारुण 83,18. सिन्दूररागारुण 292,22. — b) *verwirrt. — c) *stumm. — 2) m. a) Röthe, rothe Farbe. — b) Morgenröthe, personif. als Wagenlenker der Sonne 52,10. — c) die Sonne. — d) Pl. Bez. bestimmter Ketu. — e) ein best. kleines giftiges Thier. — f) *Rottleria tinctoria. — g) *eine Art Zucker. — h) *eine Art Aussatz. — i) N. pr. verschiedener menschlicher und übermenschlicher Personen. अरुण Çat. Br. 14,9,4,33. — 3) f. आ *a) eine Birkenart, indischer Krapp, Ipomoea Turpethum R. Br., Abrus precatorius, Koloquinthengurke, = मुण्डितिका und = श्यामा. — b) N. pr. eines Flusses. — 4) f. ई a) eine röthliche Kuh. — b) Morgenröthe. — 5) n. a) Röthe. — b) Gold. — c) Rubin.

*अरुणकमल n. rothe Lotusblüthe.

अरुणकर m. die Sonne Kâd. 28,6.

अरुणकिरण m. dass. Varâh. Bṛh. S. 5,55.

अरुणकेतुब्राह्मण n. das Brâhmaṇa der Aruṇâḥ Ketavaḥ (s. u. केतु) Ind. St. 3,394.

*अरुणचूड m. Hahn Nigh. Pr.

अरुणज्योतिस् m. Bein. Çiva's.

अरुणता f. Röthe.

अरुणदत्त m. N. pr. eines Autors.

अरुणदूर्वा f. röthliches Fennichgras.

*अरुणनेत्र m. Taube Nigh. Pr.

अरुणपुष्प n. eine röthliche Blume Çat. Br. 4,5, 10,2.3. die Blüthe eines best. Grases (Comm.) Kâty. Çr. 25,12,18.

*अरुणपुष्पी f. Pentapetes phoenicea Nigh. Pr.

अरुणप्रिया f. N. pr. einer Apsaras.

अरुणप्सु Adj. von röthlichem Aussehen?

अरुणबभ्रु Adj. rothgelb.

अरुणय्, °यति röthen Kâd. 198,7. 234,8. अरुणित geröthet Çiç. 6,32.

अरुणरश्मि Adj. mit röthlichen Strahlen angethan.

अरुणलोचन 1) Adj. rothäugig Mârk. P. 83,7 (vor Zorn). — 2) *m. Taube.

*अरुणशालपर्णी f. eine best. Pflanze Gal.

*अरुणसारथि m. die Sonne.

अरुणस्मृति f. Titel eines Werkes.

अरुणाचलस्थल n. N. pr. einer Oertlichkeit.

*अरुणात्मज m. Bein. des Gaṭâju.

अरुणादित्य m. eine der zwölf Formen der Sonne.

अरुणानुज m. Bein. Garuḍa's Kâd. 34,12.

*अरुणाभ n. eine Art Stahl.

अरुणाम्नायविधि m. Titel eines Abschnittes im Kâṭhaka Ind. St. 3,392. 394. Vgl. अरुणोपविधि.

अरुणार्चिस् m. die aufgehende Sonne.

*अरुणावरज m. Bein. Garuḍa's.

अरुणाश्व Adj. mit röthlichen Rossen fahrend.

अरुणि m. N. pr. eines Muni. Vgl. आरुणि.

अरुणिमन् m. Röthe Bâlar. 21,8. Comm. zu Naishadh. 3,1,10.

अरुणी Adv. mit कर् röthen Kâd. 253,8.

अरुणोपविधि m. = अरुणाम्नायविधि Sâj. in der Einl. zu Taitt. Âr.

अरुणोद n. N. pr. eines Sees VP. 2,2,21.

अरुणोदयसप्तमी f. der 7te Tag in der lichten Hälfte des Mâgha.

*अरुणोपल m. Rubin.

अरुतहनु Adj. dessen Kinnbacken nicht zerschlagen ist.

अरुंतुद Adj. (f. आ) auf eine Wunde schlagend, eine wunde Stelle (eig. und übertr.) berührend; qualvoll.

अरुन्धती f. 1) eine best. heilkräftige Schlingpflanze. — 2) N. pr. der Gattin Vasishṭha's (83, 15; zugleich in der Bed. 3) und Dharma's. — 3) der kaum sichtbare Stern Alkor im grossen Bären 83,15. fgg. 218,24. Wer den nicht sieht, soll dem Tode verfallen sein. Später in dieser Verbindung als Zunge gefasst. — 4) eine best. übernatürliche Kraft.

*अरुन्धतीजानि und *अरुन्धतीनाथ m. Bein. Vasishṭha's.

अरुन्धतीवट N. pr. eines Tîrtha.

अरुन्धतीसहचर m. Bein. Vasishṭha's.

अरुन्मुख m. Pl. Bez. bestimmter Jati Kaush. Up. 3,1. Die richtigere Form ist अरुर्मघ.

अरुर्मघ m. Pl. Bez. best. unbedachtiger Dämonen.

अरुज n. Name eines Tantra.

अरुशर्शन् m. Stöpsel oder dgl. am Ausguss eines Fusses.

1. अरुष् Adj. nicht erzürnt Spr. 6698, v. l.

2.*अरुष्, अरुषति und अरुष्यति (गतिकर्मन्).

अरुष 1) Adj. (f. अरुषी) roth, feuerfarben. — 2) m. a) Pl. die rothen Hengste Agni's, die Flammen. — b) die Sonne, der Tag. — 3) f. अरुषी a) Morgenröthe. — b) eine rothe Stute. Als Gespann Agni's so v. a. Flammen. — 4) *n. = रूप.

अरुषस्तूप Adj. einen rothen Haarbusch habend.

*अरुष्क m. Semecarpus Anacardium L.

अरुष्कर 1) Adj. wund machend. — 2) m. Semecarpus Anacardium L., n. die Nuss dieses Baumes Suçr. 1,214,3.

अरुष्कृत Adj. verwundet Çat. Br. 13,3,7,6.

अरुष्यत् Adj. nicht zürnend Spr. 377.

अरुस् 1) Adj. wund. — 2) n. Wunde. — 3) *die Sonne. — 4) *indecl. Gelenk.

अरुःस्राण n. ein best. Wundmittel.

*अरू Adv. mit कर् verwunden.

अरूक्ष Adj. weich. Davon Nom. abstr. अरूक्षता f. Weiche.

अरूक्षित und अरूक्ष्ण Adj. weich, geschmeidig.

अरूप Adj. (f. आ) 1) gestaltlos Tâṇḍja-Br. 24,1,3. — 2) missgestaltet. — 3) farblos, so v. a. dem Auge nicht zugänglich Ind. St. 9,164.

अरूपक Adj. gestaltlos, unkörperlich MBh. 3, 169,25.

अरूपज्ञ Adj. die Gestalt —, die Farbe nicht unterscheidend Çat. Br. 14,7,2,2.

अरूपण n. keine bildliche Bezeichnung 252,5.

अरूपत्व n. 1) das Missgestaltetsein. — 2) Blindheit. — 3) Nichtbesitz einer besonderen Eigenthümlichkeit Gaim. 2,2,15.

अरूपवत् Adj. unschön, hässlich.

अरूपिन् Adj. gestaltlos, unkörperlich Kaṇ. 4,1,12.

*अरूष m. 1) die Sonne. — 2) eine Schlangenart.

अरे tonlose Interj. der Anrede VS. Prât. 2,16.

अरेणु 1) Adj. a) staublos. — b) nicht irdisch, himmlisch. — 2) m. Pl. die Götter.

अरेतस् Adj. keinen Samen empfangend.

अरेतस्क Adj. samenlos.

अरेपस् Adj. fleckenlos.

अरेफजात Adj. ohne irgend ein r Ind. St. 9,33.

अरेफवत् Adj. kein r enthaltend ṚV. Prât. 4,16.

अरेफिन् Adj. nicht in r übergehend ṚV. Prât. 4,10.

अरेरे (wohl अरे रे) Interj.

*अरेवत m. eine best. Pflanze, = रेवत Gal.

*अरोक Adj. dunkel, schwärzlich.

*अरोकदत् m. N. pr. eines Mannes.

*अरोकदन्त 1) Adj. schwarzzähnig. — 2) m. N. pr. eines Mannes.

1. अरोग m. Gesundheit Spr. 6449.

2. अरोग 1) Adj. (f. आ) gesund. — 2) f. आ Name der Dâkshâjaṇî in Vaidjanâtha.

अरोगण Adj. von Krankheit helfend.

अरोगता f. (Bhâvapr. 1,125), अरोगत्व n., अरोगिता f. und अरोग्यता f. Gesundheit.

अरोचक 1) Adj. nicht glänzend. — 2) m. (n. Gal.) Mangel an Esslust, Ekel.

अरोचकिन् Adj. 1) an Appetitlosigkeit leidend 220,7. — 2) wählerisch, feinsinnig Vâmana 1,2,1.

अरोचमान 1) Adj. a) nicht glänzend. — b) nicht zusagend, — schmeckend Spr. 5109. — 2) *m. (संज्ञायाम्) Kâç. zu P. 6,2,160.

अरोमश n. das Vermeiden einer best. fehlerhaften Aussprache der Sibilanten Mâṇḍ. Çiksh. 5,4.

अरोहपूर्व Adj. wobei die Töne nicht aufsteigen Saṁhitopan. 17,2.

अरोहिणीक Adj. ohne Rohiṇî.

अर्क m. 1) Strahl. — 2) Blitzstrahl. — 3) die Sonne, der Sonnengott (100,10). *Pl. als Gottheiten eine Unterabtheilung der Ģjotishka (bei den Ģaina). — 4) Bez. der Zahl zwölf. — 5) Sonntag. — 6) Feuer. — 7) Krystall R. 2,94,6. — 8) *Kupfer. — 9) das aufgerichtete Glied. — 10) Calotropis gigantea. — 11) eine best. Ceremonie. — 12) Lobgesang, Lied. Auch vom Rauschen der Winde und dem Gedonner Indra's. अर्कः, इन्द्रस्य u. s. w. अर्कः (auch अर्कम्) Namen von Sâman. — 13) Preisender, Sänger. दिवो अर्काः heissen die Marut ṚV. 5, 57,5. — 14) *Bein. Indra's. — 15) *Gelehrter. — 16) *älterer Bruder. — 17) *Speise (auch n.). — 18) N. pr. eines Arztes.

*अर्ककान्ता f. Polanisia icosandra W. u. A.

अर्ककाष्ठ n. Holz von der Calotropis gigantea Kâtj. Çr. 18,1,1.

अर्ककुण्डतीर्थ n. N. pr. eines Tîrtha.

अर्ककोशी f. Knospe der Calotropis gigantea Çat. Br. 10,3,4,3.5.

अर्कक्षीर n. Milchsaft der Calotropis gigantea Suçr. 2,282,8.

अर्कक्षेत्र n. N. pr. einer Oertlichkeit in Orissa.

अर्कग्रह m. Sonnenfinsterniss Varâh. Bṛh. S. 3,8.

अर्कग्रीव m. Name eines Sâman.

*अर्कचन्दन n. rother Sandel Râģan. 12,21.

अर्कचिकित्सा f. Arka's Heilkunde.

अर्कज 1) Adj. von der Sonne kommend, zu ihr in Beziehung stehend. — 2) m. a) der Planet Saturn. — b) *Du. Bez. der Açvin.

अर्कतनय 1) m. a) der Planet Saturn. — b) Bez. *Karṇa's. Im MBh. (angeblich) auch des Jama, Manu Vaivasvata und Manu Sâvarṇi. — 2) f. आ Bez. der Flüsse Jamunâ und Tapatî im MBh. (angeblich).

अर्कत्व n. Nom. abstr. von अर्क in unbest. Bed.

*अर्कदल m. Calotropis gigantea.

अर्कधाना f. Pl. Samenkörner der Calotropis gigantea Çat. Br. 10,3,4,3.5.

अर्कनन्दन m. 1) der Planet Saturn. — 2) *Bein. Karṇa's.

अर्कनयन m. N. pr. eines Asura.

1. अर्कपत्त्र n. Blatt der Calotropis gigantea 40,22.

2. *अर्कपत्त्र 1) m. Calotropis gigantea. — 2) f. आ Aristolochia indica.

1. अर्कपर्ण n. Blatt der Calotropis gigantea Çat. Br. 9,1,1,4.9.41. 10,3,4,5.5. Kâtj. Çr. 18,1,1.

2. *अर्कपर्ण m. 1) Calotropis gigantea. — 2) N. pr. eines Schlangendämons.

*अर्कपर्णाय (Gal.) und *अर्कपादप m. Azadirachta indica Juss.

अर्कपुत्र m. 1) der Planet Saturn. — 2) *Bein. Jama's Gal.

अर्कपुष्प n. 1) Blüthe der Calotropis gigantea Çat. Br. 10,3,4,3.5. — 2) Name eines Sâman.

अर्कपुष्पाद्य n. Name eines Sâman.

*अर्कपुष्पिका f. Gynandropsis pentaphylla DC.

अर्कपुष्पी f. 1) Hibiscus hirtus Nigh. Pr. Suçr. — 2) *eine best. stachelige Wasserpflanze Mad. 27,270.

अर्कपुष्पोत्तर n. Name eines Sâman.

अर्कप्रकाश 1) Adj. (f. आ) hell wie die Sonne. — 2) n. Titel zweier Werke.

अर्कप्रभाजाल n. Sonnenstrahlen 84,10.

*अर्कप्रिया f. Hibiscus rosa sinensis L.

*अर्कबन्धु und *अर्कबान्धव m. Bein. Çâkjamuni's.

*अर्कभक्ता f. Polanisia icosandra W. u. A.

*अर्कमार्ग m. Himmelsraum Gal.

अर्कमूल n. Wurzel der Calotropis gigantea Çat. Br. 10,3,4,3.5.

*अर्कमूला f. Aristolochia indica.

*अर्कय्, अर्कयति (स्तवने, तपने).

अर्करिपु m. Bez. Râhu's Kir. 2,11.

*अर्करेतोज m. Bein. Revanta's.

*अर्कलवण n. Salpeter Nigh. Pr.

अर्कत्विन् m. Sonnenstrahl Açv. Âç. 342,10.

*अर्कलूष m. N. pr. eines Mannes.

अर्कवस् Adj. den Blitzstrahl haltend.

*अर्कवल्लभ m. Pentapetes phoenicea L.

अर्कविध Adj. Arka-artig Çat. Br. 10,6,2,10.

अर्कविवाहप्रयोग m. Titel eines Werkes.

*अर्कवेध m. eine best. Pflanze.

अर्कव्रत n. die Weise der Sonne 207,12.

अर्कशशिशत्रु m. Bez. Râhu's.

अर्कशिरस् n. Name eines Sâman.

अर्कशोक m. Strahlenglut.

अर्कसमुद्ग m. Knospenspitze der Calotropis gigantea Çat. Br. 10,3,4,3.5.

अर्कसाति f. Liederfindung, dichterische Begeisterung.

अर्कसावन Adj. der wahren Sonnenzeit entsprechend Ganit. 1,20.

*अर्कसुत 1) m. Bein. Karṇa's Gal. — 2) f. आ a) Bein. der Jamunâ Gal. — b) Clitoria ternatea Nigh. Pr.

अर्कसूनु m. 1) der Planet Saturn J. R. A. S. 1870, S. 434. — 2) *Bein. Jama's.

*अर्कसोदर m. Indra's Elephant.

*अर्कहिता f. Polanisia icosandra W. u. A.

अर्काग्रा f. the sun's measure of amplitude Sûrjas. 3,23. Ârjabh. 4,30.

*अर्काश्मन् m. der Stein Sûrjakânta und Krystall.

अर्काश्वमेध n. Sg. (Kâç. zu P. 2,4,4) und °धौ m. Du. die Begehung Arka und das Rossopfer AV. 11,7,7. Çat. Br. 9,4,2,18. 10,6,5,8. °धवत् Adj. den A. u. d. R. erhaltend TS. 2,2,2,3. °धिन् Adj. den A. u. d. R. begehend 5,7,5,5.

अर्काष्ठीला f. Fruchtkorn der Calotropis gigantea Çat. Br. 10,3,4,3.5.

*अर्काह्व m. 1) der Stein Sûrjakânta. — 2) Pinus Webbiana Nigh. Pr.

अर्किन् Adj. 1) strahlenreich. — 2) gesangreich, lobsingend.

*अर्कीय Adj. von अर्क.

*अर्कोपल m. der Stein Sûrjakânta.

अर्क्य n. Name eines Çastra und eines Sâman TS. 5,3,8,7. 7,3,9,1. Tâṇḍja-Br. 14,7,4. 11,11.

*अर्ग्, अर्गयति (हिंसायाम्).

अर्ग m. N. pr. eines Ṛshi.

अर्गट m. 1) *Barleria caerulea Nigh. Pr. — 2) N. pr. eines Dichters.

अर्गड in मार्गड = अर्गल.

अर्गल 1) m. f. (आ) und n. Am Ende eines adj. Comp. f. आ. a) Riegel Ragh. 3,43. — b) Hinderniss, Hemmschuh. — c) *Welle. — 2) m. oder n. eine best. Hölle.

अर्गलानिर्णय m. Titel eines astrol. Tractats.

अर्गलास्तुति f. und अर्गलास्तोत्र n. Bez. eines dem Devîmâhâtmja vorangehenden und dasselbe verschliessenden Lobgesanges.

*अर्गलिका f. Demin. von अर्गल 1) a).

अर्गलित Adj. verriegelt, verschlossen Kâd. II, 82,17.

*अर्गलीय und *अर्गल्य Adj. von अर्गल.

अर्घ्, अर्घति einen Werth haben Spr. 3969. Etwas einbringen Pañkat. 228,10.

अर्घ m. 1) Preis, Werth. अर्घापचयेन billiger Gaut. 10,35. — 2) feierliche Aufnahme eines Gastes. Häufig mit अर्घ्य verwechselt. — 3) eine Anzahl von 20 Perlen, die zusammen ein Dharaṇa wiegen.

*अर्घट n. Asche.

अर्घपात्र (richtiger अर्घ्य°) n. eine Schüssel, in der einem Gaste das Wasser gereicht wird.

*अर्घीश m. Bein. Çiva's.

अर्घेय in अनर्घेय.

अर्घेश्वर m. Bein. Çiva's B. A. J. 4,218.

अर्घ्य 1) Adj. a) schätzbar, in अनर्घ्य. — b) eines

ehrenvollen Empfanges würdig, ehrenvoll aufzunehmen (als Gast) Pâr. Gṛhj. 1,3,1. — c) zum Empfang eines Gastes dienend. — 2) n. a) das beim Empfang eines Gastes dargereichte Wasser Gaut. 5,32. Ragh. 11,69. — b) *eine Art Honig; vgl. मार्घ्य.

अर्घ्यपात्र n. s. अर्घपात्र.

*अर्घ्यार्ह m. Pterospermum suberifolium Râgan. 10,105.

1. अर्च्, अर्चति und *अर्चयति 1) strahlen, glänzen. — 2) singen, lobsingen, besingen. — 3) Jmd (Dat.) Etwas (Acc.) anpreisen. — 4) Jmd ehren, seine Achtung erweisen; Etwas achten. Ausnahmsweise auch Med. अर्चित geehrt, dem Verehrung erwiesen worden ist, in hohem Ansehen stehend; mit Achtung gereicht. — 5) schmücken. अर्चित geschmückt R. 1,2,29. — Caus. अर्चयति 1) strahlen machen. — 2) Jmd ehren, seine Achtung erweisen. Auch Med. — Mit अनु Jmd (Acc.) zujauchzen. — Mit अभि Act. Med. 1) singen, besingen, preisen. — 2) ehren, verehren, seine Achtung erweisen. अभ्यर्चित wird mit अभ्यर्हित verwechselt. — Mit समभि ehren, verehren, begrüssen. — Mit प्र 1) vorleuchten. — 2) anheben zu singen. — 3) besingen. — 4) Jmd (Dat.) Etwas (Acc.) anpreisen. — 5) ehren. — *Caus. ehren. — Mit अभिप्र besingen. — Mit प्रति 1) entgegen strahlen. — 2) einen Gruss erwiedern. — Caus. einzeln begrüssen. — Mit सम् 1) feststellen. — 2) ehren, verehren. — 3) schmücken. — Caus. ehren.

2. अर्च् Adj. strahlend.

अर्चक Adj. verehrend, m. Verehrer.

अर्चत्रि Adj. singend, donnernd.

(अर्चत्र्य) अर्चत्रिय Adj. zu preisen.

अर्चद्धूम Adj. glänzenden Rauch habend.

अर्चन 1) *Adj. (f. ई) preisend, lobsingend. — 2) n. und f. आ Ehrenerweisung, Verehrung.

अर्चनमणि m. Ehrenschmuck Spr. 7103.

अर्चनानस् m. N. pr. eines Ṛshi.

अर्चनीय Adj. zu ehren, verehrungswürdig.

अर्चस् m. N. pr. eines Mannes.

अर्चा f. 1) Verehrung. — 2) ein zur Verehrung bestimmtes Bild, Götterstatue.

अर्चि m. 1) Strahl, Flamme. f. AV. 8,3,13. — 2) N. pr. eines der 12 Âditja.

अर्चितर् Nom. ag. Verehrer.

*अर्चितिन् Adj. der Jmd (Loc.) seine Verehrung bezeigt hat.

अर्चिन् 1) Adj. singend. — 2) m. N. pr. eines Mannes.

*अर्चिर्नेत्राधिपति m. N. pr. eines Jaksha.

अर्चिमत् und अर्चिवत् Adj. strahlenreich, flammend.

अर्चिष्मत् 1) Adj. dass. — 2) m. a) Feuer, Gott Agni. — b) Flamme. — 3) *f. °ष्मती Bez. einer der 10 Stufen, die ein Bodhisattva zu ersteigen hat, bevor er Buddha wird.

अर्चिस् 1) n. (nur dieses in der ältesten Sprache) und f. (Çat. Br. 2,3,3,13. Chr. 44,28. 80,13). Strahl, Flamme. महार्चिषम् Pl. 231,13. दृप्तार्चिषम् Pl. 233,4. — 2) f. N. pr. der Gattin Kṛçâçva's Bhâg. P. 6,6,20.

अर्च्य Adj. zu verehren, verehrungswürdig.

अर्छ्, ऋच्छति. Nur in den Präsensformen vorhanden. 1) auf Jmd oder Etwas stossen, begegnen, gerathen in oder auf, erreichen, theilhaftig werden (meist zum Schaden). MBh. 4,32,23. नाशमृच्छति 3,2,38. — 2) feindlich entgegentreten, angreifen; beleidigen TBr. 2,1,9,2. Auch Med. — 3) treffen, zu Theil werden (von einem Uebel). — 4) *gehen, sich hinbewegen. — 5) *ऋतीन्द्रियप्रलयमूर्तिभावेषु. — Mit *अप, अपार्च्छति. — Mit अभि, अभ्यर्च्छति 1) zu Jmd (Acc.) kommen, heimsuchen (von einer Jahreszeit). — 2) gegen Etwas (Acc.) anstreben, zu bewältigen suchen. — Mit अव, अवार्च्छति zu Fall —, zu Schaden kommen. — Mit आ in Etwas (Schaden) gerathen, erlangen, theilhaftig werden. Ohne Acc. Schaden nehmen Çat. Br. 6,4,4,8. 12,6,6,2. — Mit उद् herfallen über AV. 5,14,11. — Mit *उप, उपार्च्छति. — Mit नि hinfallen, zu Grunde gehen. — Mit निस् dahinfahren. — Mit संनिस् verlustig gehen, mit Abl. Gop. Br. 2,2,2. — Mit *प्र, प्रार्च्छति. — Mit वि auseinandergehen. — Mit सम् Med. zusammenstossen Çat. Br. 13,3,3,7. Kauç. 77.

1. अर्ज् 1) अर्जति sich verschaffen Naigh. Bhaṭṭ. — 2) *अर्जते (गतिस्थानार्जनोर्जनेषु, auch स्थैर्ये st. स्थान und उपार्जन st. ऊर्जन). — Caus. अर्जयति und °ते 1) sich verschaffen, erwerben, erlangen. — 2) = *सतो गुणान्तराधाने. — Mit अति 1) hinüberschaffen, zulassen. — 2) wegschaffen, beseitigen. — Mit अप्यति hinzufügen zu. — Mit अभ्यति hinüberschaffen in, übertragen auf (Acc.). — Mit अनु loslassen. — Mit अपि hinwerfen. — Caus. dass. Gobh. 1,8,21. — Mit अव entlassen. — Mit अन्वव 1) entlassen nach einer best. Richtung. — 2) heimsuchen. — Mit समव zusammenlassen. — Mit समा Caus. समार्जित erworben, erlangt. — Mit उद् herausschaffen. — Mit उप hinzubringen, zulassen. — Caus. Act. Med. sich verschaffen, erwerben, erlangen. — Mit समुप Caus. verschaffen Bhâvapr. 3,30. — Mit प्र Caus. verschaffen.

2. अर्ज्, ऋज्यति, °ते s. ऋज्.

अर्जक 1) Adj. sich verschaffend, erwerbend. — 2) *m. Ocimum pilosum Râgan. 10,158.

अर्जन n. das Sichverschaffen, Erwerben, Erlangen, Einsammeln.

अर्जनीय Adj. sich zu verschaffen, zu erwerben, — erlangen.

*अर्जल m. ein schlechtes Pferd Gal.

अर्जुन 1) Adj. (f. ई) a) weiss, licht, silberfarben. — b) silbern. — 2) m. a) *Pfau. — b) Terminalia Arunja W. u. A. — c) *eine best. Hautkrankheit. — d) Bein. Indra's. — e) N. pr. eines Sohnes des Pâṇḍu und des Kṛtavîrja und auch verschiedener anderer Personen. Pl. Arguna's Nachkommen. — f) *der einzige Sohn einer Mutter. — 3) f. ई a) Du. und Pl. ein best. Mondhaus (= फल्गुनी). — b) Kuh. — c) eine Schlangenart. — d) *Kupplerin. — e) *Bein. der Ushâ, der Gemahlin Aniruddha's. — f) *Bein. des Flusses Karatojâ. — 4) n. a) Silber. — b) *Gold. — c) eine Krankheit des Weissen im Auge. — d) ein best. Gras (ein Surrogat für die Soma-Pflanze) Tâṇḍja-Br. 9,5,1. 9,3. 7. AV. Pariç. 6,4. — e) * = रूप Naigh.

अर्जुनक m. 1) N. pr. eines Jägers. — 2) *ein Verehrer Arguna's.

अर्जुनकाण्ड Adj. mit weisslichen Absätzen versehen (Pflanze).

अर्जुनगीता f. Titel eines Werkes.

अर्जुनताल m. ein best. Tact S.S.S. 230.

अर्जुनदेव m. N. pr. eines Fürsten Spr. 4894, v. l.

*अर्जुनध्वज m. Bein. Hanumant's.

*अर्जुनपाकी f. eine best. Pflanze und deren Frucht.

अर्जुनपाल m. N. pr. eines Fürsten.

अर्जुनपुर n. N. pr. einer Stadt.

अर्जुनमिश्र m. N. pr. eines Scholiasten.

*अर्जुनस Adj. mit Arguna bewachsen.

*अर्जुनसखि m. Bein. Kṛshṇa's Gal.

अर्जुनसिंह m. N. pr. eines Fürsten.

अर्जुनाभ्र n. ein best. medic. Präparat Mat. med. 78.

अर्जुनार्चनकल्पलता f. und °र्चापारिजात m. Titel zweier Werke.

*अर्जुनाव N. pr. v. l. मार्जुनाद.

*अर्जुनाह्व m. ein best. Baum.

अर्जुनीया f. N. pr.

अर्जुनेश्वरतीर्थ n. N. pr. eines Tîrtha.

*अर्जुनोपम m. Teakbaum.

*अर्ण्, अर्णोति und अर्णुते, ऋणोति und ऋणुते (गतौ).

अर्ण 1) m. n. Rinnsal, Strom. ṚV. 1,174,2 अर्णा, nicht mit Padap. अर्णाः. — 2) m. a) Buchstab, Silbe. — b) ein best. Metrum. — c) *Teakbaum. — d) N. pr. eines Mannes. — 3) *f. आ Fluss Gal.

अर्णव 1) Adj. a) wallend, wogend. — b) unbrauvend, unruhig. — 2) m. a) Woge, Fluth. — b) wogende See, Meerfluth; Meer. Auch n. — c) Bez. der Zahl vier. — d) Luftmeer, Wolkenmeer. Auch als Dämon aufgefasst. — e) Name zweier Metra. — f) Titel eines Werkes.

*अर्णवज m. os sepiae.

अर्णवनेमि f. die Erde.

अर्णवपति m. Ocean Hâsj. 291,18.

*अर्णवभव m. Muschel Gal.

*अर्णवमन्दिर m. Bein. Varuṇa's.

*अर्णवमल n. os sepiae Nigh. Pr.

अर्णवयान n. Schiff Ind. St. 14,319.

*अर्णववर्णन n. Titel eines Werkes.

अर्णवसरिदाश्रित m. (im Comp.) Anwohner des Meeres und der Flüsse 220,21.

*अर्णवोद्भव m. = अग्निगर्भ 2) c).

अर्णस् n. 1) Woge, Fluth, Strom. — 2) Meerfluth, See. — 3) Luftmeer. — 4) *Fluss. — 5) Wasser. Am Ende eines adj. Comp. अर्णस्क Hâsj. 290,19. — 6) Name verschiedener Metra.

अर्णसि Adj. wogend, wallend.

अर्णसाति f. Gewinnung der Ströme.

*अर्णस्वत् Adj. fluthenreich.

*अर्णोद m. 1) Wolke. — 2) Cyperus rotundus.

अर्णोदर m. N. pr. eines Lehrers. ऊर्णोदर v. l.

अर्णोनिधि m. Meer Hâsj. 38,12.

*अर्णोभव m. Muschel.

अर्णोवृत् Adj. die Fluthen einschliessend.

*अर्त् scheinbar in (ताम्) अन्वर्तिष्ये (verkürzt aus अनुवर्तिष्ये; vgl. अन्वर्तितर्) ich werde (ihr Acc.) nachgehen AV. 14,1,56 und in अभ्यर्तिष्कृम् (fehlerhaft für अभ्यर्चिष्कृम्) Tâṇḍja-Br. 7,8,2.

*अर्तगल Adj. = आर्तगल.

अर्तन 1) Adj. etwa schmähend (= दूषिन् Schol.). — 2) *n. Tadel.

अर्ति f. 1) = आर्ति Schmerz. — 2) *= आर्त्नी Bogenende.

*अर्तिका f. ältere Schwester (im Drama).

अर्तुच् Adj. herausfordernd, streitlustig.

अर्थ् s. अर्थय्.

अर्थ m. (in der späteren Sprache) und n. Am Ende eines adj. Comp. f. आ. 1) Geschäft, Arbeit. अर्थम् mit इ und गम् an eine Arbeit gehen, eine Arbeit treiben. Mit कर् arbeiten für (Gen.) 191,16. — 2) Ziel, Zweck. Am Ende eines adj. Comp. so v. a. bezweckend, dienend zu. °अर्थम् (Çat. Br. 14,3,2,21) und °अर्थे (Gaut. 20,1) zum Behuf von, wegen, für, um. अर्थेन mit Gen., अर्थाय und अर्थे mit Gen. oder am Ende eines Comp. dass. — 3) Grund, Veranlassung. — 4) Vortheil, Nutzen, das Nützliche, utile. *Mit Dat. oder Gen. der Person als Wunsch so v. a. möge es ihm zum Vortheil gereichen. — 5) Lohn Spr. 3587. — 6) das Zuthunhaben mit, Bedürfen von (Instr.). यदर्थो der es um einen Gatten zu thun ist Bhâg. P. 3,8,5. — 7) Gut, Besitz, Reichthum, Vermögen, Geld. — 8) das 2te astrologische Haus, das Haus des Reichthums Ind. St. 14,314. Çl. 18. — 9) Sache, Gegenstand, Ding, Object. — 10) Sinnesobject. — Daher 11) Bez. der Zahl fünf. — 12) euphem. penis. — 13) Sache, Angelegenheit. अयम् so v. a. dieses 67,26. कस्मर्थम् was? 39,28. कं चिदर्थम् Etwas 11. भाव्यर्थ etwas Zukünftiges 82,18. अवश्यभाविन् was nothwendig erfolgen muss 163,20. प्रतिपन्न etwas Versprochenes 123,16. — 14) gerichtliche Sache, Klage 212,33. 213,26. 214,11. — 15) Sinn, Bedeutung. अर्थात् so v. a. nämlich, scilicet. — 16) *Art und Weise. — 17) *das Aufhören, Unterbleiben. — 18) *Preis (fehlerhaft für अर्घ). — 19) personif. als Sohn des Dharma und der Buddhi Bhâg. P. 4,1,51.

अर्थक 1) m. Bedeutung AK. 3,3,32,d. — 2) am Ende eines adj. Comp. die Bedeutung von — habend AK. 2,8,2,62. 3,2,55. 3,31,b.

अर्थकर Adj. (f. ई) nützlich Spr. 600.

अर्थकर्मन् n. eine Handlung ad hoc Gaut. 4,2,21. Comm. zu Kâtj. Çr. 3,7,18. 8,4,14. Davon Nom. abstr. °र्मता Njâjam. 4,2,12. °र्मत्व n. 7.

1. अर्थकाम n. Sg. (R. 2,86,6. m. Du. ed. Bomb.), m. Du. (M. 4,176) und Pl. (M. 2,28) utile et dulce.

2. अर्थकाम Adj. 1) Andern nützen wollend Spr. 3648. 7148. — 2) nach Reichthümern verlangend Spr. 3408.

अर्थकारक m. N. pr. eines Sohnes des Djutimant.

°अर्थकारणात् Abl. zum Behuf von, wegen R. 1,13,34. 3,4,19.

अर्थकाशिन् Adj. nur scheinbar Gewinn bringend Bhâg. P. 4,29,47.

अर्थकृच्छ्र n. verwickelte Sache, schwieriger Fall.

अर्थकृत् Adj. Nutzen bringend.

अर्थकृत 1) Adj. a) einem best. Zweck angepasst Gaut. 5,1,6. °त्व n. Nom. abstr. Comm. ebend. — b) eigennützig. — c) durch die Bedeutung bewirkt, auf dieser beruhend. — 2) °अर्थकृते Loc. zum Behuf von, wegen MBh. 3,296,26.

अर्थकृत्य n. und °त्या f. Ausführung einer Angelegenheit, — eines Geschäftes.

अर्थकोविद Adj. sachkundig R. ed. Bomb. 5,4,8.

अर्थकोश m. Schatzkammer Ind. St. 14,319.

अर्थक्रम m. Zusammenhang der Worte dem Sinne nach Ind. St. 13,485. N. 1.

अर्थक्रिया f. 1) eine Handlung mit einem best. Zweck Sarvad. 9,11 fgg. — 2) Dienstfertigkeit, Behülflichkeit Lalit. 183,9. 218,16.

*अर्थगत Adj. = गतार्थ.

अर्थगति f. das Sichergeben des Sinnes.

अर्थगुण m. Vorzug in Betreff der Bedeutung Vâmana 3,2,1. Kâvyapr. 8,8.

अर्थगृह n. Schatzkammer.

अर्थग्रहण n. 1) das Wegnehmen von Geld Spr. 7087. — 2) das Meinen —, Gemeintsein der Bedeutung 228,26. 231,13. 28.

अर्थघ्न Adj. (f. ई) 1) Schaden bringend Verz. d. Oxf. H. 216,b,21. — 2) verschwenderisch.

*अर्थचिपिका f. Gallapfel auf Rhus succedanea Nigh. Pr.

अर्थचित Adj. auf Reichthümer bedacht Spr. 7780.

अर्थचित्र n. Wortspiel Kâvyapr. 6,1.

अर्थचिन्तक Adj. Kenner des Nützlichen.

अर्थचिन्तन n. und °चिन्ता f. Sorge um die Angelegenheiten (insbes. des Staates).

अर्थजात n. Sg. und Pl. 1) Geld Mṛkkh. 33,3. — 2) Sachen, Gegenstände.

अर्थज्ञ Adj. 1) die Sache —, das Wesen verstehend, sich auf Etwas — R. ed. Bomb. 3,73,1. — 2) den Sinn —, die Bedeutung verstehend Spr. 1824. °ता f. Nom. abstr. ebend.

अर्थतत्त्व n. 1) das wahre Sachverhältniss. — 2) am Ende eines Comp. der wahre Sinn.

1. अर्थतन्त्र n. die Lehre vom Nützlichen.

2. अर्थतन्त्र Adj. sich vom Vortheil bestimmen lassend.

अर्थतस् 1) eines Zweckes wegen, für Etwas Sâhitjad. 13. Mallinâtha 1,12. Spr. 3186. Am Ende eines Comp. wegen 3187. — 2) des Vortheils wegen Mudrâr. 7,1. — 3) in der That, in Wahrheit. — 4) dem Sinne nach 253,13.

अर्थतृष्णा f. Geldgier 104,23. Bhâg. P. 7,6,10.

°अर्थत्व n. das Dienen zu 211,33.

अर्थद Adj. 1) Nutzen bringend. — 2) freigebig.

अर्थदत्त m. N. pr. reicher Kaufleute.

*अर्थदर्शक m. Richter Gal.

अर्थदर्शन n. das Beurtheilen einer Sache Mâlav. 61.

अर्थदान n. Geschenk 72,10.

अर्थदूषण n. Geldverschleuderung und ein Angriff auf fremdes Eigenthum.

अर्थदृश् f. ein Auge für das Wahre.

अर्थदृष्टि f. das Erblicken eines Gewinnes Bhâg. P. 4,29,47.

अर्थदोष m. Fehler in Betreff der Bedeutung Kâvyapr. S. 173, Z. 1.

अर्थद्योतनिका f. Titel eines Werkes.

अर्थद्वयविरोध m. Widerspruch zwischen Zweck

und (vorgeschriebenem) Stoff Gaim. 6,3,19. Kâty. Çr. 1,4,16.

अर्थना f. Bitte.

अर्थनाश m. Verlust des Geldes Spr. 383.

अर्थनिबन्धन Adj. durch Gewinn bedingt MBh. 1,131,8.

अर्थनिर्देश m. das Bezeichnen —, Meinen des Sinnes 229,3.

अर्थनिर्वृत्ति f. Erfüllung des Zweckes Kâty. Çr. 1,3,1. R. 1,59,10.

अर्थनिश्चय m. 1) Entscheidung einer Sache R. 4, 31,32. — 2) bestimmte Ansicht in einer Sache AK. 3,4,22,12.

अर्थनीय Adj. zu erlangen, — fordern von (सकाशात्).

अर्थन्यून Adj. arm MBh. 3,82,13. 13,107,3.

अर्थपञ्चकनिरूपण n. Titel eines Werkes.

अर्थपति m. 1) reicher Mann, grosser Herr Spr. 383. 762. 2029. — 2) König. — 3) *Bein. Kubera's. — 4) N. pr. des Grossvaters des Dichters Bâṇa Kâd. 3,14.

अर्थपद n. (nach dem Schol.) Bez. der Vârttika zu Pâṇini's Sûtra R. 7,36,45.

अर्थपरिग्रह Adj. vom Gelde abhängig MBh. 3,33,29.

अर्थपाल m. N. pr. eines Mannes.

अर्थपुनरुक्त n. Wiederholung derselben Sache mit andern Worten Nj. K.

अर्थपुष्टि f. Erweiterung des Sinnes, grössere Bedeutsamkeit.

अर्थपूर्वक Adj. einen best. Zweck habend. °त्व n. Nom. abstr.

अर्थप्रकाशक Adj. den Sinn erläuternd.

अर्थप्रकृति f. Bez. der fünf Hauptmomente im Drama.

अर्थप्रदीप m. ein den Zweck einer Lampe erfüllender Gegenstand.

अर्थप्रयोग m. das Ausleihen von Geld auf Zinsen Spr. 3246.

अर्थप्रसंख्या f. Zweckerwägung Kâty. Çr. 1,10,3.

*अर्थप्रसादनी f. Helicteres Isora Nigh. Pr.

अर्थप्राप्ति f. 1) Erwerbung von Reichthümern MBh. 1,137,34. — 2) das Sichvonselbstverstehen.

अर्थबन्ध m. bedeutungsvolle Worte.

अर्थभ्रंश m. 1) Verlust des Vermögens Varâh. Bṛh. S. 43,8. — 2) das Misslingen einer Sache Comm. zu R. ed. Bomb. 2,19,40.

अर्थमात्र 1) n. und f. °त्रा Besitz, Geld. — 2) n. nur die Sache selbst.

अर्थय्, अर्थयते (seltener °ति, episch auch अर्थते) 1) sich Etwas vornehmen, streben —, verlangen nach. — 2) Jmd (Acc.) um Etwas (Acc.) angehen, sich Etwas erbitten von (Abl. 138,14), bitten zu (Inf.). — 3) einen Sinn geben, erklären Comm. zu Mṛkkh. 85,22. — Mit अभि Jmd (Acc.) um Etwas (Acc., Dat., Loc. oder °अर्थम् 108,7) angehen, Etwas (Acc.) von Jmd (Acc.) fordern. Vgl. u. अर्त्. — Mit प्र 1) begehren —, verlangen nach (Acc.), Jmd (Acc.) um Etwas (Acc. oder Loc.) angehen, sich Etwas erbitten von (Abl.), begehren zu (Inf.), Jmd bitten zu (Inf.), werben um (ein Mädchen) 291,14. 324,17. — 2) in Anspruch —, zu Hülfe nehmen. — Mit अभिप्र begehren. — Mit संप्र bitten, Jmd bitten zu (Inf.). — Mit °प्रति herausfordern. — Mit सम् 1) bereit machen. — 2) abschliessen, beendigen AK. am Schluss. — 3) Etwas mit Etwas (Instr.) in Verbindung setzen; grammatisch construiren. — 4) urtheilen, bei sich denken. — 5) inne werden, wahrnehmen, hinter Etwas kommen. — 6) auf Etwas sinnen, in Betracht ziehen. — 7) beurtheilen, halten für. — 8) für gut halten, beschliessen. — 9) aufrichten, aufmuntern. — स- पर्यपत्ति mit समर्पपत्ति verwechselt.

अर्थयुक्त Adj. bedeutsam Kumâras. 1,13.

अर्थयुक्ति f. Gewinn, Vortheil Spr. 589. 3678. 3679.

अर्थरुचि Adj. geldgierig, habsüchtig 180,21. Mudrâr. 24,18 (44,6).

अर्थरूप n. Ding, Etwas Mahâbh. (K.) Einl. 1,6.

अर्थलोप m. Wegfall des Zweckes Gaim. 3,1,9. Kâty. Çr. 4,3,22.

अर्थलोलुपता f. Geldsucht Spr. 391.

अर्थवत् Adv. dem Zwecke gemäss.

अर्थवत्ता f. und °वत्त्व n. (210,32) Bedeutsamkeit.

अर्थवत्सूत्रवाद m. Titel eines Njâja-Werkes.

अर्थवन्त् 1) Adj. a) zweckdienlich, — mässig. — b) begütert, reich. — c) bedeutungsvoll, bedeutsam, einen verständlichen Sinn habend 214,26. — 2) *m. Mensch.

अर्थवर्गीय Adj. Bez. best. buddhistischer Sûtra.

*अर्थवर्जन n. Geldausgabe, Verschwendung Gal.

अर्थवर्जित Adj. bedeutungslos.

अर्थवर्मन् m. N. pr. eines Mannes.

अर्थवाद m. 1) Erklärung des Zweckes Njâjas. 2, 1,63. Chr. 282,28. 283,31. Gaim. 1,2,13. 2,3,17. 3, 4,29. 4,4,10. 21. 6,7,28. Dazu Nom. abstr. °त्व n. Njâjam. 1,2,8. — 2) Lob.

अर्थवादिन् Adj. Thatsachen berichtend Pańkat. 161,19.

*अर्थविज्ञान n. Erkenntniss der Dinge.

अर्थविद् Adj. den Sinn —, die Bedeutung kennend 96,33.

अर्थविद्या f. die Kenntniss des practischen Lebens MBh. 7,7,1.

अर्थविनाश m. Verlust der Habe.

अर्थविनाशन Adj. Schaden bringend 93,12.

अर्थविनिश्चय m. Titel eines buddh. Sûtra.

अर्थविपत्ति f. das Misslingen einer Sache R. 2,19,40.

अर्थविपर्यय m. Verarmung, Armuth Spr. 1804. 2826.

अर्थविवर्जित Adj. arm Ind. St. 14,324.

अर्थवैकल्प n. ungenaues Sachverhältniss M. 8,55.

अर्थव्यक्ति f. Deutlichkeit des Sinnes Vâmana 3, 1,21. 2,13. Kâvyâd. S. 218, Z. 3. S. 220, Z. 2. Kâvjâd. 1,41. 73.

अर्थव्ययनाश° Ausgabe oder Verlust des Geldes Bhâg. P. 5,20,28.

*अर्थव्ययसह Adj. verschwenderisch.

अर्थव्यवहार m. Geldprocess 215,1.

अर्थशालिन् Adj. reich, ein Reicher.

अर्थशास्त्र n. ein das praktische Leben —, die Politik behandelndes Lehrbuch 210,1.14. Ind. St. 18,168.

अर्थशौच n. Unbescholtenheit in Geldangelegenheiten Kâm. Nîtis. 3,16.

अर्थश्री f. grosser Reichthum Katbâs. 54,162.

अर्थसंशय m. eine Gefahr, das Vermögen zu verlieren, MBh. 5,178,34.

अर्थसंग्रह m. 1) das Sammeln von Reichthümern Rage. 17,60. — 2) *Schatzkammer Hal. 4,51. — 3) Titel eines Werkes der Pûrvamîmâṁsâ.

अर्थसंग्रहिन् Adj. Reichthümer sammelnd.

अर्थसंचय m. Sg. und Pl. Vermögen, Besitz, Reichthum MBh. 12,87,21. Spr. 1797.

अर्थसंदेह m. ein zweifelhafter —, kritischer Fall Hit. 10,11, v. l.

अर्थसंन्यासिन् Adj. jeglichem Vortheil entsagend.

अर्थसंपादन n. das in Ordnung Bringen einer Sache M. 7,168.

अर्थसंबन्ध m. Besitz von Reichthümern Mudrâr. 24,18 (44,6).

अर्थसंबन्धिन् Adj. bei einer Sache betheiligt.

अर्थसाधक 1) Adj. (f. °धिका) eine Sache fördernd, nützlich, erspriesslich. — 2) m. a) *Putranjiva Roxburghii Nigh. Pr. — b) N. pr. eines Ministers des Daçaratha.

अर्थसाधन n. das Zustandebringen von Etwas, ein zum Ziele führendes Mittel Ragh. 1,19. Katbâs. 15,59.

अर्थसार m. n. bedeutender Reichthum Spr. 4741.

अर्थसिद्ध 1) Adj. selbstverständlich 213,7. 26. — 2) m. a) der 10te Tag des Karmamâsa Ind. St. 10, 296. — b) Name Çâkjamuni's als Bodhisattva.

*अर्थसिद्धक m. Vitex Negundo L.

1. अर्थसिद्धि f. 1) *Erwerbung eines Vermögens* Spr. 592. Kâraka 3,3. — 2) *das Gelingen einer Sache* R. 2,30,5. Mṛkkh. 47,1. Ragh. 2,21. — 3) *das Klarwerden des Sinnes.* — 4) *eine best. magische Kraft.*

2. अर्थसिद्धि m. N. pr. eines Sohnes des Pushja (Pushpa).

अर्थहानि f. *Verlust des Vermögens.*

अर्थहारक (f. °रिका) und °हारिन् Adj. *Geld entwendend.*

अर्थाक्षिप्त Adj. *durch irgend einen Grund hervorgerufen* (buddh.) Çaṁk. zu Bâdar. 2,2,19.

अर्थागम n. *gutes Einkommen* Spr. 660. Pl. MBh. 3,2,12.

अर्थातुर Adj. *von Geld gequält, habsüchtig* Spr. 602.

अर्थात्मन् m. *das wahre Wesen* Spr. 533.

अर्थादि m. *das erste Wort in einem Satze* Ind. St. 13,413.

अर्थाधिकार m. *Geldverwaltung* Mṛkkh. 61,7.

अर्थानन्तर्य n. *eine durch den Sinn erforderte Wiederkehr eines oder mehrerer Wörter in der Folge* Ind. St. 4,275.

अर्थानभिप्रापण n. *das nicht zum Abschluss des Sinnes Gelangen* Ind. St. 8,120.

अर्थान्तर n. 1) *etwas Anderes.* MBh. Abl. 231,29. Njâjas. 5,2,7. — 2) *eine andere Bedeutung.*

अर्थान्तरन्यास m. *Beibringung eines analogen Falles* Vâmana 4,3,21. Kâvjâd. 10,33.

अर्थान्तराक्षेप m. in der Rhetorik *eine Erklärung, dass man mit Etwas nicht einverstanden sei, die man dadurch zu erkennen giebt, dass man eine ähnliche Erscheinung bei einem andern Dinge beibringt.*

अर्थापत्ति f. 1) *Selbstverständlichkeit, Plausibilität.* — 2) *eine best. rhetorische Figur.* Beispiel Spr. 7380.

अर्थापत्तिसम Adj. *ein best. Sophisma, wobei man einem Dinge wegen einer Eigenschaft, die es mit einem andern Dinge gemein hat, auch andere Eigenschaften des letztern zuschreibt,* Njâjas. 5,1,21. Sarvad. 114,11.

*अर्थापय्, °यति Denom. von अर्थ.

अर्थाभाव m. *Zwecklosigkeit* Kâtj. Çr. 22,6,6.

अर्थाभिनिर्वृत्ति f. *das Gelingen einer Sache* MBh. 5,134,10.

अर्थाभिप्रापण n. *das zum Abschluss des Sinnes Gelangen* Ind. St. 8,120.

अर्थार्जन n. *Erwerb von Habseligkeiten* 140,1.

अर्थार्थ Adj. *für den eigentlichen Zweck bestimmt* Gobh. 1,4,20.

अर्थार्थतत्त्वज्ञ Adj. *sich gründlich auf Etwas verstehend* R. 3,76,1.

अर्थार्थम् Adv. *des Geldes wegen* Kathâs. 121,78.

अर्थार्थिता f. *das Begehren nach Reichthümern* Spr. 3863.

अर्थार्थिन् Adj. *eigennützig* Spr. 608. fgg. 1666.

अर्थालंकार m. in der Rhetorik *ein Schmuck der Rede in Betreff des Sinnes.*

अर्थावमर्द m. *Geldverschleuderung* Spr. 1681.

अर्थावृत्ति f. in der Rhetorik *Wiederkehr gleichbedeutender Worte.*

अर्थाशा f. *Verlangen nach Geld* Spr. 7380.

अर्थाहरण n. *das Zusammenbringen von Geld und zugleich das Herbeiholen von Bedeutungen* Spr. 7689.

अर्थिक 1) Adj. *der Etwas braucht* Spr. 3648. कन्यार्थिक *dem es nach einer Jungfrau gelüstet* 4833. — 2) *m. *ein den Fürsten weckender Barde.*

°अर्थित n. *Wunsch* Vop. 3,26.

अर्थितव्य Adj. *petendus, aspirandus* MBh. 3,78,9.

अर्थिता f. 1) *Zustand eines Bittenden* Kâd. 139,6. 167,19. — 2) *Begehr, Verlangen nach* (Instr.): *Bitte, Gesuch* Spr. 3156.

अर्थित्व n. 1) *Zustand eines Bittenden.* — 2) *Bitte, Gesuch.*

अर्थिन् Adj. Subst. 1) *seinen Bedürfnissen oder Wünschen nachgehend, geschäftig, emsig.* — 2) *der Etwas braucht, — bedarf, Verlangen habend nach* (Instr. oder im Comp. vorangehend). — 3) *Jmd* (Gen.) *mit einer Bitte angehend, Bittsteller, Bettler* Kâraka 3,8. — 4) *werbend um* (ein Mädchen), *Bewerber* 130,26. — 5) *brünstig, geil* 87,11. — 6) *Betender, Flehender.* — 7) *Kläger* 211,20. 214,10. 12. Ragh. 17,39. — 8) *Diener.* — 9) *Gefährte.*

अर्थिभाव m. *Stand eines Bettlers* Ind. St. 14,317.

अर्थिसात् Adv. mit कर् *einem Bittenden Etwas* (Acc.) *gewähren.*

अर्थेत् Adj. *emsig, eilig.*

अर्थेप्सुता f. 1) *Verlangen nach Reichthümern* MBh. 1,157,24. — 2) *Begehr, Verlangen* Nîlak. zu MBh. 1,34,13.

अर्थैकत्व n. *Einheit des Sinnes und der Sache* Gaim. 2,1,46. 3,1,12.

अर्थैक्य n. dass. Comm. zu Njâjam. 2,1,29.

अर्थोत्पाद m. in der Rhetorik *eine künstliche Construction der Wörter, in Folge deren ein anderer Sinn herauskommt.*

अर्थोपक्षेपक Adj. *die Sache andeutend, dem Verständniss zu Hülfe kommend.*

अर्थोपक्षेपण n. *das Andeuten einer Sache.*

अर्थोपम n. *ein selbstverständliches Gleichniss ohne Beifügung des tertium comparationis.*

अर्थौघ m. *Menge von Habseligkeiten* MBh. 3,236,10.

अर्थ्य 1) Adj. a) *zweckmässig, angemessen, passend* Kathâs. 34,140. — b) *reich.* — c) *petendus, aspirandus.* — d) *klug, verständig.* — e) = धुत्र. — 2) *n. *Erdharz.*

अर्द्, अर्दति (RV.), अर्दति und *ऋणत्ति 1) *zerstieben.* — 2) *aufregen* Viddh. 82,14. — 3) *beunruhigen, bedrängen, quälen, hart mitnehmen.* अर्दित hierher oder zum Caus. — 4) *Jmd mit einer Bitte angehen.* — Caus. अर्दयति 1) *in Unruhe versetzen, aufregen, erschüttern.* — 2) *verzerren.* — 3) *beunruhigen, bedrängen, quälen, hart mitnehmen.* — 4) *schlagen, verwunden, tödten, vernichten.* — Mit *अति *stark bedrängen.* — Mit अभि *bedrängen, peinigen, quälen.* — Caus. dass. — Mit उद् *aufschlagen* (von einer Woge). — Mit नि, Partic. न्यर्ण *aufgelöst, hinschwindend.* — Mit निस् *ausströmen.* — Mit प्र Caus. 1) *fliessen machen.* — 2) *aufreiben.* — Mit प्रति Caus. Act. Med. *einen Andrang u. s. w. erwiedern* (mit Acc. der Person). — Mit वि 1) *wegfliessen.* — 2) *bedrängen, peinigen.* — Caus. *zerstieben machen, vernichten.* — Mit सम्, Partic. *समर्ण. — Caus. *verwunden.*

अर्दन 1) Adj. a) *unruhig sich bewegend.* — b) *bedrängend, peinigend, hart mitnehmend.* — c) *zu Nichte machend.* — 2) *f. आ *Bitte.* — 3) n. *Aufregung, Unruhe.*

*अर्दनि m. 1) *Krankheit.* — 2) *Bitte* (°नी f. Gal.). — 3) *Feuer.*

अर्दित n. *Kinnbackenkrampf* oder *Hemiplegie.*

अर्दितिन् Adj. *mit dem eben genannten Leiden behaftet.*

*अर्दिधिषु Adj. *Etwas* (Acc.) *zu vermehren wünschend* Bhaṭṭ. 9,33.

अर्ध्, Präsensstamm ऋध्, ऋध, ऋध्य, ऋणध् (ऋन्ध्) und ऋध्नु. 1) *gedeihen, Gelingen finden.* — 2) *fördern, gelingen machen, zu Stande bringen.* Pass. *gedeihen, in Erfüllung gehen.* — Partic. ऋद्ध 1) *reich, wohlhabend, mit Allem wohl versehen* 233,10. — 2) *voll* (von einer Stimme) MBh. 3,64,59. — Caus. अर्धयति *befriedigen.* — Mit अधि (in einer Etym.) *sich ausbreiten.* — Mit अनु 1) *vollführen.* — 2) *herbeischaffen.* — Mit आ *befriedigen, erfüllen.* — Desid. ईर्त्सति *erlangen —, eintreiben wollen.* — Mit उप Desid. *beharrlich bleiben, ausdauern.* — Mit वि Pass. *verlustig gehen* (mit Instr.). — व्यृद्ध *verlustig gegangen* (mit Instr.); *vergeblich.* — Caus. *verlustig gehen lassen, bringen um* (Instr.). — Desid. *vereiteln wollen.* — Mit सम् *gedeihen, einen Aufschwung nehmen.* — Pass. 1) *in Erfüllung gehen, gelingen, zutheil* werden. — 2) theilhaft werden (mit Instr.) — संपृद्ध 1) erfüllt, gelungen, vollständig, vollkommen. — 2) theilhaft, versehen —, ausgerüstet mit (Instr., Abl. oder im Comp. vorangehend). — 3) reich, wohlhabend 135,8. — 4) reichlich, viel 290,14. — Caus. 1) erfüllen, gelingen machen. — 2) theilhaft machen, versehen mit (Instr.). — 3) Jmd (Dat.) Etwas (Acc.) verleihen. — Desid. vollenden wollen SV. Âr. 3,7.

1. अर्ध 1) Adj. halb, hälftig, die Hälfte ausmachend. अर्धे मार्गे auf halbem Wege LA. 17,15. घट ein halbvoller Krug. अर्ध — अर्ध und नेम — अर्ध der Eine — der Andere, Pl. die Einen — die Andern. — 2) m. n. Hälfte. Am Ende eines adj. Comp. f. आ. — 3) n. Mitte Çic. 9. — 4) Partei. अर्धं कृ Jmd (Acc.) auf gleiche Weise theilnehmen lassen an (Gen.).

2. अर्ध m. 1) Seite, Theil. — 2) Ort, Platz, Gegend.

अर्धकर्ष m. = अर्धकर्ष VS. 19,25.

अर्धक 1) Adj. a) hälftig Bulvapa. 3,17. — b) Adj. und n. eine best. fehlerhafte Aussprache der Vocale. — 2) *m. Wasserschlange Nigh. Pr. Eher अन्धक.

*अर्धकंसिक Adj. = आर्ध°.

अर्धकघातिन् Adj. von Rudra. Wohl fehlerhaft für अन्धक°; AV. Paipp. liest अघघा°.

अर्धकथन n. das nicht zu Ende Erzählen Venis. 30.

अर्धकथित Adj. halb erzählt ebend. v. l.

अर्धकपिश Adj. (f. आ) in's Braune fallend Spr. 6238.

अर्धकर्पा Adj. ? Ind. St. 3,470,2.

अर्धकलास m. eine best. Art die Trommel zu schlagen S. S. S. 194.

अर्धकाय Adj. mit einem halben Leibe Ind. St. 14,327.

*अर्धकाल m. Bein. Çiva's.

अर्धकील n. N. pr. eines Tîrtha.

*अर्धकुडवक n. Beinhaus Gal.

*अर्धकूट m. Bein. Çiva's.

अर्धकृष्ट Adj. halb herausgezogen. तूणार्ध° aus dem Köcher Çic. 131.

अर्धकेतु m. N. pr. eines Rudra.

अर्धकेश Adj. LA. 4,12 fehlerhaft für ऊर्ध्वकेश.

अर्धकैशिक Adj. (f. ई) halb haarbreit Suçr. 1,27,19.

अर्धकोटि f. fünf Millionen 153,13.

*अर्धकौडविक Adj. = आर्ध°.

अर्धक्षेत्र n. Bez. best. Mondhäuser Ind. St. 10,306.

*अर्धखार n. und °री f. eine halbe Khârî.

*अर्धगङ्गा f. Bein. des Flusses Kâverî.

अर्धगर्भ m. Halbsprössling.

अर्धगुच्छ m. ein Perlenschmuck aus 46 (°24) Schnüren.

अर्धघन Adj. halb eingedickt Bulvapa. 1,143.

*अर्धचक्रवर्तिन् und °चक्रिन् m. Bez. der 9 schwarzen Vâsudeva bei den Gaina.

अर्धचतुर्थ Adj. Pl. viertehalb Suçr. 2,167,11.

अर्धचन्दनलिप्त Adj. halb mit Sandel bestrichen MBh. 13,14,385.

अर्धचन्द्र 1) m. a) Halbmond. — b) *das Auge im Pfauenschweife. — c) *eine mit einem Fingernagel hervorgebrachte halbmondförmige Verletzung. — d) Pfeil mit halbmondförmiger Spitze. — e) die zum Packen halbmondförmig gebogene Hand. °चन्द्रं दा Jmd am Halse packen. — f) Bez. des Anusvâra. — g) eine best. Constellation. — 2) *f. आ Convolvulus Turpethum.

अर्धचन्द्रक 1) m. = अर्धचन्द्र 1) e). — 2) *f. °चन्द्रिका Gynandropsis pentaphylla Râgan. 3,135. Convolvulus Turpethum Nigh. Pr. — 3) n. halbmondförmige Pfeilspitze.

अर्धचन्द्रकुण्ड n. eine best. mystische Figur.

अर्धचन्द्रभागिन् Adj. am Halse gepackt Pañkat. 29,8.

अर्धचन्द्रमुख Adj. mit einer halbmondförmigen Spitze versehen Ragh. 12,96.

अर्धचन्द्रार्धभास्कर m. Mittagszeit in der Mitte eines Monats R. 3,56,23.

अर्धचारिणी f. eine best. Art die Trommel zu schlagen S. S. S. 194.

*अर्धचोलक m. kurzes Wamms.

अर्धजरतीय n. Inconsequenz in der Argumentation.

*अर्धजाह्नवी f. Bein. des Flusses Kâveri.

अर्धग्रीवका und अर्धग्रा f. Sinne Comm. zu Âpast. S. 28. fgg.

अर्धज्वलित Adj. halb brennend Pañkat. 254,20. 21.

अर्धतिक्त 1) *Adj. halb bitter. — 2) m. Gentiana Chirata Bulvapa. 1,179. Râgan. 9,15. Auch *°क Gal.

अर्धतूर m. ein best. musikalisches Instrument.

अर्धतृतीय Adj. Pl. (f. आ) drittehalb Âçv. Çr. 12, 8,10. Ait. Âr. 413,7 v. u. R. 2,92,10.

अर्धत्रयोदश Adj. Pl. (f. आ) $12^1/_2$ Ait. Âr. 416,6 v. u. Bulvapa. 2,115. Gaim. 2,165. 204 (°दशान् v. l. besser). v. l. °दशान्.

अर्धदग्ध Adj. halb verbrannt Pañkat. 254,28.

अर्धदण्ड m. halbe Strafe M. 8,243.

अर्धदिवस m. Mittagszeit.

अर्धदेव m. Halbgott.

*अर्धद्रोणिक Adj. = आर्ध°.

अर्धधार m. einschneidiges chirurgisches Messer.

अर्धनारीनर m. halb Weib halb Mann.

अर्धनारीनटेश्वर (Verz. d. B. H. No. 1339), °नारीश und °नारीश्वर m. eine Form Çiva's.

*अर्धनाव n. halbes Schiff.

अर्धनिगृहीत Adj. Bez. einer best. Art die Trommel zu schlagen S. S. S. 194.

अर्धपक्व Adj. halbreif Bulvapa. 2,80.

अर्धपञ्चन् (Vaitân. Sûtr. S. 73,4) und °पञ्चम (Pl. Gaut. 16,2. Âpast. 1,9,2. M. 4,95) Adj. fünftehalb.

*अर्धपञ्चमक Adj. Mahâbh. 4,91,b.

अर्धपञ्चाशत् f. fünfundzwanzig M. 8,268.

अर्धपण m. halber Pana M. 8,404.

अर्धपथ m. Hälfte des Weges.

अर्धपद n. Hälfte eines Stollens Lâtj. 7,7,5.

अर्धपद्या f. ein Backstein von der Grösse eines halben Pada Kâtj. Çr. 17,1,15. 11,7.

अर्धपर्यङ्क m. eine best. Art zu sitzen Lalit. 277,3.

*अर्धपाञ्चालक Adj. Mahâbh. in Ind. St. 13,379.

अर्धपाद m. Fussspitze.

अर्धपादभाग m. Achtel Ind. St. 13,239.

*अर्धपादा f. Phyllanthus Niruri Nigh. Pr.

अर्धपादिक Adj. mit einem halben Fuss.

*अर्धपारावत m. 1) eine Taubenart. — 2) Rebhuhn.

अर्धपिष्ट Adj. halb gemahlen Kâtj. Çr. 5,1,11.

अर्धपीत Adj. halb getrunken Çic. 173.

अर्धपुरुष m. halbe Mannslänge Kâtj. Çr. 16,8, 1. 7,11.

अर्धपुरुषीय Adj. von halber Mannslänge Kâtj. Çr. 16,8,8. 16.

*अर्धपुष्पा f. Sida rhomboidea Râgan. 4,110.

अर्धपूर्ण Adj. halb gefüllt Kâtj. Çr. 9,6,26.

*अर्धप्रस्थिक Adj. = आर्ध°.

अर्धप्रकरिका oder °प्रकारिका f. (?) Verz. d. Oxf. H. 86,a,13.

अर्धबृहती n. halbes Stück 31,13.

अर्धबृहती f. Bez. best. Backsteine Ind. St. 13,212.

अर्धभक्षित Adj. halb verzehrt 58,32.

अर्धभाग m. Hälfte.

अर्धभाज् 1) Adj. die Hälfte von Etwas (Gen.) erhaltend, — enthaltend Tândja-Br. 2,15,3. — 2) m. Theilhaber, Genosse.

अर्धभास्कर m. Mittagszeit.

अर्धभूमि f. Hälfte des Landes, — Reiches.

अर्धभेद m. Hemiplegie Suçr. 2,377,8.

अर्धभोगिन् Adj. einen halben Antheil geniessend.

*अर्धभोजन n. halbe Mahlzeit Gal.

*अर्धमागधक Adj. Mahâbh. 1,174,b.

अर्धमागधी f. Art des Mâgadhî-Dialects.

*अर्धमाणव und °क m. Perlenschmuck von 12 Schnüren.

1. अर्धमात्र 1) n. Hälfte, Mitte. — 2) f. आ halbe Mora.

2. अर्धमात्र 1) Adj. von einer halben Mora TS. Prât. 22,13. Davon Nom. abstr. °त्व n. Comm. zu 1,34. — 2) m. Bez. eines best. Lautes.

अर्धमात्रिक Adj. von einer halben Mora.

अर्धमात्रिका f. halbe Mora.

अर्धमार्ग m. Hälfte des Weges 114,1. Ragh. 7,42.

अर्धमास m. halber Monat. °मासभाज् Adj. Çat. Br. 10,4,6,4. °मासलोक m. Pl. 9,12. °माससक्त्र्म n. 4,4.

*अर्धमासतम Adj. halbmonatlich.

अर्धमासशस् Adv. halbmonatlich.

अर्धमासिक Adj. einen halben Monat während.

अर्धमुक्त Adj. halb befreit uns (Abl.) R. 5,28,17.

*अर्धमुष्टि und *°ष्टि (Gal.) m. halb geschlossene Hand.

अर्धय्, °यति halbiren Lâṭj. 18,2.

अर्धयाम m. halbe Wache Bhâvapr.

अर्धरथ m. halber Kriegsheld MBh. 5,168,7.12.

अर्धराज्य n. Hälfte der Herrschaft LA. 28,19.

अर्धरात्र m. Mitternacht.

अर्धरात्रार्धदिवस m. Aequinoctium R. 3,33,33.

अर्धरूढ Adj. halb hervorgewachsen Megh. 21.

अर्धरूप Adj. hälftig. Davon Nom. abstr. °ता f. Sarvad. 18,21.

अर्धरेचित m. eine best. Stellung der Hände beim Tanze.

अर्धर्च m. *n. Halbvers. अर्धर्चान्तर n. Kâtj. Çr. 6,8,17. °शस्य Adj. in Halbversen zu recitiren Vaitân. 26.

अर्धर्चशस् Adj. halbversweise.

अर्धर्च्य Adj. (f. आ) in Halbversen zu recitiren Ait. Âr. 429,1 v. u. 448,8 v. u.

*अर्धलक्ष्मीहरि m. halb Lakshmi halb Vishṇu.

अर्धलिखित Adj. halb gemalt Çâk. 86,17.

अर्धवारिक Adj. hälftig Wasser Bhâvapr. 2,47.

*अर्धवास m. gaṇa वेतनादि in der Kâç. °न n. v. l.

अर्धविचारिन् Adj. die Hälfte von (Gen.) durchstreifend Varâh. Bṛh. S. 11,31.

अर्धविधु m. Halbmond Bâlar. 232,20.

अर्धविसर्ग m. der Visarga vor क, ख, प und फ.

*अर्धवीक्षण n. Seitenblick.

*अर्धवृद्ध Adj. (f. आ) von mittlerem Alter AK. 2,6,1,17.

अर्धवृद्धि f. Hälfte der Zinsen M. 8,150.

अर्धवैनाशिक m. Bez. eines Anhängers des Kaṇâda.

अर्धव्याम m. halbe Klafter Kâtj. Çr. 7,2,3. 16,7,19.

अर्धशर्त n. halbe Portion Milch Çat. Br. 3,6,2,4. 3,2,8,18. Kâtj. Çr. 8,3,17. 6,20.

अर्धशत n. 450 M. 8,267. 311 (50 Kull.).

*अर्धशान n. = अर्धशान.

*अर्धशफर m. ein best. Fisch.

अर्धशब्द Adj. halbwegs redend (von Thieren).

अर्धशस् Adv. halbweise Kâtj. Çr. 12,1,18.

*अर्धशृङ्ग Adj. mit halb ausgewachsenen Hörnern Gal.

अर्धशेष Adj. (f. आ) zur Hälfte übriggeblieben R. 5,14,31. 13,20.

अर्धश्याम Adj. halb schwarz, — bewölkt Çâk. 60.

अर्धश्रुत Adj. halb gehört Veṇîs. 39.

अर्धश्लोक m. Halb-Çloka.

अर्धसंजात Adj. halb hervorgewachsen MBh. 3,76,52.

अर्धसप्तदश Adj. Pl. $16^1/_2$ Kâtj. Çr. 8,3,18.

अर्धसप्तशत 1) Adj. (f. आ) Pl. 550 R. 2,31,13. — 2) n. Pl. dass. R. 2,39,36.

अर्धसम Adj. zur Hälfte gleich, Bez. der Metra, in denen die Stollen 1 und 3 und 2 und 4 gleich sind. °मुक्तावली f. Titel eines Werkes.

*अर्धसर्प m. Ohreule Nigh. Pr. Fehlerhaft für अन्ध°.

*अर्धसार n. = न्यग्रोध.

अर्धसिद्ध Adj. 1) halb vollendet Spr. 621. — 2) halb gar Mân. P. 31,32.

अर्धसीरिन् m. Ackerbauer, der die Hälfte des Ertrages (Pfluges) für seine Arbeit erhält.

अर्धसुप्तक Adj. (f. °प्तिका) halb schlafend Weber, Kṛshṇaǵ. 273.

अर्धसोम m. Hälfte des Soma Kâtj. Çr. 9,1,5.

अर्धसौवर्णिक्य n. das Halbsattsein.

अर्धस्थान n. die Stelle, an der halbirt werden soll.

अर्धस्पृष्ट Adj. halb berührt, mit halber Thätigkeit ausgesprochen. Davon Nom. abstr. °ता f. Comm. zu VS. Prât. 1,72.

अर्धस्फोटित Adj. halb gespalten.

अर्धस्रगनुलेपिन् Adj. halb bekränzt und gesalbt MBh. 13,14,395.

अर्धस्विन्न Adj. halb gedämpft Bhâvapr. 2,80.

अर्धहार m. Perlenschmuck aus 64 (*40) Schnüren.

अर्धह्रस्व Adj. eine halbe Mora lang P. 1,2,32.

अर्धाक्षि n. Seitenblick Mṛćch. 131,23.

अर्धाङ्गी Adv. mit कर् zu einem halben Körper machen Spr. 7763.

अर्धाङ्गुल m. n. halbe Breite des Daumens Ind. St. 8,218.

अर्धाचित Adj. halb (mit Juwelen) besetzt Ragh. 7,10 = Kumâras. 7,61.

अर्धाणुमात्रा f. Achtel einer Mora.

अर्धाधीत Adj. halb erlernt Spr. 623.

अर्धानूक Hälfte des den Rückgrat des Feueraltars bildenden Streifens Kâtj. Çr. 17,6,10.

अर्धान्तरैकपदता f. Versetzung eines einzelnen Wortes in einen andern Vers.

अर्धाम्बु Adj. halb mit Wasser versetzt AK. 2,9,53.

11. 409.

अर्धायाम m. halbe Länge Kâtj. Çr. 8,6,1.

अर्धार्ध Adj. Viertel Spr. 232, v. l.

अर्धार्धभाग m. dass.

अर्धार्धहानि f. ein jedesmaliger Abzug einer Hälfte Jyot. 2,207.

अर्धार्धिका f. jedesmalige Halbirung Comm. zu Kâtj. Çr. 5,10,21. 15,3,15. 16,7,21.

*अर्धालिङ्ग m. Wasserschlange Nigh. Pr. Fehlerhaft für अन्धा°.

अर्धावलीढ Adj. halb beleckt Çiç. 7.

अर्धावशेष Adj. zur Hälfte übrig geblieben R. 5,11,19.

अर्धाविष्ट Adj. halb stockend (Stimme) Kathâs. 11,16.

*अर्धाशन n. halbe Mahlzeit Gal.

अर्धासन n. Hälfte des Sitzes (wird dem Gaste als Ehrenbezeugung angeboten).

अर्धास्तमय m. halber Untergang (der Scheibe der Sonne oder des Mondes).

अर्धिक Adj. die Hälfte betragend. तदर्धिक davon.

अर्धिन् Adj. 1) hälftig. — 2) den halben Opferlohn gebend Lâṭj. 9,1,11. — 3) d. h. O. empfangend Comm. zu Nyâjam. 3,7,26.

अर्धी Adv. mit कर् halbiren.

अर्धुक Adj. gedeihend.

अर्धेडा f. halbe इडा, d. i. die in gewisse Sâman eingeschobene Silbe उप्. Tâṇḍja-Br. 8,9,11. fgg. 13,12,11.

अर्धेन्दु m. = अर्धचन्द्र 1) a) (Naish. 8,15), °c), °d), °e), g) (Varâh. Bṛh. 12,17) und *= अतिप्रौढस्त्रीपाणि-न्यङ्गुलिपीडन.

अर्धेन्दुमौलि m. Bein. Çiva's Mahâv. 53. Bâlar. 88,13.

अर्धेन्द्र Adj. halb dem Indra gehörig TS. 5,4,8,3. Çat. Br. 3,3,2,3.

अर्धेष्टका f. halber Backstein Çulbas. 3,47.50.82.

अर्धोक्त Adj. halb gesagt, nicht zu Ende gesprochen, — ausgezählt MBh. 6,45,83. Chr. 293,32. Çiç. 12,11. 15,3.

अर्धोदय m. halber Aufgang (der Sonne oder des Mondes).

अर्धोदित Adj. halb aufgegangen Pañćat. 258,22.

अर्धोद्गत Adj. halb erhoben Hariv. 8300.

अर्धोम Adj. (f. आ) um eine halbe (Mora) geringer RV. Prât. 1,7(17).

अर्धोरुक 1) *Adj. bis zur Mitte der Schenkel reichend. — 2) n. kurzer Ueberrock Râǵat. 7,924.

1. (अर्ध्य) अर्धिय Adj. zu vollbringen, zu erreichen.

2. अर्ध्य Adj. die Hälfte von (Gen.) ausmachend Çulbas. 3,44.

अर्पण 1) Adj. (f. ई) a) verschaffend. — b) übergebend, übertragend Spr. 3813. — 2) n. अर्पण a) das Schleudern, Werfen. — b) das Einstossen, Durchbohren. — c) das Hineinstecken, Anheften. — d) das Aufsetzen. — e) das Darreichen, Darbringen (auch einer Opfergabe), Hingeben, Uebergeben. — f) das Zurückerstatten.

अर्पणमीमांसा f. Titel eines Werkes.

अर्पणीय Adj. hinzugeben, zu übergeben.

अर्पय्, °यति Caus. von ऋ.

*अर्पितीय Adj. gaṇa उत्करादि.

*अर्पिस m. Herz.

*अर्ब्, अर्बति (गतौ हिंसायां च).

अर्बुक m. Pl. N. pr. eines Volkes MBh. 2,31,14.

अर्बुद 1) m. अर्बुद Schlange. — 2) m. अर्बुद ein best. dämonisches Schlangenwesen mit dem Metron. Kâdraveja. — 3) n. das Lied RV. 10,94 Âçv. Çr. 5,12,9. — 4) m. n. länglich runde Masse; insbes. vom Fötus im zweiten Monate. — 5) m. n. Geschwulst, Knoten, Polyp. — 6) अर्बुद *m. n. die Zahl 10,000,000. — 7) m. N. pr. eines Berges. — 8) m. Pl. N. pr. eines Volkes.

अर्बुदशिखर m. N. pr. eines Berges 149,3.

*अर्बुदाकार m. Cordia Myxa Nigh. Pr.

अर्बुदाचलखण्ड m. n. Titel eines Abschnittes in einem best. Werke.

अर्बुदारण्य n. N. pr. eines Waldes.

अर्बुदि m. ein best. dämonisches Schlangenwesen.

अर्बुदिन् Adj. mit Geschwulst u. s. w. behaftet.

अर्बुदोदासर्पणी f. Name eines best. Pfades bei einem Opfer 21,11.

अर्बुध m. = अर्बुद 2).

अर्भ 1) Adj. (f. आ) klein. अर्भे AV. — 2) m. Knabe.

अर्भक 1) Adj. a) klein. — b) schwach. — c) schwach an Zahl, wenig. — d) *mager. — e) *ähnlich. — 2) m. a) Knabe 184,12. Spr. 7712. — b) Thierjunges. Dazu Nom. abstr. °त्व f. Kâd. 29,12. — c) *Thor, Einfaltspinsel.

अर्भग Adj. jugendlich.

अर्म m. *n. 1) Pl. Trümmer, Ruinen. — 2) *= अर्मन्.

अर्मक Adj. trümmerhaft oder n. Trümmerstätte.

अर्मकपाल m. n. (Taitt. Âr. 5,2,13) und *कपालिका f. Scherbe aus einer Trümmerstätte.

अर्मण m. n. ein best. Hohlmaass, = द्रोण Suçr. 2,420,11.

अर्मन् n. Bez. verschiedener Krankheiten des Weissen im Auge.

1. अर्य (einmal अरिय) Adj. 1) gütig, hold. — 2) treu, ergeben, fromm (auch von einem Gesange). — 3) *der beste.

2. (अर्य) अरिय Adj. hold.

3. अर्य m. und अर्या f. ein Mann —, eine Frau aus einer der drei oberen Kasten, insbes. der dritten.

*अर्याणी f. Frau eines Mannes der dritten Kaste.

अर्यक m. N. pr. eines Krankheitsdämons Hariv. 9362.

अर्यजारा f. Geliebte eines Ariers.

अर्यपत्नी f. rechtmässige Gattin.

*अर्यमदत्त m. ein Mannsname.

*अर्यमदेवा f. und *°दैवत n. (Gal.) = उत्तरफल्गुनी.

अर्यमन् m. 1) Busenfreund, Gefährte, Kamerad. — 2) Brautwerber. — 3) N. pr. eines Âditja. Steht an der Spitze der Manen. अर्यम्णः पन्थाः die Milchstrasse. अर्यम्णो अयनम् eine best. Feier Âçv. Çr. 12, 6,21. अर्यम्णामिति च त्र्यृचम् M. 11,234. — 4) *die Sonne. — 5) *eine best. Pflanze.

अर्यमभूति und अर्यमराध m. N. pr. zweier Lehrer.

अर्यमाख्य n. das Mondhaus Uttaraphalguni Ind. St. 14,321.

*अर्यमिक, *अर्यमिय und *अर्यमिल m. Hypokoristika von अर्यमदत्त.

(अर्यमिय) अर्यमिय Adj. innig befreundet.

अर्यल m. N. pr. eines Mannes.

*अर्यश्वेत m. N. pr. eines Mannes. पार्य° v. l.

*अर्याणी f. 1) Herrin. — 2) Frau eines Mannes der dritten Kaste.

*अर्व्, अर्वति (हिंसायाम्).

अर्व und अर्वण in अनर्व und अनर्वण.

1. अर्वन् 1) Adj. rennend, eilend, schnell. — 2) m. a) Ross und Mann. — b) *N. pr. eines der Rosse des Mondes. — c) *Bein. Indra's. — d) *Spanne des Daumens und kleinen Fingers.

2. *अर्वन् Adj. niedrig, gemein.

1. अर्वत् 1) Adj. rennend, eilend. — 2) m. a) Renner, Rennpferd, Ross. — b) Rosselenker. — c) ein best. Theil der Opferhandlung. — 3) f. अर्वती a) Stute. — b) *Kupplerin.

2. *अर्वत् Adj. = 2. अर्वन्.

*अर्वनस् Adj. mit einer Pferdenase.

अर्वनानस् m. N. pr. eines Mannes Comm. zu Tâṇḍja-Br. 8,3,9. Fehlerhaft für अर्च°.

अर्वरीवस् m. N. pr. eines Sohnes des Pulaha. उर्वरीवस् v. l.

अर्वश und अर्वशी Adj. rennend, eilend.

अर्वाके Loc. in der Nähe.

अर्वाक्कालिकता f. das der Zeit nach uns näher Liegen.

अर्वाक्चत्वारिंश Adj. Pl. unter 40 Çat. Br. 10,2,6,8.

अर्वाक्तन Adj. (f. आ) nicht hinanreichend.

अर्वाक्पञ्चाश Adj. Pl. unter 50 Çat. Br. 10,2,6, 8. 11,5,3,6.

अर्वाक्शत Adj. Pl. unter 100 Çat. Br. 10,2,6,8.

अर्वाक्षष्ट Adj. Pl. unter 60 ebend.

अर्वाक्सामन् m. ein best. Soma-Opfertag.

अर्वाक्स्रोतस् m. Bez. des herwärts (zur Erde) gezogenen Menschen VP. 1,5,22.

अर्वागशीत Adj. Pl. unter 80 Çat. Br. 10,2,6,8.

अर्वाग्गत f. MBh. 14,100 fehlerhaft für अवाग्गति.

अर्वाग्बिल Adj. die Mündung herwärts habend.

*अर्वाग्भाग Adj. niedergebogen (Ast) Gal.

अर्वाग्वसु 1) Adj. Güter entgegenbringend. — 2) m. = पर्वावसु 1) a) Gop. Br. 2,1,1.

अर्वाग्विंश Adj. Pl. unter 20 Çat. Br. 10,2,6,8.

अर्वाचिन् Adj. hergewandt Kauç. Âs. 2,11.

अर्वाचीन und अर्वाचीन 1) Adj. (f. आ) a) hergewandt, zugewandt (meist in freundlichem Sinne). — b) diesseits —, unterhalb von (Abl.) befindlich. — c) uns näher liegend (zeitlich). — d) verkehrt Spr. 3360, v. l. Richtiger अवाचीन. — 2) अर्वाचीनम् Adv. Praep. a) diesseits, von (Abl.) an (im Raume oder in der Zeit). — b) weniger als (Abl.).

अर्वाञ्च् 1) Adj. (f. अर्वाची) a) hergewandt, zugekehrt, entgegenkommend. — b) *diesseitig, vom Ufer. — c) unterhalb befindlich, nach unten gerichtet. — 2) अर्वाक् Adv. Praep. a) herwärts. — b) diesseits, von — aus, von — an, vor oder nach (je nachdem von etwas Bevorstehendem oder Vorangegangenem die Rede ist). Mit Abl. oder Instr. — c) unterhalb. — d) in der Nähe von (Loc.).

अर्वादेवी f. ein Frauenname.

अर्वावत् f. Nähe.

अर्वावसु m. 1) N. pr. a) eines Hotar oder Brahman der Götter. — b) eines Sohnes des Raibhja. — 2) Bez. eines der 7 Strahlen der Sonne VP.[2] 2, 297. सर्वावसु v. l.

*अर्श und अर्शस् n. Hämorrhoiden, Pl. Hämorrhoidalknoten.

अर्शस Adj. an Hämorrhoiden leidend.

अर्शसान Adj. zu schaden suchend, boshaft.

*अर्शिन् Adj. = अर्शस.

अर्शोघ्न 1) Adj. Hämorrhoiden vertreibend. — 2) *m. a) Amorphophallus campanulatus Blume. — b) ein Theil Buttermilch mit drei Theilen Wasser. — 3) *f. ई Curculigo orchioides L.

*अर्शोघ्नवल्कला f. Xanthoxylon Rhetsa Nigh. Pr.

*अर्शोयुज् Adj. = अर्शस.

अर्शोवर्त्मन् n. etwa Gerstenkorn (am Auge).

*अर्शोहित m. Semecarpus Anacardium L.

1. अर्ष्, अर्षति 1) dahin schiessen. — 2) schnell fliessen, strömen. — 3) Etwas (Acc.) herbeiströ-

men. — Mit अनु Jmd (Acc.) nachströmen. — Mit अभि 1) hinströmen zu (Acc.). — 2) Etwas (Acc.) herbeiströmen. — Mit परि 1) rings strömen. — 2) Etwas (Acc.) umströmen. — 3) Etwas (Acc.) von allen Seiten herbeiströmen. — Mit प्र 1) hervorströmen. — 2) Etwas (Acc.) hervorströmen. — Mit वि Etwas (Acc.) durchströmen. — Mit सम् 1) zusammenkommen mit Jmd (Instr.). — 2) gemeinsam kommen zu (Acc.).

2. अर्ष्, अर्षति 1) stechen, stossen. — 2) vollstopfen, füllen Mantrabr. 1,7,5. — 3) *गतौ. — Mit अधि, Partic. अध्यृष्ट der auf einen Andern gestossen ist Ait. Âr. 32,14. — Mit उद् aufspiessen. — Mit उप, उपर्षति und उपा° anstechen, anspiessen, stacheln. — Mit नि 1) hineinstecken, — stopfen; verstecken. — 2) verstopfen, füllen. — Mit परि ringsum stopfen, umstecken, umfangen (zur Stütze) Ait. Âr. 403, 11. पर्यारिषन् = पर्यार्षन् Tâṇḍja-Br. 4,5,11. — Mit *प्र, प्रार्षति. — Mit वि spiessen, durchbohren.

*अर्षण und *अर्षणिन् Adj. fliessend, beweglich.

अर्षणी f. stechender Schmerz AV. 9,8,13. 16. 21.

अर्हृ Nom. ag. (= आर्त्तिं गच्छन् Comm.).

अर्ह्, अर्हति (vgl. auch अर्हन्ति) 1) Ansprüche —, ein Recht auf Etwas (Acc.) haben. Mit Infin. dürfen. — 2) verpflichtet sein zu, unterliegen, verdienen (ein Uebel), verfallen in (Acc.). Mit Inf. müssen. अर्थना भवद्भिः कर्तुमर्हति muss von euch erfüllt werden. — 3) werth sein, aufwiegen. न तच्छंसितुमर्हति verdient nicht gepriesen zu werden 164,24. — 4) einer Sache (Acc.) fähig sein. Mit Infin. vermögen, können. — Caus. अर्हयति Jmd Ehre erweisen, mit Etwas (Instr.) beehren, — beschenken. — Mit अति besonders werth sein. — Mit अभि, अभ्यर्हित Partic. Caus. sehr hoch geehrt Kir. 234,22. höher geehrt II,72,5. würdiger, höher in Ansehen stehend, grösseres Gewicht habend als (Abl.) Çaṅk. zu Bâdar. 2,2,1. — Mit प्र Med. sich auszeichnen. — Mit सम् Caus. Jmd Ehre erweisen.

अर्ह 1) Adj. (f. आ) a) verdienend, würdig, Ansprüche —, ein Recht habend auf; die Ergänzung im Acc., Infin. oder im Comp. vorangehend. °स्तोतुम् gelobt zu werden. — b) verdienend (ein Uebel), unterworfen, unterliegend; die Ergänzung im Acc. oder im Comp. vorangehend. — c) dürfend, mit Infin. नार्हो मत्पुरुषैर्नेतुम् darf nicht fortgeführt werden MBh. 3,297,16. — d) passend, angemessen für (Gen. oder im Comp. vorangehend). — e) gestattet, erlaubt Nârad. 6,3,7. — 2) °m. Bein. Indra's. — 3) f. आ a) Ehrenbezeugung. — b) *Ficus heterophylla Nigh. Pr. nach Râǵan. 5,55, wo jedoch मङ्गल्यार्हा als ein Wort zu fassen ist. — 4) n. Pl. Ehrenbezeugung.

अर्हच्चन्द्रसूरि m. N. pr. eines Autors.

अर्हणा 1) Adj. Ansprüche habend auf (im Comp. vorangehend). — 2) f. आ a) Ehrenbezeugung, Verehrung. — b) अर्हणा Instr. nach Verdienst, — Gebühr Mantrabr. 2,8,1. — 3) n. a) das Verdienen, Werthsein. — b) Ehrenbezeugung, Verehrung. — c) Ehrengeschenk. — d) kostbarer Edelstein (Comm.).

अर्हणीय Adj. einer Ehrenbezeugung würdig. °त्तम MBh. 2,36,27.

*अर्हन्त m. ein Buddha Gal.

°अर्हन्त्व n. Würdigkeit.

अर्हन्त्य n. Würde eines Arhant.

अर्हन्त् 1) Adj. a) verdienend, Ansprüche auf Etwas (Acc.) habend. — b) vermögend, dürfend. — c) würdig, ein Würdiger. अर्हत्तम Superl. — d) *gepriesen. — 2) m. a) ein Buddha. — b) Bez. der höchsten Würde in der buddh. Hierarchie. — c) Obergott bei den Ǵaina.

अर्हन्त 1) *Adj. würdig. — 2) m. a) *ein Buddha. — b) *ein buddh. Mönch. — c) Bez. Ǵina's. — d) *Bein. Çiva's.

अर्हरिष्वणि Adj. ausgelassen, tobend.

अर्हसे Dat. Infin. um aufzuwiegen (mit Acc.) RV. 10,77,1.

*अर्ह्य Adj. würdig. स्तोतुम् gelobt zu werden.

*अल्, अलति (भूषणपर्याप्तिवारणेषु).

*अल n. 1) Stachel des Scorpions. Vgl. अड in घाड. — 2) = घाल, हरिताल Auripigment.

अलक 1) m. n. Haarlocke, lockiges Haar. Am Ende eines adj. Comp. f. आ. — 2) m. *= अलर्क toller Hund. — 3) m. Pl. N. pr. a) eines Volkes. — b) der Bewohner von Alakâ (Kubera's Stadt). — 4) f. आ a) *ein junges Mädchen von 8 bis 10 Jahren. — b) *Fett Nigh. Pr. — c) N. pr. a) der Residenz Kubera's Spr. 7792 (zugleich Locke). — β) einer Stadt der Nishadha.

अलकनन्दा f. 1) junges Mädchen. — 2) N. pr. eines Quellstroms der Gaṅgâ VP. 2,2,32. 34. 8, 114. fg. Davon Nom. abstr. °ता f. MBh. 1,170,22.

*अलकप्रभा f. N. pr. der Residenz Kubera's.

*अलकप्रिय m. Terminalia alata.

अलकम् Adv. vergeblich, umsonst.

*अलकाधिप und अलकाधिपति m. Bein. Kubera's.

*अलकाह्वय m. eine best. Pflanze, = कैडर्य Râǵan. 9,13.

अलकेश्वर m. Bein. Kubera's.

अलक्त m. rother Lack, namentlich der in Wasser aufgelöste. °रस m. dass. Bhâvapr. 1,76.

अलक्तक m. n. (dieses selten) dass. und mit solchem Lack getränkte Baumwolle.

1. अलक्षण n. Unheil verheissendes Zeichen.

2. अलक्षण Adj. (f. आ) 1) ohne Merkmale. — 2) ohne glückliche Merkmale, Unheil bringend.

अलक्षित Adj. 1) ungezeichnet, ohne Merkmale. — 2) unbemerkt 110,32. 126,12. 127,13. 137,30. Ragh. 2,27.

1. अलक्ष्मी f. 1) böses Geschick (auch personif.) AV. Paipp. 15,21,10. Spr. 7816. — 2) Noth, Armuth.

2. अलक्ष्मी Adj. Unheil bringend.

अलक्ष्मीक Adj. 1) dass. Subst. ein Ort wo kein Segen ist. — 2) unglückselig Spr. 576 (Superl.).

अलक्ष्य 1) Adj. a) unsichtbar, unbemerkt 83,19. — b) unansehnlich. — c) was nicht mittelbar ausgedrückt wird. Dazu Nom. abstr. °त्व n. Sâh. D. 30,21. — 2) m. ein best. über Waffen gesprochener Spruch.

अलक्ष्यजन्मता f. das von unansehnlicher Geburt Sein Kumâras. 5,72.

अलखान m. N. pr. eines Fürsten von Gurǵara.

अलगर्द 1) m. eine Schlangenart oder ein best. Schlangendämon Ind. St. 14,21. — 2) f. आ eine Blutegelart.

*अलगर्ध m. = अलगर्द 1).

अलग्नम् (अलग्नम् der Text) Adv. unzusammenhängend.

अलघु Adj. 1) schwerfällig Mâlav. 65,15. अलस v. l. — 2) langsam Mṛkkh. 110,4. — 3) prosodisch lang.

अलंकरण n. 1) das Zurüsten, Schmücken. — 2) Schmuck. Am Ende eines adj. Comp. f. आ.

अलंकरणिन् Adj. mit einem Schmuck versehen.

अलंकरिष्णु 1) Adj. a) putzsüchtig. — b) *mit Acc. schmückend, putzend 238,27. — 2) m. a) *Schmuck Gal. — b) Bein. Çiva's.

*अलंकर्तृ Nom. ag. Schmücker.

*अलंकर्मीण Adj. einem Geschäft gewachsen.

अलंकार m. 1) das Schmücken. — 2) Schmuck TBr. 2,3,10,2. 4. Am Ende eines adj. Comp. f. आ. — 3) Schmuck der Rede.

अलंकारक m. Schmuck.

अलंकारकारिका f., °कौस्तुभ m., °क्रममाला f., °चन्द्रिका f., °चूडामणि m. (Kumâras. zu Pratâpar.), °मञ्जरी, °माला und °मुक्तावली f. Titel rhetorischer Werke.

अलंकारवती f. Titel des 9ten Lambaka im Kathâs.

अलंकारविमर्शिनी und अलंकारवृत्ति f. Titel rhetorischer Werke.

अलंकारशास्त्र n. *Lehrbuch der Rhetorik.*

अलंकारशील m. N. pr. eines Fürsten der Vidjâdhara.

अलंकारशेखर m., °कारसर्वस्व n. und °सुधानिधि m. (Kumāras. zu Pratāpar.) Titel *rhetorischer* Werke.

अलंकारसूर m. *eine best. Meditation* (buddh.).

अलंकारावतार m. Titel eines Werkes.

अलंकारोपाध्याय m. N. pr. eines Mannes.

अलंकार्य Adj. *zu schmücken, was geschmückt wird.* Davon Nom. abstr. °त्व n.

*अलंकाल m. = अलंकार *Schmuck.*

*अलंकुमारि Adj. Mahābh. 1,199,b.

अलंकृति f. 1) *Schmuck.* — 2) *Schmuck der Rede.*

अलंक्रिया f. 1) *das Schmücken.* — 2) *Schmuck der Rede.*

अलंगामिन् Adj. *gehörig nachgehend, hütend.*

अलङ्घनीय Adj. *nicht zu ereilen* Çiç. 8.

अलङ्घित Adj. 1) *unbetreten, unangetastet* Mṛkkh. 66,10, v. l. — 2) *über den man sich nicht hinweggesetzt hat.*

अलङ्घितात्मन् Adj. *der sich nicht zu vergessen pflegt* Spr. 843.

अलङ्घ्य Adj. 1) *nicht zu passiren* (Fluss) Kathās. 18,350. — 2) *unbetretbar, unantastbar* Mṛkkh. 66,10. — 3) *unübertreibar* (Befehl) Bhāg. P. 4,4,14.

अलज m. *ein best. Vogel.* अलजचित् und °चित (Çulbas. 3,158) Adj. *in der Form dieses Vogels geschichtet.*

अलजि und अलजी f. *eine best. Augenkrankheit.*

अलज्ज Adj. *schamlos* MBh. 3,94,9.

अलज्जा f. *Schamlosigkeit* MBh. 3,94,9.

*अलञ्जर m. = अलिञ्जर.

*अलंजीविक Adj. *zum Lebensunterhalt hinreichend.*

अलंतुष Adj. *genügend, hinreichend.*

*अलति f. *eine Art Gesang* Ujjval.

अलंतम Adj. *gar wohl vermögend* (mit Infin.).

*अलंघूम m. *dicker Bauch.*

अलपद्म und °क m. *eine best. Stellung der Hand.*

अलपत् Adj. *nicht schwatzend, — irre redend.*

अलब्ध Adj. *nicht erlangt, — erreicht* 165,21. 203,22.

अलब्धनिद्र Adj. *nicht zum Schlafen kommend* Bhāg. P. 4,13,47.

अलब्धभूमिकत्व n. *das Nichterreichen irgend einer Stufe* (der Vertiefung) Jogas. 1,30.

अलब्धवत् Adj. *nicht erlangt habend* (mit Acc.) 71,4.

अलब्धोपवास Adj. Āpast. 1,24,17 fehlerhafte Lesart.

अलभ्य Adj. *nicht zu erlangen, — haben, dessen man nicht theilhaftig werden kann oder darf* MBh. 1,281,21. Kumāras. 5,42.

अलम् Adv. *zur Genüge, gehörig, wie es sich gebührt, in hohem Grade, assez* Spr. 7708. Bālar. 172,19. अलं धैर्यम् *der Muth genügt, es kommt nur auf den Muth an.* — 1) mit Dat. a) *genügend —, hinreichend für; Jmdn oder einer Sache gewachsen.* तस्मै — पद् mit folgendem Condit. oder Optativ Çat. Br. — 2) mit Loc. eines Nom. act. *gewachsen.* — 3) mit Instr. *genug des, lass' ab von.* ममाप्यलं त्वया *auch ich will Nichts von dir wissen* 101,21. अलमेभिरनुसृतैः *stehe davon ab ihnen nachzugehen* 106,7. — 4) mit Gen. *hinreichende Menge von* Tāṇḍja-Br. 16,5,9. — 5) mit Infin. a) *genügend zu. — b) *im Stande seiend, vermögend.* — c) *genug des, lass' ab von.* — 6) mit Absol. *genug des, lass' ab von.* — 7) *mit Fut. *im Stande Etwas zu thun.* — 8) mit भू *hinreichen, genügen.* — 9) mit कर् a) *zurecht machen.* — b) *bewirken, hervorbringen.* — c) *schmücken.* Med. auch *sich schmücken.* — d) *Gewalt anthun,* mit Gen. M. 8,16. — e) mit vorangehendem अभि, उप und सम् *schmücken.*

अलमर्थता f. und अलमर्थत्व n. *das Haben der Bedeutung von* अलम् Mahābh. 3,93,a.

*अलमातर्दन Adj. *leicht zu durchbohren* Nir. 6,2.

अलम्पट Adj. *nicht lüstern, keusch.*

अलंपशु Adj. *Vieh zu halten im Stande.*

*अलंपुरुषीण Adj. *für einen Menschen hinreichend.*

अलंपूर्व Adj. *dem* अलम् *vorangeht* Mahābh. 1,199,b.

अलंप्रजनन Adj. *zeugungsfähig.*

अलम्बम् Adv. *ohne Aufenthalt.*

अलंबल Adj. *jeder Kraft gewachsen* (von Çiva).

अलम्बुष 1) m. a) *die Hand mit ausgestreckten Fingern.* — b) *eine best. Pflanze.* — c) N. pr. eines Râkshasa. — 2) f. आ a) *Barrière.* — b) *eine der Mimosa pudica ähnliche Pflanze* Bhāvapr. 1, 220. 4,176. *Sphaeranthus hirtus* Ratnam. 39. — c) *eine best. Ader.* — d) N. pr. einer Apsaras.

*अलंबुस Adj. *reich an Spreu* Ind. St. 13,483, N. 2.

*अलंभूष्णु Adj. *vermögend, gewachsen.*

अलम्भ्य m. N. pr. eines Ṛshi.

अलंमद Adj. *gehörig berauscht* Dhûrtan. 9.

अलंमनस् Adj. *befriedigt.*

1. अलय m. *das Nichtzugrundegehen, Bestand* R. 3,71,10. v. l. अनय ed. Bomb. 3,66,12.

2. अलय Adj. *rastlos.*

अलर्क m. 1) *toller Hund.* — 2) *ein best. fabelhaftes achtbeiniges Thier.* — 3) *Calotropis gigantea alba.* — 4) N. pr. eines Fürsten.

अलर्ति 3. Sg. und अलर्षि 2. Sg. Intens. von अर्.

अलर्षिराति Adj. *ungeduldig in Betreff des Gebens.* अनर्वाराति v. l.

अलला भवत् Adj. *munter rauschend.*

*अलवण Adj. *nicht salzig* P. 5,4,121.

अलयस् *barbarische Aussprache für* अरयस् (von अरि). अलपस् Mahābh. 1,5,a.

*अलवाल und *°क m. = आलवाल.

अलशिका f. *eine best. Methode die Trommel zu schlagen* S. S. S. 193.

अलस 1) Adj. (f. आ) a) *träge, müde, matt, stumpf, ohne Energie.* Am Anfange eines Comp. als Adv. — b) *nicht blühend* Gal. — 2) m. a) *Geschwüre —, Schrunden zwischen den Zehen.* *n. Gal. — b) = अलसक Bhāvapr. 4,25. — c) *ein best. kleines giftiges Thier.* — d) *eine best. Pflanze.* — 3) *f. आ *Vitis pedata Wall.*

अलसक m. *Trommelsucht oder eine andere Form von Flatulenz.*

अलसगमन Adj. (f. आ) *trägen Ganges* Megh. 79. Spr. 7618.

अलसाला f. AV. 6,16,4.

अलसी Adv. mit भू *müde werden* Bhāvapr. 4,25.

अलसेक्षण Adj. (f. आ) *matten Auges* Rāǵat. 5,408.

अलाञ्छन Adj. *fleckenlos* Bālar. 142,10.

अलाण्डु m. *eine Art Gewürm* AV. 2,31,2.

अलात n. *Feuerbrand.*

अलातशान्ति f. Titel des 4ten Prakaraṇa von Gauḍapâda's Commentar zur Māṇḍûkjopanishad.

अलाताक्षी f. N. pr. einer der Mütter im Gefolge Skanda's.

अलातृण Adj. *karg, geizig.*

अलाबु f. (auch °बू) *Flaschengurke;* m. n. *die Frucht und ein daraus verfertigtes Gefäss* (auch zum Schröpfen gebraucht).

अलाबुक n. *Flaschengurke (die Frucht).* *अलाबुका f. *die Pflanze* Nigh. Pr.

अलाबुकेश्वर n. N. pr. eines Tîrtha.

अलाबुगन्धि Adj. *nach Gurken riechend* AV. Paipp. 17,3,1.

*अलाबुनी f. = अलाबुका Nigh. Pr.

अलाबुपात्र n. *als Gefäss verwandte Flaschengurke.*

अलाबुमय Adj. *aus einer Flaschengurke gemacht.*

अलाबुवीणा f. *eine Laute in Gestalt einer Flaschengurke.*

*अलाबुसल्कुद m. *Sauerampfer* Nigh. Pr.

*अलाबूकट n. *Blüthenstaub der Flaschengurke.*

अलाभ m. 1) Nichterlangung. — 2) Ermangelung. — 3) Verlust.

अलाभकाल m. nicht die geeignete Zeit zur Erlangung von Etwas Spr. 3653.

अलायुध m. N. pr. eines Râkshasa MBu. 7,176,1.

(अलीयप्र) अलीपिष m. wohl Bein. Indra's.

*अलार 1) m. eine Aloeart Gal. — 2) n. Thür.

अलास m. Zungengeschwulst.

अलास्य Adj. nicht tanzend.

1. अलि m. 1) Biene 220,10. 248,23. Spr. 7691. — 2) *Scorpion. — 3) der Scorpion im Thierkreise (könnte auch अलिन् sein). — 3) *Krähe. — 4) *der indische Kuckuck. — 5) *Branntwein.

2. *अलि m. Apabhramça-Form für अरि Feind.

अलिंश m. ein best. dämonisches Wesen.

अलिक m. = अलीक Stirn Bâlar. 63,6. °फलक n. Stirnplatte 175,12. °लेखा f. Kâd. 67,15.

अलिकालतीर्थ n. N. pr. eines Tîrtha.

अलिकुल n. Bienenschwarm 220,12.

*अलिकुलप्रिया f. Rosa glandulifera Nigh. Pr.

*अलिकुलसंकुल 1) m. Trapa bispinosa. — 2) f. आ Rosa glandulifera Nigh. Pr.

अलिक्लाय m. ein best. Aasvogel.

*अलिगन्ध m. Michelia Champaka Lin. Gal.

*अलिगर्द und *अलिगर्ध m. = अलगर्द.

*अलिगु m. N. pr. eines Mannes.

1. अलिङ्ग n. kein entscheidendes Merkmal Comm. zu Nîlas. 2,2,29.

2. अलिङ्ग Adj. 1) ohne Kennzeichen Muṇḍ. Up. 3, 2,4. — 2) geschlechtslos (gramm.). — 3) ohne feinen Körper. Dazu Nom. abstr. °त्व n. Buâg. P. 1, 15,31.

अलिङ्गपरूपा n. keine specielle Angabe Kâtj. Çr. 15,2,11.

*अलिजिह्वा und *°जिह्विका f. Zapfen im Halse.

अलिञ्जर m. grosser Wassertopf MBu. 3,167,11.

*अलिदूर्वा f. eine best. Pflanze.

अलिन् 1) m. a) Biene. — b) *Scorpion. — c) der Scorpion im Thierkreise. — 2) f. °नी a) Bienenweibchen Çiç. 6,72. °नाथ m. Bienenmännchen Pañkatantra. 107,14. — b) Bienenschwarm Spr. 5896.

अलिन m. Pl. N. pr. eines Volkes.

अलिन्द m. 1) Terrasse vor der Hausthür. — 2) Pl. N. pr. eines Volkes.

*अलिन्दक m. = अलिन्द 1).

*अलिपक m. 1) Biene. — 2) der indische Kuckuck. — 3) Hund.

*अलिपत्त्रिका f. Boerhavia procumbens.

*अलिपत्त्री f. eine best. Pflanze Gal.

*अलिपर्णी f. Tragia involucrata Lin.

अलिपि Adj. unbefleckt und zugleich ungeschrieben Ind. St. 14,386.

*अलिप्रिय 1) n. rothe Lotusblüthe. — 2) f. आ Bignonia suaveolens.

*अलिमक m. 1) Biene. — 2) Frosch. — 3) der indische Kuckuck. — 4) Bassia latifolia. — 5) Staubfäden einer Lotusblüthe.

अलिमदलिन् Adj. mit Blüthenblättern versehen, auf denen Bienen sitzen, Spr. 2340.

अलिमत् Adj. mit Bienen versehen Spr. 2340.

अलिमाला f. Bienenschwarm Mâlatîm. 1,7.

*अलिमोदा f. Premna spinosa.

*अलिमोहिनी f. eine best. Pflanze, = केविका Râgan. 10,118.

*अलिम्पक m. = अलिमक 2) 3) 4) 5).

*अलिम्बक m. = अलिमक 1) 2) 3) 5).

*अलिवल्लभा f. Bignonia suaveolens Nigh. Pr.

*अलिसमाकुल m. Chrysanthemum indicum Nigh. Pr.

अलीक 1) Adj. a) widerwärtig, unangenehm AV. n. etwas Unangenehmes. — b) unwahr, falsch, nicht in Wirklichkeit Etwas seiend; n. Unwahrheit, Falschheit 180,11. 324,18. — c) *wenig. — 2) n. a) Stirn Spr. 1070. 2600 (an beiden Stellen zugleich Falschheit). — b) *Kopf Gal. — c) *Himmel.

अलीकनिमीलन n. erheucheltes Schliessen (der Augen) Spr. 7110.

अलीकपण्डित Adj. afterweise Spr. 7285.

अलीकमत्स्य m. Betelblatt mit Bohnenmehl in Oel geschmort Bhâvapr. 2,20.

अलीकमन्त्रिन् m. falscher —, kein redlicher Minister Kathâs. 68,110.124.

अलीकयु m. N. pr. eines Mannes.

अलीकवादिन् Adj. lügend Nâish. 72,9.

अलीकसुप्त (127,3) und °क (Kathâs. 68,9.77,57) n. erheuchelter Schlaf.

*अलीकाय्, °यते getäuscht werden.

*अलीकिन् und *अलीकिक Adj. von अलीक.

*अलीगर्द m. = अलगर्द.

*अलीह m. Clerodendrum phlomoides Râgan. 10,43.

*अलु f. = आलु kleiner Wasserkrug.

अलुप्त Adj. nicht zu Nichte geworden, — verloren, — dahin.

अलुप्तसत्त्वकोश Adj. einen vollen Schatz an Muth besitzend Spr. 646.

अलुब्ध Adj. nicht habsüchtig Gaut. 29,18.

अलुप्यास् Adj. nicht in Unordnung gerathend.

अलून Adj. nicht rauh, weich, sanft.

अलूनतात n. keine rauhe Nachbarschaft TBr. 1,1,9,6.

अलून Adj. nicht abgepflückt Spr. 271.

अलेपक Adj. unbefleckt, rein 284,32.

1. अलोक m. 1) Nichtwelt, Untergang der Welt. — 2) Nicht-Leute. — 3) *die übersinnliche Welt.

2. अलोक Adj. nicht Raum habend, keine Stelle findend.

अलोकसामान्य Adj. nicht den gewöhnlichen Menschen eigen Mâlatîm. 6,5.

अलोक्य Adj. (f. आ) 1) ungewöhnlich, unstatthaft. — 2) um die andere Welt bringend, zur Hölle führend Spr. 3645.

अलोकयता f. Verlust der anderen Welt.

अलोचन Adj. (f. आ) ohne Fensteröffnung Kâçakha 1,14.

अलोप m. 1) kein Schwund Lâṭj. 8,10,15. TS. Prât. 11,1. — 2) Schwund von अ VS. Prât. 4,40.

अलोपाङ्ग Adj. dem kein Glied fehlt.

1. अलोभ m. 1) Nichtverwirrung, richtiger Gang. — 2) Nichthabsucht, Genügsamkeit.

2. अलोभ Adj. nicht habsüchtig zu Spr. 716.

अलोमक, अलोमक (f. °मका und °मिका) und अलोमन् Adj. unbehaart Gaut. 17,28.

अलोल 1) Adj. nicht unbeständig oder — gierig Spr. 716. — 2) f. आ ein best. Metrum Ind. St. 8,390.

अलोलत्व n. Beständigkeit Bhag. 16,2.

अलोलुप 1) Adj. frei von aller Begierde Âpast. — 2) m. N. pr. eines Sohnes des Dhṛtarâshṭra.

अलोलुपत्व und अलोलुप्त्व n. das Freisein von aller Begierde.

अलोलुप्यमान Adj. nicht gierig Gaut. 2,41.

*अलोह m. N. pr. eines Mannes.

अलोहित (TS.) und अलोहित (Çat. Br. 14) 1) Adj. blutlos. — 2) *n. rothe (!) Lotusblüthe.

अलौकिक Adj. (f. ई) nicht im gewöhnlichen Leben vorkommend, ungewöhnlich, ungebräuchlich. Davon Nom. abstr. °त्व n. Sâh. D. 44.

अल्गा m. Du. die Leisten, Weichen.

अल्प Adj. (f. आ) klein, gering, schwach, wenig; n. Kleines, Weniges. अल्पम् Adv. ein wenig, in geringem Grade. अल्पेन für ein Weniges, billig; leicht, schnell Spr. 514. *अल्पात् leicht, schnell. अल्पेन und अल्पात् werden in dieser Bedeutung mit einem Partic. praet. pass. componirt 232,19. Compar. अल्पीयंस् (weniger Kâtj. Çr. 2,7,13. ganz gering Spr. 649. n. etwas ganz Unbedeutendes) und अल्पतर, Superl. *अल्पिष्ठ.

अल्पक 1) Adj. (f. अल्पिका) dass. m. elender Wicht Spr. 3919. n. Weniges. अल्पकम् Adv. ein wenig. अल्पकात् bald darauf. — 2) m. *Hedysarum Alhagi und *Premna herbacea (Nigh. Pr.). — 3) f. *अल्पिका

f. eine Bohnenart Nigh. Pr.

अल्पकण्ठ Adj. eine schwache Stimme habend.

अल्पकालत्व n. Kürze der Zeit 215,21.

*अल्पकेशी f. eine best. Pflanze.

अल्पक्रीत Adj. billig gekauft Pańk. 61,2.

*अल्पगन्ध n. rothe Lotusblüthe.

अल्पचेतस् Adj. von geringer Einsicht R. 5,85,15.

अल्पज्ञ Adj. Weniges wissend. Davon Nom. abstr. °त्व n. 260,1. 275,8.

*अल्पतनु Adj. klein von Wuchs AK. 2,6,1,45.

अल्पतेजस् Adj. des Feuers ermangelnd, schwächlich 101,15.

अल्पता f. und अल्पत्व n. (215,22) Geringheit, Geringfügigkeit; Kürze (eines Tages) Spr. 5867.

अल्पदक्षिण Adj. mit geringem Opferlohn M. 11, 39. 40.

अल्पदर्शन Adj. kurzsichtig (übertr.) MBh. 1,151, 38.

अल्पदुःख Adj. wenig Leid erfahrend. Davon Nom. abstr. °ता f. MBh. 3,173,8.

अल्पदेह Adj. klein an Leib Bhâvapr. 2,12.

अल्पद्वारा Adj. f. eine enge Scheide habend Suçr. 1,290,14.

अल्पधन Adj. wenig begütert, arm M. 3,66. 11,40.

अल्पधी Adj. von geringer Einsicht 142,3.

अल्पनिष्पत्ति Adj. selten vorkommend (Worte) Nir. 2,2.

*अल्पपत्त्रिका f. Desmochaeta atropurpurea Rigan. 4,94.

*अल्पपत्त्री f. eine Art Basilienkraut, Curculigo orchioides und Anethum Sowa Nigh. Pr.

*अल्पपद्म n. rothe Lotusblüthe.

अल्पपशु Adj. wenig Vieh besitzend.

अल्पपायिन् Adj. wenig, — schlecht saugend (Blutegel) 217,25.

अल्पपुण्य Adj. (f. आ) der wenig Gutes gethan hat, der Manches auf seinem Gewissen hat MBh. 3,67,17. R. 5,95,20.

*अल्पपुष्पिका f. gelber Oleander Nigh. Pr.

*अल्पप्रमाणक m. eine Gurkenart.

अल्पप्रयोग Adj. von seltenem Gebrauch Nir. 1,14.

1. अल्पप्राण m. schwacher Hauch (gramm.).

2. अल्पप्राण Adj. 1) kurzathmig, so v. a. nicht ausdauernd. — 2) mit schwachem Hauche ausgesprochen Kâvjâd. 1,43.

अल्पबलप्राण Adj. schwach und kurzathmig (Pferd) MBh. 3,71,15.

अल्पबहुत्व n. Geringheit und (oder) Vielheit.

अल्पबाध Adj. 1) geringen Schaden bringend. — 2) wenige Leiden habend.

अल्पबुद्धि Adj. geringen Verstandes M. 12,74.

अल्पभागधेय Adj. (f. आ) unglücklich (Person) 66,18. R. 2,53,24. Davon Nom. abstr. °त्व n. R. 6,74,11.

अल्पभुजान्तर Adj. (f. आ) schmalbrüstig Vikr. 112.

अल्पमति Adj. von geringer Einsicht Suçr. 1,35,6.

*अल्पमारिष m. Amaranthus polygamus L.

अल्पमूर्ति Adj. von geringer Masse (Stern). Davon Nom. abstr. °त्व n. Sûrjas. 2,10.

अल्पमूल Adj. schmal an der Basis Bhâvapr. 5,93.

अल्पमेधस् Adj. von geringer Einsicht.

*अल्पंपच Adj. wenig kochend.

अल्पय्, °यति verringern Bâlar. 136,1. um sein Ansehen bringen Spr. 549.

अल्परुज् und °रुज Adj. nicht schmerzhaft Bhâvapr. 5,93. 99.

अल्पवयस् und *°वयस्क (Gal.) Adj. jung (von Pferden) H. 1233.

*अल्पवर्तिका f. eine Wachtelart, = वर्तीर Madanav. 125,14.

अल्पविद् Adj. Weniges wissend Ḱhând. Up. 7,5,2.

अल्पविद्य Adj. wenige Kenntnisse besitzend M. 11,35.

अल्पविषय Adj. (f. आ) von geringem Umkreis (Verstand) Ragh. 1,2.

अल्पव्याहारिन् Adj. wenig redend Lâtj. 3,8,7.

अल्पशःपङ्क्ति f. ein best. Metrum.

अल्पशक्ति Adj. von geringer Kraft, schwach Utt. 15,9.

अल्पशयु m. ein best. lästiges Insect.

अल्पशरीर Adj. klein von Körper R. 5,35,31.

अल्पशस् Adv. 1) in geringem Maasse, wenig. — 2) selten.

अल्पशेष Adj. woran wenig fehlt, beinahe vollendet, — zu Ende R. 3,37,19. Kâd. 41,21. 82,8.

अल्पसत्त्व Adj. wenig Muth habend, feig Bhâg. Nîtj. 34,57. Kathâs. 18,184. 25,98.

अल्पसंनिचय Adj. geringe Vorräthe habend, arm R. 1,6,7.

अल्पसंभार Adj. wenig Zubehör habend, unbemittelt. Superl. Gobh. 4,1,16.

अल्पसर्वतोभद्रमण्डल n. ein best. mystischer Kreis.

अल्पसार Adj. 1) schwach. — 2) werthlos, unbedeutend Spr. 7692.

अल्पसुखित Adj. wenig Freude habend R. 5,86,7.

अल्पस्पर्श Adj. (f. आ) unempfindlich v. l. zu Suçr. 2,397,20. 398,10.

अल्पस्व Adj. wenig besitzend Gop. Br. 1,3,17. Vaitân. 14.

अल्पस्वर Adj. 1) mit schwacher Stimme, kleinlaut Kathâs. 62,75. — 2) wenige Vocale habend. Compar. Ind. St. 10,420.

अल्पाङ्ग Adj. einen kleinen Körper habend. Davon Nom. abstr. °त्व 301,11.

अल्पाज्य Adj. mit wenig Opferschmalz Çat. Br. 11,4,2,15.

अल्पाञ्जि Adj. fein gefleckt.

अल्पात्यय Adj. geringe Leiden verursachend Suçr. 1,353,14. 2,169,17.

अल्पासन्नगत Adj. ganz in der Nähe befindlich R. 4,18,17.

अल्पाम्बुतीर्थ n. N. pr. eines Tîrtha.

अल्पायुस् 1) Adj. ein kurzes Leben habend. — 2) *m. Ziege.

अल्पाल्प Adj. ganz wenig.

अल्पाल्पभास् Adj. von ganz geringem Glanze Mudr. 78.

अल्पावशिष्ट Adj. wenig übriggeblieben. Davon Nom. abstr. °त्व n. 63,26.

अल्पावशेष Adj. dass. R. 3,32,1.

*अल्पास्थि n. Frucht der Grewia asiatica Rigan. 11,112.

अल्पाहार Adj. wenig Nahrung zu sich nehmend. Davon Nom. abstr. °ता f. Lalit. 320,9.

अल्पी Adv. mit भू sich verringern.

अल्पीयःखा Adj. f. eine sehr enge Scheide habend Suçr. 1,296,20.

अल्पेच्छ Adj. genügsam Spr. 630.

अल्पेतर Adj. gross, bedeutend. °त्व n. Grösse Ragh. 5,22.

अल्पेशाख्य Adj. von niedriger Herkunft (buddh.).

अल्लम und °प्रभुदेव m. N. pr. eines Mannes.

*अल्ला f. Mutter.

अल्लाउ und °नाथ m. N. pr. eines Mannes.

अल्लापदीन m. N. pr. = العابدين.

अल्लाल und °सूरि m. N. pr. eines Mannes.

अल्लालदेश m. N. pr. eines Landes Bhoǵa-Pr. 73, 17. 28. 74,4. 11.

अल्लोपनिषद् f. Titel einer Upanishad.

अव्, अवति 1) in Gang bringen, antreiben. — 2) darbringen (ein Loblied). — 3) Jmd fördern, begünstigen, wohl wollen. — 4) laben, erquicken, sättigen. — 5) Jmd (Acc.) zu Etwas (Dat. Loc.) verhelfen. — 6) beschützen, behüten. — 7) beherrschen, regieren. — 8) Etwas gern haben, — annehmen. — Caus. verzehren. — Mit अनु erfrischen, aufmuntern. — Mit अभि erquicken. — Mit उद् 1) in Gang bringen, antreiben. — 2) fördern, unterstützen. — 3) gnädig annehmen. — 4) lauern. — Mit उप 1) liebkosen. — 2) erfrischen. — 3) zustimmen, einstimmen. — Mit प्र 1) *in Gang bringen, antreiben.* — 2) *fördern, unterstützen.* — 3) *laben, erquicken.* — 4) *gern annehmen.* — Mit संप्र *behülflich sein.* — Mit सम् 1) *zusammentreiben, feindlich an einander bringen.* — 2) *laben, erquicken.*

1. अव in Verbindung mit Verben und in Comp. mit Nominibus *ab, herab.* Mit Abl. *von — herab* AV.

2. अव m. *Gunst, Huld.*

अवसति f. = अवर्त्ति.

1. अवंश m. *niedriges Geschlecht* Spr. 653.

2. अवंश n. *das Balkenlose, d. i. der Luftraum.*

अवंश्य Adj. *nicht zur Familie gehörig.* Davon Nom. abstr. °त्व n. Mahâbh. 4,58,1.

*अवकट P. 5,2,30.

*अवकटिका f. *Verstellung.*

अवकर m. *Kehricht* Gaut. 20,4. 23,12. Spr. 5220. °कूट *Kehrichthaufen* Kâd. II,129,21. °स्थान n. *der Ort wohin man den Kehricht bringt.*

अवकरितव्य Adj. *zu streuen* Comm. zu Gaim. 5,1,4.

अवकर्णय्, °यति *Etwas in den Wind schlagen* Kâd. II,115,4.

अवकर्त m. *Abschnitt.* वस्त्राव° MBh. 3,62,22.

अवकर्तन n. *das Abschneiden* MBh. 3,62,16.

°अवकर्तिन् Adj. *ab-, beschneidend.*

°अवकर्तृ Nom. ag. *Ab-, Beschneider.*

अवकल्कन n. *das Mischen, Zusammenrühren.*

अवकल्प m. *das Machen zu, Erklären für* (geht im Comp. voran) Vedân. 7,11.

*अवकल्पितिन् Adj. = अवकल्पितं येन सः.

अवका f. *Blyxa octandra Rich.*

अवकाद Adj. *die Blyxa fressend.*

अवकाश m. (Adj. Comp. f. आ) 1) *freier Platz, Raum, Stelle.* — 2) *Zwischenraum.* अवकाशेन *dazwischen* Tâṇḍya-Br. 18,9,6. — 3) *Zwischenzeit.* — 4) *Platz für, Gelegenheit zu* (Gen.). °काशं कर् oder दा *Platz machen, Raum —, Gelegenheit geben, Einlass gewähren* (mit Dat. und Gen.). °काशं लभ् oder आप् (mit und ohne Präp.) *Platz —, Gelegenheit finden, sich Eingang zu verschaffen wissen.* °काशं रुध् *hemmen, hindern.* — 5) *freie Zeit, Musse* Spr. 6240. — 6) Bez. *gewisser Sprüche, bei deren Recitation auf gewisse Gegenstände geblickt wird.*

*अवकाशक m. *Platz, Stelle* Gal.

अवकाशद Adj. *beherbergend* 205,6.21. Jâtak. 2,276.

अवकाशवत् Adj. *geräumig.*

अवकाश्य Adj. *zu den Sprüchen* अवकाश *zuzulassen.*

अवकिन् Adj. *mit* Avakâ *bewachsen.*

अवकिरण n. *Kehricht* Karaka 3,3.

अवकीर्णिन् Adj. *der sein Gelübde der Keuschheit gebrochen hat.*

अवकीलक m. *Pflock, Nagel.*

अवकुञ्चन n. *Krümmung, Zusammenziehung.*

*अवकुटार P. 5,2,30.

*अवकुटारिका f. *Verstellung.*

अवकुण्ठन n. vielleicht fehlerhaft für अवगुण्ठन.

अवकेश Adj. *mit herabhangenden Haaren.*

*अवकेशिन् Adj. *unfruchtbar.*

*अवकोकिल Adj. = अवकुष्टः कोकिलया Mahâbh. 2,355,b.

अवकोल्व Adj. (f. आ) *von* Avakâ *umhüllt.*

अवक्तृ Nom. ag. *nicht redend* Maitrup. 6,11.

अवक्तव्य Adj. *unsagbar* Ind. St. 9,164. Sarvad. 41,8. 9.

अवक्त्र Adj. (f. आ) *ohne Mündung.*

अवक्र Adj. *nicht krumm, — schief.*

अवक्रन्दिन् Adj. *herabstürmend.*

अवक्रन्द m. *das Brüllen, Wiehern.*

अवक्रमण n. *descensio in uterum, Empfängniss* Lalit. 39,18.

अवक्रय m. 1) *Vermiethung, Verpachtung.* — 2) *Pachtgeld.*

अवक्रयकुटी f. *Marktbude.*

अवक्रान्ति f. *das Hinabsteigen,* in गर्भाव°.

अवक्रामिन् Adj. *entfliehend.*

*अवक्लिन्नपक्व Adj. *vor Reife triefend.*

अवक्लेद m. *das Triefen.*

°अवक्षपण n. in अङ्गाराव°.

अवक्षाम Adj. *abgemagert, mager.*

अवक्षापम् Absol. *verscheuchend* Âpast. im Comm. zu Kâty. Çr. 666,6.

अवक्षालन n. *das Abwaschen durch Eintauchung.*

अवक्षेप m. *Verspottung, Verhöhnung.*

अवक्षेपण 1) n. a) *das Hinabwerfen, Niederdrängen* Kâṭh. 1,1,7. Tarkas. 3. — b) *das Verspotten, Verhöhnen.* — 2) *f. ई *Zügel.*

अवखण्डन n. *das Zertheilen, Zersplittern, Zerstückeln* Kâd. 206,7.

अवखाद m. *Aufzehrung.*

अवगण Adj. *allein stehend* MBh. 3,82,15. अवगुण v. l.

*अवगणन n. *Geringachtung.*

*अवगण्ड m. = युवगण्ड *Blüthe auf dem Gesicht.*

अवगति f. *das Kommen auf Etwas, das Erkennen, Errathen.*

*अवगथ Adj. *der sich früh Morgens gebadet hat.*

अवगध m. *Kraut* Ait. Âr. 136,5 v. u.

अवगन्तृ Nom. ag. *der da erkennt* Çaṁk. zu Bâdar. 2,2,28.

अवगन्तव्य Adj. *zu beurtheilen, aufzufassen; zu erkennen, — erschliessen aus* (Abl.) Comm. zu Âpast. 2,2.

अवगम m. und °न n. *Verständniss, Erkenntniss, das Kennenlernen, Erfahren.*

अवगमयितृ Nom. ag. *der zu Etwas verhilft.*

अवगमिन् Adj. *erkennend.*

अवगम्य Adj. *erkennbar.* Davon Nom. abstr. °त्व n. Çaṁk. zu Bâdar. 2,2,28.

*अवगल्भ्, °ल्भते und *अवगल्भाय्, °यते Kâç. zu P. 3,1,11.

अवगाण m. Pl. *die Afghanen* Varâh.

*अवगार m. v. l. für अवगाह *Eimer.*

अवगाह m. 1) *Eintauchung, Waschung, Baden.* — 2) **Eimer.*

अवगाहन n. *das Eintauchen, Baden* Âpast. 2,2,9.

*अवगाहितव्य n. impers. *einzutauchen* Kâç. zu P. 3,4,14.

°अवगाहिन् Adj. *sich einlassend auf, sich zu schaffen machend mit* Tarkas. 32.

*अवगाहे ved. Dat. Inf. *einzutauchen* Kâç. zu P. 3,4,14.

अवगुण Adj. *der Vorzüge ermangelnd.* अवगण v. l.

अवगुण्ठन n. 1) *das Verhüllen.* कृतावगुण्ठन Adj. *verhüllt* 312,27. *eingehüllt in* (Instr.). कृतशिरोऽव° Adj. Kâd. 183,10. — 2) *Hülle, Schleier* 314,9. — 3) *eine best. mystische Fingerverbindung.* — 4) **das Kehren.*

अवगुण्ठनवत् Adj. *verhüllt, verschleiert* Mâlav. 73,13.

*अवगुण्ठिका f. *Hülle, Schleier.*

अवगूरण n. *das Tosen* Uttarar. 57,11.

*अवगूलिका f. *Hure* Gal.

अवगूहन n. 1) *das Verstecken.* — 2) *das Umfangen, Umfassen.*

अवगृह्य Adj. *trennbar* (Compositum).

अवगोरण n. *das Bedrohen* Gaut. 21,20. Comm. zu Gaim. 324,9 und zu Nyâyam. 3,4,19.

*अवगोर्य Adj. *zu bedrohen.*

अवग्रह m. 1) *Hemmniss, Hinderniss.* — 2) *Regenmangel, Dürre.* — 3) *die im* Padapâṭha *übliche Abtheilung der* Pada, *Aufhebung des* Saṁdhi Comm. zu Nyâyam. 2,2,55. — 4) *die Pause zwischen in solcher Weise abgetheilten* Pada. — 5) *die Silbe oder der Laut, nach denen diese Abtheilung erfolgt.* — 6) *ein auf diese Weise abgetheiltes* Pada, insbes. *das vorangehende.* — 7) **natürlicher Zustand.* — 8) **Fluch* (aber *ein best. Fluch*). — 9) **Elephantenstirn.* — 10) **Elephantenheerde.*

*अवग्रहण 1) n. a) *das Hemmen, Hindern.* — b) *Geringachtung.* — 2) f. ई = गृहावग्रहणी *Thürschwelle* Gal.

अवग्रहशाकम् indecl. Titel eines Pariçishṭa zum SV.

अवग्रहान्तर n. = अवग्रह 4) ṚV. Prât. 1,6(16).

अवग्राह m. 1) *Hemmniss, Hinderniss (als Fluch). — 2) Dürre Bhâg. 8,1387. — 3) *Elephantenstirn. — 4) *Eimer.

अवग्राहम् Absol. mit Abtheilung der Worte Ait. Br. 2,19.

अवघटरिका f. ein best. musik. Instrument.

*अवघट m. Grube. Vgl. अवघात.

अवघट्टन n. das Berühren, Betasten, Anstossen an.

अवघट्टित n. das Anstossen Hariv. 4720.

अवघर्षण n. das Abreiben.

अवघात m. 1) Schlag. — 2) das Entfernen der Hülsen durch Stampfen in einem Mörser Gaim. 483,4. — 3) *= अवघट Grube. — 4) *grosse Todesgefahr.

अवघातिन् Adj. durch Stampfen (Hülsen) entfernend.

अवघूर्ण Adj. sich hinundher bewegend, schwankend.

अवघोष m. Verkündigung.

अवघ्राण n. das Beriechen, Riechen.

अवघ्रायम् Absol. beriechend Kâty. Çr. 5,9,18.

अवघ्रेय Adj. zu beriechen.

अवच Adj. der niedere, in उच्चावच.

*अवचक्तणम् Adv. gaṇa गोत्रादि.

अवचक्षे Dat. Inf. zu erblicken von (Instr.) ṚV. 4,58,5.

अवचलुक N. pr. einer Gegend.

1. अवचन 1) Adj. Etwas nicht ausdrückend Gaim. 1,1,24. — 2) n. das Fehlen einer bestimmten Angabe.

2. अवचन Adj. (f. आ) sprachlos, nicht sprechend.

अवचनकर Adj. Jmds Rath nicht befolgend Spr. 1863.

अवचनीय Adj. nicht zu sagen.

अवचन्द्रमस n. das Verschwinden des Mondes.

अवचय m. das Abpflücken, Lesen.

°अवचर m. Tummelplatz, Gebiet (buddh.).

अवचरन्तिका Adj. f. herabtrippelnd.

अवचायिका f. Lese.

अवचायिन् Adj. abpflückend, lesend.

अवचारण n. das Anwenden (medic.)

अवचूड m. herabhängender Büschel.

अवचूरि und °का f. Glosse, Erklärung.

अवचूर्णन n. das Bestreuen.

अवचूर्णय्, °यति bestreuen. °चूर्णित bestreut.

अवचूल m. = अवचूड Kâd. 126,7. 128,3.

*अवचूलक n. Fliegenwedel.

अवच्छद m. Decke.

अवच्छिन्नत्व n. das Bestimmtsein Nl. K.

*अवच्छुरित und *°क n. lautes Auflachen.

अवच्छेद m. 1) Abschnitt (eines Kleides). — 2) Abschnitt (einer Recitation u.s.w.) Âçv. Çr. 1,2,25. — 3) Trennung, Absonderung. — 4) genaue Bestimmung.

अवच्छेदक Adj. genau bestimmend. Davon Nom. abstr. °त्व n.

अवच्छेद्य Adj. was getrennt —, gesondert wird.

अवज्ञप m. Erlegung, Beilegung.

अवज्ञा f. Verachtung, Geringachtung (das Obj. im Loc. oder Gen.). अवज्ञया geringschätzig, so v. a. ganz gleichgültig.

अवज्ञान n. dass.

अवज्ञानगस्तोत्र n. Titel eines Stotra.

अवज्ञेय Adj. zu verachten, gering zu achten.

अवज्योतन n. das Beleuchten.

अवज्वलन n. das Anzünden.

अवट m. 1) Grube. °क्षेम Kâty. Çr. 2,3,13. — 2) Grube am Körper. — 3) Zahnhöhle. — 4) *Nacken Gal. — 5) *Taschenspieler. — 6) N. pr. eines Mannes.

*अवटकच्छप m. eine Schildkröte in einer Grube, bildlich von einem Manne, der die Welt nicht kennt.

अवटनिरोधन m. eine best. Hölle.

*अवटि m. = अवट Grube.

*अवटीट 1) Adj. (f. आ) herabhängend (von einer Nase), mit einer herabhängenden Nase. — 2) n. eine herabhängende Nase.

अवटु m. oder f. 1) Nacken. — 2) *Grube und *Brunnen. Auch n. — 3) *ein best. Baum.

अवटोदा f. N. pr. eines Flusses.

अवट्य Adj. in einer Grube befindlich.

*अवडङ्ग m. Markt.

*अवयणा n. = तिलपर्णी Gal.

अवर्त m. Brunnen.

अवतंस 1) m. n. Kranz, reifenförmiger Schmuck. Am Ende eines adj. Comp. f. आ. — 2) m. N. pr. eines Berges Ind. St. 10,281.

अवतंसक m. n. 1) = अवतंस 1). Am Ende eines adj. Comp. f. आ. — 2) Titel einer buddh. Schrift.

*अवतंसन n. Diadem Gal.

अवतंसी Adv. mit कर् als Kranz verwenden Kâd. 162,8.

अवतक्षण n. Zerschnittenes, Häckerling.

अवततधन्वन् Adj. mit abgespanntem Bogen.

*अवतप्तेनकुलस्थित n. das Stehen eines Ichneumons auf erhitztem Boden, bildlich von der Beweglichkeit und Unbeständigkeit eines Menschen.

अवतमस n. abnehmende Finsterniss.

अवतरण n. 1) das Hinabsteigen, — schiessen, — fahren 294,15. — 2) das Zustandekommen, Gelingen Bâlar. 117 (127).

अवतरणमङ्गल n. feierliche Bewillkommnung Kâd. 103,9.

अवतरणिका f. Vorrede, Einleitung.

अवतरम् Adv. weiter weg.

अवतरितव्य n. impers. descendendum.

अवतर्द m. Durchbohrung, Spaltung Kaush. Âr. 1,8.

अवतर्पण n. Linderungsmittel.

अवतान m. 1) Decke von Schlingpflanzen. — 2) Abspannung des Bogens als Bez. der Verse VS. 16,54-63 Çat. Br. 9,1,1,21. 27. — 3) *N. pr. eines Mannes Kâç. zu P. 2,4,67.

अवतापिन् Adj. von oben her von der Sonne erwärmt.

अवतार m. 1) das Herabsteigen, Herabkunft. Insbes. das Herabkommen überirdischer Wesen auf die Erde in veränderter Gestalt, so wie die Erscheinung selbst. — 2) Erscheinung, Offenbarwerdung, das zu Tage Treten. — 3) Gelegenheit zu (Gen.) Çaṁk. zu Bâdar. 4,2,21. — 4) buddh. Blösse. °रं लभ् Jmd beikommen können. — 5) *heiliger Badeplatz, Tîrtha. — 6) Titel eines buddh. Werkes.

अवतारक Adj. auftretend, betretend, in रङ्गाव°.

अवतारण n. 1) das Absteigen —, Herabkommenlassen. — 2) das Ablegen Kâd. 130,17. — 3) das Herabsteigen, — fahren. — 4) *das Verehren. — 5) *das Besessensein. — 5) *Saum eines Kleides.

अवतारप्रादुर्भाव m. Titel eines Werkes.

अवतारमन्त्र m. ein Zauberspruch, mittels dessen man sich aus der Luft herablässt, Kathâs. 20,180.

अवतारवादावली f. Titel eines Werkes.

अवतारसिध्य n. Titel eines Abschnitts im Toḍarânanda.

अवतारिन् Adj. 1) auftretend, betretend, in रङ्गाव°. — 2) erscheinend. आलोकपवाय° Mâlatîm. 76,13 (68,17). auf der Erde erscheinend als.

अवतितीर्षु Adj. herabsteigen wollend.

*अवतूलय्, °यति = तूलैरवकुष्णाति.

अवतोका Adj. f. die eine Fehlgeburt gemacht hat.

अवत्क n. ein best. Heilmittel. AV. Paipp. 19,8,2 fälschlich अवतक.

अवत्त Partic. von दा, द्यति mit अव.

अवत्तरम् Adv. lieber TS. 4,6,6,3; vgl. jedoch VS. 17,6.

°अवत्तिन् Adj. (in so und so viele Theile) zertheilend.

अवत्सार m. N. pr. eines Mannes.

*अवत्सीय Adj. Kälbern nicht zuträglich.

अवदंश m. 1) Reizmittel, Gewürz, Zukost. — 2) *Meerrettig Nigh. Pr.

अवदत् Adj. nicht redend ṚV. 10,117,7.

*अवदत m. Kind Nigh. Pr.

अवदरण n. das Aufbrechen, Bersten.

*अवदाघ m. gaṇa न्यङ्क्वादि.

अवदात Adj. 1) rein (eig. und übertr.). — 2) weiss. — 3) klar, deutlich, verständlich. — 4) *reizend, angenehm.

*अवदातकर m. der Mond Gal.

अवदातता f. die Weisse Spr. 7708.

अवदातव्य n. impers. abzuschneiden Comm. zu Nyâjam. 3,4,35. 6,4,1 und zu Gaim. 4,4,30.

1. अवदान n. 1) das Abschneiden, Zerstücken, Zerschneiden. — 2) Abschnitt, Stück. °होम Kâty. Çr. 4,1,16.

2. अवदान n. Heldenthat. °शतक n. Titel einer buddh. Legendensammlung.

3. *अवदान m. = अवदाह.

अवदानक n. = 1. अवदान 1) Nyâjam. 5,2,6.

अवदानीय Adj. was einen Abschnitt oder Theil bilden soll.

*अवदान्य Adj. gaṇa सार्वादि.

*अवदाय m. Vop. 26,37, v. l.

अवदार m. Durchbruch. °रम् कृ durchbrechen.

*अवदारक Adj. grabend.

अवदारण 1) Adj. bersten machend, zertrümmernd. — 2) n. a) das Zerspalten, Zertrümmern. — b) das Aufbrechen, Bersten. — c) *Spaten.

*अवदालक m. eine Art Wels Gal.

अवदावद Adj. unbestritten.

*अवदाह, *°दाहेष्ट und *°दाहेष्टकापथ m. die Wurzel von Andropogon muricatus.

अवदेय Adj. abzutheilen Comm. zu Nyâjam. 4,4,35.

अवदोल m. das Schaukeln.

*अवदोह m. Milch.

अवद्य 1) Adj. a) tadelnswerth, schlecht. — b) *unangenehm. — 2) n. a) Tadelnswerthes, Mangel, Unvollkommenheit, Fehler. — b) Tadel, Schmähung. — c) Schande, Schmach.

अवद्यगोहन Adj. Fehler —, Mängel verdeckend ṚV.

अवद्यभी f. Scheu vor Tadel, Ehrgefühl.

अवद्यवत् Adj. schmählich, beklagenswerth.

°अवद्योतक Adj. verdeutlichend Comm. zu Nyâjam. 5,2,7.

अवद्योतन n. das Verdeutlichen Comm. zu Nyâjam. 2,1,15.

°अवद्योतिन् Adj. beleuchtend, verdeutlichend.

*अवद्रङ्ग m. Markt.

1. अवध m. 1) kein Schlagen Gaut. 2,42. — 2) keine Tödtung.

2. अवध्य Adj. unzerstörbar.

अवधर्ष्य Adj. in अनव°.

अवधातव्य n. impers. aufzupassen, aufzumerken.

अवधान n. das Aufpassen, Aufmerksamkeit, Andacht.

*अवधानिन् Adj. aufpassend, aufmerkend.

अवधारक Adj. 1) begreifend, verstehend Bhar. Nâṭjaç. 34,98. — 2) beschränkend TS. Prât. 22,6.

अवधारण 1) n. a) Bestätigung, Bejahung. — b) genaues Bestimmen, das Beschränken auf etwas Bestimmtes mit Ausschliessung alles Andern. — 2) *f. आ Grenze Gal.

अवधारणीय Adj. 1) für ausgemacht anzusehen. — 2) zu beschränken auf (Instr.) Çaṁk. zu Bâdar. 2,2,1. — Vgl. अनव°.

*अवधारितिन् Adj. = अवधारितमनेन.

अवधार्य Adj. 1) womit man sich vertraut zu machen hat Spr. 2122. — 2) zu begreifen, — verstehen, in दुरवधार्य.

अवधि m. 1) *Aufmerksamkeit. — 2) Grenze, Grenzpunkt Çat. Br. 1,7,3,12. das Non plus ultra Prasannar. 57,17. Bâlar. 253,13. Kâd. 139,12. 11,42,14. Frist, Termin Bhâvapr. 3,17. Megh. 84. °अवधि Acc. und अवधेस् (nach einem Gen. oder am Ende eines Comp.) Abl. Adv. bis. मासत्रयावधि Adv. drei Monate lang. — 3) Umgegend P. 4,2,124. — 4) *Höhle. — 5) *Zeit.

अवधिज्ञानिन् m. Pl. Bez. eines best. Gefolges des Vîra.

अवधिस्थ n. das Grenzpunktsein Comm. zu Taitt. Pr. 4,23.

अवधिमत् Adj. begrenzt, dessen Grenze bestimmt wird.

अवधीरण n. und °णा f. Zurückweisung, Verschmähung.

अवधीरय्, °यति 1) zurückweisen, verschmähen, nicht beachten. — 2) übertreffen Spr. 7756. — Mit सम् nicht beachten Kâd. 203,16.

°अवधीरिन् Adj. übertreffend.

अवधूत 1) m. N. pr. eines Philosophen Ind. St. 14,404. — 2) n. das Vonsichstossen MBh. 4,13,37.

अवधूतगीता, अवधूतानुभूति und अवधूतोपनिषद् f. Titel von Werken.

अवधूनन n. 1) das Schütteln. — 2) das Beben (der Erde) Kâraka 1,12.

अवधूलन n. das Bestreuen Bhâvapr. 3,59.

अवधूलित Adj. bestreut.

अवधृत n. Pl. im Sâṁkhja die Sinnesorgane Tattvas. 15.

अवधृति f. = अवधारण 1) b).

अवधृष्य Adj. in अनव°.

अवध्य Adj. unverletzbar.

अवध्यता f., अवध्यत्व n. und अवध्यभाव (153, 22) m. Unverletzbarkeit.

अवध्यान n. Geringachtung.

अवध्यायिन् Adj. 1) am Ende eines Comp. gering achtend. — 2) gering geachtet Sâmavidh. 25,2.

अवध्याश्च m. N. pr. fehlerhaft für वध्र्यश्व.

अवध्येय Adj. gering zu achten Bhâg. P. 4,13,23.

अवध्र Adj. unzerstörbar.

अवध्वंस m. 1) *Bestreuung. — 2) Staub, Mehl. — 3) *in Stich Lassung. — 4) *Verachtung.

अवन 1) n. a) Begünstigung, Gunst. — b) *Labung, Erquickung. — c) Beschützung, Behütung. — d) *Freude, Wohlgefallen. — e) *Wunsch. — f) *Eile. — 2) *f. ई Ficus heterophylla Râǵan. 5,36.

अवनक्षत्र n. das Verschwinden der Gestirne.

अवनति f. 1) Niedergang, Untergang (eines Gestirns). — 2) Erniedrigung. — 3) Parallaxe in Breite.

अवनद्ध* n. Trommel.

अवनम्र Adj. (f. आ) gebeugt, geneigt.

*अवनय m. = अवनाय.

अवनयन n. 1) *das Niedersetzen Gal. — 2) das Hinabgiessen.

*अवनाट Adj. (f. आ) und n. = अवटीट.

अवनामिन् Adj. sich beugend, — neigend.

*अवनाय m. Niedersetzung.

अवनि 1) Lauf oder Bahn eines Flusses, Strombett. — 2) Strom, Fluss. — 3) die Erde, Erdboden, Platz auf dem Erdboden, Platz überh. — 4) *Pl. die Finger.

अवनिज m. der Planet Mars.

अवनिप, °पति, °पाल und °पालक m. Fürst, König.

अवनिरुह् m. Baum.

अवनिसुत m. der Planet Mars.

अवनिःसरण n. das Sichfernhalten von (Abl.) Lalit. 216,21.

अवनी f. die Erde. — Vgl. u. अवन.

अवनीधर und °ध्र m. Berg.

अवनीपति und °पाल m. Fürst, König.

अवनीय Adj. abzugiessen.

अवनीश und °नीश्वर (Varâh. Brh. S. 5,27) m. Fürst, König.

अवनेग m. Abwaschung, in प्रातरवनेग.

अवनेग्य Adj. zum Abwaschen dienend Çat. Br. 1,8,2,1.

अवनेज m. Abwaschung.

अवनेजन 1) Adj. (f. ई) abwaschend, zum Abwaschen dienend. — 2) n. a) das Abwaschen, Abspülen. — b) Waschwasser.

अवनेग्य in पादावनेग्य.

अवनेय Adj. abzuführen.

अवन्त् m. N. pr. eines Mannes.

अवन्त m. N. pr. eines Sohnes des Dhṛshṭa Hariv. 1,36,25. आवन्त v. l.

अवन्तक m. Pl. N. pr. 1) eines Volkes Varāh. Bṛh. S. 14,12. — 2) einer buddh. Schule.

अवन्ति m. 1) Pl. N. pr. eines Volkes. — 2) *N. pr. eines Flusses.

अवन्तिका f. 1) die Stadt Avanti. °खण्ड m. n. Titel eines Abschnittes in einem best. Werke. — 2) die Sprache der Avanti.

अवन्तिदेव und अवन्तिन् m. N. pr. eines Fürsten.

अवन्तिनगरी f. die Stadt Uģģajinī Kād. II,102,11.

अवन्तिपुर 1) n. a) die Stadt Uģģajinī. — b) N. pr. eines von Avantivarman errichteten Heiligthums. — 2) f. ई die Stadt Uģģajinī.

*अवन्तिब्रह्म m. ein Brahman bei den Avanti Kāç. zu P. 5,4,104.

अवन्तिभूपाल m. Bein. des Fürsten Bhoģa.

अवन्तिमातृ und °मातृका f. Pl. die göttlichen Mütter der Avanti Kād. II,102,12. 106,7.

अवन्तिवती f. ein Frauenname.

अवन्तिवर्धन m. ein Mannsname.

अवन्तिवर्मन् m. N. pr. eines Fürsten und eines Dichters.

अवन्तिसुन्दरी f. ein Frauenname.

अवन्तिसेन m. ein Mannsname Kād. II,103,14.

*अवन्तिसोम m. saurer Reisschleim.

अवन्तिस्वामिन् m. N. pr. eines von Avantivarman errichteten Heiligthums.

अवन्ती f. 1) Uģģajinī, die Hauptstadt der Avanti. — 2) *eine Fürstin der Avanti. — 3) N. pr. eines Flusses.

अवन्तीनगर n. = अवन्तिनगरी Kād. 259,2.

अवन्तीश्वर m. N. pr. eines von Avantivarman errichteten Heiligthums.

अवन्तीसरस् n. N. pr. eines Tīrtha.

*अवन्त्यक m. Pl. AV. Par. 56 wohl fehlerhaft für आव°.

*अवन्त्यश्मक n. Sg. und m. Pl. die Avanti und Açmaka. आवन्त्य° v. l.

अवन्ध्य 1) Adj. nicht unfruchtbar, — fruchtlos, — vergeblich 97,16. — 2) m. (oder n.) und f. आ N. pr. einer Oertlichkeit. — 3) f. आ *Momordica mixta Rāģan. 7,188.

अवन्ध्यरूप Adj. dessen Schönheit nicht vergeblich ist. Davon Nom. abstr. °ता Kumāras. 5,2.

अवपतन n. das Herabfallen.

अवपाक Adj. ohne Netzhaut (omentum) Kāty. Çr. 21,3,2.

अवपाटिका f. Zerreissung der Vorhaut.

अवपात m. 1) Herabfall, Niederfall. — 2) Herabflug. — 3) das Sichbegeben auf Spr. 5363. — 4) Fanggrube.

अवपातन n. 1) das Niederfällen, Niederwerfen, Umwerfen. — 2) in der Dramatik eine Scene, in der eine Person erschrocken die Bühne betritt und am Schluss in froher Stimmung die Flucht ergreift.

अवपात्रित Adj. von der Gemeinschaft der Geschirre ausgeschlossen.

अवपाद m. das Fallen.

अवपान n. 1) das Trinken, Trunk. — 2) Tränke.

अवपाशित Adj. über den eine Schlinge gezogen worden ist.

अवपीड m. 1) Druck. — 2) ein best. Niese- oder Kopfreinigungsmittel.

अवपीडक m. = अवपीड 2).

अवपीडन 1) n. a) Druck; das Zudrücken (des Auges) Comm. zu Nyāyas. 3,1,11. — b) Niesemittel. — 2) f. आ Verletzung.

अवपोथिका f. Steine u. s. w., die man von den Mauern einer Stadt auf den Feind herabwirft.

अवप्रस्तन n. Ende eines Gewebeauftrages.

अवबधा f. Segment der Basis eines Dreiecks.

अवबन्ध und °क m. Lähmung, in वर्त्मावब°.

अवबाहुक m. Krampf im Arm.

अवबोद्धव्य Adj. zu beherzigen.

अवबोध m. 1) das Wachen, Wachsein. — 2) Wahrnehmung, Erkenntniss 219,21. 289,6.

अवबोधक Adj. erweckend.

अवबोधन n. das Unterweisen, Lehren.

अवबोधनीय Adj. zu erkennen an (Instr.) Kād. II,53,21.

अवब्रव in अनवब्रव.

अवभङ्ग m. 1) das Zerbrechen, Entzweigehen. — 2) das Einfallen (der Nase).

अवभञ्जन n. das Zerbrechen, Abreissen.

अवभर्त्सन Adj. röstend, so v. a. zu Nichte machend.

अवभाषण n. das Reden.

अवभास m. 1) Glanz, Schein, Aussehen. — 2) das Erscheinen, Zutagetreten 285,10. — 3) Bereich. श्रवणाव° das Hörens (buddh.)

अवभासक Adj. erhellend, zur Erscheinung bringend 289,13. Davon Nom. abstr. °त्व n. 259,6. 260,1.

अवभासकर m. N. pr. eines Devaputra Lalit. 346,10.

अवभासन n. 1) das Scheinen Bhāvapr. 1,69. — 2) Erscheinen, Zutagetreten. — 3) das Erhellen, Erleuchten 281,16.17.

*अवभासनशिखिन् m. N. pr. eines Schlangendämons (buddh.).

अवभासप्रभ m. Pl. eine best. Klasse von Göttern (buddh.).

अवभासप्राप्त m. N. pr. einer Welt (buddh.).

अवभासिन् Adj. 1) glänzend, schimmernd 219,26. — 2) erhellend, zu Tage treten lassend. Davon Nom. abstr. °सिता f. Nyāyam. 1,1,17.

अवभास्य Adj. zu erleuchten, erleuchtet werdend Çaṁk. zu Bādar. 2,2,28.

अवभूति f. N. pr. eines Flusses.

अवभृथ (°भृथ AV.) m. 1) Reinigungsbad für die Opfernden und die gebrauchten Gefässe. °थेष्टि f. Lāṭy. 2,12,9. Kāty. Çr. 19,5,19. 7,12. °स्नपन n. °सामन् n. Name eines Sāman Lāṭy. 2,12,1.7. °यजुस् n. 5,1,3.10. 10,12,1. °यजुःस्नान 5,4,6. — 2) Ende. प्राणावभृथ° Lebensende Gobh. 1,3,13.

अवभेदक und °भेदिन् Adj. zerspaltend.

अवभ्र in अनवभ्र.

*अवभ्रट Adj. (f. आ) und n. = अवटीट.

अवम 1) Adj. (f. आ) a) der unterste (örtlich und im Range). अवमतम der allerniedrigste Maitr. S. 4,7,6. — b) der nächste (zeitlich und dem Verhältnisse nach). — c) der letzte, jüngste. — d) nach einem Zahlwort um — weniger. — 2) m. Pl. Bez. best. Manen Taitt.-Br. 1,3,9. Lāṭy. 2,5,14. — 3) n. ein bei der Zeitausgleichung auszuscheidender Tag Comm. zu Golādhy. 4,12. gew. Pl. der Unterschied zwischen einem Mond- und einem Sāvana-Monat; insbes. der zu 24 Stunden angewachsene Unterschied, welcher bei der Ausgleichung abgezogen wird. °दिवस m. Comm. zu Āryabh. 3,6 und °रात्र m. Ind. St. 10,309 dass.

*अवमताङ्कुश m. ein hartnäckiger Elephant, der des Hakens spottet.

*अवमति m. Herr, Gebieter.

अवमन्तृ Nom. ag. Verächter, verachtend, mit Acc. Bālar. 110,5.

अवमन्तव्य Adj. gering zu achten, zu verachten.

अवमन्थ und °क m. eine Beulenkrankheit.

अवमन्यक Adj. gering achtend, verachtend, verschmähend 101,17.

अवमर्द m. 1) Aufreibung, hartes Mitnehmen. — 2) eine best. Art von Eklipse. — 3) N. pr. einer Eule.

अवमर्दन 1) Adj. aufreibend, hart mitnehmend. — 2) n. a) das Reiben. — b) das Aufreiben, hartes Mitnehmen.

अवमर्दिन् Adj. aufreibend, hart mitnehmend.

अवमर्श m. (adj. Comp. f. आ) 1) Berührung. — 2) das Bedenken, Erwägung.

अवमर्शन 1) n. = अवमर्श 2). — 2) *f. आ Verwünschung Gal. (अवमर्षणा).

अवमर्शम् Absol. unter Berührung Çat. Br. 1,2,3,24.26.

अवमान m. (adj. Comp. f. आ) Geringachtung; Schimpf, Schande.

अवमानन n. und °ना f. Geringachtung, Verachtung; Beschimpfung Bâlar. 37,5.

अवमानिन् Adj. gering achtend, verachtend, verschmähend. Davon Nom. abstr. °निता LA. 30,3.

अवमान्य Adj. gering zu achten, zu verachten.

अवमार्जन n. 1) das Abwischen, Wegkehren. — 2) das Abgeriebene, Abgestreifte.

अवमुक्तशैव s. अविमुक्त°.

अवमूत्रण n. das Bepissen Kârand. 1,13.

*अवमूर्धशय Adj. mit herabhängendem Kopfe ruhend.

अवमृश्य Adj. in अनवमृश्य.

अवमेहन n. das Bepissen.

अवमोचन n. Station, Aufenthaltsort.

अवमोटन (f. ई) und °टिन् Adj. verdrehend Bhâvapr. 4,157.

अवयजन n. 1) Sühnung, Reinigung. — 2) Sühnungsmittel Tâṇḍja-Br. 1,6,10.

अवयव m. (adj. Comp. f. आ) Glied, Theil.

अवयवधर्म m. die Anwendung von pars pro toto 230,19.

अवयवयोग Adj. (f. आ) in der Beziehung von »ein Theil davon« stehend.

अवयवरूपक n. ein Gleichniss, in dem aus den verglichenen Theilen zu bestimmen ist, womit das Ganze verglichen wird, 251,24.

अवयवशस् Adv. gliedweise, Theil für Theil Çaṁk. zu Bâdar. 2,2,15.

अवयविन् Adj. aus Gliedern oder Theilen bestehend; Subst. ein Ganzes.

अवयविरूपक n. ein Gleichniss, in dem aus dem verglichenen Ganzen zu bestimmen ist, womit die einzelnen Theilen verglichen werden, 251,28.

अवयवी Adv. mit भू zu einem Bestandtheile werden Comm. zu Muṇḍ. 3,10. fgg.

*अवयस = यात्रयस fehlerhaft für अययस und आयवस.

अवयाज् (nur Nom. °याम्, viersilbig zu sprechen) f. Opferantheil.

*अवयात n. N. pr. eines Tîrtha gaṇa धूमादि in der Kâç.

अवयातर् Nom. ag. Abwender, Besänftiger.

अवयातहेळस् Adj. dessen Groll besänftigt ist.

अवयान 1) das Heruntergehen. — 2) Rückzug Lâṭy. 176,14. — 3) Besänftigung.

अवयासे m. N. pr. eines Plagegeistes in Jama's Welt.

अवयुन Adj. unkenntlich, dunkel.

अवर 1) Adj. (f. आ) a) der untere. Compar. अवरतर. — b) niedrig, gering, wenig geachtet. — c) näher. — d) der hintere, nachstehend, nachfolgend, später, jünger. — e) vorangehend (mit Abl.). — f) westlich. — 2) f. आ a) Nachgeburt. — b) *Hintertheil eines Elephanten. — c) *Bein. der Durgâ. — 3) n. a) am Ende eines adj. Comp. (f. आ) das Mindeste, das niedrigste Maass, der niedrigste Betrag. त्र्यवरम् Adv. wenigstens dreimal. — b) *Hintertheil eines Elephanten.

अवरङ्गसाह m. N. pr. Aurangzeb.

अवरज 1) Adj. (f. आ) a) niedrig geboren. — b) nachgeboren, jünger. — 2) m. a) ein Çûdra. — b) jüngerer Bruder (mit Abl.). — 3) f. आ jüngere Schwester.

*अवरतस् Adv. unterhalb u. s. w.

*अवरति f. das Nachlassen, Aufhören.

अवरपर 1) Adj. (f. आ) vorangehend und nachfolgend Air. Âr. 327,3.4 v. u. — 2) °रम् Adv. nach —, auf einander.

अवरपुरुष m. Nachkomme Kâṇḍ. Up. 4,11,2.

अवरवयस् Adj. jünger an Jahren Âpast.

1. अवरवर्ण m. niedrige —, verachtete Kaste. °ज = 2. अवरवर्ण.

2. *अवरवर्ण und *°क ein Çûdra.

*अवरव्रत m. die Sonne.

अवरशैल m. 1) der westliche Berg. °संघाराम m. Name eines darauf belegenen Klosters. — 2) Pl. Name einer buddh. Schule.

*अवरस्तात् Adv. = अवरतस्.

अवरस्पर Adj. der hintere voran, verkehrt.

*अवराह्न n. P. 5,4,81.

अवरार्ध 1) m. a) Untertheil. °र्धम् Adv. von unten her. — b) am Ende eines adj. Comp. das Mindeste, Minimum. — 2) °म् Adv. mindestens.

अवरार्ध्य 1) Adj. a) auf der untern (näheren) Seite befindlich. — b) von unten anfangend. — c) die mindeste Zahl seiend Lâṭy. 9,11,4. — 2) am Ende eines adj. Comp. das Mindeste, Minimum.

अवरावपतन n. das Abgehen der Nachgeburt Pâr. Gṛhy. 1,16,2.

अवरावर Adj. der allerniedrigste R. 5,53,24. 69,21.

*अवरिका f. = अवारिका.

*अवरीण Adj. getadelt.

अवरीयंस् m. N. pr. eines Sohnes des Manu Sâvarṇa.

अवरुणय Adj. nicht Varuṇa gehörig, nicht ihm verfallen Çat. Br. 3,2,4,18. 5,4,5,5. 5,9,13.

अवरुद्धि f. Erlangung, Erreichung.

अवरुद्धिका f. eine Frau im Harem Râǵat. 7,726.

अवरूप Adj. (f. आ) ungestalt, ausgeartet.

अवरेण Instr. Praep. unter, mit Acc.

अवरोकिन् Adj. (weiss) durchscheinend, d. i. weiss gefleckt.

अवरोक्त Adj. zuletzt genannt Kâtj. Çr. 1,10,3.

अवरोचक m. Mangel an Appetit.

1. अवरोध m. 1) Bewegung nach unten, Senkung. — 2) Senker, Wurzeltrieb.

2. अवरोध m. 1) Hemmung, Unterdrückung, Beseitigung. — 2) Störung, Beeinträchtigung. — 3) Einsperrung Âpast. 1,9,23. Gefangensetzung Chr. 211,5. — 4) Einschliessung, Belagerung. — 5) Gewinnung, Erlangung Nâigam. 4,2,6. — 6) *Verbergung. — 7) Harem, Pl. die Frauen eines Harems. — 8) *Palast eines Fürsten.

3. अवरोध Suçr. 1,89,4. 90,3 fehlerhaft für अवबोध.

अवरोधक Adj. im Begriff einzuschliessen, zu belagern (mit Acc.).

अवरोधगृह n. Sg. und Pl. Harem.

1. अवरोधन n. absteigende Bewegung, das Absteigen.

2. अवरोधन n. 1) Einschliessung, Belagerung. — 2) das Einsperren Âpast. 2,28,4. — 3) verschlossener Ort, innerstes Heiligthum. — 4) n. Harem, Pl. die Weiber eines Harems Spr. 2418.

अवरोधशिखण्डिन् m. Hauspfau Kâd. 93,22.

*अवरोधिक m. Aufseher in einem Harem.

°अवरोधिन् Adj. einschliessend, verdeckend Kâd. II,88,21.

अवरोपण n. das Pflanzen.

अवरोह m. 1) *das Herabsteigen. — 2) absteigendes Verhältniss, Herabstimmung; Uebergang von einem höhern Tone zu einem tiefern Comm. zu Mṛḱkh. 44,14.15. — 3) *das Aufsteigen. — 4) Luftwurzel (des indischen Feigenbaums). — 5) *Himmel.

*अवरोहक 1) m. in अश्वाय°. — 2) f. °हिका Physalis flexuosa L.

अवरोहण 1) Adj. (f. ई) herabsteigend. — 2) n. a) das Herabsteigen, Sichherablassen von. — b) absteigendes Verhältniss, Herabstimmung; Uebergang von einem höhern Tone zu einem tiefern Comm. zu Mṛḱkh. 44,14.15. — c) Absteigeort.

*अवरोहत् m. Ficus infectoria Willd. Gal.

अवरोहवत् Adj. mit Luftwurzeln versehen.

*अवरोहशाखिन् m. Ficus infectoria Râǵan. 11,125.

*अवरोहितीय Adj. von अवरोहित.

अवरोहिन् 1) niedersteigend Varâh. Bṛh. 8,6. ab-

steigend (von Tönen) S. S. S. 34. — 2) *m. *indischer Feigenbaum.*

अवर्चस् Adj. *energielos, schwächlich.*

अवर्जनीय Adj. *unvermeidlich.* Davon Nom. abstr. °ता f. und °त्व n. (Gaim. 6,8,17. Comm. zu Nyâyas. 2,1,23).

अवर्जुषी Adj. f. *nicht vorenthaltend.*

1. अवर्ण m. *Vorwurf, Tadel.* °भाज् Adj. Bhâg. P. 8,8,14.

2. अवर्ण m. *der Laut* अ *oder* आ.

3. अवर्ण Adj. 1) *keine Erscheinungsform habend.* — 2) *farblos.*

अवर्णसंयोग m. *kein Zusammenhang mit einer Kaste* Âpast.

अवर्ण्य Adj. 1) *nicht zu beschreiben* Âtmopan. 3. — 2) *nicht auszusagen, — zu prädiciren* Comm. zu Nyâyas. 5,1,4.

अवर्ण्यसम m. *ein best. Sophisma, das auf der Verwechselung des zu beweisenden mit dem beweisenden Beispiele beruht,* Nyâyas. 5,1,4. Sarvad. 114,10.

अवर्तमान Adj. *im Augenblick nicht vorsichgehend, nicht gegenwärtig.*

अवर्ति f. *Herabgekommenheit, Mangel, Noth.* Davon Nom. abstr. °त्व n. Z. d. d. m. G. 28,182.

अवर्त्र Adj. *ungedämmt, ungehemmt.*

*अवर्धमान (संज्ञायाम्) gaṇa पार्श्वादि.

अवर्मन् Adj. *ohne Rüstung.*

*अवर्य्, °यति Denom. von अवर्.

अवर्ष und °र्षा (Spr. 729) n. *Mangel an Regen, Dürre.* अवर्षा f. MBh. 12,94,22, das nach dem Comm. gleichbedeutend sein soll, ist verdächtig; vgl. ebend. 93,20.

अवर्षशतिक Adj. *noch nicht hundert Jahre alt.*

अवर्षुक Adj. *nicht regnend.*

अवर्ष्य Adj. *bei regenlosem Wetter thätig.*

*अवलक्ष Adj. *weiss.*

अवलगित n. *ein Hors d'oeuvre im Prolog.*

अवलग्न m. n. *Taille.*

*अवलतिका f. (?) Uǵǵval.

अवलम्ब 1) Adj. (f. आ) *herabhängend.* — 2) m. a) *das Hängen an* Mṛkkh. 59. — b) *Halt, Stütze* Spr. 6641, v. l. 7740. — c) **senkrechte Linie.*

अवलम्बक 1) m. *Senkrechte* Âryabh. 4,25. Comm. zu 2,13. Bîǵag. 113. — 2) n. *ein best. Metrum.*

अवलम्बन 1) Adj. (f. ई) *sich an Etwas hängend* Bâlar. 1,25.26. — *haltend, — lehnend.* — 2) n. a) *das Herabhängen.* — b) *das Hängen —, Sichanhalten —, Sichheften an, Sichstützen auf* (eig. und übertr.). — c) *Halt, Stütze.* — d) *das Verweilen, Bleiben.*

अवलम्बितव्य Adj. *woran man sich zu halten hat* 159,9.

अवलम्बिन् Adj. 1) *herabhängend, sich neigend.* — 2) *sich haltend an, — stützend —, — lehnend auf* (eig. und übertr.), *beruhend auf, abhängig von* Çaṅk. zu Bâdar. 3,3,32. — 3) *sich befindend an.*

*अवलिन्द m. = उपरिकुटी.

अवलिप्तता f. und °लिप्तत्व n. *Hochmuth.*

अवलिप्स m. *Bez. eines best. Amulets* AV. Pariç. 1,14,4.

*अवलीढा f. *Geringachtung.*

अवलीला f. *Scherz, Spiel.* Instr. so v. a. *mit der grössten Leichtigkeit.*

अवलुञ्चन n. 1) *das Ausreissen.* — 2) *das Zerreissen, Aufgehen* (einer Naht).

अवलुण्ठन n. *das Berauben.*

अवलुम्पन n. *Ansprung, Ansatz* MBh. 1,140,48.

अवलेख 1) m. *Abschabsel.* — 2) f. आ *das Zeichnen, Malen.*

अवलेखन 1) n. *das Bürsten, Kämmen* Sâmavidh. Br. Gaut. 9,23. Âpast. — 2) f. ई *Bürste, Kamm.*

अवलेप m. 1) *Klebrigkeit* Taitt. Suçr. 1,153,1. — 2) **Salbe, Teig* H. an. Med. — 3) **Schmückung.* — 4) *Hochmuth.*

अवलेपन n. 1) *Salbe* Ṛtus. 5,5. — 2) *hochmüthiges Benehmen.*

अवलेह m. 1) *das Ablecken.* — 2) *Extract* (Mat. med. 10), *Latwerge, Paste mit Zucker u. s. w.*

अवलेहक 1) *Adj. *beleckend.* — 2) f. °हिका = अवलेह 2).

अवलेहन n. 1) *das Belecken* Spr. 5748. — 2) *Paste u. s. w.* Bhâvapr. 2,20.

अवलेहिन् Adj. *leckend, Leckermaul.*

अवलोक m. 1) *Betrachtung, Beschauung, Musterung.* — 2) *Blick.* — 3) *Gesichtskreis.* °केषु नारीणाम् *im Angesicht von Frauen.* °मार्ग m. dass. — 4) Titel eines Werkes, = दशरूपावलोक Hall in der Einl. zu Daçar. S. 4.

अवलोकक Adj. *specturus* (mit Acc.).

अवलोकन 1) n. a) *das Sehen, Erblicken, Gewahrwerden.* — b) *das Betrachten, Beschauen, Mustern.* — c) *Blick.* — d) *Ansehen, Aussehen.* — 2) f. आ *aspectus* (planetarum) Varâh. Bṛh. S. 5,61.

अवलोकनीय Adj. *betrachtenswerth* Lalit. 59,11.

अवलोकयितृ Nom. ag. *Betrachter, Beschauer* 261,23.24.

अवलोकयितव्य Adj. *zu beobachten* Varâh. Bṛh. S. S. 7, Z. 19.

अवलोकित 1) m. a) *ein best. Theil* S. S. S. 235. — b) = अवलोकितेश्वर. — 2) f. आ *ein Frauenname.* — 3) n. *das Hinschauen.*

अवलोकितक n. *das Hinsehen.* Instr. *hinsehend* Bâlar. 148,4. 237,9.

अवलोकितव्रत m. N. pr. eines Mannes (buddh.).

अवलोकितेश्वर m. N. pr. eines Bodhisattva Kâr. 234,21 (आर्यावा° zu lesen).

अवलोकिन् Adj. *schauend, blickend auf.*

अवलोक्य Adj. *anzusehen.*

अवलोगित n. *eine Art* Prastâvanâ Çiç. ed. Prabh. 3, Note. Vgl. अवलगित.

अवलोप m. *Unterbrechung, Störung.*

*अवलोप्य Adj. *abzureissen.*

अवलोभन in अनवलोभन.

*अवलोम Adj. P. 5,4,75.

*अवल्क m. *Gymnema sylvestre* Nigh. Pr.

अवल्गुज m. *Vernonia anthelminthica* Willd.

अवल्गुली f. *ein best. giftiges Insect.*

अववद in दुरववद.

अववदन n. *übles Nachreden.*

अववदितृ Nom. ag. *der das letzte Wort hat, der Entscheidende.*

अववर्तिन् Adj. *wiederkehrend.*

अववर्षण n. *das Beregnen.*

अववाद m. 1) **üble Nachrede.* — 2) **Befehl.* — 3) **Vertrauen.* — 4) *Unterweisung* Lalit. 307,7.

अवव्रश्च m. *abgetrenntes Stück.*

अवश Adj. (f. आ) 1) *keinem fremden Willen unterthan, unabhängig, frei, sich frei gehen lassend.* — 2) *keinen eigenen Willen habend, wider Willen gehorchend, invitus* 125,1. 135,9.

अवशग Adj. *nicht in Jmds* (Gen.) *Gewalt stehend* 104,3.

अवशंगम n. *ein best.* Saṁdhi.

अवशंस् f. *unrechtes Verlangen.*

अवशा f. *Nichtkuh, schlechte Kuh.*

अवशातन n. *das Welken, Einschrumpfen.*

अवशित्व n. *das sich nicht in der Gewalt Haben* MBh. 14,36,15.

अवशिन् Adj. *seines Willens nicht mächtig, invitus* Spr. 5800. *unselbständig* Âpast.

अवशिरस् Adj. *mit dem Kopf nach unten.*

अवशिष्टक n. *Ueberbleibsel, Rest.*

अवशीर्षक Adj. = अवशिरस्.

अवशेष n. *Ueberbleibsel, Rest.* भस्माव° Adj. *von dem nur Asche übrig geblieben ist* Spr. 7626. पीताव° Adj. *bis auf einen kleinen Rest ausgetrunken* Spr. 3123. कृताव° Adj. Chr. 299,21. Davon Nom. abstr. अवशेषता f.

°अवशेषम् Absol. *bis* (excl.) *auf* Benf. Chr. 188,14.

अवशेष्य Adj. *übrig zu lassen, zu bewahren.*

अवश्यकर्मन् n. *nothwendige Verrichtung* Ait. Âr. 410,2.

अवश्यभाविन् Adj. *was nothwendig erfolgen muss* Spr. 670.

अवश्यम् und अवश्य° (insbes. vor einem Partic. fut. pass.) *nothwendig, jedenfalls, durchaus.*

अवश्यंभाव m. *Nothwendigkeit* Comm. zu Kâtj. Çr. 26,3 v. u. Vielleicht richtiger अवश्यभाव.

अवश्यंभाविन् Adj. vielleicht unrichtig für अवश्यभा°. Davon Nom. abstr. °वित्व n. Bhâvapr. 2,167 und °विता f. Comm. zu Mṛkkh. 163,15.

*अवश्यपोषण m. *Gattin* Gal.

*अवश्या f. *Reif, pruina.*

अवश्याय m. 1) *dass.* 132,25. Kâd. 28,16. — 2) *Hochmuth.*

*अवश्यायपट m. *eine Art Zeug.*

*अवश्यायबिन्दु m. *Reiftropfen, so v. a. Unding.*

अवश्रयण n. *das vom Feuer Nehmen.*

अवश्वसे (so wohl zu lesen) Dat. Inf. *um wegzublasen* AV. 4,37,3.

अवषट्कार (Kâtj. Çr. 5,10,7) und अवषट्कृत (Çat. Br. 4,6,2,5) Adj. *ohne Ruf* वषट्.

अवष्टभ्य Adj. *aufzuhalten, festzuhalten.*

अवष्टम्भ m. 1) *das Sichaufstützen, Sichanlehnen an.* — 2) *das Greifen zu Etwas, Anwendung* Pañkat. 21,20.24. Sâh. D. 333,19. — 3) *Entschlossenheit, Muth.* — 4) **Anfang.* — 5) **Uebung im Bogenschiessen* Gal. — 6) **Pfosten.* — 7) **Gold.*

अवष्टम्भन n. = अवष्टम्भ 2).

अवष्टम्भमय Adj. *von Entschlossenheit —, von Muth zeugend* Ragh. 3,32.

*अवष्वाण m. *geräuschvolles Essen.*

1. अवस् n. 1) *Förderung, Gunst, Beistand.* — 2) *Labung, Erquickung.* — 3) *Lust, Behagen.* — 4) *Lust, Verlangen, Wunsch.*

2. अवस् (vor प einmal अवर्) 1) Adv. *herab.* — 2) Praep. *a) herab von*, mit Abl. und Instr. — *b) unter*, mit Instr.

अवस n. *Nahrung, Zehrung, Wegzehrung.* पड्भिस् *so v. a. das Vieh.*

*अवसक्थिका f. (Gal.) und °का (Gaut. 2,14) f. *ein Tuch, welches beim Sitzen über die Lenden geschlagen wird.* °कां कर् *ein Tuch über die Lenden schlagen.*

*अवसंदय Adj. *zu meiden* Mahâbh. 2,105,a.

अवसज्जन n. *die über die Schulter hängende Brahmanenschnur.*

*अवसथ m. 1) *Wohnung.* — 2) *Dorf.* — Vgl. आवसथ.

अवसन्नता f. *Verlegenheit, Rathlosigkeit.*

अवसभ Adj. (f. आ) *von einer Versammlung ausgeschlossen.*

अवसर m. 1) **Regen.* — 2) *Gelegenheit, Veranlassung, günstiger Augenblick* 176,7. — 3) *das am Platze Sein, das irgendwobei Zuthunhaben.* — 4) *Jmds Reihe.* — 5) = मसोद्. — 6) **Jahr.* — 7) N. pr. eines Mannes B. A. J. 1,217.

अवसर्ग m. 1) *das Loslassen*, in अनवसर्ग. — 2) **Willensfreiheit.*

अवसर्जन n. *Lösung.*

*अवसर्प m. *Späher.*

अवसर्पण n. 1) *das Herabsteigen; der Ort, von dem Jmd herabgestiegen ist.* — 2) *das auf die Strasse Gehen.*

अवसर्पिन् 1) Adj. *eine Abnahme bewirkend* VP. 2,4,13. — 2) f. °णी *eine herabsteigende Zeitperiode* Ârjabh. 3,7.

अवसलवि Adv. = अपसलवि.

अवसवि Adv. *nach links hin.*

*अवसव्य Adj. *nicht der linke, der rechte.*

अवसा 1) *Rast, Einkehr*, in अनवसा. — 2) *Lösung, Befreiung.*

अवसातर् Nom. ag. *Löser, Befreier.*

अवसाद m. 1) *das Sichsenken* Suçr. 1,109,8. — 2) *das Sinken, Abnahme.* — 3) *Abnahme der Kräfte, Mattigkeit.* — 4) *Niederlage* Mâlav. 12,11. — 5) **das Sinken des Muthes, Rathlosigkeit.*

अवसादक Adj. *zum Sinken bringend, vereitelnd.*

अवसादन n. 1) *das Entmuthigen.* — 2) *Gedrücktheit* Karaka 3,1. — 3) *künstliche Erzeugung von Schorf.*

*अवसादिनी f. *eine best. Pflanze* Gal.

1. अवसान n. (adj. Comp. f. आ) 1) *Ort der Einkehr, Ruheort.* — 2) *das zu Ende Gehen, Schluss, Ende.* — 3) *Lebensende, Tod.* — 4) **Grenze.* — 5) *Ende eines Wortes; der letzte Bestandtheil eines Compositums; Ende eines Satzes, Pause.* — 6) *Ende einer Verszeile und die dadurch gebildete Verszeile selbst.* — 7) *N. pr. einer Oertlichkeit.

2. अवसान Adj. *unbekleidet.*

°अवसानक Adj. (f. °निका) *sein Ende erreichend —, absterbend mit.*

अवसानदर्श Adj. 1) *auf seinen Bestimmungsort oder Aufenthalt blickend.* — 2) *das Ende von* (Gen.) *schauend* Tândja-Br. 11,3,19.

अवसानभूमि f. *Höhepunkt, das Non plus ultra* Kâd. 139,14.

°अवसानिक Adj. *den Schluss von Etwas bildend.*

अवसान्य Adj. *zur Verszeile gehörig.*

*अवसाम P. 5,4,75.

अवसाय m. 1) *das Haltmachen, Sichniederlassen*, in पत्रकामावसाय. — 2) **Beschluss, Ende.* — 3) **Rest.* — 4) **Beschluss, Entscheidung.*

°अवसायिन् Adj. *Halt machend, sich niederlassend.*

अवसित n. *Wohnplatz.*

अवसितत्व n. *das Abgemachtsein* Çaṁk. zu Bṛh. Âr. Up. S. 182.

अवसिति f. *Schluss, Ende* Ind. St. 8,322.

अवसेक m. 1) *Begiessung, Guss.* — 2) *Einspritzung* (eines Klystiers) Suçr. 2,201,10. — 3) *Blutentziehung* (durch Blutegel) Suçr. 1,11,21 (Chr. 217,30).

*अवसेचिम m. *eine Art Gebäck.* *°सेक्तिम Gal.

अवसेचन n. 1) *das Begiessen.* — 2) *das Baden.* — 3) *Wasser zum Begiessen.* — 4) *das Aufstreuen.* — 5) *das Blutentziehen.*

अवसेय Adj. 1) *zu erschliessen, — errathen* Comm. zu Kâvjâd. 2,72. — 2) *zu erlernen* Comm. zu Ârjabh. S. 2, Z. 11. fgg.

अवस्कन्द m. *Ueberfall, Angriff.* स्कन्दावस्कन्दभागिन् Adj. Bâlar. 100,16.

अवस्कन्दन n. 1) *das Herabsteigen.* — 2) **das Baden.* — 3) *Beschuldigung.*

अवस्कन्दिन् Adj. 1) *bespringend* Çat. Br. — 2) *angreifend.*

*अवस्कन्दीय Adj. v. l. im gaṇa गहादि in der Kâç.

अवस्कर m. 1) **Excremente.* — 2) **Schamtheile* — 3) *Ort, wohin die Unreinigkeiten getragen werden; Abtritt.* — 4) * = अपस्कर *Wagentheil* Gal.

*अवस्करक m. *etwa Spulwurm.*

अवस्करमन्दिर n. *Abtritt.*

अवस्कव m. *ein best. Wurm.*

अवस्तरण n. 1) *das Bestreuen.* — 2) *Bettdecke* Âpast.

अवस्तात् 1) Adv. *a) unten.* — *b) diesseits, vorher.* — 2) Praep. mit Gen. *a) unter.* — *b) westlich von* Çulbas. 3,50.

अवस्तात्प्रपदन Adj. *wohin man von unten her gelangt.*

अवस्तार m. *Streu.*

अवस्तु n. 1) *werthlose Sache.* — 2) *Unding, das Unreale* 258,3.9. 274,5. Dazu Nom. abstr. °त्व n.

अवस्त्र Adj. *unbekleidet.* Davon Nom. abstr. °ता f. MBh. 3,62,10.

अवस्थ 1) m. *penis.* — 2) f. था *a) das Erscheinen vor Gericht.* — *b) Bestand.* — *c) Lage, Lebenslage, Zustand, Verhältniss.* — *d) Grad, Stufe, Altersstufe.* — *e)* in der Dramatik *ein einzelner Erfolg, der alle übrigen nach sich zieht.* — *f)* vulva.

अवस्थातव्य n. impers. *zu verbleiben, sich aufzuhalten* Kâd. II,31,6.

अवस्थान n. 1) *das Auftreten* R. 5,5,18. — 2) *Stellung, Lage* Pañkat. 9,14. — 3) *das Weilen, Verweilen, Verharren* 284,25. 285,9. Sâh. D. 75,2. —

4) *das Standhalten, Bestand.*

अवस्थापन n. *das Ausstellen* (von Waaren).

अवस्थायिन् Adj. 1) *einen Platz einnehmend, sich aufhaltend in* Kâd. II,49,8. *aufgestellt.* — 2) *in einem best. Zustande verharrend* Çaṁk. zu Bâdar. 2,2,19. Dazu Nom. abstr. °यित्व n. ebend.

अवस्थावन् Adj. *Stand haltend* TS. 5,5,10,2. 4.

अवस्थासंग्रह m. Titel eines Werkes.

अवस्थिति f. 1) *Aufenthalt.* — 2) *das Verbleiben, Verharren.*

अवस्थितिचापल n. *Unbeständigkeit* Spr. 5863.

अवस्पर्तृ Nom. ag. *Erretter* ṚV.

अवस्फूर्जथु m. *das Rollen des Donners* Kap. 5,2,9, v. l.

अवस्फोटन n. *das Knacken mit den Fingern* Gaut. 2,15. 9,51.

अवस्यत् Partic. *Beistand suchend.*

*अवस्यन्दन n. und davon Adj. *°नीय gaṇa गहादि.

अवस्यन्दित n. in der Dramatik *das Umdeuten der eigenen Worte.*

*अवस्पन्दी f. und davon Adj. *°प gaṇa गहादि Kâç. zu P. 4,2,138.

अवस्यु 1) Adj. *Beistand oder Gunst suchend.* Auch °स्यू. — 2) m. N. pr. eines Ṛshi.

अवस्रंसस् Abl. Inf. *vor Herabfall, ne decidat* ṚV. 2,17,5.

अवस्वत् Adj. *strebend, begierig.*

*अवह m. *kein Weg* Gal.

अवहनन n. 1) *das Dreschen, Aushülsen* 229,1. — 2) *Lunge.*

अवहर्तृ Nom. ag. *der niederschlägt, abwehrt, vertreibt.*

अवहरण n. *das Wegwerfen.*

अवहसन n. *das Verlachen, Verspotten.*

*अवहस्त m. *Rücken der Hand.*

अवहार m. 1) *Zurückziehung der Truppen, Einstellung des Kampfes.* — 2) *Aufschiebung, Hinausschiebung.* — 3) **Einladung.* — 4) **Dieb.* — 5) **ein best. grosses Wasserthier.* — 6) *= धर्मासर. — 7) *= अपनेतव्यारब्ध oder उपनेतव्य°.

*अवहारक m. = अवहार 5).

अवहारिक n. *Beute.*

अवहार्य Adj. 1) *der anzuhalten ist, Etwas* (Acc.) *zu erstatten, — bezahlen.* — 2) *was man erstatten lassen muss.*

*अवहालिका f. *Hecke, Zaun.*

अवहास m. 1) *Scherz, Spass.* — 2) *Verspottung, Spott.*

अवहास्य Adj. *zu verspotten, dem Spotte ausgesetzt, lächerlich.* Davon Nom. abstr. °ता f.

अवहित Partic. von धा, दधाति mit अव.

अवहितपाणि Adj. *Etwas in der Hand haltend* Âpast.

अवहित्थ 1) m. *eine best. Stellung der Hände.* — 2) n. und f. आ *das Verbergen einer inneren Aufregung.*

अवहित्थक m. = अवहित्थ 1).

अवहेल *n. und f. °ला *Geringschätzung.* °हेलया *so v. a. mit der grössten Leichtigkeit, ohne alle Anstrengung.* बिसकाण्ड° *mit einer Leichtigkeit, als wenn es ein Lotusstengel wäre.*

अवहेलन* n. *Geringschätzung.* f. ना dass. Spr. 7043 (Conj.).

अवह्वर in अनवह्वर.

अवांश m. *penis* Sâmav. Br. 2,6,11.

अवाक् von अवाच् und अवाञ्च्.

अवाका f. *die untere Eihaut* (?) TS. 4,6,2,1.

अवाकिन् Adj. *nicht redend.*

1. अवाक्क Adj. *sprachlos.*

2. अवाक्क Adj. (f. आ) *abwärts gerichtet.*

*अवाक्पुष्पी f. *Anethum Sowa* Roxb.

अवाक्फण Adj. *mit der Haube nach unten* (Schlange) LA. 83,9.

अवाक्फल Adj. *schlimme Folgen habend* MBh. 2,63,6.

अवाक्यशेष m. *kein weggebliebenes Wort* Gaim. 1,3,13.

अवाक्शाख Adj. *mit nach unten gerichteten Zweigen.*

अवाक्शिरस् Adj. 1) *mit dem Kopf nach unten.* — 2) *mit dem obern Ende nach unten.*

अवाक्शीर्ष Adj. *mit dem Kopf nach unten.*

अवाक्शृङ्ग Adj. *mit einem Horn nach unten* (Mond).

*अवाक्श्रुति Adj. *taubstumm.*

अवाक्सर्ग m. *Schöpfung der abwärts strebenden Wesen.*

अवाक्स्रोतस् Adj. *abwärts strebend* MBh. 14,36,25.

अवाग्गति Adj. *Gang zur Hölle.*

अवाग्गमनवत् Adj. *sich abwärts bewegend* 264,24.

अवाग्ज Adj. *nicht aus der Stimme (dem Laut) entspringend* Dhjânab. Up. 18.

*अवाग्भाग m. *der untere Theil, Boden.*

*अवाग्र Adj. *krumm.*

अवाग्वदन Adj. *mit dem Gesicht nach unten.*

अवाङग्र Adj. *mit der Spitze nach unten* Âpast. Ungrammatisch für अवागग्र.

अवाङ्नाभि Adv. *unterhalb des Nabels.*

अवाङ्निरय Adj. *Hölle unter der Erde.*

अवाङ्मनस Adj. *dem Worte und dem Geiste sich entziehend* Bhâg. P. 5,1,21.

अवाङ्मनसगोचर Adj. dass. 253,10.

अवाङ्मनोगोचर Adj. dass. Davon Nom. abstr. °त्व n. Ind. St. 9,134.

अवाङ्मुख 1) Adj. (f. ई) a) *mit dem Gesicht nach unten.* — b) *abwärts gekehrt* Ind. St. 14,383. — 2) m. *ein best. über Waffen gesprochener Zauberspruch.*

अवाच् Adj. *sprachlos, stumm.*

अवाचक Adj. *Etwas nicht ausdrückend, — besagend* Kâvjapr. 7,2. Ind. St. 8,313. Davon Nom. abstr. °त्व n.

अवाचनीय Adj. *nicht zu lesen* Bâlar. 156,8.

अवाचाल Adj. *nicht geschwätzig, — grosssprecherisch* Spr. 3591.

अवाचीन 1) Adj. (f. आ) *abwärts gerichtet, unterhalb von* (Abl.) *befindlich.* Mit अर्वाचीन verwechselt Spr. 5360. — 2) m. N. pr. eines Fürsten.

अवाचीनशीर्षन् Adj. (f. °र्ष्णी) *mit dem Kopf nach unten.*

अवाच्य Adj. 1) *nicht anzureden.* — 2) *nicht zu sagen, — auszusprechen* 126,10. — 3) *nicht unmittelbar ausgedrückt.*

अवाच्यता f. *Schmähung.*

अवाच्यत्व n. *das nicht unmittelbar Ausgedrücktsein.*

अवाच्यदेश m. *vulva.*

अवाजिन् m. *schlechtes Ross.*

अवाञ्च् 1) Adj. (Nom. m. अवाङ्, f. अवाची) a) *abwärts gerichtet, der untere, unterhalb von* (Abl.) *gelegen.* दिशम् *Richtung nach dem Boden hin.* — b) *nach einem Zahlwort um — abnehmend.* — 2) *f. अवाची *Süden.* — 3) अवाक् Adv. *nach unten, in die Tiefe.*

अवाचम् Adv. *abwärts* Çulbas. 3,85.

1. अवात Adj. (f. आ) *nicht eingetrocknet, frisch, vollsaftig* MBh. 2,17,28, v. l. für अवान.

2. अवात Adj. (f. आ) *unangefochten, sicher.*

3. अवात 1) Adj. *windstill* ṚV. 1,38,7. — 2) n. *Windstille.*

अवातल Adj. *nicht blähend.*

अवान Adj. 1) *nicht eingetrocknet, frisch, vollsaftig* MBh. 2,17,28. — 2) *nass* Kâd. II,72,17. — 3) **trocken.*

अवान्तर Adj. 1) *dazwischen liegend* TS. 7,5,9,1. Çat. Br. — 2) *je ein anderer, — verschiedener* 255,11. 270,8.9. Sarvad. 16,8.

अवान्तरदिश् f. *Zwischengegend* Çulbas. 3,307. °दिक्पति Adj. Kâtj. Çr. 5,8,21.

अवान्तरदिशा f. dass. Maitr. S. 3,14,7.

अवान्तरदीक्षा (Çat. Br. 3,4,3,3) und *°दीक्षिन्

(Mahābh. 5,20,a) Adj. der eine dazwischen geschobene Weihe vollzieht.

अवान्तरदेश m. ein Ort, der in der Richtung einer Zwischengegend liegt.

अवान्तरभेद m. Unterabtheilung Kap. 2,38. 3,41.

अवान्तराम् Adv. dazwischen Çat. Br. 12,8,3,31.

अवान्तरेडा f. eine dazwischen geschobene इडा Āçv. Çr. 1,7,3. 8. Ind. St. 9,223. fg.

अवाप in दुरवाप.

*अवापितधान्य Adj. nicht gesäetes (d. i. verpflanztes) Korn.

अवाप्तव्य Adj. zu erlangen.

अवाप्ति f. 1) Erlangung, Erreichung. — 2) Quotient Bīǵag. 148.

अवाप्य Adj. zu erlangen.

अवाम Adj. nicht der linke, der rechte Hem. Pr. Gr. ed. Bomb. 38,b,7.

अवामरथ्य m. kein Vāmarathja Kāty. Çr. 10, 2,21.

अवाय m. 1) das Hinabsteigen. उदकावाय in's Wasser Kāty. Çr. 8,5,8. — 2) das Weichen, in अनवाय.

अवायु Adj. ohne Wind Çat. Br. 14,6,8,8.

अवार m. n. das diesseitige Ufer, Diesseits AV. Paipp. 2,4,4. अवारतस् Adv. nach diesseits.

अवारणीय Adj. 1) unaufhaltsam, unwiderstehlich. — 2) von unheilbaren Krankheiten handelnd.

*अवारपार m. Meer. Davon Adj. *°पारीण.

*अवारिका f. Coriandrum sativum L.

*अवारीण Adj. von अवार.

अवारुण Adj. nicht Varuṇa gehörig Kāty. Çr. 4,5,2.

1. अवार्य Adj. diesseitig.

2. अवार्य Adj. 1) nicht zurückzuhalten, — aufzuhalten. — 2) unheilbar. Davon Nom. abstr. °ता f.

(अवार्यक्रतु) अवार्यवीर्य° Adj. von unwiderstehlicher Kraft.

अवालेय m. kein Vāleja Kāty. Çr. 10,2,21.

अवावट m. ein Sohn, den ein Mann mit einer Frau aus seiner Kaste zeugt, die vorher mit einem andern Manne gelebt hat.

*अवावन् Adj. (f. °वरी).

अवाशृङ्ग Adj. dessen Hörner nach unten gebogen sind.

*अवासस् Adj. unbekleidet.

*अवासिन् Adj. gaṇa यावादि.

अवास्तु Adj. heimathlos.

अवाहन Adj. ohne Gespann, nicht fahrend.

अवि 1) Adj. zugethan, günstig. — 2) m. a) Schaf. — b) Soma-Seihe. — c) *Beschützer. — d) *die Sonne. — e) *Wind. — f) *Berg. — g) *Wall. — h) *Decke von Mäusefellen. — 3) f. a) Schafmutter. — b) *ein Frauenzimmer zur Zeit der Katamenien.

अविक 1) *m. Schaf. — 2) f. अवी Schafmutter 191,9. — 3) *n. Diamant.

*अविकट m. Schafheerde.

*अविकटोरण m. eine für den Beschäler einer Schafheerde erhobene Abgabe.

अविकत्थन nicht ruhmredig Spr. 4350.

अविकथयत् Adj. keine unnützen Reden führend Āpast.

अविकर्ष m. keine Auseinanderziehung ṚV. Prāt. 17,30.31.

अविकल Adj. woran Nichts fehlt, nicht mangelhaft, vollständig Spr. 1624. correct Çiç. 11,10.

अविकल्प Adj. 1) ununterschieden Ind. St. 9,133 u. s. w. Bhāg. P. 3,9,3. — 2) sich nicht lange besinnend. °म् Adv. ohne sich lange zu besinnen, ohne Bedenken Kād. II,61,1.

1. अविकार m. keine Veränderung, — Umänderung, — Entstellung Gaut. 27,10. Ǵaim. 1,1,16.

2. अविकार Adj. keiner Veränderung unterliegend.

*अविकारसदृश Adj. gaṇa चार्वादि.

अविकारिन् Adj. keiner Veränderung unterworfen. Davon Nom. abstr. °रित्व n. Ind. St. 9,159.

अविकृत Adj. 1) unverändert TS. Prāt. 5,39. — 2) nicht zubereitet, — zugerichtet, unverarbeitet, in natürlichem Zustande befindlich Gaut. 1,18. Āpast. — 3) unentwickelt Çat. Br. 3,1,3,3. — 4) nicht verunstaltet, — von ungewöhnlicher Gestalt Gaut. 17,36.

अविकृताङ्ग Adj. mit unentwickelten Gliedern Çat. Br. 4,5,2,6.

अविकृति f. Unveränderlichkeit Ind. St. 9,15.

अविकृष्ट Adj. nicht auseinander gezogen ṚV. Prāt. 3,18.

अविक्रम m. das Nichtunterbleiben der Umwandlung des Visarga in einen Ûshman ṚV. Prāt. 11,22.

अविक्रिय Adj. 1) keiner Veränderung —, keinem Wandel unterworfen. — 2) keine Miene verziehend. — 3) ganz gleich.

अविक्रियत्व n. Unveränderlichkeit Kull. zu M. 6,92 (अविक्र° gedr.).

अविक्रिया f. kein Wandel. °त्मक Adj. keinem W. unterworfen 285,1.

अविक्रीत Adj. der nicht verkauft hat.

अविक्रेय Adj. nicht verkäuflich 89,23.

अविक्लव Adj. (f. आ) unbefangen, unverwirrt, sicher (Person, Geist, Rede, Gang) MBh. 1,54,8.

अविक्षत Adj. unverletzt MBh. 12,97,34.

अविक्षित् m. N. pr. eines Fürsten.

अविक्षित Adj. unvermindert.

अविक्षित 1) *Adj. P., Sch. — 2) m. N. pr. eines Sohnes des Çvaphalka Hariv. 1917.

अविक्षीण Adj. unvermindert.

अविक्षुब्ध Adj. nicht aus der Ordnung gebracht.

अविख्यातदोष Adj. der kein offenkundiges Verbrechen begangen hat Gaut. 24,1.

अविख्यापयत् Adj. nicht auaposaunend, — zur Schau tragend Çaṁk. zu Bṛhad. 3,4,30.

*अविगन्धिका f. Ocimum villosum Rāǵan. 4,180.

अविगान Adj. (f. आ) einstimmig Rāǵat. 7,133.

अविगीत Adj. sich gegenseitig nicht widersprechend Çaṁk. zu Bādar. 1,4,14.

अविगुण Adj. nicht krank, normal Bhāvapr. 4,133.

*अविघ्न m. Carissa Carandas L. Vgl. अविघ्ना.

अविग्रह m. Unselbständigkeit eines Wortes, das Erscheinen desselben in einem Compositum ṚV. Prāt. 4,12.

अविघात m. Nichtverhinderung Naish. 3,1,47.

अविघ्न 1) Adj. ohne Hinderniss, — Störung. — 2) *f. आ Carissa Carandas Rāǵan. 11,214. — 3) n. Abwesenheit jedes Hindernisses, Ungestörtheit. अविघ्नेन ohne Hinderniss, ungestört.

अविघ्नकरणव्रत n. eine best. Begehung.

अविघ्नविनायकचतुर्थी f. ein best. vierter Tag.

अविघ्नव्रत n. = अविघ्नकरणव्रत.

अविघ्नित Adj. ungestört 90,27.

अविचक्षण Adj. nicht scharfsichtig, einfältig, dumm.

अविचर्त्य Adj. unlösbar.

अविचल Adj. 1) sich nicht von der Stelle bewegend, nicht wankend, beharrlich, beständig. — 2) nicht abschweifend (von den Sinnen).

अविचलित Adj. unverwandt (°मनस् Adj.) Mālatīm. 74,6. nicht abweichend von (Abl.) Comm. zu TS. Prāt. 5,2.

अविचाचल, अविचाचलस् und अविचाचलि Adj. nicht schwankend, fest stehend.

1. अविचार m. Mangel an Ueberlegung.

2. अविचार Adj. nicht überlegend. °म् Adv. ohne sich lange zu bedenken.

अविचारज्ञ Adj. keine Ueberlegung kennend 120,18.

अविचारणा 1) n. kein Ueberlegen, — Bedenken. — 2) f. आ Nichtrevision Hāsy.

अविचारणीय Adj. keiner Erwägung bedürfend.

अविचारयत् Adj. Etwas nicht erwägend, ohne sich zu bedenken 203,8. 26. Spr. 677.

अविचारित 1) Adj. a) nicht überlegt. — b) keinem Bedenken unterliegend. — 2) °म् Adv. ohne Bedenken.

अविचार्य Adj. *keiner Erwägung bedürfend* 118,14.

अविचालिन् Adj. 1) *nicht weichend von* (Abl.). — 2) *unwandelbar.*

अविचाल्य Adj. *nicht von der Stelle zu rücken.*

अविचिकित्सत् Adj. *nicht in Ungewissheit über Etwas seiend* Çat. Br. 4,3,6,10.

अविचिकित्सा f. *kein obwaltender Zweifel* Âpast.

अविचिन्तन n. *das Nichtdenken an Etwas* MBh. 3,2,23.

अविचिन्तितर् Nom. ag. *an Etwas* (Gen.) *nicht denkend.*

अविचिन्त्य Adj. 1) *wovon man sich keine Vorstellung machen kann* MBh. 3,189,21. — 2) *nicht ausfindig zu machen, nicht vorhanden* R. ed. Gorr. 2,96,23.

अविचृत्य Adj. *unlöslich.*

अविचेतन Adj. *unverständlich.*

अविचेतस् Adj. *thöricht.*

अविच्छन्दस् (f. °न्दसी) Adj. *nicht von einander trennend* Âçv. Gṛhj. 1,7,18. mit Ergänzung von अञ्जलिम् Ind. St. 5,384.

अविच्छिन्न Adj. *ununterbrochen.*

अविच्छेद m. *Ununterbrochenheit, ungestörte Fortdauer.* °दात् *ohne Unterbrechung* Kâd. II,118,14. °देन dass. Comm. zu Njâjas. 2,2,36.

अविजाता Adj. f. *nicht geboren habend.*

अविजानत् Adj. *nicht verstehend, — wissend, — kennend, unwissend* Kenop. 11. M. 3,97. Jâǵń. 2,235.

अविजित्वन् Adj. *nicht siegreich.*

अविजेय Adj. *unbesieglich.*

अविज्ञ Adj. *keine Einsicht habend.* °ता f. *Dummheit* Spr. 4874.

अविज्ञात 1) Adj. *unerkannt, unbekannt; zweifelhaft* Âpast. — 2) m. N. pr. eines Sohnes des Anala Hariv. 1,3,48.

अविज्ञातगति 1) Adj. *dessen Gang unbekannt ist* Bhâg. P. 4,13,24. — 2) m. N. pr. eines Sohnes des Anila Hariv. 166.

अविज्ञातगद् Adj. *unverständlich redend.*

अविज्ञातर् Nom. ag. *nicht erkennend* Khând. Up. 7,9,1. *unwissend.* Auch als Beiw. Vishṇu's.

अविज्ञातार्थ n. *Nichtverständniss der Worte des Gegners* (ein निग्रहस्थान) Njâjas. 5,2,1.9.

1. अविज्ञान n. *das Nichtwissen.* °नात् *ohne es zu wissen.*

2. अविज्ञान Adj. 1) *keine Kenntniss von Etwas habend.* — 2) *unerkennbar.* Davon Nom. abstr. °त्व n. Ind. St. 9,162.

अविज्ञानवत् Adj. *nicht mit Erkenntniss ausgestattet.*

अविज्ञेय Adj. *nicht erkennbar* Gaim. 1,2,30.

अविडीन n. *das Entgegenfliegen der Vögel.*

अवितत्करण n. bei den ekstatischen Pâçupata *das Verrichten allgemein für unziemlich geltender, ihnen aber anders erscheinender Handlungen.*

अवितथ 1) Adj. *nicht unwahr, wahr.* °म् Adv. *der Wahrheit gemäss.* °थेन dass. Sâhityad. 32,1; vgl. Spr. 4992. — 2) n. *ein best. Metrum.*

अवितथाभिसंधि Adj. *dessen Anschläge gelingen* Bhâg. P. 8,7,1.

अवितथी Adv. mit कर् *wahr machen, erfüllen.*

अवितद्भाषण n. bei den ekstatischen Pâçupata *das Führen von allgemein für Unsinn geltenden, ihnen aber anders erscheinenden Reden.*

अवितर् Nom. ag. *Gönner, Förderer, Schirmer.* f. अवित्री.

अवितर्क m. N. pr. eines Mannes (buddh.).

अवितवे Dat. Inf. *um zu laben, — erquicken* ṚV. 7,33,1. Çat. Br. 6,4,4,3.

अवितारिन् Adj. *nicht vorübergehend, dauernd.*

अवित्ति f. 1) *das Nichtfinden.* — 2) *Armuth.*

*अवित्यज m. n. *Quecksilber.*

अविथुर Adj. *nicht wankend* Âçv. Çr. 3,1,17.

*अविथ्य Adj. *Schafen zuträglich.* f. आ vielleicht *eine best. Pflanze.*

अविदग्ध Adj. 1) *nicht verbrannt.* — 2) *nicht im Magen verkocht, unverdaut.* — 3) *nicht reif.* शोथ Bhâvapr. 5,117. — 4) *nicht sauer geworden.* — 5) *nicht klug, — gewandt* Spr. 3786.

अविदस्य Adj. *unerschöpflich.*

अविदान्त m. N. pr. eines Sohnes des Çatadhanvan.

अविदासिन् Adj. *nicht versiegend.*

अविदित Adj. *ungekannt, nicht erkannt* Çat. Br. 10,6,4,1. fgg. Kenop. 3. अविदितम् Adv. *ohne dass man es weiss* Mṛkkh. 108,1.

अविदीधयु Adj. *nicht zaudernd.*

*अविदुग्ध n. *Schafmilch.*

अविदुष्टर Adj. *unwissender, ganz unwissend* ṚV. 10,2,4.

अविदूर 1) Adj. *nicht sehr weit entfernt, nahe.* — 2) n. *Nähe.* °रम् *in die Nähe von, zu — hin.* °रे (MBh. 3,280,1), °र°, °रात् und °रतस् *in der Nähe.*

*अविदूस n. *Schafmilch.*

अविदोष Adj. *ohne Schuld, — Fehl* Lâṭj. 6,3,20.

अविदोह m. *kein verkehrtes Melken* Maitr. S. 2,4,3.

अविद्ध Adj. 1) *undurchbohrt, undurchstochen.* — 2) *unbeschädigt, unabgenutzt, in voller Kraft* Bhâg. P. 3,9,3. 6,3,4. — 3) *natürlich* Bhâr. Nâṭjaç. 34,119.

*अविद्धकर्णा und *°कर्णी f. *best. Pflanzen.*

अविद्य Adj. *ungebildet* Spr. 684. 7833. *ohne Wissen* 685.

अविद्यमान Adj. *nicht daseiend, — vorhanden* Kâtj. Çr. 2,3,18. 3,8,36. Lâṭj. 1,7,21. 10,17,11. Davon Nom. abstr. °ता f. Comm. zu Njâjas. 3,2,13.

अविद्या f. 1) *Unwissenheit.* Auch als Çakti. — 2) buddh. *Unwissenheit und zugleich Nichtsein.*

अविद्यामय Adj. *in Unwissenheit bestehend.*

अविद्रिय Adj. *nicht berstend, unzerstörbar.*

अविद्वंस् Adj. *unwissend, Etwas nicht wissend* Âpast.

अविद्विषाणा Adj. *nicht in Feindschaft lebend* Kâtj. Çr. 25,14,26. Lâṭj. 1,11,14.

अविद्विषे Dat. Inf. *auf dass keine Feindschaft bestehe.*

अविद्वेष m. *keine Feindschaft.*

अविधवा f. *Nichtwittwe.*

*अविधा Interj.

अविधान n. *das Nichtvorgeschriebensein* Kâtj. Çr. 1,7,8. 9,3. 9,11,16. 19,4,4. °नम् *nicht der Verordnung gemäss.*

अविधायक Adj. *nicht vorschreibend.* Davon Nom. abstr. °त्व n. Gaim. 1,4,2.

अविधायिन् Adj. *unfolgsam* Bhâvapr. 1,152.

अविधि m. *keine Vorschrift.* °ना *nicht der Vorschrift gemäss* Âpast.

अविधुर Adj. *nicht allein stehend.*

अविधृति Adj. *ohne die* Vidhṛti *genannten Halme* Kâtj. Çr. 3,8,31.

अविधेय Adj. *unfolgsam* Bhâvapr. 1,152.

*अविन m. *ein best. Opferpriester.*

अविनय m. *ungebührliches —, unanständiges Benehmen.*

अविनयवत् Adj. *ungesittet* Spr. 601.

अविनाभाव m. und °भावित्व n. *Unzertrennlichkeit, Zusammengehörigkeit.*

अविनाभाविन् Adj. *unzertrennlich verbunden* Comm. zu Njâjas. 2,2,1.

अविनाभाव्य Adj. *unzertrennbar.*

अविनामित Adj. *nicht mit dem ersten* Svara *beginnend und mit dem zweiten endend* Saṃhitopan. 17,3.

*अविनापिन् Adj. gaṇa याजकादि.

अविनाश m. *Nichtverderbniss, — Verwesung* Kâd. II,100,15. 110,17.

अविनाशित्व n. *Unvergänglichkeit.*

अविनाशिन् Adj. 1) *unvergänglich.* — 2) *der Verderbniss —, der Verwesung nicht ausgesetzt* Kâd. II,88,2.

अविनाश्य Adj. *nicht zu Grunde zu richten.*

अविनिपात n. das Nichtfehlgehen.

अविनिपातिन् Adj. nicht fehlgehend.

अविनियुक्त Adj. nicht bestimmt zu (Loc.) Mahīdh. zu VS. 33,55. Davon Nom. abstr. °त्व n.

अविनिर्णय m. Unentschlossenheit in Bezug auf (Gen.) MBh. 14,36,12.

अविनिर्भाग m. Unzertrennlichkeit. °गेन unzertrennlich Comm. zu Nājāj. 1,1,21.

अविनिवर्तिन् Adj. nicht umkehrend, — fliehend Spr. 3906.

अविनीत 1) Adj. ungezogen, schlecht gezogen, von schlechter Aufführung, ungesittet (von Menschen und Hausthieren). * f. आ ungesittete Frau. — 2) m. N. pr. eines Mannes Ind. Antiq. 5,134.

अविनोद m. Langeweile Vikr. 43.

अविन्ध्य 1) m. N. pr. eines Ministers des Rāvaṇa. — 2) f. आ N. pr. eines Flusses.

अविपक्व Adj. unverdaut Bhāvapr. 3,12.

अविपक्वकरण Adj. mit unreifen Werkzeugen Jñān. 3,141.

अविपक्वकषाय Adj. dessen Schlacken noch nicht ausgeglüht sind, an dem noch Sünde haftet Bhāg. P. 1,6,22. 11,18,41.

अविपक्वबुद्धि Adj. unreifen Geistes Bhāg. P. 1,18,12.

अविपक्वभाव Adj. bei dem Etwas noch nicht zur Reife gelangt ist Çāṅg. 70.

*अविपद् n. = अवीनां विस्तारः.

अविपरिहृत Adj. unvertauscht, so v. a. identisch Ait. Ār. 303,5.

अविपरीत Adj. nicht verkehrt, richtig Comm. zu Nājāj. 5,1,6.

अविपर्यय्. °यति nicht fehlschlagen.

अविपर्यय m. 1) keine Umstellung. — 2) kein Irrthum. °यात् ohne Irrthum, ganz gewiss.

अविपर्यासम् Absol. so dass keine Vertauschung stattfindet Çat. Br. 3,7,4,22.

अविपश्चित् Adj. unverständig, unerfahren.

1. अविपाक m. mangelhafte Verdauung.

2. अविपाक Adj. an mangelhafter Verdauung leidend. Davon Nom. abstr. °ता f.

अविपाल m. Schafhirt Çat. Br. 4,1,3,1.

अविप्र Adj. nicht begeistert.

अविप्रकृष्ट Adj. nicht weit von einander entfernt, nahe stehend P. 2,4,5. 5,4,20.

अविप्रक्रमण n. das Sichnichtentfernen Āpast.

अविप्रगीत Adj. worüber Einstimmigkeit herrscht Comm. zu Gaim. 2,3,3.

अविप्रणाश m. das nicht spurlos Vorübergehen.

अविप्रतिपत्ति f. keine Meinungsverschiedenheit.

अविप्रतिपन्न Adj. nicht abgewichen von (Abl.) Āpast. 1,1,17.

अविप्रतिषिद्ध Adj. 1) nicht im Widerspruch stehend Kātj. Çr. 4,3,19. Āpast. — 2) keinen Widerspruch hervorrufend Çaṁk. zu Bādar. 2,2,2.

अविप्रतिषेध m. kein Widerspruch Gaim. 5,4,15.

अविप्रयुक्त Adj. nicht abgelöst, — abgetrennt Gaut. 3,10.

अविप्रलब्ध Adj. ehrlich gemeint Bhāg. P. 5,10,10.

अविप्रलम्भक Adj. nicht täuschend, — betrügend.

अविप्रवास m. keine Abwesenheit vom Orte.

*अविप्रिय 1) m. Panicum frumentaceum. — 2) f. आ eine best. Pflanze.

अविप्लव Adj. (f. आ) 1) ununterbrochen Jolly. 2,36. — 2) f. nicht unsittlich, keusch MBh. 1,34,4, v. l.

अविप्लुत Adj. 1) nicht in Unordnung gerathen, unerschüttert, unverletzt (Gelübde, Wandel). — 2) nicht vom richtigen Wege abgekommen, seinem Gelübde treu.

अविबुध Adj. unverständig.

अविभक्त Adj. 1) ungetheilt Lāṭj. 1,9,12. nicht vertheilt. Dazu Nom. abstr. °त्व n. Gaim. 4,1,2. — 2) keine Theilung vorgenommen habend, in Gütergemeinschaft lebend. Auch so v. a. ein nächster Verwandter, gesetzlicher Erbe. — 3) ununterschieden. Dazu Nom. abstr. °त्व n. Gaim. 6,6,3.

अविभक्तिन् Adj. = अविभक्त 2) Kāç. 60.

अविभवत् Adj. nicht vorhanden Kātj. Çr. 12,1,12.

अविभाग m. 1) keine Theilung Gaut. 28,46. — 2) keine Trennung, — Sonderung, — Unterscheidung, untheilbare Einheit Bādar. 4,2,16. Z. d. d. m. G. 29, 181. Sarvad. 16,20 (°भागे zu lesen).

अविभागिन् Adj. nicht getrennt, — gesondert.

अविभाज्य Adj. nicht zu theilen Lāṭj. 7,7,10. 31.

अविभावित Adj. nicht deutlich vernommen Bālar. 107,23.

अविभाव्यमान Adj. unbemerkt bleibend Kād. II, 4,12.

अविभु Adj. nicht allgegenwärtig und zugleich nicht unumschränkt Comm. zu Nājāj. 3,1,4.

*अविभुज् m. Wolf Rāǵan. 10,9.

अविभू Adj. nicht allgegenwärtig MBh. 3,189,35. v. l. अभिभू besser.

*अविभूति f. Geringachtung Gal.

अविभूषणपरिच्छद Adj. (f. आ) ohne Schmuck und Hausgeräthe M. 9,78.

अविभेदन Adj. nicht durchbohrend, so v. a. nicht verfinsternd.

अविभ्रंशिन् Adj. nicht zerbröckelnd.

1. अविभ्रम m. Besonnenheit, kaltes Blut MBh. 4, 38,62.

2. अविभ्रम Adj. nicht erheuchelt, — erkünstelt.

*अविमत्त m. Pl. N. pr. eines Geschlechts.

अविमनस् Adj. nicht zerstreut Āpast.

अविमत् Adj. Schafe besitzend.

*अविमरीस n. Schafmilch Vārtt. zu P. 4,2,36.

अविमर्श Adj. ohne Ueberlegung, einfältig.

अविमान m. Verehrung.

अविमुक्त 1) Adj. nicht gelöst, — abgespannt Çat. Br. 1,9,2,32. 3,4,4,4. — 2) m. N. pr. eines Tīrtha bei Vārāṇasī. अविमुक्तेश m. eine Form Çiva's.

अविमुक्तेशमाहात्म्य n. Titel eines Werkes.

*अविमुक्तक 1) m. = मधुमाधवीपुष्प Nigh. Pr. — 2) f. आ Diospyros glutinosa Nigh. Pr. — 3) n. ein Name von Kāçī Gal.

अविमुक्तचक्र Adj. (f. आ) dessen Bereich nicht verlassen worden ist, stets bewohnt Pār. Gṛhj. 1, 13,8; vgl. Āçv. Gṛhj. 1,14,7.

अविमुक्तशैव m. ein Çaiva-Mönch best. Ranges Kād. 233,15 (अवमुक्त° gedr.).

अविमुक्तापीड m. N. pr. eines Fürsten.

अविमूढ m. Pl. Bez. best. Ṛshi MBh. 1,28,5.

अविमृश्यकारिन् Adj. ohne Ueberlegung handelnd. Davon Nom. abstr. °रिता f. Bālar. 23,24.

अविमृष्ट Adj. 1) (nicht rein) trübe (Gesicht) Bhāg. P. 4,26,15. — 2) unklar, undeutlich Sāh. D. 574.

अविमोक्य Adj. unlöslich.

अविमोचन n. das Nichtbefreien, Nichtzuhülfekommen Gaut. 21,19.

अवियुक्त Adj. ungetrennt Varāh. 131. von (Instr.) Vikr. 78,19.

अवियोग m. Nichttrennung, das Nichtverlustiggehen (mit Instr.).

अवियोगतृतीया f. ein best. dritter Tag.

अवियोगव्रत n. eine best. Begehung.

अवियोगिन् Adj. keiner Trennung unterworfen MBh. 12,242,13.

अविरण m. das Vergehen aller Lust.

अविरत Adj. 1) nicht ablassend von (Abl.). — 2) ununterbrochen. °म् Adv.

अविरति f. das Hängen an den Sinnesobjecten.

अविरमत् Adj. nicht ablassend von (Abl.) Karuṇ. 45,96.

अविरल Adj. (f. आ) 1) dicht. °म् Adv. — 2) dicht anschliessend. °म् Adv. fest (binden, umarmen). — 3) ununterbrochen, häufig 300,26. — 4) stark, heftig Kād. 247,20.

अविरलिकन्याय m. = अव्यविक°.

अविरहित Adj. nicht verlassen, stets begleitet von Kād. 47,1.

अविराधयत् Adj. nicht unsins werdend.

अविराम m. das Nichtaufhören Z. d. d. m. G. 29,183.

अविरुद्ध Adj. nicht im Widerspruch stehend mit (Instr. oder im Comp. vorangehend) 210,1. 214,32. 276,33. 280,10. 288,1. Gaut. 11,20. Kâtj. Çr. 1,11, 25. Davon Nom. abstr. °ता f.

अविरूक्ष Adj. (f. आ) nicht rauh, — hart (Rede).

अविरोद्धर् Nom. ag. nicht kämpfend Spr. 3609.

अविरोध m. kein Widerspruch, — Conflict mit, — Nachtheil für (geht im Comp. voran) 169,22. 210,8. °प्रकाश m. Titel eines Werkes, °प्रकाशविवेक m. Titel eines Commentars dazu.

अविरोधिन् Adj. 1) nicht störend, wohlthuend Spr. 471, v. l. — 2) nicht im Widerspruch stehend, — beeinträchtigend (die Ergänzung im Gen. oder im Comp. vorangehend) 214,23. Gaut. 3,10.

अविलग्नम् Adv. ohne hängen zu bleiben.

अविलङ्घ्य Adj. unüberwindbar.

1. अविलम्ब m. kein Zögern. °म्बेन ohne Verzug Spr. 7593.

2. अविलम्ब Adj. nicht zögernd. °म् Adj. ohne Verzug Spr. 7536.

1. अविलम्बन n. das Nichtzögern, rasches Vorsichgehen MBh. 1,132,17.

2.* अविलम्बन Adj. nicht zögernd, rasch zu Werke gehend.

अविलम्बित Adj. 1) dass. °म् Adv. ohne Verzug 320,18. — 2) nicht langsam ausgesprochen Lâṭj. 6,10,18. TS. Prât. 23,20.

*अविला f. Schafmutter.

*अविलालित Adj. frei Gal.

*अविलिख Adj. P. 6,2,157. 158, Sch.

अविलुप्त Adj. nicht geschwunden, unversehrt.

अविलुप्य Adj. unzerstörbar, unverwüstlich Spr. 7178.

अविलोप m. keine Störung, — Unterbrechung, — Beeinträchtigung.

अविलोमन् n. Schafwolle Mahâbh. 1,263,b.

अविवक्षत् Adj. zu sprechen nicht beabsichtigend Sarvad. 19,4.

अविवक्षा f. das für unwesentlich Erachten Mahâbh. 1,188,a.

अविवक्षित Adj. nicht ausdrücklich gemeint, unwesentlich, worauf es weiter nicht ankommt. Davon Nom. abstr. °त्व n. Mahâbh. 1,282,a.

अविवदिष्णु Adj. zu keinem Streit Anlass gebend.

अविवर्ण Adj. nicht verfärbt, von natürlicher Farbe Suçr. 1,45,8.

अविवश Adj. nicht willenlos, — in der Gewalt von Etwas stehend.

अविवाक्य Adj. wobei kein Streit obwaltet, Bez. des 10ten Tages einer best. Soma-Feier.

अविवाद Adj. unbestritten, worüber Alle einig sind Comm. zu Nyâjas. 1,1,18. 24.

अविवादिन् Adj. nicht im Streite liegend mit (अभि).

अविवाह Adj. keine Ehe eingehend (Vieh) 22,17.

अविवाहप्रयोजक Adj. keine Ehe veranlassend Saṁsk. K. 180,b. 181,a.

अविवाह्य Adj. mit dem man sich nicht durch Heirath verbindet.

अविवाह्य Adj. 1) f. die man nicht heirathen darf. — 2) mit dem man sich nicht verschwägern darf.

अविविक्त Adj. ungesondert, ungeschieden 266,14.

अविविदिषा f. Mangel an Wissbegierde.

अविविदिषु Adj. nicht wissbegierig.

*अविवृत्त m. Gymnema sylvestre Nigh. Pr.

अविवृत Adj. nicht aufgedeckt, ungekannt, verborgen Çat. Br. 14,6,8,8. Bhâg. P. 5,12,13. seine Blössen nicht zeigend Spr. 1401.

1. अविवेक m. 1) Nichtsonderung, Nichtunterscheidung Kap. 1,55. 57. 3,68. 6,12. — 2) Mangel an Urtheilskraft Kathâs. 3,37.

2. अविवेक Adj. ohne Urtheilskraft. Davon Nom. abstr. °ता f.

अविवेकिन् Adj. 1) ungetrennt, aneinander stossend Spr. 7696. — 2) nicht gesondert, ununterschieden Sâṁkhjak. 11. 14. Dazu Nom. abstr. °कित्व n. Wilson, Sâṁkhjak. S. 58. — 3) nicht richtig urtheilend, keine richtige Einsicht habend Spr. 693. 7696. — 4) keine urtheilsfähigen Menschen habend Kathâs. 24,225.

अविवेचक Adj. nicht richtig unterscheidend, keine Urtheilskraft besitzend.

अविवेनत् Adj. sich nicht verschmähend abwendend ṚV. 4,24,6.

अविवेनम् Adv. nicht abgeneigt, wohlgeneigt.

अविशङ्क Adj. sich nicht bedenkend, nicht zögernd.

अविशङ्का f. keine Scheu, kein Bedenken. Instr. ohne Zögern.

अविशङ्कितम् Adv. ohne Zögern Suçr. 1,13,8.

अविशङ्किन् Adj. MBh. 8,3506 fehlerhaft für अभिशङ्किन्.

अविशद Adj. 1) undeutlich 294,29. — 2) steif, starr Kâd. II,37,18.

अविशस्तर् Nom. ag. schlechter Zerleger, unkundiger Schlächter.

अविशाख Adj. (f. आ) unverästet, ungegabelt Kâtj. Çr. 6,3,7.

अविशिष्ट Adj. 1) nicht unterschieden, gleich MBh. 1,170,47. °ता f. und °त्व n. das Nichtverschiedensein von (im Comp. vorangehend) Sarvad. 30,11. 7. — 2) niedriger stehend Comm. zu TS. Prât. 21,1.

अविशुद्ध Adj. 1) unrein (auch in übertr. Bed.) Bhâg. P. 6,16,41. — 2) nicht genau untersucht Kâm. Nîtis. 13,16.

अविशुद्धि f. Unreinheit.

1. अविशेष m. keine genauere Angabe, Ununterschiedenheit, keine Verschiedenheit. °षात् (so stets Kâtj. Çr. Gaim. 4,3,27. Gaut. 25,6. Çulbas. 3,182. 216), °षतस् und °षेण (Âpast. Chr. 210,12. 238,9) ohne genauere Angabe, — Unterschied. °षेण unter allen Umständen Khând. Up. 8,13 (अतिशेषेण Text). Çaṁk. zu Bâdar. 4,1,13. 2,15. °षात् gleicherweise, gleichfalls Comm. zu Nyâjas. 2,1,13. अविशेषोपदेशात् = अविशेषेण उ° Kâtj. Çr. 2,6,20 u. s. w. अविशेषश्रुतेः 7,5,23. अविशेषचोदना Lâṭj. 9,7,3.

2. अविशेष 1) Adj. ununterschieden. — 2) n. Pl. Atome, Urstoffe.

अविशेषज्ञ Adj. keine Urtheilskraft besitzend. Davon Nom. abstr. °ता f.

अविशेषवत् Adj. keinen Unterschied machend zwischen (Loc.).

अविशेषसम m. ein best. Sophisma, wobei man einwendet, dass Alles ununterschieden wäre, wenn aus der Uebereinstimmung zweier Gegenstände in Bezug auf eine Eigenschaft Gleichartigkeit gefolgert würde, Nyâjas. 5,1,23. Sarvad. 114,11 (fälschlich त्रि°).

अविशेषित Adj. nicht genauer angegeben, — specificirt Pat. zu P. 1,1,52. Çaṁk. zu Khând. Up. S. 133.

अविश्रम Adj. nicht aufhörend, — nachlassend.

अविश्रम्भ m. kein Vertrauen, Misstrauen. Davon Nom. abstr. °ता f. Kâd. 225,10.

अविश्रम्भिन् Adj. misstrauend.

अविश्रान्त Adj. nicht aufhörend, — nachlassend Çiç. 89,10.

अविश्राम Adj. 1) nicht ausruhend. °म् Adv. ohne auszuruhen. — 2) nicht aufhörend, — nachlassend.

अविश्व n. nicht das All Bhâg. P. 3,9,3.

अविश्वमिन्व Adj. (f. आ) nicht allbefassend.

अविश्वविन्न Adj. (f. आ) nicht überall enthalten.

अविश्वसनीय Adj. kein Vertrauen verdienend. Davon Nom. abstr. °ता f.

अविश्वसत् Adj. nicht trauend, misstrauisch Spr. 7697.

1. अविश्वास m. Misstrauen.

2. अविश्वास 1) Adj. misstrauisch. °म् Adv. Spr. 693. — 2) *f. आ eine Kuh, die nicht regelmässig kalbt.

अविश्वासिन् Adj. misstrauisch Mudr. 109.

1. अविष n. kein Gift Spr. 696.

2. अविष 1) Adj. (f. आ) ungiftig. — 2) *m. Meer. — 3) *f. आ Curcuma Zedoaria. — 4) *f. ई Fluss.

अविषक्त Adj. 1) nicht an Etwas hängend Spr. 3108. — 2) nicht hängen bleibend, so v. a. unaufhaltsam Kir. 13,24.

अविषम Adj. (f. आ) 1) nicht ungleich, gleich. — 2) nicht unwirsch, freundlich. °म् Adv. (blicken).

1. अविषय m. 1) kein Bereich. रवेरविषये so v. a. da wohin die Sonne nicht dringt, wo sie nicht scheint Spr. 4439. 5507. — 2) nicht Jmds Sache oder Fach, etwas Unausführbares oder Unerlaubtes MBh. 13,38,6. Çik. 35,20. Kathâs. 17,133. — 3) kein geeignetes Object für (Gen.) Mâlatim. 17,2. Veṇis. 21,20.

2. अविषय Adj. kein Object habend Ind. St. 9,163.

अविषयमनस् Adj. dessen Geist nicht auf die Sinnenwelt gerichtet ist Mâlav. 1.

अविषयीकरण n. das Etwas (Gen.) nicht zum Objecte Machen 283,18. 19.

अविषह्य Adj. 1) nicht tragbar. — 2) unerträglich 313,7. — 3) unbezwingbar, unwiderstehlich. — 4) unausführbar. — 5) unzugänglich. चक्षुषाम् so v. a. unsichtbar. — 6) unbestimmbar.

अविषाण Adj. ungehörnt.

अविषाद m. und °दित्व n. Unverzagtheit, guter Muth.

अविषादिन् Adj. unverzagt.

अविष्टम्भ m. (Comm. zu Nyâyas. 3,1,47) und °न n. (Maitrjup. 2,2) Nichthemmung.

अविष्ठ Adj. Superl. sehr gern annehmend.

अविष्यन्त् Partic. 1) gern helfend. — 2) begierig (mit Acc. Loc. oder Infin.).

अविष्या f. Begierde, Trieb, Hitze.

अविष्यु Adj. gierig, Rache suchend.

अविसंवाद m. kein Widerspruch.

अविसंवादक Adj. seinem Worte treu bleibend.

अविसंवादन n. und °वादिता f. das Worthalten.

अविसंवादिन् Adj. übereinstimmend, entsprechend, zutreffend.

अविसदृश् Adj. entsprechend.

अविसर्गिन् Adj. nicht intermittirend Bhâvapr. 3,109.

अविसर्जयितव्य Adj. kein Object der Entleerung bildend Ind. St. 9,164.

अविसर्पिन् m. eine best. Hölle Taitt. Âr. 1,19.

अविसृष्ट Adj. nicht beseitigt, — fortgelassen Lâṭj. 1,12,10. Sâmavidhân. 17,4.

*अविसोढ n. Schafsmilch.

अविस्तर Adj. von geringem Umfange.

अविस्तीर्ण Adj. dass. Kâd. 263,20.

अविस्थल n. N. pr. einer Stadt.

अविस्पन्दित Adj. nicht zuckend.

अविस्पष्ट Adj. (f. आ) nicht klar, — deutlich 323, 21. °म् Adv.

अविस्मित Adj. nicht stolz Bhâg. P. 5,9,11.

अविस्यन्दित Adj. Kumâras. 3,47 fehlerhaft für °स्पन्दित.

अविस्र Adj. keinen Fleischgeruch u. s. w. habend.

अविस्रंस m. das Nichtauseinanderfallen, das Zusammenhalten (intrans.) Tâṇḍja-Br. 13,4,13.

अविस्राव्य Adj. 1) nicht abfliessen zu lassen. — 2) ohne Blutentziehung zu behandeln Suçr. 1,43, 9. — 3) was zergeht, — aufgelöst wird. Dazu Nom. abstr. °ता f.

अविस्वर Adj. nicht misstönend. °म् Adv.

अविहत Adj. 1) unaufgehalten, ungehemmt. — 2) an dem Nichts auszusetzen ist.

अविहर्यतक्रतु Adj. dessen Wille sich nicht abwenden lässt ṚV.

अविहस्त Adj. nicht ungeschickt, erfahren in (Loc.).

अविहिंसक Adj. Niemandem ein Leid zufügend.

अविहिंसन n. und °ना f. das Nichtzufügen eines Leides.

अविहिंस्र Adj. kein Leid zufügend, keinen Schaden bringend.

अविहित Adj. nicht vorgeschrieben, verboten Âpast.

अविहितसिद्ध Adj. unerkünstelt Uttarar. 113, 16 (154,8).

अविह्रुत Adj. ungebeugt, unbeschädigt.

अविह्वरत् Adj. nicht gleitend, — fallend.

अविह्रुत Adj. (f. आ) ungebeugt, wohlgemuth 111,5.

*अवी f. (Nom. °वीस्) ein Frauenzimmer zur Zeit der Katamenien.

अवीक्षित् und °क्षित m. N. pr. = अविक्षित्.

अवीङ्गित Adj. unbewegt TBr. 1,1,8,6.

अवीचि 1) *Adj. wellenlos. — 2) m. eine best. Hölle. Auch *अवीची f. Gal.

अवीचिमत् Adj. wellenlos. नरक = अवीचि 2) Bhâg. P. 5,26,26.

अवीत Adj. unangetastet, unberührt.

1. अवीर Adj. (f. आ) 1) unmännlich, schwächlich. — 2) kinderlos. — 3) f. gattenlos. Adj. und Subst. kinder- und gattenlos, eine solche Frau; Wittwe Bhâg. P. 6,19,25. — 4) heldenlos Bâlar. 116,18.

2. अवीर Adj. männerleer; n. eine solche Gegend 29,27. 28.

अवीरजुष्ट Adj. Männern nicht zusagend Mṛcch. 147,14, v. l.

अवीरता f. Kinderlosigkeit.

अवीरपुरुष m. Schwächling Kathâs. 18,337.

अवीरहन् Adj. (f. °घ्नी) Männern nicht verderblich.

अवीर्य Adj. (f. आ) schwach, machtlos.

अवृक 1) Adj. nicht schädigend; ungefährdet, harmlos. — 2) n. Sicherheit.

अवृक्ष (R. ed. Bomb. 4,43,28) und °क Adj. baumlos.

अवृजिन Adj. nicht ränkevoll.

अवृणक् 2te und 3te Sg. Imperf. von वर्ज्.

1. अवृत Adj. unbeschränkt, ungehemmt.

2. अवृत Adj. unerwählt, uneingeladen Gaut. 9,31.

1. अवृत्त Adj. 1) nicht erfolgt, — stattgefunden Kathâs. 33,214. — 2) nicht verstorben, noch am Leben seiend R. 6,8,10.

2. अवृत्त Adj. von schlechtem Betragen R. ed. Bomb. 1,6,12.

1. अवृत्ति f. kein Lebensunterhalt, Nahrungssorgen Gaut. 12,18. 21,18. Âpast. Spr. 701. fg.

2. अवृत्ति Adj. nicht vorkommend. Davon Nom. abstr. °त्व n.

अवृत्तिक Adj. 1) keinen Lebensunterhalt habend. — 2) d. L. gewährend.

अवृद्ध Adj. 1) nicht alt an Jahren Spr. 3392. — 2) nicht gesteigert (gramm.) Ind. St. 1,47.

अवृद्धिक Adj. frei von Zinsen Jâǵń. 2,63.

अवृध Adj. nicht freudig erregend, — labend.

अवृन्तक Adj. stiellos.

अवृषण Adj. hodenlos 88,15.

अवृषणी Adv. mit कर् hodenlos machen R. ed. Gorr. 1,30,6.

*अवृषल m. kein Çûdra Mahâbh. 6,61,b.

*अवृषलक Adj. ohne Çûdra.

*अवृषलीक Adj. ohne Çûdra-Frauen Kâç. zu P. 1,2,172.

अवृष्टि f. Mangel an Regen, Dürre 220,28.

अवृष्य Adj. nicht auf die Potenz wirkend.

अवृह m. Pl. Bez. best. Götter (buddh.) Lalit. 171,6.

अवेकाचार्य m. N. pr. eines Lehrers.

°अवेक्षक Adj. die Aufsicht über Etwas habend.

अवेक्षण n. 1) das Hinsehen, Hinblicken auf Gaut. 9,82. 15,24. — 2) das Richten der Aufmerksamkeit auf Etwas, Vorsorge. — 3) aspectus planetarum.

अवेक्षणीय Adj. auf den Rücksicht zu nehmen ist.

अवेक्षा f. Vorsorge, Sorgfalt, Rücksicht auf (Loc.) 83,3.

अवेक्षितव्य Adj. aufmerksam zu beobachten.

अवेक्षिन् Adj. 1) hinsehend, hinblickend. — 2) seine Aufmerksamkeit auf Etwas (Acc.) richtend.

अवेक्ष्य Adj. auf den oder worauf man zu achten hat.

*अवेगगामिन् Adj. langsam gehend (Pferd) Gal.

अवेणा ein Ding für sich Lot. de la b. l. 848.

अवेद m. Pl. *Nicht-Veda* Çat. Br. 14,7,2,23.

1. अवेदन n. *das Nichtkennen* M. 5,60.

2. अवेदन Adj. *schmerzlos* Suçr. 1,88,12.

अवेदविद् (Gop. Br. 1,3,18) und ॰विद्वंस् (MBh. 12, 247,17) Adj. *den* Veda *nicht kennend.*

अवेदविहित Adj. *nicht im* Veda *vorgeschrieben* M. 5,43.

1. अवेदि f. *Unkenntniss* Bṛh. Âr. Up. 4,4,14.

2. अवेदि Adj. *ohne Opferbank* Kâtj. Çr. 15,10,10.

अवेदिन् Adj. *keine Erkenntniss besitzend.*

अवेदोक्त Adj. *im* Veda *nicht gelehrt* MBh. 13,93,2.

1. अवेद्य 1) Adj. *nicht zu erkennen.* — 2) f. आ im Sâṁkhja *die Nichtanerkennung des* Ahaṁkâra.

2. अवेद्य Adj. (f. आ) *nicht zu ehelichen* (Weib).

3. *अवेद्य m. *Kalb.*

अवेद्यवेदकाकार Adj. (f. आ) *nicht in der Form von zu Erkennendem oder Erkennendem auftretend* Sarvad. 17,2.

अवेध्य Adj. *nicht zu durchbohren.*

अवेनस् Adj. *nach Nichts verlangend.*

*अवेल 1) m. *Verheimlichung, Läugnung.* — 2) f. आ *gekauter Betel.*

अवेलम् Adv. *zur Unzeit.*

अवेला f. *Unzeit* Lâṭj. 4,11,8.

अवेशसदृश Adj. *der Prostitution nicht entsprechend* Mudrâr. 128,12.

अवेष्टि f. *Befriedigung* oder *Sühnung durch Opfer* Gaim. 2,3,3. Njâjam. 2,3,4.

अवैकार्य n. *keine Umgestaltung.*

अवैक्लव्य n. *Unverzagtheit, guter Muth.*

अवैगुण्य n. *keine mangelhafte Beschaffenheit* Gaim. 6,3,23.

अवैदग्ध्य n. *Mangel an Scharfsinn, Dummheit* Spr. 3654.

अवैद्य Adj. *ungelehrt* Gaut. 5,24. 28,30.31. Davon Nom. abstr. ॰त्व n. Gaim. 6,1,37.

अवैध Adj. *nicht ausdrücklich vorgeschrieben.*

अवैधर्म्य n. *keine Ungleichartigkeit.*

अवैधव्य n. *kein Wittwenstand.*

अवैयाकरण m. *kein Grammatiker* Nir. 2,2.

अवैरहत्य n. *kein Männermord.*

अवैराग्य n. *Empfänglichkeit für die Aussenwelt* Tattvas. 7.

अवैरिसृष्ट Adj. *wozu sich auch ein Feind nicht entschliesst* Mudrâr. 147,14.

अवैश्य m. *kein* Vaiçja Kâtj. Çr. 15,1,1.

अवैषम्य n. *keine Noth, Wohlfahrt.*

अवोक्षण n. 1) *das Begiessen.* — 2) *das Sichbegiessen, Sichbesprützen* Gaut. 2,2. Cit. im Comm. zu Gobh. 1,1 (S. 38).

अवोचत्, ॰चम्, ॰चस् Aor. von वच्.

अवोढर् Nom. ag. *Nichtgatte.*

*अवोद Adj. *triefend, nass* Trik. 3,1,8.

अवोदेव Adj. *die Götter herablockend.*

अवोष m. wohl N. pr. eines Ameisenkönigs.

*अवोषीय und *अवोष्य Adj. von अवोष.

अवोस् wohl = अयोस् vom Pron. इ.

अव्य Adj. *vom Schaf herrührend* (Soma-*Seihe*); Subst. *eine solche* Soma-*Seihe.*

अव्यक्त 1) Adj. a) *nicht zur Erscheinung gebracht, sinnlich nicht wahrnehmbar; undeutlich.* ॰म् Adv. *undeutlich.* — b) *unbenannt.* — c) *undeutlich redend.* — 2) m. a) *die Allseele.* — b) *Bez. Vishṇu's, Çiva's und Kâma's. — c) **Thor, Narr.* — d) Titel einer Upanishad. — 3) *f. आ *Sanseviera gedneensis* Nigh. Pr. — 4) n. *das nicht zur Erscheinung Gekommene, der Urstoff* oder *Urgeist.*

अव्यक्तगणित und ॰बीज n. *Algebra* Bîǵag. 2.

अव्यक्तरूप Adj. *undeutlich, unentschieden.* गर्भ *eine Leibesfrucht von unbestimmtem Geschlecht* 71,9.

अव्यक्तलक्षण Adj. *mit unerkennbaren Merkmalen,* Beiw. Çiva's.

अव्यक्तव्यक्त Adj. *nicht sinnlich wahrnehmbar und zugleich s. w.,* Beiw. Çiva's.

अव्यक्तानुकरण n. *schallnachahmendes Wort.*

अव्यग्र Adj. (f. आ) 1) *unverwandt* Âpast. *auf ein ganz bestimmtes Ziel gerichtet, entschieden* (Rede, Vorhaben). — 2) *ruhig und besonnen zu Werke gehend.* ॰म् Adv. *in aller Ruhe.* — 3) *unbeschäftigt, Nichts zu thun habend.* — 4) *ungefährdet, sicher.*

1. अव्यङ्ग Adj. *vollgliederig.* Davon Nom. abstr. ॰ता f.

2. अव्यङ्ग 1) m. oder n. *Gürtel* (bei den Maga). — 2) *f. आ = अव्यण्डा.

अव्यङ्गाङ्ग Adj. (f. ई) *vollgliederig.*

अव्यचस् Adj. *nicht geräumig.*

अव्यञ्जन Adj. (f. आ) 1) *bartlos, ohne Pubes* Spr. 765. — 2) *ohne Consonanten* Ind. St. 9,32.

*अव्यण्ड 1) m. *Asteracantha longifolia* Nigh. Pr. — 2) f. आ *Flacourtia cataphracta* und *Carpogon pruriens* Nigh. Pr.

अव्यतिक्रम m. *Nichtüberitretung, Erfüllung* (eines Vertrags), *das Nichtentgegenhandeln* Âpast.

अव्यतिचार m. *Nichtumwechselung.*

अव्यतिमोह m. *keine irrthümliche Verwechselung.*

अव्यतिरेक m. 1) *Nichtausgeschlossenheit, Ausnahmslosigkeit, das Nichthinaustreten aus dem Kreise von* Gaim. 1,1,5. Njâjas. 3,1,83. Comm. zu 33. 80. — 2) *Ununterschiedenheit* Comm. zu Njâjas. 4,1,88.

अव्यतिरेकिन् Adj. *unfehlbar.* Davon Nom. abstr. ॰कित्व n. Kusum. 28,11.

अव्यतिषक्त Adj. *nicht untereinandergemischt* Çat. Br. 12,7,2,12.16.

अव्यती Partic. f. *den Beischlaf nicht wollend.*

अव्यथ 1) Adj. a) *ohne zu schwanken, unverzagt* Spr. 6146. — b) *schmerzlos.* Dazu Nom. abstr. ॰त्व n. Bhâvapr. 3,19. — 2) *m. *Schlange.* — 3) *f. आ a) *Terminalia citrina* Roxb. — b) *Hibiscus mutabilis* L.

अव्यथमान Partic. *nicht wankend* TS. 5,3,9,1.

अव्यथा f. *Schwankungslosigkeit.*

अव्यथि 1) Adj. a) *nicht schwankend, sicher schreitend, unverzagt.* — b) *sicher* (Hülfe). — 2) *m. *Ross* Gal. — 3) f. *sicherer Gang, Unverzagtheit.*

*अव्यथिन् Adj. P. 3,2,157.

*अव्यथिष 1) m. a) *die Sonne.* — b) *Meer.* — 2) f. ई a) *die Erde.* — b) *Nacht.*

*अव्यथिष्यै ved. *um nicht zu schwanken* u. s. w.

अव्यथ्य Adj. *unerschütterlich.*

(अव्यनत्) अविअनत् Adj. *nicht athmend.*

अव्यपदेश m. *keine Bezeichnung, kein Gemeinsein* Âpast. 2,8,13.

अव्यपदेशरूपिन् Adj. *für dessen Erscheinungsform es keine Bezeichnung giebt* Bhâg. P. 5,18,31.

अव्यपदेश्य Adj. 1) *nicht zu bezeichnen.* — 2) *wogegen man Nichts vorzuschützen vermag* Njâjas. 1,1,4.

अव्यपाय m. *das Nichtaufhören, Fortdauer.*

अव्यपाश्रयजीविन् Adj. *sich im Leben auf Niemand verlassend* MBh. 13,60,11.

अव्यपेक्षण n. *das Nichtberücksichtigen.*

अव्यपेत Adj. *nicht getrennt, unmittelbar auf einander folgend* Kâvjâd. 3,1.

अव्यपोह्य Adj. *nicht zu läugnen.*

1. अव्यभिचार m. 1) *das Nichtfehlgehen, Unumgänglichkeit, absolute Nothwendigkeit.* ॰रात् und ॰रेण *unumgänglich, nothwendig.* — 2) *eheliche Treue.* — 3) *Nichtübertretung, Nichtverletzung.*

2. अव्यभिचार Adj. *unwandelbar, beständig.*

अव्यभिचारवत् Adj. *unumgänglich, nothwendig erfolgend.*

अव्यभिचारिन् Adj. 1) *nicht fehlgehend* Njâjas. 1, 1,4. *sich als wahr bewährend.* — 2) *treu anhängend.* — 3) *unwandelbar, beständig.*

1. अव्यभीचार m. *eheliche Treue* 194,19 (Conj.).

2. अव्यभीचार Adj. *sich Nichts zu Schulden kommen lassend.*

1. अव्यय und अव्यय (selten) Adj. *vom Schaf herrührend, in Schafen bestehend.*

2. अव्यय m. *das Nichtverausgaben* 165,21.

3. अव्यय 1) Adj. (f. आ) a) *unveränderlich, unver-*

gänglich. Dazu Nom. abstr. °त्व n. — b) Nichts ausgebend, Knicker Spr. 7689. — 2) m. a) der höchste Gott: *Vishṇu, Çiva. — b) *Pl. eine best. Klasse von Göttern, = तुषित Gal. — c) N. pr. eines Sohnes des Manu Raivata und eines Schlangendämons. — 3) n. (*m.) Indeclinabile Spr. 7689. Dazu Nom. abstr. °त्व n. Mahâbh. 3,69,b.

4. अव्यय m. häufig fehlerhaft für अप्यय.

अव्ययमान Adj. sich nicht ergehend, unbeweglich Maitrjup. 2,2.

अव्ययवत्स् Adj. ein Indeclinabile seiend.

अव्ययात्मन् Adj. von unvergänglichem Wesen 104,26. 105,7.

अव्ययीभाव m. adverbiales Compositum. °समास m. dass.

*अव्ययर्णा Adj. unangefochten Bhaṭṭ. 9,19.

अव्यर्थुक Adj. nicht verlustig gehend (mit Instr.).

अव्यलीक Adj. 1) ohne Leiden, wohl auf MBh. 3,23,11. — 2) ohne Falsch, ehrlich, wahr. °म् Adv.

अव्यवच्छिन्न Adj. ununterbrochen Çat. Br. 1,3,5,13.16. 7,2,4. 7,4,2,10.

अव्यवच्छेद m. Ununterbrochenheit.

1. अव्यवधान n. 1) das Nichtdazwischentreten von Etwas, Nichtunterbrochenwerden durch Etwas 244,4. Çaṅk. zu Bṛh. Âr. Up. S. 94. Comm. zu Nâjaj. 2,1,30. — 2) Nichtsonderung, Nichtscheidung.

2. अव्यवधान Adj. 1) unbedeckt, nackt, bloss (Boden) Râd. 170,11. — 2) ununterbrochen.

अव्यवष्टम्भिन् Adj. nicht gestützt, — fest stehend.

अव्यवसायवत्, °सायिन् und °सित (R. 4,26,13) Adj. unentschlossen, Nichts unternehmend.

अव्यवस्त Adj. nicht gebunden, — gewunden.

अव्यवस्थिति f. das keinen festen Wohnsitz Haben MBh. 12,274,18. Es kann übrigens auch व्यय° gemeint sein.

अव्यवस्रंस m. das Nichtauseinanderfallen.

अव्यवहार m. 1) ungebührliches Verfahren Hit. — 2) Nichtgebrauch eines Ausdrucks Kâv. 1,180.

अव्यवहार्य Adj. womit man sich nicht befassen kann Mâṇḍ. Up. 7.

अव्यवहित Adj. 1) nicht getrennt, unmittelbar anstossend, — folgend. — 2) durch nichts Anderes unterbrochen, ganz auf Jmd oder Etwas gerichtet (भक्ति) Bhâg. P. 3,29,12. — 3) durch य getrennt VS. Prât. 3,64.

अव्यवहृत Adj. = अव्यवहार्य Bhâg. P. 5,1,21.

अव्यवाय m. 1) das Nichtdazwischentreten Lâṭj. 1,2,15. — 2) das Ungetrenntsein, ununterbrochener Zusammenhang Gaut. 8,1,31. 3,17. Nâjaj. 3,3,11.

अव्यविकन्याय m. die Weise von अवि und अविक, so v. a. Wandelbarkeit der Wortformen je nach Umständen.

अव्यवेत Adj. 1) nicht getrennt durch (Instr.) RV. Prât. 3,25. — 2) durch य getrennt VS. Prât. 3,64.

अव्यसन und °निन् Adj. keine tadelnswerthen Passionen habend.

अव्यस्त Adj. nicht auseinandergerissen Lâṭj. 6,10,16.

अव्याकृत Adj. ungesondert, ungetheilt MBh. 12,242,13. Vgl. Mahîdh. zu VS. 40,9 und Comm. zu Çat. Br. 14,7,2,13.19. 8,6,1.

अव्याक्षेप m. Nichtzerstreutheit, Geistesgegenwart.

1. अव्याज m. kein Betrug, — Täuschung. Am Anfange eines Comp. ohne Betrug, — angewandte Künste.

2. अव्याज Adj. nicht simulirt, natürlich, wirklich Mâlatîm. 77,15 (69,15). Bâlar. 16,20.

*अव्याद m. Bein. Jama's Gal.

अव्याधित Adj. nicht krank, gesund Ind. St. 13,196.

अव्याध्य Adj. nicht zu schlagen (Ader) Suçr. 1,362,3.

अव्यानयितव्य Adj. nicht mit dem Vjâna zu fassen Nṛs. Up. in Ind. St. 9,165.

अव्यापत्ति f. die Nichtverwandlung des Visarga in den Ûshman.

अव्यापद् f. kein Fehler Bhâvapr. 3,27.

अव्यापन्न Adj. nicht gestorben Mann. 10,98.

अव्यापाद m. das Freisein vom Verlangen Andern zu schaden Lalit. 36,5.

अव्यापार m. 1) *Musse. — 2) eine Einem nicht zukommende Beschäftigung.

अव्यापिन् Adj. nicht allumfassend.

अव्याप्त Adj. nicht erfüllt von, — versetzt mit (Instr.) Spr. 966.

अव्याप्ति f. das Nichtallumfassen.

अव्याप्यवृत्ति Adj. nicht stets sich vorfindend, an bestimmte Bedingungen geknüpft, nur relative Geltung habend Z. d. d. m. G. 29,246. Dazu Nom. abstr. °त्व n. Comm. zu Nâjaj. 2,2,18.

अव्यापृत्त Adj. nicht getrennt RV. Prât. 14,19.

अव्यायाम m. keine körperliche Anstrengung, — Uebung.

अव्यावहारिक Adj. (f. ई) womit man sich nicht befassen kann Bhâg. P. 10,83,14.

अव्यावृत्त Adj. 1) ungeschieden, ununterschieden Comm. zu Nâjaj. 3,2,48. — 2) gleichseitig TS. 6,4,8,3. TBr. 1,1,9,1.

अव्यावृत्ति f. das Sichnichtabwenden, nicht den Rücken Kehren Lâṭj. 1,2,15.

अव्याहत Adj. 1) ungehemmt, ungehindert. — 2) nicht im Widerspruch stehend. Dazu Nom. abstr. °त्व n. H. 66.

*अव्याकारिन् Adj. nicht sprechend.

अव्याहृत n. das Nichtsprechen, Schweigen Spr. 708.

अव्युच्छित्ति f. Nichtunterbrechung.

अव्युच्छिन्न Adj. ununterbrochen.

अव्युच्छेत्तृ Nom. ag. nicht unterbrechend, — störend.

अव्युत्थान n. das Nichtnachgeben, das Bestehen auf Etwas.

अव्युत्पन्न Adj. 1) nicht erfolgt Vaṇis. 10,14. — 2) nicht entstanden, so v. a. grammatisch nicht zu zerlegen, keine Etymologie habend. — 3) ungebildet, roh. °मति Adj. Spr. 6783.

अव्युष्ट Adj. noch nicht leuchtend.

अव्युष्टि f. die Zeit vor Tagesanbruch TS. 1,5,7,5.

अव्यूढ Adj. nicht auseinandergerückt Çat. Br. 3,1,2,13. 3,2,33.

अव्यूह m. 1) Untheilbarkeit Nâjaj. 4,2,12. — 2) keine Auflösung von Halbvocalen oder zusammengeflossenen Vocalen.

अव्यृद्ध Adj. ungeschmälert Çat. Br. 12,3,2,12.

अव्यृद्धि f. das Nichtmisslingen.

अव्योष्यत् Adj. nicht verschwindend, sich nicht verlierend.

अव्रण Adj. unverletzt (eig. und übertr.).

1. अव्रत n. das Nichtbeobachten der religiösen Vorschriften.

2. अव्रत 1) Adj. (f. आ) a) gesetzlos, ungehorsam, ruchlos. — b) die religiösen Obliegenheiten nicht erfüllend Gobh. 1,9,19. MBh. 12,228,72. Spr. 3283. — 2) *m. ein Daitja Gal.

अव्रतवत्, अव्रतिक und अव्रतिन् Adj. = 2. अव्रत 1) b).

अव्रत्य Adj. den religiösen Vorschriften nicht entsprechend Âçv. Çr. 12,8,19. Gobh. 1,6,7. Ait. Âr. 469,2.

*अव्राह्निन् Adj. gaṇa प्राह्णादि.

अव्रात्य m. kein Vrâtja.

*अव्रोट m. N. pr. eines Mannes.

1. अश्, अश्नोति und अश्नुते 1) gelangen zu (Acc.), erreichen; einholen. ककुभः so v. a. nach allen Weltgegenden hin sich zerstreuen. — 2) erlangen. — 3) treffen, über Jmd kommen. — 4) bewältigen. — 5) darbringen, darreichen. — 6) geniessen Spr. 3067. — 7) *durchdringen, erfüllen. — 8) *anhäufen. — Mit अनु 1) gleichkommen. — 2) erlangen. — Mit अभि 1) gelangen zu, erreichen. — 2) erlangen. — 3) bewältigen. — Mit आ erreichen. — प्रा-

प्राश्यिष्ये und — प्राशितुम् fehlerhaft für — प्राशिष्ये und प्राशितुम्. — Mit उद् 1) gelangen zu, erreichen Çat. Br. 4,3,6,14. — 2) gleichkommen. — 3) beherrschen. — Mit उप erlangen, theilhaftig werden (auch eines Uebels). — प्रायमुपाश्यिष्ये fehlerhaft für — उपाशिष्ये. — Mit समुप theilhaftig werden Spr. 5426. — Mit परि 1) gelangen zu, erreichen. — 2) erlangen. — Mit प्र 1) gelangen zu, erreichen. — 2) erlangen. — 3) zu Theil werden. — Mit प्रति, Partic. प्रत्यष्ट etwa Jmdn (Loc.) zu Theil geworden Kauç. 106. — Mit वि 1) gelangen zu, erreichen. — 2) erlangen, theilhaftig werden. — 3) zu Theil werden. — 4) Jmdes habhaft werden. — 5) durchdringen, erfüllen. — Mit अनुवि erreichen. — Mit सम् 1) gelangen zu. — 2) erlangen, theilhaftig werden. — 3) zu Theil werden, treffen. — 4) erfüllen, erhören ṚV. 8,40,3. — Mit अनुसम् erlangen. — Mit उपसम् dass.

2. अश्, अश्नाति 1) essen, verzehren, zu sich nehmen (Speise und Trank), mit Acc. und Gen. (in der älteren Sprache). — 2) kosten, geniessen in übertr. Bed. — Caus. आशयति essen lassen, speisen, mit doppeltem Acc. 235,30. आशित 1) gespeist, gefüttert, gesättigt, satt. — 2) zum Essen dargereicht. — Desid. अशिशिषति essen wollen. — Mit अति vor einem Andern (Acc.) essen. — Mit उप 1) essen, verzehren. — 2) kosten, geniessen in übertr. Bed. — Mit समुप kosten, geniessen. — Mit निस् in अ-निराशित. — Mit परि früher als ein Anderer (Acc.) essen, Jmd beim Genuss von Etwas (Instr.) übergehen. — Mit प्र essen, verzehren, zu sich nehmen. — Caus. essen lassen, zu essen geben, speisen; mit doppeltem Acc. — Mit अभिप्र etwas Anderes nach Etwas (Acc.) essen (um den früheren Geschmack zu verlieren) Ḱhând. Up. 6,13,3. — Mit वि aufessen. Mit — सम् 1) essen, verzehren. — 2) kosten, geniessen in übertr. Bed.

*अशन्क m. Boerhavia diffusa Nigh. Pr.

अशकुन n. (adj. Comp. f. आ) böses Omen.

*अशकुम्भी f. Pistia Stratiotes L.

अशक्त Adj. nicht könnend, unvermögend 94,27. Die Ergänzung ein Infin. (94,28), ein Nom. act. im Loc. (61,25.30) oder Dat. (26).

अशक्ति f. Unvermögen, Schwäche.

अशक्नुवत् Adj. nicht könnend, unvermögend, mit Infin. Mṛkkh. 158,1.

*अशक्नुवान Adj. dass. Bhaṭṭ. 3,6.

अशक्य Adj. 1) unmöglich, unthunlich. अघम् unausführbar. वेदशास्त्र unerfassbar. अशक्यो ऽपाकर्तुम् unentfernbar Ragh. 12,17. स्थातुं नियोक्तुमर्द-

शक्यमपे weil es unmöglich ist zu verbleiben 2,26. Dazu Nom. abstr. °ता f. und °त्व n. mit einem Infin. — 2) unüberwindlich.

अशग m. N. pr. eines Autors.

अशङ्क Adj. furchtlos, ohne Scheu Spr. 4293. °म् Adv.

अशङ्कनीय Adj. nicht zu vermuthen, — zu befürchten, — anzunehmen.

अशङ्का f. keine Furcht, — Scheu. Instr. ohne Scheu.

अशङ्कित 1) Adj. a) unbesorgt, kein Misstrauen habend. — b) nicht beanstandet, — verdächtig. — 2) °म् Adv. a) ohne Scheu, — Bedenken Kir. 170, 15. — b) wider alles Erwarten, plötzlich.

अशङ्क्य Adj. 1) kein Misstrauen erregend. — 2) nicht zu erwarten, — anzunehmen.

अशठ Adj. (f. आ) nicht falsch, — hinterlistig, ehrlich.

अशठक्रोध Adj. ohne Falschheit und Zorn MBh. 12,293,12.

अशत n. kein volles Hundert Çat. Br. 4,3,4,2.

अशतदक्षिण Adj. wobei der Lohn weniger als Hundert beträgt ebend.

अशत्रु 1) Adj. a) ohne ebenbürtigen Gegner. — b) unvermögend sich zu vertheidigen ṚV. 5,2,12. — 2) *m. der Mond. — 3) n. Feindlosigkeit.

अश्मन् m. 1) Stein, Fels. — 2) Schleuderstein. — 3) Himmelsgewölbe ṚV. 1,164,1. 175,2. 10,27,15.

1. *अशान Adj. erreichend, hinüberreichend.

2. अशन n. 1) das Essen, Speisen. — 2) Essen, Speise. Am Ende eines adj. Comp. f. आ.

अशनकृत् Adj. Speise bereitend.

अशनक्रिया f. das Zusichnehmen von Speisen. °क्रियां कर् Pańkat. 236,22.

अशनपति m. Speiseherr Çat. Br.

*अशनवत् Adj. speisereich.

अशना f. = अशनाया Çat. Br. 11,7,6,8. Ḱhând. Up. 6,8,3.

अशनानशन n. das Essen und Fasten 85,20.

1. अशनाय्, °यति nach Speise verlangen, hungrig sein Çat. Br. *°यित hungrig.

2. अशनाय् den Donnerkeil vorstellen. °यितम् n. impers. Dh. V. 22,5.

अशनाया und अशनाया f. Hunger. अशनायापिपासे Hunger und Durst Çat. Br. 14,6,4,1.

अशनायावत् (271,21) und अशनायुक Adj. hungrig.

अशनि 1) f., später auch m. Donnerkeil, Blitzstrahl. Auch अशनी f. अशन्यस्त Adj. Çat. Br. 11,2,7,23. — 2) f. Pfeilspitze. — 3) f. als Naturerscheinung eine Species der Ulkâ. — 4) m. ein Name Rudra's. — 5) *m. Pl. N. pr. eines Kriegerstammes.

*अशनिक Adj. = अशनौ कुशलः.

अशनिग्रावन् m. Diamant Spr. 6850.

अशनिन् Adj. mit einem Donnerkeil versehen.

अशनिप्रभ m. N. pr. eines Râkshasa.

अशनिमत् Adj. blitzschleudernd.

अशनिहत Adj. vom Blitz getroffen. दुःखाशनि° Kathâs. 19,77.

*अशनीय्, °यति nach Speise verlangen.

अशपत् Adj. nicht fluchend, — verwünschend.

अशब्द Adj. 1) lautlos Çat. Br. 14,6,8,8. Âpast. TS. Prât. 23,6. — 2) im Veda nicht gelehrt, unvedisch Gaim. 6,3,39. Dazu Nom. abstr. °त्व n. 1,3,16.

अशम् Indecl. Unheil.

अशमरथभावुक Adj. in einen nie ruhenden Wagen sich wandelnd TBr. 1,3,8,4.

अशम्य Adj. = अद्भुत Cit. im Comm. zu TS. II, 694 und zu Nâlâm. 4,1,28. अशम्ब्य v. l.

1. अशरण n. Schutzlosigkeit.

2. अशरण Adj. (f. आ) schutzlos Âpast.

अशरणी Adv. mit कर् schutzlos machen Spr. 5807.

अशरण्य Adj. 1) keinen Schutz gewährend. — 2) keines Schutzes bedürfend.

अशरव्य Adj. (f. आ) Pfeilen nicht zugänglich.

अशरीर (!) 1) Adj. (f. आ) körperlos Çat. Br. 14,7,2, 10. Âpast. ohne festen Körper Ait. Br. 2,14. körperlos von einer Stimme, so v. a. aus keinem sichtbaren Wesen heraustönend. — 2) m. der Liebesgott. — 3) n. in der Rhetorik das Fehlen des Verbums in einem Satze.

अशरीरिन् Adj. = अशरीर 1).

1. अशर्मन् n. Leid, Unglück Kir. 12,36.

2. अशर्मन् Adj. freudlos Âpast.

*अशल्क = भीरु Gal.

अशल्यविद्ध Adj. nicht gesprungen, — beschädigt Hariv. 7773.

अशवाग्नि m. kein Leichenfeuer.

अशंस् Adj. verwünschend, hassend.

अशस्त Adj. infaustus.

अशस्तवार Adj. unaussprechliche Schätze besitzend.

अशस्ति f. 1) Verwünschung, Hass. — 2) Verwünscher, Hasser.

अशस्तिहन् Adj. Verwünscher tödtend.

1. अशस्त्र Adj. (f. आ) keinen Anruf habend.

2. अशस्त्र Adj. schwertlos, unbewaffnet MBh. 12,98,3. Bhâg. 1,16. Mṛkkh. 102,4.

अशस्त्रकृत्य Adj. nicht mit dem Messer zu behandeln Suçr. 1,362,1.

अशस्त्रपाणि Adj. kein Schwert in der Hand habend Vasis. 74. 92.

अशास्त्रपूत Adj. *nicht durch das Schwert oder Messer geläutert, — geheiligt* Mâlatîm. 77,15 (69, 15). Vet̄al. 31,16.

अशास्त्रबद्ध (wohl so zu lesen) Adj. *mit keinem Schwert bewaffnet* Kâm. Nîtis. 7,37.

*अशाखा f. *eine best. Grasart.*

अशास Adj. 1) *unbändig, heftig, wild.* — 2) *der heiligen Ordnung nicht unterworfen, ungeweiht, unheilig.*

*अशासगन्धाख्या f. *Curcuma* Nigh. Pr.

अशासता f. *Mangel an Gemüthsruhe, Leidenschaftlichkeit.*

अशास्ति f. *das Nichtnachlassen, Nichtaufhören* Suçr. 2,47,21.

अशास्तिकर Adj. *Unheil bringend.*

अशाब्द Adj. *auf keinem vedischen Texte beruhend* Gaim. 3,1,3.

अशाब्दिक Adj. *nicht mit den Worten vertraut, kein Grammatiker* u. s. w.

अशाम्य Adj. *nicht zu beschwichtigen, unversöhnlich* Hariv. 1,48,7.

अशाय्, अशायते *gelangen zu* (Acc.) ṚV. 10,92,1. — Mit वि Act. *bewältigen* ṚV. 6,33,2.

अशाश्वत Adj. (f. ई) *nicht beständig, — ewig.*

अशासत् Adj. *nicht bestrafend* 204,8.

अशास्त्र Adj. (f. आ) *auf keiner Vorschrift beruhend* Gaim. 6,2,11.

अशास्त्रचक्षुस् Adj. *nicht mit dem Auge der Lehrbücher schauend* Spr. 719.

(अशास्त्र्य) अशास्त्रिय Adj. *untadelig.*

अशि Bez. der Wurzel 2. अश्. अश्यर्थ Adj. *die Bedeutung «essen» habend* 224,19.

अशिक m. Pl. N. pr. eines Volkes. अशिकेश Varâh. Bṛh. S. 11,56, v. l.

अशिक्षित Adj. 1) *nicht erlernt.* — 2) *nicht unterwiesen, — gelehrt* (auch von Thieren). Die Ergänzung im Loc. (120,19) oder im Infin.

अशिख Adj. 1) *ohne Haarbusch* Ind. St. 9,149. — 2) *mit Ausnahme des Haarbusches* Kâty. Çr. 2,1,9.

अशित n. 1) Adj. *gegessen* 35,28. 36. 264,30. — 2) **der Ort wo Jmd gegessen hat* 238,20.

*अशितंगवीन Adj. = आशितं°.

अशितर् Nom. ag. *Esser.*

अशितव्य Adj. *zu essen.*

अशितावत् Adj. *gegessen habend* AV. 9,6,38.

अशित्र n. *Nahrung.*

अशिथिल Adj. (f. आ) *nicht locker, — schlaff, fest.*

अशिथिलभाव m. *das Festwerden.*

*अशिन् Adj. *weitreichend, dauernd.*

अशिपद Adj. (f. आ) *die* Çipada *genannte Krankheit verscheuchend.*

अशिमिद Adj. (f. आ) *nicht verderblich wie die* Çimidâ.

अशिमिविद्विष् Adj. als Beiw. der sieben Parganja vielleicht *Werke nicht anfeindend.*

*अशिर 1) m. a) *Feuer.* — b) *die Sonne.* — c) N. pr. eines Râkshasa. — 2) f. आ N. pr. der Frau des Açira. — 3) n. *Diamant.*

अशिरस् und °रस्क Adj. *ohne Kopf.*

अशिल्पिन् m. *kein Künstler, — Handwerker* Gaut. 17,7.

अशिव 1) Adj. (f. आ) *unheilvoll, schlimm* 82,21. — 2) m. N. pr. eines Krankheitsdämons Hariv. 2, 109,76. — 3) n. *Unheil.* °शंसिन् 74,16.

अशिशिर Adj. (f. आ) *heiss.* °ता f. *Hitze* Megh. 81.

अशिशिरकर m. *die Sonne* Kâd. 16,18.

अशिशिरकिरण m. dass. Kâd. 14,12. 28,3. 91,7. 130,14.

अशिशिषु Adj. *essen wollend, hungrig.*

1. अशिशु m. *kein Kind* MBh. 3,189,42.

2. अशिशु Adj. (f. ebenso und अशिश्वी) *kinderlos, ohne Junge.*

अशिश्रमत् 3. Sg. Aor. von श्रम्.

*अशिश्विका Adj. f. *kinderlos, ohne Junge.*

1. अशिष्ट Adj. *ungebildet, ungesittet* Âpast.

2. अशिष्ट Adj. *nicht übrig.*

अशिष्ठ Adj. *am meisten essend.*

अशिष्य Adj. 1) *nicht zu lehren* (eine Sache). — 2) *nicht zu unterweisen.*

1. अशीत Adj. *der 80ste.*

2. अशीत Adj. *nicht kalt* Tarkas. 14.

अशीततनु Adj. *einen heissen Körper habend* TS. 1,1,12,3. TBr. 1,2,1,25.

अशीतम Adj. *am meisten essend* VS. 2,20.

अशीतरुचि m. *die Sonne* Viddh. 40,4.

अशीतल Adj. (f. आ) *nicht kühl, warm.*

अशीति f. *achtzig.* अशीतिहायन Adj. Çat. Br. 10, 4,2,2. अशीतिशतेष्टक Adj. 6. अशीत्यक्षर Adj. Maitr. S. 3,2,5.

अशीतिक Adj. 1) *das Maass von 80 habend.* — 2) *achtzigjährig.* अशीतिकावर Adj. *mindestens achtzigjährig* Gaut. 6,10.

अशीतितम Adj. *der 80ste.*

अशीतिभाग m. *der 80ste Theil.*

अशीर्ततनु Adj. *einen unzerstörbaren Körper habend* Kâṭh. 1,12.

अशीर्य Adj. *unzerstörbar.*

अशीर्षक, अशीर्षन्, *अशीर्षिक und *अशीर्षिन् (Kâç. zu P. 5,2,116) Adj. *kopflos.*

1. अशील n. *schlechte Gewohnheiten, Unsittlichkeit.*

2. अशील Adj. (f. आ) *schlechten Gewohnheiten fröhnend, unsittlich.*

अशीलिन् Adj. dass.

अशुकादष्ट Adj. *nicht von Papageien angefressen* MBh. 3,17,28.

*अशुकाह्व n. = तमालपत्र Gal.

अशुक्ल Adj. (f. आ) *nicht weiss, — weisslich.*

अशुक्लवत् Adj. *nicht das Wort* शुक्ल *enthaltend* Çat. Br. 8,2,8,14.

अशुचि Adj. *unrein* (auch in rituellem Sinne), *unlauter.* Davon Nom. abstr. °त्व n. zu Spr. 398.

अशुचिकर Adj. *verunreinigend* Âpast.

अशुचिभाव m. *Unreinheit* 43,8.

अशुचिलिप्त Adj. *verunreinigt* Âpast.

अशुच्यापतन Adj. *auf unreiner Feuerstätte befindlich* Kâty. Çr. 25,4,34.

अशुद्ध Adj. 1) *unrein.* — 2) *fehlerhaft.*

अशुद्धि f. *Unreinheit.*

अशुन AV. 14,2,16 fehlerhaft; vgl. ṚV. 3,33,13.

अशुभ 1) Adj. a) *hässlich.* — b) *nicht angenehm, — zusagend, unerfreulich.* — c) *Unheil verheissend, infaustus* LA. 13,12. — d) *schlecht* (in ethischem Sinne). °मति Adj. 105,4. — e) *unrein* (Beschäftigung). — 2) m. N. pr. eines Lexicographen. — 3) n. a) *Weh, Unheil, Unglück.* — b) *Böses, böses Werk, Sünde.*

अशुभदर्शन Adj. *hässlich.*

अशुभोदय m. *der Aufgang eines ungünstigen Planeten.*

अशुश्रूषा f. *Ungehorsam.*

अशुश्रूषु Adj. 1) *nicht lernbegierig* Gop. Br. 2,3,16. — 2) *ungehorsam gegen* (Gen.) MBh. 12,238,73.

अशुष Adj. *verzehrend, gefrässig.*

अशुष्क Adj. (f. आ) *nicht ausgetrocknet, — trocken, — dürr.*

अशुष्काग्र Adj. (f. आ) *keine trockene Spitze habend* Kâty. Çr. 4,2,4. 6,1,3.

*अशूकमुण्ड m. *eine Art Gerste* Gal.

अशूद्र m. *kein* Çûdra.

अशूद्रोच्छिष्टिन् Adj. *nicht in Berührung mit* Çûdra *und Ueberbleibseln kommend* Çat. Br. 14, 1,1,31.

अशून Adj. *nicht geschwollen.*

अशून्य 1) Adj. (f. आ) a) *nicht leer, — unbesetzt.* अशून्यां गुहां कृ *eine Höhle nicht verlassen.* — b) *nicht eitel, — vergeblich.* — c) *nicht unausgeführt.* नियोगमशून्यं कृ *einen Auftrag ausführen und ein Amt erfüllen* (Kâd. II,3,11). — 2) n. *Nichtleere, das Besetztsein mit Menschen.*

अशून्यता f. *das Vollwerden.*

अशून्यशयन n. der Tag, an welchem Viçvakarman sich dem Schlaf hingiebt, und die an diesem Tage stattfindende Begehung.

अशून्योपस्था Adj. f. deren Schoosse nicht leer bleibt, so v. a. verheirathet Mantrabr. 1,1,10. Pâr. Gṛhj. 1,5,11.

*अशूला f. Vitex alata Roxb.

अशृङ्ग Adj. (f. ई) ohne Hörner Tâṇḍja-Br. 21,1,7. Râǵat. 5,160.

अशृण्वत् Adj. nicht hörend, — hören mögend TS. 7,5,22,1. Spr. 731.

अशृत Adj. ungekocht.

अशृथित Adj. nicht locker werdend.

अशेव Adj. (f. आ) unlieb, verhasst.

1. अशेष m. kein Rest. अशेषेण und अशेषतस् vollständig, ganz.

2. अशेष Adj. (f. आ) ohne Rest, ganz, vollständig, gesammt, all. °म् Adv.

अशेषकुलवल्लरी f. Titel eines Werkes.

अशेषगुरु Adj. aus lauter langen Silben bestehend Ind. St. 8,467.

अशेषता f. und °त्व n. (Gaim. 3,5,3. 6,7,8) Vollständigkeit, Totalität.

अशेषय्, °यति vollständig zu Ende bringen. अशेषित vollständig vernichtet Vagra. 130.

अशेषस् Adj. ohne Nachkommenschaft.

अशेषसाम्राज्य Adj. über Alles herrschend (Çiva).

अशैक्ष m. ein Arhant (bei den Buddhisten).

अशैल Adj. ohne Felsen, — Berge R. 4,44,23.

अशोक 1) Adj. (f. आ) a) ohne Gluth. — b) keinen Kummer bereitend Lalit. 178,11. Dazu Nom. abstr. °त्व n. Ind. St. 8,154. — c) keinen Kummer empfindend. — 2) m. a) Jonesia Asoka Roxb. — b) N. pr. verschiedener Männer. — 3) *f. आ a) Helleborus niger L. — b) ein Frauenname und N. pr. einer Göttin bei den Gaina. — 4) n. a) Açoka-Blüthe. — b) *Quecksilber.

अशोककर 1) m. N. pr. eines Vidjâdhara. — 2) f. ई ein Frauenname.

अशोकचन्द्र m. N. pr. eines Mannes.

अशोकतीर्थ n. N. pr. eines Tîrtha.

अशोकत्रिरात्र m. eine best. Feier.

अशोकदत्त m. ein Mannsname.

अशोकद्वादशी f. ein best. zwölfter Tag.

अशोकपूर्णिमा f. eine best. Vollmondsnacht.

अशोकभाण्ड und °क n. ein Kleinod, das man seiner erwählten Braut verehrt, Lalit. 161,11.14.17. 162,5. fgg.

अशोकमञ्जरी f. 1) ein best. Metrum. — 2) Titel eines astron. Werkes.

अशोकमाला f. ein Frauenname.

अशोकरोहिणी f. Helleborus niger L.

अशोकवनिका f. Açoka-Wäldchen.

*अशोकवर्तिका f. ein best. Gericht Gal.

अशोकवर्धन m. N. pr. eines Fürsten VP. 4,24,3.

अशोकवेग m. ein Mannesname.

अशोकव्रत n. eine best. Begehung.

अशोकषष्ठी f. der sechste Tag in der lichten Hälfte des Kaitra.

अशोकास्त Adj. nicht mit Kummer untermischt Çat. Br. 14,7,2,32.

अशोकारि m. Nauclea Kadamba Roxb.

अशोकाष्टमी f. der achte Tag in der lichten Hälfte des Kaitra.

अशोकेश्वरतीर्थ n. N. pr. eines Tîrtha.

अशोकोत्तंसिका f. ein best. Spiel.

*अशोच Adj. = अनहंकृति.

अशोचनीय Adj. nicht zu beklagen Kâd. II,115,18.

अशोच्य Adj. dass. Spr. 732. fgg.

अशोत्या Adj. AV. 19,60,1 wohl fehlerhaft für अशीर्य.

अशोभन 1) Adj. a) unschön Utpala zu Varâh. Bṛh. 3,5. — b) den Erwartungen und Wünschen nicht entsprechend, nicht gut, schlecht. — c) infaustus. — 2) n. Leid, Weh, Böses.

*अशोभमान (संज्ञायाम्) gaṇa चार्वादि.

अशोष्य Adj. nicht trocknend, — versiegend.

अशौच n. Unreinlichkeit Spr. 328. Unreinheit (in rituellem Sinne). °निर्णय m. Titel eines Werkes.

अशौटीर Adj. = अशौण्डीर.

अशौटीर्य n. = अशौण्डीर्य MBh. 13,97,26.

अशौण्डीर Adj. kein Selbstgefühl verrathend, unmännlich.

अशौण्डीर्य n. Mangel an Selbstgefühl.

अशौद्धेय m. kein Çaubhreja Kâty. Çr. 10,2,21.

अश्म m. 1) Stein. — 2) N. pr. eines Dämonen.

अश्मर्पा SV. wohl fehlerhaft.

*अश्नीतपिबता f. eine Aufforderung noch mehr zu essen und zu trinken.

*अश्नीतपिबतीय्, °यति zum fernern Essen und Trinken auffordern wollen.

अश्नुषिह Adj. den Essenden brennend.

°अश्म = 2. अश्मन् Stein.

अश्मक 1) m. a) N. pr. eines Sohnes des Vasishtha und der Madajantî 108,3. — b) Pl. N. pr. eines Kriegerstammes MBh. 6,9,44. — 2) f. ई N. pr. verschiedener Frauen.

अश्मकदली f. eine *Species der Kadalî.

अश्मकसुमन्तु m. N. pr. eines Ṛshi MBh. 13,47,8.

अश्मकुट्ट und °क Adj. mit einem Stein zermalmend (Körner).

*अश्मकेतु m. eine best. Pflanze.

अश्मगन्धा f. eine best. Pflanze.

अश्मगर्भ und *°ज n. Smaragd.

अश्मघनस्वेद m. künstliche Schweisserzeugung durch Liegen über einer erhitzten Steinplatte.

*अश्मघ्न m. Coleus scutellarioides Râǵan. 5,87.

अश्मचक्र Adj. mit einer Scheibe von Stein versehen.

अश्मचित Adj. mit Steinen besetzt Tâṇḍja-Br. 14,3,13. अश्माचित Comm.

अश्मचूर्ण m. n. fein zerriebener Stein Kâty. Çr. 15,3,19.

*अश्मज n. 1) Erdharz. — 2) Eisen.

*अश्मजतुक n. Erdharz.

*अश्मजित् m. = अश्मघ्न Nigh. Pr.

अश्मता f. das Steinsein, Härte eines Steines.

*अश्मदारण m. Brechstange.

अश्मदिद्यु Adj. Steine oder Donnerkeile zu Geschossen habend.

1. अश्मन् m. Esser.

2. अश्मन् m. 1) Fels, Gestein, Stein. Einmal अश्मानम् Çat. Br. — 2) Werkzeug aus Stein. — 3) Donnerkeil. — 4) Himmel. — 5) N. pr. eines Brahmanen.

अश्मनगर m. N. pr. der von den Kâlakeja bewohnten Felsenstadt.

अश्मन्त 1) *Adj. a) unheilvoll. — b) schrankenlos. — 2) m. a) *Bauhinia tomentosa Râǵan. 9,40. — b) N. pr. eines Marutvant. — 3) *n. a) Ofen. — b) Feld. — c) Tod.

अश्मन्तक 1) m. Bauhinia tomentosa (Râǵan. 9, 39) und Oxalis corniculata (Bhâvapr. 2,67). — 2) m. n. a) Ofen. — b) *Lampenschirm.

अश्मन्मय Adj. (f. ई) steinern, aus Fels gemacht.

अश्मन्वत् Adj. steinig.

अश्मपरान्त N. pr. einer Oertlichkeit.

अश्मपुरी f. Felsenburg Çat. Br. 3,1,9,11.

*अश्मपुष्प n. Benzoe-Harz.

अश्मपृष्ठ N. pr. eines heiligen Steines in Gajâ.

*अश्मभार m. eine Last Steine gaṇa यवादि.

*अश्मभाल n. eine Art Mörser.

अश्मभिद्, *°भेद und °भेदक m. Coleus scutellarioides Benth.

अश्ममय Adj. (f. ई) von Stein, steinern.

अश्ममूर्धन् Adj. einen Kopf von Stein habend 27,30.

*अश्मयोनि m. Smaragd.

*अश्मरथ m. N. pr. eines Mannes.

अश्मरी und °रि (metrisch) f. Blasenstein.

अश्मरीघ्न m. *Crataeva Roxburghii R. Br. und Capparis trifoliata (Mat. med. 115).

*अश्माह्रिर m. eine best. Kornart.

अश्मल m. Pl. N. pr. eines Volkes. Die richtige Lesart ist अश्मक.

*अश्मलाक्षा f. *Erdharz* Rāǵan. 13,70.

*अश्मलोह m. *Eisen* Gal.

अश्मवत् Adj. *steinig.*

अश्मवर्मन् n. *steinerner Wall oder Schild.*

अश्मवर्ष n. *Steinregen* MBh. 3,167,33. 12,281,18. 19.

अश्मवृष्टि f. dass. R. 3,38,8.

अश्मव्रज Adj. *in Fels eingesperrt.*

अश्मश्रु Adj. *unbärtig* Gop. Br. 1,3,9.

अश्मश्रुमुख Adj. *keinen Bart im Gesicht habend* Ind. St. 8,314.

अश्मसार 1) m. n. *Eisen.* — 2) m. **Sapphir.*

अश्मसारमय Adj. *eisern.*

अश्मसारिन् m. N. pr. eines Mannes.

अश्महन्मन् n. *Schlag des Donnerkeils.*

अश्मासक m. = अश्मन्त 2) *a*).

अश्मापिधान Adj. *mit einem Steine zugedeckt* Tāṇḍja-Br. 19,7,1.

*अश्मार्म n. *Trümmerhaufen von Steinen.*

(अश्मास्य) अश्मासिअ Adj. *dessen Mündung ein Fels ist, aus einem Felsen fliessend.*

*अश्मीय Adj. von 2. अश्मन्.

*अश्मीर m. n. = अश्मरी.

*अश्मोत्थ n. *Erdharz.*

अश्येताक्ष Adj. (f. ई) *keine röthlich weissen Augen habend* Kāty. Çr. 7,6,14.

अश्र am Ende eines adj. Comp. = अश्रि.

अश्रद्दधान Adj. *kein Vertrauen zu Etwas habend, ungläubig* Çat. Br. 12,4,1,10. MBh. 12,35,47. Bhag. 4,40. mit Gen. 9,3.

अश्रद्ध Adj. dass.

अश्रद्धा f. 1) *Mangel an Vertrauen, Unglaube.* — 2) **Appetitlosigkeit* Gal.

अश्रद्धित Adj. *kein Vertrauen habend, ungläubig* Bhāg. P. 8,20,14.

अश्रद्धेय Adj. *unglaublich* Kād. II,100,19. 109,4. *unglaubwürdig* Veṇīs. 81,3. Davon Nom. abstr. °त्व n.

1. अश्रम m. *Nichtermüdung.*

2. अश्रम und अश्रम Adj. *unermüdlich.*

1. अश्रमण Adj. dass.

2. अश्रमण m. *kein Bettelmönch.*

अश्रमिष्ठ Adj. *nimmer ermüdend.*

अश्रवण n. 1) *das Nichterwähntsein in einem heiligen Texte* Lāṭj. 10,11,5. — 2) *das Fehlen, — Mangeln eines Wortes, Suffixes u. s. w.* 279,1.

अश्रवणीय Adj. *nicht hörbar.*

अश्रात Adj. *ungekocht.*

अश्राद्ध n. *eine nicht für ein Todtenmahl bestimmte Speise* Āpast. 1,10,28.

*अश्राद्धभोजिन् Adj. *an keinem Todtenmahl theilnehmend.*

अश्राद्धिन् Adj. *kein Todtenmahl veranstaltend.*

अश्राद्धेय Adj. *zu einem Todtenmahl sich nicht eignend.*

अश्रान्त Adj. *unermüdlich.* °म् Adv. Spr. 2063. 3274.

अश्राव्य Adj. *unhörbar, was man nicht hören darf.*

अश्रि f. *scharfe Kante, Ecke, Schneide.* Auch अश्री Suparṇ. Br. 4,4. Am Ende eines adj. Comp. अश्रि und अश्रिक (118,9).

अश्रित Adj. *nicht haftend an* (Loc.).

अश्रिमत् Adj. *kantig.*

अश्री f. *Missgeschick, die Göttin des Unglücks.*

अश्रीक Adj. *aller Pracht oder Wohlfahrt baar* MBh. 3,173,64.

अश्रीमत् (R. ed. Bomb. 1,6,16) und अश्रीर (f. आ) Adj. *nicht schön, hässlich.*

अश्रु n. (ausnahmsweise auch m.) *Thräne.* Mit कर् (Spr. 3664), मुच् (Chr. 50,11. 82,27), वर्तय् und आवर्तय् *Thränen vergiessen.*

अश्रुकण्ठ Adj. *mit Thränen im Halse* R. 2,74,28.

अश्रुकर्मन् n. *das Thränenvergiessen* Spr. 3664.

अश्रुत 1) Adj. *a*) *ungehört* 283,32. — *b*) *vom Lehrer nicht gehört, nicht gelehrt* Gaim. 4,4,34. — *c*) *keine Gelehrsamkeit besitzend, ungelehrt* Spr. 727. 1520. — 2) m. N. pr. eines Sohnes des Kṛshṇa und desgl. des Djutimant (VP.² 1,152). — 3) f. आ N. pr. der Gattin des Aṅgiras.

अश्रुतवत् Adv. *wie nicht gehört.*

अश्रुतव्रण m. N. pr. eines Sohnes des Djutimant VP.² 1,152.

1. अश्रुति f. 1) *Vergessenheit.* — 2) *kein vedischer Text.*

2. अश्रुति Adj. *unvernehmlich.* Davon Nom. abstr. °त्व n.

अश्रुतिधर Adj. *nicht in's Gehör fallend.*

अश्रुधारा f. *Thränenstrom* Pańkad. 32.

अश्रुनिपात m. = अश्रुपात 1).

अश्रुपात m. 1) *Thränenfall, herabstürzende Thränen* MBh. 14,36,13. — 2) *ein best. Theil des Pferdekopfes.*

अश्रुपातक m. = अश्रुपात 1) Sāṃkhj. Up. S. 36, Çl. 4.

अश्रुप्रमार्जन n. 1) *das Abwischen der Thränen,* so v. a. *Weinen* Spr. 817. — 2) *das Trösten.*

अश्रुप्रवाह m. *Thränenstrom.*

अश्रुप्लावित n. *Thränenfluth* Kād. II,81,32.

अश्रुमुख 1) Adj. (f. ई) *mit Thränen im Gesicht.* — 2) m. Bez. *des Vaters, Grossvaters und Urgrossvaters* Brahma-P. in Prasangab. — 3) n. Bez. *einer der fünf Weisen, auf welche der Planet Mars seinen Rücklauf beginnt,* Varāh. Bṛh. S. 6,2.

अश्रुलोचन und अश्रुविलोचन Adj. *mit Thränen im Auge.*

अश्रेयस् 1) Adj. *schlechter, niedriger stehend.* — 2) n. *Unheil, Unglück.*

अश्रेयस्क Adj. *unheilvoll.*

अश्रेष्मन् Adj. *ohne Band.*

अश्रोतृ Nom. ag. *nicht hörend* Khānd. Up. 7,9,1. Maitrjup. 6,11.

अश्रोत्र Adj. *ohne Ohren* Çat. Br. 14,6,8,8.

अश्रोत्रिय Adj. *mit der heiligen Schrift nicht vertraut.*

अश्रौतयाजिन् Adj. *der nicht die Çrauta-Handlungen verrichtet* Ind. St. 10,100.

अश्लाघा f. *Bescheidenheit, Zurückhaltung.*

अश्लाघ्य Adj. *nicht rühmenswerth, schimpflich* Mṛkkh. 152,13.

अश्लीक Adj. *unheilvoll.*

अश्लील Adj. (f. आ) *unschön, hässlich, nicht fein, unanständig* (Worte) Vāmana 2,1,15. Dazu Nom. abstr. °ता f. und °त्व n.

*अश्लीलदृढरूप Adj. (f. आ) *von hässlicher, aber kräftiger Gestalt* P. 6,2,42.

अश्लीलनामन् Adj. *einen hässlichen Namen habend* Weber, Nax. 1,309.

अश्लीलपरिवाद m. *üble Nachrede.*

*अश्लीलरूप Adj. (f. आ) *hässlich* Gal.

अश्लेष m. *das Nichthaften* Bādar. 4,1,13.

अश्लेषा f. Sg. und Pl. = आश्लेषा.

*अश्लेषाभव und *°भू m. *der niedersteigende Knoten.*

अश्लोण Adj. (f. आ) *nicht lahm.*

*अश्व्, अश्वति *sich wie ein Pferd gebaren.*

अश्व und अश्व 1) m. *a*) *Ross, Pferd,* insbes. *Hengst.* Auch collect. °वत् Adv. *wie ein Ross.* अश्वशत n. Çat. Br. 13,4,2,5. अश्वप्रोक्षण n. Kāty. Çr. 20,6,7. °संज्ञपन n. 19. Am Ende eines adj. Comp. f. आ. — *b*) Bez. *der Zahl sieben.* — *c*) *Springer im Schachspiel* Pańkad. 14. — *d*) *der Schütze im Thierkreise* Varāh. Bṛh. 17,9. — *e*) *Bez. *eines best. Liebhabers.* — *f*) N. pr. α) eines Lehrers mit dem Patron. Sâmadri Çat. Br. 13,2,2,14. — β) eines Sohnes des Kitraka. — γ) eines Dânava. — 2) f. अश्वा *Stute.*

अश्वक 1) m. *a*) *Rösslein, Hengstlein* (spöttisch). — *b*) **Sperling* Nigh. Pr. — *c*) Pl. N. pr. eines Volkes. अश्मक v. l. — 2) *f. अश्विका *eine kleine Stute.*

*अश्वकन्धरिका f. *Cactus Opuntia* Rāǵan. 5,114.

*अश्वकन्दिका f. *Physalis flexuosa L.*

1. अश्वकर्ण m. *Pferdeohr.*

2. अश्वकर्ण 1) Adj. *pferdeohrig als Bez. einer best. Art von Knochenbruch.* — 2) m. a) *Vatica robusta W. u. A.* — b) N. pr. eines Berges. — 3) *f. ई *eine best. Pflanze* Gal.

अश्वकर्णक 1) Adj. = 2. अश्वकर्ण 1). — 2) m. = 2. अश्वकर्ण 2) a).

अश्वकशा f. *Pferdepeitsche* Nir. 9,19.

*अश्वकिनी f. *das Mondhaus* आश्विनी.

अश्वकुटी f. *Pferdestall.*

अश्वकेश m. Pl. N. pr. eines Volkes Mârk. P. 58,37.

अश्वक्रन्द m. *ein best. mythisches Wesen* (Jaksha Nilak. zu MBh.) Ind. St. 14,21.

अश्वक्रान्ता f. *eine best.* Mûrkhanâ S. S. S. 31.

*अश्वखुर m. *Maulthier* Râǵan. 19,40.

अश्वखुर 1) m. a) *Pferdehuf.* °वत् Adv. 217,28. — b) *ein best. Parfum. — 2) *f. ई *Clitoria Ternatea L.*

अश्वगति f. *Pferdegang als Bez. eines best. Metrums.*

अश्वगन्धा f. *Physalis flexuosa L.*

अश्वगुप्त m. N. pr. eines Lehrers (buddh.).

अश्वग्रीव m. N. pr. 1) eines Asura. — 2) eines Sohnes des Kitraka.

अश्वग्राम m. N. pr. eines Ortes.

अश्वघास m. 1) *Pferdefutter.* — 2) N. pr. eines Mannes Râǵat. 8,881.

अश्वघोष m. N. pr. eines Mannes (buddh.).

*अश्वघ्न m. *Nerium odorum* Râǵan. 10,11.

अश्वचक्र m. N. pr. eines Mannes.

अश्वचर्या f. *das Hergehen hinter einem* (zum Opfer bestimmten) *Rosse* R. 1,40,6.

अश्वचलनशाला f. *Reithaus.*

अश्वचिकित्सा f. *Veterinärkunde,* Titel eines Werkes des Gajadatta.

अश्वच्यवन Adj. *von hinten ein Pferd seiend.*

अश्वजित् 1) Adj. *Rosse erbeutend.* — 2) m. N. pr. eines Mannes (buddh.). v. l. für विश्वजित् VP.[2] 4,140.

*अश्वजीवन n. *Wicke* Nigh. Pr.

अश्वतर 1) m. a) *Maulthier.* — b) **ein besserer Hengst.* — c) **männliches Kalb.* — d) N. pr. α) *eines Gandharva. — β) eines Schlangendämons. — 2) *f. आ *eine bessere Stute.* — 3) f. ई *Maulthierweibchen. Eine Leibesfrucht soll ihm den Tod bringen.*

*अश्वतराश्व m. N. pr. eines Mannes.

अश्वतरीरथ m. *ein mit Maulthierweibchen bespannter Wagen.*

अश्वतीर्थ n. N. pr. eines Tîrtha.

अश्वत्थ 1) m. a) *Ficus religiosa L.* Aus dem Holze dieses Baumes wird das männliche Reibholz genommen. — b) **Thespesia populneoides Wall.* — c) *ein best. Mondhaus,* = श्रोणा. — d) *Bein. der Sonne* MBh. 3,3,21. — e) Pl. N. pr. eines Volkes. — 2) *f. अश्वत्था *Vollmondstag im Monat* Âçvina. — 3) f. अश्वत्थी *der kleine* Pippala-*Baum* Râǵan. 11,123. — 4) *Adj. *zum Mondhaus* Açvattha *in Beziehung stehend.*

*अश्वत्थक 1) Adj. *zur Fruchtzeit des* Açvattha *abzutragen* (Schuld). — 2) f. °त्थिका = अश्वत्थी Râǵan. 11,124.

*अश्वत्थकुणा m. *Fruchtzeit des* Açvattha.

*अश्वत्थभेद m. *Ficus benjamina.*

अश्वत्थल m. *ein best. Baum.*

*अश्वत्थलनिभा f. = अश्वत्थी Râǵan. 11,123.

*अश्वत्थाम Adj. *die Kraft eines Rosses habend* Mahâbh. 4,32,a.

अश्वत्थामन् 1) m. N. pr. a) eines Sohnes des Droṇa. — b) eines der sieben Ṛshi unter Manu Sâvarṇi. — 2) *Adj. von अश्वत्थामन् m.

*अश्वत्थिक (f. ई), *अश्वत्थित und *अश्वत्थीय Adj. von अश्वत्थ.

अश्वत्रिरात्र m. *eine best. Begehung* Lâṭj. 2,12,6.

अश्वत्व n. Nom. abstr. von अश्व *Ross* Çat. Br. 13,3,2,1. Çaṅk. zu Taitt. Up. S. 66.

अश्वदय m. N. pr. eines Mannes.

अश्वद Adj. *Rosse schenkend.*

*अश्वदंष्ट्रा f. = श्वदंष्ट्रा *Tribulus lanuginosus L.*

अश्वदा und °दावन् (ṚV.) Adj. *Rosse schenkend.*

अश्वदूत m. *Bote zu Pferde* Lalit.

अश्वद्वादश Adj. Pl. (f. आ) *elf Kühe und als zwölftes ein Ross* Kâtj. Çr. 22,5,18. Lâṭj. 8,7,6.

अश्वनदी f. N. pr. eines *Flusses.*

अश्वनाय m. *Rosshirt.*

*अश्वनाशक m. *Nerium odorum* Râǵan. 10,11.

*अश्वनासिका f. *Nüster des Pferdes* Gal.

अश्वनिबन्धिक m. *Reitknecht.*

अश्वनिर्णिज् Adj. *mit Rossen geschmückt.*

*अश्वस Adj. und m. wohl fehlerhaft für श्वस्.

अश्वप m. *Rosshirt.*

अश्वपति m. 1) *Rossegebieter.* — 2) N. pr. eines Asura und verschiedener Männer.

अश्वपतिन् m. N. pr. = अश्वपति.

अश्वपद् n. *Fussstapfe eines Pferdes* Kâtj. Çr. 16,3,21.

अश्वपर्ण 1) Adj. *durch Rosse beflügelt.* — 2) f. अश्वपर्णी N. pr. eines Flusses.

(अश्वपस्त्य), °पस्त्य Adj. *Rosse im Stall habend.*

अश्वपाद 1) *Adj. *pferdefüssig* (in übertr. Bed.). — 2) m. N. pr. eines Siddha.

अश्वपाल 1) m. a) *Rosshirt, Reitknecht* 290,22. — b) *Hüter des Opferrosses.* — 2) *f. ई *wohl Rosshirtin.*

*अश्वपुच्छक 1) m. *eine best. Pflanze.* — 2) f. °च्छिका = अश्वपुच्छा Nigh. Pr.

*अश्वपुच्छा f. *Glycine debilis Ait.* Râǵan. 3,18.

*अश्वपुत्री f. *Boswellia thurifera* Nigh. Pr.

1. अश्वपृष्ठ n. *Pferderücken.* Spr. 728. °पृष्ठे समस्तः so v. a. *ein guter Reiter* R. 1,19,19.

2. अश्वपृष्ठ Adj. *auf Rosses Rücken getragen.*

*अश्वपेय m. N. pr. eines Mannes Kâç. zu P. 4, 3,106. °पेल v. l.

अश्वपेशस् Adj. *mit Rossen geschmückt.*

अश्वप्रणीत Adj. *durch ein Pferd hingebracht* Çat. Br. 7,3,2,1.

*अश्वप्रपतन n. und davon *°पतनीय Adj.

अश्वप्लुत n. *Sprung eines Pferdes* Spr. 729.

अश्वबन्ध und °क (R. 2,91,38) m. *Reitknecht.*

1. अश्वबन्धन n. *das Anbinden der Pferde.*

2. अश्वबन्धन Adj. (f. ई) *zum Anbinden der Pferde dienend.*

अश्वबला f. *Trigonella foenum graecum.*

अश्वबाहु m. N. pr. eines Sohnes des Kitraka.

अश्वबुध्न Adj. (f. आ) *von Rossen getragen.*

अश्वबुध्य Adj. *auf Rossen beruhend.*

*अश्वब्रह्मचर्यक n. *Keuschheit des Hengstes,* so v. a. *verdienstlose K., K. aus Mangel an Gelegenheit* Gal.

*अश्वभतका f. *eine best. Pflanze* Gal.

*अश्वभार m. *Pferdelast* gaṇa वंशादि.

अश्वमन्दुरा f. *Pferdestall* Kâd. II,100,14.

*अश्वमहिषिका f. *Feindschaft zwischen Pferd und Büffel.*

*अश्वमातृ f. Bein. der Lakshmî Gal.

अश्वमार und °क m. *Nerium odorum Ait.*

अश्वमित्र m. N. pr. eines Mannes.

अश्वमिष्टि Adj. 1) *Rosse wünschend.* — 2) *R. verschaffend.*

अश्वमुख 1) Adj. (f. ई) *pferdeköpfig.* — 2) m. a) *ein best. mythisches Wesen* Ind. St. 14,21. *ein* Kiṁnara Kâd. II,22,11. — b) Pl. N. pr. eines Volkes. अश्वमुख v. l. — 3) f. ई *Weib eines* Kiṁnara Kumâras. 1,11.

1. अश्वमेध m. *Rossopfer.* °अश्वमेधवत् Adv. *wie beim* R. Kâtj. Çr. 21,1,14. °त्व n. Nom. abstr. Çat. Br. 13,5,3,7. °याजिन् Adj. अश्वमेधकाण्ड n. Titel des 13ten *Buches* im Çat. Br. अश्वमेधत्रिरात्र m.

2. अश्वमेध m. N. pr. eines Mannes.

अश्वमेधक oder °मेधज m. N. pr. eines Fürsten Brie. P. 9,22,22 (39).

अश्वमेधदत्त m. N. pr. eines Fürsten VP. 4,21,3.

अश्वमेधवत् Adj. ein Rossopfer erhaltend Maitr. S. 2,2,3.

अश्वमेधिक 1) Adj. vom Rossopfer handelnd. — 2) *m. ein zum R. sich eignendes Ross.

अश्वमेधिन् Adj. ein Rossopfer darbringend Tāṇḍya-Br. 21,4,3.

*अश्वमेधीय m. = अश्वमेधिक 2).

अश्वमेधेश्वर m. N. pr. eines Fürsten.

अश्वमेध्य R. 1,12,37 fehlerhaft für अश्वमेध.

*अश्वमोहक m. Nerium odorum Nigh. Pr.

*अश्वय्, °यते = अश्वतरमाचष्टे.

अश्वयज्ञ m. Opfer für das Gedeihen der Rosse Gobh. 3,6,13.

अश्वया f. Wunsch nach Rossen.

अश्वयु Adj. Rosse begehrend.

अश्वयुक्त Adj. auf das Ross Bezug habend Kāty. Çr. 20,4,1.

अश्वयुक्सेन m. N. pr. eines Mannes.

अश्वयुज् 1) Adj. a) Rosse anschirrend. — b) mit Rossen bespannt. — c) *unter dem Sternbilde Âçvajug geboren. — 2) der Monat Âçvina. — 3) f. Sg. und Du. ein best. Mondhaus.

अश्वयुज m. 1) der Monat Âçvina. — 2) *eine Reisart Gal.

अश्वयूप m. der Pfosten, an den das Opferross gebunden wird.

अश्वयोग Adj. Rosse schirrend, so v. a. zum Schirren der R. veranlassend.

*अश्वरक्ष m. Stallknecht.

1. अश्वरथ m. ein mit Rossen bespannter Wagen.

अश्वरथदान n. Titel eines Pariçishṭa zum AV.

2. अश्वरथ 1) Adj. auf einem mit Rossen bespannten Wagen sitzend. — 2) f. आ N. pr. eines Flusses.

अश्वराज m. Rossefürst, Bez. des Rosses 1) Uććaiḥçravas. — 2) des Çâkjamuni Lalit. 256,4. 267,11. 292,3.

अश्वराधस् Adj. Rosse zurüstend.

अश्वरिपु m. Büffel Bhâvapr. 3,108.

*अश्वरोधक m. Nerium odorum Ak.

अश्वल m. 1) N. pr. eines Mannes. — 2) * = अश्वकास्य.

अश्वललित n. ein best. Metrum.

*अश्वलाला f. eine Art Schlange.

*अश्ववक्त्र m. ein Kiṁnara.

*अश्ववडव n. Sg. oder m. Du. Hengst und Stute. m. Pl. Hengste und Stuten Kâç. zu P. 2,4,27.

अश्ववदन m. Pl. N. pr. eines fabelhaften Volkes.

अश्ववत् 1) Adj. rossereich. — 2) m. N. pr. = अश्विलित्. — 3) f. अश्ववती N. pr. a) eines Flusses MBh. 13,166,25. — b) einer Apsaras VP.² 2,82. — 4) n. Besitz von Rossen.

*अश्ववह m. Reiter zu Pferde.

1. *अश्ववार m. = अश्ववाल 1).

2. अश्ववार m. 1) Reiter zu Pferde. — 2) *Stallknecht.

*अश्ववारक m. Stallknecht.

*अश्ववारण m. Bos Gavaeus.

अश्ववाल m. 1) Haar aus dem Rossschweif. — 2) Saccharum spontaneum L.

अश्ववाह m. Reiter zu Pferde.

*अश्वविक्रयिन् m. Pferdehändler.

1. *अश्वविद् Adj. sich auf Pferde verstehend. m. Bein. Nala's.

2. अश्वविद् Adj. Rosse verschaffend.

अश्ववृष m. Hengst.

अश्वव्रत n. Name eines Sâman.

अश्वशर्क n. Pferdeapfel.

अश्वशकृत् 1) n. dass. — 2) f. N. pr. eines Flusses.

अश्वशङ्कु m. N. pr. eines Dânava.

*अश्वशत्रु m. Büffel.

अश्वशफ m. Pferdehuf Çat. Br. 13,3,4,4. °शफमात्र Adj. 1,2,2,10.

*अश्वशाखोट m. eine best. Pflanze.

अश्वशाला f. Pferdestall.

अश्वशास्त्र n. Hippologie und Titel eines Werkes des Nakula. *°विद् m. Bein. Nakula's Gal.

1. अश्वशिरस् n. Pferdekopf.

2. अश्वशिरस् 1) Adj. pferdeköpfig. — 2) m. N. pr. a) eines Dânava. — b) eines Fürsten.

अश्वशिश्न n. equi penis Kâty. Çr. 20,6,16.

अश्वश्चन्द्र Adj. mit Rossen glänzend.

*अश्वषा, अश्वसनि und अश्वसा Adj. Rosse gewinnend, — herbeischaffend.

अश्वसाद und °सादिन् m. Reiter zu Pferde.

अश्वसार m. Titel eines Werkes.

अश्वसारथ्य n. Dressur der Pferde und Wagenlenkerei.

अश्वसूक्त 1) *m. N. pr. eines Mannes Comm. zu Tāṇḍya-Br. 13,4,10. — 2) n. Name eines Sâman Sâmav. Br. 2,1,7. Comm. zu Lāṭy. 3,4,16.

अश्वसूक्तिन् m. N. pr. eines Veda-Dichters.

अश्वसूत m. Rosselenker MBh. 4,12,4. 5.

अश्वसूत्र n. ein Sûtra über die Rosskunst.

अश्वसूनृत Adj. (f. आ) an Rossen sich freuend RV.

*अश्वसृगालिका f. Feindschaft zwischen Pferd und Schakal.

अश्वसेन m. N. pr. 1) eines Schlangendämons. — 2) eines Sohnes des Kṛshṇa. — 3) *des Vaters des 23ten Arhant der gegenwärtigen Avasarpiṇî.

*अश्वसेननृपनन्दन m. Patron. Sanatkumâra's.

अश्वस्तन Adj. ohne morgen, für den folgenden Tag Nichts habend MBh. 12,31,8.

अश्वस्तनविद् Adj. das «morgen» nicht kennend.

अश्वस्तनविधातृ Nom. ag. der sich um das «morgen» nicht kümmert.

अश्वस्तनविधान n. das Sichnichtkümmern um das «morgen».

अश्वस्तनिक Adj. = अश्वस्तन.

अश्वस्तोमीय n. Bez. der Hymne RV. 1,162 Çat. Br. 13,3,6,1. fgg.

1. अश्वस्थान n. Pferdestall Jâǵ. 1,275.

2. *अश्वस्थान Adj. im Pferdestall geboren.

*अश्वस्य्, °स्यति nach dem Hengste verlangen.

अश्वस्रवण n. das Abfliessen des Wassers von einem nass gewordenen Pferde Kâty. Çr. 20,2,5.

अश्वहनु m. N. pr. eines Mannes.

अश्वहन्तृ m. Nerium odorum Ak.

अश्वहर्य Adj. Rosse antreibend.

अश्वहविस् n. eine best. Opferhandlung Maitr. S. 2,3,3.

अश्वहारक m. Pferdedieb M. 11,51.

अश्वहृदया f. Bein. der Apsaras Rambhâ Kâd. 90,11.

*अश्वाल m. eine Art Senf.

अश्वाजनी f. Pferdepeitsche.

अश्वाध्यक्ष m. Aufseher über die Pferde.

अश्वानीक n. Reiterheer Mâlav. 71,3.

अश्वानुसरण n. das Hergehen hinter dem Opferrosse MBh. 14,73 in der Unterschr.

अश्वानुसार m. dass. MBh. ed. Calc.

*अश्वान्तक m. Nerium odorum Râǵan. 10,11.

अश्वापद् f. ein dem (Opfer-) Rosse zustossender Unfall Kâty. Çr. 20,3,12.

अश्वाभिधानी f. Pferdehalfter Çat. Br. °धानीकृत Adj.

अश्वामघ Adj. an Rossen reich.

अश्वाय्, Partic. °यत् nach Rossen verlangend.

अश्वायुर्वेद m. Veterinärkunde. Wird dem Bhoǵa zugeschrieben B.A.J. 10,120.

अश्वायुस् m. N. pr. eines Fürsten.

*अश्वारि m. Büffel.

अश्वारूढ Adj. reitend 133,22.

अश्वारोह 1) m. Reiter zu Pferde. — 2) *f. आ Physalis flexuosa L.

*अश्वालु m. eine best. Pflanze.

*अश्वावतान m. N. pr. eines Mannes.

अश्वावत् 1) Adj. rossereich. — 2) f. अश्वावती N. pr. eines Flusses. — 3) n. Besitz an Rossen.

*अश्वाश्वतर m. Maulthier Gal. Vgl. अश्वखर.

*अश्वावरोहक m. und *°रोहिका f. Physalis flexuosa L.

*अश्विक Adj. (f. ई) von अश्व.

अश्विन् 1) Adj. a) mit Rossen versehen, aus R. bestehend. — b) zu Rosse reitend. — 2) m. a) Rossebändiger, Rosselenker. — b) Du. Bez. zweier Lichtgötter, die zuerst am Morgenhimmel erscheinen. Sie sind die Aerzte der Götter. अश्विनोः संयोजनम्, साम und व्रतम् Namen von Sâman. अश्विनोस्तोत्रम्. — c) Du. das Mondhaus Açvinî, dessen Gottheit die Açvin sind. — d) Bez. der Zahl zwei. — e) Du. = अश्विसुतौ d. i. Nakula und Sahadeva. — 3) f. अश्विनी a) N. pr. der Gattin oder (später) der Mutter der beiden Açvin. — b) Sg. und Pl. das erste Mondhaus. Metrisch auch अश्विनि. — c) *Nardostachys Jatamansi Nigh. Pr. — 4) n. Reichthum an Rossen.

अश्विनकृत Adj. von den Açvin ausgeführt.

*अश्विनिनी f. = अश्विनी 3) b) Gal.

अश्विनीकुमार m. Sohn der Açvinî (zeugt den Arzt).

*अश्विनीपुत्र m. Du. die Açvin.

*अश्विनीभेषज n. Gymnema sylvestre Nigh. Pr.

*अश्विनीसुत m. Du. die Açvin.

*अश्विमत् Adv. das Wort अश्विन् enthaltend.

अश्विय n. Pl. Rossschaaren.

*अश्वीय्, °यति sich Rosse wünschen.

अश्वीय 1) *Adj. dem Pferde zuträglich. — 2) n. Reiterschaar Pat. 9,18. Kâd. 91,15. fgg.

अश्वेषित Adj. von Rossen getrieben.

अश्वैकविंश Adj. Pl. (f. आ) zwanzig (Kühe) und als einundzwanzigstes ein Ross Kâtj. Çr. 22,2,18.

1. अश्व्य und अश्विय 1) Adj. zum Rosse gehörig. — b) aus Rossen bestehend. — 2) n. Besitz an Rossen, Rossheerde.

2. (अश्व्य) अश्विय m. Patron. von अश्व.

*अष्, अषति und °ते (गतिदीप्त्यादानेषु).

*अषड्गुस Adj. = असितकुत्सित Gal.

*अषडक्षीण Adj. nicht unter sechs Augen verhandelt, geheim.

अषडङ्गविद् Adj. mit den sechs Vedâṅga nicht vertraut R. ed. Bomb. 1,6,15.

अषतर Adj. Compar. annehmbarer.

अषाढ oder अषाळ्ह 1) Adj. a) unüberwindlich. — b) *unter dem Mondhause Ashâḍhâ geboren. — 2) m. a) *der Monat Âshâḍha. — b) *ein bei besondern Gelübden getragener Stab aus Palâça-Holz. — c) N. pr. eines Mannes. — d) *das Gebirge Malaja. — 3) f. a) अषाढा ein best. Backstein. अषाढाबेला Kâtj. Çr. 17,11,9. 12,10; vgl. Çat. Br. 8,5,4,1. — b) अषाढे Sg. und Pl. Name zweier Mondhäuser (पूर्वा und उत्तरा). — c) अषाढा N. pr. einer Tochter des Uçanas.

*अषाढक m. der Monat Âshâḍha.

अषाढिन् Adj. einen Stab aus Palâça-Holz tragend Kâd. 22,17.

अषोडशिक Adj. nicht mit dem sechzehntheiligen Stotra verbunden.

अष्ट 1) Partic. von अश् (in 1. अष्टकर्ण) und 1. अक्ष्. — 2) am Ende eines adj. Comp. = अष्टन्. — 3) m. v. l. für अष्टक 2) VP.[2] 4,27.

अष्टक 1) Adj. (f. आ) a) achttheilig. f. अष्टिका Çulbas. 1,49. — b) *der die acht Bücher Pâṇini's studirt hat. — 2) m. N. pr. eines Sohnes des Viçvâmitra. — 3) f. आ a) der achte Tag nach dem Vollmonde, insbes. in den Monaten Hemanta und Çiçira; auch das an diesen Tagen dargebrachte Manenopfer. — b) Bein. des Flusses Akkhodâ. — 4) n. Oktade.

अष्टकाद्यतैल n. eine best. Mixtur zum Einreiben Mat. med. 244.

*अष्टकपाल Adj. = अष्टाक°.

1. अष्टकर्ण Adj. *am Ohr durch einen Einschnitt gekennzeichnet. f. ई eine solche Kuh.

2.*अष्टकर्ण m. Bein. Brahman's (achtohrig).

अष्टकवर्ग m. die aus den 7 Planeten und dem Lagna bestehende Gruppe. °बिन्दुफल n. Titel eines astrol. Werkes.

*अष्टकाङ्ग n. achttheiliges Würfelbrett.

*अष्टकिक Adj. von अष्टका.

अष्टकृत्वस् Adv. achtmal.

*अष्टकोण m. Achteck.

*अष्टक्य Adj. von अष्टका.

अष्टखण्ड m. Titel einer Schrift.

*अष्टगव n. Sg. acht Kühe.

1. अष्टगुण m. im Comp. acht Eigenschaften.

2. अष्टगुण Adj. achtfach.

अष्टगृहीत Adj. = अष्टागृहीत Kâtj. Çr. 8,3,26. 16,2,7.

अष्टचत्वारिंश Adj. der 48ste.

अष्टचत्वारिंशत् f. achtundvierzig.

अष्टतय n. Oktade.

अष्टताल m. ein best. Tact Gît. S. 41. f. ई S. S. S. 237.

अष्टत्रिंश Adj. der 38ste MBh. ed. Bomb.

अष्टत्रिंशत् f. achtunddreissig MBh.

*अष्टत्व n. Nom. abstr. von अष्टन्.

अष्टदंष्ट्र m. N. pr. eines Dânava.

अष्टदल 1) Adj. acht Blüthenblätter habend. — 2) n. achtblätterige Lotusblüthe.

अष्टधा Adv. achtfach, in acht Theile (Theilen).

अष्टधाविहित Adj.

अष्टन् acht. Nom. Acc. अष्टौ, अष्टा und अष्ट; अष्टाभिस्, अष्टानाम्, अष्टासु.

अष्टनवत Adj. der 98ste.

अष्टनवति f. achtundneunzig.

अष्टनवतितम Adj. der 98ste.

अष्टनिधन n. प्रजापतेरष्ट° Name eines Sâman.

अष्टपञ्चाश Adj. der 58ste.

अष्टपञ्चाशत् f. achtundfünfzig.

अष्टपञ्चाशत्तम Adj. der 58ste.

अष्टपत् (!) Adj. n. zu अष्टपदी f. Taitt. Âr. 1,13.

अष्टपत्त्र 1) Adj. achtblätterig Ind. St. 9,109. — 2) n. achtblätterige Lotusblüthe.

अष्टपत्नी Adj. f. acht Gatten habend Taitt. Âr. 1,13.

अष्टपद 1) *m. (Nom. °पात्) a) Spinne. — b) ein fabelhaftes achtfüssiges Thier. — 2) f. °पदी eine Strophe mit acht Cäsuren Verz. d. Oxf. H. 129,b,1.

अष्टपद Adj. (f. आ) achtstellig. Davon Nom. abstr. °ता f.

अष्टपदिका f. Valloris dichotomus Wall.

अष्टपाद 1) Adj. achtfüssig. — 2) *m. a) eine Art Spinne. — b) das fabelhafte Thier Çarabha Bâlar. 19,4.

अष्टपादिका f. = अष्टपदिका.

अष्टपुत्र Adj. (f. आ) acht Söhne habend AV. 8,9,21. Taitt. Âr. 1,13.

अष्टपुरुष Adj. aus acht Personen bestehend Taitt. Âr. 1,8. 15,1. 18,1.

अष्टपुष्पिका f. ein aus achterlei Blumen bestehender Kranz Kâd. 255,20.

अष्टभाग m. Achtel.

अष्टम 1) Adj. a) oxyt. (f. ई) der achte. — b) den achten Theil von (Gen.) betragend Gaut. 10,24. Çulbas. 3,122. — 2) m. Achtel. — 3) f. ई a) der achte Tag in einem Halbmonat. — b) *eine best. Pflanze — 4) n. = अष्टमभक्त Spr. 739.

अष्टमक 1) Adj. der achte. — 2) f. °मिका ein best. Gewicht, = शुक्ति.

अष्टमकालिक Adj. nur jede achte Mahlzeit geniessend.

1. अष्टमङ्गल n. Sg. acht glückbringende Dinge.

2.*अष्टमङ्गल m. ein Pferd, bei dem Schweif, Brust, Hufe, Mähne und Gesicht weiss sind.

अष्टमदेश m. Zwischengegend.

अष्टमभक्त n. die achte Mahlzeit (so dass sieben übersprungen werden).

अष्टमान n. ein best. Hohlmaass, = कुडव.

अष्टमीव्रतविधान n. Titel eines Werkes.

अष्टमूर्ति m. Bein. Çiva's.

अष्टमूली f. eine Gruppe von acht Wurzeln verschiedener Pflanzen.

अष्टयोनि Adj. (f. ई) acht Geburtsstätten habend AV. 8,9,21. Taitt. Âr. 1,13.

अष्टरत्न n. acht Juwelen als Titel einer Spruchsammlung.

अष्टरस m. ein best. Präparat aus verschiedenen Metallen Mat. med. 61.

अष्टरूप Adj. (f. आ) achtgestaltig Ind. St. 1,12.

अष्टर्च m. eine Strophe oder Lied von acht Versen.

*अष्टलोहक n. eine Gruppe von acht Metallen.

1. *अष्टवर्ग m. eine Gruppe von Achten, insbes. *von acht Arzeneien. = अष्टकवर्ग Ind. St. 14,323.

2. अष्टवर्ग Adj. in Reihen von acht bestehend Kâtj. Çr. 8,4,12.

अष्टवर्गशातक n. Titel eines Werkes.

अष्टवर्ष Adj. (f. आ) achtjährig M. 9,94.

अष्टविकल्प Adj. achtartig Siñhâs. 33.

अष्टविकृतिविवरण n. Titel eines gramm. Werkes des Madhusûdana.

अष्टविध Adj. achtfach, achtfältig 140,11. °शस्त्रकर्मणय Adj. über die achtfache Anwendung des Messers u. s. w. handelnd Suçr. 1,91,20.

अष्टवृष Adj. acht Stiere habend AV. 5,16,8.

अष्टवै Dat. Inf. zu erreichen ṚV. 4,30,19.

अष्टशत n. 1) hundertundacht. — 2) achthundert Jâjñ. 1,302.

अष्टशतक n. = अष्टशत 1) MBh. 3,3,29.

अष्टशतसाहस्र Adj. aus 800,000 bestehend MBh. 4,10,9.

अष्टशलाक Adj. acht Rippen habend (Sonnenschirm) MBh. 13,235,21.

*अष्टश्रवण und *°श्रवस् m. Bein. Brahman's (achtohrig).

अष्टषष्ट Adj. der 68ste.

अष्टषष्टि f. achtundsechzig.

अष्टषष्टितम Adj. der achtundsechzigste.

अष्टसप्तति f. achtundsiebzig.

अष्टसप्ततितम Adj. der 78ste.

अष्टसाहस्रक Adj. (f. °स्रिका) aus achttausend bestehend Burn. Intr. 51.

अष्टस्तना Adj. f. achtzitzig.

*अष्टहायनी f. achtjährige Kuh Gal.

अष्टाकपाल Adj. auf acht Schalen vertheilt.

अष्टाक्षर 1) Adj. (f. आ) achtsilbig Çat. Br. 5,2, 8,3. — 2) m. N. pr. eines Mannes.

अष्टाक्षरव्याख्या f. Titel eines mystischen Tractats.

*अष्टागव Adj. mit acht Kühen bespannt.

अष्टागृहीत Adj. achtmal geschöpft Çat. Br. 4, 3,4,1,3.

1. अष्टाङ्ग am Anf. eines Comp. acht Bestandtheile. Eines Heeres MBh. 2,5,62. Vgl. अष्टाङ्गक.

2. अष्टाङ्ग Adj. (f. आ) achtgliederig, achttheilig MBh. 15,3,8.

अष्टाङ्गक Adj. (f. °ङ्गिका) dass. रथा नागा हया योधाः पत्तयः कर्मकारकाः । चारा दैशिकमुख्याश्च ध्वजिन्यष्टाङ्गिका मता ॥ Nîlak. zu MBh. 2,5,60.

अष्टाङ्गदण्डवत् Adv. mit acht Körpertheilen wie ein Stock (zu Boden fallen als Zeichen höchster Verehrung).

अष्टाङ्गपात m. in साष्टाङ्गपातम्.

अष्टाङ्गहृदय n. Titel eines med. Werkes des Vâgbhaṭa und eines philos. Tractats.

अष्टाङ्गावलेह m. eine best. Latwerge Bhâvapr. 3,61.

अष्टाचक्र Adj. (f. आ) achträderig.

अष्टाचत्वारिंश Adj. 1) der 48ste. — 2) aus 48 bestehend. m. ein aus 48 Versen best. Stoma Ind. St. 8,266.

*अष्टाचत्वारिंशक Adj. ein 48jähriges Gelübde begehend.

अष्टाचत्वारिंशत् f. achtundvierzig. अष्टाचत्वारिंशदक्षर Adj. (f. आ) aus 48 Silben bestehend Çat. Br. 6,2,2,32. fg. अष्टाचत्वारिंशदिष्टक Adj. 13,4,2,13.

*अष्टाचत्वारिंशिन् Adj. = अष्टाचत्वारिंशक.

अष्टातय n. Pl. achterlei Dinge.

अष्टात्रिंश Adj. 1) der 38ste. — 2) um 38 vermehrt. °शं शतम् hundertachtunddreissig Çat. Br. 10,4,2,18.

अष्टात्रिंशत् f. achtunddreissig. °द्रात्र Adj. Kâtj. Çr. 24,2,35.

अष्टादंष्ट्र m. N. pr. eines Mannes Âçv. Çr. 12,11, 1. Wohl fehlerhaft für अष्ट्रा°.

अष्टादश Adj. 1) der achtzehnte. — 2) mit einem achtzehntheiligen Stoma verbunden Tâṇḍja-Br. 16,13,3.

अष्टादशधा Adv. achtzehnfach 212,18.

अष्टादशन् (Nom. °दश) Adj. achtzehn. अष्टादशपदीत Adj. Kâtj. Çr. 24,3,36. अष्टादशारत्नि Adj. 8,6,4. अष्टादशाक्षर Adj. achtzehnsilbig.

*अष्टादशभुजा f. Bein. der Durgâ.

अष्टादशम Adj. der achtzehnte.

*अष्टादशविवादानुशासन n. = धर्मशास्त्र Gal.; vgl. M. 8,3. fgg.

1. अष्टादशशत n. und °शती f. achtzehnhundert Ind. St. 9,468. fg.

2. अष्टादशशत Adj. aus 1800 bestehend Ind. St. 9,469.

अष्टादशशत्य Adj. (f. आ) aus 118 bestehend Kâtj. Çr. 17,7,25.

अष्टादशसाहस्र Adj. (f. ई) aus achtzehn Tausend (Çloka) bestehend.

अष्टादशाङ्गक्काथ m. ein best. aus 18 Ingredienzen bestehendes Decoct.

अष्टादशात्मक Adj. achtzehnartig R. 1,13,30.

अष्टाध्यायी f. ein aus acht Adhjâja bestehendes Buch.

अष्टानवति f. achtundneunzig Çat. Br. 10,2,8,11.

अष्टानुवाक n. Sg. acht Anuvâka's Kâtj. Çr. 18,5,1.

अष्टापक्ष Adj. (f. आ) mit 8 Seitenpfosten versehen.

अष्टापञ्चाशत् f. achtundfünfzig.

अष्टापद 1) Adj. (Nom. °पात्, f. °पदी) a) achtfüssig. — b) achttheilig. — 2) *m. a) Spinne Gal. — b) das fabelhafte Thier Çarabha Gal. — 3) f. °पदी a) trächtiges Mutterthier. — b) achttheilige Strophe. — c) *eine Jasminart.

अष्टापद 1) m. a) *Spinne. — b) *Raupe, Wurm. — c) *das fabelhafte Thier Çarabha. — d) *eine Jasminart. — e) *Keil. — f) *Bein. des Berges Kailâsa. — 2) m. n. a) ein getäfeltes Brett mit acht mal acht Feldern zum Würfelspiel. °व्यापार m. Würfelspiel Kâd. 99,6. — b) Gold. — 3) f. आ eine achttheilige Strophe.

*अष्टापर्णा Adj. wohl achtblätterig.

अष्टापाद्य Adj. achtfach Gaut. 12,15.

अष्टायोगी m. Achtgespann.

अष्टार Adj. mit acht Speichen Ind. St. 9,100.

*अष्टारचक्रवत् m. Bein. des Mañguçrî.

अष्टारत्नि Adj. acht Ellen lang Çat. Br. 3,6,4,20.

अष्टारथ m. N. pr. eines Sohnes des Bhîmaratha.

अष्टार्धार्ध n. die Hälfte der Hälfte von acht, d. i. zwei Prâtiçâkh. 61,a.

अष्टावक्र 1) m. N. pr. eines Mannes. °गीता, °संहिता und °सूक्तिदीपिका f. Titel von Schriften. — 2) n. N. pr. eines Tîrtha.

अष्टावक्रीय Adj. Ashṭâvakra betreffend.

अष्टावन्धुर Adj. mit acht Wagensitzen.

अष्टाविंश Adj. 1) der 28ste. — 2) aus 28 bestehend. m. ein aus 28 Versen best. Stoma Ind. St. 8,276.

अष्टाविंशति f. achtundzwanzig. अष्टाविंशतिरात्र n. Kâtj. Çr. 24,2,22. अष्टाविंशतिशत n. hundertundachtundzwanzig. °शतमान Adj. Tâṇḍja-Br. 18, 3,2.

अष्टाविंशतिधा Adv. 28fach.

अष्टाविंशद्विध Adj. achtundzwanzigfach.

अष्टाशत n. hundertundacht.

अष्टाशफ Adj. achtklauig.

अष्टाशीति f. achtundachtzig. °शतानि hundertundachtundachtzig. °सहस्राणि 180 Tausend Ind. St. 13,483.

अष्टाशीतितम Adj. der 88ste.

अष्टाम्रकुण्ड n. eine best. achteckige mystische Figur.

अष्टाश्रि Adj. *achteckig* ÇAT. BR. 3,6,1,27. 7,2,20. 5,2,4,5. अष्टाश्रि MBH. 3,134,15.

अष्टाषष्टि f. *achtundsechzig.*

1. अष्टाष्टक n. *acht Oktaden, vierundsechzig.*

2. अष्टाष्टक Adj. *aus 64 bestehend.*

अष्टासप्तति f. *achtundsiebzig.*

अष्टाह m. *achttägiges* Soma-*Opfer.*

अष्टाह्निकमहोत्सव m. und अष्टाह्निकव्याख्यान n. Titel von Werken.

1. अष्टि f. *Erreichung.*

2. अष्टि f. 1) *ein 64silbiges Metrum.* Später *ein Metrum von 4 X 16 Silben.* — 2) *Bez. der Zahl sechzehn.*

3. अष्टि f. *Samenkorn.*

अष्टिन् Adj. *achttheilig, achtsilbig.*

अष्टेडु Adj. *acht* इडा *enthaltend.* °पदस्तोभ m. Name eines Sâman TÂṆḌJA-BR. 13,5,21.

अष्टोत्तर Adj. *plus acht* 212,26.

अष्ट्रा f. *Stachel zum Antreiben des Viehes* (das Zeichen des Ackerbauers).

अष्ट्रादंष्ट्र m. N. pr. des Verfassers von ṚV. 10,111.

अष्ट्राविन् Adj. *dem Stachel gehorchend.*

*अष्टि f. = 3. अष्टि.

अष्ठीला f. 1) *Kugel* 73,12.26. — 2) *runder Stein, Kiesel.* — 3) *Amboss* BHÂVAPR. 6,10,11. — 4) *Obstkern.* — 5) *kugelige steinharte Anschwellung im Unterleibe.*

अष्ठीलिका f. *eine Art von Eitergeschwüren.*

अष्ठीव n. = अष्ठीवन्त् in ऊर्वष्ठीव.

अष्ठीवन्त् m. (*n.) *Kniescheibe, Knie.*

1. अस्, अस्ति. Med. 2. Sg. से zu belegen in der älteren Sprache nur im umschriebenen Futurum von medialen Verben 30,22. TS. 2,6,2,3 (1te Sg.?). Nur in den Formen vom Präsensstamme und im Perfectum आस. 1) *sein, da —, vorhanden sein, existiren; Statt finden, geschehen, sich ereignen.* अयमस्मि *da bin ich* 39,26. Mit न a) *nicht da sein.* सो ऽपि नास्ति यथा तथा *und auch dieser ist so gut wie nicht da* 66,17. नास्ति *es ist Nichts da, ich habe Nichts.* Damit wird ein Bittender abgewiesen Spr. 7615. — b) *verloren —, hin —, nicht mehr zu retten sein.* — 2) *weilen, sich aufhalten, sich irgendwo oder irgendwobei* (Loc.) *befinden.* — 3) mit Gen. oder Dat. *esse alicui, Jmd gehören, da sein —, geben für.* अस्ति मे *ich besitze Etwas, ich bin reich.* तवास्मि *ich gehöre dir, ich bin dein Gefangener.* कस्यासि *wem gehörst du?* so v. a. *wessen Gattin —, wessen Tochter bist du?* MBH. 3,64,119. Mit Loc. *sich bei Jmd befinden, angetroffen werden, Jmd eigen sein* 102,23. — 4) *bereit —, gegenwärtig —, Jmd* (Dat.) *zur Hand sein.* — 5) *hinreichen, genug sein für* (Gen.) 74,27. *einer Sache* (Dat.) *gewachsen sein, vermögen* 34,18. — 6) *Jmd* (Dat.) *zu Etwas* (Dat.) *gereichen, — behülflich sein.* — 7) *sein* (copula). का तवास्मि *was bin ich dir?* 160,6. Bildet mit Participien verschiedene Arten von Aussageformen. Mit Adverbien *sein, sich verhalten.* तथैव *wie zuvor* 57,12. एवमस्तु *so sei es,* so v. a. *einverstanden.* स्यादेवमपि mit Potent. *es könnte auch sein, dass.* — 8) अस mit dem Acc. eines Nom. act. auf आ bildet umschriebene Perfecta AIT. BR. 7,17. — 9) *werden.* Mit Gen. *Jmd zu Theil werden, zufallen* 59,26. आसीच्च मे मनसि so v. a. *und es tauchte in mir der Gedanke auf* KIR. 35,1. 160, 1. 198,19. — 10) अस्ति *so ist es* (vollständig अस्त्येतत्). Am Anfange eines Satzes mit einem andern Verbum finitum (ist es wieder अस्ति, so fällt es weg) *es ist (war) der Fall —, es kommt vor, dass; zuweilen* MṚKKH. 49,17. MAHĀN. 1,67,b. 185,a. 294,a. अस्त्यत्र को ऽपि दोषो पश्यामि (fragend) 211,a. *Fragend in Verbindung mit einem Fut. *kommt es wirklich vor, dass?* अस्मि mit einer 1. Sg. *ich bin in dem Falle, dass ich* KATHÂS. 25,187. Cit. bei MALLIN. zu KIR. 3,6. असि mit einer 2. Sg. *du bist in dem Falle, dass* VIKRAM. 5,2,62. — 11) अस्तु *es geschehe,* so v. a. *gut, einverstanden.* यदस्तु *es geschehe, was da wolle.* यदस्तु मे *was mir auch geschehen möge.* अस्तु und अस्तु mit einem folgenden Nom. *um nicht davon zu reden* Spr. 6790. — Mit अति *übertreffen* (mit Acc.). — Mit *व्यति Med. *mehr sein, überwiegen.* — Mit अनु 1) *dabei sein* (mit Acc.). — 2) *bereit sein, sich darbieten.* — 3) *gelangen zu* (Acc.), *erreichen.* — Mit *व्यत्यनु Med. — Mit अप *sich fern halten.* — Mit अपि 1) *sein, sich befinden bei oder in.* — 2) *zu Theil werden, zufallen.* — 3) impers. mit Gen. der Person *theilhaben an* (Loc.). — Mit अभि 1) *zufallen, auf Jmds* (Gen.) *Theil kommen.* — 2) *darüber sein, übertreffen, beherrschen, bewältigen; Jmd* (Gen. oder Dat.) *mehr gelten als* (Abl.) ṚV. 8,33,9. — Mit उप *sein —, sich befinden in* (Acc.). — उपास्ति st. उपास्ते von आस्. — Mit नि *dabei sein, Theil haben an* (Gen.). — Mit परि 1) *überholen.* — 2) *über* (einen Zeitpunkt) *hinaus gehen,* (d. Z.) *nicht einhalten* ṚV. 7,103,7. — Mit प्र *voran sein, in ausgezeichnetem Maasse sein, vorwiegen, hervorragen.* — Mit प्रति *Jmd gleichkommen, mit Jmd wetteifern.* — Mit *वि. — Mit सम् 1) *Jmd* (Acc.) *gleich sein.* — 2) *vereinigt sein mit* (सह). — 3) *sein, geben, existiren* SARVAD. 9,15. — समस्तु MBH. 13,1333 fehlerhaft für ममास्तु.

2. अस्, अस्यति 1) *schleudern, werfen, schiessen auf* (Loc., Dat. oder Gen.); *schleudern mit* (Instr.). — 2) *vertreiben, verscheuchen.* — 3) *von sich werfen, ablegen, fahren lassen.* Nur im Partic. अस्त am Anfange eines adj. Comp. 104,11.21. — 4) अस्त *beendigt. — Mit अति 1) *niederschiessen.* Vielleicht fehlerhaft für अभि. — 2) *अत्यस्त *über Etwas* (Acc. oder im Comp. vorangehend) *hinweg gebracht, Etwas hinter sich habend.* — Mit व्यति, Partic. व्यत्यस्त *umgestellt, in eine umgekehrte Lage gebracht.* — Mit अधि 1) *darüber werfen.* — 2) *fälschlich übertragen* ÇAṀK. zu BÂDAR. 4,1,5. 6. *missverstehen.* — Caus. Partic. अध्यासित *mit Etwas* (Nom. abstr. im Instr.) *gemeint, unter — verstanden.* — Mit अनु, Partic. अन्वस्त *durchschossen, durchflochten.* — Mit अप 1) *wegschleudern, wegstossen, wegwerfen, abwerfen, ablegen* (Kleid, Schmuck); *niederlegen auf* 297, 1. — 2) *verlassen* (einen Ort) 124,21. *Jmd im Stich lassen* 75,15. *Etwas aufgeben, fahren lassen* 299,25. *bei Seite lassen.* अपास्य mit Acc. *mit Hintansetzung, trotz* BÂLAR. 39,14. 102, 13. समरम् so v. a. *ausser im Kampf* Spr. 5238. — 3) *entziehen, an sich ziehen* 93,3. — 4) *subtrahiren* BIJAG. 34. — 5) *zurückweisen, widerlegen.* — Mit उदप *ganz aufgeben, — unterlassen.* — Mit अपि *einfügen.* — Mit अभि auch अभ्यसति und °ते. 1) *hinwerfen, zuwerfen.* — 2) *schleudern* (Pfeile) MBH. 1,138,11. — 3) *hinzufügen* ÇULBAS. 2,9. — 4) *obliegen, betreiben, besorgen, verrichten, studiren.* — 5) *wiederholen, verdoppeln.* अभ्यस्त *verdoppelt, redupliciert* Spr. 7613. — 6) *multipliciren.* — Caus. *Jmd obliegen lassen, beibringen, lehren.* — Mit समभि *obliegen, betreiben, üben.* — Mit अव *hinwerfen* ṚV. 1,140, 10. — Mit अन्वव *Etwas bringen auf* (Dat.). — Mit अभ्यव *auf Etwas hinwerfen.* — Mit आ Med. 1) *hingiessen, fliessen lassen.* — 2) *an sich —, in die Hand nehmen* ÇAT. BR. 1,5,3,1. — Mit उद् 1) *hinaufwerfen, in die Höhe heben.* — 2) *hinauswerfen.* — 3) *sich erheben von* (Acc.) ÇIÇ. 34,1. — Mit अनूद् *nach Jmd hinaufwerfen.* — Mit पर्युद् *beseitigen, ausschliessen.* — Mit व्युद् 1) *umherstreuen.* — 2) *aus sich entlassen* GAUT. 9,12. — 3) *fahren lassen, aufgeben.* — Mit अभिव्युद् *vollständig fahren lassen, — aufgeben.* — Mit उद्व्युद् dass. — Mit उप *unter Etwas werfen, zu Etwas hinwerfen.* — Mit व्युप *dazwischen hinwerfen.* — Mit नि auch न्यसति. 1) *niederwerfen, — setzen, — legen, ablegen* 95,17. प्ररोहान् *Stecklinge pflanzen* BÂLAR. 147,18. — 2) *legen —, setzen —, absetzen —, einsetzen —, ansetzen in, auf* (Loc.), *stecken an, in* 113,17. 218,6, *schütten —, giessen auf, in* 169,11. मनसि नि-

सातिभारम् so v. a. *sich viele Gedanken machen* 311, 11. शिरस्याशाम् *auf's Haupt legen*, so v. a. *mit Ehrerbietung entgegennehmen* Spr. 1876. पथि *auf die Strasse werfen*, so v. a. *ablegen, aufgeben*. — 3) *schleudern* (einen Fluch) *auf* (Loc.). — 4) *auftragen* (Salbe, Zeichen) *auf* (Loc.). — 5) *heften* (den Blick) *auf* (Loc.) Spr. 7758. — 6) *Jmd* (Loc.) *Etwas oder Jmd übergeben, übertragen, anvertrauen* 292, 1. 330,38. — 7) *aufgeben, fahren lassen* (प्राणान्, जीवितम्, देहम्). — 8) *vorbringen, zur Sprache bringen*. — 9) न्यस्त a) *hingestreckt, ausgestreckt*. पण्ये *zum Verkauf ausgestellt*. — b) von einem Vocale α) *niedrig betont*. Compar. ṚV. Prāt. 3,17. — β) *kurz* Çaut. 27. — Caus. *niederlegen —, niedersetzen heissen*. — Mit अभिनि *niederdrücken*. — Mit उपनि 1) *hinlegen, hinsetzen* R. 4,4,17. — 2) *Jmd* (Acc.) *Jmd* (Dat.) *anmelden* MBh. 3,158,38. — 3) *vorbringen, zur Sprache bringen* 230,3. — Mit समुपनि *vorbringen, zur Sprache bringen*. — Mit परिनि, Partic. °न्यस्त *ausgestreckt, hingestreckt*. — Mit प्रतिनि *für Jmd besonders hinlegen*. v. l. प्रवि. — Mit विनि auch असति. 1) *auseinanderlegen, ausbreiten, hinlegen, hinstellen*. — 2) *legen —, setzen auf* (Loc.) 304,32. 310,4. 320,6. *stecken in* 175,31. — 3) *auftragen* (Salbe, Zeichen) *auf* (Loc.) 115,17. — 4) *Etwas durch Etwas bezeichnen* Mahā. 84. — 5) *richten, heften* (den Geist, den Blick) *auf* (Loc.). — 6) *Jmd* (Loc.) *Etwas oder Jmd übergeben, anvertrauen*. — Mit संनि auch असति. 1) *zusammen niederlegen, zusammenlegen*. — 2) *niederlegen, ablegen*. — 3) *legen —, setzen auf* (Loc.) 43,31. *Jmd* (Loc. oder Gen.) *in Verwahrung geben, anvertrauen*. — 4) *Etwas aufgeben, fahren lassen, sich von Etwas lossagen*. — 5) *allem irdischen Treiben entsagen und sich ganz dem beschaulichen Leben widmen*. — 6) संन्यस्त *hingestreckt, ausgestreckt, ausgebreitet, hingelagert*. — Mit उपसंनि in उपसंन्यास. — Mit निस् 1) *ausreissen*. — 2) *hinauswerfen, verbannen aus* (Abl.) 128,31. *verstossen, entfernen, verjagen, verscheuchen*. — 3) *abwehren*. — 4) *zurückweisen, abweisen* (einen Bewerber). — 5) *zu Nichte machen, vertilgen*. — 6) **abschiessen*. — 7) *कृत्तौ Act. Med. *ausstrecken*. — 8) **von sich abstreifen*, Act. Med. — 9) *zurückweisen, widerlegen*. — 10) निरस्त *ausgestossen*. a) von der Aussprache der Laute श, ष, स und ह. — b) von einer best. fehlerhaften Aussprache der Vocale. — Caus. *ausreissen*. Partic. निरसयस्त् (!) zu Spr. 1171. — Mit अभिनिस् *hinwerfen nach*. — Mit परा 1) *wegwerfen, bei Seite werfen*. — 2) *hinwerfen*. — 3) *verstossen, aussetzen* (ein Kind). — 4) *verlassen* (einen Ort). — 5) *zurückweisen, widerlegen*. — Mit परि 1) *hinundher werfen, — bewegen, umhergehen lassen* (die Augen). — 2) *umwerfen, niederwerfen*. पर्यस्त *umgeworfen, umgestürzt, niedergefallen auf* (Loc.). — 3) Med. *ringsherum anlegen, umlegen* 21,16. — 4) *umringen, umgeben, umstricken*. — 5) *sich umdrehen*. पर्यस्य Absol. Spr. 1622. — 6) *sich ausbreiten*. पर्यस्त *ausgebreitet um* (im Comp. vorangehend). — 7) *aufreihen*. पर्यस्त *aufgereiht auf* (im Comp. vorangehend). — 8) पर्यस्त *verkehrt* Spr. 5560. — Mit विपरि 1) *umkehren, umwerfen* Gaut. 20,2.4. *umwechseln, vertauschen*. विपर्यस्त *umgekehrt, verstellt, verkehrt* 236,14. — 2) *eine verkehrte Ansicht haben* Spr. 2396. — 3) विपर्यस्त *herumstehend* 128,14. — Caus. *bewirken, dass Etwas* (Acc.) *sich verkehrt* Bālar. 271,4. — Mit संपरि s. संपर्यासन. — Mit प्र 1) *fortschleudern, hinschleudern, hinwerfen, werfen in* (Loc.) 34,22. 162,1. धंशम् *einen Einsatz machen, wetten*. — 2) *umwerfen*. — Mit अनुप्र *nachwerfen*. — Mit अभिप्र *hinwerfen auf* (Acc.). — Mit प्रतिप्र *daraufwerfen*. — Mit प्रति 1) *zuwerfen, hinwerfen*. — 2) *umschlagen, einbiegen*. — 3) *abwerfen, ablegen, fahren lassen*. — Mit वि 1) *auseinanderwerfen, zersprengen, zertrennen, zerstreuen, sondern*. व्यस्त *zerstückt, auseinandergerissen, getrennt, zerlegt, zertheilt, gesondert, vermannichfacht* 251,18. 259,28. 263,24. 293,11. 304,24. 321,6. व्यस्ते काले *hin und wieder, bisweilen* MBh. 3,303,8. — 2) व्यस्त **verwirrt*. — Mit प्रवि *hinlegen, hinstellen auf* (Loc.) R. ed. Bomb. 2,40,15. — Mit सम् *verbinden, aneinanderreihen, zusammenlegen, — fügen, — thun* Çulbas. 1,30. 2,12.76. Pass. *zusammengesetzt werden* (gramm.) *mit* (Instr.). समस्त a) *verbunden, vereinigt, eine Einheit bildend* 259,26. *componirt* (gramm.) 231,16. — b) *ganz, alles, alle insgesammt* 104,8. 169,4. 215,23. 292,4. 297,1. — Mit अनुसम् *noch hinzulegen, vollends beifügen*. — Mit उपसम् 1) *darauflegen*. — 2) *hinzufügen* Çulbas. 1,68. — 3) उपसमस्त *mit einem andern Worte componirt*.

3. °अस् Adj. *werfend, treffend*, in कूटास्यस्.

4. *अस्, °असति, °ते (गतिदीप्त्यादानेषु).

असंयत Adj. 1) *nicht zusammengehalten*. — 2) *ungezügelt, ungehemmt*. — 3) *unaufmerksam hergesagt* Sāhityad. 8,7.

असंयंस् Adj. *nicht eingehend, — zusagend*.

असंयम m. *Nichtzügelung*.

असंयात्य Adj. *mit dem man nicht an einem Opfer Theil nehmen darf*.

असंयुक्त Adj. *unverbunden, nicht zusammenhängend* Gaim. 3,3,11.

असंयुत 1) Adj. *unverbunden, nicht zusammengefügt*. — 2) *m. Bein. Vishṇu's.

1. असंयोग m. 1) *das Unverbundensein, Nichtzusammenhängen* Gaim. 3,3,16. 5,1,27. 6,3,9. — 2) *keine Doppelconsonanz* P. 1,2,5.

2. असंयोग Adj. *mit dem man keinen Verkehr haben darf* Āpast.

असंरम्भ m. *keine innere Aufregung, kein Aufwallen* MBh. 14,36,2. = निर्भयत्व Nīlak.

असंरोध m. *Nichtbeeinträchtigung, Nichtschädigung Jmdes* MBh. 14,46,24.

असंरोह m. *das Nichtzusammenwachsen, Nichtzusammenlaufen* (von Wegen).

असंलक्ष्य Adj. *nicht wahrnehmbar*.

असंवत्सरभृत Adj. *kein Jahr hindurch getragen*.

असंवत्सरभृतिन् Adj. *kein Jahr hindurch getragen habend*.

असंवत्सरवासिन् Adj. *noch kein Jahr* (beim Lehrer) *weilend* Ait. Âr. 370,18.

असंवर्तमान Adj. *sich nicht zusammenthuend* (in coitu).

असंवार्य Adj. *nicht zurückzuhalten, — abzuwehren*.

असंवाच्य Adj. *nicht an den Tag zu legen, nicht zu äussern*.

असंविज्ञान Adj. *nicht einverstanden* Gaut. 4,13.

असंवित्ति f. *das Nichterkennen* v. l. in Bhâvapr. für असंप्राप्ति Suçr. 1,331,13.

असंविद् Adj. *bewusstlos*.

असंविदान Adj. *nicht einig —, uneins seiend* Çat. Br. 10,6,5,2. Khând. Up. 8,7,2.

असंविभागिन् Adj. *nicht mit Andern theilend*. Nom. abstr. °गित्व n.

असंविवादिता f. fehlerhaft für अविसंवादिता.

असंवृत 1) Adj. *unverdeckt, unverhüllt* Çat. Br. 14,5,3,10. 6,9,8. *unbedeckt, bloss* (Erde). °गुद Adj. *dessen After nicht mehr schliesst* Bhâvapr. 3,148. — 2) n. *eine best. Hölle*.

असंवृत्ति f. *Nichtvollendung* Âpast. 1,14,5.

असंवेशन n. *kein geschlechtliches Beiwohnen* Âpast.

असंव्यवहार्य Adj. *mit dem man nicht verkehren darf*. Nom. abstr. °त्व n.

असंव्याध m. *das nicht aus der Lage Kommen*.

*असंव्याहारिन् Adj. gaṇa यास्कादि.

असंव्रप m. *das Nichtzusammensinken*.

असंशब्द्य Adj. *nicht erwähnenswerth*.

1. असंशय m. *kein Zweifel*, Nom. absolut so v. a. °येन *ohne Zweifel, ganz sicher*.

2. असंशय Adj. *keinen Zweifel habend*. °म् Adv. *ohne*

Zweifel.

असंश्रवणे und °श्रवे Loc. in einer Entfernung, aus der Jmd (Gen.) Etwas nicht vernehmen kann.

असंश्राव्यम् Absol. unhörbar für (Gen.).

असंश्राव्य Adj. nicht hörbar für (Gen.).

असंश्लिष्ट 1) Adj. a) nicht fest anliegend, — unmittelbar sich berührend Tâṇḍja-Br. 13,4,8. — b) nicht gemischt, von einer Qualität, durchaus gut (eine Handlung) MBh. 12,360,12. — 2) m. Bein. Çiva's.

असंश्लेष m. 1) das Nichthaften Bhâsh. 4,1,14. — 2) keine Berührung, kein Contact.

असंसक्त Adj. unzusammenhängend Bhâvapr. 3,12.

असंसर्ग m. Nichtberührung, kein Verkehr mit (Gen.) Spr. 248.

असंसव m. kein gleichzeitiges Soma-Opfer zweier benachbarter Gegner Kâtj. Çr. 25,14,28.

असंसारिन् Adj. dem Kreislauf des Lebens nicht unterliegend 281,24.

असंसूक्तगिल् Adj. Ungekautes schlingend.

असंसृष्ट Adj. 1) in keiner näheren Berührung mit Jmd stehend, fremd, unbekannt MBh. 12,103,48. — 2) nicht vermischt mit (Instr.) Kâtj. Çr. 3,3,29. Âçv. Çr. 2,3,16. — 3) frei von (Instr.) 106,31. — 4) an ungehöriger Stelle unterbrochen (Recitation) Sâmavidh. 8,7.

असंसृष्टि f. Nichtvermengung Maitr. S. 1,4,12.

असंस्कार m. Mangel einer Verzierung, — Pflege, natürliche Beschaffenheit Çiç. 182. Kâd. II, 88,20.

असंस्कृत Adj. 1) nicht zugerüstet. — 2) nicht geweiht (Vieh, Jüngling mit der heiligen Schnur, Mädchen bei der Hochzeit). — 3) ungeschmückt, unverziert; ungebildet, roh (Sprache) Spr. 4434.

असंस्कृतालकिन् Adj. mit ungeschmückten Locken Kâd. 67,16.

असंस्तव Adj. = असंस्तुत.

असंस्तुत Adj. unbekannt, fremd Kir. 3,21. Kâd. II, 77,3. Verz. d. Oxf. H. 217,a,34.

असंस्थान Adj. verunstaltet R. 3,73,18.

असंस्थित Adj. 1) nicht stille stehend, unstät, ruhelos Çiç. 33, v. l. — 2) nicht an einem Platz vereinigt, zerstreut (Truppen) Spr. 3821. Kâm. Nîtis. 18,32. — 3) unvollendet AV. 5,30,7.

असंस्पर्श m. das Nichtinberührungkommen mit Etwas MBh. 12,180,33.

असंस्पृशत् Adj. nicht berührend Âpast. in astr. Sinne Varâh. Bṛh. S. 24,29.

असंस्यन्दमान Adj. nicht zusammenlaufend Kâtj. Çr. 2,5,20.

असंस्वादम् Absol. ohne zu schmecken Gobh. 3,8,16.

असंहत 1) Adj. a) nicht zusammengeballt, — dick. Blut Suçr. 1,45,3. faeces Bhâvapr. 2,113. Wind Karaka 1,12. — b) unverbunden Bulc. P. 2,5,32. — c) allein stehend MBh. 12,107,4. — d) uneinig Spr. 1424. — 2) m. eine best. Art der Truppenaufstellung Kâm. Nîtis. 18,41.

असंहनन n. das Unverbundensein, Freisein von (Instr.).

असंहार्य Adj. nicht abzubringen, — zu verleiten, unbestechlich.

असंहित Adj. unverbunden ṚV. Prât. 1,14 (24). VS. Prât. 1,156. Taitt. Prât. 21,5.

असकल Adj. (f. आ) nicht ganz, — vollständig.

असकृत् Adv. nicht einmal, oftmals. संवत्सरस्य öfter als einmal im Jahr Pâr. Gṛhy. 1,3,31.

असकृत्समाधि m. eine best. Meditation (buddh.).

असकृद्गर्भ m. Zahn Varâh. Bṛh. S. 77,31.

असको Nom. Sg. m. f. mit vorangehendem यकः oder यका der (die) da, welcher (welche) VS. 23,22. 23.

असक्त 1) Adj. a) nicht hängen bleibend an, keinen Widerstand findend an (Loc.) MBh. 3,39,53. auf keinen Widerstand stossend, Alles durchbohrend (Pfeile) 14,78,15. — b) an Nichts gebunden, frei Sîhâsan. 40. — c) an den Dingen nicht hängend, mit dem Herzen unbetheiligt Bhag. 1,21. Bhâg. P. 1,6,28. 3,2,19. — 2) °म् Adv. a) ohne auf Widerstand zu stossen. रथो पाति Harîv. 2,113,19. आक्रमतिना विच्छेद् R. 3,75,6. — b) ohne sich einer Sache hinzugeben, mit Bewahrung seiner Unabhängigkeit von Etwas Kâm. Nîtis. 7,37.

असक्ति f. das Nichthängen an den Dingen.

*असक्थ und *असक्थिक Adj. keine Schenkel habend.

असक्र Adj. nicht versiegend.

*असखि m. ein schlechter Freund.

असगोत्र Adj. (f. आ) nicht gesippt mit (Gen.) Gobh. 3,4,4.

असंकर m. 1) keine Vermischung der Kasten Gaut. 8,3. — 2) keine Verwirrung Nîlak. 1,1,2.

असंकलितरूप Adj. einförmig Comm. zu Vâmana 1,3,30.

असंकल्प n. (!) das Nichtwollen, Nichtbegehren.

असंकल्पयत् Adj. Nichts begehrend Kauç. 42.

असंकल्पित Adj. nicht beabsichtigt, — gewollt R. 2,23,24.

असंकसुक Adj. nicht unschlüssig, festen Sinnes.

असंकीर्ण Adj. nicht verunreinigt, rein Suçr. 1, 45,12.

*असंकुल m. breiter Weg.

असंकेतित Adj. mit dem (der) man keine Verabredung getroffen hat. °त्व n. das Nichtfestgesetztsein durch Uebereinkunft.

असंक्रान्तिमास m. ein Monat, in dem die Sonne in kein neues Sternbild tritt, Gaṇit. Adhim. 6.

असंक्रुद्ध Adj. nicht erzürnt R. 2,98,1.

असंक्लिष्ट Adj. nicht mitgenommen, — abgenutzt R. ed. Bomb. 2,118,19.

असंक्षोभ m. Nichtbeeinträchtigung, Nichtschädigung.

असंक्षिप्त Adj. nicht zusammengedrängt, ausführlich Kâvjâd. 1,18.

असंखादत् Adj. nicht zerkauend Lâṭj. 4,11,18.

असंख्य 1) Adj. (f. आ) ohne Zahl, unzählbar. — 2) n. eine best. hohe Zahl (buddh.).

असंख्यात Adj. ungezählt, zahllos.

असंख्येय 1) Adj. unzählbar, unzählig. — 2) n. a) unzählbare Menge. — b) eine best. hohe Zahl (buddh.).

1. असङ्ग m. 1) das Nichthängenbleiben, Nichtanstreifen. — 2) das Nichthängen an den Dingen. Abl. so v. a. nach Laune, — Belieben Bhâg. 62,15.

2. असङ्ग und असङ्ग 1) Adj. a) nicht hängen bleibend, keinen Widerstand findend an (Loc.), sich frei bewegend. — b) ungebunden, frei Ind. St. 9,146. 164. fg. Dazu Nom. abstr. °त्व n. 159. — c) an den Dingen nicht hängend. Dazu Nom. abstr. °ता R. ed. Gorr. 1,67,15. — 2) m. N. pr. zweier Männer.

असंगत Adj. P. 3,1,121. 1) unverbunden Bhâg. P. ed. Bomb. 2,5,32. — 2) nicht zusammenpassend, unpassend Spr. 1066.

1. असंगति f. eine rhetorische Figur, bei der zwei zu einander nicht stimmende Erscheinungen als Ursache und Wirkung dargestellt werden, Kâvjapr. 10,38.

2. असंगति Adj. mit Niemanden verkehrend MBh. 12,363,4.

असंगम m. kein Verlangen nach (Loc.), das Nichthängen an den Dingen.

असंगर Adj. nicht kämpfend.

असङ्गवत् R. 3,37,22 fehlerhaft für सङ्गवत्.

असङ्गिन् Adj. 1) nicht an den Dingen hängend. Nom. abstr. °ङ्गित्व n. MBh. 12,274,16. — 2) frei von allen Gelüsten (योग).

असङ्गिसत्त्व m. Pl. best. göttliche Wesen (buddh.).

असंघट्ट m. kein Zusammenstoss, keine Collision. °सुखम् Adv. Ragh. 14,26.

असचद्विष् Adj. Ergebene nicht anfeindend ṚV.

असच्छाखा f. Scheinglied (?).

असच्छास्त्र n. schlechte —, falsche Lehre.

असजात Adj. nicht blutsverwandt.

असजाति Adj. nicht von derselben Kaste 193,28.

असजात्य Adj. (f. आ) ohne Blutsverwandtschaft.

असज्जन m. 1) *Bösewicht* Spr. 7699. — 2) *ein übelwollender —, missgünstiger Mensch* Kâd. 2,4.

असज्जमान Adj. *nicht anstehend, — zögernd* Spr. 3623.

असज्ञातिमित्र m. ein Mannsname.

असंचय (MBh. 13,31,11), °वत् (Taitt. Âr. 1,32,2) und असंचयिक (M. 6,43, v. l.) Adj. *keine Vorräthe habend.*

असंचर m. *kein Durchgang, ein Platz, den Niemand betritt.*

असंचरस् Adj. *sich nicht ergehend* Çat. Br. 14,4,3,29. 32.

असंचार m. *das nicht von der Stelle Geschobenwerden.*

असंचार्य Adj. *unzugänglich für* (Instr.).

असंचित Adj. *nicht vollständig geschichtet.*

असंछन्न Adj. *nicht verdeckt, — umhüllt* Çat. Br. 3,7,4,10. 21.

असंज्ञ Adj. 1) *bewusstlos* Bhâvapr. 4,42. — 2) *kein klares Bewusstsein habend.* Nom. abstr. °त्व n. MBh. 14,36,15.

असंज्ञप्त Adj. *nicht getödtet* (Opferthier) Çat. Br. 13,6,2,12.

असंज्ञा f. 1) *Uneinigkeit, Zwietracht.* — 2) *kein Appellativum und kein Nomen proprium* P. 4,3,149.

असंज्ञिसत्त्व m. Pl. v. l. für असञ्ज्ञिसत्त्व.

असंज्वर Adj. *keine innere Gluth —, keinen Kummer empfindend.*

*असतीज (Gal.), *असतीपुत्र (Gal.) und *असतीसुत m. *der Sohn einer unzüchtigen Frau.*

असतीपोषण n. bei den Gaina *das Füttern von allerhand unnützen Geschöpfen.*

असत्कर Adj. *nicht im Stande Etwas zu bewirken.* Davon Nom. abstr. °त्व n.

असत्कल्पना f. *falsche Voraussetzung* Çaṁk. 66,3.

असत्कार m. *schlechte Behandlung, Beleidigung* MBh. 1,166,28.

असत्कार्य n. *eine unerlaubte Beschäftigung.*

असत्कृत 1) Adj. *schlecht behandelt* MBh. 3,70,12. 74,28. — 2) n. *angethanes Unrecht, Beleidigung* MBh. 3,76,21.

*असत्ता f. *das Nichtsein.*

असत्त्रोत्थान Adj. *ohne Auseinandergehen vom* Sattra Kâtj. Çr. 22,3,31.

1. असत्त्व n. 1) *das Nichtdasein, Abwesenheit* Nîlak. 2,1,11. — 2) *das Nichtsein* Ind. St. 2,159.

2. असत्त्व Adj. *muth-, energielos.*

1. *असत्पथ m. *schlechter Weg.*

2. असत्पथ Adj. *nicht auf dem richtigen Wege seiend.*

असत्पुत्र Adj. *keinen Sohn habend* 197,29.

असत्प्रमुदित n. im Sâṁkhja *eine best. Unvollkommenheit.*

असत्प्रलाप m. *leeres Geschwätz* Spr. 749.

असत्प्रवृत्ति f. *schlechte Handlungsweise* 105,1.

असत्य 1) Adj. *unwahr, trügerisch.* — 2) n. *Unwahrheit, Lüge* 180,12. Spr. 7700.

असत्यता f. *Unwahrheit.*

असत्यशील Adj. (f. आ) *der Lüge ergeben* Spr. 751.

असत्यसंध Adj. *auf dessen Wort man sich nicht verlassen kann.*

असत्सङ्ग m. ein Mannsname.

*असदध्येतर् m. *ein Brahman, der ketzerische Werke studirt.*

असदाग्रह Adj. = असद्ग्रह 1).

असद्ग्रह Harîv. 15479 fehlerhaft für असद्ग्राह m.

असदृश Adj. *ungleich, unähnlich, unebenbürtig* Mṛcch. 81,20. *ungebührlich* MBh. 3,279,17. Mṛcch. 128,14. Nom. abstr. °त्व n.

असदृशोपम n. *ein unähnliches Gleichniss.*

असद्ग्रह 1) Adj. *auf etwas Schlechtem bestehend, einer thörichten Grille nachgehend.* — 2) m. *ein schlechter Gedanke, auf dem man besteht, eine thörichte Grille* 103,27. *böse Neigung* Kâd. 119,19.

असद्ग्रहिन् Adj. fehlerhaft für असद्ग्राहिन्.

असद्ग्राह Adj. und m. = असद्ग्रह.

असद्ग्राहिन् Adj. = असद्ग्रह 1).

असद्धर्म m. *schlechter Brauch* Spr. 753.

असद्बुद्धि Adj. *thöricht.*

असद्भाव m. 1) *das Nichtdasein, Fehlen, Abwesenheit* 285,18. — 2) *Unwirklichkeit, Unwahrheit* Comm. zu Njâjas. 3,1, Z. 3 v. u.

असद्यस् Adv. *nicht an demselben Tage, — sogleich.*

असद्वाच् Adj. *unwahr redend, Lügner.*

असद्वाद m. *Irrlehre.*

असद्वृत्त Adj. *nicht schön rund* und zugleich *nicht von gutem Betragen* Spr. 7701.

असद्वृत्ति Adj. *auf unrechtem Wege sich befindend* zu Spr. 7200. Bâla. P. 3,3,44.

असन् n. *Blut.* Zu belegen nur अस्ना, अस्नस् und असन्नाम् (Maitr. S. 3,9,5). Vgl. असृज्.

1. असन 1) n. *das Schleudern, Schiessen, Schuss.* — 2) f. असनी *Geschoss, Pfeil.*

2. असन m. *Terminalia tomentosa W. u. A.*

*असनपर्णी f. *eine best. Pflanze.*

असनाम Adj. (f. आ) *nicht gleichnamig* 68,25.

*असनि und *असनिक gaṇa भस्त्रादि.

1. असत् 1) Adj. (f. असती) a) *nicht daseiend, — vorhanden, fehlend, nicht seiend* Taitt. Up. 2,6. — b) *wie Jmd oder Etwas nicht sein sollte:* α) *unwahr.* — β) *schlecht; untreu, unzüchtig* (von einem Weibe) zu Spr. 3319. असती auch Subst. — 2) *m. Bein. Indra's. — 3) n. a) *Nichtseiendes, Nichtsein.* — b) *Unwahrheit, Lüge.* — c) *Böses.*

2. असत् m. in der Personification असन्पांसवः nach der Etym. des Çat. Br. *werfend, ausstreuend.*

असंतत Adj. *unterbrochen.*

असंताप Adj. (f. आ) 1) *keinen Schmerz —, keinen Kummer empfindend* Kull. zu M. 4,185. — 2) *keinen Schmerz —, keinen Kummer verursachend.*

असंतुष्ट Adj. *unzufrieden, ungenügsam* Spr. 755.

असंतोष m. *Unzufriedenheit, Ungenügsamkeit* Spr. 757.

असंतोषवत् Adj. *unzufrieden.*

असंत्याग m. *das Nichtaufgeben, das Sichnichtlossagen von* (Gen.) Spr. 758.

असंत्यागिन् Adj. *nicht aufgebend.*

असंत्याज्य Adj. 1) *nicht im Stich zu lassen.* — 2) *nicht zu vermeiden.* — 3) *nicht zu versäumen.*

असंदधत् Adj. *nicht verbindend, keinen* Saṁdhi *eintreten lassend* ṚV. Prât. 11,22.

असंदधान Adj. *nicht Frieden schliessend, sich nicht vertragend* Spr. 759.

असंदर्शन n. 1) *das Nichtsehen von Menschen, kein Verkehr mit M.* MBh. 12,180,33. — 2) Loc. *ausserhalb des Gesichtskreises* von (Abl.) Âçv. Gṛhj. 4,8,12.

असंदिग्ध Adj. 1) *nicht undeutlich, klar* MBh. 12,230,6. — 2) *keinem Zweifel unterliegend* Mahîdh. 6,33,b. °म् Adv. *ohne Zweifel.*

असंदित (M. 8,342 nach der richtigen Lesart) und असंदिन Adj. *ungebunden, unbeschränkt.*

असंदृश्य Adj. *unsichtbar für* (Gen.) Uttarar. 45,1 (59,1).

असंदेह m. *kein Zweifel, keine Ungewissheit* Mahâbh. (K.) 1,14. 22. Abl. *ohne Zw.*

असंधिज Adj. *nicht durch* Saṁdhi (gramm.) *entstanden.*

असंधित M. 8,342 schlechte Lesart für असंदित.

असंधेय Adj. 1) *mit dem man keinen Frieden (kein Bündniss) schliessen kann oder darf.* Davon Nom. abstr. °ता f. Veṇîs. 11,3. 4. — 2) *nicht wieder in Ordnung zu bringen, — gut zu machen.*

असंध्य Adj. *rastlos.*

असंनद्ध Adj. 1) *nicht angelegt* (Panzer) MBh. 12,95,7. — 2) *dessen man noch nicht theilhaftig geworden ist* Spr. 4083. — 3) **sich für gelehrt haltend.* — 4) **stolz.*

असंनिकृष्ट Adj. *nicht in unmittelbarer Nähe befindlich* Nîlak. 172.

असंनिधान n. 1) *Abwesenheit* Kâtjâj. 1,3. Utpala zu Varâh. Bṛh. 5,1. — 2) *das Nichtdasein, Nichtvor-*

handensein Spr. 1317.

असंनिधि m. 1) Abwesenheit Gaut. 2,40. Utpala zu Varāh. Bṛh. 5,1. — 2) das Nichtdasein Ǵaim. 2,4,17.

असंनिपात m. das Nichtzusammenfallen, Nichtzusammentreffen Kāty. Çr. 1,7,15.

असंनियम m. keine absolute Bestimmtheit Ǵaim. 1,3,12.

असंनिवृत्ति f. Nichtwiederkehr.

असन्मति f. 1) kein Sinn für (Loc.). — 2) eine falsche Ansicht.

असन्मन्त्र m. unwahre Rede.

1. असपत्न m. kein Nebenbuhler.

2. असपत्न 1) Adj. (f. आ) ohne Nebenbuhler, unangefochten. — 2) f. आ ein best. Backstein. — 3) n. unangefochtener Zustand, Frieden.

असपिण्ड Adj. so nahe verwandt, dass er nicht am Piṇḍa für die Manen theilnehmen sollte, Gaut. 14,20.44.

असप्तविध Adj. nicht siebenfach Çulbas. 2,21.

असप्तशफ Adj. (f. आ) nicht siebenklauig TS. 6,1,6,7. Çat. Br. 3,3,2,16.

असबन्धु Adj. nicht verwandt.

असभ Adj. ohne Gesellschaft, — Gefolge.

असभ्य Adj. 1) nicht in gute Gesellschaft passend, ungebildet, unanständig. — 2) unwürdig Richter zu sein Nīl. 1,60.

1. असम 1) Adj. a) ungleich, unebenbürtig Gaut. 17,20. Spr. 761. fg. — b) unpaar. — 2) m. ein best. Tact S.S.S. 233.

2. असम Adj. (f. आ) ohne Gleichen, unvergleichlich, einzig.

असमतम् Adv. hinter dem Rücken.

असमग्र Adj. unvollständig 52,12. nicht voll (Mond) 252,28. °म् und असमग्र° Adv. nicht vollständig, — ganz Mālav. 31.

असमञ्ज und °स् (106,16) m. N. pr. eines Sohnes des Sagara.

असमञ्जस Adj. und °म् Adv. nicht richtig, — wie Jmd oder Etwas sein sollte, unpassend, ungehörig.

असमत्व n. ungleiches —, unfreundliches Benehmen.

असमद् f. Eintracht.

असमन Adj. (f. आ) 1) nicht zusammenbleibend, auseinanderstrebend. — 2) uneben.

असमबाण m. der Liebesgott.

असमय m. 1) keine übernommene Verpflichtung Āpast. — 2) Unzeit Kathās. 18,2. Veṇīs. 166.

असमर m. kein feindlicher Zusammenstoss.

असमरथ Adj. einen unvergleichlichen Wagen habend.

असमरम् Adv. ohne Anstoss.

असमर्ति f. das Nichtschadennehmen.

असमर्थ Adj. (f. आ) 1) unfähig. Die Ergänzung im Infin. (155,26), Dat. (81,27), Loc. oder im Comp. vorangehend (281,16). Dazu Nom. abstr. °त्व n. — 2) nicht die beabsichtigte Bedeutung habend Kāvyapr. 7,2.

असमवक्लृप्त Adj. nicht zusammentreffend Çat. Br. 3,4,2,15.

असमवायिन् Adj. nicht inhärent. Dazu Nom. abstr. °यित्व n.

असमवेत Adj. 1) nicht unzertrennlich verbunden Comm. zu Njājas. 3,1,17. — 2) Pl. nicht alle vereint Gaut. 13,5.

असमष्टकाव्य Adj. von unerreichter Weisheit.

असमसम Adj. ohne Gleichen, unvergleichlich Lalit. 114,9.

असमसायक m. der Liebesgott.

असमस्त Adj. nicht zusammengesetzt (gramm.) 231,18.

असमाति 1) Adj. einzig in seiner Art. — 2) m. N. pr. eines Fürsten Ind. St. 12,32. — AV. 6,79,1 wohl fehlerhaft für असमर्ति.

(असमात्योजस्) असमातिषोजस् Adj. von unvergleichlicher Kraft.

असमान 1) Adj. (f. आ) ungleich Gaut. 4,27. Spr. 7702. — 2) n. eine nicht entsprechende Lage Mṛkkh. 109,8.

असमानकारण Adj. nicht dieselbe Ursache habend.

असमानग्राम Adj. nicht aus demselben Dorfe Gaut. 5,40.

असमानजातीय Adj. ungleichartig Comm. zu Njājas. 1,1,28.

असमानयन n. das Nichteingiessen.

असमानयितव्य Adj. kein Object des Samāna bildend Ind. St. 9,165.

असमापत्ति f. das Sichnichtfügen, Bestehen auf seinem Kopfe Āpast.

असमाप्त Adj. nicht vollendet Spr. 760. 6576. °कलुष Adj. dessen Schmutz noch n. v. ist, so v. a. noch ferner sündigend (von einer best. Stufe der Seele bei den Çaiva) Sarvad. 86,2.

असमाप्ति f. Nichvollendung Kāty. Çr. 1,4,4.

असमाप्यिन् Adj. nicht für Viele gleichzeitig zu erreichen.

असमालम्भन n. das Nichtberühren Gobh. 2,7,22.

असमावृत्तक und °वृत्तिक Adj. der seine Lehrzeit noch nicht vollendet hat und noch nicht heimgekehrt ist.

असमास m. kein Compositum ṚV. Prāt. 15,9.

असमासाङ्गयोग m. eine andere Verbindung als die von Theilen eines Compositum ṚV. Prāt. 1,32(33).

असमाहित Adj. nicht gesammelt, — aufmerksam Kaṭh. 3,1,13.

असमिद्ध Adj. nicht entzündet Mān. P. 15,38.

असमिश्र Adj. sich nicht mischend, — verbindend.

असमीक्षितकारिन् Adj. ohne Ueberlegung handelnd. Davon Nom. abstr. °रिता f. Ind. St. 14,379.

असमीक्ष्यकारिन् Adj. dass. Hit. 43,12. Davon Nom. abstr. °रिता f. Nāgān. 66,23.

असमीरित Adj. nicht erregt (Wind) Spr. 3179.

असमुद्यम m. keine Bemühung, — Anstrengung (mit Loc.) 184,27.

असमुन्नद्ध Adj. bescheiden Spr. 888.

असमृद्ध Adj. nicht zum Ziele gelangt, dem oder woran noch Etwas fehlt.

असमृद्धि f. das Misslingen, Verunglücken, Misserfolg MBh. 5,134,11.

असमेत Adj. nicht gekommen, so v. a. fehlend Ragh. 9,70.

*असमेषु m. der Liebesgott.

असमौजस् m. N. pr. eines Mannes.

असंपन्न Adj. unvollkommen, mangelhaft Çāṅkh. Br. 5,4.5. Bhāg. P. 1,4,30.

असंपरायाभिमुख Adj. nicht an den Tod denkend Bhāg. P. 4,25,33.

असंपाठ्य Adj. mit dem man nicht zusammen studiren darf.

1. असंपात m. kein Raum zum Durchgehen, Gedrängtheit R. ed. Bomb. 5,31,26.

2. असंपात Adj. (f. आ) nicht zur Hand seiend.

असंपादयत् Adj. nicht zu Stande bringend Spr. 764.

असंपूर्ण Adj. nicht vollständig, mangelhaft Sāhitopad. 8,6. woran Etwas (Instr.) fehlt 38,3.

असंपृक्त Adj. nicht in Berührung kommend Çat. Br. 3,7,4,11. Kāty. Çr. 5,4,3.

असंप्रति Adv. dem Augenblick —, den Verhältnissen nicht entsprechend.

असंप्रत्त Adj. nicht übergeben TS. 2,6,9,2.

असंप्रत्यय m. 1) Misstrauen. — 2) keine richtige Vorstellung, das Ungewisssein über Etwas Mahābh. 4,40,a. Vārtt. zu P. 1,1,71.

असंप्रदत्त Adj. nicht freiwillig gegeben (ein Mädchen zur Ehe) Hariv. 11066 (S. 709).

असंप्रदान n. das Nichtherausgeben, das Zurückhalten einer Gabe.

असंप्रमाद m. keine Sorglosigkeit.

असंप्रमोष m. das Nichtvergessen.

असंप्राप्त Adj. 1) nicht angelangt, — zum Ziele gelangt MBh. 14,75,14. — 2) noch nicht erschienen, — da seiend Spr. 765. — 3) nicht erreicht, — angelangt bei Mahâbh. 2,281,a. — 4) nicht erlangt (Wunsch) 53,23.

असंप्रीति f. Unlust.

असंबद्ध Adj. 1) unverbunden, einzeln R. 3,31,20. — 2) in keiner näheren Beziehung stehend, fern stehend, Nichts mit Jmd oder Etwas zu schaffen habend. — 3) unzusammenhängend, ungereimt. °प्रलापिन् Adj. Vagr. 49,19. °प्रलापित्व n. Kâm. Nîtis. 14,59, v. l. unsinnig (Handlung) Kâd. II, 43,15. — 4) Ungereimtes sprechend Mṛkkh. 146,6.

1. असंबन्ध m. kein Zusammenhang, keine nähere Beziehung Gaim. 5,1,22.

2. असंबन्ध Adj. (f. आ) in keiner näheren Beziehung stehend M. 2,129. Kâm. Nîtis. 14,59. Vielleicht nur fehlerhaft für असंबद्ध.

असंबाध 1) Adj. (f. आ) a) unbeengt, geräumig, weit, gross. — b) unbehindert 247,22. — c) leer, wenig besucht Kâd. II, 36,5. — 2) f. °धा ein best. Metrum. — 3) n. Unbeengtheit, offener Raum.

असंबोध m. Nichterkenntniss, Nichtverständniss.

असंबोध्य Adj. (f. आ) wobei es keinen Angeredeten giebt Comm. zu Mṛkkh. 32,17. 18.

1. अ॑संभव m. 1) das Vergehen, Vernichtung. — 2) das Unterbleiben. — 3) das Nichtdasein, Fehlen, Mangeln Gaut. 28,80. Chr. 211,18. — 4) Unmöglichkeit, Unstatthaftigkeit, Ungereimtheit 210,21. 213,21. 280,8.

2. असंभव Adj. 1) nicht wieder entstehend, — geboren werdend. — 2) nicht vorkommend, — vorhanden, unmöglich, ungereimt Ind. St. 1,41,19. Spr. 766. fg. — 3) ohne groben (materiellen) Körper Bhâg. P. 1,15,31.

असंभव्यम् Adv. um nicht wieder aufzukommen.

असंभावना f. 1) das Nichtfürmöglichhalten Kâd. II, 7,20. — 2) Geringachtung, Mangel an Respect Bâlar. 21,15. 78,1. 80,16.

असंभावनीय Adj. nicht vorauszusetzen, undenkbar.

असंभावयत् Adj. nicht für möglich haltend Kâd. 248,7.

असंभावित Adj. 1) = असंभावनीय Kâd. 110,12. Davon Nom. abstr. °त्व n. Comm. zu Kâvyâd. 2,29. — 2) unwürdig, mit Gen. Kâd. 75,11.

असंभाव्योपमा f. ein Gleichniss, bei dem Unmögliches vorausgesetzt wird, 249,22.

असंभाव्य 1) Adj. nicht vorauszusetzen, undenkbar MBh. 13,5,10. Spr. 768. Kâd. 197,1. — 2) °म् Adv. auf nicht wieder gut zu machende Weise.

असंभूया n. das Nichtwerden Kâd. 264,18.

असंभाषा f. keine Unterredung mit (Instr.) Pâr. Gṛhy. 2,8,3.

असंभाष्य Adj. mit dem man sich nicht unterreden darf.

अ॑संभिन्न Adj. 1) undurchbrochen (Schranken) Spr. 6563. MBh. 15,12,2. — 2) nicht verbunden, getrennt, abgesondert.

अ॑संभूति f. das Vergehen, Vernichtung.

अ॑संभेद m. das Nichtineinanderfliessen, Getrenntsein.

असंभेद्य Adj. nicht in Verbindung zu setzen.

असंभोग m. 1) Nichtgenuss. — 2) kein Liebesgenuss.

असंभोज्य Adj. mit dem man nicht zusammen speisen darf.

असंभ्रम Adj. keine Aufregung verrathend, ruhig und besonnen. °म् Adv.

असंभ्रान्त Adj. dass. °म् Adv. Mṛkkh. 142,22.

असंमत 1) Adj. a) nicht geschätzt, — in Ehren stehend. — b) nicht bevollmächtigt, — die Erlaubniss zu Etwas habend. — 2) n. Nichteinwilligung.

असंमतादायिन् Adj. ohne Einwilligung (des Besitzers) Etwas nehmend.

असंमति f. Unehre P. 3,1,128.

असंमान m. dass.

अ॑संमित Adj. ungemessen, maasslos.

असंमुख Adj. (f. ई) mit abgewandtem Gesicht.

असंमुग्ध Adj. nicht verirrt.

असंमूढ Adj. nicht verwirrt, das volle Bewusstsein habend.

अ॑संमृष्ट Adj. ungescheuert, ungereinigt Spr. 442.

असंमोष m. buddh. wohl = असंप्रमोष.

असंमोह m. klares Bewusstsein, Besonnenheit.

असम्यक् Adv. nicht auf die richtige Weise, falsch.

असम्यक्कारिन् Adj. falsch verfahrend 204,13.

असम्यक्कृतकारिन् Adj. seine Sache schlecht machend Spr. 3657.

असम्यक्प्रयोग m. unrichtige Anwendung Karaka 1,15.

असम्यग्दर्शिन् Adj. keine richtige Einsicht habend.

असम्यग्वचन n. falscher Ausspruch Tattvas. 37.

असरण n. das Nichtgehen Kâty. Çr. 18,6,26.

*असरु m. Blumea lacera DC.

असर्पभूत Adj. keine Schlange seiend 258,3.

अ॑सर्व Adj. nicht vollständig.

अ॑सर्वक्रतु m. kein beliebiges Opfer.

असर्वग Adj. nicht überall befindlich, — allgegenwärtig.

असर्वभक्त Adj. was nicht ganz aufgegessen wird.

असर्वविभक्ति Adj. nicht alle Casus habend P. 1,1,38.

अ॑सर्ववीर Adj. seine Leute nicht voll beisammen habend.

असर्वशस् Adv. nicht allgemein, — stets, — überall.

असर्वहोम m. das Nichtopfern bis zum letzten Rest.

असवर्ण Adj. (f. आ) 1) zu einer anderen Kaste als (Gen.) gehörig Çâk. 11,10. — 2) nicht homogen (Laut).

असव्य Adj. 1) *der rechte. — 2) der linke. — 3) = अवृत्त Cit. im Comm. zu Gaim. 4,1,26. अशम्य v. l.

असश्चत्, अ॑सश्चत् (f. °श्चती) und अ॑सश्चिवंस् (f. °श्चुषी) Adj. nicht stockend, — versagend, — versiegend. Pl. f. असश्चतस् nie versiegende Ströme.

अ॑ससत् Adj. nicht schlummernd.

असस्थान Adj. nicht an derselben Stelle des Mundes hervorgebracht.

असस्य Adj. (f. आ) nicht mit Korn bestanden Hariv. 2,13,11.

असह 1) Adj. (f. आ) a) nicht im Stande Etwas (Acc.) zu tragen. — b) nicht im Stande Etwas (im Comp. vorangehend) zu ertragen. Dazu Nom. abstr. °त्व n. Sarvad. 9,21. das Nichtzulassen Sâh. D. 258,1. — c) nicht vermögend, — im Stande seiend (mit Infin. oder am Ende eines Comp.) Kathâs. 26,287. — d) die Geduld verlierend, ungeduldig. — e) nicht bei der Hand seiend. Dazu Nom. abstr. °त्व n. Bhâvapr. 1,146. — 2) *n. Mitte der Brust.

असहज Adj. nicht angeboren, künstlich erzeugt S. S. S. 284.

असहन 1) Adj. (f. आ) a) nicht im Stande Etwas (im Comp. vorangehend) zu ertragen. °ता f. Schwäche Kâd. II, 74,11. — b) missgünstig, eifersüchtig 313,6. Spr. 1512. — 2) *m. Feind. — 3) n. das Nichtertragen, Sichnichtgefallenlassen.

असहन्त् Adj. (f. °न्ती) nicht vermögend zu (Inf.) R. ed. Gorr. 1,39,16.

असहभाव m. das sich gegenseitig Ausschliessen Comm. zu Nyâyas. 1,1,22.

असहस्रद Adj. weniger als Tausend (Kühe) gebend R. 1,8,15.

असहाय 1) Adj. ohne Genossen 169,16. alleinstehend, isolirt. Dazu Nom. abstr. °ता f. — 2) *m. ein best. Schauspieler Gal.

असहायवत् Adj. ohne Genossen.

असहित Adj. in der Astr. nicht in Conjunction stehend.

असहिष्णु Adj. 1) Etwas (Acc., Loc. oder im Comp. vorangehend) nicht ertragen könnend. Dazu Nom. abstr. °ता f. und °त्व n. — 2) Nichts ertragen könnend, sich Nichts gefallen lassend, unverträglich, missgünstig. Dazu Nom. abstr. °ता f.

असह्य Adj. (f. आ) 1) nicht zu ertragen, — auszuhalten, dem man nicht zu widerstehen vermag.

— 2) *nicht zu vollbringen, unmöglich.* दृशम् *nicht sichtbar* Ind. St. 9,10.

असक्ष्यनविधि (!) m. Titel einer Schrift.

असांवत्सर (Varāh. Bṛh. S. 2,9), °क und °रिक Adj. *keinen Astrologen habend.*

असांशयिक Adj. *nicht zweifelhaft, sicher.*

असांहित Adj. *nicht durch* Saṁdhi *bewirkt.*

असाकाङ्क्ष Adj. *nicht in Correlation stehend.* Dazu Nom. abstr. °ता f. Sāh. D. 319,2.

असाक्षिक Adj. *ohne Zeugen.* °हत *geschlagen.*

असाक्षित्व n. *das nicht Zeuge Sein.*

असात्म्य Adj. *nicht zuträglich.*

असादि Adj. 1) *nicht reitend.* — 2) *nicht erschlaffend, — müde werdend.*

असादन n. *das Nichthinsetzen, —stellen* Kātj. Çr. 12,6,21.

असादृश्य n. *Unähnlichkeit.*

असाधक Adj. *Etwas nicht zu Ende —, nicht zum Ziele führend, nicht abschliessend, — befriedigend, ungenügend* Gaut. 6,2,3. VP. 1,5,7.11.14.

1. असाधन n. *kein Mittel, — Requisit* Kap. 4,6.

2. असाधन Adj. 1) *ohne Mittel, ganz auf seine Person angewiesen* MBh. 3,32,16 (vgl. 12,107,4). 5,46,16. Spr. 772. — 2) *unausführbar, unmöglich.*

असाधारण Adj. (f. ई) *besonder, speciell; einzig in seiner Art, ganz ungewöhnlich.*

असाधारणोपमा f. *ein Gleichniss, bei dem ein Gegenstand als mit keinem andern, als nur mit sich selbst, vergleichbar erscheint,* 249,11.

असाधारण्य n. *Ungleichheit* Kap. 5,112.

असाधु Adj. a) *nicht gut, schlecht, böse* (von Personen und Handlungen), *schlecht gegen Jmd* (Loc.) 283,10. — b) *falsch.* — 2) m. *kein Biedermann, schlechter Mensch.* — 3) n. a) *Böses, ein böses Wort* 82,22. साध्वसाधुनी *Gutes und Böses.* — b) *Unfreundlichkeit, Ungunst.* — 4) Adv. *schlecht, pfui* als Ausruf.

असाधुजन m. *kein Biedermann, schlechter Mensch.*

असाधुत्व n. *Schlechtigkeit, Unehrenhaftigkeit.*

असाधुदर्शिन् Adj. *keine richtige Einsicht habend.*

असाधुवाद m. *Bezeugung des Missfallens.*

असाधुवृत्त Adj. *schlechtgesittet.*

असाध्य Adj. *mit dem oder womit man nicht fertig wird:* 1) *nicht in seine Gewalt zu bringen, mit dem man nicht zurechtkommen kann, nicht zu bemeistern* Spr. 774. fg. — 2) *nicht wieder gut zu machen, unheilbar* 217,10. 218,7. — 3) *nicht zu Stande zu bringen* 181,28. — 4) *nicht zu ermitteln, — constatiren, — beweisen* 215,17.20.21.

असाध्यता f. Nom. abstr. zu असाध्य 1) 2).

असाध्यत्व n. Nom. abstr. zu असाध्य 2).

असानाथ्य n. *kein Beistand, keine Hülfe.*

*असांतापिक Adj. *nicht zu erhitzen vermögend.*

असांनाय्य Adj. *ohne die Spende* Sāṁnājja Kātj. Çr. 21,3,2. °वत् Adj. dass. Comm. ebend.

असांनिध्य n. *das Nichtdabeisein, Abwesenheit* Gop. Br. 2,2,6 (असंनिध्य gedr.). Chr. 242,1.

असामञ्जस्य n. 1) *Unrichtigkeit.* — 2) *Ungebühr, Ungebührlichkeit* Bālar. 3,2,21.

1. असामन् n. *Mangel* Khānd. Up. 2,1,1. असाम नो बत *ach! es geht uns schlecht* 2.

2. असामन् Adj. 1) *ohne Gesang, —* Sāman Çat. Br. 1,4,1,1. — 2) *nicht mit dem* Sāmaveda *vertraut* MBh. 12,60,44.

3. असामन् n. *unfreundliche Weise* Khānd. Up. 2,1,2.

असाम्न्य Adj. *unfreundlich, unwirsch* (*poetisch* Sl.).

असामयिक Adj. *nicht rechtzeitig.*

1. असामर्थ्य n. *Unvermögen, Unfähigkeit.*

2. असामर्थ्य Adj. *unvermögend, im Absterben begriffen* (Baum) MBh. 13,5,19.

असामान्य Adj. *von nicht gewöhnlicher Art, absonderlich.*

असामि Adj. und Adv. *nicht halb, ganz, vollständig.*

असामिधेनीक Adj. *ohne* Sāmidhenī-*Verse.*

असामिशवस् Adj. *vollkräftig.*

असांप्रत Adj. 1) *ungebührlich, unpassend.* °म् Adv. — 2) *nicht der Gegenwart angehörig.*

असांप्रतिक Adj. *sich ungebührlich benehmend.* Davon Nom. abstr. °ता f. Bālar. 153,17.

असांप्रदायिक Adj. *nicht auf der Ueberlieferung beruhend.*

असाम्य n. *Ungleichheit.* — Adj. Hariv. 2711 fehlerhaft für अशाम्य.

असार 1) m. n. in सारासार *Tauglichkeit oder Untauglichkeit.* — 2) Adj. a) *untauglich, werthlos, nichtig.* — b) **leer* Gal. — 3) m. **Ricinus communis.* — 4) *f. आ *Musa paradisiaca* Nigh. Pr. — 5) n. **Aloeholz.*

असारता f. *Untauglichkeit.*

असाररूपता f. *Untauglichkeit, Nichtigkeit* und zugleich *Leerheit* Spr. 6233.

असारस्वत Adj. *nicht an der* Sarasvatī *vor sich gehend* Kātj. Çr. 13,4,3.

असार्थक Adj. *von keinem Nutzen.*

असार्वत्रिक Adj. *nicht allenthalben gültig, — allgemein.*

असालतिखान m. N. pr. eines *Fürsten.*

असालतिप्रकाश m. Titel eines Wörterbuchs.

असाहचर्य n. *das Nichtzusammensein, Ungleichzeitigkeit* Comm. zu Nyāyas. 3,1,26.

असाहस n. *keine Uebereilung, — Verwegenheit* Spr. 3669.

असाहसिक Adj. *nicht verwegen, — tollkühn, — unbesonnen zu Werke gehend.*

1. असि m. *Schlachtmesser, Schwert* 136,20. 139,17.

2. असि und असी f. N. pr. eines Flusses bei Benares.

3. असि 2. Sg. Praes. von 1. अस्.

असिंहासन Adj. *ohne Thron* Mudrā. 83,3.

असिक 1) m. N. pr. eines Volkes oder Landes. — 2) *n. *die Vertiefung zwischen Unterlippe und Kinn.*

*असिक्निका f. Demin. von असिक्नी *Dienerin im Harem.*

असिक्नी s. 2. असित 4).

*असिगण्ड m. *kleines Kopfkissen.*

1. असित Adj. *ungebunden* Spr. 761.

2. असित 1) Adj. (f. असिता und असिक्नी) *dunkelfarbig, schwarz* 84,8. 164,1. Spr. 761. Dazu Nom. abstr. °त्व n. Varāh. Bṛh. S. 5,2. — 2) m. a) *der Planet Saturn.* — b) *ein best. zu den Mäusen gerechnetes giftiges Thier.* — c) N. pr. α) eines Herrschers des *Dunkels* und Zauberers, sowie auch verschiedener Männer. — β) eines Berges. — 3) f. असिता a) **Dienerin im Harem.* — b) **die Indigopflanze.* — c) N. pr. einer Apsaras. — 4) f. असिक्नी a) *Dunkel, Nacht.* — b) **Dienerin im Harem.* — c) N. pr. α) einer Gattin Daksha's. — β) eines Flusses im Pendschab, Akesines. Auch असिक्नी.

3. असित m. 1) *schwarze Schlange* und N. pr. eines Schlangendämons. — 2) *ein best. gegen Schlangen wirkender Spruch* MBh. 1,58,22.

असितग्रीव 1) Adj. *dunkelnackig.* — 2) m. *Pfau.*

असितज्ञु Adj. (f. ऊ) *mit dunkeln Knien.*

*असितद्रुम m. *Xanthochymus pictorius* Nigh. Pr.

असितपक्ष m. *die dunkle Hälfte eines Monats* Spr. 2863, v. l.

असितपीतक Adj. (f. °तिका) *dunkelgelb* 217,7.

असितपुष्पक m. *Schrebera Swietenioides* Suçr. 1,82,7.

असितमृग m. N. pr. eines Ṛshi. Pl. *seine Nachkommen.*

असितवर्ण Adj. *dunkelfarbig* TS. 2,1,26,1.

*असितवल्ली f. *Panicum Dactylon* Nigh. Pr.

*असितसार und *°क m. *Diospyros glutinosa* Nigh. Pr.

असिताङ्ग Adj. *einen dunkeln Körper habend.* m. und °भैरव m. *eine Form* Çiva's.

*असिताञ्जनी f. *dunkelfarbige Baumwollenstaude* Rājan. 4,189.

*असिताश्वघोष m. N. pr. eines Buddha.

*असितार्चिस् m. Feuer.

*असितालु m. ein best. Knollengewächs.

असिताश्मन् m. Sapphir.

असितोत्पल n. eine blaue Lotusblüthe Spr. 1365.

असितोद n. N. pr. eines mythischen Sees.

असिद m. Sichel.

*असिदंष्ट्र und *°क m. Bez. des Makara.

असिद्ध Adj. 1) unvollkommen Ind. St. 9,163. Dazu Nom. abstr. °त्व n. 162. — 2) ungültig. — 3) keine Zaubermacht besitzend.

असिद्धान्त m. kein feststehender Satz Suçr. 1, 149,14.

असिद्धार्थ Adj. der seinen Zweck nicht erreicht hat.

असिद्धि f. 1) Verfehlung des Ziels Gaut. 21,6. — 2) das sich nicht als richtig Herausstellen, Unbewiesensein Kap. 1,34. 37. 89. 111. 5,127. Njâjas. 4,2,33. Vâmana 3,2,27. — 3) im Sâmkhja Unvollkommenheit.

असिद्धिद Adj. keinen Erfolg verleihend.

असिद्धिनिरूपणव्याख्या f. Titel eines Werkes.

असिद्वितीय Adj. nur von einem Schwerte begleitet Ind. St. 13,356.

असिधारा f. Schwertklinge Spr. 782. °व्रत n. so v. a. ein über die Maassen schwieriges Vorhaben. *°व्रतिन् Adj. der etwas ü. d. M. Schwieriges vorhat Gal. — असिधार Kathâs. 17,91 fehlerhaft für असि°.

असिधारक Adj. in Verbindung mit व्रत = असिधाराव्रत Einschiebung nach Varâh. Bṛh. S. 76,12.

*असिधाव und *°क m. Schwertfeger.

असिधेनु und °का f. Messer.

असिन्व (f. आ) und असिन्वत् Adj. unersättlich.

1. असिपत्त्र n. Schwertklinge. °व्रत n. so v. a. असिधाराव्रत Çaim. Bhâr. 1,46. 63. 13,146. 20,48. 37,84.

2. असिपत्त्र m. 1) Scirpus Kysoor Roxb. — 2) * Zuckerrohr. — 3) * eine best. Hölle.

*असिपत्त्रक m. Zuckerrohr.

असिपत्त्रवन n. eine best. Hölle.

असिपथ m. Bahn des Schlachtmessers.

असिपाणि Adj. ein Schwert in der Hand haltend MBh. 12,101,5.

*असिपुच्छक m. Delphinus gangeticus.

*असिपुत्रिका und *°पुत्री f. Messer.

असिबद्ध Adj. mit einem Messer umgürtet Çânkh. Çr. 14,22,20.

*असिभरिता f. eine Art Tonleiter Gal.

असिमंस् Adj. mit Messern oder Dolchen versehen.

असिमुसल n. Bez. einer der 5 Weisen, auf welche der Planet Mars seinen Rücklauf beginnt.

*असिमेद m. Vachellia farnesiana W. u. A.

असिर m. Geschoss.

असिलता f. Schwertklinge Prab. 3,9.

असिलोमन् m. N. pr. eines Dânava.

*असिशिम्बी f. Schwertschote, ein Dolichos Bhâvapr. 7,178.

असिष्ठ Adj. am besten schiessend.

*असिहत्य n. Schwertkampf.

*असिहेति Adj. mit einem Schwerte bewaffnet.

असीमकृष्ण m. N. pr. eines Fürsten Bhâg. P. 9,22,38.

असीमन् Adj. unbegrenzt Bâlar. 7,14.

असु 1) m. a) Lebenshauch, Leben. Pl. (nur dieses in der späteren Sprache) Lebensgeister. — b) Geisterleben. — c) $^{1}/_{360}$ Muhûrta Ganit. 1,17. — d) * = प्रज्ञा. — 2) * n. a) Trauer. — b) der Geist.

असुकर Adj. nicht leicht auszuführen.

*असुकास् Nom. Sg. m. jener. Vgl. असुक.

*असुतर्पण n. v. l. für असूर्तर्पण.

असुख 1) Adj. (f. आ) a) unangenehm, schmerzlich. — b) unglücklich. — c) nicht leicht zu (Inf.) Kir. 5,49. — 2) n. Herzeleid, Pein, Kummer Spr. 7703.

असुखदुःख Adj. weder Freude noch Leid kennend Ind. St. 9,163.

असुखसंचार Adj. (f. आ) wo man sich nicht behaglich ergeht, nicht einladend.

असुखावह Adj. (f. आ) kein Wohlbehagen bringend.

असुखिन् Adj. sich nicht behaglich fühlend, traurig, unglücklich.

असुखोदय und असुखोदर्क Adj. keine Freuden —, kein Glück verheissend.

1. असुगन्ध m. übler Geruch.

2. असुगन्ध Adj. nicht wohlriechend, — parfümirt.

असुगम Adj. nicht leicht gangbar.

असुत Adj. nicht ausgepresst, — gekeltert.

असुतार im Sâmkhja 1) n. das Sichverhören Tattvas. 37. — 2) f. आ das Jagen nach Sinnesobjecten Tattvas. 36.

असुतृप् Adj. unersättlich.

असुतृप Adj. das Leben geniessend, ganz den Lebensgenüssen ergeben.

असुत्याग m. das Aufgeben des Geistes.

*असुधारण n. das Leben.

असुनियम m. Hemmung des Athems Ind. St. 9,140.

असुनीत n. Geisterreich oder m. Geisterherr (Jama).

असुनीति f. Geisterleben, Geisterreich. Auch personificirt als Gottheit.

असुनेत्रा f. im Sâmkhja das Jagen nach Reichthümern, als wären diese unvergänglich.

असुन्दर Adj. nicht gut, — richtig.

असुन्व (f. आ) und असुन्वत् Adj. keinen Soma auspressend, unfromm.

असुपारा f. im Sâmkhja das Hüten und Pflegen der Sinnesobjecte Tattvas. 36.

असुप्त Adj. nicht schlafend Çat. Br. 14,7,1,12.

असुप्राप्य Adj. nicht leicht zu erlangen.

असुब्रह्मन् m. kein guter Brahman.

*असुभगंभविष्णु Adj. etwa nicht beliebt werdend.

असुभिक्ष n. Theuerung, schlechte Zeiten Varâh. Bṛh. S. 5,71.

असुभृत् m. lebendes Wesen, Mensch.

असुमति m. N. pr. eines Fürsten VP.[2] 4,129.

असुमन्त् Adj. mit Leben begabt, m. belebtes Wesen.

असुमरीचिका f. im Sâmkhja das Hängen an sinnlichen Genüssen.

असुम्न Adj. widerwärtig.

असुंभर Adj. (f. आ) nur das Leben erhaltend, nur für d. L. sorgend.

असुर 1) Adj. geistig, unkörperlich, göttlich. — 2) m. a) Geist, der höchste Geist (insbes. von Varuṇa). — b) böser Geist, Gespenst, Dämon, Widersacher der Götter. — c) Bez. Râhu's. — d) * die Sonne. — e) * Wolke. — f) Pl. N. pr. α) * eines Kriegerstammes. — β) einer Schule. — 3) * f. असुरा a) Nacht. — b) Zodiakalzeichen. — 4) f. असुरी a) ein weiblicher Unhold. — b) * Sinapis ramosa Roxb.

असुरकाण्ड m. oder n. Titel eines Abschnittes in einem best. Werke.

*असुरकुमार m. Pl. eine best. Klasse von Göttern bei den Gaina.

असुरक्षपण und असुरक्षिति Adj. Dämonen vernichtend.

असुरगुरु m. Çukra, der Planet Venus Kâd. II, 110,4.

असुरतमस n. das Dunkel der Dämonen Çat. Br. 4,3,4,21.

असुरत्व n. 1) Geistigkeit, göttliche Würde. — 2) das ein Asura (Widersacher der Götter) Sein Maitr. S. 4,2,1.

*असुरद्विष् m. Bein. Vishṇu's.

असुरब्रह्म m. Priester der Dämonen Çat. Br. 1,1, 4,14.

असुरभि Adj. übelriechend Tattvas. 13. Tarkas. 14.

असुरमाया f. dämonisches Blendwerk Tâṇḍja-Br. 13,12,5.

असुररक्षस n. 1) Sg. ein dämonisches Wesen, das sowohl ein Asura als auch ein Rakshas ist. — 2. Pl. Asura und Rakshas.

असुरराज् m. Fürst der Asura MBh. 1,160,1.

*असुररिपु m. Bein. Vishṇu's.

असुरलोक m. die Welt der Dämonen Kâṭh. 14,9.

असुरसंहिता f. die Samhitâ der Asura Sâ-

Hitopad. 7,4.

*असुरसा f. *Basilicum pilosum Benth.*

असुरसूदन m. Bein. Vishṇu's.

असुरहन् Adj. (f. असुरघ्नी) *Dämonen vernichtend.*

*असुराचार्य m. *der Planet Venus.*

असुराधिप m. *Fürst der* Asura.

असुरारि m. *Feind der* Asura, Bein. Vishṇu's Kād. 44,20.

*असुराह्न n. *Messing.*

असुरेज्य m. *der Planet Venus.*

असुरेन्द्र m. *Fürst der* Asura VP. 3,36,2.

*असुर्तपा n. v. l. für असूर्तपा.

असुर्य und असुरिय 1) Adj. *a) geistig, himmlisch, göttlich. — b) geisterhaft, dämonisch, asurisch.* — 2) n. *a) Geistigkeit, göttliche Lebensfülle, Göttlichkeit. — b) Geister —, Götterwelt.*

असुलभ Adj. (f. आ) *nicht leicht zu haben, selten.* Davon Nom. abstr. °त्व n.

असुवर्ग्य Adj. = अस्वार्ग्य TS. 5,2,10,7.

असुविलास m. *ein best. Metrum.*

असुव्यय m. *Hingabe des Lebens* Prab. 64,12.

असुषिरत्व n. *das Nichthohlsein* Maitr. S. 3,10,3.

असुषुप्त Adj. *nicht in tiefen Schlaf versunken* Ind. St. 9,131.

असुष्वि Adj. *keinen* Soma *auspressend, unfromm.*

असुसमाप्त Adj. *unvollkommen.*

असुसू m. *Pfeil* Kir. 15,5.

असुस्थ und असुस्थित Adj. *unwohl.*

असुस्थिरादर Adj. *beständig um sein Leben besorgt* Bhāg. P. 1,360.

असुहित *nicht satt, hungrig.*

1. असुहृद् m. 1) *kein Freund.* — 2) *Feind.*

2. असुहृद् Adj. *keinen Freund habend.*

असू Adj. f. *nicht gebärend, unfruchtbar.*

*असूत्तपा n. v. l. für असूर्तपा.

असूचीसंचार Adj. *so dicht, dass keine Nadel durchgeht,* Spr. 785. Bhāg. P. 8,1378.

*असूत Adj. in °नारी *nicht geboren habend, unfruchtbar.*

असूति f. *Nichtentstehung, das Sichnichteinstellen* Kir. 2,56.

असूतिका Adj. f. = असूत.

असूत्रित Adj. *nicht in die Form eines* Sūtra *gebracht* Comm. zu TS. Prāt. 24,6, v. l.

असूय्, °यति und °यते *murren, ungehalten —, unzufrieden sein* (mit Dat. oder Acc.) Kād. 121,23. — Caus. असूययति 1) *Jmd reizen* MBh. 3,66,17. — 2) *seinen Unwillen gegen Jmd* (Acc.) *oder Etwas* (Acc.) *an den Tag legen, grollen.* Auch mit Gen. der Sache MBh. 14,20,5.

असूय 1) Adj. *murrend, grollend, ungehalten über.* — 2) f. आ *das Murren, Ungehaltensein, Unlust, Unwille, insbes. über die Verdienste oder das Wohlergehen Anderer, Missgunst* Āpast.

असूयक Adj., असूयितर् Nom. ag. und असूयु (in अनसूयु) Adj. *murrend, ungehalten, insbes. über die Verdienste oder das Wohlergehen Anderer.*

असूर्ते Loc. *Nachts.*

*असूर्तपा n. *Geringachtung.*

असूर्त Adj. *unbetreten, unbekannt.*

असूर्तरजस m. N. pr. v. l. für असूर्तरजस्. Vgl. ṚV. 10,82,4.

1. (असूर्य) असूरिय Adj. *unbetretbar, unbekannt.*

2. असूर्य Adj. *sonnenlos.* °म् Adv. *Nachts* Shaḍv. Br. 4,1.

असूर्यग Adj. *nicht zur Sonne hin sich bewegend* Baudh. 3,12.

असूर्यंपश्य 1) Adj. *die Sonne nie sehend* Vikr. 82,17. Ind. St. 13,470. — 2) f. आ *Gemahlin eines Fürsten.*

असूसु Adj. *nicht gebärend, unfruchtbar.*

*असृक्कर m. *Chylus.*

असृक्त्व n. Nom. abstr. von असृज् 1) *a)* Maitr. S. 4,2,9.

*असृक्प m. *ein* Rakshas.

असृक्पवेशग Adj. *in's Blut übergehend* Ind. St. 14,317.

असृक्पात m. *Blutspur.*

असृक्पायिन् Adj. *Blut saugend.*

असृग्ग्रह m. *der Planet Mars.*

असृग्दर m. *Bluterguss, Blutung.*

*असृग्धरा f. 1) *Haut.* — 2) *Chylus* Gal.

असृग्धारा f. 1) *Blutstrom.* — 2) **Haut.*

*असृग्बिन्दुच्छदा f. *eine best. Pflanze* Gal.

असृग्भाजन Adj. *Blut als Antheil erhaltend* Çāṅkh. Br. 10,4.

असृङ्मय Adj. (f. ई) *aus Blut gebildet* Çiç. 19,71.

असृङ्मुख Adj. *mit blutigem Gesicht.*

असृज् 1) n. *a) Blut.* Acc. असृजम् (st. असृक्) Hariv. 9286. असृद् vor क TS. 7,4,9,1. — *b)* **Saffran.* — 2) m. *a) der Planet Mars* Garbh. 2,3. — *b)* **ein best. astrol.* Joga.

असृणि Adj. *ungezügelt, unbändig.*

*असृपाट m. und *°टी f. *Blutspur.*

*असेचन und °क Adj. *entzückend.*

असेचनीय Adj. *geeignet Entzücken zu erregen* Lalit. 59,12.

(असेन्य) असेनिय Adj. *nicht treffend, — verwundend.*

असेवित Adj. *nicht besucht* Spr. 788.

असेव्य Adj. 1) *nicht zu besuchen, — betreten für* (Gen.). — 2) *dem man nicht dienen soll.*

असोढ Adj. *was man nicht zu überwinden vermag* 221,22.

1. असोम m. 1) *kein* Soma-*Saft* Kāty. Çr. 22,6,3. — 2) *kein* Soma-*Opfer* Kāty. Çr. 6,5,28.

2. असोम Adj. *ohne* Soma-*Saft* Spr. 5686.

असोमप, असोमपीथ und असोमपीथिन् Adj. *keinen* Soma *trinkend, zum* Soma-*Trank nicht zugelassen.*

असोमयाजिन् Adj. *der kein* Soma-*Opfer dargebracht hat* Çat. Br. 1,6,4,10. 11.

असौ Nom. Sg. m. f. *jener, jene.* Vergl. अदस्, अमी, अमु.

असौनामन् Adj. *den und den Namen führend.*

असौभाग्य n. *Unbeliebtheit* Spr. 2290.

असौम्य Adj. 1) *nicht ansprechend, unangenehm.* — 2) *Unglück verheissend.*

*असौपत्त m. *ein best.* Praisha.

असौरभ Adj. *übelriechend, stinkend.*

असौवर्ण Adj. *nicht von Gold* Spr. 539.

असौहित्य n. *Nichtsättigung* Shaḍv. Br. 1,3,3.

असौहृद n. *Feindschaft.*

अस्कन्द m. *Nichtverspritzung, Nichtverschüttung.*

अस्कन्नत्व n. dass. Maitr. S. 1,8,2.

अस्कन्दयत् Adj. 1) *nicht verschüttend, — vergiessend* Āpast. — 2) *nicht versäumend, — unterlassend.*

अस्कन्दित Adj. *nicht versäumt, — unterlassen.*

अस्कन्दिन् Adj. *nicht gerinnend.*

अस्कन्न Adj. 1) *unverspritzt, unverschüttet.* Dazu Nom. abstr. अस्कन्नत्व n. Maitr. S. 3,9,7. — 2) *nicht mit Samen bespritzt, — belegt.*

अस्कम्भन n. *keine Stütze.*

अस्कृधोयु Adj. *nicht knapp, reichlich.*

अस्खलित 1) Adj. *a) nicht strauchelnd, sicher* (Gang). — *b) nicht stecken bleibend, ununterbrochen sich fortbewegend* 106,19. — *c) ununterbrochen, ungehemmt, ungestört.* — 2) n. *a) das Nichtstraucheln.* — *b) das Nichtsteckenbleiben* Uttarar. 16,6 (22,8).

अस्त 1) n. *Heimat, Heimatstätte.* अस्तम् Adv. *heim, heimwärts. Heimwärts gehen* bedeutet *a) untergehen* (von Gestirnen, insbes. der Sonne). — *b) zur Ruhe eingehen, aufhören, vergehen, sterben.* — 2) m. *Untergang.* — 3) N. pr. eines mythischen Berges im Westen, hinter dem Sonne und Mond beim *Untergang* verschwinden sollen, 297,1. — 4) m. *das siebente astrologische Haus* Varāh. Bṛh. 23,4. 8. Ind. St. 14,312, Çl. 2.

अस्तंयत् und **अस्तंयात्** Adj. *untergehend.*

अस्तन 1) n. *Heimat, Haus.* — 2) *m. *Eingang in die ewige Ruhe.*

अस्तक्षितिभृत् m. = अस्त 3) 311,13.

अस्तगमन n. *Untergang* (der Sonne) MBh. 1,135,17.

अस्तगामिन् Adj. *untergehend* Hāla. 44.

अस्तगिरि m. = अस्त 3).

अस्तंगच्छत् n. *westlicher Horizont* Sūrjas. 13,12.

अस्तंगत Adj. 1) *untergegangen* (Gestirne). — 2) *zur Ruhe gelangt, aufgehört, hingegangen, gestorben.*

अस्तंगमन n. *Untergang* (der Sonne).

अस्तंगमित Adj. *vernichtet.*

अस्तताति f. *Heimatstätte.*

अस्तनिमग्न Adj. *untergegangen.*

अस्तन्द्र Adj. 1) *beweglich, rührig.* — 2) *anspruchlos* Spr. 790. fg.

अस्तन्द्रता f. und **अस्तन्द्रत्व** n. *Anspruchlosigkeit.*

अस्तभवन n. *das 7te astrologische Haus.*

*अस्तमती f. *Desmodium gangeticum* DC.

अस्तमन n. *Untergang* (der Sonne), *heliakischer* —.

अस्तमय m. 1) dass. — 2) *Untergang* in übertr. Bed., *Hingang, Schwund.*

अस्तमयन n. *Untergang* (der Sonne).

अस्तमस्तक m. n. *der Gipfel des Berges* Asta 311,17.

अस्तमित Adj. 1) *untergegangen, heliakisch* — Varāh. Bṛh. S. 6,6. 7,13. °ते (sc. सूर्ये) *nach Sonnenuntergang* Chr. 38,7. — 2) *zur Ruhe gelangt, aufgehört, hingegangen, gestorben* Varāh. 108,10. 105,2.

अस्तमितोदिता f. (sc. पौर्णमासी) *der Tag, an welchem der Mond nach Sonnenuntergang voll aufgeht,* Gobh. 1,5,10.

अस्तमीके Loc. *daheim.*

अस्तमूर्धन् m. = अस्तमस्तक.

अस्तमेष्यत् Adj. *im Begriff unterzugehen.*

1. *अस्तम्भ m. *eine best. Kunst* Gal.

2. **अस्तम्भ** Adj. *anspruchlos* Rāǵat. 8,82.

अस्तम्भनीय Adj. *nicht zu hemmen.*

अस्तर् Nom. ag. *Schleuderer, Schütze.*

*अस्तरण n. gaṇa व्युष्टादि. आस्तरणिक Kāç.

अस्तराशि m. *das 7te astrol. Haus.*

*अस्तर्तृणा n. v. l. für असूर्तृणा.

अस्तर्ष्य Adj. *nicht niederzustrecken.*

अस्तलग्न n. *westlicher Horizont* Comm. zu Sūrjas. 13,13.

अस्तवे Dat. Inf. *um zu schleudern* VS. 16,3.

अस्तशिखर m. n. *der Gipfel des Berges* Asta.

अस्तशैल m. = अस्त 3).

अस्तसमय m. *Augenblick des Untergangs* (eig. und übertr.) Çiç. 9,5.

1. **अस्ता** Adv. v. l. zu अस्तम्.

2. **अस्ता** f. *Wurfgeschoss, Pfeil.*

अस्तांश m. Pl. *Zahl der Grade beim heliakischen Untergange eines Planeten* Sūrjas. 9,6.

*अस्ताग m. N. pr. eines Arhant's bei den Ǵaina.

*अस्ताघ Adj. *überaus tief.*

अस्ताचल (40,24) und **अस्ताद्रि** m. = अस्त 3).

*अस्तार Adj. = अस्ताघ Gal.

अस्ति f. N. pr. einer Tochter Ǵarāsaṁdha's.

अस्तिकाय m. *Kategorie* Sarvad. 35,4. °त्व n. Nom. abstr. 38,6.

*अस्तिक्षीरा Adj. f. *Milch habend.*

अस्तिता f. und **अस्तित्व** n. *wirkliches Dasein, Existenz* Çaṁk. zu Bādar. 2,2,23. Sarvad. 42,11.

अस्तिति Tāṇḍja-Br. 22,17,3 fehlerhaft für अस्तृति.

अस्तिप्रवाद m. Titel eines Ǵaina-Werkes.

*अस्तिबल Adj. gaṇa पलादि in der Kāç.

*अस्तिमत् Adj. *wohlhabend.*

*अस्तुंकार m. *ein abgedrungenes Ja.*

अस्तुत Adj. 1) *ungepriesen* Ait. Br. 3,42. — 2) *unbeliebt.* — 3) *nicht vorgetragen,* — *gesungen.*

अस्तुति Adj. *Niemand lobend* MBh. 13,216,24.

अस्तुत्य Adj. *nicht zu preisen,* — *lobenswerth* Spr. 298.

अस्तुविद् Adj. *wissend, dass Etwas gethan werden muss,* Rāǵat. 7,1342 (अस्तविद् gedr.).

अस्तृत Adj. *unüberwunden, unüberwindlich, unverwüstlich.*

अस्तृतयज्वन् Adj. *unermüdlich oder unübertrefflich opfernd.*

अस्तृति (so Hdschr.) f. *Unüberwindlichkeit* Tāṇḍja-Br. 22,17,3.

अस्तेन m. *kein Dieb,* — *Räuber.*

अस्तेनमानिन् Adj. *sich für keinen Dieb haltend.*

अस्तेय n. *das Nichtstehlen* 285,28.

अस्तोक Adj. *nicht gering,* — *unbedeutend.*

अस्तोतर् Nom. ag. = अस्तुति.

अस्तोत्रप्रस्थान n. *keine Veranlassung zu einem* Stotra Lāṭj. 10,3,5.

अस्तोपगत Adj. *untergegangen.*

अस्तोभ Adj. 1) *ohne Triller u. s. w.* Lāṭj. 6,11, 7. 7,2,2. — 2) *kurz und bündig.*

*अस्त्य n. *Haus.*

*अस्त्यान n. *Geringschätzung.*

अस्त्र n. (selten m.) 1) *Wurfwaffe, Geschoss, Pfeil; auch Bogen.* — 2) *ein best. Spruch aus einem für heilig gehaltenen Buche, den man vor dem Beginn des Lesens dieses Buches hersagt.* — 3) *ein best. beim Anzünden des Feuers gesprochener Spruch.* — 4) *Bez. der mystischen Silbe* फट्.

*अस्त्रकण्टक m. *Pfeil.*

*अस्त्रखदिर m. *rother* Khadira Rāǵan. 8,27.

अस्त्रग्राम m. *eine Menge verschiedener Geschosse* Veṇîs. 114.

*अस्त्रजित् n. *eine best. Pflanze.*

अस्त्रबन्ध m. *ununterbrochene Reihe von Pfeilen* R. 5,44,13. 15.

अस्त्रभृत् m. *Schütze* R. 5,43,2.

अस्त्रमन्त्र m. 1) *ein über Pfeile gesprochener Spruch.* — 2) *ein best. Spruch bei den* Maga.

*अस्त्रमार्ज m. *Schwertfeger.*

अस्त्रविद् Adj. *auf Geschosse sich verstehend, guter Schütze.*

अस्त्रवृष्टि f. *Pfeilregen* 99,9.

अस्त्रवेद m. *Bogenkunde* Dh. V. 15,3.

*अस्त्रसायक m. *eiserner Pfeil.*

अस्त्रागार n. *Waffenkammer.*

अस्त्राय्, *°यते *zu einer Waffe werden.* °यित Partic. Bālar. 239,10.

अस्त्रिन् m. *Schütze* Çiç. 18,71.

अस्त्री f. 1) *kein Weib.* — 2) *kein Femininum, so v. a. Masculinum und Neutrum* 244,27. 245,5. 26.

अस्त्रीजित Adj. *nicht in der Gewalt eines Weibes stehend.*

अस्त्रीसंभोगिन् Adj. *keinem Weibe beiwohnend* Kull. zu M. 6,26.

अस्त्रैण Adj. *ohne Weiber.*

अस्त्रोपसंहारमन्त्र m. *ein Zauberspruch, mit dem man abgeschossene Pfeile wieder an sich zieht,* Verz. d. B. H. No. 909.

अस्त्र्युपायिन् Adj. *keinem Weibe beiwohnend* Kāty. Çr. 22,7,16.

°अस्थ n. = अस्थि *Knochen.*

अस्थन् und **अस्थि** n. 1) *Knochen.* — 2) *Kern* —, *Stein einer Frucht.*

अस्थन्वन्त् Adj. *mit Knochen versehen.* Subst. *ein solches Thier* Gaut. 22,20. 23.

अस्था Adv. *etwa sogleich.*

*अस्थाग und *अस्ताघ Adj. *überaus tief.*

1. **अस्थान** n. 1) *keine Dauer* Ǵaim. 1,1,7. — 2) *ungeeigneter Ort für* (Gen.) Kād. 30,1. Loc. अस्थाने und अस्थान° *am unrechten Orte, zur unrechten Zeit, mit Unrecht.*

2. *अस्थान Adj. *überaus tief.*

अस्थानयुक्त Adj. *am unrechten Orte angebracht.* Davon Nom. abstr. °ता f.

अस्थानसमास m. *ein ungeeignetes Compositum.*

अस्थानस्थपद Adj. *wo ein Wort nicht an seiner Stelle steht* Kāvjapr. S. 165, Z. 10.

अस्थानस्थसमास Adj. wo ein Compositum nicht am Platz ist Kâvjâd. S. 166, Z. 4.

अस्थानिन् Adj. nicht am Platz —, — an der Reihe seiend, — hingehörig.

*अस्थाघ (!) Adj. überaus tief.

अस्थायिन् Adj. unbeständig, nicht von Dauer. Davon Nom. abstr. °यित्व n.

*अस्थार Adj. = überaus tief.

अस्थि s. अस्थन्.

अस्थिक n. Knochen Spr. 7322. Am Ende eines adj. Comp. f. आ.

अस्थिकुण्ड n. eine mit Knochen angefüllte Grube in der Hölle.

*अस्थिकृत् n. Fett.

अस्थिकेतु m. ein best. Komet (?).

अस्थिच्छल्लित n. eine best. Art Knochenbruch.

अस्थिज 1) Adj. in den Knochen entstanden. — 2) m. a) Donnerkeil; vgl. MBh. 1,33,20. — b) *Mark.

अस्थित Adj. nicht verweilend, momentan ṚV. Prât. 13,2.

अस्थिति f. schlechte Institution, Unordnung Kâd. II, 55,3.

*अस्थितुण्ड m. Vogel.

*अस्थितेजस् n. Mark.

अस्थिदन्तमय Adj. aus Knochen oder Elfenbein gemacht.

*अस्थिधन्वन् m. Beln. Çiva's.

*अस्थिपञ्जर m. Gerippe.

अस्थिबन्धन n. Sehne R. 2,42,10.

*अस्थिभक्ष m. Hund.

अस्थिभङ्ग m. 1) Knochenbruch. — 2) *Vitis quadrangularis Wall.

*अस्थिभुज् m. Hund.

अस्थिभूयिष्ठ Adj. vorzugsweise aus Knochen bestehend, dürr.

अस्थिमत् Adj. mit Knochen versehen.

अस्थिमय Adj. (f. ई) aus Knochen bestehend, voller Knochen.

अस्थिमाला f. Titel eines Werkes.

अस्थियज्ञ m. Knochenopfer (eine best. Ceremonie beim Todtenritual).

*अस्थियुज् m. Vitis quadrangularis Madanav. 31,315.

अस्थिर Adj. 1) nicht fest, unstät, beweglich MBh. 14,23,28. — 2) von keinem Bestand. — 3) nicht standhaft, wankelmüthig, unzuverlässig. — 4) zweifelhaft, nicht glaubwürdig.

अस्थिरत्व n. 1) Unbeständigkeit, Vergänglichkeit MBh. 3,79,12. — 2) Wankelmüthigkeit, Unzuverlässigkeit.

अस्थिरी Adv. mit भू abnehmen, geringer werden.

अस्थिवर्षण n. Knochenregen Ind. St. 1,40,4 v. u.

*अस्थिविग्रह m. N. pr. eines Dieners des Çiva.

*अस्थिशृङ्खला f. Vitis quadrangularis.

अस्थिशेष Adj. von dem nur die Knochen übrig geblieben sind. Davon Nom. abstr. °ता f. Kathâs. 72,136.

*अस्थिशीवित्य n. Runzeln Gal.

अस्थिसंपेश m. Gelenk Kâraka 1,11.

*अस्थिसंहार m. und *°री f. Vitis quadrangularis.

अस्थिसंहारक m. 1) dass. Madanav. 31,315. — 2) *ein best. Aasvogel, der calcuttische Adjutant.

अस्थिसंचय m. Beinhaufen, Knochenstätte Comm. zu Kâtj. Çr. 25,8,2.

*अस्थिसंधानकार m. Lauch Nigh. Pr.

अस्थिसंधि m. Gelenk Kâraka 1,11.

अस्थिसंभव 1) Adj. aus Knochen gebildet MBh. 1,33,20. — 2) *m. Mark.

1. *अस्थिसार m. Mark.

2. अस्थिसार Adj. bei dem die Knochen vorwalten, knochig Varâh. Lagh. 2,18.

अस्थिस्थूण Adj. Knochen zum Gerüste habend M. 6,76.

*अस्थिस्नेह und *°संसक m. Mark.

अस्थिस्रंस Adj. die Knochen auseinanderfallen machend.

अस्थूरि Adj. nicht einspännig, — einseitig Kâtj. 22,9.

अस्थूल Adj. (f. आ) nicht grob, — dick, — gross, — massiv, schmächtig.

अस्थेयस् Adj. 1) nicht sehr hart, — fest. — 2) nicht standhaltend.

अस्थैर्य n. 1) Unbeständigkeit, Wechsel. — 2) Unbestand, Vergänglichkeit.

अस्नात Adj. nicht gebadet.

अस्नातृ Adj. nicht badelustig, das Wasser scheuend, kein Schwimmer.

अस्नावक Adj. sehnenlos.

अस्निग्ध Adj. nicht weich, rauh.

*अस्निग्धदारुक m. eine best. Fichtenart Râǵan. 12,29.

अस्नेह Adj. ohne Fett Çat. Br. 14,6,8,8.

अस्नेहन und अस्नेहवत् Adj. keine Zuneigung empfindend.

अस्नेह्य Adj. nicht mit Fett zu behandeln Suçr. 2,558,6 (अस्नेष्य gedr.).

अस्पन्द Adj. 1) nicht zuckend, unbeweglich. अस्पन्दासु Adj. so v. a. mit unterdrücktem Athem Bhâg. P. 12,6,9. — 2) unwandelbar.

अस्पन्दम und अस्पन्दमान Adj. nicht zuckend.

अस्पन्दयत् Adj. nicht zucken lassend, — bewegend.

अस्पर्धितमनस् Adj. nicht neidisch MBh. 14,46,14.

1. अस्पर्श m. das Unberührtbleiben, Nichtbehaftetsein mit (Instr.) MBh. 3,116,17.

2. अस्पर्श Adj. 1) keinen Gefühlssinn habend Çat. Br. 14,6,8,8. — 2) nicht fühlbar Âpast. Ind. St. 9,164. Dazu Nom. abstr. °त्व n. Naish. 3,2,28.

अस्पर्शन n. das nicht in Berührung Kommen mit Etwas Comm. zu TS. Prât. 4,23. 14,4.

अस्पर्शपर Adj. worauf keine Muta folgt VS. Prât.

अस्पष्ट Adj. nicht deutlich wahrzunehmen, — ersichtlich, unklar. °कीर्ति Adj. unberühmt Bhâg. P. 4,23,24.

अस्पष्टोपाधि Adj. dessen Bedingendes unklar ist. Davon Nom. abstr. °ता 260,5.

अस्पृत Adj. nicht entrissen.

अस्पृशत् Adj. nicht berührend. त्रितानि Spr. 1892.

अस्पृश्य 1) Adj. a) nicht zu berühren. Dazu Nom. abstr. °त्व n. — b) nicht fühlbar. Dazu Nom. abstr. °त्व n. — 2) n. Unberührbarkeit Bhâg. P.

अस्पृष्ट Adj. 1) nicht berührt, womit man nicht in Berührung gekommen ist, wohin man nicht gelangt ist Spr. 517. Bhâg. P. 4,20,17. 6,3,15. — 2) nicht behaftet mit (Instr.) Cit. im Comm. zu Vâmana 1,2,11. — 3) unberührt heisst das hervorbringende Organ (करण) der Vocale, des Anusvâra und des Ûshman. Dazu Nom. abstr. °ता.

अस्पृष्टपुरुषान्तर Adj. keinem Andern zukommend Kumâras. 6,75.

अस्पृह Adj. frei von allem Begehren.

अस्पृहा f. kein Begehren Gaut. 8,23.

अस्प्रष्टृ Nom. ag. nicht fühlend Maitrjup. 6,11.

अस्फुट Adj. (f. आ) 1) undeutlich, unklar Kâvjâd. 3,1. °म् Adv. °त्व n. Nom. abstr. — 2) ungenau, incorrect, approximativ Sûrjas. 3,7. Nom. abstr. °ता f.

अस्फुटालंकार m. undeutlicher Redeschmuck. Davon Nom. abstr. °त्व n. Sâh. D. 4,21.

अस्फुटित Adj. nicht gesprungen, — rissig.

अस्फूर्ति f. das nicht zu Tage Treten, — Offenbarwerden.

*अस्फोटक m. Calotropis gigantea Gal.

1. अस्म Pron. der 1ten Person Pl. Davon अस्मान्, अस्माभिस्, अस्मभ्यम्, अस्मत् (auch am Anf. eines Comp.), अस्माकम् (59,30. Mudrâr. 8,18 oder 25,5). अस्मे Dat. Loc. ved., अस्माकम्, अस्मासु.

2. अस्म Pron. der 3ten Person Sg. Davon अस्मै und अस्मै, अस्मात्, अस्मिन्. Als Substantiv unbetont.

अस्मत्प्रेषित Adj. zu uns getrieben Çat. Br. 5,3,2,2.

अस्मत्रा Adv. bei —, unter —, zu uns.

अस्मत्र्यञ्च् Adj. uns zugewandt.

अस्मत्सखि Adj. (Nom. °खा) uns zu Gefährten habend.

अस्मत्संग्रसनव्यात्तव्यालतुण्डाय्, °यते den in der Absicht uns zu verschlingen geöffneten Rachen eines Tigers darstellen.

अस्मदीय Adj. unser 290,27. 321,2.

अस्मद्रात Adj. von uns gegeben.

अस्मद्रुह् Adj. uns nachstellend, — feindlich.

(अस्मध्र्यञ्च्) अस्मद्र्यञ्च् Adj. uns zugewandt. Adv. °ध्र्यक् und °द्र्यक्.

अस्मद्वत् Adv. gleich uns.

अस्मद्विध Adj. einer von unseres Gleichen 58,2. 59,21.

*अस्मय्, °यति Denom. von 1. अस्म.

अस्मयु Adj. uns zustrebend, — liebend.

अस्मरण n. das Sichnichterinnern, Nichtgedenken Jmdes (Gen.).

अस्मरत् Adj. sich auf Etwas nicht besinnend Lāṭy. 3,2,7.

अस्मर्तव्य Adj. dessen man nicht zu gedenken braucht.

अस्माक Adj. unser, der unserige.

अस्मिता f. Egoismus.

*अस्मिमान m. Selbstbewusstsein.

अस्मृत Adj. 1) vergessen. — 2) nicht erwähnt.

अस्मृतध्रु Adj. das Verlangen nicht täuschend ṚV. 10,61,4.

1. अस्मृति f. 1) Nichterinnerung, das Vergessen MBh. 3,116,17. 12,190,32. — 2) Gedächtnissschwäche MBh. 14,36,13.

2. अस्मृति Adv. unachtsam.

अस्मेर Adj. (f. आ) 1) nicht schmollend, zutraulich. — 2) nicht lächelnd, — heiter, betrübt Bālar. 40,21.

अस्मेहिति f. Auftrag für uns.

अस्यग्र n. Messerspitze Çulbas. in Ind. St. 3,331.

अस्यवामीय n. das Lied ṚV. 1,164.

*अस्यासि Adv. Schwert gegen Schwert Vop. 6,33.

अस्याकृति Adj. schwertförmig Kātj. Çr. 1,3,39.

*अस्युद्यत Adj. mit erhobenem Schwerte.

1. अस्र 1) Adj. schleudernd. — 2) n. a) Thräne. — b) *Blut.

2. *अस्र m. Kopfhaar.

*अस्रकण्ठ m. Pfeil. Vgl. अस्त्रकण्टक.

*अस्रखदिर m. eine rothblühende Mimosa.

अस्रग्विन् Adj. unbekränzt.

*अस्रघ्न m. Xanthoxylon Rhetsa Nigh. Pr.

*अस्रज (Rāgan. 17,1) und *°जन्मन् (Gal.) n. Fleisch.

*अस्रप 1) m. ein Rakshas. — 2) f. आ a) Blutegel. — b) eine Ḍākinī.

*अस्रपत्त्रक m. Abelmoschus esculentus W. und A.

*अस्रफला f. Weihrauchbaum.

*अस्रबिन्दुच्छदा f. ein best. Knollengewächs.

*अस्रमातृ (Gal.) und *°मातृका f. Chylus.

*अस्ररेणु m. Mennig Nigh. Pr.

*अस्ररोधिनी f. Mimosa pudica L.

अस्रव fehlerhaft für आस्रव.

अस्रवत् Adj. nicht leck.

अस्राम Adj. (f. आ) 1) nicht lahm. — 2) nicht welk.

*अस्राय्, °यते weinen gaṇa सुखादि.

अस्रायमाणक Adj. weinend MBh. 3,297,37.

*अस्रार्जक m. eine Art Basilienkraut.

अस्राव m. das Nichtausfliessen Bhāvapr. 1,22.

अस्रिध् und अस्रिधान Adj. nicht fehlgehend, — irrend.

*अस्रिन् Adj. weinend gaṇa सुखादि.

अस्रीवयम् n. (Çat. Br. 8,3,2,5) und अस्रीवि m. oder f. von unbekannter Bedeutung.

अस्रुत Adj. 1) unversieglich Çat. Br. 14,9,4,26. Pār. Gṛhy. 1,10,16. Andere Texte st. dessen अस्तृत. — 2) nicht eingeweicht Bhāvapr. 2,15.

अस्रेधत् Adj. nicht fehlgehend, — irrend.

अस्रेमन् Adj. fehlerlos, vollkommen.

अस्व Adj. besitzlos MBh. 12,246,22. Davon Nom. abstr. °त्व n. Kathās. 121,36.

*अस्वक Adj. (f. अस्वका und अस्विका) Adj. dass.

अस्वग Adj. nicht zum eigenen Heerde gehend, ohne Heimat.

अस्वगता f. Heimatlosigkeit.

*अस्वच्छन्द Adj. keinen eigenen Willen habend, abhängig.

अस्वजाति Adj. von einer anderen Kaste.

अस्वतःप्रामाण्य n. das nicht von sich aus Autoritätsein Comm. zu Gaim. 1,3,12.

अस्वतन्त्र Adj. (f. आ) nicht selbstständig, unfrei, abhängig Gaut. 18,1. Bals. P. 1,6,7. nicht Meister seiner selbst. Dazu Nom. abstr. °ता f. Kād. 160,12.

अस्वदित Adj. nicht schmackhaft gemacht Çat. Br. 1,4,2,15.

अस्वदृश् Adj. nicht die Seele schauend.

अस्वन Adj. keinen hellen Klang habend.

अस्वन्त Adj. nicht gut auslaufend, Unglück bringend.

अस्वपत् Adj. nicht schlafend Ind. St. 14,22.

1. अस्वप्न m. n. Schlaflosigkeit.

2. अस्वप्न 1) Adj. a) nicht schlafend, wachsam. — b) nicht träumend. — 2) *m. ein Gott.

अस्वप्नज् Adj. nicht schläfrig, schlummerlos.

अस्वयंकृत Adj. nicht mit eigener Person betrieben Gaut. 10,5.

अस्वर Adj. 1) nicht laut, halblaut, undeutlich. Dazu अस्वरम् Adv. — 2) vocallos Ind. St. 9,24. — 3) tonlos, accentlos. — 4) *eine unangenehme Stimme habend.

अस्वरक Adj. = अस्वर 3).

अस्वरादि Adj. nicht vocalisch anlautend Ind. St. 10,420.

अस्वरित Adj. nicht mit dem Svarita-Accent versehen. Davon Nom. abstr. °त्व n. 228,3.

अस्वर्गयोग्य Adj. sich nicht für den Himmel eignend, des Himmels unwürdig 107,3.

अस्वर्ग्य Adj. nicht zum Himmel führend Gaut. 21,20.

अस्वल्प Adj. (f. आ) gross, geräumig Viddh. 9,12.

अस्ववेश Adj. kein eigenes Haus habend, heimatlos.

अस्वश्लाघान्यनिन्द Adj. kein Selbstlob und keinen Tadel Anderer enthaltend. Davon Nom. abstr. °ता f. H. 68.

अस्वस्थ Adj. (f. आ) 1) unwohl, krank, sich unbehaglich fühlend. Dazu Nom. abstr. °ता f. 300,25 (im Prākrit). — 2) nicht natürlich, — in seinen Fugen.

अस्वस्थशरीर Adj. unwohl Kād. 238,4.

अस्वातन्त्र्य n. Unselbstständigkeit, Abhängigkeit.

अस्वाधीन Adj. (f. आ) 1) nicht frei, abhängig. — 2) worüber man nicht selbst verfügen kann.

*अस्वाध्याय Adj. den Veda nicht studirend.

अस्वामिक Adj. herrenlos Gaut. 10,36.

अस्वामिन् m. Nichtherr, Nichtbesitzer M. 8,4.

अस्वास्थ्य n. das Unwohlsein, krankhafter Zustand.

अस्वाहाकृत Adj. nicht durch स्वाहा den Göttern geweiht Çat. Br. 4,5,2,17. 6,6,2,17.

अस्विन्न 1) Adj. nicht durchgesotten. — 2) n. keine Anwendung von Schweissmitteln Suçr. 1,45,14.

अस्वेदन Adj. nicht schwitzend.

अस्वेद्य Adj. nicht mit Schweissmitteln zu behandeln Karaka 1,14.

1. अह् nur im Perf. आह u. s. w. 1) sagen, sprechen, mit Dat. oder Acc. der Person und Acc. der Sache. — 2) von Jmd oder Etwas (Acc.) sagen. — 3) aussagen, ausdrücken, bedeuten, bezeichnen. — 4) Jmd (Gen.) Etwas (Acc.) beilegen. — 5) Jmd oder Etwas (Acc.) irgendwie (Acc.) nennen, Jmd oder Etwas (Acc.) für Jmd oder Etwas (Acc.) halten, ansehen, erklären. Der prädicative Acc. wird bisweilen durch इति hervorgehoben. — 6) anerkennen, annehmen, aufstellen, statuiren. — 7) Jmd (Gen.) Etwas (Acc.) zusprechen, Etwas für Jmdes Eigenthum erklären. — Mit अधि für Jmd (Dat.) sprechen. — Mit अनु 1) hersagen, versprechen

37,29. — 2) *nachsprechen, nacherzählen.* — Mit अभि 1) *sprechen zu* (Acc.), *antworten.* — 2) *Jmd* (Dat.) *Etwas* (Acc.) *mittheilen.* — Mit निस् *aussprechen, aussagen, ausdrücken.* — Mit परा *gegen Jmd* (Acc.) *sprechen, Jmd Unrecht geben.* — Mit परि *umher,* d. h. *der Reihe nach oder zusammen sagen.* — Mit प्र 1) *aussagen, ansagen, ankündigen, verkündigen, sprechen, sagen.* Mit Dat. oder Acc. der Person und Acc. der Sache. — 2) *angeben, überliefern.* — 3) *Jmd oder Etwas* (Acc.) *irgendwie* (Acc.) *benennen, Jmd oder Etwas für Etwas halten, ansehen.* Der prädicative Acc. kann durch इति hervorgehoben werden. — Mit प्रति 1) *Jmd* (Acc.) *gegenüber Etwas* (Acc.) *aussprechen, zu Jmd sagen.* — 2) *erwiedern, antworten* (mit Acc. der Person). — Mit वि *eine abweichende Ansicht kund geben, streiten, disputiren.*

2. *अह्, अहति (व्याप्तौ).

1. अह Part. 1) *gewiss, sicher, ja, wohl, gerade.* — 2) *nämlich.* — 3) *zwar, freilich, wenigstens.* — 4) oft einfach durch stärkere Betonung des vorangehenden Wortes wiederzugeben.

2. अह n. *Tag.* Davon अहा (= अहानि 8,1) und अहानाम्. Häufig am Ende eines Comp. und zwar meistens m.

अहंयाति m. N. pr. eines Sohnes des Saṁjâti MBh. 1,95,14.15. VP. 4,19,1.

अहंयु Adj. *stolz, hochmüthig.*

अहंक्लिन् Adj. *frei von der Meinung, dass man das Ich sei,* Bhâg. P. 10,39,11.

अहंवाद m. = अहंश्रेयस् Comm. zu Kaush. Up. 2,14.

अहंवादिन् Adj. in अनहं°.

अहंश्रेयस् und °श्रेयस (Kaush. Up. 2,14) n. und *अहंश्रेयसिका (Gal.) f. *ein für sich in Anspruch genommener Vorrang.*

अहंसन Adj. *für sich haben wollend* RV.

*अहःपति m. = अहर्पति.

*अहकम् Demin. von अहम् *ich* Pat. zu P. 1,1,29.

अहंकरण n. *das Meinen, dass man das Ich sei.*

अहंकर्तव्य Adj. *das Object des* Ahaṁkâra *seiend.*

अहंकार m. 1) *Ichbewusstsein.* — 2) *Selbstsucht* Spr. 810. — 3) *Selbstbewusstsein, Dünkel, Hochmuth.* — 4) N. pr. eines Mannes.

*अहंकारवत् Adj. *von sich eingenommen, dünkelhaft.*

अहंकारिन् Adj. dass. Daçak. 2,4.

अहंकार्य Adj. 1) *das Object des* Ahaṁkâra *seiend* 269,15. — 2) n. *persönliche Angelegenheit* MBh. 3,146,6.

अहंकृत Adj. 1) *ein Bewusstsein von seinem Ich habend.* — 2) *egoistisch* VP. 1,5,10. — 3) *stolz, hochmüthig.*

अहंकृति f. 1) *die Meinung, dass man das Ich sei.* — 2) *hohe Meinung von sich, Dünkel.*

अहंक्रिया f. in निरहं°.

अहंचन्द्रसूरि m. N. pr. eines Autors Burnell 27,20.

अहत 1) Adj. a) *nicht geschlagen, unverletzt.* — b) *nicht geschlagen* (Trommel). — c) *beim Waschen nicht geschlagen, ungewaschen, neu* (Kleid) 37,4. — d) *nicht zu Grunde gerichtet,* — *dahin.* — 2) n. *ein ungewaschenes —, neues Kleid.*

अहतता f. *Unversehrtheit* Gop. Br. 2,3,9.

अहतवासस् Adj. *ein neues Kleid anhabend* Çat. Br. 14,9,4,12. Kâty. Çr. 5,1,22. 21,4,24.

अहति f. *Unversehrtheit.*

अहन् und अहस् (अहर्) n. 1) *Tag.* Du. im RV. *Tag und Nacht.* अहश्च कृष्णमहरर्जुनं च so v. a. *Nacht und Tag* RV. 6,9,1. अहरहः *Tag für Tag.* — 2) *Tagewerk, Tagesabschnitt* (in einer Opferfeier). — 3) *der Tag* personif. als einer der 8 Vasu. — 4) N. pr. a) eines Âṅgirasa. — b) eines Tîrtha.

अहनी RV. 1,123,7 mit falscher Betonung st. अह्ना Instr.

अहन्तृ Nom. ag. *kein Vernichter.*

अहन्ता f. *das Gefühl des Ich.*

अहन्ति f. = अहति.

अहन्य Adj. *untreffbar, unverwundbar* TS. 4,3,2,1.

1. अहन्त्व Adj. dass. Kâṭh.

2. अहन्त्व n. *das Ichsein* Ind. St. 9,133.

अहंधी f. *die Meinung, dass man Ich sei.*

अहंनामन् Adj. *Ich heissend* 31,8.

(अहन्य) अहन्निय Adj. *diurnus, täglich.*

अहन्यमान Adj. *nicht geschlagen —, nicht getroffen werdend* Âpast. Bhâg. P. 3,17,25.

अहन्नुन m. N. pr. eines Ṛshi TS. 4,3,8,2.

अहम् 1) Nom. Sg. *ich.* सोऽहम् so v. a. *ich, wie ich hier vor dir u. s. w. stehe,* 30,10. 53,20. — 2) *das Ich* Piṅgal. 3. — 3) *die Meinung, dass man Ich sei.* Gen. अहमस्, Loc. अहमि. Mit कृ *sich für Ich halten.*

अहम m. *eine best. Personification.*

*अहमग्रिया f. = अहंश्रेयस्.

अहमद m. N. pr. = احمد.

अहमहमिका f., अहमुत्तर n. und अहमुत्तरत्व (Conj.) n. = अहंश्रेयस्.

*अहंपुरुषिका f. *Selbstüberhebung* Gal. Vgl. अहंपू°.

अहंपूर्व Adj. *begierig, der Erste zu sein.*

अहंपूर्विका und अहंप्रथमिका f. = अहंश्रेयस्.

अहंबुद्धि f. 1) *die Meinung, dass man Ich sei.* — 2) *Selbstbewusstsein, Hochmuth.*

अहंभद्र n. = अहंश्रेयस्.

अहंभाव m. und अहंमति f. *die Meinung, dass man Ich sei.*

अहंममता f. *das Gefühl des Ich und des Mein.*

अहंममाभिमान m. *die falsche Voraussetzung, dass es ein Ich und ein Mein gebe,* Comm. zu Çat. Br. 14,9,2,7 (ungedr.).

1. अहंमान m. 1) *die Meinung, dass man Ich sei.* — 2) *Selbstsucht* VP. 4,7,7. 24.

2. अहंमान Adj. *meinend, dass man Ich sei,* VP. 1,5,10.

अहंमानिन् Adj. in सर्वाहं° *Alles für Ich haltend* Ind. St. 9,162.

*अहंमुनि m. *ein* Gina Gal.

अहर् s. अहन्.

अहर m. N. pr. 1) eines Asura. — 2) eines Sohnes des Manu. अहूर v. l.

अहरहःकर्मन् n. *tägliche Beschäftigung* Çat. Br. 8,4,4,17.

अहरागम m. *Tagesanbruch* Bhâg. 8,16,19.

अहरिक Adj. (f. आ) *nicht das Wort* हरि *enthaltend* Lâṭy. 3,1,18.

अहरित Adj. *nicht gelb.*

अहरीत n. Name eines Sâman.

अहर्गण m. 1) *eine Reihe von Tagen,* insbes. *Opfertagen* Gaim. 4,3,38. 7,14. — 2) *die Anzahl von solchen Tagen, welche zu einer bestimmten Zeit von einem best. Zeitpuncte an verflossen sind.* — 3) **Monat.*

अहर्जरम् Adv. *bei schwindenden Tagen, im Laufe der Tage* Mantrabr. 2,8,4. Taitt. Up. 1,4,3.

अहर्जात Adj. *am Tage geboren, nicht dämonisch.*

अहर्दिव 1) Adj. (f. आ) *tagtäglich.* — 2) अहर्दिवम् Adv. *Tag für Tag.*

अहर्दिवि Loc. *Tag für Tag.*

अहर्दृश् Adj. *den Tag sehend, lebend.*

अहर्निश 1) n. νυχθήμερον. — 2) °म् Adv. *Tag und Nacht, beständig.*

*अहर्मणिव्यापक m. *Händler* Nigh. Pr.

अहर्पति m. 1) *Herr des Tages.* — 2) *die Sonne.* — 3) Bein. Çiva's.

*अहर्बान्धव m. *die Sonne.*

अहर्भाज् Adj. *am Tage Theil habend* (von einem Backstein).

*अहर्मणि m. *die Sonne.*

*अहर्मुख n. *Tagesanbruch.*

अहर्लोका Adj. f. Bez. *bestimmter Backsteine.*

अहर्विद् Adj. *der Tage kundig.*

अहर्व्यत्यासम् Adv. *mit Umstellung der Tage* Kâty. Çr. 15,9,1.

अहर्व्यास m. Tagdiameter, das Doppelte des Tag-Sinus.

अहर्षण n. kein Reiz zum coitus Karaka 8,13.

अहर्षमय Adj. nicht aus Freude bestehend.

*अहल und *अहलि Adj. pfluglos.

अहल्या f. N. pr. 1) der Gattin Gautama's oder Çaradvant's. — 2) *einer Apsaras. — 3) *eines Sees.

अहल्याजार und अहल्यापति m. Bein. Indra's Bālar. 261,12. 124,22.

अहल्याह्रद m. N. pr. eines Sees.

अहल्येश्वरतीर्थ n. N. pr. eines Tīrtha.

अहल्लिक m. etwa Schwätzer Çat. Br.

अहविर्याजिन् Adj. nicht mit Havis opfernd Āpast.

अहविष्य m. oder n. nicht zur Opfergabe geeigneter Reis u. s. w. Āpast. 2,15,17. 18,3.

अहविस् Adj. nicht opfernd.

अहव्यवाह् Adj. (Nom. °वाट्) kein Opfer bringend.

अहःशस् Adv. tagweise.

1. अहःशेष m. Rest des Tages M. 11,204.

2. अहःशेष Adj. den Rest des Tagewerkes vollbringend Sâhityad. 44,4.

अहस् s. अहन्.

अहस्कर m. die Sonne Rāǵat. 7,1319. Bālar. 79,13.

अहस्त Adj. (f. आ) handlos.

अहस्ताभरण Adj. ohne Handschmuck.

अहःसंधिनस् Adj. wobei ein Zusammentreffen zweier Tage stattfindet.

अहःसहस्र n. tausend Tage Çat. Br. 10,4,2,4.

अहःसामन् n. ein am Tage zu singendes Sāman Çat. Br. 11,5,5,6.

अहह und *अहहा Interj. der freudigen oder traurigen Ueberraschung.

अहारयत् Adj. nicht verlierend (im Spiele) Kathās. 121,78.

*अहारिन् Adj. gaṇa ग्राह्यादि.

अहार्य 1) Adj. a) was nicht fortgenommen werden darf oder kann, unnehmbar, nicht stehlbar. Dazu Nom. abstr. °त्व n. Spr. 6928. — b) unabänderlich, unerschütterlich. — c) unbestechlich. — 2) m. a) *Berg. — b) N. pr. eines Fürsten VP.2 4,137.

अहालेय m. kein Hāleja Kāty. Çr. 10,2,21.

अहावस् Interj. in einem Sāman.

अहि m. 1) Schlange, Natter. — 2) die Schlange am Himmel, der Dämon Vṛtra. — 3) *Wolke. — 4) *Wasser. — 5) *die Sonne. — 6) *Bein. Rāhu's. — 7) *Reisender. — 8) *Nabel. — 9) *Blei. — 10) Bez. der Zahl acht Gaṇit. 2,10. — 11) N. pr. verschiedener Ṛshi.

अहिंसक und अहिंसत् Adj. Niemand verletzend.

अहिंसा f. 1) das Niemand Etwas zu Leide Thun. Personif. als Gattin Dharma's. — 2) Unverletztheit.

अहिंसान Adj. nicht verletzend.

अहिंस्य Adj. dem man kein Leid zufügen darf.

अहिंस्यमान Adj. nicht verletzt werdend.

अहिंस्र 1) Adj. nicht verletzend, harmlos Gaut. 9,72. ungefährlich. — 2) f. आ Capparis sepiaria Mat. med. Cactus Opuntia Bhāvapr. 1,144. Nigh. Pr. und *Momordica cochinchinensis Spreng. — 3) n. kein verletzendes —, mildes Wesen.

*अहिच्छत्रा f. Salmalia malabarica Sch. u. Endl.

*अहिकान्त m. Wind.

*अहिकुटिन् m. Feldlerche Nigh. Pr.

*अहिकोश m. eine abgestreifte Schlangenhaut.

अहिक्षत्र N. pr. eines Landes MBh. 3,254,9.

अहिक्षेत्र n. v. l. für अहिच्छत्र.

*अहिगन्धा f. die Ichneumonpflanze Nigh. Pr.

अहिगोप Adj. (f. आ) von der Schlange bewacht.

अहिघ्न n. Tödtung der Schlange. — अहिघ्नी s. u. अहिहन्.

अहिंकार und अहिंकृत Adj. nicht vom Ausruf हिङ् begleitet Lāṭy. 2,10,23. 4,12,8.

अहिचक्र n. ein best. Diagramm.

*अहिचुम्बक m. N. pr. eines Mannes. Davon Patron. *°चुम्बकायनि Ind. St. 13,414.

अहिच्छत्र 1) m. a) *ein best. vegetabilisches Gift und *Odina pennata L. — b) N. pr. eines Landes. *Pl. seine Bewohner. — 2) f. आ a) *Zucker. — b) *eine best. Pflanze Gal. — c) N. pr. der Hauptstadt von Ahikkhattra.

अहिच्छत्रक n. eine Art Staubpilz.

अहिजम्भन n. ein Schlangen vernichtendes Mittel Mantrabr. 2,1,4.

*अहिशालूक m. Eidechse Nigh. Pr.

*अहिशीर्षिका f. Asparagus racemosus Nigh. Pr.

अहिज्ञान m. N. pr. eines Kâçjapa-Geschlechts.

अहिण्डुका f. ein best. kleines giftiges Thier.

अहित 1) Adj. a) ungeeignet, untauglich. — b) nicht erspriesslich, — frommend, nachtheilig, schädlich M. 3,20. Chr. 171,18. Böses im Schilde führend, feindselig 130,23. — 2) m. Feind. — 3) f. अहिता N. pr. eines Flusses MBh. 6,9,21. — 4) n. Schaden, Nachtheil, Böses Āpast. Chr. 104,30. 172,17.

अहितकारिन् Adj. Schaden bringend, nachtheilig, schädlich. Davon Nom. abstr. °रित्व n.

अहितनामन् Adj. noch unbenannt.

*अहितुण्ड (Gal.) und *°तुण्डिक m. = आहि°.

*अहिदृश् Adj. schlangenähnlich.

अहिदेव und अहिदैवत n. das Mondhaus Açleshâ.

*अहिद्विष् m. 1) Ichneumon. — 2) Pfau. — 3) Bein. a) Garuḍa's. — b) Indra's.

*अहिनकुलिका f. die Feindschaft zwischen Schlange und Ichneumon Mahābh. 4,74,a.

*अहिनस् Adj. schlangennasig.

अहिनामन् Adj. was Schlange heisst.

*अहिनामभृत् m. Bein. Baladeva's.

अहिनिर्ल्वयनी f. eine abgestreifte Schlangenhaut.

अहिपताक m. eine best. ungiftige Schlange.

*अहिपुत्रक m. ein Boot von best. Form.

*अहिपुष्प m. Mesua Roxburghii Nigh. Pr.

अहिपूतन m. und °ना f. Geschwüre am After (bei Kindern).

*अहिफल 1) n. Schlangengurke (die Frucht) Nigh. Pr. — 2) f. आ a) Schlangengurke (die Pflanze) ebend. — b) = ऐरावती (eine best. Pflanze) ebend.

*अहिफेन m. Opium.

अहिबलचक्र n. Titel eines Werkes.

*अहिबीज n. Mohnsamen Nigh. Pr.

*अहिबुध्न m. fehlerhaft für अहिर्बुध्न्य.

*अहिभय n. Furcht eines Fürsten vor seinen Unterthanen.

*अहिभयदा f. Flacourtia cataphracta Roxb.

अहिभानु Adj. glänzend wie eine Schlange ṚV.

*अहिभुज् m. 1) Pfau. — 2) die Ichneumonpflanze. — 3) Bein. Garuḍa's.

*अहिभृत् m. Bein. Çiva's.

अहिम Adj. (f. आ) ohne Kälte, nicht kalt, warm.

अहिमकिरण m. die Sonne.

अहिमत्विष् m. dass. Prasannar. 130,13.

*अहिमत् Adj. schlangenreich. Vgl. आहिमत.

अहिमन्यु Adj. grimmig wie eine Schlange.

अहिमरश्मि m. die Sonne.

*अहिमर्दनी f. die Ichneumonpflanze.

अहिमांशु m. die Sonne Spr. 7804.

अहिमाय Adj. reich an Blendwerken wie eine Schlange.

*अहिमार und *°क (Gal.) m. = अहिमेदक Rāǵan. 8,41.

*अहिमुक्ता f. eine Perlenart Gal.

*अहिमेद und *°क m. = अरिमेद Rāǵan. 8,41.

अहिरण्य Adj. ohne Gold Āpast. 1,11,34.

अहिरण्यवत् Adj. kein Gold besitzend AV. 20,128,6.

*अहिरिपु m. Pfau.

*अहिर्बुध्न m. fehlerhaft für °बुध्न्य.

अहिर्बुध्न्य (zwei selbstständige Worte) Nom. m. 1) der Drache der Tiefe, d. i. des Dunstmeeres. — 2) N. pr. eines Rudra MBh. 1,123,68. Hariv. 1,3,52. 2,12,41. 69,24. Pl. (अहिर्बुध्न्यास्) Bez. der Rudra's

MBh. 5,114,1. — 3) अहिर्बुध्न्य n. a) ein best. Veda-Vers (ṚV. 1,186,5 oder 6,50,14) Çāṅkh. Br. 16,7. — b) fehlerhaft für अहि°.

*अहिर्बुध्न्यदेवता f. Pl. und *°दैवत्य n. (Gal.) das Mondhaus Uttarabhadrapadā.

अहिर्बुध्य und °र्बुध्न्य fehlerhaft für °बुध्न्य.

*अहिलता f. 1) die Ichneumonpflanze. — 2) Betel.

*अहिलोचन m. N. pr. eines Dieners des Çiva.

*अहिल्लोलिका f. Flacourtia cataphracta Nigh. Pr.

अहिल्या f. schlechte Schreibart für अहल्या.

*अहिवल्ली f. die Betelpflanze Nigh. Pr.

*अहिविषापहा f. die Ichneumonpflanze Nigh. Pr.

अहिशुष्मसत्वन् Adj. dessen Mannen wie Schlangen zischen.

अहिहत्य n. Erschlagung der Schlange (des Dämons Ahi).

अहिहन् Adj. (f. °घ्नी) Schlangen —, den Dämon Ahi tödtend.

अहिह्रद m. Schlangensee, N. pr. eines mythischen Sees Ind. St. 14,109.

अही m. 1) Schlange. — 2) ein best. schlangenartiger Dämon. — 3) *Du. अही Himmel und Erde.

1. अहीन Adj. über mehrere Tage sich erstreckend, m. eine mehrtägige Feier. Bei Kull. auch n.

2. अहीन 1) Adj. a) ungeschwächt, vollständig, voll, üppig, reichlich. — b) nicht ermangelnd, sich einer Sache (Instr.) nicht entziehend, obliegend. — 2) m. N. pr. eines Fürsten VP. 4,9,6.

अहीनकर्मन् Adj. keinen niedrigen Beschäftigungen obliegend oder die (vorgeschriebenen) Handlungen nicht unterlassend Gaut. 18,29.

अहीनगु m. N. pr. eines Fürsten.

अहीनर m. desgl. VP. 4,21,4.

अहीन्द्र m. Bein. Patañgali's.

*अहीर m. = आभीर Kuhhirt.

*अहीरणि m. eine zweiköpfige Schlange.

*अहीवती f. (संज्ञायाम्) gaṇa शरादि.

अहीशुव m. N. pr. eines von Indra bekämpften Dämons.

अहु Adj. = अंहु in परोऽहु.

अहुत 1) Adj. a) nicht geopfert, — dargebracht, noch nicht geopfert. — b) dem nicht geopfert worden ist. — c) worin (Feuer) nicht geopfert worden ist Āpast. 2,7,15. — d) nicht geopfert, — durch Opfer erlangt. — 2) m. ein leise hergesagtes Gebet M. 3,73,74.

अहुताद् Adj. nicht vom Geopferten geniessend, dem nicht gebührt vom Opfer zu essen, oder Nichtgeopfertes essend TS. 5,4,8,1.

अहुताभ्युदिते Loc. wenn die Sonne aufgegangen ist, bevor geopfert worden ist, Kāty. Çr. 25,4,10.

अहुताश m. kein Feuer.

अहुर m. das Feuer im Magen Gobh. 2,10,19. Mantrabr. 1,6,21.

अहूत Adj. ungerufen, unaufgefordert.

अहृणान Adj. nicht grollend, freundlich.

अहृणीयमान Adj. dass. °म् Adv. ohne zu grollen, so v. a. gern TBr. 3,1,2,3.

अहृत Adj. nicht hingerissen von (Instr.) Bhāg. 8,68.

अहृदय Adj. ohne Herz Çat. Br. 14,6,8,17.

अहृदयङ्गम Adj. dem Herzen nicht zusagend.

अहृद्य Adj. nicht mundend.

अहे Interj. Vgl. TS. 3,2,4,4.

अहेळत्, अहेळमान und अहेळयत् Adj. nicht unwillig, geneigt.

अहेतु m. 1) keine Ursache, — Veranlassung MBh. 12,285,27. — 2) kein gültiger Grund, ein unlangliches Argument Nyāyas. 5,1,20. Comm. zu 1,1,37. — 3) eine best. rhetorische Figur.

अहेतुक Adj. unbegründet.

अहेतुत्व n. das keine Ursache —, — Hauptursache Sein.

अहेतुरुज् Adj. ohne Anlass schmerzend Bhāvapr. 5,23.

अहेतुसम m. ein best. Sophisma, wobei man die Tauglichkeit eines Argumentes zu bestreiten sucht wegen dessen Unzulänglichkeit für die drei Zeiten, Nyāyas. 5,1,18. Sarvad. 114,11.

अहेयम m. पैद्वस्य Name eines Sāman Ārsh. Br.

*अहेरु m. Asparagus racemosus Willd.

अहेला f. kein Spass, voller Ernst Spr. 5135.

अहैतुक 1) Adj. (f. ई) a) keine Ursache habend, unbegründet. — b) uneigennützig. — 2) °म् Adv. ohne Anwendung eines andern Mittels, durch seine eigene Kraft.

अहो Interj. des freudigen oder traurigen Staunens, des Entzückens oder der Trauer, der Freude oder des Unwillens, des Lobes oder Tadels. अहो नु (Spr. 7717), अहो धिक्, धिगहो, अहो बत. Weder das ओ noch ein folgender Vocal erleiden irgend eine euphonische Veränderung.

अहोतृ Nom. ag. kein Opferer, zum Opfern ungeschickt.

*अहोपुरुषिका f. = आहो°.

अहोबल N. pr. 1) m. eines Scholiasten. — 2) einer Oertlichkeit.

अहोबलशास्त्रिन् m. N. pr. eines Autors.

अहोम m. keine Spende Çat. Br. 12,4,2,2. 9.

अहोमसंयुक्त Adj. mit keiner Spende verbunden Kāty. Çr. 1,3,26.

*अहोरत्न n. das Juwel des Tages, die Sonne Kāç. zu P. 8,2,68.

*अहोरथंतर n. Vārtt. zu P. 8,2,68.

अहोरात्र m. n. νυχθήμερον.

अहोरात्रवृत्त n. Tagkreis Golādhy. 6,27.

*अहोरूप n. Vārtt. zu P. 8,2,68.

अहोवीर्य m. N. pr. eines Mannes.

अह्न m. am Ende einiger Compp. = अहन् Tag. Dat. अह्नाय 1) *ehemals. — 2) alsbald, sogleich.

(अह्नवाय्य) अह्नवाय्य Adj. nicht zu läugnen, — beseitigen.

*अह्नि f. N. pr. einer Frau Comm. zu Taitt. Ār. 1,12.

अह्निज Adj. am Tage entstehend, — erscheinend.

अह्नय n. Tagereise (der Sonne).

अह्लीर्षु m. wohl ein best. Vogel.

अह्रय Adj. 1) keck, kühn. — 2) üppig, reichlich.

अह्रयाण Adj. üppig, keck, kühn.

अह्रस्व Adj. nicht kurz Çat. Br. 14,6,8,8.

अह्रि Adj. = अह्रय.

1. अह्री f. Schamlosigkeit MBh. 3,91,8.

2. अह्री Adj. schamlos, zudringlich.

*अह्रीक m. ein Buddhist.

अह्रुत Adj. 1) nicht schwankend, — strauchelnd, geradeaus gehend. — 2) ungekrümmt, gerade.

अह्रुतप्सु Adj. geraden —, aufrechten Aussehens.

अह्वला f. 1) das Nichtschwanken, Nichtstraucheln, Festigkeit. — 2) *Semecarpus Anacardium L.

---

1. आ 1) Adv. a) heran, herbei. — b) dazu, ferner, auch. — c) das vorangehende Wort steigernd und hervorhebend: gerade, recht, zumal. Oft nur durch stärkere Betonung des vorangehenden Wortes wiederzugeben. — 2) Praep. a) mit vorangehendem Acc. zu — hin, bis an, — zu. — b) mit folgendem Acc. mit Ausschluss von. — c) mit vorangehendem Abl. α) von — her, — aus, — weg, — an. — β) aus, von, unter (zur Hervorhebung eines Einzelnen unter Mehreren). — c) mit folgendem Abl. α) bis zu (einem best. Orte, Zeitpunkte oder Eintritt eines Falles). — β) von — an. — d) mit vorangehendem Loc. an, auf, in, bei, zu. — 3) am Anf. eines Comp. a) eines adj. bis zu — sich erstreckend. — b) eines adv. bis zu. — c) vor einem Adj. oder Subst. etwas, ein wenig, kaum; gering.

2. आ Interj., insbes. als Ausruf eines sich auf Etwas Besinnenden.

3. *आ 1) m. a) Bein. Çiva's. — b) Grossvater. — c) Rede. — 2) f. Bein. der Lakshmī.

*आंश m. Patron. von अंश.

*आंश्य Adj. von अंश.

आंहस्पत्य Adj. unter Aṁhaspati stehend.

आकण्ठम् und आकण्ठ° Adv. bis zum Halse zu Spr. 1733. Ind. St. 14,137. Pańkad. 18. Kathās. 30, 97. Spr. 7773.

आकत्थन Adj. ein wenig prahlend.

*आकत्य n. Nom. abstr. von अकत.

आकनिष्ठम् Adj. bis zum kleinen Finger AK. 2, 6,8,32.

आकपिल Adj. bräunlich Kir. 11,6.

आकम्प m. das Erzittern, zitternde Bewegung.

आकम्पन 1) m. N. pr. eines Daitja. — 2) n. das Erzittern.

आकम्पित n. das Erzittern.

आकर 1) m. a) Ausstreuer, freigebiger Verleiher. — b) Anhäufung, Ansammlung, Menge. — c) Mine, Fundgrube, Fundort (auch in übertr. Bed.). — d) Herkunft Spr. 843. — e) N. pr. eines Landes. — f) Titel eines Werkes. — 2) *Adj. der beste.

आकरज 1) Adj. mineralisch Tarkas. 8. — 2) *n. Edelstein Rāǵan. 13,147.

*आकरण n. und *°णा f. fehlerhafte Lesart für आका°.

आकरतीर्थ n. N. pr. eines Tīrtha.

*आकराकर m. Berg, Gebirge Gal.

आकरिक Adj. in einer Mine beschäftigt, m. Bergmann Kāç. zu P. 4,4,69.

आकरिन् Adj. aus Minen herstammend.

आकर्णन n. das Hören, Vernehmen 118,1. Ind. St. 14,388.

आकर्णनीय Adj. zu hören Prasannar. 2,13.

आकर्णम् und आकर्ण° Adv. bis zum Ohr R. 3,69,16.

आकर्णमूलम् Adv. bis zur Ohrwurzel R. 4,9,106.

आकर्णय्, °यति das Ohr hinhalten, hinhorchen, Etwas hören, vernehmen. — Mit उप hören, vernehmen. — Mit सम् dass.

आकर्ष m. 1) Ansichziehung, Heranziehung (auch als Zauberkunst). — 2) das Schleppen. — 3) *das Spannen (eines Bogens). — 4) *Krampf. — 5) Würfelspiel MBh. 2,63,6. — 6) *Würfel. — 7) *Spielbrett. — 8) ein best. anziehender oder klebriger Körper Kāty. Çr. 13,3,21. MBh. 3,40,9. — 9) *Sinnesorgan. — 10) *Boot Gal. — 11) Pl. N. pr. eines Volkes MBh. 2,34,11. Sg. (wohl N. pr. ihres Fürsten) ed. Calc.

आकर्षक 1) *Adj. = आकर्षे कुशलः. — 2) m. Magnet VP. 5,7,30. — 3) °र्षिका f. N. pr. einer Stadt.

*आकर्षकारिका f. Pech Nigh. Pr.

आकर्षक्रीडा f. ein best. Spiel.

आकर्षण 1) Adj. (f. ई) heranziehend Pańkad. 37. — 2) *f. ई ein Haken zum Ansichziehen eines Astes. 3) n. a) das Ansichziehen, Anziehung, Herbeiziehen (auch als Zauberkunst). — b) das Ziehen an (geht im Comp. voran). — c) das Spannen (eines Bogens).

*आकर्षल m. = आकर्षः खेल.

*आकर्षिक Adj. (f. ई) = आकर्षेण चरति.

आकर्षिन् 1) Adj. in मलाक°. — 2) *f. °णी = आकर्षणी.

*आकलन n. = बन्धन (निबन्ध), परिसंख्या (°ख्यान) und आकाङ्क्षा.

आकलनीय n. impers. aufzufassen Comm. zu Mṛkkh. 63,3.

*आकली f. Sperlingsweibchen Nigh. Pr.

1. आकल्प m. 1) *Nom. act. = कल्पन. — 2) Schmuck, Putz, Zierat.

2. आकल्प° Adv. = आकल्पम्. °स्थायिन् bis zum Ende der Welt dauernd Kād. II, 46,19.

3. आकल्प n. fehlerhaft für आकल्य.

*आकल्पक m. = उत्कण्ठा (उत्कलिका), चित्ता कर्मणि, मुद्, मोह, तमस् und ग्रन्थि.

आकल्पम् und आकल्पान्तम् (320,8) Adv. bis zum Ende der Welt.

आकल्य n. 1) *Unwohlsein, Krankheit. — 2) Liebesqual Kād. II, 36,22 (आकल्प gedr.).

*आकल्ल m. Anemis pyrethrum Nigh. Pr.

*आकशायेय m. Patron. von अकशाय gaṇa शुभ्रादि in der Kāç.

*आकषक und *आकषिक Adj. v. l. für आकर्षक und आकर्षिक.

आकस्मिक Adj. (f. ई) unvorhergesehen, plötzlich, zufällig. Davon Nom. abstr. °त्व n.

आकाङ्क्ष 1) Adj. eine Ergänzung erfordernd. — 2) f. आ a) Verlangen, Wunsch. — b) das Erfordern einer Ergänzung.

आकाङ्क्षण n. das Erfordern, Nichtumhinkönnen Comm. zu Njājas. 19,1,12.

आकाङ्क्षावाद m. Titel eines Njāja-Tractats.

°आकाङ्क्षिन् Adj. verlangend, wünschend, erwartend Kād. II, 69,13.

आकाङ्क्ष्य 1) *Adj. was man erwartet, das Complement von Etwas bildend, in दृशा°. — 2) n. das Erfordern einer Ergänzung.

*आकाप m. Scheiterhaufen.

(आकाय्य) आकायिष्य Adj. begehrenswerth.

1. आकार m. (adj. Comp. f. आ) Form, Gestalt, äussere Erscheinung, Aussehen. आकारमुद्वह् eine wichtige Miene machen, sich in Positur setzen. Mit einem Verbum in der Bed. »verbergen, verstecken« so v. a. sich verstellen.

2. आकार m. der Laut आ 238,6.

*आकारकरभ m. = आकल्ल Nigh. Pr.

आकारण n. das Herbeirufen. Auch *f. आ.

आकारणीय Adj. herbeizurufen.

आकारवत् Adj. 1) gestaltet, leibhaftig. — 2) wohlgeformt.

*आकारित्र Adj. fehlerhaft für आकारिक.

°आकारित Adj. die Form von — habend, in d. F. von — gekleidet 280,30. 281,10.

आकाले m. Loc. gerade um die Zeit von (Gen.).

आकालम् Adv. bis zu derselben Zeit am folgenden Tage Āpast. Gobh. 3,3,17. Sāmav. Br. 2,4,8.

1. आकालिक 1) Adj. (f. आ und ई) a) *nur einen Moment während. — b) bis zu derselben Zeit am folgenden Tage während Gaut. 16,22. 47. M. 4,103. 105. 118. — c) in ferner Zukunft liegend (?) Ǵaim. 1,2,14. — 2) *f. ई Blitz.

2. आकालिक Adj. (f. ई) nicht zur rechten, gewöhnlichen Zeit eintreffend LA. 32,21.

आकाश m. (in der älteren Sprache) und n. (adj. Comp. f. आ) 1) freier Raum 260,30. 31. — 2) Luftraum. — 3) die unbewegte Luft als das feinste Element 262,13. 32. 263,4. 267,30. — 4) Die Worte, die eine Person auf der Bühne an eine abwesende richtet, und die Antwort, die sie darauf zu vernehmen vorgiebt, werden durch die scenische Bemerkung आकाशे bezeichnet. Bei den Poetikern heisst auch diese Unterredung schlechtweg आकाश n. — 5) n. *Talk Rāǵan. 13,115.

*आकाशकक्षा f. Horizont.

आकाशखण्डन n. Titel eines Tractats.

आकाशग 1) Adj (f. आ) im Luftraum sich bewegend, — befindend. — 2) m. Vogel.

आकाशगङ्गा f. die noch im Luftraum fliessende Gaṅgā.

आकाशगत Adj. aus dem Luftraume kommend (Stimme) Kathās. 18,180.

आकाशगति f. und °गमन n. Gang —, Fortbewegung im Luftraum.

आकाशगर्भ (°गर्भ?) m. N. pr. eines Bodhisattva.

आकाशगामिन् Adj. im Luftraum sich fortbewegend. Davon Nom. abstr. °मित्व n.

आकाशचक्र n. Luftbereich Ind. St. 14,137.

*आकाशचमस m. der Mond.

आकाशचारिन् 1) Adj. = आकाशग. — 2) m. Vogel 78,10.

*आकाशजननिन् m. Schiessscharte.

*आकाशदीप m. eine Laterne, die zu Ehren der Lakshmi oder Kṛshṇa's an besondern Tagen in freier Luft an einen Dachbalken gehängt wird.

आकाशदेश m. *freier Platz* MBh. 3,66,10.

*आकाशपटल n. *Talk* Nigh. Pr.

आकाशपथ m. *Luftweg* Kathâs. 25,214.

आकाशपथिक m. *der Wanderer im Luftraum*, Beiw. der Sonne.

आकाशपोलि m. N. pr. eines Dichters.

आकाशप्रतिष्ठित m. N. pr. eines Buddha.

आकाशभाषित n. *die fingirte Unterhaltung einer Person auf der Bühne mit einer abwesenden* Comm. zu Mṛcch. 32,17. 18.

आकाशमय Adj. *aus Luft* (als Element) *bestehend*.

*आकाशमांसी f. *Narde*.

आकाशमुखिन् m. Pl. *eine best. Çiva'itische Secte*.

आकाशमुष्टिहननाय्, °यते *widersinnig sein wie das Schlagen der Luft mit den Fäusten*.

*आकाशमूली f. *Pistia Stratiotes*.

आकाशयान n. *Gang* —, *Fortbewegung im Luftraum*.

आकाशयोगिनी f. N. pr. einer Göttin.

आकाशरक्षिन् m. *Wärter auf einer Warte*.

आकाशवत् Adj. 1) *geräumig*. — 2) *ausgebreitet* Âçv. Çr. 3,3,9.

आकाशवर्त्मन् n. *Luftweg*.

*आकाशवल्ली f. *Cassyta filiformis L.*

आकाशवाणी 1) *f. *eine Stimme aus dem Luftraum*, — *vom Himmel*. — 2) m. N. pr. eines Autors.

आकाशवाद und °वादार्थ m. Titel eines Werkes.

आकाशव्यभिचारिन् m. N. pr. eines Mannes Ind. St. 14,126. 135.

आकाशशयन n. (adj. Comp. f. आ) *das Schlafen unter freiem Himmel* 66,7.

*आकाशसलिल n. *Regen*.

*आकाशस्फटिक m. *eine Krystallart*.

आकाशात्मन् Adj. *luftartig* Çat. Br. 10,6,3,2.

आकाशानन्त्यायतन n. N. pr. einer buddh. Welt.

आकाशास्तिकाय m. *die Kategorie des Raumes* (bei den Gaina) Çaṁk. zu Bâdar. 2,2,33.

आकाशीय Adj. *der Luft* (als Element) *eigen*.

आकाशेश 1) Adj. *nur über die Luft verfügend, ganz hülflos* M. 4,184. — 2) *m. Beiw. Indra's.

*आकाशोदक n. *Regen* Nigh. Pr.

आकाशोपन्यास m. Titel eines Werkes.

*आकाश्य Adj. *in der Luft befindlich*.

आकिंचन्य n. *Mangel an jeglichem Besitz*.

*आकिदन्ति m. N. pr. eines Fürsten. *°दन्तीय m. Pl. N. pr. des von ihm beherrschten Stammes. Kâç. liest °दन्ती f.

आकीटपतंगपिपीलकम् Adj. *bis auf das Gewürm, alles was fliegt und die Ameisen* Kaush. Up. 1,2,1. 3,1.

आकीम् Praep. *von* — (Abl.) *her*.

आकीर्य Partic. von कर्, किरति mit आ.

आकुञ्चन n. *das Biegen, Beugen, Zusammenziehen*.

आकुटिल Adj. *etwas gekrümmt* Çiç. 184. *etwas kraus* Kâd. 32,20.

आकुड्मलीकृत Adj. *halb geöffnet* Prasannar. 53,21.

आकुमारम् Adv. *bis zu den Knaben* MBh. 3,35,25.

आकुर्वती f. N. pr. eines Felsens.

आकुल 1) Adj. (f. आ) a) *in Verwirrung* oder *Unordnung gerathen, verworren, aus seinem natürlichen Zustande gebracht, verwirrt* (auch in übertr. Bed.). — b) *dicht besetzt, erfüllt* —, *voll von, überhäuft mit* (Instr. oder im Comp. vorangehend) 213, 14. 15. — 2) n. a) *ein mit Menschen erfüllter Ort*. — b) *Verwirrung*.

आकुलक Adj. = आकुल 1) a).

आकुलकृत् m. *Anthemis pyrethrum* Bhâvapr. 3, 97,8. Vgl. आकल्ल.

आकुलता f. und °त्व n. 1) *Verwirrung, Verwirrtheit*. — 2) *Fülle, Menge*.

आकुलय्, °यति *in Verwirrung oder Unordnung bringen*. Partic. आकुलित 1) *in Verwirrung* oder *Unordnung gebracht, verwirrt*. — 2) *getrübt* (Wasser).

आकुलागमतन्त्र n. Titel eines Werkes.

आकुलि m. N. pr. eines Asura-Priesters. Vgl. Tâṇḍya-Br. 13,12,5.

आकुली Adv. 1) mit कर् a) *verwirren*. — b) *erfüllen mit* (Instr.) Kâd. 63,16. धूमाकुलीकृत Chr. 219,15. — 2) mit भू *verwirrt werden*.

आकुलीकरण n. *das Verwirren*.

आकुलीभाव m. *das Verwirrtwerden*.

आकूत n. *Absicht, Vorhaben, Wunsch*.

आकूति f. 1) dass. MBh. 5,188,2. Auch personif. — 2) Name eines Kalpa.

आकूतिप्र Adj. *das Vorhaben erfüllend*.

आकूपार n. Name verschiedener Sâman Lâty. 7,2,1.

*आकूवार m. = अकूपार *Meer*.

आकृति 1) f. a) *Bestandtheil*. — b) *Form, Gestalt, äussere Erscheinung, Aussehen*. — c) *schöne Gestalt*. — d) *Art, Unterart, Species*. — e) *ein Metrum von 88* (4 X 22) *Silben*. — f) Bez. *der Zahl 22* Gaṇit. 2,7. — 2) m. N. pr. eines Mannes MBh. 2, 4,31. 31,61.

आकृतिगण m. *eine zu einer grammatischen Regel gehörige Sammlung von Worten, von denen nur ein Theil als Species aufgeführt wird*. Davon Nom. abstr. °ता f. Kâç. zu P. 4,1,96.

*आकृतिच्छत्त्रा f. *Achyranthes aspera*.

आकृतिमत् Adj. *gestaltet, leibhaftig*.

आकृतियोग m. *eine best. Klasse von Constellationen*.

आकृती f. = आकृति 1) b).

आकृष्ट m. Pl. als Bez. best. Ṛshi fehlerhaft für अकृष्ट.

आकृष्टि f. 1) *Anziehung, Anziehziehung* (einer Bogensehne), *Herbeiziehung* (auch als Zauberkunst). — 2) *der zur Herbeiziehung eines Abwesenden dienende Zauberspruch*.

आकृष्ण Adj. *schwärzlich* AV. Pariç. 53,10.

आकृष्णपूर्व Adj. *mit* आ कृष्णेन (RV. 1,35,2) *beginnend* Ind. St. 16,327.

आकृष्णीया f. (sc. ऋच्) *der Vers* RV. 1,35,2. Âçv. Gṛhy. Pariç. 1,7.

आके Loc. Adv. 1) *in der Nähe*. — 2) **in der Ferne*.

आकेकर Adj. *ein wenig schielend* Kâd. 90,22.

आकेनिप Adj. 1) *in der Nähe* — (?). — 2) * = मेधाविन्.

आकोकेर m. = αἰγόκερως.

आकोप m. *ein Anflug von Zorn*.

आकौशल n. *Unerfahrenheit, Unbeholfenheit* Spr. 4194.

आक्ताक्ष Adj. *dessen Augen gesalbt sind* AV. 20, 128,7.

आक्ताश्व m. N. pr. eines Mannes.

आक्त Partic. von अच् mit आ.

आक्रन्द m. 1) *Geschrei, Kampfgeschrei, Wehgeschrei*. — 2) *Freund, Beschützer*. — 3) *der natürliche Freund eines im Kriege begriffenen Fürsten* (*der Nachbar seines Nachbarn*). Auch von Planeten beim Planetenkampfe. — 4) **Schlacht, Kampf*.

आक्रन्दन n. *das Wehklagen*.

आक्रन्दनीय Adj. *zu Hülfe zu rufen*.

*आक्रन्दिक Adj. (f. ई) *auf einen Hülferuf herbeieilend*.

°आक्रन्दिन् Adj. *in klagendem Tone anrufend*.

आक्रम m. *Anschritt, Aufstieg, Angriff*.

आक्रमण 1) Adj. *heranschreitend, beschreitend*. — 2) n. a) *das Beschreiten, Auftreten, Aufsteigen; Aufstieg* TS. 6,6,4,2. — b) *das Angreifen, Angriff* (auf eine Person oder ein Land). — c) *das Sichverbreiten, Sichausbreiten nach* (Loc.) Kathâs. 18,16.

आक्रमणीय und आक्रम्य in अनाक्र°.

आक्रय m. und °या f. *Handel, Kram*.

आक्रष्टव्य Adj. *hinzuschleppen*.

आक्रान्ति f. 1) *Betretung, Besteigung*. — 2) *das Aufsteigen, Emporkommen*.

आक्रीड 1) m. n. *Spielplatz, Lusthain, Garten*. — 2) m. N. pr. eines Sohnes des Kurûttama.

आक्रीडपर्वत m. *ein zum Spielen dienender Berg*.

आक्रीडभूमि f. *Spielplatz*.

*आक्रीडिन् Adj. P. 3,2,142.

आक्रोश m. 1) *Anfahrung, Schmähung, Beschimpfung* Gaut. Âpast. — 2) N. pr. eines Fürsten.

आक्रोशक Adj. *schmähend, schimpfend* Spr. 1320.

*आक्रोशन n. *das Anfahren, Schmähen.*

आक्रोशिन् Adj. und आक्रोष्टर् Nom. ag. = आक्रोशक.

*आक्ली Adv. in Verbindung mit अस्, कर् und भू.

*आक्लोद m. Nom. act.

1. *आक्ष n. *ein aus der Rinde der Terminalia Bellerica bereitetes berauschendes Getränk* Gal.

2. आक्ष Adj. *von der geographischen Breite* Comm. zu Sûrjas. 4,24.25.

आक्षकी f. = आक्षिकी.

*आक्षद्यूतिक Adj. *durch Würfelspiel entstanden.*

आक्षपटलिक m. *Archivar*, in महा°.

*आक्षपाटिक m. = अक्षपाटक *Richter.*

*आक्षपाद m. *ein Anhänger des Philosophen* Gautama.

*आक्षभारिक Adj. von अक्षभार.

आक्षरसमाम्नायिक Adj. *zum Alphabet gehörig; Laut, Buchstab.*

आक्षाण Partic. perf. von अक्ष्.

आक्षार n. Name eines Sâman.

*आक्षारणा f. *eine auf ein geschlechtliches Vergehen bezügliche Schmähung.*

आक्षाराक्ष Adj. पौधाजयम् Name eines Sâman.

आक्षि 1te Sg. Aor. med. von 1. अश् Taitt. Âr. 2,3,1.

आक्षिक 1) Adj. a) *auf Würfelspiel beruhend* u. s. w. — b) *aus den Früchten der Terminalia Bellerica bereitet.* — c) *= अक्षान्दीव्यति, खनति oder अक्षैर्जितम्. — 2) *m. *Morinda tinctoria.* — 3) f. ई *ein aus den Früchten der Terminalia Bellerica bereitetes berauschendes Getränk.* आक्षकी v. l.

आक्षित् Adj. *wohnend.*

आक्षितत्व n. *das Angedeutetsein* Comm. zu Âçv. Çr. 1,1,1.

आक्षिप्तिका f. *ein Gesang, der von einer der Bühne sich erst nähernden Person gesungen wird.*

*आक्षीव m. = अक्षीव 2).

आक्षील n. Name eines Sâman.

आक्षुस् 3te Pl. Aor. von 1. अश्.

आक्षेप m. 1) *das Aufwerfen, Aufreissen* (der Erde durch den Pflug) Spr. 7725. — 2) *Anziehung, Zuckung* Kâd. 14,17. — 3) *das Auflegen, Auftragen* (einer Salbe). — 4) *das Abwerfen, Ablegen, Entfernen.* — 5) *Schwenkung* (der Hände) Pańćad. 19. bei der Aussprache des Svarita ṚV. Prât. 3,1; vgl. AV. Prât. 1,16. — 6) *das Hinreissen, Fortreissen, Entzücken* (Gen. oder im Comp. vorangehend) Spr. 3500. Kâd. 11, 118,20. 121,9. — 7) *Hinweisung auf* (im Comp. vorangehend) 216,1. *Andeutung* (auch als Bez. *eines best. Gleichnisses*) Vâmana 4,3,27. Kâvjâd. 10,21. Vgl. आक्षेपोपमा. — 8) *Schmähung, Beleidigung* Spr. 2379. 7725. — 9) *Einwurf, Einwendung, eine Erklärung, dass man mit Etwas nicht einverstanden sei,* Suçr. 2,539,5. Insbes. *Berichtigung der eigenen Rede.* — 10) *Herausforderung* (zum Streit). — 11) N. pr. eines Mannes VP.² 4,96.

आक्षेपक 1) Adj. a) *vor Augen habend, es zu thun habend mit* Comm. zu Jaim. 2,34. — b) *hinweisend auf, andeutend* Nâjam. 6,3,5. — c) *schmähend, beleidigend.* — 2) m. *Convulsion.*

आक्षेपण 1) Adj. (f. ई) *hinreissend, entzückend* Mâlatîm. 160,11. — 2) n. a) *das Stossen, Anstossen.* — b) *das Einwerfen, Einwenden* Kapila 3,8.

आक्षेपरूपक n. = आक्षेपोपमा 252,29.

आक्षेपवलन n. *das Hinundherziehen* (der Arme) 301,14.

आक्षेपसूत्र n. *ein Faden zum Aufreihen von Perlen.*

°आक्षेपिन् Adj. 1) *vor Augen habend, es zu thun habend mit* Jaim. 2,61. — 2) *hindeutend, anspielend auf.*

आक्षेपोपमा f. *ein Gleichniss, bei dem das womit Etwas verglichen wird, nur angedeutet wird,* Sâh. D. 276,15.

आक्षेप्तर् Nom. ag. *der Etwas zurückweist.*

आक्षेप्य Adj. 1) *wogegen man einen Einwurf zu erheben hat.* — 2) *herauszufordern.*

*आक्षैत्रज्ञ्य n. Nom. abstr. von क्षेत्रज्ञ.

*आक्षोट und *आक्षोड m. = अक्षो°.

*आक्षोदन n. v. l. für आच्छोदन.

आक्ष्यत् Adj. in Verbindung mit अहन् Bez. best. *Schlusstage in der Feier des* Ajana *der* Âditja *und* Aṅgiras. आक्ष्यन्त् v. l.

आख m. *Fundgrube* (Comm.); vielleicht *Ziel oder Schussweite.*

आखण m. *Zielscheibe.*

*आखण्डयितर् Nom. ag. *Zerbrecher, Zerstörer.*

आखण्डल Adj. 1) dass. als Beiw. Indra's ṚV. Später m. Bein. Indra's und ausnahmsweise auch Çiva's. — 2) (f. आ) *dem* Indra *gehörig* (z. B. *Osten*).

आखण्डलचाप m. n. *Regenbogen* Kâd. 83,4.

आखण्डलधनुस् n. dass. Prasannar. 130,22.

आखण्डलाशा f. *Osten* Prasannar. 130,4.

आखण्डलीय Adj. *Indra gehörig* Prasannar. 36,15.

*आखण्डिक m. *wohl ein best. Handwerker.* *-शाला f.

*आखन m. P. 3,3,125.

*आखनिक m. 1) *Dieb.* — 2) *Schwein.* — 3) *Maus.*

*आखनिकबक m. *ein Reiher einer Maus gegenüber,* so v. a. *Bedrücker der Schwachen.*

आखर m. *Höhle, Bau eines Thieres.*

आखरेष्ठ Adj. *im Bau sich aufhaltend.*

*आखा Adj. oder f. P. 3,2,101, Vârtt.

आखाडीश्वरतीर्थ n. N. pr. eines Tîrtha.

*आखात n. = अखात 2) a).

*आखान m. = आखन.

आखु m. (*f. ebenso P. 4,1,44, Sch.) 1) *Maulwurf.* — 2) *Maus* 180,11. — 3) **Schwein.* — 4) **Dieb.* — 5) ?*Lipeocercis serrata* Trin.

आखुकरीष n. *Maulwurfshaufen.*

*आखुकर्णपर्णिका f. = आखुकर्णी Nigh. Pr.

*आखुकर्णी f. *Salvinia cucullata* Roxb.

आखुकिरि m. *Maulwurfshaufen* Maitr. S. 1,6,3.

*आखुग m. Bein. Gaṇeça's.

*आखुघ्नी f. *eine best. Pflanze* Gal.

*आखुपर्णिका und *°पर्णी f. = आखुकर्णी und आखुपर्णा (Nigh. Pr.).

*आखुपाषाण m. *Magnet.*

*आखुफला f. *eine mit Croton Tiglium zusammengestellte Pflanze* Nigh. Pr.

*आखुभुज् m. *Katze.*

*आखुरथ m. Bein. Gaṇeça's.

आखुग्राम m. N. pr. eines *Dorfes* Râǵat. 4,677.

*आखुविषहा und *°विषापहा (Nigh. Pr.) f. *Lipeocercis serrata* Trin. und *eine best. Cucurbitacee.*

*आखुश्रुति f. = आखुकर्णी Nigh. Pr.

आखूत्कर m. *Maulwurfshaufen.*

*आखूत्थ m. आखूनामुत्थानम्.

आखेट m. *Jagd* 131,18.

आखेटक m. 1) dass. — 2) *Jäger* Spr. 861. fg.

आखेटकाटवी und आखेटभूमि f. *Wildpark.*

*आखेटशीर्षक n. = आखोट°.

*आखेटिक m. 1) *Jagdhund.* — 2) *Jäger.*

*आखोट m. = अक्षोट *Wallnussbaum.*

आखोटकतीर्थ n. N. pr. eines Tîrtha.

*आखोटशीर्षक n. *eine Art Estrich* (कुट्टिम).

*आख्यस् m. = प्रजापति.

आख्या f. 1) *Benennung, Name.* Instr. *mit Namen* 123,28. 130,29. 138,21. Am Ende eines adj. Comp. (f. आ) — *heissend.* — 2) *Zeitdauer* M. 2,124. Mbh. 3,188,27. — 3) *Aussehen.*

आख्यात n. *Verbum finitum.*

आख्यातदीधिति f. Titel eines Werkes.

आख्यातर् Nom. ag. *der Etwas mittheilt, berichtet, erzählt* Gaut. 10,15.

आख्यातवाद m. Titel eines Werkes. °टिप्पणी f., °टीका f., °विवेचन n. und °व्याख्यासुधा f. Titel von Commentaren dazu.

आख्यातविवेक m. dass.

आख्यातवृत्तिटीका f. Titel eines gramm. Commentars.

आख्यातव्य Adj. mitzutheilen, zu erzählen.

आख्याति f. 1) Mittheilung, Erzählung, Verbreitung einer Nachricht. — 2) Benennung, Name.

आख्यातिक Adj. (f. ई) verbal Comm. zu Gaim. 2, 1,1 und Nalod. 3,2,60.

आख्यान n. 1) das Mittheilen, Erzählen, Berichten 160,17. 240,10. Kap. 1,107. In der Dramatik das Mittheilen eines vorangegangenen Ereignisses. — 2) Erzählung, Legende.

आख्यानक 1) n. eine kleine Erzählung Kir. 12, 11. — 2) f. ई ein best. Metrum.

आख्यानय्, °यति mittheilen, berichten.

आख्यापक (!) Adj. verkündend.

आख्यापन n. Aufforderung zum Erzählen.

आख्यायिका f. eine kleine Erzählung. Auch आख्यायिक (des Metrums wegen) MBh. 3,11,30.

आख्यायिन् Adj. erzählend, berichtend.

आख्येय Adj. mitzutheilen, zu erzählen, — berichten, einzugestehen.

आग = आगस् in अनाग.

आगण्ड° Adv. bis zu den Wangen Çiç. 145. Megh. 88.

आँगत 1) m. Ankömmling, Gast Çat. Br. 3,4,1,3. — 2) n. Eingetroffenes, Erfolgtes Çat. Br. 2,3,1,21.27.

आगतत्व n. 1) das Gekommensein Comm. zu Mṛcch. 72,1. — 2) das Herkommen, Herstammen.

*आगतनन्दिन् (°नर्दिन् Kâç.), *आगतप्रहारिन्, *°मत्स्य (°मत्स्या Kâç.), *°योधिन्, *°रोहिन् und *°वञ्चिन् Adj. gaṇa पुष्कारोह्यादि.

आगतागम Adj. der sich die Kenntniss von Etwas (Gen.) erworben hat MBh. 3,28,1.

आँगति f. 1) Ankunft, Wiederkunft. — 2) das Herkommen, Herstammen. — 3) Entstehung. — 4) das Hinzukommen, Sichhinzugesellen.

आगर्ते Nom. ag. als Fut. wird kommen Çat. Br. 1,8,1,4.

आगन्तव्य n. impers. veniendum 110,16. 133,13.

आगन्तु Adj. 1) herankommend, herbeikommend; m. Ankömmling, Fremdling, Gast Ragh. 5,62. — 2) hinzukommend, sich anhängend, angehängt. — 3) zufällig.

आगन्तुक Adj. 1) 2) 3) = आगन्तु 1) (als m.), 2) und 3). — 4) verlaufen, verirrt (Vieh); eingeschlichen, nicht hingehörig (Lesart).

आगन्तुज Adj. zufällig entstanden.

आँगन्तोस् Gen. Inf. mit Ergänzung von ईश्वर: er könnte wiederkommen Çat. Br. 12,5,2,1.

आँगम 1) Adj. (f. आ) hinzukommend, hinzutretend AV. 19,35,3. — 2) m. (adj. Comp. f. आ) a) Ankunft. — b) Herkunft. — c) Eintreffen, Eintritt (eines Zeitpunktes, Zustandes). — d) Lauf (eines Wassers), Ausfluss. — e) Erwerb, Besitz. — f) das Lernen, Erlernen. — g) erlangte Kenntniss, Wissen, Kunde. — h) überlieferter Wortlaut, überlieferte Lehre, Ueberlieferung; Gesetzsammlung. — i) Hinzutritt, Zusatz. — k) Augment (gramm.). — l) eine best. rhetorische Figur. — 3) n. ein Tantra.

आगमकल्पद्रुम m. Titel eines Werkes.

आगमकृसर m. Kṛsara zum Willkommen Kauç. 34.

आगमन n. (adj. Comp. f. आ) 1) das Ankommen, Ankunft; das Wiederkommen. — 2) das Eintreffen. — 3) Entstehung. — 4) Bestätigung Bṛh. P. 397.

आगमवत् Adj. 1) sich fleischlich vermischend. — 2) mit einem Augment (gramm.) versehen.

आगमशष्कुली f. Çashkuli genanntes Backwerk zum Willkommen Kauç. 23.

आगमशास्त्र n. ergänzende Lehre, Titel eines Supplementes zur Mâṇḍûkjopanishad von Gauḍapâda, Weber, Lit.[2] 178.

आगमश्रुति f. Ueberlieferung.

आगमसार m. oder n. und °सारोद्धार m. Titel eines Werkes.

आगमापायिन् Adj. kommend und gehend.

आगमिक Adj. durch Ueberlieferung erlangt Comm. zu Nalod. 2,1,19.

आगमिन् Adj. ein Augment (gramm.) erhaltend.

आँगमिष्ठ Adj. gern kommend zu (Acc.) TBr. 3, 1,1,6.

आगार wohl = आगार.

आगारिन् m. eine best. Mischlingskaste.

*आगवीन Adj. der so lange arbeitet, bis ihm die dafür versprochene Kuh übergeben wird.

आँगस् n. 1) Aergerniss, Anstoss, zugefügtes Leid. — 2) Vergehen, Sünde.

आगस्कारिन् Adj. der sich gegen Jmd (Gen.) vergeht oder vergangen hat, Uebelthäter MBh. 1, 113,27.

आगस्कृत् Adj. dass. MBh. 1,113,25.

आगस्कृत Adj. dass. MBh. 3,207,1.

आगस्ती s. आगस्त्य.

*आगस्तीय 1) Adj. = अगस्तये हितम्. — 2) m. Pl. die Nachkommen des Agasti.

आगस्त्य 1) Adj. a) (f. आगस्ती) den Ṛshi Agasti betreffend, ihm geweiht u. s. w. — b) von der Pflanze Agati grandiflora herrührend. — 2) m. a) Patron. von अगस्ति. Pl. MBh. 3,26,8. *f. आगस्ती. — b) *Agati grandiflora.

आगा f. Intonation, Singweise, Melodie.

आगातर् Nom. ag. Ersinger.

*आगाध Adj. = अगाध.

आगान n. das Ersingen, Erlangen durch Singen.

*आगान्तु m. = आगन्तु.

आगामिक Adj. (f. आ) auf die Zukunft bezüglich.

आगामिन् Adj. 1) kommend, hinzukommend. — 2) künftig, bevorstehend 110,14. — 3) wandelbar, beweglich (in der Auguralkunde).

आगोमुक Adj. kommend, zu kommen pflegend nach (Acc.) Maitr. S. 3,1,5. 2,9. Chr. 238,21.

आगार n. Gemach, Wohnung.

आगारगोधिका f. Hauseidechse.

आगारधूम m. eine best. Pflanze.

आगाव्य m. Patron. auch im Pl.

आगावीय n. das mit den Worten आ गावः (Ṛv. 6,28) beginnende Lied.

आगुर् f. zustimmender Ausruf, Bez. best. Formeln in priesterlichen Responsorien.

आगुरण n. das Aussprechen der Âgur.

आगुरव Adj. (f. ई) vom Aloeholz herrührend.

आगूर्ण und आगूर्त (Comm.) n. = आगुरण.

आगूर्तिन् Adj. der die Âgur vollbringt Çat. Br. 11,2,2,10.

आगेय Adj. (zart, leise) anzustimmen Tâṇḍja-Br. 13,10,8.

आगोपाल Adj. bis zu den Kuhhirten herabgehend MBh. 2,13,18.

आगोमुच् Adj. von Schuld befreiend Maitr. S. 3,5,11.

आग्नापौष्ण Adj. dem Agni und Pûshan gehörig.

आग्नावैष्णव Adj. dem Agni und Vishṇu gehörig.

आग्निक 1) Adj. (f. ई) zur Schichtung des Feuers —, zum Feueropfer gehörig Âpast. Çr. 15,35. 10,8. — 2) m. N. pr. eines Geistes Pañkad.

*आग्निदत्तेय Adj. von अग्निदत्त.

*आग्निपद Adj. = अग्निपदे दीयते कार्यं वा.

आग्निपावमानीयती f. (sc. ऋच्) der Vers Ṛv. 1,22,5 Çâṅkh. Br. 28,2.

आग्निपात्रमानी f. (sc. ऋच्) der Vers Ṛv. 1,80,10 Tâṇḍja-Br. 16,5,9. 10.

आग्निमारुत 1) Adj. dem Agni und den Marut gehörig. — 2) *m. Patron. Agastja's. — 3) n. Litanei an A. und die M.

*आग्निमारुति m. Patron. Agastja's Trik. 1,1,89.

*आग्निवारुण Adj. (f. ई) dem Agni und Varuṇa gehörig.

आँग्निवेशि m. Patron. von अग्निवेश.

आग्निवेशी s. आग्निवेश्य.

आग्निवेश्य 1) Adj. (f. °वेशी) dem Agniveça gehörig. — 2) m. Patron. von अग्निवेश.

आग्निवेश्यायन und °वैश्यायन 1) Adj. von Agniveçja stammend. — 2) m. Patron. eines Grammatikers TS. Prât. 14, 32.

आग्निशर्मायण und *आग्निशर्मि m. Patron. von अग्निशर्मन्.

*आग्निशर्मीय Adj. von आग्निशर्मि.

आग्निष्टोमिक Adj. 1) zum Agnishṭoma gehörig. — 2) *mit dem A. vertraut.

आग्निष्टोम्य n. Nom. abstr. von अग्निष्टोम 1) Lâṭj. 8,1,16.

आग्नीध्र 1) Adj. vom Feueranzünder herrührend, ihm gehörig. — 2) m. a) Feueranzünder (ein best. Priester). — b) Feuer (!) Bhâg. P. 5,1,25. — c) N. pr. eines Sohnes des Manu Svâjambhuva und des Prijavrata. — 3) *f. आग्नीध्री die Sorge um das heilige Feuer. — 4) n. a) der Platz des Feueranzünders, der Feueraltar sammt Umfassung. आग्नीध्रगत Çat. Br. 12,6,1,16. आग्नीध्रवेलों 3,2,2,15. — b) das Geschäft des Feueranzünders.

आग्नीध्रक m. N. pr. eines der 7 Ṛshi im 12ten Manvantara Bhâg. P. 8,13,29.

आग्नीध्रीय 1) Adj. im Âgnîdhra 4) a) befindlich. — 2) m. a) das im Â. befindliche Feuer. — b) der Feuerheerd im Â.

आग्नीध्र्य Adj. (f. आ) dem Âgnîdhra 2) a) gehörig.

आग्नेन्द्र Adj. (f. ई) dem Agni und Indra geweiht.

आग्नेय 1) Adj. (f. ई) a) dem Feuer oder Feuergotte gehörig, — geweiht, zu ihm in Beziehung stehend 106,3. 220,5. 27. — b) *der Agnâjî gehörig, — geweiht. — c) südöstlich. — 2) m. a) Patron. α) Skanda's. — β) *Agastja's. — b) Pl. N. pr. eines Volkes. आग्नेत v. l. — 3) f. आग्नेयी a) eine Tochter Agni's und Gattin Ûru's Hariv. 73. VP. 1,13,6. — b) *Agni's Gattin. — c) Südost. — d) *der erste Tag einer Monatshälfte Gal. — 4) n. a) *Blut. — b) geklärte Butter. — c) *Gold. — d) *die Stelle der Hand an der Wurzel des Mittel- und Ringfingers Gal. — e) das Mondhaus Kṛttikâ. — f) Name eines Sâman. — g) *N. pr. einer Gegend.

आग्नेयपावमानी f. = आग्निपावमानी Maitr. S. 1,5,6.

आग्नेयपुराण n. = अग्निपुराण.

आग्नेयास्त्र n. ein best. Spruch.

आग्नेयैन्द्र Adj. Agni und Indra gehörig Dhûrt. Br. 1.

आग्नेयैन्द्री f. (sc. ऋच्) ein an Agni und Indra gerichteter Vers Tâṇḍja-Br. 15,6,1. 3.

आग्न्याधेयिक Adj. (f. ई) zum Anlegen des heiligen Feuers gehörig.

आग्रथन n. das Schürzen, Umbinden (eines Gurtels) Ragh. 10,41.

आग्रन्थम् Absol. in पुनरा°.

*आग्रभोजनिक Adj. dem man zuerst das Essen reicht.

आग्रयण 1) m. a) Erstling, eine Soma-Libation beim Agnishṭoma. — b) eine Form des Agni. — 2) f. आग्रयणी Erstlingsopfer. — 3) n. Erstlingsopfer von Früchten am Ende der Regenzeit 85,31. Gaut. 8,19.

आग्रयणक n. = आग्रयण 3) Cit. im Comm. zu Kâtj. Çr. 347,4. Am Ende eines adj. Comp. Chr. 85,32.

आग्रयणपात्र n. der zur Darbringung der Âgrajana-Libation bestimmte Becher.

आग्रयणाद्य Adj. mit der Âgrajana-Libation beginnend Çat. Br. 4,5,8,2. 13.

आग्रयणेष्टि f. Ernteopfer.

आग्रह m. das Sichklammern an Etwas, Bestehen —, Versessensein auf, Hartnäckigkeit, Grille. Abl. und Instr. mit Beharrlichkeit, — Hartnäckigkeit, auf Etwas bestehend. Nach den Lexicographen 1) = ग्रह oder ग्रहण. — 2) = आक्रमण oder आक्रमण. — 3) = आसङ्ग, सक्ति (शक्ति fehlerhaft) oder आसक्ति (आशक्ति fehlerhaft). — 4) = अनुग्रह oder स्नेह.

आग्रहायण 1) *m. = अग्रहायण. — 2) f. ई a) der Vollmondstag im Monat Mârgaçîrsha 231, 24. *Am Ende eines adv. Comp. °णि oder °णम्. — b) ein best. Pâkajagña Gaut. 8,18. — c) *das Sternbild Mṛgaçiras.

*आग्रहायणक Adj. am Vollmondstage im Monat Mârgaçîrsha zu bezahlen.

*आग्रहायणिक Adj. zum Vollmondstage im Monat Mârgaçîrsha in Beziehung stehend, an diesem Tage zu bezahlen.

*आग्रहारिक Adj. von अग्रहार.

1. आग्रायण m. Patron. verschiedener Männer.

2. आग्रायण n. im Kâṭh. = आग्रयण n.

आग्राव्यसचोय (?) Adj. Ind. St. 3,259.

आग्रेय m. Pl. N. pr. eines Volkes MBh. 3,254, 10. आग्नेय v. l.

आग्ला f. (?) Gop. Br. 1,2,21.

*आघट्टक m. Desmochaeta atropurpurea DC.

आघतन (!) n. = आघातन Schlachthaus.

आघमर्षण n. Patron. von अघमर्षण.

*आघर्षण 1) n. das Reiben. — 2) f. ई Reiber, Bürste.

आघाट m. 1) Cymbel, Klapper. — 2) Grenze. — 3) *Achyranthes aspera. — 4) = आघाति am Ende einiger Comp.

आघाटि m. oder f. = आघाट 1).

आघात m. 1) am Ende eines Comp. Schlager. — 2) Anschlag, Schlag mit oder auf (im Comp. vorangehend). — 3) Tödtung. — 4) Verhallung (von Harn u. s. w.). — 5) *Trubsal, Leiden. — 6) Richtplatz, Schlachthaus.

आघातकाल m. kritische —, gefährliche Zeit Karaka 2,7.

आघातन und आघातस्थान n. Schlachthaus, Schlachtstätte.

आघार m. 1) Sprengung von Fett in das Opferfeuer. — 2) *geklärte Butter. — 3) * = आघाट Grenze Gal.

आघूर्ण Adj. wankend, schwankend.

आघृणि Adj. glühend, gluthstrahlend.

आघृणीवसु Adj. gluthreich ṚV.

आघोष m. 1) Anruf Nir. 5,11. — 2) das Posaunen, Prahlen.

आघोषण f. öffentliches Ausrufen, — Bekanntmachen.

आघ्राण 1) n. a) das Riechen (trans.) Gaut. 23,6. — b) *das Sattsein. — 2) *Adj. satt.

आघ्रात n. eine der zehn Weisen, auf welche eine Eklipse (angeblich) erfolgt.

आघ्रेय Adj. zu riechen.

आङ् gramm. Bez. von 1. आ.

*आङ्कुशायन Adj. von अङ्कुश.

आङ्कृति m. N. pr. eines Mannes. आकृति v. l.

1. आङ्ग m. ein Fürst der Añga, f. ई eine Prinzessin der A.

2. आङ्ग 1) das Thema (gramm.) betreffend. — 2) *n. ein zarter Körper.

*आङ्गक Adj. die Añga betreffend u. s. w.

आङ्गदी f. die Residenz Añgada's.

आङ्गरिष्ठ m. N. pr. eines Mannes.

*आङ्गविद्य Adj. mit der Chiromantie vertraut.

*आङ्गार n. Kohlenhaufen.

आङ्गारक m. Patron. von अङ्गारक.

आङ्गारिक m. Kohlenbrenner, Köhler Spr. 4843.

आङ्गि m. Patron. des Haviḍhâna.

आङ्गिक 1) Adj. mit dem Körper —, mit den Gliedern bewerkstelligt. — 2) *m. Trommelschläger.

आङ्गिरस 1) Adj. (f. ई) von oder von den Añgiras stammend, ihnen gehörig, sie betreffend. — 2) m. a) Patron. verschiedener Männer, insbes. Bṛhaspati's. f. ई. — b) der Planet Jupiter.

आङ्गिरसेश्वरतीर्थ n. N. pr. eines Tîrtha.

आङ्गीरस Adj. (f. ई) und Patron. = आङ्गिरस.

आङ्गुलिक Adj. (f. ई) von अङ्गुलि Finger.

आङ्गूर्ष m. n. lauter Preis, Loblied.

(आङ्गूष्य) आङ्गूषीय Adj. *laut preisend, schallend.*

आङ्गेय m. *ein Fürst der* Aṅga, f. ई *eine Prinzessin der A.*

*आङ्ग्ल Adj. von 2. oder 3. अङ्ग.

आच् Bez. *des Suffixes* आ *in Adverbien wie* दक्षिणा u. s. w. 231,26.

आच m. N. pr. eines Mannes.

आचर्किं Adj. *Etwas* (Acc.) *in Etwas* (Acc.) *verwundelnd.*

*आचतुस् Adj. Uǵǵval.

आचञ्चल Adj. *sich langsam hinundher bewegend, flatternd* Prasannar. 93,5.

आचतुरम् Adj. *bis zum vierten Gliede* Maitr. S. 1,7,3.

*आचतुर्य n. Nom. abstr. von अचतुर.

आचन्द्रतारकम् Adv. *bis auf Mond und Sterne.*

आचपराच Adj. (f. आ) *hin- und zurückgehend* Tāṇḍja-Br. 3,2,3.

आचमन n. 1) *das Einschlürfen von Wasser, Ausspülen des Mundes* Āpast. — 2) *Wasser zum Einschlürfen oder zum Ausspülen des Mundes.* Auch f. ई.

*आचमनक n. = आचामनक.

आचमनीय 1) m. *ein Gefäss zum Ausspülen des Mundes.* — 2) n. *Wasser zum Ausspülen des Mundes.*

*आचमनीयक n. = आचमनीय 2).

आचय m. *Ansammlung, Fülle.*

*आचयक Adj. = आचये कुशलः.

आचर in दुराचर.

आचरण n. 1) *Herfahrt, Ankunft.* — 2) *das Thun, Verrichten, Bewerkstelligen* Kād. 203,13. — 3) *Wandel, Benehmen.* — 4) *Wagen, Karren.* Nach dem Comm. m.

आचरणीय Adj. *zu thun* Spr. 6022.

आचरित n. 1) *das Herbeikommen, Herbeikunft* Pār. Gṛhj. 2,11,6. — 2) *Herkommen, Brauch.* Dazu Nom. abstr. °त्व n. Pār. Gṛhj. 11,17,18. — 3) *Betragen, Benehmen.* — 4) *der herkömmliche Weg* (zur Eintreibung einer Schuld). Dieser besteht darin, dass man die Frau, den Sohn und das Vieh des Schuldners fortnimmt und sein Haus belagert. Vgl. Jolly, Schuld. 316.

आचरितव्य 1) Adj. *zu thun.* — 2) n. impers. *nach hergebrachter Sitte zu verfahren.*

*आचर्य Adj. 1) *adeundus.* — 2) *zu thun.*

आचान्ति f. *das Einschlürfen* Bālar. 143,5.

आचान्तोदक Adj. *der Wasser eingeschlürft hat* Gobh. 1,1,2.

आचाम m. 1) *das Einschlürfen von Wasser, Ausspülung des Mundes.* — 2) *das Wasser —, der Schaum von gekochtem Reise* u. s. w. Kātj. Çr. 19,1,20.

*आचामक Adj. P. 7,3,34, Sch.

*आचामनक m. *Spucknapf.*

*आचाम्य n. = आचमन 1).

आचार 1) m. (am Ende eines adj. Comp. f. आ) *a) Wandel, Benehmen, Betragen.* — *b) guter Wandel, gutes Betragen.* — *c) Herkommen, Brauch, hergebrachte Sitte, Observanz.* Am Anf. eines Comp. vor einem Subst. *wie der Gebrauch es verlangt, herkömmlich.* — *d) bestimmte Verhaltungsweise, Diät.* — *e) Richtschnur* MBh. 3,3,26. = धर्त्पामिन् Nīlak. — *f)* bei den Buddh. *die Erklärung, dass man mit dem vom Lehrer Gesagten einverstanden sei.* — 2) *f. ई *Hingtscha repens Roxb.*

आचारचक्रिन् m. Pl. *eine best.* Vishṇu'itische *Secte.*

आचारचन्द्रिका f., °चिन्तामणि m., °तन्त्र n. (buddh.), °दीप m., °दीपिका f. und °प्रदीप m. Titel von Werken.

आचारभेद m. *Verletzung der hergebrachten Sitte* P. 8,1,60, Sch.

आचारमय Adj. *voller Observanz, ganz in Etiquette aufgehend* Kād. 100,22.

आचारमयूख m., °माधव, °माधवीय und °रत्न n. Titel von Werken.

आचारवत् Adj. *von gutem Betragen, tugendhaft.*

आचारविवेक m. Titel eines Werkes.

*आचारवेदी f. Bein. Ârjâvarta's.

आचारव्यपेत Adj. *vom Herkommen abweichend* Jāǵń. 2,5.

आचारसंग्रह m. Titel eines Werkes.

आचाराङ्ग n. Titel eines heiligen Buches der Ǵaina.

*आचारातिक्रम m. = क्रिया Hal.

आचारादर्श m. Titel eines Werkes.

आचारापेत Adj. = आचारव्यपेत 211,30.

आचारार्क m. Titel eines Werkes.

आचारिक n. *bestimmte Verhaltungsweise, Diät.*

आचारोल्लास m. Titel des 1ten Theils des Paraçurâmaprakâça.

आचार्य 1) m. *a) Lehrer,* insbes. *ein Brahman, der seinen Schüler mit der heiligen Schnur umgürtet und ihn in die heiligen Schriften einführt.* आचार्यजाया Çat. Br. 11,3,3,7. आचार्यान्तेवासिनौ 10,1,8. 10. आचार्यकुल n., °दार m., °पुत्र m. Āpast. °शुश्रूषा Saṁhitopan. 36,5. — *b)* Bein. Droṇa's, des Lehrers der Pâṇḍava. — 2) *f. आचार्या *Lehrerin.*

आचार्यक n. *Lehreramt, Lehrmeisterschaft* Mālatīm. 49,2. Bālar. 42,17. 111,23.

आचार्यकल्प m. *die Vorschriften der Lehrer* AV. Pariç. 8,3.

आचार्यकारिका f. Bez. *einer best.* Kârikâ.

आचार्यकोश m. Titel eines *Wörterbuchs.*

आचार्यचरितचिन्तामणि m. Titel eines Werkes.

आचार्यचूडामणि m. Titel eines Werkes.

आचार्यता f. und °त्व n. *Lehreramt, Lehrerberuf.*

आचार्यदेशीय Adj. *an einen Meister anstreifend, dem M. nahe kommend,* Bez. Patañǵali's bei Kaij.; vgl. Ind. St. 13,316. fg.

*आचार्यभोगीन Adj. *zum Wohl des Lehrers gereichend.* भोगशब्दः शरीरवाची Kāç.

आचार्यमतरहस्य n. Titel eines Werkes.

आचार्यवचस् n. *das Wort des Lehrers* Çat. Br. 11,3,3,6.

आचार्यवत् Adj. *einen Lehrer habend* 283,13.

आचार्यसव m. *ein best.* Ekâha.

आचार्याधीन Adj. *vom Lehrer abhängig.* Davon Nom. abstr. °त्व n. Gaut. 3,5.

*आचार्यानी f. *die Frau eines Lehrers.*

आचिख्यासा f. *die Absicht, Etwas auszudrücken.*

आचिख्यासु Adj. *auszudrücken beabsichtigend* 219,7.

आचिख्यासोपमा f. *ein Gleichniss, bei dem man es im Ungewissen lässt, ob man bei der Vergleichung zweier Dinge ihre guten oder ihre schlechten Eigenschaften meint,* 249,8.

आचित्ति f. *das Merken auf* (Gen.).

आचित n. *Wagenlast* (*ein Gewicht von 20* Tulâ).

*आचितिक (f. ई) und *आचितीन (f. आ) Adj. *eine Wagenlast bildend.*

आचिद्रोह (आचिद्रोह् Ind.) n. Name eines Sâman Ârsh. Br.

आचूषण n. *das Saugen, Aussaugen;* auch *vom Saugen der Schröpfköpfe* u. s. w.

आचेश्वर m. N. pr. eines von Âka erbauten Heiligthums.

आचोपच Adj. *schwankend.*

आच्छद् f. *Hülle.*

आच्छदविधान n. *Schutzvorrichtung, Bedeckungsmittel.*

आच्छाद m. *Gewand, Kleidung.*

आच्छादक Adj. *verhüllend, verbergend.* Davon Nom. abstr. °त्व n. 239,13.

आच्छादन n. 1) *das Verdecken, Verhüllen, Verbergen* Gaut. 3,18. — 2) *Bekleidung, Kleidung* Āpast. — 3) *Bettuch.* — 4) **First, Söller.*

*आच्छादनफल m. *die Baumwollenstaude* Nigh. Pr.

आच्छादनवस्त्र n. *Untergewand* Pańkat. 226,17.

°आच्छादिन् Adj. *verdeckend, verhüllend.*

आच्छुक m. = आलिक *Morinda tinctoria.*

आच्छुरित *n. 1) *eine mit den Nägeln bewirkte Musik.* — 2) *Hohngelächter.*

*आच्छुरितक n. 1) *eine best. Verletzung durch Fingernägel.* — 2) *Hohngelächter.*

आच्छेत्तर् Nom. ag. *Abschneider.*

*आच्छोद m. (Gal.) und *आच्छोदन n. *Jagd.*

आच्योदोह् n. v. l. für आत्योदोह् Ârsh. Br.

Tâṇḍja-Br. 21,2,5. °त्व n. Nom. abstr. ebend.

*आच्युतन्ति m. Pl. und *°न्तीय m. v. l. für आच्युदन्ति.

*आच्युतिक Adj. (f. ई) von अच्युत N. pr.

*आच्युदन्ति m. Pl. N. pr. eines Kriegerstammes. Davon *°दन्तीय m. *ein Fürst desselben.*

आज 1) Adj. *von der Ziege herrührend, caprinus.* — 2) m. a) **Geier.* — b) Patron. Auch im Pl. — 3) f. आजी ein zur Erklärung von अजा *Ziege* erfundenes und diesem gleich gesetztes Wort Çat. Br. 3,3,3,9. — 4) n. a) *das unter* Aga Ekapad *stehende Mondhaus* Pûrvabhâdrapadâ 220,1. — b) **ein mit einem Ziegenfell geschlossener Korb* Comm. zu R. ed. Bomb. 2,55,14.

*आजक n. *Ziegenheerde.*

*आजकरीय Adj. P. 4,2,78, Sch.

*आजकार m. Çiva's *Stier.*

*आजक्रन्दक Adj. von अजक्रन्द Kâç. zu P. 4,2,125.

*आजक्रन्दि m. Patron.

आजगर Adj. (f. ई) *einer Boa gehörig, ihr eigen, sie betreffend, wie sie verfahrend.*

आजगव n. Çiva's *Bogen.*

आजगाव oder अज° m. N. pr. eines Schlangendämons Tâṇḍja-Br. 25,15,3.

*आजधेनवि m. Patron.

आजनन n. *Geburt, Ursprung.*

आजनि f. *Treibstock.*

आजन्म Adv. *von der Geburt an* Ragh. 1,5. Kathâs. 2,39. Spr. 7725. °जीवनम् Bâlar. 32,20. °सात्म्य n. *Zuträglichkeit durch's ganze Leben* Vâgbh. 1,10,7.

*आजन्मसुरभिपत्त्र m. *eine Art Ocimum.*

*आजपथिक Adj. von अजपथ.

आजपाद् n. *das Mondhaus* Pûrvabhâdrapadâ Ind. St. 14,320.

*आजबन्धवि m. Patron. von अजबन्धु Kâç. zu P. 4,1,96.

आजमायव n. Name eines Sâman Ârsh. Br.

*आजमार्य m. Patron. von अजमार.

आजमीढ oder °मीळ्ह m. Patron. von अजमीढ.

*आजमीढक Adj. von अजमीढ.

*आजमीढि m. Patron. von अजमीढ Mahâbh. 4,60,*b*.

*आजयन n. Nom. act. zur Erklärung von आजि.

आजरसम् Adv. und °साय Dat. *bis zum hohen Alter.*

आजर्जरित Adj. *etwas zerschlagen, — zerfetzt* Kâd. II, 71,22.

*आजवन n. Nom. act. zur Erklärung von आजि.

*आजवस्तेय m. Patron. von अजवस्ति.

*आजवाह und °क Adj. von अजवाह.

आजस्रिक Adj. *beständig —, täglich geschehend.*

आजातशत्रव m. Patron. von अजातशत्रु.

आजाति f. *Geburt.*

*आजाद्य m. *zum Stamm der* Agâda *gehörig.*

आजान 1) n. a) *Geburt, Abkunft.* — b) *Geburtsort.* — 2) *m. *Götterwelt* Çañk. zu Tait. Up. 2,8. — 3) f. आ *Ort der Empfängniss* Ait. Âr. 103,1.

आजानज Adj. *schon von Geburt Etwas seiend.*

आजानदेव m. *ein Gott von Geburt.*

आजानि f. 1) *Geburt, Abkunft.* — 2) *edle Abkunft.*

*आजानिका n. *Unbeweibtheit.*

आजानुबाहु Adj. *dessen Arme bis an die Kniee reichen* R. 1,1,12.

आजानुलम्बिन् Adj. *bis an die Kniee reichend* Kâd. 33,8.

आजानुसम Adj. *knietief* Suçr. 2,213,19.

आजानेय 1) Adj. (f. ई) *von edler Abkunft.* Am Ende eines Comp. (buddh.) *von der und der Abkunft, — Art.* — 2) m. *ein edles Pferd* MBh. 3,270,10.

आजानेय्य Adj. dass.

*आजायन m. Patron. von अज.

आजाविक Adj. *aus Ziegen- und Schaffellen oder -Haaren gemacht.*

आजि m. f. 1) *Wettlauf, Wettkampf, Kampf* überh. Acc. mit अज्, इ, धाव् und सृ *einen Wettlauf anstellen.* आजौ *im Kampfe,* आजिमध्ये *mitten im Kampfe* MBh. 3,182,13. — 2) *Rennbahn.* — 3) *= क्षण. — 4) *= आक्षेप.

आजिकृत् Adj. *einen Wettkampf anstellend.*

आजिग n. Name eines Sâman Tâṇḍja-Br. 15, 9,8. Lâṭj. 1,6,46.

आजिगमिषु Adj. in अनाजि°.

आजिघृक्षु Adj. *anzupacken beabsichtigend* Kâd. 70,6.

आजिजित्या f. *Sieg im Wettlauf* Tâṇḍja-Br. 14, 3,11. 15,9,6.

आजिज्ञासेन्या f. Pl. *ein best. kurzer Abschnitt der* Kuntâpa-*Lieder.*

आजितुर् Adj. *in Kämpfen siegend.*

*आजिनीय Adj. von अजिन.

आजिपति m. *Herr des Kampfes* Vâlakh. 5,14.

आजिपथ m. *Kampfweg, so v. a. der Weg, auf dem Räuber sich zurückziehen,* Âpast. 1,26,21.

आजिमुख n. *Vordertreffen* 321,8.

*आजिरि von अजिर.

*आजिरेय m. Patron. von अजिर.

आजिशिरस् n. *Vordertreffen* MBh. 3,289,15.

आजिसृत् Adj. *einen Wettlauf anstellend.*

आजिहीन m. N. pr. eines Mannes, Pl. *seine Nachkommen.*

आजिहीर्षु Adj. *Etwas* (Acc.) *herbeizubringen beabsichtigend.*

आजिह्मित Adj. *etwas seitwärts gezogen.* °लोचनम् Adv. Kâd. 73,21.

*आजीकूल N. pr. einer Gegend. Davon *°क Adj.

आजी° v. l.

आजीगर्त n. Name eines Sâman.

आजीगर्ति m. Patron. von अजीगर्त.

आजीव m. 1) *Lebensunterhalt.* — 2) **ein buddh. oder* Gaina-*Bettler.*

आजीवक 1) m. = आजीव 2). — 2) *°विका f. *Lebensunterhalt* Gal.

आजीवन n. *Lebensunterhalt.*

आजीवनिन् Adj. *einen Lebensunterhalt suchend* Kâd. II, 103,16.

आजीवम् Adv. *lebenslang.*

आजीविक m. = आजीविन् Varâh. Bṛh. 15,1.

आजीवितान्तम् Adv. *lebenslang* 179,11.

आजीविन् m. *eine best. Art Bettler.*

आजीव्य 1) Adj. *zum Lebensunterhalt geeignet, einen L. gewährend.* — 2) n. *Lebensmittel* MBh. 3, 92,11 (= गृहगादय: Nîlak.).

*आजुर f. = विष्टि.

आजेय m. Patron. des Nandivardhana.

आज्ञप्ति f. *Anordnung, Befehl.*

आज्ञा f. 1) dass. — 2) *Autorität, unbeschränkte Gewalt* Bâlar. 17,19. 23,16. — 3) *Bez. des 10ten astrol. Hauses* Varâh. Bṛh. 9,1.

आज्ञाकर 1) m. *Diener.* Davon Nom. abstr. °त्व n. — 2) f. ई *Dienerin.*

आज्ञाख्य n. *ein best. mystischer Kreis am Körper.*

आज्ञाचक्र n. = आज्ञाख्य.

आज्ञातकौण्डिन्य m. N. pr. eines Schülers des Çâkjamuni.

आज्ञातर् Nom. ag. *Bestimmer, Anordner.*

आज्ञादान n. *das Ertheilen eines Befehls* Râgat. 5,3.

आज्ञान n. *das Erkennen, Verstehen.*

आज्ञानकौण्डिन्य m. v. l. für आज्ञात°.

आज्ञापक Adj. (f. °पिका) *anweisend.*

*आज्ञापत्त्र n. *ein geschriebener Befehl.*

आज्ञापरिग्रह m. *das Empfangen eines Befehls* Râgat. 5,3.

आज्ञापालन n. *das Befolgen der Befehle* VP. 1,13,24.

आज्ञाप्य Adj. *zu Jmds* (Gen.) *Befehlen bereit.*

आज्ञाभङ्ग m. *Verletzung —, Nichtausführung eines Befehls* Spr. 878. °कर Adj. *einen Befehl nicht ausführend* 877. °कारिन् Adj. dass. Chr. 101,19.

आज्ञायिन् Adj. *erkennend*, in मनसाज्ञायिन्.

आज्ञासंपादिन् Adj. *Befehle ausführend, gehorsam.*

1. आ॑ज्य und आ॑जिष्य n. 1) *Opferschmalz; am Feuer zerlassene und gereinigte Butter, welche in die Flamme gegossen oder zum Schmälzen und Salben verwendet wird.* — 2) *Oel, Milch und andere Stoffe, wenn sie statt des eigentlichen Opferschmalzes verwendet werden.* — 3) *ein best.* Çastra *bei der Frühspende und zwar je eines für den* Hotar *und seine drei Gehülfen.* — 4) *das in diesem* Çastra *enthaltene* Sûkta. — 5) *ein mit diesem* Çastra *verbundenes* Stotra.

2. *आज्य m. Patron. von अज.

आज्यग्रह m. *ein Becher Opferschmalz.*

आज्यदोह n. Name verschiedener Sâman Ârsh. Br. Comm. zu Tâṇḍja-Br. 21,2,6. °त्व n. Nom. abstr. ebend.

आज्यधानी f. *Opferschmalzbehälter.*

आज्यस m. *Ziel eines Wettlaufs.*

आज्यपँ 1) Adj. *Opferschmalz trinkend.* — 2) m. Pl. Bez. *bestimmter Manen.*

1. आ॑ज्यभाग m. *Theil (Portion) des Opferschmalzes.* Gewöhnlich Du. von *den zwei Theilen für* Agni *und* Soma Lâṭj. 5,2,4.

2. आ॑ज्यभाग Adj. (f. आ) *das Opferschmalz als Antheil habend.*

*आज्यभुज् m. Bein. Agni's.

आ॑ज्यलिप्त Adj. *mit Opferschmalz bestrichen* Çat. Br. 1,3,4,24. 9,3,2,14.

आज्यलेप m. *Salbe von Opferschmalz.*

*आज्यवारि m. *das Meer mit Opferschmalz statt Wasser.*

आज्यविलापनी f. *Schmalzpfanne* Çat. Br. 3,5,2, 13. 5,2,2,1.

आज्यस्थाली f. *Schmalztopf* Cit. im Comm. zu Gobh. 1,7,24.

आ॑ज्यहविस् Adj. *Schmalzspende habend* Çat. Br. 3,4,4,6. Ait. Br. 1,25.

आज्यहोम m. *Schmalzopfer* Gaut. 23,20. 27,8.

आज्यदोहं n. = आज्यदोह Ârsh. Br.

आज्याहुति f. *Schmalzspende* Gaut. 25,8. 26,11.

आञ्छ्, आञ्छति *ziehen, zerren.*

आञ्छन n. *das Ziehen, Zerren* Bâlar. 205,6.

1. आ॑ञ्जन 1) n. a) *Salbe, insbes. Augensalbe.* — b) *Fett* überh. — 2) f. आञ्जनी *eine Schachtel mit Augensalbe.*

2. आञ्जन Adj. *die Farbe von Augensalbe habend.*

आ॑ञ्जनगन्धि Adj. (f. ebenso) *nach Salbe riechend* 20,9.

आञ्जनगिरि m. N. pr. eines *Berges* Kâd. 23,1. Vgl. अञ्जन°.

आञ्जनाभ्यञ्जन 1) n. Du. *Augen- und Fusssalbe.* — 2) f. आ Pl. *ein best. 49 tägiges* Sattra.

आञ्जनाभ्यञ्जनीय n. Sg. und °या f. Pl. (Âçv. Çr. 11,6,8) = आञ्जनाभ्यञ्जना.

*आञ्जनिक्य n. Nom. abstr. von अञ्जनिक.

आञ्जनीकारी f. *Salberin oder Salbenbereiterin.*

आञ्जनेय m. 1) *Metron. Hanumant's. — 2) N. pr. eines Autors.

आञ्जन्य Adj. *für welchen Augensalbe gehört.*

*आञ्जलिक्य n. Nom. abstr. von अञ्जलिक.

आञ्जस Adj. (f. ई) *unmittelbar, direct* Çaṁk. zu Bâdar. 4,3,5.

आञ्जस्य n. Abl. und Instr. *unmittelbar, ohne Weiteres.*

आञ्जिक m. N. pr. eines Dânava.

आञ्जिग m. Patron. des Svapas oder N. pr. eines Dânava Ârsh. Br.

*आञ्जिनेय m. *eine Eidechsenart.*

*आञ्जीकूल N. pr. einer Gegend. Davon Adj. *°क Kâç. zu P. 4,2,137. आञ्जी° v. l.

आट् onomatop. vom *Quaken der Frösche.*

आट 1) am Ende einiger Compp. Nom. ag. oder act. von अट्. Auch आटक (f. °टिका). — 2) m. N. pr. eines Schlangendämons Tâṇḍja-Br. 25,15,3.

*आटरूष, *आटरूप und *°क m. = अटरूष *eine best. Pflanze* Gal.

आटविक 1) Adj. *zu einem Walde in Beziehung stehend.* °सैन्य n. *ein aus Waldbewohnern bestehendes Heer* Spr. 3712. — 2) m. a) *Waldbewohner* Mâlav. 60,1. — b) *Förster.*

आटविन् m. N. pr. eines Lehrers.

आटवी f. N. pr. einer Stadt.

आटव्य m. N. pr. v. l. für आटविन्.

आटि f. *Turdus Ginginianus* Pâr. Gṛhy. 1,19,11. *°शाला f. gaṇa छात्र्यादि.

आटिकी f. N. pr. einer Frau. Nach Çaṁk. Adj. f. *noch nicht mannbar* (zu lesen अनुपजातपयोधरादिस्त्रीव्यञ्जना). Nach einer anderen Erklärung f. von आटिक *sich umhertreibend* Ind. St. 1,233.

आटिक्य (?) Adj. *auf der Wanderung begriffen.*

*आटीतन n. *das Springen der Kälber.*

*आटीकर m. *Stier.*

आटीमुख n. *ein best. beim Aderlassen gebrauchtes Instrument.*

*आटीमेद m. *ein best. Vogel* Gal.

आटोप m. 1) *Aufbauschung, Anschwellung.* — 2) *Fülle, Menge, Uebermaass.* — 3) *Aufgeblasenheit des Leibes, Flatulenz.* — 4) *Stolz.*

*आट्टस्थलीक Adj. von अट्टस्थली.

आ॑ट्णार 1) m. Patron. von अट्णार. — 2) *Adj. *wanderlustig.*

आठक m. = आढक 1).

आडम्पर R. 5,13,31 fehlerhaft für आडम्बर (so ed. Bomb.).

आडम्बर m. 1) *eine Art Trommel* R. ed. Bomb. 5,10,18. — 2) *Lärm, Getöse* Spr. 3785. — 3) *lärmvolles Benehmen, das Posaunen, vieles Reden, Wortschwall.* — 4) *Trompetenstoss. — 5) *Elephantengebrüll* Kir. 128,16. — 6) Am Ende eines Comp. *Riesenmässigkeit, das Non plus ultra —, die Krone von* Uttarar. 36,12. Kathâs. 26,29. Bâlar. 271,6. 307,21. Prasannar. 23,7. 145,20. — 7) *Freude. — 8) *die Augenwimpern. — 9) N. pr. eines Wesens im Gefolge Skanda's.

आडम्बरवत् Adj. *viel Lärm machend* Spr. 3771.

आडम्बराघात m. *Trommelschläger.*

*आडारक m. N. pr. eines Mannes. अण्डारक v. l.

आडि f. 1) *ein best. Wasservogel,* = आति. — 2) *ein best. Fisch.*

आडिबक und आडी° Adj. *zwischen den Vögeln* Âḍi und Baka (d. i. *zwischen* Vasishṭha *und* Viçvâmitra) *vor sich gegangen* (Kampf).

आडीविन् m. N. pr. einer Krähe Kathâs. 62,6.

*आडु in *आढ्याडु Adj. *Reiche beneidend.*

*आडू *Floss, Boot.*

आढक 1) m. n. (adj. Comp. f. ई) *ein best. Hohlmaass,* = 4 Prastha. — 2) f. ई a) *Cajanus indicus Spreng.* — b) *alaunhaltiger Thon* und *Alaun* Nigh. Pr.

*आढकजम्बुक P. 4,2,120, Sch.

*आढकिक (f. ई) und *आढकीन (f. आ) Adj. *einen* Âḍhaka *enthaltend* u. s. w.

*आढकीफल m. *Bohr* Gal.

*आढोलक n. = आटोलक.

आढ्य (aus आर्ध्य) 1) Adj. (f. आ) a) *wohlhabend, begütert, reich;* Subst. *ein Reicher.* — b) mit Instr. oder am Ende eines Comp. *reich an, strotzend von, reichlich versehen —, vermischt —, getränkt mit.* — c) *vermehrt um* (Instr.) Golâdhj. 7,33. — 2) *f. आ *die Erde* Gal. Vgl. आढ्या.

*आढ्यक n. *das Reichsein.*

*आढ्यकुलीन Adj. *aus einem reichen Geschlecht.*

*आढ्यंकरण Adj. (f. ई) *reich machend.*

आढ्यता f. *das Reichsein.*

*आढ्यपदि Adv. gaṇa द्विपदादि.

*आढ्यपूर्व Adj. *ehemals reich gewesen* Pat. zu Vârtt. 1 zu P. 1,1,29.

*आढ्यभविष्णु und *°भावुक Adj. *reich werdend.*

आढ्यरोग m. *Rheumatismus, Gicht.*

आढ्यरोगिन् Adj. *rheumatisch, gichtisch* Kāraka 1,14. Suçr. 2,207,1.

आढ्यवात m. *rheumatische Lähmung der Lenden.*

आणक Adj. = अणक *fein, klein, winzig* Spr. 119.

आणव 1) Adj. *a) fein.* — *b)* * *mit Panicum miliaceum bestanden* Gal. — 2) * n. *Feinheit, Dünnheit.*

* आणवय्, °यति Denom.

* आणवीन Adj. = आणव 1) *b).*

आणि m. und * f. 1) *der in der Nabe laufende Zapfen einer Achse.* — 2) * *Achsennagel, Lünse.* — 3) *der unmittelbar über dem Knie liegende Theil des Beines.* — 4) * *Hausecke.* — 5) * *Grenze.* — 6) * *Kampf.*

* आणीवेय m. Patron. von अणीव.

आण्ड 1) n. *Ei.* — 2) m. Du. *die Hoden.* — 3) f. ई *Hode.*

आण्डकपाल n. *Eierschale.*

आण्डकोश m. *Ei.*

आण्डज 1) Adj. *aus einem Ei geboren.* — 2) m. *Vogel* Ind. St. 14,2.

* आण्डवत् Adj. *mit Eiern oder Hoden versehen.*

आण्डाद् m. *Eierfresser* (ein Dämon).

* आण्डायन Adj. von अण्ड.

आण्डीक Adj. *Eier —, eiartige Früchte tragend.*

* आण्डीर Adj. = अण्डीर.

* आण्डीवत oder * °वत् gaṇa कर्णादि. Davon * °वतायनि.

आत् Adv. 1) *darauf, dann, da;* insbes. im Nachsatz nach यद्, यदा, यदि. — 2) *dann, ferner, auch, und.* — 3) nach einem Fragewort *dann, doch.*

आत s. आता.

आतक m. N. pr. eines Schlangendämons. Vgl. आट.

आतङ्क m. (adj. Comp. f. आ) 1) *körperliches Leiden.* — 2) * *Fieber.* — 3) *Leiden der Seele, Unruhe, Angst, Furcht* 299,23. 310,19. — 4) * *der Laut einer Trommel.*

* आतङ्कश m. *Fieber* Gal.

आतङ्कदर्पण m. Titel eines Werkes.

आतङ्कप्रतिमा f. *bildliche Darstellung einer Krankheit.*

आतङ्क in मृतातङ्क.

आतञ्चन n. *Lab.* Nach den Lexicographen = प्रतिवाप (प्रती°), आप्यायन (प्रापण) und अवन (पवन).

आतत Partic. von तन् mit आ.

आततायिन् Adj. 1) *einen gespannten Bogen habend.* — 2) *mit bewaffneter Hand Jmdes Leben oder Gut bedrohend, nach Jmdes Leben oder Gut trachtend.*

आततायिन् Adj. = आततायिन् 1) TS. 4,5,3,1.

आततीकरण n. *das Spannen* (einer Bogensehne).

आतनि Adj. *durchdringend.*

आतप् s. आतपस्.

आतप 1) Adj. *Weh verursachend.* — 2) m. (adj. Comp. f. आ) *Gluth, Hitze* 165,11.28. *Sonnenhitze, —schein.*

आतपति Loc. Partic. *im Sonnenschein.*

आतपत्र n. (adj. Comp. f. आ) *Sonnenschirm.*

* आतपत्रक n. *dass.*

* आतपत्रपत्त्रा f. *eine best. Pflanze* Gal.

आतपत्राय् *einen Sonnenschirm darstellen.* °यित Partic. *e. S. darstellend.*

आतपन Adj. *erhitzend* (Çiva).

आतपवत् Adj. 1) *von der Sonne beschienen.* — 2) m. *der 24te* Muhûrta Ind. St. 10,296.

आतपवर्ष्य Adj. (f. आ) *von einem Sonnenregen herrührend* Kâtj. Çr. 15,4,33.

आतपवारण n. *Sonnenschirm.*

आतपस् Abl. Inf. (abhängig von वर् *wehren*) *zu brennen, — versengen* Ṛv. 5,73,8. 8,62,8.

आतपात्यय m. *Schwund der Tageshitze, abendliche Kühle* Ragh. 1,52.

आतपापाय m. *Ablauf der heissen Jahreszeit, Beginn der Regenzeit* R. 2,93,9. 4,13,24. 79,30.

आतपाय्, °पते *zur Sonnenhitze werden* Kâd. 248,14.

* आतपीय Adj. von आतप.

आतपोदक n. *ein in der Sonnenhitze als Wasser erscheinende Luftspiegelung.*

आतपोवनम् Adv. *bis zum Büsserwald* Kathâs. 10,208.

आतप्य Adj. *im Sonnenschein befindlich.*

आतमाम् superl. Steigerung der Präposition आ (vor क्या).

आतर m. 1) *das Setzen über einen Fluss* Râgat. 8,1508. — 2) *Fährgeld.*

आतर्द m. *durchbohrte Stelle, Loch.*

आतर्दन n. in * अलपातर्दन.

* आतर्पण n. 1) = प्रीणन. — 2) = आलिम्पन, मण्डोदक, मङ्गलालेपन.

* आतव m. N. pr. eines Mannes. Davon * °वायन m. Patron.

आता f. (Instr. Pl. आताभिस् und आतैस्) *Umfassung, Rahmen einer Thür;* bildlich auch *Rahmen des Himmelsraumes.*

आतान m. *ausgespannte Schnur, Strich* u.s.w. VS.

आतापिन् 1) Adj. *von Eifer beseelt* Lalit. 296,3. — 2) m. *a)* * = आतायिन्. — *b)* N. pr. eines Daitja.

* आतायिन् m. *Falco Cheela* (चिल्ल).

आताम्र Adj. (f. आ) *röthlich* 248,3. 294,17. L.A. 90,1. Compar. °तर. Nom. abstr. °ता f. Chr. 314,19.

* आतार m. 1) = संसारतीरं प्राप्यापि पुनरावर्तनम् Ind. St. 2,41. — 2) = आतर 2).

आतार्य Adj. *zum Übersetzen behülflich.*

* आताली Adv. in Verbindung mit अस्, कर् oder भू.

आति und आती f. *ein best. Wasservogel.* * *Turdus ginginianus* H.

आतिच्छन्दस n. *der 6te Tag in der 6tägigen* Pṛshṭhja-*Feier.*

(आतिथिग्व) °ग्वं m. Patron. von अतिथिग्व.

आतिथेय 1) Adj. (f. ई) *hospitalis.* — 2) * m. Patron. von अतिथि. — 3) f. ई (Bâlar. 18,21. 19,1) und n. *Bewirthung, gastliche Aufnahme, Gastfreundschaft.*

आतिथ्य 1) Adj. *für einen Gast bestimmt, gastlich.* — 2) * m. *Gast.* — 3) f. आ = 4) *b)* Lâṭj. 1,3,1. 6,22. 5,6,4. — 4) n. (adj. Comp. f. आ) *a) Gastverhältniss, gastliche Aufnahme, Gastfreundschaft.* त्वष्टुरातिथ्यम् Name eines Sâman. युद्धातिथ्यं कर् oder दा *mit einem Kampfe bewirthen,* so v.a. *eine Herausforderung zum Kampfe annehmen.* श्रवणयोरातिथ्यं या so v.a. *zu Ohren gelangen* Prasannar. 6,1. — *b)* im Ritus *der Empfang des* Soma, *wenn er zum Opferplatz gebracht wird.*

आतिथ्यरूप Adj. *das* आतिथ्य 4) *b) darstellend.*

आतिथ्यवत् Adj. *von Gastfreundschaft redend, das Wort «Gast» enthaltend* Ait. Br. 1,17.

आतिथ्येष्टि f. = आतिथ्य 4) *b)* Mahîdh. zu VS. 19,14.

आतिदेशिक Adj. von अतिदेश.

आतिरश्चीन Adj. (f. आ) *ein wenig zur Seite gewandt* Benf. Chr. 198,28.

आतिराज्य n. Nom. abstr. zu अतिरात्र 2) *a)* Lâṭj. 8,1,16.

आतिरेक्य n. *das Zuvielsein, Ueberschuss.*

आतिवाहिक Adj. in Verbindung mit शरीर *der feine Körper, der die Seele in eine fernere Geburt hinüberführt,* Kap. 5,103. Bâdar. 4,3,4. Davon Nom. abstr. °त्व n. Comm. ebend.

आतिविज्ञान्य Adj. *über das Erkennen hinausgehend.*

आतिशायनिक und °शायिक Adj. *Steigerung ausdrückend; ein solches Suffix.*

* आतिश्वायन Adj. von अतिश्वन्.

आतिष्ठ n. *das Obenanstehen.*

* आतिस्वायन Adj. von अतिस्वन् gaṇa पलादि in der Kâç. zu P. 4,2,80.

आतीषादीय n. Name eines Sâman Lâṭj. 7,8,13. Tâṇḍja-Br. 12,11,15. 16.

* आतु m. *Floss.* Vgl. आटू.

आतुच् f. *das Dunkelwerden.*

आतुर्षि Adj. auf Etwas losstürzend.

आतुत्ति Dat. Inf. herbeizuschaffen.

आतुर Adj. (f. आ) 1) leidend, krank. Am Ende eines Comp. gequält —, gepeinigt von 58,12. 122, 18. — 2) mit Inf. heftig verlangend MBh. 3,63,36.

आतुरसंन्यासविधि m. Titel eines Werkes.

आतुरासक m. fingirter N. pr. eines Arztes (Kranke tödtend) Hās.

आतृद्य Partic. von तर्द् mit आ.

आतृतीयम् Adv. bis zum dritten Lāṭy. 9,8,17. 18.

आतृदस् Abl. Inf. mit पुरा ohne zu spalten (mit attrahirtem Abl.) ṚV. 8,1,12.

*आतृप्य m. Anona reticulata; n. die Frucht.

आतोदिन् Adj. stossend, stechend.

आतोद्य n. ein geschlagenes musik. Instrument.

आत्कील m. Patron. von अत्कील.

आत्त Partic. von दा, ददाति mit आ.

आत्तकर्षण n. = अतिस्वार् Saṁhitopan. 17,8.

आत्तकान्ति Adj. des Glanzes beraubt Prab. 15,10.

आत्तगन्ध Adj. dem Gewalt angethan worden ist Ragh. 13,7.

आत्तगर्व Adj. gedemüthigt.

आत्ततेजस् Adj. der Kraft beraubt. Speisen Āpast.

आत्तमनस् (Lalit. 182,8) und °मनस्क Adj. hingerissenen Herzens.

आत्तलक्ष्मि Adj. der Herrlichkeit beraubt MBh. 3,269,3.

आत्तवचस् Adj. der Sprache beraubt.

आत्तविद्य Adj. der sein Wissen von — (Abl.) erlangt hat Vop. 5,20.

आत्तविभव Adj. zu Reichthum gelangt Kathās. 10,180.

आत्तवीर्य Adj. der Kraft beraubt. Speisen Gaut. 9,58.

आत्तसार Adj. (f. आ) 1) der Macht beraubt Bālar. P. 6,10,29. — 2) der Schätze beraubt Ragh. 5,26. — 3) gehaltlos (Rede) Bālar. P. 3,13,25.

आत्तसोमपीथ Adj. um den Soma-Trunk gekommen Çat. Br. 12,8,4,19.

आत्थ 2. Sg. Perf. von अह्.

आत्म am Ende einiger Compp. = आत्मन्.

आत्मक Adj. (f. आत्मिका) 1) zum Wesen —, zur Natur eines Dinges gehörig MBh. 12,24,7. — 2) am Ende eines Comp. das Wesen —, die Natur —, die Eigenthümlichkeit von Etwas habend, bestehend in, aus. Dazu Nom. abstr. °त्व n. 264,8. 265,29.

आत्मकाम Adj. (f. आ) 1) Eigenliebe besitzend. — 2) die Weltseele liebend.

*आत्मकामेय m. Pl. N. pr. eines Stammes. Davon Adj. *°क von ihnen bewohnt.

आत्मकीय Adj. dem eigenen Selbst gehörig.

आत्मकृत Adj. 1) gegen sich selbst begangen. — 2) selbstbegangen, — verschuldet.

आत्मक्रीड Adj. mit der Allseele spielend Ind. St. 9,148.

आत्मगत 1) Adj. auf —, in ihm selbst befindlich MBh. 11,19,20. Chr. 172,18. — 2) °म् Adv. für sich (als scenische Bemerkung) 293,17. 304,16.

आत्मगति f. 1) der eigene Weg. °तिं गम् seiner Wege gehen R. 1,76,24. — 2) Eigenmacht. Instr. von selbst, ohne Zuthun eines Andern. — 3) das Leben des Geistes.

*आत्मगन्धक m. Myrrhe Nigh. Pr.

*आत्मगन्धिहरिद्रा f. Curcuma Amada Nigh. Pr.

आत्मगुण n. Seelentugend Gaut. 8,22. 24. 25.

आत्मगुप्ता f. Mucuna pruritus Hook.

आत्मगुप्ति f. Versteck eines Thieres.

आत्मघातक und °घातिन् (Kād. 195,22) Adj. sich selbst tödtend, Selbstmörder.

*आत्मघोष m. 1) Krähe. — 2) Hahn.

*आत्मचतुर्थ Adj. selbviert Mahābh. 6,37,a.

*आत्मचिन्तन n. das Nachdenken Gal.

आत्मच्छन्दतीर्थ n. N. pr. eines Tīrtha.

आत्मज 1) Adj. selbsterzeugt MBh. 12,329,21. — 2) m. (adj. Comp. f. आ) a) Sohn; auch Nachkomme. Du. auch ein Sohn und eine Tochter. — b) astrol. das fünfte Haus Ind. St. 14,313. — 3) f. आ a) Tochter. — b) * Vernunft.

आत्मजता f. Nom. abstr. von आत्मजा Sohn Kād. II, 110,9.

1. आत्मजन्मन् n. Geburt (Wiedergeburt) seiner selbst, d. i. Geburt eines Sohnes.

2. आत्मजन्मन् m. Sohn.

आत्मज्ञ Adj. 1) sich selbst kennend MBh. 12,329, 19. — 2) die Allseele kennend 288,19.

आत्मज्ञान n. 1) Selbsterkenntniss. — 2) Kenntniss der Allseele 283,22.

आत्मज्ञानोपदेशप्रकरण n. und °देशविधि m. Titel von Werken.

आत्मज्ञानोपनिषद् f. Titel einer Upanishad. °पद्दीपिका T. eines Commentars dazu.

1. आत्मज्योतिस् n. das Licht der Allseele MBh. 12, 174,31.

2. आत्मज्योतिस् Adj. durch sich selbst Licht empfangend Çat. Br. 14,7,1,6. MBh. 12,26,16.

आत्मतत्त्व n. 1) das eigene Wesen, die eigene Natur Spr. 883. — 2) das wahre Wesen der Allseele. °प्रदीप m., °प्रबोध m., °विवेक m., °विवेककल्पलता f. und °विवेकदीधिति f. Titel von Werken.

1. आत्मतन्त्र n. die Grundlage des Selbst MBh. 13,93,4.

2. आत्मतन्त्र Adj. von sich selbst abhängig, unabhängig, frei.

आत्मता f. Wesenheit Bhāg. P. 10,14,21. °g. अनुक्रोशात्मता Mitleidigkeit Nom. abstr. von अनुक्रोशात्मन् Chr. 61,13.

आत्मतृप्त Adj. sich selbst genügend Bhag. 3,17.

आत्मत्याग m. 1) Selbstvergessenheit Suçr. 1,192,6. — 2) Selbstmord.

आत्मत्यागिन् Adj. 1) *selbstvergessen. — 2) sich selbst tödtend, Selbstmörder.

आत्मत्राण n. ein Mittel, sich zu retten, R. 5,47, 27. Bhāg. P. 1,7,19.

आत्मत्व n. Wesenheit.

आत्मत्रयाख्यविचार m. Titel eines Werkes.

आत्मदक्षिण Adj. wobei die eigene Person als Opferlohn gegeben wird Tāṇḍya-Br. 4,9,19.

आत्मदर्श m. Spiegel.

°आत्मदर्शन n. das Sichselbsterblicken in.

आत्मदा Adj. Athem —, Leben gebend.

आत्मदान n. Selbstaufopferung.

आत्मद्रुहि Adj. die Seele verderbend.

आत्मद्वेष m. Hass gegen sich selbst Spr. 889.

आत्मन् m. 1) Hauch. — 2) Seele (als Princip von Leben und Empfindung). — 3) das Selbst, die eigene Person. Häufig in der Function eines Pron. reflex. आत्मना — अकरोत् ipse fecit Kād. 27,21. II, 112,18. संतम्भयात्मानमात्मना ipsum ipse R. Gorr. 2,33,26. आत्मनि Loc. mit धा oder कर् in sich aufnehmen, sich aneignen. — 4) Wesen, Natur, Eigenthümlichkeit. — 5) der Leib im Gegensatz zu den Gliedern, Rumpf. — 6) Leib, Körper. — 7) Verstand, Intelligenz. — 8) die Allseele, Weltseele. — 9) abgekürzt für आत्मोपनिषद्. — 10) *Anstrengung. — 11) * = धृति. — 12) * die Sonne. — 13) * Feuer. — 14) * Sohn. — Im Epos wird der Anlaut nach ए und ओ nicht selten elidirt.

आत्मनातृतीय Adj. selbdritt 123,4. Çiç. 6,17.

*आत्मनादशम Adj. selbzehnt Mahābh. 6,37,a.

आत्मनाद्वितीय Adj. selbander Spr. 6603.

आत्मनापञ्चम Adj. selbfünft R. 4,8,9. 5,89,17.

आत्मनासप्तम Adj. selbsiebent MBh. 17,1,23.

आत्मनिका f. ein Frauenname.

आत्मनित्य Adj. an's Herz gewachsen MBh. 1, 133,30. = स्ववश्य Nīlak.

आत्मनिन्दा f. Selbsttadel Spr. 896.

आत्मनिष्क्रयण Adj. sich loskaufend Çat. Br.

आत्मनीन 1) Adj. (f. आ) der eigenen Person entsprechend, — frommend. — 2) *m. a) Sohn. — b) ein lebendes Wesen. — c) Bruder der Frau. —

d, der Spassmacher im Drama.

आत्मनीय Adj. (f. आ) = आत्मीय Lalit. 377,17.

आत्मनेपद n. die Verbalsuffixe des Mediums.

आत्मनेपदिन् Adj. die Medial-Endungen habend.

आत्मनेभाष 1) Adj. = आत्मनेपदिन् Mahâbh. 6, 17,a. — 2) f. आ = आत्मनेपद.

आत्मन्य Adj. (f. आ) zur eigenen Person in Beziehung stehend Tâṇḍja-Br. 16,1,3.

आत्मन्वत् und आत्मन्विन् Adj. beseelt, belebt.

आत्मप Adj. Hüter —, Wächter der eigenen Person.

आत्मपक्ष m. die eigene Partei 136,13.

*आत्मपञ्चम Adj. selbfünft Kâç. zu P. 6,3,5.

आत्मपराजित m. der sich selbst verspielt hat.

आत्मपात m. Herabsturz der Seele, so v. a. Wiedergeburt Bhâg. P. 2,1,32.

आत्मपुराण n. Titel einer Schrift. °दीपिका f. desgl.

आत्मपूजा f. Eigenlob Spr. 896. 3794.

आत्मप्रकाश 1) Adj. durch sich selbst hell Ind. St. 9,149. — 2) m. Titel eines Commentars zum VP.

आत्मप्रतिकृति f. das eigene Abbild.

आत्मप्रत्ययिक Adj. was man selbst lernen muss MBh. 12,247,13.

आत्मप्रत्यर्थिनामयस् Adj. mit dem eigenen und mit dem Namen des Verklagten versehen 214,20.

आत्मप्रबोध m. Titel einer Upanishad.

आत्मप्रयत्न m. das Sichangelegenseinlassen der eigenen Person, Selbstsucht VP. 6,7,31.

आत्मप्रयोजन Adj. eigennützig Âpast. 1,3,35.

आत्मप्रवाद 1) m. Bekenner der Allseele, Metaphysiker Nir. 13,9. — 2) *n. Titel eines Ġaina-Werkes.

आत्मप्रशंसक Adj. sich selbst lobend, Prahler MBh. 12,141,83.

आत्मप्रशंसा f. Eigenlob Âpast. 1,7,24. Spr. 902.

आत्मप्रशंसिन् Adj. = आत्मप्रशंसक.

1. आत्मबोध m. 1) Kenntniss der Allseele. — 2) Titel eines Werkes. °प्रकरणविधि m. Titel eines Commentars dazu. °बोधोपनिषद् f. Titel einer Upanishad.

2. आत्मबोध Adj. die Allseele kennend Spr. 6443.

1. आत्मभव m. das Erscheinen seiner selbst MBh. 3,37,36.

2. आत्मभव 1) Adj. von der eigenen Person herrührend, selbstverschuldet R. 2,64,69. — 2) m. der Liebesgott.

आत्मभाव m. 1) das Dasein der Seele Çvetâçv. Up. 1,3. — 2) das eigene Sein, Persönlichkeit Spr. 2306. Bei den Buddhisten dass. und Körper.

आत्मभू m. der durch sich selbst Entstandene, Bez. 1) Brahman's. — 2) Vishṇu's. — 3) Çiva's. — 4) des Liebesgottes.

आत्मभूत Adj. des andern Selbst seiend, ganz ergeben.

आत्मभूय n. Eigenthümlichkeit, Natur.

आत्ममध्य n. Mittelkörper, Rumpf Ind. St. 13,254.

आत्ममय Adj. (f. ई) aus dem eigenen Selbst hervorgegangen.

आत्ममिथुन Adj. mit der Allseele sich paarend Ind. St. 9,149.

आत्ममूर्ति Adj. dessen Leib die Seele ist.

*आत्ममूली f. Alhagi Maurorum Tournef.

आत्मंभरि Adj. nur auf seinen Unterhalt bedacht, nur an seine Person denkend, selbstsüchtig Kaṇḍaṭ. 100,2. Davon Nom. abstr. °त्व n.

आत्मयाजिन् Adj. 1) für sich selbst opfernd. — 2) sich selbst zum Opfer bringend (uneig.).

आत्मयूप Adj. dessen Opferpfosten die eigene Person ist Âpast. 2,26,2.

आत्मयोग m. Vereinigung mit der Allseele.

आत्मयोनि m. Bez. 1) Brahman's. — 2) *Çiva's. — 3) des Liebesgottes.

आत्मरक्षक Adj. Leibtrabant Ind. St. 13,313.

आत्मरक्षण n. das Schonen der eigenen Person Spr. 904.

*आत्मरक्षा f. Trichosanthes bracteata.

आत्मरति Adj. an der Allseele sich erfreuend Ind. St. 9,149.

आत्मरामयोगीन्द्र m. N. pr. eines Mannes.

आत्मरुह् Adj. auf ihm selbst wachsend.

आत्मलाभ m. 1) eigener Gewinn, — Vortheil 178, 19. — 2) das in's Leben Treten Comm. zu Njâjas. 1,1,17. 4,2,12. 5,1,37. Geburt Kâd. II,1,10. — 3) Gewinn der Allseele Âpast.

आत्मलाभीय Adj. auf den Gewinn der Allseele bezüglich Âpast. 1,22,3.

आत्मलिङ्गपूजापद्धति f. Titel eines Werkes.

आत्मवञ्चक Adj. sich selbst betrügend, — um den Lohn bringend.

आत्मवत् Adv. = आत्मानमिव wie sich selbst 140,26.

आत्मवत्ता f. Selbstbeherrschung.

आत्मवध m. und °वध्या f. Selbstmord.

आत्मवत् Adj. 1) beseelt Ind. St. 9,159. — 2) Selbstbeherrschung übend Âpast. Gaut. 9,62. — 3) wohlgesinnt. — 4) die Person betreffend. °वत्ता n. so v. a. Menschenkenntniss Ragh. ed. Calc. 8,85.

आत्मवर्ग m. die eigene Partei Spr. 906.

आत्मवश Adj. was von Einem selbst abhängt.

आत्मवाद m. Titel eines Werkes.

आत्मविक्रय m. Verkauf seiner selbst, — seiner Freiheit.

आत्मविद् Adj. die Allseele kennend.

आत्मविद्या f. Kenntniss der Allseele.

आत्मविधित्सा f. Selbstsucht Spr. 143.

आत्मविलास und आत्मविवेक m. Titel von Werken.

*आत्मवीर m. 1) ein mächtiger Mann. — 2) ein lebendes Wesen. — 3) Sohn. — 4) Bruder der Frau. — 5) der Spassmacher im Schauspiel.

आत्मवृत्ति f. der Zustand, in dem man sich befindet.

आत्मशंसा f. Selbstlob Spr. 3794, v. l.

आत्मशक्ति f. eigene Kraft. Instr. nach Kräften Spr. 1233.

*आत्मशल्या f. Asparagus racemosus Willd.

आत्मश्लाघ (Vaṇis. 80,4) und °श्लाघिन् Adj. sich selbst lobend, Prahler.

आत्मषट्कभाष्य n. und °षट्कोपनिषद् f. Titel von Werken.

आत्मसंपृक्त Adj. im Körper befindlich Âpast. 1, 10,23.

आत्मसंयोग m. die Beziehung zur eigenen Person, persönliches Interesse an Etwas Âpast. 1,8,6.

आत्मसंस्थ Adj. (f. आ) an der Person haftend Mâlav. 15.

आत्मसद् Adj. in mir wohnend.

आत्मसनि Adj. Lebenshauch spendend.

आत्मसंतान m. Sohn.

आत्मसंदेह m. Lebensgefahr 139,24.

आत्मसम Adj. dem eigenen Selbst gleich Ind. St. 14,366. Davon Nom. abstr. °ता f. °तां नी Jmd (Acc.) sich selbst gleich machen Chr. 329,1.

आत्मसमर्पण n. das Sichhingeben (einer Gottheit).

आत्मसंपन्न in अना°.

आत्मसंभव 1) m. a) Sohn. — b) der Liebesgott Kâd. II,136,16. — 2) f. आ Tochter.

आत्मसंभावना f. Eigendünkel Kâd. 224,13.

आत्मसंमित Adj. 1) der Person entsprechend Çat. Br. 6,6,2,12. 7,2,2,17. 3,6,14. 8,2,9,2. 10,4,2,3. — 2) der Allseele gleichend Kaush. Up. 4,10,1.

आत्मसाक्षिन् Adj. der eigene Begleiter Suparṇ. 25,2.

आत्मसात् Adv. mit कर् 1) auf sich legen. — 2) sich zu eigen machen, an sich ziehen, für sich gewinnen. — 4) zur Allseele machen Ind. St. 9,159.

आत्मसुख m. N. pr. eines Mannes.

आत्मस्तव m. 1) Selbstlob R. 3,33,12. — 2) Pl. Bez. der den Geist preisenden Hymnen Bhâg. P. 2,1,8.

आत्मस्थ Adj. in der Seele befindlich Çira-Up. 3.

आत्मस्परण Adj. die Person rettend.

आत्मकृत्या f. Selbstmord.

आत्मकृन् 1) Adj. a) die Seele tödtend, nicht an die Wohlfahrt der Seele denkend. — b) sich selbst tödtend, Selbstmörder. — 2) *m. Aufseher eines Heiligthums.

आत्मात्मीय Adj. der eigenen Person gehörig.

आत्माधिक Adj. (f. आ) lieber als das eigene Ich Kathās. 15,33.

आत्माधीन 1) Adj. von der eigenen Person abhängig, worüber man selbst verfügen kann Āpast. 1,13,22. Spr. 966. — 2) *m. a) = प्राणाधार. — b) Sohn. — 3) Bruder der Frau. — 4) der Spassmacher im Schauspiel.

आत्मानन्द Adj. an der Allseele seine Wonne habend Ind. St. 9,149.

आत्मानन्दव्याख्या f. Titel eines Werkes.

आत्मानपेक्ष Adj. auf sich keine Rücksicht nehmend, uneigennützig 137,14.

आत्मानात्मविचार m., आत्मानात्मविवेक m. und आत्मानुशासन n. Titel von Werken.

आत्मापकार m. Verstellung. °रं कर् sich verstellen Çiç. 13,21.

आत्मापकारक (M. 4,255) und °कारिन् (Spr. 5619) Adj. sich um sich selbst bringend, sich verläugnend, — verstellend.

आत्माभिमानिता f. hohe Meinung von sich MBh. 3,313,94.

आत्मामिष m. ein mit dem Opfer des eigenen Heeres erkauftes Bündniss oder Friede Spr. 7329.

आत्मायास m. Selbstquälerei Nīlak. 68,9.

आत्माराम 1) Adj. am eigenen Selbst oder an der Allseele sich erfreuend. — 2) m. N. pr. eines Autors.

आत्मार्थम् (121,18) und °र्थे (74,30) Adv. für sich. °र्थेषु im eigenen Interesse Āpast.

आत्मावबोध m. Titel eines Werkes.

आत्मावास्य Adj. von der Allseele erfüllt Bāla, P. 2,1,10. Vgl. Īçop. 1.

*आत्माशिन् m. Fisch.

आत्माष्योपनिषद् f. Titel einer Upanishad.

आत्मी Adv. mit कर् sich aneignen, in Besitz nehmen Kād. 131,11.

आत्मीभाव m. das Aufgehen in der Allseele Spr. 1450.

आत्मीय Adj. (f. आ) dem Selbst gehörig, eigen.

आत्मेच्छा f. das Verlangen nach der Allseele Spr. 6275.

आत्मेय m. Pl. und आत्मेयत्व n. Nom. abstr. = आत्म्य und °त्व n. Maitr. S. 4,1,9.

आत्मेश्वर m. Herr seiner selbst.

आत्मोत्कर्ष m. 1) das Mehrgelten der eigenen Person Spr. 924. — 2) Selbstüberhebung Spr. 6738.

आत्मोद्भव 1) m. Sohn. — 2) *f. आ Glycine debilis Roxb.

आत्मोपजीविन् Adj. zum Lebensunterhalt nur seiner eigenen Person bedürfend Gaut. 10,32.

आत्मोपदेश und °विधि m. Titel eines Werkes.

आत्मोपनिषद् f. Titel einer Upanishad.

आत्मौपम्य n. Gleichheit mit sich selbst. Instr. in dem man sich zum Maassstab macht, — Jmd nach sich beurtheilt 140,32. 34. Spr. 926.

आत्म्य m. Pl. eine best. Götterordnung. Davon Nom. abstr. आत्म्यत्व n. TBr. 3,2,9,11. Vgl. अन्ना° und एतदा°.

आत्ययिक Adj. (f. ई) 1) bis an's Ende dauernd, für immer gültig, unabänderlich 107,23. 224,11. — 2) vollständig, absolut. Dazu Nom. abstr. °त्व n.

आत्ययिक Adj. wobei Gefahr im Verzug ist, dringend Gaut. 13,30.

आत्र n. Name verschiedener Sāman.

1. आत्रेय 1) m. a) Patron. von Atri. N. pr. eines Arztes Bhāvapr. 3,7. Pl. MBh. 8,26,8. als Volksstamm 6,9,66. — b) ein best. Priester. — c) Bein. Çiva's. — d) *Chylus. — 2) f. ई a) ein weiblicher Nachkomme des Atri Gaut. 22,12 (oder zu b). — b) eine Frau, die eben das Reinigungsbad nach den Katamenien vollzogen hat, Āpast. Nach den Lexicographen *ein Frauenzimmer während der Katamenien. — c) *Chylus Gal. — d) N. pr. eines Flusses. — 3) n. Name zweier Sāman.

2. आत्रेय Adj. (f. ई) von Ātreja herrührend.

*आत्रेयायण m. Patron. von 1. आत्रेय.

*आत्रेयिका f. ein Frauenzimmer während der Katamenien.

आत्रेयीपुत्र m. N. pr. eines Lehrers.

*आत्रेयीय Adj. von 1. आत्रेय.

आथर्वण 1) Adj. (f. ई) von Atharvan oder den Ath. herrührend, ihnen gehörig u. s. w. वेद Āpast. 2,20,12. — 2) m. a) ein Abkömmling Atharvan's oder der Ath. — b) ein mit dem AV. vertrauter Brahman, Beschwörer Spr. 4216. — c) der Atharvaveda, = आथर्वणवेद m. Auch ein zum AV. gehöriges Werk. — 3) n. a) Name verschiedener Sāman. — b) *das Gemach, in dem der Opferpriester dem Veranstalter eines Opfers das Gelingen desselben meldet.

आथर्वणरहस्य n. Titel eines Werkes.

आथर्वणशिरस् n. Titel einer Upanishad.

आथर्वणिक 1) Adj. (f. ई) = आथर्वण. — 2) m. ein Kenner oder Anhänger des AV.

आथर्वणोपहृदयोपनिषद् f. Titel einer Upanishad.

आथर्विक Adj. zum AV. in Beziehung stehend.

आथापिनी f. eine best. Mūrkhanā Haug, Acc. 59.

°आद Adj. nehmend, empfangend.

आदंश m. Biss, Bisswunde.

आदघ्न Adj. bis an den Mund reichend.

आदत् 3. Sg. Imperf. von दा, ददाति mit आ.

आददि Adj. mit Acc. 1) verschaffend. — 2) erlangend, empfangend. — 3) eintreibend (eine Schuld).

आदभे Dat. Inf. Etwas (Acc.) zu verkümmern ṚV. 8,21,10.

आदम् 1te Sg. Imperf. von दा, ददाति mit आ.

आदमखान m. N. pr. eines Chans.

आदर m. die einer Person oder Sache (Loc., °र्थम् oder im Comp. vorangehend) gewidmete Rücksicht, — Beachtung, Bemühung um, das Augenmerk Haben auf, Lust zu Daçak. 19,8. आदरं कर् mit Infin. sich bemühen Kād. 171,18. Instr. und Abl. mit der gehörigen Rücksicht, sorgfältig, alles Ernstes, von ganzer Seele, sollicite.

आदरण n. das Beachten.

आदरणीय Adj. zu berücksichtigen, — beachten. Nom. abstr. °ता f. und °त्व n. (Comm. zu Njājam. 1,3,30).

आदरवन्त् Adj. bemüht, eifrig besorgt um (Loc.) Kād. 71,9.

आदर्तव्य Adj. = आदरणीय Comm. zu Gaim. 1,3,1.

आदर्दिर Adj. zermalmend.

आदर्श m. 1) Wahrnehmung mit dem Auge. — 2) Spiegel. °बिम्ब m. n. ein runder Spiegel. — 3) am Ende von Büchertiteln so v. a. Beleuchtung. Auch आदर्श allein als Titel eines Werkes. — 4) Spiegelbild, Abbild (in übertr. Bed.) Kād. 5,4. — 5) Abschrift. — 6) N. pr. a) eines Sohnes des 11ten Manu. — b) eines Berges. — c) einer Landschaft.

आदर्शक 1) m. Spiegel. — 2) Adj. von आदर्श 6) c).

आदर्शमण्डल m. eine Schlangenart.

आदर्शमय Adj. ganz und gar Spiegel seiend Kād. 94,10.

आदस् 2te Sg. Imperf. von दा, ददाति mit आ.

आदहन n. Verbrennungsplatz.

आदातर् Nom. ag. Empfänger.

आदातव्य Adj. 1) was ergriffen —, angefasst wird Praçnop. 4,8. — 2) zu nehmen.

1. आदान n. 1) das Ergreifen, Anfassen 269,14. — 2) das Ansichziehen, Fürsichnehmen Kap. 4,13. Empfangen, Wegnahme, Entziehung. पाञ्चभौतिक das Ansichziehen der fünf Elemente. रुधिरादान Blutentziehung Spr. 7587. — 3) in der Dramatik kurze Angabe der Haupthandlung. — 4) *Krankheitsursache Rāǵan. 20,67.

2. आदान n. 1) das Zerstückeln, Zermalmen, Klein-

machen Ǵaim. 4,2,6. — 2) Theil. आदान Wesen, Gaut. 36. 58. 74.

3. आदान n. 1) das Binden, Gebundensein. — 2) *Pferdeschmuck.

आदानवन्त् Adj. empfangend, gewinnend.

आदानसमिति f. bei den Ǵaina die Lebensregel des (vorsichtigen) Anfassens (so dass dabei keinem lebenden Wesen ein Leid geschieht).

*आदानी f. eine grosse Cucurbitacee Rāǵan. 7,171.

आदापन n. Aufforderung zum Ergreifen Âçv. Ça. 3,4,2.

आदाम 1te Pl. Imperf. von दा, ददामि mit आ.

*आदायचर Adj. (f. ई) P. 3,2,17.

आदायिन् Adj. 1) Gaben zu empfangen geneigt. Am Ende eines Comp. Etwas für sich nehmend. — 2) fehlerhaft st. आधायिन्.

आदार m. 1) Rücksicht. — 2) eine best. den Soma vertretende Pflanze.

आदारसृत् fehlerhaft für अदार°

आदारिन् Adj. aufbrechend.

आदारिबिम्बी f. eine best. Pflanze.

1. आदि m. 1) Anfang, Beginn. आदौ am Anfange, zuerst. आदि (metrisch) कर् Jmd (Acc.) vorangehen lassen. — 2) Erstling. — 3) Anlaut. — 4) am Ende eines adj. Comp. (häufig mit angefügtem क, f. का) mit dem beginnend, der und die folgenden. गर्भिणी द्विमासादिः eine Frau, die zwei Monate oder länger schwanger ist. पञ्चादिका दशपरास्त्राङ्काः mindestens fünf und höchstens zehn Acte.

2. आदि Adj. mit आ beginnend.

*आदिकर m. Bein. Brahman's.

आदिकर्तर् Nom. ag. Urschöpfer.

*आदिकर्णी f. eine best. Pflanze.

आदिकर्मन् n. eine beginnende Handlung.

*आदिकवि m. Bein. 1) Brahman's. — 2) Vâlmîki's.

आदिकाण्ड n. Titel des 1ten Buchs im Râmâjaṇa.

आदिकारण n. 1) Urgrund. — 2) Analysis, Algebra.

आदिकाल m. Urzeit.

आदिकालीन Adj. der Urzeit angehörig Comm. zu Kirâtâr. 1,3.

आदिकाव्य n. das erste Poem, Bez. des Râmâjaṇa.

आदिकृत् m. Schöpfer VP. 6,4,4.

आदिकेशव m. Bein. Vishṇu's.

आदिगदाधर m. N. pr. eines in Gajâ verehrten Gottes.

आदिग्रन्थ m. Titel des heiligen Buches der Sikhs.

आदितस् Adv. von Anfang an, am Anfang, im Beginn, zuerst. Mit कर् voranstellen. Am Ende eines Comp. von — an.

आदिताल m. ein best. Tact S. S. S. 207.

आदितेय m. 1) Sohn der Aditi. — 2) *ein Gott.

1. आदित्य, आदितिय 1) Adj. der Aditi gehörig, geweiht u. s. w.; von ihr stammend. — 2) m. a) Sohn der Aditi. Pl. eine besondere Götterklasse, deren Zahl mit Beziehung auf die Monate später auf zwölf angegeben wird. — b) Pl. die obersten Götter überh. — c) der Sonnengott, die Sonne. — d) *Du. = 4) a). — e) *Calotropis gigantea. — f) N. pr. eines Mannes. — 3) f. आदित्या die Sonne VS. 4,21. — 4) n. a) das unter Aditi stehende Mondhaus Punarvasu. — b) Name eines Sâman.

2. आदित्य Adj. 1) den Âditja gehörig, ihnen zugerechnet, von ihnen stammend. — 2) in Beziehung zum Sonnengott stehend.

*आदित्यकान्ता f. Polanisia icosandra Nigh. Pr.

आदित्यकेतु m. N. pr. eines Sohnes des Dhṛtarâshṭra.

आदित्यगति f. Bewegung der Sonne Mahâbh. in Ind. St. 13,484.

*आदित्यगर्भ m. N. pr. eines Bodhisattva.

आदित्यग्रह m. ein best. Becher Soma bei der Abendspende Çat. Br. 4,3,5,16. 23.

आदित्यजूत Adj. von den Âditja gefördert ṚV. 8,46,5.

आदित्यतीर्थ n. N. pr. eines Tîrtha.

*आदित्यतेजस् m. oder f. 1) Polanisia icosandra Nigh. Pr. — 2) Herpestes Monniera ebend.

आदित्यत्व n. Nom. abstr. von आदित्य Sonne Maitrjup. 6,35.

आदित्यदास m. N. pr. eines Mannes.

आदित्यदेव m. desgl.

आदित्यदेवत Adj. dessen Gottheit die Sonne ist Çat. Br. 14,6,9,21.

आदित्यनक्तविधिव्रत n. eine best. Begehung.

आदित्यनामन् n. ein Name der Sonne Çat. Br. 5,3,5,9.

*आदित्यपत्त्र m. Calotropis gigantea.

*आदित्यपर्णिका f. (Nigh. Pr.), °पर्णिन् m. und °र्णिनी f. Polanisia icosandra.

आदित्यपाक Adj. in der Sonne gekocht. तैल ein best. Medicament Mat. med. 27. गुग्गुलु 136.

आदित्यपात्र n. der Becher, mit dem der Âditjagraha geschöpft wird, Çat. Br. 4,3,5,6. 9. 5,5,6.12.

आदित्यपुराण n. Titel eines Upapurâṇa. Davon Adj. °णीय.

*आदित्यपुष्पिका f. Calotropis gigantea.

आदित्यप्रतापसिद्धान्त m. Titel eines Werkes.

आदित्यप्रभ m. N. pr. eines Fürsten.

आदित्यबन्धु m. Bein. Gautama's und Çâkjamuni's.

*आदित्यभक्ता f. Polanisia icosandra.

आदित्यमण्डल n. Sonnenscheibe 261,22. °मण्डलविधि m. eine best. Ceremonie.

आदित्ययशस् m. N. pr. eines Mannes B.A.J. 9,262.

आदित्यलोक m. Pl. die Welten der Sonne Çat. Br. 14,6,9,1.

आदित्यवत् Adv. wie die Sonne 44,2.

आदित्यवनि Adj. die Âditja gewinnend.

आदित्यवन्त् Adj. von den Âditja umgeben.

आदित्यवर्ण 1) Adj. sonnenfarbig. — 2) m. N. pr. eines Mannes.

आदित्यवर्मन् m. N. pr. eines Fürsten.

*आदित्यवल्लभा f. Polanisia icosandra Nigh. Pr.

आदित्यवार m. Sonntag Gaṇit. S. 7, Z. 19. °व्रत n. eine best. Begehung.

आदित्यव्रत n. 1) eine best. Begehung Gobh. 3, 1,28. 30. — 2) Name eines Sâman.

*आदित्यव्रतिक Adj. das Âditjavrata begehend.

आदित्यशयन n. der Schlaf der Sonne. °व्रत n. eine best. Begehung.

आदित्यसंवत्सर m. Sonnenjahr.

आदित्यसूक्त n. eine best. Hymne.

आदित्यसूनु m. Sohn der Sonne.

आदित्यसेन m. N. pr. eines Fürsten Kathâs. 18,69.

आदित्यस्थाली f. der Kessel, aus dem der Âditjagraha geschöpft wird, Çat. Br. 4,2,8,16. 3,5,9.

आदित्यस्वामिन् m. N. pr. eines Mannes B.A.J. 2,11.

आदित्यहृदय n. Name eines Stotra. °स्तोत्रमन्त्र m.

आदित्याचार्य m. N. pr. eines Autors.

आदित्यानुवर्तिन् Adj. der Sonne folgend Suçr. 2,172,2.

आदित्येश्वरतीर्थ n. N. pr. eines Tîrtha.

आदित्येष्टि f. ein best. Opfer Çat. Br. 11,5,3,4.

आदित्व n. Nom. abstr. von 1. आदि 1).

आदित्सु Adj. zu nehmen —, zu erlangen verlangend (mit Acc.), habsüchtig Kâd. II, 34,21.

आदिदीपक n. eine best. rhetorische Figur. Beispiel Bhaṭṭ. 10,22.

आदिदेव m. Urgott, Bein. 1) Brahman's. — 2) Vishṇu's. — 3) Çiva's. — 4) des Sonnengottes. — 5) Gaṇeça's. — 6) Dhanvantari's.

आदिदैत्य m. Bein. Hiraṇjakaçipu's.

1. आदिन् Adj. essend, fressend Âpast. verspeisend.

2. °आदिन् Adj. ganz ausnahmsweise = 1. आदि am Ende eines adj. Comp.

आदिनव Unglück (im Würfelspiel) AV. 7,109,4.

आदिनवदर्श Adj. auf des Mitspielers Unglück es absehend.

आदिनाथ m. 1) Bein. Âdibuddha's und eines Ǵina. — 2) N. pr. eines Autors.

आदिनान्तम् Adv. bis zum Ende des Tages Kathâs. 18,112.

आदिपर्वत m. Hauptberg, — gebirge Kâd. 131,33.

आदिपर्वन् n. Titel des 1ten Buches im MBh.

आदिपितामह m. Bein. Brahman's.

आदिपुराण n. = ब्रह्मपुराण und Titel eines Werkes über die Ǵaina-Religion.

आदिपुरुष m. 1) Urahn. — 2) Urgeist.

आदिपूरुष m. Urgeist, Bein. Vishṇu's.

आदिप्लुत Adj. dessen erster Vocal pluta ist Vaitân.

आदिबल n. Zeugung.

आदिबुद्ध 1) Adj. im Anfange erkannt. — 2) m. Bez. der obersten Gottheit bei den nördl. Buddhisten.

आदिभव Adj. zuerst entstanden.

आदिभवानी f. die Çakti des Paramapurusha.

आदिभूत Adj. der erste unter (Gen.) seiend 102,16. VP. 4,1,8.

आदिम 1) Adj. (f. आ) der erste. Davon Nom. abstr. °त्व n. Nja. Uv. in Ind. St. 1,133. — 2) *f. आ die Erde Râǵan. 2,2.

आदिमध्यान्तलुप्त Adj. eines Anlauts, Inlauts oder Auslauts verlustig gegangen Ind. St. 4,310.

आदिमत् Adj. einen Anfang habend Çaṁk. zu Bâdar. 4,4,17. Davon Nom. abstr. °मत्त्व n. Naish. 2,2,14.

आदिमूल n. (adj. Comp. f. आ) Urgrund.

आदियामल n. Titel eines Tantra.

आदियोगाचार्य m. Bein. Çiva's.

आदिरसश्लोक m. Pl. Titel eines dem Kâlidâsa zugeschriebenen Gedichtes.

आदिराज m. 1) ein Fürst der Urzeit. — 2) Bein. Manu's und *Pṛthu's. — 3) N. pr. eines Sohnes des Avikshit.

आदिरूप n. Anzeichen —, Symptom einer Krankheit.

आदिलीला f. Titel eines Werkes.

आदिलुप्त Adj. des Anlauts verlustig gegangen Nir. 10,24.

आदिवंश m. Urgeschlecht.

आदिवक्तर् m. Urverkünder, Gründer einer Lehre Sûrjad. in der Vorrede zu Âryabh. 3.

आदिवत् Adv. wie ein Anlaut. Davon Nom. abstr. °वत्त्व n.

आदिवराह m. Ureber, Bein. Vishṇu's Kâd. 24,8.

आदिवातुलतन्त्र n. Titel eines Werkes.

आदिवाराह Adj. auf den Ureber bezüglich.

आदिवाराहतीर्थ n. N. pr. eines Tîrtha.

आदिविपुला f. ein best. Metrum Ind. St. 8,297. fgg.

*आदिवृत्त m. Bauhinia tomentosa Nigh. Pr.

आदिश् f. 1) Anschlag, Absicht. — 2) Pl. Bez. bestimmter Puncte in der Windrose.

आदिशरीर n. Urkörper MBh. 3,183,16.

आदिशाब्दिक (so zu lesen) m. ein Grammatiker der ältesten Zeit Vor. in Ind. St. 13,398.

आदिशे Dat. Inf. zu zielen auf (Acc.), auf's Korn zu nehmen ṚV. 9,21,5.6. in bestimmter Absicht 8,48,14. präd. zu treffen 56,1.

आदिष्ट 1) m. ein bestimmter Friede oder Bündniss. — 2) n. a) Anweisung, Geheiss, Verhaltungsbefehl Kull. zu M. 5,88. — b) *Ueberbleibsel einer Mahlzeit.

आदिष्टदक्षिणा f. ein best. Lohn, — Geschenk Çat. Br. 4,3,4,10.

आदिष्टिन् Adj. der die Verhaltungsbefehle (von seinem Lehrer) erhalten hat, Novize.

आदिसर्ग m. eine primitive Schöpfung.

आदिशूर m. N. pr. eines Fürsten.

आदिसृष्टि f. der blosse Gedanke an eine That.

आदिस्वरित Adj. den Svarita auf der ersten Silbe habend.

*आदीध्यक Adj. und *आदीध्यन n. Nom. act.

आदीनव m. 1) Leiden, Noth, Elend Lalit. 254,2. — 2) *Fehler. — 3) *= दुरन्त.

आदीपक m. Brandstifter.

आदीपन n. 1) das Anzünden. — 2) = आतर्पण, आलिम्पन, मण्डोदक.

आदीर्घ Adj. länglich Spr. 933.

आदीश्वर m. N. pr. eines Fürsten.

आदुरि Adj. achtsam ṚV.

आदृत्य Adj. auf den oder worauf man Rücksicht zu nehmen hat, zu beachten Ait. Âr. 47,9 v. u.

आदृष्टिगोचरम् Adv. so weit das Auge reicht.

आदृष्टिप्रसरम् Adv. dass. Spr. 937.

आदेय Adj. 1) zu nehmen, sich anzueignen; so v. a. abzupflücken Spr. 2153. — 2) zu nehmen, so v. a. anzuwenden. — 3) zu entfernen, — entsetzen. — 4) zuzuwenden, zu schenken Spr. 6706 (vielleicht आधेय zu lesen).

1. आदेव Adj. (f. ई) = अदेव den Göttern feindlich.

2. आदेव Adj. (f. ई) den Göttern zugethan.

आदेवन n. Spielplatz.

आदेश m. (adj. Comp. f. आ) 1) Bericht, Mittheilung, Aussage, Ausspruch. — 2) Lehre. — 3) Wahrsagung 291,14. — 4) Anweisung, Vorschrift, Geheiss. — 5) (in der Gramm.) Substitut 240,3.

आदेशक m. Wegweiser Kâd. II, 33,6. Im Comm. zu TS. Prât. 1,23 fehlerhaft für अन्वादेशक.

आदेशन n. das Angeben, Angabe, Mittheilung.

आदेशिन् Adj. 1) am Ende eines Comp. anweisend, gebietend. — 2) das wofür Etwas substituirt wird Vârtt. 7. 8 zu P. 1,1,56.

आदेश्य Adj. anzugeben, mitzutheilen.

आदेष्टर् Nom. ag. 1) Lehrer. — 2) *Veranstalter eines Opfers H. 817.

आद्धम् (defectiv आद्यम्) 2te Pl. Imperf. von आस्.

1. आद्य, आदिय 1) Adj. (f. आ) essbar, geniessbar; n. Nahrung. — 2) n. *Korn.

2. आद्य 1) Adj. (f. आ) a) am Anfange befindlich, der erste. Am Ende eines adj. Comp. (f. आ) den und den zum Ersten habend, so v. a. der und die übrigen. — b) am Ende eines Comp. unmittelbar vorangehend. — c) früher, älter Bhâg. 162. 166. — d) voranstehend, einzig in seiner Art, unvergleichlich. — 2) m. Pl. eine Klasse von Göttern unter Manu Kâkshusha Hariv. 1,7,81 (v. l. आप्य). VP. 3,1,27. — 3) f. आ a) eine best. Form der Durgâ. — b) *die Erde Râǵan. 2,2.

*आद्यकवि m. Bein. Vâlmîki's. Vgl. Ragh. 15,41.

आद्यकालक Adj. (f. °लिका) nur auf das Heute gerichtet.

आद्यगङ्गा f. N. pr. eines Flusses.

आद्यन्त n. Sg. und m. Pl. (283,4. Lâṭj. 2,2,6) Anfang und Ende. आद्यन्त° am Anfange und am Ende Lâṭj. 3,9,8. 7,3,27. Am Ende eines adj. Comp. beginnend und schliessend mit M. 3,205.

आद्यन्तयमक n. gleichlautende Silben am Anfange und am Schluss eines Çloka, z. B. Bhaṭṭ. 10,21.

आद्यन्तवत् Adj. Anfang und Ende habend.

*आद्यबीज n. Urgrund.

*आद्यमाषक m. ein best. Gewicht, = 5 Guńǵâ.

आद्यर्त्विज् m. Oberpriester Ind. St. 10,143.

आद्यर्धसम Adj. (f. आ) in den beiden ersten Stollen gleich Ind. St. 8,302.

*आद्यवसान n. Du. Anfang und Ende gaṇa दृधिपयआदि.

आद्याद्य Adj. der je vorangehende M. 1,20.

आद्युदात्त Adj. den Acut auf der ersten Silbe habend. Davon Nom. abstr. °त्व n.

आद्यून Adj. gefrässig Spr. 2140. Râǵat. 8,603.

*आद्योत m. Licht.

आद्रव (?) m. N. pr. eines Mannes.

आद्रिसार Adj. eisern.

आद्वादशम् Adv. bis auf zwölf.

आधमन n. das Verpfänden.

आधमर्ण्य n. das Schuldnersein 239,3.

°आधर in उराधर.

*आधर्मिक Adj. Unrecht thuend.

आधर्ष n. das Unterliegen —, Verlieren im Process.

°आधर्ष in दुराधर्ष.

आधर्ष m. 1) Aufrüttler, Erreger. — 2) gerüttelte

Masse.

*आधवन n. das Schütteln, Rütteln.

आधवनीय m. ein Gefäss, in welchem der Soma geschüttelt und gereinigt wird.

आधातर् Nom. ag. 1) der das heilige Feuer angelegt hat Nîlam. 5,6,9. — 2) Geber, Verleiher, Zutheiler Spr. 4029.

आधातव्य Adj. beizulegen, zuzutheilen Comm. zu Nîlam. 10,2,13.

आधान n. 1) das Anlegen, Zulegen, Darauflegen. — 2) = अग्न्याधान das Anlegen des heiligen Feuers Çat. Br. 2,1,4,22. — 3) = गर्भाधान Befruchtung, eine der Befruchtung vorangehende Ceremonie. — 4) das Mondhaus der Befruchtung AV. Gjot. 10,1.11,2. — 5) das Hinzufügen. — 6) das Bewirken, Hervorbringen MBh. 13,96,3. Megh. 3. Ragh. 1,24. Mâlavikâ. 92,16. Sâh. D. 10,13. Chr. 235,26. — 7) Verpfändung. — 8) Behälter. — 9) Zaum, Gebiss. — 10) verwechselt mit आधार Kathâs. 67,25.

आधानकारिका (vgl. आधारका°) f., आधानपद्धति f. und आधानविधि m. Titel von Werken.

*आधानिक n. eine der Befruchtung vorangehende Ceremonie.

°आधायक Adj. verleihend, bewirkend, verursachend. Dazu Nom. abstr. °त्व n.

°आधायिन् Adj. dass. Râgat. 8,305. Dazu Nom. abstr. °यिता f. Oefters fälschlich °आदायिन् geschrieben.

आधार m. 1) Stütze, Halt, Unterlage, Grundlage (eig. und übertr.). — 2) Behälter, Behältniss. — 3) *Wasserbehälter, Teich. — 4) *eine Vertiefung um die Wurzel eines Baumes, in die das für den Baum bestimmte Wasser gegossen wird. — 5) Deich, Damm. — 6) Boden —, Gebiet einer Wirksamkeit oder Thätigkeit P. 1,4,45. Am Ende eines adj. Comp. so v. a. sich beziehend auf, betreffend. — 7) Subject, Träger einer Eigenschaft. — 8) N. pr. a) eines Teiches. — b) eines Autors.

आधारक am Ende eines adj. Comp. Unterlage.

आधारकारिका f. Titel einer Kârikâ. Vgl. आधानका°.

आधारचक्र n. ein best. mystischer Kreis am After.

आधारण n. das Tragen, Halten.

आधारता f. Nom. abstr. von आधार 3) Kumâras. 6,67.

आधारत्व n. Nom. abstr. von आधार 1) Kap. 2,12.

आधाररूपा f. ein Halsschmuck von best. Form MBh. 3,112,3.

आधाराधेयभाव m. das Verhältniss zwischen Behälter und dem darin Enthaltenen Spr. 4760.

*आधार्मिक Adj. = अधार्मिक.

आधार्य Adj. in Etwas enthalten.

आधाव m. Pl. das Geschüttelte, durch Schütteln Gereinigte.

1. आधि m. 1) Behälter. — 2) Grundlage (bildlich) Nîlam. 1,1,21. — 3) Pfand. Dazu Nom. abstr. °ता f. — 4) Miethgeld Âpast. 1,18,20. — 5) *nähere Bestimmung, Epitheton u. s. w.

2. आधि m. 1) Gedanken, Sorge, Seelenleiden. Gewöhnlich Pl. — 2) *das Nachdenken über die Pflichten. — 3) *Erwartung, Hoffnung. — 4) *Unglück. — 5) *ein um die Familie besorgter Mann.

आधिकरणिक m. Richter.

आधिकारिक 1) Adj. die Hauptsache —, die Hauptperson betreffend. — 2) der oberste Herrscher, der höchste Geist Bâdar. 4,4,18.

आधिक्य n. Ueberschuss, Ueberfluss, Uebermaass, grosses Maass, hoher Grad, das Vorwalten, Uebergewicht, Ueberlegenheit, höhere Bedeutung.

*आधिज्ञ Adj. 1) mit Seelenleiden vertraut. — 2) krumm.

आधिदैवत und °दैविक Adj. zu den Göttern in Beziehung stehend, von ihnen kommend.

आधिपत्य n. Oberherrlichkeit, mit Loc. 158,2.

आधिभोग m. Niessbrauch eines Pfandes Gaut.

आधिभौतिक Adj. 1) in Bezug zu den Wesen stehend, von der Aussenwelt kommend. — 2) in Beziehung zu den Elementen stehend, aus ihnen gebildet.

*आधिमन्यु m. Pl. Fieberhitze.

आधिरथि m. Patron. von अधिरथ.

आधिरथीय n. Name verschiedener Sâman Ârsh. Br.

आधिराज्य n. Oberkönigthum Bâlar. 268,6.

आधिवेदनिक n. ein Geschenk, das ein Mann bei seiner Wiederverheirathung der hintangesetzten Frau macht.

1. आधी f. Sehnsucht, Sorge.

2. आधी Adv. mit कर् verpfänden Mit. zu Jâgn. 2,61.

आधीकरण n. das Verpfänden.

आधीत n. Gegenstand des Sinnens, das Beabsichtigte, Gehoffte Maitr. S. 1,4,14. 9,1.

आधीतयजुस् n. ein Opferspruch, den man im Sinne hat.

आधीति f. das Sinnen, Beabsichtigung Maitr. S. 1,3,36. 4,14.

आधीन Adj. = अधीन abhängig von (Loc.).

आधीपर्ण Adj. (f. आ) mit Sehnsucht beflügelt.

आधुनिक Adj. jetzig.

आधूपन und आधूमन n. das in Rauch (oder Nebel) Hüllen.

आधूम्र Adj. rauchfarbig Varâh. Bṛh. S. 5,55.

आधृषस् Abl. Inf. mit पा vor Angriff schützen.

आधृषीय Adj. bis zur Wurzel धृष् gehend.

आधृषे Dat. Inf. anzugreifen.

आधृष्टि f. und आधृष्य Adj. in अनाधृ°.

*आधेनव n. Mangel an Milchkühen.

आधेय 1) Adj. a) anzulegen 238,30. — b) niederzulegen, zu deponiren. — c) zuzutheilen, zukommen zu lassen, zu gewähren. — d) enthalten —, gelegen in 227,15. 278,10. Bâlar. 41,23. 93,3. haftend an. — e) fälschlich zugeschrieben werdend Bâlar. 44,12. — 2) n. a) das Anlegen, Aufsetzen. — b) Prädicat, Aussage.

आधोरण m. Elephantentreiber.

आध्मान 1) n. a) das Sichaufblähen. — b) Bez. verschiedener Krankheiten mit Blähungszuständen. — 2) *f. ई eine best. wohlriechende Rinde Râgan. 12,162.

आध्मापन n. das Daraufblasen.

आध्यक्ष्य n. Aufsicht.

*आध्यश्वि m. von अध्यश्व. Davon Adj. *°श्वीय.

*आध्या f. = आध्यान.

आध्यात्मिक Adj. (f. ई und आ) 1) zum Selbst —, zum Subject in Beziehung stehend, subjectiv. — 2) zur Allseele in Beziehung stehend.

आध्यान n. wehmüthiges Zurückdenken.

*आध्यापक m. = अध्यापक Lehrer.

आध्यायिक Adj. dem Studium obliegend.

आध्र Adj. dürftig, ärmlich, gering.

आध्वनिक Adj. auf der Reise sich befindend.

आध्वम् defectiv für आढ्वम्.

आध्वर m. N. pr. eines Mannes.

*आध्वरायण m. Patron. von अध्वर.

आध्वरिक Adj. zum Soma-Opfer gehörig.

आध्वर्यव 1) Adj. zum Adhvarju (d. i. Jagurveda) in Beziehung stehend. — 2) n. der Dienst beim Opfer, insbes. die Function des Adhvarju.

आन m. 1) Gesicht. — 2) *Hauch.

आनंश 3te Sg. Perf. von 1. अश्.

आनक m. 1) eine Art Trommel. — 2) *Donnerwolke.

आनकदुन्दुभि m. Bein. Vasudeva's.

*आनकस्थलक Adj. von आनकस्थली.

*आनकस्थली f. N. pr. einer Gegend.

*आनकि von आनक.

आनट् 2te und 3te Sg. Aor. von 1. नश्.

आनडुह 1) Adj. vom Stier stammend, taurinus Âpast. — 2) n. N. pr. eines Tîrtha. आनडुह्य v. l.

*आनडुहक n. (संज्ञायाम्).

*आनडुह्य m. Patron. von अनडुह्.

*आनडुह्यायन m. Patron. von आनडुह्य.

*आनुक्षायणि von अनुक्ष.

आनत Partic. von नम् mit आ.

*आनतक m. Pl. eine best. Gruppe göttlicher Wesen (bei den Gaina).

आनति f. 1) Verneigung. — 2) Unterwerfung, das zu Willen Werden Gaut. Nâlam. 12,2,9. Comm. zu Kâtj. Çr. 2,1,5 und zu Tâṇḍja-Br. 12,1,24.

आनद्ध *n. ein mit Fell bezogenes musik. Instrument.

आनद्धत्व n. Verstopfung Bhâvapr. 3,130.

आनद्धवस्ति Adj. dessen Blase verstopft ist. Davon Nom. abstr. °ता f.

आनन n. (adj. Comp. f. आ) Mund, Gesicht (von Menschen und Thieren).

आननान्त m. Mundwinkel.

आननान्तम् Adv. bis zum Munde hinaus nach Spr. 7791.

आनन्तर्य n. unmittelbares Darauf, — Nachher.

आनन्तर्यतृतीया f. ein best. dritter Tag.

आनन्त्य 1) n. Endlosigkeit, Ewigkeit. — 2) Adj. a) unendlich, ewig. — b) endlosen Lohn verleihend Âpast. Br. S. 71.

आनन्द 1) m. Lust, Wonne; Wollust. Häufig Pl. bisweilen auch n. Am Ende eines adj. Comp. f. आ. — 2) m. in der Dramatik Eintritt des Erwünschten. — 3) m. eine Art Flöte S. S. S. 196. — 4) n. eine Art Haus Gal. — 5) m. n. das 48ste Jahr im Jupiter-Cyclus Varâh. Bṛh. S. 8,48. — 6) m. der 46ste Muhûrta Ind. St. 10,296. — 7) m. Bein. Çiva's. — 8) N. pr. a) eines der 5 Lokeçvara bei den Buddhisten. — b) *des 6ten der 9 weissen Bala bei den Gaina. — c) verschiedener Männer. — d) einer Oertlichkeit. — 9) *f. आ eine best. Pflanze. — 10) *f. ई desgl.

आनन्दक 1) Adj. erfreuend, erheiternd Kâd. 153, 18. — 2) n. N. pr. eines Sees.

आनन्दकन्द m. 1) die Wurzelknolle der Wonne. — 2) N. pr. eines Autors. — 3) Titel eines medic. Werkes. — 4) N. pr. einer Oertlichkeit.

आनन्दकलिका f. Titel eines Werkes.

आनन्दकाननमाहात्म्य n. Titel eines Abschnitts im Vâjupurâṇa.

आनन्दकोश m. Titel eines Schauspiels Hall in der Einl. zu Daçar. 30.

आनन्दगिरि m. N. pr. eines Glossators des Çaṁkarâkârja und Verfassers des Çaṁkaradigviǵaja.

आनन्दघन Adj. aus reiner Wonne bestehend Nṛs. Up. in Ind. St. 9,132.

आनन्दचतुर्दशी f. ein best. 14ter Tag.

आनन्दचिद्घन Adj. nur aus Wonne und Geist bestehend Nṛs. Up. in Ind. St. 9,163.

आनन्दचिद्रूप Adj. als Wonne und Geist erscheinend. Nom. abstr. °त्व n. Kap. 5,66.

आनन्दचैल m. N. pr. eines Lehrers.

आनन्दज 1) m. desgl. — 2) *n. männlicher Same Gal.

आनन्दजल n. Freudenthränen.

आनन्दज्ञान und °गिरि m. = आनन्दगिरि.

आनन्दता f. Nom. abstr. von आनन्द 1) Çat. Br. 14,6,10,5.

आनन्दताण्डवपुर n. N. pr. einer Stadt.

आनन्दतीर्थ m. N. pr. eines Gelehrten.

आनन्दथु m. Lust, Wonne Daçakum. 49.

आनन्ददीपिका f. Titel eines Werkes.

आनन्ददेव m. N. pr. eines Dichters.

आनन्दन 1) Adj. erfreuend Spr. 7763. — 2) *n. freundliche Begrüssung.

आनन्दनाथ m. N. pr. eines Mannes.

आनन्दनिधि m. Titel eines Commentars.

*आनन्दपट m. das Gewand einer Neuvermählten.

आनन्दपुर n. N. pr. einer Stadt.

आनन्दपूर्ण m. N. pr. eines Gelehrten.

*आनन्दप्रभव m. männlicher Same.

आनन्दबाष्प m. Freudenthränen Spr. 7730.

आनन्दबोधपरमहंस, °बोधयति, °बोधेन्द्र und °बोधेन्द्रसरस्वती m. N. pr. eines Gelehrten.

आनन्दभुज् Adj. Wonne geniessend Mâṇḍ. Up. 5.

आनन्दभैरव m. 1) eine Form Çiva's. — 2) N. pr. eines Lehrers der Haṭhavidjâ.

आनन्दभैरवरस m. eine best. Mixtur.

आनन्दभोग m. Genuss von Wonne Nṛs. Up. in Ind. St. 9,125.

आनन्दमय Adj. (f. ई) Adj. aus Wonne bestehend, wonnevoll 259,13. 272,6. Davon Nom. abstr. °त्व n.

आनन्दमाला f. Titel eines Werkes.

आनन्दयितर् Nom. ag. (f. °त्री) Erheiterer, Erfreuer.

आनन्दयितव्य Adj. als Wollust empfunden werdend.

आनन्दयोग m. ein best. astrol. Joga.

आनन्दराय m. N. pr. eines Mannes.

आनन्दरूप Adj. als Wonne erscheinend Nṛs. Up. in Ind. St. 9,137.

आनन्दलहरि und °री f. Titel eines Gedichtes. °रीतरी f. Titel eines Commentars dazu. °रीस्तोत्र n. Titel eines Gedichtes.

आनन्दवन 1) m. N. pr. eines Scholiasten. — 2) *n. Bein. der Stadt Kâçî Gal.

आनन्दवर्धन 1) Adj. Wonne fördernd. — 2) m. N. pr. eines Dichters und eines Rhetorikers (Kumârasv. zu Pratâpar. 56,7).

आनन्दवल्ली f. Titel des 2ten Theils der Taitt. Up.

आनन्दविमल m. N. pr. eines Mannes B. A. J. 1,97.

आनन्दवेद m. N. pr. eines Mannes.

आनन्दश्रावकसंधि m. Titel eines Werkes.

आनन्दाचल m. N. pr. = आनन्दगिरि.

आनन्दात्मन् 1) Adj. dessen Wesen Wonne ist Çat. Br. 10,3,5,13. — 2) m. N. pr. eines Lehrers.

आनन्दामृत n. Wonnenektar Nṛs. Up. S. 158. °रूप Adj. 150.

आनन्दाश्रम m. N. pr. eines Gelehrten.

आनन्दाश्रु n. Freudenthränen Daçak. 23,14.

*आनन्दि m. Lust, Wonne.

आनन्दित m. N. pr. eines Thürstehers Lalit. 378,11.

आनन्दिन् 1) Adj. a) wonnig, lusterfüllt, glückselig. — b) erfreuend Spr. 7645. — 2) m. N. pr. eines Mannes.

आनन्देश्वरतीर्थ n. N. pr. eines Tîrtha.

आनन्दोत्सव m. Freudenfest 252,10.

आनपत्य Adj. von Kinderlosigkeit herrührend.

आनभिम्लात m. Patron. von अनभिम्लात.

*आनभिम्लान m. Patron. von अनभिम्लान.

आनम in दुरानम und स्वानम.

*आनम्य Adj. = आनाम्य.

आनम्र Adj. gebogen, geneigt.

*आनय m. Einführung beim Lehrer.

आनयन n. 1) das Herbeibringen, — führen, — schaffen 106,32. 129,16. इह hierher 291,16. — 2) das Schaffen, Bewirken. — 3) das Berechnen.

आनयितव्य Adj. 1) herbeizubringen, — führen. — 2) zu berechnen Utpala zu Varâh. Bṛh. 7,1.

*आनयुग n. Trik. 3,3,5.

आनर्त 1) m. a) *Bühne. — b) *Kampf. — c) Pl. N. pr. eines Volkes in Guzerat. — d) ein Fürst der Ânarta und auch N. pr. eines angeblichen Stammherrn. — 2) n. das Reich der Ânarta.

*आनर्तक Adj. von आनर्त 1) c).

आनर्तन n. das Tanzen, Tanz.

आनर्तीय Adj. vom Volksstamm der Ânarta.

आनर्थक्य n. Zwecklosigkeit Ǵaim. 1,2,1. Kap. 4,18.

आनर्दम् Absol. unter Gebrüll MBh. 3,141,47.

आनर्दित n. Gebrüll R. 2,42,10.

आनल n. das unter Anala stehende Mondhaus Kṛttikâ.

आनलवि m. N. pr. eines Lehrers.

आनव 1) Adj. a) den Menschen zugethan. — b) menschlich. — 2) m. ein fremder Mann.

आनश, आनशुस्, आनशे, आनश्म und आनश्याम् Perfect-Formen von 1. अश्.

आनस Adj. zum Lastwagen gehörig.

1. आनाक° Adv. *bis zum Himmel* Ragh. 1,5.

2. आनाक m. N. pr. eines fürstlichen Geschlechts.

आनाट्य n. *Schutzlosigkeit.*

आनाभि Adv. *bis zur Nabe.*

आनामन n. *das Geneigtmachen, Gewinnen.*

*आनाम्य Adj. *zu beugen.*

आनाय m. *Netz, Fischernetz.*

आनायाय्, °यते *ein Netz darstellen.*

आनायिन् m. *Fischer.*

*आनाय्य m. *das aus dem* Gârhapatja *genommene südliche Altarfeuer.*

आनाश 3te Sg. Perf. von 1. अश्.

आनाह m. 1) *Verstopfung des Leibes.* — 2) **Länge.*

आनाहिक Adj. *bei Verstopfung des Leibes anwendbar.*

*आनिचेय m. Patron. *f. ई.

आनिङ्ग्य n. *Regungslosigkeit* Lalit. 439,15. 440,16.

आनिधन Adj. आङ्गिरसामन् n. Name eines Sâman.

*आनिचेय m. Patron. *f. ई.

आनिन्द्ययोनि Adv. *bis zur verachteten Geburtsstätte* Çiç. 78.

आनिरुक्त्य n. N. abstr. von अनिरुक्त Comm. zu Lâṭj. 2,9,1.

*आनिरुद्ध m. Patron. von अनिरुद्ध.

आनिर्वृत्त Adj. *von unvernichtbarer Art.*

आनिल n. und *°ली f. *das unter* Anila *stehende Mondhaus* Svâti.

*आनिलि m. Patron. Hanumant's.

आनीकवत Adj. (f. ई) *zu* Agni anîkavant *in Beziehung stehend* Comm. zu Kâtj. Çr. 4,3,4.

आनीति f. *Herbeiführung.*

आनील 1) Adj. *schwärzlich* Vikr. 140. Sâh. D. 204, 14. — 2) *m. *Rappe* Gal. — 3) *n. *Zinn* Nigh. Pr.

*आनुकल्पिक Adj. = अनुकल्पमधीते वेद वा.

*आनुकूलिक Adj. = अनुकूलं वर्तते.

आनुकूल्य n. 1) *Geneigtheit, Gunst.* — 2) *Annehmlichkeit.* °तस् *wie es Einem zusagt.* — 3) *freundschaftliches Verhältniss, Einverständniss.*

*आनुखड्ग्य Adj. von अनुखड्गम् gaṇa परिमुखादि in der Kâç.

*आनुगङ्ग्य Adj. von अनुगङ्गम्.

*आनुगतिक Adj. von अनुगत.

*आनुगादिक Adj. = अनुगादिन्.

*आनुगुणिक Adj. = अनुगुणमधीते वेद वा.

आनुगुण्य Adj. *Gleichartigkeit.*

*आनुग्रामिक Adj. von अनुग्रामम्.

*आनुचारक Adj. von अनुचारक.

आनुजावर Adj. 1) *nachgeboren* Maitr. S. 2,5,6. — 2) *gemein, ganz niedrig.*

आनुडुह m. N. pr. eines Tîrtha Hariv. 2,30,62. Richtiger v. l. आनडुह.

*आनुतिल्य Adj. von अनुतिलम्.

*आनुदृष्टिनेय und आनुदृष्टेय m. Metron. von अनुदृष्टि.

आनुदेशिक Adj. (f. ई) zu अनुदेश 1) Vârtt. 6 zu P. 1,1,56. Sarvopan. 27,1.

*आनुनाश्य von अनुनाश.

आनुनासिक्य n. *Nasalität.*

*आनुपद्य Adj. von अनुपदम्.

*आनुपदिक 1) Adj. *auf dem Fusse folgend.* — 2) *das* Anupada *studirend.*

*आनुपद्य Adj. von अनुपदम्.

आनुपूर्व n. (Gaut.), °पूर्वी f. und °पूर्व्य n. (Âpast.) *Reihenfolge von vorn (oben) nach hinten (unten).* Instr. °पूर्वेण, °पूर्व्या, °पूर्व्येण und Abl. °पूर्व्यात् *der Reihe nach.*

आनुमत Adj. *der* Anumati *gehörig, an sie gerichtet.*

*आनुमति m. Patron. gaṇa तौल्वल्यादि in der Kâç.

आनुमानिक Adj. 1) *auf einem Schluss beruhend* Âpast. Nom. abstr. °त्व n. — 2) *Schlüsse machend.*

*आनुमाष्य und *आनुयव्य Adjj. von अनुमाषम् und अनुयवम्.

आनुयात्रिक m. *ein Mann aus dem Gefolge, Diener.*

*आनुयूप्य Adj. von अनुयूपम्.

*आनुरक्ति f. = अनुरक्ति.

आनुरूप्य n. *Angemessenheit.*

*आनुराहति m. Patron. von अनुराहत्.

आनुराहिणी Adj. f. als Beiw. des Mondhauses Rohiṇî.

*आनुलेपिक Adj. von अनुलेपिका.

*आनुलोमिक Adj. = अनुलोमं वर्तते.

आनुलोम्य 1) Adj. = अनुलोमज. — 2) n. a) *gerade oder natürliche Ordnung.* — b) *das in gehöriger Ordnung Sein, das gut von Statten Gehen.* — c) *das Bringen in die richtige Lage.*

*आनुवंश्य Adj. von अनुवंशम्.

आनुवासनिक Adj. *zu einem öligen Klystier geeignet.*

*आनुविधित्सा (!) f. *Undankbarkeit.*

आनुवेश्य m. *ein Nachbar zur Seite.*

*आनुशातिक Adj. von अनुशातिक.

आनुशासनिक Adj. *auf Unterweisung bezüglich, davon handelnd.*

आनुश्रव, °श्रविक und °श्राविक Adj. *auf Ueberlieferung beruhend.*

आनुषक् Adj. *in stetiger Folge, nach der Reihe.*

आनुषङ्गिक Adj. (f. ई) 1) *sich anschliessend, hinterherfolgend, sich anreihend.* Dazu Nom. abstr. °त्व n. — 2) *bleibend, constant* Râjat. 7,1447. — 3) *nothwendig auf Etwas* (Gen.) *folgend, — sich ergebend.* — 4) *zufällig, unwesentlich.*

*आनुषण्ड und *°क Adj. von अनुषण्ड.

आनुषूक Adj. *nachgetrieben.*

आनुष्टुभ Adj. (f. आ und ई Vaitân.) *aus* Anushṭubh *bestehend, der* A. *gleichartig, z. B. aus vier Theilen zusammengesetzt.*

आनुष्टुभौष्णिह Adj. *aus* Anushṭubh *und* Ushṇih *bestehend* Ṛv. Prât. 18,11.

*आनुसाय्य, *आनुसीत्य und *आनुसीर्य Adjj. von अनुसायम्, अनुसीतम् und अनुसीरम्.

*आनुसुक Adj. = अनुसूमधीते वेद वा.

आनुसूक Adj. = आनुषूक Kauç. 16.

*आनुसृतिनेय und *आनुसृष्टिनेय Metronn. von अनुसृति und अनुसृष्टि.

*आनुसेय m. Patron. oder Metron. von अनुसू.

*आनुहारति m. Patron. von अनुहरत्.

आनूकम् Adv. = अन्वक् *im Anschluss daran* Ṛv. 5,33,9.

आनूप 1) Adj. *feucht, wässerig, sumpfig.* — 2) m. a) *Wasserthier, Sumpfthier.* — b) Patron. von Anûpa. — 3) n. Name eines Sâman Lâṭj. 4,6,1.

*आनूपक Adj. *in Sümpfen lebend.*

आनृण्य n. und °ता f. *Schuldlosigkeit, Sch. in Bezug auf* (Gen. oder im Comp. vorangehend). आनृण्यं वि-धा *vergelten, bezahlen* Prasannar. 132,12.

*आनृत Adj. *der Lüge ergeben.* Davon *°क Adj. *von Lügnern bewohnt.*

आनृशंस n. *Wohlwollen* Gaut. 5,45.

*आनृशंसि m. und *°शंसीय Adj. gaṇa गहादि.

आनृशंस्य 1) Adj. (f. आ) *wohlwollend.* — 2) n. *Wohlwollen* Âpast.

आनेतृ Nom. ag. (f. °त्री) *Herbeibringer, -führer.*

आनेतवै Dat. Inf. *herbeizubringen, -führen* Çat. Br. 2,1,4,16.

आनेतव्य Adj. *anzuführen* Comm. zu Nâjam. 9,2,9.

आनेय Adj. *herbeizubringen, -führen* Mahâbh. 18,265.

*आनैपुण n. = अनैपुण.

*आनैश्वर्य n. = अनैश्वर्य.

आनोभद्र und °द्रीय n. *die mit* आ नो भद्राः *beginnende Hymne* (Ṛv. 1,89).

आन्त Partic. von 1. अम्.

आन्तःपुरिक 1) Adj. *zum Harem gehörig* Prasannar. 16,15. — 2) n. *das Treiben im Harem.*

अन्तःपुरिक n. = आन्तःपुरिक 2).

आन्तम् Adv. *bis zum Ende* (Gaut. 3,3), *vollständig, von Kopf bis zu Fuss.*

आन्तर 1) Adj. *im Innern befindlich, der innere.* — 2) m. a) *ein im Innern des Palastes Angestellter.* — b) *ein Vertrauter* Ind. St. 14,126.153.

आन्तरतम्य n. *nächste Verwandtschaft* (von Lauten).

*आन्तरहृति m. Patron. gaṇa तौल्वल्यादि in der Kâç.

आन्तरिक्ष und weniger gut आन्तरीक्ष Adj. (f. ई) *zur Luft gehörig, aus der Luft stammend, in der Luft vor sich gehend, atmosphärisch* Comm. zu Lâṭy. 4,8,7.

*आन्तरीप Adj. von अन्तरीप Kâç.

*आन्तर्गेहिक Adj. *im Innern des Hauses befindlich.*

आन्तर्य 1) Adj. bei den Gaina *was auf das Streben nach Erlösung hemmend einwirkt* Govindân. zu Bâdar. S. 582, Z. 11. — 2) n. *nahe Verwandtschaft* (von Lauten).

आन्तर्वेदिक Adj. *innerhalb der Opferstätte befindlich.*

*आन्तर्वेश्मिक Adj. *im Innern des Hauses befindlich.*

*आन्तिका f. = अन्तिका *ältere Schwester.*

आन्त्य m. *Endiger*, personif. als Bhuvana.

आन्त्यायन m. Patron. von आन्त्य.

आन्त्र n. Sg. und Pl. *Eingeweide.*

आन्त्रतन्ति f. und आन्त्रपाश m. *Darmsaite.*

आन्त्रानुचारिन् Adj. *in den Eingeweiden sich aufhaltend* Mantrabr. 2,7,3.

*आन्त्रिक Adj. *in den Eingeweiden befindlich.*

आन्द्र m. *eine best. verachtete Menschenklasse.*

आन्दोड und आन्दोर m. N. pr. eines Fürsten VP.² 4,117. Vgl. आण्डोर.

आन्दोल in मरुदान्दोल.

आन्दोलक m. *Schaukel, Schwinge.*

आन्दोलन n. *das Schwingen.*

आन्दोलय्, °यति *schwingen* Bâlar. 28,20. आन्दोलित Spr. 555.

*आन्धसिक m. *Koch.*

आन्धीगव n. Name verschiedener Sâman Lâṭy. 4,5,27. Tâṇḍya-Br. 13,11,21. Nâlam. 8,3,16.

आन्ध्य n. *Blindheit* 257,32.

आन्ध्र m. Pl. N. pr. eines Volkes. f. ई *eine Frau dieses Volkes.*

आन्ध्रभृत्य m. Pl. N. pr. eines Geschlechts B. A. J. 5,33.

*आन्न Adj. = अन्नं लब्धा.

आन्यतरेय m. N. pr. eines Grammatikers.

आन्यभाव्य n. *das ein Anderes Sein.*

*आन्वयिक Adj. *von edler Familie.*

आन्वाह्निक Adj. (f. ई) *täglich.*

आन्वीक्षिकी f. *Logik* Gaut. 11,3.

*आन्वीपिक Adj. von अन्वीपम्.

आप्, आप्नोति, seltener Med. 1) *erreichen, einholen, stossen auf, antreffen.* — 2) *erlangen, bekommen, in Besitz nehmen, theilhaftig werden, erleiden.* — 3) *über Jmd kommen, zu Theil werden.* — 4) Pass. *voll werden.* — Partic. आप्त 1) *erreicht, ereilt, getroffen.* — 2) *erlangt, empfangen, bekommen.* — 3) *erfüllt, durchdrungen* Çat. Br. 1,1,2,14. — 4) *angelangt bei* (Acc.) Naish. 22,42. — 5) *sich erstreckend über* (अभि). °तम *am Weitesten reichend* Nṛs. Up. in Ind. St. 9,146. — 6) *dividirt.* — 7) *vollständig, reichlich.* — 8) *zuverlässig;* m. *Gewährsmann.* — 9) *nahe stehend, befreundet.* — Caus. आपयति 1) *erreichen —, gelangen lassen, bringen zu.* — 2) *erlangen lassen.* — 3) *Jmd* (Acc.) *Etwas abgeben, zu fühlen geben.* — Desid. ईप्सति und °ते *zu erreichen suchen, zu erlangen streben* Tâṇḍya-Br. 20,3,3. — Partic. ईप्सित 1) *wen oder was man zu haben wünscht, begehrt, erwünscht, genehm, lieb.* Superl. °तम *zunächst stehend* 224,31. — 2) *von einer Autorität festgesetzt, anerkannt.* — Desid. vom Caus. आपिपयिषति *zu erreichen streben.* — Mit अनु *erreichen* Ait. Br. 3,27. — Mit अभि *bis zu Etwas reichen, erreichen.* — Caus. *bis an's Ziel bringen.* — Desid. *zu erlangen streben, nach Etwas verlangen, wünschen.* — Mit अव 1) *erreichen, gelangen zu, stossen auf, antreffen.* अवाप्त *auch mit act. Bed.* — 2) *erlangen, bekommen, in Besitz nehmen, theilhaftig werden, erleiden.* — 3) *durch Division erhalten.* — Mit प्रत्यव *wiedererlangen.* — Mit समव 1) *stossen auf, antreffen.* — 2) *erlangen, bekommen, theilhaftig werden, erleiden.* — Mit आ *erreichen, über Jmd* (Acc.) *kommen* ṚV. 10,32,3. — Mit उद् *hinaufreichen, erreichen.* — Mit उप *gelangen zu, erlangen* Ait. Âr. 370,11.18. — Desid. *Jmd zu gewinnen suchen* Maitr. S. 2,1,11. Gobh. 1,9,3. — Mit समुप Desid. in समुपेप्सु. — Mit परि 1) *erreichen, gewinnen.* — 2) *ein Ende machen, genug sein lassen.* — Partic. पर्याप्त *zum Abschluss gebracht, das volle Maass habend, reichlich, geräumig, hinreichend für* (Dat. oder Gen. 152,4), *genügend; einer Sache* (Dat., Loc. eines Nom. act. oder Infin.) *oder einer Person* (Gen.) *gewachsen.* °म् Adv. so v. a. *Alles in Allem* Spr. 4613, v. l. — Caus. *vollbringen.* — Desid. 1) *verlangen, fordern, wünschen.* — 2) *zu erhalten wünschen, in Acht nehmen, schützen.* — 3) *beizukommen suchen, lauern auf, nachstellen.* — Mit संपरि *zusammenfassen, zusammennehmen.* — Mit प्र 1) *gelangen an, in, zu, stossen auf, antreffen, erwischen* 120,16. 123,15. *reichen bis* (आ). अप्राप्य mit Acc. so v. a. *diesseits.* दिशः so v. a. *nach allen Richtungen hin fliehen.* प्राप्य कृष्णचतुर्दशीम् *nach Erreichung dieses Tages,* so v. a. *nachdem dieser Tag gekommen war* 110,19. — 2) *Jmd treffen* (von einem Ungemach). — 3) *erlangen, bekommen, gewinnen, theilhaftig werden, sich zuziehen, erleiden.* Mit Infin. *bekommen zu.* — 4) *zum Gatten oder zur Gattin bekommen.* — 5) in der Gramm. *übergehen in.* — 6) *sich finden, vorhanden sein.* — 7) *in Folge einer Regel Geltung erhalten, sich aus einer Regel ergeben* 235,4. 240,21. In derselben Bed. auch Pass. — Partic. प्राप्त 1) *erreicht* 159,6. *getroffen, angetroffen, erwischt.* — 2) *erlangt, gewonnen, sich zugezogen, auf sich geladen.* — 3) *erreicht —, getroffen habend* (auch von einem Ungemach als Subj.), *angelangt bei;* die Ergänzung im Acc. oder im Comp. vorangehend. सहस्रम् *ein Tausend voll geworden.* — 4) *erlangt —, sich zugezogen —, auf sich geladen —, erlitten habend;* die Ergänzung im Acc. oder im Comp. vorangehend. के चित्प्रकारम् so v. a. *eine best. Art zu sein habend* 230,32. — 5) *gekommen, eingetroffen, angelangt, da seiend* 92,14. 119,9. 120,29. 125,32. 291,9. प्राप्तेषु कालेषु so v. a. *zu gewissen Zeiten* Spr. 7651. *gelangt zu* (Acc.) Chr. 326,29. — 6) in der Med. *indicirt.* — 7) in der Gramm. *in Folge einer Regel Geltung habend, sich aus einer Regel ergebend* 223,17. 227,10. — Caus. 1) *Jmd oder Etwas* (Acc.) *irgendwohin* (Acc. oder Ortsadv.) *gelangen lassen, treiben, Jmd* (Dat.) *Etwas* (Acc.) *zuführen* 107,1. *bringen, befördern.* — 2) *Jmd* (Acc.) *Etwas* (Acc.) *erlangen lassen.* — 3) *Etwas zu Jmd gelangen lassen,* so v. a. *überbringen, melden, anmelden, erkünden* M. 8,43. MBh. 14,9,34. Ragh. 14,60. — 4) *erlangen, theilhaftig werden.* — Desid. *zu erreichen suchen, verlangen nach.* — Mit अनुप्र 1) *gelangen zu, erreichen, stossen auf, finden.* — 2) *nachgehen, nachahmen.* — Partic. अनुप्राप्त 1) *angelangt bei, gekommen zu* (Acc.). — 2) *gerathen in* (Acc.) MBh. 5,190,11. — 3) *widerfahren* R. 5,35,16. — 4) *gekommen* (auch von bestimmten Zeiten und Umständen), *eingetroffen.* — 5) *hinauslaufend auf, einbegriffen —, enthalten in* (Acc.) Nir. 1,16. — Mit समनुप्र *erreichen, anlangen bei.* — Partic. समनुप्राप्त 1) *angelangt bei* (Acc.). — 2) *erlangt habend,* mit Acc. — 3) *angekommen, angelangt.* — Mit अभिप्र *reichen bis zu, erreichen.* — Desid. in अभिप्रेप्सु. — Mit उपप्र, Partic. °प्राप्त *genaht, herangetreten.* — Mit परिप्र in परिप्राप्ति und परिप्रेप्सु. — Caus. *mit Etwas zu Stande kommen* Lalit. 167,1 fgg. — Mit संपरिप्र Desid. in संपरिप्रेप्सु. — Mit संप्र 1) *erreichen, gelangen zu, antreffen* 122,16. 123,19. कृच्छ्रकालम् *in die Zeit der Noth hereinkommen* 79,24. — 2) *erlangen, theilhaftig werden* 130,19. *sich zuziehen, erleiden.* — 3) *zur Gattin bekommen*

133,21. — Partic. संप्राप्त 1) angetroffen. — 2) erlangt 296,16. sich zugezogen, auf sich geladen. — 3) erreicht habend, angelangt bei, gekommen zu, gerathen auf (Acc.) 67,23. 228,18. sich erstreckend auf (im Comp. vorangehend). — 4) erlangt habend, gerathen in (ein Ungemach). — 5) angelangt, gekommen (insbes. von Zeitpunkten); herstammend von (Abl.) 197,4. — Caus. erreichen machen. — Mit अनुसंप्र erreichen, anlangen bei, in, antreffen. — Partic. अनुसंप्राप्त 1) angelangt bei (Acc.). — 2) Jmd (Acc.) widerfahren. — 3) gekommen, erschienen, da seiend. — Mit अभिसंप्र 1) erreichen, gelangen zu. — 2) erlangen, bekommen, theilhaftig werden. — Partic. अभिसंप्राप्त 1) angelangt bei (Acc.). — 2) gekommen. — Mit उपसंप्र gelangen zu. — Partic. उपसंप्राप्त 1) sich zugezogen habend, gerathen in (Acc.). — 2) herangekommen. — Mit प्रति Desid. werben um (ein Mädchen). — Mit वि 1) hindurchreichen, durchdringen, erfüllen, ausfüllen. — 2) reichen bis (आ). — Partic. व्याप्त 1) durchdrungen, erfüllt, angefüllt. मूर्धतेजसा मुखम् so v. a. ganz beschienen von 154,3. — 2) eingenommen, in Besitz genommen. — 3) behaftet mit (Instr.) Tarkas. 41 (अनित्यत्वेन zu lesen). — 4) in etwas Anderm eingeschlossen, — enthalten Bhâshâp. 67. — 5) wohlhabend Ait. Br. 4,4. — Caus. Partic. व्यापित durchdrungen, erfüllt Spr. 1402. — Mit अभिवि Absol. °व्याप्य bis — (Acc.) inclusive. — Mit सम् 1) erlangen, theilhaftig werden. समाप्नवत् 91,25. — 2) vollenden. — 3) heranreichen. — Partic. समाप्त vollendet, beendigt, zum Abschluss gelangt. — समाप्तः MBh. 14, 2361 fehlerhaft für समाप्ताः. — Caus. 1) Jmd Etwas erreichen —, erlangen lassen. — 2) zu Ende führen, vollbringen. — 3) Jmd abthun, den Garaus machen. — Desid. zu vollenden streben. — Partic. समीप्सित begehrt, erwünscht. — Desid. vom Caus. zu vollbringen suchen. — Mit अनुसम् Caus. dazu vollenden, nachher zu Stande bringen. — Mit परिसम् Pass. 1) enthalten sein in (Loc.). — 2) sich erstrecken auf, gehören zu (Loc. oder प्रति). — 3) das Endziel erreichen. — Partic. परिसमाप्त 1) vollständig beendigt MBh. 1,223,60. — 2) vollendet, so v. a. auf dem Höhepunkt stehend Çiç. 103. — Caus. vollenden Gildem. S. 444.

1. आप in दुराप und मनआप.

2. आप 1) m. a) N. pr. eines der 8 Vasu Vahni. Bṛh. S. 33,48. 49. 51. VP. 1,15,111. fg. — b) der Stern δ Virginis. — 2) *f. ई das Mondhaus Pûrvâshâḍhâ H. 113.

*आपक. f. ई gaṇa गौरादि.

*आपकर् Adj. = अपकरे शालः.

आपक्व Adj. 1) halbgar. — 2) halbreif Bhâvapr. 3,1.

*आपतिति m. Patron. *°तित्या f. Gaṇar. 1,36.

आपगा f. 1) Fluss. — 2) N. pr. eines Flusses.

आपगेय m. Metron. Bhîshma's.

*आपच्चिक. f. ई gaṇa गौरादि.

आपण m. (adj. Comp. f. आ) 1) Markt 113,4. 118, 22. — 2) Waare.

आपणदेवता f. eine auf einem Markte stehende Götterstatue.

आपणवीथिका Budenreihe auf einem Markte R. 7,70,11. Am Ende eines adj. Comp. f. आ R. Gorr. 2,41,21.

आपणवेदिका f. Marktbank, -tisch.

*आपणिक 1) Adj. zum Markte in Beziehung stehend. — 2) m. a) Handelsmann. — b) Pachtgeld für einen Markt.

आपणीय Adj. vom Markte kommend Âpast.

आपतन n. unerwartetes zum Vorschein Kommen.

आपति m. etwa Gebieter hier Maitr. S. 1,2,7. 3,7,10.

*आपातिक Uṇâdis. 2,45. 1) Adj. vom Schicksal abhängig. — 2) m. Falke Uǵǵval.

आपत्कल्प m. das Verfahren in Zeiten der Noth Gaut. 7,1. 9,67. M. 11,28.

आपत्काल m. Zeit der Noth M. 2,241. Spr. 952.

*आपत्कालिक Adj. (f. आ und ई) von आपत्काल.

आपत्ति f. 1) Eintritt eines Falles (im Comp. vorangehend) Kap. 1,22. 30. 113. 5,8. 6,19. — 2) Uebergang —, das Gerathen —, Umwandlung in. — 3) Unfall, Ungemach, Noth. — 4) *Fehler, Versehen.

आपत्तोस् Gen. Inf. (abhängig von ईश्वर) zu gerathen in Çat. Br. 1,3,2,1.

आपत्प्राप्त Adj. in's Unglück —, in Noth gerathen.

आपत्य Adj. patronymisch.

आपथि Adj. auf dem Wege befindlich.

आपथी f. ein auf dem Wege liegender Stein u. s. w.

आपद् f. Sg. und Pl. Unfall, Ungemach, Noth. Instr. Sg. aus Versehen Âçv. Çr. 12,8,23.

*आपदा f. dass.

आपदुद्धरण n. das Ziehen aus der Noth Spr. 6780. 6835.

आपदुद्धारकल्प m. Titel eines Werkes.

आपदेव 1) m. N. pr. eines Autors. — 2) f. ई ein von ihm verfasstes Werk.

आपद्गत Adj. in's Unglück —, in Noth gerathen Spr. 983. 7733.

आपद्धर्म m. 1) die im Falle der Noth geltenden Vorschriften. — 2) Pl. unglückliche Verhältnisse.

आपद्विनीत Adj. durch Ungemach bescheiden geworden Bhar. 193,17.

आपन 1) Adj. bringend, herbeiführend. — 2) *n. Pfeffer.

*आपनिक Uṇâdis. 2,45. m. 1) Sapphir. — 2) ein Kirâta Uǵǵval.

आपनेय Adj. zu erreichen, — erlangen.

*आपन्नजीविक Adj. einen Lebensunterhalt habend P. 1,2,44, Sch.

आपन्नसत्त्वा Adj. f. schwanger.

आपप्रश्न m. Titel eines astrol. Tractats.

आपभृद् m. N. pr. = आपदेव.

*आपमित्यक Adj. durch Tausch erhalten.

आपया f. N. pr. eines Flusses.

आपयितर् Nom. ag. Verschaffer.

आपरपक्षीय Adj. zur zweiten Hälfte eines Monats in Beziehung stehend.

*आपराधय्य n. Nom. abstr. von अपराधय.

आपराह्णिक Adj. nachmittägig.

आपर्तुक Adj. nicht der Jahreszeit entsprechend.

आपर्वभङ्गनिपुण Adj. geschickt sogar ein Rohr im Gelenk zu brechen, so v. a. das Schwerste zu vollbringen vermögend Kâm. Nîtis. 11,10 (wo आपर्वनिपुणो — देवे zu vermuthen ist).

आपर्वभागम् ° Adv. bis zum Gelenk Çiç. 80.

आपव n. Name eines Sâman.

आपव m. Bein. Vasishtha's.

आपवत्स m. N. pr. eines Genius.

आपवर्गिक und °वर्ग्य Adj. zur Erlösung führend.

1. आपस् n. ein frommes Werk RV. 1,178,1. 4,38,4.

2. *आपस् n. Wasser.

3. आपस् Nom. und bisweilen auch Acc. Pl. von 3. अप् Wasser.

1. आपस्तम्ब m. N. pr. eines Lehrers.

2. आपस्तम्ब 1) Adj. (f. ई) von Âpastamba stammend. — 2) m. Pl. die Schüler des Âp. Verz. d. Oxf. H. 271,a,4.

आपस्तम्बि m. Patron. von आपस्तम्ब.

आपस्तम्बीय Adj. und m. Pl. = 2. आपस्तम्ब.

*आपस्तम्भिनी f. eine best. Pflanze.

आपाक m. Ofen.

आपाकस्थ Adj. im Ofen steckend.

आपाङ्ग्य n. das Behandeln der Augenwinkel mit Salbe.

आपाटल Adj. (f. आ) röthlich Kâd. 32,23. 53,9.

आपाटलिपुत्रम् Adv. bis Pâṭaliputra Kâç. zu P. 2,1,13.

आपाण्डु Adj. gelblich weiss, weisslich, bleich Varâh. Bṛh. S. 3,23. Chr. 80,32. Nom. abstr. °ता f.

आपाण्डुर Adj. dass. Spr. 2497.

आपाण्डुरी Adv. mit भू bleich werden Kumâras. 3,33.

आपात m. 1) Heransturz, Andrang. लोचनापात

ein zudringlicher Blick Spr. 5074. — 2) Sturz in (im Comp. vorangehend). — 3) unerwartetes Erscheinen, Eintritt, Eintreffen Spr. 3772. 6419. आपाततम् und आपात° sofort, im Nu, beim ersten Blick. आपातमात्रे und आपातमात्र° nur im ersten Augenblick. — 4) *das zum Sturz Bringen.

आपातालिका f. ein best. Metrum Ind. St. 8,307. fgg.

आपातिक Adj. sich zunächst darbietend Comm. zu Kirâta. 3,123.

°आपातिन् Adj. eintretend, sich ereignend.

*आपात्य Partic. fut. pass. von पत् mit आ.

आपाद m. Lohn, Belohnung.

आपादक Adj. herbeiführend, bewirkend Comm. zu TS. Prât. 3,38.

आपादकण्ठम् Adv. von den Füssen bis zum Halse Ind. St. 14,375.

आपादन n. das Bringen —, Versetzen in.

1. आपान Partic. 1) das Ziel erreichend R̥V. 2,34,7. — 2) erlangend, theilhaftig werdend R̥V. 9,110,5.

2. आपान n. das Zechen, Gelage. °गोष्ठी f. Gelage, °भूमि f. Zechplatz, °शाला f. Zechstube.

आपानक n. Trinkgelage Kâd. 35,8. 9.

आपानमन्यु Adj. dessen Trunk Muth erzeugt.

आपायिन् Adj. trinklustig.

*आपारि m. gaṇa क्रात्यादि in der Kâç. zu P. 6,2,86.

आपाल n. Name eines Sâman.

*आपालि m. Laus.

आपि 1) m. Verbündeter, Befreundeter, Bekannter. — 2) Adj. am E. e. C. reichend, hindringend.

आपिङ्ग Adj. rothbräunlich Bhaṭṭ. 2,80.

आपिञ्जर 1) Adj. (f. आ) röthlich, gelbröthlich Kâd. 11,15. II, 98,4. — 2) *n. Gold.

आपिञ्जरी Adv. mit कर् röthlich färben.

1. आपित्व n. Bundesgenossenschaft, Freundschaft.

2. आपित्व n. vielleicht Abendzeit R̥V. 8,4,3.

आपिशङ्ग Adj. goldfarbig Kâd. 40,6.

आपिशर्वर Adj. nächtlich TS. 7,3,12,1.

आपिशल 1) Adj. (f. ई) von Âpiçali herrührend. शिक्षा Ind. St. 14,160. — 2) *m. ein Schüler Âpiçali's. *f. आ. — 3) *n. ein von Âpiçali verfasstes Werk.

आपिशलि m. Patron. eines alten Grammatikers.

*आपिशल्या f. zu आपिशलि.

आपीड m. 1) das Zusammendrücken, Kneifen. — 2) ein auf dem Scheitel getragener Kranz. — 3) ein best. Metrum.

आपीडन n. das Drücken, Druck.

°आपीडित Adj. mit einem Kranz von — geschmückt.

आपीत 1) Adj. gelblich R. 2,76,4. — 2) *m. Ficus benjamina Nigh. Pr. — 3) *n. a) Staubfaden der Lotusblüthe Nigh. Pr. — b) Schwefelkies.

आपीतय्, °यति mit einem gelben Anstrich versehen Kâd. II, 136,4.

आपीन n. Euter.

आपीनवस् Adj. eine Form von प्या mit आ enthaltend.

*आपूपिक 1) Adj. von अपूप. — 2) n. ein Haufen Kuchen.

आपूप्य 1) m. *Mehl. — 2) Backwerk.

आपूर m. Fluth, Ueberfluss, Uebermaass Çiç. 7,74.

आपूरण 1) Adj. füllend, voll machend Spr. 1028. — 2) m. N. pr. a) eines Schlangendämons MBh. 1, 35,6. — b) eines Jaksha VP. — 3) n. a) das Füllen, Vollmachen 179,32. — b) das Spannen eines Bogens bis zur vollständigen Rundung Prasannar. 81,12. — c) Wassermenge Uttarar. (1862) 75,1.

आपूरयस् m. v. l. für आपूरण 2) b) VP.[2] 2,289.

आपूर्त n. = पूर्त ein frommes Werk Kâd. II, 46,19.

आपूर्यमाणपक्ष m. die zunehmende Hälfte eines Mondmonats Khând. Up. 5,10,1. Âçv. Gṛhj. 1,4,1.14,2.

*आपृप n. Zinn.

आपृक् Adv. in Berührung mit, auf (Gen.).

आपृचस् Gen. Inf. um zu füllen, — sättigen R̥V. 8,40,9.

आपृचे Dat. Inf. dass. R̥V. 5,50,2.

*आपृच्छा f. Anrede, Unterhaltung.

(आपृच्छ्य) आपृच्छ्य Adj. 1) zu begrüssen, — verehren. — 2) lobenswerth.

आपेक्षिक Adj. relativ. Nom. abstr. °त्व n. Nîlak. 4,1,39.

आपेय m. Pl. eine best. Götterordnung Maitr. S. 4,1,9. आपेयत्व n. Nom. abstr. ebend. Vgl. आप्त्य 2).

आपेषम् Absol. mit Berührung Çat. Br. 14,5,6,15.

आपोदेवत (Âçv. Çr. 3,10,17) und °देवत्य (Çâṅkh. Br. 16,7) Adj. das Wasser zur Gottheit habend.

आपोमय Adj. aus Wasser bestehend.

आपोमात्रा f. der feine Urstoff des Wassers.

आपोमूर्ति m. N. pr. 1) eines Sohnes des Manu Svârokisha Hariv. 419. — 2) eines der 7 Ṛshi im 10ten Manvantara.

आपोरेवती f. der Vers R̥V. 10,30,12 Çâṅkh. Br. 11,8.

आपोऽशान n. das vor und nach dem Essen unter den Worten अपोऽशान zu vollziehende Mundausspülen.

आपोहिष्ठीय 1) Adj. (f. आ) von आपो हि ष्ठ (R̥V. 10,9,1). — 2) n. Name eines Sâman.

आप्त 1) Adj. s. u. आप्. — 2) m. a) *ein Arhant bei den Gaina. — b) N. pr. eines Schlangendämons MBh. 1,35,8. — 3) *f. आ Haarflechte. — 4) n. a) Quotient Lîlâv. 124. — b) *equation of a degree.

आप्तकारिन् Adj. zuverlässig, von Personen.

आप्तदक्षिण Adj. von reichlichen Geschenken begleitet (Opfer) M. 7,79. 3,79,5. R. 1,53,24. 2,30,25.

आप्तनिश्चयालंकार m. Titel eines Werkes.

आप्तभाव m. Zuverlässigkeit Spr. 3131.

आप्तवचन n. ein zuverlässiger Ausspruch Sâṅkhjak. 4. 5. Ragh. 11,42.

आप्तवज्रसूचि f. Titel einer Upanishad.

आप्तवर्ग m. Nahestehende, Wohlbekannte Mâlav. 67,14.

आप्तवाक्य n. = आप्तवचन Colebr. Misc. Ess. 1,303.

1. आप्तवाच् f. dass.

2. आप्तवाच् Adj. dessen Wort zuverlässig ist Ragh. 13,60.

आप्तव्य Adj. zu erreichen.

आप्तश्रुति f. eine zuverlässige Ueberlieferung Sâṅkhjak. 5.

आप्तागम m. dass. Sâṅkhjak. 6. Kâraka 1,11.

आप्ताधीन Adj. von zuverlässigen Personen abhängig.

आप्ति f. 1) Erreichung, das Treffen. — 2) Erlangung, Gewinnung 321,5. — 3) Bez. von zwölf Opfersprüchen, die mit आपये (VS. 9,20) beginnen. — 4) Quotient Bîǵag. 36. Lîlâv. 103. — 5) *Zusammenhang, Verbindung.

आप्तिकर Adj. eintretend Lalit. 230,6.

*आप्तोक्ति f. = आप्तवचन H. 242.

आप्तोपदेश Adj. eine zuverlässige Unterweisung Kap. 1,101. Sâh. D. 10,9.

आप्तोर्याम und °र्यामन् m. = अप्तोर्याम.

आप्त्य, आप्तिय m. 1) Bein. a) Trita's. — b) Indra's. — 2) Pl. Bez. einer best. Götterordnung.

आप्नवान m. Patron. von अप्नवान.

आप्नान Partic. in Verbindung mit तीर्थ der gewöhnliche Zugang zur Opferstätte zwischen der Grube und den beiden Aufwürfen R̥V. 10,114,7.

1. आप्य 1) Adj. a) zum Wasser gehörig, wässerig, flüssig. — b) im Wasser wohnend. — 2) m. a) (sc. राशि) Bez. der Zodiakalbilder Krebs, Fische und der zweiten Hälfte des Steinbocks Varâh. Bṛh. 5,9. — — b) N. pr. α) eines Vasu. — β) Pl. einer best. Götterordnung (sonst आप्त्य). Unter Manu Kâkshusha Hariv. 437 (v. l. आप्य). Buâg. P. — 3) n. das die Gewässer zur Gottheit habende Mondhaus Pûrvâshâḍhâ.

2. आप्य Adj. zu erreichen, — erlangen.

3. (आप्य) आपिय n. Bundesgenossenschaft, Freundschaft.

4. *आप्य n. Costus speciosus oder arabicus.

आप्यीनवस् Adj. = आपीनवस्.

आप्याय m. *Zunahme, das Vollwerden.*

आप्यायन 1) Adj. *Fülle —, Beleibtheit verleihend.* — 2) m. N. pr. eines Sohnes des Jaǵńabâhu und des von ihm beherrschten Varsha Bhâg. P. 5,20,9. — 3) f. आ *Sättigung* Pańkat. od. Bomb. I, 76,6. — 4) f. ई *eine Arterie im Nabelstrang.* — 5) n. a) *das Vollmachen, Fettmachen.* — b) *das Sättigen, Befriedigen.* — c) *das Gedeihenmachen.* लय° MBh. 3,83,32. — d) *das Schwellenmachen,* Bez. *einer best. am Sôma vorgenommenen Handlung.* — e) *eine best. an einem Zauberspruche vorgenommene Ceremonie.* — f) *Mittel zum Fett — oder Starkwerden.* — g) *Mittel zum Gedeihen.*

आप्यायनवत् Adj. *Gedeihen verleihend* Maitr. Up. 6,8.

°आप्यायिन् Adj. *Gedeihen —, Wohlergehen verleihend.*

आप्याय्य Adj. *zu sättigen, — befriedigen.*

1. आप्र Adj. *thätig, eifrig.*

2. आप्र Adj. von आप्री.

*आप्रच्छन n. *das Lebewohlsagen.*

आप्रदिवम् Adv. *für immer.*

*आप्रपदम् Adv. *bis zur Fussspitze.*

आप्रपदीन Adj. *bis zur Fussspitze reichend* Kâd. 140,13.

आप्रवर्तन n. *allgemeiner Ausbruch* (des Schweisses) Bhâvapr. 3,64.

आप्रावृषम् Adv. *bis zur Regenzeit.*

आप्री f. Pl. Bez. *gewisser Anrufungen im* ṚV.

आप्रीतपा Adj. *die ihm Versöhnten, Wohlgefälligen schützend.*

*आप्रीतिमागु m. N. pr. einer Oertlichkeit. Davon Adj. *°मापवक.

आप्लव m. *Bad.*

आप्लवन n. *das Eintauchen, Bad.*

*आप्लवव्रतिन् Adj. *der das Bad genommen hat, das die Lehrzeit abschliesst.*

*आप्लाव m. *Bad.*

आप्लाव्य Adj. *als Bad dienend, die Stelle eines Bades vertretend.*

आप्लुत n. *das Baden* MBh. 13,116,10.

*आप्लुतव्रतिन् Adj. = आप्लवव्रतिन्.

*आप्लुति f. *Bad* Gal.

*आप्ला f. = कण्ठस्थान.

आप्सरस 1) Adj. (f. ई) *von einer* Apsaras *stammend.* — 2) n. Name eines Sâman Ârsh. Br.

आप्सव m. Bein. eines Manu.

आफलक m. *Palissade.*

आफलोदयकर्मन् Adj. *einem Werke obliegend, bis der Lohn eingetreten ist,* Ragh. 1,5.

आफल्य n. *Fruchtlosigkeit* Naish. 4,1,12.

*आफीन (Nigh. Pr.) und *आफूक n. (Madanav. 33,341) *Opium.*

आबद्ध 1) n. (*m.) *Schmuck.* — 2) *m. *Zuneigung.*

आबंध m. *das Umbinden.*

आबन्ध m. 1) *Band.* — 2) *ein *Riemen zum Anbinden eines Ochsen an's Joch oder an den Pflug.* — 3) **Schmuck.* — 4) **Zuneigung;* vgl. प्रेमाबन्ध.

आबन्धन n. *das Anbinden, Umbinden.*

आबयु m. *eine best. Pflanze* AV. 6,16,1.

आबर्ह 1) Adj. *ausreissend,* in गुष्पाबर्ह. — 2) *m. *das Ausreissen.*

*आबर्हण n. *das Ausreissen.*

आबर्हम् Absol. *unter Ansichreissen* Kâṭh. 23,6.

*आबर्हिन् Adj. *zum Ausreissen geeignet.*

आबल्य n. *Kraftlosigkeit, Schwäche* Kaush. Up. 3,3 (so zu lesen).

आबाध 1) m. *Andrang.* — 2) m. und f. (आ) *Pein, Qual, Leiden.* — 3) f. आ *Segment einer Basis.*

आबालम् Adv. *bis auf die Knaben herab.*

आबाल्यम् und आबाल्य° (Kathâs. 21,122) Adv. *vom Knabenalter an.*

आबिलम् Adv. *(zur Höhle hin) erschrocken.*

आबुत्त m. *Mann der Schwester* (im Drama).

*आबुध्य n. Nom. abstr. von अबुध Kâç. zu P. 5,1,121.

आब्दम् Adv. *ein Jahr hindurch.*

आब्दिक Adj. *jährlich,* nach Zahlwörtern —*jährig.*

आब्रह्म Adv. *bis* Brahman *inclusive.*

आब्रह्मस्तम्बपर्यन्त Adj. *mit* Brahman *beginnend und mit einem Grasbüschel endigend* Pańkat. 2,1,21.

आभग m. *Theilnehmer an* (Loc.).

आभङ्गिन् Adj. *ein wenig gebogen* Kâd. 136,20.

*आभण्डन n. als Bedeutung von भल्.

*आभयज्ञात Adj. von आभयज्ञात्य.

*आभयज्ञात्य m. Patron. von अभयज्ञात.

आभयिन् Adj. in अनाभयिन्.

आभार n. इन्द्रस्य Name verschiedener Sâman.

आभरण n. (adj. Comp. f. आ) 1) *Schmuck, Schmucksache.* — 2) Titel verschiedener Werke.

आभरद्वसव n. Name eines Sâman.

आभरद्वसु 1) Adj. *Güter herbeibringend.* — 2) m. N. pr. eines Mannes.

°आभरित Adj. wohl = भरित *voll von.*

आभा f. 1) *Glanz, Licht.* Am Ende eines adj. Comp. (f. आ) *Licht, Farbe, Aussehen.* Als Adj. *ähnlich* gefasst 250,30. — 2) *Acacia arabica* Bhâvapr. 4,153. 177. — 3) **eine Art Asparagus* und *— *Zizyphus* Nigh. Pr.

आभाणक m. *Spruch, Sprichwort.*

*आभाति f. = आभा 1).

आभाष m. (adj. Comp. f. आ) 1) *Rede, Spruch.* — 2) *Spruch, Sprichwort* Spr. 1409.

आभाषण n. *Unterredung.*

आभाष्य Adj. 1) *einer Unterredung würdig.* — 2) angeblich = अभाष्य *wovon man nicht reden darf* MBh. 13,25,67, v. l.

आभास m. (adj. Comp. f. आ) 1) *Glanz, Licht* 282,11. *Farbe, Aussehen.* — 2) *blosser Schein, Trugbild* 272,30. 273,10.

आभासन n. *das Klarmachen, Verdeutlichen.*

°आभासिन् Adj. *leuchtend wie.*

आभासुर und आभास्वर m. Pl. *eine best. Götterordnung.*

आभिकामिक Adj. *erwünscht, gern gesehen.*

आभिचरणिक Adj. *zum Behexen dienend.*

आभिचार m. = अभिचार *Behexung.*

आभिचारिक 1) Adj. *auf Behexung bezüglich* Vaitân. — 2) n. *Zauber.*

आभिजन Adj. *patronymisch.*

आभिजाती (308,19) f. und °जात्य n. (310,32) *Adel.*

आभिजित 1) *Adj. *unter dem Sternbilde* Abhiǵit *geboren.* — 2) m. (*f. ई) Patron. von अभिजित्. *Pl. P. 5,3,118, Schol.

*आभिजित्य m. Patron. von अभिजित्.

आभिधानिक m. *Lexicograph.*

आभिप्रतारिण m. Patron. von अभिप्रतारिन्.

आभिप्रायिक Adj. *nach Belieben geschehend, beliebig.*

आभिप्लविक Adj. *zum* Abhiplava *gehörig* Âçv. Çr. 7,5,16. Lâṭy. 3,8,16. Vaitân.

आभिमुख्य n. 1) *das Zugewandtsein* (die Ergänzung im Gen., Acc. oder im Comp. vorangehend) 235,4. 200,6. Spr. 5708. 6105. Instr. als Umschreibung von अभि Utpala zu Varâh. Bṛh. 27(25),19. — 2) *das im Begriff Stehen —, Willens Sein zu* (im Comp. vorangehend).

*आभिरूपक n. = आभिरूप्य.

आभिरूप्य n. 1) *Angemessenheit* Lâṭy. 1,6,16. — 2) *Schönheit.*

आभिशस्य n. *Verleumdung* Âpast.

*आभिषिक्त Adj. von अभिषिक्त.

आभिषेक (Varâh. Jogaj. 9,4) und °षेचनिक Adj. (f. ई) *auf die Königsweihe bezüglich, dazu dienend.*

आभिहारिक Adj. *was aufgetragen —, einem vornehmen Herrn vorgesetzt wird.*

आभीक n. Name eines Sâman.

*आभीक्ष्ण 1) Adj. *wiederholt.* — 2) = आभीक्ष्ण्य.

आभीक्ष्ण्य n. *häufige Wiederholung.*

आभीर 1) m. a) Pl. N. pr. eines Volkes. — b) *Kuhhirt.* Im System der Sohn eines Brahmanen von einer Ambashṭha-Frau. — 2) Adj. (f. ई) zum Volk der Âbhîra gehörig, ihnen eigen. — 3) f. ई a) *zur Kaste der Âbhîra gehörig und auch die Frau eines solchen Âbhîra. — b) ein best. Metrum. — c) die Sprache der Âbhîra. — d) eine best. Râgiṇî S.S.S. 37.

आभीरक 1) m. Pl. = आभीर 1) a). — 2) f. °रिका eine best. Râgiṇî S.S.S. 110.

*आभीरपल्लि, *°पल्लिका und *°पल्ली f. eine Ansiedelung von Kuhhirten.

आभीरिक Adj. (f. ई) = आभीर 2).

आभील 1) Adj. schrecklich. — 2) *n. Schmerz, Pein.

आभीवर्तस्तोत्रीय Lâṭy. 3,6,18 fehlerhaft für आभी°.

आभीशव, °शवाद्य und °शवोत्तर n. Namen von Sâman.

आभु Adj. 1) leer. — 2) leerhändig, karg.

आभुग्न Adj. ein wenig gebogen Ragh. 1,82.

आभू 1) Adj. gegenwärtig, zur Hand seiend, hülfreich, dienstfertig. — 2) m. Gehülfe.

आभूक Adj. inhaltslos, kraftlos.

आभूतसंप्लवम् Adv. bis zum Untergang der Geschöpfe, — Welt.

आभूति 1) f. Vermögen, Macht. — 2) m. N. pr. eines Lehrers. — Ait. Br. 7,13 wohl fehlerhaft; vgl. Chr. 22,22. 251,18. fgg.

आभूमिपाल Adj. mit Einschluss des Fürsten HarIv. 1,37,25.

आभूषेण्य Adj. dem man sich fügen muss.

*आभेरी (आभीरी ?) f. eine best. musikalische Weise.

1. आभोग m. 1) Biegung, Krümmung MBh. 3,100, 11. — 2) Rundung, Wölbung. — 3) Umfänglichkeit, Ausgedehntheit MBh. 3,178,25. 13,38,21. 15,4,14. R. 3,65,2. Çiç. 8,1. Kathâs. 18,72. Bâlar. 27,25. eines Lautes, 80 v. u. Kräftigkeit Kâd. II,74,5. — 4) Mannichfaltigkeit Spr. 1443. 7254. — 5) Schlange. — 6) das Finale einer Composition S.S.S. 120. — 7) *Anstrengung. — 8) *Varuṇa's Sonnenschirm.

2.*आभोग m. Genuss.

आभोगय m. und आभोगि f. Zehrung.

आभोगिन् Adj. gekrümmt.

*आभोगिन् Adj. verzehrend, in भुजगा°.

आभ्यन्तर und °रिक (Daçakum. 31) Adj. im Innern befindlich, innerlich, der innere.

आभ्यवकाशिक Adj. in freier Luft lebend (buddh.).

आभ्याशिक Adj. nahe bei einander stehend MBh. 1,207,24. आभ्यासिक gedruckt und durch waffengeübt erklärt.

आभ्युदयिक 1) Adj. heilbringend Uttarar. 38,19 (52,12). — 2) n. ein best. Manenopfer Gaut. 11,17.

आभ्रात n. Name eines Sâman.

*आभ्रिक Adj. mit der Hacke arbeitend.

*आभ्रय m. Patron. von अभ्र.

आम् Interj. 1) eines sich auf Etwas Besinnenden. — 2) des Einverständnisses, ja Bâlar. 284,20. 288,11. 290,16.

1. आम 1) Adj. (f. आ) a) roh, ungekocht. Als Beiw. der Kuh im Gegensatz zur Milch, die als gar, gekocht bezeichnet wird; als Beiw. der Wolken im Gegensatz zum Wasser, das sie entlassen. — b) ungebrannt (von Gefässen). — c) unreif (von Früchten, Geschwüren u. dgl.). — d) unverdaut (von krankhafter Ausleerung). — e) zart, fein (Haut). — 2) m. N. pr. a) eines Sohnes des Kṛshṇa VP.[2] 5,72. — b) eines Sohnes des Ghṛtapṛshṭha und des von ihm beherrschten Varsha Bhâg. P. 5,20, 21. — 3) m. oder n. Verdauungslosigkeit, cruditas; insbes. eine acute Form von Dysenterie. — 4) n. der Zustand des Rohseins.

2.*आम m. Krankheit.

आमक 1) Adj. roh, ungekocht. — 2) *m. Kürbis Nigh. Pr.

*आमगन्धि, *°गन्धिक und *°गन्धिन् (Gal.) Adj. muffig riechend.

आमगर्भ m. unreife Leibesfrucht Bhâvapr. 5,29. Vgl. Sâmav. Br. 3,6,13.

*आमघ्नी f. Flaschengurke Gal.

आमज्जनान्तम् Adv. bis zum Untertauchen inclusive Kathâs. 10,69.

आमज्वर m. Dysenterie Spr. 2339.

आमञ्जु Adj. reizend, lieblich Uttarar. 34,12 (40,1).

*आमण्ड m. (f. आ Gal.) und *°क n. (Nigh. Pr.) = मण्ड Ricinus communis.

आमण्डली Adv. mit कर् beinahe zu einem Kreise gestalten Kâd. 56,8.

आमता f. Unfertigkeit (eines Medicaments).

आमध्याह्नम् Adv. bis zur Mittagsstunde Spr. 7736.

1. आमन n. freundliche Gesinnung, Zuneigung Maitr. S. 2,3,2.

2.*आमन n. Krankheit.

आमनस् Adj. freundlich gesinnt, geneigt Maitr. S. 2,3,2.

*आमनस्य n. Leid, Pein, Qual.

आमनहोम m. eine von den Versen TS. 2,3,9,1. 2 begleitete Spende Mânav. 4,4,6.

आमन्त्रण n. 1) Anrede, Anruf. — 2) Einladung. — 3) das Bereden, Befragen, Berathen. — 4) *das Lebewohlsagen. — 5) Mahlstatt.

आमन्त्रणीय Adj. zu befragen, des Rathes kundig.

*आमन्त्रयितर् Nom. ag. Einlader (mit Acc.).

आमन्त्रयितव्य Adj. dem man Lebewohl sagen muss Vaṇiç. 8,23.

आमन्त्रित n. Anrede, Vocativ.

आमन्त्र्य Adj. angeredet werdend, im Vocativ stehend.

आमन्द्र Adj. ein wenig dumpf, — tief (Laut) Mṛcch. 34.

*आमपत्त्रिका f. eine Spinatart Nigh. Pr.

आमपाचिन् Adj. Verdauung befördernd Bhâvapr. 1,174.

आमपात्र n. ein ungebranntes Gefäss.

आमय 1) m. a) Krankheit. — b) *schlechte Verdauung. — 2) n. Costus speciosus Bhâvapr. 3,97.

आमयाविन् Adj. 1) krank. — 2) an schlechter Verdauung leidend. Dazu Nom. abstr. °वित्व n.

आमयाव्य n. Krankheit Sâmav. Br. 2,2,3.

आमयित्नु Adj. in घनामयित्नु.

°आमयिन् in श्रद्धया° und पृष्ठ्या°.

आमर Adj. der Götter. °चक्रु Çabr. in Gold. Lit. 304.

आमरणम् Adv. bis zum Tode Spr. 5528.

आमरणान्त (Spr. 970) und °न्तिक Adj. bis zum Tode während, lebenslänglich.

आमरालसी f. ein best. Heilmittel gegen Dysenterie Mat. med. 112.

आमरीतर् Nom. ag. Verderber.

आमर्द m. 1) Druck. — 2) das Zausen, hartes Zusetzen. — 3) N. pr. einer Stadt.

आमर्दक m. Bein. Kâlabhairava's.

°आमर्दिन् Adj. zerzausend, hart zusetzend.

आमर्यादास्थ Adj. beinahe an der Grenze stehend Ind. St. 10,416.

आमर्श m. Berührung, Anklang.

*आमल = आमलक Comm. in R. ed. Bomb. 1,70,3.

आमलक 1) m. und f. (ई) Myrobalanenbaum. n. die Frucht. आमलकीफल n. dass. Kâd. 19,21. 146, 15. — 2) m. *Gendarussa vulgaris Nees.

आमलकीपत्त्र n. Pinus Webbiana Nigh. Pr.

आमलकीश्वरतीर्थ n. N. pr. eines Tîrtha.

आमवात m. eine mit Blähungen verbundene Verdauungslosigkeit.

आमविधि m. eine best. Begehung.

आमशूल n. Cholik in Folge von Indigestion Bhâvapr. 5,5. 8.

आमश्राद्ध n. ein best. Çrâddha.

आमश्लीपद 1) m. N. pr. eines Ṛshi. — 2) n. Name verschiedener Sâman.

आमश्लीया f. Bez. des Verses ṚV. 8,48,8.

आमाजीर्ण n. eine Form von Indigestion Bhâvapr. 4,13. Wise 338.

आमातिसार m. eine acute Form der Dysenterie. °रिन् Adj. daran leidend.

*आमात्य m. = अमात्य.

आमाद् Adj. Rohes (Fleisch, Cadaver) essend.

आमान्न n. Genuss von Rohem.

*आमानस्य n. = आमनस्य.

आमावास्य 1) Adj. a) zum Neumond oder dessen Feier gehörig. — b) *an einem Neumond geboren. — 2) n. Neumondsopfer. °स्यविध Adj.

आमाशय m. Magen.

आमिक्षवत् Adj. mit Quark versehen TBr. 2,7,16,1.

आमिक्षा f. Milchklumpen, Quark. आमिक्षेष्टि f. Vait.

*आमिक्षीय und *°क्ष्य Adj. zu Quark tauglich, — geeignet.

*आमितौजि m. Patron. von अमितौजस्.

आमित्र Adj. (f. ई) vom Feinde herrührend.

*आमित्रायण, *°त्रायणि und *°त्रि m. Patron. von अमित्र.

*आमित्रीय Adj. von आमित्रि.

*आमिधी gaṇa मध्वादि in der Kāç. zu P. 4,2,86. Davon Adj. *°वत् ebend.

आमिलायन m. Patron. Auch Pl.

आमिश्र Adj. vermischt, vermengt. Davon Nom. abstr. °त्व n.

आमिश्रीभूत Adj. dass. Davon Nom. abstr. °त्व n.

आमिश्ल Adj. sich vermengend. Superl. °तम.

आमिष 1) n. a) Fleisch. — b) Leckerbissen, Lockspeise, erwünschte Beute. Dazu Nom. abstr. °ता f. und °त्व n. — c) Geschenk, Honorar, Trinkgeld. — 2) *f. ई eine best. Pflanze. Davon Adj. *°वत्.

*आमिषप्रिय m. Reiher.

आमिषाशिन् Adj. Fleisch essend 141,3. Hit. 17.

आमिस् m. rohes Fleisch, Cadaver, Fleisch überh.

*आमीक्षा f. = आमिक्षा.

*आमील ein best. wollener Stoff (buddh.).

आमीलन n. das Schliessen der Augen Spr. 4619. Kād. II,20,8.

आमीवत्क Adj. andringend, drängend.

आमुकुलित Adj. halb geöffnet (Blüthe) Kād. 90,8.

आमुख n. 1) *Beginn. — 2) Vorspiel, Einleitung.

आमुखी Adv. mit कर् offenbaren Lalit. 218,17.19. Mit भू offenbar werden 230,5.10.14.20.

*आमुप m. Bambusa spinosa Hamilt. Roxb.

*आमुर und आमुरि m. Verderber, Zerstörer.

आमुष्मिक Adj. (f. ई) dortig, im Jenseits erfolgend, auf's Jenseits gerichtet. Nom. abstr. °त्व n. Comm. zu Nyāyam. 4,3,16.

*आमुष्यकुलक n. und *°कुलिका f. Nom. abstr. von अमुष्यकुल.

*आमुष्यकुलीय Adj.

*आमुष्यपुत्रक n. und *°पुत्रिका f. Nom. abstr. von अमुष्यपुत्र.

आमुष्यायण m. der Sohn oder Abkömmling des und des.

आमूर्तरयस m. Patron. von अमूर्तरयस्.

आमूलम् und आमूल° (Vāmana 5,2,18) Adv. von Anfang an.

आमृण in अनामृण.

आमेखलम् Adv. bis zur Thalwand eines Berges Kumāras. 1,6.

(आमेन्य) आमेनिय Adj. mit einem Geschoss zu erreichen.

आमेष्टका f. ein ungebrannter Ziegel Mṛkkh. 17,9.

आमोतन und आमोचन n. das Anheften, Anbinden.

आमोटन n. das Knicken, Brechen Bhogapr. 60,9 = Spr. 7300.

आमोद 1) Adj. (f. आ) erfreuend, erheiternd. — 2) m. (adj. Comp. f. आ) a) Freude, Heiterkeit. — b) Wohlgeruch Spr. 1010. — c) *Asparagus racemosus Nigh. Pr.

*आमोदजननी f. Betelpfeffer Nigh. Pr.

आमोदायन m. Patron.

आमोदिन् 1) Adj. am Ende eines Comp. den Wohlgeruch von — habend. — 2) *m. a) wohlriechendes Spülwasser. — b) Acacia Catechu Willd. Gal. — 2) *f. °नी Moschus Gal.

आमोष m. Beraubung.

*आमोषिन् Adj. beraubend.

आमोहनिका f. ein best. Wohlgeruch.

आम्नातव्य Adj. zu erwähnen, aufzuführen.

*आम्नातिन् Adj. der Etwas (Loc.) erwähnt hat 233,3.

आम्नान n. Erwähnung, Ueberlieferung in einem heiligen Texte.

आम्नाय m. Ueberlieferung, heiliger Text, Legende.

आम्नायरहस्य n. Titel eines Werkes.

*आम्नायिन् m. ein Vaishṇava Gal.

आम्ब m. eine best. Körnerfrucht.

*आम्बरीषपुत्रक Adj. von Ambarishaputra's bewohnt.

*आम्बष्ठ m. ein Mann aus dem Volke der Ambashṭha.

आम्बष्ठ्य m. ein Fürst der Ambashṭha. *f. आ.

आम्बिकेय m. 1) Metron. von अम्बिका. — 2) N. pr. eines Gebirges in Çākadvīpa VP. 2,4,63.

आम्भस Adj. aus Wasser bestehend, W. seiend MBh. 3,187,45.

*आम्भसिक Adj. im Wasser lebend.

*आम्भि Patron. von अम्भस्.

आम्भृणी f. eine Tochter des Ambhṛṇa.

आम्र m. Mangobaum; n. die Frucht. Als best. Gewicht = पल.

आम्रकूट m. N. pr. eines Berges.

*आम्रगन्धक, *°गन्धकृत् (Gal.), *°गन्धधृक् (Rāǵan. 4,31) und *°गन्धधृत् (Nigh. Pr.) m. eine best. Pflanze.

आम्रगन्धिहरिद्रा f. Curcuma reclinata Mat. med. 291. Bhāvapr. 2,27.

*आम्रगुप्त m. N. pr. eines Mannes. Davon Patron. *°गुप्तायनि und *°गुप्ति m.

*आम्रतैल n. Oel aus Mango Mahāvy. 95,15.

*आम्रनिशा f. Curcuma reclinata Nigh. Pr.

आम्रपञ्चम m. ein best. Rāga S.S.S. 30. 82.

आम्रपाल 1) m. N. pr. eines Fürsten. — 2) f. ई ein Frauenname.

आम्रफलप्रपानक n. ein best. erfrischender Trunk Bhāvapr. 2,27.

*आम्रमय Adj. vom Mango kommend, daraus gemacht.

आम्रवण n. ein Wald von Mangobäumen.

*आम्रवाट (Nigh. Pr.) und आम्रात m. Spondias mangifera.

आम्रातक 1) m. a) dass. — b) *verdickter Mangosaft. — c) N. pr. eines Berges. — 2) *f. ई eine best. Schlingpflanze Rāǵan. 3,131.

आम्रातकेश्वर n. Name eines Liṅga.

आम्रावती f. N. pr. einer Stadt.

*आम्रावर्त m. verdickter Mangosaft.

आम्रास्थि n. Mangokern Bhāvapr. 3,136.

*आम्रिन् Adj. mit Mangobäumen besetzt Kāç. zu P. 5,2,131.

*आम्रिमन् m. Nom. abstr. von आम्र.

आम्रेड m. Wiederholung (einer Handlung) Bālar. 189,16.

आम्रेडित n. Wiederholung, das zweite Wort einer Wiederholung.

*आम्ल्य n. Nom. abstr. von अम्ल.

*आम्ल m. f. (आ) und n. Tamarindus indica und = मोचसी.

*आम्लवल्ली f. eine best. Pflanze Gal.

*आम्लवेतस m. = अम्लवेतस.

*आम्लिका und *आम्लीका f. = अम्लिका.

आय m. 1) Hinzutritt. — 2) Einkünfte, Einkommen. — 3) das 11te astrol. Haus. — 4) Mittel (vgl. उपाय). — 5) = अय Würfel. — 6) Bez. der Zahl vier. — 7) Bez. best. liturgischer Einschiebsel. — 8) *Haremswächter (?).

*आयक Adj.

आयजि, °जिन् und °ज्यु Adj. herbeiopfernd, verschaffend. Dazu Compar. आयजीयंस् und Superl. आयजिष्ठ.

आयत 1) Adj. s. यम् mit आ. — 2) Adv. आयतम् lange, ohne Weiteres Çat. Br. 14,7,1,15. आयतया dass. 1,7,3,3. — 3) f. आ eine Art von Intervall S.S.S. 23.

आयतचतुरस्र m. *ein längliches Viereck* Bhâg. 124. Colebr. Alg. 271.

*आयतच्छदा f. *Musa paradisiaca* L.

आयतन n. 1) *Standort, Stätte.* हास्यायतन *Gegenstand des Gelächters.* Dazu Nom. abstr. आयतनत्व n. Kap. 3,121. Chr. 208,22. 269,3. — 2) *Feuerstätte.* — 3) *heilige Stätte, Tempel* 55,8. 157,17. — 4) *Scheune* Jâgñ. 2,151. — 5) *Sitz einer Krankheit.* — 6) *Strecke* (Landes). — 7) bei den Buddhisten Bez. *der fünf Sinne und des* Manas *und der von diesen wahrgenommenen Qualitäten. Jene sind die inneren, diese die äusseren* Âjatana.

आयतनवत् 1) Adj. *eine Stätte habend.* — 2) m. Bez. *des vierten Fusses* Brahman's.

*आयतस्तू Adj.

आयताक्ष Adj. (f. ई) *langäugig* 163,2.

आयति f. 1) *das Sichausbreiten, Sicherstrecken* Praçnop. 3,12. *bis zu* (Loc.) RV. 1,139,9. — 2) *Länge* Kir. 62,4. — 3) *Folge, Zukunft* MBh. 12,274,9. Spr. 4224. Pl. 7818. Metrisch auch आयती. — 4) *Erwartung, Hoffnung* Kathâs. 24,119. Kir. 62,4 (zugleich *Länge*). — 5) **Ansehen, Würde.* — 6) N. pr. *einer Tochter* Meru's VP. 1,10,3.

*आयतीगवम् Adv. *zur Zeit, wann die Kühe heimkehren.*

*आयतीसमम् Adv.

आयत्तता f. und आयत्तत्व n. (Sâh. D. 45,13) *Abhängigkeit von* (Loc. oder im Comp. vorangehend).

आयत्तमूल Adj. *was Wurzel geschlagen hat* Tâṇḍja-Br. 20,16,1.

आयत्ति f. 1) *Abhängigkeit* Praçnop. in Ind. St. 1,440. — 2) **Anhänglichkeit.* — 3) **Länge.* — 4) **Zukunft.* — 5) **Würde, Ansehen.* — 6) **Macht, Kraft.* — 7) **Grenze.* — 8) **Schlaf.* — 9) **Tag.*

आयथातथ्य n. *Unrichtigkeit, unrichtige Anwendung* Spr. 2134.

*आयथापूर्व्य n. *das Anderssein wie ehemals.*

आयदर्शिन् Adj. *Einkommen zu Gesicht bekommend, — beziehend* Mṛkkh. 33,4.

आयद्वसु Adj. *bei dem die Güter sich einstellen.*

आयद्वार n. *Einnahmestelle.*

1. आयन n. *das Kommen.*

2. आयन Adj. *zum Solstitium in Beziehung stehend.*

आयन्तर् Nom. ag. *Befestiger.*

आयमन n. *das Spannen* (eines Bogens).

आयम्य Adj. *zu spannen.*

*आयल्लक 1) m. *eine wollene Decke* Gal. — 2) n. *Ungeduld, Sehnsucht.*

आयव n. Name eines Sâman. ब्रह्मायवम् desgl.

आयवन् m. = आयवन Maitr. S. 3,4,4.

आयवन n. *Rührlöffel oder ein ähnliches Geräthe.*

आयवस् n. = आयवन् Maitr. S. 3,4,4.

आयवस 1) *Futtermangel.* Fälschlich आयपस Mahâbh. 5,76,a und आवयस Vârtt. 7 zu P. 3,4,36. — 2) m. N. pr. eines Mannes.

आयवाह् s. अयवाह्.

*आयःशूलिक Adj. *gewaltsam zu Werke gehend, Jmd das Messer an die Kehle setzend.*

आयस 1) Adj. (f. आयसी und आयसी) a) *ehern, metallen, eisern.* — b) *eisenfarbig.* — 2) *f. ई *ein eisernes Netz* (als Rüstung). — 3) n. a) *Eisen und ein aus Eisen verfertigter Gegenstand.* — b) *Blasinstrument.*

आयसमय Adj. *ehern, eisern* Kir. 32,16.

*आयसीय Adj. von अयस्.

*आयस्कार m. *der obere Theil des Vorderbeins beim Elephanten.*

*आयस्कारि m. Patron. von अयस्कार.

आयस्थान n. *Einnahmestelle.*

आयःस्थूण m. Patron. von अयःस्थूण.

आयाग m. 1) *Opferlohn.* — 2) v. l. für आयोगव 2) VP. 3,20,14.

आयाजिभृ m. N. pr. = अयाग्रीभृ.

आयात n. *Uebermaass.*

आयाति 1) f. *Herbeikunft.* — 2) m. N. pr. eines Sohnes des Nahusha.

आयान n. 1) *das Herankommen.* — 2) * = अयान.

आयापन n. *das Herbeiholen, Einladen.*

आयाम m. (adj. Comp. f. आ) 1) *Spannung, Dehnung.* — 2) *Hemmung.* — 3) *Länge* (räumlich und zeitlich). — 4) *eine Senkrechte* Ârjabh. 2,8. — Bisweilen verwechselt mit आयास.

आयामवत् Adj. *lang* (räumlich und zeitlich).

आयामिन् Adj. 1) *hemmend,* in प्राणायामिन्. — 2) *lang* (räumlich und zeitlich) Kir. 26,8. 46,12. 53,16.

*आयाय्यनीय Adj. von अयाय्यम् v. l. im gaṇa कृशाश्वादि in der Kâç. zu P. 4,2,80.

आयास m. 1) *Anstrengung.* — 2) *Ermüdung, Abspannung.*

आयासक (Spr. 1450, v. l.), आयासकर (f. आ) und आयासद Adj. *ermüdend.*

आयासन n. *das Ermüden.*

आयासिन् Adj. *sich anstrengend, — Mühe gebend.*

आयास्य n. Name verschiedener Sâman.

आयिन् Adj. *herbeieilend.*

1. आयु 1) Adj. *beweglich, lebendig.* — 2) m. a) *lebendes Wesen, Mensch;* häufig als Collect. — b) *Sohn, Nachkomme;* auch als Collect. — c) Bez. *des Feuers.* — d) N. pr. α) verschiedener Männer. — β) eines Froschkönigs (kann auch आयुस् sein).

2. आयु 1) m. *ein Genius des Lebens* RV. 10,17,4. — 2) n. *Leben, Lebenszeit.*

आयुक्त und °क m. *Beamter* Spr. 994.

*आयुक्तिन् Adj.

आयुत n. *halbgeschmolzene Butter.*

आयुध n. (adj. Comp. f. आ) 1) *Waffe.* — 2) *Geräthe.* — 3) Pl. **Wasser.* — 4) *Gold zu Schmucksachen.*

आयुधजीविन् Adj. *von den Waffen lebend;* m. *Krieger.*

*आयुधधर्मिणी f. *Sesbania aegyptiaca* Pers.

आयुधपाल m. *Aufseher über die Waffen.*

आयुधभृत् Adj. *Waffen tragend;* m. *Krieger* 219,29.

आयुधशाला f. *Arsenal* Kir. 97,16.

आयुधसनाथ Adj. *bewaffnet* Vṛshabh. 8,20.

आयुधसाह्वय *eine best. Pflanze* Suçr. 2,104,10.

आयुधागार n. *Waffenkammer, Arsenal* Vṛshabh. 8,20. fgg.

आयुधागारनर und आयुधागारिक m. *Aufseher über die Waffenkammer.*

*आयुधि m. Patron. gaṇa तौल्वल्यादि in der Kâç. zu P. 2,4,61.

आयुधिक, आयुधिन् und आयुधीय (214,4) Adj. *bewaffnet;* m. *Krieger.* आयुधीयपुत्र m. *der Sohn eines Kriegerdienste thuenden Brahmanen* Âpast.

*आयुध्य n. Nom. abstr. v. l. आबुध्य.

आयुष्पत्नी Adj. f. *über die Lebenden herrschend* Tâṇḍja-Br. 1,5,17.

आयुर्ज्ञान n. Titel eines Werkes.

आयुर्दद Adj. *langes Leben verleihend.*

आयुर्दा 1) Adj. dass. — 2) f. N. pr. a) der Schutzgottheit der Âpnavâna. — b) eines Flusses in Çâkadvîpa Bhâg. P. 5,20,27.

आयुर्दाय m. *Prognostication der durch den Planetenstand bedingten Lebensdauer.*

आयुर्दावन् Adj. *langes Leben verleihend.*

*आयुर्द्रव्य n. *Arzenei.*

आयुर्ग्रन्थोदधि m. Titel eines Werkes.

आयुर्युध् Adj. *um's Leben kämpfend.*

*आयुर्योग m. *Arzenei.*

आयुर्वेद m. *Heilkunde.* °रसायन n., °सर्वस्व n. und °सौख्य n. Titel von Werken.

आयुर्वेदमय Adj. *die Heilkunde in sich enthaltend.*

*आयुर्वेदिक und *°वेदिन् m. *Arzt.*

आयुर्हृत् Adj. *gesundheitsschädlich* Bhâvapr. 2,105.

आयुष्मती f. Pl. *eine best. Klasse von* Apsaras VP.[2] 2,82. Vgl. VS. 18,38.

1. आयुःशेष m. *Lebensrest* 137,27.

2. आयुःशेष Adj. *dessen Lebenszeit noch nicht abgelaufen ist.* Nom. abstr. °ता f. Pañkat. 9,4. 127,8.

°आयुष n. = आयुस् *Lebenszeit.*

आयुषक् Adv. *unter menschlicher Mitwirkung.*

*आयुषय्, °यति *Jmd langes Leben wünschen.*

आयुष्क n. *das Hängen an der körperlichen Existenz.*

आयुष्कर Adj. *langes Leben bewirkend* Kls. II, 124,17. Nom. abstr. °त्व n. Siu. D. 11,11.

आयुष्काम Adj. *langes Leben wünschend* Âpast. 1,1,20.

आयुष्कामीय Adj. *in Beziehung stehend zu Jmd, der langes Leben wünscht.*

आयुष्कारण n. *die Ursache eines langen Lebens* Sâh. D. 11,2.

आयुष्कृत् Adj. *langes Leben schaffend.*

आयुष्पत्नी f. *Lebensherrin* AV.

आयुष्पा Adj. *das Leben erhaltend.*

आयुष्प्रतरण Adj. *das Leben verlängernd.*

आयुष्मत्पुरुषक Adj. *Männern langes Leben verleihend* Mânav. (K.) 7,2.

आयुष्मत् 1) Adj. a) *lebenskräftig, gesund, dem ein langes Leben bevorsteht, — gewünscht wird.* — b) *dauernd.* — c) *alt an Jahren.* — d) *lebenslänglich* Spr. 4403. — 2) m. a) *der Hauptstern im dritten Mondhause.* — b) N. pr. eines Sohnes α) des Uttânapâda. — β) des Saṁhrâda VP. 1,21,1.

आयुष्य, आयुष्यि॑य 1) Adj. (f. आ) *langes Leben verleihend.* — 2) n. a) *Lebenskraft, Lebensfülle, langes Leben.* — b) * *Arzenei* Gal. — c) *eine langes Leben verleihende Handlung* Gaut. — d) *eine best. Begehung nach der Geburt eines Kindes* Pâr. Gṛhy. 1,16,3.

आयुष्यवत् Adj. *lange lebend.*

आयुःष्टोम m. *Lebensfeier* (eine best. Begehung).

आ॑युस् 1) n. a) *Leben, Lebenskraft, Lebensdauer, Menschenalter, langes Leben.* — b) *lebendige Kraft.* — c) *Welt* ṚV. 2,38,5. 7,90,6. — d) *Lebenselement* 217,3 (in einer Etymologie). — e) *eine best. Begehung.* Auch m. — f) आयुः und नवस्तोभन् Namen von Sâman. — g) *das achte astrol. Haus* Ind. St. 14,312. — h) * *Speise.* — 2) m. N. pr. eines Sohnes des Purûravas und der Urvaçî. Vgl. 1. आयु 2) d) β).

आयुस्तेजस् m. N. pr. eines Buddha.

आयु॑वे Dat. Inf. *herbeizukommen* ṚV. 2,18,3.

आयोग m. 1) *Gespann.* — 2) * *das bei Etwas Angestelltsein, Beschäftigung.* — 3) *Schmuck, Zierat* R. 2,3,18 (माल्यदामाः ed. Bomb.). Harit. 4301. 4303. 4307. *Berühmtheit* Comm. — 4) *Schwarm.* भ्रमरायोग *Bienenschwarm* R. 5,17,5. — 5) * *Darbringung von Wohlgerüchen und Kränzen.* — 6) * *Ufer.* — 7) v. l. für आयोगव 2) VP. 5,20,11.

आयोगव 1) m. *eine best. Mischlingskaste, angeblich der Sohn eines* Çûdra *von einer* Vaiçjâ Gaut. Im Çat. Br. heisst Marutta Âvikshita आयोगवो राजा. — 2) n. N. pr. eines Bogens VP. 5,29,11.

1. आयोजन n. 1) *das Herbeischaffen.* — 2) Bez. *gewisser Sprüche u. s. w.* Kauç. 23.

2. आयोजन° Adv. *auf eine Entfernung von einem* Jogana MBh. 1,183,21.

आयोद m. Patron. des Ṛshi Dhaumja 39,16.

आयोधन n. 1) *Kampf, Schlacht.* — 2) *Kampfplatz.* — 3) * *Mord, Todtschlag.*

आयोधेय und आयोध्य m. Pl. Name einer Schule.

आयोध्यक Adj. *von —, aus* Ajodhjâ; m. *ein Bewohner von* A.

आयोभव्य m. = मायोभव्य.

आर्, आ॑र्यति *preisen.* Partic. आरि॑त.

1. आर 1) m. n. *Erz.* — 2) n. * *Eisen* Râgan. 13,45. — 3) m. *Höhlung.* — 4) n. *Stachel.* Vgl. आरा. — 5) n. *Spitze, Ecke.* — 6) m. * *ein best. Baum.* — 7) m. N. pr. eines Sees in Brahman's Welt Kaush. Up. 1,3.4.

2. आर m. 1) = Ἄρης, *der Planet Mars.* — 2) * *der Planet Saturn.*

3. आर MBh. 1,1498 fehlerhaft für अर *Speiche.*

आर॑त्तात् Adv. *fern von* (Abl.).

आरकूट und *°क (Gal.) m. n. *eine Art Messing* Râgan. 13,28.

आरक्त Adj. 1) *röthlich.* — 2) *n. *rother Sandel* Nigh. Pr.

*आरक्तपुष्पी f. *Pentapetes phoenicea* Nigh. Pr.

आरक्ती Adv. mit भू *röthlich werden* Comm. zu Naish. 22,49.

आरक्ष 1) m. und °क्षा f. (Spr. 2100) *Schutz, Wache.* Am Ende eines adj. Comp. f. °क्षा. — 2) m. * *eine best. Stelle auf der Stirn eines Elephanten.*

आरक्षक m. *Wächter.*

आरक्षपाल m. *Hüter,* °पाली f. *Hüterin.*

आरक्षिक m. *Wächter.* °नायक m. *Polizeimeister.*

आरक्षिन् m. *Hüter,* °क्षिणी f. *Hüterin.*

आरक्ष्य Adj. *zu hüten,* in दुरारक्ष्य.

आरग्वध m. *Cathartocarpus* (*Cassia*) *fistula;* n. *die Frucht.* Davon Adj. °धीय *darüber handelnd* Karaka 1,3.

*आरञ्जनवष्यकी f. gaṇa गृहादत्तादि.

आरङ्गर m. *Biene.*

आरटि *Gebrüll.*

आरट्ट m. 1) Pl. N. pr. eines Volkes. — 2) N. pr. des angeblichen Stammvaters desselben.

आरट्टक Adj. *zu den* Âraṭṭa *gehörig.*

आरट्टज Adj. *von den* Âraṭṭa *stammend, bei ihnen vorkommend.*

*आरड्य Adj. von अरडु.

आरण n. *Abgrund, Tiefe.*

*आरणाम m. Pl. *eine best. Götterordnung* (bei den Gaina).

आरण्याच्छला f. Titel eines Abschnittes in der Sâmavedaçikshâ.

*आरणि m. *Strudel.*

आरणिका f. ein Frauenname Pat.

आरणेय 1) Adj. *aus Reibhölzern erzeugt* Comm. zu Gobh. 1,1,17.18. — 2) m. Metron. Çuka's. — 3) n. *ein Behälter für die Reibhölzer* MBh. 3,314,27.

आरण्य॑ 1) Adj. (f. ई) *in der Wildniss befindlich, — wohnend, — wachsend, auf dieselbe bezüglich, wild.* — 2) m. *ein wildes Thier.*

आरण्यक 1) Adj. dass. und *von Waldthieren herrührend.* — 2) m. *Waldbewohner, Einsiedler.* — 3) n. *der im Walde zu studirende Theil eines* Brâhmaṇa.

आरण्यककाण्ड n. Titel des 14ten *Buchs* im Çat. Br. und des 3ten im R.

आरण्यकगान n. Titel eines Theiles des Sâmaveda.

*आरण्यकाण्ड n. Titel des 3ten *Buchs* im R. und Adhjâtmar.

आरण्यकुक्कुट m. *wilder Hahn* Bhâvapr. 2,8.

आरण्यगान n. = आरण्यकगान.

आरण्यपर्वन् n. = अरण्यपर्वन्.

*आरण्यमुद्गा f. *Phaseolus trilobus* Ait.

*आरण्यराशि m. Bez. *des Löwen, Widders, Stiers und der vorderen Hälfte des Steinbocks im Thierkreise.*

आरण्योपल m. *geformter und getrockneter Kuhdung* Bhâvapr. 3,33.

*आरति f. *das Aufhören, Nachlassen.*

आरदेश m. N. pr. einer Oertlichkeit.

आरद m. N. pr. eines Mannes. Davon Patron. *आरदायन.

आरद्वत् m. N. pr. eines Fürsten VP. 4,17,1.

आरनाल m. n. und *°क n. *saurer Reisschleim.*

आरब 1) m. *Arabien.* — 2) f. ई *die arabische Sprache.*

आरब्ध m. N. pr. eines Fürsten (= आरद्वत्).

आरब्धव्य Adj. *zu unternehmen, — beginnen.*

आरब्धि f. *Unternehmung* Spr. 2772.

आरभट 1) * m. *ein beherzter Mann.* — 2) f. ई a) *Heldenstück* Râgat. 8,2019. — b) *Darstellung übernatürlicher und schauervoller Ereignisse auf dem Theater.*

आर॑भम् Acc. Inf. 1) *zu packen* ṚV. 5,34,5. — 2) *Fuss zu fassen* ṚV. 8,73,3. — 3) *zu erreichen* ṚV. 10,62,3.

आर॑भे Dat. Inf. *zu erfassen, festzuhalten* ṚV. 1,

24,5. 34,3. 182,7. 1,73,1.

आरभ्य Adj. = आलब्धव्य in अनारभ्य.

आरमण n. 1) Ergötzen, Lust TS. Çat. Br. — 2) Liebesgenuss Gaut.

*आरमुखी f. = आरी (?) Gal. Vgl. आरामुख.

आरम्बन n. Stütze, in अनारम्बन.

आरम्भ m. 1) das sich an Etwas Machen, das Gehen an Etwas, Unternehmung, das Beginnen. — 2) Anfang, Beginn 167,21. 286,30. — 3) der erste Grad in den Mysterien der Çâkta und in den Zuständen des Joga. — 4) in der Dramatik die beginnende Handlung, die die Besorgniss um das Erreichen des Zieles erweckt.

आरम्भक Adj. 1) in's Leben rufend, bewirkend Kap. 2,31. 5,118. Dazu Nom. abstr. °त्व n. Çaṁk. zu Bâdar. 2,2,11. — 2) voller Erwartung. — 3) am Ende eines adj. Comp. = आरम्भ 1).

आरम्भण n. 1) das sich an Etwas Machen, das Gehen an Etwas Comm. zu TS. Prât. 5,1. 14,3. — 2) Haltpunct, Handhabe. आरम्भणतस् Adv. an der Handhabe Ait. Br. 2,35. — 3) woran man sich klammert (in übertr. Bed.) Âpast. 2,27,7. m. 5,19. वाचारम्भणम् so v. a. eine blosse Redensart Ḱhând. Up. (Chr. 284,5).

आरम्भणवस् Adj. anfassbar.

आरम्भणीय Adj. (f. आ) 1) zu unternehmen Comm. zu Njâjam. 1,1,1. 8,1,1. — 2) womit zu beginnen ist, den Anfang bildend. Mit इष्टि oder f. mit Ergänzung davon Vaitân. Njâjam. 10,1,6.

आरम्भता f. Nom. abstr. zu आरम्भ 2).

आरम्भरुचि Adj. unternehmungslustig. Davon Nom. abstr. °ता f. M. 12,32.

आरम्भसिद्धि f. Titel eines Werkes.

आरम्भिक Adj. einen Anfang nehmend, beginnend.

आरम्भिन् Adj. Vieles unternehmend.

*आररक Adj. von आररका.

*आररका m. Patron. von अररक.

आरव m. 1) Geschrei, Geheul, Gebrülle, Laut, Ton. — 2) Pl. N. pr. eines Volkes Varâh. Bṛh. S. 14,17.

आरवडिंडिम m. eine Art Trommel.

आरस m. Geschrei u. s. w., in सारस.

*आरस्य n. Nom. abstr. von अरस.

आरा f. 1) Ahle, Pfriem. — 2) ein best. Wasservogel.

*आराका m. = लोहदण्ड Gal.

आराग m. v. l. für अरोग.

1. आराग्र n. die Spitze einer Ahle.

2. आराग्र Adj. (f. आ) wie eine Ahle spitz zulaufend.

*आराछक Adj. von आराछी.

*आराछी f. gaṇa धूमादि.

आराड m. N. pr. eines Lehrers des Çâkjamuni Lalit. 295,8. fgg.

आराडि, आराडिक m. Patron. des Sauǵâla.

आरात् 1) Abl. Adv. a) aus der Ferne, von fern; fern, fernhin; fern von (Abl.) Âpast. — b) in der Nähe; nahe bei (Abl.) Gaut. 9,38. — c) sogleich, alsbald. — 2) *m. N. pr. eines Dorfes der Bâhika.

आराति m. = अराति Feind Maitr. S. 1,5,1.

*आरातीय Adj. von आरात् 1).

*आरात्क Adj. (f. आ und ई) von आरात् 2).

आरात्तात् Adv. aus der Ferne, von fern.

आरात्रिक n. eine best. Ceremonie.

*आरात्रिविवासम् Adv. bis Tagesanbruch Mahâbh. 3,37,b.

आरादुपकारक Adj. indirect beitragend, — wirkend Madhus. in Ind. St. 1,15. Comm. zu Njâjam. 8,1,6. Nom. abstr. °ता f. zu 1,2,26. °त्व n. Çaṁk. zu Bâdar. 4,1,16.

आरादुपकारिन् Adj. dass. Comm. zu Njâjam. 8,1,8.

आराध m. Huldigung.

आराधन 1) Adj. für sich gewinnend, günstig stimmend. — 2) n. a) das Gerathen, Gedeihen Comm. zu Njâjam. 4,1,19. — b) das Vollbringen. — c) *das Kochen. — d) *das Erlangen. — e) das für sich Gewinnen, günstig Stimmen, Huldigen 290,2. Auch *f. आ.

आराधनप्रकार m. Titel eines Werkes.

आराधनीय Adj. für sich zu gewinnen, günstig zu stimmen, dem man zu huldigen hat Kâd. 217,10.

*आराधय Adj. wohl = आराधयितर्.

आराधयितर् Nom. ag. für sich zu gewinnen suchend, huldigend.

आराधयिषु Adj. dass., mit Acc.

*आराधय्य n. Nom. abstr. von आराधय.

आराधिन् m. = आराविन् 2) VP.² 4,158.

आराध्य 1) Adj. a) was man zu vollbringen hat Spr. 1768. fg. — b) = आराधनीय. — c) was Jmd (Instr.) gern hat Spr. 7640 (zugleich in Bed. b). — 2) m. Pl. Name einer Secte.

आराम m. (adj. Comp. f. आ) 1) Ergötzen, Lust. — 2) Garten, Baumgarten. — 3) ein best. Metrum.

*आराममल्लिका f. eine best. Pflanze Nigh. Pr.

*आरामशीतला f. eine best. Pflanze mit wohlriechenden Blättern Bhâvapr. 10,177. Madanav. 30,306. Dhanv. 4,64.

आरामादिप्रतिष्ठापद्धति f. Titel eines Werkes.

आरामिक m. Gärtner Râǵat. 7,39.

आरामुख n. eine Pfeilspitze in Form einer Ahle.

*आराल gaṇa तारकादि.

आरालिक m. eine Art Koch.

*आरालित Adj. von आराल.

आराव m. Geschrei, Geheul, Gesumme, Laut, Ton 74,10. 111,8. 149,21.

आरावली f. N. pr. einer Gebirgskette.

°आराविन् 1) Adj. klingend —, schallend mit Mâlav. 52. — 2) m. N. pr. eines Sohnes des Ǵajasena VP. 4,20,3.

*आरिका f. Schilfhalm Gal.

*आरित्रिक Adj. (f. आ und ई) von अरित्र.

*आरिंदमिक Adj. (f. आ und ई) von अरिंदम.

आरिप्सु Adj. zu unternehmen beabsichtigend Njâjam. S. 3, Z. 17.

आरिराधयिषु Adj. bestrebt Jmd zu gewinnen, — huldigen.

*आरिष्मीय Adj. von अरिष्म. v. l. आरीषीय.

*आरिष्टीय Adj. von अरिष्ट.

*आरी f. = आरमुखी (?) Gal. — Vgl. auch आर्य.

*आरीषीय Adj. von अरीष Kâç. zu P. 4,2,80.

*आरीहणक n. von अरीहण. Davon Adj. *°कीय.

*आरु 1) m. a) Eber. — b) Krebs. — c) eine best. Pflanze. — 2) f. Wasserkrug.

आरुक 1) Adj. Jmd (Acc.) verletzend. — 2) n. die Frucht einer best. Pflanze.

आरुज् Adj. zerbrechend, in शफारुज्.

आरुज 1) Adj. zerbrechend (die Ergänzung im Acc. oder im Comp. vorangehend). — 2) m. N. pr. eines Râkshasa.

आरुजत्नु Adj. zerbrechend.

आरुजे Dat. Inf. zu erbrechen ṚV. 4,31,2.

आरुण 1) Adj. (f. ई) von Aruṇa stammend u. s. w. — 2) f. आरुणी ein röthliches Zugthier ṚV. 1,64,7. Bei anderer Betonung erhielte man अरुणी.

आरुणक Adj. (f. °णिका) von Âruṇi kommend, zu ihm in Beziehung stehend.

आरुणकेतुक Adj. zu den अरुणाः केतवः in Beziehung stehend.

*आरुणपराशिन् m. Name eines alten Kalpa.

आरुणि m. Patron. (auch Pl.) von अरुण. Bei Gaṭâja's Bhâsh. 175,3. °योग m. und °युति f. °श्वेतार् adj. Comp. Tâṇḍja-Br. 23,1,3.

*आरुणिन् m. Pl. Name einer Schule.

आरुणीय Adj. = आरुणक.

आरुणेय 1) Adj. = आरुणीय. — 2) m. Patron. von Âruṇi.

आरुणेयपद n. Name eines Âraṇjaka.

आरुण्य n. Röthe Comm. zu Njâjam. 3,8,11.

आरुण्यक Adj. zu den Aruṇa in Beziehung stehend.

आरुह m. v. l. für आरट्ट, आरट्टम्.

आरुहित Adj. ṚV. 4,5,7.

आरुरुक्षु Adj. mit Acc. 1) zu besteigen —, zu erklettern beabsichtigend, mit Acc. Kir. 36,11. 90,17.

— 2) an Etwas zu gehen beabsichtigend.

आरुषी 1) (Part. perf. von अर्) Adj. f. treffend, zu Nichte machend ṚV. 10,185,3. — 2) f. N. pr. einer Tochter Manu's und Gattin Kjavana's MBh. 1,66,16.

*आरुष्पीय Adj. von अरुस्.

आरुष्कर n. die Frucht von Semecarpus Anacardium L.

आरुह् 1) Adj. besteigend, in गर्तारुह्. — 2) f. Auswuchs, Schössling.

°आरुह Adj. springend auf, besteigend.

आरुहम् Acc. Inf. (abhängig von शक्) besteigen ṚV. 10,44,6.

*आरू Adj. lohfarben.

आरूढवत् n. आङ्गिरस Name eines Sâman.

आरूढि f. das Aufsteigen, in अत्यारूढि.

आरे Loc. Adv. 1) fern, fern von (Abl.). — 2) ausserhalb, ohne (mit Gen. oder Abl.). — 3) *in der Nähe.

आरेअघ Adj. (f. आ) ohne Uebel.

आरेअवद्य Adj. ohne Tadel.

*आरेक m. Zweifel.

आरेवत m. = आरग्वध; n. die Frucht.

आरेशत्रु Adj. Feinden entrückt.

आरेहण n. das Lecken, Küssen.

आरेरूपय m. N. pr. eines Lehrers Ind. St. 4,373.

आरोक m. 1) ein feiner Zwischenraum, durch den das Licht durchdringt; Masche eines Geflechts oder Gewebes. — 2) Zwischenraum zwischen den Zähnen u. s. w. Mantrabr. 1,3,1.

आरोग m. eine best. Sonne Comm. zu Ait. Âr. 393,5.

आरोग्य 1) n. Gesundheit Gaut. Âpast. 1,14,29. °व्रत und °प्रतिपद्व्रत n. eine best. Begehung. — 2) f. आ ein Name der Dâkshâjaṇî.

आरोग्यचिन्तामणि m. Titel eines Werkes.

आरोग्यता f. Gesundheit.

आरोग्यपञ्चक n. ein best. Mittel gegen Fieber Bhâvapr. 3,25.

आरोग्यमाला f. Titel eines Werkes.

*आरोग्यशाला f. Krankenhaus.

आरोग्याम्बु n. Gesundheitswasser, d. i. Wasser auf ein Viertel eingekocht Bhâvapr. 3,13.

आरोचक m. Pl. N. pr. eines Volkes MBh. 6,51,7.

*आरोचन Adj. glänzend.

आरोढर् Nom. ag. Besteiger.

आरोढव्य Adj. zu ersteigen, — besteigen.

आरोध m. Belagerung Spr. 1284.

आरोधन n. verschlossener Ort, das Innerste.

आरोप m. 1) das Aufsetzen, Auflegen. — 2) Uebertragung, Unterschiebung an die Stelle von, Identification mit (Loc.) 238,3. 270,21.

°आरोपक Adj. pflanzend.

आरोपण n. 1) das Besteigenlassen. — 2) das Aufstellen, Aufrichten. — 3) das Auflegen, Auftragen. — 4) das Legen auf den Scheiterhaufen, das Verbrennen eines Gestorbenen R. 5,13,46. — 5) das Beziehen eines Bogens mit der Sehne. — 6) das Uebertragen, Unterschieben an die Stelle von, Identificiren.

आरोपणीय Adj. 1) auf Etwas (Loc.) steigen zu lassen. — 2) zu pflanzen (bildlich) Prasannar. 7,2. — 3) mit einer Sehne zu beziehen (Bogen) Prasannar. 21,16. — 4) einzuschieben, einzuschalten Comm. zu TS. Prât. 14,9. °त्व n. Nom. abstr. ebend.

आरोप्य Adj. 1) aufzulegen, was auf —, angelegt wird. — 2) zu pflanzen, — verpflanzen Varâh. Bṛh. S. 55,5. — 3) mit einer Sehne zu beziehen (Bogen). — 4) was übertragen —, untergeschoben —, identificirt wird.

आरोह m. 1) Reiter, ein auf — (im Comp. vorangehend) sitzender Mann. — 2) eine Pflanze, die auf einer anderen wächst Harit. S. 1,6,12. — 3) der sich erhoben hat zu (im Comp. vorangehend). — 4) Haufe, Berg. — 5) die schwellenden Hüften eines Weibes. — 6) Schooss. — 7) Besteigung. — 8) das Aufsteigen (der Töne) Comm. zu Mṛkkh. 44,14.16. — 9) aufsteigendes Verhältniss, Zunahme. — 10) das Hochhinausschwellen. — 11) Erhebung, Höhe. — 12) Verdeckung —, Verfinsterung eines Planeten durch einen andern. — 13) eine der 10 Weisen, auf welche eine Eklipse erfolgt. — 14) *Länge. — 15) *ein best. Maass. — 16) *das Herabsteigen.

आरोहक m. 1) Reiter. — 2) Bucke. — 3) *Baum.

आरोहण 1) Adj. (f. ई) aufsteigend. — 2) n. a) das Hinaufsteigen, Besteigen. — b) *das Wachsen (von Pflanzen). — c) Gefährt, Wagen. — d) eine erhöhte Bühne zum Tanz. — e) Treppe, Leiter. — f) = आरोह 13).

आरोहणवाह Adj. einen Wagen ziehend.

*आरोहणीय Adj. = आरोहणं प्रयोजनमस्य.

*आरोहण्वत् Adj. von आरोह.

आरोहिन् Adj. 1) aufsteigend. दशा Varâh. Bṛh. 8,6. von Tönen S.S.S. 34. — 2) am Ende eines Comp. erreichen machend, hinanführend Spr. 6240.

आर्क 1) Adj. a) solar. — b) von der Calotropis gigantea kommend. — 2) *n. ein baumwollenes Kleid Gal.

आर्कम् Adv. mit Einschluss der Sonne.

*आर्कलूष m. Patron. von अर्कलूष. Davon Patron. *°षायण. *°षायणि Adj. von अर्कलूष.

*आर्कायण m. Patron., *°णि Adj. von अर्क.

आर्कि m. der Sohn der Sonne, der Planet Saturn Varâh. Bṛh. 15,3.

आर्क्ष 1) Adj. (f. ई) siderisch Gaṇit. 1,17. — 2) m. Patron. von ऋक्ष.

*आर्क्षोद Adj. aus dem Gebirge Ṛkshoda stammend.

आर्क्ष्य m. Patron. von ऋक्ष.

आर्क्ष्यत् Adj. Çat. Br. 12,2,3,1.3 = आक्ष्यत्.

*आर्क्ष्यायणी f. zu आर्क्ष्य.

*आर्गयन Adj. von ऋगयन.

*आर्गल m. f. = अर्गल.

*आर्ग्वध m. = आरग्वध.

आर्ग्वेदिक Adj. zum Ṛgveda gehörig Comm. zu Kâtj. Çr. 25,1,5.13. °याजुर्वेदिकत्व n. 2,1,12.

*आर्घा f. eine Art Biene.

आर्घ्य Adj. von der आर्घा genannten Biene kommend.

*1. आर्च Adj. von अर्चा.

2. आर्च Adj. (f. ई) von ऋच्.

आर्चत्क m. Patron. von ऋचत्क.

*आर्चन m. eine best. Pflanze Gal.

आर्चनानस m. Patron. von अर्चनानस् Tâṇḍja-Br. 8,3,9 (आर्च° gedr.).

आर्चाभिन् m. Pl. die Schüler des Ṛkâbha Kâç. zu P. 4,3,104. °शिखालविधि Anupada 3,12.

*आर्चायन m. Metron. von ऋच्.

आर्चिक Adj. auf einer Ṛk beruhend, mit ihr zusammenhängend Lâṭj. 10,9,7. Saṁhitopan. 30,5.

आर्चीकपर्वत m. N. pr. eines Berges.

आर्चीक m. Patron. Ǵamadagni's Bâlar. 43, 9. 98,3.

*आर्जक m. Barleria caerulea Madanav. 57,19.

आर्जव 1) Adj. redlich, aufrichtig. — 2) m. N. pr. eines Lehrers. — 3) n. a) gerade Richtung. — b) gerades —, redliches Benehmen Âpast.

आर्जवक Adj. in Verbindung mit सर्ग als Bez. des 8ten und 9ten Schöpfungsactes.

आर्जविन् Adj. gerade —, redlich sich benehmend Spr. 3019.

*आर्जि Çânt. 3,8.

आर्जीक m. ein best. Soma-Gefäss.

आर्जीकीय 1) m. dass. — 2) f. आ N. pr. eines Flusses.

आर्जुन n. = अर्जुन 4) d) Kâṭh. 34,3.

*आर्जुनाद m. N. pr. und davon Adj. *°क gaṇa धूमादि in der Kâç.

आर्जुनायन m. 1) Patron. von अर्जुन. Pl. Ind. St. 1,30. — 2) Pl. N. pr. eines Volkes.

*आर्जुनायनक Adj. von den Ârǵunâjana bewohnt.

*आर्जुनावक Adj. v. l. für आर्जुनादक.

आर्जुनि 1) *Adj. von अर्जुन. — 2) m. Patron. von अर्जुन.

आर्जुनेय m. Patron. von अर्जुनी.

आर्त Partic. *hineingerathen* (in eine unglückliche Lage), *niedergeschlagen, krank, versehrt, gestört, bedrängt, leidend.* Häufig in Comp. mit dem, was das Leid verursacht. परमार्तवत् Adv. *sehr niedergeschlagen* 93,7.

आर्तगल m. *Barleria caerulea Roxb.*

आर्तता f. *Niedergeschlagenheit.*

आर्तन Adj. (f. आ) *etwa unbebaut, wüst.*

आर्तनाद m. *Schmerzensschrei, Klageruf* Hit. 37.

आर्तपर्णि m. Patron. von ऋतपर्ण. v. l. आर्तु°.

आर्तपात्र n. *ein krankes Gefäss* TS. 6,4,10,6.

आर्तबोध m. Patron. von ऋतबोध.

आर्तभाग m. Patron. von ऋतभाग. आर्तभागीपुत्र m. N. pr. eines Lehrers.

आर्तरौद्र n. *rauhes —, grausames Benehmen gegen Unglückliche.*

आर्तव 1) Adj. (f. ई) a) *der Jahreszeit entsprechend.* — b) *zu den Katamenien in Beziehung stehend.* — 2) m. Pl. *Jahresabschnitte, mehrere Jahreszeiten zusammengenommen.* — 3) *f. ई *Stute.* — 4) n. a) *monatliche Reinigung.* — b) *die zehn auf die monatliche Reinigung folgenden Tage.* — c) *die Flüssigkeit, die ein Thierweibchen zur Zeit der Brunst entlässt.* — d) * *Blüthe.*

आर्तशब्द m. = आर्तनाद.

1. आर्तस्वर m. dass. R. ed. Bomb. 2,59,15.

2. आर्तस्वर Adj. *wehklagend.*

1. आर्ति f. *übler Zufall, Unheil, Leid des Körpers oder der Seele, Weh.*

2. *आर्ति f. = आर्त्नी.

आर्तिज Adj. *durch Weh erzeugt* Gop. Br. 2,1,15.

आर्तिमत् 1) Adj. *leidend.* — 2) m. *ein best. Mantra* MBh. 1,58,23.

आर्तुपर्णि m. Patron. von ऋतुपर्ण.

आर्तोस् Gen. Inf. (abhängig von ईश्वर:) *hineinzugerathen in* TS. 3,2,8,2. Çat. Br. 10,1,4,13.

आर्त्नी f. *Bogenende, an welches die Sehne befestigt wird.*

आर्त्विजीन Adj. *zum Priesteramt tauglich.*

आर्त्विज्य n. *das Priesters Amt und Pflicht.*

*आर्त्वेयी Adj. f. *die Katamenien habend.*

आर्त्व्य m. Patron. des Dvimūrdhan.

आर्थ Adj. (f. ई) 1) *auf Vortheil beruhend* (Verbindungen). — 2) *die Sache —, den Sinn betreffend, sachlich.* Ein *sachliches* Gleichniss hat die Form: „gleicht in Bezug auf Etwas". Dazu Nom. abstr. °त्व n.

आर्थपत्य n. *Besitz einer Sache.*

आर्थिक Adj. *sich aus Etwas ergebend, implicite enthalten* (Gegensatz *ausdrücklich genannt*) Nîlak. 1,4,3. Comm. zu TS. Prât. 1,59.

*आर्द्, f. *आर्दी gaṇa गौरादि.

आर्द्ध n. *Fülle* Bâlar. 130,16.

आर्द्र 1) Adj. (f. आ) a) *feucht, nass.* — b) *saftig, vollsaftig, frisch.* — c) *frisch, neu.* °त्रिकृत्य *vor Kurzem.* — d) *sanft, weich, gefühlvoll, warm* 252,3. Am Ende eines Comp. *überfliessend von.* — 2) m. a) *frischer Ingwer.* — b) N. pr. eines Enkels des Pṛthu. — 3) f. आ Sg. und Pl. *das vierte (sechste) Mondhaus.* — 4) n. *Feuchtigkeit, feuchte Masse.*

आर्द्रक 1) Adj. (f. आर्द्रिका) a) *feucht, nass.* — b) **unter dem Sternbild Ârdrâ geboren.* — 2) m. N. pr. eines Fürsten VP. 4,24,16. — 3) n. *frischer Ingwer.* Auch *m. und *f. आ.

आर्द्रकवट m. *Ingwerpastille* Bhâvapr. 2,21.

*आर्द्रज n. *trockener Ingwer* Râjan. 6,26.

आर्द्रदानु Adj. *frische Tropfen habend.*

आर्द्रपटी f. *eine best. Zauberceremonie.*

*आर्द्रपत्रक m. *Bambusrohr* Nigh. Pr.

*आर्द्रपदी Adj. f. *feuchtfüssig.*

आर्द्रपवि Adj. *eine feuchte Radfelge habend.*

आर्द्रपवित्र Adj. *dessen Seihe feucht ist.*

आर्द्रभाव m. 1) *Feuchtigkeit* Kumâras. 7,14. — 2) *Weichherzigkeit* Ragh. 2,11.

आर्द्रमञ्जरी f. *eine frische Blüthenrispe* Comm. zu Gobh. 2,7,5.

*आर्द्रमाषा f. *Glycine debilis Roxb.* Râjan. 3,18.

आर्द्रमूल Adj. (f. आ) *feuchte Wurzeln habend* Çat. Br. 1,3,3,4.

आर्द्रय्, °यति 1) *befeuchten, benetzen* Spr. 5802. — 2) *weich stimmen* Bâlar. 26,1. Kâd. II, 91,20.

आर्द्रवस्त्र Adj. *ein nasses Kleid tragend.* Davon Nom. abstr. °ता f. Gaut. 19,15.

*आर्द्रशाखा n. *frischer Ingwer.*

आर्द्रहस्त Adj. *feuchthändig.*

आर्द्रानन्दकरीनृत्तीया f. *ein best. dritter Tag.*

°आर्द्रार्द्र Adj. *überfliessend von* Spr. 840.

*आर्द्रालुब्धक m. *der niedersteigende Knoten* Hal. 1,42.

आर्द्री Adv. mit कर् 1) *befeuchten, erfrischen* Kâd. 203,8. 213,17. — 2) *weich stimmen* Kâd. 104,23. — Mit प्रति *wieder befeuchten, — erfrischen* Kâd. 240,15.

आर्द्रैधाग्नि m. *mit grünem Holz genährtes Feuer* 34,14.

आर्द्र्य n. *Feuchtigkeit* Gop. Br. 1,1,1.

*आर्धकंसिक, *आर्धकौडविक, *आर्धक्रौशिक und *आर्धद्रौणिक Adj. von अर्ध + कंस, कुडव, क्रोश und द्रोण.

आर्धधातुक Adj. (f. आ) *an die unerweiterte Verbalwurzel tretend* (Suffix).

आर्धधातुकीय Adj. *vom substantivirten* आर्धधातुक.

आर्धनारीश्वर n. *die Geschichte* Çiva's *als Mann und Weib* Bâlar. 20,14.

*आर्धपुर gaṇa धूमादि. अर्ध II पुर Kâç.

*आर्धप्रस्थिक Adj. von अर्ध + प्रस्थ.

आर्धमात्रक Adj. Ind. St. 4,115 vielleicht fehlerhaft für आर्धमात्रिक.

*आर्धमासिक Adj. *halbmonatlich.*

आर्धरात्रिक 1) Adj. *zu Mitternacht stattfindend, mitternächtlich.* — 2) m. Pl. Name einer astronomischen Schule.

*आर्धवाहनिक Adj. von अर्ध + वाहन.

*आर्धवाहिक Adj. von अर्ध + वाह gaṇa चेतनादि in der Kâç.

आर्धिक Adj. = अर्धसीरिन्.

आर्धुक Adj. *gedeihlich.*

आर्पयितर् Nom. ag. *der Jmd Etwas anthut.*

आर्बुदि m. Patron. von अर्बुद.

आर्भव 1) Adj. (f. ई) *den* Ṛbhu *geweiht.* पवमान (auch mit Ergänzung desselben) Lâṭy. 2,10,4. 5,3, 23. 4,8. 6,8,3. — 2) m. Patron. des Sûnu, angeblichen Verfassers von ṚV. 10,176.

आर्य, आरिय 1) m. a) *ein zu den Treuen Gehöriger, ein Mann des eigenen Stammes, ein Arier;* später *ein Mann der drei oberen Kasten* und überh. *ein Mann, der Anspruch auf Achtung hat.* Nicht selten, insbes. im Voc. lässt sich das Wort einfach durch *Herr* oder *Freund* wiedergeben. — b) **ein* Vaiçja. — c) Bez. α) *des Grossvaters* MBh. 1,178,8. — β) *des Urgrossvaters* MBh. 12,343,10. — γ) *des älteren Bruders* Bâlar. 53,8. 206,6. — d) **Haremswächter.* — e) **ein* Buddha. — f) *bei den Buddhisten ein Mann, der über die vier Grundwahrheiten nachgedacht hat und sein Betragen darnach richtet.* — g) N. pr. eines Sohnes des Manu Sâvarṇa und auch ein sonst vorkommender Mannsname. — 2) Adj. (f. आ und आरी) *arisch;* später *eines Ariers würdig, ehrenhaft, ehrenwerth, edel.* — 3) f. आ a) f. zu 1) a). — b) Bez. *der Frau des älteren Bruders* Bâlar. 206,8. 207,14. — c) Bein. der Pârvatî. — d) *ein best. Metrum.* — e) *eine Strophe in diesem Metrum.* — f) Titel verschiedener in diesem Metrum verfasster Werke.

आर्यक 1) m. a) *ein ehrenwerther Mann.* — b) *Grossvater.* — c) Bez. *der Brahmanen in* Plakshadvîpa VP. 2,4,19. — d) N. pr. α) Pl. eines Volkes in Südindien. — β) eines Fürsten aus dem Hirtenstande. — γ) eines Schlangendämons. — 2) f. a) आर्यका und आर्यिका **eine ehrenwerthe Frau.* — b) आर्यका N. pr. eines Flusses in Krauñkadvîpa Bhâg. P. 5,20,22. — c) आर्यिका **das Mondhaus*

Kṛttikâ. — 3) *n. eine best. Ceremonie zu Ehren der Manen.

*आर्यकुमार m. P. 6,2,58.

आर्यकुल्या f. N. pr. eines Flusses VP.² 2,130. 154.

आर्यकृत Adj. (f. ई) von einem Manne einer der drei oberen Kasten verfertigt Maitr. S. 1,8,3.

*आर्यगण m. = आर्यसंघ 1).

आर्यगृह्य Adj. zu den Ehrenwerthen sich haltend.

आर्यचेतस् Adj. von edler Gesinnung Spr. 4104.

आर्यजन m. Arier, ehrenhafte Leute Gaut. Vaitân.

आर्यजुष्ट Adj. Ehrenhaften zusagend Spr. 1024.

आर्यता f. Ehrenhaftigkeit.

आर्यतुल्य Titel eines astron. Tractats.

आर्यत्व n. Ehrenhaftigkeit.

आर्यदुहितर् f. Tochter eines Edlen als Anrede einer Freundin.

आर्यदेव m. N. pr. eines Schülers des Nâgârǵuna.

आर्यदेश m. eine von Ariern bewohnte Gegend Spr. 1023.

आर्यदेश्य m. aus einer von Ariern bewohnten Gegend stammend.

आर्यनिवास m. Wohnort der Arier Mahâbh. in Ind. St. 13,358.

आर्यपलपक्षसिद्धि f. Titel eines Werkes.

आर्यपथ m. der Pfad der Ehrenhaften.

आर्यपुत्र m. Sohn eines Ehrenhaften, Bez. 1) des Sohnes eines Angeredeten. — 2) des Gatten von Seiten der Frau. — 3) des Fürsten von Seiten eines Untergebenen.

आर्यप्रवृत्त Adj. ehrenhaft verfahrend R. Gorr. 2,120,6.

आर्यप्राय Adj. zum grössten Theil von Ariern bewohnt.

आर्यबल m. N. pr. eines Bodhisattva.

*आर्यब्राह्मण m. P. 6,2,58.

आर्यभट m. N. pr. zweier Astronomen.

आर्यभटीय n. das von Ârjabhaṭa verfasste Werk.

आर्यभट्ट m. und °भट्टीय n. fehlerhaft für °भट und °भटीय.

आर्यभद्रचर्या f. Titel eines buddh. Sûtra.

आर्यभाव m. Ehrenhaftigkeit.

आर्यमण Adj. zu Arjaman in Beziehung stehend. °णी दुहिता Bez. der Jamunâ Bâlar. 305,13.

आर्यमार्ग m. = आर्यपथ.

आर्यमिश्र Adj. dem die Prädicate «ehrenhaft u. s. w.» zukommen.

आर्यम्ण n. das unter Arjaman stehende Mondhaus Uttaraphalguṇî.

*आर्ययुवन् m. arischer Jüngling.

आर्यराज m. N. pr. eines Fürsten.

आर्यरूप Adj. wie ein Ehrenhafter aussehend M. 10,57.

आर्यलिङ्गिन् Adj. die Abzeichen eines Ehrenhaften tragend.

आर्यव n. Ehrenhaftigkeit (daneben आर्जव) Âpast.

आर्यवक MBh. 12,11366 fehlerhaft für आर्जवक.

आर्यवर्मन् m. N. pr. eines Fürsten Kathâs. 18,312.

आर्यवाच् Adj. eine arische Sprache redend M. 10,45.

आर्यविदग्धमिश्र Adj. dem die Prädicate «ehrenhaft, gelehrt u. s. w.» zukommen.

1. आर्यवृत्त n. ehrenhaftes Betragen.

2. आर्यवृत्त Adj. von ehrenhaftem Betragen Gaut. 9,60.

आर्यवेष Adj. wie ein Ehrenhafter gekleidet.

आर्यव्रत Adj. sich wie ein Arier benehmend MBh. 1,202,9.

आर्यशाटीय m. N. pr. eines Lehrers.

*आर्यशिस् Adj. Mahâbh. 6(4),18,b.

आर्यशील Adj. von ehrenhaftem Charakter Spr. 3431.

*आर्यश्वेत m. N. pr. eines Mannes und Patron. davon.

आर्यसंघ m. 1) *die Gesammtheit der buddh. Geistlichkeit. — 2) N. pr. eines Philosophen.

आर्यसत्य n. eine ehrwürdige Wahrheit (buddh.).

आर्यसमय m. die Satzung ehrenhafter Männer Âpast.

आर्यसिंह m. N. pr. eines buddh. Patriarchen.

आर्यसिद्धान्त m. Titel des astron. Siddhânta des jüngeren Ârjabhaṭa.

आर्यसुत m. = आर्यपुत्र 2).

आर्यस्त्री f. ein Weib der oberen Kasten Gaut. Âpast.

*आर्यस्थान n. = आर्यावर्त Gal.

आर्यस्वामिन् m. N. pr. eines Mannes B. A. J. 3,206.

*आर्यहलम् Adv. etwa so v. a. Mordio.

आर्यागम m. das Beschlafen einer Frau aus den oberen Kasten Jâǵń. 2,234.

आर्यागीति f. eine Abart des Ârjâ-Metrums.

आर्याचण्डीतीर्थ n. N. pr. eines Tîrtha.

आर्याणक N. pr. eines Landes.

आर्याधिष्ठित Adj. unter der Aufsicht von Männern der höheren Kasten stehend Âpast. 2,3,4.

आर्यावर्त m. Bez. des von den Ariern bewohnten Landes (zwischen Himâlaja und Vindhja). Pl. die Bewohner dieses Landes.

आर्याविलास m. Titel eines Werkes.

आर्याष्टशत n. der aus 108 Ârjâ-Strophen bestehende Siddhânta des älteren Ârjabhaṭa.

आर्याष्टाङ्गमार्ग m. bei den Buddh. Bez. der letzten von den 37 Stufen, die zur Bodhi führen.

आर्यासङ्ग m. = आर्यसंघ 2).

आर्वनानस m. Tâṇḍja-Br. 8,5,9 fehlerhaft für आर्चनानस.

आर्श्य Adj. dem Antilopenbock gehörig.

आर्ष 1) Adj. (f. ई) von den Ṛshi herrührend, sie betreffend, archaistisch. प्रत्यय ein an den Namen eines Ṛshi gefügtes Suffix. विवाह = 2) Gaut. 4,8. — 2) m. die von den Ṛshi eingesetzte Heirathsweise. — 3) f. ई = संहितापाठ. — 4) n. a) die Hymnen der Ṛshi. — b) heilige Abstammung. — c) der Ṛshi-Ursprung, Autorschaft eines heiligen Liedes.

आर्षधर n. Name eines Sâman.

आर्षभ 1) Adj. vom Stier herrührend, taurinus. — 2) m. Patron. von Ṛshabha. — 3) f. ई Bez. der Mondhäuser Maghâ, Pûrvaphalgunî und Uttaraph. Comm. zu Baudh. P. 5,21,7. — 4) n. a) Name eines Sâman Lâṭj. 1,6,13. — b) ein best. Metrum.

*आर्षभि m. Patron. von Ṛshabha.

*आर्षभ्य Adj. als ausgewachsener Stier zu gebrauchen; castrirbar.

*आर्षिक m. ein Fürst der Ṛshika.

*आर्षिक्य n. Nom. abstr. von ऋषिक.

आर्ष्टिषेण (!) m. N. pr. eines Fürsten VP.² 4,31.

आर्षेय 1) Adj. von den Ṛshi stammend, aus altheiligem Geschlecht. — 2) n. a) heilige Abstammung. — b) mit घर्मः und देवानां चार्षाणाम् Namen von Sâman.

आर्षेयवत् Adj. mit heiliger Abkunft verbunden.

आर्ष्टिषेण m. Patron. von Ṛshṭishena. Pl. Comm. zu Kâtj. Çr. 1,9,3.

आर्ष्यशृङ्गि m. Patron. von Ṛshjaçṛṅga.

आर्हत 1) Adj. (f. ई) zur Lehre Ǵina's in Beziehung stehend. — 2) m. ein Ǵaina. — 3) n. die Ǵaina-Lehre.

*आर्हन्ती f. und *आर्हन्त्य n. Nom. abstr. von अर्हन्त्.

*आर्हायण m. Patron. von अर्ह.

आर्हीय Adj. von आ अर्हात् (P. 5,1,19).

आल 1) *Adj. nicht klein, — gering. — 2) m. N. pr. eines Affen. — 3) n. a) Laich oder Ausspritzung eines giftigen Thieres. — b) Auripigment.

आलक n. = आल 3) a) AV. Paipp. 9,2,3.

आलतणा in स्वालतणा.

*आलत्ति und *°त्ती f. gaṇa गौरादि.

आलक्ष्य Adj. 1) wahrzunehmen, sichtbar, bemerkbar. — 2) anzuschauen, aussehend. — 3) kaum sichtbar 240,32.

*आलप्ति und *°प्ती f. gaṇa गौरादि.

आलपन n. 1) das Plaudern, Unterhaltung Kâd. II,74,11. — 2) das Anschlagen —, Probiren eines Tons.

आलपितव्य Adj. anzureden Kâd. II,84,6.

आलप्ति f. = आलपन 2).

आलब्धव्य Adj. zu schlachten.

*आलब्धि und *°ब्धी f. gaṇa गौरादि.

आलभ in दुरालभ.

आलभन n. 1) *das Anfassen, Berühren* Vaitân. Hpu. 20(24),6. — 2) *das Schlachten* (eines Opferthiers).

°आलभनीय Adj. in मङ्गलालभनीय.

आलभ्य Adj. *schlachtbar, opferbar.*

आलमन्दारस्तोत्र n. Titel eines Gedichts.

आलमर्थ्य n. = अलमर्थता.

आलम्ब 1) Adj. *herabhängend* 86,18. — 2) m. *a) das woran Etwas hängt, woran man sich festhält, Stütze* (eig. und übertr.). — *b)* **senkrechte Linie.* — *c)* N. pr. eines Muni. — 3) f. आ *eine best. Pflanze mit giftigen Blättern.*

आलम्बन n. 1) *das Sichstützen auf —, das Sichanhalten an Etwas* 115,29. — 2) *das Stützen, Befestigen.* — 3) *Stütze, Halt* 105,18. Dazu Nom. abstr. °ता Comm. zu Jogas. 3,2 in Verz. d. Oxf. H. 229,a. — 4) *Fundament, Grundlage* (in übertr. Bed.). — 5) im Joga *eine Art Meditation* Bhâg. 4,3,18. VP. 6,7,42. Comm. zu Jogas. 3,6 in Verz. d. Oxf. H. 229,a. — 6) in der Poetik *der eigentliche Grund einer Gefühlserregung.* — 7) buddh. *die von den fünf Sinnesorganen und dem* Manas *wahrgenommenen Objecte.*

आलम्बनपरीक्षा f. Titel eines Werkes.

आलम्बनवत् Adj. *der* Âlambana *genannten Meditation hingegeben* VP. 6,7,42.

आलम्बनी Adv. mit कर् *zur Stütze machen* Comm. zu Jogas. 3,2 in Verz. d. Oxf. H. 229,a.

आलम्बर m. = आडम्बर *eine Art Trommel.*

आलम्बायन m. und °नी f. Patron. von आलम्ब.

आलम्बायनीपुत्र m. N. pr. eines Lehrers.

आलम्बायनीय Adj. von आलम्बायन.

आलम्बि m. N. pr. eines Schülers des Vaiçampâjana. f. ई. आलम्बीपुत्र m. N. pr. eines Lehrers.

1. आलम्बिन् Adj. 1) *herabhängend, an Etwas hängend* Spr. 3693. *sich auf Etwas stützend.* — 2) *herabhängend bis an* Spr. 3695. — 3) *gehüllt in.* — 4) *abhängig —, getrieben von.* — 5) *stützend* Spr. 1928.

2. *आलम्बिन् m. Pl. *die Schule des* Âlambi.

आलम्भुक Adj. in घनालम्भुक.

आलम्भ m. 1) *Anfassung, Berührung* Âpast. — 2) *das Abreissen, Ausreissen.* — 3) *Schlachtung* (eines Opferthiers).

आलम्भन n. 1) *das Anfassen, Berühren* Gaut. 2,10. — 2) *das Schlachten.*

आलम्भनीय in मङ्गलालम्भनीय.

°आलम्भिन् Adj. *berührend.*

आलम्भुक Adj. in घनालम्भुक.

आलम्भ्य Adj. *zu schlachten.*

आलय m. n. (selten) 1) *Wohnung, Behausung, Sitz* (auch in übertr. Bed.). °यं कर् *seine Wohnung aufschlagen.* — 2) *Seele* (buddh.).

आलयविज्ञान n. *eine Erkenntniss, die man aus sich selbst gewinnt* (buddh.).

आलर्क Adj. *von einem tollen Hunde herrührend.*

आलव m. *Stoppel.*

*आलवण्य n. Nom. abstr. von अलवण.

आलवाल n. 1) *eine Vertiefung um die Wurzel eines Baumes, in die das für den Baum bestimmte Wasser gegossen wird,* Mâlatim. 13,16 (16,11). Spr. 7800. — 2) in der Med. *ein aus Teig gebildetes Receptaculum, um Flüssigkeiten auf einem Körpertheile festzuhalten,* Bhâvapr. 3,137.

*आलस 1) Adj. = अलस. — 2) m. Patron. von अलस.

*आलसायन m. Patron. von आलस.

आलस्य 1) n. *Trägheit, Schlaffheit, Mangel an Energie.* — 2) *Adj. = अलस.

आलाक्त Adj. *mit Gift bestrichen.*

आलाबं Adj. von unbekannter Bed.

*आलात n. = अलात.

आलान 1) n. *a) der Pfosten, an den ein Elephant gebunden wird,* 115,25. Spr. 7732. Davon Nom. abstr. °ता f. — *b) der Strick, mit dem ein Elephant angebunden wird.* — 2) *m. N. pr. eines Dieners des Çiva.

आलानय्, °यति *einen Elephanten anbinden.* °नित Partic. Bâlar. 4,7.

आलानिक Adj. *als* आलान 1) *a) dienend.*

आलाप 1) m. (adj. Comp. f. आ) *a) Rede, Gespräch, Unterhaltung* 210,16. — *b) Gesang* (der Vögel), *Ton* (eines musik. Instr.). — *c)* in der Mathematik *Fragestellung.* — 2) f. आ *eine best.* Mûrkhanâ S.S.S. 31.

आलापन in मङ्गलालापन.

आलापवत् Adj. *Jmd anredend* Spr. 1043.

आलापिकवंश m. *eine Art Flöte* S.S.S. 195.

आलापिन् 1) Adj. *redend, sprechend,* in प्रियालापिन्. — 2) f. °नी *ein best. Intervall* S.S.S. 23.

*आलाबु f. = अलाबु *Flaschengurke.*

*आलावर्त m. *Fächer aus Zeug.*

*आलास्य m. *Krokodil.*

1. *आलि Adj. 1) *unnütz, zwecklos.* — 2) *von lauterer Gesinnung.*

2. आलि m. 1) **Scorpion.* — 2) *der Scorpion im Thierkreise.* — 3) **Biene.*

3. आलि und °ली (Kumâras. 7,68) f. *Freundin.*

4. आलि f. 1) *Streifen, Strich, Linie, Zug.* Auch °ली. षट्पदाली *Bienenschwarm* Ragh. 6,69. Am Ende eines adj. Comp. आलिक Hâs. 15. — 2) **Genealogie.* — 3) **Damm.* — 4) **kleiner Graben.*

आलिक्रम m. *eine best. Composition* S.S.S. 163.

आलिखत् m. N. pr. eines den Kindern gefährlichen Dämons Pâr. Gṛhj. 1,16,23.

*आलिगव्य m. Patron. von अलिगु. *f. °गव्यायनी.

आलिगी f. *eine best. Schlange.*

आलिङ्ग्, °ङ्गति und °ङ्गते, und आलिङ्गय्, °यति 1) *die Glieder anschmiegen, umfangen, umarmen.* — 2) *sich ausbreiten über.* — Mit प्रति *eine Umarmung erwiedern.* — Mit सम् *umfangen, umarmen.*

*आलिङ्ग m. 1) *Umarmung,* fehlerhaft für आलिङ्गन. — 2) *eine Art Trommel,* = आलिङ्ग्य.

आलिङ्गन n. *Umarmung.*

*आलिङ्गि, f. *°ङ्गी gaṇa गौरादि in der Kâç.

*आलिङ्गिन् und *आलिङ्ग्य m. *eine Art Trommel.*

*आलिङ्ग्यायन gaṇa वरणादि.

आलिजन m. *Freundin* Prasannar. 39,11.

*आलिञ्जर m. = अलिञ्जर.

*आलिन् m. *Scorpion.*

*आलिन्द und *°क m. = अलिन्द.

*आलिम्पन n. = आदीपन 2).

आलीढ 1) m. N. pr. eines Mannes. — 2) n. *eine best. Stellung beim Schiessen.*

*आलीढ्य m. Patron. von आलीढ.

°आलीनक n. *Zinn.* Vgl. आलीन.

*आलु 1) m. *a) Eule.* — *b) eine Art Ebenholz.* — 2) f. आलु und आलू *ein kleines Wassergefäss.* — 3) n. *a) Floss, Nachen.* — *b) Wurzelknolle* und *eine best. Wurzelknolle.*

आलुक 1) m. *a)* *m. *eine Art Ebenholz.* — *b)* Bein. des Schlangendämons Çesha. — 2) f. ई *eine best. Wurzel.* — 3) n. *a)* **eine best. Frucht,* = आरुक Dhanv. 3,21. — *b) die essbare Wurzel von Amorphophallus campanulatus Bl.* — *c)* **die Rinde von Feronia elephantum.*

आलुञ्चन n. *das Zerrupfen.*

आलेखन 1) m. N. pr. eines Lehrers Âçv. Çr. 6,10,30. — 2) *f. ई *Pinsel.* — 3) n. *a) das Kratzen, Scharren.* — *b) das Anritzen, mit einem Riss Bezeichnen* Comm. zu Lâṭj. 10,13,17.

आलेख्य n. 1) *Malerei.* — 2) *Gemälde, Bild.*

आलेख्यपुरुष m. *eine menschliche Truggestalt* Kathâs. 121,208.211.

आलेख्यशेष Adj. *nur noch als Bild vorhanden,* so v. a. *verstorben.*

आलेख्यसमर्पित Adj. *gemalt* 96,20.

आलेप m. und °न n. 1) *Einschmierung, Bestreichung, Salbung.* — 2) *Schmiermittel, Salbe.*

आलोक m. (adj. Comp. f. आ) 1) *das Sehen, Hinsehen, Erblicken, Hinblick, Anblick.* — 2) *Licht, heller Schein.* — 3) *ein Schimmer —, eine Spur von* (Gen.) — 4) *Lobpreis.* — 5) *Abschnitt, Kapitel* in

Werken, die im Titel ein Wort wie *Leuchte* oder *Licht* enthalten. — 6) Titel eines Werkes.

आलोककर Adj. *Licht verbreitend über* (Gen.).

आलोकगदाधरी f. Titel eines Commentars zum Werke Âloka.

आलोकन 1) Adj. *anblickend, anschauend.* Dazu Nom. abstr. °ता f. Spr. 7210. — 2) n. *das Ansehen, Anblicken, Anblick* 176,26. 300,32.

आलोकनीय Adj. 1) *anzusehen, wovor das Auge nicht zurückschreckt.* Dazu Nom. abstr. °ता. — 2) *genau anzusehen, zu untersuchen.*

आलोकपथ m. *Gesichtskreis* Ragh. 13,76. Mâlavik. 70,13 (68,17).

आलोकमथुरानाथी f. Titel eines Commentars zum Werke Âloka.

आलोकमार्ग m. *Gesichtskreis* Ragh. 7,6.

आलोकवन्त् Adj. *Licht besitzend, leuchtend.*

आलोकाकाश m. *ein ausserweltlicher Raum* Sarvad. 40,22. Govindân. zu Bâdar. 2,2,33 (S. 582).

°आलोकिन् Adj. *anschauend, betrachtend* Spr. 3739.

आलोचक Adj. *das Sehen vermittelnd.*

आलोचन 1) n. a) *das Sehen.* — b) *das Wahrnehmen* (der Sinnesorgane). — 2) n. und f. आ *Betrachtung, Erwägung.*

आलोचनीय Adj. *in Betracht zu ziehen* 233,24.

आलोच्य Adj. dass.

आलोडन n. *das Mischen.*

*आलोप m. *Bissen.*

आलोल Adj. (f. आ) *sich langsam hin und her bewegend* Spr. 1035.

आलोलचतुर्थी f. *ein best. Spiel: Schaukelvergnügen am 4ten Tage der lichten Hälfte im Monat* Çrâvaṇa.

*आलोष्टी Adv. gaṇa ऊर्यादि.

आलोहयस् Adj. *in's Röthliche spielend.*

आलोहायन m. Patron. von अलोह. Vorz. d. B. H. 38,9 ist vielleicht आलोह्यायनः st. आलोक्ता लोगायनः zu lesen.

आलोहित Adj. *röthlich* 251,23. 252,23.

आलोहिती Adv. mit कर् *röthlich färben* Kir. 32,23.

आवम् Pron. der 1ten P. Du. Nom. आवम् und आवाम्, Acc. आवाम्, Instr. Dat. Abl. आवाभ्याम्, Abl. auch आवत्, Gen. Loc. आवयोस्.

आवटिक m. Pl. Name einer Schule.

*आवट्य 1) m. und f. आ Patron. von अवट. — 2) n. Nom. abstr. von अवट.

*आवट्यायनी f. Patron. = आवट्या.

आवत् f. *Nähe.*

आवत्सरान्तम् Adv. *bis zum Ende des Jahres* Kathâs. 23,30.

आवदानिक Adj. *was in Stücken geopfert wird* Vaitân.

*आवनतीय Adj. von अवनत gaṇa कृशाश्वादि.

आवनेय m. *Sohn der Erde, der Planet Mars.*

आवन्त् Adj. *mit* आ *versehen.*

आवन्त 1) m. a) *ein Fürst der* Avanti. — b) N. pr. eines Sohnes des Dhṛshṭa. v. l. अवन्त. — 2) f. ई *die Sprache der* Avanti.

आवन्तक 1) Adj. *zu den* Avanti *in Beziehung stehend, zu ihnen gehörig.* — 2) m. Pl. *die Bewohner von* Avanti.

आवन्तिक 1) Adj. (f. आ) = आवन्तक. — 2) m. Pl. Name einer buddh. Schule. — 3) f. आ ein Frauenname.

आवन्त्य 1) Adj. (f. आ) = आवन्तक. — 2) m. *ein zu den* Avanti *gehöriger Mann, ein Fürst der* Av.

आवन्त्यक m. = आवन्त्य 2) AV. Par. in Ind. St. 10,212 (अव° gedr.).

*आवन्त्यश्मक n. Kâç. zu P. 2,2,31. m. Pl. zu 6,2,37. v. l. अव°.

*आवन्दन n. *Begrüssung* Gal.

आवपन 1) n. a) *das Hinstreuen, Hinwerfen, Auflegen* Gaut. 1,37. — b) *das Einstreuen, Einschieben.* — c) *das Insichaufnehmen, Fassen* Mbh. 1,88,13. — d) *Gefäss, Behälter* (auch in übertr. Bed.) Maitr. S. 3,12,19. Bhâg. P. 10,80,42. 87,20. — e) **hänfenes Gewand* Gal. — 2) f. आवपनी *Gefäss, Behälter.*

*आवपनिष्किरा f. *beständiges Hinein- und Hinausschütten.*

आवपस्तर्क Adj. (f. °स्तिर्का) *hinstreuend.*

आवभृत्य m. Pl. N. pr. einer Dynastie.

आवभृथ Adj. von अवभृथ.

1. आवय n. *Empfängniss.*

2. *आव्य m. oder °या f. Pl. *Wasser.*

3. *आवय N. pr. einer Oertlichkeit; davon Adj. *°क. v. l. अवयात, आवयातक.

आवयस fehlerhaft für आपयस.

आवयाज् m. (Nom. °यास्) *der durch Opfer Etwas abwehrt.*

*आवयातक Adj. von अवयात gaṇa धूमादि in der Kâç.

*आवयातीय Adj. von अवयात gaṇa कृशाश्वादि in der Kâç.

आवर् 2. und 3. Sg. Aor. von वर्, वृणोति.

आवरक Adj. *bedeckend, verhüllend, verfinsternd.* Davon Nom. abstr. °त्व n.

आवरण 1) Adj. dass. — 2) n. (adj. Comp. f. आ) a) *das Verdecken, Verhüllen* (eig. und übertr.) 261,30. 32. — b) *das Verschliessen, Hemmen, Unterbrechen.* — c) *Hülle, Decke* (auch in übertr. Bed.), *Gewand.* — d) *Schirm, Schutz.* — e) *Schild.* — f) *Riegel, Schloss.*

आवरणिन् m. Pl. Name einer buddh. Secte.

आवरणीय Adj. bei den Gaina *Alles was unter den Begriff* आवरण 2) c) *fällt.*

*आवरसमक Adj. *im nachfolgenden Jahre abzutragen.*

*आवरिका f. = आवारि.

आवरीतर् Nom. ag. *Hemmer* Sâj. zu ṚV. 1,52,3.

आवरीवर् 3. Sg. und आवरीवुर् 3. Pl. Imperf. vom Intens. von वर् mit आ.

आवर्जक Adj. *geneigt machend, für sich gewinnend.*

आवर्जन n. 1) *das Geneigtmachen, für sich Gewinnen.* — 2) *das Ducken* Lalit. 314,5. 315,1.

आवर्जनी Adv. mit कर् *Jmd* (Gen.) *ducken* Lalit. 308,9.

आवर्जित n. *eine best. Stellung —, — Figur des Mondes.*

आवर्त 1) m. (adj. Comp. f. आ) a) *Drehung.* — b) *Wendung, Windung.* — c) *Wirbel, Strudel.* — d) *Haarwirbel.* — e) Du. *die beiden Vertiefungen im Stirnbein über den Augenbrauen.* — f) *Tummelplatz.* — g) *ein best. Komet.* — h) Bez. best. *mythischer Wolken.* — i) **ein best. Edelstein.* — k) **Brunnenrad* Gal. — l) **das Hinundhergehen der Gedanken, Sorgen.* — 2) f. आ N. pr. eines Flusses. — 3) n. **Schwefelkies* Râgan. 13,85.

आवर्तक 1) m. a) *ein best. giftiges Insect.* — b) Bez. best. *mythischer Wolken.* — 2) *f. ई *die Sennapflanze* Râgan. 3,123.

आवर्तन 1) Adj. *umwendend, sich herwendend.* — 2) m. N. pr. eines Upadvîpa in Gambudvîpa Bhâg. P. 5,19,30. — 3) f. ई a) *= तैजसाव° *Schmelztiegel.* — b) *eine best. Zauberkunst.* — 4) n. a) *das Umwenden, Rückkehr.* — b) **das Buttern.* — c) **das Schmelzen von Metallen.* — d) *das Sichdienstbarmachen* Samav. Br. 2,5,1. — e) *Mittagszeit.* — f) *Jahr.*

आवर्तनीय Adj. *zu wiederholen* Comm. zu Njâjam. 1,4,7. 8,1,14. Nom. abstr. °त्व n. zu 8,2,7.

*आवर्तपूलिका f. *Weizenkuchen mit süsser Füllung* Nigh. Pr.

*आवर्तमणि m. *ein best. Edelstein* Râgan. 13,216.

1. आवर्तिन् Adj. *mit einem Haarwirbel versehen.*

2. आवर्तिन् 1) n. Bez. *bestimmter* Stotra Lâṭj. 2,5,18. 27. 6,1,13. — 2) *f. °नी *Odina pinnata.*

आवर्ष in निरावर्ष.

आवलि und °ली f. *Streifen, Reihe, Zug.*

आवलिका f. 1) = आवलि Ind. St. 18,285. — 2) *Koriander Rāǵan. 6,30.

*आवलीकन्द m. ein best. Knollengewächs Rāǵan. 7,97.

आवल्गिन् Adj. hüpfend, springend.

आवल्गुज Adj. von der Vernonia anthelminthica stammend.

आवशीर m. Pl. N. pr. eines Volkes.

आवश्यक 1) Adj. (f. ई) nothwendig, unumgänglich. Dazu Nom. abstr. °ता f. — 2) n. a) Unumgänglichkeit. — b) Befriedigung der Nothdurft.

आवश्यकबृहद्वृत्ति n. Titel eines Ǵaina-Werkes Wilson, Sel. W. 1,286 (अव° gedr.).

आवसति f. 1) Nachtlager, Herberge. — 2) Nacht MBh. 3,163,14.

आवसथ m. 1) Nachtlager, Herberge, Wohnort. — 2) *= व्रतकवितान Cit. bei Uǵǵval. zu Uṇādis. 3,114.

*आवसथिक Adj. (f. ई) in einem Hause übernachtend.

आवसथ्य 1) Adj. im Hause befindlich. — 2) m. (sc. अग्नि) das im Hause gepflegte Feuer Vaitān. — 3) m. n. *= आवसथ 1).

आवसथ्याधान n. 1) das Anlegen des häuslichen Feuers Pār. Gṛhy. 1,2,1. — 2) Titel eines Pariçishṭa des SV.

*आवसानिक Adj. von अवसान N. pr.

आवसायिन् Adj. nach Zehrung ausgehend.

*आवसित Adj. = अवसित aufgehäuft.

आवस्थिक Adj. 1) den Verhältnissen entsprechend. — 2) aus Zeitpunkten bestehend.

आवह 1) Adj. (f. आ) herbeiführend, bewirkend. Die Ergänzung im Comp. vorangehend, im Bhāg. P. einmal im Acc. — 2) m. a) einer der sieben Winde. — b) eine der sieben Zungen des Feuers.

आवहन n. das Herbeibringen.

आवाप m. 1) das Ausstreuen, Säen 214,3. — 2) das Hineinstreuen, Beimischen. — 3) Einstreuung, Einschiebung, Einschaltung, Zusatz 216,5. Çulbas. 1,54. 3,201. — 4) *das Aufstellen von Geräthen oder Ausstellen von Waaren. — 5) Hauptspende Gobh. 1,8,10. — 6) Behälter, Gefäss. व्यसनावाप so v. a. Jammerthal. — 7) Handschutz gegen das Anprallen der Bogensehne MBh. 14,77,21. — 8) m. n. *ein best. Handschmuck. — 9) Einmischung in des Feindes Angelegenheiten, Diplomatie. — 10) *ein best. Trank. — 11) *= आलवाल 1). — 12) *unebener Boden.

*आवापक m. = आवाप 8).

*आवापन n. Weberstuhl.

आवापस्थान n. die Ṛk einer Tṛk̂a, welche bei Bildung eines Stoma mehr als dreimal wiederholt wird.

आवापिक Adj. einen Zusatz bildend, eingeschoben.

*आवाप m. Mahīdh. 3,93,a.

आवार m. Hut, Schutz.

*आवारि f. Marktbude.

*आवाल m. n. = आलवाल 1).

आवास m. (adj. Comp. f. आ) Wohnstätte, Standort.

*आवासित Adj. = अवसित aufgehäuft.

°आवासिन् Adj. wohnend. निरन्तरावा° wimmelnd Daçak. 29,1.

आवास्य Adj. in ब्रह्मावास्य und ईशावास्य.

आवाह m. 1) Einladung. — 2) *Heirath. — 3) N. pr. eines Sohnes des Çvaphalka.

आवाहन 1) n. Einladung VP. 3,15,18. — 2) f. ई eine best. Stellung der Hände.

आवाह्य Adj. einzuladen Nṛs. 10,1,4.

आवि und आवी f. Weh, Schmerz. Pl. Geburtswehen. Am Ende eines adj. Comp. f. ई.

आविक 1) Adj. a) vom Schaf herrührend Gaut. 17,24. — b) wollen. — 2) n. a) Schaffell Āpast. — b) wollenes Gewand, — Decke. Auch *m.

आविकसौत्रिक Adj. aus wollenen Fäden bereitet.

*आविक्य n. Nom. abstr. von अविक.

आविक्षित m. Patron. von अविक्षित्.

*आविघ्न Adj. = अविघ्न.

आविज्ञ m. N. pr. eines Asura (?).

आविज्ञान्य Adj. ununterscheidbar.

आविद् f. 1) Vorwissen, das Bekanntsein. — 2) Bez. der mit आविस् und आवित्त beginnenden Formeln in VS. 10,9.

आविदूर्य n. Nähe.

आविदे Dat. Inf. zu erlangen ṚV. 10,113,8.

आविद्ध n. das Schwingen (beim Fechten).

आविद्धचक्र m. eine best. Stellung der Hände beim Tanz.

आविद्वंस् Adj. kundig.

*आविध m. eine Art Bohrer.

आविर्मृणाल Adj. offen schimmernd.

आविर्भाव m. und °भूति f. das Offenbarwerden.

आविर्मुख 1) *Adj. (f. ई) dessen Oeffnung vor Augen liegt. — 2) f. (sc. दारु) Bez. des rechten Auges.

आविर्मूल Adj. dessen Wurzeln bloss liegen Ait. Ār. 236,8.

आविर्होत्र m. N. pr. eines Mannes.

आविल Adj. (f. आ) 1) trübe. — 2) am Ende eines Comp. a) befleckt —, besudelt mit. — b) erfüllt von, bedeckt —, besäet —, vermischt mit.

*आविलकन्द m. eine best. Wurzelknolle. Richtig आवलीकन्द.

आविलय्, °यति trüben, beflecken.

आविवासम् Acc. Inf. um hineinzugehen ṚV. [illegible].

आविष्करण n. und °ष्कार m. das Offenbaren, an den Tag Legen.

आविष्टत्व n. das Behaftetsein mit.

आविष्टलिङ्ग Adj. (f. आ) gramm. von festem Geschlecht, das G. nicht ändernd.

(आविष्य) आविष्य Adj. offenkundig, offenbar.

आविष्पद Adj. dessen Füsse zu sehen sind Āçv. Çṛ. 6,10,6.

*आविष्पीत Adj. P. 8,3,41, Sch.

आविस् Adv. offenbar, sichtbar, vor Augen. Mit अस् und भू offenbar werden, — sein, erscheinen, vor Augen treten. Mit कर् und भू Caus. (Kir. 265, 15) offenbar machen, aufdecken, sehen lassen, zeigen. Compar. आविस्तराम्.

आवी s. आवि und आव्या.

आवीत Partic. von व्या mit आ.

आवीतिन् in प्राचीनावीतिन् und प्राचीनया°.

आवीरचूर्ण n. ein best. rothes Pulver.

आवीसूत्र n. wollener Faden Āpast. 1,2,30.

*आवुक m. Vater (im Drama).

आवृत् f. 1) das Sichherwenden, Einkehr. — 2) Wendung des Ganges, — Weges, Lauf, Gang, Richtung. — 3) Wendung einer Handlung, Vorgang, Folge von Verrichtungen; im Ritual eine Verrichtung ohne Sprüche ṚV. 9,74,3. 10,130,7. — 4) Hergang, hergebrachte Weise, Weise. — 5) Abtheilung.

आवृत m. eine best. Mischlingskaste.

आवृति f. Bedeckung, Verhüllung.

आवृते Dat. Inf. einzukehren ṚV. 3,42,3.

आवृत्त n. das Richten von Gebeten an einen Gott.

आवृत्ति f. 1) Einkehr. — 2) Umkehr, Wiederkehr. — 3) Sonnenwende. — 4) Wiederholung Kap. 4,3. Auch als best. rhetorische Figur. — 5) Wiederkehr in diese Welt, Wiedergeburt Kap. 1,83. 3,52. 4,29. 6,80. — 6) Lauf, Richtung. — 7) Vorgang, Hergang.

आवृत्तिदीपक n. die rhetorische Figur der Wiederholung.

आवृत्त Adj. hergeneigt, zugewandt.

आवृद्धबालकम् Adv. vom Knaben bis zum Greise LA. 92,9.

आवृष्टि f. anhaltender Regen.

आवेग 1) m. Aufregung, Aufgeregtheit. — 2) *f. ई Argyreia speciosa oder argentea Rāǵan. 3,108.

आवेणिक Adj. (f. ई) mit nichts Anderem in Berührung stehend, ganz in sich abgeschlossen, unabhängig (buddh.) Lalit. 183,18.

°आवेदक Adj. mittheilend, aussagend.

आवेदन n. 1) *Ankündigung, Anmeldung.* — 2) *gerichtliche Anzeige* 214,13. 30.

आवेदनीय Adj. *anzukündigen, — zeigen* Kād. II, 61,22. *zu melden, — hinterbringen.*

°आवेदिन् Adj. *verkündend.*

आवेद्य Adj. = आवेदनीय.

आवेध m. *das Schütteln, Schwingen.*

आवेध्य Adj. *eingehängt werdend.*

*आवेन्यक Adj. und *आवेव्यन n.

आवेश m. (adj. Comp. f. आ) 1) *das Hereintreten in* Spr. 7231. — 2) *das Miteingeschlossensein* Kātj. Çr. 22,3,51. — 3) *das Ergriffensein, Benommensein* (von einer heftigen Gemüthserscheinung). — 4) *Wuth, Zorn* Bālar. 116,18. Kād. II,88,8. — 5) *das Besessensein.* — 6) *das Hängen an.* — 7) **Stolz, Hochmuth.*

आवेशन n. 1) **das Hineindringen.* — 2) *das Besessensein.* — 3) **Zorn.* — 4) *Werkstatt.*

°आवेशवत् Adj. *besessen von.* मदनावे° *verliebt* Daçak. 30,16.

*आवेशिक 1) Adj. *eigenthümlich.* — 2) m. *Gast.* — 3) n. *gastfreundliche Aufnahme.*

*आवेषण n. *Hof um die Sonne oder den Mond.*

आवेष्ट m. *das Würgen.*

आवेष्टक m. 1) *Schlinge.* — 2) **Umzäunung, Wall.*

आवेष्टन n. *Hülle, Binde.*

आवोढवै Dat. Inf. *herbeizuführen* Çat. Br. 1,4,2,17.

1. आव्य Adj. (f. आवी) 1) *zum Schafgeschlecht gehörig.* — 2) *wollen.*

2. (आव्य) आविय Absol. von अव्.

आव्यक्त Adj. *vollkommen deutlich.*

आव्यक्तिक Adj. *immateriell* Comm. zu Njājas. 3,1,20.

आव्यथा f. *ein Anflug von Rührung.* °थां कर् *ein wenig gerührt werden* 30,21 (Conj. für आव्यथां).

आव्यम् Acc. von आव्यी und आवी *Weh, Schmerz.*

आव्यथी f. s. आव्यथा.

आव्यात्त Adj. *ein wenig geöffnet.*

आव्याध m. *eine angerissene —, angebrochene Stelle.*

आव्याधिन् 1) Adj. *mit einem Geschosse treffend.* — 2) f. Pl. (sc. सेना:) *Räuberschaar* Maitr. S. 2,6,1.

आव्युषम् Adj. *bis zum Morgenlicht.*

आव्रश्चन m. *Strunk, Stumpf eines Baumes* Njājam. 10,1,11.

आव्रस्क s. अनाव्रस्क.

आव्रस्क्त Adj. *abgebrochen, zerbröckelt* Kauç. 16.

*आव्रीडक Adj. *von schamlosen Menschen bewohnt.*

1. आश m. *Erlangung,* in दुराश.

2. आश m. *Speise.*

आशंसन n. *das Anwünschen, Wünschen.*

आशंसा f. 1) *Wunsch, Erwartung, Hoffnung* 213,8. 20. — 2) *Ahnung.*

आशंसितर् Nom. ag. 1) **der Etwas wünscht, — erwartet.* — 2) *Verkünder,* mit Acc.

°आशंसिन् Adj. *verkündend, versprechend* Āçv. Gṛhj. 1,23,12.

आशंसु Adj. *wünschend, erwartend, hoffend;* mit Acc.

आशक s. अनाशक.

आशङ्का 1) n. am Ende eines Comp. nach einem Nom. act. a) **Zweifel —, Ungewissheit in Bezug auf.* — b) *Gefahr.* — 2) f. आ a) *Besorgniss, Befürchtung vor* (Abl.). अत्र 177,12. — b) *Misstrauen.*

आशङ्कनीय Adj. *zu befürchten, — besorgen* 267,31.

आशङ्कितव्य Adj. dass. Çaṁk. zu Bādar. 3,3,52.

आशङ्किन् Adj. 1) *befürchtend* 299,26. — 2) *vermuthend* 111,23. — 3) *haltend für* Kād. 30,15. — 4) *Besorgniss —, Furcht erweckend* Spr. 4317.

1.*आशन m. अशनि und *ein Fürst der* Açani.

2.*आशन m. = असन, असन *Terminalia tomentosa.*

आशय m. (adj. Comp. f. आ) 1) *Lagerstatt, Sitz —, Ort des.* — 2) *Ort, Stelle überh.* — 3) in der Med. *Sitz oder Behälter eines der drei Körper constituirenden Grundstoffe.* Ungenau auch st. आमाशय und पक्वाशय. — 4) *Sitz der Gefühle und Gedanken, Herz, Gemüth.* — 5) *Gedanken, Absicht.* — 6) *Gesinnungsweise, Denkweise.* — 7) im Joga *die Anlage, mit der ein Mensch zur Welt kommt, und die eine Folge der Werke in einer vorangehenden Existenz ist.* — 8) **Artocarpus integrifolia L.* — 9) ° = विभव, किंपचान und मलिन.

आशयाग्नि m. *das Feuer der Verdauung.*

*आशयाश m. = आश्रयाश *Feuer.*

*आशर m. 1) *Feuer.* — 2) *ein* Rākshasa.

आशरीक m. *Reissen* (im Körper).

आशरीरम् Adv. *mit Einschluss des Körpers.*

*आशव n. *Geschwindigkeit.*

आशस् f. *Wunsch, Erwartung, Hoffnung.*

आशसन n. *das Aushauen* (eines geschlachteten Thieres).

आशस्तबन्ध Adj. Kāç. Nirukt. 7,37 fehlerhaft für अश°.

आशस्य Gobh. 1,4,29 fehlerhaft für आशास्य.

1. आशा f. 1) *Raum, Gegend.* — 2) *Himmelsgegend.*

2. आशा f. 1) *Wunsch, Erwartung, Hoffnung.* Die Ergänzung im Gen., Loc. (Spr. 7661) oder im Comp. vorangehend. Instr. *in Erwartung von Etwas, hoffend auf* 182,26. 248,33. Spr. 7610. आशां कृत्वा (so ist wohl zu lesen 91,24) dass. — 2) personif. als Gattin eines Vasu und als Schwiegertochter des Manas.

आशाकृत Adj. R. 2,63,18. Wohl आशां कृत्वा zu lesen.

आशागज m. *ein eine best. Weltgegend tragender mythischer Elephant.*

आशाचक्रवाल n. *der ganze Horizont* Kād. 28,2.

आशादशमी f. *der 10te Tag in der lichten Hälfte des* Āshāḍha.

आशादामन् m. N. pr. eines Fürsten.

आशादित्य m. = आशार्क N. pr. eines Scholiasten.

आशानस्तव m. Titel eines Werkes.

आशापरा f. N. pr. einer Göttin.

आशापाल m. *Hüter einer Weltgegend* Maitr. S. 3,9,1.

आशापालीय n. Bez. des *Spruches* देवा आशापाला: u. s. w. (VS. 22,19) Vaitān. 30,20.

आशापिशाचिका und °ची f. *die Hoffnung als böser Dämon.*

आशापुर n. und °पुरी f. N. pr. einer *Stadt.*

*आशापुरसंभव m. *Balsambaum* Rāǵan. 12,113.

आशाबन्ध m. 1) *Band der Hoffnung.* — 2) *Spinngewebe.*

आशारैषिन् Adj. *ein Obdach suchend.*

आशार्क m. = आशादित्य.

आशावत् Adj. *voller Hoffnung, hoffend —, vertrauend auf* (Loc. oder Dat.).

आशावरी f. *eine best.* Rāgiṇī S.S.S. 58.

आशावह m. 1) Bez. der *Sonne* MBh. 1,1,42. — 2) N. pr. eines Vṛshṇi.

आशावासस् n. *die Weltgegenden als Gewand.* °सो वस् *sich in ein solches Gewand kleiden, so v. a. nackt einhergehen* 166,3.

आशाविजय m. *Welteroberung* Kād. 125,7.

आशाविद् Adj. *mit den Weltgegenden vertraut.*

आशासंशित Adj. *durch die Himmelsgegenden geschärft* AV. 10,5,29.

आशासन n. *das Bitten, Flehen* Comm. zu Njājam. 10,2,25.

आशासनीय Adj. *zu erbitten* Comm. zu Njājas. 1,3,16.

आशास्य 1) Adj. *zu wünschen, erwünscht* Mālav. 95. — 2) n. *Wunsch, Segenswunsch.*

आशि *das Essen.*

आशित्सा f. *Lernbegier.*

आशिखम् Adv. *mit Einschluss des Haars auf dem Scheitel* Harív. 13260.

आशिञ्जित n. *Geklingel* Viddh. 9,14.

आशित 1) Adj. s. 2. अश् Caus. — 2) n. *Speise* RV. 10,37,11. 117,7.

*आशितंगवीन Adj. von Kühen abgeweidet.

*आशितंभव 1) Adj. sättigend. — 2) m. n. das Sattsein.

आशितिमन् m. das Sattsein.

°आशिन् Adj. essend, geniessend.

आशिन Adj. betagt.

*आशिमन् m. Geschwindigkeit.

आशिर् f. die dem Soma-Saft zugesetzte Milch.

1. आशिर् dass. °दुघ् Adj. Milch zum Soma-Saft milchend Āçv. Çr. 12,8,24.

2. *आशिर् 1) Adj. gefrässig. — 2) m. a) Feuer. — b) ein Rākshasa.

आशिरःपादम् Adv. vom Fuss bis zu Kopf Kāraṇḍ. 4,33.

आशिर्वाद (!) m. = आशीर्वाद Nir. 7,1.

आशिष्ठ Adj. Superl. von आशु 1).

1. आशिस् 1) Bitte, Bittgebet, Wunsch; ein zum Wohl eines Andern ausgesprochener Wunsch, Segenswunsch. — 2) der Charakter und die Personalendungen des Precativs. — 3) ein best. Heilmittel.

2. आशिस् (Ind. St. 14,397) und *आशी f. Schlangenzahn.

आशीतिक Adj. fehlerhaft für आशीतिय.

आशीयस् Adj. Compar. von आशु 1).

आशीरुक्ति f. Segenswunsch Prasannar. 82,16.

आशीर्गेय n. Gesang mit Segenswünschen.

आशीर्ग्रहण n. das Empfangen eines Segenswunsches Dhūrtas. 61.

आशीर्दा und °दायी f. Erfüllung der Erwartung.

आशीर्वचन n. Segenswunsch. °नाक्षेप m. in der Rhet. eine durch einen Segenswunsch ausgedrückte Erklärung, dass man mit Etwas nicht einverstanden sei. Beispiel Spr. 2057.

आशीर्वाचक Adj. einen Wunsch ausdrückend Kull. zu M. 2,33.

आशीर्वत् Adj. mit Milch gemischt.

आशीर्वाद m. Segenswunsch. °मन्त्र m. dass.

आशीर्वादाभिधानवत् Adj. ein einen Wunsch ausdrückendes Wort enthaltend M. 2,33.

*आशीर्विष m. = आशीविष.

आशीविष m. 1) Giftschlange. — 2) eine best. zu den Haubenschlangen gerechnete Giftschlange.

आशु 1) Adj. geschwind, rasch, schnell. — 2) Adv. schnell, eiligst, auf der Stelle, alsbald, sogleich. — 2) m. a) Ross. — b) schnell reifender Reis. — 3) n. Name eines Sāman.

*आशुकर्मन् Adj. rasch zu Werke gehend.

आशुकारिन् 1) Adj. schnell wirkend Kād. II,41,1. — 2) m. eine Species von Fieber Bhāvapr. 3,71.

आशुक्रिया f. schnelles Verfahren.

आशुक्लान्त Adj. alsbald verwelkt Çāk. 60.

आशुग 1) Adj. (f. आ) schnell gehend, — sich dahinbewegend 84,18. 217,14. — 2) m. a) Pfeil. — b) *Wind. — c) *die Sonne. — d) *N. pr. eines der fünf ersten Anhänger Çākjamuni's.

आशुगति Adj. sich schnell bewegend Comm. zu Nājas. 3,2,30. Nom. abstr. °त्व n. im Text.

आशुगामिन् 1) Adj. dass. — 2) m. die Sonne.

आशुंग m. wohl ein best. Vogel.

आशुतोष Adj. leicht zu befriedigen.

आशुत्व n. 1) Geschwindigkeit. — 2) die Benennung आशु Tāṇḍja-Br. 14,9,10.

*आशुद्ध n. Unreinheit Gal.

*आशुपत्त्री f. Weihrauchbaum.

आशुपत्वन् Adj. schnell fliegend.

आशुप्रतिकारिन् Adj. schnell einschreitend (Arzt) Karaka 1,17.

आशुबोध 1) *Adj. leicht verständlich. — 2) m. Titel einer Grammatik.

आशुभाविन् Adj. schnell von Statten gehend. Davon Nom. abstr. °विता f.

आशुमत् und आशुया Adv. schnell, rasch.

आशुरथ Adj. einen raschen Wagen habend.

आशुरथीय n. कुत्सस्य आ° Name eines Sāman.

आशुविक्रम Adj. schnellen Schrittes R. 3,30,44.

आशुविमर्दित Adj. alsbald zerdrückt Çāk. 60, v. l.

आशुवृत्ति Adj. schnell vor sich gehend. Nom. abstr. °त्व n. Comm. zu Nājas. 3,2,62.

*आशुव्रीहि m. schnell reifender Reis.

आशुशुक्षणि 1) Adj. hervorblinkend. — 2) m. Feuer Bālar. 38,10. Kād. 40,11.

आशुशुष्क Adj. schnell eintrocknend. Davon Nom. abstr. °त्व n. Kām. Nītis. 7,18.

आशुश्रवस् m. N. pr. eines mythischen Rosses.

आशुषेण Adj. rasches Geschoss habend Maitr. S. 2,9,6.

आशुसंधेय Adj. leicht zusammenzufügen und zugleich — zu versöhnen Spr. 4071.

आशुहेमन् Adj. 1) rasch hineilend. — 2) die Rosse antreibend.

आशुहेषस् Adj. schnell verwundend.

*आशोत्कटिन् m. Berg.

*आशोत्तरेय 1) Adj. von आशोत्पा. — 2) m. Metron. von आशोत्का. f. ई.

आशौच n. Unreinheit (in rit. Sinne) Gaut. °निर्णय m. Titel eines Werkes.

आशौचिन् Adj. unrein.

*आश्चर्य्, °र्यति wunderbar sein.

आश्चर्य 1) Adj. seltsam, wunderbar. — 2) n. a) seltene Erscheinung, Wunder. Mit भू, *पश्, *पच, *पद् und blossem Fut. Superl. °तम n. eine gar s. E. — b) Verwunderung, Staunen, Erstaunen. °र्यं दा Jmd (Loc.) in Staunen versetzen.

आश्चर्यभूत Adj. eine seltene Erscheinung seiend, wunderbar.

आश्चर्यमय Adj. wunderbar.

आश्चर्यरत्नमाला f. Titel eines Werkes.

आश्चर्यरूप Adj. seltsam, wunderbar Nṛs. Up. in Ind. St. 9,163.

आश्चोतन und आश्च्योतन n. das Beträufeln, Anspritzen.

आश्च्योतयितवै Dat. Inf. hinzuträufeln.

*आश्म Adj. steinern.

*आश्मकि m. Patron. von अश्मक.

*आश्मन 1) Adj. steinern. — 2) m. Bein. Aruṇa's.

*आश्मन्य Adj. von अश्मन्.

*आश्मभारिक Adj. eine Last Steine fahrend u. s. w.

आश्मरथ 1) Adj. zu Āçmarathja in Beziehung stehend. — 2) *f. ई Patron. von Açmaratha.

आश्मरथ्य m. Patron. von Açmaratha.

आश्मरिक Adj. am Blasenstein leidend.

*आश्मायन m. Patron. von अश्मन्.

*आश्मिक Adj. von अश्मन्; auch so v. a. आश्मभारिक.

*आश्मेय m. Patron. von अश्मन्.

आश्रपण n. das Ankochen.

आश्रम (adj. Comp. f. आ) 1) m. n. Einsiedelei. — 2) m. eine zu feierlichen Gelegenheiten errichtete Hütte. — 3) m. ein Stadium im religiösen Leben, insbes. eines Brahmanen, deren 4 (Schüler, Haushälter, Einsiedler und Bettler) oder 3 (ohne Schüler) angenommen werden. — 4) m. N. pr. oder Bein. eines Schülers des Pṛthvīdhara.

आश्रमपद n. = आश्रम 1) 3).

आश्रमपर्वन् n. Titel des ersten Abschnittes im 15ten Buche des MBh.

आश्रममण्डल n. Gruppe von Einsiedeleien.

आश्रमवासिक Adj. auf den Aufenthalt in einer Einsiedelei bezüglich.

आश्रमवासिन् und आश्रमसद् m. Bewohner einer Einsiedelei, Einsiedler.

आश्रमस्थान n. Einsiedelei.

आश्रमालय m. Bewohner einer Einsiedelei, Einsiedler.

आश्रमिन् Adj. in irgend einem Stadium des religiösen Lebens sich befindend Gaut. 28,49.

आश्रमोपनिषद् f. Titel einer Upanishad.

आश्रय m. (adj. Comp. f. आ) 1) das Sichanlehnen —, Sichanheften an Spr. 7699. — 2) nächste Umgebung. — 3) Anschluss —, Hingabe an, das sich einer Sache Ergeben Spr. 2901. das Greifen zu Chr. 252,8. — 4) das Berufen auf, Abhängigkeit von. Am Ende eines adj. Comp. beruhend auf, abhängig von. — 5) Bezug auf. Am Ende eines adj. Comp. sich beziehend auf 117,7. MBH. 3,45,9. — 6) Lehne, Stütze, Halt, Unterlage. — 7) Halt, Zuflucht, Hort, Schirm. — 8) Sitz, Wohnsitz, Standort, Behälter. — 9) Subject; Substrat 279,18. — 10) Pl. zusammenhängende Menge, Kette von. कै॰ आश्रया: MBH. 3,298,7. — 11) Pl. die fünf Sinnesorgane und das Manas (buddh.). — 12) * = व्यपदेश.

आश्रयपक्षयोग m. eine best. Klasse von Constellationen ohne Mond.

आश्रयण 1) Adj. (f. ई) a) seine Zuflucht zu Etwas nehmend. — b) in Bezug stehend zu, betreffend. — 2) n. a) das Sichhinbegeben zu. — b) das Sichanschliessen an, Greifen zu Comm. zu TS. PRÂT. 9,1.

आश्रयणीय Adj. 1) zu dem man seine Zuflucht nehmen kann, von dem man Hülfe erwarten kann. Dazu Nom. abstr. °त्व n. — 2) wozu man sich zu halten hat, zu bekennen (eine Lehre).

आश्रयता f. Nom. abstr. zu आश्रय 6) Comm. zu NJÂJAM. 3,2,8.

आश्रयत्व n. Nom. abstr. zu आश्रय 1) und 6) (Comm. zu NJÂJAM. 3,2,8).

आश्रयभूत Adj. von dem oder wovon Jmd oder Etwas abhängt, die Grundlage bildend 144,30. 224,14. 274,14. Comm. zu NJÂJAM. 3,2,3.

आश्रययोग m. = आश्रयपक्षयोग.

आश्रयलिङ्ग Adj. dessen Geschlecht von dem Worte abhängt, an das es sich anlehnt; m. Adjectiv.

आश्रयवत् Adj. einen Halt —, einen Rückhalt habend Comm. zu NJÂJAM. 3,2,18.

आश्रयस्थान n. das Organ des nächst folgenden Lautes, an den sich ein anderer anlehnt, ÇAUNAK. in Ind. St. 4,331. 361.

आश्रयाश 1) *Adj. die nächste Umgebung verzehrend. — 2) m. Feuer SPR. 2881.

आश्रयासिद्ध Adj. logisch unzulässig wegen des Substrats TARKAS. 43.

आश्रयितव्य Adj. woran man sich zu halten hat (in übertr. Bed.) Comm. zu NJÂJAM. 2,1,29. ÇAṂK. zu BÂDAR. 3,4,17.

आश्रयिन् Adj. 1) sich an Etwas anlehnend, anhaftend an, sich anschliessend GAUṬ. 4,1,18. — 2) sitzend auf, wohnend in 200,27. einen Platz einnehmend.

1. आश्रव 1) Adj. (f. आ) gehorsam, fügsam. — 2) *m. Einwilligung, Versprechen.

2. आश्रव und आश्रव्य m. fehlerhaft für आस्रव und आस्राव.

आश्रावणा n. Zuruf. Bez. best. Worte, die bei best. heiligen Handlungen einem Dienstthuenden zugerufen werden.

आश्राव्य m. N. pr. eines Muni.

आश्राव्यप्रैष m. der auf das Âçrâvaṇa folgende Praisha KÂTJ. ÇR. 1,9,14.

*आश्रि f. = अश्रि.

आश्रित 1) m. Untergebener, Diener 148,21. — 2) Pl. (wohl n.) buddh. die durch die fünf Sinne und das Manas bewirkten Wahrnehmungen.

आश्रितत्व n. Abhängigkeit.

आश्रुत n. = आश्रावणा.

आश्रुति f. Bereich des Gehörs.

आश्रुत्कर्ण Adj. dessen Ohren lauschen ṚV.

आश्रेष 1) m. Umschlinger als N. pr. eines Plagegeistes. — 2) f. आश्रेषा Pl. das 7te Mondhaus TBR. 3,1,4,6.

आश्लेष 1) m. (adj. Comp. f. आ) a) unmittelbare Berührung. — b) Umschlingung, Umarmung. — c) was hängen —, kleben bleibt NJÂJAM. 10,1,3. — 2) f. आ Sg. und Pl. das 7te Mondhaus.

आश्लेषण n. das Hängen, — Klebenbleiben Comm. zu NJÂJAM. 10,1,4. 6.

आश्व 1) Adj. a) dem Pferde gehörig, vom Pf. kommend. — b) *von Pferden gezogen. — 2) n. a) *Pferdetrapp. — b) *Nom. abstr. von अश्व. — c) Name verschiedener Sâman.

आश्वघ्न m. N. pr. eines Mannes.

आश्वतर m. Patron. von अश्वतर.

आश्वतराश्वि m. Patron. von अश्वतराश्व.

आश्वत्थ 1) Adj. (f. ई) a) vom heiligen Feigenbaum, aus solchem Holze verfertigt. — b) *zum Mondhaus Açvattha in Beziehung stehend. — 2) *n. die Frucht der Ficus religiosa.

*आश्वत्थिक und *°क Adj. und Subst. von अश्वत्थ.

*आश्वत्थिकीय Adj. von आश्वत्थिक.

*आश्वत्थीय Adj. von आश्वत्थि.

*आश्वपत Adj. von अश्वपति.

(आश्वपस्) आशुपस् Adj. rasch handelnd.

*आश्वपालिक m. Metron. von अश्वपाली.

*आश्वपेयिन् m. Pl. die Schüler des Açvapeja Kâç. zu P. 4,3,106.

आश्वबाल Adj. von der Pflanze Açvabalâ kommend.

*आश्वभारिक Adj. eine Pferdelast fahrend u. s. w.

आश्वमेध m. Patron. von Açvamedha.

आश्वमेधिक Adj. zum Rossopfer gehörig, dazu Beziehung habend ÂPAST.

आश्वयुज m. der Monat Âçvina.

आश्वयुज 1) Adj. a) *unter dem Sternbild Açvajuǵ geboren. — b) zum Monat Âçvajuǵa in Beziehung stehend. — 2) m. der Monat Âçvina. — 3) f. ई a) Vollmondstag im Monat Âçvina. °कर्मन् n. ein auf diesen Tag fallender Pâkajaǵña. — b) = °कर्मन् GAUT. 8,18.

*आश्वयुजक Adj. am Vollmondstage im Monat Âçvina gesäet.

आश्वयुज्य m. der Monat Âçvina.

*आश्वलक्षणिक (so zu lesen) Adj. sich auf die Kennzeichen der Pferde verstehend MAHÂBH. 4,67,a.

1. आश्वलायन m. Patron. von Açvala, N. pr. eines Lehrers. °गृह्यकारिका f. und °ब्राह्मण n. Titel von Werken. °शाखा f. die Schule des A. °शाखिन् Adj. zu dieser Schule gehörig.

2. आश्वलायन 1) Adj. (f. ई) zu Âçvalâjana in Beziehung stehend. — 2) m. Pl. N. pr. einer Schule.

आश्ववार (MAITR. S. 3,7,9) und आश्ववाल Adj. aus dem Rohr Açvavâra (-vâla) verfertigt.

(आश्वश्व) आश्वश्व Adj. rasche Rosse habend.

(आश्वश्व्य) आश्वश्व्य n. Besitz rascher Rosse.

आश्वसूक्त n. Name eines Sâman.

आश्वसूक्ति m. Patron. von Açvasûktin (-sûkta Comm.).

*आश्वायन m. Patron. von Açva.

*आश्वावतान m. Patron. von Açvâvatâna.

आश्वास m. (adj. Comp. f. आ) 1) das Aufathmen, Erholung. — 2) Trost. °सं कर् Trost —, Muth zusprechen. — 3) Verlass auf (Gen. oder Loc.). — 4) Abschnitt in einer Erzählung.

आश्वासन 1) n. a) das Erfrischen, Beleben. — b) das Aufheitern, Trösten. — 2) f. आ Erquickung, Erheiterung BÂLAR. 275,7. Tröstung, Trost VEṆÎS. 15,20. °दायिन् Adj. PRASANNAR. 155,2.

आश्वासनीय Adj. zu erheitern, — trösten UTTARAR. 36,22 (32,14).

आश्वासिन् Adj. aufathmend, sich erheiternd.

आश्वास्य Adj. worüber man Beruhigung haben muss MEGH. 98.

आश्वि m. Patron. von Açva.

आश्विक 1) *Adj. = अश्वभारिक. — 2) m. Reiter zu Pferde.

1. आश्विन 1) Adj. (f. ई) Reitern gleichend. — 2) n. Tagereise für einen Reiter.

2. आश्विन 1) Adj. den Açvin gehörig, — geweiht. — 2) m. a) ein best. Regenmonat, in dem der Vollmond im Mondhaus Açvinî steht. — b) *Du. die beiden Açvin GAL. — 3) f. ई Bez. best. Backsteine. — 4) n. das Mondhaus Açvinî.

*आश्विनचिह्नित n. Herbstaequinoctium.

आश्विनपात्र n. die den Açvin geltende Schale ÇAT. BR. 4,1,5,19.

आश्विनाय Adj. mit dem den Açvin gehörigen

Becher Soma *beginnend* Kâṭh. 30,3.

आश्विनेय m. 1) Patron. Nakula's und Sahadeva's. — 2) *Metron. der beiden Açvin.

आश्वीन 1) *Adj. *von einem Pferde in einem Tage zurückzulegen* (Weg). — 2) n. *Tagereise eines Pferdes* Tâṇḍja-Br. 25,10,16.

*आश्वेय m. Patron. von अश्व.

आष् onomatop. vom *Laute des Niesens.*

1. आषाढ 1) m. a) *ein best. Monat.* — b) *ein Stab aus* Palâça-*Holz* (bei besonderen Begehungen getragen). — c) N. pr. eines Fürsten. — d) *Bein. des Malaja-Gebirges. — 2) f. Pl. आ fehlerhaft für अषाढा. — 3) f. ई *Vollmondstag im Monat* Âshâḍha Vaitân. Spr. 7741.

2. आषाढ 1) Adj. *zum Monat* Âshâḍha *in Beziehung stehend.* — 2) m. *ein best. Festtag* Âpast. 1,11,20.

आषाढक 1) m. N. pr. eines Elephantenführers Kathâs. 13,8.14.16.25. — 2) f. °ढिका N. pr. einer Râkshasî.

आषाढपुर n. N. pr. eines mythischen Berges.

*आषाढपूर्वज m. *der Monat* Ģjaishṭha.

*आषाढभव m. *der Planet Mars.*

आषाढभूति m. N. pr. eines Gauners.

आषाढाद्रिपुर n. = आषाढपुर.

*आषाढाभू m. *der Planet Mars.*

आषाढि m. Patron. von Ashâḍha.

*आषाढीय Adj. *unter dem Mondhause* Ashâḍhâ *geboren.*

आष्कारणिधन n. Name eines Sâman.

आष्ट 3. Sg. Aor. von 1. अश्.

*आष्टक n. N. pr. einer Oertlichkeit. Davon Adj. *आष्टकीय.

आष्टका n. = अष्टक 3) a) Âpast. 1,10,2 (अष्टाका gedr.).

*आष्टम m. *Achtel.*

*आष्टमातुर Adj. *acht Mütter habend.*

आष्टमिक Adj. *im achten* (Buche) *gelehrt* —, *besprochen.*

आष्टादंष्ट्र fehlerhaft für आष्ट्रा°. °ष्ट्राघ und °ष्ट्रोमार n.

*आष्टि m. Patron. von अष्टन्.

आष्ट्र 1) *n. *Luftraum.* — 2) f. आ = अष्ट्रा Kâṭh. 37,1. — 3) f. ई *Küche, Feuerplatz.*

आष्ट्रादंष्ट्र n. Name eines Sâman Maitr. S. 1,11,9.

*आष्टा f. *Weltgegend.*

1. आस् interj. *der Freude und des Unwillens.*

2. आस्, आस्ते, ep. auch आसते und आस्ति. 1) *sitzen, sich setzen,* — *auf* (Loc.; Acc. nur scheinbar. Vikr. 27,10 zu interpungiren: एतदासनम् । आस्यताम् । Eben so R. ed. Bomb. 1,72,18). — 2) *seinen Sitz haben, wohnen, weilen, seinen Wohnsitz aufschlagen, sich niederlassen, ein Lager beziehen,* — *in* (Loc. und *Acc.). Auch von Zuständen, die in diesem Falle persönlich gedacht werden. — 3) *auf dem Throne sitzen, Audienz ertheilen.* — 4) *ruhen, liegen* (von Thieren und leblosen Körpern). — 5) *sitzen,* so v. a. *festsitzen, nicht herunterfallen* Spr. 7253. — 6) *stillsitzen, verweilen, verbleiben, verharren.* सन्मार्गे *auf dem rechten Pfade* 146,5. — 7) *sitzen bleiben,* so v. a. *das Nachsehen haben* 233, 11. 12. — 8) *in einer heiligen Handlung begriffen sein, einer Ceremonie obliegen,* mit Acc. Ueberhaupt *obliegen,* mit Loc. — 9) *längere Zeit in einer best. Lage sich befinden, sich verhalten,* — *wie.* Die nähere Bestimmung ein Partic., Adj. oder Subst. im Nom. (oder im Instr. bei impersonaler Redeweise), ein Absol. oder Adv. सुखम् oder सुखेन *sich wohl befinden.* दुःखम् *betrübt dastehen* 327,12. — 10) *gereichen zu* (Dat.) Spr. 4859. — 11) *esse alicujus* (Gen.) 39,6. — 12) Imperat. *weg damit, genug* —, *schweigen wir davon, nedum* Spr. 7744. Kâd. 228,10.11. 230,6. II,61,9. Viddhaçâlabh. 3, 30 (wo समस्तमास्ताम् zu lesen ist). तथा यथा — *so dass nicht mehr die Rede sein kann* (*konnte*) *von.* — Caus. आसयति *sitzen heissen.* — Desid. *आसिसिषते. — Mit अधि 1) *sitzen* —, *sich setzen* —, (von Thieren) *liegen* —, *sich legen auf* (Acc.). अधस्तादध्यासायाः (so ist wohl zu lesen) *unterhalb* R. 5,57,6. — 2) *seinen Aufenthaltsort haben* oder *nehmen, bewohnen, seinen Sitz haben* oder *aufschlagen* (auch von einem Herrscher), *beziehen* (eine Wohnung); mit Acc. Auch mit यत्र wo. — 3) *treten auf* oder *in, betreten, antreten* (Weg, Stellung, Beruf, Amt). पादुके *in die Schuhe fahren.* प्रमाणपद्यम् oder प्रमाणपदवीम् so v. a. *sich beweisen lassen.* — 4) *über* —, *höher als Jmd* (Acc.) *sitzen.* — 5) *ruhen auf.* Partic. अध्यासित a) *ruhend auf.* विवादाध्या° *einem Streite unterliegend,* so v. a. *fraglich.* — b) *worauf Etwas* (Instr.) *ruht,* — *steht* Kâd. 40,18. — 6) *einem Manne* (Acc.) *fleischlich beiwohnen.* — 7) *über Etwas gestellt sein, herrschen.* — *Caus. *einen Sitz einnehmen lassen.* — *Desid. *zu besteigen im Begriff sein.* — Mit समधि *einen Platz* (Acc.) *einnehmen; bewohnen.* — *Desid. *einen Platz einnehmen wollen.* — Mit अनु 1) *dabei sitzen, umsitzen* (mit Acc.). Med. mit passiver Bed. — 2) *sich setzen, sobald sich ein Anderer gesetzt hat* (mit Acc.). — 3) einer religiösen Ceremonie (Acc.) *obliegen.* — Mit अन्तर् *sich setzen in* (Acc.) ṚV. 9, 78,3. — Mit उद् 1) *unbetheiligt sein, keine Theilname zeigen, sich gleichgültig oder passiv verhalten.* — 2) *Etwas* (Acc.) *bei Seite lassen, übergehen.* — Mit उप 1) *daneben sitzen, sich daneben setzen, neben Jmd* (Acc.) *sitzen* oder *sich setzen, umlagern* (als Zeichen der Unterordnung, Dienstbereitheit oder Hülfsbedürftigkeit). Med. auch mit pass. Bedeutung. — 2) *belagern.* — 3) *sitzen* 12,16. — 4) *zum Aufenthaltsort haben* oder *erwählen.* — 5) *beiwohnen, Theil nehmen an* (Acc.). — 6) *sich nähern,* — *hinbegeben* —, *gelangen zu* (Acc.). — 7) *obliegen, sich zu thun machen mit, pflegen, ausführen, ausüben;* mit Acc. अर्थान् *dem Gelde fröhnen* Spr. 7688. — 8) *sich unterziehen, erleiden, theilhaftig werden.* — 9) *ausharren, in einer Thätigkeit oder einer Lage verharren.* Die nähere Bestimmung ein Partic. oder ein Absol. — 10) *erwartend dabeisitzen, erwarten, zuwarten* 28,4. *das Zuwarten* —, *Nachsehen haben.* — 11) *ehrend oder dienend nahen, verehren, huldigen* 179,26. — 12) *achten auf Jmd oder Etwas, seine Aufmerksamkeit richten auf, hegen, pflegen.* — 13) *anwenden, gebrauchen.* — 14) *dafür halten,* — *erkennen.* — 15) eine Zeit (Acc.) *zubringen* R. 1,36,1 (35,1 ed. Bomb.). — Mit पर्युप 1) *umsitzen, umgeben, umlagern* (auch in feindlicher Absicht). Med. auch mit pass. Bedeutung. — 2) *sitzen auf* (Acc.). — 3) *umwohnen.* — 4) *beiwohnen, Theil nehmen an* (Acc.). — 5) *Jmd dienend nahen, Ehre erzeigen, verehren, huldigen.* — 6) *Etwas* (Acc.) *ruhig ansehen* Spr. 3530. — Mit समुप 1) *dasitzen* 86,27. R. 2,105,1. — 2) *obliegen, ausüben, verrichten.* — 3) *Jmd Ehre erzeigen, verehren, huldigen.* — Mit परि 1) *herumsitzen, sich um Jmd* (Acc.) *sammeln.* — 2) *sich bemühen um* (Acc.) ṚV. 18,40, 7. — 3) *sitzen* —, *unthätig bleiben.* — Mit प्रति *sich setzen gegen* (Acc.). — Mit सम् 1) *zusammensitzen, versammelt sein* —, *sich versammeln um* (Acc.). — 2) *sitzen.* — 3) *seinen Sitz* —, *seinen Aufenthalt haben in* (Loc.) 80,14. — 4) *zur Berathung zusammentreten, Rath halten.* — 5) *obliegen,* mit Acc. — 6) *dasitzen* —, *sich benehmen wie* (इव) Spr. 5558. — 7) *dasitzen,* so v. a. *verblüfft sein, sich nicht zu helfen wissen* R. 7,108,7. — 8) *achten auf, anerkennen;* mit Acc. Spr. 1337. — 9) *es aufnehmen mit, gewachsen sein, widerstehen;* mit Acc. — Mit प्रतिसम् *es aufnehmen mit, gewachsen sein, widerstehen;* mit Acc.

3. आस् wohl n. *Mund, Angesicht;* nur im Abl. und Instr. आसो मां mit einer 1sten Person so v. a. *von mir aus.* आसा *vor's Angesicht hin, vor Aller Augen.*

4. आस् ved. 3te Sg. von 1. अस् 19,18.

1. आंस m. *Asche, Staub.*

2. *आस m. n. *Bogen.*

3. आसं 1) m. a) *Sitz.* — b) *Nähe;* s. आसात्. — 2) n. *Gesäss.*

आसंसारम् Adv. 1) *vom Anbeginn der Welt an.* — 2) *bis zum Weltende, für immer.*

आसक्ति 1) f. a) *Nachstellung, Verfolgung.* — b) *das Hängen —, Hingabe an* (Loc. oder im Comp. vorangehend). — 2) Adv. *ununterbrochen, durchgängig, durchaus.*

आसङ्क्तव्य Adj. *anzuhängen, anzufügen.*

आसङ्ग 1) m. (adj. Comp. f. आ) a) *das Anheften, Hängenbleiben.* — b) *Nachstellung, Verfolgung.* — c) *das Hängen —, Hingabe an.* — d) N. pr. eines Mannes ṚV. eines Sohnes des Çvaphalka Bhâg. P. 9,24,15. — e) आसङ्गे: Name eines Sâman Ârsh. Br. — 2) *n. *eine Lehmart.* — 3) *Adj. und °म् *Adv. *ununterbrochen.*

*आसंगत्व n. Nom. abstr. von असंगत.

आसंगवम् Adv. *bis zum* Saṃgava Tbr. 2,1,1,3.

आसङ्गिन् 1) Adj. *hängend an* (im Comp. vorangehend) Kâd. 161,11. — 2) °नी f. *Wirbelwind.*

आसङ्गिम m. *eine Art Verband.*

आसज्ञ Adj. in चक्रमासज्ञ.

आसञ्जन n. 1) *das Anhängen, Anhaken; das Hängenbleiben.* — 2) *Henkel, Haken.*

आसञ्जनवत् Adj. *mit einem Henkel oder dgl. versehen.*

आसंज्ञित Adj. *mit dem man vorher eine Verabredung getroffen hat* Kâm. Nîtis. 6,11.

आसताम् Bhâg. 5,3 fehlerhaft für आसाताम्.

आसत्ति f. 1) *Anschluss, unmittelbare Verbindung.* — 2) *das in die Enge Kommen, Verlegenheit, Rathlosigkeit.* — 3) **Erlangung.*

आसत्तिविचार m. Titel eines Werkes.

आसद् in दुरासद्.

आसदन n. *Sitz.*

आसदम् Acc. und आसदे Dat. Inf. *sich zu setzen auf* (Acc.) ṚV.

आसन् n. *Mund, Rachen.*

1. आंसन (AV.) und आसनं (Çat. Br. 14) 1) n. (adj. Comp. f. आ) a) *das Sitzen, Sichsetzen.* — b) *Art und Weise zu sitzen, Stellung beim Sitzen* (von grosser Bedeutung bei religiösen Vertiefungen). — c) *das Sichaufhalten, Verweilen an einem Orte* AV. 20,127,8. — d) *das Haltmachen* (im Feldzuge), *Beziehen eines Lagers.* — e) *Sitz* Çat. Br. 14,9,4,7. — f) *Thron eines Fürsten und die damit verbundene hohe Stellung.* — g) *der Theil des Pferderückens, auf dem der Reiter sitzt.* — 2) *f. आ *Aufenthalt.* — 3) f. ई a) **Aufenthalt.* — b) *Sitz.* — c) **Bude, Laden.*

2. *आसन m. = 2. असन.

आसनबन्ध m. *das Sichsetzen* Ragh. 2,6.

आसनवत् Adj. *einen Sitz habend, sitzend* Ragh. ed. Calc. 2,6.

आसनविधि m. *das Reichen eines Sitzes* Spr. 7005.

आसनस्थ Adj. *sitzend* 202,1. 319,1. M. 2,119. 202.

आसनी Adv. mit कर् *zum Sitze machen* Kâd. 102,20. fg.

आंसत् Adj. = असत् ṚV. 4,5,14. 5,12,4. 7,104,8.

आसंताति Adv. *bis auf die Nachkommenschaft.*

आसन्द 1) *m. Bein. Vishṇu's. — 2) f. ई *ein aus Holz oder Flechtwerk gemachter Stuhl oder Sessel* VP. 2,11,79.

आसन्दिका f. *ein kleiner Sessel* Kâd. 247,6.

आसन्दीवत् m. N. pr. einer Oertlichkeit.

आसन्दीसद् Adj. *auf einem Sessel sitzend.*

आसन्न n. *Nähe.* °चर Adj. *in der Nähe von* (im Comp. vorangehend) *sich bewegend* Kumâras. 3,56. °वर्तिन् Adj. *in der Nähe, neben Jmd befindlich* Chr. 109,24.

आसन्नतरता f. *grössere Nähe* Spr. 1063.

*आसन्ननिवासिन् Adj. *in der Nähe wohnend, Nachbar* Gal.

आसन्नप्रसवा Adj. f. *dem Gebären (Eierlegen) nahe* Hit. 1,77. Chr. 131,29.

आसंनिषु Adj. *Pfeile im Munde führend.*

आसन्य Adj. *im Munde befindlich, mündlich.*

आसन्वत् Adj. *gegenwärtig.*

आसपिण्डक्रियाकर्म Adv. *vor der Veranstaltung des Todtenmahls, an dem die* Sapiṇḍa *theilnehmen,* M. 3,247.

आसप्तम Adj. *bis zum siebenten sich erstreckend* Muṇḍ. Up. 1,2,3. Jâǵń. 1,205. R. 4,31,16.

आसमञ्ज m. Patron. von असमञ्ज.

आसमुद्र° Adv. *bis zum Meere* Ragh. 1,5.

आसमुद्रान्तम् Adv. dass. R. 4,37,8 (°न्ते gedr.). समुद्रान्ते R. ed. Bomb.

आसंबाध Adj. *beengt, vollgedrängt.*

आसया Instr. Adv. *vor Jmdes Angesicht.*

1. आसव m. 1) **Destillation.* — 2) *abgezogenes —, destillirtes Getränk, Liqueur,* insbes. *Rum* 294,28. Uebertragen auf *das Nass der Lippen.*

2. आसवं m. *Belebung, Anregung.*

*आसवद्रु m. *Borassus flabelliformis L.*

आसवितर् Nom. ag. *Anreger.*

आसस्य m. *ein best. Bali* Gobh. 1,4,29 (आशास्य gedr.).

आसह in दुरासह.

आसात् Abl. Adv. *aus der Nähe, in d. N.*

आसाद m. *Fussbank eines Sessels* Tâṇḍja-Br. 11,3,7.

आसादन n. 1) *das Niedersetzen, Niederlegen.* — 2) *das Stossen auf, Habhaftwerden* MBh. 3,21,12. Chr. 201,14.

आसादयितव्य Adj. *dem man sich nähern darf, angreifbar.*

आसाद्य Adj. *erreichbar, zu erlangen,* in अनासाद्य.

आसायम् Adv. *bis zum Abend* Spr. 7743.

आसार m. (adj. Comp. f. आ) 1) *Platzregen, heftiger Erguss* überh. Mâlav. 30. — 2) **Umschliessung des Feindes.* — 3) *ein durch mehrere zwischenliegende Länder getrennter Fürst, der im Fall eines Krieges ein natürlicher Bundesgenosse ist.* — 4) *ein best. Metrum.*

आसारण m. N. pr. eines Jaksha.

आसारशर्करा f. Pl. *Hagelschlag.*

आसाव m. *Bereiter eines Soma-Tranks* ṚV.

*आसाव्य Partic. fut. pass. von सु, सुनोति mit आ.

*आसिक Adj. *mit einem Schwerte kämpfend.*

*आसिका f. 1) *die Reihe zu sitzen* 237,30. — 2) *Art und Weise zu sitzen.* — 3) *das Sitzen* (als Angabe einer Wurzelbedeutung).

आसिंच् f. *Schale, Schüssel.*

आसित 1) Adj. a) *sitzend* Kathâs. 121,99. — b) **gesessen habend.* — c) n. impers. *gesessen worden.* — d) *dem man obgelegen hat, was getrieben worden ist* R. 1,3,4. — 2) n. a) *das Sitzen, Sichsetzen.* — b) *der Ort, an dem man gesessen oder sich aufgehalten hat.* — c) Name verschiedener Sâman.

आसिताग्र n. und आसितोत्तर n. desgl.

आसितकी s. आसीतकी.

आसितव्य n. impers. *zu sitzen.*

आसिधार Adj. *mit der Schneide eines Schwertes in Verbindung stehend.*

आसिन् Adj. *werfend, schleudernd,* in पूर्वासिन्.

*आसिनासि und *आसिबन्धकि m. Patron.

आसिसादयिषु Adj. *Jmd (Acc.) anzugreifen beabsichtigend.*

आसिस्कात्य von असिस्कत्य gaṇa अनुशतिकादि in der Kâç.

आसीतकी f. *eine best. Pflanze* Lalit. 310,8. आसितकी 321,3.

आंसीन Partic. praes. von 2. आस्.

आसीमनगरप्राकारप्रशस्ति f. Titel eines Werkes.

*आसीनप्रचलायित n. *das Nicken beim Schlaf in sitzender Stellung.*

आसीमान्तम् Adv. *bis zur Grenze* Kathâs. 56,305.

आसीवन n. *das Annähen* Kauç. 23,3.

आसुक n. Name eines Sâman Ârsh. Br.

आसुत् gaṇa गवादि.

आसुत n. Mischtrank (aus Früchten, Wurzeln u. s. w.) Bhâvapr. 2,37.

1. आसुति f. Gebräu.

2. आसुति f. Erregung, Belebung.

*आसुतिमत् Adj. von 1. आसुति.

*आसुतीय Adj. von आसुत.

*आसुतीवल m. 1) Opferpriester. — 2) Bereiter oder Verkäufer von gebrauten Getränken.

1. आसुर 1) Adj. (f. ई) a) geistig, göttlich. — b) asurisch, dämonisch. — 2) m. a) ein Asura. — b) *ein Fürst der Asura. — c) Pl. die Sterne der südlichen Hemisphäre. — 3) f. ई a) weiblicher Dämon. — b) Chirurgie. — c) (sc. द्वार्) Harnröhre. — d) *Sinapis ramosa Roxb. — 4) *n. a) Blut. — b) Sochalsalz.

2. आसुर Adj. von Âsuri stammend Ind. St. 3,259.

आसुरायण 1) m. a) Patron. von Âsuri, N. pr. eines Lehrers MBh. 13,4,56. — b) Pl. Name einer Schule. — 2) *f. ई Patron. von Asura und f. zu Âsuri.

आसुरायणि m. MBh. 13,255 wohl nur fehlerhaft für आसुरायण.

आसुरायणीय Adj. von Âsurâjaṇa.

*आसुराकृति m. Patron. gaṇa तौल्वल्यादि in der Kâç.

आसुरि m. Patron. von Asura, N. pr. eines Lehrers.

आसुरिवासिन् m. Bein. des Prâçnîputra.

आसुरीकल्प m. Titel eines Tantra.

*आसुरीय Adj. von Âsuri stammend.

आसृक्का° Adv. bis zu den Mundwinkeln Kauç. 19,32.

आसृष्टि Adv. von der Erschaffung der Welt an.

आसेक m. das Begiessen, Bewässern (eines Feldes).

आसेक्य m. eine Art Schwächling.

आसेचन n. 1) das Aufgiessen, Eingiessen. — 2) Behälter für Flüssigkeiten.

*आसेचनक Adj. = असेचनक.

आसेद्धर् Nom. ag. der Einen in Haft setzt 213,21.

आसेध m. Haft, Gefangensetzung 213,23. 29. 30. 33. 214,3.

आसेवन n. 1) das Sichaufhalten in Spr. 2575. — 2) anhaltende Beschäftigung mit Etwas.

आसेवा f. = आसेवन 2) 233,31.

*आसेवितिन् Adj. = आसेवितमनेन.

आसेविन् Adj. 1) besuchend, sich aufhaltend in. — 2) betreibend, obliegend, einer Sache sich hingebend.

आसेव्य Adj. zu besuchen Spr. 1769.

आस्कन्द m. 1) das Hinaufspringen, Sichschwingen auf. — 2) Angriff. — 3) eine best. Recitationsweise. — 4) Bez. des vierten Würfels.

आस्कन्दक oder स्कन्दक Sâh. D. 561 fehlerhaft für स्कन्धक.

आस्कन्दन n. 1) Angriff. — 2) *das Anfahren, Schmähen. — 3) * = संशोषण.

*आस्कन्दित und *°क n. Carrière eines Pferdes.

आस्कन्दिन् 1) Adj. a) springend auf. — b) angreifend. — c) spendend. — 2) *m. Räuber Gal.

आस्क्र Adj. (f. आ) zusammenhaltend, vereinigt.

आस्तर m. 1) Streu, Lager, Teppich Spr. 6032. — 2) N. pr. eines Mannes.

1. आस्तरण 1) n. = आस्तर 1). Am Ende eines adj. Comp. f. आ. — 2) *f. ई gaṇa गौरादि.

2. *आस्तरण Adj. = आस्तरणे दीयते oder कार्यम् gaṇa व्युष्टादि in der Kâç.

आस्तरणिक und °णीय n. = आस्तर 1).

*आस्तायन Adj. von अस्ति gaṇa पक्षादि.

आस्तार m. 1) Hinstreuung. — 2) ein zum Würfelspiel hergerichteter Platz.

आस्तारक m. Rost oder Dreifuss (auf welchem eine Pfanne über das Feuer gesetzt wird).

आस्तारपङ्क्ति f. ein best. Metrum.

आस्ताव m. Ort der Recitation eines best. Stotra.

आस्तिक Adj. 1) gläubig, gottesfürchtig. — 2) von Glauben zeugend (Rede).

आस्तिक्य n. Gläubigkeit, Gottesfurcht.

आस्तिस्वलायन Adj. von अस्तिस्वल gaṇa पक्षादि in der Kâç.

1. आस्तीक m. N. pr. eines alten Weisen.

2. आस्तीक Adj. Âstîka betreffend.

*आस्तीककार्यद m. Bein. Ǵanamegaja's (अस्ति° die Ausg.).

*आस्तेय Adj. von अस्ति.

आस्त्रबुध्न m. N. pr. eines Mannes.

आस्थत् 3te Sg. und आस्थताम् (Bhaṭṭ. 15,91) 3te Du. Aor. von अस्. अस्यति.

आस्था f. (adj. Comp. f. आ) 1) Verlangen nach, Interesse für, Sorge um, Lust an, Drang zu (Loc. oder im Comp. vorangehend) Bâlar. 47,2. Spr. 4444. Instr. so v. a. mit Leib und Seele, nur darauf bedacht 2304. Kathâs. 81,119. 87,24. — 2) *Einwilligung, Versprechen. — 3) *Stütze. — 4) *Versammlung. — 5) *Aufenthalt. — 6) *Zustand.

आस्थातर् Nom. ag. darauf (auf dem Wagen) stehend.

आस्थान 1) n. a) Standort. — b) eine von Fürsten veranstaltete Versammlung und der dazu dienende Ort, Audienzsaal. — 2) f. ई Versammlungsort, Audienzsaal 297,2.

*आस्थानगृह n. Versammlungszimmer.

आस्थानमण्डप m. oder n. Audienzsaal HarIv. 14436. Kâd. 8,8. 14,15. 18,4. 74,4.

आस्थानीय m. etwa Kämmerling Râǵat. 7,1518.

आस्थापन n. 1) das Stillen (des Blutes). — 2) ein stärkendes und beruhigendes, gewöhnlich öliges Klystier.

*आस्थापित n. (Kâç.) संज्ञायाम् gaṇa आचितादि.

आस्थायिका f. Audienz.

आस्थेय Adj. 1) anzuwenden, zu erwählen, — ergreifen. — 2) anzusehen als, zu halten für (Nom.). — 3) n. impers. anzunehmen Sarvad. 63,18.

आस्नान n. Waschwasser, Bad.

आस्नुपयस् v. l. für आस्नु°.

आस्नेय Adj. (f. ई) im Blut befindlich.

आस्पद n. (adj. Comp. f. आ) 1) Standort, Sitz, Stätte, Aufenthaltsort, Stelle —, Ort für (eig. und übertr.); Gegenstand des. Dazu Nom. abstr. °ता f. und °त्व n. (Prab. 20,4). — 2) das 10te astrologische Haus. — 3) *Geschäft. — 4) *Macht.

आस्पदी Adv. mit भू zur Stätte von —, zum Gegenstand des (Gen.) werden 211,31.

आस्पन्दन n. das Zittern.

आस्पात्र n. Mund —, Trinkgefäss.

आस्फानक n. eine best. Meditation Lalit. 314. fg. 324. fg.

आस्फार m. (Sâj. zu Ṛv. 10,34,1. 8. 9) und आस्फारकस्थान n. Würfelbrett.

*आस्फाल m. das Aneinanderprallen der Ohren eines Elephanten.

आस्फालन n. das Anprallen, Anschlagen, Anstossen, Zusammenstoss.

आस्फुजित् m. Ἀφροδίτη, der Planet Venus.

आस्फोट 1) m. a) das Schütteln, insbes. der Arme. — b) *eine best. Pflanze. — 2) *f. आ = 1) a).

*आस्फोटक m. eine best. Pflanze.

आस्फोटन 1) n. a) das Schütteln, rasche Hin- und herbewegung. गात्रास्फो° das Recken der Glieder. — b) *das Aufblühen. — c) *das Versiegeln. — 2) *f. ई Bohrer.

आस्फोटित n. das Schütteln, insbes. der Arme.

आस्फोत 1) m. a) Calotropis gigantea. — b) *Bauhinia variegata. — c) * = भूपलाश. — 2) f. आ a) Jasminum Sambac Ait. — b) *Clitoria Ternatea. — c) *Echites frutescens und dichotoma.

*आस्फोतक m. = आस्फोत 1) a).

आस्माक Adj. (f. ई) unser, der unserige.

*आस्माकीन Adj. dass.

आस्य, आसिय n. 1) Mund, Maul, Rachen. Am Ende eines adj. Comp. f. आ. — 2) Gesicht. — 3) der Theil des Mundes, der bei der Hervorbringung eines

Lautes in Betracht kommt. — 4) *Mündung, Oeffnung* (z. B. einer Wunde).

आस्यदघ्न Adj. *bis zum Munde reichend* Kâty. 23,4.

*आस्यन्दनवत् Adj. *herbeiströmend.*

*आस्यंधय Adj. (f. ई) *am Munde saugend, den M. küssend.*

*आस्यपत्त्र n. *Lotusblüthe.*

*आस्यपुष्प m. *eine Achyranthes* Nigh. Pr.

*आस्यफल m. *weiss blühender Stechapfel* Nigh. Pr.

आस्यमोदक n. *eine best. mythische Waffe.*

*आस्यलाङ्गल m. *Wildschwein.*

*आस्यलोमन् n. *Bart.*

आस्यस्रवण n. *Wässern des Mundes* (bei Uebelkeit) Ḱaraka 1,17.

*आस्पत्कृत्य Adj. *die Worte* अस्पत्कृत्य (?) *enthaltend.* — Vgl. आसित्कृत्य.

आस्या f. 1) *das Sitzen.* — 2) **Aufenthalt.* — 3) **Zustand.*

*आस्यासव m. *Speichel.*

आस्यासुख Adj. *unangenehm schmeckend* Ḱaraka 1,17.

आस्योपलेप m. *eine best. Schleimkrankheit.*

*आस्रप m. *das 19te Mondhaus.*

आस्रव m. 1) **Reisschleim.* — 2) bei den Ǵaina *der Einfluss der Aussenwelt auf den Menschen.*

*आस्रायण m. Patron. von अस्र.

आस्राव m. 1) *das Fliessen, Ausfluss, Eiterung* Spr. 3667. — 2) *im Munde zusammengelaufenes Wasser* Gaut. — 3) *Körperschaden, Gebrechen.* — 4) Pl. *die auf den Menschen einwirkenden Sinnesobjecte* Âpast. 2,5,19.

आस्रावभेषज n. *Heilmittel gegen Schäden.*

आस्राविन् Adj. 1) *Brunstsaft entlassend, brünstig* (Elephant). — 2) am Ende eines adj. Comp. *Etwas fliessen lassend, — von sich gebend.*

आस्नुपयस् Adj. *mit reichlich fliessender Milch.*

आस्व 2. Imper. von 2. आस् 33,22.

आस्वाद m. 1) *das Kosten, Genuss* (auch in übertragener Bed.). — 2) *der an Etwas haftende Geschmack* (auch in übertr. Bed.).

आस्वादक Adj. *kostend, geniessend* (auch in übertr. Bed.).

आस्वादन n. = आस्वाद 1) 280,16.

आस्वादवत् Adj. *wohlschmeckend.*

आस्वाद्य Adj. 1) *zu kosten, — schmecken* (auch in übertr. Bed.). — 2) *wohlschmeckend, schmackhaft* (auch in übertr. Bed.). Dazu Nom. abstr. °त्व n.

आस्से 1te (MBh. 3,189,41) und 2te Sg. Praes. von 2. आस्.

*आह् Interj. *des Vorwurfs, Befehls* und *der starken Vermuthung.*

आहक m. *eine best. Nasenkrankheit.*

आहंकारिक Adj. *zum Ahaṁkâra in Beziehung stehend.* Davon Nom. abstr. °त्व n. Kap. 2,20. 3,84.

आहत 1) Adj. *angeschlagen,* so v. a. *durch ein Instrument bewirkt* (Ton) S. S. S. 5,1. 21,2. 3. S. auch हन् mit आ. — 2) *m. *Trommel.* — 3) *n. *ein altes oder neues Kleid.*

*आहतलक्षण Adj. *in gutem Rufe stehend.*

आहतविसर्ग Adj. *wo der* Visarga *in* ओ *übergeht.* Davon Nom. abstr. °ता f. Sâh. D. 575.

आहति f. 1) *Schlag, Stoss.* — 2) *Product einer Multiplication* Comm. zu Ârjabh. 2,17. Bîǵag. 70.

आहत्यवाद m. *ausdrückliche Erklärung* Çaṁk. zu Bâdar. 4,3,15.

आहनन n. 1) *das Anschlagen, Aufschlagen.* — 2) *das Schlachten eines Thiers.* — 3) *Trommelschlägel* AV. 20,133,1.

*आहननवत् Adj. zur Erklärung von आहनस्.

आहनन्य Adj. *beim Anschlagen* (der Trommel u. s. w.) *sich äussernd.*

आहनस् Adj. 1) *schwellend, strotzend.* — 2) *geil.*

आहनस्य 1) n. a) *Geilheit.* — b) *Zoten.* °वादितर Adj. *sehr schamlose Reden führend.* — 2) f. आ Pl. Bez. *eines best. Abschnittes der* Kuntâpa-*Lieder.*

आहर 1) Adj. am Ende eines Comp. *herbeitragend, bringend.* — 2) m. a) *Darbringung* (eines Opfers) Kâs. 5,4. — b) **die eingeathmete Luft.*

*आहरकरटा und *आहरचेला f. gaṇa मयूरव्यंसकादि.

आहरण 1) *Adj. *entwendend.* In अमृताहरण 1). — 2) f. ई *District* Ind. Antiq. 7,54. — 3) n. a) *das Ergreifen* Sâmav. Br. 32. — b) *das Herbeiholen, Bringen.* — c) *das Ausziehen, Entfernen.* — d) *das Darbringen* (eines Opfers). — e) **Kampf* Gal.

आहरणी Adv. mit कर् *darbringen, verleihen.*

*आहरनिवपा, *आहरनिष्किरा, *आहरवनिता, *आहरवसना, *आहरवितना und *आहरसेना f. gaṇa मयूरव्यंसकादि.

आहर्तर् Nom. ag. 1) *Herbeiholer, Bringer, Verschaffer.* — 2) *Nehmer, Entzieher* 211,28. — 3) *Veranlasser, Urheber,* mit Acc. — 4) *Darbringer* (eines Opfers). — 5) *Zusichnehmer, Geniesser,* mit Acc. Lalit. 320,13.

आहर्तवै Dat. Inf. *herbeizuholen* Çat. Br. 13,8,2,10.

आहलक् Interj.

1. *आहव m. *Opfer.*

2. आहव m. *Herausforderung, Kampf, Streit.* देहि ममाहवम् *kämpfe mit mir.*

आहवन n. *Opferspende.*

आहवनीय Adj. in Verbindung mit अग्नि oder m. (mit Ergänzung von अग्नि) *Opferfeuer,* insbes. *das östliche der drei Feuer in der* Vedi. आहवनीयागार.

आहवनीयक dass.

आहवभूमि f. *Kampfplatz.*

आहस्पत्य Adj. *dem Herrn des Tages* (der Sonne) *gehörig* Mantrabr. 1,5,14. Gobh. 2,8,14.

आहार 1) Adj. (f. ई) am Ende eines Comp. a) *herbeiholend, verschaffend.* — b) *herbeizuholen beabsichtigend, allaturus.* — 2) m. a) *das Herbeiholen.* — b) *das Beiziehen, Anwenden.* — c) *das Zusichnehmen von Nahrung; Nahrung, Speise.* °रं कर् *Nahrung zu sich nehmen.* Am Ende eines adj. Comp. f. आ.

आहारक 1) *Adj. *allaturus,* mit Acc. — 2) am Ende eines adj. Comp. *Nahrung, Speise.*

आहारनिर्गमस्थान n. und आहारनिःसरणमार्ग m. euphem. für *After* Spr. 5051.

आहारभूमि f. *Speiseplatz.*

आहारय्, °यति *seine Mahlzeit einnehmen* Spr. 1078.

आहारपाक n. *Speisebereitung* MBh. 12,59,60.

आहारवृत्ति f. *Lebensunterhalt* Pańkat. 77,12.

*आहारसंभव m. *Chylus.*

आहारिक Adj. Bez. eines der fünf Körper der Seele bei den Ǵaina.

आहारिन् Adj. *sammelnd, lesend,* in शिलाहारिन्.

आहार्य 1) Adj. a) *herbeizuholen, herbeizuschaffen.* — b) *auszuziehen, zu entfernen,* wobei *ausgezogen wird* Suçr. 1,14,18. 26,9. 29,7. — c) *anzuwenden* Ind. St. 8,80. — d) *wandelbar, äusserlich.* — 2) m. *eine Art Verband.* — 3) n. a) *Zurüstung, Aufwartung.* — b) *Nahrung.*

1. आहाव m. 1) *Eimer, Trog.* — 2) **Tränke an einem Brunnen.*

2. आहाव m. 1) *Anruf, eine best. liturgische Formel.* — 2) **Kampf.*

3. आहाव Pańkat. 1,438 fehlerhaft für आहार; vgl. Spr. 5051.

*आहिंसि m. Patron. Davon Adj. *°सीय.

*आहिक m. 1) *der niedersteigende Knoten.* — 2) Bein. Pâṇini's.

*आहिकम् Indecl.

आहिच्छत्र Adj. (f. ई) *aus* अहिच्छत्र oder °त्रा *stammend* Mahâbh. 4,35,a.

आहिच्छत्रिक m. *ein Bewohner von* अहिच्छत्र oder °त्रा.

*आहिच्छत्रीय Adj. von आहिच्छत्र.

आहिण्डक und आहिण्डिक m. *eine best. Misch-*

lingskaste: der Sohn eines Nishâda von einer Vaidehî. Im Prâkrit Mṛkkh. 37,8 so v.a. Reisender.

आहित Partic. von धा, दधाति mit आ.

*आहितलक्षण Adj. = आस्तलक्षण.

आहितसमित्क Adj. der Brennholz zugelegt hat Kauç. 56.

आहिताग्नि Adj. der das heilige Feuer angelegt hat, es unterhält.

आहिति f. Anlegung (des Feuers), Angelegtes.

आहितुण्डिक m. Schlangenbändiger.

*आहित्थ n. = अवहित्थ 2).

*आहिमत Adj. von अहिमत्.

आहिर्बुध्न und °बुध्न्य n. das unter Ahirbudhna stehende Mondhaus Uttarabhadrapadâ.

आहीनिक Adj. (f. ई) zu einer mehrtägigen Feier gehörig Âçv. Çr. 11,2,11 (Hdschrr.).

आहुक 1) m. N. pr. a) eines Sohnes oder Grosssohnes des Abhiģit. — b) Pl. eines Volkes. आहुकीनाम् v. l. für आहुकानाम्. — 2) f. ई N. pr. der Schwester Âhuka's.

आहुत n. *das den Menschen darzubringende Opfer, Gastfreundschaft.

आहुति 1) f. Opferspende. In der älteren Sprache wohl auch Anrufung (s. आहूति). — 2) m. N. pr. eines Marutvant und eines Sohnes des Babhru Hariv. 1,36,22. MBh. 3,12,30. VP.² 4,87.

आहुतिकृत Adj. als Opferspende dargebracht Çat. Br. 6,6,4,2.

आहुतिभाज् Adj. einer Opferspende theilhaftig Maitr. S. 1,5,2.7.

आहुतिमय Adj. aus Opferspenden gebildet.

आहुतिवत् Adj. mit Opferspenden versehen.

आहुती Adv. mit कर् als Opferspende darbringen 325,24. Bâlar. 280,9. Mit भू zur O. werden 244,12.

आहुतीवृध् Adj. an Opferspenden sich erfreuend.

आहुतीष्टका f. Pl. Bez. best. Backsteine TS. 3,4,10,1.

*आहुल्य n. Tabernaemontana coronaria Willd.

आहुवध्यै Dat. Inf. herbeizurufen Ṛv. 6,60,13.

आहू f. Anruf.

आहूतप्रपलायिन् Adj. der, wenn er vor Gericht citirt wird, sich aus dem Staube macht, 214,16.

आहूतव्य Adj. herbeizurufen Kârala. 110,141. Wohl nur fehlerhaft für आह्वातव्य.

आहूतसंप्लवम् Adv. fehlerhaft für आभूतसंप्लवम्.

आहूताध्यायिन् Adj. mit dem Studium wartend, bis man gerufen wird, Âpast. 1,5,27. Gaut. 2,29.

आहूति f. Anrufung.

(आहूर्य) आहूरिष Adj. vor dem man sich zu beugen hat.

आहृतयज्ञक्रतु Adj. das bereits Opfer zu vollziehen entschlossen.

आहृति f. das Heranziehen.

आहेय 1) Adj. einer Schlange gehörig AV. Paipp. — 2) m. Schlangenkind.

आहैनिक Âçv. Çr. 11,2,11 fehlerhaft für आहीनिक.

आहो Indecl. oder (in der Frage). Mit folgendem स्विद् oder etwa.

आहोपुरुषिका f. grosses Selbstvertrauen.

आह्न m. oder n. eine Folge von Tagen.

आह्निक 1) Adj. a) was am Tage geschieht, — erfolgt. — b) was täglich geschieht, — erfolgt, täglich. — 2) n. a) eine täglich zu bestimmter Zeit zu vollbringende religiöse Handlung. — b) was an einem Tage vollbracht werden kann, Abschnitt, Kapitel. — c) *Speise. — d) Titel verschiedener Werke.

आह्निकचन्द्रिका f., आह्निकतत्त्व n., आह्निकदीपक m., आह्निकप्रदीप m., आह्निकप्रयोग m., आह्निकमञ्जरी f., आह्निकसार m. und आह्निकाचारतत्त्व n. Titel von Werken.

आह्नीनैबुक m. oder n. ein best. Fest bei den Dâkshiṇâtja Comm. zu Gaim. 1,3,15 und zu Njâjam. 1,3,26.

आह्नेय m. Metron. des Çauka.

आह्रुतभेषज Adj. (f. ई) das aus der Lage Gekommene heilend.

आह्लाद m. 1) Erquickung, Erfrischung. °कर (313,20. Kâd. II,60,6) und °कारिन् (Spr. 343) erquickend.

आह्लादक Adj. erquickend, erfrischend.

आह्लादन n. das Erquicken, Erfrischen. °कर erquickend.

आह्लादनीय Adj. geeignet zu erquicken, — erfrischen Kâd. 129,12.

आह्लादिन् Adj. erquickend, erfrischend 290,11.

आह्व 1) *Adj. etwa anrufend, herbeirufend. — 2) f. आ (adj. Comp. f. आ) Benennung, Name.

आह्वय m. 1) Wette, insbes. bei Thierkämpfen 212,25. — 2) Benennung, Name. Am Ende eines adj. Comp. f. आ.

आह्वयन n. Benennung, Name.

आह्वयितवै Dat. Inf. herbeizurufen Çat. Br. 2,5,8,18.

आह्वयितव्य Adj. aufzufordern, einzuladen.

आह्वरक m. Pl. = आह्वारक.

*आह्वरकन्थ n. N. pr. einer Stadt bei den Uçînara.

*आह्वरय्, °यति = आह्वरकं करोति oder आचष्टे.

आह्वान n. 1) das Anrufen, Herbeirufen, Einladung. — 2) das Citiren vor Gericht 213,8.12.20. — 3) Aufforderung zum Kampf. — 4) das Herbeirufen einer Gottheit. — 5) das Citiren eines Geistes. — 6) eine best. liturgische Formel. — 7) *Benennung, Name.

आह्वानय्, °यति Jmd (Acc.) vor Gericht citiren 213,10.22.

*आह्वाय m. Herbeirufung.

आह्वायक 1) m. Bote, Gerichtsbote MBh. 12,70,6. — 2) °यिका Botin.

आह्वाययितव्य Adj. vor Gericht zu citiren.

आह्वारक m. Pl. N. pr. einer Schule TS. Prâtiç. 23,14.

आह्वृति 1) Adj. hinterlistig Hariv. 6737. — 2) m. N. pr. eines Fürsten. आहुति v. l.

---

1. *इ Interj.

2. इ pronom. Stamm der 3ten Person.

3. इ, ऐति (इमि! Taitt. Âr. 1,12,9) und °इते, ईयति und °ते, ईयति; Pass. ईयते. 1) gehen, wandern, fahren, fliessen, sich fortbewegen, — verbreiten (vom Schall); kommen. इत gekommen in (Acc.) Ait. Br. 3,21 (गृहानितं zu lesen). Mit पुनर् wiederkommen. — 2) hingehen zu, sich begeben in, nach, zu (Acc.). Mit पुनर् zurückkehren zu. — 3) weggehen, entfliehen, weichen, verstreichen. — 4) ausgehen —, herkommen von (Abl.). — 5) wiederkommen. — 6) gut von Statten gehen, gelingen. — 7) gelangen zu, erlangen, erreichen, gerathen in. Pass. ईयते Bhâg. P. 3,33,26. Partic. इत gelangt zu (Acc.). — 8) Jmd (Acc.) zu Theil werden 236,2. — 9) bittend kommen, erbitten. — 10) gehen an, sich einlassen in, unternehmen. — 11) in einer Handlung begriffen sein, in einem Zustande oder Verhältnisse sich befinden. Die Ergänzung ein Partic. Praes. — 12) beschäftigt sein mit (Instr.). — 13) erscheinen —, sich darstellen als, sein. — 14) Partic. इत = *स्मृत. — Caus. *आययति zu gehen veranlassen. — Intens. ईयते (auch in pass. Bed.), इयते, ईमहे, Partic. इयान (auch in pass. Bed.). 1) wandeln, laufen, eilen, rasch dahin fahren. — 2) eilen zu (Acc., Dat. oder Loc.). — 3) erscheinen —, sich darstellen als (Nom.). — 4) angehen —, anflehen um; mit doppeltem Acc.: erflehen. Pass. angegangen —, angefleht werden um (Acc. oder Gen.); erfleht werden. — Mit अच्छ hinzugehen, sich nähern; mit Acc. — Mit अति 1) vorübergehen, verstreichen, hingehen. Partic. अतीत vergangen, verflossen, verstrichen, geschwunden. — 2) überflüssig —, überzählig sein. — 3) hingehen —, wegschreiten über (Acc.), überschreiten, hinter sich lassen. अतीत mit act. Bed. — 4) eine best. Zeit (Acc.) verstreichen lassen, versäumen. अतीत mit act. Bed. — 5) für

Jmd (Acc.) *verstreichen* (von der Zeit). — 6) *betreten.* — 7) *hinausgehen über, weiterreichen, überholen, überragen* (mit Acc.). अतीत mit act. Bed. — 8) *siegreich überschreiten, überwinden.* अतीत mit act. Bed. — 9) *vorbeischreiten an, vorbeikommen, vermeiden, nicht beachten.* — 10) *sich ablösen von* (Abl.). बलादतीतः so v. a. *kraftlos.* — 11) अतीत *verstorben.* Mit अपगा dass. — 12) अतीत *säumig, lässig;* mit Loc. — Intens. अतीयते *im Widerspruch stehen mit* (Acc.) MBh. 2,41,10. — Mit अन्वति *in Jmds Gefolge hinüberschreiten.* — Mit अपाति *entgehen,* mit Acc. Gop. Br. 1,1,15. — Mit अभ्यति 1) *vorübergehen, verstreichen.* अभ्यतीत *verstrichen.* — 2) *überschreiten,* mit Acc. — 3) *durchdringen zu.* — 4) *verstreichen lassen, versäumen.* — 5) अभ्यतीत *gestorben.* — Mit उपाति *überschüssig hinzukommen.* — Mit अस्तरूपाति *eintreten, indem man eine Schwelle oder Grenze überschreitet.* — Mit प्राति *vorübergehen an* (Acc.) ṚV. 5,1,9. — Mit व्यति 1) *vorübergehen, verstreichen.* व्यतीत *vergangen, verstrichen.* °काल Adj. *ungelegen* (z. B. kommen) Ragh. 5,14. — 2) *einen unregelmässigen Gang annehmen.* — 3) *vorübergehen —, —kommen an, überschreiten* 304,4. — 4) *hinüberkommen über* (einen best. Zeitraum). — 5) *überwinden, besiegen.* — 6) *nicht beachten, versäumen.* व्यतीत mit act. und pass. Bed. — 7) *abgehen —, abweichen von* (Abl.). — 8) व्यतीत *gestorben.* — 9) व्यतीत *säumig, lässig;* mit Loc. R. ed. Bomb. 4,31,8. — Mit समति 1) *vergehen, verstreichen.* समतीत *vergangen, verstrichen.* — 2) *vorübergehen bei, —kommen an, durchschreiten.* — 3) *überwinden, besiegen* Bhag. 14,26. — Mit अधि 1) Act. *a) bemerken, wahrnehmen, erkennen.* — *b) den Sinn richten auf* Tāṇḍja-Br. 8,2,10. *gedenken an, sich erinnern, sich kümmern um;* mit Gen. oder Acc. — *c) behüten vor* (पुरा) ṚV. 1,71,10. — *d) kennen, verstehen, auswendig wissen.* — *e) auswendig hersagen, verkünden.* — *f) studiren, lernen.* गुरोर्मुखात्. — 2) Med. *a) auswendig lernen, studiren, lernen von* (Abl.). — *b) auswendig hersagen, verkünden.* — 3) अधीत *a) gelernt, erlernt von* (Abl.). — *b) der Studien gemacht hat, unterrichtet.* — Caus. अध्यापयति und °ते (selten) *studiren lassen, unterrichten;* mit dopp. Acc. — *Desid. अधीषिषति. — *Desid. vom Caus. अध्यापिपयिषति. — Mit उपाधि in उपाध्याय. — Mit प्राधि, Partic. प्राधीत *im Veda-Studium vorgeschritten* Gaut. — Mit प्रत्यधि Med. *einzeln durchstudiren* MBh. 1,104,12. — Mit समधि Med. *durchstudiren, erlernen.* समधीत *erlernt.* — Mit अनु 1) *nachgehen, folgen, verfolgen, nachkommen.* — 2) *suchend nachgehen, aufsuchen.* — 3) *hingehen zu, besuchen, Theil nehmen an.* — 4) *sich richten nach, folgen, gehorchen* 20,16. — 5) *Jmd* (Acc.) *anheimfallen* (als Erbe). — 6) *gleichkommen, gleichen;* mit Acc. 218,13. 251,8. — 7) *hineingehen in* (Loc.). — 8) *kennen.* — Partic. अन्वित 1) *nachgehend, verfolgend;* mit Acc. — 2) *begleitet, umgeben, verbunden, erfüllt, versehen, ausgestattet, begabt, heimgesucht;* die Ergänzung im Instr. oder im Comp. vorangehend. दशयोजनान्वित *vermehrt um, plus* 221,1. — 3) *nachgeahmt, wiedergegeben.* — 4) *in einem logischen Zusammenhange stehend.* — 5) *entsprechend, passend.* — Intens. *suchend nachgehen, aufsuchen* ṚV. 3,34,1. — Mit समनु, Partic. समन्वित 1) = अन्वित 2). — 2) *entsprechend, angemessen, passend.* — Mit अन्तर् 1) *dazwischentreten.* — 2) *dazwischentretend Jmd* (Acc.) *beschirmen* Dīlab. 233,6. — 3) *beseitigen.* अन्तरायान् *Hindernisse* Kād. 182,4. — 4) *ausschliessen von* (Abl. und bisweilen Gen.) 29,14. *Jmd übergehen.* अन्तरित *ausgeschlossen von.* — 5) अन्तरित *a) dazwischenstehend* Spr. 5323. — *b) entfernt* 143,10. — *c) getrennt, geschieden.* कतिपयदिवसान्तरितम् Adv. so v. a. *nach Verlauf von einigen Tagen* Kād. II, 60,24. — *d) sich in einer best. Lage oder Zustande* (im Comp. vorangehend) *befindend.* — *e) verhüllt, verdeckt;* die Ergänzung im Instr. oder im Comp. vorangehend 241,27. MBh. 13,143,40. — *f) unterdrückt —, gehemmt durch* Spr. 7327. — Intens. *hinundhergehen zwischen* (Acc.). — Mit अप *weggehen, sich entfernen, entfliehen, weichen, verschwinden.* — अपेत 1) *entflohen, gewichen, geschwunden.* — 2) *abgefallen —, abgewichen von, im Widerspruch stehend mit* (Abl. oder im Comp. vorangehend). — 3) *gekommen um, frei von.* — Mit व्यप 1) *auseinandergehen, sich trennen.* — 2) *weichen, schwinden, aufhören.* — व्यपेत 1) *getrennt* Spr. 3103. — 2) *gewichen, geschwunden.* — 3) *abweichend von* (im Comp. vorangehend). — Mit अपि 1) *eintreten —, eingehen —, sich ergiessen —, sich auflösen in* (Acc.). अपीत mit act. Bed. — 2) *hingehen zu.* — 3) *hingehen in die andere Welt, sterben.* — 4) *theilhaftig werden.* — 5) *vergehen.* — Mit अभि 1) *herankommen, sich nähern, — einstellen.* सकाशम् oder समीपम् *sich nähern.* अस्तम् *zum Untergang sich neigen.* — 2) *zugehen —, losgehen auf* (Acc.). — 3) *entlang gehen, nachgehen.* °पदवीम् so v. a. *gleichen.* — 4) *hereintreten, eingehen in.* — 5) *erreichen, treffen, gelangen zu.* — 6) *erlangen, theilhaftig werden.* — 7) *Jmd* (Acc.) *zu Theil werden.* — 8) mit einem Partic. Praes. *sich daran machen zu.* — 9) *hervorgehen, entstehen aus* (Abl.) Spr. 2009. Wohl besser अत्येति. — 10) *erkennen.* — Intens. *anflehen um,* mit dopp. Acc. — Mit उदभि *über Jmd* (Acc.) *aufgehen* (von der Sonne) ṚV. 8,82,1. — Mit समभि 1) *herankommen, kommen zu* (Acc.). — 2) *zu Theil werden.* — 3) *nachgehen, folgen.* — Mit अव 1) *herabgehen.* — 2) *sich herabstürzen auf* (Acc.). — 3) *hingehen zu.* — 4) *weggehen, sich entfernen.* — 5) *der Meinung sein, dafürhalten.* — 6) *schauen auf, betrachten.* — 7) *einsehen, begreifen, verstehen, gewahr —, inne werden.* Mit Acc. des Objects und Prädicats *erfahren —, erkennen —, wissen, dass — ist.* Das Prädicat auch im Nom. mit इति. — 8) *verstehen zu* (Infin.). — अवेत 1) *vergangen, abgelaufen.* — 2) *gelangt zu oder zur Einsicht gelangt von* (Acc.) P. 3,1,134 nach der Kāç. — Intens. *abbitten, versöhnen.* — Mit अन्वव *nachgehen, zugehen auf* (Acc.). — 2) *theilhaftig werden, erhalten.* — 3) *sich einlassen in, — abgeben mit.* अन्ववेत *betrieben, dem man obliegt.* — Mit अभ्यव 1) *hinabgehen —, hinabsteigen in.* — 2) *ein Einsehen haben, sich herablassen* Çat. Br. 4,2,1,6. — 3) *wahrnehmen.* — Mit समभ्यव 1) *ganz hineindringen in* (Acc.) Çat. Br. 3,8,5,8. — 2) *ein Uebereinkommen schliessen mit* (Instr.). — Mit आव *sich herabstürzen —, herabschiessen auf* (Acc.) ṚV. 5,41,13. — Mit उपाव 1) *hinabgehen, hinabsteigen in* (Acc.). Mit निर्तराप् *ganz niedersinken.* — 2) *einstimmen, einfallen.* — 3) *zustimmen, sich willig zeigen.* — Mit पर्यव 1) *umlenken, einlenken auf* (Acc.). — 3) *umlaufen* (von der Zeit), *verstreichen.* — Mit प्रत्यव 1) *wieder herabkommen zu* (Acc.) Tāṇḍja-Br. 15,7,6. — 2) *sich vergehen, sündigen* Çaṅk. zu Bādar. 4,1,5. — Mit अभिप्रत्यव *herabsteigen zu.* — Mit व्यव *treten zwischen* (Acc.), *trennen* ṚV. Prāt. 17,14. °व्यवेत *getrennt —, geschieden durch* Vārtt. zu P. 6,4,93 (Mahābh. 6,4, 22,b). — Mit अनुव्यव *einem Andern folgend dazwischentreten.* — Mit समव 1) *zusammenkommen, — fliessen, sich vereinigen in* (Acc.) Çaṅk. zu Bādar. 2,2, 10,11. — 2) *erachten, halten.* तृणमिव 104,16. — समवेत 1) *vereint, zusammengenommen, alle.* — 2) *enthalten in, inhärirend.* — 3) *gelangt zu* (Acc.). — Mit आ 1) *herbeikommen, kommen, hingehen zu* (Acc., ausnahmsweise Dat.) 119,4. 128,11. 271,13. Mit पुनर् *wiederkommen, — hingehen zu* 25,9. 40,15. 110,26. — 2) *wiederkommen* 78,3. — 3) *gelangen zu, erlangen, gerathen in* (eine Lage, einen Zustand). मध्यम् *zu stehen kommen zwischen* (Gen.). — 4) *Jmd* (Acc.) *zu Theil werden.* आयाति Khānd. Up. 5,14,1 wohl fehlerhaft für घापत्ति. — Intens. 1) herbeieilen. — 2) anflehen um (mit dopp. Acc.), erflehen. — Mit अच्छा hinzugehen. — Mit अत्या herüberkommen. — Mit अन्वा 1) in Jmds (Acc.) Gefolge kommen. — 2) Etwas nachthun, sich richten nach (Acc.) Kāty. Çr. 11,1,8. — Mit अभ्या 1) herbeikommen, kommen zu oder in, herantreten an (Acc.) 22,1. 48,18. 62,20. kommen von (Abl.). Mit भूयस् wieder zurückkommen 118,10. — 2) sich hingeben (z. B. dem Schlafe). — Mit समभ्या herbeikommen, kommen zu (Acc.). — Mit अवा scheinbar in अवेहि (fehlerhaft für अवेहि). — Mit उदा 1) hinaufgehen, aufgehen (von einem Gestirn), emporsteigen, hinaufsteigen auf oder zu (Acc.). — 2) herauskommen, — steigen, hinausgehen. — 3) hervorgehen, entstehen. — Mit अनूदा nach Jmd hinaufsteigen. — Mit अभ्युदा heraustretend Jmd (Acc.) entgegengehen. — Mit उपोदा hinaufgehen in (Acc.). — Mit उपा 1) herbeikommen, kommen —, treten zu, sich nähern. शरणम् sich in Jmds (Acc.) Schutz begeben. गान्धर्वेण विधानेन sich nach Art der Gandharva mit einem Manne (Acc.) vermischen. — 2) Jmd angehen um, mit dopp. Acc. ṚV. 8,20,22. — 3) gelangen zu, theilhaftig werden Spr. 1450. — Mit अभ्युपा zu Jmd hingehen. शरणम् sich in Jmds (Acc.) Schutz begeben. — Mit न्या gerathen in (Acc.). — Mit निरा hervorkommen, erscheinen, abgehen AV. 10,4,21. 22. — Mit परा scheinbar in परेहि (fehlerhaft für परेहि). — Mit पर्या 1) umherwandern 23,18. — 2) umwandeln, mit Acc. — 3) wiederkehren. — Mit अनुपर्या der Länge nach umwandeln, durchwandern. — Mit अभिपर्या für Jmd (Acc.) verstreichen. — Mit प्रत्या wiederkommen, zurückkommen, — kehren nach (Acc.) 39,2. — Mit प्रा und विप्रा scheinbar in प्रेहि und विप्रेहि (fehlerhaft für प्रेहि und विप्रेहि). — Mit समा 1) zusammenkommen, zusammen herbeikommen, sich sammeln bei oder in (Acc. oder Loc.), zusammenkommen mit (समम् oder blosser Instr.). — 2) sich ehelich verbinden mit (Instr.). — 3) herbeikommen, hinkommen —, hingehen zu (Acc.). — 4) betreten. — 5) es mit Jmd (Acc.) aufnehmen. — 6) herbeiführen, bewerkstelligen. — समेत 1) zusammengekommen, versammelt, verbunden, vereinigt. — 2) vereinigt —, verbunden —, versehen mit (Instr. oder im Comp. vorangehend). °म् Adv. — 3) aneinandergerathen mit (Instr.). — 4) gelangt zu, getreten in (ein Verhältniss, eine Lage); mit Acc. Vikram. Dṛṣ. 5. 24,19. — Mit अभिसमा 1) zusammen herbeikommen, vereinigt hinkommen zu (Acc.), aufsuchen. अभिसमेत versammelt. — 2) zusammentreffen, aneinanderstossen Sāmav. Br. 3,3,5. — 3) sich wenden zu (Acc.) AV. 5,102,1. — Mit उपसमा zusammenkommen, zusammentreffen an oder mit (Acc.). — Mit परिसमा umkehrend sich hinbegeben zu (Acc.). — Mit उद् 1) hinaufgehen, — steigen, — zu (Acc.). — 2) aufgehen (von Gestirnen) Spr. 7830. In der Astron. heliakisch aufgehen. उदित aufgegangen. — 3) aufsteigen (von Wolken). — 4) sich erheben, aufbrechen, ausziehen AV. 3,4,1. zum Kampfe gegen (Acc.). — 5) in die Höhe kommen, sich über Andere erheben Spr. 309. so v. a. stolz thun 6865. उदित sich brüstend MBh. 3,254,27. — 6) einen Aufschwung nehmen, sich steigern. उदित gehoben, gesteigert; üppig geworden. — 7) aufsteigen, wachsen, an Zahl zunehmen. — 8) hinaus —, herausgehen aus (Abl.). — 9) hervorgehen, entstehen, zu Tage treten, zum Vorschein kommen 280,30. 304,24. ertönen Bhāg. 158,12. उदित entstanden, zum Vorschein gekommen Spr. 4108. offen zu Tage liegend ṚV. 8,92,11. — 10) entkommen, sich losmachen von (Abl.). — Mit अनूद् 1) hinaufgehen —, hinaufsteigen nach (Acc.) Çat. Br. 7,3,2,20. — 2) aufgehen nach. — 3) heraustretend Jmd (Acc.) entgegengehen Ait. Br. 2,19. — Mit अपोद् 1) ausweichen, auf die Seite gehen, abgehen von (Abl.). — 2) sich entfernen von (Abl.) Çat. Br. 2,6,4,18. — 3) sich enthalten, mit Abl. 22,2. — Mit अभ्युद् 1) aufgehen über (Acc.), von der Sonne. अभ्युदित mit pass. Bed. bei Sonnenaufgang noch schlafend Cit. im Comm. zu TS. I, 141. — 2) aufgehen, von Gestirnen. In der Astron. heliakisch aufgehen. अभ्युदित aufgegangen. — 3) sich zum Kampf erheben gegen (Acc.). अभ्युदित mit act. Bed. — 4) in die Höhe kommen. अभ्युदित im Glück sich befindend. — 5) entstehen, erscheinen, zu Tage treten. — 6) bei Etwas (Acc.) den Schluss machen Tāṇḍja-Br. 18,5,5. 7,4. — Mit उपोद् zugehen auf (Acc.). — Mit प्रोद् 1) aufgehen, von Gestirnen. — 2) hervortreten, erscheinen, sich zeigen Sāh. D. 18,21. Spr. 4034. — Mit प्रत्युद् 1) hinaufsteigen zu (Acc.). — 2) sich erheben und Jmd (Acc.) entgegen gehen. — Mit समुद् 1) aufgehen, von Gestirnen. — 2) aufstehen, sich zum Kampf erheben. एककार्यसमुद्यती MBh. 3,20,24. — समुदित 1) aufgezogen, von Wolken. — 2) hoch. — 3) zusammengekommen, vereinigt, gesammt 290,28. Benf. Chr. 190,11. — 4) versehen mit (Instr. oder im Comp. vorangehend). — 5) gehörig versehen, woran Nichts fehlt, allen Forderungen entsprechend R. 2,14,40. glücklich ausgestattet MBh. 4,20,18. — Mit उप 1) herbeikommen, hinzugehen, herankommen an, hintreten —, gelangen zu, sich hinbegeben zu oder nach, sich nähern, antreffen, stossen auf 29,3. sich von (Abl.) zu (Acc.) hinwenden 33,12. 13. अस्तम् heliakisch untergehen. अपः sich in's Wasser begeben, baden. — 2) sich fleischlich nähern (vom Manne und Weibe). — 3) in die Lehre treten bei (Acc.). — 4) sich wenden an, angehen Spr. 3154. — 5) erlangen, theilhaftig werden 25,27. 20,17. sich begeben —, gerathen in (eine Lage, einen Zustand). गम पुत्रताम् 25,21. 24. धृतिम् 202,7. दर्शनम् sich Jmd (Gen.) zeigen 42,28. राक्षसभावम् 107,27. समीपत्वम्. अतिदूरत्वम् Spr. 7840. — 6) antreten, begehen, unternehmen, sich widmen, — hingeben. निद्राम् dem Schlafe, प्रायम् dem Hungertode. — 7) eintreten, sich einstellen, erscheinen. — 8) zu Theil werden, zufallen, widerfahren, treffen Spr. 5343. — 9) einstimmen, einfallen. — 10) sich zu einer Meinung bekennen, annehmen Comm. zu Nājām. 2,1,18. — 11) begreifen, fassen. — 12) Etwas (Acc.) halten für (Acc.), ansehen. — उपेत 1) herbeigekommen. — 2) sich begeben habend nach. वनोपेत der sich in den Wald zurückgezogen hat 219,3. राशिम् so v. a. sich befindend —, stehend in. — 3) bei einem Lehrer in die Lehre getreten Pār. Gṛhj. 3,10,10. Jāǵń. 3,2. — 4) gekommen um Schutz zu finden, um Schutz flehend Spr. 1843. — 5) sich an einem Ort (Loc.) befindend. — 6) gelangt zu, erreicht habend. पीनत्वम् 311,26. — 7) angetreten —, sich hingegeben habend. निद्राम् schlafend. मैामत्रतोपेत 58,24. — 8) Jmd (Gen.) zu Theil geworden Pańk. 75,12. — 9) begleitet von, versehen mit (Instr. oder im Comp. vorangehend). — Intens. (einen Gott) angehen —, anflehen mit (Instr.) ṚV. 10,24,2. — Mit अध्युप R. 2,43,15 fehlerhaft für अभ्युप. — Mit अभ्युप 1) herbeikommen 291,29. treten —, sich hinbegeben —, gelangen zu, sich hineinbegeben in. अपः so v. a. baden. — 2) Jmd (Acc.) entgegengehen. — 3) sich gesellen zu (Acc.) Spr. 3483, v. l. — 4) gelangen zu, theilhaftig werden, gerathen in (eine Lage, einen Zustand). कृपाम् Jmd (Dat.) gefallen MBh. 3,5,12. — 5) sich zu einer Meinung bekennen, annehmen ṚV. Prât. 11,24. Comm. zu Nājām. 2,1,15. Çank. zu Bādar. 2,2,35. — 6) erwählen Spr. 7734. — zu (Acc.) 3736. Chr. 41,24. — 7) zugeben, beistimmen, beipflichten. — अभ्युपेत 1) gekommen zu oder in (Acc.). गृहम् so v. a. stehend —, sich befindend in. — 2) wozu sich Etwas gesellt hat, verbunden mit (Instr.). — 3) zugegeben, dem man beistimmt Benf. Chr. 183,12. versprochen Mṛkkh. 38. — Mit समभ्युप in समभ्युपेय. — Mit समेोप, Partic. °समेापेत versehen mit. — Mit प्रत्युप sich wieder hinwenden zu, wieder beginnen. — Mit व्युप sich vertheilen in oder über. — Mit समुप 1) zusammenkommen, sich versammeln. — 2) feindlich zusammenstossen. — 3) herbeikommen, hintreten —, sich begeben zu. — 4) sich fleischlich nähern (einem Weibe) 73,26. — 5) Jmd angehen, sich wenden an zu Spr. 3131. — 6) aufgehen in ṚV. Prât. 18,32. — 7) erlangen, theilhaftig werden, gerathen in. — 8) eintreten, sich einstellen, erscheinen MBh. 2,63,5. — 9) Jmd zu Theil werden, kommen über, treffen Spr. 7107. — समुपेत 1) zusammengekommen, versammelt. — 2) gekommen. — 3) verbunden —, versehen mit (Instr.) 51,21. — Mit °इग्, इगते und इलयते. — Mit नि 1) hineingehen, eindringen in. — 2) gerathen in, theilhaftig werden. — Mit अभिनि inire (feminam). — Mit उपनि sich irgendwohin begeben. — Mit निस् herausgehen, hervorkommen, — dringen (von Belebtem und Unbelebtem). Auch *निलयते. — Mit परा 1) weggehen, — laufen. — 2) hingehen 21,24. — zu (Acc.). — 3) hingehen in die andere Welt, abscheiden, sterben. परेयिवंस् (Bhaṭṭ. P.) und परेत abgeschieden. — 4) gelangen zu, erlangen, theilhaftig werden. — Mit अनुपरा entlang gehen, nachgehen. — Mit अपपरा davon gehen. — Mit अभिपरा weggehen zu. — Mit उपपरा hingehen zu. — Mit प्रतिपरा wieder zurückkehren zu. — Mit विपरा wieder weggehen, zurückkehren zu. — Mit संपरा, Partic. संपरेत 1) dem Tode verfallen Ait. Âr. 352, 3 v. u. — 2) abgeschieden, verstorben. — Mit परि 1) umhergehen, im Kreise sich bewegen, umherwandern; umschreiten, umwandern, umfliessen. — 2) umfassen, einfassen, umspannen, umgeben. — 3) rennen in. — 4) gelangen zu, erreichen. — 5) erlangen, theilhaftig werden. — 6) mit oder ohne मनसा mit dem Geiste durchwandern, erwägen. — परीत 1) im Kreise herumstehend. — 2) abgelaufen. — 3) umspannt —, umgeben —, erfüllt —, in Besitz genommen —, ergriffen von (Instr. oder im Comp. vorangehend) 21,2. — 4) = विपरीत verkehrt in übertr. Bed. Hariv. 14,17,13. — 5) fehlerhaft für परीत्त. — Intens. sich umwälzen, — bewegen um, umkreisen. — Mit अनुपरि 1) im Kreise sich bewegen nach, umkreisen. — 2) entlang wandern, mit Acc. R. 6, 3,29. — Mit अभिपरि, Partic. अभिपरीत erfüllt —, ergriffen von (Instr. oder im Comp. vorangehend). — Mit प्रतिपरि in umgekehrter Richtung herumgehen. — Mit विपरि 1) sich umwenden, umkehren, heimkehren. — 2) fehlschlagen. — विपरीत 1) umgekehrt, verkehrt, in entgegengesetzter Richtung gehend, versetzt. — 2) im umgekehrten Falle sich befindend, das Gegentheil von Etwas seiend oder thuend. — 3) auseinandergehend, verschieden. — 4) verkehrt in übertragener Bed. — 5) widerwärtig, ungünstig. — Mit प्रतिविपरि sich wieder umwenden. — Mit संपरि 1) umgehen, umschreiten. — 2) umspannen, in sich fassen. — 3) erwägen Kathop. 2,2. — Mit पला (= परा), पलायते (selten) und पलायते fliehen. — Mit प्रपला davonfliehen, profugere. — Mit विपला auseinander fliehen. Imperf. व्यपलायत. — Mit *संपला insgesammt fliehen. — Mit पलि (= परि), पल्ययते umhergehen. — Mit उपपलि sich zurückwenden. — Mit विपलि sich umwenden, umkehren, heimkehren. — Mit प्र 1) fortgehen, weitergehen, aufbrechen, sich auf den Weg machen 29,14. 80,20. 81,6. अस्माल्लोकात् oder इतस् aus dieser Welt scheiden; fortschreiten —, vordringen —, hingehen zu. — 2) hervortreten, vorschreiten. — 3) in Gang kommen, von Statten gehen. — 4) aus dieser Welt fortgehen, abscheiden, sterben. प्रेत्य nach dem Tode, jenseits 31,25. प्रेत verstorben. — 5) gelangen zu, theilhaftig werden. — Mit अनुप्र 1) Jmd nachgehen, folgen. — 2) aufsuchen. — 3) im Tode folgen. — Mit अपप्र sich entfernen von (Abl.). — Mit अभिप्र 1) herbeikommen, sich nähern, hingehen —, sich hinbegeben zu. — 2) Jmd (Acc.) zu Theil werden. — 3) mit den Gedanken gehen zu, im Auge haben, meinen, denken an P. 1,4,32. Comm. zu Nyâyam. 2,1,10. — 4) hinter Etwas kommen, erfahren. — 5) einwilligen in (Acc.). — अभिप्रेत 1) beabsichtigt, gemeint. चोपगिन्तुम् dem man Etwas zu wissen thun will 222,33. °म् Adv. Pañkat. 265,21 fehlerhaft für यथाभिप्रेतम्, wie od. Bomb. liest. — 2) angenommen, anerkannt, gebilligt. — 3) am Herzen liegend, erwünscht, genehm, lieb. — Mit उपप्र 1) hinzugehen, losgehen auf, hingehen zu. — 2) unternehmen, beginnen, sich anschicken zu (Acc. oder Dat.). — Mit परिप्र ringsum durchlaufen. — Mit विप्र 1) auseinandergehen, sich zerstreuen. विप्रेताः Partic. — 2) fortgehen. — Mit संप्र zusammenströmen. — संप्रेत्य MBh. 13,2989 fehlerhaft für स प्रेत्य. — Mit प्रति 1) hinzugehen —, hingehen zu, entgegen gehen (auch feindlich). — 2) herbeikommen. — 3) heimkehren. — 4) Jmd angehen, sich wenden an. — 5) Jmd (Dat.) zu Theil werden, zufallen. — 6) Etwas annehmen, entgegennehmen 24,27. — 7) annehmen, anerkennen, als gemeint ansehen, als gültig erkennen, glauben an. Ausnahmsweise auch प्रतीयते in dieser Bed. — 8) sich überzeugen von, Gewissheit erlangen über, mit Bestimmtheit wissen (Object und Prädicat im Acc.). — 9) Jmd (Gen.) glauben, trauen. — 10) Pass. प्रतीयते erkannt —, ersehen werden, sich ergeben 248,1. 6. प्रतीयमान bekannt als (Nom.); sich erst herausstellend, nicht direct ausgesprochen 230,13. — प्रतीत 1) der eine feste Ueberzeugung gewonnen hat, fest entschlossen, auf Etwas bestehend MBh. 3,200,9. 14,9,25. — 2) Glauben schenkend, vertrauend auf (im Comp. vorangehend) Bhar. 12,2. — 3) (einverstanden) zufriedengestellt, froh, heiter 20,11. 81,9. — 4) anerkannt, bekannt, — für (Instr.). — Caus. प्रत्याययति 1) annehmen —, erkennen lassen, führen auf, herausstellen als, beweisen. — 2) Jmd von der Wahrheit einer Sache überzeugen. — *Desid. प्रतीषिषति zu erkennen streben. — Mit आप्रति Jmd (Acc.) entgegengehen ṚV. 1,42,2. — Mit संप्रति 1) wiederkehren; nur im Partic. संप्रतीत. — 2) zu einer festen Ueberzeugung gelangen, auf's Reine kommen. संप्रतीत fest überzeugt MBh. 3,180,26. fest entschlossen 208,13. — 3) Jmd (Gen.) trauen. — 4) Pass. gemeint sein. — 5) संप्रतीत allgemein angenommen. — Caus. bewirken, dass man Etwas unter Etwas versteht. — Mit प्र (= प्र), प्रायते fortgehen, hingehen Maitr. S. 3,9,1. 4,6,8. — Mit उपप्र, °प्रायते losgehen auf Maitr. S. 1,10,14. 16. — Mit वि 1) auseinander gehen, nach verschiedenen Richtungen gehen, sich zerstreuen, — vertheilen. — 2) zerstieben, verschwinden, vergehen, weichen, verloren —, zu Grunde gehen. वीत am Anf. eines adj. Comp. verschwunden, vergangen, gewichen. — 3) durchgehen, durchschneiden im Gange. — Intens. durchgehen, durchlaufen. — Mit अनुवि 1) im Anschluss an Jmd sich trennen. — 2) sich ausbreiten. — Mit अभिवि von verschiedenen Seiten hingehen zu. — Mit परिवि in परिव्याय. — Mit सम् 1) zusammengehen, — kommen, — treffen, sich vereinigen an oder bei (Acc.), — mit (Instr., in der älteren Sprache auch Dat.). संगित vereinigt 18,7. versammelt; verbunden mit (Instr. oder im Comp. vorangehend). — 2) feindlich zusammentreffen. — 3) sich fleischlich vereinigen mit (Acc. oder सार्धम्, सह). — 4) kommen, hingehen, hingehen —, gelangen zu, aufsuchen. — 5) führen zu (von einem Wege). — 6) übereinkommen —, übereinstimmen mit (Instr.). — 7) Impers. unter Jmd (Gen.) über Etwas (Loc.) zur Entscheidung kommen. — Intens. 1) besuchen. — 2) erscheinen, sich darstellen. — Vgl. समीप. — Mit अतिसम् hinaufgelangen zu (Acc.). — Mit अनुसम् 1) zusammen —, der Reihe nach aufsuchen, — besuchen. — 2) zu Jmd (Acc.) treten um ihm zu dienen. — 3) sich zusammen richten nach (Acc.). — 4) übergehen in, werden zu (Acc.). — 5) der Reihe nach abmachen Nâlam. 3,2,6. — Mit अभिसम् 1) zusammenkommen, zusammen hingehen zu. — 2) einen Einfall machen in (Acc.). — 3) Jmd (Acc.) treffen, zu Theil werden. — Mit उपसम् zusammen herbeikommen zu (Acc.).

4.*इ m. 1) der Liebesgott Spr. 7674. — 2) Patron. von घ.

इकार m. der Laut इ Lâṭj. 7,4,3. 8,16,13.

*इक्कट m. eine Rohrart. Davon Adj. *°टिक und *°टिन्.

इक्कबाल astrol. = اقبال.

इक्षु m. 1) Zuckerrohr. इक्षुनेत्र n. Pańkad. 31. — 2) Zuckerrohrstengel. — 3) Augenwimper. — 4) N. pr. verschiedener Fürsten VP.

इक्षुक 1) m. Zuckerrohr. — 2) f. आ N. pr. eines Flusses VP.[2] 2,155.

1. इक्षुकाण्ड n. Zuckerrohrstengel zu Spr. 2219. Comm. zu TBr. I,222,1 v. u.

2.*इक्षुकाण्ड m. Saccharum 1) Munja Roxb. — 2) spontaneum L.

*इक्षुकीय Adj. reich an Zuckerrohr.

*इक्षुगन्ध 1) m. a) Saccharum spontaneum L. — b) eine Varietät von Asteracantha longifolia Nees. — c) Tribulus terrestris Râǵan. 4,12. — 2) f. आ a) Saccharum spontaneum L. — b) Asteracantha longifolia Nees. — c) Capparis spinosa L. — d) Batatas paniculata Chois. — e) Tribulus terrestris Mat. med. 125.

*इक्षुगन्धिका f. Batatas paniculata Chois.

*इक्षुतुल्या f. Saccharum spontaneum L.

इक्षुदण्ड m. n. Zuckerrohrstengel Spr. 1083. 2081.

*इक्षुदर्भा f. eine Schilfart Râǵan. 8,127.

इक्षुदा f. N. pr. eines Flusses. इक्षुला v. l.

*इक्षुनेत्र n. Wurzel des Zuckerrohrs Râǵan. 14,88.

*इक्षुपत्र 1) m. Penicillaria spicata Willd. — 2) f. ई Acorus Calamus Nigh. Pr.

*इक्षुपर्णी f. Acorus Calamus Nigh. Pr.

*इक्षुपाक m. Melasse.

*इक्षुर m. Saccharum Sara.

*इक्षुबालिका f. Saccharum spontaneum L.

*इक्षुभक्तिका f. das Kauen von Zuckerrohr.

*इक्षुभक्षित Adj. (f. आ und ई) Zuckerrohr kauend.

इक्षुभञ्जम् Absol. auf die Weise, wie man Zuckerrohr knickt, Prasannar. 72,12.

इक्षुभञ्जिका f. ein best. Spiel.

इक्षुमती f. N. pr. eines Flusses.

इक्षुमालवी f. N. pr. eines Flusses MBh. 6,324.

इक्षुमालिनी f. v. l. für इक्षुमालवी.

*इक्षुमेह m. Zuckerharnruhr. Davon °मेहिन् Adj. damit behaftet.

*इक्षुयोनि m. Saccharum officinarum L.

*इक्षुर m. 1) Capparis spinosa L. — 2) Asteracantha longifolia Nees. — 3) Saccharum spontaneum L.

इक्षुरक m. Capparis spinosa L. und Saccharum spontaneum L.

*इक्षुरतपुष्पा f. Uraria lagopodioides Nigh. Pr.

1. इक्षुरस m. Zuckerrohrsaft.

2. इक्षुरस m. Saccharum spontaneum L.

*इक्षुरसक्वाथ m. Melasse.

इक्षुरसोद m. Syrupmeer VP. 2,4,29. °क m. 24.

*इक्षुलता f. Batatas paniculata Nigh. Pr.

इक्षुला f. N. pr. eines Flusses MBh. 6,9,16.

*इक्षुलोचन n. = इक्षुनेत्र Gal.

*इक्षुवण n. Zuckerröhricht.

इक्षुवती f. N. pr. eines Flusses.

*इक्षुवल्लरी und *°वल्ली f. Batatas paniculata.

*इक्षुवाटिका und *°वाटी f. Saccharum officinarum.

*इक्षुवारि m. Syrupwasser.

*इक्षुवार्धि m. eine Art Zuckerrohr Gal.

इक्षुविकार m. Zuckerwerk, Gezuckertes.

*इक्षुवेष्टन m. eine Art Zuckerrohr.

इक्षुशलाका f. Zuckerrohrstäbchen Maitr. S. 1,10,17.

*इक्षुशाकट und *°शाकिन n. ein mit Zuckerrohr bestandenes Feld.

*इक्षुसमुद्र m. Syrupmeer.

*इक्षुसार m. Melasse.

इक्ष्वाकु 1) m. a) N. pr. eines alten Fürsten. — b) ein Abkömmling Ikshvâku's. — c) Pl. N. pr. eines Volkes. — d) ein Fürst der Ikshvâku. — 2) f. eine saure Gurkenart.

*इक्ष्वारि m., *इक्ष्वालिक m. und *°का f. Saccharum spontaneum L.

*इख्, एखति (गत्यर्थ).

इङ्ख् = इङ्ग्. Mit वि Caus. hinundherbewegen TBr. 1,1,6,6. Tâṇḍja-Br. 14,6,10.

इङ्खार m. und इङ्कृत n. = हिङ्कार, हिङ्कृत.

*इङ्ग्, इङ्गति (गत्यर्थ).

इङ्ग्, इङ्गति und °ते sich regen, — bewegen. — Caus. 1) in Bewegung setzen, rühren, schütteln. — 2) (ein zusammengesetztes Wort) durch eine Pause trennen. — Mit उद् Caus. hinundherbewegen, schwingen TS. Prât. 17,8. — Mit वि Caus. Partic. वीङ्गित bewegt. — Mit सम् Caus. in eine zitternde Bewegung versetzen.

इङ्ग 1) Adj. a) beweglich. — b) *wunderbar. — 2) *m. a) Gebärde. — b) Kenntniss. — 3) f. आ eine best. Zählmethode (buddh.).

इङ्गन 1) n. a) das Hinundherbewegen, Schütteln. — b) das Trennen eines zusammengesetzten Wortes durch eine Pause. — 2) f. आ Bezeichnung für (Gen.).

*इङ्गल m. das Lebensprincip, Seele Râǵan. 18. Wohl fehlerhaft für इङ्गन.

इङ्गिड m. eine best. Pflanze.

इङ्गित n. 1) Gebärde, Miene. — 2) Absicht.

इङ्गिताध्यासित n. Mienenbewegung, -spiel MBh. 3,233,31.

इङ्गुद m. und f. (ई) Terminalia Catappa. n. die Nuss derselben. Nach Andern Balanites indica Mat. med. 300.

*इङ्गुल m. und f. (°ई) dass.

इङ्ग्य Adj. trennbar durch eine Pause (ein zusammengesetztes Wort).

*इचिकिल m. Sumpf.

*इच्छक m. Citrus medica L.

इच्छा f. 1) Wunsch, Verlangen, Neigung. Instr. nach Wunsch, — eigener Neigung, — Belieben, — Laune. इच्छा° dass. — 2) Desiderativum (gramm.). — 3) in der Math. die gestellte Frage. °फल n. die Lösung derselben. °राशि m. die Zahl derselben Comm. zu Ârjabh. 2,26.

इच्छाभरण m. N. pr. eines Mannes.

*इच्छामरण m. Bein. Bhîshma's Gal.

इच्छाराम und °स्वामिन् m. N. pr. eines Autors.

इच्छारूप n. die erste Manifestation der göttlichen Macht bei den Çâkta.

*इच्छावत् Adj. viele Wünsche habend.

*इच्छावसु m. Bein. Kubera's.

इच्छाशक्तिमत् Adj. die Kraft des Wünschens besitzend 265,10.

इच्छु Adj. wünschend, verlangend nach. Die Ergänzung im Acc. (Karmâ. 18,129), Infin. oder im Comp. vorangehend.

इछ् s. 3. इष्.

इज् in समिज्.

*इज्जल m. Barringtonia acutangula Gaertn.

इज्य 1) Adj. zu verehren, das Object der Verehrung seiend. — 2) m. a) Lehrer. — b) Bein. Bṛhaspati's, des Lehrers der Götter. Als Planet Jupiter Golâdhj. 8,2. — c) Gottheit. — 3) f. आ a) Opfer. *°शील Adj. fleissig opfernd. — b) *Gabe. — c) *Zusammenkunft. — d) *Kupplerin. — e) *Kuh.

*इञ्चाक m. Seekrabbe.

*इञ्ज्, समिञ्जयति Bṛh. Âr. Up. 6,4,20 präkritisch für समिङ्गयति.

इञ्जना f. Bewegung Lalit. 325,8. कायेञ्जना 472,3.

इट्, Partic. इटत् etwa eilend, irrend.

इट m. 1) Schilf. — 2) Geflecht aus Schilf, Matte. — 3) N. pr. eines Ṛshi.

इटत् m. N. pr. eines Kâvja.

इटसून n. Schilfgeflecht, Matte.

*इड्डर m. ein frei umherwandelnder Bulle.

इठिमिका m. Titel eines Abschnitts in der Kâṭhaka-Recension des Jagurveda.

1. इड् f. 1) Labetrank, Labung, eine den Göttern dargebrachte Spende und das dabei gesprochene Gebet. इडस्पति: heissen Pûshan, Bṛhaspati und Vishṇu (Bhâg. P. 6,5,27). — 2) Pl. Bez. der 3ten oder 4ten Prajâja.

2. इड्, इळयति RV. mit M. 1,191,6 fehlerh. für इलयति.

इड m. 1) in einer Formel als Beiw. Agni's. — 2) N. pr. eines Fürsten, eines Sohnes des Kardama oder des Manu (VP.² 3,234. fg.). Auch इल.

इडप्रजस् f. Pl. = इडाप्रजस् Maitr. S. 1,5,3.

*इडाबिड् f. = इडविडा 2).

इडविड 1) m. N. pr. eines Sohnes des Daçaratha VP.² 3,311. Auch इडविल. — 2) f. आ a) eine Art Ziege. — b) N. pr. einer Tochter Tṛṇabindu's und der Mutter Kubera's VP, Bhâg. P.

इडविल s. इडविड.

इडा, ईळा, इला 1) Labetrank, Labung. — 2) Spende, Libation; insbes. eine feierliche Spende aus viererlei Milchstoffen, oder die durch fünfmaliges Schöpfen aus allen Havis gewonnen wird. इडानां संतार: Name eines Sâman. — 3) Erguss des Lobes und der Andacht, personif. als Göttin der heiligen Rede und Handlung. — 4) Rede überh. — 5) die Erde MBh. 3,114,18 (= पद Comm.). 236,10. — 6) Kuh. — 7) eine best. Arterie auf der linken Seite des Körpers. — 8) *der Himmel. — 9) Bein. der Durgâ. — 10) N. pr. a) einer Tochter Manu's oder auch Mitra-Varuṇa's. — b) einer Tochter Daksha's und Gattin Kaçjapa's. इरा v. l. — c) einer Gattin Vasudeva's Bhâg. P. 9,24,44. — d) = इड, इल 2) als Weib.

इडाचमस m. der Becher für die Spende इडा Kauç. 81.

*इडाचिका f. Wespe.

*इडागल m. eine Art Agallochum Râgan. 12,112.

इडादध (इळादध) m. ein best. Ishṭijajana.

इडान्त Adj. mit der इडा schliessend Çat. Br.

इडापात्र n. (Comm. zu Lâṭj. 8,8,19) und °पात्री f. das Gefäss für die Spende इडा.

इडाप्रजस् f. Pl. die Nachkommenschaft der Iḍâ Kâṭh. in Ind. St. 3,463. Vgl. इडप्रजस्.

इडाप्राशित्र n. Sg. die Iḍâ und das Prâçitra Çat. Br. 2,6,4,33.

इडावत् 1) Adj. a) labend, erquickend. — b) gelabt, erquickt. — c) das Wort इडा enthaltend. — 2) m. ein best. Tact S.S.S. 133.

*इडिका f. die Erde.

*इडिक्क m. wilde Ziege.

इडिविड m. v. l. für इडविड VP.² 3,311.

इडिविडा f. v. l. für इडविडा b).

*इडीय Adj. von इडा.

*इड्डर m. = इड्डर.

इणत् m. Tâṇḍya-Br. 14,9,16 fehlerhaft für इटत्.

*इण्डरी und *इण्डली f. eine Art Gebäck Madanav. 117,83.

इण्ड्व n. Du. zwei runde aus Muñga-Schilf geflochtene Plättchen, die beim Ausheben der Feuerpfannen zum Schutz der Hände dienen.

*इण्वेरिका (इण्डरिका?) f. eine Art Gebäck.

इत् Adj. in घर्मेत्.

इत n. Gang, Weg.

इतऊति Adj. 1) von hier aus weiter fördernd. — 2) über diese Zeit hinausdauernd.

1. इतःप्रदान n. Darbringung von hier (d. i. der Erde) aus TS. 3,2,9,7.

2. इतःप्रदान Adj. (f. आ) von hier aus Spenden erhaltend Çat. Br. 3,8,2,22.

इतर 1) Adj. (f. आ, Nom. Acc. n. इतरम् und इतरद् Çat. Br., इतरद् in der späteren Sprache) a) ein anderer, der andere. In न पती कुत एवेतरे मृगा: und ähnlichen Verbindungen hebt इतर den schon durch मृग ausgesprochenen Gegensatz nur noch stärker hervor. इतर — इतर der eine — der andere. पदेतरार्धान् die eine und andere Hälfte des Wortes. — b) ein anderer als, verschieden von (Abl.). द्विजेतर ein anderer Mann als ein Brahman. स्वस्वेतर 267,16. — c) unter Zweien der andere, d. i. entgegengesetzt. विजयायेतराय वा zum Siege oder zur Niederlage, चङ्क्रमानीतराणि च Bewegliches und Unbewegliches, सुखेतरेषु bei Freud und bei Leid, शुक्लेतरपक्षयो: in der dunkelen und hellen Monatshälfte, दक्षिणेतर der linke. — d) gewöhnlich, alltäglich, gemein Spr. 1093. Kâd. II,123,24. यथायमितरो जन: wie dieser gewöhnliche Mensch, so v. a. wie Unsereins MBh. 3,30,39. — 2) f. आ angeblich N. pr. der Mutter des Aitareja. — 3) इतरद् Adv. dagegen Spr. 2639 (Conj.).

इतरजन m. 1) ein gewöhnliches Menschenkind Spr. 7715. — 2) Pl. andere, nicht zu nennende Wesen, so v. a. Dämonen Maitr. S. 3,14,17. Gop. Br. 1,3,12.

इतरथाजातीय Adj. von gemeiner Art Burnouf, Intr. 504, N. 3.

इतरेतम् Adv. 1) anderswohin. इतथेतरतथा hierhin und dorthin. — 2) andere als (Abl.).

इतरत्र Adv. 1) in der Bed. des Loc. Sg., Du. oder Pl. von इतर 1) a) Çulbas. 1,54. fg. — 2) anderswo. — 3) im entgegengesetzten Falle, sonst.

इतरथा Adv. 1) anders, auf andere Weise. — 2) im entgegengesetzten Falle, sonst 225,1. 232,1. 28. 237,28. 239,19.

इतरपाणि m. die linke Hand.

*इतरय्, °यति abspenstig machen, auf seine Seite ziehen.

इतराङ्ग n. ein Hülfsmittel zu etwas Anderm.

इतरेतर Subst. nur in den obliquen Casus des Sg. im Gebrauch. Einer den Andern u. s. w. °रम्, °राम् (wenn das Subject f. oder n. ist) und इतरेतर° Adv. gegenseitig, im Verhältniss zu einander. Am Anf. eines Comp. auch dieser und jener. °तस् Adv. hierhin und dorthin Spr. 3501, v. l.

इतरेतरप्रत्यय Adj. gegenseitig bedingt. Nom. abstr. °त्व n. Bâdar. 2,2,19.

इतरेतराश्रय Adj. sich gegenseitig stützend. m. ein best. logischer Fehler.

इतरेतरोपकृतिमत् Adj. gegenseitig behülflich Çiç. 9,32.

*इतरेद्युस् Adv. am andern Tage.

इतस् Adv. 1) in der Bed. des Abl. Sg., Du. und Pl. (89,20) von 1. अ. Auf den Sprechenden bezogen so v. a. von mir. इतो ऽन्नात् dass. — 2) in der Bed. des Loc. von 1. अ. Auf den Sprechenden bezogen so v. a. auf —, gegen mich (geschleudert). — 3) von hier; aus dieser Welt 59,5. 63,20. von hier an (in einem Buche). इत ऊर्ध्वम् dass. 221,7. 226, 15. इतश्चेतश्च von hier und von dort. — 4) hier; hienieden. इतस् — इतस् hier — dort. इतस्तत: hier und dort 37,1. 142,26. 145,8. 9. — 5) hierher. इतस्तत:, इतथेतरतथा und यत इत: hierhin und dorthin, hin und her. — 6) von jetzt an 110,23. इतो ऽपरम्, इत: परम् und इत: प्रभृति von nun an, künftighin. इत: पूर्वम् früher. — 7) daher, dadurch, in Folge dessen 83,8.

इतासु Adj. dessen Lebensgeister entflohen sind.

1. इति Adv. so, auf Ausgesprochenes oder Gedachtes hinweisend und am Ende oder Anfange stehend. In gebundener Rede bleibt es nicht selten dem Hörer oder Leser überlassen, das Wort richtig zu verbinden. इति तथा करोति als scenische Bemerkung so v. a. er thut wie gesagt. Statt des einfachen इति findet man auch इतीति in Versen. इति fasst auch einzeln aufgezählte Dinge am Schluss zusammen. In diesem Falle kann च ganz fehlen (28,10. Çat. Br. 11,5,7,5. Gaut. 8,18. fgg. 9,44. Âpast. 2,11,7), oder nach jedem Gliede erscheinen (Gaut. 8,19), oder nur nach dem letzten (Chr. 31,11), oder auch hier und da (M. 8,51). In den Brâhmaṇa häufig als lautlicher Begleiter einer Gebärde. Beliebte Verbindungen: इतीव (93,

13. 170,22), इत्युत am Ende eines Verses (49,29. 55,12), ईत्येवं (Çat. Br. 3,6,2,3), इत्येवम् (77,20), mit einem nachfolgenden pleonastischen demonstrat. Pronomen (इतीयं वैदिकी श्रुतिः, इत्येषा सृष्टिरादितः), इति ह (242,8), इति ह स्म (31,16. 53,9), इति स्म ह (81,12), इति कृत्वा so sagend (86,15), aus diesem Grunde, in Betracht dessen, dass, किमिति = किम् warum, weshalb, aber auch = इति किम् (173,12).

2. इति f. 1) das Gehen, Sichbewegen; oxyt. VS., parox. TS. — 2) das einer Sache (Acc.) Nachgehen ṚV. 1,113,6 (oxyt.).

3. इति m. N. pr. eines Sohnes des Babhru VP.² 4,67. v. l. धृति.

*इतिक m. N. pr. eines Mannes.

*इतिकथ Adj. und °था f. fehlerhaft für अति°.

इतिकरण m. das Wort इति ṚV. Prât.

इतिकर्तव्य n. und °ता f. das etwas zu thuna, das zu Vollbringende, Obliegenheit.

इतिकार m. = इतिकरण ṚV. Prât.

इतिकार्य n. (209,11), °कार्यता f., °कृत्य n. (M. 2, 237) und °कृत्यता f. = इतिकर्तव्य.

इतिथ Adj. (f. ई) der und der.

इतिनामन् Adj. so heissend Hariv. 1813.

इतिपर Adj. worauf इति folgt TS. Prât. °त्व n. Nom. abstr. Comm.

*इतिपाणिनि Adv. so v. a. Pâṇini über Alles P. 2,1,6, Sch.

इतिमात्रम् Adv. fehlerhaft für अतिमात्रम्.

इतिवत् Adv. gerade so, auf eben diese Weise 211,19.

इतिवृत्त n. Begebenheit, Ereigniss, Geschichte Vikram. 1,2,11. तुल्येतिवृत्त Adj. Davon Nom. abstr. °त्ता f. Comm. zu Daçak. 1,11.

*इतिश m. N. pr. eines Mannes.

*इतिहरि Adv. so v. a. Hari über Alles Vop. 6,61.

इतिहास m. Sage, Legende. इतिहासपुराणे n. Sg. Legende und Purâṇa. Das m. Muṇḍ. Up. 7,1,4 ohne Zweifel fehlerhaft.

इतिहाससमुच्चय m. Titel eines Werkes.

इतीक m. Pl. N. pr. eines Volkes, v. l. für ईषिक.

इत्कट m. = इक्कट Kanaka 1,4. Davon Adj. *° टिक gaṇa कुमुदादि 1. in der Kâç.

*इत्कला f. ein best. Parfum.

इत्थ n. = ἰχθύς, die Fische im Thierkreise.

इत्थंविध Adj. so geartet, so beschaffen Spr. 5778.

*इत्थंकारम् Adv. = इत्थम्.

इत्थन m. N. pr. v. l. für इत्वल VP.² 2,71.

*इत्थम् Adv. so, auf diese Weise.

इत्थंभाव m. das der Art Sein.

इत्थंभूत Adj. so seiend, in diesem Zustande sich befindend, so beschaffen Mâlav. 66,22.

इत्थशाल m. der 3te astrol. Joga, = إتّصال.

इत्था Adv. ursprünglich so, häufig aber durch ein den Begriff hervorhebendes oder verstärkendes Wort wiederzugeben, wie etwa recht, eigentlich, wahrhaft, gar, gerade. Geht gewöhnlich dem hervorgehobenen Worte voran.

इत्थात् Adv. = इत्थम्.

इत्थाधी Adj. recht andächtig, innig verlangend.

इत्य 1) *Adj. adeundus u. s. w. — 2) f. इत्या a) Gang. — b) *Sänfte, Palankin.

इत्यक m. N. pr. eines Oberkämmerers und eines Vidjâdhara.

इत्यन्त Adj. so endend P. 1,2,1, Sch.

इत्यर्थ und °क (Comm. zu Mṛkkh. 165,13) Adj. die obengenannte Bedeutung habend.

इत्यर्थम् Adv. zu diesem Endzweck.

इत्यहे Loc. an dem und dem Tage Çat. Br. 3,3, 4,17. 19. 9,5,2,3.

इत्यादि Adj. so beginnend 255,3. 258,13. n. und so weiter 262,1. °क dass. Comm. zu Nâjam. 9,4,4.

इत्यालिखित Adj. so geritzt Çat. Br. 13,2,2,2. 10.

इत्युक्त n. Bericht, Erzählung (buddh.).

इत्युन्मृश्य Adj. (f. आ) so zu berühren Çat. Br. 1,4,4,12.

इत्येतन्नामक Adj. die oben genannten Namen habend 268,8.

इत्येवमादि Adj. = इत्यादि 102,20. 106,4. 230,19.

इत्वन् Adj. gehend, in अपेत्वन् und प्रातरित्वन्.

इत्वर 1) Adj. (*f. ई) a) gehend, sich bewegend. — b) *auf Reisen befindlich. — c) *grausam. — d) *arm. — e) niedrig, verachtet. Voc. f. इत्वरि (!) etwa du Elende! Pańkad. 12. — 2) *m. = षण्ढ. — 3) f. ई eine untreue Frau Rágat. 8,2671.

ईद् Indecl. hebt das vorangehende Wort hervor: eben, gerade, selbst, sogar, nur. Oft nur durch stärkere Betonnung wiederzugeben.

*इदंयु Adj. dieses begehrend.

इदंरूप Adj. diese Gestalt habend.

इदंविद् Adj. dieses wissend Ait. Âr. 469,14.

*इदंकाया f. Hedysarum Alhagi.

इदंवसु Adj. an diesem und jenem reich.

इदंतन Adj. jetzig, jetzt lebend.

इदंता f. das Diessein, haecceitas.

*इदंतृतीय Adj. dieses zum dritten Male thuend P. 6,2,162, Sch.

इदन्द्र m. zur Erklärung von इन्द्र erfunden.

*इदंद्वितीय Adj. dieses zum zweiten Male thuend P. 6,2,162, Sch.

इदम् Nom. Acc. Sg. n. 1) dieses, es. इदमस्मदीयं गृहम् dies ist unser Haus 290,17. Dieses sagen, diese Worte, so v. a. Folgendes s., folgende W.; dagegen auf etwas Vorangehendes hinweisend 231,12. 237,3. इदं विश्वम्, विश्वमिदम् (76,13), इदं सर्वम्, सकलमिदम् (105,3) und इदम् allein dieses Alles, Alles um uns her. तदिदम् eben dieses 51,15. 171,15. 177,2. da ist es 101,31. किमिदं कुरुषे was thust du da? 55,5. किमिदं ते चिकीर्षितम् 73,16. 127,31. यदिदं किं च (31,20. 33,13. 16) und यत्किंचेदम् (31,26) so v. a. jeglich. — 2) Adv. a) hier. इदम्—इदम् hier — dort. — b) hierher. — c) jetzt. — d) hiermit, da (in feierlicher Rede). — e) gerade, recht, eben. — f) so, in dieser Weise R. 2,53,31. Çiç. 66,18, v. l.

*इदंपर Adj. dieses bezweckend. Vgl. ऐदंपर्य.

*इदंप्रकारम् Adv. auf diese Weise.

1. *इदंप्रथम Adj. hierdurch der erste P. 6,2,162, Sch.

2. *इदंप्रथम Adj. 1) dieses zum ersten Male thuend. — 2) diesen zum Ersten (Vorzüglichsten) habend. Auch °क P. 6,2,162, Sch.

*इदंप्रधान Adj. = 2. इदंप्रथम 2) P. 6,2,162, Sch.

इदंमधु m. ein best. Lied.

इदम्मय Adj. aus diesem bestehend.

इदा Adv. jetzt, in diesem Augenblick. In Verbindung mit dem Gen. Sg. oder Pl. von अहन् heut am Tage, heutigen Tages. इदा श्वः gestern erst, schon g.

इदादिक Adj. mit इदा beginnend. °वत्सर so v. a. इदावत्सर.

इदानि n. ein Na, als best. Zeitmaass ¹/₁₅ Etarhi.

इदानीतन Adj. jetzig, jetzt lebend. Davon Nom. abstr. °त्व n.

इदानीम् Adv. jetzt, in diesem Augenblick, gerade. Mit Gen. Sg. oder Pl. von अहन् wie इदा. Auch mit अपि verbunden.

*इदाम्, °मति Denom. von इदम्.

इदावत्सर m. eines der Jahre (meist das 5te) in einem 5jährigen Cyclus Maitr. S. 4,9,18. Davon Adj. °रीय (f. आ TBr. 1,4,10,3) und °रीण.

इदासंवत्सर m. dass.

इदुवत्सर m. = इद्वत्सर.

इद्ध *n. 1) Sonnenschein. — 2) Wunder.

इद्धतेजस् m. N. pr. eines Mannes B. A. J. 4,111.

इद्धदीधिति m. Feuer Spr. 4736.

*इद्धा Adv. gaṇa चादि und स्वरादि.

इद्धाग्नि Adj. dessen Feuer brennt.

इद्धात् Indecl. Lâṭj. 3,11,11. ईद्धात् Comm.

इद्वत्सर m. das 4te, 5te und auch 3te Jahr in einem 5jährigen Cyclus.

1. इध्, इन्ध्, इन्द्धे entzünden, entflammen. इन्धान 1)

entzündend. — 2) entzündet. — इधान॑ angezündet, flammend. — Pass. इध्यते entzündet werden, flammen.

इद्ध॑ 1) entzündet, flammend (eig. und übertr.) 290,9. — 2) *rein, lauter. — Mit अनु entflammen. — Mit अभि mit Flammen umgeben, in Flammen setzen. — Mit आ 1) anzünden, entflammen. — 2) entflammt sein, flammen. — Mit परि ringsum entzünden Maitr. S. 4,2,2. — Mit प्र, प्रेद्ध entflammt. — Mit सम्प्र, सम्प्रेद्ध dass. — Mit प्रति in प्रतीन्धक. — Mit सम् 1) entzünden. Auch Act. ausnahmsweise = Pass. entflammt werden, flammen. समिद्ध entzündet, entflammt. °तम Superl. — 2) entzünden, so v.a. verstärken, steigern. — 3) sich entflammen, flammen. समिधान॑ flammend. — Mit अभिसम् entzünden Tāṇḍja-Br. 12,2,2. — Mit उपसम् dass. TBr. 2,1,3,3. — प्रतिसम् wieder entzünden.

2. इध् Adj. entzündend, in घृतेध्.

इध्म॑ 1) m. *n. Brennholz, insbes. das zum heiligen Feuer verwendete. — 2) m. N. pr. eines Āṅgirasa Gop. Br. 2,1,2.

इध्मचिति f. Holzstoss Āçv. Gṛhj. 4,2,14.

इध्माङ्गिरस् m. 1) Feuer Bhāg. P. 5,1,25. — 2) N. pr. eines Sohnes des Prijavrata ebend.

*इध्मप्रव्रश्चन m. Messer oder Axt zum Hauen von Brennholz.

इध्म॑भृति Adj. mit Herbeischaffung des Brennholzes beschäftigt.

इध्म॑वत् Adj. mit Brennholz versehen TBr. 2,1,2,1.

इध्मवाह् m. N. pr. eines Mannes.

इध्मसं॑नहन n. Strang aus Gräsern zum Binden des Brennholzes.

*इध्माबर्हिषी Nom. Du. n. Brennholz und Streu.

इन् s. इन्व्.

इन॑ 1) Adj. a) tüchtig, stark, kräftig. — b) reichlich. — 2) m. a) ein grosser Herr, Gebieter, Fürst. — b) die Sonne Spr. 7804. — c) N. pr. eines Âditja. — d) *der Planet Venus Gal. — e) *das Mondhaus Hasta.

इनक्, ई॑नक्षति zu erreichen suchen, zustreben; mit Acc. — Mit उद् aufstreben zu (Acc.), erstreben ṚV. 10,45,7. — Mit सम् erstreben.

*इनानी f. eine best. Pflanze Rāǵan. 5,39.

इनोदय m. Sonnenaufgang Gaṇit. 1,30.

इन्थिहा f. = إنتها.

*इन्द्, इन्दति (परमैश्वर्ये).

*इन्दम्बर n. = इन्दीवर 1).

इन्दिन्दिर f. eine Art Biene Prasannar. 37,7.

इन्दिरा f. Bein. der Lakshmi.

*इन्दिरामन्दिर m. Bein. Vishṇu's.

*इन्दिरालय und *इन्दिवर n. = इन्दीवर 1).

इन्दीवर 1) m. n. eine blaue Lotusblüthe 167,29. °दल n. ein Blüthenblatt des blaublühenden Lotus. — 2) m. Biene. — 3) *f. आ) Koloquinthengurke. — b) ई Asparagus racemosus Willd.

इन्दीवरप्रभा f. N. pr. einer Tochter Kaṇva's.

इन्दीवराक्ष m. N. pr. eines Mannes.

इन्दीवरिका f. ein Frauenname Prij. 13,3.

*इन्दीवरिणी f. blauer Lotus (die ganze Pflanze), eine Gruppe blauer Lotuse.

*इन्दीवार n. = इन्दीवर 1).

इ॑न्दु m. 1) Tropfen, Soma-Tropfen. — 2) der Tropfen am Himmel, der Mond. — 3) Bez. der Zahl Eins. — 4) Kampher Bhāvapr. 3,93. 4,110. — 5) Funke TS. 5,7,8,1. — 6) Auge des Würfels AV. 7,109,6. — 7) Bez. des Anusvâra. — 8) Bez. Vâstoshpati's ṚV. 7,54,2. — 9) *Münze Gal.

*इन्दुक 1) m. Bauhinia tomentosa Rāǵan. 9,39. — 2) n. die Knolle der Colocasia Nigh. Pr.

*इन्दुकमल n. die Blüthe der weissen Nymphaea Nigh. Pr.

इन्दुकर m. N. pr. eines Mannes.

इन्दुकलश m. desgl.

इन्दुकला f. 1) Mondsichel. — 2) *Cocculus cordifolius DC. — 3) *Sarcostemma viminale R. Br. — 4) *Ligusticum Ajowan Roxb.

इन्दुकलावतंस m. Bein. Çiva's Daçak. 13,16.

*इन्दुकलिका f. Pandanus odoratissimus.

इन्दुकान्त 1) m. der Mondstein (चन्द्रकान्त) Kād. 9,4. — 2) *f. आ Nacht.

इन्दुकिरीट m. Bein. Çiva's Prasannar. 59,4.

इन्दुकेसरिन् m. N. pr. eines Fürsten.

इन्दुखण्डा f. eine Art Galläpfel Mat. med. 140 (vgl. 303). Rāǵan. 6,166.

*इन्दुचन्दन n. weisser Sandel Nigh. Pr.

इन्दुज 1) m. der Planet Mercur. — 2) *f. आ Patron. des Flusses Revâ.

*इन्दुजनक m. das Meer.

इन्दुदिन n. ein lunarer Tag. Pl. die Zahl der lunaren Tage im Ahargaṇa Gaṇit. Bhagaṇ. 12.

इन्दुनन्दन m. der Planet Mercur J. R. A. S. 1870, S. 473.

इन्दुपुत्र m. der Planet Mercur.

*इन्दुपुष्पिका f. Methonica superba. इन्द्र° v. l.

इन्दुप्रभ m. N. pr. eines Mannes.

इन्दुप्रमति (°मदि) fehlerhaft für इन्द्रप्रमति.

*इन्दुफल m. Spondias mangifera Nigh. Pr.

इन्दुबिम्ब n. (adj. Comp. f. आ) Mondscheibe Spr. 7721. 7813.

इन्दुभवा f. N. pr. eines Flusses.

*इन्दुभृत् m. Bein. Çiva's.

इन्दुमणि m. der Mondstein (चन्द्रकान्त).

इ॑न्दुमत् 1) Adj. Beiw. Agni's; vgl. VS. 26,13. — 2) °मती f. a) *Vollmondstag. — b) N. pr. α) verschiedener Frauen. — β) eines Flusses. — c) Titel eines Commentars.

इन्दुमित्र m. N. pr. eines Grammatikers.

इन्दुमुख Adj. (f. ई) mondantlitzig Hâsj. 1.

इन्दुमौलि m. Bein. Çiva's Bâlar. 70,15.

इन्दुयशस् f. N. pr. einer Prinzessin.

*इन्दुरत्न n. Perle.

इन्दुराज् m. fehlerhaft für उडुराज्.

इन्दुराज m. ein Mannsname.

*इन्दुराजी f. Vernonia anthelminthica Nigh. Pr.

इन्दुलेखा f. 1) *dass. Rāǵan. 4,63. — 2) N. pr. einer Fürstin.

*इन्दुलोहक n. Silber Rāǵan. 13,14.

इन्दुवदन 1) Adj. (f. आ) mondantlitzig Mâlav. 17. — 2) f. आ ein best. Metrum Ind. St. 8,389.

*इन्दुवल्ली f. Sarcostemma viminale R. Br.

इन्दुवार m. astrol. = إدبار.

इन्दुव्रत n. eine best. Kasteiung, = चान्द्रायण MBh. 13,26,39.

*इन्दुशकला f. = इन्दुराजी Nigh. Pr.

*इन्दुशफरी f. Bauhinia tomentosa Rāǵan. 9,39.

इन्दुशेखर m. 1) Bein. Çiva's. — 2) N. pr. eines Kiṁnara.

इन्दुसुत m. der Planet Mercur Sârâv. bei Utpala zu Varâh. Bṛh. 4,11.

इन्दुसूनु m. dass. J. R. A. S. 1870, S. 477.

*इन्दूर m. Ratte, Maus.

इ॑न्द्र (im ṚV. auch dreisilbig) 1) m. a) N. pr. des nationalen Gottes der arisch-indischen Stämme, der mit seinem Donnerkeil im Gewitter die dämonischen Gewalten bekämpft. Er ist das Haupt der Götterwelt und Hüter des Ostens. इ॑न्द्रतम Indra in höchster Potenz. — b) am Ende eines Comp. der Erste in seiner Art, Fürst, Oberster (von Belebtem und Unbelebtem). — c) das auf dem Stern des rechten Auges sich spiegelnde Bildchen. — d) Bez. der Zahl vierzehn (14 Manvantara und 14 Indra). — e) der Stern γ Pegasi. — f) ein best. astrol. Joga. — g) *Seele. — h) *Nacht. — i) *ein best. vegetabilisches Gift. Auch *f. — k) N. pr. α) eines Âditja. — β) eines Grammatikers. — γ) eines Arztes. — δ) *eines Upadvipa. — 2) *f. आ a) Indra's Gattin. — b) Koloquinthengurke Nigh. Pr. — 3) f. ई N. pr. eines Wesens im Gefolge der Devî.

इ॑न्द्रऋषभ Adj. Indra zum Befruchter habend.

*इन्द्रक n. Audienzsaal.

इन्द्रकर्मन् Adj. Indra's Thaten verrichtend.

इन्द्रकवि m. N. pr. eines *Dichters*.

इन्द्रकार्मुक n. *Regenbogen*.

इन्द्रकील m. 1) *Thür —, Thorriegel, vorgeschobene Stange* AV. Pariç. 38,4,1. Suçr. 2,144,3. — 2) N. pr. eines Berges.

इन्द्रकुक्षि m. Du. Bez. *der beiden* Soma-*Opfer* Viçvaǵit *und* Abhiǵit Tâṇḍja-Br. 25,11,1. 4. 12,1. 6.

*इन्द्रकुञ्जर m. Indra's *Elephant*.

इन्द्रकूट m. N. pr. eines Berges.

इन्द्रकृष्ट Adj. von Indra *gepflügt, wild wachsend*.

इन्द्रकेतु m. 1) Indra's *Fahne*. — 2) N. pr. eines Mannes Lalit. 202,4.

*इन्द्रकोश und °क m. *ein flaches Dach, Plattform*.

इन्द्रकोशा m. N. pr. einer Oertlichkeit.

इन्द्रगिरि m. N. pr. eines *Berges*.

इन्द्रगुप्त 1) Adj. von Indra *behütet*. — 2) m. N. pr. eines Brahmanen.

इन्द्रगुरु m. Indra's *Lehrer*, Bein. Kaçjapa's.

इन्द्रगृह n. *ein dem* Indra *geweihtes Haus*, d. i. Indra's *Versteck* Tâṇḍja-Br. 21,11,9.

1. इन्द्रगोप oder °पा Adj. Indra *zum Hüter habend*.

2. इन्द्रगोप und °गोपक m. *Coccinelle*.

इन्द्रघोष m. *eine best. Gottheit*. Pl. Maitr. S. 1,2,2.

*इन्द्रचन्दन n. = हरिचन्दन Râǵan. 12,23.

इन्द्रचाप m. n. *Regenbogen*.

*इन्द्रचिर्भिटा f. *Koloquinthengurke* Râǵan. 3,57.

इन्द्रच्छन्द m. *ein aus 1008 Schnüren bestehender Perlenschmuck* Pańkad. 30.

*इन्द्रज m. Patron. des Affen Vâlin Gal.

इन्द्रजटाकालापिन् Adj. Ind. St. 2,28.

*इन्द्रजतु n. *Erdpech* Nigh. Pr.

*इन्द्रजनन n. Indra's *Geburt*. Davon Adj. *°नीय *darüber handelnd*.

इन्द्रजा Adj. von Indra *stammend*.

इन्द्रजानु m. N. pr. eines Affen.

इन्द्रजाल n. 1) Indra's *Netz*. — 2) *eine best. mythische Waffe* Arǵuna's. — 3) *Blendwerk, Zauber* 288,3. 322,17. 326,21. °ज्ञ m. *Zauberer, Gaukler*. °विद्या f. *Zauberkunde*. — 4) Titel eines Werkes über *Zauberei*.

इन्द्रजालपुरुष m. *eine menschliche Truggestalt* Daçak. 38,13.

*इन्द्रजालि m. N. pr. eines Mannes gaṇa कुर्वादि in der Kâç. इन्द्रलाली v. l.

इन्द्रजालिक m. *Zauberer, Gaukler*.

इन्द्रजालिन् m. 1) dass. — 2) N. pr. eines Bodhisattva Lalit. 364,14.

इन्द्रजित् m. Indra's *Besieger*, N. pr. 1) eines Sohnes des Râvaṇa Ragh. 13,73. — 2) eines Dânava. — 3) des Vaters von Râvaṇa und Fürsten von Kâçmîra. — 4) eines Prinzen im 17ten Jahrh., des Patrons von Keçavadâsa.

*इन्द्रजिद्विद्रावपिन् m. Besieger Indraǵit's, Bein. Lakshmaṇa's.

इन्द्रजूत Adj. von Indra *gefördert, — verschafft*.

इन्द्रज्येष्ठ Adj. Indra *an der Spitze habend, von ihm angeführt*.

इन्द्रतनू f. Bez. best. *Backsteine*.

इन्द्रतरु m. *Terminalia Arjuna* Nigh. Pr.

इन्द्रता f. Indra's *Macht und Würde*.

इन्द्रतापन m. N. pr. eines Dânava.

इन्द्रतुरीय n. *eine best. liturgische Handlung*.

*इन्द्रतूल n. *in der Luft umherfliegende Baumwollenflocken*.

इन्द्रतेजस् n. Indra's *Donnerkeil*.

इन्द्रतोया f. N. pr. eines Flusses MBh. 13,25,11.

इन्द्रत्व n. 1) Indra's *Macht und Würde*. — 2) *Oberherrschaft*.

इन्द्रत्वोत Adj. *von dir, o* Indra, *begünstigt*.

इन्द्रदत्त m. N. pr. eines Brahmanen.

इन्द्रदत्तस्मृति f. Titel eines Werkes.

इन्द्रदमन m. N. pr. eines Asura (buddh.).

इन्द्रदारु n. *Pinus Deodora* Bhâvapr. 1,183.

इन्द्रदिन्नसूरि m. N. pr. eines der Daçapûrvin bei den Ǵaina.

इन्द्रदेवी f. N. pr. der Gattin Meghavâhana's. °भवन n. Name eines von ihr erbauten Vihâra.

*इन्द्रद्युति *Sandel* Nigh. Pr.

इन्द्रद्युम्न N. pr. 1) m. verschiedener Männer. — 2) n. eines Sees. Auch °सरस् n.

*इन्द्रद्रु m. 1) *Terminalia Arjuna* W. u. A. — 2) *Wrightia antidysenterica* R. Br. — 3) *Pinus Deodora* Roxb. Nigh. Pr.

*इन्द्रद्रुम m. = इन्द्रद्रु 1).

इन्द्रद्विष्ट Adj. Indra *verhasst, — unangenehm*.

इन्द्रद्वीप m. N. pr. eines der 9 Dvîpa VP. 2,3,6.

इन्द्रधनुस् n. *Regenbogen*.

इन्द्रध्रुव m. N. pr. eines Mannes (buddh.).

इन्द्रध्वज m. 1) Indra's *Banner*. — 2) N. pr. a) eines Buddha. — b) *eines Schlangendämons.

इन्द्रनक्षत्र n. Indra's *Mondhaus*, d. i. Phalguni.

इन्द्रनील und *°क m. *Sapphir oder Smaragd*.

इन्द्रनीलमय Adj. *aus Smaragden bestehend*.

इन्द्रपत्नी f. Indra's *Gattin*.

इन्द्रपद s. Ind. St. 15.

इन्द्रपर्णी f. *eine best. Pflanze*.

इन्द्रपीततम Adj. von Indra *am liebsten getrunken*.

इन्द्रपान Adj. *dem* Indra *zum Trunke dienend*.

इन्द्रपाल m. N. pr. eines Fürsten.

इन्द्रपालित m. 1) N. pr. eines Fürsten. — 2) ein Vaiçja-Name.

इन्द्रपीत Adj. von Indra *getrunken*.

इन्द्रपुत्रा f. Indra's *Mutter* AV.

इन्द्रपुष्प m. (Bhâvapr. 1,142), *°पुष्पा, *°पुष्पिका (इन्दु° v. l. Râǵan. 4,130) und °पुष्पी f. *Methonica superba* Lam.

इन्द्रप्रमति m. N. pr. eines Ṛshi VP. 3,4,19.

इन्द्रप्रमद m. N. pr. eines Mannes.

इन्द्रप्रसूत Adj. von Indra *angeregt*.

इन्द्रप्रस्थ n. N. pr. der Residenz der Jâdava.

*इन्द्रप्रहरण n. Indra's *Donnerkeil*.

*इन्द्रफल n. = इन्द्रयव.

इन्द्रबाहु m. Du. Indra's *zwei Arme*. Nach einem Comm. *Sonne und Mond*.

इन्द्रबीज n. = इन्द्रयव.

इन्द्रब्राह्मण m. N. pr. eines Mannes (buddh.).

*इन्द्रभगिनी f. Indra's *Schwester*, Bein. der Pârvatî.

इन्द्रभाजन n. Indra's *Stellvertreter* Çat. Br. 3,4,2,15.

इन्द्रभू m. N. pr. eines Lehrers.

*इन्द्रभूति m. N. pr. eines Gaṇâdhipa bei den Ǵaina.

*इन्द्रभेषज n. *getrockneter Ingwer*.

इन्द्रमद m. *eine best. Krankheit der Blutegel* 218,7. *der *Fische* Gal.

इन्द्रमन्त्रिन् m. Bṛhaspati, *der Planet Jupiter* Utpala zu Varâh. Bṛh. 2,2.

इन्द्रमन्दिर m. Indra's *Behausung*, Svarga Daçak. 44,18.

1. इन्द्रमह (इन्द्र + मह) m. *ein Fest zu Ehren* Indra's.

2. इन्द्रमह (इन्द्रमहेम् AV. 3,15,1) n. *eine best. Weihe*.

*इन्द्रमहकर्मन् und *°महकामुक m. *Hund*.

इन्द्रमहोत्सव m. *ein grosses Fest zu Ehren* Indra's.

इन्द्रमातृ f. Indra's *Mutter* Ind. St. 1,114. Auch Pl.

इन्द्रमादन (sechssilbig) Adj. Indra *ergötzend*.

इन्द्रमार्ग m. N. pr. eines Tîrtha.

इन्द्रमार्गा f. N. pr. eines Flusses.

इन्द्रमेदिन् Adj. Indra *zum Genossen habend*.

इन्द्रय्, °यते *nach* Indra *verlangen* ṚV.

इन्द्रयज्ञ m. *eine Feier zu Ehren* Indra's Pâr. Gṛhj. 2,15,1.

इन्द्रयव m. *der haferähnliche Same der Wrightia antidysenterica*.

इन्द्रयष्टि m. N. pr. eines Schlangendämons (buddh.).

इन्द्रयाग m. = इन्द्रयज्ञ.

इन्द्रयु Adj. *nach* Indra *verlangend*.

इन्द्रयोग m. Indra's *verbindende Kraft*.

इन्द्रराज m. N. pr. eines Fürsten B. A. J. 1,217. 2,375. Ind. Antiq. 5,149.

ऐन्द्रराजन् Adj. Indra zum Fürsten habend TBr. 1,3,8,4.

इन्द्रराशि m. Indra's Haufe (von Fruchtkörnern) AV. Paipp. 12,1,2.

*इन्द्रलाक्षी f. ein Frauenname. इन्द्रालि v. l.

इन्द्रलुप्त m. n. und *°क n. krankhaftes Ausfallen der Haare.

इन्द्रलोक m. Indra's Welt. इन्द्रलोकाभिगमन (ed. Bomb.) oder इन्द्रलोकागमन n. Titel eines Abschnittes im MBh.

इन्द्रवंश m. Indra's Geschlecht.

इन्द्रवंशा f. ein best. Metrum.

इन्द्रवज्र n. 1) Indra's Donnerkeil. — 2) Name eines Sâman.

इन्द्रवज्रा f. ein best. Metrum.

इन्द्रवन n. N. pr. einer Oertlichkeit.

इन्द्रवत् Adj. von Indra begleitet, in seiner Gemeinschaft befindlich.

*इन्द्रवर्मन् m. ein Kriegername.

*इन्द्रवल्लरी und °वल्ली f. Koloquinthengurke.

इन्द्रवस्ति m. Wade.

इन्द्रवह् (stark °वाह्) Adj. Indra fahrend.

इन्द्रवाटतीर्थ n. N. pr. eines Tîrtha.

ऐन्द्रवाततम (siebensilbig) Adj. von Indra sehr begehrt.

इन्द्रवायु m. Du. Indra und Vâju.

इन्द्रवारुणी 1) n. Koloquinthengurke (die Frucht) Spr. 5043. — 2) f. ई Koloquinthengurke (die Pflanze).

*इन्द्रवारुणिका f. Koloquinthengurke.

इन्द्रवाह m. N. pr. = पुरंजय Bhâg. P. 9,6,12.

इन्द्रवाहन n. Indra's Vehikel Vâmana 5,2,93.

इन्द्रवृक्ष m. = इन्द्रद्रु Nigh. Pr. Davon °क्षीय Adj.

इन्द्रवृद्धा f. eine best. Art von Abscess.

*इन्द्रवृद्धिक m. eine best. Pferdeart.

इन्द्रवैडूर्य n. ein best. Edelstein. °वैडूर्य geschr.

*इन्द्रवैरिन् m. Indra's Feind, ein Daitja Gal.

इन्द्रव्रत n. Indra's Verfahren.

1. इन्द्रशत्रु m. 1) Indra's Ueberwinder. — 2) Indra's Feind, Bez. Prahlâda's.

2. इन्द्रशत्रु Adj. Indra zum Ueberwinder habend.

*इन्द्रशर्मन् m. N. pr. eines Mannes.

इन्द्रशालभ m. N. pr. eines Mannes.

*इन्द्रशिर N. pr. einer Oertlichkeit.

इन्द्रशैल m. N. pr. eines Berges.

इन्द्रश्रेष्ठ Adj. = इन्द्रश्रेष्ठ.

इन्द्रसख Adj. Indra zum Gefährten habend Suparn. 19,5.

इन्द्रसखि Adj. (Nom. °खा) dass.

इन्द्रसंजय n. Name eines Sâman. इन्द्रस्य सं° Ârsh. Br.

इन्द्रसंधा f. Vertrag mit Indra.

इन्द्रसव m. ein best. Form des Soma-Opfers Kâtj. 37,3.

इन्द्रसामन् n. Name eines Sâman.

इन्द्रसारथि Adj. Indra zum Wagengenossen habend.

इन्द्रसावर्णि m. Name Indra's im 14ten Manvantara Bhâg. P. 8,13,34.

इन्द्रसाह्व m. = इन्द्रयव Karaka 6,15.

इन्द्रसिंह m. N. pr. eines Dichters.

*इन्द्रसुत m. 1) Patron. Arǵuna's, Gajanta's und des Affen Vâlin. — 2) Terminalia Arjuna W. u. A.

इन्द्रसुपर्णौ m. Du. Indra und Suparṇa Suparn.

*इन्द्रसुरस m. Vitex Negundo.

इन्द्रसुरा f. eine bittere Koloquinthe Nigh. Pr.

*इन्द्रसुरिस m. = इन्द्रसुरस.

इन्द्रसेन m. N. pr. 1) verschiedener Männer. — 2) *eines Schlangendämons. — 3) eines Berges Bhâg. P. 5,20,4.

इन्द्रसेना f. 1) Indra's Wurfgeschoss. — 2) N. pr. a) einer Göttin. — b) verschiedener Frauen.

इन्द्रस्तुत् und °स्तोम m. Name eines Ekâha.

इन्द्रस्थान n. die Stelle, an der Indra's Banner steht, Varâh. Jogaj. 7,15.

ऐन्द्रस्वत् Adj. dem Indra ähnlich.

इन्द्रहव्य m. Anrufung Indra's.

*इन्द्रहस्त m. eine best. Arzenei (buddh.).

*इन्द्रहू m. N. pr. eines Mannes.

ऐन्द्रहूति f. Anrufung Indra's ṚV. 6,38,1.

इन्द्राकुत्स m. Du. Indra und Kutsa ṚV. 5,31,9.

इन्द्राद्य m. eine best. Heilpflanze, = ऋषभक Bhâvapr. 1,170. Madanav. 8,43.

इन्द्राग्नी (auch viersilbig) m. Du. Indra und Agni. इन्द्राग्न्योरयनम् Tâṇḍja-Br. 25,11,1. 4. °ग्न्योः कुलाय: 19,15,1. स्तोम: 17,1.

*इन्द्राग्निदेवता f. das Mondhaus Viçâkhâ.

इन्द्राग्निदेव Adj. Indra und Agni zur Gottheit habend. युग n. das 10te Lustrum im 60jährigen Jupitercyclus.

इन्द्राग्निदैवत und *°दैवत्य (Gal.) n. das Mondhaus Viçâkhâ.

*इन्द्राग्निधूम m. Schnee.

*इन्द्राङ्क m. eine Art Krabbe Gal.

*इन्द्राणिका f. = इन्द्रसुरस.

इन्द्राणी f. 1) Indra's Gattin. — 2) das auf dem Stern des linken Auges sich spiegelnde Bildchen Çat. Br. 10,5,2,9. — 3) *quidam coeundi modus. — 4) *Vitex Negundo Râǵan. 4,155. — 5) *Kardamomen. — 6) *eine bittere Koloquinthe Nigh. Pr.

इन्द्राणीकर्मन् n. eine best. Ceremonie Ind. St. 5,293.

इन्द्राणीतन्त्र n. Titel eines Tantra.

इन्द्राणीशाक n. eine best. Gemüsepflanze Karaka 6,20.

इन्द्राणीसामन् n. Name eines Sâman Ârsh. Br.

इन्द्रादित्य m. N. pr. eines Mannes B. A. J. 3,206.

*इन्द्रादृश gaṇa तालव्यादि.

इन्द्रानुज m. Indra's jüngerer Bruder, Bein. Vishṇu's oder Kṛshṇa's.

इन्द्रापर्वत m. Du. Indra und Parvata ṚV.

इन्द्रापूषन् und इन्द्रापूषन् m. Du. Indra und Pûshan.

इन्द्राबृहस्पति m. Du. Indra und Bṛhaspati.

इन्द्राब्रह्मणस्पति m. Du. Indra und Brahmaṇaspati ṚV.

इन्द्राभ m. 1) ein best. zu den Hühnerarten gezählter Vogel. — 2) N. pr. eines Sohnes des Dhṛtarâshṭra MBh. 1,94,59.

इन्द्रामरुत् m. Pl. Indra und die Marut ṚV.

इन्द्रायतन Adj. auf Indra beruhend Çat. Br. 12, 8,2,21. [illegible] 2,15.

1. इन्द्रायुध n. 1) Regenbogen. — 2) *Diamant Râǵan. 13,176.

2. इन्द्रायुध 1) m. ein Pferd mit schwarzen Flecken an den Augen. — 2) f. धा eine Blutegelart.

इन्द्रायुधमय Adj. ganz aus Regenbogen bestehend Kâd. 94,8.

*इन्द्रायुधशिखिन् m. N. pr. eines Schlangendämons (buddh.).

*इन्द्रारि m. Indra's Feind, ein Asura.

*इन्द्रालिश gaṇa तालव्यादि.

ऐन्द्रावसु Adj. = इन्द्रवसु.

इन्द्रावरज m. = इन्द्रानुज VP.[2] 4,218.

इन्द्रावरुणा m. Du. Indra und Varuṇa.

*इन्द्रावसान gaṇa उत्सादि.

इन्द्राविष्णु m. Du. Indra und Vishṇu.

*इन्द्राशन m. 1) Hanf. — 2) Abrus precatorius.

इन्द्रासन n. 1) Indra's Thron. — 2) ein Fuss von fünf Moren.

इन्द्रासोम m. Du. Indra und Soma.

इन्द्रासोमीय Adj. Indra und Soma geweiht.

इन्द्राह्व m. = इन्द्रयव Suçr. 2,224,4.

इन्द्रिय 1) Adj. dem Indra gehörig, — angemessen, — ähnlich, — lieb. — 2) m. ein Genosse Indra's. — 3) n. a) ein ausserordentliches Vermögen wie das Indra's, potentia, Uebergewalt. — b) Sg. und Pl. Aeusserung des Vermögens, Kraftthat, gewaltige Erscheinung. — c) Sg. und Pl. körperliches Vermögen, Sinnesvermögen, sinnliche Kraft. Häufig in

Verbindung mit वीर्य. — *d) Sinn, Organ* (sowohl *ein aufnehmendes*, बुद्धीन्द्रिय, als auch *ein verrichtendes*, कर्मेन्द्रिय). Nicht selten wird auch मनस् hinzugezählt. — *e)* Bez. *der Zahl fünf.* — *f) männlicher Same* MBh. 12,328,46. — *g)* *= धन. — *h)* *= प्रमाण Kull. zu M. 9,16. — *i)* इन्द्रस्येन्द्रियम् Name eines Sâman.

इन्द्रियकाम Adj. *nach Vermögen —, nach Kraft verlangend* Âpast.

इन्द्रियकृत Adj. *mit den Sinnesorganen gethan, — verübt* Ind. St. 9,36.

इन्द्रियग्राम m. *die Gesammtheit der Sinne* 257,25.

इन्द्रियघात m. *Schwäche der Sinnesorgane* Sâmkhjak. 7.

इन्द्रियत्व n. *das ein Sinnesorgan Sein* Kap. 5,69.

इन्द्रियनिग्रह m. *Zügelung der Sinne.*

इन्द्रियप्रसङ्ग m. *das den Sinnen Fröhnen.*

इन्द्रियबोधन und °बोधिन् Adj. *die Sinne weckend, — schärfend.*

इन्द्रियमोचन n. *freiwilliger Nichtgebrauch der Sinne* Gobh. 3,1,26.

इन्द्रियवत् Adj. 1) *vermögend, kräftig.* इन्द्रियवत्तम Superl. — 2) *Sinnesorgane habend.*

इन्द्रियविषय m. *ein Object der Sinne* Cit. im Comm. zu TS. Prât. 21,16.

इन्द्रियवृत्ति f. *Sinnesthätigkeit* Kap. 2,32.

इन्द्रियशक्ति f. *Kraft der Sinne* 183,14. Kap. 5,112.

इन्द्रियसंयम m. *Zügelung der Sinne.*

*इन्द्रियस्वाप m. *Weltende.*

इन्द्रियहन् m. Bez. *eines* Agni *im Wasser* Mânavaśr. 1,7,1.

*इन्द्रियायतन n. *der Sitz der Sinne, Körper.*

इन्द्रियात्मन् Adj. *eines Wesens mit den Sinnen* VP. 1,18,30.

इन्द्रियार्थ m. Sg. (selten) und Pl. *ein Object der Sinne, Alles was die Sinne anregt.* °वाद m. Titel eines Werkes.

इन्द्रियावत् und इन्द्रियाविन् Adj. *vermögend, kräftig.*

इन्द्रियासङ्ग m. *das den Sinnen Nichtfröhnen,* Pl. M. 6,75.

इन्द्रियेष्या f. *eine einjährige Kuh mit röthlichbraunen Augen* Tâṇḍja-Br. 21,1,5.6.

*इन्द्रीय् Denom. von इन्द्र. Davon Desid. *इन्दिद्रीयिषति.

*इन्द्रेज्य m. Bein. Bṛhaspati's.

इन्द्रेषात Adj. (f. आ) in Verbindung mit इषीका *ein von selbst gekrümmtes Rohr* Tâṇḍja-Br. 15,5,20. Lâṭj. 4,1,7.

इन्द्रेश्वर und °तीर्थ n. N. pr. eines Tîrtha.

इन्द्रेश्वरलिङ्ग n. Name eines Liñga.

इन्द्रेषित Adj. *von* Indra *ausgesandt, — angetrieben.*

इन्द्रोत m. N. pr. eines Mannes.

इन्द्रोत्सव m. *ein Fest zu Ehren* Indra's.

इन्घ् s. इध्.

इन्ध 1) Adj. *entflammend.* — 2) *m. N. pr. eines Mannes.

इन्धन n. 1) *das Anzünden, Entflammen,* in पुनरिन्धन. — 2) *Brennstoff, Brennholz.*

इन्धनवत् Adj. *mit Brennholz versehen.*

इन्धनी Adv. mit कर् *zum Brennstoff machen* Kir. 186,10.

इन्धन्वन् Adj. *flammend.*

इन्धुक m. N. pr. eines Mannes.

इन्व्, इन्, इन्वति, इनोति (इनोमसि v. l. für मिनीमसि) 1) *in Schwung —, in Bewegung setzen.* — 2) *von sich geben, ausgehen lassen.* — 3) *senden, zutheilen.* — 4) *fördern, begünstigen.* — 5) *eindringen, vordringen.* — 6) *fortdrängen, verscheuchen.* — 7) *bewältigen, bezwingen.* — 7) *= गतिकर्मन् und व्याप्तिकर्मन्. — Mit अव *herabsenden* ṚV. 7,64,2. — Mit आ *herbeisenden.* — Mit उप, उपेनित *eingezwängt, eingefügt.* — Mit प्र *emportreiben.* — Mit प्रति *Nachdruck geben.* — Mit वि 1) *wegdrängen, verscheuchen.* — 2) Jmd (Dat.) Etwas (Acc.) *zukommen lassen.* — Mit सम् 1) *zusenden, zutheilen.* — 2) *zusammenfügen, wieder herstellen* ṚV. 1,119,7.

इन्व Adj. in विश्वमिन्व.

इन्वक 1) n. Name eines Sâman. — 2) f. आ Pl. *das Mondhaus* Mṛgaçîrsha.

इन्वगा f. = इन्वका Maitr. S. 2,13,20.

इभ 1) m. oder n. *Gesinde, Dienerschaft, Hausgenossenschaft, Familie.* ṚV. 9,57,3 इभे zu vermuthen. — 2) m. *a) Elephant* Ragh. 4,47.59. °कुम्भ m. Ind. St. 14,373. Am Ende eines adj. Comp. f. आ. — *b)* Bez. *der Zahl acht* Gaṇit. 2,5. — *c)* *Mesua Roxburghii* Nigh. Pr. — 3) *f. ई *Elephantenweibchen.*

*इभकणा f. *Scindapsus officinalis* Sch.

इभकेसर m. *Mesua Roxburghii* Wight.

*इभगन्धा f. *eine best. giftige Frucht.*

*इभदन्ता f. *Tiaridium indicum.*

*इभनिमीलिका f. *das Thun, als wenn man Etwas nicht sähe.*

इभप und *इभपालक m. *Elephantenwächter.*

*इभमाचल m. *Löwe.*

*इभमूलक m. *ein best. Gras* Nigh. Pr.

*इभाख्य m. = इभकेसर.

*इभारि m. *Löwe.*

*इभावत् m. N. pr. eines Mannes.

इभ्य 1) Adj. *a) zum Gesinde gehörig, ein Höriger.* — *b) reich, ein reicher Mann* Spr. 7659. Pañkad. — 2) *f. इभ्या *a) Elephantenweibchen.* — *b) Boswellia serrata* Stackh.

*इभ्यका und *इभ्यिका Adj. Demin. f.

इभ्यतिल्विल Adj. *reich an Hörigen.*

इम Pron. *dieser, — hier.* Davon इमम्, इमाम्, इमस्य; इमौ oder इमा, इमे (f. n.); इमे, इमान् (Nom. Acc.), इमान्, इमाः und इमानि. In der klass. Spr. nur Acc. Sg. und Nom. Acc. Sg. Du. und Pl. इमे स्मः *da sind wir.* — इमास्त्वाः R. 1,12,21. इमैः (!) MBh. 1,120, 22. Kâraka 607,3.

*इमक Demin. von इम in allen Casus mit Ausnahme des Nom. Sg.

इमथा Adv. *auf diese Art.*

इम्मादिभारद्वाजाचार्य und इम्मादिसच्चिदानन्दभारत्याचार्य m. N. pr. zweier Lehrer.

इयक्ष्, ईयक्षति, Partic. auch Med. 1) Etwas (Acc.) *erflehen, ersehnen,* Jmd (Acc.) *um* Etwas (Acc.) *bitten, nach* Jmd (Gen. Acc.) *oder nach* Etwas (Acc.) *sich sehnen, verlangen.* — 2) *= गतिकर्मन्. — Mit अभि *hinstreben —, verlangen nach* (Acc.). — Mit प्र dass.

इयक्षु Adj. *verlangend.*

इयच्चिरम् Adv. *so lange* Kathâs. 6,144. *bislang, bisher, bis jetzt* 13,197. 25,238. Chr. 136,24.

इयत्तक Adj. (f. °त्तिका) *so klein, — winzig.*

इयत्ता f. *Quantität, Anzahl, Maass, Entfernung.* धवलिम्नः so v. a. *Inbegriff, Summe* Kir. 143,33.

इयध्यै Dat. Inf. *zu kommen* ṚV. 4,20,9.

इयन्त् Adj. *tantus, so gross, — viel, nur so gross, — viel, so klein, — unbedeutend* 135,1. 166,15. 248, 18. Spr. 7751. 7836.

इयम् Nom. Sg. f. *diese, — hier.* संध्या प्रवर्तते येयम् *da* (hinweisend) 70,8. येयम् 28,10. 244,8. सेयम् 248,10. 250,8. इयं सा 248,12. Ohne Beisatz so v. a. *diese Erde.*

इयर्ति s. अर्.

इयसा f. *das Einschrumpfen.*

इयसित 1) Adj. *eingeschrumpft* — 2) n. = इयसा.

इयस्य्, °स्यते *einschrumpfen* Çat. Br.

इयेष 3. Sg. Perf. von 3. इष्.

*इर्, इरति *sich bewegen.*

इरज्य्, °ज्यति, °ज्यते 1) *anordnen, befehlen.* — 2) *lenken, leiten.* — 3) *verfügen —, gebieten über* (Gen.). — 4) इरज्यन्त् durch दीप्यमान *flammend* erklärt Çat. Br. 7,3,2,22. — 5) *= परिचरणकर्मन्. — 6) *ईर्ष्यायाम्. — Mit प्र *zurichten.*

इरज्यु Adj. *mit Zurüsten beschäftigt.*

*इरण n. *salzhaltiges Land.*

इरध्, °धते, *इरध्यति zu gewinnen suchen.

(इरध्यै) इरधिये Dat. Inf. zu gewinnen.

इरंमद Adj. = इरंमद 1) Maitr. S. 1,5,3.

इरंमद 1) Adj. im Trank schwelgend, Beiw. Agni's. — 2) m. Wetterleuchten Kâd. 78,11.

इरस्य, °रस्यति missgönnen, Jmd (Dat.) neiden. — Mit अभि Jmd übelwollen.

इरस्या f. Uebelwollen.

इरा f. 1) Trunk, Labetrunk. — 2) Erquickung, Genuss, Wohlbehagen. Auch इरी. — 3) *Speise. — 4) *Wasser. — 5) ein berauschendes Getränk Bhâvapr. 4,37. — 6) *die Erde. — 7) *Rede, die Göttin der Rede. — 8) N. pr. einer Apsaras und einer Tochter Daksha's und Gattin Kaçjapa's VP. 1,15,25.

इराक्षीर Adj. (f. °री) deren Milch Sättigung (Befriedigung) ist.

*इराचर n. Hagel.

*इराज m. Bein. Kâma's ÇKDr. nach Halâj., wo aber 1,34 इरजः, d. i. इ und अज gelesen wird.

इरांद n. Name eines Sâman Ârsh. Br.

इरामय Adj. aus Saft bestehend Ait. Âr. 160,2 v. u.

इरामा f. N. pr. eines Flusses MBh. 3,188,104.

इरामुख n. N. pr. der Stadt der Asura unter dem Meru.

*इराम्बर (!) n. = इराचर.

इरावल m. N. pr. eines Schlangendämons.

इरावन्त् 1) Adj. a) mit Labetrunk —, mit Labung versehen. — b) Labung gewährend, erquickend Kauç. 20. — 2) m. a) *Meer. — b) N. pr. α) eines Sohnes des Arǵuna VP. 4,20,11. — β) v. l. für ऐरावत VP.² 2,293. — 3) f. इरावती a) *eine Art Basilicum oder dgl. Rigan. 5,89. — b) N. pr. α) der Gattin eines Rudra Bhâg. P. 3,12,13. — β) der Tochter des Schlangendämons Suçravas. — γ) eines Flusses.

*इरिका f. eine best. Pflanze. *°वन n.

इरिण n. 1) Rinnsal. — 2) Bach, Quelle. — 3) Rinne, Vertiefung, Grube im Boden. — 4) Würfelbrett. — 5) kahles, insbes. salzhaltiges Land.

इरिण्य Adj. zu ödem Lande gehörig.

इरिन् m. Zwingherr.

इरिमेद m. = अरिमेद Çâṅkh. Saṁh. 2,9,34. Madanav. 39,31.

इरिम्बिठि m. N. pr. eines Ṛshi.

इरिविल्ला, °बेल्लिका (Bhâvapr. 6,38) und °वेल्ली (Çâṅkh. Saṁh. 1,7,65) f. ein best. Ausschlag am Kopf.

इरेश m. 1) *Fürst. — 2) Bein. Brahman's, *Vishṇu's und *Varuṇa's.

*इर्कुट und davon Adj. *इर्कुटिन् gaṇa प्रेक्षादि in der Kâç.

*इर्गल und davon Adj. *इर्गलीय, *इर्गल्य gaṇa अपूपादि.

*इर्य्, इर्यति, °ते = इरस्य्.

इर्य Adj. rührig, kräftig, energisch.

*इर्वारु m. f. Cucumis utilissimus Roxb.

*इर्वारुशुक्तिका f. Cucumis momordica Roxb.

*इर्वालु = इर्वारु.

इल् 1) इलति a) kommen VP.² 3,234. — b) *स्वप्नक्षेपणयोः. — 2) इलयति stillstehen, sich nicht rühren, zur Ruhe kommen. इळयति fehlerhaft. — Caus. *एलयति (प्रेरणे). — Mit अव (एलयति) zur Ruhe kommen.

इल und इला s. इड und इडा.

इलय Adj. in अनिलय.

इलव m. Pflüger, Bauer.

इलविल m. und f. °ला (VP. 4,1,19,b) v. l. für इडविड, °डा.

इलासंवर्तम् Absol. in Erde eingehüllt Çâṅkh. Çr. 17,5,6.

इलादध = इडादध.

इलादुर्ग n. N. pr. einer Oertlichkeit.

इलांद n. Name eines Sâman Maitr. S. 4,2,1. 7. Lâṭj. 7,7,12. 8,12. 10,9,6.

इलावृत N. pr. 1) m. eines Sohnes des Agnîdhra VP. 2,1,17.20. — 2) n. eines Varsha VP. 2,2,14.22.

इलास्पद n. N. pr. eines Tîrtha MBh. 3,83,77.

*इलिका f. die Erde.

इलिना f. N. pr. einer Tochter Jama's VP.² 4,131.

इलिनी f. N. pr. einer Tochter Medhâtithi's. ईलिनी v. l.

इलिविल m. N. pr. eines Sohnes des Daçaratha VP. 4,4,38. Vgl. इडविड.

*इली f. v. l. für इल्ली.

इलीविश m. N. pr. eines Dämons.

*इलीश m. = इल्लिश.

इलुवर्द m. von unbekannter Bed. TBr. 3,8,20,5.

*इलूष m. N. pr. eines Mannes. Vgl. ऐलूष.

इल्य m. ein best. mythischer Baum.

इल्लक m. ein Mannsname.

*इल्लल m. ein best. Vogel.

*इल्लिश, इल्लिस (Bhâvapr. 2,12) und *इल्लीस m. Clupea alosa.

*इल्वका f. Pl. fehlerhaft für इन्वका.

इल्वल 1) m. a) *ein best. Fisch. — b) N. pr. eines Daitja, eines Bruders des Vâtâpi. — 2) *f. आ Pl. die fünf Sterne im Haupt des Orion. Vgl. इन्वका.

*इल्वलारि m. Bein. Agastja's Gal.

इव Adv. Ausnahmsweise am Anfange eines Stollens 118,12. 1) gleichwie, wie. गुणानामिव रत्नानाम् sowohl der Tugenden als auch der Juwelen 123,26. — 2) gleichsam, gewissermaassen, so zu sagen. Nach einem Infin. so v. a. als wenn es sich darum handelte zu — 118,22. — 3) beinahe, fast, ungefähr, etwa. — 4) ein wenig, etwas. — 5) nach einem Interrogativum so v. a. wohl. — 6) oft wie एव durch eben, gerade, nur, oder bloss durch stärkere Betonung des vorangehenden Wortes wiederzugeben. उष्णमिव भस्म möglichst heisse Asche AV. Paiçâć. 1,3.

इवर्ण m. der Laut इ oder ई VS. Prât. TS. Prât.

इवीलक m. N. pr. eines Sohnes des Lambodara. द्विवीलक v. l.

1. इष्, इषति, एषति (mit अनु), इष्यति und इष्णाति (*आभीक्ष्ण्ये). Auch Med. 1) in rasche Bewegung setzen, schnellen, schleudern. — 2) aussenden. — 3) aus sich entlassen, aussprechen, verkünden. — 4) Jmd antreiben, bewegen, erregen, anregen, aufmuntern, beleben, fördern. — 5) schleudernd treffen. — 6) vordringen, zustreben, hinstreben zu (Dat. Loc.). — 7) एषते suchen Bhâg. P. 3,13,44. 9,4,32. — Mit प्राधि in प्राध्येषण. — Mit अनु, अन्विष्यति (MBh. 3,271,38), अन्वेषति, °ते und अन्विच्छति, °ते hinterhergehen, nachgehen, suchen, sich umsehen nach 30,3. 130,24. MBh. 1,125,24. Çiç. 32,13. durchsuchen. — Mit समनु (इष्यति) aufsuchen Bâlar. 107,22. — Mit अपि Med. nachstreben, nachzukommen suchen; mit Loc. — Mit परि (एषति) herumsuchen nach MBh. 13,85,19. Med. Sâdh. P. 4,34,b. — Caus. dass. Sâdh. P. 4,18,b. 81,b. — Mit प्र Act. Med. 1) forttreiben, antreiben; aussenden. — 2) auffordern (einen andern Priester) zu (einer Recitation oder Handlung, im Acc.). प्रेष्य mit Acc. oder Gen. fordere auf zur Recitation oder Darbringung von; bisweilen auch so v. a. bringe dar. Mit Dat. fordere auf zur Darbringung oder Recitation für. — Caus. प्रेषयति, °ते 1) schleudern, werfen. — 2) schicken, senden, entsenden in (Acc.), zu (Dat.), gegen (प्रति). — 3) fortschicken, entlassen. — 4) Jmd (Gen.) eine Botschaft senden. — प्रेषित auch fehlerhaft für प्रोषित. — Mit अनुप्र Caus. nachsenden, hinsenden, aussenden. — Mit अभिप्र 1) auffordern. — 2) anbefehlen, s. अनभिप्रेषित. — Mit उपप्र 1) antreiben. — 2) auffordern (in liturg. Sinne). — Mit निप्र in पृश्निनिप्रेषित. — Mit परिप्र Caus. aussenden. — Mit संप्र auffordern (in liturg. Sinne). — Caus. 1) senden, schicken, fortschicken, entlassen. — 2) Jmd (Gen.) eine Botschaft senden. — 3) richten (die Gedanken) auf (Loc.) Lalit. 216,16. — Mit सम् in समिष्.

2. इष् Adj. eilend, in अरमिष्.

3. इष्, इच्छति, °ते (in der älteren Sprache und im Epos) 1) suchen, aufsuchen. — 2) mit मैथुनम् haben

wollen, herbeiwünschen, erwünschen. — 3) मनः Jmds Herz zu gewinnen suchen. — 4) zu gewinnen —, sich zu verschaffen suchen, erwünschen, wünschen, haben wollen, verlangen, belieben. a) mit Acc. — b) mit zwei Acc. wünschen, dass sei 41,21. 43,8. 71,20. Âpast. 2,23,1.6. — c) mit Acc. und Abl. (90,28) oder Loc. Etwas von Jmd oder Etwas zu erhalten suchen, erwarten, sich Etwas von Jmd erbitten. Meistens Med. — d) mit Infin. Willens —, im Begriff sein, im Sinne haben zu. Mit न sich weigern zu 212,17. — e) mit Acc. und Inf. α) in act. Bed. यदि मां स जीवितुमिच्छसि (v. l. चेज्जीवन्तम्) wenn du wünschest, dass ich am Leben bleibe. — β) mit pass. Bed. यत्सर्वैर्ज्ञेयमिच्छति ज्ञातुम् (man könnte ज्ञातम् vermuthen) wovon er wünscht, dass es Jedermann wisse. — f) mit Potent. oder Imperat. wünschen, dass. Zu belegen nur Potent. mit इति, wobei die Person, von der man Etwas wünscht, im Acc. steht. — g) ohne Ergänzung wollen, geneigt —, einverstanden sein. Mit न nicht einverstanden sein, sich weigern 42,13. — 5) nach Belieben wählen M. 8,381. — 6) anerkennen, annehmen, statuiren 238,9. mit zwei Acc. dafür halten, dass Etwas sei. — Pass. इष्यते (इष्यति MBh. 3,88 fehlerhaft) 1) gewünscht —, gern gesehen werden. ज्ञापयितुमिष्यमाणः von dem man Etwas zu wissen thun will 222,33. — 2) verlangt —, gefordert werden, vorgeschrieben sein. — 3) gebilligt —, anerkannt —, angenommen werden, für Etwas angesehen werden, gelten. भर्तुरेव तदिष्यते das wird als dem Gatten angehörend angesehen. — Partic. इष्ट s. besonders. — Caus. 1) एषयति sondiren Suçr. 2,7,15. — 2) इच्छयामि R. 7,59,2. 13 = इच्छामि ich bin Willens. — Mit अधि, Partic. अधीष्ट um Unterweisung freundlich angegangen (Lehrer). — Mit अनु suchen, forschen nach, aufsuchen, durchsuchen; zu erlangen suchen, streben —, verlangen nach. — Caus. अन्वेषयति 1) suchen. — 2) warten auf (einen Zeitpunkt). — Mit पर्यनु umhersuchen. — Mit समनु durchsuchen. — Mit अच्छा herbeiwünschen, begehren ṚV. 7,61, 8. — Mit अभि 1) aufsuchen, erstreben. — 2) wünschen, wollen, beabsichtigen; mit Infin. — Partic. अभीष्ट erstrebt, erwünscht, genehm, lieb; m. Liebling, Geliebter. °वर्षिन् erwünschten Regen sendend Spr. 4315. °तम Adj. überaus lieb. — Mit परि herumsuchen nach (Acc.) Kâlid. Up. 1,11,2 (पर्येषिषम् zu lesen). — Mit प्रति 1) suchen ṚV. 10, 129,4. — 2) entgegennehmen, empfangen von (Gen.) 68,33. — 3) auffangen in (Loc.) Bhâg. 206,12. Pañcar. 118,23. — 4) annehmen (Worte, einen Befehl), so v. a. achten auf. — Mit वि suchen.

4. इष् 1) Adj. suchend u. s. w. in गविष्, नमिष्, पश्विष्. — 2) *f. Wunsch, in *इष्ट्वर.

5. इष् f. Sg. und Pl. 1) Trank, Labung, Erquickung. — 2) Trankopfer, Spende. — 3) die erquickenden Gewässer des Himmels. — 4) Kraft, Frische; Wohlsein, Gedeihen, Wohlstand. In Verbindung mit ऊर्ज् so v. a. Saft und Kraft.

1. इष 1) Adj. suchend, in गविष.

2. इष 1) Adj. a) wohlgenährt, fett ṚV. 10,106,5. — b) saftig, fruchtbar ṚV. 1,165,15. 159,8. — 2) m. a) ein best. Herbstmonat (Âçvina). — b) N. pr. eines Ṛshi Bhâg. P. 4,13,12.

इषणय्, °यते bewegen, anregen ṚV.

इषणिषा (für इषणिषा) optat. Inf. möge entlassen, — ausspritzen.

इषण्य्, इषण्यति zur Eile antreiben, herbeitreiben, anregen. Partic. इषण्यत्. — Mit सम् zusammentreiben.

इषण्या f. Anregung, Antrieb.

इषध्यै Dat. Inf. anzutreiben, zu erregen ṚV. 7,43,1.

इषंधर m. Pl. Bez. der Çûdra in Plakshadvipa Bhâg. P. 5,20,11.

इषंभर m. der Hüter des Monats Âçvina.

इषय्, इषयति, °ते 1) frisch —, rege —, rührig —, kräftig sein. इषयते Dat. Partic. — 2) erfrischen, stärken, beleben.

इषयध्यै Dat. Inf. um zu erfrischen, — laben.

इषयु Adj. frisch, kräftig.

इषव्य Adj. pfeilkundig. Vgl. अनिषव्य.

इषस्तुत् oder इषःस्तुत् f. Lob des Gedeihens, — Wohlstandes.

इषि 1) f. Erquickung, Labung. Dat. als Infin. ṚV. 6, 52,15. — 2) इषयस् Nom. Pl. v. l. im SV. zu इषस् im ṚV.

°इषिका f. = इषीका 1) Pinsel. — 2) Augapfel des Elephanten.

इषितत्वता Instr. mit Begeisterung.

*इषितसेन m. N. pr. eines Mannes Nir. 2,11.

इषिध् f. Spende, Gabe.

इषिर 1) Adj. a) erquickend, erfrischend. — b) frisch, blühend. — c) kräftig, muthig, rüstig, rasch, munter. °म् Adv. — 2) *m. Bein. Agni's.

इषीक oder ऐषीक m. Pl. N. pr. eines Volkes.

इषीकतूल n. Schilfrispe.

इषीका f. 1) Rohr, Binse, Schilfhalm. Häufig besprochen und als Zaubermittel, insbes. als Pfeil, gebraucht. इषीकातूल n. Schilfrispe. इषीकास्त्र n. ein Schilfhalm als Wurfgeschoss. इषीकाटवी f. Röhricht. — 2) *Saccharum spontaneum. — 3) *Pinsel. — 4) Augapfel der Elephanten.

इषु m. f. 1) Pfeil. — 2) इषुत्रिकाण्डा und °काण्डा ein best. Sternbild. — 3) Sinus versus. — 4) eine best. Soma-Feier. — 5) Bez. der Zahl fünf. — 6) eine best. Constellation.

इषुक 1) *Adj. pfeilartig. — 2) am Ende eines adj. Comp. (f. आ) Pfeil. — 3) f. इषुका a) Pfeil. — b) f. N. pr. einer Apsaras VP.[2] 2,81.

*इषुकामशमी f. N. pr. einer Oertlichkeit, in प्रारेषु° (Kâç. zu P. 2,1,50) und पूर्वेषु°.

इषुकार m. Pfeilmacher Kap. 4,11.

1. इषुकृत् m. dass.

2. इषुकृत् (für इष्कृत्) Adj. zurüstend ṚV. 1,184,3.

इषुक्षेप m. Pfeilschussweite Lâṭy. 341,16.

इषुधि m. *f. Köcher.

इषुधिमन्त् Adj. mit einem Köcher versehen.

इषुध्य्, °ध्यति 1) flehen um (Dat.), Jmd (Acc.) anflehen. — 2) *शाधारणे.

इषुध्या f. das Flehen.

इषुध्यु Adj. flehend.

इषुप m. N. pr. eines Asura. इषुपद् v. l.

इषुपथ m. Pfeilschussweite.

इषुपद् m. (stark °पाद्) N. pr. eines Asura MBh. 1,67,20. इषुप v. l.

इषुवर्षिन् Adj. nach Sây. Pfeile schleudernd Çat. Br. 13,4,2,3.

*इषुपुष्पा und *°पुष्पिका f. die Indigopflanze Râǵan. 4,79.

इषुबल Adj. durch Pfeile stark.

इषुभृत् Adj. Pfeile tragend, Bogenschütze.

इषुमन्त् und इषुमन्त् (einmal) Adj. mit Pfeilen versehen.

1. इषुमात्र 1) n. die Länge eines Pfeils Âpast. 1,15,19. — 2) °त्रम् so weit ein Pfeilschuss reicht.

2. इषुमात्र Adj. (f. ई) die Länge eines Pfeils (etwa drei Fuss) habend.

*इषुमार्ग m. Luftraum Gal.

इषुवध m. Tod durch einen Pfeil Çat. Br. 5,4,2,2.

इषुसाह्व m. eine best. Pflanze.

इषुहत Adj. durch einen Pfeil getödtet Tâṇḍja-Br. 22,14,3.

इषूय्, इषूयति streben, strebsam sein. इषूयते Dat. Partic.

°इषेत्वक Adj. die Worte इषे त्वा (VS. 1,1) enthaltend.

इषोवृधीय n. Name eines Sâman Lâṭy. 2,6,16.

इष्कर्तृ Nom. ag. Zurüster, Anordner.

इष्कृताहाव Adj. dessen Eimer bereit ist.

इष्कृति f. Heilung ṚV. 10,97,9.

1. इष्ट 1) Adj. a) gesucht. — b) erwünscht, gewünscht, gern gesehen, beliebt, genehm, lieb. °तर und °तम lieber als (Instr.) °तम mit einem passivisch auf-

zufassenden Inf. 234,32. — c) günstig, faustus. Tag 19,11. — d) für gut erachtet, angenommen, Geltung habend, erachtet für (Nom.) 253,32. °तम für den besten erachtet. — 2) * m. Ricinus communis. — 3) * f. ष्टा Mimosa Suma Roxb. Rāǵan. 8,32. — 4) n. Wunsch, Verlangen 96,2. 116,8.

2. इष्ट 1) Adj. geopfert. — 2) m. Opfer Mahâbh. P. 13,14. (vielleicht इष्टश्च पूर्तश्च zu lesen). — 3) n. a) das Opfern, Opfer 329,7 (Pl.). — b) * = संस्कार. — c) * = योग.

इष्टकचित Adj. mit Backsteinen belegt.

इष्टकर्मन् n. eine mathem. Operation mit einer beliebig angenommenen Zahl Lîlâv. 14. fg. Colebr. Alg. 23.

इष्टका f. Ziegel, insbes. gebrannter Backstein.

इष्टकागृह n. ein Haus aus Backsteinen Spr. 1850, v. l.

इष्टकाचिति f. Backsteinschichtung Çat. Br. 10, 1,2,3.

इष्टकापथ (Bhâvapr. 1,190), *°थक und *°थिक (Râǵan. 12,52) n. die Wurzel von Andropogon muricatus.

इष्टकापशु m. ein Thieropfer bei Gelegenheit der Backsteinbereitung Mahîdh. zu VS. 27,29.

इष्टकापूरण n. Titel eines Werkes Ind. St. 13,263.

इष्टकामदुह् f. (Nom. °धुक्) die alle Wünsche melkende (gewährende) Wunderkuh.

इष्टकामात्रा f. das Maass der Backsteine Çat. Br. 8,7,2,17.

इष्टकालय n. ein Haus aus Backsteinen Spr. 1850.

*इष्टकावत् und *°वत् Adj. von इष्टका.

इष्टकासंपद् f. Vollzahl —, Harmonie der Backsteine Çat. Br. 10,4,3,6.

इष्टकृत् Adj. das Opfer zu Stande bringend Cit. im Comm. zu Kâty. Çr. 5,9,10.

इष्टैकशतविध Adj. den 101 Backsteinen entsprechend Çat. Br. 10,2,6,11.

इष्टगन्ध 1) Adj. wohlriechend Suçr. 2,180,5. — 2) *n. Sand.

*इष्टगन्धि Adj. wohlriechend Gal.

इष्टजन m. geliebte Person, Geliebter, Geliebte.

इष्टदर्पण m. Titel eines Werkes.

इष्टदेवता f. die besonders verehrte Gottheit einer Person oder Secte, Schutzgottheit.

इष्टनि Adj. rauschend.

इष्टयजुस् Adj. der einen Opferspruch gesprochen hat.

इष्टयामन् Adj. dessen Gang dem Wunsche entspricht.

इष्टरश्मि Adj. dessen Zügel (Zeug überh.) dem Wunsche entsprechen.

इष्टर्ग (für निष्टर्ग) m. Vor- oder Nebenkämpfer zur Deckung des Hauptkriegers.

इष्टव्रत Adj. dem Wunsche gehorchend.

इष्टसंपादिन् Adj. Gewünschtes verschaffend.

इष्टस्विष्टकृत् Adj. dem ein Svishṭakṛt dargebracht ist Çat. Br. 4,3,2,7.

इष्टाकृत MBh. 3,10513 fehlerhaft für इष्टीकृत.

इष्टापूर्त n. Sg. und Du. Erstrebtes (auch Eropfertes) und Lohn, d. h. erworbener Schatz (Verdienst) frommer Werke; also Anspruch an den himmlischen Lohn. Später aufgefasst als Opfer und fromme Werke.

इष्टापूर्ति f. Opfer und fromme Werke Brahmop. 243.

इष्टापूर्तिन् Adj. das Verdienst der Opfer und frommen Werke habend TS. 1,7,3,3.

1. इष्टार्थ m. etwas Erwünschtes, — Angenehmes AK. 3,1,9.

2. इष्टार्थ Adj. der das gewünschte Ziel erreicht hat MBh. 13,164,10. R. 2,25,36.

इष्टावत् Adj. das Gewünschte besitzend.

इष्टाश्व (viersilbig) Adj. dessen Rosse dem Wunsche entsprechen.

इष्टाहोत्रीय n. Name eines Sâman Lâṭy. 1,6,3.

इष्टाहोम्य n. dass. Maitr. S. 4,9,11.

1. इष्टि f. 1) Beschleunigung, Antrieb, Anregung. — 2) Aufforderung, Geheiss. — 3) Stärkung, Förderung. — 4) Förderer, Helfer.

2. इष्टि f. 1) das Suchen, Aufsuchen, Nachgehen. Häufig nach Art eines Infin. construirt. — 2) Wunsch, Bitte, Verlangen. — 3) Ausspruch einer Autorität.

3. इष्टि f. Opfer, insbes. die Darbringung eines einfachen, aus Butter, Früchten und dgl. bestehenden Opfers im Unterschied vom feierlichen Thier- oder Soma-Opfer.

इष्टिका f. fehlerhaft für इष्टका.

*इष्टिकापथ m. = इष्टकापथ.

इष्टिकापुर n. N. pr. einer Stadt.

इष्टित्व n. Nom. abstr. von 3. इष्टि Ait. Br. 1,3. Gaut. 5,8,7.

इष्टिन् Adj. der geopfert hat.

*इष्टिपच und *इष्टिमुष् m. ein Asura.

इष्टियाजुक Adj. ein Ishṭi genanntes Opfer darzubringen pflegend Çat. Br. 14,1,2,3.

इष्टिरूप n. die Eigenthümlichkeit des Ishṭi-Opfers Çat. Br. 1,6,2,12.

इष्टिश्राद्ध n. ein best. Todtenmahl VP.[2] 3,139. fg.

इष्टिहौत्र n. Verrichtung des Hotar bei der Ishṭi Comm. zu TBr. 3,5,1.

इष्टीकृत n. eine best. grosse Soma-Feier MBh. 3,129,1. 260,4.

*इष्टु f. Wunsch, Verlangen.

इष्ट्ययन n. eine ein Jahr lang dauernde Opferfeier.

इष्ट्वा Absol. von यज्.

इष्णुच् das Suffix इष्णु 238,27.

*इध्म m. 1) Frühling. — 2) Liebe, Liebesgott.

इष्मिन् Adj. treibend, eilig, stürmisch.

*इष्य m. = इध्म 1).

इषव्य n. Pfeilspitze.

*इषव्योप Adj. von इषव्य.

*इषानीक n. Pfeilspitze. Davon *°कीय Adj.

इषासन n. Bogen.

इषास्त्र n. Pfeile und andere Geschosse.

इषायुध n. Pfeil und Waffen.

इष्वास m. 1) Pfeilschütze. — 2) Bogen 228,1.

1. इस् Präp. = निस्.

2. *इस् Interj. कोपे, संतापे, दुःखभावनायाम्.

इह Adv. 1) hier, hierher. — 2) hienieden. In gebundener Rede oft als blosses Flickwort verwendet. — 3) in einem Buche a) hier in diesem Lehrbuch oder System. — b) im Folgenden 225,27. 228,13. 230,2. 231,16. 232,1. 234,25. — 4) vor einem Subst. im Loc. so v. a. यस्मिन्, यस्याम्. Auch substantivisch so v. a. in —, an ihm u. s. w.; statt Loc. Du. 181,2. — 5) jetzt, nun, im Augenblick 51,4. 61,20. 81,14. — 6) इहेह hier und da; von da und dort; jetzt und jetzt, d. i. wiederholt.

इहकार m. das Wort इह Lâṭy. 7,8,5.

इहक्रतु Adj. dessen Wille hierher geht.

इहचित्त Adj. dessen Gedanken hierher gehen.

इहत्य Adj. hiesig. *°क (f. °त्यिका) dass.

*इहत्र Adv. hienieden.

*इहद्वितीया und *इहपञ्चमी f. gaṇa मयूरव्यंसकादि.

इहभोजन Adj. dessen Habe hierher kommt.

इहलोक m. die Welt hienieden 264,9. Spr. 6771. °स्थ MBh. 14,35,13. 47,6.

इहवस् n. Name verschiedener Sâman Lâṭy. 7,8,9.

इहशिल्प n. ein Kunstwerk von Menschenhand.

इहस्थ Adj. (f. स्था) hier seiend, — befindlich, — bleibend 308,16. 322,15. 325,6. Bilh. 156,3. 280,4.

इहस्थान Adj. dessen Standort hier auf Erden ist.

इहात्मनिका (sic) Rasik. 108,117 in zwei selbständige Worte (इह und आत्मनिका) zu zerlegen.

इहामुत्रफलभोगविराग m. Gleichgültigkeit gegen die Genüsse des Lohns in dieser und in jener Welt 255,18. 28.

इहार्थ Adj. für diese Welt nützlich MBh. 12,239,2.

इहेहमातृ Adj. Du. von deren Müttern die eine hier die andere dort ist.

1. *ई Interj. क्रोधे, दुःखभावने, प्रत्यक्षे, संनिधौ, विषादे, अनुकम्पायाम्.

2. ई in ईमहे s. 3. इ.

3. *ई (Nom. ई oder ईस्) f. Bein. der Lakshmî.

4. ई = ईस्.

ईकार m. der Laut ई AV. Prât. 1,74.

ईक्ष्, ईक्षते (Act. selten) 1) sehen, blicken, hinblicken, anblicken, erblicken; mit Acc. oder Loc. — 2) mit dem geistigen Auge schauen, bei sich denken, auf einen Gedanken kommen, eine Betrachtung anstellen (insbes. von höhern Wesen). — 3) Etwas (Acc.) mit dem geistigen Auge schauen, — wahrnehmen. — 4) achten —, Rücksicht nehmen auf (Acc.) 112,18. — 5) Etwas (Acc.) erwarten. — 6) *Jmd (Dat.) wahrsagen P. 1,4,39; vgl. Kâç. — Caus. ईक्षयति hinsehen lassen nach (Acc.). — Mit अधि (?) erwarten, befürchten, besorgen Spr. 6897, v. l. — Mit अनु und समनु 1) in einer Richtung hinsehen, Jmd nachsehen. — 2) im Auge behalten. — Mit अप 1) wegsehen, sich umsehen. — 2) es auf Jmd (Acc.) abgesehen haben, lauern auf. — 3) achten —, Rücksicht nehmen auf 163,29. — 4) warten auf, erwarten Spr. 7829. harren auf 436 (Conj.). — 5) befürchten, besorgen Spr. 6897. — 6) erheischen, erfordern, voraussetzen 282, 2. bedingt sein durch (Acc.) Kâraka 3,8. — 7) mit न nicht ansehen können, — leiden. — Mit व्यप 1) gehörig Acht geben R. 2,86,19. — 2) achten —, Rücksicht nehmen auf. — Mit अभि hinblicken auf (Acc.). — Mit अव 1) hinsehen nach, ansehen, betrachten. — 2) erblicken, wahrnehmen, bemerken 104,16. in Erfahrung bringen Kathâs. 18,191. — 3) sein Augenmerk richten auf, berücksichtigen, erwägen, in Betracht ziehen. — 4) erwarten, hoffen auf. — Caus. Jmd (Acc.) veranlassen hinzusehen. — Mit अन्वव 1) hinsehen auf MBh. 14,50,32. सर्वतस् nach allen Seiten ausschauen. — 2) in Augenschein nehmen, untersuchen. — 3) schauen, wahrnehmen, bemerken — 4) eine Betrachtung anstellen, bei sich denken. — 5) in Betracht ziehen, erwägen, berücksichtigen 77,27. 78,11. — Mit अभ्यव anblicken. — Mit उपाव hinblicken, hinunterblicken. — Mit न्यव erwägen MBh. 12,137,64. — Mit निरव in Betracht ziehen, berücksichtigen. — Mit पर्यव 1) von allen Seiten anschauen MBh. 14,21,9. — 2) hinabschauen auf Kaush. Up. 1,4. — Mit प्रत्यव 1) anschauen. — 2) besichtigen, in Augenschein nehmen, nachsehen wie es sich mit Jmd oder Etwas verhält, prüfen. — 3) in Betracht ziehen, erwägen, berücksichtigen. — Mit समव 1) ansehen, betrachten, um sich sehen, zu Gesicht bekommen. — 2) mit dem geistigen Auge betrachten, nachdenken. — 3) in Betracht ziehen, erwägen, berücksichtigen, sich kümmern um Spr. 620. — 4) Etwas anerkennen, für nöthig erachten. — Caus. sehen lassen. — Mit आ ansehen MBh. 3,71,19. — Mit उद् 1) hinaufblicken zu. — 2) ansehen, erblicken, schauen, sehen. — 3) (eine Zeitlang) zusehen, warten. — 4) erwarten. — Caus. 1) hinaufsehen lassen. — 2) zusehen, warten. — Mit अभ्युद् hinsehen nach, auf. — Mit प्रत्युद् anschauen, erblicken. — Mit समुद् 1) aufschauen, hinaufschauen R. 3,73,3. — 2) hinschauen nach Spr. 1318. ansehen Chr. 57,18. erblicken. — 3) wahrnehmen, bemerken. — 4) an Jmd denken, auf Jmd Rücksicht nehmen MBh. 5,178,7. — Mit उप 1) zusehen. — 2) hinblicken auf. — 3) erschauen. — 4) zusehen, zuwarten. — 5) übersehen, nicht beachten, vernachlässigen. — 6) nachsehen, Etwas geschehen lassen, leiden Spr. 162. — 7) es nicht genau mit Etwas (Acc.) nehmen, nicht bestehen auf Spr. 7641. — 8) harren auf (fehlerhaft für अप) Spr. 436. — Mit अभ्युप nachsehen, Etwas geschehen lassen MBh. 12,5,19. — Mit समुप nicht beachten, vernachlässigen. — Mit निस् hinsehen, schauen nach, umherschauen, ansehen, betrachten, gewahren. Auch vom aspectus planetarum. — Mit संनिस् 1) erblicken. — 2) einsehen, erkennen. — Mit परा hinblicken (neben sich). — Mit परि 1) um sich hinsehen, genau hinsehen nach, prüfen, untersuchen. — 2) erkennen, finden dass Spr. 1834, v. l. — Caus. prüfen —, untersuchen lassen. — Mit उपपरि erkennen, finden dass Lalit. 216,14. — Mit प्र 1) hinsehen, zusehen, ansehen, erblicken, gewahren. — 2) ruhig ansehen, zugeben dass MBh. 1,12,66. — Mit अनुप्र nachschauen MBh. 3,268,13. — Mit अभिप्र ansehen, hinsehen, erblicken. — Mit समभिप्र dass. — Mit आप्र Hip. 3,21 fehlerhaft für संप्र. — Mit उत्प्र 1) zu Jmd hinaufschauen um seinen Worten zu lauschen. — 2) anschauen, hinschauen Kâd. 135,13. — 3) erwarten Bâlar. 38,7. — 4) mit Sehnsucht zurückdenken an Spr. 2071. — 5) uneigentlich —, bildlich gebrauchen, — benennen 248,23. übertragen auf (Loc.). — 6) Etwas (Acc.) irrthümlich für Etwas (Acc.) ansehen Kâd. 264,19 fälschlich voraussetzen, sich einbilden Vrsh. 36. — 7) Jmd (Loc.) Etwas zuschreiben, imputare Çaṁk. zu Bâdar. 2,2,10. — Mit उपप्र übersehen, nicht beachten MBh. 1,74,25. — Mit विप्र 1) hierher und dorthin schauen. — 2) betrachten (?). — Mit संप्र 1) ansehen, betrachten, erblicken, gewahr werden. — 2) in Betracht ziehen, erwägen. — Mit अभिसंप्र ansehen, gewahr werden. — Mit प्रति 1) zusehen. — 2) hinblicken auf. — 3) erblicken. — 4) erwarten, abwarten, warten auf. प्रतीक्ष्य so v. a. ganz allmählich Mudrâ. 48,19. — 5) Geduld mit Jmd (Acc.) haben M. 9,77. — Mit संप्रति warten, warten auf. संप्रतीक्ष्य so v. a. lange. — Mit वि 1) sehen, schauen, hinsehen, ansehen, erblicken. Auch vom aspectus planetarum. हृदि im Herzen schauen, so v. a. nachdenken. Pass. aussehen. — 2) sich über Etwas Gewissheit verschaffen, erfahren 128,29. 318,8. erkennen, unterscheiden. — 3) für angemessen erkennen. — 4) durchsehen, so v. a. lesen, studiren. — 5) ansehen als, sich gegen Jmd benehmen. पितृवत् wie gegen einen Vater. — Mit अनुवि 1) sich umschauen, hinsehen auf, nach, erblicken. अन्ववीक्षेताम् = अनुव्यैक्षेताम् MBh. 4,38,3. — 2) prüfen, untersuchen. — Mit समनुवि erblicken Spr. 7813. — Mit अभिवि 1) ansehen, erblicken, gewahren 103,31. — 2) sein Augenmerk auf Etwas richten, prüfen, untersuchen. — 3) auf Jmd schauen, sich gegen Jmd benehmen. पितृवत् wie ein Vater MBh. 13,11,24. — Mit समभिवि gewahr werden. — Mit उद्वि 1) hinaufschauen. — 2) schauen auf, nach, hinblicken auf 297,4. — 3) gewahr werden R. 3, 8,8. sich einer Sache bewusst werden Spr. 892. — Mit समुद्वि ansehen, erblicken. — Mit उपवि 1) hinschauen nach. — 2) für angemessen erkennen Bhaṭṭ. 4,181. — Mit प्रतिवि hinsehen auf, gewahr werden. — Mit संवि gewahr werden Spr. 1381. — Mit अभिसंवि anstarren Kâd. 74,10. — Mit सम् 1) hinsehen, hinblicken, anschauen, erblicken, sehen. — 2) gewahr —, inne werden, sich überzeugen von, Gewissheit erlangen. — 3) ausfindig machen, erdenken. — 4) sein Augenmerk richten auf, denken an, es abgesehen haben auf. — 5) in Betracht ziehen, untersuchen, prüfen, überlegen. — 6) Jmd (Acc.) bestimmen zu (Acc.) R. 2,15,9. — समेक्षत MBh. 14,2261 fehlerhaft für समैक्षत. — Caus. Act. Med. 1) Jmd (Acc.) Etwas oder Jmd (Acc. oder Instr.) sehen lassen. — 2) sich sehen lassen. — Mit अनुसम् im Auge haben. — Mit अभिसम् 1) erblicken. — 2) einsehen, gewahr —, inne werden Suçr. 1,3,9. 60,14. 2,47,9. ṚV. Prât. 17,14. — 3) in Betracht ziehen, bedenken. °मीक्ष्य mit Rücksicht auf Kâraka 3,8. 4,6. 6,1. Suçr. 1,30,21. — Mit प्रसम् 1) sehen, ansehen, erblicken, gewahren. — 2) lauern auf. — 3) in Betracht ziehen, erwägen. — 4) erklären für (Acc.) MBh. 3,180,30. 36. — Mit प्रतिसम् anstarren.

ईक्ष 1) Adj. (f. ई) sehend, blickend, in तिर्यगीक्ष. वधीक्षाः प्रति zu den (Weibern), welche kommen, um die junge Frau zu sehen Kauç. 77. — 2) m.

f. oder n. *Masche*, in तुदेक्त (v. l. तुद्राक्ष) Adj. *feinmaschig*. — 3) f. आ a) *Blick, Anblick*. — b) *Betrachtung, Erwägung*. — 4) ईक्ष n. ein zur Erklärung von घसारिक्ष erfundenes Wort.

ईक्षक m. *Zuschauer* Gobh. 2,2,11.

ईक्षण n. 1) *das Sehen, Hinsehen, Erblicken, Gewahrwerden* Lâṭy. 5,5,2. Chr. 135,15. 290,28. पावदीक्षणम् so v. a. *einen Augenblick*. — 2) *das Nachsehen, Sichkümmern um, Besorgen*. — 3) *Auge*. Am Ende eines adj. Comp. f. आ.

ईक्षणपथ m. *Gesichtskreis* 311,26.

ईक्षणश्रवस् m. *Schlange* MBh. 1,37,39.

ईक्षणिक (* f. आ) und ईक्षणीक m. *Wahrsager*.

ईक्षणीय Adj. *zu sehen, zu Gesicht kommend* Spr. 8073.

ईक्ते in वधीक्ताम् Kauç. 77 fehlerhaft für वधोक्ती; s. u. ईक्ष 1).

ईक्षित n. *Blick* Çiç. 44. Pańk. 108,11.

ईक्षितर् Nom. ag. *der da sieht, — schaut*. ब्रह्मेक्षितृ जगत् *das Brahman schaut die Welt* Çaṁk. zu Bâdar. S. 1033, Z. 4.

°ईक्षिन् (Conj.) Adj. *ein Auge habend* für Spr. 2904.

ईक्षे 1. Sg. Med. von ईक्ष् und 2. Sg. Med. von ईश्.

(ईक्षेण्य) ईक्षेणिय Adj. *sehenswerth*.

*ईख्, ईखति v. l. für ईङ्ख्.

ईङ्ख्, ईङ्खति, *ईङ्खते (गतिकर्मन्). — Caus. ईङ्खयति *schwankend bewegen, schaukeln*. — Mit समा, सम्बेङ्ख Ait. Br. 8,9 fehlerhaft für समिङ्खयस्व. — Mit परि, परीङ्खयाते AV. v. l. für परीङ्ख° des ṚV. — Mit प्र *erzittern*. Med. Ait. Âr. 400,12. — Caus. *schaukeln*. Med. *sich schaukeln*.

ईङ्खन n. *das Schaukeln*.

°ईङ्खय Adj. *in Bewegung setzend*.

ईङ्खयति Çat. Br. 14,9,4,22 fehlerhaft für इङ्खयति.

ईज्, *ईजति, °ईजति (गतिकुत्सनयोः), ईजते. — Mit अप Med. *wegtreiben*. — Mit सम् Med. *zusammentreiben*.

ईजान Partic. Perf. von यज्.

ईजिक m. Pl. N. pr. eines Volkes MBh. 6,9,52.

ईजिनुम् MBh. 2,33,6 = यष्टुम्. ईजिरे 3. Pl. Perf. Med. und ईजे 1te und 3te Sg. Perf. Med. von यज्.

1. ईड्, ईट्टे 1) *Jmd* (Acc.) *anflehen —, bitten um* (Acc., Gen. oder Dat.). — 2) *Jmd* (Dat.) *Etwas* (Acc.) *darbringen* ṚV. 3,12,6. — 3) *preisen, loben*. — 4) *°in Bewegung setzen, erzeugen* (ईट्टे = ईर्ते). — Caus. ईडयति 1) *preisen, loben*. — 2) *ertönen lassen*. Vgl. ईर्. — Mit प्र, उपप्र, प्रति, सम् und प्रसम् *preisen, loben*.

2. ईड् und *ईडा f. *Preis, Lob*.

ईडितर् Nom. ag. *Lobpreiser* AV. ईडिते ṚV.

ईडेन्य, ईडेनिय Adj. 1) *anzuflehen um* (Dat.). — 2) *zu preisen*.

ईड्य und ईडिय Adj. *zu preisen, preisenswerth*.

*ईडमन्त् Adj. von 2. ईड्.

1. ईति f. 1) *Noth, Plage, Landplage* Mâlav. 93. ईतिनाम् st. ईतीनाम्. — 2) ° = प्रवास. — 3) ° = डिम्ब.

2. ईति Adv. = इति *so*.

ईत्का f. *Qualität*.

ईदृक्ष (f. आ), ईदृग्विध, ईदृश् (Nom. ईदृङ् und ईदृक्), ईदृश (f. ई) und ईदृशक Adj. *von diesem Aussehen, derartig, so beschaffen, ein solcher*. (यदि) ईदृशोऽहम् *wenn ich in solche Lage gerathen bin*.

ईद्धान्, ईधात् oder ई° Adv. Lâṭy. 3,11,11.

ईध्रिय Adj. = वीध्र्य *zum heitern Himmel gehörig*.

ईध्य VS. Prât. aus वीध्य herausgenommen.

ईनिधन Adj. ई *zum Schlusssatz habend* (ein Sâman).

*ईप्, ईप्यति (अन्यने).

ईप्स्, ईप्सति Desid. von आप्.

ईप्सा f. *Verlangen, Begehren, Wunsch*.

ईप्सित n. dass. 81,11. R. 1,55,19. Ragh. 1,72. 3,1,5. Kathâs. 18,213. 22,170.

ईप्सिततम n. *das Zunächststehen, das nächste Object seiner Handlung* Comm. zu Nyâyam. 2,2,22.

ईप्सु Adj. *zu erlangen strebend, verlangend —, begehrend nach*. Die Ergänzung im Acc., Infin. oder im Comp. vorangehend.

ईप्सुयज्ञ m. *ein best.* Soma-*Opfer*.

ईम् nachgesetzte Verstärkungspartikel. Nach Relativen so v. a. *cunque*. क ईम् so v. a. *wer wohl* ṚV. 10,40,11. *welche wohl* 7,56,1. नकिं घेर्णम् *gar nichts* 2,16,2. Häufig ganz bedeutungslos zur Vermeidung des Hiatus eingeschoben.

ईयचक्षस् Adj. *weithin schauend* ṚV.

ईयिवंस् (schwach ईयुष्) Partic. Perf. von 3. इ.

ईर्, ईर्ते (hier und da auch Act.) 1) *in Bewegung setzen, fördern*. — 2) *sich in Bewegung setzen, sich erheben, hervorgehen, entstehen, erschallen*. — 3) *sich auf und davon machen*. — Caus. ईरयति, °ते 1) *in Bewegung setzen, schleudern, anregen, hervorgehen —, entstehen lassen, in's Leben rufen*. — 2) *erschallen lassen*, ohne Object *ausrufen, verkünden* 105,6. Pass. *genannt werden*. — 3) *erheben, in die Höhe heben*. — 4) *sich erheben*. — Mit अभि Caus. *herbeischaffen*. — Mit व्यति Caus. *zertheilen*. — Mit आ Simpl. und Caus. Act. Med. 1) *herbeischaffen, verschaffen, hinschaffen*. — 2) *sich verschaffen, theilhaftig werden* ṚV. 1,6,4. — 3) *erheben* (einen Gesang u. s. w.). — Mit न्या 1) *Jmd* (Acc.) *einsetzen als* (Acc.). — 2) *richten* (das Verlangen) *auf* (Loc.). — Mit समा *zusammenfügen, schaffen* ṚV. 10,40,10. — Mit उद् 1) *herausholen* ṚV. 1,118,6. — 2) *Jmd ehren* ṚV. 4,2,7. — 3) *sich erheben, aufstehen, aufbrechen*. — 4) *in Bewegung kommen, aufsteigen, entstehen*. — Partic. उदीर्ण *erregt, zum Ausbruch gekommen, gesteigert, gehoben* (in übertr. Bed.), *von Selbstgefühl erfüllt*. — Caus. 1) *herausholen* ṚV. 1,112,5. 118,6. 10,39,9. — 2) *erheben, emporrichten; aufwirbeln* (Staub). — 3) *schleudern, werfen* (Geschosse, Würfel). — 4) *emportreiben, ansetzen* (Blüthe). — 5) *aus sich hervortreten lassen, an den Tag legen* Kumâras. 2,6. — 6) *anstimmen, ertönen lassen* ṚV. 1,168,8. 9,90,16. 9,72,1. *aussprechen, enunciare*. Ohne Object *sprechen* LA. 28,1. Pass. *angegeben —, genannt werden* Chr. 274,10. *gelten für* (Nom.) 104,4. — 7) *verschaffen, bewirken, hervorbringen* ṚV. 1,48,2. 10,39,2. TS. 2,4,10,2. Suçr. 1,128,1. — 8) *erregen, steigern, verstärken, vermehren* Suçr. 1,132,15. 2,312,17. Kumâras. 4,41. उदीरितधी Adj. *von aufgewecktem Verstande*. — 9) *Jmd erheben, verherrlichen* ṚV. 5,42,3. MBh. 3,134,31. — 10) *Jmd beleben, aufregen, höher stimmen* ṚV. 1,113,8. 117,24. 8,68,6. R. 2,7,9. — 11) *Jmd drängen, anstacheln* R. 5,40,19. — 12) *sich erheben aus* (Abl.) ṚV. 8,55,5. *aufbrechen* 8,7,8. — Mit अभ्युद् Caus. 1) *ertönen lassen*. इति तयाभ्युदीरिते *nachdem sie so geredet hatte*. — 2) *erregen, steigern, verstärken*. — Mit प्रत्युद् Caus. *dagegen ertönen lassen, erwiedern*. — Mit समुद्, Partic. समुदीर्ण *erregt, in Aufregung gerathen*. — Caus. 1) *hinausdrängen* MBh. 5,179,29. — 2) *aufwirbeln* (Staub). — 3) *schleudern, werfen*. — 4) *aussprechen, enunciare* 69,16. 144,11. — समुदीर्यति Çat. Br. wohl fehlerhaft für समुदीरयति. — Mit नि Caus. *herabschleudern auf* (Loc.). — Mit प्र *sich in Bewegung setzen, hervorkommen, zum Vorschein kommen, entstehen, erschallen*. — Caus. 1) *vorwärts treiben, — drängen, Jmd treiben, drängen* 122, 23. 148,7. 213,30. — 2) *entsenden, richten* (die Augen). — 3) *anstimmen, ertönen lassen, aussprechen* 181,5. — 4) *erregen, in Aufregung versetzen* Mârk. 60, v. l. — 5) *vertreiben, verbringen* (die Zeit). — Mit अभिप्र Caus. *vorwärts treiben*. — Mit संप्र *sich zusammen erheben*. — Caus. *vorwärts drängen, stossen*. — Mit प्रति Caus. *aufhetzen*. — Mit वि *zerspalten*. — Caus. *zerspalten, zertheilen, theilen* Çat. Br. 3,3,4,13. — Mit सम् 1) *zusammenfügen, schaffen* ṚV. 2,38,10. 4,56,3. — 2) *bewirken, befördern* ṚV. 3,31,15. — Caus. 1) *zusammenfügen, schaffen, entstehen lassen*. — 2) *antreiben* ṚV. 10.

59,10. — 3) wiederbeleben. — 4) ausstatten mit (Instr.). — Mit अभिसम् Caus. in Bewegung versetzen.

ईर m. Wind. °ज m. Patron. Hanumant's.

ईरण 1) *Adj. bewegend, treibend. — 2) m. Wind. — 3) n. a) das Drängen, Drücken (bei Ausleerungen) Bhâvapr. 5,98. — b) das Verkünden.

ईरपाद् m. Schlange Ait. Âr. 136,5 v. u.

ईरयध्यै Dat. Inf. in Bewegung zu setzen, lebendig zu machen ṚV. 6,2,1.

ईरामा f. N. pr. eines Flusses. इरामा v. l.

ईरिण n. salzhaltiges, unfruchtbares Land MBh. 3,179,84. Vgl. इरिण.

ईरिन् m. Pl. N. pr. eines Stammes.

ईरुगपदण्डनाथ m. N. pr. eines Lexicographen.

*ईर्क्ष्य्, ईर्क्ष्यति = ईर्ष्य्.

ईर्त्स्, ईर्त्सति Desid. von ऋध्.

*ईर्त्सु Adj. Etwas (Acc.) zu vermehren wünschend Bhaṭṭ. 9,82.

ईर्म m. 1) Bug, Arm, Vorderschenkel eines Thiers. ईर्मतस् Tâṇḍja-Br. 21,1,7. — 2) m. n. Wunde Spr. 7645.

ईर्मन् = ईर्म 1) in दृतिपोर्मन्.

ईर्मा (Padap. ईर्म) Adv. auf der Stelle, hier, hierher.

ईर्मान्त Adj. Pl. etwa deren Büge dicht bei einander stehen.

ईर्य 1) Adj. anzuregen, — treiben. Dazu Nom. abstr. ईर्यता f. Ait. Âr. 114,2. — 2) f. ईर्या bei den Buddhisten und Ġaina vorsichtiges Gehen, so dass man keinem lebenden Wesen dabei ein Leid zufügt. °पथ m.

*ईर्वारु m. f. = इर्वारु.

ईर्षा, ईर्षालु, ईर्षित, ईर्षितव्य und ईर्षु fehlerhaft für ईर्ष्या u. s. w.

ईर्ष्य्, ईर्ष्यति neidisch —, eifersüchtig sein. Der Nebenbuhler im *Dativ, die Gattin im Gen. (Âpast.) oder *Acc.

ईर्ष्यक m. eine Art Schwächling.

ईर्ष्या f. Neid, Eifersucht.

ईर्ष्याभिरति m. eine Art Schwächling Kâraka 4,2.

ईर्ष्याय Denom. Eifersucht an den Tag legen. °यित n. Nom. act. Bâlar. 121,17.

ईर्ष्यारति m. = ईर्ष्याभिरति Kâraka 4,2.

ईर्ष्यालु und ईर्ष्यावत् Adj. neidisch, eifersüchtig.

ईर्ष्याषण्ढ m. eine Art Schwächling Nîl. 12,18.15.

ईर्ष्यित n. Eifersucht Spr. 7336.

ईर्ष्यिन् Adj. neidisch Spr. 1149, v. l.

ईर्ष्यु Adj. neidisch, eifersüchtig.

*ईलि, *ईलिका und *ईली f. eine Art Schwert.

ईलिन 1) m. N. pr. eines Sohnes des Tamsu MBh. 1,95,27. 28. — 2) f. ई N. pr. einer Tochter Medhâtithi's Hariv. 1,32,5. इलिनी v. l.

ईवत् Adj. so gross, — trefflich, tantus.

1. ईश्, ईष्टे und ईशे 1) zu eigen haben, besitzen; mit Gen. (selten Acc.). — 2) zu eigen sein, Jmd (Gen.) gehören, gebühren, — 3) verfügen können über, Ansprüche oder ein Recht haben auf (Gen.). — 4) können, vermögen zu (Inf. auf तोस् oder तुम्, oder Nom. act. im Loc.), Etwas (Acc.) vermögen. Ohne Ergänzung auch so v. a. männliches Vermögen haben. — 5) gebieten —, herrschen —, Gewalt haben über (Gen. oder Acc.). — 6) (als Gebieter) Erlaubniss ertheilen. — Mit परि vermögen zu (Inf.).

2. ईश् m. 1) Gebieter, Herr. — 2) Bein. Çiva's.

ईश 1) Adj. Subst. (f. ईशा) a) Eigenthümer. — b) verfügen könnend über (Gen.), Ansprüche oder ein Recht habend auf (Gen.). — c) vermögend —, im Stande seiend zu (Infin.). — 2) m. a) Herr, Gebieter von, der Oberste unter (Gen. oder im Comp. vorangehend. — b) *Gemahl. — c) Bein. α) Vishṇu's VP. 5,20,94. — β) Çiva's. — γ) Kubera's. — d) eine Form Çiva's. — e) ein Rudra. — f) Bez. der Zahl eilf. — g) bei einigen Çaiva eine best. Çakti. — h) N. pr. eines Sâdhja VP.² 2,22. — 3) f. ईशा a) Vermögen, Gewalt, Herrschaft. — b) eine best. Çakti.

ईशखान m. N. pr. eines Chans.

ईशगीता f. Pl. Titel eines Abschnittes im Kûrmapurâṇa.

ईशत्व n. LA. 3,13 fehlerhaft für ईशित्व.

ईशन n. das Gebieten, Herrschen. — ईशनी fehlerhaft für ईशिनी.

*ईशय्, °यति = ईशमसमाचष्टे oder करोति.

ईशसंख्य Adj. als Herr erscheinend Çvetâçv. Up. 6,17.

*ईशसखि m. Bein. Kubera's.

ईशसरस् n. N. pr. eines Sees.

ईशहृदय n. Titel eines Werkes.

ईशाखान m. N. pr. eines Chans.

ईशाध्याय m. = ईशोपनिषद्.

ईशान und ईशान 1) Adj. a) zu eigen habend, besitzend. — b) vermögend. — c) herrschend, Herrscher. — 2) m. a) Bein. α) Çiva-Rudra's. — β) der Sonne, als einer der acht Formen Çiva's. — γ) Vishṇu's. — δ) Bez. des 11ten Muhûrta Ind. St. 10,296. — c) N. pr. α) eines Rudra VP. 1,8,6. — β) eines Sâdhja. — γ) eines Manues. — δ) eines Berges in Çâkadvîpa Bhâg. P. 5,20,26. — 3) f. ईशानी a) Bein. der Durgâ. — b) eine best. Çakti. — 4) m. f. (ई) *Mimosa Suma Roxb. — 5) *n. Licht, Glanz.

ईशानकल्प m. Name eines Kalpa VP.² 1,LXVIII. LXVII.

ईशानकृत् Adj. handelnd wie Einer der es vermag, seinen Besitz oder seine Macht gebrauchend.

ईशानचन्द्र m. N. pr. eines Arztes.

*ईशानज m. Pl. eine best. Götterordnung bei den Ġaina.

ईशानदेवी f. ein Frauenname.

ईशानबलि m. ein best. Opfer VP.² 3,114.

ईशानाधिप Adj. (f. ई) Çiva zum Herrn habend. दिश् Nordost.

ईशान्य n. Name eines Liñga.

ईशावास्य n. = ईशोपनिषद्.

ईशितर् Nom. ag. Herr, Gebieter. Nom. abstr. °तृत्व n. Comm. zu Njâjam. 6,7,9.

ईशितव्य Adj. das Object eines Herrn oder Herrschers seiend, beherrscht werdend. Davon Nom. abstr. °त्व n.

ईशितव्याय्, °यति thun, als wenn man beherrscht würde.

ईशिता f. Allmacht (eine der acht Siddhi).

ईशित्व n. dass. MBh. 14,38,11.

ईशिन् 1) Adj. gebietend —, herrschend über. — 2) f. °नी Herrschermacht.

ईशोपनिषद् f. Titel einer Upanishad.

ईश्वर 1) Adj. (f. ई) vermögend, im Stande zu thun, — zu werden, in dem Falle seiend zu. Die Ergänzung ein Infin. auf अस्, तोस्, तवे oder तुम्, ein Nom. act. im Loc., oder ein Potent. mit oder ohne यद्. Beim Infin. auf तोस् steht häufig der Nom. m. Sg. ohne Rücksicht auf Genus und Numerus des Subst. — 2) m. (adj. Comp. f. ई) a) Besitzer, Eigenthümer von (Gen., Loc. oder im Comp. vorangehend) 136,13. — b) Gebieter, Fürst, König. — c) ein vornehmer —, reicher Herr 166,1. — d) Gemahl. — e) die oberste Gottheit. — f) Bein. α) Brahman's 55,88. — β) Çiva's 130,3. — γ) Indra's. δ) *des Liebesgottes. — g) *die Seele. — h) N. pr. α) eines Rudra. — β) eines Sohnes Brahman's VP.² 2,126. — γ) eines Fürsten MBh. 1,67,65. — i) Bez. der Zahl eilf. — k) das 11te Jahr im 60jährigen Jupiter-Cyclus. — 3) f. ईश्वरा und *ईश्वरी Bein. der Durgâ. — 4) f. ईश्वरी a) Gebieterin, Fürstin. — b) eine best. übernatürliche Kraft. — c) *Bez. verschiedener Pflanzen Nigh. Pr.

ईश्वरकृष्ण m. N. pr. eines Autors.

ईश्वरगीता f. Pl. 1) = भगवद्गीता. — 2) Titel eines Abschnittes im Kûrmapurâṇa.

ईश्वरग्रास Adj. Gott (die 3te Stufe des Âtman) verschlingend (d. i. aufhebend), Beiw. der 4ten Stufe des Âtman Nṛs. Up. in Ind. St. 9,126.

ईश्वरचन्द्रराय m. N. pr. eines Mannes.

ईश्वरता f. *Herrschaft, Oberherrschaft.*

ईश्वरतीर्थाचार्य m. N. pr. eines *Lehrers.*

ईश्वरत्व n. *Herrschaft, Oberherrschaft.*

ईश्वरदत्त m. N. pr. eines Fürsten.

ईश्वरप्रणिधान n. *Ergebung in den Willen Gottes* 283,30.

ईश्वरप्रत्यभिज्ञा f. Titel eines Werkes.

*ईश्वरमल्लिका f. *Mimusops Elengi* Nigh. Pr.

ईश्वरमीननाथसंवाद m. Titel eines Werkes.

ईश्वरवर्मन् m. N. pr. eines Mannes.

ईश्वरवाद m. Titel eines Werkes.

*ईश्वरसद्मन् n. *Tempel.*

ईश्वरसूरि m. N. pr. eines Gelehrten.

ईश्वरसेन m. N. pr. eines Fürsten VP.² 4,208.

ईश्वरानन्द m. N. pr. eines Scholiasten.

ईश्वरी Adv. mit कर् *Jmd zu einem reichen Herrn machen.*

ईश्वरीतत्त्व n. und ईश्वरे (Loc.) नित्यसुखावस्थापनम् Titel von Werken.

1. ईष्, ईषति (meist mit Präpp.), °ते 1) *wegrücken, sich entziehen, weichen von* (Abl.). — 2) *abweichen von* (Abl.). — 3) *Jmd* (Acc.) *verlassen* RV. 10,89,3. — 4) *feindlich anrücken,* im Partic. ईषत्. — 5) Act. *उञ्छे. — 6) Med. *हिंसायाम् und *दर्शने. — Mit अति *vorüberlaufen,* mit Acc. Maitr. S. 1,10,14. — Mit अप Act. *sich entfernen von* (Abl.). — Mit आ Act. (selten) und Med. 1) *anrücken, sich drängen an, zu.* — 2) *Etwas* (Acc.) *erstreben, begehren, hinstreben nach* (Loc.), *sich anschicken zu* (Infin. auf अम्). — 3) *bittend angehen, anflehen.* — Mit उपा Med. *angehen, anflehen.* — Mit प्रत्या Med. *sich fügen an, in* RV. 5,80,3. — Mit उद् Act. *emporsteigen* Maitr. S. 1,10,12. उदीषित *emporgestiegen, erhoben.* — Mit समुद् Act. *emporsteigen, auf die Oberfläche kommen.* — Mit उप Med. *losgehen auf.* — Mit प्रति, Partic. प्रतीषित *entgegengestreckt.* — Mit वि Act. *auseinandergehen, sich dehnen.* — Mit सम् *sich strecken.* समीषित *gestreckt.*

2. ईष् die als Nidhana verwandte Silbe ईष् Ārsh. Br.

ईष m. 1) *der Monat* Āçvina. — 2) N. pr. eines Sohnes des 3ten Manu. — Fehlerhaft für इष.

*ईषण 1) Adj. *eilend.* — 2) f. आ *Bestreben* und *Bitte* Gal.

*ईषणिन् Adj. *eilend.*

ईषच्छ्वास Adj. *mit geringem Hauch hervorgebracht.*

ईषत् Adv. *annähernd, obenhin, leichthin, ein wenig, etwas.*

ईषत्कर Adj. 1) *leicht zu vollbringen.* — 2) **ein wenig.*

ईषत्कार्य Adj. (f. आ) *leicht zu* (Loc. eines Nom. act.).

*ईषत्पान Adj. *leicht zu trinken.*

*ईषत्प्रमय Adj. *etwa leicht vergänglich.*

*ईषत्प्रलम्भ Adj. *leicht zu betrügen.*

ईषत्स्पृष्ट Adj. *leicht berührt.* Nom. abstr. °ता f.

ईषतुस् 3. Du. Perf. von 3. इष्.

ईषदसमाप्त Adj. *nicht ganz vollständig.* °प्तः पटुः *so v. a. nicht vollkommen geschickt, nahe daran geschickt zu heissen* P. 5,3,67, Sch.

ईषदसमाप्ति f. *das Fehlen von Wenigem, Nahekommen, Anstreifen* (in übertr. Bed.) P. 5,3,67.

*ईषदाढ्यंकर Adj. *leicht reich zu machen.*

*ईषदाढ्यंभव n. impers. *leicht reich zu werden.*

*ईषदुपादान Adj. *leicht zu Grunde gehend* Kāç. zu P. 6,1,50.

ईषद्धास Adj. (f. आ) *lächelnd.*

1. ईषद्धास्य n. *das Lächeln.*

2. ईषद्धास्य Adj. (f. आ) *lächelnd.*

*ईषद्द्राक्षा f. *eine Traubenart ohne Kerne* Nigh. Pr.

*ईषद्विलय Adj. *leicht vergänglich.*

*ईषद्दीर्घ m. *Mandelbaum* Nigh. Pr.

ईषन्नाद Adj. *schwach tönend.*

*ईषद्विमेय Adj. *leicht auszumessen.*

*ईषन्मर्ष्य und °र्षा Adj. *leicht zu ertragen.*

*ईषल्लभ Adj. *leicht zu erlangen, — haben.*

ईषा f. 1) *Deichsel.* Du. *die doppelte, gabelförmige* D. ईषायुगानि. — 2) *Brett an einer Bettstelle.* — 3) *ein best. Längenmaass,* = 88 Añgula Çulbas. 1,10.

ईषादण्ड m. *Deichsel* VP. 2,8,2.

ईषादन्त Adj. *deichsellange Stosszähne habend.*

*ईषिका f. 1) *Saccharum spontaneum.* — 2) *Pinsel, Probirstäbchen.* — 3) *Augapfel eines Elephanten.* — Vgl. इषीका.

*ईषिर m. *Feuer.* Vgl. इषिर.

ईषिरे Āpast. = ईषुस्. ईषिरर्षयः metrisch richtig und in der älteren Sprache unanfechtbar.

ईषीका f. *Rohr, Schilf* Maitr. S. 3,6,3. Vgl. इषीका.

ईषुस् 3. Pl. Perf. von 3. इष्.

*ईष्म m. = इष्म.

*ईष्य m. *Lehrer.*

ईसराफ (arab.) m. in der Astrol. Bez. des 4ten Joga.

ईह्, ईहति (selten), ईहते *streben —, verlangen nach, sich Etwas* (Acc.) *angelegen sein lassen, im Sinne haben, gedenken zu* (Infin.). धनेहेलाम् *sich des Geldes wegen abmühen* Spr. 3038. समारम्भान् *Etwas unternehmen.* ईहित *worauf man sein Streben gerichtet hat* 290,8. — *Caus. *Jmd antreiben.* — Mit प्रति in प्रतीह. — Mit सम् = Simpl. समीहित *unternommen.*

ईह 1) m. *das Bestreben.* — 2) f. आ a) *das Streben, Anstrengung, Thätigkeit, Arbeit.* — b) *das Treiben, Thun.* — c) *Verlangen, Begehren, Wunsch.*

ईहामृग m. 1) *Wolf.* — 2) *eine Art Schauspiel.*

*ईहावृक m. *Wolf.*

ईहित n. 1) *Anstrengung, Bemühung.* — 2) *das Treiben, Thun.* — 3) *Vorhaben* Spr. 5889. — 4) *Verlangen, Begehren, Wunsch.*

1. उ Interj. Nach den Lexicographen रोषोक्तौ, आमन्त्रणे (संबोधने), अनुकम्पायाम्, नियोगे, पदपूरणे und पादपूरणे.

2. उ (उ॒) Indecl. 1) *und, auch, und auch.* — 2) *doch, dagegen, anderseits, dafür.* — 3) *nun, schon, so eben, sogleich, alsbald.* — 4) besonders beliebt nach einem Pron. demonstr., relat. oder interrog., nach einigen Partikeln und am Ende eines Stollens nach einem Infin. auf तवै (तवा उ). Meistens nur durch eine stärkere Betonung wiederzugeben. — 5) उ — उ, उ — उत *einestheils — anderntheils, sowohl — als auch.* — 6) in der klass. Sprache nur nach अथ (s. u. अथ), न (s. नो) und किम्. किमु प्रतिकूले विधातरि न संभाव्यते *was wohl nicht? so v. a. Alles.* अभाषत्ते किमु न विदितः *ist dir etwa nicht bekannt?* किमु — स्यात् *ob wohl?* सुहृत्सार्थः किमु त्यज्यते *warum doch, — wohl?* Spr. 4288. किमु सर्वमास्ताम् *so v. a. doch lieber sage ich Nichts* 4801. श्रोत्रतां किमु नेत्रताम् oder 3210, v. l. 7105. किमु — उत *utrum — an.* Häufig bedeutet किमु *so v. a. wie viel eher, — mehr* (schon im Çat. Br.). Auch *dagegen, jedoch* Bālar. 42,1. 106,4. 276,18.

3. उ, उणोति und *अवते *rufen, schreien.* — उवे s. bes. — Mit आ Partic. ओत *angerufen, aufgefordert.* — Mit वि *zurufen, antreiben.*

4. *उ m. Bein. 1) Brahman's. — 2) Çiva's.

उवेक m. Maṇḍanamiçra's volksthümlicher Name.

*उवः Indecl.

*उक्कण, f. *ई gaṇa गौरादि in der Kāç. उपाक v. l.

*उक्कनाह m. *ein hell- oder dunkelbraunes Pferd.*

उकार m. *der Laut* उ.

उक्त 1) m. N. pr. eines zu den Viçve Devās gezählten Wesens Hariv. 3,12,51. उक्थ v. l. — 2) n. *Wort, Ausdruck für.* — 3) n. f. (आ) *ein best. Metrum.* — Vgl. वच्.

उक्तपुंस्क Adj. *wozu es ein nur durch den Begriff des Geschlechts sich unterscheidendes Masculinum giebt.*

उक्तपूर्व Adj. *ehemals —, sonst gesprochen* 60,5. 72,6. 73,14.

उक्तप्रत्युक्त n. *Rede und Gegenrede, Unterhaltung.* Auch *eine Art Wechselgesang.*

उक्तवस् Partic. Perf. von वच्.

उक्तवाक्य Adj. *gesprochen habend* 80,29.

उक्तानुशासन Adj. (f. आ) *dem eine Unterweisung zu Theil geworden ist* Çat. Br. 14,7,2,26.

उक्ति f. 1) *Ausspruch, Verkündigung, ausdrückliche Erwähnung, Rede, Wort, Ausdruck für.* उक्तिं कर् *seine Stimme erheben* 174,1. — 2) *kluger —, witziger Ausspruch.*

उक्तोपनिषत्क Adj. *dem die* Upanishad *gelehrt worden sind* Çat. Br. 14,6,88,1.

उक्त्वा Absol. von वच्.

उक्थ 1) m. a) *eine Form* Agni's MBh. 3,219,25. — b) N. pr. α) eines zu den Viçve Devâs gezählten Wesens. उक्त v. l. — β) eines Fürsten VP. 4,4,47. — 2) n. a) *Spruch, Preis, Lob.* — b) im *Ritual der Satz oder die Strophenreihe, welche die Recitation des* Hotar *und seiner Gehülfen bilden* (später शस्त्र genannt). महदुक्थम् oder बृहदुक्थम् = बृहतीसहस्रात्मकं शास्त्रम् Comm. zu Çat. Br. 10,1,6,1. — 3) n. f. (आ) *ein best. Metrum.*

उक्थंवाच् f. *ein best. Theil eines* Çastra Âçv. Çr. 5,14,26. 15,28.

उक्थदोह m. *ein best. Schlusstheil eines* Çastra Ait. Âr. 484,18.

उक्थपत्त्र Adj. *Sprüche zu Flügeln habend* VS. 17,55. उक्थपात्रम् Mânav. 5,1,10,a.

उक्थपात्र n. *Schalen, welche während der Recitation der* Uktha *aufgestellt werden.*

उक्थभृत् Adj. *Sprüche darbringend.*

उक्थमुख n. *Beginn der* Uktha *genannten Recitation* Ait. Br. 2,35. 37. Çâṅkh. Br. 7,9. 28,8. Ait. Âr. 52,6. Davon °मुखीय Adj. Çâṅkh. Br. 22,5.25, 5. 6. 29,4. Çr. 12,3,8. Vaitân.

उक्थवत् Adj. *mit einem Spruch verbunden.*

उक्थवर्धन Adj. *an Lobpreis sich stärkend, — ergötzend.*

उक्थवाहस् Adj. 1) *Sprüche darbringend.* — 2) *dem Sprüche dargebracht werden.*

उक्थविद् Adj. *der Sprüche kundig* Çat. Br. 14, 8,14,1.

उक्थविध Adj. *spruchartig* Çat. Br. 10,6,8,10.

उक्थवीर्य n. *ein best. Theil des* शस्त्रं शास्त्रम् Ind. St. 10,354. Ait. Âr. 416,4. 484,18.

उक्थशंसिन् Adj. 1) *lobpreisend.* — 2) *die* Uktha *sprechend.*

उक्थशास् (stark °शास्) und °शास Adj. *den Spruch sprechend, lobpreisend.*

उक्थशास्त्र m. Titel eines Werkes.

उक्थशुष्म Adj. 1) *in Sprüchen dahin rauschend.* — 2) *dem rauschendes Lob dargebracht wird.*

उक्थसंपद् f. *eine best. Schlussrecitation eines* Çastra Ait. Âr. 484,17.

उक्थामद n. Pl. *Preis und Jubel* Maitr. S. 4,9,2.2.

उक्थायु Adj. *nach Lob verlangend* TS. 1,4,29,1. Maitr. S. 1,3,11.

उक्थार्क (viersilbig) n. Pl. *Spruch und Lied.*

उक्थावर्ती Adj. *Sprüche liebend.*

उक्थाशस्त्र n. Pl. Uktha und Çastra.

उक्थिन् Adj. 1) *Sprüche sprechend, preisend, lobend.* — 2) *von Preis begleitet,* liturg. von Uktha (rit.) b.

उक्थ्य, उक्थिय 1) Adj. a) *des Preisens würdig, preisenswerth.* — b) *Preis enthaltend, preisend.* — c) von Uktha (rit.) *begleitet.* — 2) m. a) *eine best. Libation bei der Früh- und Mittagsspende.* — b) *eine der Grundformen der* Soma-*Feier.* Nom. abstr. °त्वा f. Lâṭy. 8,1,16.

उक्थ्यपात्र n. *der zur Darbringung der Libation* Ukthja *bestimmte Becher* Çat. Br. 4,3,5,12.

उक्थ्यस्थाली f. *der zur Bereitung der Libation* Ukthja *dienende Topf* Çat. Br. 4,2,3,10.

1. उक्ष्, उक्षति, °ते 1) *träufeln lassen, sprengen.* — 2) *beträufeln —, besprengen mit* (Instr.). उक्षित *besprengt, benetzt.* — 3) Med. *träufeln.* — 4) Med. *sprühen* (Funken). — 5) *harnen.* — 6) उक्षित *reichlich versehen mit* (im Comp. vorangehend). — Mit अनु Act. Med. *beträufeln, besprengen, bespritzen.* — Mit अभि, अव und आ Act. *beträufeln, besprengen.* — Mit उद् Act. *hinauf —, hinaussprengen.* — Mit उप Act. *hinaussprengen.* — Mit निस् Act. *wegsprengen, wegspritzen.* — Mit परि *ringsum besprengen.* — Mit अनुपरि dass. Gobh. 1,3,11.8,16. Gaut. 25, 4. — Mit अभिपरि *einen Guss machen um* Gobh. 1,3, 8. — Mit प्र Act. 1) *vor sich hinsprengen.* — 2) *besprengen, weihen.* — 3) *durch Besprengung zum Opfertode weihen, schlachten.* — Caus. *vor sich hinsprengen.* — Mit संप्र 1) *besprengen.* — 2) Med. *sich besprengen.* — Mit वि 1) Act. *vergiessen.* — 2) Med. *überträufeln.* — Mit अभिवि *hinsprengen nach* (Acc.). — Mit सम् 1) *ausgiessen.* — 2) *besprengen, begiessen.* — 3) समुक्षित *übergossen —, so v. a. reichlich versehen mit* (Instr. oder im Comp. vorangehend).

2. उक्ष् Adj. in बृहदुक्ष्.

3. उक्ष्, उक्षति, उक्षमाण *heranwachsen, erstarken.* उक्षित *erwachsen, herangewachsen, erstarkt.* — Caus. उक्षयते *stärken.* — Mit सम्, Partic. समुक्षित *zugleich gestärkt, — ermuthigt.* — Vgl. वक्ष्.

4. उक्ष् Adj. in साकमुक्ष्.

उक्ष 1) *Adj. *gross.* — 2) m. = उक्षन् in शालोक्ष u. s. w.

उक्षण n. *das Besprengen, Weihen.*

उक्षण्य्, °ण्यति *etwa nach Stieren (Rinderheerden) begierig sein.*

(उक्षण्यायन) उक्षण्यायन m. Patron.

उक्षण्यु Adj. *etwa nach Stieren (Rinderheerden) begierig.*

*उक्षतर m. *ein kleiner* (angeblich auch *grosser*) *Stier.*

उक्षन् 1) m. a) *Stier, Bulle.* Häufig bildlich gebraucht. — b) *der Stier im Thierkreise.* — c) **ein best. Heilmittel.* — 2) *Adj. = महत्.

उक्षवश m. *Stierkalb.*

उक्षवेहत् m. *ein zeugungsunfähiger Stier* Çat. Br. 12,4,6,5.

उक्षसेन m. N. pr. eines Fürsten.

उक्षान्न Adj. *Stiere verzehrend.*

उक्ष्णोरन्ध्र m. N. pr. eines Ṛshi Tâṇḍya-Br. 13,9,19.

*उख्, ओखति (गतौ).

उख 1) m. a) *Kochtopf, Pfanne.* — b) *ein best. Theil des Oberschenkels.* — c) N. pr. eines Lehrers. — 2) f. उखा a) *Kochtopf, Pfanne.* — b) = 1) b) Kâraka 4,7.

उखाच्छिद् Adj. *brüchig wie ein Topf, morsch.*

उखड N. pr. einer Oertlichkeit.

*उखर्वल und *उखल m. *ein Andropogon* Râǵan. 8,126.

उखासंभरण n. *Herstellung des Kochtopfes.* Titel des 6ten Buchs im Çat. Br. Davon Adj. °भरणीय Çâṅkh. Br. 19,1. Çr. 9,22,7. Âçv. Çr. 4,1,21. Vaitân.

*उखास्रस् (Nom. °स्रत्) Adj. *aus dem Topfe fallend.*

उख्य 1) Adj. a) *in der Feuerschüssel befindlich.* — b) **auf einer Pfanne gebraten.* — 2) m. N. pr. eines Grammatikers. — 3) *f. उख्या gaṇa कत्त्र्यादि.

उङ्गण Adj. (f. आ) in Verbindung mit सेना oder Subst. ohne सेना *breitgeschaart.*

उग्र 1) Adj. (f. आ) *gewaltig, heftig, über die Maassen stark, — gross, — streng, grausig.* Bez. best. Mondhäuser. — 2) m. a) *ein Gewaltiger, Grosser, Vornehmer; ein gewaltthätiger, leidenschaftlicher Mensch.* — b) Bein. Çiva's oder Rudra's. — c) N. pr. eines Rudra VP. 1,8,7. Bhâg. P. 4,6,17. — d) *der Sohn eines Kriegers* (Vaiçja Comm. zu Âpast.) *von einer* Çûdrâ Âpast. 1,7,20. 21. Gaut. 4,16. — e) **Hyperanthera Moringa.* — f) N. pr. eines Dânava und verschiedener anderer Personen. — g) Pl. Name einer Çiva'itischen Secte. — 3) f. उग्रा a) Bez. verschiedener *Pflanzen* (*Artemisia sternutatoria* Roxb., *Coriandrum sativum*, = घतता und वचा). — b) *die Tochter eines Kriegers von einer* Çûdrâ. — c) *eine best.* Çruti S. S. S. 23. — 4) f. उग्रौ Pl. Bez. *best. dämonischer Wesen* AV. 4,24,2. — 5) *n. *die Wurzel von Aconitum ferox* Wall.

उग्रक m. N. pr. eines Schlangendämons MBh. 1,35,7.

उग्रकर्णिक Adj. einen gewaltig grossen Ohrschmuck tragend. Kirâta R. 4,40,39.

*उग्रकाण्ड m. Momordica Charantia Lin.

उग्रकाली f. eine Form der Durgâ.

*उग्रगन्ध 1) m. Knoblauch (Râǵan. 7,49), Ocimum pilosum (Râǵan. 10,159), Michelia Champaca und Myrica sapida (Râǵan. 9,19). — 2) f. आ Carum Carvi, Apium involucratum, Artemisia sternutatoria, Ligusticum Ajowan und = वचा. — 3) n. Asa foetida.

*उग्रगन्धिका f. Apium involucratum Râǵan. 6,111.

उग्रगाध m. eine Stelle (in einem Flusse u. s. w.), wo man schwer Fuss fassen kann, Tâṇḍja-Br. 14,6,1. 15,2,6.

उग्रचण्डा f. N. pr. einer Nâjikâ der Devî.

उग्रचारिन् 1) Adj. sich heftig —, sich rasch bewegend (Mond). — 2) *f. °रिणी Bein. der Durgâ.

उग्रजाति f. ein Grauen erregender Stand Varâh. Bṛh. S. 15,29.

उग्रजित् f. N. pr. einer Apsaras.

उग्रतपस् m. N. pr. eines Muni.

उग्रता f. heftiges —, ungestümes Wesen.

उग्रतारा f. N. pr. einer Göttin.

उग्रतेजस् 1) Adj. von gewaltiger Energie. — 2) m. N. pr. a) eines Schlangendämons MBh. 16,4,16. — b) eines Buddha Lalit. 5,18. eines Devaputra 43,18. eines Sohnes des Mâra 360,9.

उग्रत्व n. Gewaltthätigkeit, grosse Strenge 51,14.

उग्रदण्ड Adj. strenge strafend.

*उग्रदत् (H. 457) und *°दन्त (Gal.) Adj. gewaltige Zähne habend.

उग्रदर्शन Adj. (f. आ) grausig anzusehen MBh. 1,210,24.

*उग्रदुहितर् f. Tochter eines Grossen.

उग्रदेव m. N. pr. eines Mannes.

उग्रधन्वन् Adj. einen gewaltigen Bogen führend.

*उग्रनासिक Adj eine gewaltige Nase habend H. 432.

1. उग्रपुत्र m. Sohn eines Grossen.

2. उग्रपुत्र Adj. (f. आ) gewaltige Söhne habend RV.

उग्रप्रदर्शन Adj. (f. आ) grausig anzusehen MBh. 3,12,1.

उग्रबाहु Adj. gewaltige Arme habend.

उग्रभट m. N. pr. eines Fürsten.

*उग्रभा f. Vitis quadrangularis Nigh. Pr.

उग्रभैरव m. N. pr. eines Kâpâlika.

उग्रम्पश्य 1) Adj. schrecklich blickend, als Beiw. der Würfel. — 2) f. °श्या N. pr. einer Apsaras.

उग्ररेतस् m. eine Form Rudra's Bhâg. P. 3,12,12.

उग्रवीर Adj. gewaltige Männer habend.

*उग्रवीर्य n. Asa foetida Râǵan. 6,74.

उग्रव्यग्र m. N. pr. eines Dânava Hariv. 2282.

उग्रशक्ति m. N. pr. eines Fürsten.

*उग्रशेखरा f. Bein. der Gaṅgâ.

उग्रश्रवस् m. N. pr. eines Sohnes des Lomaharshaṇa.

उग्रसेन 1) m. N. pr. a) verschiedener Fürsten. — b) eines Gandharva VP.² 2,283. — 2) f. उग्रसेनी (°सेना falsch) N. pr. der Gattin Akrûra's VP.² 4,96.

*उग्रसेनज und *°सेनसुत (Gal.) m. Bein. Kaṁsa's.

उग्रसेनानी m. Bein. Kṛshṇa's MBh. 12,43,9.

उग्रसेवित Adj. von gewaltthätigen Wesen bewohnt R. 3,20,28.

उग्राचार्य m. N. pr. eines Lehrers.

उग्रादेव m. N. pr. eines Mannes.

उग्रायुध 1) Adj. gewaltige Waffen führend. — 2) m. N. pr. eines Fürsten.

उग्रेश m. 1) der gewaltige Herr, Bein. Çiva's MBh. 3,106,12. — 2) N. pr. eines von einem Ugra erbauten Heiligthums.

*उङ्कुण m. = उत्कुण.

*उङ्ग्, उङ्गति (गतौ).

उच्, उँच्यति Gefallen finden an, gern thun, gewohnt sein. — Partic. उचित 1) Gefallen findend —, gewohnt an (Gen., Loc. oder im Comp. vorangehend). — 2) müssend, verpflichtet zu (Infin.) Spr. 7685. — 3) woran man Gefallen findet, — gewohnt ist, bekannt Çiç. 10,81. — 4) angemessen, entsprechend, passend. गणयितुम् aufgeführt zu werden verdienend. उचितेन auf eine entsprechende Weise Spr. 2708. — Mit अभि einen Zug haben zu, gern aufsuchen. — Mit नि 1) Gefallen finden an (Acc. oder Loc.). — 2) gern verweilen in, bei (Loc.). — Mit सम् Behagen finden an (Instr.), gern zusammensein mit. — समुचित 1) gewohnt an (im Comp. vorangehend). — 2) angemessen, passend zu (Gen. oder im Comp. vorangehend) 133,13. 179,30.

उचँथ n. Spruch, Preis, Loblied.

उचथ्य, उचॉथ्य 1) Adj. preiswürdig. — 2) m. N. pr. eines Âṅgirasa.

उचितज्ञ Adj. wissend was sich schickt. Davon Nom. abstr. °ता f. Spr. 2748.

उचितत्व n. Angemessenheit, Schicklichkeit MBh. 1,204,6.

उच्च 1) Adj. a) in der Höhe befindlich, hoch. — b) tief (Sumpf). — c) hoch, so v. a. vornehm. — d) laut. — e) hoch (Ton), hoch betont. — f) gesteigert, heftig (Leidenschaft). — 2) m. a) Höhe. — b) Höhestand eines Planeten. — c) *Pinus longifolia Râǵan. 12,38. *Kokospalme Nigh. Pr.

उच्चकैस् Adv. laut.

*उच्चक्षुस् Adj. mit nach oben gerichteten Augen.

*उच्चक्षू Adv. mit अस् und भू die Augen nach oben gerichtet haben, mit कर् d. A. n. o. richten.

उच्चगिर् Adj. eine laute Stimme habend für (im Comp. vorangehend), laut auspesaunend Spr. 6967.

उच्चटा f. 1) *Wandel, Benehmen. — 2) *Stolz. — 3) eine Art Cyperus, *eine Art Knoblauch, *Abrus precatorius und Flacourtia cataphracta.

उच्चण्ड Adj. 1) überaus heftig, — stark, gewaltig, fürchterlich Bâlar. 104,9. 145,7. Prasannar. 94,21. — 2) *rasch. — 3) *ungebunden, ungezügelt (in übertr. Bed.) Gal.

*उच्चतरु m. Kokospalme Râǵan. 11,47.

उच्चता f. Ueberlegenheit MBh. 3,133,15.

*उच्चताल m. Tanz bei Gelagen.

उच्चत्व n. Höhestand eines Planeten Ind. St. 10,312.

*उच्चदेव m. Bein. Vishṇu's oder Kṛshṇa's.

*उच्चद्रु m. Pinus longifolia Râǵan. 12,38.

उच्चध्वज m. Name Çâkjamuni's als Lehrers der Götter.

*उच्चनासिक Adj. hochnasig Gal.

उच्चनीच 1) Adj. eine hohe oder niedrige Stellung einnehmend MBh. 14,16,21. — 2) n. a) der Höhe- und Tiefestand eines Planeten. — b) Tonwechsel.

उच्चनीचवृत्त n. Epicyclus Ârjabh. 3,10.

*उच्चन्द्र m. der zweite Theil der Nacht.

*उच्चभाल Adj. (f. आ) eine hohe Stirn habend Gal.

उच्चय m. (adj. Comp. f. आ) 1) das Auflesen von der Erde. — 2) das Zulegen, Zuzählen. — 3) Ansammlung, Haufen, Fülle, Menge 184,30. — 4) *der Knoten, mit dem das Untergewand aufgebunden wird. — 5) *Kathete.

उच्चयगान m. N. pr. eines Mannes. Pl. seine Nachkommen.

उच्चरित n. Excremente Bhâg. P. 5,5,32.

उच्चल m. 1) *der Geist. — 2) N. pr. eines Fürsten Râǵat. 8,14. fgg.

*उच्चललाट (f. आ) und *°क (f. °टिका) eine hohe Stirn habend.

उच्चशस् Adv. aufwärts Gop. Br. 1,3,9.

उच्चा Adv. oben (insbes. im Himmel), von oben, nach oben.

उच्चाचक्र Adj. das Rad oben habend.

उच्चाट m. das aus dem Wege Räumen eines Gegners und die darauf gerichtete Zauberhandlung.

उच्चाटन 1) Adj. (f. ई) einen Gegner aus dem Wege räumend. — 2) m. Name eines der 5 Pfeile des

Liebesgottes. — 3) n. a) *das Umwerfen.* — b) = उच्चार.

उच्चाट्टालध्वजवत् Adj. *Fahnen auf den hohen Wachtthürmen habend* R. 1,5,17.

उच्चावामदेव्य n. Name eines Sâman.

उच्चाबुध्न Adj. *den Boden oben habend.*

*उच्चामन्यु m. N. pr. eines Mannes. Vgl. औच्चामन्यव.

उच्चार 1) Adj. *aufgehend.* सूर्यमिवोद्यन्तमुच्चारं कुरुते *lässt die Sonne da aufgehen* TS. 2,3,13,2. — 2) m. a) *Ausleerung, Excremente* 229,8. मूत्रोच्चारौ n. Du. Gaut. 9,37. — b) *das Aussprechen, Hörbarmachung.*

उच्चारक Adj. *aussprechend, hörbar machend.*

उच्चारण n. *das Aussprechen, Hörbarmachen.*

उच्चारयितर् Nom. ag. *der Etwas* (Acc.) *ausspricht* Comm. zu Nyâyam. 2,2,21.

उच्चारित 1) Adj. *der eine Ausleerung gehabt hat* Gaut. Suçr. 2,463,15. — 2) n. *das Geschäft der Ausleerung* Suçr. 2,149,19.

*उच्चारिन् Adj. *Töne ausstossend.* गर्दभो° *wie ein Esel.*

उच्चार्य Adj. *auszusprechen, ausgesprochen werdend.* Nom. abstr. °ता f. und °त्व n.

उच्चावच Adj. *hoch und niedrig, gross und klein, mannichfaltig, verschieden, bunt.*

*उच्चिट्ट m. 1) *ein zorniger Mensch.* — 2) *eine Art Seekrabbe.*

उच्चिटिङ्ग m. *ein best. kleines giftiges Wasserthier.*

उच्ची Adv. mit कर् *in die Höhe heben.*

*उच्चूड und *उच्चूल m. *ein in die Höhe stehender Büschel.*

उच्चेय Adj. *zu pflücken, — lesen* Kir. 11,36,11.

उच्चैःकर Adj. *den Hochton bewirkend* TS. Prât.

*उच्चैःकारम् Adv. *mit lauter Stimme* P. 3,4,59, Sch.

उच्चैःकुल n. *hohes Geschlecht* Çil. 92.

उच्चैःपद n. *hoher Standort* Kumâras. 3,61.

उच्चैःपौर्णमासी f. *der Tag, an welchem der Vollmond am Himmel steht, ehe die Sonne untergegangen ist,* Gobh. 1,5,10.

उच्चैरुच्चैःश्रवस् m. *der erhabene* Uččaiḥçravas Kumâras. 2,47.

उच्चैर्गोत्र n. *hohes Geschlecht, hohe Geburt.*

*उच्चैर्घुष्ट n. *lautes Verkünden.*

उच्चैर्घोष Adj. *laut tönend, — schreiend, — wiehernd, — brüllend, — rasselnd.*

उच्चैर्द्विष् Adj. *mächtige Feinde habend* Kumâras. 3,14.

उच्चैर्धामन् Adj. *hoch —, stark strahlend* Spr. 3971.

उच्चैर्भाषण und °भाष्य n. *lautes Reden.*

उच्चैर्भुज Adj. *die Arme emporhaltend* Megh. 36.

उच्चैर्मन्यु m. N. pr. eines Mannes. Pl. *seine Nachkommen.*

*उच्चैर्मुख Adj. *mit emporgerichtetem Gesicht.*

उच्चैःशिरस् Adj. *den Kopf hoch tragend, hochstehend, vornehm.*

उच्चैःश्रवस् 1) *Adj. *etwa laut wiehernd.* — 2) m. a) **Ross.* — b) N. pr. das bei der Quirlung des Oceans hervorgekommenen Prototyps und Königs der Rosse. Nach den Lexicographen Indra's *Ross.*

उच्चैःश्रवस m. N. pr. 1) * = उच्चैःश्रवस् 2, b). — 2) eines Rosses des Sonnengottes.

उच्चैस् Instr. Pl. Adv. 1) *hoch, oben, nach oben, von oben.* — 2) *laut.* Als scenische Bemerkung 290,27. Mit *कर् *laut sprechen.* — 3) *hoch* (vom Tone). — 4) *in gesteigertem Maasse, in hohem Grade* 104,13. *stark, kräftig, gründlich, ganz genau* (wissen).

उच्चैस्तट n. *Abhang* Ind. St. 14,372.

*उच्चैस्तमाम् Adv. *überaus hoch* u. s. w.

उच्चैस्तर 1) Adj. a) *höher, recht hoch.* Nom. abstr. °त्व n. — b) **sehr laut.* — 2) °राम् Adv. a) *höher* Âpast. उच्चैरुच्चैस्तराम् *höher und höher* Spr. 1160. — b) *höher betont.*

उच्चैस्त्व n. Nom. abstr. von उच्चैस् *laut* Comm. zu Gaim. S. 278, Z. 2.

1. उच्चैःस्थान n. *hoher Standort* Spr. 1162.

2. उच्चैःस्थान Adj. *von hohem Range* M. 7,121.

उच्छादन n. *das Einreiben des Körpers mit Oel* u. s. w.

उच्छास्त्रवर्तिन् Adj. *ausserhalb der Gesetzbücher wandelnd, die G. übertretend.*

उच्छिंघन n. = उच्छिङ्घन.

उच्छिख 1) Adj. a) *mit emporstehendem Kamme* (Pfau) Uttarar. 30,13 (65,8). — b) *mit der Flamme nach oben, hell lodernd.* — 2) m. N. pr. eines Schlangendämons.

उच्छिखण्ड Adj. *mit emporgerichtetem Schwanze* (Pfau).

उच्छिङ्घन n. *das Aufziehen in die Nase.*

उच्छित्ति f. *Zerstörung, Ausrottung, Vernichtung, das Zugrundegehen.*

उच्छिन्न m. (sc. संधि) *ein durch Abtretung fruchtbarer Ländereien erkaufter Friede* Spr. 6600.

उच्छिरस् 1) Adj. *mit erhobenem Haupte, das Haupt hoch tragend.* — 2) m. N. pr. eines Berges.

1. उच्छिलीन्ध्र n. *ein aufgeschossener Pilz* Megh. 11.

2. उच्छिलीन्ध्र Adj. (f. °न्ध्रा) *mit aufgeschossenen Pilzen* Megh. 11, v. l.

उच्छिष्ट 1) Adj. a) *übrig gelassen, als unbrauchbar liegen gelassen, übrig geblieben.* — b) *an dem noch ein Speiserest haftet, der nach vollbrachter Mahlzeit sich noch nicht den Mund gespült, die Zähne gereinigt und die Hände gewaschen hat, unrein überh.* (in rituellem Sinne) Gaut. 1,28. 41. Chr. 42,22. — 2) n. *Ueberbleibsel, Rest,* insbes. *Opferrest, Speiserest.*

उच्छिष्टक Adj. = उच्छिष्ट 1) b) MBh. 13,131,8.

उच्छिष्टगणपति und °गणेश m. *eine Form* Gaṇeça's. °पतिपञ्चाङ्ग n. Titel eines Tantra.

उच्छिष्टचाण्डालिनी f. N. pr. einer Göttin.

उच्छिष्टता f. Nom. abstr. zu उच्छिष्ट 1) b) und 2). °तां नी *zu einem Ueberbleibsel machen,* so v. a. *bis auf einen kleinen Rest verzehren.*

उच्छिष्टभाज् Adj. *die Speisereste erhaltend* Gobh. 4,3,24.

1. उच्छिष्टभोजन n. *das Geniessen der Speisereste.*

2. *उच्छिष्टभोजन m. *ein Brahman, der von den Ueberbleibseln der Opfer lebt, welche den ihm anvertrauten Götterbildern dargebracht werden.*

*उच्छिष्टमोदन n. *Wachs.*

उच्छिष्टाशन n. *das Geniessen von Speiseresten* Gaut. 2,32.

उच्छिष्टित Adj. *verunreinigt* Pariç. 11,6.

*उच्छिष्य ved. Partic. fut. pass. von शिष् mit उद्.

उच्छीर्षक 1) Adj. *der den Kopf aufgerichtet hat.* — 2) n. *Kopfkissen.*

उच्छुष्क Adj. *ausgetrocknet, vertrocknet, ausgemergelt* Rágat. 7,1574.

उच्छुष्म 1) Adj. *etwa aufzischend* AV. Pariç. 36. — 2) m. N. pr. einer Tantra-Gottheit (buddh.).

उच्छुष्मकल्प m. Titel eines Abschnittes in AV. Pariç. Verz. d. B. H. 91.

उच्छुष्मभैरव Titel eines Werkes.

उच्छुष्मरुद्र m. Pl. 1) *eine best. Dämonenschaar* AV. Pariç. 36. — 2) N. pr. einer Çiva'itischen Secte.

उच्छून Partic. von श्वा (श्वि), श्वयति.

उच्छृङ्खल Adj. *entfesselt, zügellos, keine Schranken kennend.*

उच्छेत्तर् Nom. ag. *Zerstörer, Vernichter.*

उच्छेत्तवै Dat. Inf. *abzuhauen* Çat. Br. 1,3,3,10.

उच्छेद m. 1) *das Abhauen.* — 2) *abgebrochenes Stück.* — 3) *Zerstörung, Ausrottung, Vernichtung.* — 4) *Unterbrechung.*

उच्छेदन n. *das Zerstören, Vernichten, Zugrunderichten.*

उच्छेदनीय Adj. *abzuschneiden.*

°उच्छेदिन् Adj. *zerstörend, vernichtend.*

उच्छेद्य Adj. *zu zerstören, — vernichten, auszurotten.*

उच्छेष 1) Adj. *übriggeblieben.* — 2) m. *Ueberbleibsel.*

उच्छेषण n. *Ueberbleibsel, Rest.*

उच्छेषणी Adv. mit कर् *übriglassen, zurücklassen* Daçak. 40,8.

उच्छोचन Adj. *brennend.*

उच्छोथ m. *Anschwellung, Aufgedunsenheit* Mâlatîm. 70,16.

उच्छोषण 1) Adj. *austrocknend, ausdörrend.* — 2) n. a) *das Austrocknen, Trockenwerden.* — b) *das Austrocknen, Trockenlegen.*

उच्छोषुक Adj. *austrocknend, dürre werdend* Gar. Ba. 1,4,7.

उच्छ्रय m. (adj. Comp. f. आ) 1) *das in die Höhe Steigen, Sichemporheben, Erhebung.* — 2) *Höhe.* — 3) *Wachsthum, Zunahme, Steigerung.* — 4) *Kathete.*

उच्छ्रयण n. *das Erheben, Aufrichten.*

उच्छ्राय 1) m. (adj. Comp. f. आ) a) *das in die Höhe Steigen, Aufsteigen, Sichemporheben.* — b) *Höhe.* — c) *Wachsthum, Zunahme, Steigerung.* — 2) f. ई *eine aufgerichtete Planke.*

उच्छ्रित Partic. von श्रि mit उद्. *m. *Pinus longifolia* Râǵan. 12,38.

उच्छ्रिति f. 1) *das in die Höhe Steigen, Emporkommen.* — 2) *Wachsthum, Zunahme, Steigerung.* — 3) *Kathete.*

उच्छ्लङ्ख m. Du. *ein best. Theil des menschlichen Leibes.*

उच्छ्लुण्ठ m. *das Aufklaffen, Sichaufthun.*

उच्छूयन n. *das Aufschwellen* Çaṃk. zu Bâdar. 4,2,12.

उच्छ्वसत् m. *ein athmendes Wesen.*

उच्छ्वसित n. 1) *das Ausstossen des Athems.* — 2) *Athem, Lebenshauch.* — 3) *das Ausströmen feuchter Dünste.* — 4) *das Aufgehen, Sichlösen.*

उच्छ्वास m. (adj. Comp. f. आ) 1) *das Ausstossen des Athems.* — 2) *Athem, Hauch.* — 3) *das Verhauchen, Sterben.* — 4) *Seufzer.* — 5) *Gischt.* — 6) *das Aufschwellen, Sichheben.* — 7) *Abschnitt, Kapitel.*

उच्छ्वासिन् Adj. 1) *aushauchend.* — 2) *athmend.* — 3) *seufzend.* — 4) *aufschwellend, sich erhebend* Kumâras. 7,82 (उच्छ्वासिकाला° zu verbinden).

1. उछ् s. वस्.

2. *उछ्, उच्छति (विवासे, निवासे, विपाशे, बन्धसमापने, वर्जने, प्रतिक्रमे). — *Desid. उचिच्छिषति.

उज्जयन 1) m. N. pr. eines Mannes. — 2) f. ई = उज्जयिनी.

उज्जयन्त m. N. pr. eines Berges in Surâshṭra.

उज्जयिनी f. N. pr. der Hauptstadt der Avanti.

*उज्जहिजोड m. (Kâç. zu P. 2,1,72) und उज्जहिस्तम्ब m. gaṇa मयूरव्यंसकादि.

उज्जागर Adj. *aufgeregt, aufgebracht* Kâd. 130,20. 153,19.

उज्जानक m. N. pr. eines Tîrtha.

उज्जालुक m. N. pr. einer Oertlichkeit.

*उज्जासन n. *das Morden, Tödten.*

*उज्जिघ्र Adj. Vop. 26,34.

उज्जिति f. 1) *Sieg.* — 2) Pl. Bez. der Verse VS. 9,31. fgg.

उज्जिहान 1) Adj. Partic. von हा, जिहीते mit उद्. — 2) m. a) *N. pr. eines Mannes gaṇa पैलादि. — b) Pl. N. pr. eines Volkes Varâh. Bṛh. S. 14,2. — 3) f. आ N. pr. einer Stadt.

उज्जीवितमदालस m. Titel eines Schauspiels Daçar. Einl. 30.

उज्जीविन् m. N. pr. einer Krähe.

उज्जूटडिम्ब n. N. pr. einer Oertlichkeit. उज्झट° v. l.

उज्जूटित Adj. *der sich die Haarflechte aufgebunden hat.*

उज्जृम्भ Adj. 1) *gähnend.* — 2) *aufgeblüht.*

उज्जृम्भण 1) n. a) *das Gähnen, Schnappen.* — b) *das Hervorbrechen* Bâlar. 99,3. — 2) f. आ = 1) b) Bâlar. 240,17.

*उज्जृम्भित n. *Anstrengung, Bemühung.*

उज्जेन्द्र m. N. pr. eines Mannes.

उज्जेष Adj. *siegend.*

उज्जेषवत् Adj. *das Wort* उज्जेष *enthaltend.*

उज्जेषिन् m. N. pr. eines der 7 Marut.

उज्ज्य Adj. *mit abgespannter Sehne.* °धन्वन्.

उज्ज्वल 1) Adj. (f. आ) *glänzend, strahlend, prächtig, schmuck* Bhar. Nâṭjaç. 34,103. — 2) m. a) **Geschlechtsliebe.* — b) N. pr. eines Autors. — 3) f. आ *ein best. Metrum.* — 4) * n. *Gold.*

उज्ज्वलदत्त m. N. pr. eines Scholiasten.

उज्ज्वलन scheinbar R. 2,40,14. प्रथो ज्वलन° ed. Bomb.

उज्ज्वलनरसिंह N. pr. eines Tîrtha.

उज्ज्वलनीलमणि m. Titel eines Werkes.

उज्ज्वलभाष्य n. und उज्ज्वलरसकणा f. Titel von Werken.

उज्ज्वलितत्व n. *das in Gluth Versetztsein* Kâv. 1,99.

उज्ज्वालन n. *das in Gluth Versetzen* Karaka 1,12.

उज्झ्, उज्झति 1) *fahren lassen, aus der Hand —, von sich geben, aufgeben, verlassen.* उज्झित *fahren gelassen, verlassen —, frei von* (Instr. oder im Comp. vorangehend). — 2) *hinablassen in* (Loc.). — 3) *Jmd ausreissen.* — 4) *vermeiden, entgehen.* — Mit प्र 1) *fahren lassen, aufgeben, verlassen.* प्रोज्झ्य *bei Seite lassend, mit Ausnahme von.* °प्रोज्झित *frei von.* — 2) *abziehen, subtrahiren.* — 3) mit उञ्छ् verwechselt Spr. 5539. 6977. — Mit सम् *fahren lassen, aufgeben, verlassen.* °समुज्झित *frei von.*

°उज्झक Adj. *fahren lassend, aufgebend.*

*उज्झक m. 1) *Wolke.* — 2) *Mönch.*

उज्झटडिम्ब n. N. pr. einer Oertlichkeit. उज्जूट° v. l.

उज्झन n. 1) *das Wegschaffen.* — 2) *das Aufgeben, Meiden.*

उज्झिति f. *das Verlassen dieser Welt* Tâṇḍja-Br. 18,6,10.

उञ्ज fehlerhafte Schreibart für उज्ज्य.

उञ्चदेश m. N. pr. eines *Landes.*

उञ्छ्, उञ्छति *nachlesen, liegen gebliebene Aehren auflesen.* तृणानि Çâṅkh. Gṛhj. 2,17. — Mit प्र *wegwischen.*

उञ्छ m. und उञ्छन n. *Nachlese, das Aufsammeln von liegen gebliebenen Aehren.*

उञ्छवर्तिन् Adj. *von Nachlese lebend.*

उञ्छवृत्ति 1) Adj. dass. — 2) m. Bein. Mudgala's.

उञ्छशील n. = उञ्छ.

*उट m. *Laub, Gras.*

उटज m. n. (adj. Comp. f. आ) *Hütte aus Laub.*

उटजाङ्गन n. Naish. 55,12.

उट्टङ्कन (उट्टङ्कण gedr.) n. *das Stempeln.*

*उठ्, ओठति (उपघाते).

*उड् (संहतौ).

उडङ्गव m. *eine best. Körnerfrucht.*

उडप und उडियान m. N. pr. eines Mannes.

उडु 1) f. n. *Stern.* — 2) n. a) *Mondhaus.* — b) **Wasser.*

उडुगणाधिप m. *der Mond.* °पर्क्ष n. *das Mondhaus* Mṛgaçiras.

उडुगोल m. *die Sphäre der Gestirne* Golâdhj. 11,4.

उडुदायप्रदीप m. Titel eines astrol. Werkes.

उडुनाथ m. *der Mond.*

उडुप 1) m. n. (adj. Comp. f. आ) *Nachen.* — 2) m. *der Nachen am Himmel, der Mond.* — 3) n. *eine Art Tanz* S.S.S. 237.

उडुपति m. 1) *der Mond* 290,13. — 2) *eine Soma-Art* Suçr. 2,164,19.

*उडुपथ m. *Luftraum.*

*उडुपप्रिया f. *bei Nacht blühender Lotus* Nigh. Pr.

उडुम्बर schlechte Schreibart für उदुम्बर.

उडुराज् und °राज m. *der Mond.*

*उडुलोम m. Pl. *die Nachkommen des* Uḍuloman.

*उडुलोमन् m. N. pr. eines Mannes.

*उडूप = उडुप.

उड्डमर Adj. = उड्डामर Bâlar. 124,3.

उड्डमरित Adj. *in Aufruhr gebracht, aufgeregt* Bâlar. 267,12. 270,4.

उड्डयन n. *das Auffliegen, Flug.*

उड्डामर Adj. *aussergewöhnlich, absonderlich, heftig, stark.* Laut Bâlar. 22,6.

उड्डामरतन्त्र n. Titel eines Tantra.

उड्डामरिन् Adj. einen entsetzlichen Lärm machend Bâlar. 30,4.

उड्डामरेश्वरतन्त्र n. = उड्डामरतन्त्र.

उड्डियाण N. pr. einer Oertlichkeit.

उड्डियान eine best. Fingerstellung.

उड्डीन n. Aufflug, Flug.

उड्डीपकवि m. N. pr. eines Dichters.

उड्डीयन n. das Auffliegen.

उड्डीयान = उड्डियान.

*उड्डीविन् m. N. pr. einer Krabbe. Vgl. उच्चीविन्.

*उड्डीश m. 1) Bein. Çiva's. — 2) Titel eines Werkes.

उड्र m. Pl. N. pr. eines Volkes.

*उण्डक, f. ई gaṇa गौरादि. उकथ v. l.

उणादि m. Pl. eine best. Klasse von Suffixen. Die °सूत्राणि behandeln dieselben. °वृत्ति f. ein Commentar zu diesen Sûtra Aufrecht, Uṇâdis. S. 1, Çl. 4.

उण्डुक m. 1) Säckchen, Netz. — 2) Magen Bhâvapr. 4,168.

उण्डेरकस्रज् f. eine Art Gebäck.

*उत् Indecl. = 2. उत.

1. उत Partic. von वा, वयति.

2. उत Indecl. 1) und, auch. उतो und auch, उत स्म und zumal, उत — उत, उतो — उत, उत — उतो, उतो — उतो sowohl — als auch, उत वा oder auch, वा — उत वा, उताहो वापि — वा, उत — वा (kann auch fehlen) entweder — oder. — 2) Fragewort. उत — आहो (oder). Sehr häufig in einer doppelten oder mehrfachen Frage an zweiter und folgender Stelle, d. i. oder. Kann auch durch वा, आहो, स्विद् und आहो स्विद् verstärkt werden und mit वा, अथ वा, आहो स्विद् wechseln. Selten wird an zweiter oder folgender Stelle किम् vor उत wiederholt 129,9. — 3) किमुत wie viel mehr, — eher, — weniger (in einem negativen Satze). — 4) Im Epos häufig blosses Flickwort, insbes. am Ende eines Verses 32,4. 61,9. 163,20. — 5) *उताधीपीत soll so v. a. बाढमध्येष्यते sein.

उतङ्क fehlerhaft für उत्तङ्क.

उतथ in Verz. d. Oxf. H. vielleicht fehlerhaft für उतथ्य.

उतथ्य m. N. pr. eines Âṅgirasa. उचथ्य die ältere Form.

उतथ्यतनय m. Patron. Gautama's.

*उतथ्यानुज und *उतथ्यानुजन्मन् m. Bein. Bṛhaspati's, der Planet Jupiter.

उताहो s. u. 2. उत 2).

उतूल m. 1) Knecht Pâr. Gṛhj. 3,7,1.2. — 2) Pl. N. pr. eines Volkes MBh. 6,361. उलूत v. l.

उत्क 1) Adj. (f. आ) sich sehnend nach, heftig verlangend. Die Ergänzung im Loc. oder im Comp. vorangehend. — 2) wohl n. Sehnsucht, heftiges Verlangen.

उत्कच Adj. 1) haarlos. — 2) aufgeblüht.

उत्कचय्, °यति das Haar aufstecken, — aufputzen.

उत्कच्छा f. ein best. Metrum.

उत्कञ्चुक Adj. des Mieders beraubt Spr. 2302.

उत्कट 1) Adj. (f. आ) a) das gewöhnliche Maass überschreitend, überaus gross, — stark, — heftig. कराभोत्कटमूर्धज Adj. dessen Haare die Dicke eines Elephantenrüssels haben MBh. 3,280,14 (= उद्भूतदशवेश Nîlak.). उत्कट° Adv. in hohem Grade, heftig. — b) reichlich versehen mit, strotzend von (im Comp. vorangehend). — c) trunken, toll, rasend. — 2) m. a) *die zur Brunstzeit aus den Schläfen des Elephanten träufelnde Flüssigkeit. — b) Saccharum Sara oder eine verwandte Grasart. — c) N. pr. eines Dichters. — 3) f. आ a) *Laurus Cassia und *eine Art Pfeffer (Râǵan. 6,17). — b) N. pr. einer Stadt. — 4) n. a) *die Rinde von Laurus Cassia. — b) eine Art Tanz S. S. S. 258.

उत्कटिका f. und °टन n. das Sitzen auf dem Erdboden mit ausgestreckten Beinen (im rechten Winkel). Vgl. उत्कुटक.

उत्कटुक s. उत्कुटक.

उत्कण्टिका f. fehlerhaft für उत्कलिका.

उत्कण्टकित Adj. mit aufgerichteten Dornen, — Härchen Kâd. 253,8. II,70,17. 79,10. 121,23.

उत्कण्टकिन् Adj. dass. Kâd. II,124,7.

उत्कण्ठ्, °ण्ठते 1) den Hals in die Höhe richten. उत्कण्ठित d. H. in d. H. richtend Spr. 1753. — 2) sich sehnen nach (Dat.) Prasannar. 15,8. mit Infin. Pañc. 13,14. उत्कण्ठित sich sehnend nach (प्रति oder Dat. Prasannar. 23,3); verliebt. — Caus. उत्कण्ठयति 1) machen, dass Jmd (Acc.) den Hals in die Höhe richtet. — 2) in Jmd (Acc.) Sehnsucht erwecken. — Mit प्र Caus. in Jmd (Acc.) Sehnsucht erregen. — Mit सम् sich sehnen, wehmüthig zurückdenken.

1. उत्कण्ठ Adj. 1) den Hals in die Höhe richtend. — 2) mit offener Kehle. नर्द् so v. a. aus vollem Halse schreien. — 3) sehnsüchtig. °म् Adv. Spr. 1753.

2. उत्कण्ठ 1) m. a) *Sehnsucht. — b) quidam coeundi modus. — 2) f. आ Sehnsucht, wehmüthige Gedanken an einen geliebten Gegenstand, Verlangen nach 163,9.

उत्कण्ठक Adj. Sehnsucht erregend.

उत्कण्ठमाहात्म्य n. Titel eines Werkes.

उत्कण्ठय्, °यते den Hals in die Höhe haben, so v. a. wieder Muth fassen. °यित n. impers. Pañcadaṇḍ. 133,14.

उत्कण्ठेश्वरमाहात्म्य n. Titel eines Werkes.

उत्कता f. 1) Sehnsucht, Verlangen nach. — 2) *Pothos officinalis Roxb.

*उत्कन्दक m. eine best. Krankheit.

उत्कंधर Adj. mit erhobenem Halse Râǵat. 8,2824.

उत्कम्प 1) Adj. erzitternd, zitternd. — 2) m. (adj. Comp. f. आ) das Erzittern, Zittern 290,3.

उत्कम्पन n. das Erzittern.

उत्कम्पिन् Adj. 1) erzitternd Spr. 4366. Kâd. 247, 18. II,84,22. wallend (Busen) Chr. 316,30. — 2) am Ende eines Comp. erzittern machend.

उत्कर m. (adj. Comp. f. आ) 1) Auswurf, Schutt, — haufen. — 2) Haufen, Menge. — 3) das Zappeln mit Händen und Füssen Bhâvapr. 1,138.

उत्करिण्डका f. Kehrichthaufen Comm. zu Gobh. 1,4,14.

उत्कारिका f. ein best. süsses Gericht Kull. zu M. 5,7 (तत्कारिका gedr.).

*उत्करीय Adj. von उत्कर.

*उत्कर्कर m. ein best. musikalisches Instrument.

उत्कर्ण Adj. die Ohren emporrichtend.

उत्कर्णताल Adj. mit den Ohren zu klatschen beginnend (Elephant) Kathâs. 12,19.

उत्कर्तन n. das Ausschneiden.

उत्कर्तम् Absol. ausschneidend Çat. Br. 13,7,1,9.

उत्कर्तर् Nom. ag. Förderer. Nom. abstr. °र्तृत्व n. Nṛs. Up. in Ind. St. 9,154.

उत्कर्ष 1) Adj. prahlerisch. — 2) m. a) Aufschwung, Zunahme, Zuwachs; Erhebung zu etwas Besserem; das Hervorragen, Vorwiegen, Vorrang, Uebergewicht, Uebermaass. — b) das Ausnehmen, bei Seite Lassen. — c) Selbstüberhebung. — d) Aufschub Nâlaś. 5,1,15. 22. 25. Comm. zu 4,10.

उत्कर्षक Adj. steigernd, hebend.

उत्कर्षण 1) n. a) das Hinaufziehen. — b) das Ausziehen (eines Kleides). — 2) f. ई eine best. Çakti.

*उत्कर्षम् Absol. auseinanderziehend.

उत्कर्षसम m. im Njâja das Sophisma: a und b haben eine Eigenschaft mit einander gemein, folglich auch eine andere. Nâlaś. 5,1,4. Sarvad. 114,10.

*उत्कर्षित Adj. von उत्कर्ष.

उत्कर्षिन् 1) Adj. den Vorrang habend, vorzüglicher, besser 249,14. — 2) f. °षिणी eine best. Çakti.

उत्कल m. 1) Pl. N. pr. eines Volkes. Sg. Name des Landes. — 2) N. pr. eines Sohnes des Dhruva und des Sudjumna. — 3) *Lastträger. Vgl. उत्कूल. — 4) *Vogelsteller.

उत्कलखण्ड m. n. Titel eines Abschnitts im Skandapurâṇa.

उत्कलाप Adj. *mit emporgehobenem Schwanze, ein Rad schlagend* (Pfau).

उत्कलापन n. *das Heimführen der Frau* (Acc.) *aus dem väterlichen Hause.*

उत्कलापय्, °यति 1) *sich bei Jmd* (Acc.) *verabschieden* Pańkad. 33. 34. — 2) *seine Frau aus dem väterlichen Hause heimführen.*

उत्कलिका f. (adj. Comp f. आ) 1) *Sehnsucht, heftiges Verlangen nach einem geliebten Gegenstande* 300,25. Mālatīm. 80,13. — 2) *Zärtlichkeiten, Tändeleien eines Verliebten.* — 3) *Knospe* 300, 25. — 4) *Welle* Mālatīm. 30,13.

उत्कलिकाप्राय Adj. *von zusammengesetzten Wörtern strotzend* (Prosa) Vāmana 1,3,26.

उत्कषण n. *das Aufreissen.*

*उत्काका f. *eine Kuh, die jedes Jahr kalbt.*

°उत्काकुद् Adj. *einen hohen Gaumen habend.*

उत्कान्ति f. *überaus heller Schein* (des Mondes).

°उत्काय्, °यते = उत्सुकाय्.

*उत्कार m. *das Schwingen* (des Korns).

उत्कारिका f. *warmer Brei.*

उत्कारिकोपनाह m. *Breiumschlag* Karaka 6,19.

उत्काश n. (!) *Hinausgang* Çulbas. Br. 2,5.

*उत्कास m. N. pr. eines Mannes. Pl. *seine Nachkommen.*

उत्कासन n. *das Aushusten, Sichräuspern.*

°उत्किर Adj. *aufwerfend, aufwirbelnd.*

1. उत्किरण m. *heller Strahl.*

2. उत्किरण n. *Verbindung, Vereinigung.*

उत्कीर्तन n. *das Berichten, Bericht.*

उत्कील m. v. l. für घत्कील.

उत्कीलक m. N. pr. eines Berges.

उत्कीलित Adj. *durch Herausziehen des Pflockes geöffnet* Kād. II,18,3.

*उत्कुञ्चिका und *उत्कुञ्चिता f. *Nigella indica Roxb.*

*उत्कुट Adj. = उत्तान.

उत्कुटक Adj. *hockend, kauernd.* उत्कुटकासन n. *das Hocken, Kauern.* °प्रधान (vgl. Dharmas. 141) Burn. Intr. 324. उत्कटुक und उत्कुटुक v. l.

उत्कुटुक s. उत्कुटक.

*उत्कुण m. = मत्कुण *Wanze.*

°उत्कुतुक Adj. *sich belustigend an* Prasannar. 100,4.

उत्कुमुद Adj. *mit emporgetretenen Lotusblüthen.*

उत्कुल Adj. (f. आ) *vom Geschlecht ausgeartet, seiner Familie Unehre machend.*

उत्कूज m. *Gesang* (des Kokila).

*उत्कूट m. *Sonnenschirm.*

उत्कूर्दन n. *das Aufspringen.*

उत्कूल Adj. *über das Ufer gehend* (Wasser) Kād. II,70,17.

उत्कूलगामिन् Adj. *dass.* Kād. 71,24.

उत्कूलनिकूल Adj. Pl. *bergan und bergab gehend* VS. 30,14. Lāṭy. 340,12.

उत्कूलम् Adv. *bergan.*

उत्कूलित Adj. *an's Ufer geworfen.*

उत्कृति f. 1) *ein Metrum von* 104 (4 × 26) *und von* 80 (4 × 20) *Silben.* — 2) *Bez. der Zahl* 26 Çalvati in Ganit. S. 31.

उत्कृष्टत्व n. *Vorzüglichkeit* Ind. St. 8,134.

उत्कृष्टवेदन n. *das Heirathen eines Mannes aus einer höheren Kaste.*

उत्कृष्टोपाधि Adj. *dessen Bedingendes hoch steht.* Nom. abstr. °ता f. 258,32.

उत्कोच m. 1) *das Abwinden, Ablösen.* — 2) *Bestechung.*

उत्कोचक 1) Adj. *der sich bestechen lässt.* — 2) n. N. pr. eines Tîrtha.

*उत्कोट m. Nom. act.

उत्कोटि Adj. *spitz zulaufend* Kād. 149,21.

उत्कोठ m. *eine Art Ausschlag* Bhāvapr. 6,40.

उत्कोरकय्, °यति *mit hervorbrechenden Knospen versehen* Kād. II,136,3.

उत्क्रम m. 1) *das Emporsteigen.* — 2) *das Hinausgehen.* — 3) *das Eingehen in* (Loc.) Comm. zu Çiç. 92. — 4) *umgekehrte Ordnung.* — 5) **Unordnung, Verwirrung.*

उत्क्रमज्या (Comm. zu Ârjabh. S. 29) und °ज्या f. *sinus versus.*

उत्क्रमण n. 1) *das Hinaufschreiten.* — 2) *das Hinaustreten, Hinausgang* 264,28. — 3) *Betrag des sinus versus* Ârjabh. 4,36.

उत्क्रमणीय Adj. *aufzugeben* (Absicht).

उत्क्रष्टव्य Adj. *zu verschieben, aufzuschieben* Nalam. 5,1.29. Comm. zu 36.

उत्क्रामिणी f. N. pr. einer der Mütter im Gefolge Skanda's.

उत्क्रान्तमेध Adj. *aus dem Saft und Kraft hinausgegangen ist* Çat. Br. 7,5,2,37.

उत्क्रान्तश्रेयस् Adj. *von dem das Glück gewichen ist* Vaitân.

उत्क्रान्ति 1) a) *das Hinaufschreiten.* — b) *Aufgang.* — c) *das Hinausschreiten, Hinausgang* Çaṁk. zu Bâdar. 4,2,1. — d) *das Scheiden aus dieser Welt.*

*उत्क्रान्त्यवस्थ Adj. *moribundus* Gal. — 2) m. इन्द्रविश्वेः उ° Name eines Ekâha.

उत्क्री m. Name eines Ekâha.

उत्क्रीड m. *etwa exsultatio.*

उत्क्रीडिन् Adj. *etwa exsultans* Maitr. S. 2,5,9.

उत्क्रोश m. *Meeradler.*

*उत्क्रोशीय Adj. von उत्क्रोश.

उत्क्लेद m. *das Nasswerden, Sichregen der Flüssigkeiten, Uebelkeit.* v. l. उत्क्लेश.

उत्क्लेदिन् Adj. *nässend, auflösend* Karaka 1, 27.a.b.

उत्क्लेश m. *Aufregung, das Heraustreten einer der drei Flüssigkeiten des Leibes aus ihrem normalen Stande, Uebelkeit* Bhāvapr. 4,37,7. v. l. उत्क्लेद.

उत्क्लेशक m. *ein best. giftiges Insect.*

उत्क्लेशन und °उत्क्लेशिन् Adj. *aufregend.*

उत्क्वाथ m. *Absud* Karaka 6,3,d.

उत्क्षिप्त m. (!) *die Frucht der Datura Metel oder fastuosa.*

उत्क्षिप्ति f. *das Heben* Pañc. 11,11.

*उत्क्षिप्तिका f. *ein best. Ohrschmuck.*

उत्क्षेप 1) m. a) *das in die Höhe Werfen, Heben, Emporrichten.* — b) *das Ausbreiten* (der Flügel). — c) Du. *die Stellen über den Schläfen.* — d) *N. pr. eines Mannes. — 2) *f. आ N. pr. einer Frau Kāç. zu P. 4,1,112. v. l. für उत्क्षिप.

उत्क्षेपक m. *Kleiderdieb.*

उत्क्षेपण n. 1) *das in die Höhe Werfen, Heben, Erheben.* Dazu Nom. abstr. °त्व n. — 2) *das Auswerfen.* — 3) **Dreschflegel.* — 4) **Fächer.* — 5) *16 Paṇa.

उत्क्षेपलिपि f. *eine best. Schrift* (buddh.).

उत्खलिन् m. N. pr. eines Devaputra (buddh.).

उत्खली f. N. pr. einer buddh. Göttin.

उत्खा f. ein zur Erklärung von उखा erfundenes Wort Çat. Br. 6,7,1,23.

उत्खात n. 1) *das Untergraben, Unterwühlen* Spr. 860. — 2) *Ausrottung* Mudrâr. 6,12 (19,5). — 3) *unebener Boden.*

उत्खातिन् Adj. *uneben* (Boden).

उत्खोली f. N. pr. einer buddh. Göttin.

उत्त Partic. von उद्, उनत्ति.

उत्तंस m. (adj. Comp. f. आ) *ein auf dem Scheitel getragener Kranz.* Uebertr. so v. a. *Zierde* Bâlar. 18,20.

उत्तंसक m. *dass.* Am Ende eines adj. Comp. in ब्रह्मोत्तंसिका.

उत्तंसय्, °यति *mit einem Kranze schmücken* Vcis. 21. — Partic. उत्तंसित *als Kranz verwendet, — getragen* Spr. 2303. *gleichsam mit einem Kranze geschmückt* Prasannar. 31,17. Mit उत्तंभित verwechselt.

*उत्तंसिक m. N. pr. eines Schlangendämons.

उत्तङ्क m. N. pr. eines Ṛshi 41,20. MBh. 3,201, 11. fgg. 14,53,7. fgg. Hariv. 1,11,27. °मेघाः *best. nach ihm benannte Wolken* MBh. 14,55,37.

उत्तट Adj. aus den Ufern getreten.

उत्तथ्य m. N. pr. eines Sohnes des Devadatta. Vgl. उतथ्य.

उत्तपन m. ein best. Feuer.

उत्तप्त *n. gedörrtes Fleisch.

उत्तब्ध und उत्तभित Partic. von स्तभ् mit उद्.

उत्तम 1) Adj. (f. श्रा) a) der höchste, oberste. — b) die höchste Stelle einnehmend, der vorzüglichste, trefflichste, beste, summus. Am Ende eines Comp. der trefflichste unter. — c) höher stehend, vorzüglicher als (Abl.). — d) der höchste (vom Tone). — e) der äusserste, letzte (im Raume, in der Reihenfolge, in der Zeit). — 2) m. a) die erste Person 241, 17. 19. — b) der letzte Laut in einem Varga, ein Nasal. — c) N. pr. α) eines Bruders des Dhruva, eines Vjâsa, eines Manu und eines Ṛshi unter dem 6ten Manu (VP. 3,1,26). — β) Pl. eines Volkes MBh. 6,9,41. — γ) eines Berges Ind. St. 10, 281. — 3) f. श्रा a) eine Art Pustel. — b) Oxystelma esculentum R. Br. — c) die drei Myrobalanen Bhâvapr. 3,98. — d) die erste Nacht im Karmamâsa Ind. St. 10,296. — 4) n. = उत्तमाङ्ग Kopf, in मृगोत्तम.

उत्तमजन m. Pl. ausgezeichnete Menschen Spr. 4342.

उत्तमतेजस् Adj. überaus glanzvoll 49,12.

उत्तमदलिपा Adj. in Verbindung mit का die Fingerspitzen der rechten Hand R. 2,52,12.

उत्तमदर्शन Adj. prachtvoll anzuschauen MBh. 3, 234,3.

उत्तमपुरुष m. 1) die erste Person. — 2) der höchste Geist Gaut.

उत्तमपूरुष m. der höchste Geist.

*उत्तमफलिनी f. Oxystelma esculentum R. Br.

उत्तमबल Adj. sehr stark Káraka 1,12.

उत्तमम्, उत्तम° Adv. 1) im höchsten Grade R. 2, 30,9. — 2) zuletzt Çat. Br. 3,2,3,21.

*उत्तममणि m. der Edelstein Gomeda Gal.

*उत्तमरथ्य Adj. von उत्तम-रथ.

उत्तमर्ण m. 1) Gläubiger Spr. 7644. — 2) Pl. N. Pr. eines Volkes Mârk. P. 57,53.

उत्तमर्णिक m. Gläubiger.

उत्तमवयस n. der letzte Abschnitt des Lebens Çat. Br. 12,9,1,8.

उत्तमवर्ण Adj. die schönste Farbe habend, überaus schön gefärbt 155,26.

उत्तमवेष Adj. in prachtvoller Tracht (Çiva).

*उत्तमशाख m. und davon Adj. *°शाखीय gaṇa गहादि.

उत्तमश्रुत Adj. die grösste Gelehrsamkeit besitzend R. 2,65,1.

1. उत्तमश्लोक m. der höchste Ruhm.

2. उत्तमश्लोक Adj. hochberühmt.

उत्तमश्लोकतीर्थ m. N. pr. eines Lehrers.

उत्तमसुख m. N. pr. eines Mannes.

1. उत्तमाङ्ग n. 1) Kopf. — 2) = मुख Antlitz Sch. zu Çâkh. Ça. 7,13,2.

2. उत्तमाङ्ग m. eine Art Papagei Gal.

(उत्तमाय्य) उत्तमायिय Adj. was zu oberst zu setzen ist.

*उत्तमारणी f. Asparagus racemosus Willd.

उत्तमार्ध m. der letzte Theil Lâṭy. 7,12,6.10.

*उत्तमीय Adj. von उत्तम gaṇa गहादि.

उत्तमोत्तम Adj. der allervorzüglichste.

उत्तमोत्तमक n. eine Art Gesang.

उत्तमोत्तरीय m. N. pr. eines alten Grammatikers.

उत्तमौजस् m. N. pr. eines Mannes.

उत्तमोदार्य Adj. überaus edelmüthig R. 4,44,101.

*उत्तम्भ m. Nom. act. von स्तम्भ् mit उद्.

उत्तम्भन n. Stützbalken.

*उत्तम्भितव्य Partic. fut. pass. von स्तम्भ् mit उद्.

1. उत्तर 1) Adj. (f. श्रा) mit Abl. 231,32.33. a) der obere, höhere. — b) nördlich, vom Norden kommend (Wind), nach Norden gerichtet. — c) der linke. — d) folgend, der hintere, spätere, künftig, der letzte. गुरूत्तर auf eine Länge folgend. दशोत्तर so v. a. der elfte MBh. 3,308,1. काव्य so v. a. das letzte Buch des Poems R. 1,3,39. — e) superior, überlegen, siegreich, mächtiger. — f) im Process gewinnend. — g) besser, trefflicher R. 2,103,30. — 2) m. a) Beantwortung einer Klage. — b) gleichmässige Differenz der Glieder einer Progression Lîlâv. 103. — c) N. pr. α) *eines Schlangendämons. — β) verschiedener Männer, insbes. eines Sohnes des Virâṭa. — γ) Pl. einer Schule. — δ) eines Berges. — 3) श्रा a) Norden. — b) ein in seinem Namen mit dem Worte उत्तर verbundenes Mondhaus. — c) Du. der 2te und 3te Vers eines Tṛka Nidâna. 9,2,6. — d) Pl. der zweite Theil der Sâmasaṃhitâ. — e) N. pr. α) einer Tochter Virâṭa's. — β) einer Magd Lalit. 333,2. fgg. — 4) n. (adj. Comp. f. श्रा) a) am Ende eines adj. Comp. Oberfläche, Decke. — b) Norden. — c) das hintere Ende, der folgende Theil, der letzte Theil einer Zusammensetzung. स्मोत्तर Adj. gefolgt von स्म 244,8. भवदुत्तरम् Adv. so dass भवत् folgt. — d) Folge, ein späteres Stadium. वर्षोत्तरेषु in späteren Jahren Suçr. 2,297,1. दुःखोत्तर Adj. Leiden im Gefolge habend Çiś. 61, 18. — e) Antwort 136,1. Spr. 7826. — f) Beantwortung einer Klage. — g) Widerrede, Behauptung des Gegentheils Káraka 3,8. — h) in der Mîmâṃsâ Bez. des 4ten Gliedes eines Adhikaraṇa, die Antwort, d. i. der bewiesene Schluss. — i) Oberhand, Ueberlegenheit. उत्तरं कर् den Sieg davontragen. — k) am Ende eines adj. Comp. Haupttheil, der grösste, überwiegende Theil, das Hervorragende. कम्पोत्तर heftig zitternd. वृष्ट्युत्तरा निशा sehr regnerisch Râǵat. 7,1673. जयोत्तर voll des Sieges, des Sieges gewiss MBh. 3,284,44. बाष्पोत्तरम् Adv. ganz in Thränen. — l) Ueberschuss, ein Plus. शतमष्टोत्तरम् hundertundacht 212,25. Nur am Ende eines adj. Comp.; könnte also auch als m. gefasst werden. — m) das im Stande Sein, Vermögen zu (Nom. act. im Loc.) R. 5,70,18. — n) ein in seinem Namen mit dem Worte उत्तर verbundenes Mondhaus. — o) ein best. Gesang. — p) eine best. rhetorische Figur. — q) Bez. des letzten Buchs im Râmâjaṇa.

2. उत्तर in दुरुत्तर.

उत्तरक Adj. aufgegangen (beim Kochen).

उत्तरकल्प m. Titel eines Werkes.

उत्तरकाण्ड n. Titel des letzten Buchs im Râmâjaṇa und Adhjâtmarâmâjaṇa.

उत्तरकामाख्यातन्त्र n. Titel eines Werkes.

उत्तरकाय m. Oberkörper Rasar. 9,60.

1. उत्तरकाल m. Folgezeit. °म् Adv. später, nach; die Ergänzung im Abl. oder im Comp. vorangehend. °तम् nach, mit Gen.

2. उत्तरकाल Adj. (f. श्रा) bevorstehend, zukünftig MBh. 3,181,32. 9,62,23.

उत्तरकुरु m. Pl. die nördlichen Kuru.

उत्तरकोसल 1) m. Pl. die nördlichen Kosala. — 2) *f. श्रा Bez. der Stadt Ajodhjâ.

उत्तरक्रिया f. die letzte —, Todtenceremonie.

उत्तरखण्ड m. n. Bez. des Schlussbuches in verschiedenen Werken.

उत्तरग Adj. (f. श्रा) nach Norden fliessend R. ed. Bomb. 2,71,14.

उत्तरगार्ग्य m. Gârgja der jüngere.

उत्तरगीता f. Titel eines Abschnittes im 6ten Buche des MBh.

उत्तरग्रन्थ m. Titel eines buddh. Werkes. Auch verwechselt mit उत्तरतन्त्र.

उत्तरघृत Adj. mit Ghṛta begossen, geschmälzt Gobh. 1,7,9.

उत्तरंग्, °गते wellenartig hervorbrechen Kâd. II, 87,16. — Vgl. तरंग्.

1. उत्तरंग m. eine hochgehende Woge.

2. उत्तरंग 1) Adj. mit hochgehenden Wogen. — 2) *n. Sturz einer Thür.

उत्तरंगय्, °यति in eine wogenartige Bewegung versetzen, hinundher bewegen (die Augen) Prasannar. 39,7.

उत्तरच्छद m. Decke, Ueberwurf.

उत्तरज Adj. *in der letzten (zuletzt genannten Ehe) geboren.*

*उत्तरज्या f. *the versed sine of an arc.*

उत्तरज्योतिष n. N. pr. eines Landes.

उत्तरण 1. Adj. *überschreitend.* — 2) n. a) *das Uebersetzen —, Hinüberkommen über* (im Comp. vorangehend). — b) *das Herauskommen aus* (Abl.) *auf* (Acc.).

उत्तरतआयतन Adj. (f. आ) *zur Linken seinen Platz habend.*

उत्तरतउपचार Adj. *woran man von links herantritt.*

उत्तरतत्त्व n. Bez. der *Schlussstücke* in verschiedenen Werken.

उत्तरतर Adj. *weiter entfernt als* (Abl.).

उत्तरतस् Adv. 1) *nach Norden* R. 4,55,10. *nördlich von* (Gen.) Chr. 37,8. *von —, im Norden, in nördlicher Richtung.* उत्तरतः पश्चात् *nordwestlich.* — 2) *links, — von* (Gen.). — 3) *nachher* AV. Pariçiç. 1,1.

उत्तरतापनीय n. Titel des *zweiten Theils* der Nṛsiṁhatâpanîjopanishad.

उत्तरत्र Adv. 1) *in der Folge, weiter unten* (in einem Buche). — 2) *im andern Falle.*

उत्तरत्वे AV. 3,8,8. Zu vermuthen यस्मुत्तरत्वे.

उत्तरदन्त m. *ein Zahn in der oberen Kinnlade* Comm. zu TS. Prât. 2,43.

उत्तरदायक Adj. *antwortend, widersprechend* 151,1.

उत्तरद्रि m. *etwa oberer Stein einer Mühle oder Presse* AV. 1,49,2.

उत्तरधारिक Adj. *einem kriegerischen Auszuge nach Norden günstig* Ind. St. 14,356.

उत्तरधर्म m. N. pr. eines buddh. Lehrers.

*उत्तरधुरीण Adj. *links von der Deichsel angespannt.*

उत्तरनाभि f. *die Vertiefung am nördlichen Feuerheerd* Çat. Br. 14,3,1,16. Comm. zu Çulbas. 1,8.

उत्तरनारायण m. *der zweite Theil des* Purusha-*Liedes* (ṚV. 10,90) Çat. Br. 13,6,1,20. Vgl. Comm. zu Taitt. Âr. 3,13,1.

उत्तरपक्ष m. 1) *der nördliche oder linke Flügel* (*Seite*). — 2) *die Antwort desjenigen, der eine Thesis aufstellt, auf die vom Gegner gemachte Einwendung.* °पक्षावली f. Titel eines Werkes.

उत्तरपट m. *Obergewand* MBh. 1,137,1.

उत्तरपथ m. *Nordland.*

उत्तरपथिक (चौत्तर°?) Adj. *das Nordland bewohnend.*

उत्तरपद n. *das hintere Glied einer Zusammensetzung.*

उत्तरपदार्थप्रधान Adj. (ein Compositum) *in dem die Bedeutung des hintern Gliedes vorwaltet* P. 2,1,22, Sch.

*उत्तरपदिक Adj. = उत्तरपदमधीते वेद वा.

उत्तरपर्वत m. N. pr. eines *Berges im Norden.*

*उत्तरपश्चार्ध m. *der nordwestliche Theil.*

उत्तरपश्चिम m. und *f. (आ) *Nordwesten.*

उत्तरपाद m. *der zweite Theil des viertheiligen Processes, die Beantwortung einer Klage.*

उत्तरपुरस्तात् Adv. *nordöstlich von* (Gen.).

उत्तरपुराण n. Titel eines Ǵaina-Werkes.

उत्तरपूर्व 1) Adj. (f. आ) a) *nordöstlich.* — b) *Nord *für Osten haltend.* — 2) *f. आ *Nordost.*

*उत्तरप्रच्छद m. = उत्तरच्छद.

उत्तरप्रोष्ठपदा f. *ein best. Mondhaus.*

उत्तरफल्गुनी und °फाल्गुनी f. desgl.

उत्तरबर्हिस् n. *die nördliche Opferstreu.*

उत्तरभक्तिक Adj. *nach dem Essen angewendet.*

*उत्तरभद्रपदा f. = °भाद्रपदा Gal.

उत्तरभाग m. *der andere Theil* Ind. St. 1,20,2.6.

उत्तरभाद्रपदा f. *ein best. Mondhaus.*

उत्तरम् Adv. 1) *weiter hinaus, vorwärts.* — 2) *hinterher, darauf* 64,17. Spr. 5533. इतः *im Folgenden* (im Buche).

उत्तरमति m. N. pr. eines Mannes (buddh.).

उत्तरमद्र m. Pl. *die nördlichen* Madra.

उत्तरमन्द्रा f. *eine laute aber langsame Sangweise.*

उत्तरमन्द्रायमा f. *eine best.* Mûrkhanâ S. S. S. 31.

उत्तरमानस n. N. pr. eines Tîrtha.

उत्तरमार्ग m. (adj. Comp. f. आ) *der Weg nach Norden* Ind. St. 1,20. 393. Çañk. zu Khând. Up. 4,17,9.

उत्तरमीमांसा f. *der andere Theil der* Mîmâṁsâ, *die Untersuchung des* Brahman.

उत्तरमूल Adj. (f. आ) *die Wurzeln oben habend* Çat. Br. 1,2,4,16.

उत्तरय्, °यति *antworten,* insbes. *eine Klage beantworten.*

उत्तरयुग n. 13 Añgula Çulbas. 1,8.

उत्तररामचरित und °चरित्र n. Titel eines Schauspiels.

उत्तररूप n. *der zweite von zwei zusammenstossenden Vocalen oder Consonanten.*

उत्तरल Adj. *aufzuckend, erzitternd* Bâlar. 84,10. Kâd. 246,10. II,10,8.

उत्तरलक्षण Adj. (f. आ) *links gezeichnet.*

उत्तरलाय्, °यते *aufzucken, erzittern* Kâd. II,30,13.

उत्तरलित Adj. *in Aufregung versetzt* Bâlar. 292,8.

उत्तरली Adv. mit कर् *in eine hüpfende Bewegung versetzen.* Davon Nom. act. °करण n.

उत्तरलोमन् Adj. *mit den Haaren nach oben* Âçv. Gṛhj. 4,2,15.

उत्तरवयस n. *das spätere Lebensalter.*

उत्तरवल्ली f. Titel der *zweiten Abtheilung der* Kaṭhopanishad.

उत्तरवस्ति m. *eine zu Einspritzungen in die Harnröhre dienende Blase und das Klystier selbst.*

उत्तरवस्त्र n. *Obergewand.*

उत्तरवादिन् Adj. 1) *antwortend, mit einer Antwort nicht verlegen.* — 2) in der Gerichtssprache *die späteren Ansprüche machend.*

उत्तरवासस् n. *Obergewand.*

उत्तरवीथि f. *die nördliche Bahn am Himmel.*

उत्तरवेदि und °दी f. *der nördliche Aufwurf, — Feuerheerd.* Nom. abstr. °वेदित्व n. Maitr. S. 3,8,3.

उत्तरशान्ति f. *Schlussweihe* Çâṅkh. Gṛhj. 6,2.

उत्तरशैल m. Pl. Name einer buddh. Schule.

उत्तरम् in रेवोत्तरम्.

*उत्तरसक्थ n. *Oberschenkel.*

उत्तरसाधक m. *Gehülfe.* Nom. abstr. °त्व n. Ind. St. 15,276.

उत्तरसेन m. N. pr. eines buddh. Lehrers.

उत्तरहनु f. *die obere Kinnlade.*

उत्तरा Adv. *nach Norden,* *nördlich von* (Gen. Abl.).

उत्तरांस m. *die linke Schulter.*

उत्तरागार n. *Giebelzimmer.*

उत्तराग्रन्थ m. *der zweite Theil der* Sâmasaṁhitâ Nidâna. 9,2,6.

उत्तराङ्ग n. *der letzte Theil einer Consonantengruppe.*

*उत्तराचमन n. *eine best. Ceremonie* Gal.

उत्तरात् Adv. 1) *von Norden her.* — 2) *von links her.*

*उत्तरातनय m. Metron. Parikshit's Gal.

उत्तरात्तात् Adv. *von Norden her.*

उत्तरात्व n. Nom. abstr. zu उत्तर 3) e) Comm. zu Nidâna. 9,2,6.

उत्तरात्सद्य Adj. = उत्तरासद्य Maitr. S. 2,6,3.

*उत्तराद्रि m. *der* Himâlaja.

उत्तराद्वात m. *Nordwind* Maitr. S. 2,7,20.

उत्तराधर 1) Adj. (f. आ) *darüber und darunter stehend.* — 2) n. *die Ober- und Unterlippe, die Lippen.*

उत्तराधरविवर n. *Mund* Daçak. 73,11.

*उत्तराधिकारिन् Adj. *in zweiter Reihe auf Etwas Ansprüche habend.*

उत्तराध्ययनगीता f. und °नसूत्र n. (Pischel, de Gr. pr. 20) Titel von Ǵaina-Werken.

उत्तरापथ m. *Nordland.*

उत्तरापर Adj. (f. आ) *nordwestlich* Pâr. Gṛhj. 2,9,10. °राभिमुख Adj. *nach Nordwesten gewandt* Âçv. Gṛhj. 3,7,1.

उत्तराभास m. *Scheinantwort, eine ungenügende.*

unklare Antwort auf eine gerichtliche Klage.

उत्तराभिमुख Adj. nach Norden gewandt Ind. St. 9,30.

उत्तराम् Adv. weiter hinaus.

उत्तरामुख Adj. nach Norden gewandt.

उत्तराम्नाय m. Titel eines heiligen Buches der Çâkta.

उत्तरायण n. der Gang der Sonne nach Norden, das Halbjahr, in dem die Sonne sich von Süden nach Norden bewegt; Sommersolstitium.

उत्तरायणचक्र n. ein best. mystisches Diagramm.

उत्तरायता f. eine best. Mûrkhanâ S. S. S. 31.

उत्तरारणि f. das obere Reibholz bei der Feuererzeugung 30,33.

उत्तरार्क m. eine der 12 Formen der Sonne.

उत्तरार्चिक n. = उत्तराग्रन्थ.

उत्तरार्थ Adj. (f. घा) des Folgenden wegen geschehend Lâtj. 1,4,9. Chr. 236,29. 240,6.

उत्तरार्ध m. 1) Oberkörper. — 2) der nördliche Theil. — 3) die letztere Hälfte.

उत्तरार्धपूर्वार्ध m. der vordere Theil der nördlichen Seite Çat. Br. 1,5,2,29.

उत्तरार्ध्य Adj. auf der nördlichen Seite befindlich.

उत्तरावत् Adj. 1) oben befindlich. — 2) überlegen, siegreich.

उत्तराशा f. Norden Hemâdri 1,127,12. °°धिपति und °°पति Beiw. Kubera's.

उत्तराश्मन् 1) Adj. mit hochanstehenden Felsen Râgat. 4,117. — 2) *m. N. pr. einer Gegend. Davon *Adj. °श्मक.

उत्तराश्रमिन् Adj. in's nächstfolgende Lebensstadium eintretend Ind. St. 15,117.

उत्तराश्रित Adj. in nördlicher Richtung befindlich Bhâvapr. 1,140.

*उत्तराषाढा f. ein best. Mondhaus.

उत्तरासङ्ग m. Obergewand, Ueberwurf.

उत्तरासद् Adj. nördlich oder links sitzend.

*उत्तराह m. der folgende Tag.

उत्तराहि Adv. nördlich Çat. Br. 2,1,2,4. Daçak. 65,6. *— von (Abl.).

उत्तरिका f. N. pr. eines Flusses.

उत्तरिन् Adj. gesteigert. Wiederholt immer stärker und stärker (Stimme) Vaitân.

उत्तरीय n. (adj. Comp. f. घा) Obergewand, Ueberwurf Pâr. Grh. 1,4,13. Bettdecke Kâraka 8,9. Nom. abstr. °त्ता f. Gobh. 1,2,21.

उत्तरीयक n. (adj. Comp. f. घा) dass. VP. 3,9,20.

उत्तरेण Instr. Adv. mit Gen., Abl., Acc. oder am Ende eines Comp. 1) nördlich. — 2) links.

*उत्तरेतरा f. Süden.

उत्तरेद्युस् Adv. am folgenden Tage TS. 5,2,6,7.

उत्तरेला f. = घ्वातसेडा Ind. St. 9,326.

उत्तरेश्वरतीर्थ n. N. pr. eines Tîrtha.

उत्तरेश्वराश्रम n. Name eines Liṅga.

उत्तरोत्तर 1) Adj. (f. घा) je folgend, stets höher steigend Kap. 3,82. stets zunehmend, überbietend. °म् Adv. immer höher und höher, — mehr und mehr, in stetiger Folge Gaut. — 2) n. Erwiederung auf Erwiederung, das Hinundherreden.

उत्तरोत्तरपदप्रकृला f. Titel eines Abschnittes der Sâmavedakkhala.

उत्तरोत्तरिन् Adj. stets sich steigernd, — zunehmend. Dazu Nom. abstr. °रिता f.

उत्तरोत्तरोक्त Adj. je später ausgesprochen 272,30.

उत्तरोष्ठ und °रौष्ठ m. 1) Oberlippe. — 2) der oberste Theil einer Säule.

उत्तर्जन n. heftiges Drohen.

उत्तान 1) Adj. (f. घा) a) in horizontaler Lage ausgestreckt, — ausgebreitet. Von Menschen: mit dem Gesicht nach oben, von Händen und Füssen: mit der inneren Fläche nach oben, von Gefässen, Muscheln und vom Schnabel: mit der Oeffnung nach oben. — b) flach, auf der Oberfläche sich befindend Kâraka 6,27. oberflächlich (eig. und übertragen). — c) ausgebreitet, weit offen Kâd. 161,12. so v. a. fertig daliegend Spr. 1189. — 2) m. N. pr. eines Âṅgirasa.

उत्तानक 1) *m. eine Cyperus-Art. — 2) f. °निका N. pr. eines Flusses.

उत्तानकूर्मक n. eine best. Art zu sitzen.

उत्तानचरण m. = उत्तानपाद 1). *°रणात्मज m. Patron. Dhruva's Gal.

उत्तानपत्त्रक m. rother Ricinus Bhâvapr. 1,201. Râgan. 8,56.

उत्तानपद् f. (deren Beine ausgebreitet sind) Name einer kosmogonischen Potenz.

उत्तानपर्ण Adj. ausgebreitete Blätter habend.

*उत्तानपर्णक m. eine best. Pflanze Gal.

उत्तानपाद m. 1) N. pr. eines Sohnes des Vîra oder Manu Svâjambhuva und Vaters des Dhruva. *°ज m. Patron. Dhruva's. — 2) der Stern β im kleinen Bären.

उत्तानबर्हिस् m. N. pr. eines Sohnes des Çarjâti Bhâg. P. 9,3,27.

उत्तानरेचित und उत्तानवञ्चित (v. l.) m. eine best. Stellung der Hände.

*उत्तानशय 1) Adj. auf dem Rücken liegend. — 2) m. ein kleines Kind.

उत्तानशायिन् Adj. auf dem Rücken liegend Ind. St. 15,309.

उत्तानशीवरी Adj. f. ausgestreckt daliegend. धाप: stehende Gewässer.

उत्तानहस्त m. N. pr. eines Sohnes des Çatâgit VP.[2] 4,38.

उत्तानहस्त Adj. die Hände ausbreitend, — ausstreckend (zum Gebet) Vaitân.

उत्तानार्थ Adj. flach —, oberflächlich dem Inhalt nach.

उत्तानी Adv. mit भू sich ausbreiten Kâd. II,37,21. mit कर् weit aufsperren (den Mund) Chr. 314,33.

उत्ताप m. grosse Hitze, Gluth (eig. und übertr.) Bâlar. 188,8. Spr. 4245.

*°उत्तापिन् Adj. brennend.

1. उत्तार m. 1) das Hinübersetzen über (im Comp. vorangehend). — 2) Rettung Spr. 4888. — 3) das Brechen, Vomiren.

2. उत्तार Adj. 1) mit herausgetretenem Augenstern. — 2) *ausgezeichnet.

उत्तारक Adj. rettend, Beiw. Çiva's.

उत्तारण 1) Adj. rettend (Çiva). — 2) n. a) das Hinüberschaffen über (im Comp. vorangehend). — b) das Hinausschaffen Wasser, Kṛshṇaḱ. 288. — c) das Herausschaffen —, Befreien aus (Abl.).

उत्तारयितर् Nom. ag. trajecturus, mit Acc. Daçak. 79,11.

*उत्तारिन् Adj. beweglich, unbeständig.

उत्तार्य Adj. auszubrechen, von sich zu geben.

उत्ताल 1) Adj. a) heftig, ungestüm Vikram. 40,7. 42,3. — b) üppig (Locken) Bâlar. 62,21. — c) grausig, Grauen erregend Pańkad. 18. — d) *ausgezeichnet, vorzüglich. — 2) *m. Affe. — 3) n. eine best. hohe Zahl (buddh.).

उत्तालीभवन n. ungestümes Verfahren.

उत्तितीर्षु Adj. 1) herauszusteigen —, herauszukommen beabsichtigend aus (Abl.) Ind. St. 9,148. — 2) überzusetzen beabsichtigend Anukr. zu Ṛv. 3,33 bei Sâj. über (Acc.).

उत्तिष्ठासा f. die Absicht vor Vollendung einer heiligen Handlung aufzubrechen, — eine h. H. abzubrechen.

उत्तीर्णविकृति Adj. jeder Veränderung entronnen. Nom. abstr. °त्व n. Nja. Us. in Bibl. Ind. 203. °कृतात्म n. Ind. St. 9,154 fehlerhaft.

उत्तुङ्ग Adj. emporragend, hoch 168,12. Spr. 7758. fg.

*उत्तुण्डिका f. Milletia piscidia Nigh. Pr.

उत्तुण्डित Adj. mit der Spitze hervorragend.

उत्तुद m. Aufstachler.

*उत्तुष m. (enthülstes) geröstetes Korn.

उत्तेजन n. das Anfeuern, Aufreizen.

उत्तेजित *n. der Gang eines Pferdes mit mittlerer Geschwindigkeit.

*उत्तेरित n. Carrière eines Pferdes.

उत्तोरण Adj. (f. ग्रा) mit aufgerichteten Bogen geschmückt.

उत्तोरणपताक Adj. (f. ग्रा) mit aufgerichteten Bogen und Fahnen geschmückt.

*उत्तोलन n. das in die Höhe Heben.

*उत्त्रास m. Schreck.

उत्त्रासक Adj. schreckend.

उत्थ 1) Adj. (f. ग्रा) fast nur am Ende eines Comp. a) aufstehend, sich erhebend. Nom. abstr. °त्व n. Comm. zu Çat. Br. 887,10. — b) hervorgehend, entstehend, entspringend 304,17. — 2) *m. in ग्राखूत्थ.

उत्थातर् Nom. ag. 1) Aufsteher. — 2) etwa Beendiger, Beschliesser.

उत्थातव्य n. impers. 1) aufzustehen Kâd. 77,9. — 2) aufzubrechen. — 3) thätig zu sein Spr. 1194.

उत्थान 1) m. Urheber. — 2) n. a) das Aufstehen Çâṅkh. Gṛhj. 1,24. 25 (einer Wöchnerin). Gaut. (vom Mahl). Sichaufrichten. — b) Aufgang (der Gestirne). — c) das Auferstehen eines Verstorbenen. — d) das Herauskommen, Emportauchen Kav. 3,81. das Aufschiessen (von Pflanzen) Gaim. 6,5,36. — e) Aufstand, Aufruhr Râǵat. 8,868. — f) Bemühung, Anstrengung, Thätigkeit, Arbeit Âpast. 2,28,1. — g) Entstehung, Ursprung, insbes. einer Krankheit. — h) das Aufbrechen, Aufhören mit, Einstellung, Schluss. — i) euphem. für Ausleerung. — k) ein best. mit Mineralien vorgenommener Process. — Nach den Lexicographen noch ग्रङ्गन (प्राङ्गण), चैत्य, तन्त्र, पुस्तक, युध् (युद्ध), वास्तक, सैन्य und हर्ष.

उत्थानयुक्त Adj. bemüht, mit Loc. eines Nom. act.

उत्थानवन्त् Adj. thätig, fleissig.

उत्थानवीर m. ein Mann der That 168,17. 18.

उत्थानशील und °शीलिन् Adj. thätig, fleissig.

उत्थानीय Adj. den Schluss bildend Tâṇḍja-Br. 23,10,11. Comm. zu Lâṭj. 3,3,8.

उत्थानैकादशी f. der 11te Tag in der lichten Hälfte des Kârttika.

उत्थापक m. 1) Wecker, Kammerdiener Ḱaraka 1,15. — 2) eine best. Stilart.

उत्थापन 1) n. a) das Aufstehenmachen. — b) das Erwecken 69,29. — c) das Hervorgehenlassen, Hervortreiben. — d) das in's Werk Setzen. — e) das aufhören Machen, Beendigen. — f) in der Mathem. das Finden der gesuchten Quantität, Antwort auf eine Frage oder Substitution eines Werthes Bîǵag. 143. — 2) f. ई ein beschliessender Vers.

*उत्थापनीय Adj. = उत्थापनं प्रयोजनमस्य.

उत्थापयितर् Nom. ag. Aufrichter. Nom. abstr. °तृत्व n. Ind. St. 9,154.

उत्थाप्य Adj. 1) wegzuschicken. — 2) in der Math. durch Substitution eines Werthes zu finden Bîǵag. 43.

*उत्थायम् Absol. aufstehend. शय्यायाः vom Lager P. 3,4,52, Sch.

उत्थायिन् Adj. 1) aufstehend (vom Schlaf). — 2) erscheinend. — 3) sich anstrengend, thätig Spr. 1202. °यित्व n. Nom. abstr. 2977.

उत्थित n. das Aufstehen AV. 3,15,4.

उत्थितता f. das bei der Hand Sein, Dienstbereitheit.

*उत्थिताङ्गुलि m. die Hand mit ausgestreckten Fingern.

*उत्घेप m. Fächer aus einem Pfauenschweif Gal.

उत्पत्त m. N. pr. eines Sohnes des Çvaphalka Hariv. 1,34,13. Vgl. ग्रपेत्त und उपेत्त.

उत्पक्ष्मन् und °क्ष्मल Adj. mit erhobenen Wimpern.

*उत्पचनिपचा und *उत्पचविपचा f.

*उत्पचिष्णु Adj. P. 3,2,136.

उत्पट m. der aus einer Baumwunde hervordringende Saft.

*उत्पत m. gaṇa उत्सङ्गादि in der Kâç. Vogel.

उत्पतन 1) Adj. (f. ई) auffliegend. °विद्या ein Zauberspruch, mittels dessen man sich in die Lüfte erhebt. — 2) n. a) das Aufspringen, in die Höhe Springen. — b) *das Entstehen.

उत्पताक Adj. mit aufgezogenen Fahnen.

उत्पताका f. eine aufgezogene Fahne.

उत्पताकाध्वज Adj. mit aufgezogenen Fahnen und Bannern.

*उत्पतितर् Nom. ag. der da auffliegt, in die Höhe springt.

उत्पतितव्य n. impers. sursum subvolandum.

उत्पतिष्णु Adj. 1) auffliegend. — 2) im Begriff stehend aufzuspringen Spr. 5179.

उत्पत्तव्य n. impers. zum Vorschein zu kommen, zu erscheinen, aufzutreten. ग्रनेन °व्यम् er wird wiedergeboren werden Kâd. II,90,20.

उत्पत्ति f. 1) das zum Vorschein Kommen, Entstehung, Geburt, Ursprung, origo, Fundgrube Kâd. 5,9. — 2) Wiedergeburt. — 3) Ertrag, Ergiebigkeit (eines Landes). — 4) das Vorkommen, insbes. einer vedischen Stelle, ausdrückliches Erwähntsein in einer vedischen Stelle Gaim. 1,1,24. 2,1,3. 2,21. 3. 6,6. 7,26. 4,2,14. 19. 3,7.37. 6,1,42.

उत्पत्तिकेतन n. Geburtsort, — stätte.

उत्पत्तिधामन् n. dass. 112,30.

उत्पत्तिमन्त् Adj. entstanden, geboren.

उत्पत्तिवाक्य n. ein vedischer und folglich maassgebender Satz Njâjam. 4,3,21. Comm. zu 1,4,34. 2,2,7 und zu Gaim. 2,2,23.

उत्पत्तिशिष्ट Adj. so v. a. im Veda gelehrt Nîlak. zu MBh. 12,201,12.

उत्पत्त्यपूर्व n. die wunderthätige Wirkung einer einzelnen Handlung aus einem Aggregat von Handlungen Comm. zu Njâjam. 2,1,9.

*उत्पत्यपाकला f. wohl fehlerhaft für *उत्पत्यव्याकुला f., wie die Kâç. liest.

उत्पत्सु eine best. Zeitperiode.

1. उत्पथ m. Abweg (eig. und übertr.) 228,29.

2. उत्पथ Adj. vom rechten Wege gewichen Bhâg. P. 1,17,16 (उत्पथानिक zu verbinden).

उत्पथपारिकत्व n. Ind. St. 9,154 fehlerhaft für °वारिकत्व.

उत्पथवारिक (°वारक?) Adj. von Abwegen zurückhaltend. Nom. abstr. °त्व n. Nṛs. Up. 203,5.

*उत्पथबल Adj. mächtig Gal.

उत्पन्नबुद्धि Adj. verständig. Ḱug 106,2.

उत्पन्नापवर्गिन् Adj. entstehend und sogleich wieder vergehend Comm. zu Njâjas. 3,2,44. fgg. Nom. abstr. °र्गित्व n. ebend.

1. उत्पल 1) n. a) Lotusblüthe, insbes. eine blaue 251,30. 232,3. 313,18, erscheint später als कमल 97,30. Auch *m. Am Ende eines adj. Comp. f. ग्रा. — b) Samenkorn einer Nymphaea. — c) Costus speciosus Bhâvapr. 1,175. Varâh. Bṛh. S. 77,10. — d) *Blume überh. — e) eine best. Hölle (buddh.). — 2) m. N. pr. a) eines Schlangendämons. — b) verschiedener Männer. — 3) f. ग्रा N. pr. eines Flusses Hariv. 9511. — 4) *f. ई ein best. Gebäck.

2. *उत्पल Adj. fleischlos.

उत्पलक m. N. pr. 1) *eines Schlangendämons. — 2) eines Mannes, = उत्पल.

*उत्पलगन्धिक n. eine Art Sandelholz.

*उत्पलगोपा f. = उत्पलसारिवा Nigh. Pr.

*उत्पलपत्त्र n. 1) Lotusblüthenblatt. — 2) eine durch den Fingernagel eines Frauenzimmers hervorgebrachte Wunde. — 3) Schminkfleck, Schönfleckchen. — 4) = उत्पलपत्त्रक.

उत्पलपत्त्रक n. ein best. chirurgisches Instrument.

उत्पलपरिमल m. Titel eines Commentars zur Varâhasaṁhitâ Kumârasv. zu Pratâpar. 131,5.

उत्पलपुर n. Name einer von Utpala erbauten Stadt.

उत्पलभेद्यक m. eine Art von Verband.

*उत्पलमालभारिन् Adj. einen Lotuskranz tragend P. 6,3,65, Schol.

उत्पलमाला f. Titel von Utpala's Wörterbuche.

उत्पलराज m. N. pr. eines Dichters.

उत्पलवन n. Lotusgruppe 112,14.

उत्पलवर्णा f. N. pr. eines Frauenzimmers (buddh.).

उत्पलशाक n. eine best. Pflanze.

उत्पलश्रीगर्भ m. N. pr. eines Bodhisattva.

उत्पलसारिवा f. Ichnocarpus frutescens Roxb.

उत्पलस्वामिन् m. Name eines von Utpala erbauten Heiligthums.

उत्पलाक्ष 1) Adj. (f. ई) lotusäugig Daçak. 18. — 2) m. N. pr. eines Fürsten. — 3) f. ई N. der Dâkshâjaṇî in Sahasrâksha.

उत्पलाचार्य m. N. pr. eines Autors.

उत्पलापीड m. N. pr. eines Fürsten.

उत्पलावती f. N. pr. eines Flusses MBh. 6,349. = ताम्रपर्णी Gal.

उत्पलावन n. N. pr. einer Oertlichkeit der Pâñkâla MBh. 3,87,15. 13,25,24.

उत्पलावर्तक N. pr. einer Oertlichkeit.

उत्पलिन् 1) Adj. mit Lotusblüthen versehen. — 2) f. °नी a) eine Nymphaea, eine Gruppe von N. — b) ein best. Metrum. — c) N. pr. eines Flusses MBh. 1,215,6. — d) Titel eines Wörterbuchs.

उत्पवन n. 1) das Reinigen Comm. zu Nyâyam. 9, 2,22. 4,14. — 2) Werkzeug zum Reinigen. — 3) *das Sprengen von geschmolzener Butter u.s.w. in's Feuer.

उत्पवितर् Nom. ag. Reiniger.

*उत्पश्य Adj. hinaufschauend.

उत्पांसय्, °यति s. उत्पुंसय्.

उत्पाट m. eine best. Krankheit des äusseren Ohres.

उत्पाटक 1) m. dass. — 2) f. उत्पाटिका die äussere Rinde eines Baumes.

उत्पाटन 1) Adj. verjagend, verscheuchend, in *कामनोत्पाटन. — 2) n. a) das Ausreissen, gewaltsames Herausziehen. — b) das Bersten, Reissen AV. Pariç. 71,7. — c) das Verjagen, Fortjagen. — d) das Entthronen.

उत्पाटयोग m. ein best. astrol. Joga.

°उत्पाटिन् Adj. ausreissend, herausziehend.

उत्पात m. 1) Auffllug Kâraka 1,30. — 2) Sprung, Satz. — 3) das Steigen (in übertr. Bed.) Spr. 3053. — 4) plötzliche Erscheinung, etwas ganz Unerwartetes Kâraka 1,30. Instr. so v. a. plötzlich MBh. 3, 161,15. — 5) eine aussergewöhnliche, Unglück verheissende Erscheinung, portentum Gaut. Gobh. Br. 2,2,5. Ausnahmsweise auch n. — 6) fehlerhaft für उत्पाट Suçr. 2,149,10.17.

उत्पातक 1) m. ein best. Thier. — 2) n. N. pr. eines Tîrtha.

उत्पाद m. das Hervorkommen, Entstehung, Geburt.

1. उत्पादक 1) Adj. hervorbringend, bewirkend, herbeischaffend; productiv (Dichter). — 2) m. Erzeuger.

2. उत्पादक 1) *m. das fabelhafte Thier Çarabha. — 2) f. °दिका a) *ein best. Insect. — b) Enhydra Hingtsha DC., Basella cordifolia Lam. Harit. 2, 79,39.

उत्पादकत्व n. das Hervorbringersein Ind. St. 9,134.

उत्पादन 1) Adj. (f. ई) erzeugend, hervorbringend, bewirkend. — 2) n. das Erzeugen, Gebären, Hervorbringen, Bewirken, Herbeischaffen.

*उत्पादपूर्व n. Titel eines Gaina-Werkes.

उत्पादयितर् Nom. ag. Erzeuger.

उत्पादयितव्य Adj. hervorzubringen, herbeizuschaffen Comm. zu Gaim. 2,1,14.

*उत्पादशयन m. eine Hühnerart.

उत्पादिन् Adj. 1) was entsteht —, geboren wird. — 2) am Ende eines Comp. hervorbringend, bewirkend.

उत्पाद्य Adj. hervorzubringen, herbeizuschaffen Naish. 2,1,12. was hervorgebracht —, bereitet —, herbeigeschafft wird Sarvad. 18,13. was vom Dichter geschaffen —, — erdacht wird.

उत्पाद्योत्पादकता f. das Verhältniss von Erzeugtem und Erzeugendem.

उत्पारण n. das Hinübersetzen über, Retten.

उत्पारपारम् Adv. bis auf den tiefsten Grund des Meeres.

*उत्पाली f. Gesundheit.

*उत्पाव m. Reinigung.

उत्पिञ्ज Aufruhr. Wohl m.

*उत्पिञ्जल 1) Adj. wobei eine grosse Verwirrung herrscht, wo es drunter und drüber geht. — 2) m. = रणे लोलता Gal.

*उत्पिण्ड Zuspeise (buddh.).

उत्पित्सु Adj. 1) sich erheben wollend, heraufstrebend Çiç. 3,77. — 2) im Entstehen begriffen (Krankheit).

*उत्पिब Adj. austrinkend.

उत्पीड m. 1) das Drücken, Druck Kâd. 91,17. II, 125,19. — 2) ein hervorbrechender Strom. बाष्पोत्पीड Kâd. II,63,8. — 3) Wunde MBh. 3,21,8.

उत्पीडन n. 1) das Drücken. — 2) das Entwurzeln.

उत्पुंसय्, °यति wegwischen. Wohl fehlerhaft für उत्पांसय्.

*उत्पुच्छ Adj. 1) = उत्क्रान्तः पुच्छम्. — 2) = उदस्तं पुच्छमस्य. — 3) = पुच्छमुदस्यति Kâç. zu P. 6,2,196.

*उत्पुच्छय्, °यति und °यते den Schwanz in die Höhe heben.

*उत्पुट gaṇa उत्सङ्गादि und संकलादि.

उत्पुटक m. eine best. Krankheit des äusseren Ohrs.

*उत्पुत gaṇa उत्सङ्गादि. उत्पस v. l.

1. उत्पुलक n. Haarsträuben.

2. उत्पुलक (f. आ) und उत्पुलकित Adj. mit Haarsträuben versehen.

उत्पोषध (?) m. N. pr. eines alten Königs (buddh.).

उत्प्रबन्ध Adj. ununterbrochen Mâlatîm. 33,11.

*उत्प्रभ Adj. Licht ausstrahlend; leuchtend.

उत्प्रवाल Adj. mit aufspriessendem Laube Spr. 1318.

उत्प्रविष्टत्व n. das tief Hineingedrungensein Ind. St. 9,134. v. l. उत्प्रवेष्टृत्व.

उत्प्रवेष्टर् Nom. ag. der tief hineindringt. Nom. abstr. °ष्टृत्व n. Nyâyas. Up. 203,3.

उत्प्रास m. und °न n. Spott, Hohn.

उत्प्रुष् f. Aufsprützendes.

उत्प्रेक्षक Adj. betrachtend.

उत्प्रेक्षण n. 1) das Voraussehen, Ahnen. — 2) bildliche Bezeichnung.

उत्प्रेक्षणीय Adj. bildlich gesagt werdend.

उत्प्रेक्षा f. 1) Nichtbeachtung, Gleichgültigkeit. — 2) Gleichniss, bildliche Redeweise Vâmana 4,3,9. Kâvyapr. 10,6.

उत्प्रेक्षावयव m. in der Rhetorik eine best. Form der Upamâ.

उत्प्रेक्षावल्लभ m. N. pr. eines Dichters.

उत्प्रेक्षितोपमा f. eine Art Gleichniss 248,30.

उत्प्रेक्ष्य Adj. = उत्प्रेक्षणीय.

उत्प्लवन n. 1) das Springen. — 2) das Ueberfliessen, Abfliessen.

*उत्प्लवा f. Nachen.

उत्फण Adj. mit angeschwollener Haube (Schlange) Ind. St. 14,374.

उत्फल in प्रोत्फल.

उत्फाल m. Sprung, Bewegung in Sprüngen, Galopp.

उत्फुलिङ्ग (उत्स्फु°) Adj. Funken sprühend Ind. St. 14,373.

उत्फुल्ल 1) Adj. a) aufgeblüht. — b) weit geöffnet. — c) gedunsen, geschwollen, aufgeblasen Kathâs. 30,109. Spr. 1219. Ind. St. 14,158,5. °फुल्ला Adj. Bilâs. 109,19. — d) *Jmd frech ansehend, unverfroren Mahîdh. 8,39,6. — 2) *n. quidam coeundi modus.

उत्स m. Quelle, Brunnen (auch in übertr. Bed.).

उत्सक्थ्य Adj. die Schenkel öffnend.

उत्सङ्ग 1) m. (adj. Comp. f. आ) a) Schooss. — b) horizontale Fläche. — c) Vertiefung Suçr. 1,13, 19. 18,6. 63,9. 2,80,19. — d) eine best. Stellung der Hände. — 2) n. eine best. grosse Zahl Lalit. 168,16.

उत्सङ्गक m. = उत्सङ्ग 1) d).

उत्सङ्गवत् Adj. vertieft Suçr. 2,7,1

*उत्सङ्गवल Adj. = उत्सङ्गा ऽस्यास्ति.

उत्साङ्गिन् 1) Adj. *vertieft, tiefsitzend* Karaka 6,13. — 2) f. °नी *Ausschlag am untern Augenlide.*

उत्सञ्जन n. *das Aufheben, Emporrichten.*

उत्सत्ति f. *Schwund.*

उत्सधि m. *Behälter —, Umfassung einer Quelle.*

उत्संधि Adj. *nicht in dem Falle gewesen* Bâlar. 129,11.

उत्सन्नयज्ञ m. *eine ausgesetzte, unterbrochene Opferfeier.*

उत्सर 1) *ein best. Metrum.* — 2) m. **der Monat* Vaiçâkha Gal.

*उत्सरण n. *das Hinaufsteigen, —kriechen.*

उत्सर्ग m. 1) *das Ausstossenlassen, Vonsichgeben, Ausstossen.* — 2) *das Ablegen, Wegwerfen* (vorderbener Gegenstände) Gaut. 1,34. — 3) *Loslassung, Freilassung, Befreiung.* — 4) *das Fahrenlassen, Aufgeben, Aufhebung, Einstellung, Beendigung, Schluss* Çânkh. Gṛhj. 4,5. — 5) *das Wiederherausgeben* Gaut. 22,31. — 6) *das Spenden* MBh. 3,293,11. *Spende* 14,83,20. — 7) *das Veranlassen* Gaim. 3,7,19. — 8) *stercus.* Personificirt als Sohn Mitra's von der Revati. — 9) *allgemeine Regel* (Gegensatz *Ausnahme*). — 10) mit und ohne छन्दसाम् *eine best. Ceremonie bei Gelegenheit der Einstellung des Veda-Studiums.* — 11) *Bez. der Sprüche* VS. 13,47—51.

उत्सर्गनिर्णय m., उत्सर्गपद्धति f. und उत्सर्गमयूख m. Titel von Werken.

उत्सर्गसमिति f. bei den Gaina *behutsames Benehmen bei der Entleerung, so dass dabei keinem lebenden Wesen ein Leid widerfährt.*

उत्सर्गिन् Adj. *weglassend.*

उत्सर्जन 1) Adj. (f. ई) *ausstossend*, so heisst eine der drei Falten des Afters Divyâvad. 1,28,2. — 2) n. a) *das Entlassen, Loslassen.* — b) *das Aufheben, Einstellung* Lâṭy. 4,8,6. छन्दसाम् *eine best. Ceremonie.* — c) **das Spenden.*

उत्सर्जनप्रयोग und उत्सर्जनोपाकर्मप्रयोग m. Titel zweier Werke.

उत्सर्जम् Absol. *freilassend* Çat. Br. 3,2,3,7.

उत्सर्प n. Name eines Sâman.

उत्सर्पण n. 1) *das Aufgehen der Sonne.* — 2) *das Hinausgehen.* — 3) *das Vortreten.*

उत्सर्पिन् 1) Adj. a) *in die Höhe springend* Ragh. 16,62. — b) *hervorbrechend, zu Tage kommend* Kâd. 11,15. — c) *hinaufstrebend* Çiç. 101,3. — d) *eine Zunahme bewirkend* VP. 2,4,13. — 2) f. °णी *eine aufsteigende Zeitperiode* Ârjabh. 3,9.

*उत्सर्या f. *eine erwachsene, belegbare Kuh.*

उत्सव m. 1) *Unternehmung, Beginn.* — 2) *Festtag, Fest, Jubel* (auch in übertr. Bed.). Compar. °तर n. *ein grösseres Fest als* (Abl.) Karaka 6,12. Am Ende eines adj. Comp. f. आ. — 3) *Aufbruch* (einer Blume) Spr. 6418. — 4) *ein best. Tact* S. S. S. 213. — Nach den Lexicographen ausserdem = उत्सेक, अमर्ष (कोप), इच्छाप्रसव (°प्रसर).

उत्सवप्रतान und उत्सवविधि m. Titel zweier Werke.

उत्सवसंकेत m. Pl. N. pr. eines Volkes.

उत्सवाय्, °यते *ein Fest bilden für.* °लोचनोत्सवायमान Daçak. 88,4.9.

उत्सह in दुरुत्सह.

उत्साद m. 1) *das zu Ende Gehen* MBh. 1,110,3. — 2) *Störenfried* VS. 30,16. — 3) *ein best. Theil des Opferthiers.*

उत्सादक Adj. *zu Grunde richtend, vernichtend.*

उत्सादन n. 1) *das Wegsetzen* Ind. St. 13,278. — 2) *das Aussetzen, Abbrechen, Einstellen.* उत्सादनार्थम् Adv. Çat. Br. 14,3,2,31. — 3) *das Vernichten, Zugrunderichten.* — 4) *das Ausreiben, Abreiben, Einreiben* Çânkh. Gṛhj. 4,7. — 5) *das Höhermachen einer Wunde u. s. w., ein Mittel dazu* Karaka 6,12.

उत्सादनीय n. *ein Mittel zum Höhermachen von Wunden u. s. w.*

उत्सादिन् Adj. *einstellend, ausgehen lassend*, in धर्म्य°.

*उत्सारक m. *Thürsteher.*

उत्सारण n. und °णा f. (Mudrâr. 27,11) *das Wegtreiben des Volkes auf der Strasse.*

उत्सारणीय (Spr. 1676) und उत्सार्य Adj. *hinauszuweisen, fortzujagen, wegzutreiben.*

उत्साह m. (adj. Comp. f. आ) 1) *Vermögen, Kraft.* — 2) *fester Wille, — Entschluss.* — 3) *Lust zu, Freude an* (im Comp. vorangehend) R. 3,33,5. Çiç. 23,12. — 4) **Faden.*

*उत्साहक 1) Adj. am Ende eines Comp. — 2) f. °हिका = वर्धापन Gal.

*उत्साहन n. = गन्धन.

उत्साहयोग m. *Kraftanwendung, Uebung der Kräfte* 206,29.

उत्साहवस् Adj. *Willenskraft an den Tag legend.*

*उत्साहवर्धन Adj. *die Willenskraft steigernd.*

*उत्साहवत् Adj. = उत्साहो ऽस्यास्ति.

उत्साहशक्ति f. *Willenskraft* Spr. 1222.

उत्साहशौर्यधनसाहसवत् Adj. *mit Willenskraft, Heldenmuth, Reichthum und Verwegenheit ausgestattet* Varâh. Bṛh. 13,7.

उत्साहिन् Adj. 1) *standhaft* (ein Kranker) Râǵan. 20,32. — 2) *mächtig* Spr. 3248. — Vgl. धनुत्साहिन्.

उत्सिक्त °सि. = हासमद्य.

उत्सिसृक्षु Adj. *aufzugeben beabsichtigend.*

उत्सुक 1) Adj. (f. आ) a) *unruhig, aufgeregt, besorgt.* — b) *mit Ungeduld Etwas erwartend, gespannt.* — c) *mit Wehmuth an einen geliebten Gegenstand denkend, sehnsüchtig.* — d) *verlangend nach* (Loc., प्रति oder im Comp. vorangehend) 121,32. 290,19. — e) **für Etwas Sorge tragend, bedacht auf* (Loc. oder Instr.) 234,18. — 2) n. in निरुत्सुक und सोत्सुक a) *Sorge.* — b) *Sehnsucht.* — c) *Verlangen.*

उत्सुकता f. 1) *Unruhe, Hast, Eifer.* — 2) *Sehnsucht, Verlangen.*

उत्सुकय्, °यति *wehmüthig stimmen.*

*उत्सुकाय्, °यते *ein Verlangen bekommen.*

*उत्सुकी Adv. mit भू dass. Comm. II zu Bhaṭṭ. 3,71.

*उत्सूर m. *Abend.*

उत्सूर्य° Adv. *nach Sonnenaufgang.* °शायिन् — *noch schlafend.* Vgl. वेलत्सूर्यम्.

उत्सृष्टाग्नि Adj. *der das heilige Feuer hat ausgehen lassen* Gaut.

उत्सृष्टि f. *das Hinauslassen.*

उत्सृष्टिकाङ्क m. *eine Art einactiger Schauspiele.*

उत्सेक m. 1) *das Ueberfluthen, Uebermaass.* — 2) *Ueberhebung, Hochmuth, hochfahrendes Wesen.*

उत्सेकिन् in धनुत्सेकिन्.

°उत्सेक्य Adj. *über und über voll zu machen geeignet* Viddh. 12,6.

उत्सेद MBh. 1,1361 fehlerhaft für उत्साद.

उत्सेध m. (adj. Comp. f. आ) 1) *Erhebung* Karaka 1,18 (der Haut). *Anhöhe.* — 2) *Höhe, Dicke.* Auch *n. — 3) *das Hervorragen über Andere, Ueberlegenheit.* — 4) **Körper.* — 5) Name verschiedener Sâman.

उत्सेधपरीतवृद्ध Adj. als Beiw. der Saṁhitâ des Agni Saṁhitop. 10,6.

उत्सेधविस्तारतस् Adv. *nach Höhe und Breite.*

उत्स्तन Adj. (f. ई) *hohe Brüste habend.*

उत्स्थल n. N. pr. einer Insel.

उत्स्नान n. *das Auftauchen aus dem Wasser* Devatâdhj. Brâhm. 3.

उत्स्खलन n. *das Ausgleiten, Gerathen auf einen falschen Weg* Karaka 3,1.

उत्स्मय Adj. 1) *aufgeblüht, blühend.* — 2) *weit geöffnet* (Blick).

उत्स्मित n. *das Lächeln.*

(उत्स्य) उत्सिय Adj. *aus Quellen—, aus Brunnen stammend.*

उत्स्रष्टव्य Adj. 1) *auszuscheiden per anum.* — 2) *zu entlassen* Kâd. II,86,20.

उत्स्वन m. *ein lauter Ton.*

उत्स्वप्नाय्, °यते *im Schlafe sprechen.* °यित n.

das Sprechen im Schlafe.

1. उद् in Verbindung mit Verben und in Comp. mit Nominibus 1) hinauf, auf. — 2) hinaus, aus. — Zu उद् mit einem nachfolgenden Acc. ist ein Zeitwort zu ergänzen.

2. उद्, उन्द्, उनत्ति und उन्दति (auch Med.) 1) quellen. — 2) benetzen, baden. — Partic. 1) उन्न a) benetzt, nass. — b) *mitleidig. — 2) *उत्त benetzt, nass. — Mit अनु und अभि benetzen. — Mit अव, in अवोद्. — Mit उप benetzen. Partic. उपोत्त. — Mit नि eintauchen. Partic. न्युत्त eingetaucht, benetzt. — Mit वि 1) hervorquellen. — 2) beträufeln, benetzen. Partic. व्युत्त. — Mit सम् benetzen. Partic. समुन्न benetzt, nass gemacht Spr. 6863.

उद् am Anfange eines Comp. und am Ende eines adj. Comp. (f. आ) Wasser.

उदंशु Adj. hell strahlend.

उदक् s. उदञ्च्.

उदक 1) n. (adj. Comp. f. आ) a) Wasser. उदकं दा, प्र-दा oder कर् (उदकं कृत्वा oder *उदकंकृत्य) einem Verstorbenen (Gen. oder Dat.) die Wasserspende darbringen. उदकं कर् auch die vorgeschriebenen Abwaschungen vollbringen. उदकमुप-स्पर्श् die vorgeschriebenen Berührungen einzelner Theile des Körpers mit Wasser vollbringen. — b) = उदककर्मन् Gaut. 20,3.4. — c) ein best. Metrum. — 2) *m. N. pr. eines Mannes. उदङ्क die richtige Lesart.

उदककर्मन् n. die einem Verstorbenen dargebrachte Wasserspende.

उदककार्य n. 1) dass. — 2) Abwaschung des Körpers 43,53.

*उदककुम्भ m. = उदकुम्भ.

उदकक्रिया f. = उदककर्मन् Gaut.

उदकक्रीडन n. Belustigung im Wasser.

उदकक्ष्वेडिका f. ein best. Spiel, bei dem man sich mit wohlriechendem Wasser bespritzt.

*उदकगाह Adj. sich in's Wasser tauchend.

*उदकगिरि m. ein wasserreicher Berg.

उदकघात m. eine der 64 Kalâ.

*उदकचन्द्र eine best. Zauberkunst (buddh.).

उदकतर्पण n. Wasserlibation Gaut. 20,11. Śi-kav. Bh. 1,2,5.

उदकदान n. 1) die einem Verstorbenen dargebrachte Wasserspende Gaut. 3,5. 14,31. — 2) ein best. Fest.

उदकदानिक Adj. auf die Wasserspende bezüglich.

उदकदायिन् Adj. die Wasserspende darbringend.

*उदकधर m. Wolke.

उदकधारा f. Wasserguss.

उदकपरीक्षा f. Wasserprobe (als Gottesurtheil).

*उदकपर्वत m. ein wasserreicher Berg.

उदकपूर्व Adj. (f. आ) 1) mit einer Wasserausgiessung beginnend Âpast. 2,9,8. — 2) vorher gebadet.

*उदकबिन्दु m. Wassertropfen.

*उदकभार m. Wasserträger.

*उदकभूम m. feuchter Boden. v. l. उदग्भूम.

उदकमञ्जरी f. Titel eines medic. Werkes.

उदकमञ्जरीरस m. eine best. Mixtur gegen Fieber Bhâvapr. 3,93. Mat. med. 284.

उदकमण्डलु m. ein Krug mit Wasser.

उदकमत n. die Lehre der Verehrer des Wassers.

*उदकमन्थ m. = उदमन्थ.

उदकमय Adj. ganz aus Wasser bestehend Kâd. 244,16.

उदकमेह m. eine Art Harnruhr. °मेहिन् Adj. daran leidend.

*उदकल Adj. wasserhaltig.

*उदकवज्र m. = उदकस्य वज्रः Kâç.

उदकवत् Adj. mit Wasser versehen.

उदकवाद्य n. eine der 64 Kalâ.

*उदकवीवध m. = उदकस्य वीवधः.

उदकशान्तिप्रयोग m. Titel eines Werkes.

उदकशील Adj. Verstorbenen regelmässig die Wasserspende darbringend MBh. 12,123,22.

*उदकशुद्ध m. N. pr. eines Mannes.

*उदकसक्तु m. Grütze mit Wasser.

उदकसाधु Adj. aus dem Wasser —, über das W. heilend Gobh. 3,2,25.

उदकसेन m. VP. 4,19,12 fehlerhaft für उदक्सेन.

*उदकस्पर्श Adj. Wasser berührend.

उदकस्पर्शन n. Berührung mit Wasser, Abwaschung Âpast.

*उदकहार Adj. Wasser holend, Wasserträger.

उदकाञ्जलि m. eine Handvoll Wasser 107,28.

उदकात्मन् (!) Adj. Wasser zum Wesen habend.

उदकान्त 1) m. Wassergrenze Pâr. Gṛhy. 3,10,10. सरस्वत्याः पश्चिम उदकान्ते (nach dem Comm.) da wo die S. verschwindet. घोदकान्तात् bis zu einem Wasser. — 2) °म् Adv. zum Wasser, bis z. W. MBh. 3,187,11.

उदकार्गल n. v. l. für उदगार्गल.

उदकाधार m. Behälter der Gewässer Spr. 184.

उदकार्थ 1) m. Waschhandlung Pâr. Gṛhy. 2,8,6. — 2) °म् Adv. um eine Abwaschung zu vollbringen 43,21.

उदकाहार Adj. der Wasser zu holen hat Comm. zu VS. Prât. 3,27.

*उदकिल Adj. wasserhaltig.

*उदकीय्, °यति Denom. von उदक.

उदकीर्य und °कीर्य m. Galedupa piscidia Roxb. Bhâvapr. 1,206. °कीर्या f. wohl eine Karañga-Art Karaka 1,1. 3,4.

उदकुम्भ m. ein Krug mit Wasser 38,13.

उदकेचर m. Wasserbewohner.

*उदकेविशीर्ण Adj. im Wasser zu Grunde gegangen, so v. a. zwecklos z. G. g.

उदकेशय Adj. im Wasser liegend, — hausend.

उदकोदरिन् Adj. wassersüchtig.

उदकोपस्पर्शन n. Berührung von Wasser, Abwaschung Gaut. 14,30. 19,13. 24,4. 26,10. Âpast.

उदकोपस्पर्शिन् Adj. Wasser berührend, sich abwaschend Gaut. 22,6.

उदकोष्ठ m. Wassergefäss Karaka 1,13.

*उदकौदन m. in Wasser gekochter Reisbrei.

उदक्तस् und उदक्तात् Adv. von oben —, von Norden her.

उदक्पथ m. Nordland.

उदक्पाद Adj. (f. ई) dessen Füsse nach Norden gewandt sind Kauç. 44.

उदक्प्रवण Adj. nach Norden geneigt.

उदक्य Adj. 1) im Wasser befindlich. — 2) f. आ menstruirend. °गमन n. Beischlaf mit einer m. Frau Gaut. 23,34.

उदक्संस्थ Adj. im Norden endigend Âçv. Gṛhy. 1,3,1.

उदक्सेन m. N. pr. eines Fürsten.

उदगग्र Adj. mit den Spitzen nach Norden Kâty. Çr. 4,13,15. Lâty. 2,6,6.7.

*उदगद्रि m. der Himâlaja.

उदगपवर्गम् Adv. mit Abschluss im Norden Âpast. 2,3,20.

उदगयन 1) n. der Gang der Sonne nach Norden, das Halbjahr vom Winter- zum Sommersolstitium Kauç. 67. — 2) Adj. auf dem Wege liegend, den die Sonne auf ihrem Gange nach Norden geht.

उदगायत Adj. nach Norden gerichtet Âçv. Gṛhy. 1,3,1.

उदगार्गल n. = दगार्गल.

उदगावृत्ति f. die Wendung (der Sonne) nach Norden Ragh. 8,33.

*उदगाह्न Adj. = उदकगाह.

उदगति f. = उदगयन 1).

उदग्दक्षिण Adj. (f. आ) nördlich und südlich AK. 1,1,2,18.

उदग्दश Adj. dessen Saum nach oben oder nach Norden gewandt ist.

उदग्द्वार Adj. nach Norden den Eingang habend Çâñkh. Gṛhy. 6,2. °म् Adv. nördlich vom Eingange MBh. 3,219,21.

*उदग्भव Adj. nördlich.

*उदग्भूम m. fruchtbares Land Kâç. zu P. 5,4,75.

उदग्र Adj. 1) in die Höhe gehoben, hoch, lang, gross. — 2) hoch, erhaben (in übertr. Bed.), überlegen, mächtig, erhöht—, gesteigert durch (im Comp. vorangehend). उदग्र° überaus. — 3) hochfahrend (Rede) Prasannar. 77,21. — 4) vorgerückt (Alter). — 5) laut tönend. — 6) aufgeregt, hingerissen durch (im Comp. vorangehend).

उदग्रप्लुत Adj. hohe Sprünge machend. Nom. abstr. °त्व n. Çiç. 7.

उदग्राभ m. der das Wasser umfasst, — einschliesst.

उदघोष m. das Rauschen des Wassers.

उदङ्क m. 1) *Schöpfgefäss. — 2) N. pr. eines Mannes. *Pl. seine Nachkommen.

उदङ्ग m. N. pr. eines Dämons Kauç. 36.

उदङ्गुलीक Adj. mit emporgehobenen Fingern Viddh. 28,12.

उदङ्मुख Adj. 1) nach oben gerichtet Bālar. 90,7. — 2) mit nach Norden gewandtem Gesicht.

*उदङ्मृत्तिक m. = उदग्भूम.

उदचमस m. eine Schale mit Wasser.

1.*उदज m. das Hinaustreiben (des Viehes).

2. उदज n. Lotusblüthe.

उदजलक m. N. pr. eines Wagners.

*उदजिन n. gaṇa निरुदकादि.

*उदज्ञ m. N. pr. eines Mannes. उदन्य v. l.

उदञ्च् 1) Adj. (f. उदीची) a) aufwärts gerichtet, nach oben gehend. — b) nach Norden gerichtet, nördlich. — c) *später, nachfolgend. — 2) Adv. उदक् a) nördlich, gegen Norden. — b) *später. — 3) *m. N. pr. eines Mannes gaṇa बाह्वादि.

उदञ्चन 1) m. Schöpfgefäss, — eimer. — 2) *n. Deckel.

उदञ्जलि Adj. die beiden hohl an einander gelegten Hände in die Höhe haltend.

*उदण्डपाल m. 1) ein best. Fisch. — 2) eine best. Schlange.

उदतन्तु m. Wasserfaden, so v. a. ein zusammenhängender feiner Guss AV. Prâyaçç. 1,3.

उदतौलिक m. ein best. Gewicht, = भार Hemâdri 1,117,15.17.

उदधान 1) Adj. Wasser enthaltend. — 2) n. Wasserbehälter Âpast. Gobh. 1,4,9.

उदधारा f. Wasserguss.

उदधि 1) Adj. Wasser enthaltend. — 2) m. a) Wasserbehälter, von der Wolke, von Seen und Flüssen. Später das Meer. — b) N. pr. eines Sohnes des Vasudeva VP.² 4,110.

*उदधिकुमार m. Pl. eine best. Götterordnung bei den Gaina.

*उदधिक्रा m. Seefahrer.

उदधिजलमय Adj. aus Meerwasser gebildet Kâd. II,17,24.

*उदधिमल m. os sepiae.

उदधिमेखला f. die Erde.

उदधिराज m. der Fürst der Wasserbehälter, das Meer, der Meergott R. 2,32,50.

*उदधिवस्त्रा f. die Erde Râgan. 2,1.

उदधिष्ण्य m. N. pr. eines der 7 Weisen im 11ten Manvantara. उरुधिष्ण्य v. l.

*उदधिसंभव n. Seesalz Nigh. Pr.

उदधिसुता f. Bein. 1) der Lakshmî. °नायक m. Bein. Vishṇu's Prasannar. 39,6. — 2) *der Stadt Dvârakâ.

उदधीय्, °यति Etwas (Acc.) für ein Meer halten.

उदन् n. Wasserwoge, Wasser.

उदनिमत् Adj. wogen —, wasserreich.

उदनेमि Adj. meerumfelgt Comm. zu Naish. 4,1,57.

1. उदन्त m. 1) Ende der Arbeit, Erntezeit. — 2) Nachricht, Neuigkeit. — 3) *das Opfern für Andere als Lebensunterhalt.

2. उदन्त 1) Adj. a) überlaufend (beim Kochen). — b) *gut. brav (साधु). — 2) °म् Adv. bis zu Ende.

*उदन्तक 1) m. Nachricht. — 2) f. °न्तिका Befriedigung.

उदन्त्य Adj. jenseits der Grenze wohnend.

उदन्य्, °न्यति 1) herabströmen auf (Loc.). °न्यन्त् Partic. — 2) *dürsten.

उदन्य, उदनिय 1) Adj. (f. आ) wogend, wässerig. — 2) *m. N. pr. eines Mannes gaṇa तिकादि in der Kâç. — 3) f. आ Verlangen nach Wasser Râgat. 1,167. Durst.

उदन्यज Adj. wassergeboren.

उदन्यु Adj. 1) nach Wasser verlangend. — 2) Wasser ausströmend.

उदन्वत् 1) Adj. wogend, wasserreich. — 2) m. a) Meer 109,1. Spr. 7863. — b) *N. pr. eines Ṛshi.

*उदप Adj. aus dem Wasser schaffend.

उदपात्र 1) n. a) Wasserbecher, ein Gefäss mit Wasser Âpast. — b) Wasserspende. — 2) f. °त्री = 1) a).

उदपान 1) m. n. Brunnen. — 2) m. *N. pr. eines Dorfes. v. l. उदपान.

*उदपानमण्डूक m. ein Frosch im Brunnen, so v. a. ein unerfahrener Mensch.

उदपीति f. ein Ort, an dem man Wasser zu trinken bekommt, Kâu. II,49,7.

उदपू Adj. im Wasser sich reinigend, durch W. rein.

उदपेषम् Absol. im Wasser zerreibend Pâr. Gṛhy. 1,13,1. 14,3.

उदप्रुत् Adj. im Wasser schwimmend, plätschernd.

उदप्लव m. Wasserfluth.

उदप्लुत Adj. im Wasser schwimmend.

उदबिन्दु m. Wassertropfen Kumâras. 3,31.

*उदबुद्ध m. N. pr. eines Mannes. S. औदबुद्धि.

*उदभार m. = उदकभार.

*उदभृत und *उदमत्त m. N. pr. zweier Männer.

उदमन्थ m. ein best. Rührtrank Çâṅkh. Gṛhy. 3,2.

उदमय 1) Adj. aus Wasser bestehend. — 2) m. N. pr. eines Mannes.

उदमेघ m. 1) Wasserschauer. — 2) *N. pr. eines Mannes Kâç.

*उदमेय m. N. pr. eines Mannes. Vgl. औदमेयि.

उदमेहिन् Adj. = उदकमेहिन् Karaka 2,4.

उदम्भस् Adj. reichlich mit Wasser versehen.

उदय m. (adj. Comp. f. आ) 1) das Emporsteigen, Sichheben, Anschwellen. — 2) Aufgang (von Gestirnen), heliakischer Aufgang, Aufzug (von Wolken). — 3) N. pr. eines fabelhaften Berges, hinter dem Sonne und Mond aufgehen sollen. — 4) Hinausgang R. 2,48,29. — 5) das Hervorbrechen, Hervortreten, Sichtbarwerden, zur Erscheinung Kommen, Entstehung, Entfaltung. — 6) Ausgang, Erfolg, Folge. — 7) ein nachfolgendes Wort, ein nachfolgender Laut. — 8) das Emporkommen, Aufschwung, glückliche Lage, — Verhältnisse. — 9) Vortheil, Gewinn. — 10) Erwerb, Einkommen, Besitz. — 11) Zinsen. — 12) das erste astrol. Haus Ind. St. 14,313. 315. 319. — 13) = उदयज्या. — 14) N. pr. verschiedener Männer.

उदयकर m. N. pr. eines Autors. Vgl. उदयाकर.

उदयगिरि m. = उदय 3) VP. 2,4,63.

उदयगुप्त m. N. pr. eines Mannes.

उदयंकर m. = उदयकर.

उदयजित् m. N. pr. eines Mannes.

उदयज्या f. orient sine.

उदयतट m. der Abhang des Berges Udaja 297,8.

उदयतुङ्ग m. N. pr. eines Fürsten.

उदयधवल m. desgl.

उदयन 1) n. (adj. Comp. f. आ) a) Aufgang (eines Gestirns). — b) Ausgang. — c) Ausgang, Ende Tâṇḍja-Br. 2,15,3. 13,12,1. — d) Erlösungsmittel Karaka 4,3. — 2) m. N. pr. verschiedener Männer.

उदयनचरित n. Titel eines Schauspiels.

उदयनाचार्य m. N. pr. eines Philosophen.

उदयनीय 1) Adj. (f. आ) zum Ausgang gehörig, schliessend. — 2) m. f. oder n. je nachdem अतिरात्र, इष्टि oder कर्मन् zu ergänzen sind.

उदयनोपाधि m. Titel eines Werkes.

उदयपर्वत m. = उदय 3).

उदयपुर n. N. pr. einer Stadt.

उदयप्राण m. Pl. die Zeit des Aufganges eines Sternbildes, in dem ein Planet steht, nach Prâṇa berechnet

उदयराम m. N. pr. eines Mannes.

उदयराज m. desgl. Kshitiç. 32,17.

उदयराशि m. = उदयर्क्ष 2).

उदयर्क्ष n. 1) dasjenige Mondhaus, in welchem der heliakische Aufgang stattfindet. — 2) dasjenige astrologische Haus, in welchem ein am Horizont erscheinender Planet steht.

उदयवत् 1) Adj. aufgegangen (Gestirn). — 2) f. °वती N. pr. einer Tochter Udajatuñga's.

उदयशैल m. = उदय 3).

उदयसिंह m. N. pr. eines Fürsten.

उदयाकर m. N. pr. eines Mannes. Vgl. उदयकर.

उदयाचल m. = उदय 3).

उदयादित्य m. N. pr. verschiedener Männer.

उदयाद्रि m. = उदय 3).

*उदयान m. v. l. für उदपान 2) Kāç.

उदयास्त Adj. (f. आ) mit dem Aufgang der Sonne endend Spr. 812.

उदयास्तकर्मन् n. eine Correction, die vorgenommen wird, um den wahren Stand der Planeten für Lañkâ zu berechnen, wenn man denselben zuvor durch den mittleren Ahargaṇa bestimmt hat.

उदयावृत्ति f. die Wendung nach dem Aufgange (der Sonne) hin Bhar. ed. Calc. 8,24.

उदयाश्व m. N. pr. eines Sohnes des Darbhaka.

उदयासु m. Pl. = उदयप्राण.

उदयिन् und उदयिभद्र m. = उदयाश्व.

उदयोन्मुख Adj. (f. ई) gute Tage erwartend Pañcad. 42.

उदयोर्वीभृत् m. = उदय 3) 314,3.

उदर n. (adj. Comp. f. आ und ई) 1) Bauch; Mutterleib 73,9.11. 105,18. m. Kāraka 1,20. — 2) Wasserbauch und überh. Anschwellung des Leibes (Bez. einer best. Krankheitsklasse). — 3) der dicke Theil eines Dinges (z. B. des Daumens, eines Horns). — 4) Höhlung, das Innere eines Dinges. — 5) Kampf Naigh. 7,21.

*उदरग्रन्थि m. krankhafte Anschwellung im Unterleibe.

उदरण n. das Sichheben, Aufsteigen Maitr. S. 1,9,7.

*उदरत्राण n. Panzer.

*उदरथि m. 1) die Sonne. — 2) Meer.

उदरदार m. eine best. Unterleibskrankheit.

उदरपात्र n. der Bauch als Gefäss Āruṇ. Up. 5.

*उदरपिशाच m. der keinerlei Speise für seinen Bauch verschmäht.

*उदरपूरम् Absol. bis der Bauch gefüllt ist.

उदरंभर und *°भरि Adj. der nur seinen Bauch nährt.

उदररन्ध्र n. ein best. Theil am Bauche des Pferdes Kād. 87,23.

उदररोग m. Unterleibskrankheit.

*उदरवत् Adj. dickbäuchig.

उदरवेष्ट m. Zusammenschnürung des Bauches Kāraka 1,20.

उदरव्याधि m. Unterleibskrankheit Rāǵat. 6,90.

*उदरशय Adj. auf dem Bauche liegend, — schlafend.

उदरशाण्डिल्य m. N. pr. eines Ṛshi Vaṅçabr. 2.

उदरसर्पिन् Adj. auf dem Bauche kriechend.

उदरस्थ m. das Feuer im Magen Maitrjup. 6,17.

उदराल m. N. pr. eines Krankheitsdämons. उदाराल v. l.

उदराग्नि m. Verdauungskraft.

उदराट m. eine Art von Eingeweidewürmern Kāraka 1,9. 3,7.

उदराध्मान n. Aufgeblasenheit des Unterleibes.

उदरामय m. Unterleibskrankheit. * = अतीसार Nigh. Pr.

उदरामयिन् Adj. eine Unterleibskrankheit habend.

*उदरावर्त m. Nabel.

*उदरावेष्ट m. Bandwurm.

*उदरिक Adj. dickbäuchig.

उदरिन् Adj. 1) an Leibesanschwellung leidend. — 2) f. °णी schwanger.

*उदरिल Adj. dickbäuchig.

उदरेमुख Adj. am Bauch den Mund habend.

उदर्क m. (adj. Comp. f. आ) 1) das Ertönen Ṛv. 1,113,18. — 2) Folge, Zukunft, zukünftige Lage. — 3) glückliche Zukunft. — 4) Ausgang, Ende. — 5) Refrain. — 6) Thurm, Warte. — 7) *Vangueiera spinosa Roxb.

उदर्चिस् 1) Adj. glänzend, strahlend. — 2) m. Feuer Spr. 6122.

उदर्द m. Rothlauf, Rose Bhâvapr. 6,40.

उदर्य 1) Adj. zum Bauch gehörig, im B. befindlich Kāraka 1,4.20. 3,8. — 2) n. Inhalt des Leibes oder was den Leib bildet.

उदर्ष m. Ueberlauf, Ueberschwang Tbr. 3,7,10,1.

उदल m. N. pr. eines Mannes.

उदलाकाश्यप m. N. pr. einer Gottheit des Ackerbaues.

*उदलावणिक Adj. mit Salzwasser bereitet.

उदवग्रह Adj. dessen Udâtta auf dem ersten Bestandtheil des aufgelösten Wortes ruht.

उदवज्र m. Wasserdonnerkeil Çat. 8,29.

उदवसातर् Nom. ag. der beim Abschluss der Feier die Opferstätte verlässt Comm. zu Nājam. 10,2,16.

उदवसान n. das Verlassen der Opferstätte nach Abschluss der Feier Comm. zu Nājam. 10,2,16. Baudh. P. 4,7,36.

उदवसानीय 1) Adj. (f. आ) den Schluss eines Opfers bildend Maitr. S. 4,8,6. — 2) f. आ Schlussfeier.

उदवसित n. Wohnung, Haus Mṛkkh. 67,10, v. l.

*उदवाप m. N. pr. eines Mannes. v. l. richtig उदवाह.

उदवास m. Aufenthalt im Wasser.

उदवासिन् Adj. im Wasser sich aufhaltend Kād. 24,23.

उदवाह 1) Adj. Wasser bringend. — 2) *m. N. pr. eines Mannes; vgl. औदवाहि.

*उदवाहन Adj. Wasser bringend Kāç.

*उदवीवध m. = उदकवीवध.

उदव्रज m. 1) Behausung der Gewässer. Nach Sâj. N. pr. einer Oertlichkeit. — 2) *N. pr. eines Mannes.

उदशराव m. eine Schüssel mit Wasser.

*उदशुङ्ग m. N. pr. eines Mannes.

उदशोषा f. N. pr. einer Hexe Ind. St. 14,127.

उदश्रय्, °यति 1) Thränen vergiessen Suparṇ. 30, 7. — 2) weinen machen Spr. 1251.

उदश्रयण n. das Weinenmachen.

उदश्रु Adj. weinend.

उदश्वित् n. halb Wasser und halb Buttermilch.

*उदश्वित्वत् Adj. reich an Udaçvit.

*उदसक्तु m. = उदकसक्तु.

उदसन n. das in die Höhe Werfen, Aufrichten.

उदस्तात् Adv. oberhalb, mit Gen.

उदस्तोक m. Wassertropfen.

*उदस्थान n. N. pr. einer Oertlichkeit.

उदस्थाली f. ein Kessel mit Wasser Çat. Br. 12, 4,1,5. 8.

उदहरण m. Gefäss zum Wasserschöpfen.

उदहार 1) Adj. (f. ई) a) Wasser holend, Wasserträger Ind. St. 13,485. — b) Wasser zu holen beabsichtigend. — 2) *m. Wolke.

उदहृत् Adj. Wasser holend Kauç. 60.

उदाक्रमम् Absol. aufhebend Çat. Br. 2,3,2,14. fgg.

उदाचार m. Spazierplatz Āpast.

उदाज m. kriegerischer Auszug Maitr. S. 1,10,16.

उदात्त 1) Adj. a) erhoben, hoch. — b) aufgegangen, zum Vorschein gekommen Prab. 77,1. — c) hochstehend, berühmt (Geschlecht) 327,10. — d) hochbetont. °तर Ṛv. Prât. 3,2. °तम Saṁhitopan. 27,3.5. — e) grossmüthig, hochherzig. — f) hochfahrend, trotzig. — 2) m. a) Acnt. — b) *Gabe. — c) *Geschäft. — d) *eine best. Redefigur. — e) *ein best. musikalisches Instrument. — 3) n. prunkhafte Rede Kâvjapr. 10,29.

उदात्तता f. Prunkhaftigkeit der Rede.

उदात्तत्व n. das Hochbetontsein.

उदात्तमय Adj. *wie der Acut klingend.*

उदात्तय्, °यति *Jmd* (Acc.) *erheben, zu einem angesehenen Manne machen* Bâlar. 258,23.

उदात्तराघव n. Titel eines Schauspiels.

उदात्तवत् Adj. *mit dem Acut versehen.*

उदात्तश्रुति Adj. *wie der Acut klingend.* Nom. abstr. °ता f.

उदात्तात्त Adj. *dem ein Acut vorangeht und folgt.*

उदान m. 1) *der sich von unten nach oben bewegende Wind im Körper* 264,30. 33. — b) *Nabel. — c) *Augenwimpern. — d) *eine Art Schlange. — e) bei den Buddhisten α) *Herzensergiessung;* s. उदानय्. — β) *eine Klasse von Schriften, in denen* Buddha *ohne besondere Veranlassung spricht.*

उदानय्, °यति in Verbindung mit उदानम् *sein Herz vor Freude ausschütten* Lalit. 34,6. 118,8. 182,11.

उदापि m. N. pr. eines Sohnes 1) des Sahadeva Harit. 1,32,99. — 2) des Vasudeva VP. 4,15,13.

उदायिन् v. l.

उदापेतिन् m. N. pr. eines Sohnes des Viçvâmitra.

(उदाप्यम्) उदार्पिशम् Adv. *gegen den Strom.*

उदामन्त्रण n. *lautes Anrufen, — Anreden.*

उदाय in ऋदुदाय.

उदायिन् m. N. pr. eines Sohnes 1) des Vasudeva VP.² 4,110. — 2) des Kuçika VP.² 5,381.

उदायुध Adj. *mit erhobenen Waffen.*

1. उदार 1) Adj. (f. आ und *ई) a) *erregend, bewirkend.* — b) *erhaben, edel, ausgezeichnet, vorzüglich, prächtig.* रथोदार *der trefflichste der Wagen.* — c) *laut.* °म् Adv. — d) als Bez. eines best. Kleça *beständig thätig, unablässig wirkend.* — 2) m. a) *aufsteigender Nebel, Dunst.* — b) Pl. *Nebelgeister, Dunstgestalten.* — 3) *f. आ N. pr. einer Apsaras Gal.

2. उदार m. Pl. *Çiva's Gattin* Spr. 7764.

उदारक m. ehrender Bein. eines Mannes.

उदारकीर्ति Adj. *hochberühmt,* von Çiva.

उदारचरित 1) Adj. *von edlem Benehmen, edel handelnd* 142,8. 168,28. — 2) m. N. pr. eines Fürsten.

उदारता f. 1) *Edelmuth.* — 2) *edle Ausdrucksweise* Vâmana 3,1,30. 2,12.

उदारत्व n. 1) *edle Ausdrucksweise.* — 2) Nom. abstr. zu 1. उदार 1) *d*).

उदारार्चि 1) Adj. *dampfend.* — 2) *m. Bein. Vishṇu's.

उदारदर्शन Adj. (f. आ) *von edlem Aussehen.*

उदारधिषण m. N. pr. eines Astronomen.

उदारधी 1) Adj. *von ausgezeichnetem Verstande.* — 2) m. N. pr. des Vaters von Ripu VP.² 1,176.

उदारभाव m. *Edelmuth* Spr. 7733.

उदारमति Adj. *von ausgezeichnetem Verstande.*

उदारवसु m. = उदावसु VP. 4,5,12.

उदारविक्रम Adj. *von vorzüglicher Tapferkeit* Spr. 1843.

उदारवृत्तार्थपद Adj. *dem Metrum, dem Sinne und den Worten nach vorzüglich* R. 1,2,43.

उदारशोभ Adj. (f. आ) *überaus prachtvoll.*

उदारसत्त्व Adj. *von edlem Charakter.*

उदारसत्त्वाभिजन Adj. *von edlem Charakter und edler Abkunft.*

उदाल m. N. pr. eines Krankheitsdämons MBh. 3,45,62. उद्दाल v. l.

उदार्थ Adj. *inhaltsvoll* (Rede).

उदावर्त 1) m. Bez. *einer Klasse von Krankheiten, wobei die natürlichen Ausscheidungen zurückgehalten werden* TS. 6,4,6,1. — 2) f. आ *schmerzhafte Menstruation mit schaumigem Blute.*

उदावर्तक Adj. *zurückhaltend* Bhâvapr. 5,170.

उदावर्तन n. *das Zurückhalten* Karaka 6,20.

उदावर्तिन् Adj. *an Verhaltung leidend.*

उदावसु m. N. pr. eines Sohnes des Ganaka.

उदाशय m. *Wasserbehälter, Teich.*

उदास m. *das Auswerfen, Ausstossung* Tândja-Br. 11,3,10. गर्भस्य *Fehlgeburt.*

उदास्तर्पणी f. in अर्बुदोदा°.

*उदासारिन् Adj. Mahâbh. 3,68,a.

उदासिन् m. 1) N. pr. v. l. für उदायिन् VP.² 4,152. — 2) Pl. *eine best. asketische Schule.*

उदासीन 1) Adj. *unbetheiligt, sich gleichgültig verhaltend in Bezug auf* (Loc.). — 2) m. a) *ein Gleichgültiger,* so v. a. *weder Freund noch Feind.* Auch in astrol. Sinne. — b) *Asket.*

उदासीनता f. *das bei einer Sache Unbetheiligtsein.*

उदास्त Adj. = उदासीन.

उदास्थित m. 1) *ein Mönch, der sein Gelübde gebrochen hat* (als Späher verwandt) Kull. zu M. 7,154. — 2) **Thürsteher.* — 3) **Aufseher.*

उदास्यपुच्छ Adj. *mit erhobenem Gesichte und Schweife.*

उदाहरण n. 1) *das Sprechen, Reden.* — 2) *das Aussprechen, Hersagen* Gaut. — 3) *Beispiel* 241,10.

उदाहरणावली f. *Reihe von Beispielen* H. 5. — 4) *das dritte Glied eines fünftheiligen Syllogismus* Njâjas. 1,32. 36. — 5) *steigernde Rede, Uebertreibung im Ausdruck.*

उदाहरणचन्द्रिका f. Titel eines Werkes.

उदाहरणवस्तु n. Pl. *Alles was gesprochen wird.*

उदाहरणानुगम m. Titel eines Werkes.

उदाहरणीय n. impers. = उदाहार्य Comm. zu Njâjam. 2,1,20.

उदाहारिन् Adj. *ausrufend, anrufend,* mit Acc.

1. *उदाहार m. 1) *Beispiel.* — 2) *Einleitung einer Rede.*

2. उदाहार 1) Adj. *Wasser zu holen die Absicht habend* 93,18. — 2) m. *das Herbeiholen von Wasser.*

उदाहार्य n. impers. *als Beispiel zu geben* 231,13.

उदाहित Adj. *erhöht.* Compar. °तर Çat. Br. 7,5,1,28.

उदाहृति f. 1) *Beispiel.* — 2) *steigernde Rede, Uebertreibung im Ausdruck.*

उदित्तम (!) m. *ein best. Tact* S. S. S. 210.

उदित Partic. 1) von इ mit उद्. — 2) von वद्. — 3) nachlässige Schreibart für उद्दित.

उदितडम्बार (!) m. N. pr. eines Mannes.

उदितहोमिन् Adj. *nach Sonnenaufgang das Feueropfer darbringend.*

उदितानुवादिन् Adj. *Andern nachsprechend.*

उदिति f. 1) *Aufgang* (der Sonne). — 2) *Weggang, Untergang* (der Sonne). — 3) *Ende, Schwund* ṚV. 8,15,11. AV. 10,2,10.

उदितोदित Adj. *in dem das Gesprochene aufgegangen ist, gelehrt.*

उदित्वर Adj. *hervorragend, aussergewöhnlich* Ind. St. 14,158,6.

उदीक्षा f. 1) *das Aufblicken, Hinblicken.* — 2) *das Warten* Çañk. zu Bâdar. 4,2,10.

उदीची s. उदञ्च्.

उदीचीन Adj. *nördlich gewandt.* °प्रवण *nach Norden sich neigend.* °दश Adj. Çat. Br. 1,7,1,18. 4,3,3,21. °वंश Adj. (f. आ) 3,1,1,7. 6,1,28. उदीचीनाग्र Adj. (f. आ) 1,2,1,16 (falsch betont). 3,3,4,20. 6,8,14. 7,1,7.

(उदीच्य) उदीचिय und उदीच्य 1) Adj. *im Norden befindlich, — wohnend.* m. Pl. *die Bewohner des Nordlandes.* Am Anf. eines Comp. *Nordland* MBh. 3,237,3. — 2) m. Pl. *eine best. Schule.* — 3) n. *ein Parfum, Pavonia odorata* Bhâvapr. 1,190. 2,118.

*उदीच्यकाष्ठ *Smilax China* Nigh. Pr.

उदीच्यवृत्ति f. 1) *die Sitte der Bewohner des Nordlandes* Âpast. 2,17,17. — 2) *ein best. Metrum.*

उदीप m. *Hochwasser, Ueberschwemmung* Râgat. 7,1636. 8,2557.

उदीरण n. 1) *das Schleudern.* — 2) *das Ausstossen* Karaka 1,13. — 3) *das Erregen* Karaka 7,3. — 3) *das Aussprechen, Kundthun.*

उदीर्ण Partic. von ईर् mit उद्.

उदीर्णता f. *gesteigerter Zustand* Suçr. 1,355,9.

उदीर्णवराहतीर्थ n. N. pr. eines Tîrtha.

उदुम्बर 1) m. *Ficus glomerata.* Auch *die Frucht* 23,33. — b) *eine Art Aussatz* Karaka 6,7. °कुष्ठ *dass.* 2,5. — c) *Schwelle.* — d) **Eunuch.* — e) **penis.* — f) N. pr. α) *eines Mannes gaṇa नडादि. — β) Pl. eines Volks.

stammes. — 2) f. ई in काककाकोदुम्बरी Ficus oppositifolia Suçr. 2,67,11. — 3) n. a) ein Udumbara-Wald. — b) die Frucht des Udumbara उदुम्बर Çat. Br. 14. — c) Kupfer. — d) ein best. Gewicht, = कर्ष.

*उदुम्बरकृमि m. eine Raupe auf einem Udumbara (als Gleichniss).

*उदुम्बरच्छदा (Nigh. Pr.), *उदुम्बरदला und उदुम्बरपर्णी (Karaka 7,12) f. Croton polyandra Roxb.

*उदुम्बरमशक m. eine Mücke auf einem Udumbara (als Gleichniss).

उदुम्बरावती f. N. pr. eines Flusses Hariv. 9511.

उदुम्बरिका f. in काकोदु°.

उदुम्बल Adj. kupferfarben.

उदुम्भर m. ein zur Erklärung von उदुम्बर erfundenes Wort.

उदुल्मुख Adj. mit einer glühendrothen Schnauze Çat. Br. 7,3,2,14.

उदुह्रे TBr. 2,5,4,3 fehlerhaft für उदूह्रे.

उदूखल = उलूखल n. 1) Mörser. — 2) *Bdellion.

*उदूढ Adj. 1) = ऊढ. — 2) dick, fett.

उदूह्रे m. 1) Bündel von Ruthen, Besen. — 2) ein am höchsten gesprochener Acnt Saṁhitopan. 27,6.

उदृच् f. Ausgang, Ende. Loc. zuletzt, schliesslich.

*उद्वेपन Adj. zittern machend.

उदेतव्य n. impers. aufzugehen Kâd. 245,22.

उदेतोस् Abl. Infin. mit पुरा vor Aufgang (der Sonne) 238,20. mit आ bis zum A. Tâṇḍja-Br. 9,1,26.

उदेपुर n. N. pr. einer Stadt.

उद्देग्रम् Adj. übergewaltig.

उदौदन m. in Wasser gekochter Reisbrei.

*उद्गतशृङ्ग Adj. bei dem die Hörner schon hervorgekommen sind.

उद्गता f. ein best. Metrum Ind. St. 8,352. fgg.

उद्गति f. das Hervorkommen.

उद्गद्गदिका f. das Schluchzen Kâd. II, 99,12.

उद्गन्तृ (!) Nom. ag. Hinausführer Maitr. Up. 6,31.

उद्गन्धि Adj. wohlriechend.

उद्गम m. (adj. Comp. f. आ) 1) Aufgang (von Gestirnen). — 2) das Emporsteigen, Erhebung. — 3) das Hervortreten, —brechen, zum Vorschein Kommen 300,26. 304,15. 326,1. — 4) Hinaustritt, Entweichung. — 5) Schoss, Schössling. — 6) Horoskop Ind. St. 14,312.

उद्गमन n. 1) Aufgang (von Gestirnen). — 2) das Hervortreten, —brechen, zum Vorschein Kommen.

उद्गमनीय n. ein reines Gewand.

उद्गर्भ Adj. schwanger Vâmana 41,12.

उद्गल Adj. den Hals (Kopf) aufrichtend.

उद्गातृ m. derjenige Hauptpriester, der das Sâman singt. °त्वेद m. Comm. zu Kâty. Çr. 22,1,1.

उद्गातृदमन n. Name verschiedener Sâman Ârsh. Br.

उद्गाथा f. ein best. Metrum.

उद्गार m. 1) das Ausspeien, Auswerfen, Vonsichgeben, Ausstossen, Ausströmen Spr. 7082. — 2) Auswurf, Speichel Gaut. — 3) eine heranstürmende Wassermasse, Fluth. — 4) Gebrüll, Getöse, lauter Ausruf. व्याघोद्गारम् Adv. Spr. 2473.

*उद्गारकमणि m. Koralle Râgan. 13,161.

उद्गारचूडक m. ein best. zu den Pratuda gezählter Vogel.

उद्गारशोधन m. schwarzer Kümmel Bhâvapr. 1,166. *°नी Nigh. Pr.

उद्गारिन् 1) Adj. am Ende eines Comp. ausspeiend, auswerfend, von sich gebend, ausstossend, ausströmend. सामो° ertönen lassend Bâlar. 33,17. — 2) m. das 57ste Jahr im 60jährigen Jupitercyclus.

उद्गारिम Adj. ausströmend Ind. St. 15,292.

उद्गाल्मान *m. N. pr. eines Mannes gaṇa वैलादि.

उद्गिरण n. das Ausspeien, Erbrechen 265,3.

उद्गिरणु, °पति ausstossen (Laute).

उद्गीत n. Gesang.

उद्गीति f. ein best. Metrum.

उद्गीथ 1) m. und n. (ausnahmsweise) das Singen des Sâman, das Geschäft des Udgâtar; insbes. der Gesang des eigentlichen Sâman (ohne die Zuthaten) und ein best. Theil eines Sâman Mân. Kâṭh. 82,b. — 2) m. N. pr. α) eines Sohnes des Bhuva (VP. 2,1,38) oder Bhûman. — β) eines Commentators Sâj. zu ṚV. 10,46,5.

उद्गेय n. impers. zu singen Tâṇḍja-Br. 6,7,23. 7,7,12.

*उद्गेहिका f. eine Ameisenart Gal. Vgl. उद्देहिका.

उद्ग्रथन n. das Schürzen, Umbinden (eines Gürtels) Ragh. ed. Calc. 19,44.

उद्ग्रन्थ m. 1) *Kapitel, Abschnitt. — 2) N. pr. eines Mannes (buddh.).

उद्ग्रन्थि Adj. frei von hemmenden Knoten (bildlich).

उद्ग्रहण n. das in die Höhe Nehmen.

उद्ग्राहण n. 1) das Herausnehmen. — 2) *das Eintreiben (einer Schuld).

उद्ग्राहणिका f. Einwand.

उद्ग्राभ m. das Erheben, Emporheben, Erhöhen.

उद्ग्रासक Adj. verschlingend. Nom. abstr. °त्व n. Nṛs. Up. 203.

उद्ग्राह m. 1) Aufnahme. — 2) *Einwurf. — 3) ein best. grammatischer Saṁdhi. — 4) der erste Theil einer Composition, Introduction, Vorspiel S. S. S. 120.

*उद्ग्राहणिका f. Einwurf.

उद्ग्राहप्रवृत्ति f. ein best. grammatischer Saṁdhi.

उद्ग्राहवत् n. desgl.

*उद्ग्राहिणी f. Einwand.

उद्ग्रीव Adj. 1) den Hals in die Höhe richtend. °म् Adv. Spr. 7812. — 2) mit dem Halse nach oben gekehrt (Gefäss) Kâd. 40,18.

उद्ग्रीविन् Adj. = उद्ग्रीव 1) Spr. 5780.

*उद्घ m. 1) Ausbund—, Muster von. — 2) die hohle Hand. — 3) Feuer. — 4) der Wind im Körper.

*उद्घट्टक m. ein best. Tact.

उद्घट्टन n. 1) das Aufschlagen, Schlag Mudr. 61. — 2) Ausbruch. दर्पो° Kathâs. 18,82. धर्षिनपो° Bâlar. 191,8. Ohne nähere Bez. Ausbruch einer Leidenschaft 25,20.

*उद्घन m. Werkbank eines Zimmermanns.

उद्घर्ष m. = उद्घर्षण 2) Karaka 1,22. 6,7.

उद्घर्षण n. 1) das Schrammen Suçr. 2,149,12. — 2) Reibung, Friction (als Heilmittel). — 3) Prügel.

*उद्घस m. Fleisch.

उद्घाट m. 1) das Oeffnen, Offenlegen, Zeigen (der Zähne). — 2) *Wachhaus.

उद्घाटक 1) m. Schlüssel. — 2) *n. Schöpfeimer.

उद्घाटन 1) Adj. öffnend, wegschiebend (einen Riegel) Spr. 399. — 2) n. a) das Oeffnen, Aufschliessen Sâj. zu ṚV. 1,13,6. — b) das Blosslegen, Entblössen. — c) das Erschliessen, Offenbarmachen, Offenbaren Mâlav. P. 16,11. — d) *Schöpfeimer.

उद्घाटनीय Adj. zu öffnen.

उद्घाटितज्ञ Adj. (f. आ) klug, verständig.

*उद्घाटिताङ्ग Adj. 1) nackt. — 2) klug, verständig.

उद्घाटिन् Adj. öffnend, aufschliessend Prasannar. 43,7.

उद्घात m. 1) Stoss, Schlag. — 2) *das Straucheln der Füsse. — 3) Erhöhung, Höcker. — 4) Beginn. — 5) das zur Sprache Kommen Kathâs. 17,3. — 6) *Kapitel, Abschnitt. — 7) eine best. Art zu athmen als Kasteiung. — 8) *Hammer. — 9) *Waffe.

उद्घातक n. Wechselrede in kurzen, nur andeutenden Worten.

*उद्घातन n. Schöpfeimer.

उद्घातिन् Adj. höckerig, uneben.

उद्घात्य n. = उद्घातक.

उद्घात्यक 1) m. diejenige Stelle in einem Prolog, in der ein Schauspieler Worte, die für ihn unverständlich sind, auf seine Weise auffasst, indem er selbst Etwas dazu ergänzt. — 2) n. = उद्घातक.

उद्घूर्ण Adj. in's Schwanken gerathen Kâd. 225,12.

उद्घोण Adj. mit emporgehobener Nase, — Schnauze Kâd. 20,19.

उद्घोष m. lautes Verkünden. °डिण्डिम m. eine

Trommel, mit der man das Volk zusammenruft, um Etwas bekannt zu machen.

उद्घोषक m. 1) Ausrufer. — 2) N. pr. eines Bhâjaka.

उद्घोषणा 1) n. a) öffentliche Bekanntmachung. पटहो° mit Hülfe einer Trommel. — b) das Ausposaunen, Ausplaudern. — 2) f. घा = 1) b).

*उद्दंश und *°क (Gal.) m. Wanze.

उद्दण्ड 1) Adj. a) mit erhobenem Stabe Spr. 3719. — b) mit emporstehendem Stile Rasx. 16,16. Kathâs. 25,218. — c) emporgehoben, —stehend Spr. 1790. Pras. 81,12. — d) emporragend, aussergewöhnlich. °कर्मन् Adj. Daçak. 25,15. — 2) m. ein best. Tact S. S. S. 236.

*उद्दण्डपाल m. = उदण्डपाल.

उद्दण्डित Adj. 1) emporgerichtet. — gehoben. — 2) hoch aufgesteckt, so v. a. für Jedermann sichtbar gemacht.

*उद्दन्तुर Adj. 1) hervorstehende Zähne habend. — 2) hoch. — 3) Schauder erregend.

*उद्दम m. Bändigung.

*उद्दर्शन m. N. pr. eines Schlangendämons (buddh.).

उद्दल m. N. pr. eines Schülers des Jâgńavalkja.

उद्दलन 1) Adj. ausreissend Kâd. 130,1. — 2) n. das Spalten Ind. St. 14,389.

उद्दाम 1) n. a) das Aufbinden, Anfreihen. — b) *das Bändigen. — c) *Taille. — d) *Ufer. — e) *das unterseeische Feuer. — f) *Eintritt der Sonne in ein Zodiakalzeichen. — g) *Inhalt. — h) *Abgaben, Gebühren Gal. — 2) m. N. pr. eines Mannes.

*उद्दामक m. Acacia Sirissa Râgan. 9,59.

उद्दाम 1) Adj. (f. घा) a) entfesselt, ungebunden, zügellos, schrankenlos, masslos. — b) voll —, ganz erfüllt von (im Comp. vorangehend). रणोद्दाम kampfbegierig Spr. 6045. — 2) °म् und उद्दाम° Adv. ungezügelt, ausgelassen, ohne alle Grenzen, wild Kâd. II,91,5. — 3) m. a) ein best. Metrum. — b) Bein. α) *Jama's. — β) *Varuna's Gal.

उद्दामय्, °यति in einen üppigen Zustand versetzen Kâd. II, 136,5.

उद्दाल m. 1) Paspalum frumentaceum Rottl. — 2) *Cordia Myxa oder latifolia.

उद्दालक 1) m. a) = उद्दाल 1). — b) = *उद्दाल 2). — c) N. pr. eines Lehrers. — 2) *n. eine Art Honig. Wohl fehlerhaft für चैद्दालक.

*उद्दालकपुष्पभञ्जिका f. ein best. Spiel bei den Prâkâs.

उद्दालकव्रत n. ein best. Gelübde Comm. zu Âçv. Gṛhj. (Bibl. ind.) 1,19,6.

उद्दालकायन m. Patron. von उद्दालक. Vgl. चैद्द°.

उद्दालन n. Mittel zur Wegschaffung Kâraka 6,7.

उद्दालिन् m. N. pr. = उद्दल.

*उद्दास m. gaṇa बलादि.

*उद्दासिन् Adj. gaṇa बलादि und मास्यादि.

उद्दिधीर्षा f. das Verlangen zu entfernen Comm. zu Nâlaj. (1829) 5,49. Fehlerhaft für उज्जिहीर्षा.

उद्दिधीर्षु Adj. zu retten wünschend. Fehlerhaft für उज्जिहीर्षु.

उद्दिश् f. Aufgegend.

उद्दिष्ट n. ein best. Tact S. S. S. 210.

उद्दीपक 1) Adj. anfachend, erregend. Nom. abstr. °ता f. und °त्व n. — 2) m. ein best. Vogel. — 3) f. °पिका eine Ameisenart AV. Pariç. 67,1.

उद्दीपन 1) Adj. a) anfachend, erregend. — b) stark wirkend. Nom. abstr. °ता f. Schärfe (eines Giftes) Daçak. 12,10. — 2) n. a) das Anfachen, Erregen. — b) das Anfeuern, Aufwiegeln. — c) Anregungsmittel.

उद्दीप्ति f. das Entflammen, Erregtwerden.

*उद्दीप्र n. Bdellion.

*उद्दीश m. = उड्डीश Bein. Çiva's.

उंद्दृष्ट n. das Sichtbarwerden des Mondes.

उद्देश m. (adj. Comp. f. घा) 1) Hinweisung. कस्य चोद्देशः so v. a. für wen ist es bestimmt? °उद्देशेन (Pańkad. 36) und °उद्देशात् (Kap. 2,7) für, in Bezug auf, in Betreff —, zum Behuf —, in Folge von. — 2) Angabe. कृतोद्देश Adj. dem man Etwas angegeben hat. — 3) kurze Angabe, blosses Nennen, blosse Angabe des Namens MBh. 3,43,15. 230,39. उद्देशतस् in aller Kürze, in ganz geringem Maasse. — 4) Platz, Gegend.

उद्देशक 1) *Adj. auf Etwas hinweisend, E. angebend. — 2) m. Aufgabe (in der Math.) Comm. zu Ârjabh. 2,8.

*उद्देशकवृक्ष m. ein bedeutungsvoller, zu einem best. Zweck gepflanzter Baum.

उद्देशन n. das Hinausstrecken, Hinaushalten.

उद्देशविधेयविचार m. Titel eines Werkes.

*उद्देशवृक्ष m. = उद्देशकवृक्ष.

उद्देशिन् Adj. worauf zunächst hingewiesen wird, was z. angegeben wird.

उद्देश्य Adj. 1) worauf oder auf wen man hindeutet, — es abgesehen hat Ind. St. 18,334. Comm. zu Gobh. 180,3. Nom. abstr. °त्व n. 4. — 2) was zuerst angegeben oder gesagt wird Kâtjâjan. S. 168, Z. 10. — 3) für Jmd bestimmt Âpast. — 4) nur dem Namen nach anzugeben Comm. zu Nâlaj. 2,1,1.

उद्देश्यक am Ende eines adj. Comp. so v. a. hinweisend auf.

*उद्देश्यपादप m. = उद्देशकवृक्ष.

उद्देश्यविधेयबोधस्थलीयविचार m. Titel eines Werkes.

उद्देहिक 1) m. Pl. N. pr. eines Volkes. — 2) *f. घा Termite.

उद्द्योत 1) Adj. aufleuchtend, strahlend. — 2) m. a) das Aufleuchten, Hellwerden, Erglänzen (eig. und übertr.). — b) aufstrahlendes Licht, Glanz. — c) Kapitel, Abschnitt Verz. d. B. H. No. 618.

उद्द्योतक Adj. anfeuernd, aufregend.

उद्द्योतकर Adj. (f. ई) erleuchtend, erhellend (eig. und übertr.).

उद्द्योतकराचार्य m. N. pr. eines Lehrers.

उद्द्योतकारिन् Adj. = उद्द्योतकर.

उद्द्योतनसूरि m. N. pr. eines Gaina-Lehrers.

उद्द्योतपत्र m. Titel eines Werkes Verz. d. B. H. No. 1043.

उद्द्योतिन् Adj. hinauf leuchtend.

उद्द्रष्टर् Nom. ag. Erschauer. °द्रष्टृत्व n. Nṛs. Up. in Ind. St. 9,134.

उद्द्राव m. 1) Adj. davonlaufend. — 2) m. a) *Flucht. — b) Bez. bestimmter Formeln.

उद्धत 1) Adj. s. हन् mit उद्. — 2) m. a) *ein königlicher Ringer. — b) N. pr. eines Esels Pańkat. 247,15.

उंद्धतत्व n. Hochmuth Maitrup. 3,5.

*उद्धतमनस्क Adj. hochmüthig. Nom. abstr. °त्व n. Hochmuth.

उद्धति f. Stoss, Schlag.

उद्धनन n. das Aufschütten Comm. zu Nâlaj. 18,1,1.

उंद्धर्तवै Dat. Inf. aufzuschütten Çat. Br. 13,8,1,20.

*उद्धम Adj. Vop. 26,31.

*उद्धमचूडा und *उद्धमाविधमा f. gaṇa मयूरव्यंसकादि.

*उद्धय Adj. Vop. 26,31.

उद्धर MBh. 3,11466 fehlerhaft für उद्धुर.

*उद्धरचूडा f. gaṇa मयूरव्यंसकादि.

उद्धरण 1) n. a) das Aufheben MBh. 3,147,22. Çārṅg. Paddh. 47,b,1 (68,b,2). — b) das Herausziehen, Ausreissen. — c) Mittel zum Ausreissen. — d) das Ausziehen (eines Kleides). — e) das Fortnehmen, Entfernen. — f) das Ausscheiden eines Theiles. — g) das Vorsetzen, Anbieten Comm. zu Kâtj. Çr. 4,1,10. — h) das Befreien, Erretten. — i) das Herausnehmen des Feuers, d. h. das Entzünden der andern Feuer durch aus dem Gârhapatja-Feuer entnommene Brände. — k) Näschereien, die man nach Hause bringt. MBh. 13, 60,14 (मोद्धरणा गृ° zu vermuthen). — l) *ausgebrochene Speise. — 2) m. N. pr. eines Mannes.

उद्धरणीय Adj. auszuscheiden Comm. zu Nâjan. 9,4,10.

*उद्धरावसृता f. gaṇa मयूरव्यंसकादि.

उद्धर्तर् Nom. ag. 1) Ausrotter, Vernichter. — 2) Erretter, Befreier.

उद्धर्तव्य Adj. 1) herauszuziehen Kâtj. Çr. 18,390. — 2) auszuscheiden Comm. zu Nâjan. 9,4,8.

उद्धर्म m. Irrlehre.

1. उद्धर्ष m. 1) das mit Lust und Muth an Etwas Gehen. — 2) *Fest.

2. उद्धर्ष Adj. erfreut, froh.

उद्धर्षण 1) Adj. ermuthigend. — 2) f. ई ein best. Metrum. — 3) n. a) Ermuthigung. — b) *Haarsträubung.

उद्धर्षिन् 1) Adj. dessen Haar sich sträubt. — 2) f. °र्षिणी ein best. Metrum, = उद्धर्षणी.

उद्धव m. 1) *Opferfeuer. — 2) *Freude. — 3) *Fest. — 4) N. pr. eines Jâdava.

उद्धवदूत und उद्धवसंदेश m. Titel zweier Gedichte.

उद्धस्त Adj. die Hände ausstreckend Suçr. 2, 533,10. v. l. उद्धस्त und प्रसृताक्ष.

1. उद्धान n. das Verlassen, in अनुद्धान.

2. *उद्धान 1) Adj. 1) ausgebrochen, ausgespien. — b) einen Hängebauch habend. — 2) n. a) das Brechen, Ausspeien. — b) Ofen.

*उद्धान्त 1) Adj. ausgebrochen, ausgespien. — 2) m. ein Elephant, der nicht mehr brünstig ist.

उद्धार 1) m. a) das Herauf—, Herausziehen. — b) das Ausreissen Gaut. 12,2. — c) Entfernung, Tilgung (einer Schuld). — d) Wegnahme, Abzug M. 10,85. Auslassung (in einem Schriftstück) Chr. 218,5. — e) Widerlegung Karaka 8,12. Comm. zu Nâjan. 3,1,12. — f) Auswahl, ein für Jmd ausgeschiedener, ausgewählter Theil Agni-P. 153,15. Auszug (aus einer Schrift). — g) Rettung, Befreiung. — h) = उद्धरण 1)(i). — i) Anleihe, Schuld Kâtj. Du. — 2) *f. आ Cocculus cordifolius DC. — 3) *n. Ofen.

उद्धारकविधि m. Bezahlung, Bestreitung (einer Ausgabe) Pańkat. ed. Bomb. II,38,18.

उद्धारकोश m. Titel eines Werkes.

उद्धारण n. 1) das Herausziehen. — 2) das Bezahlen, Bestreiten (einer Ausgabe) Pańkat. 138,14.

उद्धार्य Adj. 1) wegzuschaffen, zu entfernen Âpast. eine Krankheit Karaka 1,25. — 2) zu retten.

उद्धि m. 1) Sitz eines Wagens. — 2) Untersatz an der Ukhâ.

उद्धित Partic. von धा, दधाति mit उद्.

उद्धुर Adj. 1) aus Rand und Band gekommen, vor Uebermuth vergehend. — 2) in Comp. mit einem Nom. act. oder mit einem Infin. bestrebt zu. — 3) alles Maass überschreitend, ganz aussergewöhnlich. — 4) *hoch.

*उद्धुषण n. Haarsträubung.

उद्धूत n. 1) das Stampfen. पादोद्धूत mit den Füssen MBh. 4,13,29 = Hariv. 4719. — 2) das Wühlen. वाराहोद्धूत eines Ebers MBh. 4,13,28 = Hariv. 4718.

उद्धूनन n. 1) das Rütteln, das in heftige Bewegung Versetzen Vaitân. 90,14. — 2) eine Art Pulver.

उद्धूपन n. das Ausräuchern.

उद्धूलन n. das Bestreuen Bâlar. 165,19.

उद्धूलय्, °यति bestreuen Kir. 11,34,11.

*उद्धृष m. eine Art Mehl Gal.

उद्धूषित Adj. schaudernd Pańkat. 190,21. प्रोद्धूषित ed. Bomb.

उद्धृत Partic. von हर् mit उद्.

उद्धृति f. 1) das Herausziehen Spr. 2582. Çiç. 14,14. — 2) das Herausnehmen (des Feuers) Nâjan. 9,4, 11. — 3) Auszug (aus einer Schrift). — 4) Rettung.

*उद्ध्मान n. Ofen.

उद्ध्य m. 1) Fluss. — 2) *N. pr. eines Flusses.

उद्ध्वंस m. 1) Vernichtung Karaka 2,2,8. — 2) Ueberzogenheit, das Bedecktsein. कण्ठस्य oder कण्ठोद्ध्वंस (Karaka 6,1) so v. a. Heiserkeit. — 3) Epidemie.

उद्ध्वंसन n. = उद्ध्वंस 2) 3).

1. उद्बन्ध m. das Sicherhängen.

2. उद्बन्ध Adj. des Bandes beraubt.

उद्बन्धन 1) Adj. (f. ई) zum Hängen dienend. — 2) n. a) das Hängen (eines Verbrechers). — 3) das Sicherhängen Gaut.

उद्बन्धुक Adj. der sich erhängt.

उद्बल Adj. in उपोद्बलय्.

उद्बाष्प Adj. Thränen vergiessend. Nom. abstr. °त्व n. Vikr. 29.

उद्बाहु. °क und *°लक (f) Adj. die Arme erhebend.

उद्बिल Adj. der die Höhle verlassen hat.

उद्बुध्य्. °ध्यति aufkeimen Maitrjup. 7,11.

उद्बृंहण Adj. verstärkend, vermehrend, fördernd.

उद्बोध m. 1) das Erwachen, so v. a. Hervorbrechen (des Bartes, einer Gemüthsstimmung, Leidenschaft). — 2) das Räuchern.

उद्बोधक Adj. erweckend, zum Ausbruch bringend.

उद्बोधन n. das Erwachen Verz. d. Oxf. H. 16,a,17 (उद्बोधनं zu lesen).

उद्भञ्ज m. das Brechen, Aufgeben (einer Gewohnheit) Spr. 6349.

उद्भट 1) Adj. (f. आ) hervorragend, ausgezeichnet, in seiner Art ungewöhnlich Bhâm. Nâtjaç. 34,119. Vidda. 98,7. Adv. heftig, leidenschaftlich (geküsst). °त्व n. Nom. abstr. gravitas (eines Widerspruchs). — 2) m. a) *Schildkröte. — b) *Schwingkorb. — c) *Sonne (missverständlich). — d) N. pr. eines Autors.

उद्भव m. 1) Entstehung, Geburt, Ursprung. Erscheinung, das zum Vorschein Kommen Kap. 1,11. 2,26. 3,22. 5,31. — 2) Geburtsstätte Çvetâçv. Up. 3,4. Chr. 249,5. — 3) am Ende eines adj. Comp. (f. आ) entstehend aus, herstammend von 44,2. Nom. abstr. °त्व n. — 4) *Steppensalz Gal. — 5) N. pr. eines Sohnes des Nahusha VP.² 4,46.

उद्भवक्षेत्र n. Ursprungsstätte Daçak. 79,14.

उद्भस m. Pl. N. pr. eines Volkes MBh. 6,50,53.

*उद्भार m. N. pr. eines Mannes; vgl. औद्भारि.

उद्भाव m. gaṇa बलादि in der Kâç. zu P. 5,2,136. das Aufsteigen (von Tönen) Pushpas. 3,4,27.

उद्भावन n. 1) das in die Höhe Bringen. — 2) Versäumniss MBh. 1,129,41. 141,32.

उद्भावयितर् Nom. ag. in die Höhe bringend.

*उद्भाविन् Adj. von उद्भाव gaṇa बलादि in der Kâç. zu P. 5,2,136.

*उद्भास m. Strahl, Glanz.

*उद्भासवत् Adj. strahlend, glänzend.

उद्भासिन् Adj. 1) strahlend —, glänzend durch, mit Spr. 1269. — 2) hervortretend —, sichtbar werdend durch Spr. 6238. — 3) Glanz verleihend, fördernd Mṛkkh. 130,21.

उद्भासुर Adj. strahlend Spr. 283.

*उद्भिज्ज fehlerhaft für उद्भिज्ज.

उद्भिज्ज Adj. aus dem Erdboden emporschiessend (von Pflanzen) Kap. 5,111. Chr. 268,13. 21.

उद्भिद् 1) Adj. a) aus der Erde emporschiessend. — b) hervorbrechend, —quellend (auch in übertr. Bed.), siegreich durchdringend. — 2) m. ein best. Opfer. — 3) f. a) Spross, Sprössling, Pflanze. — b) Quelle. — c) इन्द्रस्य Name eines Sâman.

उद्भिद 1) Adj. = उद्भिद् 1) a). — 2) m. N. pr. eines Sohnes des Ǵjotishmant und des von ihm beherrschten Varsha VP. 2,4,36. fg. — 3) n. a) *Quelle. — b) *Steppensalz. — c) Name eines Sâman.

उद्भू Adj. (f. उद्भ्वी, n. उद्भु) ausreichend, Bestand haltend, dauernd.

उद्भूतस्पर्शवत्त्व कारणताविचार: Titel eines Werkes.

उद्भूति f. 1) Entstehung, Erscheinung, das zum Vorschein Kommen Kap. 6,45. — 2) das Emporkommen, Gedeihen.

उद्भेद m. 1) Durchbruch, das Hervorbrechen, zum Vorschein Kommen Mahâv. X. — 2) *Spross, Sprössling Gal. — 3) Quelle. — 4) Verrath. — 5) Erwähnung Prasannar. 100,9. — 6) in der Dramatik die Entwickelung des Keims (बीज).

उद्भेदन n. = उद्भेद 1) Karaka 1,12.

उद्भर्तृ Adj. erhebend.

उद्भ्रम m. 1) *Aufregung. — 2) *Rausch Gal. — 3) N. pr. einer Schaar Çiva's.

उद्भ्रमण n. das sich in die Luft Schwingen.

उद्भ्रान्त n. 1) das Sicherheben (eines Windes). — 2) Schwertschwingen.

उद्भ्रान्तक 1) Adj. umherirrend. Nom. abstr. °त्व n. Nâs. Up. in Ind. St. 9,154. — 2) n. das sich in die Luft Schwingen.

उद्भ्रु Adj. mit emporgezogenen Brauen Bâlar. 36,1.

1.°उद्य 1) Adj. auszusprechen, gesprochen werdend. — 2) n. Unterhaltung.

2. उद्य Adj. nachlässig für उद्ध्य.

3.*उद्य m. fehlerhaft für उद्र.

उद्यत *m. 1) ein best. Tact. — 2) Abschnitt, Kapitel. Richtig उद्घात.

उद्यतस्रुच् Adj. der den Opferlöffel erhoben hat.

उद्यति f. 1) Erhebung, Darbringung. — 2) Erhöhung (in übertr. Bed.) Ait. Br. 3,3.

उद्यद्गिरि m. = उदयगिरि R. 7,36,44.

उद्यन्त् 1) m. a) Gestirn (was aufgeht) Pâr. Gṛhy. 1,3,8. — b) in Verbindung mit पर्वत = उदयगिरि. — 2) f. °न्ती eine best. steigende Recitationsweise Tâṇḍja-Br. 2,1,1. 12,1. Lâṭj. 8,7,3.9.

उद्यन्तृ Nom. ag. erhebend.

उद्यम m. *n. (adj. Comp. f. आ) 1) Erhebung, das in die Höhe Heben. — 2) das sich an Etwas Machen, Gehen an, Anstrengung, Bemühung, Fleiss Spr. 1216. fgg. Die Ergänzung im Dat., im Acc. mit प्रति, im Infin. oder im Comp. vorangehend.

उद्यमन n. 1) das Aufheben, Emporheben. — 2) das Bestreben zu Daçak. 78,6.

उद्यमभृत् Adj. sich anstrengend, — bemühend, arbeitend Spr. 1460.

उद्यमिन् Adj. dass.

उद्यमीयंस् Adj. (f. °यसी) mehr in die Höhe hebend.

उद्यष्ट Adj. beim Singen schreiend S.S.S. 117.

उद्यान n. 1) das Hinausgehen. — 2) Lustgarten, Park (auch *m.). Am Ende eines adj. Comp. f. आ. — 3) *Beweggrund, Zweck. — 4) N. pr. eines Landes im Norden Indiens. — 5) MBh. 12,137,14 fehlerhaft für उद्दाम.

उद्यानक n. Lustgarten, Park.

उद्यानपाल (Spr. 7767) und °क m. Gärtner, °ली (Kâd. 212,5) und °लिका f. Gärtnerin.

उद्यानमाला f. eine Reihe von Gärten 249,3.

उद्यापन n. das Vollbringen, Vollziehen.

उद्याम m. 1) das Aufrichten, Aufspannen. — 2) Strang.

उद्याव m. Scheidewand Kâçu. 24,8.

उद्यास m. Anstrengung.

उद्युग m. oder n. wohl eine best. Krankheit.

उद्युज् wohl f. Bemühung Mân. Gṛhy. 1,4.

उद्योग m. *n. das sich an Etwas Machen, Gehen an, Anstrengung, Bemühung, Uebung in (im Comp. vorangehend).

उद्योगपर्वन् n. Titel des 5ten Buchs im MBh. und eines Abschnitts im 5ten Buche des Râmâjaṇa.

उद्योगिन् Adj. sich Mühe gebend, — anstrengend, fleissig Spr. 7769. Nom. abstr. °गिता f. Ind. St. 15,351.

उद्योत nachlässig für उद्द्योत.

उद्र 1) m. a) ein best. Wasserthier (Krabbe und Fischotter die Erklärer). — b) in einer unbekannten ved. Schule angeblich = ह्रद, ह्रत VS. — 2) n. Wasser, in धनुद्र und उद्रिन्.

उद्रक m. N. pr. eines Ṛshi. v. l. ह्रदक.

*उद्रङ्क m. = उद्रङ्ग 2).

*उद्रङ्ग m. 1) in बृहदुद्रङ्ग so v. a. das Sichbäumen (eines Rosses) Nîlak. zu MBh. 5,155,20. — 2) Stadt und N. pr. der in der Luft schwebenden Stadt Hariçkandra's.

*उद्रथ m. 1) Bolzen an einer Wagenachse. — 2) Hahn.

उद्रपारक m. N. pr. eines Schlangendämons.

1.°उद्रिक्तचित्त n. ein von — überfliessendes Gemüth Pańkat. 1,0,12.

2. उद्रिक्तचित्त Adj. 1) hochmüthig Kathâs. 91,55. — 2) *berauscht. Nom. abstr. *°ता f. Gal.

उद्रिक्तचेतस् Adj. hochsinnig Kathâs. 32,78.

उद्रिन् Adj. wasserreich.

°उद्रुज Adj. unterwühlend, in कूलमुद्रुज.

उद्रेक 1) m. Ueberschuss, Ueberfluss, Uebergewicht, Uebermacht, das Ueberwiegen. — 2) *f. आ Melia sempervirens Sw.

उद्रेकिन् Adj. 1) übermässig, heftig. — 2) am Ende eines Comp. ein Uebermaass von — bewirkend.

°उद्रेचक Adj. = उद्रेकिन् 2).

उद्रोधन n. das Aufsteigen, Wachsen.

उद्रोहण m. das Besteigen eines Bettes Mân. Gṛhy. 2,7.

*उद्व ved. Adj. (f. आ) Mahâbh. 5,31,b.

उद्वंश Adj. hohen Geschlechts (Rudra-Çiva) Hemâdri 1,210,10.

उद्वंशपुत्र m. 1) N. pr. eines Ṛshi. — 2) Name eines Sâman.

उद्वंशीय n. Name eines Sâman Lâṭj. 1,6,49. 8,5,22. उद्वंशीयोत्तर n. desgl.

उद्वक्त्र Adj. mit emporgehobenem Gesicht (Rudra-Çiva) Hemâdri 1,203,16.

उद्वत् 1) f. Höhe, Anhöhe. — 2) उद्वत् Adj. (*f. °ती) Mahâbh. 8,31,b. das Wort उद् enthaltend Tâṇḍja-Br. 10,6,2. 12,3,2. — 3) n. Name zweier Sâman Lâṭj. 1,6,21.

उद्वत्सर m. das letzte Jahr in einem Lustrum Maitr. S. 4,9,18. Davon Adj. °रीय.

उद्वन Adj. ansteigend.

उद्वपन n. das Ausschütten.

उद्वमन n. 1) das Ausspeien, Vonsichgeben, Entlassen. — 2) das über die Ufer Treten Karaka 1,12. v. l. उद्वर्तन.

उद्वयस् Adj. stärkend.

उद्वर्ग m. Vertilger.

उद्वर्त Adj. überschüssig.

उद्वर्तक 1) Adj. am Ende eines Comp. einreibend. — 2) m. in der Mathem. the quantity assumed for the purpose of the operation.

उद्वर्तन n. 1) Adj. zersprengend, in हृदयोद्वर्तन. — 2) n. a) das Aufspringen, Sicherheben. — b) das über die Ufer Treten Karaka 1,12. उद्वमन v. l. — c) das Einreiben, Einreibung (auch in concreter Bed.).

°उद्वर्तिन् Adj. sich einreibend mit.

उद्वर्त्मन् n. Abweg.

*उद्वर्धन n. unterdrücktes Lachen.

उद्वस 1) Adj. a) unbewohnt, öde Spr. 6005. — b) geschwunden, dahingegangen Viddh. 9,8. — 2) n. Einöde.

उद्वस्त्र Adj. die Kleider abwerfend Suçr. 2,533,10 v. l. für उद्वस्त.

उद्वह 1) Adj. a) hinaufführend. — b) wegtragend, in शत्रोद्वह. — c) fortreissend, in कूलमुद्वह. — d) fortführend, fortsetzend, in कुलोद्वह. — 2) m. a) das Heimführen einer Frau, Hochzeit. — b) Sohn —, Nachkomme des (im Comp. vorangehend). — c) Name eines der sieben Winde. — d) Name einer der sieben Zungen des Feuers. — e) N. pr. eines Fürsten MBh. 1,67,84. — 3) *f. आ Tochter.

उद्वहन n. 1) das Hinaufheben, — schaffen. — 2) das Tragen, Ziehen, Fahren. — 3) mit Instr. das Reiten auf. — 4) das Heimführen einer Frau, Heirath, Hochzeit. — 5) das Ansichhaben, Besitzen. — 6) der unterste Theil einer Säule.

उद्वाग्नि Adj. Feuer sprühend.

उद्वाग्निज्वाल Adj. mit aufsteigender Flamme.

उद्वायन Adj. AV. 5,8,6 vielleicht fehlerhaft für उद्वयन ausweichend.

उद्वाल Kathâs. 68,11 fehlerhaft für उद्दाल.

उद्वादन n. lautes Ausrufen Vâsav. 2,3.

1. उद्वान n. das Erlöschen Naish. 9,4,12.

2.*उद्वान 1) Adj. ausgebrochen, ausgespien. — 2) n. a) das Ausbrechen, Ausspeien. — b) Ofen.

उद्वान्त *m. ein Elephant, dessen Brunstzeit vorüber ist.

उद्वान्ति f. = उद्वमन 1).

उद्वाप m. 1) das Hinauswerfen, Entfernen Comm. zu Nājām. 3,2,8. 10,4,26. — 2) Auswurf. — 3) das Subtrahiren Wunna, Ćor. — 4) das Abstrahiren Çaṁk. zu Bādar. 3,4,52.

*उद्वाम m. und davon Adj. *°वस् gaṇa क्लादि in der Kāç. zu P. 5,2,126.

°उद्वामिन् Adj. ausspeiend Kāraka 6,18.

उद्वार Adj. mit emporgerichtetem Schwanze.

उद्वालवत् m. N. pr. eines Gandharva.

1. उद्वास m. 1) Entlassung. — 2) *Schlachtung Gal.

2. उद्वास Adj. (f. आ) in इषउद्वास.

उद्वासन n. 1) das Herausnehmen, Wegnehmen vom Feuer. — 2) *das Schlachten (Hinausführen zur Schlachtbank).

*उद्वासवत् Adj. von 1. उद्वास.

उद्वासस् Adj. in मलोद्वासस्.

*उद्वासिन् Adj. von 1. उद्वास.

उद्वासीकारिन् Adj. von Wohnungen leer machend.

उद्वास्य Adj. 1) abzunehmen, abzulegen. — 2) auf die Schlachtung des Opferthiers bezüglich.

उद्वाह m. (adj. Comp. f. आ) das Heimführen einer Frau, Heirath, Hochzeit. °तत्त्व n. Titel eines Tractats.

उद्वाहन 1) n. a) *das Hinaufheben. — b) ein Werkzeug zum Hinaufheben. — c) *das Hintragen des Feuers an seine Oerter. — d) *zweimaliges Pflügen. — e) *Angst, Besorgniss. — 2) *f. ई Strick.

उद्वाहर्क्ष n. ein für eine Heirath günstiges Mondhaus.

उद्वाहिक Adj. M. 9,65 fehlerhaft für वैवाहिक.

*उद्वाहिनी f. Strick Med. n. 172 fehlerhaft für उद्वाहनी.

उद्विकासिन् Adj. aufgeblüht Kād. II,79,13.

उद्विबर्हण n. das Herausziehen.

उद्वीक्षण n. Blick, Anblick.

उद्वृत्त 1) m. eine best. Stellung der Hände beim Tanz Verz. d. Oxf. H. — 2) n. = उन्मण्डल Ganit. Triprasn. 39. °शङ्कु m. 64.

उद्वृत्य Adj. sich umdrehend, — umwendend.

उद्वृषभयज्ञ m. ein best. Opfer Comm. zu Gaim. 4,3,15 und zu Nājam. 4,3,26.

1. उद्वेग 1) m. a) das Zittern, Wogen (des Meeres). — b) innere Unruhe, Aufregung 291,4. °गं कर् beunruhigen und sich b., erschrecken (intrans.). — c) das Anstossnehmen an Etwas 250,14. 20. — 2) *n. die Nuss von Areca Faufel Gaertn.

2. *उद्वेग Adj. 1) mit grosser Geschwindigkeit gehend. — 2) die Arme in die Höhe haltend. — 3) unbeweglich.

उद्वेजक Adj. (f. ई) beunruhigend, aufregend, in Angst versetzend.

उद्वेजकारक Adj. dass. Pañkat. 123,20.

उद्वेजकारिन् Adj. dass. 83,12.

उद्वेजकृत् Adj. Widerwillen erregend Spr. 7631.

उद्वेजयितर् Adj. Jmd (Gen.) beunruhigend.

उद्वेगिन् Adj. in Aufregung gerathend Spr. 574.

उद्वेशिन् zu vermuthen.

उद्वेपक Adj. = उद्वेजक Spr. 6219.

उद्वेपन 1) Adj. in Unruhe —, in Angst versetzend Kām. Nītis. 3,18. — 2) n. a) das Schaudern. — b) Aufregung, Angst. — c) das Aufregen, in Angst Versetzen.

उद्वेजनक Adj. = उद्वेजक.

उद्वेजनीय Adj. wovor oder vor dem man zusammenfährt, — erschrickt.

उद्वेजिन् Adj. 1) = उद्वेजक. — 2) Widerwillen erregend, unangenehm berührend Kathās. 24,26.

उद्वेदि Adj. worauf sich eine Opferbank erhebt.

उद्वेल Adj. (f. आ) 1) aus den Ufern getreten Ânr. P. 2,11. — 2) übermässig Kād. 155,17. — 3) frei von (im Comp. vorangehend) Prasannar. 22,11.

उद्वेलय्, °यति über die Ufer treten lassen Prasannar. 146,14. उद्वेलित Hemādri 1,1,11.

उद्वेष m. = 1. उद्वेष्टन Kāraka 8,6.

1. उद्वेष्टन n. das Zusammenschnüren, Beengen.

2. उद्वेष्टन Adj. dessen Band sich gelöst hat.

उद्वेष्टनीय Adj. aufzudrehen, aufzulösen Mālav. 89.

उधन् n. = ऊ° Euter Maitr. S. 1,3,16.

*उधस्, उधस्यति und उधासयति (उत्कण्ठे, उत्तेपे).

उनप् 2. Sg. Imperf. von उभ्.

उन्द् s. 2. उद्.

उन्दन n. das Benetzen Pār. Gṛhj. 2,1,14.

*उन्दुर, उन्दुरु und उन्दुरू m. Maus oder Ratte.

उन्दुरकर्णिका und °कर्णी f. Salvinia cucullata.

उन्न Partic. von 2. उद्.

उन्नत 1) m. a) ein grosshöckeriger Stier. — b) *eine grosse Schlange, Boa. — c) N. pr. α) eines der 7 Ṛshi unter Manu Kākshusha VP.² 3,12. — β) eines Buddha. — γ) eines Gebirges in Çālmaladvīpa VP. 2,4,26. — 2) n. a) Erhebung, Steigung. — b) Erhöhung, erhabener Theil.

उन्नतकोकिला f. ein best. Saiteninstrument S. S. S. 177.

उन्नतत्व n. Höhe, Erhabenheit, Majestät.

उन्नतसत्त्वशालिन् Adj. von hohem Wesen Spr. 1128 (nach der richtigen Lesart).

उन्नति f. 1) das Aufsteigen, Sicherheben Spr. 7864 (von Wolken und Brüsten). — 2) das Sicherheben über (Loc.), Aufschwung, hohe Stellung Spr. 7778. — 3) N. pr. a) einer Tochter Daksha's und Gattin Dharma's Bhāg. P. 4,1,49. — b) *der Gattin Garuḍa's.

उन्नतिमत् Adj. 1) hoch. — 2) eine hohe Stellung einnehmend.

उन्नती Adv. mit भू sich erheben Comm. zu Mṛkkh. 3,18. fgg.

*उन्नतीश m. Bein. Garuḍa's.

उन्नमन n. 1) das Aufrichten. — 2) Aufschwung Prasannar. 81,21.

उन्नम्र Adj. sich erhebend. Nom. abstr. °त्ता f.

उन्नय m. 1) *das in die Höhe Bringen, — Schaffen. — 2) Folgerung, Erschliessung Sāh. D. 736.

उन्नयन n. 1) das Hinaufheben Āçv. Br. — 2) das Herausnehmen, Schöpfen. — 3) das Gefäss, aus welchem geschöpft wird. — 4) das Auseinanderstreifen, Abscheiden, Schlichten. — 5) das Folgern, Erschliessen.

उन्नयनपङ्क्ति Adj. Pl. deren Augenreihen nach oben gerichtet sind.

उन्नस Adj. eine hervorspringende Nase habend.

उन्नद्ध Adj. entfesselt.

उन्नाद m. 1) Geschrei MBh. 3,158,10. — 2) N. pr. eines Sohnes des Kṛshṇa.

उन्नाभ m. N. pr. eines Fürsten.

उन्नाम m. das Aufsteigen, Sicherheben.

*उन्नाय m. = उन्नय 1).

उन्नाल Adj. mit emporgerichtetem Stengel Kād. 91,9. Bālar. 239,3.

उन्नाह m. 1) Uebermaass, Fülle. — 2) zügelloses Wesen. — 3) *saurer Reisschleim. n. Gal.

उन्निद्र Adj. (f. आ) 1) schlaflos, wach Megh. 88. — 2) aufgeblüht 248,7. Ind. St. 14,373. Pañk. 15,1. — 3) am Himmel erwacht, scheinend (Mond), von den Strahlen der aufgehenden Sonne Prasannar. 130,13. — 4) sich sträubend (Härchen) Naish. 8,1.

उन्निद्रक n. und उन्निद्रता f. Schlaflosigkeit, das Wachen.

उन्निद्रय्, °यति Jmd (Acc.) erwecken.

*उन्नी Adj. in die Höhe bringend.

उन्नीत n. Ausschöpfung, Füllung.

उन्नीतांशल Adj. mit hinaufgekämmtem Haarstrang Suparṇ. 15,2.

उन्नीतशुष्म Adj. dessen Hauch oder Duft aufsteigt Maitr. S. 1,1,11.

उन्नीतिन् Adj. der die Ausschöpfung oder Füllung vollbracht hat.

*उन्नीप ved. Adj.

उन्नीयम् (°पम्?) Absol. herausschöpfend Çākh. Gṛhy. 4,14.

उन्नेतर् Nom. ag. der Priester, welcher den Soma in die Becher giesst.

उन्नेतव्य Adj. *zu folgern* Comm. zu Nyâjam. 2,2,7.

उन्नेत्र n. *die Verrichtung des* Unnetar.

उन्नेय Adj. *zu folgern, nach der Analogie zu bilden.* Nom. abstr. °त्व n. Comm. zu Nyâjam. 1,4,84.

उन्मकर m. *ein Ohrschmuck in der Gestalt eines sich aufrichtenden* Makara.

उन्मज्जन 1) m. N. pr. eines Fieberdämons. — 2) n. *das Auftauchen.*

उन्मणि m. *ein an der Oberfläche liegender Edelstein.*

उन्मण्डल n. *der Kreis am Himmel, auf der die Sonne um sechs Uhr steht.* °शङ्कु m. zu Sûrjas. 3,34.

उन्मत्त m. 1) *Stechapfel* Spr. 7770 (zugleich *berauscht* oder *toll*). — 2) * *Pterospermum acerifolium Willd.* — 3) *eine der acht Formen* Bhairava's. — 4) N. pr. eines Rakshas.

उन्मत्तक 1) Adj. (f. °त्तिका) *toll, nicht ganz bei Sinnen* MBh. 12,14,32. Kâd. II,85,7. — 2) *m. *Stechapfel* Dhanv. 4,4.

*उन्मत्तकीर्ति m. Beiw. Çiva's.

*उन्मत्तगङ्गम् Adv. *wo die* Gaṅgâ *tobt* Mahâbh. 2,111,b.

*उन्मत्तप्रलपित n. *das Geschwätz eines Tollen.*

उन्मत्तभैरव 1) m. *eine Form* Bhairava's. °तन्त्र n. Titel eines Werkes. — 2) f. ई *eine Form der* Durgâ.

उन्मत्तवेष Adj. *als Toller angeputzt* (Çiva).

उन्मत्तावन्ति m. N. pr. eines Fürsten.

उन्मथन n. 1) *das Schütteln.* — 2) *das Quirlen.* — 3) *Auftreibung* Karaka 2,7. — 4) *das Herunterschiessen.*

उन्मद Adj. *trunken, toll, ausgelassen.*

उन्मदन Adj. *von Liebe entbrannt.*

उन्मदिष्णु Adj. *verrückt, toll* Spr. 1336.

उन्मन m. *ein best. Hohlmaass,* = द्रोण.

उन्मनय्, °यति *in Aufregung versetzen, verwirren.*

उन्मनस् 1) Adj. a) *aufgeregt, verwirrt.* — b) *heftig verlangend,* mit Infin. Spr. 2026. — 2) m. Bez. eines der 7 Ullâsa bei den Çâkta.

उन्मनस्क Adj. = उन्मनस् 1) a). Nom. abstr. °ता f.

उन्मनाय्, °यते *in Aufregung gerathen, verwirrt werden.* °यित n. Nom. act. Gal.

उन्मनी Adv. 1) mit *अस् und भू = उन्मनाय्. — 2) mit कर् *in Aufregung versetzen, verwirren.*

उन्मनीभाव m. *Selbstvergessenheit* Brahmabindûp. 4

उन्मन्थ m. 1) * *Tödtung.* — 2) *eine best. Krankheit des äusseren Ohres.*

उन्मन्थक m. = उन्मन्थ 2).

उन्मयूख Adj. *Strahlen aussendend, strahlend, glänzend* Mahâv. III. Ind. St. 14,371. Kâd. 2,5. 125,20.

उन्मर्द m. *das Einreiben.*

उन्मर्दन n. 1) dass. Gaut. — 2) *Wohlriechendes zum Einreiben.*

उन्मा f. *Maass nach oben* Maitr. S. 1,4,11. 2,8,11. 4,9,1.

उन्माथ m. 1) * *Mörder.* — 2) *das Erschüttern.* — 3) * *Tödtung.* — 4) *Falle.* — 5) N. pr. eines Wesens im Gefolge Skanda's.

°उन्माथिन् Adj. 1) *erschütternd* Nâgân. 52. — 2) *zerstörend, zu Grunde richtend* Bâlar. 20,16.

1. उन्माद m. 1) *Geistesverwirrung, Tollheit* 219,28. भूतोन्माद *durch Dämonen bewirkt,* देवोन्माद *durch Götter b.* — 2) *Steifheit* (des Gliedes).

2. उन्माद Adj. *toll, verrückt.*

उन्मादक Adj. *toll machend.*

उन्मादन 1) Adj. dass. — 2) m. Name *eines der fünf Pfeile des Liebesgottes.*

उन्मादयन्ती f. N. pr. eines Mädchens Beitr. z. K. d. ig. Spr. 4,280.

उन्मादवत् Adj. *toll, verrückt.*

उन्मादिता f. *Tollheit* Harshak. 25,2.

उन्मादिन् 1) Adj. *toll, verrückt* Spr. 1791. — 2) m. N. pr. eines Kaufmannes. — 3) f. °नी N. pr. a) einer Königstochter. — b) einer Statue Ind. St. 15,241.

उन्मांदुक Adj. *Trunk liebend* Maitr. S. 1,8,2. 3,1,10.

उन्मान 1) m. *ein best. Hohlmaass,* = द्रोण. — 2) n. a) *Maass.* — b) *Höhenmaass, Länge einer Gestalt.* — c) *Gewicht.* — d) *Werth.*

1. उन्मार्ग m. *Abweg.* °गामिन्, °यात (Spr. 4871, v. l.), °वर्तिन् und °वृत्ति Adj. *auf Abwegen wandelnd.* °गमन n. *das Abseitsgehen* Suçr. 1,353,20.

2. उन्मार्ग Adj. 1) *über die Ufer getreten.* — 2) *auf Abwegen gehend.*

उन्मार्गिन् Adj. *abseits gehend, einen Ausweg nehmend.*

उन्मार्जन Adj. *verwischend.*

उन्मिति f. 1) *Höhenmaass* Comm. zu Âryabh. 2,3. — 2) *Maass.* — 3) *Werth.*

°उन्मिश्र Adj. *vermengt —, vermischt mit.*

*उन्मिष m. *das Aufschlagen der Augen.*

उन्मील m. *das zu Tage Treten.*

उन्मीलन n. 1) *das Aufschlagen* (der Augen). — 2) *das zu Tage Treten.* — 3) *das Sichtbarwerden des Mondes nach einer Eklipse.*

उन्मीलित n. *unverdeckte, offene Beziehung* oder *Anspielung.*

उन्मुख 1) Adj. (f. ई) a) *das Gesicht emporrichtend, hinblickend auf.* — b) *emporgerichtet* Kathâs. 90,44. — c) *verlangend nach, erwartend.* — d) *im Begriff stehend, nahe daran seiend zu.* — 2) °म् Adv. *hinauf* (blicken). — 3) m. N. pr. eines Brahmanen in seiner Verwandlung als Gazelle.

उन्मुखता f. Nom. abstr. zu उन्मुख 1) c) Kathâs. 25,218.

उन्मुखदर्शन n. *das Hinaufblicken* Spr. 4625.

उन्मुखर Adj. *laut tönend.*

उन्मुखीकरण n. (Daçak. 3,6) und °कार m. *das Hinlenken der Aufmerksamkeit Jmds auf Etwas.*

उन्मुच und उन्मुचु m. N. pr. eines Ṛshi.

उन्मुद Adj. 1) * *aufgeblüht.* — 2) *ausgelassen* (vor Freude) Prasannar. 13,16.

*उन्मुच् Adj. (Nom. °ट्).

उन्मूल्, उन्मूलति *entwurzelt werden* Shadv. Br. 6,12. — Caus. उन्मूलयति 1) *entwurzeln, mit der Wurzel ausreissen.* — 2) *ausrotten, zu Grunde richten.* — 3) *entthronen* 132,20. — Caus. mit सम् 1) *entwurzeln, mit der Wurzel ausreissen* Spr. 4782. — *ausrotten, zu Grunde richten.*

उन्मूल Adj. (f. आ) *entwurzelt.*

उन्मूलन 1) Adj. *von Grund aus vernichtend.* — 2) n. a) *das Entwurzeln, Ausziehen* (der Wurzel). — b) *das Ausrotten, Vernichten.*

उन्मूलनीय Adj. *zu entwurzeln, mit der Wurzel auszuziehen.*

*उन्मृज्यावमृज्या f. *wiederholtes Hinauf- und Hinabstreichen.*

उन्मृश्य Adj. in प्रपुन्मृश्य.

*उन्मेद n. *Last.*

उन्मेष m. 1) *das Aufschlagen der Augen.* — 2) *das Zucken* (des Blitzes). — 3) *das Aufblühen.* — 4) *das zu Tage Treten, Erscheinen* Spr. 6887. 7750.

उन्मेषण n. = उन्मेष 4).

उन्मेषम् Absol. *in einem Augenblick.* Nach Nilak. उन्मेष n. = उपबृंहण.

उन्मोचन n. 1) *das Auflösen.* °प्रमोचने Du. AV. 5,30,7. — 2) *das Fahrenlassen, Aufgeben* Kâd. II,3,8.

उन्मोटन n. *das Abknicken, Abbrechen.*

उप 1) Adv. a) in Verbindung mit Verben *herzu, hinzu, herbei.* Bisweilen ist im Veda ein Zeitwort der Bewegung zu उप zu ergänzen. — b) *dazu, ferner.* — 2) Präp. a) mit Acc. α) *zu — her, zu — hin.* — β) *in der Nähe von, bei.* — γ) * *unter* (zur Bezeichnung der Unterordnung). — b) mit Loc. α) *in der Nähe von, an, bei, auf.* — β) *zur Zeit von, um.* — γ) *zu — hin, zu — hinauf.* — δ) *in.* — ε) * *über, mehr als.* — c) mit Instr. α) *mit, in Begleitung von, gleichzeitig mit.* — β) *in Gemässheit von.* — d) in Comp. mit einem Nom. *in der Nähe von* (eig. und übertr.).

*उपक m. Hypokoristikon aller mit उप anlautenden Eigennamen. Auch Pl.

उपकक्ष 1) Adj. bis zur Achsel reichend. — 2) n. die Haare in der Achselgrube Gop. Br. 1,3,7. 9. Könnte auch Adj. in der A. befindlich sein.

उपकण्ठ n. 1) Nähe, Nachbarschaft 112,8. — 2) *Carrière eines Pferdes.

उपकनिष्ठिका f. Ringfinger.

*उपकन्या f. gaṇa गौरादि zu P. 6,2,194.

उपकन्यापुरम् Adv. in der Nähe des Gynaeceums.

उपकरण n. (adj. Comp. f. आ) 1) das Erweisen eines Dienstes, einer Gefälligkeit, das Fördern. — 2) Zuthat, Zubehör, Geräthe, Werkzeug, m. Bhāg. P. — 3) Zugabe, Beitrag, Hülfsmittel. — 4) *Gefolge eines Fürsten.

उपकरणवत् Adj. mit Hülfsmitteln versehen, vermögend Kāraka 3,8.

उपकरणार्थ Adj. dienlich, erforderlich Kāraka 1,15.

उपकरणी Adv. mit कर् zu einem Werkzeug machen, so v. a. ganz von sich abhängig machen Harshaé. 21,13. Kād. 220,18. Mit भू so v. a. ganz abhängig werden 222,21.

उपकरणीय Adj. in अनुप°.

*उपकर्णम् Adv. in der Nähe des Ohres.

उपकर्तर् Nom. ag. (f. °त्री) Jmd einen Dienst oder eine Gefälligkeit erweisend, Förderer.

उपकर्षण n. das Herbeischleppen.

*उपकलापम् Adv. in der Nähe des Gürtels.

उपकल्प m. Zubehör.

उपकल्पन 1) n. das Zurüsten. — 2) f. आ Zubereitung.

उपकल्पनीय Adj. 1) vorzubereiten, zuzurüsten, herbei —, anzuschaffen Kāraka 1,15. — 2) über Verbeischaffung handelnd ebend.

उपकल्पयितवै Dat. Inf. zuzurüsten, herbeizuschaffen.

उपकल्पयितव्य Adj. = उपकल्पनीय 1).

उपकार 1) m. (adj. Comp. f. आ) a) Diensterweisung, Dienst, Gefallen, das Beitragen zu Etwas, von Nutzen Sein Kap. 3,63. 5,9. °रं वर्त् Jmd einen Dienst erweisen können, — erwiesen haben. — b) Zurüstung, Ausschmückung. — 2) *f. ई = उपकार्य 2) a).

उपकारक 1) Adj. (f. °रिका) a) einen Dienst erweisend, zu Etwas beitragend, nützlich, behülflich 107,8. 161,1. 224,3. Nom. abstr. °त्व n. — b) accessorisch. — 2) *f. °रिका a) = उपकार्य 2) a). — b) eine Art Gebäck.

उपकारिन् Adj. der Jmd einen Dienst oder einen Gefallen erweist, Wohlthäter, beitragend zu Etwas, nützlich, förderlich 233,21. Nom. abstr. °रित्व n.

उपकार्य 1) Adj. dem ein Gefallen oder eine Wohlthat erwiesen wird Bhāg. 7,221. dem Hülfe geleistet werden muss, was ohne andere Factoren nicht zu Stande kommen kann, was gefördert wird. — 2) f. आ a) ein königliches Zelt. — b) *Leichenacker Gal.

*उपकाल m. N. pr. eines Schlangendämons.

उपकालिका f. Nigella indica Bhāvapr. 1,150.

उपकिरण n. das Verschütten, Vergraben in.

उपकीचक m. ein Anhänger des Kīkaka.

*उपकुञ्चि f. Nigella indica Roxb.

उपकुञ्चिका f. 1) dass. — 2) *kleine Kardamomen.

*उपकुम्भ 1) °म्, °म्भे, °म्भेन in der oder die Nähe des Topfes. *°म्भात् vom Topfe her. — 2) f. आ Croton polyandrum Nigh. Pr.

उपकुर्वाण (Çaṁk. zu Khând. Up. S. 137) und °क (Kull. zu M. 2,24, wo °दृष्टोप° zu lesen ist) m. ein Schüler, der nur bis zur Beendigung des Veda-Studiums beim Lehrer wohnt und dann Gṛhastha wird.

उपकुल n. Nebengeschlecht, Bez. best. Mondhäuser Ind. St. 10,289. 292.

उपकुल्या f. Piper longum L.

उपकुश m. 1) Abscess am Zahnfleisch Kāraka 1,25. 6,17. — 2) *N. pr. eines Sohnes des Kuça (buddh.).

*उपकूप m. 1) ein kleiner Brunnen. — 2) °पे und उपकूप° in der Nähe eines Brunnens.

उपकूल Adj. am Ufer sich befindend, — wachsend Kâd. II,75,1. Auch in Comp. mit einem Flussnamen.

उपकूलक m. N. pr. eines Mannes.

उपकूलतस् und °कूलम् Adv. am Ufer von.

उपकृति f. Erweisung eines Dienstes oder Gefallens Spr. 7748. 7753.

*उपकृतिन् Adj. der Jmd einen Dienst erwiesen hat.

*उपकृष्ण m. gaṇa गौरादि zu P. 6,2,194.

उपकृष्णक m. N. pr. eines Wesens im Gefolge Skanda's.

उपकेतु m. N. pr. eines Mannes.

उपकोण m. Zwischengegend Bīlan. 273,7.

उपकोशा f. N. pr. der Gattin Vararuki's.

उपकोसल m. N. pr. eines Mannes.

*उपक्रमितर् Nom. ag. Vop. 26,95.

उपक्रम m. (adj. Comp. f. आ) 1) Herannahung, Herbeikunft. — 2) Anwendung (einer Arzenei). — 3) das Thun für Etwas, Befördern. — 4) Behandlung (medic.) — 5) Antritt, Anfang, Beginn Lāṭy. 4,6,1. — 6) Anschlag, überlegter Plan. — 7) der erste Gedanke zu einem Werke. *n. am Ende eines Comp. — 8) Mittel. — 9) Radixrune Hemādri 1,326, 16. — 10) *= विक्रम. — 11) fehlerhaft für अपक्रम.

उपक्रमण 1) Adj. (f. ई) nachkommend, willfahrend. — 2) n. das Behandeln (medic.).

उपक्रमणीय Adj. 1) zu behandeln (eine Krankheit). — b) die Behandlung betreffend. द्विविधोप° die zweifache Art der B. b.

उपक्रमपराक्रम Titel eines Werkes.

उपक्रमितव्य Adj. womit der Anfang zu machen ist.

उपक्रम्य und °क्राम्य Adj. zu behandeln, behandelt werdend (medic.).

उपक्रिया f. 1) Zuführung, Mittheilung. — 2) Diensterweisung. — 3) Heilmittel Kāraka 6,24.

उपक्रीडा f. Spielplatz.

उपक्रुष्ट m. Zimmermann Âçv. Çr. 2,1,13.

उपक्रोश m. Tadel, Vorwurf.

उपक्रोशन n. das Tadeln, Schmähen. कुलोपक्रोशनकरी das Geschlecht beschimpfend.

उपक्रोष्टर् m. Esel.

उपक्लेश m. ein kleinerer Kleça (buddh.).

*उपक्वाण m. Ton einer Laute.

उपक्वस m. ein best. Wurm AV. 6,50,2.

उपक्ष m. = उपक्षत्र VP.[2] 4,96.

उपक्षत्र m. N. pr. eines Fürsten VP. 4,14,2.

उपक्षपयितर् Nom. ag. Zunichtemacher Sây. zu Ṛv. 7,83,1.

उपक्षय m. 1) Abnahme, Verminderung, Schwund. — 2) als Beiw. Çiva's nach Nīlak. ein intermediärer Weltuntergang.

उपक्षित् Adj. anhaftend, anhängend.

उपक्षुद्र Adj. (f. आ) minusculus.

उपक्षेतर् Nom. ag. Anhänger.

उपक्षेप m. 1) Andeutung, Erwähnung Vikram. 5,1. — 2) *poetical or figurative style or composition.

उपक्षेपक Adj. andeutend, in सर्वोपक्षेपक.

उपक्षेपण n. 1) das Andeuten. — 2) das Kochenlassen von Speisen eines Çûdra im Hause eines Brahmanen.

उपखातम् Adv. am Graben.

उपखिल n. ein Supplement zu einem Supplement.

°उपग Adj. (f. आ) 1) sich hinbegebend zu, in; s. सघक्षोपग. — 2) befindlich —, stehend in, auf (Çiç. 16,68). — 3) gehörig zu, sich anschliessend an AK. 3,6,8,42. — 4) geeignet —, dienend zu MBh. 13,14,294. Kāraka 1,4. 6,5. — 5) versehen mit. — 6) f. belegt —, besprungen von H. 1266. — Vgl. उपगा.

उपगण 1) *Adj. keine sehr grosse Zahl bildend. — 2) m. N. pr. eines Mannes (buddh.).

उपगत n. Empfangschein.

उपगति f. Herbeikunft.

उपगन्तवै Dat. Inf. herbeizukommen Ṛv. 10,160,5.

उपगन्तव्य Adj. worein man sich zu fügen hat Kād. II,91,21.

उपगम m. 1) Hinzutritt, Ankunft, das Sichhinbegeben —, Hingelangen zu Bālar. 95,10. मकरोपगमे रवेः wenn die Sonne in den Steinbock tritt Hemādri 1,538,7. — 2) das Eintreten, Hinzutreten (eines Verhältnisses) Çiç. 14. — 3) ehrfurchtsvolles Herantreten, so v. a. Verehrung. — 4) *Einwilligung. — 5) das Gewahr—, Innewerden. — 6) *eine best. hohe Zahl (buddh.).

उपगमन n. 1) das Gelangen in, zu. — 2) das Sichhingeben. — 3) das Gewahr—, Innewerden.

उपगम्य Adj. zugänglich.

उपगहन m. N. pr. eines Ṛshi.

उपगा f. Begleitung eines Gesanges Līṭy. 1,11, 24. Gaut. 3,7,30.

उपगातर् Nom.ag. der den Gesang (des Udgātar) begleitet, Chorsänger.

उपगान n. begleitender Gesang.

उपगामिन् Adj. herbeikommend, sich einstellend.

उपगायन n. das Singen.

*उपगिरम् Adv. am Berge.

उपगिरि 1) m. an ein Gebirge angrenzendes Land. — 2) *Adv. am Berge.

उपगीति f. ein best. Metrum.

उपगीथ dass. Maitr. S. 2,13,1.

उपगु 1) m. N. pr. eines Fürsten. — 2) *Adv. bei der Kuh.

*उपगुड (Kāç.) und *उपगुध m. gaṇa गौरादि zu P. 4,2,194.

उपगुप्त m. N. pr. eines Fürsten.

1. उपगुरु m. desgl. VP.² 3,334.

2. उपगुरु Adv. beim Lehrer Ind. St. 15,291.

उपगूढ n. das an die Brust Drücken Jmds, Umarmen Vaiś. 113.

*उपगूढक Adj. von उपगूढ.

उपगूहन n. 1) das Verstecken. — 2) = उपगूढ. — 3) in der Dramatik das Eintreten eines wunderbaren Ereignisses.

उपगेय n. Gesang.

उपगोल्य m. ein best. als unrein geltendes Feuer Mantrabr. 1,7,1.

*उपगोर m. P. 6,2,194.

उपग्रन्थ m. eine best. Gattung von Werken.

1. उपग्रह m. 1) *Ergreifung, Gefangennehmung. — 2) Handvoll (insbes. Kuça-Gras) Kātj. Çr. 3. 1. — 3) *ein Gefangener. — 4) Anfügung (eines Bindevocals). — 5) ein als Nidhana bei einem Sāman angefügtes ए. — 6) Veränderung, Modification Sāmav. 17,4 (vgl. 21,6). — 7) Geneigtmachung, Zufriedenstellung, das Schmeicheln. — 8) ein Bündniss oder Friede, die man, um das Leben zu retten, durch Hingabe von Allem erkauft, Spr. 7329. — 9) genus verbi (Act. Med.).

2. उपग्रह m. 1) Nebenplanet, Meteor, Sternschnuppe. — 2) ein best. Krankheitsdämon Hariv. 9562.

उपग्रहण n. 1) das Unterfangen, Unterstützen. — 2) das Fördern, Befestigen. — 3) *das Gefangennehmen.

उपग्राह m. Geschenk, Gabe MBh. 2,32,10.

*उपग्राह्य n. dass.

उपघात m. 1) Schlag, Verletzung, Beschädigung. — 2) Verkümmerung, Beeinträchtigung, Erleidung eines Schadens. — 3) das Nehmen, Fassen.

उपघातक 1) Adj. verkümmernd, beeinträchtigend, schädigend, schädlich Karaka 3,12. — 2) m. = उपघात 2).

उपघातम् Absol. nehmend, fassend Pār. Gṛhy. 2,14,13.

उपघातिन् Adj. 1) verletzend, beschädigend. — 2) verkümmernd, beeinträchtigend, schädigend.

उपघोषण n. das Verkünden, Bekanntmachen.

उपघ्न m. 1) Stütze. — 2) *Zufluchtsstätte.

उपच Adj. in श्राचोपच.

उपचक्र m. ein zu den Vishkira gezählter Vogel.

*उपचक्षुस् n. ein über Raum und Zeit hinwegsehendes Auge.

*उपचतुर Adj. Pl. beinahe vier.

उपचय m. 1) Ansammlung, Zunahme, Vermehrung, Wachsthum, das Gedeihen, Wohlergehen. ॰यं कर् Jmds (Gen.) Wohlergehen fördern, Jmd Hülfe gewähren. उपचयावह Adj. Vortheil bringend 164, 29. — 2) Zusatz. — 3) das 3te, 6te, 10te und 11te Haus vom Lagna.

उपचर 1) Adj. hinzutretend. — 2) m. in सूपचर a) Zugang. — b) Behandlung (medic.)

उपचरण n. das Hinzutreten, in सूपचरण.

उपचरणीय Adj. zuzuschreiben Comm. zu TBr. 1,126,5 v. u.

*उपचरध्यै Dat. Inf. P. 3,4,9, Sch.

उपचरित n. = उपाचरित.

उपचरितव्य Adj. 1) zu behandeln (Person) 175, 12. — 2) dem man höflich begegnen muss, — Verehrung zu bezeigen hat Spr. 3938, v. l.

*उपचर्म Adv. an der Haut, am Fell oder am Schilde.

उपचर्य 1) Adj. = उपचरितव्य 1) (Karaka 4,8) und 2). — 2) f. श्रा a) Bedienung, Aufwartung Spr. 7665. — b) *Behandlung (medic.).

*उपचाकु m. N. pr. eines Mannes.

उपचापमृट Adj. zu हिरण्य Kāṭh. 11,1. Vgl. उपचाय्यपृड.

॰उपचायित MBh. 14,2155 fehlerhaft für ॰श्रपचायित.

॰उपचायिन् Adj. 1) gedeihen machend, fördernd. — 2) ehrend.

*उपचाय्य und *॰क (Gal.) m. ein best. Opferfeuer.

*उपचाय्यपृड Adj. v. l. für उपचापमृड Mahīdh. 3,60,11.

उपचार m. (adj. Comp. f. श्रा) 1) das Betragen, Benehmen, Verhalten Jmds (Gen.); das Verfahren mit Jmd oder Etwas (Gen.) 28,23. 33,32. Āpast. — 2) zuvorkommendes Betragen, Aufwartung, Bedienung, Höflichkeitsbezeigung. Bei der Verehrung eines Götterbildes 16 derselben aufgezählt Hemādri 1,111,2. fgg. Weber, Kṛshṇaǵ. 253. — 3) Behandlung (medic.). — 4) Ceremonie. — 5) *Darbringung, Geschenk. — 6) Schmuck, Verzierung Ragh. 7,1. Kumāras. 7,88. — 7) ein glücklicher Umstand. — 8) Sprachgebrauch, Redeweise Nalod. 1,2,14. 15. 31. 34. — 9) uneigentliche, conventionelle Benennung eines Gegenstandes. — 10) das Erscheinen von स und प an Stelle des Visarga. Vgl. उपाचार. — 11) Titel eines Pariçishṭa des SV.

उपचारक 1) am Ende eines adj. Comp. (f. ॰रिका) = उपचार 2) 117,13. — 2) m. = उपचार 2) Hemādri 1,736,8.

उपचारक्रिया f. Höflichkeitsbezeigung M. 8,357.

उपचारच्छल n. das Verdrehen der Meinung eines Andern, indem man ein Wort nach dem Sprachgebrauch in einem andern Sinne auffasst, Nyāyas. 1,1,54. 55.

उपचारपद n. ein höfliches Wort, blosse Schmeichelei Kumāras. 4,9.

उपचारपरीत Adj. überaus höflich. Nom. abstr. ॰ता 11. 63.

उपचारवत् Adj. verziert, geschmückt Ragh. 6,1.

॰उपचारिक Adj. zu Etwas dienend, — gehörig.

उपचारिन् Adj. 1) Jmd (Acc.) dienend, aufwartend, Ehre erweisend Maitrjup. 6,30. — 2) am Ende eines Comp. gebrauchend (medic.) Karaka 1,12.

*उपचारु und ॰मत् m. N. pr. zweier Kakravartin (buddh.).

उपचार्य 1) Adj. dem man den Hof machen muss Spr. 7313, v. l. — 2) *m. Behandlung (medic.).

उपचिकीर्षु Adj. Jmd einen Dienst zu leisten beabsichtigend Bālar. 243,16.

उपचित्र f. eine best. Krankheit, etwa Anschwellung.

उपचिति f. 1) Zunahme, Vermehrung Spr. 2810. 3474 (Conj.). — 2) Gewinn Spr. 914. — 3) Schichtenhaufen MBh. 3,251,21. — 4) arithmetische Pro-

greifen Âpast. 2,21.

उपचित्ती Adv. mit भू *zunehmen, wachsen.*

उपचित्र 1) Adj. *buntfarbig* Ind. St. 8,358. — 2) m. N. pr. eines Mannes. — 3) f. श्रा a) *Salvinia cucullata Roxb.* — b) *Croton polyandrum Spr.* — c) Name *verschiedener Metra.*

उपचित्रक n. *ein best. Metrum.*

उपचीका f. so v. a. उपजीक AV. Paipp. 9,2,5. *schädliche Wesen* 19,8,4.

उपचूडन und °चूलन n. *das Abflammen, Sengen* Pańć. 5,6. Âçvalâyana und Mit. 3,83,a,2 v. u.

*उपचेय Partic. fut. pass. von चि mit उप. °पटु Mahâbh. 3,40,a. Vgl. उपचाय्य°.

उपच्छन्द m. *Bedarf* MBh. 13,63,12.

उपच्छन्दन n. *das Bereden, Ueberreden* Bâlar. 118,2.

उपच्छन्दोमपीठ N. pr. einer Oertlichkeit.

उपज 1) Adj. a) *hinzukommend, hinzuzurechnen zu* (Gen.). — b) *entstanden —, hervorgegangen aus, herkommend von* (im Comp. vorangehend) Gaut. — 2) m. *eine best. Gottheit.*

उपजगती f. *ein best. Metrum.*

उपजन m. 1) *Hinzutritt* Comm. zu Njâjas. 2,2,83. — 2) *Zusatz, Zuwachs, Anhängsel.* — 3) *hinzutretender Laut, — Silbe, Suffix.*

उपजनन n. *Zeugung* Mân. Gṛhj. 1,14.

उपजन्यपि m. N. pr. eines Mannes. Vgl. त्रैप°.

उपजप्य Adj. *aufzuwiegeln, zu seiner Partei herüberzuziehen.*

उपज्ञला f. N. pr. eines Flusses.

उपजल्पिन् Adj. *zu Jmd redend, Rath ertheilend.*

उपजा f. *entferntere Nachkommenschaft.*

उपज्ञाति f. *ein gemischtes Metrum.*

उपज्ञातिका f. dass. Utpala zu Varâh. Bṛh. 26 (24),3. 27 (23),5.

*उपजानु Adv. *am Knie.*

उपजाप m. *das Zuraunen, Aufwiegeln, Herüberziehen zu seiner Partei* MBh. 12,140,61.

उपजापक Adj. *aufwiegelnd.*

उपजिगमिषु Adj. *zu gehen beabsichtigend nach* (Acc.).

उपजिघ्रण n. oder °णा f. *das Beriechen* Karaka 7,7.

उपजिज्ञासु Adj. *kennen zu lernen wünschend.*

उपजिज्ञास्य Adj. *räthselhaft.*

उपजिहीर्षा f. *die Absicht zu rauben* MBh. 3,300,11.

उपजिह्वा f. 1) *Zäpfchen im Halse.* — 2) *Abscess auf der unteren Seite der Zunge.* — 3) **eine Ameisenart.*

उपजिह्विका f. = उपजिह्वा 1)*, 2) und 3).

उपजीक m. *Bez. von Nixen.* Vgl. Ind. St. 13,139.

उपजीव 1) Adj. Nebenbegriff zu जीव in einer Formel. — 2) f. श्री *Lebensmittel.*

उपजीवक Adj. 1) *lebend von, seinen Lebensunterhalt habend von* (Instr. oder im Comp. vorangehend). — 2) *von einem Andern seinen Lebensunterhalt beziehend, auf Kosten Anderer lebend, ein Untergebener.*

उपजीवन n. 1) *Lebensunterhalt.* — 2) *vollkommene Abhängigkeit von, demüthige Verehrung* Prab. 30,4.

उपजीवनीय Adj. *Lebensunterhalt gewährend, dazu dienend.*

उपजीविन् Adj. 1) *lebend —, seinen Lebensunterhalt habend von* (Acc., Gen. oder im Comp. vorangehend). — 2) *vollkommen abhängig von, demüthig verehrend* 290,16. — 3) = उपजीवक 2).

उपजीव्य 1) Adj. a) = उपजीवनीय. — b) *das wovon etwas Anderes abhängt, worauf Etwas beruht.* Nom. abstr. °त्व n. — 2) n. *Lebensunterhalt.*

उपजोष 1) m. *Gefallen, arbitrium,* in यथोपजोषम्. — 2) Adv. a) **nach Belieben.* — b) *still, ruhig.*

उपजोषण n. *das Gebrauchen, Geniessen* (einer Speise).

उपज्ञा f. *eine Kenntniss, auf die man selbst gelangt ist, eigene Erfindung.* Am Ende eines adj. Comp. *erfunden —, erdacht vor —, vor — nicht gekonnt.*

उपज्मन् m. *etwa Bahn.*

उपज्योतिष N. pr. eines Landes Varâh. Bṛh. S. 14,5.

*उपड m. Hypokoristikon, = उपक.

*उपढौकन n. *Darbringung, Geschenk.*

उपतक्ष und °क m. N. pr. eines Schlangendämons.

उपतटम् und उपतट° Adv. *am Abhange, — Ufer* Kâd. 24,24.

उपतपस् und *°तापक m. *innere Hitze, Krankheit.*

उपतल्पम् Adv. *an den Thürmen, an die Thürme* Çiç. 3,39.

उपतल्प्य m. *Auftritt, Bank.*

*उपतस्वियम् m. N. pr. eines Mannes.

उपताप m. 1) *Hitze, Wärme, Erwärmung.* — 2) *Schmerz, Leid.* — 3) *Erkrankung, Krankheit, Beschädigung.*

उपतापक Adj. *Schmerz bereitend* Hem. Jog. 4,9 (nach der richtigen Lesart).

उपतापिन् Adj. 1) *krank.* — 2) am Ende eines Comp. *Schmerz bereitend* 232,29. Nom. abstr. °पित्व n.

उपतारक Adj. (f. श्रा) *überschwemmend.*

उपतिष्ठासु Adj. *sich hinbegeben wollend.* °सुनिकम् Daçak. 8,18.

उपतिष्य m. N. pr. *eines Sohnes des* Tishja.

*उपतीरम् Adv. *am Ufer.*

उपतीर्थ *Steg zum Wasser,* in सूपतीर्थ.

*उपतूलम् Adv. *an der Rispe* u. s. w.

उपतृण्य m. *eine best. Schlange* AV. 5,13,5.

*उपतैल und *उपतैष gaṇa गौरादि.

उपत्यका f. *am Fusse eines Berges gelegenes Land.*

उपदंश m. 1) *Gewürz, Zukost.* — 2) *eine best. Krankheit der Geschlechtstheile.* — 3) **Moringa pterygosperma Willd.* — 4) **ein best. Strauch.*

*उपदंशक m. *eine best. Pflanze* Gal.

*उपदंशम् Absol. mit einem Instr. oder am Ende eines Comp. *mit einem Zubiss von.*

उपदाधि Adj. *darauf legend.*

*उपदर्शक m. *Thürsteher.*

उपदर्शन n. *das vor Augen Führen, Vergegenwärtigen.*

*उपदश Adj. *gegen —, beinahe zehn.*

उपदा 1) Adj. *nur Kost* (nicht Lohn) *empfangend.* — 2) f. *Darbringung, Geschenk.*

1. उपदातर् Nom. ag. *Gewährer, Ertheiler, Verleiher.*

2. *उपदातर् Nom. ag. von दा mit उप Kâç. zu P. 8,1,30.

*उपदातव्य Partic. fut. pass. von दा mit उप Kâç. zu P. 8,1,30.

*1. उपदान n. *Darbringung, Geschenk.*

*2. उपदान n. Nom. act. von दा mit उप.

*उपदानक n. *Darbringung, Geschenk.*

उपदानवी f. N. pr. einer Tochter Vṛshaparvan's und Vaiçvânara's.

उपदामुक Adj. (f. श्रा) *ausgehend, versiegend.*

°उपदिग्धता f. *das Beschmiertsein, Belegtsein mit.*

उपदिदिक्षा f. *die Absicht anzuweisen, — zu belehren* Çañk. zu Bâdar. 3,4,8.

1. उपदिश् Adj. *anzeigend, anweisend,* in मार्गोपदिश्.

2. उपदिश् f. *Zwischengegend.*

उपदिश m. N. pr. eines Sohnes des Vasudeva.

*उपदिशम् Adv. *in einer Zwischengegend.*

उपदिशा f. *Zwischengegend.*

उपदिष्ट n. in der Dramatik *Worte der Ermahnung der Vorschrift gemäss.*

1. *उपदी f. *Schmarotzerpflanze.*

2. उपदी Adv. mit कर् *Jmd* (Dat.) *Etwas* (Acc.) *darbringen, schenken.*

उपदीक m. (Taitt. Âr. 5,10,6) und °का f. *eine Ameisenart.*

उपदीक्षिन् Adj. *an der Weihe Theil nehmend, nahe verwandt.*

उपदुह् m. *Melkeimer.*

उपदृश् f. *Anblick, Aussehen.*

उपदेव 1) m. a) *eine untergeordnete Gottheit.* — b) N. pr. verschiedener Männer VP. — 2) f. श्रा und

ई N. pr. einer Gemahlin Vasudeva's.

*उपदेवता f. = उपदेव 1) a).

उपदेश m. (adj. Comp. f. आ) 1) *Hinweisung, Verweisung auf.* — 2) *Anweisung, Unterweisung, Belehrung, Rathertheilung, Vorschrift.* — 3) *die in grammatischen Lehrbüchern angenommene Bezeichnungsweise einer Wurzel, eines Themas, Suffixes u. s. w.* — 4) *eine best. Klasse von Schriften bei den Buddhisten.* — 5) fehlerhaft für व्यपदेश *Vorwand.*

उपदेशक 1) Adj. *Etwas lehrend.* — 2) *m. *Handwerker* Gal.

उपदेशकर्णिका f. Titel eines Werkes.

उपदेशता f. Nom. abstr. zu उपदेश 2).

उपदेशन n. und उपदेशना f. *Anweisung, Unterweisung, Lehre.*

उपदेशनवत् Adj. *mit einer Anweisung versehen* Tâṇḍja-Br. 8,2,1. 2.

उपदेशपञ्चक n., उपदेशमाला f., उपदेशमालिका f. und उपदेशामृत n. Titel von Werken.

1. उपदेशिन् Adj. *unterweisend, lehrend, Lehrer.*

2. उपदेशिन् m. *ein Wort, Thema, Suffix u. s. w. in der in grammatischen Lehrbüchern angenommenen Form.*

(उपदेश्य) उपदेशीय, उपदेश्य Adj. *was gelehrt wird.*

उपदेष्टृ Nom. ag. *Anweiser, Unterweiser, Lehrer.* Nom. abstr. °ष्टृत्व n.

उपदेष्टव्य Adj. *anzuweisen, zu unterweisen, — lehren (Etwas).*

उपदेह m. 1) *Ueberzug, eine sich ansetzende Aussonderung* (an kranken Körpertheilen). — 2) *Umschlag, Pflaster* Comm. zu Karaka 1,1 (S. 357).

°उपदेहवत् Adj. *mit einem Ueberzug von — versehen* Suçr. 2,304,6.

*उपदेहिका f. *eine Ameisenart.*

उपदोह m. (adj. Comp. f. आ) und °न n. (adj. Comp. f. आ) *Melkeimer.*

उपद्रव m. (adj. Comp. f. आ) 1) *widerwärtiger Zufall, Unfall, Widerwärtigkeit, Calamität, Uebel, Gebrechen.* — 2) **Sonnen- oder Mondfinsterniss* Gal. — 3) *eine hinzukommende Krankheitserscheinung, Krankheitszufall.* — 4) *Scheusal* (?) MBh. 12, 60,44. — 5) *der vierte Satz in einer Sâman-Strophe* Comm. zu Ârsh. Br. 227,3 v. u.

उपद्रष्टृ Nom. ag. *Zuschauer, Zeuge.*

उपद्रष्टृमत् Adj. *mit Zeugen versehen.* Loc. so v. a. *vor Zeugen.*

उपद्रुत n. *ein best. Saṁdhi.*

उपद्वार n. *Nebenthor, — thür* Âpast.-P. 29,27. 17.

उपद्वीप m. *ein kleineres Dvîpa.*

उपध्मन n. *das Anblasen* Gal.

उपधर्म m. 1) *eine untergeordnete Verpflichtung.* — 2) *Aftergesetz, falscher Glaube.*

उपधा f. 1) *Betrug, Schelmerei, Ränke.* — 2) *das auf die Probe Stellen.* — 3) *der vorletzte oder vorangehende Laut.*

उपधातु m. 1) *Halbmetall.* — 2) *ein untergeordneter Bestandtheil des Körpers.*

उपधान 1) Adj. *aufsetzend, beim Aufsetzen angewendet.* — 2) n. (adj. Comp. f. आ) a) *das Aufsetzen* Çulbas. 3,46. — b) *das Hinzufügen* Comm. zu Lâṭy. 7,9,8. — c) *Kissen, Polster.* — d) *Einschlagtuch* (für Stoffe, die unter die Presse kommen) Karaka 1,15. — e) *Deckel* Hemâdri 1,416,13. — f) *etwa Zapfen an der Vîṇâ.* — g) *Ausserordentlichkeit, Ungewöhnlichkeit.* प्रेमोप° *eine ungewöhnliche Liebe* Bâlar. 92,19. फलोपधान Simon. K. — h) **Zuneigung.* — i) **Gelübde.* — k) **Gift.* — 3) f. उपधानी *Kissen.*

उपधानक n. *Kissen, Polster* Hemâdri 1,637,20.

उपधानविधि m. Titel eines Werkes.

उपधानीय n. *Kissen.*

°उपधायिन् Adj. *Etwas (als Kissen) unterlegend.*

उपधारण n. *das in Betracht Ziehen, Erwägung.*

उपधार्य Adj. *zu begreifen* Karaka 1,13.

उपधालोपिन् Adj. *einen Ausfall des vorletzten Lautes erleidend* P. 4,1,28.

उपधि m. 1) *Hinzufügung* Lâṭy. 7,9,8. — 2) *Betrug, Schelmerei.* — 3) *der Theil des Rades zwischen Nabe und Radkranz.* — 4) = उपाधि *Bedingung, Attribut* (buddh.).

उपधिक M. 9,258 fehlerhaft für औपधिक.

°उपधृति f. *Lichtstrahl.*

उपधेय Adj. *aufzusetzen, aufgesetzt werdend.*

उपध्मा f. *Anhauch, die Thätigkeit, durch welche der* Upadhmânîja *hervorgebracht wird.*

उपध्मानिन् Adj. *anhauchend.*

उपध्मानीय m. *der* Visarga *vor* प *und* फ.

उपध्वस्त MBh. 13,2617. fgg. fehlerhaft für अप°.

उपनक्षत्र n. *Nebenstern.*

उपनख n. *eine best. Krankheit der Nägel.*

उपनगर *n. *Vorstadt.* Adv. in °भव Adj. *in der Nähe der Stadt befindlich* Daçak. 60,17.

उपनति f. 1) *Zuneigung.* — 2) *das Zutheilwerden.*

*उपनदम् Adv. *am Flusse.*

उपनह्य Adj. *mit einem Umschlag zu versehen.*

उपनन्द m. N. pr. eines Schlangenfürsten und verschiedener Männer.

उपनन्दक m. N. pr. 1) eines Sohnes des Dhṛtarâshṭra. — 2) eines Wesens im Gefolge Skanda's. — 3) einer Trommel Judhishṭhira's.

उपनन्दन m. *eine Form* Çiva's VP.[2] 1,79.

उपनन्दसंज्ञा f. N. pr. einer der Kumârî an Indra's Banner.

उपनम Adj. *sich einstellend* Naish. 2,12. 3,131.

उपनय m. 1) *Zuführung, Verschaffung.* — 2) *Erlangung.* — 3) *Anwendung.* — 4) *Einführung* (in eine Wissenschaft). — 5) *das vierte Glied in einem Syllogismus* Karaka 3,8. — 6) = *उपनयन 4).

उपनयन n. 1) *das Zuführen, Bringen.* — 2) *das Anwenden.* स्नेहस्य Karaka 1,25. — 3) *das Einführen* (in eine Wissenschaft), *das Vertrautmachen mit.* — 4) *Aufnahme eines Schülers in die Lehre, wodurch dieser in die Stellung eines vollberechtigten Mitglieds der religiösen Gemeinde einzutreten beginnt.* — 5) *Einleitung, introductio.*

उपनयग्रन्थचिन्तामणि m. und उपनयलक्षण n. Titel zweier Werke.

*उपनर m. N. pr. eines Schlangendämons (buddh.).

उपनहन n. *Tuch zum Einbinden.*

उपनागर Adj. Bez. eines best. Apabhraṁça-Dialects.

उपनामुक Adj. *sich zuneigend.*

उपनाय m. 1) *Führer, Anführer.* — 2) *= उपनयन 4).

उपनायक m. *Nebenheld* (im Drama).

उपनायन n. = उपनयन 4).

उपनासिक Hariv. 4417 fehlerhaft für औप°.

उपनासिक n. *Umgebung der Nase.*

उपनाह m. 1) *Bündel.* — 2) *Pflaster, Umschlag.* °स्वेद m. *Schweiss durch heisse Umschläge* Mat. med. 10. — 3) *Augenwinkelgeschwulst.* — 4) **das obere Ende des Halses der* Vîṇâ. — 5) **anhaltende Feindschaft* Gal.

उपनिक्षेप m. *Depositum, anvertrautes Gut.*

उपनिधातृ Nom. ag. *niedersetzend.*

उपनिधान 1) *das Danebensetzen* Comm. zu Lâṭy. 3,7,16. — 2) *= उपनिधि 1).

उपनिधि m. 1) *anvertrautes Gut,* insbes. *ein mit einem Siegel versehenes.* — 2) **Lichtstrahl* Gal. Vgl. उपधृति. — 3) N. pr. eines Sohnes des Vasudeva.

उपनिपात m. (adj. Comp. f. आ) 1) *Hinzutritt.* — 2) *Eintritt, das Eintreffen* Çaṁk. zu Bâdar. 3,4,31. *plötzliches Eintreffen, das Hervorbrechen* Muṇḍ. 132,3 (197,3). Kâd. 132,14. 171,3. — 3) *Ueberfall.*

उपनिपातन n. *das Hereinbrechen, plötzliches Erscheinen* Comm. zu Nidâna. 2,1,24.

°उपनिपातिन् Adj. *hereinbrechend —, sich stürzend in.*

उपनिबन्धृ Nom. ag. *Abfasser, Redacteur.* Nom. abstr. °न्धृत्व n.

उपनिबन्धन 1) Adj. *offenbarend, an den Tag le-*

gend. — 2) n. *das Schildern, Beschreiben.*

°उपनिभ Adj. *gleich, ähnlich.*

उपनिमन्त्रण n. *das Einladen* Vaṃça. 23.

*उपनिर्गम m. *Hauptstrasse.*

उपनिवपन n. *das Hinwerfen auf Etwas.*

उपनिवेश m. (adj. Comp. f. आ) *Vorstadt.*

°उपनिवेशिन् Adj. *zukommend* (ein Name einem Dinge).

उपनिषद् f. 1) **das sich in die Nähe Setzen.* — 2) *esoterische Lehre, Geheimlehre, Geheimniss.* *उपनिषत्कर् wohl *mit Etwas geheim halten.* — 3) *eine Klasse von Schriften, welche die Auffindung des geheimen Sinnes des* Veda *zur Aufgabe haben.*

उपनिषद n. = उपनिषद् 3).

उपनिषद्ब्राह्मण n., °षद्रत्न n. und °षद्विवरण n. Titel von Werken.

उपनिषादिन् Adj. *zu Jmds Füssen sitzend, unterthänig.*

*उपनिष्कर m. *Hauptstrasse.*

उपनिष्क्रमण n. 1) *das Hinaustreten zu Etwas.* — 2) *das erste Hinauskommen eines Kindes in die freie Luft* Hemâdri 1,231,8. — 3) *freier Platz* Gaut. — 4) **Hauptstrasse.*

उपनीति f. = उपनयन 4) Nîlak. 2,3,8.

*उपनीवि Adv. *am Schurz* Comm. zu Çiç. 10,60.

उपनृत्य n. *Tanzplatz.*

उपनेतर् Nom. ag. (f. °त्री) 1) *Zuführer, Herbeibringer.* — 2) *der einen Schüler bei sich aufnimmt, Erzieher* Spr. 2328.

उपनेतव्य Adj. *zu bringen.*

उपनेय Adj. Nîl. 4,81 fehlerhaft für अपनेय.

उपन्यसन n. *das zur Sprache Bringen, Etwas Predigen* Çiç. 16,81.

उपन्यास 1) Adj. *das Nöthige herbeischaffend* MBh. 12,100,29,b. — 2) m. a) *Beisetzung, Beifügung.* — b) *das Herbeischaffen des Nöthigen* MBh. 12,100, 29,a. — c) *eine hingeworfene Aeusserung, gelegentliche Erwähnung, — Ausspruch, Andeutung, Angabe* Bâdar. 1,3,33. 4,8. *Anführung, Citat* Utpala zu Varâh. Bṛh. 7,3. — d) *Begründung.* — e) *eine best. Art von Bündniss oder Frieden* Spr. 4560. — f) in der Dramatik *Beschwichtigung, Besänftigung.* — g) **Pfand.*

°उपन्यासम् Absol. *unter Aeusserung von* Spr. 2665.

उपपक्ष m. 1) *Achselgrube.* उपपक्षदघ्न Adj. *bis dahin reichend.* — 2) Du. *die Haare in der Achselgrube.*

उपपक्ष्म Adv. *an den Augenwimpern* Suçr. 2,338,3.

(उपपक्ष्य) उपपक्षिय Adj. *an der Achsel befindlich.*

उपपतनीय n. = उपपातक.

उपपति m. *Nebenmann, Buhle.*

उपपत्ति f. 1) *das Eintreffen, Sichereignen, zu Stande —, zum Vorschein Kommen.* — 2) *das Zutreffen, Sichergeben, Begründetsein, Bewiesensein, Begründung, Beweis.* °युक्त *begründet, bewiesen.* °परित्यक्त *unbegründet, unbewiesen.* — 3) *Angemessenheit.* Instr. Sg. und Pl. (MBh. 13,22,3) *auf angemessene Weise.*

उपपत्तिमन्त् Adj. *mit Beweisen versehen, bewiesen.* Nom. abstr. °मत्त्व n. *Beweisbarkeit* Çaṃk. zu Bâdar. 2,2,37.

उपपत्तिसम m. im Njâja *das Sophisma: einem Dinge kann die eine von zwei grundverschiedenen Eigenschaften zukommen, wenn die Verschiedenheit in der Ursache des Dinges begründet ist.* Njâjas. 5,1,1. 25.

उपपथ 1) m. *etwa Anhang, Ergänzung.* — 2) *°म् Adv. *am Wege.*

उपपद् f. *das Eintreffen, Eintreten.*

उपपद n. 1) *ein Wort in untergeordneter Stellung, das als Begleiter eines andern Wortes auftritt.* — 2) **ein Bischen.*

*उपपरीक्षण n. und उपपरीक्षा f. *genaue Betrachtung, Untersuchung, Erforschung.*

उपपर्चन 1) *Adj. *dicht berührend.* — 2) n. *Begattung.*

उपपर्वन् n. *der Tag vor oder nach einem* Parvan Çâṅkh. Gṛhy. 6,1.

उपपल्वलम् Adv. *am Teiche* Naish. 1,124.

उपपात m. 1) *das Hinzukommen, von Neuem Entstehen* Ind. St. 15,311. — 2) *Zufall, Unfall.*

उपपातक n. *eine kleinere Sünde* Gaut.

°उपपातिन् Adj. *sich stürzend auf.*

उपपाद in दुरुपपाद und यथोपपादम्.

उपपादक Adj. *bewirkend, dass Etwas sich ereignet, — zu Stande kommt, bedingend, ermöglichend.*

उपपादन 1) Adj. *vorbringend, zur Sprache bringend* H. 255. — 2) n. a) *das Herbeischaffen.* — b) *das Erscheinen.* — c) *das Beweisen.*

उपपादनीय Adj. *zu behandeln* (medic.) Karaka 3,7.

उपपादुक Adj. *von selbst entstehend.*

उपपाद्य Adj. *was zur Erscheinung gebracht wird.*

उपपाप n. = उपपातक.

उपपार्श्व m. *wohl Schulterblatt* MBh. 3,71,12.

उपपीडन n. *das Quälen, Martern.*

उपपीडम् Absol. *unter Drücken, an sich drückend* Naish. 6,76. उरसि Çiç. 10,47. *पार्श्वोप°, *पार्श्वाभ्यामुप° oder *पार्श्वयोरुप° P. 3,4,49, Sch.

*उपपुर n. und °पुरी f. *Vorstadt.*

उपपुराण n. *Neben-*Purâṇa, *eine best. Klasse von Schriften, die den 18* Purâṇa *zur Seite gestellt werden.*

*उपपुष्पिका f. *das Gähnen.*

*उपपूर्वरात्रम् Adv. *gegen Anfang der Nacht* P. 6, 2,33, Sch.

उपपृच् Adj. *fest angeschmiegt an* (Gen.).

उपपौरिक Adj. *in der Nähe der Stadt gelegen.*

*उपपौर्णमासम् und *°मासि Adv. *um die Zeit des Vollmondes.*

उपप्रक्षे Inf. *um sich zu begatten.*

उपप्रदर्शन n. *das Hinweisen auf.*

उपप्रदान n. *das Beschenken, Geschenk* VP. 5,23,17.

उपप्रलोभन n. *das Verführen, Verlockung.*

उपप्रुत् Adj. *heranwallend.*

उपप्रेक्षण n. *ruhiges Zusehen, das Nichtbeachten.*

उपप्रैष m. *Aufforderung.*

उपप्लव m. 1) *Heimsuchung, widerwärtiger Zufall, Unfall, Unglück, Störung;* insbes. *von widerwärtigen Naturereignissen* und *Finsternissen.* — 2) *Kampfplatz* MBh. 3,23,25. — 3) *Rand* Çulbas. 2,37.

उपप्लविन् Adj. *von einem Unfall betroffen.* Zugleich *verfinstert* Kir. 334,6.

उपप्लव्य n. N. pr. der Hauptstadt der Matsja.

उपबन्ध m. 1) *Verbindung.* — 2) *Band, Strick.* — 3) *Anführung, Citat* Taitt. Prât. 1,59. — 4) *Anwendung, Gebrauch* (eines Wortes u. s. w.) Bâdar. 3,4,24. — 5) *eine best. Art zu sitzen.* — 6) *Suffix.*

उपबन्धन n. = उपबन्ध 4) Çaṃk. zu Bâdar. 3,4,24.

*उपबर्ह m. *Kissen.*

उपबर्हण 1) Adj. (f. आ) *mit einem Polster versehen* Vaitân. 36,7. — 2) m. a) Bein. des Gandharva Nârada VP.[2] 2,20. — b) N. pr. eines Gebirges. — 3) f. ई *Kissen, Polster.* — 4) n. dass.

उपबार्हण m. v. l. für उपबर्हण 2) b).

*उपबहु Adj. *ziemlich viel.*

उपबाहु m. 1) *Unterarm.* — 2) *N. pr. eines Mannes.

उपबालकमृत्यपी und उपबाल्का f. N. pr. einer Göttin des Bhagâmâna Harîv. 1,37,8. 4.

*उपबिन्दु m. N. pr. eines Mannes gaṇa बाह्वादि in der Kâç.

उपबिल Adj. *neben der Oeffnung befindlich* Mâdhava im Comm. zu Kâtj. Çr. 8,9,25.

उपबृंहण n. *das Befestigen, Kräftigen, Fördern* R. ed. Bomb. 1,4,6.

उपबृंहिन् Adj. *kräftigend, fördernd.*

उपब्द 1) m. *Geräusch, Geklapper, Gerassel u. s. w.* — 2) f. उपब्दा oder m. उपब्दि *ein best. giftiges Thier* AV. 3,24,6.

उपब्दि m. = उपब्द 1).

उपब्दिमन्त् Adj. *geräuschvoll, laut*

उपभङ्ग m. *Glied einer Strophe.*

उपभाषा f. *ein untergeordneter Provincialdialect.*

उपभुक्तधन Adj. *der sein Vermögen genossen hat* und zugleich m. N. pr. eines Kaufmanns.

उपभुक्ति f. *die tägliche Bewegung eines Gestirns.*

उपभूषण n. *Schiff und Geschirr.*

उपभृत् f. *eine hölzerne Opferkelle.*

उपभेद m. *Unterart, Species.*

उपभैमि Adv. *neben* Bhaimi (Damajanti) Naish. 3,1.

उपभोक्तृ Nom. ag. *Geniesser, Niessbraucher, Gebraucher.*

उपभोग m. *Genuss, Niessbrauch, Gebrauch* (vom coitus 108,4); *Genuss,* so v. a. *Genussmittel.* Bei den Gaina *wiederholter Genuss desselben Gegenstandes.*

उपभोगवत् Adj. *Genüsse gewährend* zu Spr. 4491.

°उपभोगिन् Adj. *geniessend, niessbrauchend.*

उपभोग्य Adj. 1) *zu geniessen, — niessbrauchen, — gebrauchen, was genossen u. s. w. wird.* Nom. abstr. °त्व n. — 2) n. *Object des Genusses* MBh. 1,204,30.

उपभोजिन् Adj. *geniessend, essend.*

°उपभोज्य Adj. *sich zum Genuss für — eignend.*

उपम Adj. (f. आ) 1) *der oberste, höchste.* — 2) *der höchste, herrlichste, trefflichste.* — 3) *der nächste, erste.*

उपमज्जन n. *Bad, Abwaschung.*

उपमद्गु m. N. pr. *eines jüngern Bruders des* Madgu.

उपमन्त्रण n. *das Bereden, Beschwatzen.*

1. उपमन्त्रिन् Adj. *ermunternd, antreibend.*

2. उपमन्त्रिन् m. *ein fürstlicher Rath zweiten Ranges.*

उपमन्थनी f. *Rührstab.*

उपमन्थितृ Nom. ag. *der* (Butter u. dgl.) *rührt.*

उपमन्यु 1) Adj. *eifrig, anstrebend.* — 2) m. N. pr. eines Mannes. Pl. *seine Nachkommen.*

उपमर्द m. 1) *heftiger Druck.* — 2) *Zufügung eines Leids, — Schadens, Beeinträchtigung.* — 3) *Vernichtung* Comm. zu Nyâyas. 4,1,14. — 4) *Unterdrückung, das Verschwindenlassen* (eines Lautes) Nyâyas. 3,2,59.

उपमर्दक Adj. 1) *vernichtend, zu Grunde richtend.* — 2) *unterdrückend, aufhebend.*

उपमर्दन n. 1) *Zufügung eines Leids, Beleidigung* Comm. zu Mṛkkh. 18,20. — 2) *das Unterdrücken, Aufheben.*

°उपमर्दिन् Adj. *vernichtend, zu Grunde richtend.*

उपमश्रवस् 1) Adj. *hochberühmt.* — 2) m. N. pr. eines Mannes.

1. उपमा Adv. *in nächster Nähe.*

2. उपमा f. 1) *Verhältniss der Aehnlichkeit oder Gleichheit, Vergleichung, Gleichniss* (auch rhet.). Am Ende eines adj. Comp. (f. आ) so v. a. *ähnlich, gleichend.* अलब्धोपम *keinen Vergleich zulassend.* — 2) *Vergleichungswort.* — 3) *ein best. Metrum.*

उपमात् = उपमित्.

*उपमातृ f. *Amme.*

उपमाति f. 1) *das Angehen mit einem Wunsche, — einer Bitte, Ansprache, Anrede.* — 2) *der Anrede zugänglich, affabilis.*

उपमातिवनि Adj. *eine Ansprache gern annehmend.*

उपमाद m. *Belustigung, Erheiterung.*

उपमान n. 1) *Vergleich, Aehnlichkeit, Analogie.* Am Ende eines adj. Comp. so v. a. *ähnlich, gleichend.* — 2) *das womit Etwas verglichen wird.* — 3) *Vergleichungswort.*

उपमानचिन्तामणि m. Titel eines Werkes.

उपमानता f. 1) *Gleichheit.* °तां प्राप् *einem Dinge* (Gen.) *in Etwas* (Loc.) *gleich werden.* — 2) Nom. abstr. zu उपमान 2).

उपमानत्व n. Nom. abstr. zu उपमान 2) Comm. zu Vâmana 4,3,16.

उपमानवत् Adj. *ähnlich* Çata. 14,152.

उपमाम् Adv. *am Höchsten.*

उपमारण n. *das Untertauchen* (trans.).

उपमारूपक n. in der Rhet. *ein best. Gleichniss.*

उपमालिनी f. *ein best. Metrum.*

उपमाव्यतिरेक m. in der Rhet. *ein best. Gleichniss* 252,24.

उपमास्य Adj. *allmonatlich.*

उपमित् f. *Strebepfeiler, Stützbalken.*

उपमिति f. 1) *Aehnlichkeit.* — 2) *Schlussfolge nach Analogie.*

*उपमित्र n. *ein Freund in zweiter Reihe.*

उपमीमांसा f. *das Bedenken, Besinnen.*

उपमुखम् Adv. *am Munde* Lâṭy. 4,2,6.

उपमूलम् und उपमूल° (Gobh. 1,5,7) Adv. *an der Wurzel.*

*उपमेत m. *Vatica robusta W. u. A.*

उपमेय Adj. *zu vergleichen mit* (Instr. oder im Comp. vorangehend), *was verglichen wird;* n. *der verglichene Gegenstand.* Nom. abstr. °त्व n. Comm. zu Vâmana 4,3,15.

उपमेयोपमा f. *ein Gleichniss von der Form: a gleicht b, und b gleicht a* Kâvyapr. 10,5.

उपयस् f. (Nom. °यट्) Bez. von *elf Zusatzsprüchen beim Thieropfer* (VS. 6,21) Maitr. S. 3,10,4.

उपयन Kâtyâ. 14,21 fehlerhaft für उपायन.

उपयन्तृ Nom. ag. *Gemahl.*

उपयन्त्र n. *chirurgisches Hülfswerkzeug.*

उपयम m. (adj. Comp. f. आ) *das Sichzulegen, Heirathen* (einer Frau) und *das Anlegen* (eines Feuers) Gaut.

उपयमन 1) Adj. *unterfassend, zum Unterfassen dienend.* — 2) f. ई a) *Unterlage.* — b) *Schöpflöffel.* — 3) n. *das Heirathen, zur Frau Nehmen.* — Fehlerhaft für उपगमन R. ed. Bomb. 2,101,12.

उपयष्टृ Nom. ag. *der bei der* Upajag *thätige Priester.*

उपयाचन, °याचित und *°याचितक n. *Bitte, Forderung.*

उपयात्र m. 1) = उपयज्. — 2) N. pr. *eines jüngern Bruders des* Jâga.

उपयान n. *das Herankommen, Herbei—, Ankunft.*

उपयापन n. *das Hinführen zu, Zusammenführen mit* (Instr.).

उपयाम m. 1) *ein best. irdenes Geschirr* AV. Paiçâ. 37,14. Comm. zu TS. 3,2,8,1. — 2) Pl. *die mit* उपयामगृहीतः *beginnenden, beim* Soma-*Schöpfen dienenden Sprüche.* — 3) **das Heirathen einer Frau* (obj.). — 4) von unbekannter Bed. VS. 25,2.

उपयामगृहीत Adj. *mit* Upajâma 1) *geschöpft* VS. 7,4.12,20. Ind. St. 3,99.

*उपयामवत् und *°यामिन् Adj. von उपयाम.

उपयायिन् Adj. *herankommend.*

उपयुत m. N. pr. eines Fürsten VP.² 3,334.

उपयुयुत्सु Adj. *anzuwenden beabsichtigend.*

उपये Dat. Inf. *zu kommen* ṚV. 1,47,12.

उपयोक्तृ Nom. ag. *der da anwendet, Gebrauch macht* (von einer Nahrung).

उपयोक्तव्य Adj. *zu geniessen* 40,4.

उपयोग m. 1) *Anwendung, Verwendung, Gebrauch, Genuss* (von Speisen und Getränken). °गं व्रज्, इ oder गम् (Spr. 7630) *zur Anwendung kommen.* — 2) *Erwerbung, Erlernung* Gaut.

उपयोगिन् Adj. 1) *zur Anwendung kommend, dienlich, förderlich, angemessen.* Nom. abstr. °गिता f. (Naish. 2,48) und °गित्व n. — 2) am Ende eines Comp. *anwendend, gebrauchend.*

उपयोग्य Adj. = उपयोज्य Bâlar. 251,6.

उपयोजन n. 1) *das Anspannen.* — 2) *Gespann.*

उपयोज्य Adj. *anzuwenden, zu gebrauchen, was angewandt oder gebraucht wird* 217,10.

*उपयोषम् Adv. v. l. für उपजोषम्.

उपर 1) Adj. (f. आ) a) *unterhalb gelegen, der untere.* — b) *der hintere.* — c) *der spätere.* — d) *der nähere, benachbarte.* — 2) m. a) *der untere Stein, auf welchem der* Soma *mit den Handsteinen ausgeschlagen wird.* — b) *der untere Theil des Opferpfostens.* — c) **Wolke.* — d) **Weltgegend.* — 3) f. आ Pl. Loc. *in der Nähe.*

*उपरतण n. *Piquet, Feldwache.*

उपरञ्जक Adj. 1) *färbend.* — 2) *einem Dinge eine Färbung gebend, auf dasselbe Einfluss übend.*

उपरञ्ज्य Adj. *dem eine Färbung gegeben wird, worauf ein Einfluss geübt wird.*

उपरतशोणिता Adj. f. *deren menses aufgehört haben* Gobh. 3,5,2.

उपरताल् f. *Nähe.* Nur im Loc.

उपरति f. 1) *das Aufhören.* — 2) *Quietismus* 256,1. 11. — 3) *Tod* Kir. II,100,17. 112,12.

उपरत्न n. *ein Edelstein niederer Gattung.*

उपरन्ध्र n. *ein best. Theil des Körpers beim Pferde.*

उपरम m. 1) *das Aufhören, zu Ende Gehen, Ablauf.* Nom. abstr. °त्व n. 259,15. — 2) *das Abstehen von, Aufgeben.* — 3) *Hingang, Tod* Kir. II,141,12.

उपरमण n. *das zur Ruhe Kommen* 256,11.

उपरव m. *Schallloch; so heissen Gruben, über welchen der* Soma *ausgeschlagen wird, damit der Schall der Steine verstärkt wird.*

उपरस m. *Halbmetall.*

उपराग m. 1) *Färbung.* — 2) *Verfinsterung, Finsterniss.* — 3) *Einfluss* Çaṁk. zu Bādar. 2,2,10.

उपरागदर्पण m. Titel eines astron. Tractats.

उपराज 1) *m. *Unterkönig.* — 2) °म् Adv. *in Gegenwart des Königs* Ind. St. 15,287.

*उपरायय Adj. gaṇa ब्राह्मणादि.

*उपराम m. *das Aufhören.*

*उपराव m. Nom. act.

उपरि 1) Adv. a) *oben, darauf, nach oben.* Wiederholt *über einander* 268,2. Suçr. 1,238,13. — b) *überdies, dazu, ferner.* Wiederholt *immer wieder* Kir. 128,18. II,89,17. — c) *nachher.* — 2) Praep. a) *über, oberhalb, über — hinaus, auf, hinauf in;* mit Acc., Gen., Abl., Loc. und am Anfange oder Ende eines adv. Comp. उपर्युपरि mit Acc. *unmittelbar über* Tāṇḍja-Br. 1,5,14. mit Gen. *hoch über* Mbh. 3,53,7. — b) *über* (der Zahl, dem Werthe nach); mit Gen. oder am Ende eines adv. Comp. — c) *nach* (zeitlich), mit Gen. oder am Ende eines adv. Comp. — d) *in Bezug auf, in Betreff von, wegen;* mit Gen.

उपरिकाण्ड n. Titel des 3ten Kāṇḍa im Maitr. S.

*उपरिकुटी f. *Bodenkammer.*

उपरिग Adj. *darüber sich bewegend, — fliegend.*

उपरिचर m. Bein. des Königs Vasu.

°उपरिचिह्नित Adj. *oben mit — gekennzeichnet.*

उपरिज Adj. *hervorwachsend, herausragend.*

उपरिजानु Adv. *oberhalb des Knies* Āpast.

उपरितन Adj. (f. ई) 1) *der obere* Mṛcch. 51,16,7.1. Comm. zu Tāṇḍja-Br. 3,6,2. — 2) in einem Buche so v. a. *nachfolgend, nächstfolgend* Comm. zu Naijam. 2,2,5. 3,21. 5,2,18.

उपरितल n. *superficies* Mṛcch. 51,12. Daçak. 85,4.

उपरितस् Adv. *darüber* Hemādri 1,306,7.

उपरिदंष्ट्रिन् Adj. *in der oberen Kinnlade Schneidezähne habend.*

उपरिनाभि Adv. *über dem Nabel.*

उपरिन्यस्त Adj. *darauf gesetzt.*

उपरिपात्र n. *Oberschale, Deckel* Hemādri 1,231,9. Vgl. ऊर्ध्वपात्र.

उपरिपुरुष m. *ein darauf befindlicher Mann.*

उपरिबुध् Adj. *von oben herkommend.*

उपरिबभ्रव m. N. pr. eines Ṛshi.

उपरिबुध्न Adj. *über den Boden emporragend.*

उपरिभक्त Adj. *nach dem Essen angewendet* Karaka 6,10.25.

उपरिभाग m. *Obertheil* Comm. zu TS. Prāt. 2,37.41. Hemādri 1,190,7.

उपरिभाव m. *das Darübersein, Höhersein.*

उपरिभूमि Adv. *über dem Boden.*

(उपरिमर्त्य) °मर्तिय Adj. *über die Sterblichen sich erhebend.*

*उपरिमेखल m. N. pr. eines Mannes. Pl. *seine Nachkommen.*

उपरियान n. *das nach oben Gehen, in den Himmel Kommen.*

उपरिशयन n. *erhöhte Lagerstatt.*

उपरिशय्या f. *dass.* Āpast. Gobh. 3,1,15.

उपरिशायिन् Adj. *auf einem erhöhten Lager ruhend.*

उपरिश्रेणिक Adj. *in der oberen Reihe stehend.*

उपरिषद् und °षद्म (Tāṇḍja-Br. 3,3,1) = °सद् und °सद्म.

उपरिष्टाज्ज्योतिष्मती f. und °ज्योतिस् *ein best. ved. Metrum.*

उपरिष्टात् 1) Adv. a) *oben, oberhalb* 116,12. *von oben her.* — b) *hinten.* — c) in einem Buche u. s. w. *weiterhin, später, im Folgenden.* — d) *nachher.* — 2) Praep. a) *über, auf, hinab auf;* mit Acc. oder Gen. (Çulbas. 1,39). — b) *hinter,* mit Gen. — c) *über, in Bezug auf, in Betreff von;* mit Gen.

उपरिष्टात्स्वाहाकृति Adj. *mit hinterher folgendem* Svâhâ-*Ruf* Çat. Br. 3,8,2,16. 13,2,12,2.

उपरिष्टादुपयाम Adj. *mit hinterher folgenden* Upajâma-*Sprüchen* TS. 5,3,10,3.

उपरिष्टाद्बृहती f. *ein best. ved. Metrum.*

उपरिष्टाद्वात m. *Wind von oben* Maitr. S. 2,7,20.

उपरिष्टाल्लक्षणा Adj. (f. आ) *hinten das Merkmal habend* Çat. Br. 1,7,2,19.

उपरिष्ठ Adj. = उपरिस्थ Daçak. 18,2.

उपरिसद् Adj. *oberhalb sitzend, — wohnend.*

उपरिसद्य n. *das Sitzen in der Höhe.*

उपरिस्थ (!) Adj. (f. आ) *oben —, darüber stehend, darauf befindlich* Maitrjup. 2,4. *stehend auf* (Gen. oder im Comp. vorangehend) Hemādri 1,591,1. 13.

उपरिस्थापन n. *das Darauflegen.*

उपरिस्थायिन् Adj. *höher stehend, überragend* Comm. zu TS. Prāt. 21,1.

उपरिस्थित Adj. = उपरिस्थ.

उपरिस्पृश् Adj. *emporragend.*

उपरिहस्त m. *eine höher stehende Hand* (unter vieren) Hemādri 1,285,8.

उपरीतक m. *quidam coeundi modus.*

उपरूप n. *ein schlechtes Symptom* Karaka 5,12.

उपरूपक n. *ein Schauspiel von untergeordneter Gattung.*

उपरोध m. 1) *Versperrung, Obstruction, Hemmung.* — 2) *Störung, Schädigung, Beeinträchtigung.* — 3) *Zwistigkeit, Misshelligkeit.* — 4) = अनुरोध *Rücksicht.*

*उपरोधक n. *ein inneres Gemach.*

उपरोधन n. 1) *Belagerung.* — 2) *Hemmniss.*

°उपरोधिन् Adj. 1) *gehemmt —, gestört —, unterbrochen durch.* — 2) *hemmend, störend, beeinträchtigend.*

उपर्यासन n. *das Sitzen in der Höhe.*

उपर्यासीन Adj. *erhöht sitzend* Ait. Âr. 468,3 v. u.

उपल 1) m. (adj. Comp. f. आ) a) *Stein.* — b) *Edelstein* Jîân. 3,18. — c) **Wolke.* — 2) f. उपला a) *der obere, kleinere Mühlstein.* — b) * = शर्करा.

उपलक m. *Stein.*

उपलत in दुरुपलत.

उपलक्षक Adj. 1) *implicite bezeichnend, — ausdrückend.* Nom. abstr. °त्व n. Comm. zu TS. Prât. 4,23. 9,24. — 2) *wahrnehmend, errathend* Spr. 4976.

उपलक्षण 1) n. a) *Bezeichnung.* — b) *das implicite Bezeichnen, elliptische Bezeichnung.* Nom. abstr. °ता f. und °त्व n. (267,21). — c) *Merkmal.* — d) *das Schauen nach.* — 2) f. आ = 1) b).

उपलक्षयितव्य Adj. *worauf man zu achten hat* Suçr. 1,43,8.

उपलक्ष्य Adj. *erkennbar.*

*उपलधिप्रिय m. fehlerhaft für बालधिप्रिय.

उपलप्रक्षिन् Adj. *mit dem Mühlstein hantirend.*

उपलब्धर् Nom. ag. *Wahrnehmer* Nṛs. Up. in Ind. St. 9,162. Çaṁk. zu Bādar. 2,2,10.

उपलब्धव्य Adj. *wahrzunehmen.*

उपलब्धार्थ Adj. (f. आ) *was man vernommen hat.*

उपलब्धि f. 1) *Erlangung.* — 2) *Auffassung, Wahrnehmung, das Gewahrwerden, Verständniss.* — 3) *Vernehmbarkeit.*

उपलब्धिमत् Adj. 1) *wahrnehmend.* °मत्त्व n. *Fähigkeit der Wahrnehmung.* — 2) *vernehmlich, verständlich.*

उपलब्धिसम m. *im* Njâja *das Sophisma: dagegen ist einzuwenden, dass die Erscheinung nicht immer dieselbe Ursache hat.* Njâjas. 5,1,27. Sarvad. 114,12.

*उपलभेदिन् m. *Coleus scutellarioides Benth.*

उपलभ्य Adj. 1) *zu erlangen.* — 2) *wahrzunehmen.*

उपलम्भ m. 1) *Erlangung.* — 2) *Wahrnehmung, Empfindung.* — 3) *fehlerhaft für* उपालम्भ.

उपलम्भक Adj. 1) *wahrnehmend.* — 2) *wahrnehmen lassend.*

उपलम्भन n. 1) *Wahrnehmung.* Nom. abstr. °त्व n. Gaim. 1,1,4. — 2) *Intellect.*

उपलम्भ्य Adj. *was man sich zu eigen zu machen hat.*

उपलहस्त m. N. pr. eines Kaṇḍâla.

उपलाभ m. *Erhaschung,* in अनुपलाभ.

उपलालन n. und °ना f. *das Hätscheln* Comm. zu R. ed. Bomb. 2,77,12.

*उपलिङ्ग n. *ein Unglück verheissendes Zeichen.*

उपलिप्सा f. *das Verlangen nach* Spr. 2337.

उपलिप्सु Adj. *zu erfahren begierig,* mit Acc.

उपलेख m. Titel eines gramm. Tractats. °परिशिष्टका f. und °भाष्य n. *Commentare dazu* Ind. St. 1,82.

*उपलेट gaṇa गौरादि.

उपलेप m. 1) *das Bestreichen mit Kuhmist.* — 2) *Verschleimung* Suçr. 1,155,13. — 3) *Abstumpfung, Stumpfheit.*

उपलेपन n. 1) *das Bestreichen, Beschmieren,* insbes. *mit Kuhmist* Agni-P. 38,42. — 2) *Kuhmist* Karaka 3,8.

उपलेपिन् Adj. 1) *zur Salbe dienend.* — 2) *verstopfend.*

*उपलोट gaṇa गौरादि. — कोष्ठ Nigh. Pr.

उपलोह m. n. *etwa Halbmetall.*

उपवक्तर् Nom. ag. 1) *Zusprecher, Ermunterer.* — 2) Bez. *eines best. Priesters* Comm. zu TBr. 2, 411,13. 412,2. Âçv. Çr. 5,7,2.

उपवङ्ग m. Pl. N. pr. eines Volkes.

उपवचन in सूपवचन.

*उपवट m. *Buchanania latifolia Roxb.*

उपवन n. (adj. Comp. f. श्रा) *Wäldchen, Hain.*

उपवनविनोद m. Titel eines Werkes.

उपवत् Adj. *das Wort* उप *enthaltend.* f. °ती (sc. ऋच्) Çat. Br. 2,3,4,9. 16. Lâṭj. 4,5,19. Tâṇḍja-Br. 11,1,1. 2.

उपवर्णन n. 1) *das Schildern, Beschreiben, genaues Angeben.* f. श्रा dass. Hemâdri 1,333,9. — 2) *das Verherrlichen, Lobrede auf* Bilh. 183,4.

*उपवर्त *eine best. hohe Zahl* (buddh.).

उपवर्तन n. 1) *das Vorführen.* — 2) **Tummelplatz, Land.*

उपवर्ष m. N. pr. *eines jüngern Bruders des* Varsha.

*उपवल्हिका f. = अमृतस्रवा.

उपवल्ह m. *Herausforderung zum Wettstreit.*

उपवसथ m. 1) *Fasttag,* Bez. *des Vorabends des* Soma-*Opfers und der Feier dieses Tages.* — 2) **Dorf.*

उपवसथीय und °वसथ्य Adj. *zum* Upavasatha 1) *bestimmt.*

उपवसन in पर्वेय° und पौर्वेय°.

उपवसनीय Adj. = उपवसथीय.

*उपवस्त n. *Fasten.*

*उपवस्तर् Nom. ag. *der da fastet.*

उपवस्तव्य Adj. *mit Fasten zu begehen* Gobh. 1,5,5.

*उपवस्ति gaṇa वेतनादि.

उपवर्द्द n. *Unterlage des Joches auf dem Nacken eines Stieres, um diesen einem höhern Jochgenossen gleichzumachen.*

उपवा f. *das Anwehen.*

1\. उपवाक m. *Anrede, Preis.*

2\. उपवाक m. und °का f. Indra-*Korn* (इन्द्रयव).

उपवाक्सकव:.

(उपवाक्य) °वाक्किय und (°वाच्य) °वाचिय Adj. *anzureden, zu preisen.*

उपवाजन n. *Fächer.*

उपवात Adj. *trocken.* Holz Âçv. Gṛhj. 3,8,4.

उपवाद m. *Tadel, Anfahrung* Ait. Âr. 315,1 (अप° gedr.).

उपवादिन् Adj. *tadelnd, schmähend.*

उपवास m. *n. 1) *Fasten* (religiös und diätetisch) Gaut. Spr. 7623. 7802. — 2) *das Anlegen des heiligen Feuers.*

उपवासक m. = उपवास 1).

उपवासन n. *Anzug, Ueberwurf.*

उपवासव्रतिन् Adj. *in Folge eines Gelübdes fastend* Naish. 3,101.

उपवासिन् Adj. *fastend.*

उपवाह्य m. Pl. N. pr. eines Volkes VP.[2] 2,165.

°उपवाहिन् Adj. *hinfliessend zu* MBh. 1,63,33.

उपवाह्य 1) Adj. a) *herbeizuführen.* — b) *zum Fahren oder Reiten dienend.* °करेणुका Kâd. II,47, 11. — 2) m. a) *Reitthier.* — b) **ein von einem Fürsten gerittener Elephant.*

*उपविचार m. *Umgegend* (buddh.).

उपविद् f. *das Aufsuchen, Erkunden.*

*उपविन्ध्य m. *das an den* Vindhja *grenzende Land* Gal.

*उपविपाशम् Adv. *an der* Vipâç.

उपविमोकम् Adv. *mit Wechsel der Zugthiere.*

उपविष 1) n. *ein leichteres Pflanzengift.* Sieben aufgezählt Bhâvapr. 2,109. — 2) *f. श्रा *Aconitum ferox.*

*उपविषाणिका f. *ein Aconitum* Nigh. Pr.

उपविष्टक Adj. von einer Leibesfrucht, *die über die Zeit bleibt.*

उपवीणय्, °यति *Jmd* (Acc.) *auf der* Viṇâ *vorspielen* Kâd. 117,13.

उपवीत n. 1) *das Behängtsein mit der heiligen Schnur.* — 2) *die heilige Schnur.*

उपवीतक n. = उपवीत 2).

उपवीतिन् Adj. *die heilige Schnur über die linke Schulter tragend.*

उपवीर m. *ein best. böser Geist* Pâr. Gṛhj. 1,16,23.

उपवृत्त n. *ein best. mit dem ersten Verticalkreis parallel laufender Kreis* Comm. zu Golâdh. 8,67.

उपवृत्ति f. *das an seine Stelle Rücken.*

उपवेणा f. N. pr. eines Flusses MBh. 3,222,21.

उपवेणु m. *etwa gewöhnliches Rohr.* Am Ende eines adj. Comp. °क Hemâdri 1,363,1.

उपवेद m. *Neben*-Veda, *eine den 4* Veda *untergeordnete Klasse von Werken.*

उपवेदनीय Adj. *ausfindig zu machen* Comm. zu Njâjas. 1,1,37.

उपवेश m. 1) *das Sichniederlassen.* — 2) *das Obliegen, Sichhingeben.* — 3) N. pr. eines Ṛshi.

उपवेशन n. 1) *das Niedersitzen.* — 2) *Sitz.* — 3) *das Obliegen, Sichhingeben.* — 4) *Stuhlgang.*

उपवेशि m. N. pr. eines Mannes.

°उपवेशिन् Adj. 1) *obliegend, sich hingebend.* — 2) *Stuhlgang habend* Karaka 6,18.

उपवेष m. *Schürhaken* Gaim. 6,4,47.

उपवेष्टन n. *das Umwickeln mit Windeln* Karaka 3,6.

उपवेष्टितिन् Adj. *der ein Tuch um die Lenden geschlagen hat* Âpast.

*उपवैपात्र n. *die drei Tageszeiten.*

उपव्याख्यान n. *Erklärung* Nṛs. Up. in Ind. St. 9,125.

*उपव्याघ्र m. *der kleine Jagdleopard* Râgan. 19,6.

उपव्युषम् (Âpast. und Karaka 3,8) und °व्युषसम् Adv. *um das Morgenroth.*

उपव्रजम् Adv. *in der Nähe der Kuhhürde.*

उपश्रय m. *die Gegend um das Schlüsselbein* Lâṭj. 1,5,7.

उपशर् m. 1) **Aufhebung eines Zeugungshindernisses.* — 2) *ein best.* Ekâha Âçv. Çr. 9,8,22. Vaitân.

उपशफ m. Afterklaue.

उपशम m. 1) das zur Ruhe Gelangen, Nachlassen, Aufhören, Erlöschen. — 2) Ruhe, — des Gemüths MBh. 3,102,17. — 3) Bez. des 20sten Muhūrta Ind. St. 10,296.

उपशमक्षय m. bei den Gaina das Zunichtewerden des Thätigkeitsdranges in Folge des zur Ruhe Kommens.

उपशमन 1) Adj. (f. ई) zur Ruhe bringend, stillend. — 2) n. a) das Erlöschen. — b) das zur Ruhe Bringen, Stillen Spr. 7701.

उपशमनीय Adj. 1) zur Ruhe zu bringen, — stillen. Nom. abstr. °त्व n. — 2) zur Beruhigung geeignet Kāraka 6,10.

उपशमवत् Adj. im Gemüth beruhigt.

उपशमायन Adj. auf dem Wege zur Ruhe des Gemüths seiend.

उपशय 1) Adj. daneben —, daliegend. — 2) m. a) *das daneben Liegen. — b) das Wohlbekommen, Zuträglichkeit, begünstigender Umstand. — c) Vorliebe. — d) Bez. des 12ten Jūpa TS. 6,6,4,1. Nom. abstr. उपशयत्व n. ebend. — 3) f. या ein bereit liegendes Stück Thon.

*उपशरदम् Adv. zur Herbstzeit.

उपशल्य n. 1) ein Pfahl mit eiserner Spitze (Nilak. und zwar m.) MBh. 3,15,6. — 2) offener Platz vor einer Stadt oder einem Dorf; nächste Umgebung überh.

उपशल्यक n. ein offenes Plätzchen in der Umgebung Kir. 56,1.

उपशाक m. etwa Helfer.

उपशाखा f. Zweig Sāj. zu ṚV. 7,33,6.

उपशान्ति f. das zur Ruhe Gelangen, Nachlassen, Aufhören, Schwinden.

उपशामक Adj. zur Ruhe bringend Lalit. 250,20.

*°उपशाय m. die Reihe bei Jmd zu schlafen, abwechselndes Schlafen bei Jmd.

उपशायक 1) *Adj. (f. °यिका) abwechselnd bei Jmd schlafend. — 2) m. N. pr. eines Mannes.

उपशायिन् Adj. 1) liegend an (Acc.). — 2) liegend, schlafend. — 3) sich schlafen legend.

उपशाल 1) n. Vorhof. — 2) *°म् um Hause.

उपशिङ्घन n. Riechmittel.

उपशिक्षा f. 1) Erlernung. — 2) Lernbegierde.

उपशिरस् Adv. am Kopfe Kauç. 86.

*उपशिव m. N. pr. eines Mannes.

उपशिष्य m. ein Schüler vom Schüler.

उपशीर्षक n. eine Krankheit des Kopfes Çārṅg. Saṁh. 1,7,56.102.

उपशीवरी Adj. f. daneben liegend Maitr. S. 2, 13,16. Kāṭh. 39,9.

*उपशुनम् Adv. in der Nähe eines Hundes.

उपशूनम् s. उपसूनम्.

उपशैल m. ein kleinerer Berg Hemādri 1,496,15.

उपशोभन 1) Adj. schmückend. — 2) n. das Aufschmücken.

उपशोभा f. Schmuck Çiç. 13,26. Nebenschmuck, — verzierung Agni-P. 29,15.18.42.46. 30,16. Hemādri 1,177,17. 194,17.

उपशोभिका f. Schmuck, Verzierung Agni-P. 29,48.

उपशोभिन् Adj. ein schönes Aussehen habend.

उपशोषण Adj. austrocknend, ausdörrend.

उपश्री f. Decke, Ueberwurf.

उपश्रुति 1) m. N. pr. eines bösen Geistes Pār. Gṛhy. 1,16,23. — 2) f. a) das Aufhorchen, Lauschen. — b) das Hören. — c) Bereich des Hörens. — d) Gerücht MBh. 5,30,2. — e) Orakelstimme. शाकुनोप° dass. Prasannar. 135,1. — f) N. pr. einer Göttin, die Verborgenes enthüllt, MBh. 5,13,26.27.

उपश्रोतर् Nom. ag. Zuhörer, Lauscher Vaitān.

उपश्लाघा f. Grossthuerei.

उपश्लेष m. 1) unmittelbare Berührung. — 2) Umarmung.

उपश्लेषण n. das Anschliessen, Anheften.

उपश्लोक m. N. pr. des Vaters des 10ten Manu.

*उपश्लोकय्, °यति in Çloka besingen.

उपश्वसँ Adj. dröhnend.

उपष्टम्भ und °क s. उपस्तम्भ und °क.

उपष्टुत् Adv. auf den Ruf, zu Befehl, zur Hand.

उपस् Schooss. Nur Loc. उपसि.

उपसंयोग m. Nebenbeziehung, Modification.

उपसंरोह m. Verwachsung.

उपसंवाद m. das Uebereinkommen.

उपसंव्यान n. Untergewand.

उपसंस्कार m. ergänzende Behandlung.

उपसंस्थान n. etwa eine secundäre Erscheinungsform.

उपसंहर्तव्य Adj. herbeizuschaffen Lalit. 225,18. 232,11.

उपसंहार m. 1) das Ansichziehen, Einziehen (einer gezückten Waffe) MBh. 3,168,67. — 2) Annäherung TS. Prāt. 2,24.31. — 3) *Bändigung (buddh.). — 4) Zusammenfassung am und als Schluss, Résumé. — 5) Ende, Abschluss, Epilog.

उपसंहारप्रकरण n. Titel eines Werkes.

उपसंहारिन् in अनुप°.

उपसंहृति f. Abschluss, Katastrophe (im Schauspiel).

उपसंक्रमण n. das Hinschreiten zu Lalit. 39,18.

उपसंक्रान्ति f. das Hinübergelangen, — geschafftwerden Rāǵat. 8,722.

उपसंक्षेप m. gedrängte Zusammenfassung.

उपसंख्य Adj. etwa annäherungsweise der Zahl nach zu bestimmen.

उपसंख्यान n. das Hinzuzählen, — fügen.

उपसंख्येय Adj. hinzuzuzählen —, — fügen zu (Loc.).

उपसंगमन n. fleischliches Beiwohnen Gaut.

उपसंग्रह m. 1) das Umfassen (z. B. der Füsse). — 2) *das Umfassen der Füsse als ehrerbietige Begrüssung. — 3) das Nehmen (einer Frau). — 4) Zusammenbringung, — schaarung. — 5) Anreihung. — 6) Polster, Matratze.

उपसंग्रहण n. 1) = उपसंग्रह 1) Gaut. 1,52. 6,1. — 2) = उपसंग्रह 2) Āpast. Gaut. 6,5.

उपसंग्राह्य Adj. dessen Füsse man umfassen soll Āpast.

उपसंघात m. das Zusammenfassen im Geiste Comm. zu Nājaś. 1,1,32.

उपसंचार m. Zugang, Eingang Gobh. 4,2,7.

उपसत्क am Ende eines adj. Comp. = उपसद् 3) d).

उपसत्तर् Nom. ag. 1) der Nahende, Verehrer. — 2) Bewohner.

*उपसत्ति f. 1) = सङ्ग. — 2) = सेवा. — 3) = प्रतिपादन.

उपसत्त्व n. Nom. abstr. zu उपसद् 3) d) Maitr. S. 3,8,1.

उपसद् 1) Adj. aufwartend, dienend. — 2) m. Bez. best. Feuer. — 3) f. a) Belagerung, Berennung Kāṭh. 24,10. — b) Aufspeicherung. — c) Aufwartung. — d) eine best. der Sutjā vorangehende mehrtägige Feier beim Soma-Opfer. उपसत्पथ m., उपसद्रूप n. Çat. Br. 11,2,7,36.

उपसद 1) m. = उपसद् 3) d). — 2) f. उपसदी Dienerschaft oder Nachkommenschaft.

उपसदन n. 1) ehrfurchtsvolle Begrüssung MBh. 1,132,8. — 2) das Gehen an Etwas, Verrichten Gaut. — 3) das bei Jmd (Gen.) in die Lehre Gehen, mit Loc. des zu Erlernenden MBh. 3,309,17. — 4) Feier (eines Opfers) R. 1,50,14.

उपसद्य Adj. dem man verehrend nahen, dienen muss.

उपसद्वन् Adj. der Verehrung geniesst.

उपसद्व्रतिन् Adj. die Uebungen der Upasad-Feier einhaltend.

उपसंतान m. unmittelbare Verbindung, das Anhängen.

उपसंध्यम् Adv. um die Zeit der Dämmerung.

उपसंन्यास m. das Aufgeben, Fahrenlassen.

उपसपत्नि Adv. in Gegenwart der Nebenfrau Çiç. 10,43.

उपसमाधान n. das Aufeinanderlegen.

उपसमाहार्य Adj. zusammenzubringen, zuzurü-

sten.

*उपसमिद्ध und *°समिधम् Adv. *beim Brennholz.*

उपसमिन्धन n. *das Anzünden* Comm. zu TBr. 2,387,5.

उपसमूहन n. *das Hineinschieben.*

उपसंपत्ति f. *das Sichbegeben in eine Lage* u. s. w.

उपसंभाषा f. *freundliches Zureden.*

*उपसर m. *das Belegen, Befruchten.*

*उपसर्ज Adj. Mahābh. 6,21,b.

उपसरण n. 1) *das Herantreten an* Maitr. S. — 2) *das Anströmen, krankhafter Andrang.* — 3) *Zufluchtsstätte.*

उपसर्ग m. (adj. Comp. f. आ) 1) *Zusatz.* — 2) *Widerwärtigkeit, Unfall, Ungemach* 202,5. — 3) in der Med. *Anfall, das Besessensein.* — 4) *eine hinzukommende Krankheitserscheinung.* — 5) *Verfinsterung* (eines Gestirns) Kull. zu M. 4,105. — 6) *Präposition.*

उपसर्गवाद m. Titel eines Werkes.

उपसर्गव्याख्यास्तोत्र n. Titel eines Werkes.

उपसर्गिन् Adj. *zu den 30 Tagen des sāvana-Monats einen 31sten hinzufügend* Lāṭj. 4,8,21.

उपसर्जन 1) n. (adj. Comp. f. आ) a) *das Zugiessen, Zuguss* Karaka 7,1. — b) *Verfinsterung* (eines Gestirns) M. 4,105. — c) *etwas Untergeordnetes* (Nom. abstr. °त्व n. Comm. zu Njājas. 1, 4,19), *Nebenperson;* in der Gramm. *ein Wort, das in der Zusammensetzung oder in der Ableitung seine ursprüngliche Selbstständigkeit einbüsst, indem es zur näheren Bestimmung eines Andern verwendet wird.* — 2) f. ई Pl. *Aufguss.*

उपसर्तव्य Adj. 1) *um Hülfe anzugehen.* — 2) *woran man zu gehen hat, womit man sich befassen soll.*

उपसर्पण n. *das Herantreten, Sichnähern,* insbes. *geräuschloses Hinzugehen; das Hinausgehen auf* (z. B. die Strasse).

उपसर्पितव्य n. *das Herantreten.* Instr. als scenische Bemerkung *sich nähernd* Bālar. 146,22.

उपसर्पिन् Adj. *herankriechend.*

*उपसर्या Adj. f. *zu belegen, — befruchten.*

उपसाद Padmap. 6,19 fehlerhaft für 2. उपाङ्ग.

उपसादन n. 1) *das Hinsetzen.* — 2) *ehrfurchtsvolles Hinzutreten zu, das Verehren.*

उपसाधक Adj. *zubereitend,* in भक्तोपसाधक.

उपसान्त्वन n. *freundliches Zureden* P. 1,3,47, Sch. Pl. *freundliche Worte* Kād. 107,22. 257,8.

*उपसार्य Adj. *woran man heranzutreten hat.*

उपसिन्धु Adv. *am Indus.*

*उपसीरम् Adv. gaṇa परिमुखादि.

उपसुन्द m. N. pr. eines Daitja, *eines jüngern Bruders des* Sunda.

उपसुपर्णाम् Adv. *auf* Suparṇa Bale. P. 6,5,20.

उपसूचक Adj. *angebend, verrathend.*

उपसूतिका f. *Geburtshelferin, Gehülfin einer Wöchnerin.*

उपसूनम् (so zu lesen) Adv. *an der Schlachtbank* Har. Joc. 2,94.

*उपसूर्यक 1) m. *Elater noctilucus* Rāǵan. 19,128. — 2) n. *Hof um die Sonne.*

*उपसूर्यग m. = उपसूर्यक 1) Gal.

उपसृज्य Adj. *adeundus* Bhāsh. 1,3,2. Nom. abstr. °त्व n. Comm.

उपसृष्ट *n. *Beischlaf.*

उपसेक्तृ Nom. ag. *Begiesser.*

उपसेचन 1) Adj. *zugiessend, zum Zugiessen dienend.* — 2) f. ई *Löffel oder Schale zum Zugiessen.* — 3) n. a) *das Zugiessen, Begiessen, Sprengen mit* (Instr.) *in* (Loc.) Pār. Gṛhj. 3,3,11. — b) *Zuguss, Brühe.* क्षीरोपसेचन° *mit Milch übergossener Reis.*

*उपसेन m. N. pr. eines Schülers des Çâkjamuni.

°उपसेवक Adj. *huldigend, hofirend.*

उपसेवन n. 1) *das Huldigen, Hofiren.* — 2) *das Sichhingeben einer Sache, häufiges Gebrauchen, — Geniessen.* — 3) *das Erfahren, Erleiden.*

उपसेवा f. 1) *Huldigung, Verehrung.* — 2) *Hingabe an Etwas, das Obliegen, häufiger Gebrauch, — Genuss.*

°उपसेविन् Adj. 1) *huldigend, dienend, verehrend.* — 2) *sich einer Sache hingebend.*

*उपसोम P. 6,2,194, Sch.

उपस्कर 1) m. und ausnahmsweise n. (adj. Comp. f. आ) *Zuthat, Zubehör, Geräthe, Ausrüstung.* — 2) m. **Gewürz.* — 3) m. N. pr. eines Ṛshi.

उपस्कार m. *Ergänzung.*

*उपस्कृति f. Nom. act.

उपस्तम्भ m. 1) *Stütze, Hülfsmittel.* — 2) *Aufregung.*

उपस्तम्भक Adj. *stützend, fördernd.* Nom. abstr. °त्ता f.

उपस्तम्भन n. *Stütze.*

उपस्तरण n. 1) *das Untergiessen* Comm. zu Njājam. 11,2,2. — 2) *das Aufsagen eines das Wort* उपस्तृणाते *enthaltenden* Mantra. — 3) *Unterlage, Matratze* Āpast.

उपस्तव m. *Lob* (des Lehrers) Samhitopan. 36,1.

उपस्तार m. *Unterguss* Njājam. 10,2,3.

उपस्ति und उपस्ती m. *Untergebener, Dienstbote.*

उपस्तितरम् Adv. *untergeordneter.*

उपस्तिरे 1) f. *Decke.* — 2) °स्तिरे Dat. Inf. *auszubreiten.*

उपस्तुत् f. *Anrufung.*

उपस्तुत m. N. pr. eines Ṛshi. Pl. *sein Geschlecht.*

उपस्तुति f. *Anrufung, Preis.*

उपस्तुत्य Adj. *zu preisen.*

उपस्तृणीषणि optat. Inf. *hinzubreiten* Ṛ V. 6,44,6.

*उपस्त्री f. *Nebenfrau.*

उपस्थ 1) m. (adj. Comp. f. आ) *Schooss* (eig. und übertr.). उपस्थं कर् so v. a. *mit angezogenen Beinen sitzen.* उपस्थकृत (Āçv. Çr. 1,3,3) und °पाद (Çāńkh. Gṛhj. 4,8) Adj. *so sitzend.* पिप्पलोपस्थे so v. a. *im Schatten eines Feigenbaumes.* उर्व्युपस्थे, धरोपस्थे *auf dem Erdboden.* — 2) m. n. *die Geschlechtstheile,* insbes. *des Weibes.* उपस्थनिग्रह m. *Bezähmung des Geschlechtstriebes.* — 3) m. *Schooss (Fond) des Wagens.* — 4) m. **anus.* — 5) *Adj. *dabeistehend, nahe.*

*उपस्थक m. *penis* Gal.

उपस्थदघ्न Adj. *bis an den Schooss reichend.*

*उपस्थपत्त्र m. *der indische Feigenbaum.*

उपस्थपदा f. *ein best. zu den Geschlechtstheilen führendes Gefäss.*

उपस्थसद् Adj. *im Schoosse von — sitzend.*

उपस्था Adj. *auf Etwas stehend.*

उपस्थातृ Nom. ag. 1) *sich einstellend* 214,15. — 2) *Pfleger, Wärter.*

उपस्थातव्य n. impers. 1) *sich einzustellen* Bilan. 91,0. — 2) *aufzuwarten.*

उपस्थान n. 1) *das zur Seite Stehen, Dasein, Gegenwart.* Am Ende eines adj. Comp. °क Hemâdri 1,607, 1. — 2) *das Hinzutreten, Nahen, Erscheinen.* उपस्थानं कर् *Jmd* (Dat.) *Zutritt, Gelegenheit zu Etwas geben.* — 3) *Aufwartung, Verehrung.* — 4) *das Herbeischaffen der Effecten des Schuldners* Jolly, Schuld. 303. — 5) beim Kṛshṇa-Dienst *das Erwecken des Gottes.* — 6) **Aufenthalt.* — 7) *Versammlung.* — 8) *Standort* (eines Gottes) Pār. Gṛhj. 3,4,9.

उपस्थानगृह n. und उपस्थानशाला f. *Versammlungszimmer, Audienzsaal.*

उपस्थानसाहस्री f. Titel eines Werkes.

*उपस्थानीय Adj. 1) *dem aufzuwarten ist.* — 2) *der Jmd* (Gen.) *aufzuwarten hat.*

उपस्थापन in अनुप°.

उपस्थापयितव्य Adj. *herbeizuholen, — schaffen.*

उपस्थाप्य Adj. *was zuwegegebracht wird* P. 3, 3,63, Sch.

उपस्थायक m. *Diener* (buddh.).

उपस्थायम् Absol. *sich an Etwas haltend* Ṛ V. 1, 145,4.

उपस्थायिक m. *eine Art von Diener* Buar. Nâṭjaç. 34,23. *Krankenwächter* Rāǵat. 7,1081.

उपस्थायिन् Adj. = उपस्थातृ 1) Gaut. 3,10.

उपस्थावर् Adj. *stillstehend.*

उपस्थित 1) *m. *Thürsteher* Gal. — 2) f. घा *ein best. Metrum.* — 3) n. a) Name *zweier Metra.* — b) *das im* Padapâṭha *von* इति *gefolgte Wort.*

उपस्थितप्रचुपित n. *ein best. Metrum.*

उपस्थिति f. 1) *das Dabeistehen, Dasein.* — 2) *Vollständigkeit,* in घनुप°.

*उपस्थूणम् Adv. *am Pfosten.*

उपस्थेय 1) Adj. *dem man aufzuwarten hat.* — 2) n. impers. *aufzuwarten.*

*उपस्निहिति f. Nom. act.

उपस्नेह m. *Befruchtung, Feuchtwerdung.*

*उपस्पर्श m. 1) *Berührung.* — 2) *Abwaschung.* — 3) *Ausspülung des Mundes.*

उपस्पर्शन n. 1) *das Berühren* Saṁhitopan. 42,5. उदकोप° Gaut. 19,15. 24,1. 26,10. — 2) *Abwaschung, Bad.* — 3) *Ausspülung des Mundes.*

°उपस्पर्शिन् Adj. 1) *berührend.* उदकोप° Gaut. 22,6. — 2) *badend in.*

उपस्पिश् f. *etwa Scherz.*

उपस्पृश् 1) Adj. *berührend.* — 2) f. *Liebkosung.*

उपस्मारम् in पद्योपस्मारम्.

उपस्मृति f. *ein Rechtsbuch niederen Ranges* Hemâdri 1,529,3.

उपस्रवण n. *das Fliessen der monatlichen Reinigung.*

उपस्रोतस् Adv. *am Flusse* Cit. bei Vâmana 3,2,47.

*उपस्वत्व n. *Einkünfte.*

उपस्वाय (Hariv. 1,38,46) oder उपस्वावत् (Hariv. 2077) m. N. pr. eines Sohnes des Satrâǵit.

उपस्वेद m. *Feuchtigkeit* Káraka 7,1.

उपस्वेदन n. *künstliche Schweisserzeugung.*

उपहत *n. संज्ञायाम् Kâç. zu P. 6,2,146. उपहित v. l.

उपहतात्मन् Adj. *verblendet* Káraka 1,17. Mahâvîrać. 114,100.

उपहति f. 1) *Unterdrückung, Schädigung.* दृगुप° so v. a. *Blindheit* Naish. 4,66. — 2) *Kehricht* Comm. zu Tâṇḍja-Br. 1,6,8.

उपहत्नु Adj. *anfallend, angreifend.*

उपहत्या f. *Verblendung* (der Augen).

उपहनन n. *das Bescheissen.*

उपहन्तर् Nom. ag. *entgegenwirkend, verderblich.*

उपहन्तव्य Adj. *zu tödten.*

उपहरण n. *das Darbringen, Darreichen.*

उपहर्तर् Nom. ag. *Darbringer, Darreicher.*

उपहर्तव्य Adj. *darzubringen, darzureichen.*

उपहव m. *Herbeirufung, Einladung.* °वम् इष् *Einladung bei Jmd* (Loc.) *begehren, Eintritt wünschen.* भाद्रामत्स्योपहवौ Name zweier Sâman Ârsh. Br.

उपहव्य m. *eine best. Feier* Gaim. 2,4,28.

उपहसित n. *ein Lachen, bei dem der Kopf sich schüttelt.*

*उपहस्त gaṇa वेतनादि.

उपहस्तिका f. *Betelbehälter.*

उपहस्वन् Adj. *spottend, Spötter.*

उपहार m. (adj. Comp. f. घा) 1) *Darbringung* (insbes. *an eine Gottheit*), *Geschenk* 92,17. 136,22. 257,22. °रं वि-धा *Jmd* (Acc.) *als Opfer darbringen* 136,13. Nom. abstr. °ता f. und °त्व n. — 2) *ein best. durch Opferbringen erkauftes Bündniss oder Frieden.* — 3) bei den [illegible] Pâçupata *eine best. Observanz.*

उपहारक 1) m. = उपहार 1). Auch am Ende eines adj. Comp. — 2) f. °रिका dass.

उपहारपशु m. *Opferthier.* Nom. abstr. °ता f.

उपहारवर्मन् m. N. pr. eines Mannes.

उपहारी Adv. mit कर् *Jmd* (Acc.) *als Opfer darbringen.*

उपहारीचिकीर्षु Adj. *Jmd* (Acc.) *als Opfer darzubringen beabsichtigend.*

उपहार्य 1) Adj. *darzubringen, was dargebracht wird.* — 2) n. *Darbringung.*

*उपहालक m. Pl. N. pr. eines Volkes.

उपहास m. 1) *Gelächter, Spott.* — 2) *Lächerlichkeit* Varâh. Bṛh. S. 2,18. — 3) *Tändelei, Scherz, Spass, nicht ernstlich Gemeintes.*

उपहासक m. *Posse.*

*उपहासगिर् f. *Scherz* Gal.

°उपहासिन् Adj. *verlachend, verspottend* Veṇîs. 32,9.

उपहास्य Adj. *zu verspotten, dem Spott anheimgefallen.* Nom. abstr. °ता f. und °त्व n.

उपहित 1) Adj. a) Partic. s. धा, दधाति mit उप. — b) *gut in zweiter Reihe, u. ein secundäres Gut.* — 2) *n. संज्ञायाम् gaṇa याचितादि. उपहत v. l.

उपहितत्व n. *das Bedingtsein* 260,7. 17.

उपहिति f. 1) *das Aufsetzen* Nyâjam. 10,1,32. — 2) *das Anhängen.*

उपहूत *m. 1) Bein. Çâkalja's Kâç. zu P. 6,2,146. — 2) Pl. *best. Manen* Gal.

उपहूति f. *Herausforderung* (zum Kampfe) Çiç. 13,30. 17,10.

उपहोम m. *Zusatzopfer.*

उपह्वर 1) m. a) *Abhang* (eines Berges oder Flussufers). — b) *Wagen.* — 2) n. a) *ein einsamer Ort.* Nur °रे so v. a. *insgeheim* MBh. 1,167,3. 178,23. — b) *Nähe.* Nur °रे *in der Nähe, nahebei* MBh. 3,165,5. 12,29, 68. 15,3,7.

उपह्वान n. *das Einladen.*

उपा f. *das Finale* upâ *in einem* Sâman Lâṭj. 7,10,1. Vgl. Comm. zu Tâṇḍja-Br. 6.1,1. 9,17.

उपांशु 1) Adv. a) *leise, ohne Stimme.* — b) *im Stillen, — Geheimen.* — 2) m. a) *ein ohne Stimme gesprochenes Gebet.* — b) *der erste* Graha, *der beim* Soma-*Opfer gekeltert wird.*

उपांशुग्रह m. = उपांशु 2) b). °होम m. Vaitân.

उपांशुता f. und °त्व n. (Comm. zu Nyâjam. 9,1,9) Nom. abstr. zu उपांशु 1) a).

उपांशुदण्ड n. *eine heimliche Strafe.*

उपांशुपात्र n. *der Becher für den* उपांशु 2) b).

उपांशुयाज m. *ein leise dargebrachtes Opfer* Gaim. 2,2,9. 6,5,10. Vaitân.

उपांशुवध m. *ein heimlicher Mord* Mudrâr. 74,17.

उपांशुव्रत n. *ein im Stillen gethanes Gelübde.*

उपांशुसवन n. *der Stein, mit dem der für den* उपांशु 2) b) *bestimmte* Soma *gekeltert wird,* Lâṭj. 1,10,13.

उपांशुहविस् Adj. *wobei die Opfergabe ohne zu reden gereicht wird.*

उपांश्वन्तर्यामौ m. Du. Bez. *zweier best.* Soma-*Füllungen* Çat. Br. 4,1,2,2. 19. 4,3,4. 3,10. 5,3,12.

उपांश्वायतन Adj. *eine lautlose Stätte habend* Çat. Br. 10,3,5,15.

उपाक und उपाके 1) Adj. (f. घा) *nahe zusammengerückt, verbunden, benachbart.* — 2) Loc. उपाके *in nächster Nähe, gegenwärtig, coram;* mit Gen.

उपाकेचक्षस् Adj. *nahe vor Augen stehend.*

उपाकरण n. 1) *das Herbeiholen* Pâr. Gṛhj. 3,11, 2. 5. — 2) *Vorbereitung zu, Beginn* Âpast. 1,11,7. — 3) *Beginn des* Veda-*Studiums.* — 4) *ein best. Spruch* Kâtj. Çr. 9,3,17.

उपाकरणविधि m. Titel eines Werkes.

उपाकर्मन् n. = उपाकरण 2) und 3).

उपाकर्मप्रयोग und °कर्मविधि m. Titel zweier Werke.

उपाकृत *m. 1) *ein geschlachtetes Opferthier.* — 2) *Widerwärtigkeit.*

*उपाकृति f. = उपाकरण 2) Gal.

*उपाकृतिन् Adj. = उपाकृतमनेन.

उपाक्ष m. *ein an der Achse befindlicher Theil des Wagens.* Auch °क m.

*उपाक्षम् Adv. *vor Augen.*

उपाख्य 1) Adj. in अनुपाख्य und निरुपाख्य. — 2) f. आ *Beiname.*

उपाख्यान n. 1) *eine kleinere Erzählung, Episode.* Auch °क n. — 2) *Erzählung einer von einem Andern gehörten Begebenheit.*

*उपागम m. 1) *Herankunft.* — 2) *Einwilligung.*

*उपाग्नि Adv. *am Feuer.*

उपाग्रिक Adj. (f. श्री) *bei dem die Feuerceremonie angewendet worden ist.*

उपाग्र n. 1) *der der Spitze —, dem Ende vorangehende Theil.* — 2) **ein untergeordnetes Glied.*

*उपाग्रक्षण n. = उपाकरण 2).

*उपाग्रहायणम् und *°णि *um den Vollmondstag im Monat* Agrahâjaṇa.

*उपाग्र्य n. = उपाग्र 2).

उपाङ्कपृष्ठ m. *ein best.* Sâman.

1. उपाङ्ग m. *das Schmieren* Kâraka 1,5. Vgl. अनु°.

2. उपाङ्ग n. 1) *ein untergeordnetes Glied des Körpers.* — 2) *Unterabtheilung.* — 3) *ein Anhang —, ein ergänzendes Werk von geringerer Bedeutung.* Ausnahmsweise m. — 4) *ein trommelartiges Instrument* S. S. S. 192.

उपाङ्गगीत n. *etwa Chorgesang* Spr. 6279. Râǵat. 7,607.

उपाङ्गललिताव्रत n. *eine best. Begehung.*

उपाचरित m. n. *ein best. grammatischer* Saṁdhi.

उपाचार m. 1) *das Verfahren.* — 2) *Sprachgebrauch* Nir. 1,4. — 3) = उपाचरित.

उपाचिकीर्षु Adj. *an Etwas zu gehen beabsichtigend.*

उपाच्युतम् Adv. *in* Aḱjuta's (Kṛshṇa's) *Nähe.*

*उपाजिन n. *etwa Lederhaut.*

*उपाजे Adv. mit कर् *unterstützen.*

उपाञ्जन n. *das Salben, Bestreichen.*

उपातङ्क n. *Lab.*

उपात्त 1) Adj. s. दा, ददाति mit उपा. — 2) *m. *ein Elephant ausser Brunst.*

उपात्यय m. *Versäumniss.*

उपादान n. 1) *das Fürsichnehmen, Sichzueignen.* — 2) *das Aufnehmen mit den Sinnen, mit dem Verstande.* — 3) *das Annehmen, Anerkennen, Nichtausschliessen* 231,15. Sâh. D. 11,21. Siddh. K. 248,b,4. — 4) *das Gebrauchen, Anwenden.* — 5) *das Erwähnen, Aufführen* 210,2. 211,33. 283.1. — 6) **das Ablenken der Sinne von der Sinnenwelt.* — 7) bei den Râmânuǵa *das Herbeischaffen von zur Verehrung der Gottheit erforderlichen wohlriechenden Dingen und Blumen.* — 8) bei den Buddhisten *Aufnahme, Empfängniss.* — 9) *= उपदान *Geschenk, Darbringung.* — 10) *materielle Ursache* 262,21. Nom. abstr. °ता f. Kap. 3,160. 6,32. °त्व n. 1,81.

उपादानक am Ende eines adj. Comp. = उपादान 10).

उपादानलक्षणा f. *eine elliptische Ausdrucksweise, bei der ein Wort auf das zu ihm hinzuzudenkende Wort selbst hinweist und seine eigene Bedeutung dabei bewahrt.*

उपादानेतरलम्भकता f. *das die materielle Ursache und zugleich das der Wahrnehmende Sein* Bhâg. P. 6,9,41.

*उपादिका m. *ein best. Insect* Trik. 2,5,13.

उपादित्सा f. *Bereitwilligkeit anzunehmen, anzuerkennen.*

उपादेय Adj. 1) *anzunehmen, nicht zurückzuweisen* Spr. 2473. Nom. abstr. °त्व n. — 2) *enthalten in.* — 3) *vorzüglich.* Nom. abstr. °त्व n.

उपाद्य Adj. *auf den ersten folgend.*

उपाधाय्यपूर्वय Adj. *mit einem Besatz oder Durchzug* (*einer rothen Schnur*) *versehen, verbrämt, praetextus.*

1. उपाधि m. 1) *Stellvertretung* R. 2,111,29. *Surrogat.* — 2) *Alles was den Namen von Etwas trägt, — für Etwas gelten kann.* °मात्रायाम् so v. a. *zum blossen Schein.* — 3) *Beiname.* — 4) *Bedingung, Voraussetzung, Postulat, das Bedingende.* — 5) *Betrug* MBh. 3,190,9. Vgl. उपधि.

2. उपाधि m. 1) *Augenmerk* Kâraka 3,4. — 2) * *Pflichterwägung.* — 3) **ein für den Unterhalt der Familie besorgter Mann.*

1. उपाधिक am Ende eines adj. Comp. = 1. उपाधि 4).

2. उपाधिक Adj. *überzählig.*

उपाधिखण्डन n., उपाधिदूषकताबीज n., उपाधिन्यायसंग्रह m., उपाधिविवृति f. und उपाधिसिद्धान्तग्रन्थ m. Titel von Werken.

उपाध्याय 1) m. *Lehrer.* उपाध्यायस्य सर्वस्वम् und °सर्वस्व n. Titel einer Grammatik. — 2) *f. आ *Lehrerin.* — 3) *f. ई *Lehrerin und Frau eines Lehrers.*

उपाध्यायानी f. *Frau eines Lehrers.*

उपाध्यायी Adv. mit कर् *zum Lehrer nehmen* Hemâdri. 83,18.

उपाध्वर्यु m. *ein zweiter* Adhvarju, *ein die Stelle eines A. vertretender Mann.*

उपानत्क am Ende eines adj. Comp. = उपानह्.

उपानयन n. *das Heimführen.*

उपानसं 1) Adj. *auf dem Wagen befindlich.* — 2) n. *der Raum auf einem Wagen oder das auf einem Wagen Geladene.*

उपानह् f. (Nom. °नत्) *Sandale, Schuh.*

उपानह m. = उपानह्, insbes. am Ende eines copul. und adv. Comp.

उपानहिन् Adj. *beschuht* Âpast.

उपानुवाक्य 1) Adj. als Beiw. eines Agni. — 2) n. *ein best. Abschnitt in* TS.

1. उपान्त n. (adj. Comp. f. आ) 1) *Nähe des Endes, Saum, Rand.* — 2) *vorletzte Stelle.* — 3) *unmittelbare Nähe.* उपान्ते und उपान्त° *in der Nähe von* (Gen. oder im Comp. vorangehend), *nahebei.* °उपान्तम् und °उपान्तात् *zu — hin.*

2. उपान्त Adj. = उपान्त्य.

उपान्तभाग m. *Saum, Rand.*

उपान्तिक n. *Nähe.* °कम् *zu* (Gen.) *hin.* °कात् *aus der Nähe, in d. N.* कर्णयोरुपान्तिके *in's Ohr* (*sagen*).

उपान्तिम (Bhâg. 48) und उपान्त्य Adj. *der vorletzte.*

उपाप in दुरुपाप.

उपाप्ति f. *Erreichung, Erlangung* Ait. Âr. 84,13.

उपाभिगद Adj. *dem das Sprechen schwer fällt* Kaush. Up. 2,15.

उपाभृति f. *das Herzubringen.*

उपाय m. 1) *Annäherung* Spr. 3772, v. l. — 2) *Mittel* Gaut. *Weg zu, fein angelegtes Mittel, Kunstgriff, List.* उपायेन und उपायतस् (136,3) *auf die rechte Weise, auf kluge Weise.* — 3) *das Anstimmen eines Gesanges* Çâṅkh. Çr. 5,12,4.

उपायन n. 1) *das Herbeikommen.* — 2) *das in die Lehre Treten* Âpast. उपायनकीर्ति f. — 3) *das Antreten, Unternehmen.* — 4) *Geschenk, Darbringung.*

उपायनी Adv. mit कर् 1) *als Geschenk darbringen* Daçak. 16,20. — 2) *ehrerbietig anbieten,* so v. a. *die Ehre haben mitzutheilen* Prasannar. 10,3.

उपायम Kathâs. 13,186 fehlerhaft für उपायन.

उपायवत् Adj. *wobei ein Gesang angestimmt wird* Lâṭj. 7,6,5.

उपायसोमभद्र m. N. pr. eines Gelehrten (buddh.).

उपायाक्षेप m. in der Rhet. *eine durch Angabe des Mittels, durch welches ein Uebel wieder gutgemacht werden könnte, abgegebene Erklärung, dass man mit Etwas nicht einverstanden sei.*

उपायात n. *Ankunft.*

उपायिन् Adj. 1) *hinzutretend.* Nom. abstr. °यित्व n. — 2) *Jmd zukommend* (Gegens. *abgehend*). — 3) *sich fleischlich vereinigend mit.* — 4) *Jmd erreichend,* in अनुपायिन्.

उपायु Adj. *herbeikommend.*

उपायोपन्यास m. Titel des 11ten Acts im Madhurâniruddha.

उपार m. und उपारण n. *Verfehlung, Zufügung eines Unrechts.*

उपारम m. *das Aufhören, Nachlassen.*

उपाराम m. *das Ausruhen.*

उपारुह् f. *Schoss.*

उपार्जन n. und °ना f. *das Herbeischaffen, Erwerben, Erlangen.*

उपार्ज्य Adj. *zu erwerben, acquirendus.*

उपार्ध n. 1) *die erste Hälfte* Ind. St. 15,160. — 2) *Hälfte* Lalit. 242,1.

उपालब्धव्य (Kâd. II, 84,6) und उपालभ्य Adj. zu

tadeln, mit Vorwürfen zu empfangen.

उपालम्भ m. 1) *Zurechtweisung, Vorwurf, Tadel* (auch einer Sache). — 2) *Verbot.*

उपालम्भन n. = उपालम्भ 1).

उपालम्भ्य Adj. *zum Opfer hinzuzunehmen.*

उपालाल्य Adj. *zu hätscheln.*

1. उपालि m. N. pr. eines Schülers Buddha's.

2. उपालि Adv. *in Gegenwart der Freundin* Çiç. 10,28.

*उपाव m. N. pr. eines Mannes.

उपावरोहण n. *das Wiederhervorholen* Çâñkh. Gṛhj. 5,1.

उपावर्तन n. *das Zurückkehren.*

उपावर्तितर् Nom. ag. als Fut. *wird herantreten* zu (Acc.).

उपावसायिन् Adj. *sich Jmd.* (Gen.) *fügend, — anschliessend.*

उपावसित Partic. von सा, स्यति mit उपाव.

उपावसु Adj. *Gutes herbeibringend, — verschaffend.*

उपावहरण n. *das Herabnehmen.*

उपावि m. N. pr. eines Mannes Ait. Br. 1,25. Vgl. औपावि.

उपावी Adj. *ermunternd, anziehend.*

उपावृत् f. *Wiederkehr.*

उपावृत्त m. Pl. N. pr. eines Volkes MBh. 2,9,46.

उपावृत्ति f. *Wiederkehr* Tâṇḍja-Br. 7,9,7. 15,5,35.

उपाव्याधि m. *verwundbare, offene Stelle.*

उपाशंसनीय Adj. *zu hoffen.*

उपाश्रय m. *Schutz* Kâtj. 29,8.

उपाश्रय m. 1) *Lehne, Stützkissen.* — 2) *Anschluss.* — 3) *Zuflucht.* Richtiger उपाश्रय.

उपासक Adj. Subst. 1) *dienend, Diener.* — 2) *Verehrer, Anhänger;* insbes. Buddha's. — 3) *einer Sache obliegend.* — 4) **ein* Çûdra Rîgan. 18,12.

उपासकदशा m. Pl. Titel eines Gaina-Werkes.

उपासङ्ग m. *Köcher.*

उपासन 1) n. a) **das Danebensitzen, in der Nähe Sein.* — b) *Sitz* Vaitân. — c) *das Dienen, Aufwarten, Pflegen, Ehrerweisen* Gaut. Âpast. — d) *das Verehren einer Gottheit, Cult, fromme Hingebung* 254,1. 30. 255,1. — e) *das Obliegen, Sichüben in.* — f) *Uebungen im Bogenschiessen.* — g) *das häusliche Feuer.* — 2) f. आ = 1) a) (Naish. 1,34), c) und d).

उपासनाखण्ड n. Titel des 1ten *Theils* im Gaṇeçapurâṇa.

उपासनाचन्द्रामृत n. Titel eines Werkes.

उपासनीय Adj. *dem man obzuliegen hat.*

उपासा f. *Verehrung.*

*उपासादितिन् Adj. = उपासादितमनेन.

उपासितर् Nom. ag. *Ehrenerweiser, Verehrer* Kâraka 6,1.

उपासितव्य Adj. 1) *dem man Ehre zu erzeigen hat.* — 2) *dem man obzuliegen hat.*

उपास्तमनवेला f. *die Zeit um Sonnenuntergang.*

उपास्तमयम् Adv. *um Sonnenuntergang.*

उपास्तरण n. Kâtj. Çr. 5,9,24 Druckfehler für उपस्त°.

1. उपास्ति f. *Verehrung, Cult.*

2. उपास्ति m. fingirte 3. Sg. Praes. von 2. शास् mit उप als Bez. *dieses Verbums* Çaṁk. zu Bâdar. 4,1,1.

उपास्त्र n. *eine untergeordnete Waffengattung.*

*उपास्नाल n. N. pr. eines Tîrtha.

उपास्य Adj. 1) *zu verehren* Kap. 4,32. Nom. abstr. °त्व n. Çaṁk. zu Bâdar. 4,1,5. — 2) *dem man obzuliegen hat.* — 3) *wozu man seine Zuflucht zu nehmen hat.*

उपाहित 1) Adj. Partic. von धा, दधाति mit उपा. — 2) *m. *eine feurige Lufterscheinung.*

*उपिक m. Hypokoristikon für alle mit उप anfangenden Eigennamen.

उपित Partic. von वप् *säen.*

*उपिय und *उपिल m. = उपिक.

उपेक्ष 1) m. N. pr. eines Sohnes des Çvaphalka. — 2) f. आ *Nichtbeachtung, Gleichgültigkeit, Vernachlässigung.*

उपेक्षक Adj. *nicht beachtend, sich gleichgültig verhaltend.*

उपेक्षण n. 1) *das Nichtbeachten, Sichgleichgültigverhalten.* — 2) *Unterlassung* Lâṭj. 1,1,28. — 3) *Schonung* Kâraka 1,9.

उपेक्षणीय Adj. 1) *nicht zu beachten, zu übersehen.* — 2) *wogegen man gleichgültig ist* Comm. zu Nâjan. 3,1,59.

उपेक्षितव्य und उपेक्ष्य Adj. 1) *zu beachten, worauf zu sehen ist.* — 2) *nicht zu beachten, zu übersehen.*

उपेतपूर्व Adj. *der sich schon zum Lehrer in die Lehre begeben hat* 38,15.

उपेतर् Nom. ag. *Unternehmer.*

उपेतव्य Adj. = उपेत्य Comm. zu Tâṇḍja-Br. 6,10,8.

उपेति f. *Annäherung.*

उपेत्य Adj. *anzutreten, zu beginnen* Tâṇḍja-Br. 6,10,8. 4.

उपेन्द्र 1) m. a) Bein. Vishṇu's. — b) *N. pr. eines Schlangendämons (buddh.). — 2) f. आ N. pr. eines Flusses MBh. 6,9,17.

उपेन्द्रगुप्त m. N. pr. eines Mannes B. A. J. 7,59.

*उपेन्द्रदत्त m. N. pr. eines Mannes. *°क m. Hypokoristikon.

उपेन्द्रवल m. N. pr. eines Mannes.

उपेन्द्रवज्रा f. *ein best. Metrum.*

उपेन्द्रशक्ति m. N. pr. eines Kaufmanns.

*उपेन्धय Adj. *anzufachen, zu entflammen.*

उपेप्सा f. *der Wunsch Etwas zu erlangen.*

उपेय Adj. 1) *was unternommen wird.* — 2) *dem oder der man sich fleischlich nahen darf.* — 3) *was man erreichen möchte,* n. so v. a. *Ziel* Naish. 6,92. Utpala in der Einleitung zu Varâh. Bṛh.

उपेयिवंस् Partic. Perf. von 3. इ mit उप.

उपेषस् m. N. pr. eines bösen Geistes AV. 8,6,17.

उपोक्तवत् Adj. वच् *mit* उप *enthaltend* Âçv. Çr. 2,14,19.

उपोद्गारिन् Adj. *dazu ertönend, — gesprochen werdend.*

उपोढ 1) Adj. Partic. von ऊह् oder वह् mit उप. — 2) *m. *Schlachtordnung.* — 3) f. आ *eine Hinzugeheirathete, Nebengattin.*

उपोत 1) Adj. Partic. von वा, वयति mit उप. — 2) *f. ई = उपोदिका.

उपोत्तम 1) Adj. *der vorletzte.* — 2) n. *der vorletzte Vocal.*

उपोदक 1) Adj. *am Wasser befindlich.* — 2) उपोदिका f., उपोदकी f. und उपोदक n. *Basella cordifolia Lam.*

उपोदयम् Adv. *um Sonnenaufgang.*

*उपोदित 1) m. N. pr. eines Mannes. — 2) f. आ N. pr. einer Frau.

उपोदिति m. N. pr. eines Gaupâleja.

*उपोदीका f. *Basella cordifolia Lam.*

उपोद्घात 1) m. *Einleitung* Nâlan. S. 1, Z. 15. *Beginn.* Nom. abstr. °त्व n. — 2) m. n. *ein à-Propos.*

उपोद्घातपाद m. Titel des 3ten *Abschnitts* im Vâjupurâṇa.

उपोद्बलक Adj. 1) *unterstützend, fördernd.* Nom. abstr. °त्व n. Mallin. zu Kir. 2,4. — 2) *bekräftigend, bestätigend.*

उपोद्बलन n. *das Bekräftigen, Bestätigen.*

उपोद्बलय्, °यति 1) *unterstützen, fördern* Mit. 3, 48,b,6. — 2) *bekräftigen, bestätigen* Comm. zu Nâjan. 3,3,17.

उपोपक्रम Adj. *mit* उप *beginnend.* Nom. abstr. °त्व n. Çaṁk. zu Kaṭhop. Up. 2,8,2.

उपोलप (Maitr. S. 1,7,2) und उपोलव (Kauç. 18) Adj. *buschartig.* Vgl. उलप.

उपोषण n. *Fasten.*

उपोषध m. N. pr. eines Mannes (buddh.).

उपोषय्, °यति *unter Fasten zubringen.*

उपोषित n. *Fasten.*

उपोष्य Adj. *unter Fasten zuzubringen.*

उपोह्य m. *das Zulegen, Anhäufen.*

उप्त 1) Adj. Partic. von वप् *scheeren* und वप् *bestreuen, säen.* — 2) *n. *Saatfeld* Gal.

*उप्तकृष्ट Adj. besäet und alsdann gepflügt.

*उप्तगाढ Adj. gaṇa राजदन्तादि.

उप्ति f. das Säen.

*उप्तिम Adj. was gesäet wird.

उप्य Adj. zu streuen, streubar.

उब्ज्, उब्जति 1) niederhalten, niederdrücken. — 2) *आर्जवे. — *Caus. उब्जयति. — *Desid. उबिब्जिषति. — Mit उद् 1) auseinanderbiegen, aufbrechen. — 2) aufrichten. — Mit नि 1) niederdrücken, umbiegen. — 2) umstürzen. — Mit अभिनि niederdrängen, niederhalten. न्युब्जित zusammengebogen, gekauert. — Mit निस् loslassen. — Mit वि aufmachen, aufdecken. — Mit सम् 1) zuhalten, zudecken. — 2) zusammendrücken. — Mit अभिसम् decken auf (Acc.) Tāṇḍja-Br. 8,5,16.

उब्ध Partic. von उभ्.

उब्बट m. N. pr. eines Mannes Ind. St. 14,133.

उभ्, *उभति, उम्भति, उभ्नाति, उनत्ति 1) zusammenschnüren, verschliessen. — 2) stützen. Partic. उम्भित. — 3) *bedecken. — Mit अप binden, fesseln. — Mit नि zusammenhalten. — Mit प्र binden. — Mit सम् 1) zusammenhalten. — 2) zuschliessen, zudecken.

उभ Adj. (f. आ) Du. beide. उभौ nachlässig für द्वौ, उभावपि st. द्वावपि.

उभय 1) Adj. (f. ई) Sg. und Pl. beides, beide, beiderseitig, von beiderlei Art Comm. zu Njājas. 4,1,6. उभयमन्तरेण so v. a. in der Krama-Weise (hersagen) Ait. Ār. 314,19. 22. Nom. abstr. °त्व n. Nṛs. Up. in Ind. St. 9,133. — 2) f. ई ein best. Backstein Çulbas. 3,129.

उभयकाम Adj. Beides wünschend Çat. Br. 8,3,4,14.

उभयंकर Adj. Beides bewirkend.

उभयचारिन् Adj. sowohl bei Tage als bei Nacht wandelnd.

उभयप्रश्न f. eine Art Räthsel.

उभयतउक्थ्य Adj. zwischen zwei Ukthja-Tagen befindlich.

उभयतएत Adj. auf beiden Seiten bunt Kāṭh. 34,1. °एनी f. TS. 7,1,6,6.

उभयतःकालम् Adv. zu beiden Zeiten, d. i. vor und nach dem Essen Karaka 6,3.

उभयतःक्ष्णुत् Adj. zweischneidig Lāṭj. 8,2,6.

उभयतःपत Adj. (f. आ) beiderseitig Weber, Nax. 1,312.

उभयतःपद् (stark °पाद्) Adj. beide Füsse gebrauchend Ait. Br. 5,33.

उभयतःपरिगृहीत Adj. von beiden (elterlichen) Seiten umfasst Çat. Br. 2,3,4,22. 23.

उभयतःपाश Adj. (f. आ) 1) an beiden Seiten eine Leiste habend Kauç. 76. — 2) an beiden Seiten verschlungen Saṁvâd. 133,3.

उभयतःप्रउग (उभयतःप्रौउग Çat. Br.) Adj. auf beiden Seiten mit einem Prauga versehen. Subst. eine solche geometrische Figur Çulbas. 1,37. 3,172. fg.

उभयतःप्रत्त Adj. dessen Erkenntniss nach beiden Seiten (d. i. nach innen und aussen) gerichtet ist.

उभयतःप्राण Adj. auf beiden Seiten einen Lebenshauch habend Tāṇḍja-Br. 7,3,16.

उभयतश्चक्र Adj. rechts und links mit Rädern versehen Ait. Br. 5,33.

उभयतःशीर्षन् Adj. (f. °शीर्ष्णी) nach beiden Seiten einen Kopf habend. Nom. abstr. °र्षत्व n. Maitr. S. 3,7,3.

उभयतस् Adv. von beiden Seiten aus, auf b. S., nach b. S. hin; mit Gen. oder Acc.

उभयतस्तीक्ष्ण Adj. (f. आ) auf beiden Seiten scharf M. 8,315.

उभयतःसंस्रायिन् Adj. von beiden Seiten schwellend TS. 2,6,6,1.

उभयतःसस्य Adj. zu beiden Zeiten Frucht tragend Âçv. Gṛhj. 1,5,5.

उभयतःसुजात Adj. von Seiten des Vaters und der Mutter wohlgeboren Çâṅkh. Gṛhj. 1,16,5.

उभयतःस्तोभ Adj. auf beiden Seiten Triller habend Lāṭj. 7,5,14. Tāṇḍja-Br. 10,9,1. 12,2. 13,3,17.

उभयतोऽङ्ग Adj. nach beiden Seiten Antheil habend Weber, Nax. 1,312.

उभयतोज्योतिस् Adj. auf beiden Seiten Licht — und — einen Gjotis-Tag habend Çat. Br. 12,2,2,1. 13,6,2,9. Ait. Br. 4,15.

उभयतोऽतिरात्र Adj. zwischen zwei Atirâtra befindlich Vaitân.

उभयतोदत् (Maitr. S. 2,3,3) und उभयतोदन्त (f. आ) Adj. unten und oben Schneidezähne habend.

उभयतोद्वार Adj. auf beiden Seiten eine Thür habend.

उभयतोनमस्कार Adj. auf beiden Seiten नमस् habend Çat. Br. 2,1,4,30.

उभयतोनाभि Adj. auf beiden Seiten eine Nabe habend Bhâg. P. 5,7,9.

उभयतोबार्हतम् Adv. beiderseits mit Bṛhatsâman-Ton Çat. Br. 11,4,2,11.

उभयतोभाग und °हर Adj. nach beiden Seiten treibend, d. i. vomitiv und purgativ Suçr. 1,155, 20. 132,7. 145,3.

उभयतोभाज् Adj. dass. Karaka 1,26.

उभयतोभाष Adj. sowohl Parasmaipada als Âtmanepada habend.

उभयतोमुख Adj. 1) auf beiden Seiten eine Schnauze habend (Gefäss). — 2) f. ई trächtig Hemâdri 1,476, 20. 477,1. Subst. eine trächtige Kuh.

उभयतोह्रस्व Adj. aus zwei Kürzen entstanden.

उभयत्र Adv. an beiden Orten, beiderseits, in beiden Fällen, beide Male.

उभयथा Adv. auf beiderlei Weise, in beiden Fällen.

*उभयदत् ved. Adj. = उभयादत् Kâç. zu P. 5,4,142.

उभयद्युस् Adv. an beiden, d. i. zwei aufeinanderfolgenden Tagen.

उभयपद् (stark °पाद्) Adj. beide Füsse habend.

उभयपदार्थप्रधान Adj. (ein Compositum) in welchem beide Theile einander coordinirt sind P. 2,2, 29, Sch.

उभयपादिन् Adj. = उभयतोभाष.

उभयभाग Adj. an Beidem Theil habend Ind. St. 10,287. fg.

उभयभाज् Adj. = उभयतोभाग Karaka 1,15.

उभयमुखी Adj. und Subst. f. = उभयतोमुख 2) Hemâdri 1,486,16. 479,13. 20.

उभयवंश्य Adj. zu beiden (Königs-) Geschlechtern gehörig.

उभयवत् Adj. mit Beidem versehen, Beides enthaltend.

उभयवासिन् Adj. an beiden (Orten) wohnend Pat. zu P. 1,1,9.

उभयविध Adj. von beiderlei Art Comm. zu Njājas. 1,3,13.

उभयविपुला f. ein best. Metrum.

उभयवेतन Adj. von beiden Seiten Lohn empfangend, zweien Herren dienend. Vgl. Nom. abstr. उभयवेतनता Bâlar. 35,4.

*उभयव्यञ्जन n. Zwitter.

उभयशिरस् Adj. und Subst. f. = उभयतोमुख 2) Hemâdri 1,480,3. 481,4.

उभयसप्तमी f. ein best. siebenter Tag.

1. *उभयसंभव m. die Möglichkeit von Beidem, Dilemma.

2. उभयसंभव Adj. von Beiden (einem lebenden Wesen und einem Instrument) herrührend (Ton) S. S. S. 21.

उभयसामन् Adj. wobei beide Sâman (Bṛhat und Rathaṁtara) angewandt werden. m. ein solcher Tag Ait. Br. 8,1. Âçv. Çr. 8,5,2. 9,3,8. Lāṭj. 10, 13,8. Ind. St. 3,235.

उभयस्तोभ n. Name verschiedener Sâman.

उभयस्नातक Adj. der das Bad nach Beidem (d. i. nach Abschluss der Lehrzeit und des Gelübdes) genommen hat Kull. zu M. 4,31.

उभयस्पृष्टि f. N. pr. eines Flusses Bhâg. P. 5,20,27.

उभया Adv. in beiderlei Weise.

*उभयाकर्णि und *उभयाञ्जलि Adv.

उभयात्मक Adj. von beiderlei Wesen M. 2,92. Sâṁkhjak. 27. Vikram. 16,8.

उभयादत् (AV. 5,19,2) und उभयादन्त् Adj. unten und oben Schneidezähne habend.

*उभयादन्ति, *उभयापाणि und *उभयाबाहु Adv.

उभयाप् Beide darstellen. °पित Partic. B. darstellend.

उभयायिन् Adj. für beide (Welten) bestimmt.

उभयालंकार m. und °कृति f. eine rhetorische Figur der Form und dem Inhalte nach.

उभयाविन् Adj. beiderseitig, an Beidem theilnehmend.

उभयावृत्ति f. in der Rhet. Wiederkehr gleichbedeutender und gleichlautender Wörter. Beispiel Spr. 2418.

उभयाहस्ति Adv. beide Hände voll.

(उभयाहस्त्य) °हस्तिन् Adj. beide Hände füllend.

उभयीय Adj. Beiden gehörig.

उभयेद्युस् Adv. an zwei aufeinanderfolgenden Tagen.

*उभाकर्णि, *उभाञ्जलि, *उभादन्ति, *उभापाणि, *उभाबाहु und उभाहस्ति Adv.

*उम् Interj. प्रश्ने, रोषोक्तौ, अङ्गीकृतौ.

उम 1) *m. a) Stadt. — b) Landungsplatz. — 2) f. उमा a) Flachs. °फल n. Kauç. 33. — b) Gelbwurz Karaka 6,13. — c) *Glanz. — d) *Ruhm. — e) *Ruhe. — f) *Nacht. — g) N. pr. α) einer Tochter des Himavant und Gattin Çiva-Rudra's. — β) verschiedener Frauen. — h) Bez. eines 6jährigen Mädchens, das bei der Durgâ-Feier diese Göttin vertritt.

*उमाकट n. der Blüthenstaub vom Flachs.

उमाकान्त m. Bein. Çiva's MBh. 13,17,187.

उमागुरु m. Vater der Umâ, Bein. des Himavant.

उमागुरुनदी f. N. pr. eines Flusses Hariv. 9516.

उमाचतुर्थी f. der 4te Tag in der lichten Hälfte des Gjaishṭha.

उमातिलक m. eine Art Composition S. S. S. 163. °ताल m. ein best. Tact.

उमानाथ m. Bein. Çiva's.

उमापति m. 1) dass. Taitt. Âr. 10,18. — 2) N. pr. eines neueren Grammatikers.

उमापतिदत्त m. N. pr. eines Mannes.

उमापतिधर m. N. pr. eines Dichters.

उमापत्य eine Art Flöte S. S. S. 179.

उमापरिणयन n. Titel eines Werkes.

*उमापुष्पकषाय n. P. 6,2,10, Sch.

उमामहेश्वर und °व्रत n. eine best. Begehung.

*उमावन n. N. pr. einer Stadt.

उमालिङ्गिता f. Titel eines Werkes.

उमासहाय m. Bein. Çiva's.

उमासुत m. Bein. Skanda's Ind. St. 15,234.

उमास्वातिवाचकाचार्य m. N. pr. eines Lehrers.

उमेश m. 1) Bein. Çiva's. — 2) Çiva mit Umâ (als Statue).

उम्बर m. 1) *Schwelle; vgl. उदुम्बर. — 2) N. pr. eines Gandharva. उम्बर v. l.

*उम्बिका f. = उम्बी Nigh. Pr.

उम्बी f. eine grüne Gersten- oder Weizenähre, über einem Grasfeuer halb geröstet, Bhâvapr. 2,30.

*उम्बुर = उम्बर 1).

उम्बेक m. N. pr. eines Mannes. Vgl. उंवेक.

उम्भ् s. उभ्.

*उम्भि gaṇa कच्छादि.

*उम्य n. 1) Flachsfeld. — 2) ein Feld mit Gelbwurz.

उम्लोचा f. N. pr. einer Apsaras.

उरःकपाट eine breite Brust Kir. 5,33.

उरःक्षतकास m. schwindsüchtiger Husten Çârṅg. Saṁh. 1,7,14.

उरःक्षत m. Lungenschwindsucht.

उरःपार्श्वार्धमण्डलिन् m. eine best. Stellung der Hände beim Tanz.

उरःप्रतिपेषम् Absol. Brust an Brust gedrückt Çiç. 10,40.

उरग 1) m. a) Schlange, Schlangendämon Suparṇ. 8,8. — b) das unter den Schlangen stehende Mondhaus Âçleshâ Varâh. Jogaj. 5,2. — c) *Blei. — d) *Mesua Roxburghii Nigh. Pr. — 2) f. आ N. pr. einer Stadt. Auch उरगाख्यं पुरम्. — 3) f. ई Schlangenweibchen.

*उरगभूषण m. Bein. Çiva's.

उरगयव m. ein best. Gerstenkorn als Maass (buddh.).

उरगसारचन्दन eine best. Sandelart Lalit. 73,4. 8. °चूर्ण n. 249,16. 367,4. Adj. °चन्दनमय daraus verfertigt 143,14.

*उरगस्थान n. Pâtâla, der Aufenthaltsort der Schlangen.

उरगारि m. Bein. Garuḍa's. °केतन m. Bein. Vishṇu's oder Kṛshṇa's VP. 4,13,53.

*उरगाशन m. Bein. Garuḍa's.

उरगास्य eine Art Spaten.

उरंग und °म m. Schlange.

उरण m. (adj. Comp. f. आ) 1) Widder, Lamm. — 2) ein best. dämonisches Wesen.

उरणक m. Widder, Lamm. °चरम m. Lamm.

*उरणाक्ष und *°क, *उरणाख्य und *°क m. Cassia alata oder Tora.

उरभ्र m. 1) Widder. — 2) ein best. giftiges Insect.

उररी Adv. mit कर् 1) ausbreiten. — 2) empfangen Daçak. 17,10. — 3) annehmen, bei sich zur Erscheinung bringen, an den Tag legen Çiç. 10,14. — 4) zugeben, einräumen, annehmen. — 5) zusagen, versprechen Naish. 5,111.

उररीकरण n. und *कार m. Einräumung, Annahme.

*उरल und davon Adj. *उरल्य gaṇa बलादि.

उरश 1) *m. N. pr. eines Mannes. — 2) f. आ N. pr. einer Stadt.

उरश्छद m. Brustharnisch.

उरःशूलिन् Adj. an Brustschmerzen leidend Karaka 6,8.

उरस् 1) n. a) Brust. उरसा धा (Med.) auf der Brust tragen Kir. 191,8. *उरसि कर् an die Brust drücken, getrennt oder componirt einwilligen. — 2) *der Beste in seiner Art. — 3) *m. N. pr. eines Mannes.

उरस 1) *Adj. eine breite oder starke Brust habend. — 2) *m. v. l. für उरश. — 3) f. आ v. l. für उरशा. — 4) *n. das Beste in seiner Art.

उरसास्पृष्टम् Adv. ohne dass eine Berührung mit der Brust stattfindet Kâtj. Çr. 17,4,10.

उरसिज und *उरसिरुह m. die weibliche Brust.

*उरसिल Adj. = उरस 1).

*उरसिलोमन् Adj. auf der Brust behaart.

उरस्क am Ende eines adj. Comp. = उरस् 1)a).

*उरस्कट m. die über die Brust getragene Opferschnur.

उरस्तस् Adv. aus der Brust Tâṇḍja-Br. 6,1,8.

*उरस्त्र und *उरस्त्राण n. Brustharnisch.

*उरस्य, °स्यति kräftig sein.

उरस्य 1) Adj. a) wobei die Brust betheiligt ist. कर्मन् so v. a. anstrengend. Von einem Laute so v. a. daher kommend. — b) *in der Richtung der Brust gelegen. — c) *leiblich (Kind). — d) *vorzüglich. — 2) m. die weibliche Brust.

*उरस्वत् Adj. = उरस 1).

*उरःसूत्रिका f. ein über die Brust herabhängender Perlenschmuck.

उरःस्तम्भ m. Brustbeklemmung.

उरा f. Schaf.

उराण Partic. von वर्, वृणाति.

उरामथि Adj. Schafe würgend.

उरारि oder °री f. ein best. Spiel Comm. zu Kâtj. Çr. 11,7,18 (ungedr.).

*उराह m. ein Schimmel mit schwarzen Beinen.

1. उरी Adv. mit कर् 1) empfangen, theilhaftig werden. — 2) annehmen, bei sich zur Erscheinung bringen, an den Tag legen Naish. 4,84. — 3) zur Verfügung stellen, hingeben. — 4) zusagen, versprechen Naish. 5,117.

2. उरा f. N. pr. eines Flusses.

उरु 1) Adj. (f. उर्वी) weit, geräumig, ausgedehnt, weit reichend, sich weithin verbreitend, breit, gross. — 2) Adv. weit, weithin. — 3) m. N. pr. a) eines Āṅgirasa Ārsh. Br. — b) eines Sohnes des 11ten Manu VP. 3,2,13. Bhāg. P. 8,13,31. — 4) उर्वी a) die Erde, der Erdboden, Erde als Stoff. Du. Erde und Himmel. — b) Pl. mit षष् die sechs Welten (die vier Himmelsgegenden, Oben und Unten; aber auch anders gedeutet). — c) *Pl. Flüsse. — 5) n. das Weite, Unbeengte. उरु कर् Raum schaffen, Unbeengtheit —, Gelegenheit geben.

उरुक Adj. = उरु 1) Maitr. S. 1,5,1. 11.

*उरुकाल und *°क m. eine best. kriechende Pflanze.

उरुकीर्ति Adj. dessen Ruf weit reicht.

उरुकृत् Adj. Raum schaffend.

उरुक्रम 1) Adj. weit schreitend. — 2) Bein. *Vishṇu's und Çiva's.

उरुक्रिय m. N. pr. eines Fürsten.

उरुक्षय (RV.) und उरुक्षय (AV.) 1) weite Räume einnehmend. — 2) m. N. pr. eines Fürsten.

*उरुक्षयस् m. = उरुक्षय 2); vgl. बौरुक्षयस.

उरुक्षिति f. geräumiger Wohnsitz.

उरुक्षेप (?) m. N. pr. eines Fürsten.

उरुग (!) m. = उरग Schlange Suparṇ. 4,3.

उरुगव्यूति Adj. ein weites Gebiet habend.

उरुगाय 1) Adj. weit schreitend, sich weithin verbreitend, weit (Weg). — 2) m. Bein. Vishṇu's. — 3) n. weiter Raum zur Bewegung, Unbeengtheit, freie Bewegung.

उरुगायवत् Adj. unbeengt.

उरुगूला f. eine Art Schlange.

उरुग्रार्हे fehlerhaft für उरु°.

उरुचक्र Adj. weiträderig.

उरुचक्रि 1) Adj. Unbeengtheit schaffend. — 2) m. N. pr. eines Ātreja.

उरुचक्षस् Adj. weitschauend.

उरुज्मन् Adj. weitläufig AV.

उरुज्रयस् und °ज्रि Adj. auf weiter Bahn sich bewegend.

उरुञ्जिरा f. Name des Flusses Vipāç.

उरुण्ड m. N. pr. 1) eines Dämons. — 2) eines Mannes.

उरुता f. Weite.

उरुधा Adv. vielfach.

उरुधार Adj. (f. आ) einen breiten Strom gebend, reichlich milchend.

उरुधिष्ण्य m. N. pr. eines der 7 Weisen im 11ten Manvantara Hariv. 1,7,71.

उरुपुण्यकोश m. ein grosser Schatz von guten Werken Cit. im Comm. zu Gobh. 1,1,13.

*उरुपुष्पिका f. eine best. hanfartige Pflanze Nigh. Pr.

उरुप्रथस् und उरुप्रथस् Adj. ausgebreitet.

उरुबिन्दु m. N. pr. eines Flamingo.

उरुबिल Adj. (f. ई) eine weite Oeffnung habend.

उरुबिल्वा f. N. pr. eines Dorfes.

उरुबिल्वाकल्प N. pr. einer Oertlichkeit Lalit. 328,5.

उरुबिल्वाकाश्यप m. Bein. eines Kāçjapa.

उरुव्यच Adj. weit geöffnet.

उरुमाण m. Crataeva religiosa Nigh. Pr. Kāraka 1,27 (S. 62).

उरुमुण्ड m. N. pr. eines Berges.

उरुया Instr. Adv. weithin Maitr. S. 3,2,1.

उरुयुग Adj. ein weites Joch habend.

उरुरात्रि f. späte Nacht Cit. im Comm. zu Gobh. 1,3,16 (S. 214).

*उरुरी Adv. = उररी.

उरुलोक Adj. weiträumig.

उरुवल्क m. N. pr. eines Sohnes des Vasudeva.

उरुवसु m. N. pr. eines Mannes VP.² 4,69.

उरुवास m. Name eines buddh. Klosters.

उरुविक्रम Adj. von grossem Muth MBh. 2,45,1. 3,224,23. Vaṃç. 162.

उरुवु, *°क und उरुवूक m. n. Ricinus communis.

उरुव्यचस् 1) Adj. weitumfassend, vielfassend, capax. — 2) *m. ein Rakshas.

उरुव्यञ्च् 1) Adj. (f. उरूची) a) weitumfassend, weit ausgedehnt. — b) weitreichend (Stimme). — 2) f. उरूची die Erde.

उरुव्रज Adj. (f. आ) ein weites Gebiet habend.

उरुशंस Adj. 1) laut preisend. — 2) weithin gebietend.

उरुशर्मन् Adj. eine weite Zuflucht habend.

उरुशृङ्ग m. N. pr. eines Berges in Çākadvīpa Bhāg. P. 5,20,26.

उरुश्रवस् m. N. pr. eines Mannes VP.² 3,330.

उरुषा Adj. Unbeengtheit gewährend.

उरुष्य्, °ष्यति 1) das Weite suchen, sich davonmachen. — 2) sich abwenden von (Abl.). — 3) entgehen, mit Acc. — 4) in Sicherheit bringen, retten, beschützen vor (Abl.). — 5) abwenden, abwehren.

उरुष्या Instr. mit rettender Hand.

उरुष्यु Adj. rettend.

उरूक nach Einigen m. = उलूक Eule, nach Andern n. omentum Naigh. 3,4,8.

उरूची s. उरुव्यञ्च्.

उरूणस Adj. breitnasig.

उरोगम m. Schlange Suparṇ. 4,1.

उरोग्रह m. Brustfellentzündung Çārṅg. Saṃh. 1,7,27.

*उरोघात m. Brustschmerzen.

*उरोज m. die weibliche Brust.

उरोबृहती f. ein best. Metrum.

*उरोभूषण n. Brustschmuck.

*उरोमण्डलिन् m. eine best. Stellung der Hände beim Tanz.

उरोविबन्ध m. Brustbeklemmung Kāraka 6,12.

उर्त्तिकाना f. N. pr. einer Stadt. उज्झिकाना v. l.

*उर्दि m. oder f. N. pr. einer Person Mahābh. 4,71,b.

*उर्द m. = उरु 1) a).

उर्मिला f. fehlerhaft für ऊर्मिला.

उर्व m. 1) N. pr. eines Mannes. *Pl. sein Geschlecht. — 2) AV. 16,3,3 wohl fehlerhaft für उल्ब.

*उर्वङ्ग m. 1) Berg. — 2) Meer.

(उर्वज्र) उरुव्रज m. weite Flur.

*उर्वट m. Jahr.

उर्वरा f. 1) Fruchtfeld, Saatland RV. 8,80,5. 6. — 2) die Erde Bālar. 239,16. 241,17. Spr. 4936. — 3) N. pr. einer Apsaras. — उर्वराप Kāty. Çr. 25,6,10 und Çāṅkh. Çr. 3,17,1 fehlerhaft für उरुर्वराप.

उर्वराजित् Adj. Felder gewinnend.

उर्वरापति m. Herr des Saatlandes RV.

उर्वरासा Adj. Felder verschaffend.

उर्वरित Adj. übrig geblieben, entkommen, gerettet Prasannar. 20,7 (im Prākrit).

उर्वरी f. Werg, die aus dem Rocken gezogenen Fäden.

उर्वरीवत् m. N. pr. eines Ṛshi VP. 1,10,10. 3,1,11.

उर्वर्य (Maitr. S. 2,9,6) und उर्वर्य Adj. zum Saatland gehörig.

उर्वशी f. 1) Begierde, Inbrunst, heisser Wunsch. — 2) N. pr. einer Apsaras, der Geliebten des Purūravas. — 3) Name der Dākshājaṇī und der Badarī.

उर्वशीतीर्थ n. N. pr. eines Tīrtha.

उर्वशीनाममाला f. Titel eines Wörterbuchs.

*उर्वशीरमण und *उर्वशीवल्लभ m. Beiname des Purūravas.

उर्वारु *m. und उर्वारू f. eine Kürbisart. उर्वारु und °क n. die Frucht Hemādri 1,196,5. 629,11.

उर्विया Instr. Adv. weit, weithin, weit und breit, in die Breite. Vgl. उरुया.

उर्वी s. und उरु.

उर्वीतल n. Erdboden, die Erde 329,1. Spr. 7703.

उर्वीपति m. Fürst, König Spr. 1317. Naish. 3,73.

उर्वीभुज् m. dass. Prasannar. 73,7.

उर्वीभृत् m. Berg.

उर्वीश und उर्वीश्वर m. Fürst, König.

उर्व्यंच् Adj. TS. 4,4,6,2 gegen das Metrum für उरुव्यच्.

1. उर्व्यी f. *Unbeengtheit, Sicherheit.*

2. उर्व्यी Adv. VS. 12,1. TS. 1,3,14,5 gegen das Metrum st. उर्वियां.

(उर्व्यूति) उर्विऊति Adj. *weithin Hülfe bringend.*

उर्ल m. 1) *ein best. wildes Thier* Maitr. S. 3,14,12. — 2) **halbreife Hülsenfrucht über leichtem Feuer geröstet* Nigh. Pr. — 3) N. pr. eines Ṛshi.

*उलण्ड्, °ण्डयति = ओलण्ड्.

*उलन्द् gaṇa चरीकृषादि.

*उलन्दक m. Bein. Çiva's Gal. Vgl. उलिन्द.

उलप 1) m. *Staude, Buschwerk; Büschel.* — 2) m. n. **eine sich weit ausbreitende kriechende Pflanze.* — 3) m. *Eleusine indica Gaertn.* Mahîdh. zu VS. 16,45. — 4) m. **Saccharum cylindricum.* — 5) m. N. pr. eines Schülers des Kalâpin Cit. in der Kâç. zu P. 4,3,104. — 6) f. आ *eine best. Grasart* Bhâvapr. 164,8.

उलपराजि (Mânava im Comm. zu Kâtj. Çr. 9,7,7), °का (Nâjam. 3,1,21) und °जी (Lâtj. 2,6,28) f. *ein Büschel Gras.*

*उलपिन् m. = उलुपिन्.

उलप्य Adj. von उलप 1).

*उलभ m. Pl. N. pr. eines Kriegerstammes Kâç. zu P. 5,3,115.

*उलिन्द m. 1) N. pr. einer Gegend. — 2) Bein. Çiva's. Vgl. उलन्दक.

*उलुण्ड m. N. pr. eines Mannes.

*उलुप m. n. = उलप 2) und 3).

*उलुपिन् m. *Meerschwein oder ein ähnliches Thier.*

उलुप्य Adj. = उलप्य.

*उलुम्बा f. = उम्बी Nigh. Pr.

उलुलि Adj. *ululabilis* oder m. *ululatus.*

उलूक 1) m. a) *Eule, Käuzlein.* Nom. abstr. उलूकत्व n. — b) Pl. N. pr. eines Volkes, Sg. *der Fürst desselben.* — c) Bein. Indra's (vgl. कौशिक) Vâmana 2,1,13. — d) N. pr. α) eines Muni. — β) eines Schlangendämons Suparn. 23,8 (oxyt.). — 2) f. उलूकी Bez. *der Urenie.* — 3) *n. *eine Grasart.*

उलूकचेटी f. *eine Art Eule.*

उलूकजित् m. 1) **Krähe* Nigh. Pr. — 2) N. pr. = इन्द्रजित् 1) Vâmana 2,1,13.

*उलूकपक्ष Adj. (f. ई) *die Gestalt eines Eulenflügels habend* Mahâbh. 4,19,b.

*उलूकपाक m. *eine junge Eule.*

*उलूकपुच्छ Adj. (f. ई) *die Gestalt eines Eulenschwanzes habend* Mahâbh. 4,19,b.

उलूकयातु m. *ein Dämon in Gestalt einer Eule.*

उलूखल 1) n. *Mörser.* उलूखलमुसले n. Du. *Mörser und Stösser.* उलूखलबुध्न Adj. उलूखलाङ्घ्रि m. *der Fuss —, die untere Fläche eines Mörsers.* — 2) n. Bez. *gewisser* Soma-*Becher, der neun* Grahapâtra. — 3) m. Bez. *eines best. Ohrenschmuckes bei einer* Piçâkî. — 4) m. n. **ein bei besonderen Gelegenheiten getragener Stock aus* Udumbara-*Holz.* — 5) n. **Bdellion.* — 6) m. N. pr. eines bösen Dämons Pâr. Gṛhj. 1,16,23.

उलूखलक 1) m. N. pr. eines Muni. — 2) n. a) *Mörserchen* ṚV. — b) **Bdellion.*

उलूखलरूप Adj. *die Gestalt eines Mörsers habend.* Nom. abstr. °रूपता f. Çat. Br. 7,5,1,15.

उलूखलसुत Adj. *in einem Mörser ausgestampft.*

°उलूखलिक Adj. *als Mörser gebrauchend.*

उलूट m. Pl. v. l. für उलूत 1) b).

उलूत 1) m. a) **Boa.* — b) Pl. N. pr. eines Volkes MBh. 6,9,54. Vgl. उतूल. — 2) *f. ई N. pr. einer Geliebten Garuḍa's Gal. *उलूतीश m. Bein. Garuḍa's ebend.

उलूप 1) m. *eine best. Pflanze* 168,14. Vgl. उलप, उलुप. — 2) f. ई N. pr. einer Tochter des Schlangendämons Kauravja und Gattin Arǵuna's.

उलूलि und उलूलु = उलुलि.

उल्क 1) m. N. pr. eines Fürsten Hariv. 1,13,33. — 2) f. उल्का a) *eine feurige Erscheinung, Meteor.* — b) *Feuerbrand.* — c) Titel einer Grammatik.

उल्काजिह्व m. N. pr. eines Rakshas.

उल्कानवमी f. *ein best. 9ter Tag.*

उल्कानिरस्त (AV. 19,9,8) und उल्काभिहत (AV. 19,9,9) Adj. *von einem Meteor getroffen.*

उल्कामालिन् m *ein best. Krankheitsdämon* Hariv. 9559.

उल्कामुख 1) m. a) *eine Art Gespenst* Mâlatim. 78,4 (70,3). — b) N. pr. α) eines Nachkommen des Ikshvâku. — β) eines Affen. — γ) eines Rakshas. — 2) *f. ई *Fuchs.*

उल्कुषी f. 1) *eine feurige Erscheinung, Meteor.* उल्कुष्यंस Adj Çat. Br. 11,2,7,25. — 2) *Feuerbrand.*

उल्कुषीमत् Adj. *von feurigen Erscheinungen begleitet.*

उल्ब m. (selten) und n. 1) *Hülle des Embryo, Eihaut.* इन्द्रस्य उल्बजरायुणी Name zweier Sâman. — 2) *Gebärmutter.* — 3) **Höhle.*

उल्बण 1) Adj. (f. आ) *übermässig, zu viel, — gross, — stark, aussergewöhnlich, ungeheuer.* — b) am Ende eines Comp. *reich an, voll von* Nom. abstr. °ता f. — c) **offenbar.* — 2) m. a) *eine best. Stellung der Hände beim Tanz.* — N. pr. eines Sohnes des Vasishṭha. — 3) *f. आ *ein Gericht aus dem Mark von Bananen, Melonen u. s. w. mit Milch und Gewürz* Nigh. Pr. — 4) n. उल्बण a) = *Eihaut.* — b) *Absonderlichkeit* Ait. Âr. 346,15.

उल्बणिषु Adj. *an's Absonderliche streifend* Ait. Âr. 250,4.

उल्ब्य Adj. mit पायस् *Fruchtwasser.*

उल्मुक 1) n. *Feuerbrand.* — 2) m. N. pr. eines Sohnes a) des Balarâma. — b) des Manu Kâkshusha VP.² 1,178.

उल्मुकमध्य Adj. *aus einem Feuerbrand zu reiben.*

उल्मुकावक्षयण n. *eine Zange oder Schaufel für einen Feuerbrand.*

उल्मुक्य Adj. *von einem Feuerbrand herrührend.*

*उल्य Adj. von उल gaṇa बलादि.

*उल्ल m. und *उल्ली f. *weisses Arum* Nigh. Pr.

*उल्लकसन n. *Haarsträubung.*

उल्लङ्घन n. 1) *das Hinübersetzen über.* — 2) *das Uebertreten, Brechen* (einer Verpflichtung u.s.w.).

उल्लङ्घनीय und उल्लङ्घ्य Adj. *zu übertreten.*

*उल्लम्फन n. *Sprung.*

°उल्लम्बिन् Adj. *hängend auf.*

*उल्लसत्फल m. *Mohn* Nigh. Pr.

उल्लाघ 1) Adj. a) *von einer Krankheit genesen.* °ता f. *Genesung* Spr. 7802. — b) **geschickt.* — c) **rein.* — d) **böse.* — e) **froh.* — 2) *m. *schwarzer Pfeffer.*

उल्लाघय्, °यति *gesund machen, zu neuem Leben erwecken* Spr. 543. — Mit *प्र P. 8,2,55, Sch.

उल्लाङ्गूल Adj. *mit erhobenem Schweife* Dh. V. 29,3.

उल्लाप m. *ein hartes Wort* Spr. 2047.

उल्लापक n. *Schmeichel—, Lobrede.*

उल्लापन 1) Adj. *vergänglich* Lalit. 258,20. — 2) n. *das Liebkosen.* Zu den Kalâ gezählt bei Gal.

उल्लापिका *eine Art Gebäck.*

उल्लापिन् Adj. *ausrufend, rufend* Spr. 2102.

उल्लाप्य n. *eine Art von Schauspielen.*

उल्लाल *das Couplet in der* Shaṭpadikâ.

उल्लास m. 1) *das Erscheinen, zum Vorschein Kommen* Kap. 2,26. Spr. 4711. Kathâs. 14,13. Sâh. D. 198. 258,21. 305,20. — 2) *Freude, Lust* Kathâs. 72,18. — 3) *Zunahme, Wachsthum.* — 4) in der Rhet. *Hervorhebung durch Vergleichung oder Entgegensetzung.* — 5) *Kapitel, Abschnitt.* — 6) Bez. *der sieben Grade in den Mysterien der* Çâkta.

उल्लासन 1) n. *das Ergänzen* Rićat. 5,343. — 2) f. आ *das Erscheinenlassen* Bhâm. 244,3.

उल्लासिन् Adj. *spielend, hüpfend* Vis. 31.

उल्लिखन n. *Brechmittel* Bhâvapr. 4,103.

उल्लिखन्नाटक n. Titel eines Werkes.

उल्लिङ्गय्, °यति *aus Merkmalen erschliessen* Kir. 14,2.

उल्लुञ्चन n. *das Zausen, Zerren an, Ausreissen*

(z. B. der Haare).

उल्लुण्ठा f. Ironie, Sarkasmus.

*उल्लू Adj. aufschneidend.

उल्लेख 1) Adj. in Verbindung mit युद्ध Bez. einer der 4 Arten des Grahajuddha, wobei die Sterne sich gleichsam ritzen. — 2) m. a) Erwähnung, Angabe, Schilderung, anschauliche Darstellung Râgat. 7,1133. — b) das Hervortretenlassen, in den Vordergrund Stellen Prasannar. 32,6. — c) das Vomiren Karaka 6,26. — d) in der Rhet. malende Beschreibung eines Objectes nach der Verschiedenheit der Eindrücke, welche seine Erscheinung hervorbringt. — 3) *f. आ Strich, Linie.

उल्लेखन 1) Adj. abmalend, anschaulich ausdrückend, darstellend. — 2) n. a) das Einritzen, Ziehen von Linien Kâtj. Çr. 7,4,9. — b) das Aufkratzen, Abschurren. — c) das Vomiren Karaka 6,3. 11,19. — d) Brechmittel Karaka 1,13. — e) das Erwähnen, Angeben.

उल्लेखरेखा f. eine Etwas deutlich bezeichnende Linie. S. सोल्लेखरेखम्.

उल्लेखिन् Adj. 1) kratzend an, so v. a. berührend, reichend bis Kâd. 53,13. — 2) = उल्लेखन 1) Sarvad. 20,15.

उल्लेख्य Adj. 1) einzuritzen, aufzuschreiben. — 2) was abgemalt —, anschaulich ausgedrückt wird.

†उल्लोच m. Traghimmel.

उल्लोपिक m. und °का f. v. l. für उल्लापिक Ind. St. 16,329, N.

उल्लोल 1) Adj. baumelnd. — 2) *m. eine hohe Welle.

उवट m. N. pr. eines Scholiasten.

उवर्ण m. die Vocale उ und ऊ VS. Prât. TS. Prât. AV. Prât.

उवे Interj. R̥V. 10,86,7.

उशङ्गव m. N. pr. eines Fürsten.

उशत m. N. pr. eines Sohnes des Sujagña Hariv. 1,36,4. उषत् v. l.

उशदघ् Adj. (Nom. °धक्) nach Wahl erreichend, beliebig sich ausdehnend.

*उशनःप्रिय m. der Edelstein Gomeda Nigh. Pr.

उशनस् m. (Nom. °ना, ved. Acc. °नाम्, ved. Dat. und Loc. °ने) N. pr. eines Frommen der mythischen Vorzeit, mit dem Patron. Kâvja. Später wird er mit Çukra, dem Lehrer der Asura, identificirt, und bezeichnet wie dieser den Planeten Venus. उशनसः स्तोमः eine best. Recitation, welche anzuwenden ist, wenn sich Jmd vergiftet glaubt.

उशना f. 1) Instr. (gleichlautend) begierig, freudig, eilig. — 2) N. pr. der Gattin eines Rudra VP.² 1,117.

उशस् s. u. वस्, वस्ति. उशती v. l. für उषती, रुशती.

उशाणा f. eine best. Pflanze.

उशिक m. 1) N. pr. eines Fürsten. — 2) Name des 21ten Kalpa.

उशिज् 1) Adj. a) heischend, eifrig strebend, zugethan, bereitwillig. — b) reizend, schön Bhâg. P. — 2) *m. a) Feuer. — b) zerlassene Butter. — 3) f. N. pr. der Mutter des Kakshîvant.

*उशिज m. N. pr. des Vaters Kakshîvant's Comm. zu Tâṇḍja-Br. 14,11,17.

*उशी f. Wunsch.

उशीनर m. Pl. N. pr. eines Volkes im Mittellande. Sg. ein Fürst dieses Volkes.

उशीनरगिरि m. N. pr. eines Berges.

उशीनराणी f. eine Fürstin der Uçînara.

उशीर 1) m. n. die wohlriechende Wurzel von Andropogon muricatus. Am Ende eines adj. Comp. f. आ Hemâdri 1,33,2. — 2) *f. ई eine best. Grasart.

*उशीरक n. = उशीर 1).

उशीरगिरि m. N. pr. eines Berges.

उशीरबीज m. desgl.

*उशीरिक Adj. (f. ई) mit Uçîra handelnd.

(उशेन्य) उशेनिय Adj. wünschenswerth.

उशापुस् (!) m. N. pr. eines Sohnes des Purûravas VP.² 4,13.

1. उष्, योषति und उषति 1) brennen (trans.). उष्यते intrans. Karaka 1,18. — 2) züchtigen. — 3) versehren, zu Grunde richten. — Mit अभि anbrennen. — Mit उद् durch Gluth vertreiben. — Mit उप aufbrennen, verbrennen Vaitân. — Mit समुप zusammenbrennen. — Mit नि niederbrennen. — Mit प्रति versengen. — Mit सम् verbrennen.

2. उष्, उच्छति s. वस्, उच्छति.

3. उष् f. Frühlicht, Morgenröthe.

1. उष 1) Adj. begierig, verlangend. — 2) *m. Liebhaber.

2. उष 1) *m. a) salzhaltige Erde. — b) Bdellion. — 2) f. आ das Brennen, Glühen. — 3) *n. fossiles Salz.

3. उष 1) *m. Ende der Nacht Med. sh. 4. — 2) f. उषा a) Frühlicht, Morgenröthe. — b) Nacht Karaka 6,18. VP. 2,8,18. — c) *Kuh. — d) N. pr. einer Tochter Bâṇa's und Gattin Aniruddha's Agni-P. 12,46. 52. — 3) उषा *Adv. a) bei Anbruch des Tages. — b) in der Nacht.

*उषःकल m. Hahn Gal. Vgl. उषाकल.

उषङ्गु m. 1) N. pr. a) eines R̥shi. — b) eines Fürsten. — 2) Bein. Çiva's.

*उषण 1) n. a) Pfeffer. — b) die Wurzel von Piper longum. — 2) f. आ a) Piper longum oder Kavja. — b) getrockneter Ingwer. — Vgl. ऊषणा.

उषती f. eine verletzende Rede MBh.

*उषदश्व m. N. pr. eines Mannes; vgl. औषदश्वि.

उषद्गु m. N. pr. eines Sohnes des Svâhi.

उषद्रथ m. N. pr. eines Sohnes des Titikshu.

उषङ्गु 1) m. N. pr. eines Sohnes des Sujagña.

उषत v. l. — 2) f. उषती in Verbindung mit वाच् eine verletzende Rede MBh. 12,236,10. 241,9. An beiden Stellen उषतो: उषती ed. Calc. Die richtige Form ist wohl रुशती.

*उषप m. 1) Feuer. — 2) die Sonne.

उषर्बुध् Adj. früh wach.

*उषर्बुध m. 1) Feuer. — 2) Kind.

उषस् 1) f. (stark auch उषास् im Veda) a) Frühlicht, Morgenröthe, Morgen. Personificirt als Tochter des Himmels und Schwester der Âditja. उषसः साम Ârsh. Br. — b) Abendröthe. — c) Du. Nacht und Morgen. — d) N. pr. der Gattin Bhava's (einer Form Rudra's) VP. 1,8,9. — 2) n. a) Tagesanbruch, Dämmerung. — b) *Ohrhöhle. — c) *das Gebirge Malaja. — Vgl. 2. ऊष.

उषस्त und उषस्ति m. N. pr. eines Mannes.

*उषस्य्, °स्यति tagen.

उषस्य Adj. der Morgenröthe geweiht Âçv. Çr. 4,14,1.

उषाकर m. der Mond.

*उषाकल m. Hahn. Vgl. उषःकल.

उषापति (Agni-P. 12,11) und *उषारमण m. Bein. Aniruddha's.

उषारागोदय m. Titel eines Schauspiels.

उषासानक्ता Nom. Du. f. Morgenröthe und Nacht.

*उषासासूर्य n. Sg. die Morgenröthe und die Sonne.

उषित्र m. N. pr. eines Sohnes des Ûru.

उषित Partic. von उष्, योषति und वस्, वसति.

*उषितंगवीन Adj. wo früher Kühe sich aufgehalten haben.

उषितव्य n. impers. zu übernachten Kâd. 11,31,6.

उषेश m. 1) Mond. — 2) *Bein. Aniruddha's.

उषोजल n. Pl. Thau.

उषोराग m. Morgenröthe Daçak. 43,13.

उष्टर und उष्टार m. Pflugstier.

उष्ट्र 1) m. a) Büffel. — b) Kamel. उष्ट्रखरम् K. und Esel Gaut. *उष्ट्रशशम् K. und Hase. — c) *Lastwagen. — d) N. pr. eines Asura. — 2) f. उष्ट्री a) Kamelweibchen. — b) ein irdenes Gefäss von best. Form. — c) *Urtica interrupta und *eine Art मेषशृङ्गी Nigh. Pr.

उष्ट्रकर्णिक m. Pl. N. pr. eines Volkes.

*उष्ट्रकाण्डी f. Echinops echinatus Râgan. 10,142.

उष्ट्रकुङ्कुमवहन n. das Safran-Schleppen eines Kamels. °वत् Adv. Kap. 3,58. 6,40

*उष्ट्रक्रोशिन् Adj. wie ein Kamel schreiend.

उष्ट्रग्रीव m. eine Form der Mastdarmfistel.

उष्ट्रजिह्व m. N. pr. eines Wesens im Gefolge Skanda's.

उष्ट्रत्व n. Nom. abstr. zu उष्ट्र 1) b) Hemâdri 1,673,20.

उष्ट्रदस MBh. 13,5717 fehlerhaft für घोष्ट्रदस.

*उष्ट्रधूसरपुच्छिका f. Tragia involucrata L.

उष्ट्रनिषदन n. eine best. Art des Sitzens bei den Jogin.

*उष्ट्रपादिका f. Jasminum Sambac Ait.

*उष्ट्रपाल m. Kamelhirt Gal.

*उष्ट्रप्रमाण m. das fabelhafte Thier Çarabha Nigh. Pr.

*उष्ट्रभक्षा (Gal.) und *°भक्षिका f. eine best. der Alhagi verwandte Pflanze Bhâvapr. 4,37.

उष्ट्रवामी f. Kamelstute. *°वामि n. (auch Kâç.) schwerlich richtig.

*उष्ट्रवाहिन् Adj. von Kamelen gezogen (Wagen).

उष्ट्रशिरोधर m. = उष्ट्रग्रीव.

*उष्ट्रसादि m. ein Reiter zu Kamel. n. (auch Kâç.) schwerlich richtig.

1.*उष्ट्रस्थान n. Kamelstall.

2.*उष्ट्रस्थान Adj. in einem Kamelstall geboren.

*उष्ट्राकृति m. = das fabelhafte Thier Çarabha Gal.

उष्ट्राक्ष m. N. pr. eines Mannes, Pl. sein Geschlecht.

उष्ट्रिका f. 1) Kamelstute. — 2) ein irdenes Gefäss von best. Form. — 3) *eine best. Staude.

उष्ण 1) Adj. (f. आ; ई nur Kauç.) a) heiss, warm Gaut. Auch von einem Seufzer. — b) heftig (Conj.). — c) *rasch zu Werke gehend. — 2) उष्णम् Adv. heiss (seufzen) 50,29. *Mit कर् componirt. — 3) m. a) *Zwiebel. — b) N. pr. zweier Männer VP. 2,4,48. 4,21,3. — 4) *f. आ a) Hitze. — b) Auszehrung. — c) Galle. — d) *eine Art Momordica Nigh. Pr. — 5) n. (*m.) a) ein heisser Gegenstand. — b) Hitze, Wärme. — c) die heisse Jahreszeit. — d) Bez. der rückläufigen Bewegung des Mars, wenn sie stattfindet im 7ten, 8ten oder 9ten Mondhause von dem Mondhause, in welchem er heliakisch aufging. — e) N. pr. eines von Ushṇa beherrschten Varsha in Kuçadvîpa VP. 2,4,48.

*उष्णक 1) Adj. a) fieberkrank. — b) rasch zu Werke gehend. — 2) m. a) Hitze, die heisse Jahreszeit. — b) Brand (Krankheit) Gal. — 3) *Betelnuss Nigh. Pr.

उष्णकर m. die Sonne Kâd. II,49,15.

उष्णकाल m. die heisse Jahreszeit Spr. 1320.

उष्णकिरण und *उष्णकृत् (Gal.) m. die Sonne.

उष्णग m. Sg. und Pl. die heisse Jahreszeit. Auch उष्णगः कालः.

*उष्णगन्धा f. Alpinia Galanga Nigh. Pr.

उष्णगु m. die Sonne.

*उष्णघ्न n. Sonnenschirm.

*उष्णंकरण Adj. erhitzend, erwärmend.

उष्णता f. 1) Hitze, Wärme. — 2) am Ende eines Comp. grosses Verlangen nach.

उष्णतीर्थ n. N. pr. eines Tîrtha.

उष्णत्व n. Hitze, Wärme.

*उष्णनदी f. Bein. des Höllenflusses Vaitaraṇî.

उष्णप fehlerhaft für उष्मप.

*उष्णफला f. eine Art Momordica Nigh. Pr.

*उष्णभास् m. die Sonne Gal.

*उष्णभोजिन् Adj. warme Speisen geniessend.

उष्णय्, °यति heiss machen.

उष्णरश्मि und उष्णरुचि m. die Sonne.

उष्णवात m. eine best. Blasenkrankheit Wise 365. Çârṅg. Saṁh. 1,7,40.

उष्णवारण (*m.) n. Sonnenschirm.

उष्णविदाधक m. eine best. Augenkrankheit Çârṅg. Saṁh. 1,7,94.

उष्णवीर्य 1) Adj. erwärmende Kraft besitzend Káraka 1,14. 6,3. — 2) *m. Delphinus gangeticus.

उष्णवेताली f. N. pr. einer Hexe Hariv. 9542.

उष्णसमय m. die heisse Jahreszeit. Davon Denom. °समयाय्, °समयायते zur h. J. werden Bâlar. 129,8.

*उष्णसुन्दर m. Momordica Charantia, Averrhoa Carambola und Terminalia Bellerica Nigh. Pr.

उष्णस्पर्शवत् Adj. heiss anzufühlen Tarkas. 8.

उष्णांशु m. die Sonne 173,7. Hemâdri 1,156,13.

*उष्णागम m. Beginn der heissen Jahreszeit.

उष्णान्त m. Ende der heissen Jahreszeit R. 6,60,31.

*उष्णाभिगम m. = उष्णागम.

उष्णाभिप्राय Adj. mit Hitze endend (Fieber) Káraka 1,19. Davon °प्रायिन् Adj. an einem solchen Fieber leidend 6,3,d.

उष्णालु Adj. von der Hitze leidend.

*उष्णासह् m. Winter Râǵan. 21,67 (उष्णापह् Hdschr.).

उष्णि Adj. brennend, in घस्युष्णि.

*उष्णिका f. Reisbrei.

उष्णिग्गर्भ Adj. f. (आ) in Verbindung mit गायत्री ein best. Metrum.

उष्णिमन् m. Hitze.

उष्णिह् f. (Nom. उष्णिक्) 1) ein best. Metrum. — 2) ein diesem Metrum geweihter Backstein. — 3) wie andere Metra Name eines der Rosse des Sonnengottes VP. 2,8,5.

उष्णिहककुभ् f. Du. die Metra Ushṇih und Kakubh.

उष्णिहा f. 1) Pl. Genick. — 2) = उष्णिह् 1).

उष्णी Adv. mit कर् erhitzen, erwärmen.

उष्णोगङ्ग wohl n. N. pr. eines Tîrtha.

उष्णोनाभ m. N. pr. eines göttlichen Wesens.

उष्णीष 1) m. n. Kopfbinde, Turban, Binde überh. उष्णीषपट्ट desgl. 290,10. — 2) Bez. eines Auswuchses auf Çâkjamuni's Kopfe.

उष्णीषविजया f. N. pr. einer buddh. Göttin.

उष्णीषिन् Adj. mit einer Kopfbinde versehen.

1. उष्णोदक n. 1) warmes Wasser Spr. 6775. — 2) eingekochtes Wasser Bhâvapr. 3,14.

2. उष्णोदक m. R. 2,83,18 nach dem Comm. Gliederreiber.

*उष्णोपगम m. = उष्णागम.

*उष्म m. 1) Hitze. — 2) die heisse Jahreszeit. — 3) Frühling. — 4) Zorn.

*उष्मक = ऊष्मक.

उष्मता MBh. 1,103,17 fehlerhaft für उष्णता Hitze.

उष्मन्, उष्मप und उष्मस्वेद s. ऊष्मन् u. s. w.

*उष्मागम m. schlechte Lesart für उष्णागम oder ऊष्मागम.

*उष्माय् und *उष्मोपगम s. ऊष्माय् und ऊष्मोपगम.

उष्य in मुखोष्य.

उष्यल n. Rahmen (eines Ruhebettes).

उस्र् f. = उषस् Frühlicht, Morgenröthe.

उस्र 1) Adj. (f. ई) a) morgendlich. — b) etwa hell, klar (Gangâ) MBh. 13,26,95. Kuh nach Nîlak. — 2) m. a) Strahl. — b) Stier. — 3) f. ई a) Frühlicht, Morgenröthe, Helle. — b) Kuh. — c) *eine best. Pflanze.

उस्रयामन् Adj. im Frühlicht ausgehend, bei Tageshelle gehend.

उस्रि f. Morgen, Helle.

उस्रिक m. Öchslein.

उस्रिध Adj. TBr. 2,7,18,2 wohl fehlerhaft.

उस्रिय 1) Adj. (f. आ) a) röthlich. — b) taurinus. — 2) m. a) Stier. — b) Kalb. — 3) f. आ a) Helle, Licht. — b) Kuh. — c) Milch und Anderes von der Kuh Kommende.

उस्रियात्व n. Nom. abstr. zu उस्रिय 3) b) Maitr. S. 4,2,11.

*उस्रीय्, °यति sich eine Kuh wünschen.

1. उह् s. ऊह्, ऊहति.

2. उह् s. वह्.

3.* उह्, बोहति (वधे).

*उहान m. N. pr. einer Gegend.

उहुवापिवासिष्ठ n. Name eines Sâman.

उहूर Adj. wohl uhu schreiend.

उह्लगान n. = ऊह्लगान.

1. ऊ = 1. उ; s. d.

2.* ऊ Interj. वाक्यारम्भे, अनुकम्पायाम्, रक्षायाम्.

3.* ऊ Adj. von अव्, अवति und von वा, वयति.

4. *ऊ m. 1) der Mond. — 2) Bein. Çiva's.

ऊखर m. N. pr. = उखर.

ऊँ (ऊँ) im Padapāṭha vor hinzugefügtem इति = 2. ऊ.

ऊकार m. der Laut ऊ TS. Prât. AV. Prât.

ऊखर m. Pl. N. pr. einer Çiva'itischen Secte.

ऊण्य AK. 2,9,13 fehlerhaft für उण्य.

ऊङ्ग mit नि in न्यूङ्ख und न्यूङ्खमानक.

*ऊठ्, ऊठति = *उठ्, घोठति.

ऊढ 1) Adj. Partic. von 1. und 2. ऊह् und वह्. — 2) f. आ eine Heimgeführte, Gattin.

*ऊढकङ्कट Adj. gepanzert, v. l. für व्यूढ°.

*ऊढभार्य Adj. der eine Gattin heimgeführt hat.

*ऊढय्, °यति Denom. von ऊढ und ऊढि.

*ऊढरथ Adj. einen Wagen ziehend L. K. 1037.

ऊढवयस् Adj. erwachsen Bâlo. P. 4,9,66.

ऊढि f. das Tragen Rāǵat. 7,1090.

ऊर्णि v. l. für श्रोणि.

ऊणीतेनस् Lalit. 3,14 wohl fehlerhaft für ऊर्णितेनम्.

ऊत Partic. 1) von अव्. — 2) von वा, वयति.

1. ऊति f. (im Çat. Br. einmal m.) 1) das in Gang Bringen, Fortbewegung. — 2) Gang, iter. — 3) Förderung, Begünstigung, Unterstützung, Hülfe, Wohlwollen. — 4) Helfer, Förderer. — 5) Labung, Erquickung, Stärkung. — 6) Pl. Lebensmittel, erquickende Dinge. — 7) Spiel, Scherz, Belustigung Bhâg. P. — 8) *= तारण.

2. ऊति f. Gewebe.

3. ऊति m. N. pr. eines Daitja.

ऊर्णाक m. = पूतीक ein als Surrogat für die Soma-Pflanze dienendes Kraut.

ऊदक und ऊदर = उदक und उदर in धनूदक und धनूदर.

ऊदल n. Name eines Sâman Lâṭj. 4,8,17.

ऊधन्, ऊधर्, ऊधस् n. 1) Euter. — 2) ein verehrter, geheimer oder nur dem Freunde zugänglicher Ort, Busen. — 3) Wolke (als Euter des Himmels), bewölkter Himmel. — 4) *Nacht. — 5) Bez. einer best. Stelle in den Mahânâmnî.

ऊधन्य Adj. im Euter enthalten Maitr. S. 1,10,3.

ऊधर् und ऊधस् s. ऊधन्.

ऊधस्य 1) Adj. (f. आ) milchend Hemâdri 1,470, 17. 23. ऊ° gedr. — 2) n. Milch.

ऊधस्वती Adj. f. ein volles Euter habend.

ऊन Adj. woran Etwas fehlt, unter dem Maasse bleibend, unzureichend, zu klein, — wenig, nachstehend; der kleinste. Mit einem Abl. weniger —, geringer als; mit einem Instr. um — weniger; am Ende eines Comp. in beiden Bedeutungen. °विंश so v. a. एकोनविंश der 19te. Nom. abstr. ऊनता f. Hemâdri 1,13,14. ऊनत्व n. 17.

ऊनक Adj. dass. Gobhila 7,25.

ऊनकोटिलिङ्ग n. Name eines Liṅga.

ऊनय्, °यति unerfüllt lassen. ऊनित vermindert um (Instr.).

ऊनरात्र m. und °रात्रि f. Pl. die überschüssigen lunaren Tage in einem Juga, die man ausscheiden muss, um die richtigen solaren Tage zu erhalten.

ऊनार्तीर्थ n. N. pr. eines Tîrtha.

ऊनाक्षर Adj. eine Silbe zu wenig habend Lâṭj. 7,9,8.

ऊनाग्र m. der kleinere von den zwei als Multiplicatoren zu verwendenden Ueberschüsse bei der Kuṭṭâkâra genannten Operation Âryabh. 2,32.fgg.

ऊनातिरिक्त Adj. zu wenig oder zu viel.

ऊनाह m. = ऊनरात्र Gaṇit. Pratyabd. 3.

ऊनी Adv. mit कर् subtrahiren.

ऊन्ध्य s. ऊधस्य.

ऊभाव m. das zu ऊ Werden TS. Prât.

*ऊम् Interj. रुषोक्तौ, प्रश्ने und स्पर्धायाम्.

ऊम 1) m. guter Freund, Genosse, Mitglied einer Verbindung oder Verbrüderung. — 2) *n. a) Stadt. — b) N. pr. einer Gegend.

*ऊय्, °यते = वा, वयति.

*ऊरारी Adv. = ऊररी.

*ऊरव्य m. ein Vaiçja.

ऊररी Adv. = उररी. Mit कर् einräumen, anerkennen.

ऊरु m. 1) Schenkel, Lende. Am Ende eines adj. Comp. f. ऊरु und ऊरू. — 2) N. pr. a) eines Âṅgirasa. — b) eines Sohnes des Manu Kâkshusha.

ऊरुक v. l.

ऊरुग्रह m. Schenkellähmung Karaka 6,23.

ऊरुग्रहिन् Adj. an Schenkellähmung leidend Karaka 6,23.

ऊरुग्राह m. = ऊरुग्रह.

ऊरुज 1) Adj. aus einer Lende entsprossen. — 2) *m. ein Vaiçja.

ऊरुजन्मन् m. Bein. Aurva's.

ऊरुदघ्न Adj. bis zum Schenkel reichend.

*ऊरुद्वयस Adj. (f. ई) dass. P. 5,2,37, Sch.

*ऊरुपर्वन् m. n. Knie.

ऊरुफलक n. Lendenschild.

ऊरुबालिन् Adj. lendenstark Çat. Br. 13,2,2,8.

*ऊरुभिन्न Adj. (f. ई) am Schenkel durchstochen.

*ऊरुमात्र Adj. (f. ई) bis zum Schenkel reichend P. 5,2,37, Sch.

*ऊररी Adv. = उररी.

ऊरुस्कम्भ m. = °स्तम्भ Karaka 1,19. 20. 6,23.

ऊरुसाद m. Schenkelschwäche, — lähmung Karaka 1,19.

ऊरुस्कम्भ m. Schenkellähmung. °गृहीत Adj. Maitr. S. 1,10,14.

ऊरुस्तम्भ m. (adj. Comp. f. आ) dass.

*ऊरुस्तम्भा f. Musa sapientum Râǵan. 11,37 (उरु° Hdschr.).

ऊरूपपीडम् Absol. unter Schenkeldruck Daçak. 91,6.

ऊर्ज् f. Nahrung, Stärkung; Kraftfülle, Saft und Kraft.

ऊर्ज 1) Adj. (f. आ) kräftig. — 2) m. a) Kraftfülle, Kraft und Saft. — b) *Leben. — c) ein best. Herbstmonat, October — November. — d) N. pr. verschiedener Männer. Pl. ihr Geschlecht. — 3) f. ऊर्जा a) Kraftfülle, Saft und Kraft. — b) = 2; c) Karaka 8,6. — c) N. pr. einer Tochter Daksha's und Gattin Vasishṭha's. — 4) *n. Wasser.

*ऊर्जन n. Nom. act. von ऊर्जय्.

ऊर्जमेध Adj. (f. आ) von gewaltiger Einsicht MBh. 13,76,10. Vgl. Hemâdri 1,469,18.

ऊर्जय्, ऊर्जयति 1) nähren, kräftigen Karaka 1,26. Partic. ऊर्जयत् nährend, kräftig. Med. sich kräftigen, kraftvoll sein. Partic. ऊर्जयमान = ऊर्जयत्. — 2) *leben. — Partic. ऊर्जित kräftig, mächtig, üppig, gewaltig, bedeutend.

ऊर्जयस् m. N. pr. 1) eines Lehrers. — 2) eines Gebirges in Guzerat Ind. Antiq. 7,161.

ऊर्जयोनि m. N. pr. eines Sohnes des Viçvâmitra MBh. 13,4,59.

ऊर्जवह und °वाह m. N. pr. eines Fürsten VP.[2] 3,338.

(ऊर्जव्य) ऊर्जविय Adj. nahrungsreich, kraftreich.

ऊर्जस् n. Macht, Kraft Sâh. D. 341,19.

ऊर्जसनि Adj. Kraft verleihend ṚV.

ऊर्जस्कर Adj. Kraft bewirkend.

ऊर्जस्तम्भ m. N. pr. eines Ṛshi im 2ten Manvantara.

ऊर्जस्वन्त् 1) Adj. a) nahrungsreich, saftig, strotzend. — b) mächtig, kräftig, stark. — 2) f. ऊर्जस्वती N. pr. verschiedener Frauen.

ऊर्जस्वल 1) Adj. mächtig, kräftig, stark. — 2) N. pr. eines Ṛshi im 2ten Manvantara.

ऊर्जस्विन् 1) Adj. mächtig, kräftig, stark Bâlar. 285,10. — 2) n. in der Rhet. Schilderung einer Gewaltthat, — Ungebührlichkeit.

ऊर्जाद (dreisilbig) Adj. saftige Nahrung geniessend ṚV.

ऊर्जानी f. Nahrung, Stärkung als Personification.

ऊर्जावन्त् Adj. 1) Macht —, Kraft verleihend MBh. 13,20,81. — 2) mächtig, kräftig Pâr. Gṛhj. 1,13,6.

ऊर्जाहुति Adj. (f. ई) saftige —, nährende Opfergaben bringend.

ऊर्जित 1) Adj. s. ऊर्जय्. — 2) m. N. pr. eines Fürsten.

ऊर्जिन् Adj. fruchtbar Pâr. Gṛhy. 1,16,6.

ऊर्ण 1) m. N. pr. eines Jaksha. — 2) ऊर्णा f. a) Wolle. — b) die Fäden einer Spinne. — c) Haarwirbel zwischen den Augenbrauen Kâd. 9,20. 81,9. Lalit. 290,8 (उर्णा gedr.). °कोश m. dass. 375,14. — d) N. pr. verschiedener Frauen. — 3) n. Wolle in einigen Compp.

ऊर्णनाभ m. 1) Spinne. — 2) eine best. Stellung der Hand. — 3) N. pr. a) eines Sohnes des Dhṛtarâshṭra. — b) *Pl. eines Volksstammes gaṇa राजन्यादि. — c) eines Dânava.

ऊर्णनाभि m., °नाभी f. (Kenákop. 9) und ऊर्णपट m. Spinne.

ऊर्णम्रद Adj. wollenweich.

ऊर्णवाभि m. Spinne.

ऊर्णामय Adj. (f. ई) wollen.

ऊर्णायु 1) Adj. wollig. — 2) m. a) *Widder. — b) *Spinne. — c) *wollene Decke. — d) *= लग्नभङ्ग. — e) N. pr. eines Gandharva. — 3) f. Schaf Hemâdri 1,714,21.

ऊर्णावत् 1) Adj. wollig. — 2) m. a) Spinne. — b) *N. pr. eines Mannes. — 3) f. ऊर्णावती Schaf.

ऊर्णावल Adj. wollig.

ऊर्णासूत्र n. Wollenfaden. — °सूत्री Çâñkh. Gṛhy. 2,1 fehlerhaft für वीर्णा°.

ऊर्णास्तुका f. Büschel von Wolle TS. Comm. 1,287.

ऊर्णासिंघस् m. N. pr. eines Buddha.

ऊर्णु, ऊर्णोति und ऊर्णौति, ऊर्णुते umgeben, umhüllen. Med. sich einhüllen. — *Desid. ऊर्णुनूषति, ऊर्णुनविषति und ऊर्णुनुविषति. — *Intens. ऊर्णोनूयते. — Mit अप 1) aufdecken, enthüllen. Med. auch sich enthüllen, — entblössen. — 2) öffnen. — Mit प्रत्यप Med. sich in Gegenwart Jmds (Acc.) enthüllen. — Mit अभि bedecken, verhüllen. Med. auch sich verhüllen. — Mit आ bedecken mit. — Mit परि Med. sich einhüllen Maitr. S. 3,6,6. — Mit प्र bedecken, verhüllen. Med. sich verhüllen. — *Intens. vollständig bedecken. — Mit संप्र ringsum bedecken. — Mit वि 1) aufdecken, enthüllen. — 2) öffnen.

ऊर्णोदर m. N. pr. eines Lehrers.

*ऊर्द् (उर्द्), ऊर्दते (माने. क्रीडायाम्. आस्वादने).

*ऊर्द und *ऊर्दी gaṇa गौरादि. ऊर्दी = विमान Galan. 1,48.

ऊर्दर m. 1) ein Gefäss zum Messen des Getreides, Scheffel. — 2) *Held. — 3) *ein Rakshas.

*ऊर्दि N. pr. उर्दि richtiger.

ऊर्ध und ऊर्धक fehlerhaft für ऊर्ध्व. ऊर्ध्वक.

ऊर्ध्व 1) Adj. (f. आ) a) aufwärts gehend, nach oben gerichtet, aufrecht, erhoben, oben befindlich. — b) aufgerichtet, so v. a. in Gang gebracht ṚV. 7,2,7. 8, 45,12. — 2) ऊर्ध्वम्, ऊर्ध्व° Adv. a) aufwärts, nach oben, oben, oberhalb (mit Abl.). Mit गम् s. v. a. sterben. अश्रूणि संरुध्य so v. a. die Thränen unterdrücken 298,27. — b) in der Folge, weiterhin, hinter, über — hinaus, von — an, nach (mit Abl.). अत ऊर्ध्वम् von da an, von nun an, hierauf. इत ऊर्ध्वम् von nun an (in einem Buche) 221,7. 226,35. देहात् so v. a. nach dem Tode. — c) nach dem Tode, — von (Gen.). — d) ansteigend, crescendo Çat. Br. 12,2,3,6. — e) laut. — 3) n. Höhe, ein oberhalb gelegener Theil; mit Abl.

ऊर्ध्वक 1) Adj. erhoben. Arm Sañn. Up. 3. — 2) m. (adj. Comp. f. आ) eine Art Trommel Naish. 7,65.

*ऊर्ध्वकच m. der niedersteigende Knoten.

ऊर्ध्वकण्ठ 1) m. Pl. N. pr. eines Volkes. — 2) *f. आ eine Asparagus-Species Râéan. 4,122.

*ऊर्ध्वकण्ठक 1) m. Alhagi maurorum Dhanv. 1,3. — 2) f. °कण्ठिका = ऊर्ध्वकण्ठ 2) Nigh. Pr.

ऊर्ध्वकपाल Adj. (f. आ) oben in eine Schale auslaufend Maitr. S. 1,8,3. Kâtj. Çr. 4,14,1.

1. ऊर्ध्वकर m. eine obere Hand (unter vieren) Hemâdri 1,237,7. 738,15. 740,1.

2. ऊर्ध्वकर Adj. mit erhobenen Händen und zugleich aufwärts strahlend 314,3.

ऊर्ध्वकर्ण 1) Adj. die Ohren spitzend Çiç. 8. — 2) N. pr. einer Oertlichkeit.

1. ऊर्ध्वकर्मन् n. eine Bewegung nach oben.

2. *ऊर्ध्वकर्मन् m. Bein. Vishṇu's.

ऊर्ध्वकाय m. (adj. Comp. f. आ) Oberkörper Naish. 7,60.

ऊर्ध्वकृत Adj. emporgerichtet Kathâs. 18,142.

ऊर्ध्वकृशन 1) Adj. oben perlend. — 2) m. angeblich N. pr. eines Ṛshi.

ऊर्ध्वकेतु m. N. pr. eines Mannes.

ऊर्ध्वकेश 1) Adj. dessen Haare emporstehen. — 2) m. N. pr. eines Mannes. — 3) f. ई N. pr. einer Göttin.

ऊर्ध्वक्रिया f. = 1. ऊर्ध्वकर्मन्.

ऊर्ध्वग 1) Adj. a) nach oben gehend, aufwärts dringend. — b) oben, — in der Höhe befindlich. — 2) m. N. pr. eines Sohnes des Kṛshṇa.

1. ऊर्ध्वगति f. 1) springende Bewegung. — 2) Gang, —, Drang nach oben.

2. ऊर्ध्वगति 1) Adj. a) in die Höhe stehend MBh. 1,146,78. — b) in den Himmel gelangend oder gelangt R. 1,2,40. Ind. St. 14,384. — b) nach oben strebend. — 2) *m. Feuer Gal.

ऊर्ध्वगमन n. 1) das Aufgehen (von Gestirnen). — 2) Hebung. — 3) das Aufsteigen zum Himmel Naish. 5,15. — 4) das Aufsteigen zu einer höheren Stellung.

ऊर्ध्वगमनवस् Adj. sich nach oben bewegend 204,25.

ऊर्ध्वगात्मन् Adj. dessen Natur nach oben strebt (Çiva) MBh. 13,17,130.

ऊर्ध्वगामिन् Adj. nach oben gehend, aufwärts dringend.

ऊर्ध्वगुद m. eine best. Krankheit des Mundes Çârñg. Saṁh. 1,7,50.

ऊर्ध्वग्रावन् 1) Adj. der den Soma-Stein erhoben hat. — 2) m. N. pr. eines Ṛshi.

ऊर्ध्वचित् Adj. aufschichtend.

ऊर्ध्वज Adj. der obere.

ऊर्ध्वजत्रु n. was oberhalb des Schlüsselbeines liegt.

ऊर्ध्वजानु und °ज्ञ Adj. die Kniee in die Höhe richtend.

ऊर्ध्वज्ञु Adj. und °ता f. Nom. abstr. fehlerhaft für °ज्ञु und °ज्ञुता.

*ऊर्ध्वज्ञ und ऊर्ध्वज्ञु Adj. = ऊर्ध्वजानु Maitr. S. 1, 10,9. Air. Âr. 468,1 v. u. Nom. abstr. °ता Âçv. Çr. 3,16,14 nebst Comm. °ज्ञु und ज्ञुता gedr.

ऊर्ध्वज्ञानु Adv. oberhalb des Knies.

ऊर्ध्वतरण n. das Austreten (von Flüssen).

ऊर्ध्वतस् Adv. aufwärts, nach oben Hemâdri 1, 250,12. 14. 344,22.

ऊर्ध्वताल m. ein best. Tact.

ऊर्ध्वतिलकिन् Adj. mit einem senkrecht stehenden Sectenzeichen auf der Stirn versehen.

ऊर्ध्वथा Adv. aufwärts, aufgerichtet.

ऊर्ध्वदंष्ट्रकेश Adj. mit aufwärts gerichteten Spitzzähnen und Haaren (Çiva) MBh. 13,284,55.

*ऊर्ध्वदिश् f. Zenith.

ऊर्ध्वदृश् und °दृष्टि 1) Adj. nach oben sehend. — 2) *m. °दृश् Krebs Râéan. 19,76.

*ऊर्ध्वदेव m. Bein. Vishṇu's.

ऊर्ध्वदेह n. Todtenceremonie.

ऊर्ध्वद्वार n. das nach oben (zum Himmel) führende Thor Amṛt. Up. in Ind. St. 9,33.

ऊर्ध्वनभस् Adj. über den Wolken befindlich.

*ऊर्ध्वनयन m. das fabelhafte Thier Çarabha Gal.

ऊर्ध्वनाभन् m. N. pr. eines Ṛshi.

ऊर्ध्वनाल Adj. mit dem Stiele nach oben Jogat. Up. 9.

*ऊर्ध्वंदम Adj. emporgerichtet.

ऊर्ध्वपथ m. der Luftraum.

ऊर्ध्वपवित्र Adj. oben rein Taitt. Âr. 7,10 (Taitt. Up. 1,10).

ऊर्ध्वपाठ m. das im Folgenden Gesagte Comm. zu Air. Âr. 13,10.

ऊर्ध्वपातन n. Sublimation von Quecksilber Bhâvapr. 2,98. °यन्त्र n. ein dazu dienender Apparat.

ऊर्ध्वपात्र n. 1) ein hohes Gefäss Ǵaim. 1,182. — 2) Oberschale, Deckel Hemâdri 1,228,3. 7. 19.

1. ऊर्ध्वपाद m. Fussspitze Hemâdri 1,697,16. 19.

2. ऊर्ध्वपाद 1) Adj. die Füsse in die Höhe haltend. — 2) *m. das fabelhafte Thier Çarabha.

ऊर्ध्वपुण्ड्र und °क m. eine mit Sandel u. s. w. senkrecht gezogene Linie auf der Stirn eines Brahmanen. °माहात्म्य n. Titel eines Werkes.

*ऊर्ध्वपूरम् Absol. bis oben voll.

ऊर्ध्वपृश्नि Adj. nach oben zu gesprenkelt Maitr. S. 3,13,2.

ऊर्ध्वप्रमाण n. Höhenmaass, Höhe Çulbas. 2,12.

ऊर्ध्वबर्हिस् Adj. über der Streu befindlich.

ऊर्ध्वबाहु 1) Adj. mit erhobenen Armen. — 2) N. pr. a) Pl. einer Çiva'itischen Secte. — b) verschiedener Ṛshi.

ऊर्ध्वबिन्दु Adj. oberhalb mit dem Minuszeichen versehen Bîǵag. 1.

ऊर्ध्वबुध्न Adj. dessen Boden oben ist.

ऊर्ध्वबृहती f. ein best. Metrum.

ऊर्ध्वभाक्तिक Adj. nach oben wirkend, Erbrechen bewirkend Karaka 6,20.

ऊर्ध्वभास् Adj. nach oben tragend, hebend Tâṇḍja-Br. 1,1,6.

1. ऊर्ध्वभाग m. 1) Obertheil. — 2) ein höher als (Abl.) gelegener Theil Hemâdri 1,250,8. — 3) ein hinter Etwas (Abl.) gelegener Theil.

2. ऊर्ध्वभाग und °भागिक Adj. = ऊर्ध्वभाक्तिक Karaka 6,23. 7,1. 8,11.

ऊर्ध्वभाज् 1) Adj. a) nach oben strebend Maitrjup. 4,3. MBh. 3,219,20. — b) = ऊर्ध्वभाक्तिक Karaka 1,26. — 2) m. eine Form Agni's MBh. 3,219,10.

ऊर्ध्वभास् in मनूर्ध्वभास्.

ऊर्ध्वभूमि f. das oberste Stockwerk Pańkad.

ऊर्ध्वमण्डलिन् m. eine best. Stellung der Hände beim Tanz.

ऊर्ध्वमन्थिन् Adj. = ऊर्ध्वरेतस्.

ऊर्ध्वमान n. Höhenmaass, Höhe.

ऊर्ध्वमायु Adj. Gebrüll erhebend.

ऊर्ध्वमारुत n. Andrang des Windes (in med. Sinn) nach oben (was Auswurf veranlasst).

ऊर्ध्वमुख Adj. 1) mit nach oben gerichtetem Gesicht. — 2) mit der Oeffnung nach oben gekehrt. — 3) nach oben gerichtet. तेजस् so v. a. Feuer, der Gott des Feuers Naish. 9,33.

ऊर्ध्वमुण्ड Adj. auf dem Scheitel rasirt 106,13.

ऊर्ध्वमौहूर्तिक Adj. was nach einer kurzen Weile geschieht.

ऊर्ध्वरक्तिन् Adj. dessen Blut nach oben steigt Bhâvapr. 2,111.

ऊर्ध्वराजि f. ein von unten nach oben laufender Strich 217,7.

ऊर्ध्वरेखा f. eine von unten nach oben laufende Linie Ragh. 3,14. 7,55. Naish. 1,18. Pańkad.

ऊर्ध्वरेत Adj. = °रेतस् 1) Taitt. Âr. 10,12 Nṛs. Up. in Ind. St. 9,84.

ऊर्ध्वरेतस् 1) Adj. dessen Same oben bleibt, des Beischlafs sich enthaltend Gaut. Nom. abstr. °स्त्व Çañk. zu Bâdar. 3,4,17. — 2) m. Bein. a) Çiva's. — b) *Bhîshma's.

ऊर्ध्वरेतस्तीर्थ n. pr. eines Tîrtha.

ऊर्ध्वरोमन् Adj. 1) dessen Haare auf dem Körper in die Höhe stehen. — 2) m. N. pr. eines Berges.

ऊर्ध्वलिङ्ग Adj. dessen penis sich oben befindet (Çiva). Statt dessen °लिङ्गिन् Hemâdri 1,203,20.

ऊर्ध्वलोक m. Oberwelt, der Himmel.

ऊर्ध्ववक्त्र m. Pl. eine best. Götterordnung VP.² 3,142.

ऊर्ध्ववयस् Adj. hochkräftig Maitr. S. 3,12,11.

*ऊर्ध्ववर्त्मन् n. = ऊर्ध्वपथ.

ऊर्ध्ववाच् Adj. eine laute Stimme habend Ind. St. 10,117.

ऊर्ध्ववात m. = ऊर्ध्वमारुत.

ऊर्ध्ववाल Adj. (f. आ) mit dem Schwanz nach oben Gaut. Pâr. Gṛhj. 3,12,7.

ऊर्ध्ववृत Adj. oben —, über die Schulter getragen.

ऊर्ध्ववेणीधर 1) Adj. (f. आ) oben aufgebundene Flechten tragend MBh. 9,46,31. — 2) f. आ N. pr. einer der Mütter im Gefolge Skanda's.

ऊर्ध्वशायिन् Adj. auf dem Rücken liegend (Çiva).

ऊर्ध्वशोचिस् Adj. nach oben flammend ṚV. 6,15,2.

*ऊर्ध्वशोधन n. das Vomiren.

*ऊर्ध्वशोषम् Absol. so dass Etwas oben trocken wird.

ऊर्ध्वश्वास m. 1) tiefes Aufathmen Hâl. 1. — 2) eine Form von Asthma Suçr. 2,498,8. Bhâvapr. 4,84.

ऊर्ध्वश्वित् Adj. nach oben leuchtend AV. Paipp. 12,6,1.

ऊर्ध्वसंहनन Adj. von hohem und kräftigem Körperbau (Çiva) MBh. 13,17,130.

ऊर्ध्वसद्मन् m. N. pr. eines Âṅgirasa.

ऊर्ध्वसद्मन n. Tâṇḍja-Br. 9,2,10. 11 fehlerhaft für वैर्ध°.

ऊर्ध्वसस्य Adj. (f. आ) mit hochstehendem Getraide MBh. 1,109,3.

ऊर्ध्वसान Adj. sich erhebend, — aufrichtend.

ऊर्ध्वसानु Adj. den Nacken hoch tragend.

ऊर्ध्वस्तनी Adj. f. deren Brüste in die Höhe stehen.

ऊर्ध्वस्तोम Adj. mit ansteigendem Stoma. Daçarâtra Çat. Br. 12,2,2,8. 9. Vaitân. 31,14.

ऊर्ध्वस्थिति f. aufrechte Stellung, das Bäumen.

1. ऊर्ध्वस्रोतस् n. die Laufbahn nach oben. Bez. eines best. Schöpfungsactes.

2. ऊर्ध्वस्रोतस् m. Bez. der aufwärts (zum Himmel) gezogenen Geschöpfe VP. 1,5,21.

ऊर्ध्वस्वप्न Adj. stehend schlafend.

ऊर्ध्वाङ् n. = ऊर्ध्वज्ञु.

ऊर्ध्वाङ्गुलि Adj. mit nach oben gerichteten Fingern 37,30. MBh. 1,152,6.

ऊर्ध्वाम्नाय m. Titel einer heiligen Schrift der Çâkta und einer Vishṇu'itischen Secte.

ऊर्ध्वाय्, °यते in die Höhe steigen Bhâvapr. 4,83.

1. ऊर्ध्वायन n. das Auffliegen Naish. 2,58.

2. ऊर्ध्वायन m. Pl. Bez. der Vaiçja in Plakshadvîpa.

ऊर्ध्वारोह m. das Emporsteigen Spr. 1326.

ऊर्ध्वासिन् Adj. in aufrechter Stellung sitzend.

*ऊर्ध्वासित m. Momordica Charantia L.

ऊर्ध्वी Adv. mit कर् in die Höhe heben.

ऊर्ध्वेड n. Name eines Sâman Tâṇḍja-Br. 10,12,1. 11,9,7. Adj. mit ब्राष्टेवामन् desgl.

ऊर्ध्वेह m. das Bestreben sich aufzurichten.

ऊर्ध्वोच्छ्वासिन् Adj. den letzten Athemzug thuend Çat. Br. 14,7,2,11.

ऊर्मि m. f. 1) Welle, Woge. — 2) Pl. andringende —, überfluthende Menge (von Pfeilen, Kummer u. s. w.). — 3) das Wogen, Wallen (der Sturmwinde) TBr. 2,5,2,1. — 4) schnelle Bewegung Çiç. 5,4. — 5) sechs Wogen, d. i. Leiden, bedrängen das Leben: Hunger und Durst, Kälte und Hitze, Gier und Irrthum Spr. 6470. Oder: Hunger und Durst, Alter und Tod, Kummer und Irrthum Comm. zu VP. 1,15,37. Wer diese überwunden hat, heisst ऊर्मिषट्कातिग. — 6) Bez. der Zahl sechs. — 7) *Falte im Kleide. — 8) *Reihe, Linie. — 9) *Sehnsucht. — 10) *das Sichtbarwerden.

ऊर्मिका f. 1) *Woge. — 2) Fingerring Râǵat. 7,285. 302. — 3) *Falte im Kleide. — 4) *Bienengesumme. — 5) *Sehnsucht.

ऊर्मिन् Adj. wogend.

ऊर्मिमन्त् Adj. 1) wogend (auch vom Haupthaar). — 2) am Ende eines Comp. strotzend von MBh. 1,23,19. Nach Nîlak. m. Meer. — 3) *krumm.

ऊर्मिमाला f. 1) Wogenreihe. — 2) ein best. Metrum.

ऊर्मिला f. N. pr. 1) einer Tochter Ǵanaka's und Gattin Lakshmaṇa's. — 2) der Gattin Jama's. — 3) der Mutter der Gandharvî Somadâ.

ऊर्म्य 1) Adj. wogend, wallend. — 2) f. ऊर्म्या Nacht.

*ऊर्व् (°उर्व्), ऊर्वति (हिंसार्थ).

ऊर्व, ऊर्वं m. 1) Behälter, insbes. ein Ort wo

sich Wasser sammelt, Becken; daher auch so v. a. Wolke. — 2) Verschlag, Stall für's Vieh; Gehege. — 3) Gefängniss, Gefangenschaft. — 4) Pl. Bez. der Manen bei der Mittagsspende. — 5) Bez. Agni's. — 6) N. pr. eines Heiligen, dessen Name auf ऊरु zurückgeführt wird, weil Aurva, das unterseeische Feuer, aus seinem Schenkel entsprungen sein soll. Du. Tāṇḍja-Br. 21,10,6. = उर्वपुत्री, ग्राम्दग्नी Comm. — 7) *das unterseeische Feuer.

*ऊर्वरा f. = उर्वरा 1).

ऊर्वशी f. fehlerhaft für उर्वशी.

ऊर्वष्ठीव n. Kniescheibe.

ऊर्वस्थ n. Schenkelknochen Çat. Br. 2,7,2,17.

ऊर्वस्थमात्र Adj. (f. ई) ebend.

ऊर्वी f. Mitte des Schenkels oder eine dort befindliche Hauptader.

ऊर्व्य Adj. in Wasserbehältern (Seen u. s. w.) befindlich. Nach Andern auf der Erde (ऊर्वी) oder im unterseeischen Wasser befindlich.

*ऊर्व्याङ्ग n. Pilz.

*ऊर्षा f. eine best. Pflanze.

*ऊलुपिन्, *ऊलूक und ऊवट m. = उ°.

ऊवध्य n. der Inhalt des Magens und der Gedärme. ऊवध्यगोह m. der Ort, wo diese versteckt werden, Vaitān. ऊवध्य AV.

*ऊष्, ऊषति (रुजायाम्).

1. ऊष 1) m. a) salzige Erde, Steppensalz. — b) Fleck (nach den Brāhmaṇa). — 2) f. ऊषा = 1) a) Kāty. Çr. 4,8,16. — 3) ऊषौ mit Salz geschwängerter, unfruchtbarer Boden.

2. ऊष 1) *m. a) Morgendämmerung. — b) Spalte, Höhle. — c) Ohrhöhle. — d) das Gebirge Malaja. — Vgl. उषस्. — 2) f. षा N. pr. v. l. für 2. उषा 2) c).

1. ऊषक n. Salz oder Pfeffer.

2. *ऊषक n. Tagesanbruch.

ऊषण 1) n. Pfeffer verschiedener Arten (vgl. ऋषूषण) Bhâvapr. 1,162. — 2) *f. षा = ऊषणा.

ऊषपुट m. Salzdüte, d. i. Salzstücke in ein Blatt gewickelt Maitr. S. 1,11,8.

ऊषर Adj. (f. षा) salzhaltig; Subst. salziger Boden.

*ऊषरज n. 1) Steppensalz. — 2) eine Art Magnet(?).

ऊषराय्, °यते einen salzhaltigen, unfruchtbaren Boden darstellen. °यितम् n. impers.

*ऊषवत् Adj. = ऊषर.

ऊषसिकता wohl n. Salz in Körnern Çat. Br. 6,1,4,15. f. °ता Mân. Gṛhy. 1,23.

ऊषाय् (wohl ऊष्माय्), °यते dampfen Karaka 1, 18. 6,18.

*ऊश fehlerhaft für ऊष.

ऊष्म Âpast. Br. 383 fehlerhaft für ऊष.

*ऊष्मक m. die heisse Jahreszeit.

ऊष्मज Adj. aus heissen Dünsten entstanden (niedere Thiere) Kap. 5,111.

*ऊष्मण und (ऊष्मण्य) ऊष्मणिध Adj. dampfend.

ऊष्मत्व n. Nom. abstr. von ऊष्मन् 3) Comm. zu TS. Prât.

ऊष्मन् m. 1) Hitze, Gluth, Dampf. Häufig wird dem Gelde eine Hitze zugeschrieben, die den Menschen versengt. — 2) *die heisse Jahreszeit. — 3) Bez. der drei Sibilanten, des ह, des Visargaṇīja, Gihvâmûlîja, Upadhmânîja und des Anusvâra. ऊष्मप्रकृति Adj. RV. Prât. 6,9.

ऊष्मप 1) Adj. den blossen Dampf der Speisen schlürfend Kâd. 32,22. — 2) m. a) Pl. eine best. Klasse von Manen. — b) Feuer.

ऊष्मपुर n. Name eines buddh. Tempels Târan.

ऊष्मभाग Adj. dessen Antheil der Dampf ist TBr. 1,3,10,6.

ऊष्मवत् Adj. glühend heiss Suçr. 1,289,16.

ऊष्मस्वेद m. Dampfbad Suçr. 2,181,12 (उ° gedr.).

ऊष्मा f. Dampf MBh. 13,85,16.

*ऊष्मापह m. Winter Râgan. 21,67.

*ऊष्माय्, °यते dampfen. Vgl. ऊषाय्.

*ऊष्मायण m. die heisse Jahreszeit H. ç. 24.

*ऊष्मोपगम m. Beginn der heissen Jahreszeit.

1. ऊह्, ऊहति, ऊहते (der Wurzelvocal häufig gekürzt) 1) *schieben, rücken, streifen. — 2) verändern, modificiren Comm. zu Nyâyam. 9,1,10. बहुवद्दूह्या in den Plural umsetzend Gobh. 2,5,4. — Mit अति hinüberschaffen. — Mit व्यति umstellen, je den Platz wechseln lassen. — Mit अधि 1) überziehen, überstreifen, überlegen. Med. sich mit Etwas (Acc.) überziehen. — 2) draufsetzen, erheben über (Loc.). — Mit अप 1) abstreifen, zurückschieben, fortstossen, verscheuchen, entfernen, fernhalten, heilen (eine Krankheit). — 2) jagen, so v. a. rasch folgen auf (Acc.). — 3) von sich fern halten, fahren lassen, aufgeben. — 4) absprechen, negiren. — Mit अवाप Suçr. 1,344,11 fehlerhaft. मेदेक्मपोह्याभ्रते क्षिपाम् v. l. — Mit व्यप 1) auseinanderschieben, — treiben, entfernen, wegschaffen, vertreiben, verscheuchen, zu Nichts machen, heilen (eine Krankheit). — Mit समप vollständig vertreiben. — Mit अभि überziehen —, zudecken mit. — Mit अव hinabschieben. — Mit उद् 1) hinauf — oder hinausschieben, — rücken, — schaffen, herausholen Vaitân. — 2) erhöhen (einen Ton) Saṁhitopan. 27,4. — Mit अपोद् wegstreifen. — Mit अभ्युद् hinausschieben, — rücken. — Mit प्रत्युद् anhäufen. — Mit व्युद् 1) auseinanderschieben, hinausrücken. — 2) ausfegen, auskehren. — Mit उप 1) heranschieben, heranrücken. — 2) zulegen, anhäufen. — 3) unterschieben, einschieben. — 4) herbeitreiben. — 5) Pass. heranrücken, sich nähern (von einem Zeitpuncte). — उपोढ 1) nahe gerückt, nahe. — 2) begonnen. — 3) zum Vorschein gekommen, den Sinnen sich darbietend 169,3. Vikr. 26. Çiç. 169. — Mit समुप, समुपोढ 1) begonnen (ein Kampf). — 2) sich darbietend. — Mit नि Med. für sich hineinschieben. in seinen Stall hineintreiben Tâṇḍja-Br. 13,6,12. — Mit निस् 1) herausschieben, — ziehen, wegziehen, bei Seite bringen. निरूढ abgesondert, für sich stehend Gaut. — 2) निरूढ der nach einem Klystier purgirt hat Karaka 8,12. — Caus. निरूहयति Jmd mittels Anwendung eines Klystiers purgiren lassen Karaka 6,18. — Mit परि rings anlegen, umhäufen, mit angelegter Erde u. s. w. umfangen, befestigen. — Mit विपरि einzeln befestigen. — Mit प्र 1) fortschieben. — 2) hinwerfen. — 3) durch 1. ऊह् 2) zu Stande bringen Tâṇḍja-Br. 9,2,10. 5,9. — Mit प्रति 1) zurückschieben, — streifen, abstreifen. — 2) zurückbringen. — 3) zurückdrängen, abhalten, verdrängen Bhâg. P. 4,22,38. — 4) zurückweisen, verschmähen. — 5) unterbrechen. — 6) zuweisen, übergeben. — Mit वि 1) auseinanderschieben, — rücken, — breiten, vertheilen. — 2) in Schlachtordnung stellen. — 3) auf eine andere Stelle versetzen. — 4) vertheilen, durch Auseinanderschieben ausgleichen. — 5) auflösen (Vocalverschlingungen). — 6) anlegen, umlegen (Rüstung, Schwert) LA. 90,8. — 7) व्यूढ a) breit, ausgedehnt 321,7. — b) *zusammengetrieben, fest. — Mit अनुवि verschieben nach Tâṇḍja-Br. 6,1,11. — Mit निर्वि 1) hinausdrängen, — jagen. — 2) in Schlachtordnung stellen. — 3) vollbringen. — 4) निर्व्यूढ a) der Erfolg gehabt —, seine Sache gut gemacht hat Bâlar. 4,16. — b) *verlassen, aufgegeben. — Mit प्रतिवि 1) in Gegenschlachtordnung stellen. प्रत्यव्यूहत् st. प्रतिव्यौहत्. — 2) wieder in Ordnung bringen. — 3) abhalten, zurückhalten. — 4) प्रतिव्यूढ breit. — Mit सम् 1) zusammenstreifen, — rücken, — kehren. — 2) zusammenbringen, vereinigen. — 3) an der gewohnten Stelle zusammenbringen. — Caus. zusammenkehren, — fegen. — Mit अभिसम् 1) zusammenkehrend bedecken. — 2) zusammenhäufen Tâṇḍja-Br. 8,5,2. — Mit उपसम् 1) zusammenziehen, einziehen, zusammenraffen. — 2) herbeischaffen. — Mit परिसम् zusammenkehren Vaitân.

2. ऊह्, ओहते, ऊहति, °ते 1) beachten, merken auf (Acc.). — 2) rechnen auf (Loc.) RV. 8,7,21.

— 3) warten auf (Acc.), lauern auf (Loc.). — 4) ahnen, vermuthen, voraussetzen. — 5) begreifen, verstehen Spr. 1236. — 6) bei sich selbst in Gedanken weiter ausführen, bedenken, erschliessen. — 7) bemerkt werden. — 8) für Etwas geachtet werden, gelten für (Nom.). — Caus. 1) bedenken. — 2) *Jmd (Acc.) zu denken —, zu vermuthen geben. — Mit अति verachten. — Mit अनु erwarten. — Mit अपि auffassen, verstehen, erschliessen. — Mit अभि 1) auflauern, nachstellen. — 2) überlegen Daçak. 89,1. — 3) erschliessen, errathen Gaut. — Mit व्या empfinden. — Mit नि bemerkt werden. — Mit निस् in 2. निरूह. — Mit वि ahnen, empfinden RV. 2,23,16. — Mit *सम् bedenken.

1. ऊह m. 1) Hinzufügung Âçv. 6,37. — 2) Veränderung, Modification, Verschiebung (von Wörtern in einem Mantra) Lâṭj. 1,8,2. 2,7,19. Maçak. (K.) 1,14.16.

2. ऊह m. und *ऊहा f. Ueberlegung, Prüfung, das Bedenken, weiteres Verfolgen einer Sache in Gedanken, Erschliessung Gaim. 1,2,32. Kap. 3,44.

ऊहगान n. und °गीति f. Titel des 3ten Gesangbuches im SV.

ऊहच्छला f. Titel eines Kapitels in der Sâmavedakkhalâ.

1. ऊहन 1) n. = 1. ऊह 2) Njâjam. 9,1,19. 3,10. — 2) *f. °नी Besen.

2. ऊहन n. = 2. ऊह Amṛtab. Up. 16.

1. ऊहनीय Adj. zu verändern, — modificiren Njâjam. 9,1,16.

2. ऊहनीय Adj. bei sich selbst in Gedanken weiter auszuführen, zu finden, — erschliessen.

ऊहवत् Adj. gut begreifend, scharfsinnig Gaut. 28,48. Spr. 4273.

ऊहितव्य Adj. zu verändern, — modificiren Njâjam. 9,1,20. n. impers. Comm. zu Lâṭj. 2,7,19.

*ऊहिनी f. 1) Besen Gal. — 2) angeblich in घनौहिणी Mahâbh. 6,42,a.

ऊहिवंस् (schwach ऊहुष्) Partic. von वह्.

1. ऊह्य 1) Adj. = 1. ऊहनीय Njâjam. 9,1,17 fgg. — 2) n. wohl = ऊह्यगान.

2. ऊह्य Adj. = 2. ऊहनीय.

ऊह्यगान n. Titel des 4ten Gesangbuches im SV.

ऊह्यच्छला f. Titel eines Kapitels in der Sâmavedakkhalâ.

1. *ऋ Interj. des Tadels und des Lachens. वाक्ये und वाक्यविकारे.

2. *ऋ f. Bein der Aditi.

ऋकार m. der Laut ऋ TS. Prât.

ऋक्शस् Adv. je nach einzelnen Ṛk.

*ऋक्ण n. = ऋक्थ, रिक्थ.

ऋक्णवह् Adj. (f. ई) kahle Schultern habend, vom Ziehen kahl gerieben, geschunden.

ऋक्तस् Adv. von Seiten —, in Betreff der Ṛk.

ऋक्तन्त्र n. Titel eines Werkes. °व्याकरण n. Titel eines Pariçishṭa des SV.

ऋक्ति in सुवृक्ति.

ऋक्थ s. रिक्थ.

ऋक्व, ऋक्वन् und ऋक्वस् Adj. lobpreisend, jubelnd, Sänger.

ऋक्शाम् Adv. = ऋक्शस्.

1. ऋक्ष Adj. (f. ऋक्षा) 1) kahl Maitr. S. 4,6,9. ऋक्षतम. — 2) *durchbohrt.

2. ऋक्ष 1) Adj. arg, schlimm. — 2) m. a) Bär. — b) eine Affenart. Vielleicht in dieser Bed. R. 1,16, 19. 31 (vgl. 21). 2,54,18. Ragh. 13,72. — c) Pl. das Siebengestirn. — d) *am Ende eines Comp. so v. a. der beste unter. — e) *Bignonia indica oder eine verwandte Species. — f) N. pr. α) verschiedener Männer. Pl. ihr Geschlecht. — β) eines Gebirges. — 3) m. n. Stern, Sternbild, Mondhaus. — 4) f. ऋक्षा N. pr. a) einer Gattin Aǵamîḍha's. — b) einer der Mütter im Gefolge Skanda's. — 5) f. ऋक्षी Bärin. — 6) n. ein Zwölftel der Ekliptik, astrologisches Haus.

ऋक्षक m. = 2. ऋक्ष 2) f) β) VP.[2] 2,113.

*ऋक्षगन्धा f. 1) Argyreia argentea Sweet. — 2) = ऋक्षगन्धिका.

*ऋक्षगन्धिका f. Batatas paniculata Chois.

ऋक्षग्रीव m. ein best. gespenstisches Wesen.

ऋक्षजिह्व n. eine Form des Aussatzes.

ऋक्षनाथ m. der Mond.

*ऋक्षनेमि m. Bein. Vishṇu's.

ऋक्षपति m. 1) Herr der Bären oder Affen R. 5, 63,5. — 2) der Regent (Planet) eines astrologischen Hauses.

ऋक्षम n. Name eines Sâman.

ऋक्षमन्त्र m. ein Spruch auf die Mondhäuser Verz. d. B. H. No. 1232.

ऋक्षर 1) m. a) Spitze, Dorn, in अनृक्षर. — b) *= ऋत्विज्. — 2) *n. Regenguss.

ऋक्षरजस्, °रजस und °रजा f. N. pr. des Vaters der Affen Vâlin und Sugrîva.

ऋक्षराज m. 1) König der Bären oder Affen. — 2) der Mond.

ऋक्षराजन् m. = ऋक्षरजस्.

ऋक्षला f. Fessel (bei Hufthieren).

ऋक्षवन्त् m. N. pr. eines Gebirges.

ऋक्षवत n. N. pr. einer Stadt.

ऋक्षविडम्बिन् m. ein Charlatan von Astrolog.

ऋक्षीका f. Bez. böser, gespenstischer Wesen.

*ऋक्षेश m. der Mond.

ऋक्षेष्टि f. ein Opfer an die Mondhäuser M. 6,10.

*ऋक्षोद m. N. pr. eines Gebirges.

ऋक्संशित Adj. von Ṛk getrieben.

ऋक्संहिता f. die geordnete Sammlung der Ṛk.

ऋक्सम n. = ऋक्षम.

ऋक्सामे n. Du. die Ṛk und die Sâman Çaṅk. zu Bṛh. 4,1,6.

ऋक्स्थ (so zu lesen) Adj. in Ṛk bestehend Tâṇḍja-Br. 16,8,1.

*ऋगयन n. = ऋचामयनम्.

ऋगर्थसार n. Titel eines Werkes.

ऋगशीति f. Pl. achtzig Ṛk Çat. Br. 9,5,2,63.

ऋगात्मक Adj. Ṛk-artig P. 7,4,38, Sch.

ऋगावानम् Absol. so dass man die Ṛk anheftet, zwischen denselben nicht absetzt.

ऋग्गण m. Pl. die Gesammtheit der Ṛk.

ऋग्गाथा f. der Ṛk-Gesang.

ऋग्ब्राह्मण n. das zum Ṛgveda gehörige Brâhmaṇa.

ऋग्भाज् Adj. an einer Ṛk Theil habend (eine Gottheit).

ऋग्भाष्य n. Titel eines Commentars zum Ṛgveda.

ऋग्रूप Adj. den Charakter der Ṛk habend.

*ऋग्मत् Adj. zur Erklärung von ऋग्मिय.

ऋग्मिन् Adj. preisend, jubelnd.

ऋग्मिय und ऋग्मिय Adj. 1) preiswürdig, löblich. — 2) aus Ṛk bestehend.

ऋग्म्य Adj. = ऋग्मिय 2).

ऋग्यजुष n. die Ṛk und die Jaǵus Gaut.

ऋग्यजुःसामवेदिन् Adj. mit dem Ṛg-, Jaǵur- und Sâmaveda vertraut.

ऋग्विद् Adj. den Ṛgveda kennend Vaitân.

ऋग्विधान n. 1) die Verwendung der Ṛk Agni-P. 258. — 2) Titel eines (von Rudolf Meyer herausgegebenen) Werkes.

ऋग्विराम m. Verspause TS. Prât. 22,13.

ऋग्वेद m. die Gesammtheit derjenigen heiligen Poesien, welche nach ihrer Anwendung im Cultus ऋचः heissen im Unterschied von den यजूंषि und सामानि. In weiterem Sinne auch die dazu gehörigen liturgischen und speculativen Werke. °भाष्य n. Titel verschiedener Commentare.

ऋग्वेदिन् Adj. mit dem Ṛgveda vertraut.

ऋग्वेदीय Adj. zum Ṛgveda gehörig.

ऋघ in कर्मर्घ.

ऋघाय्, ऋघायति und °ते 1) beben RV. 2,23,3. — 2) vor Leidenschaft beben, toben, rasen.

ऋघावन् und °वस् Adj. tobend, stürmisch.

ऋङ् in मनऋङ्.

ऋङ्मय Adj. *aus Ṛk bestehend.*

ऋच् f. 1) *Glanz.* — 2) *heiliges Lied,* — *Vers;* insbes. im Unterschied vom *gesungenen* (सामन्) und von der *Opferformel* (यजुस्). — 3) *der Vers, so v. a. der Text, auf welchem eine Handlung beruht oder auf welchen eine Erklärung sich beruft.* — 4) *die Sammlung der Ṛk, der Ṛgveda;* gewöhnlich Pl. — 5) *der Text des* Pûrvatâpanîja.

ऋच m. 1) am Ende eines Comp. = ऋच् 2). — 2) N. pr. eines Fürsten.

*ऋचत्क m. N. pr. eines Mannes.

ऋचस् in शतर्चस्.

ऋचसे Dat. Inf. *zum Preisen.*

*ऋचाभ m. N. pr. eines Schülers des Vaiçampâjana Kâç. zu P. 4,3,104.

ऋचीक m. N. pr. 1) des Vaters des Gamadagni. — 2) eines Landes.

*ऋचीष n. = ऋजीष 1) *Bratpfanne.* — 2) *eine best. Hölle.*

ऋचीषम Adj. als Beiw. Indra's.

ऋचेयु m. N. pr. = ऋतेयु.

*ऋच्छका f. vielleicht *eine best. Landplage.*

ऋच्छरा f. 1) = ऋक्षला. — 2) **Buhldirne.*

ऋच्छका f. in पदर्च्छका.

ऋजिप्य Adj. *ausgreifend, sich streckend.*

*ऋजिमन् m. Nom. abstr. zu ऋजु.

ऋजिश्वन् m. N. pr. eines Schützlings von Indra.

*ऋजिष्ठ Superl. zu ऋजु.

ऋजीक 1) Adj. a) *schimmernd,* in सर्वर्जीक, गो° und भा°. — b) *= उपहत. — 2) *m. a) *Rauch.* — b) Bein. Indra's. — c) N. pr. eines Berges.

ऋजीति Adj. *glühend, sprühend.*

ऋजीपिन् Adj. = ऋजिप्य.

ऋजीयस् Compar. zu ऋजु.

ऋजीष 1) Adj. a) = ऋजीषिन् 1). — b) *schlüpfrig.* — 2) n. a) Soma-*Trester* Comm. zu Nyâjam. 4,2,15. — b) **Bratpfanne.* — c) *eine best. Hölle.*

*ऋजीषित Adj. = ऋजीषं संप्राप्तम्.

ऋजीषिन् Adj. 1) *vorstürzend, eilend.* — 2) *aus Trestern bestehend.*

ऋजु 1) Adj. (f. ऋज्वी) a) *gerade.* — b) *richtig, recht, gerecht.* — c) *rechtlich, aufrichtig.* — 2) Adv. a) *gerade.* — b) *richtig.* — 3) m. N. pr. eines Sohnes des Vasudeva. — 4) f. ऋज्वी *das Stadium, in dem ein Planet einen geraden Lauf hat.*

ऋजुकाय 1) Adj. *geraden Körpers.* — 2) *m. Bein. Kaçjapa's.

ऋजुकृत Adj. *richtig gestellt* Ait. Br. 3,8.

ऋजुक्रतु Adj. *das Rechte wollend.*

ऋजुग Adj. *geradeaus gehend.*

ऋजुगाथ Adj. *richtig singend* ṚV.

ऋजुता f. 1) *gerade Richtung, Geradheit.* — 2) *gerades, offenes Wesen.*

ऋजुत्व n. = ऋजुता 2).

ऋजुदारुमय Adj. (f. ई) *aus geradem Holze gemacht* Hemâdri 1,644,18.

ऋजुदास m. N. pr. eines Sohnes des Vasudeva.

ऋजुदृश् Adj. *richtig sehend* Naish. 4,66.

ऋजुधा Adv. 1) *geradeswegs.* — 2) *richtig.*

ऋजुनीति f. *richtige Führung.*

ऋजुपक्ष Adj. *gerade Flügel habend* Ind. St. 13,239. 263.

ऋजुपालिका f. N. pr. eines Flusses.

ऋजुबुद्धि Adj. *aufrichtig* (von Personen). Nom. abstr. °ता f.

ऋजुमिताक्षरा f. Titel eines Commentars.

ऋजुमुष्क Adj. *dessen Glied straff ist.*

ऋजुरश्मि Adj. *gerade Stränge habend.*

*ऋजुरोहित n. Indra's *gerader rother Bogen.*

ऋजुलेख Adj. *geradlinig* Çulbas.

ऋजुलेखा f. *ein gerader Strich* Sâj. zu Çat. Br. 13,2,8,5.

ऋजुवनि Adj. *gerade austrebend.*

ऋजुसर्प m. *eine Schlangenart.*

ऋजुहस्त Adj. *die Hand ausstreckend.*

ऋजू Adv. mit कर् 1) *gerade machen.* — 2) *berichtigen.*

*ऋजूक m. N. pr. eines Gebirges.

ऋजूकरण n. *das Geraderichten.*

ऋजूनस् m. N. pr. eines Mannes.

ऋजूय् Partic. 1) ऋजूयत् *redlich verfahrend.* — 2) ऋजूयमान *sich gerade aufrichtend.*

ऋजूया Instr. *gerades Weges.*

ऋजूयु Adj. *redlich.*

ऋज्र (auch dreisilbig) 1) Adj. (f. ऋज्रा) *röthlich, braunroth.* — 2) *m. *Führer.*

ऋज्राश्व (auch viersilbig) m. N. pr. eines Mannes.

(ऋज्वञ्च्) ऋजुअञ्च् Adj. *geradeaus gehend.*

ऋज्वालिखित Adj. *mit geraden Strichen geritzt* Çat. Br. 13,2,8,5.

ऋञ्जाक m. N. pr. eines Ṛshi.

ऋञ्जसान 1) Adj. Partic. von ऋञ्ज्, ऋञ्जति. — 2) *m. *Wolke.*

ऋण 1) Adj. (f. ऋणा) *schuldig.* — 2) n. a) *Verschuldung, Verpflichtung, Schuldigkeit, Schuld, Geldschuld.* Unter drei *Verpflichtungen* sind die gegen die Ṛshi, Götter und Manen gemeint. Die vierte ist die gegen die Menschen, die fünfte die gegen die Gäste. अन्त्य *die letzte Verpflichtung* ist *die gegen die Manen, d. i. die Erzeugung eines Sohnes.* ऋणं धारय् *Jmd* (Gen.) *Etwas schuldig sein;* कर् *eine Schuld machen, borgen von* (Abl.); प्र-यम् und नी *e. Sch. abtragen;* दा *dass.* und *Jmd* (Loc.) *borgen;* प्र-आप् *e. Sch. auf sich laden;* परि-इष् *e. Sch. einfordern;* मृगय्, याच् *um ein Darlehn bitten.* — b) *eine negative Grösse.* — c) **Wasser.* — d) **Burg, Feste.*

ऋणकर्तर् Nom. ag. *Schulden machend* MBh. 13,23,31. Spr. 1330.

ऋणंकाति Adj. *Schuld rächend.*

*ऋणग्रह 1) Adj. *Schulden machend.* — 2) m. *das Schuldenmachen.*

*ऋणग्रहण n. *das Eintreiben einer Schuld.*

*ऋणग्राहिन् Adj. *Schulden machend.*

ऋणचित् Adj. *Schuld rächend.*

ऋणच्छेद m. *Tilgung einer Schuld.*

ऋणच्युत् Adj. *Schuld tilgend.*

ऋणंजय m. N. pr. eines Vjâsa VP. 3,3,18.

ऋणंचय m. N. pr. eines Fürsten und eines Âñgirasa.

ऋणता f. *Schuldhaftigkeit.*

ऋणदातर् Nom. ag. *Geldverleiher* Spr. 2477, v. l.

ऋणदास m. *Einer der, um eine Schuld zu tilgen, sich in Sclaverei begeben hat.*

ऋणनिर्मोक्ष m. *Befreiung von einer Verpflichtung gegen* (Gen.) Ragh. 10,2.

ऋणप्रदातर् Nom. ag. *Geldverleiher* Spr. 2477.

ऋणभङ्गाध्याय m. Titel eines Werkes.

*ऋणमत्कुण und *ऋणमार्गण m. *Bürge für eine Schuld.*

*ऋणमुक्ति f., *°मोक्ष m. und °मोचन n. *das Abtragen einer Schuld.*

ऋणमोचनतीर्थ n. N. pr. eines Tîrtha.

ऋणया, °यात् und °यावन् Adj. *Schuld verfolgend,* — *rächend.*

ऋणवन् Adj. *schuldbeladen, verschuldet.*

ऋणवत् 1) Adj. *eine Verpflichtung gegen Jmd* (Gen.) *habend, verschuldet, in Schulden steckend.* — 2) m. Bez. *des 26sten* Muhûrta Ind. St. 10,296.

*ऋणशोधन n. und ऋणसमुद्धार m. (Spr. 7487) *Tilgung einer Schuld.*

ऋणादान n. *das Eintreiben einer Schuld* M. 8,4. Jolly, Schuld. 287.

*ऋणान्तक m. *der Planet Mars.*

ऋणापनय (Kull. zu M. 9,107) und *ऋणापनोदन n. *das Abtragen einer Verpflichtung,* — *Schuld.*

*ऋणार्ण n. wohl N. pr. einer Oertlichkeit Mahâbh. 6,42,a.

ऋणावन् Adj. = ऋणवन्.

ऋणिक m. *Schuldner.*

ऋणाधनि und °चक्र n. ein best. mystisches Diagramm.

ऋणिन् 1) Adj. eine Verpflichtung habend, verschuldet. — 2) m. Schuldner.

ऋणाते Adv. mit कर् borgen, entlehnen Naigh. 7,33.

*ऋणोद्धरण n. das Eintreiben einer Schuld.

ऋणोद्धार m. Tilgung einer Schuld Spr. 7187.

ऋत 1) Adj. (f. आ) a) getroffen, betroffen. ऋतथा TS. 3,2,9,3. — b) gehörig, ordentlich, recht, passend. — c) rechtschaffen, wacker, tüchtig. — d) wahr. — e) *geehrt. — f) * = दीप्त. — 2) ऋतम् Adv. recht, richtig; gehörig, nachdrücklich. Mit इ richtig —, den richtigen Weg gehen (eig. und übertr.). — 3) m. a) eine best. Personification, später N. pr. eines Rudra. — b) N. pr. eines Sohnes α) des Manu Kâkshusha Bhâg. P. 4,13,16. — β) des Vigaja VP. — 4) n. a) feste Ordnung, Bestimmung, Entscheidung. — b) die Ordnung in heiligen Dingen: heiliger Brauch, Satzung, frommes Werk; göttliches Gesetz, Glaube als Inbegriff der religiösen Wahrheiten. — c) das Rechte, Wahre, Wahrheit. — d) Gelöbniss, Versprechen, Eid, Schwur; vgl. सत्य. — e) bildliche Bez. des Aehrenlesens. — f) *Wasser. — g) * = धन. — 5) ऋतेन Instr. als Adv. a) nach der Ordnung, gehörig, richtig, regelmässig, rite. — b) von Rechtswegen, billig. — c) wahr, aufrichtig, der Wahrheit gemäss. — d) einfach bekräftigend wie sane.

ऋतचित् Adj. des heiligen Gesetzes u. s. w. kundig.

ऋतजा Adj. recht geartet.

ऋतजात Adj. (f. आ) 1) rechtzeitig. — 2) richtig erzeugt. — 3) recht geartet.

ऋतजातसत्य Adj. das recht Geartete verwirklichend.

ऋतजित् 1) Adj. das Rechte erkämpfend. — 2) m. N. pr. eines Jaksha.

ऋतज्युर् Adj. vollkommen gealtert.

ऋतज्ञा Adj. das heiligen Gesetzes u. s. w. kundig.

ऋतज्य Adj. wohlbesehnt (Bogen).

ऋतंजय m. N. pr. eines Vjâsa.

ऋतद्युम्न Adj. für die Wahrheit begeistert ṚV.

ऋतधामन् 1) Adj. die Wahrheit liebend. — 2) m. a) Bein. Vishṇu's. — b) N. pr. α) eines Manu. — β) des Indra im 12ten Manvantara.

ऋतधी Adj. von richtiger Einsicht.

ऋतधीति Adj. heilig —, wahrhaft gesinnt.

ऋतध्वज m. N. pr. 1) eines Rudra. — 2) verschiedener Männer.

ऋतनी Adj. richtig führend.

ऋतनिधन n. Name eines Sâman.

ऋतपर्ण m. N. pr. = ऋतुपर्ण.

ऋतपा Adj. das heilige Gesetz u. s. w. wahrend.

ऋतपात्र n. ein vollkommenes Gefäss Tâṇḍja-Br. 1,2,8.

ऋतपेय m. ein best. Ekâha.

ऋतपेशस् Adj. von vollkommener Gestalt.

ऋतप्रजात Adj. (f. आ) 1) rechtzeitig. — 2) richtig erzeugt. — 3) recht geartet. — 4) f. rechtzeitig entbunden, — gebärend.

ऋतप्रवीत Adj. richtig befruchtet, — erzeugt.

ऋतप्सु Adj. von gehörigem Aussehen ṚV.

*ऋतबोध m. N. pr. eines Mannes.

ऋतभाग m. desgl. Pl. sein Geschlecht.

ऋतभुज् Adj. die Frucht seiner frommen Werke geniessend Maitrjup. 2,7.

ऋतंभर 1) Adj. (f. आ) die Wahrheit in sich enthaltend. — 2) m. Bein. Vishṇu's Bhâg. 6,13,17. — 3) f. आ a) die die Wahrheit in sich enthaltende Vernunft. Auch personif. als Göttin. — b) N. pr. eines Flusses.

ऋतंभरप्रज्ञ und ऋतंभराप्रज्ञ Adj. Bez. eines Jogin auf der zweiten Stufe.

ऋतंभरा f. v. l. für ऋतंभर 3) a).

ऋतय्, °यते Etwas recht machen ṚV. Partic. ऋतयत् und ऋतयन्त् die Ordnung einhaltend, regelrecht.

ऋतया Instr. Adv. richtig.

ऋतयु Adj. die Ordnung einhaltend, regelrecht.

ऋतयुक्ति f. rechte Verbindung.

ऋतयुज् Adj. 1) richtig angeschirrt. — 2) wohl verbündet.

ऋतवत् Adj. Recht habend, wahr sprechend.

ऋतवाक m. rechte, fromme Rede.

ऋतवादिन् Adj. recht —, wahr redend.

ऋतयोग m. N. pr. eines Mannes VP.[2] 4,55.

ऋतव्य 1) Adj. den Ṛtu geweiht. — 2) f. ऋतव्या Bez. bestimmter Backsteine.

ऋतव्यावत् Adj. mit den ऋतव्या genannten Backsteinen versehen.

ऋतव्रत 1) Adj. der Wahrheit ergeben. — 2) m. Pl. Bez. der Brahmanen in Çâkadvîpa.

ऋतसत्ये n. Du. Recht und Wahrheit Çat. Br. 11,2,7,3.

ऋतसद् Adj. auf der Wahrheit thronend.

ऋतसदन n. und °ना f. der rechte, gewohnte Sitz.

ऋतसप् (nur stark °साप्) Adj. frommes Werk und Sinn pflegend, glaubenseifrig.

ऋतसाप v. l. für ऋतसप्.

ऋतसामन् n. Name zweier Sâman Ârsh. Br.

ऋतसेन m. N. pr. eines Gandharva.

ऋतस्तुभ् Adj. recht preisend, oder m. N. pr. eines Mannes.

ऋतस्था Adj. richtig stehend.

ऋतस्पति m. Herr des heiligen Gesetzes u. s. w. ṚV.

ऋतस्पृश् Adj. dem heiligen Gesetz u. s. w. ergeben.

ऋताय्, Partic. ऋतायत् lenkend ṚV. 7,87,1. den richtigen Gang —, die Ordnung einhaltend, gehorsam, fromm.

ऋतायिन् und ऋतायु Adj. = ऋतायत्.

ऋतायुस् m. N. pr. eines Sohnes des Purûravas VP.[2] 4,13.

ऋतावन् Adj. (f. °वरी) 1) die Ordnung einhaltend, gesetzmässig, regelrecht. — 2) dem heiligen Gesetz treu, gerecht, fromm, gläubig. — 3) geweiht, heilig.

ऋतावसु Adj. reich an Glauben, fromm, gläubig ṚV. 1,90,5.

ऋतावृत् Adj. Vaitân. fehlerhaft für °वृध्; vgl. ṚV. 10,66,1.

ऋतावृध् Adj. am heiligen Gesetz u. s. w. sich erfreuend, heilig gesinnt.

ऋताषह् (stark °षाह्) Adj. die heilige Ordnung aufrecht erhaltend.

ऋति und ऋति f. 1) Angriff, Streit. — 2) *Gang, Weg. — 3) *Glück, Heil. — 4) *Wetteifer. — 5) *Abscheu, Widerwille. — 6) *Erinnerung (स्मृति). — 7) *Schutz. — 8) *Unglück.

*ऋतिंकर Adj. P. 3,2,43.

ऋतीय् 1) ऋतीयते sich streiten. — 2) ऋतीयति einen Abscheu haben, sich scheuen (buddh.).

*ऋतीया f. Verachtung, Geringschätzung.

ऋतीषह् (stark °षाह् und °षाह्) Adj. 1) Angriff aushaltend, widerstandsfähig. — 2) ausdauernd, nicht zu Ende gehend (Reichthum).

ऋतु m. 1) zutreffende Zeit, Zeitpunct, zugemessene Zeit. Instr. Sg. und Pl. zu seiner Zeit, in den rechten Zeiten, zur Opfer- oder Festzeit. — 2) Zeitabschnitt, insbes. Jahresabschnitt, Jahreszeit. Es werden deren 3, 6 (so stets in der späteren Literatur), 7, 12 (= Monat) oder 24 (= Halbmonat) angenommen. ऋतौ in der entsprechenden Jahreszeit. Sg. auch in collect. Bed. — 3) Bez. der Zahl sechs. — 4) die Regeln der Weiber, insbes. die unmittelbar darauf folgenden, zur Empfängniss geeigneten Tage (nach Bhâvapr. die 16 Tage nach dem Erscheinen der menses). — 5) der Beischlaf zu dieser Zeit. — 6) bestimmte Folge, Ordnung, Regel. — 7) *Glanz. — 8) *schwarzes Schwefelantimon. — 9) N. pr. a) eines Ṛshi. — b) des 12ten Manu.

ऋतुकाल m. 1) die entsprechende Jahreszeit. — 2) die Zeit der Menstruation, insbes. die unmittelbar darauf folgenden, zur Empfängniss geeigneten Tage.

ऋतुकालातिवर्तिनी Adj. f. schwanger R. 7,48,19.

ऋतुगामिन् Adj. der Frau in der richtigen Zeit beiwohnend.

ऋतुग्रह m. Libation an die Ṛtu.

ऋतुचर्या f. Titel eines Werkes.

ऋतुजित् m. N. pr. eines Fürsten von Mithilâ.

ऋतुजुष् Adj. f. in der zur Empfängniss günstigen Periode sich befindend.

ऋतुथा Adv. 1) regelrecht, — mässig, gehörig. — 2) deutlich, bestimmt, genau.

ऋतुधामन् m. Bein. Vishṇu's.

ऋतुध्वज m. N. pr. eines Fürsten Ind. St. 14,107.

ऋतुपति m. Herr der Zeiten.

ऋतुपर्ण m. N. pr. eines Fürsten von Ajodhjâ.

ऋतुपशु m. das je in einer best. Jahreszeit zu opfernde Thier Çat. Br. 13,5,4,28. Vaitân.

ऋतुपा Adj. regelmässig trinkend, — zur Libation kommend.

ऋतुपात्र Adj. der zur Libation für die Ṛtu bestimmte Becher Vaitân.

*ऋतुप्राप्त Adj. fruchttragend.

ऋतुप्रैष m. die Aufforderung zum Opfer an die Ṛtu Ait. Br. 5,9.

ऋतुभाग m. Sechstel Hemâdri 1,135,7. 13.

ऋतुभाज् Adj. an einer Jahreszeit Theil habend Çat. Br. 10,4,4,1.

ऋतुमन्त् 1) Adj. a) zu regelmässige Zeiten sich haltend Tâṇḍja-Br. 14,12,9. — b) den Genuss der Jahreszeiten habend. — c) f. °मती α) die Regeln habend, so v. a. mannbar. — β) in der Zeit der monatlichen Reinigung —, in der zur Empfängniss geeigneten Periode sich befindend. — 2) n. N. pr. des Lusthains von Varuṇa.

ऋतुमय Adj. aus Ṛtu bestehend.

ऋतुमाला f. N. pr. v. l. für कृतमाला VP.[2] 2,151.

ऋतुमुख n. Beginn —, erster Tag eines Ṛtu.

ऋतुमुखिन् Adj. in den Beginn eines Ṛtu fallend TBr. Comm. 2,877,9.

ऋतुयाज m. Opfer an die Ṛtu (eine best. Ceremonie).

ऋतुयाजिन् Adj. am Anfange jeder Jahreszeit opfernd Maitr. S. 1,10,8.

ऋतुयाज्या f. eine best. Ceremonie Vaitân.

ऋतुराज m. Frühling.

ऋतुर्लमित्रीय n. das Lied ṚV. 3,13 Çâṅkh. Çr. 11,14,10. 23.

ऋतुलिङ्ग n. charakteristisches Zeichen einer Jahreszeit.

ऋतुलोका Adj. f. Bez. bestimmter Backsteine Çat. Br. 12,4,2,19.

*ऋतुवृत्ति f. Jahr.

ऋतुवेला f. = ऋतुकाल 2).

ऋतुशस् Adv. regelrecht, gehörig.

ऋतुशान्ति f. Titel eines Werkes.

ऋतुषामन् n. Name eines Sâman.

ऋतुष्ठा Adj. in festen Zeiten stehend Maitr. S. 2,3,4.

ऋतुष्ठायज्ञायज्ञीय n. Name eines Sâman Ârsh. Br. Lâṭj. 1,5,13.

ऋतुसंवत्सर m. ein Jahr von 360 Tagen Ind. St. 10,300.

ऋतुसंहार m. Titel eines dem Kalidâsa zugeschriebenen Gedichts.

ऋतुसंधि m. Uebergangszeit zweier Jahreszeiten Gop. Br. 2,1,19.

ऋतुसमय m. die Zeit der Menstruation, die zur Empfängniss geeignete Periode.

ऋतुसहस्र n. tausend Jahreszeiten Çat. Br. 12,4,4,4.

ऋतुमारणा f. ein best. an Metallen vorgenommener Process.

ऋतुस्थला f. N. pr. einer Apsaras. Vgl. क्रतु°.

ऋतुस्था Adj. = ऋतुष्ठा.

ऋतुस्नाता Adj. f. die sich nach der Menstruation gebadet hat, zum Beischlaf vorbereitet.

ऋतुस्नान n. das Baden nach der Menstruation.

ऋतुहारिका f. N. pr. einer bösen Fee, die den Weibern die menses benimmt.

ऋतुहोम m. eine best. Spende Vaitân.

ऋते Loc. Praep. mit Ausschluss von, ausser, ohne, wenn nicht — da ist; mit vorangehendem oder folgendem Abl. oder Acc. Mit folgendem यतस् ausgenommen dass.

ऋतेकर्मम् Adv. ohne Werk.

ऋतेजा Adj. im heiligen Gesetz u. s. w. lebend, gesetzgetreu.

ऋतेबर्हिष्क Adj. ohne die Barhis-Litanei.

ऋतेमूल Adj. ohne Wurzeln Maitr. S. 1,10,17.

ऋतेयज्ञम् Adv. ausserhalb des Opfers Maitr. S. 1,11,8.

ऋतेयु m. N. pr. 1) eines Ṛshi. — 2) eines Sohnes des Raudrâçva.

ऋतेरक्षस् Adj. wobei die Rakshas ausgeschlossen sind.

ऋतोद्य n. wahre Rede, Wahrhaftigkeit.

ऋत्व n. der zeitige Same Tâṇḍja-Br. 16,3,1.

1. ऋत्वन्त m. Ende einer Jahreszeit M. 4,26.

2. ऋत्वन्त Adj. (f. आ) das Ende einer Jahreszeit bildend (Tag) M. 4,119.

ऋत्विक्त्व n. Nom. abstr. zu ऋत्विज् 2) Tâṇḍja-Br. 18,3,1.

ऋत्विक्पथ m. Priesterweg Lâṭj. 2,4,4.

ऋत्विक्फल n. Priesterlohn Gaim. 3,8,15.

ऋत्विगपोक्षणीय m. eine best. Soma-Feier von dreierlei Art Kâtj. Çr. 22,6,21.

ऋत्विज् 1) Adj. nach Vorschrift und Zeitfolge —, regelmässig opfernd. — 2) m. Priester.

1. ऋत्विय Adj. 1) gehörig, regelmässig, zeitig, den Regeln des Cultus angemessen. — 2) der Regeln des Cultus kundig.

2. ऋत्विय 1) Adj. (f. आ) menstruirend, in der zur Empfängniss geeigneten Periode befindlich. — 2) n. monatliche Reinigung, die zur Empfängniss geeignete Periode.

ऋत्वियवन्त् Adj. = 2. ऋत्विय 1).

ऋत्वियावन्त् Adj. gesetzmässig, regelrecht, förmlich, feierlich.

ऋत्व्य (ऋत्विय) Adj. (f. आ) und n. (Âpast. 2,5,17) = 2. ऋत्विय.

ऋदूदर Adj. mild, sanft, gnädig.

ऋदूपा f. Biene oder ein anderes Süssigkeit saugendes Thier.

ऋदूवृध् Adj. an Süssem sich ergötzend.

ऋद्ध 1) Adj. Partic. s. u. अर्ध्. — 2) *n. a) aufgespeichertes Korn. — b) bewiesene Wahrheit.

ऋद्धि f. 1) das Gelingen, Gedeihen, gedeihlicher Zustand, Vollkommenheit, Wohlfahrt, Wohlstand, Glück. ऋद्धस्य Name eines Sâman Ârsh. Br. — 2) Vollkommenheit, übernatürliche Kraft. — 3) eine best. Heilpflanze (Knolle) Karaka 4,1. — 4) N. pr. der Gattin Kubera's. — 5) *Bein. der Pârvatî.

ऋद्धिकाम Adj. Gedeihen —, Wohlstand begehrend.

ऋद्धिपाद m. einer der vier Bestandtheile der übernatürlichen Kraft Lalit. 9,4. 37,1.

ऋद्धिमन्त् Adj. 1) in einem gedeihlichen Zustande —, im Wohlstande befindlich, ansehnlich, wohlhabend, reich an (im Comp. vorangehend). — 2) Glück bringend.

ऋद्धिल m. N. pr. eines Mannes (buddh.).

ऋधक् und ऋधॅक् Adv. 1) abgesondert, abseits. — 2) je einzeln. — 3) vor Andern ausgezeichnet, sonderlich. — 4) ungeschickt ṚV. 4,18,4.

ऋधद्वाच Adj. dem die Rede fehlt.

ऋधद्रि m. N. pr. eines Mannes.

ऋधद्वार Adj. Güter mehrend.

*ऋपुक Adj. = ह्रस्व.

ऋधुक Adj. Gedeihen verleihend.

ऋबीस n. 1) Erdspalte, Schlund. — 2) Erdwärme.

ऋभु 1) Adj. a) anstellig, geschickt, kunstfertig, erfindsam, klug. — b) geschickt, so v. a. handlich, leicht zu gebrauchen. — 2) m. a) Künstler, Bildner, insbes. in Schmiedearbeit und Wagenbau. —

b) Bez. dreier mythischer als *Künstler* gepriesener Wesen. — c) N. pr. des ersten unter diesen. — d) Pl. später *eine best. Götterordnung*. — e) **Gottheit* überh.

*ऋभुक्ष m. 1) Bein. Indra's. — 2) Indra's *Himmel*. — 3) Indra's *Donnerkeil*.

ऋभुक्षन्, °क्षा und *°क्षिन् 1) m. a) N. pr. des ersten Ṛbhu. — b) = ऋभु 2) b). — c) Beiw. a) Indra's. — b) der Marut. — 2) Adj. = महत् ṚV. 8,82,24, wo aber die Lesart falsch ist.

*ऋभुक्षीय्, °क्षीयति Denom. von *ऋभुक्षिन्.

ऋभुमन्त् Adj. 1) *anstellig, verständig*. — 2) *mit den* Ṛbhu *verbunden, von ihnen begleitet*.

ऋभुष्ठिर Adj. *stark wie die* Ṛbhu ṚV. Vielleicht ist ऋभुः स्थिरः (sc. Pfeil) zu lesen.

ऋभ्व, ऋभ्वन् und ऋभ्वस् Adj. = ऋभु 1) a). Das letzte auch *kunstreich gemacht*.

ऋल्लक (झल्लक?) m. *Spieler auf einem best. musik. Instrument*.

ऋल्लरी (झल्लरी?) f. *ein best. musik. Instrument*.

ऋवर्ण n. *die Laute* ऋ *und* ॠ AV. Prât.

ऋश 1; m. = ऋश्य 1) AV. — 2) *f. ई *das Weibchen des* Ṛçja gaṇa गौरादि.

ऋशत् Kathâs. 100,181 fehlerhaft für दृशत् oder दृसत्.

ऋश्य m. 1) *der Bock einer Antilopenart*. — 2) N. pr. a) eines Ṛshi Ârsh. Br. — b) eines Sohnes des Devâtithi.

ऋश्यक Adj. *die Farbe des* Ṛçja *habend*.

*ऋश्यकेतन und *°केतु m. Bein. Aniruddha's.

ऋश्यगन्धा f. = ऋक्षगन्धा 1) Karaka 1,4.

ऋश्यजिह्व n. *eine Art Aussatz* Karaka 2,5. 6,7.

ऋश्यद *Fanggrube für Antilopen*.

ऋश्यपद् Adj. (f. °दी) *antilopenfüssig*.

ऋश्यमूक m. N. pr. eines Gebirges im Süden von Indien. Ueberall ऋष्य° geschr.

ऋश्यलोमा m. N. pr. eines Mannes.

ऋश्यशृङ्ग m. N. pr. verschiedener Männer.

*ऋश्याङ्क m. Bein. Aniruddha's.

ऋषङ्गु m. N. pr. eines Mannes. उषङ्गु u. s. w. v. l.

ऋषभ 1) m. (adj. Comp. f. आ) a) *Stier*. — b) in Comp. mit andern Thiernamen *Männchen*. — c) *der Beste, Edelste unter* (Gen. oder im Comp. vorangehend), *ein Held* (z. B. in der Rede). — d) *die zweite Note der indischen Tonleiter*. — e) Name des 13ten Kalpa. — f) **Ohrhöhle*. — g) **Schwanz eines Ebers*. — h) **Schwanz eines Krokodils*. — i) *eine best. auf dem* Himavant *wachsende Knolle*. — k) *ein best. Antidoton*. — l) *ein best.* Ekâha. — m) in Verbindung mit einem Gen. (z. B. हस्त्य) oder verschiedener Adjj. Name von Sâman. — n) Pl. Bez. *der Kriegerkaste* in Krauñkadvîpa. — o) N. pr. α) Pl. eines Volkes. — β) verschiedener Männer. — γ) eines Affen. — δ) eines Schlangendämons. — ε) eines Gebirges. — ζ) eines Tîrtha. — 2) f. ऋषभी a) **Mannweib*. — b) **Wittwe*. — c) *Carpopogon pruriens* (Karaka 1,1) und *= सिराला.

ऋषभक m. 1) **Stier* Nigh. Pr. — 2) *eine best. auf dem* Himavant *wachsende Knolle* Bhâvapr. 1,170. Karaka 6,1. — 3) N. pr. a) eines Fürsten. — b) eines Gebirges.

ऋषभकूट m. *eine Bergkuppe im Gebirge* Ṛshabha MBh. 3,110,8.

ऋषभगजविलसित n. Bez. *zweier Metra*.

*ऋषभतर m. *kleiner Stier*.

ऋषभता f. *das Obenanstehen*.

ऋषभदायिन् Adj. *einen Stier schenkend*.

ऋषभदेव m. N. pr. eines Tîrthaṁkara bei den Ǵaina.

ऋषभद्वीप m. N. pr. einer Oertlichkeit MBh. 3,84,160.

*ऋषभध्वज m. 1) Bein. Çiva's. — 2) N. pr. eines Arhant bei den Ǵaina.

ऋषभपञ्चाशिका f. Titel eines Werkes.

ऋषभपूजा f. *eine best. Ceremonie mit dem Stiere* Gobh. 3,6,12.

ऋषभवत् Adj. *das Wort* ऋषभ *enthaltend* Tâṇḍja-Br. 10,6,2. 5. 6.

ऋषभस्तव m. Titel eines Werkes.

ऋषभानन m. N. pr. eines Ǵina.

ऋषि m. 1) *Sänger heiliger Lieder, Dichter, ein Heiliger der Vorzeit*. Pl. *eine best. Klasse hochverehrter Wesen*, deren Zahl häufig als sieben bestimmt wird. In der späteren Kosmologie hat jedes Manvantara seine besondern sieben Ṛshi. — 2) *ein von einem Sänger der Vorzeit gedichtetes Lied*. — 3) später *eine durch Frömmigkeit und Weisheit geheiligte Person*, insbes. *ein solcher Einsiedler*. — 4) Pl. *die sieben Sterne des grossen Bären*. — 5) Bez. *der Zahl sieben*. — 6) *der Mond*. — 7) **Lichtstrahl*. — 8) *an imaginary circle*. — 9) **Cyprinus Rishi*.

ऋषिक 1) m. a) *ein* Ṛshi *niederen Ranges* Ârsh. 38,10. fgg. — b) Pl. N. pr. eines Volkes. Sg. *ein Fürst dieses Volkes*. — 2) f. आ a) *ein weiblicher* Ṛshi *niederen Ranges* Ârsh. 39,13. — b) N. pr. eines Flusses.

ऋषिकुल्या f. 1) *ein* Ṛshi-*Bach*, — *Fluss*. Bez. geheiligter Flüsse. Auf die Sarasvatî als *Göttin der Rede* bezogen, so v. a. *reich an heiligen Liedern*. — 2) N. pr. a) eines Flusses MBh. 6,9,36. — b) der Gattin Bhûman's.

ऋषिकृत् Adj. *zum heiligen Dichter machend, begeisternd*.

ऋषिगिरि m. N. pr. eines *Berges* in Magadha.

ऋषिगुप्त m. N. pr. eines Buddha.

ऋषिचान्द्रायण n. *eine best. Kasteiung*.

ऋषिचिति f. Ṛshi-*Schichtung* Çat. Br. 6,4,6,12.

ऋषिचोदन Adj. *den Sänger antreibend*.

ऋषिच्छन्दस् n. *eine best. Klasse von Metren*.

*ऋषिजाङ्गलिकी f. *eine best. Pflanze*.

ऋषितर्पण n. 1) *Libation an die* Ṛshi. — 2) Titel eines Werkes.

ऋषितीर्थ n. N. pr. eines Tîrtha.

ऋषित्व n. *der Stand eines* Ṛshi.

ऋषिदेव m. N. pr. eines Buddha.

ऋषिद्रोण m. N. pr. einer Oertlichkeit.

ऋषिद्विष् Adj. *dem frommen Sänger übelwollend*.

ऋषिपञ्चमी f. *der fünfte Tag in der lichten Hälfte des* Bhâdrapada.

ऋषिपतन m. N. pr. eines Wildparks in der Nähe von Vârâṇasî Lalit. 20,12 (°पत्तन). 331,12. 522,14. 329,3.

ऋषिपुत्र m. 1) *der Sohn eines* Ṛshi 37,30. 38,1. — 2) Bez. *bestimmter Hymnendichter* Ârsh. 38,10. — 3) N. pr. eines Autors.

*ऋषिपुत्रक m. *Artemisia vulgaris* Nigh. Pr.

ऋषिप्रशिष्ट Adj. *vom* Ṛshi *angewiesen*.

*ऋषिप्रोक्ता f. *Glycine debilis*.

ऋषिबन्धु Adj. *dem Sänger verwandt*.

ऋषिव्याख्या n. Titel eines Werkes.

ऋषिमनस् Adj. *eines heiligen Sängers Sinn habend, begeistert*.

ऋषिमुख n. *der Anfang eines* Maṇḍala oder Sûkta Ind. St. 10,131.

ऋषियज्ञ m. *das den* Ṛshi *darzubringende Opfer, das Studium des* Veda.

ऋषिलोक m. *die Welt der* Ṛshi. Zwischen देवलोक und ब्रह्मलोक AV. Pariç. 38,3.

ऋषिवत् Adv. *einem* Ṛshi *gleich*.

ऋषिशृङ्ग m. N. pr. wohl fehlerhaft für ऋश्यशृङ्ग.

ऋषिषह् (stark °षाह्) Adj. *den Sänger überwältigend*.

ऋषिषाण Adj. *zum frommen Sänger sich hingezogen fühlend* ṚV.

ऋषिष्टुत Adj. *von den* Ṛshi *gepriesen*.

ऋषिसंहिता f. *die* Saṁhitâ *der* Ṛshi Saura-pan. 6,5. 7.

ऋषिसाह्वय Adj. *nach den* Ṛshi *genannt*. वनया so v. a. ऋषिपतन Lalit. 323,2. 5.

ऋषिस्तोम m. *eine best. Recitation.*

ऋषिस्वर् Adj. *von heiligen Sängern besungen.*

ऋषिस्वाध्याय m. Titel eines Werkes Çiksh. Gṛhy. 2,7.

*ऋष्योक m. *eine Grasart* Nigh. Pr.

ऋषीतत (!) Adj. R. 3,76,31.

ऋषीवस् 1) Adj. *der mit Sängern gern zu thun hat* ṚV. — 2) *f. °वती सेनागाम्.

*ऋषीवत् Adj. P. 6,3,121, Sch.

ऋषु (bloss Gen. Pl.) *Gluth, Flamme.*

ऋष्टि f. 1) *Speer.* — 2) **Schwert.*

ऋष्टिक m. Pl. N. pr. eines Volkes R. ed. Bomb. 4,41,10.

ऋष्टिमन्त् Adj. *mit Speeren versehen.*

ऋष्टिविद्युत् Adj. *Speer-blitzend.*

ऋष्टिषेण m. N. pr. eines Mannes.

ऋष्य spätere Schreibart für ऋश्य.

*ऋष्यगता f. = ऋष्यप्रोक्ता.

ऋष्यङ्कु m. N. pr. v. l. उषङ्कु.

ऋष्यप्रोक्ता (!) f. 1) *Carpopogon pruriens.* — 2) *Asparagus racemosus.* — 3) *Sida cordifolia* oder *rhombifolia* Karaka 1,4 (= माषपर्णी Comm.). 4,1.

ऋष्व Adj. (f. ष्वी) 1) *emporragend, hoch.* — 2) *erhaben, sublimis.*

ऋष्ववीर Adj. *mit erhabenen Helden bevölkert.*

ऋष्वौजस् Adj. *hohe Kraft besitzend.*

ऋस्वन् Adj. *schwach, klein.*

*ॠ 1) Interj. *des Tadels, der Furcht,* रुतायाम् und वाक्यारम्भे. — 2) *Brust, Gedächtniss, Gang, ein Dānava, Bhairava, die Mutter der Götter und die der Ungötter.*

ॠकार m. *der Laut* ॠ TS. Prāt. Davon Denom. *°रीयति und mit उप — उपर्कारीयति.

*ऌ *Erde, Berg, die Mutter der Götter.*

ऌकार m. *der Laut* ऌ ṚV. Prāt. TS. Prāt.

*ऌतक n. erfundenes N. pr.

ऌवर्ण n. *der Laut* ऌ AV. Prāt.

*ॡ Çiva, *Mutter, Gottweib, weibliche Natur, die Mutter der Dānava, Frau eines Daitja, die Mutter der* Kāmadhenu.

1. *ए Interj. *des Sichbesinnens auf Etwas, der Anrede oder des Anrufs, des Ungehaltenseins und des Mitleidens.*

2. *ए m. Vishṇu.

एक 1) Adj. (f. आ) a) *ein, unus.* मे — ऐकान्न, न — एक (121,13), एको ऽपि न (130,13), नैको ऽपि (230,3) *keiner.* एकया मे, एकस्यै मे, एकान्न und *एकेन न vor Zehnern so v. a. *weniger eins.* — b) *solus, alleinig, einzig, einmalig, dieser allein, nur der.* In Zusammensetzungen wie धर्मैकरत Adj. und स्वर्गैकाभिमुख Adj. ist एक mit dem vorangehenden Worte zu verbinden: *einzig und allein das Gute, nur gen Himmel.* — c) *ein und derselbe.* — d) *einer unter zweien oder mehreren* (Gen. [148,6], Abl. oder im Comp. vorangehend). एक — एक, अन्य, अपर् oder द्वितीय *der eine — der andere.* एक — द्वितीय — तृतीय — चतुर्थ, एक — अन्य — एक — चतुर्थ. एके *einige, manche.* एके — एके oder अपरे *einige — andere.* एके — एके — अपरे, एके — अन्ये — एके — अपरे — अपरे. — e) zwei neben einander stehende, auf dasselbe Substantiv bezogene एक (das zweite unbetont) bedeuten *je einer, einer um den andern.* — f) *einzig in seiner Art, vorzüglich.* — g) *ein* (als unbest. Artikel), *Jemand.* — 2) m. N. pr. eines Lehrers Āpast. 1,19,7. eines Sohnes des Raja. — 3) f. आ Bein. der Durgā. — 4) n. *Einheit.* करपदैकहीनक *einer Hand und eines Fusses beraubt* Jñān. 2,274. पलैक so v. a. *ein* Pala Hemādri 1,573,11. 599,11. 12.

एकर्तु m. *die eine Zeit.*

एकर्षि m. 1) *der einzige, oberste* Ṛshi. — 2) N. pr. eines Ṛshi.

एकक Adj. (f. एकका und एकिका) *einzig, alleinig, allein seiend, — stehend.*

*एककण्टक n. *eine Art Waie* Gal.

एककपठ Adj. *einstimmig* Lalit. 187,20.

एककपाल Adj. *auf einer Schale befindlich.*

*एककार Adj. (f. ई) P. 3,2,21.

एककल्प Adj. *denselben Ritus habend* Ind. St. 10,93.

एककशत n. *ein Procent* Bîjag. 101.

1. एककार्य n. *ein und dasselbe Geschäft, — Vorhaben.*

2. एककार्य Adj. *ein und dasselbe vorhabend.*

एककाल Adj. *gleichzeitig.* Nom. abstr. °ता f. und °त्व n.

एककालम् und °लिकम् Adv. *nur einmal am Tage.*

एककालिन् Adj. *nur einmal am Tage stattfindend.*

*एककुण्डल m. Bein. 1) Kubera's. — 2) Balabhadra's. — 3) des Schlangendämons Çesha.

एककुष्ठ n. *eine Art Aussatz* Bhâvapr. 6,36. 23. Karaka 6,7.

*एककृष्ट Adj. *einmal gepflügt* Gal.

*एकक्षीर n. *Milch von einer und derselben Kuh* P. 6,3,69, Sch.

एकखुर Adj. *einhufig.* m. *ein Thier mit ungespaltenen Hufen* Âpast.

एकगु m. *ein best.* Agnishṭoma.

*एकगुरु m. *Studiengenosse.*

एकगृहपतिक Adj. *denselben* Gṛhapati (beim Opfer) *habend* Çat. Br. 4,6,9,18.

एकग्राम m. *dasselbe Dorf* Shaḍv. Br. 2,6,14.

एकग्रामीण (Çânkh. Gṛhy. 2,18) und *°ग्रामीय Adj. *in demselben Dorfe wohnhaft.*

एकचक्र 1) Adj. (f. आ) a) *einräderig* 311,10. — b) *nur von einem Fürsten beherrscht.* — 2) m. N. pr. eines Dânava. — 3) f. आ N. pr. einer Stadt der Kîkaka.

एकचक्रवर्तिन् 1) Adj. *auf einem Rade sich drehend.* — 2) m. *Alleinherrscher.* — Nom. abstr. °वर्तिता f. zu Heidem Katuis. 18,70.

एकचक्षुस् Adj. *einäugig* und zugleich *einöhrig* (Nadel) Spr. 7776.

एकचत्वारिंश Adj. *der 41ste.*

एकचत्वारिंशत् f. *41.*

एकचन्द्रा f. N. pr. einer der Mütter im Gefolge Skanda's.

एकचर 1) Adj. (f. आ) a) *allein wandelnd, nicht in Gesellschaft lebend, allein stehend.* — b) *zu gleicher Zeit schreitend.* — 2) m. a) Bein. α) Çiva-Rudra's Gaut. — β) *Baladeva's Gal. — b) **Rhinoceros.*

एकचरण 1) Adj. *einfüssig.* — 2) m. Pl. N. pr. eines fabelhaften Volkes.

एकचारिन् 1) Adj. = एकचर 1) a) VP. 3,4,4. — 2) *m. *ein* Pratjekabuddha. — 3) f. °रिणी *eine treue, nur an Einem hängende Geliebte oder Gattin* Daçak. 49,16.

एकचिति Adj. *einschichtig* Gaim. 4,4,17.

एकचितिक Adj. dass. Çat. Br. 9,4,2,2.

एकचितीक Adj. dass. TS. 5,2,8,7. Çulbas. 2,72. Nom. abstr. °त्व n. Comm. ebend.

1. एकचित्त n. 1) *ein und derselbe Gedanke, ein Herz und eine Seele.* — 2) *der nur auf einen Gegenstand gerichtete Gedanke.*

2. एकचित्त Adj. (f. आ) 1) *einen und denselben Gedanken habend, einmüthig.* Nom. abstr. °ता f. — 2) *nur auf einen Gegenstand seine Gedanken gerichtet habend.* Nom. abstr. °ता f. Häufig in Comp. mit der Ergänzung. तदेकचित्त *nur an ihn denkend.*

एकचित्ती Adv. mit भू *eines Sinnes werden.*

एकचिन्तन n. *gemeinsames Ueberlegen von* (Gen.).

एकचिन्मय Adj. *einzig aus Geist bestehend.*

एकचूर्णि m. N. pr. eines Autors.

एकचेतस् Adj. *einmüthig.*

1. एकचोदन n. *eine einen einzelnen Gegenstand betreffende Anweisung* Kâtj. Çr. 1,6,4.

2. एकचोदन Adj. (f. आ) *auf einer gemeinschaftlichen Anweisung beruhend.*

एकच्छत्र Adj. (f. आ) *nur einen fürstlichen Sonnenschirm habend, nur von einem Fürsten be-*

herrscht Spr. 1338. Harivam̃ça 1,301,17. *allein herrschend* Ind. St. 15,278.

एकच्छन्ना f. *eine Art Räthsel.*

एकच्छाय Adj. *ganz finster.*

एकज Adj. 1) *einzeln geboren.* — 2) *allein stehend.* — 3) *einzig in seiner Art.* — 4) *einartig, sich gleich bleibend.*

एकजट N. pr. 1) m. eines Wesens im Gefolge Skanda's. — 2) f. आ einer Göttin.

*एकजन्मन् m. 1) *Fürst, König.* — 2) *ein* Çûdra.

एकजात Adj. 1) *von demselben Vater —, von denselben Eltern erzeugt.* — 2) *in ebenbürtiger Ehe erzeugt.*

एकजाति 1) Adj. a) *nur eine Geburt habend* (Gegens. द्विजाति) Gaut. — b) *zu einem und demselben Geschlecht —, zu einer und derselben Art gehörig.* — 2) m. *ein* Çûdra.

एकजातीय Adj. = एकजाति 1) b).

*एकज्या f. *der Sinus von 30 Grad.*

एकज्योतिस् n. *das einzige Licht,* Beiw. Çiva's.

एकत m. N. pr. 1) eines göttlichen Wesens neben Dvita und Trita. — 2) eines Brahmanen.

एकतन्त्रिका und °तन्त्री f. *eine einsaitige Laute* S. S. S. 177.

एकतम und एकतम Adj. (f. आ) *einer unter vielen.*

ऐकतय Adj. (f. ई) *einzeln, singulus* Maitr. S. 3,2,1.

एकतर Adj. 1) *einer unter zweien.* — 2) ungenau = एकतम Kap. 30,5.

एकतस् Adv. 1) = Abl. von एक *ein und derselbe.* — 2) *von —, auf einer Seite.* एकतस् — एकतस्, अन्यतस्, अपर° (im Loc.) oder bloss वा *auf der einen Seite — auf der anderen Seite, hier — dort.* — 3) *in eins, zusammen* Suçr. 1,163,13. 16.

एकता f. *das Einssein, Einheit, Vereinigung, das Zusammenfallen, Identität.* एकतामपि-या *sich vereinigen mit* (Instr.) 104,5.

एकतान 1) Adj. *nur auf Eines gerichtet, seine Aufmerksamkeit nur auf Eines richtend.* Häufig in Comp. mit seiner Ergänzung. Nom. abstr. °ता f. — 2) m. a) *die auf Eines gerichtete Aufmerksamkeit.* — b) * = एकताल *Harmonie.*

एकतायन n. *Vereinigungspunkt, Sammelplatz.*

1. एकताल m. *Einklang, Harmonie.*

2. एकताल 1) Adj. *nur mit einer Weinpalme versehen.* — 2) f. ई a) *ein best. Tact* S. S. S. 211. Verz. d. Oxf. H. 87,a,12 (°लीविधि zu verbinden). — b) **ein best. musikalisches Instrument.*

एकतालिका f. = एकताल 2) a) S. S. S. 211.

एकतीर्थिन् Adj. *dieselbe Einsiedelei bewohnend.*

एकतुम्ब Adj. (f. ई) *nur mit einer Flaschengurke* (als Resonanzboden) *versehen* S. S. S. 178.

ऐकतेजन Adj. *einen Schaft habend.*

एकतोदन्त् Adj. *nur im Unterkiefer Schneidezähne habend.*

एकत्र Adv. 1) = Loc. von एक *ein.* — 2) *an einer Stelle.* एकत्र — अपरत्र *hier — dort.* एकस्यां दिशि — एकत्र — कुत्रापि Pañkad. 33. — 3) *an einem und demselben Orte, zusammen, vereinigt.*

एकत्रिंश Adj. *der 31ste.*

एकत्रिंशक Adj. *aus 31 bestehend* Ind. St. 9,17.

ऐकत्रिंशत् f. *einunddreissig.* ऐकत्रिंशदक्षर Adj. (f. आ) *31silbig* Çat. Br. 3,1,4,23.

एकत्रिक m. *ein best.* Ekâha.

एकत्व n. 1) = एकता. °त्वं गम् *sich vereinigen mit* (Instr.). — 2) *Einzahl, Singular* 226,32. 234,19. — 3) *das Alleinsein, — stehen.*

*एकदंष्ट्र m. 1) Bein. Gaṇeça's. — 2) *ein best. Fieber* Gal.

एकदण्डिन् m. 1) Bez. *einer best. Art von Mönchen.* — 2) Pl. *eine best.* Vedânta-*Schule.*

एकदण्डिसंन्यासविधि m. Titel eines Werkes.

एकदा Adv. 1) *auf einmal, zu gleicher Zeit* 136,7. — 2) *zu Zeiten, bisweilen.* नो — एकदापि *niemals.* — 3) *eines Tages, einstmals.*

एकदिश् Adj. *in derselben Richtung wie* (Instr.) *befindlich, — gelegen.*

एकदीक्ष Adj. *wobei nur eine einmalige Weihe stattfindet* Lâṭy. 8,3,19.

एकदुःख Adj. *dieselben Leiden habend* 80,1.

*एकदृश् 1) Adj. *einäugig.* — 2) m. a) *Krähe.* — b) Bein. Çiva's.

एकदृश्य Adj. *allein anzusehen, — sehenswerth* Kumâras. 7,64. Naish. 6,8.

1. एकदृष्टि f. *ein nur auf einen Gegenstand gerichteter Blick.*

2. *एकदृष्टि m. *Krähe* Nigh. Pr.

एकदेवत und °दैवत (TS. 3,4,8,1) Adj. *nur einer Gottheit geweiht, nur an eine G. gerichtet.*

1. एकदेश m. 1) *irgend ein Ort, — eine Stelle* 133,19. 174,17. 227,31. Spr. 7048. — 2) *Theil, Etwas unter Vielem* Kâty. Çr. 14,2,14. Chr. 234,5. Nom. abstr. °त्व n. Çaṁk. 1,3,29. — 3) *eine und dieselbe Stelle.*

2. एकदेश Adj. (f. आ) *an demselben Ort sich befindend.*

एकदेशविवर्तिन् Adj. *partiell* Kâvyapr. 10,8.

एकदेशिन् 1) Adj. *aus Theilen bestehend;* m. *ein Ganzes* Çaṁk. zu Bâdar. 4,3,14. — 2) m. *Sectirer, Separatist.*

एकद्यू m. N. pr. eines Mannes.

एकद्रव्य n. 1) *ein einzelner Gegenstand* Kâty. Çr. 1,10,6. — 2) *ein und derselbe Gegenstand* Kâty. Çr. 1,7,2.

1. एकधन n. *ein Theil der Habe* Âpast.

2. ऐकधन 1) m. *ein best. Krug, mit dem zu einer best. gottesdienstlichen Handlung Wasser geschöpft wird.* — 2) f. आ Pl. *das damit geschöpfte Wasser.*

एकधनविद् Adj. *einen Theil der Habe erhaltend.*

एकधनिन् Adj. *die* Ekadhana *genannten Krüge tragend.*

एकधर्म Adj. (f. आ) *gleichartig* 248,6.

एकधर्मिन् Adj. dass.

एकधा Adv. *vereint, einfach, auf ein Mal, zusammen mit* (Instr.) Karaka 1,26. *in Einem fort* TBr. 1,3,8,1.

एकधातु Adj. *eintheilig* (Musikstück) S. S. S. 131.

एकधाभूय n. *das zu eins Werden.* °यं भू *zu eins werden.*

एकधार, Instr. °रेण *mit einem Gusse, so v. a. m. e. Male* Tâṇḍya-Br. 14,4,7.

एकधारक m. N. pr. eines Berges.

ऐकधिष्ण्य Adj. *eine und dieselbe Feuerstelle habend* Çat. Br. 4,6,8,18.

*एकधुर, *°धुरावह und °धुरीण (Naish. 6,68) Adj. *zu demselben Anspann tauglich; so v. a. entsprechend, gleichend* Naish.

ऐकधेनु f. Pl. wohl Bez. *bestimmter mythischer Wesen.*

एकनक्षत्र n. *ein aus einem einzigen Sterne bestehendes Mondhaus oder ein M., das nur einfach* (ohne पूर्व und उत्तर) *erscheint.*

*एकनट m. *Hauptschauspieler.*

*एकनयन m. *der Planet Venus* Gal.

एकनवत Adj. *der 91ste.*

एकनवति f. *einundneunzig.* °तम Adj. *der 91ste.*

एकनाथ 1) m. N. pr. eines Autors. — 2) f. ई Titel eines von ihm verfassten Commentars.

एकनायक m. Bein. Çiva's.

एकनिबद्धवेणी Adj. f. *deren Haar zu einem einzigen Zopf zusammengebunden ist* Harîv. 7012. एक नि° v. l.

1. एकनिश्चय m. *gemeinschaftlicher Beschluss.*

2. एकनिश्चय Adj. *ein und denselben Beschluss gefasst habend, dasselbe Ziel verfolgend.*

ऐकनीड Adj. 1) *eine gemeinsame Heimat habend.* — 2) *nur einen inneren Raum habend* (Wagen).

एकनेत्र 1) *Adj. *einäugig* Gal. — 2) m. a) *Bein. Çiva's. — b) bei den ekstatischen Çaiva Bez. *einer der 8 Arten von* Vidjeçvara.

एकनेत्रक m. = एकनेत्र 2) b) Hemâdri 1,611,6. 823,3.

ऐकनेमि Adj. *nur eine Radfelge habend.*

*एकपक्ष Adj. zu derselben Partei gehörig.

एकपक्षी Adv. mit भू nur die eine Seite einer Sache sein.

एकपक्षीभाव m. das als eine These Gelten Comm. zu Nyâyas. 3,2,16.

एकपञ्चाश Adj. der 51ste.

ऍकपञ्चाशत् f. einundfünfzig.

एकपति m. ein und derselbe Gatte Bhâg. P. 4,20,27.

एकपतिका Adj. f. denselben Gatten habend.

*एकपत्त्र m. ein best. Knollengewächs Râgan. 7,108.

*एकपत्त्रिका f. Ocimum gratissimum.

एकपत्निक Adj. nur eine Gattin habend. बहुनामैकपत्निता f. Polyandrie.

1. एकपत्नी f. nur eine Gattin. °व्रतधर Adj.

2. ऍकपत्नी Adj. f. 1) nur einen Eheherrn habend, d. i. dem Gatten treu. Subst. eine treue Ehefrau. Nom. abstr. °त्व n. — 2) Pl. einen und denselben Gatten habend.

एकपत्नीक Adj. nur eine Gattin habend Comm. zu Nyâyam. 9,3,8.

ऍकपद् und एकपॅद् 1) Adj. (stark °पाद्, f. °पदी) a, einfüssig, hinkend. — b) unvollständig. — 2) m. a) Bein. α) Vishṇu's. — β) *Çiva's. — b) N. pr. eines Dânava. — 3) f. एकपदी Fussteig.

1. एकपद n. 1) eine und dieselbe Stelle. Nur im Loc. °पदे plötzlich, im Nu. — 2) ein und dasselbe Fach oder Feld Agni-P. 40,12. — 3) ein einzelnes —, einziges Wort. — 4) ein und dasselbe Wort. — 5) ein einfaches Wort, eine einfache Nominalbildung.

2. ऍकपद 1) Adj. (f. आ) a) nur einen Schritt gross Spr. 7671. — b) einfüssig. — c) ein Fach oder Feld einnehmend Hemâdri 1,633,2.3. — d) nur aus einem Worte bestehend Tâṇḍya-Br. 12,13,22. °म् Adv. mit einem Worte, kurz ausgedrückt. — 2) m. a) Pl. N. pr. eines mythischen Volkes. — b) quidam coeundi modus. — 3) f. एकपदा a) ein aus einem Pâda bestehender Vers. — b) = पूर्वभाद्रपदा Varâh. Bṛh. S. 6,12.

*एकपदि Adv. gaṇa द्विदण्ड्यादि.

एकपदिक Adj. = 2. एकपद 1) c) Hemâdri 1,651,11.

एकपर Adj. über Alles gehend.

*एकपरि Adv. mit Ausnahme eines (Würfels u. s. w.).

एकपर्णा f. 1) N. pr. einer jüngeren Schwester der Durgâ. — 2) *Bein. der Durgâ.

एकपर्णिका f. eine Form der Durgâ.

एकपर्वतक m. N. pr. eines Gebirges.

*एकपलाश m. Davon Adj. °शीय gaṇa गहादि.

एकपशुक Adj. dasselbe Opferthier erhaltend Âçv. Çr. 3,6,18.

एकपाकोपजीविन् Adj. von einer Küche speisend Comm. zu Gobh. 1,4,21.

एकपाटला f. 1) N. pr. einer jüngeren Schwester der Durgâ. — 2) *Bein. der Durgâ.

एकपातिन् Adj. 1) allein seiend, — stehend. — 2) zusammen gehörig, zusammenfallend Ṛ V. Prât. Âçv. Çr. 5,18,11. 6,5,6. 12,6,13. — 3) Pl. zusammengenommen Ait. Br. 4,19.

1. एकपाद m. 1) ein Fuss. — 2) Viertel MBh. 12, 232,21. — 3) ein und derselbe Pâda.

2. ऍकपाद 1) Adj. (f. आ) einfüssig; nur einen Fuss gebrauchend. — 2) m. Pl. N. pr. eines mythischen Volkes. — 3) m. oder n. N. pr. einer Oertlichkeit. — 4) f. एकपदी Titel des 2ten Buches im Çat. Br.

एकपादक 1) m. Pl. eines mythischen Volkes R. ed. Bomb. 4,40,26. — 2) f. °दिका a) ein Fuss Naish. 1,121. — b) = 2. एकपाद 4).

एकपार्थिव m. Alleinherrscher 97,30.

एकपिङ्ग und °ल m. Bein. Kubera's (ganz braun).

एकपिङ्गलाचल m. Kubera's Berg, d. i. der Himavant Daçak. 42,21.

एकपीत Adj. (f. आ) ganz gelb 292,19.

एकपुण्डरीक n. die einzige Lotusblüthe, so v. a. der absolut Beste Çat. Br. 14,9,3,14.

एकपुत्रय m. ein best. Vogel.

1. एकपुरुष m. 1) nur ein Mann. — 2) der eine Urgeist (एष पु° bessere Lesart).

2. एकपुरुष Adj. nur aus einem Menschen bestehend.

ऍकपुरोडाश Adj. denselben Opferkuchen erhaltend Çat. Br. 4,6,9,16.

*एकपुष्पा f. eine best. Pflanze.

एकप्रख्य Adj. (f. आ) gleichartig Muir. XI.

एकप्रतिहार Adj. nur mit einer Pratihâra genannten Silbe versehen Lâṭy. 6,12,4.

एकप्रदान Adj. (f. आ) Pl. ihre Gaben in einer durch eine gemeinsame Jâgjâ eingeleiteten Darbringung empfangend.

*एकप्रस्थ m. N. pr. einer Stadt.

एकप्राणभाव m. einmaliges Athemholen TS. Prât.

एकप्राणयोग m. das Verbinden (von Lauten) mittels eines einzigen Athemzuges.

ऍकप्रादेश Adj. (f. आ) eine Spanne lang Çat. Br. 5,5,2,10.

*एकफला f. eine best. Pflanze.

एकबुद्धि 1) Adj. a) einmüthig Kathâs. 18,136. — b) von schlichtem Verstande. — 2) m. N. pr. eines Fisches.

एकभक्त 1) Adj. (f. आ) nur Einem ergeben, treu M. 8,363. — 2) n. einmaliges Essen am Tage Kauç. 38.

एकभक्ति f. = एकभक्त 2).

एकभक्तिक Adj. nur eine Mahlzeit am Tage einnehmend Gaut.

1. एकभाव m. 1) das Einssein. — 2) Einfalt, schlichtes und ehrliches Benehmen Spr. 1879.

2. एकभाव Adj. 1) eines und desselben Wesens. — 2) sich einfach und offen benehmend gegen (Gen.).

एकभाविन् Adj. zu eins werdend, zusammenfliessend.

एकभूत Adj. ein und ungetheilt, ganz aufmerksam.

एकभूमिक Adj. einstöckig Hemâdri 1,672,2.

एकभूय n. Einswerdung Kaush. Up. 3,3.

एकभोजन n. 1) = एकभक्त 2). — 2) gemeinsames Mahl.

एकभोजिन् Adj. nur einmal am Tage essend.

1. एकमति f. der auf einen Gegenstand gerichtete Sinn.

2. एकमति Adj. einmüthig.

एकमनस् Adj. 1) der seinen Sinn nur auf einen Gegenstand gerichtet hat, nur einem Gedanken nachgehend, aufmerksam 298,17. Auch mit der Ergänzung componirt. — 2) einmüthig.

*एकमय Adj. (f. ई) nur aus oder in — bestehend, ganz erfüllt von.

एकमात्र Adj. nur eine Mora habend.

एकमुख Adj. 1) nur einen Mund habend Hemâdri 1,808,12. — 2) demselben Ziele zugewandt. — 3) zu einer Kategorie gehörig. Nom. abstr. °त्व n. Comm. zu TBr. 1,60. — 4) von Einem beaufsichtigt.

एकमूर्धन् Adj. (f. °र्ध्नी) = एकमुख 2).

एकमूल 1) Adj. eine einzige Wurzel habend 38,11. — 2) *f. आ a) Linum usitatissimum. — b) Desmodium gangeticum.

एकयम Adj. eintönig TS. Prât. 15,3.

*एकयष्टि und *°का f. ein Perlenschmuck aus einer einzigen Schnur.

एकयावन् m. N. pr. eines Fürsten.

एकयूप m. ein einziger —, ein und derselbe Opferpfosten Maitr. S. 3,4,8. Tâṇḍya-Br. 21,4,13.

एकयोनि Adj. 1) von derselben Mutter geboren. — 2) von derselben Herkunft, — Kaste.

*एकरङ्ग m. Verbesina scandens Roxb.

*एकरद m. Bein. Gaṇeça's Gal.

1. एकरस m. die einzige Neigung, das e. Vergnügen.

2. एकरस Adj. (f. आ) 1) nur einen Geschmack (obj.) habend Ragh. 10,17. — 2) nur an Einem Gefallen findend Ragh. 8,64. Gewöhnlich in Comp. mit der Ergänzung 9,43. Çiç. (Prich.) 62,8. — 3) sich stets gleich bleibend, unwandelbar Mâlatîm. 71,7 (63,10) = Uttarar. 79,6 (102,3).

एकराज् 1) Adj. allein sichtbar. — 2) m. a) der Fürst allein. — b) Alleinherrscher.

एकराज् m. *Alleinherrscher* ṚV. 2,8,2,7.

एकराज्ञी f. *Alleinherrscherin* AV. Pariç. 7,3,1.

एकरात्र 1) m. *eine eine Nacht lang dauernde Feier.* — 2) n. *die Dauer einer Nacht (eines Tages)* Gaut.

एकरात्रिक Adj. 1) *für eine Nacht (einen Tag) ausreichend.* — 2) *eine Nacht (einen Tag) verweilend* MBh. 12,192,3. ग्रामैक° *in einem Dorfe* 14,46,26. — Vgl. ऐक°.

एकरात्रीण Adj. *eine Nacht während* Lâṭj. 8,4,3.

एकरिक्थिन् Adj. *gleiche Ansprüche auf eine Erbschaft habend.*

एकरुद्र m. 1) Rudra *allein* Ind. St. 13,271. — 2) *bei den ekstatischen* Çaiva *Bez. einer der 8 Arten von* Vidjeçvara Hemâdri 1,611,9. 823,6.

1. एकरूप n. *nur eine Art und Weise* Ind. St. 15,384. °तस् *immer in derselben Weise.*

2. एकरूप 1) Adj. (f. आ) a) *einfarbig.* — b) *von gleicher Gestalt, von gleichem Aussehen, einförmig, einartig.* Nom. abstr. °ता f. *Gleichförmigkeit, Unveränderlichkeit* Spr. 1237. — 2) n. *Bez. zweier Metra.*

*एकरूप्य Adj. *von Einem oder Einer herrührend.*

*एकरेणु m. Bein. Kakshîvant's Gat.

एकर्च 1) Adj. *aus einem Verse bestehend.* — 2) n. *ein aus einem Verse bestehendes Lied.*

एकर्तु m. *die eine Zeit.*

एकर्षि m. 1) *der einzige, oberste* Ṛshi. — 2) N. pr. eines Ṛshi. एकर्षेः राज्ञवम् Name eines Sâman Ârsh. Br.

एकल 1) Adj. a) *ein, der Eine.* — b) *allein.* — 2) m. *Solosänger* S. S. S. 118.

एकलक्ष्यता f. *das das einzige Ziel Sein* Daçak. 82,3.

एकलव्य N. pr. 1) m. *eines Fürsten der* Nishâda. — 2) f. आ *einer Stadt.*

1. एकलिङ्ग n. *ein isolirt stehender Phallus.*

2. एकलिङ्ग 1) *m. Bein. Kubera's. — 2) n. N. pr. eines Tîrtha.

*एकलू m. N. pr. eines Mannes.

एकवक्त्रा N. pr. 1) m. eines Dânava. — 2) f. आ einer der Mütter im Gefolge Skanda's.

एकवक्त्रक Adj. *eingesichtig* Hemâdri 1,821,2.

एकवचन n. *Einzahl, Singular.*

एकवचनान्त Adj. *auf eine Casusendung des Singulars ausgehend.* Nom. abstr. °ता f. und °त्व n. Comm. zu Mugdh. 63,2.

एकवत् Adv. *wie Eines, wie wenn es sich um Einen handelte* Âpast.

एकवद्भाव m. *das Sichdarstellen als Einheit* Comm. zu Kâty. Çr. 2,3,2.

1. एकवर्ण m. *ein einziger Laut.*

2. एकवर्ण 1) Adj. a) *einfarbig, gleich* — Spr. 1375. Nom. abstr. °ता f. Brahmabindûp. 19. — b) *einförmig* Bhâg. P. 8,3,29. — c) *nur eine Kaste habend.* — d) *nur aus einem Laute bestehend.* — 2) *f. ई *ein best. musik. Instrument.*

एकवर्णक Adj. *einsilbig.*

एकवर्णसमीकरण n. *eine Gleichung mit einer unbekannten Grösse.*

एकवर्त्मन् n. *Pfad* Bhâg. 6,25.

*एकवर्षिका f. *eine einjährige Kuh.*

एकवस्त्र Adj. *nur mit einem Untergewand umgeben* Âpast. Hemâdri 1,90,21. Nom. abstr. °ता f.

एकवस्त्रस्नानविधि m. *Titel eines Werkes.*

एकवाक्य n. 1) *ein Ausdruck, — Wort.* Nom. abstr. °त्व n. Comm. zu den Çivasûtra. — 2) *ein einziger Satz.* Nom. abstr. °ता f. und °त्व n. Ind. St. 13,300. Comm. zu Gaim. 8,132,1. 131,18. — 3) *ein und derselbe Satz* Kâçîkh. 3,131.

एकवाचक Adj. *dasselbe besagend, synonym* Comm. zu Varâh. Bṛh. S. 78.

एकवाक्यानुप्रवेशसंकर m. *eine best. rhetorische Figur.*

*एकवाद m. *eine Art Trommel.*

एकवाम्नी f. *ein best. gespenstisches Wesen.*

एकवारम् Adv. 1) *nur ein Mal.* अद्याप्येकवारम् *heute noch e. M.* — 2) *auf ein Mal.*

एकवास Adj. *an demselben Orte lebend* Spr. 2149.

एकवासविधि m. *Titel eines Werkes.*

एकवासस् Adj. = एकवस्त्र Âpast. MBh. 3,61,6.

एकविंश 1) Adj. (f. ई) a) *der 21ste.* — b) *aus 21 bestehend.* — c) *mit dem* Ekaviṃçastoma *verbunden.* — 2) m. a) = एकविंशस्तोम. — b) *Bez. eines der 6* Pṛshṭhjastoma.

एकविंशक 1) Adj. (f. °शिका) a) *der 21ste* Hemâdri 1,416,1. 426,6. — b) *aus 21 bestehend.* — 2) n. *21-Zahl.*

एकविंशत् f. Pl. *einundzwanzig.* Am Anf. eines Comp. Hemâdri 1,293,8.

एकविंशति f. Sg. und Pl. (selten) *dass.* एकविंशत्यर्मा (!, स्वर्गाः Hemâdri 1,164,1. Als Adj. in °पूपाः. एकविंशतिगृहीत *21 Mal geschöpft.* एकविंशतिनिर्बाध Adj. Çat. Br. 6,7,4,2. 7,4,1,10.

एकविंशत्यरत्नि Adj. एकविंशत्यह m. Lâṭj. 4,6,12.

एकविंशतिसंख्य Adj. Ind. St. 10,326. *एकविंशतिभारद्वाजम् Mahâbh. 2,411,b.

एकविंशतितम Adj. *der 21ste.*

एकविंशतिधा Adv. *21fach, in 21 Theile.*

एकविंशतिविध Adj. *21fach* Maitr. S. 3,2,3.

एकविंशतिस्थान n. *Titel eines Werkes.*

एकविंशतक n. *21-Zahl.*

एकविंशत्यनुगान n. *Name eines Sâman.*

एकविंशवत् Adj. *mit dem* Ekaviṃçastoma *verbunden.*

एकविंशसंपद् f. *Herstellung einer 21-Zahl* Çat. Br. 7,4,2,15. 8,3,2,8.

एकविंशस्तोम m. *ein aus 21 Gliedern bestehender* Stoma.

एकविंशिनी f. *21-Zahl* Tâṇḍja-Br. 21,4,13.

एकविध Adj. 1) *einfach.* — 2) *identisch.*

एकविभक्ति Adj. *immer in demselben Casus stehend* P. 1,2,44.

एकविलोचन m. Pl. N. pr. eines mythischen Volkes.

एकवीर 1) m. a) *ein unvergleichlicher Held.* — b) **ein best. Baum* Râgan. 8,57. — 2) f. आ a) **eine Gurkenart* Nigh. Pr. — b) N. pr. einer Tochter Çiva's.

एकवीरकल्प m. *Titel eines Werkes.*

एकवीर्य Adj. *von gleicher Kraft* Tâṇḍja-Br. 5,1,11.

एकवृक m. *ein allein wandernder Wolf* Cit. im Comm. zu Taitt. Âr. 4,28,1.

एकवृक्ष m. 1) *ein isolirt stehender Baum* Varâh. Jogaj. 6,20. °सद् Adj. Mân. Gṛhj. 1,13. — 2) *ein und derselbe Baum* Spr. 1376. — Davon *Adj. °क्षीय.

एकवृत् Adj. *einfach.*

एकवृत्तमय Adj. *in einem und demselben Metrum abgefasst.*

एकवृन्द m. *eine best. Krankheit des Schlundes.*

एकवृष 1) m. *der einzige Stier, Herrscher der Heerde.* — 2) n. *Name eines Sâman.*

1. एकवेणी und °णि f. *eine einzige Flechte (als Zeichen der Trauer)* Megh. XII. °वेणीधरा Adj. f., °वेणीधरत्व n. Nom. abstr.

2. एकवेणी Adj. f. *aus einer Flechte bestehend* Megh. 89.

एकवेश्मन् n. *ein einziges Bauwerk* Çat. Br. 4,3,3,14.

एकव्याख्यान Adj. (f. आ) *dieselbe Begründung habend* Çat. Br. 6,2,4,27. 82. 7,3,6. 7,2,2,28.

एकव्यावहारिक m. Pl. *Name einer buddh. Schule.*

एकव्रत Adj. (f. आ) 1) *allein befehlend* AV. Pariç. 7,3,1. — 2) *nur Einem ergeben, treu.*

एकव्रात्य m. *der eine, oberste* Vrâtja.

1. एकशत n. *hundertundeins.* सप्रष्टिकशतं गाः *hundert Kühe und einen Stier* MBh. 12,165,37.

2. एकशत Adj. *der hundertunderste.* Am Ende eines adj. Comp. f. आ Gaut.

एकशततम Adj. *dass.*

एकशतधा Adv. *101fach, in 101 Theile.*

एकशतविध Adj. *101fach.*

एकशफ 1) Adj. *einhufig, dessen Huf nicht gespalten ist.* — 2) m. a) *Einhufer.* — b) **Pferd.* — 3) n. *das Geschlecht der Einhufer.*

*एकशरीर Adj. blutsverwandt.

एकशलाका f. ein einzelnes Stäbchen Çat. Br. 3,6,2,6.

एकशस् Adv. einzeln 130,27.

*एकशाख Adj. zu derselben Schule gehörig. Davon *Adj. °खीय.

एकशायिन् Adj. allein (ohne Frau) schlafend.

एकशाल 1) n. a) ein Haus aus einem Zimmer. — b) N. pr. einer Oertlichkeit. °साल v. l. — 2) f. आ N. pr. a) einer Oertlichkeit. — b) einer Stadt.

*एकशालिक Adj. = एकशाला.

एकशाल्मलीस्पृक्स्पर्शीयत n. ein best. Spiel.

ऐकशितिपद् Adj. (stark °पाद्) einen weissen Fuss habend.

एकशिला f. N. pr. einer Stadt. °नगरी f. Bhâg.-P. 36,74.

ऐकशीर्षन् Adj. = एकमुख 2).

एकशील Adj. von gleicher Sinnesart MBh. 12, 273,14.

एकशीला f. v. l. für एकशाल 2) b).

ऐकशुङ्ग Adj. (f. आ) eine Knospendecke habend.

एकशृङ्ग m. Pl. Bez. bestimmter Manen MBh. 2,11,47.

एकशेप m. N. pr. eines Mannes.

एकशेष m. 1) der einzige Rest, das allein übrig Bleibende Naish. 3,92, v. l. 7,59. Am Ende eines Comp. allein übrig geblieben von Vank. 66,8. 69,1. — 2) eine elliptische Bezeichnungsweise, bei der von zwei oder mehreren Wörtern nur eins übrig bleibt, so z. B. der Dual und der Plural.

एकश्रुतधर Adj. ein Mal Gehörtes im Gedächtniss behaltend. Nom. abstr. °त्व n.

1. एकश्रुति f. 1) ein Ausspruch in der Einzahl Lāṭj. 1,1,4. Nom. abstr. °त्व n. Gaim. 6,1,12. — 2) das Hören eines einzigen Tones, Eintönigkeit. = तान Comm. zu Njājam. 9,2,16. Nom. abstr. °त्व n. ebend.

2. एकश्रुति Adj. Adv. eintönig, gleich —.

एकश्रुत्युपदेश m. Titel eines Vedânta-Werkes.

ऐकश्रुष्टि Adj. einem Befehle gehorsam.

एकषष्ट Adj. 1) der 61ste. — 2) mit 61 verbunden, + 61.

एकषष्टि f. einundsechzig. °तम Adj. der 61ste.

एकसंवत्सर m. ein Jahr. Acc. ein Jahr lang Maitr. S. 1,9,7.

1. एकसंश्रय m. das Zusammenhalten, friedliches Zusammenleben Spr. 3941.

2. एकसंश्रय Adj. Pl. zusammenhaltend Spr. 4406.

एकसती Adj. f. in der Treue zum Gatten einzig dastehend Naish. 9,35.

एकसप्त Adj. der 71ste.

ऐकसप्तति f. einundsiebenzig. चतुर्युगानि — एकसप्तति (!) यावता Hemâdri 1,861,14.

एकसप्ततिक Adj. aus 71 bestehend.

एकसप्ततितम Adj. der 71ste.

एकसर्ग n. Sammelpunct für Alles.

*एकसर्गा Adj. = एकतान 1).

एकसहस्र 1) n. tausendundein. सर्षभैकसहस्रं गाः tausend Kühe und einen Stier MBh. 12,165,36. — 2) Adj. der tausendunderste. Am Ende eines adj. Comp. f. आ. सर्षभैकसहस्रा गाः so v. a. tausend Kühe und einen Stier Gaut. M. 11,127.

एकसार्थप्रयात Adj. mit (सह) Jmd ein und dasselbe Ziel verfolgend MBh. 12,5,33. Râgat. 8,974.

एकसाल n. N. pr. einer Oertlichkeit R. ed. Bomb. 2,71,8. °शाल v. l.

*एकसूत्र n. eine Art Trommel.

एकसृक m. Schakal.

एकस्तम्भ Adj. auf einem Pfeiler ruhend 81,24.

एकस्तोम Adj. nur mit einem Stoma gefeiert Lāṭj. 9,7,8. Gaim. 5,2,13. °क dass. Comm.

एकस्थ Adj. 1) zusammenstehend, in Einem vereint, vereint. Nom. abstr. एकस्थता f. — 2) ein Fach oder Feld einnehmend Agni-P. 40,7. — 3) alleinstehend, so v. a. selbstständig AV. Prāt. 7,3,2.

1. एकस्थान n. 1) ein und derselbe Ort 154,19. — 2) °स्थाने — अन्यस्मिन् so v. a. ein Mal — das andere Mal Spr. 1403, v. l.

2. एकस्थान Adj. mit demselben Organ ausgesprochen werdend. Nom. abstr. °त्व n. Comm. zu TS. Prāt.

ऐकस्फ्या f. ein mit einem Holzspan gezogener Strich Çat. Br. 3,5,2,2. 3,3,3,1.

एकस्मान्नपञ्चाश m. ein aus 49 sutja-Tagen bestehendes Opfer TS. 7,4,2,1.

एकहंस 1) m. der einzige, höchste Haṁsa, allegorische Bez. der Seele. — 2) wohl n. N. pr. eines Tirtha.

*एकहल्य Adj. ein Mal gepflügt Gal.

एकहस्त Adj. (f. आ) die Länge einer Hand habend Agni-P. 42,22. Hemâdri 1,782,16. 823,1.

ऐकहायन 1) Adj. (f. ई) einjährig. — 2) f. एकहायनी eine einjährige Kuh. — 3) n. Zeitraum eines Jahres.

एकहार्य Adj. (f. आ) 1) von Einem aufzuführen (Schauspiel). — 2) als Beiw. von युग Zeitalter MBh. 3,13040. एकाहार्य v. l.

एकहेला f. Instr. °हेलया mit einem Schlage, auf ein Mal Ganit. 7. Pañkat. 250,24.

एकांश m. Theil. Nom. abstr. °ता f.

*एकांशामल m. Zuckerrohrsaft Gal.

एकाकिकेसरिन् m. N. pr. eines Bhilla.

एकाकिन् Adj. alleinig, einsam. Nom. abstr. °किता f. Instr. allein.

1. एकाक्ष Adj. nur eine Achse habend.

2. एकाक्ष 1) Adj. einäugig Varâh. Jogaj. 6,33. — 2) m. a) *Krähe. — b) Bein. Çiva's. — c) N. pr. α) eines Wesens im Gefolge Skanda's. — β) eines Dânava.

1. एकाक्षर n. 1) das einzige Unvergängliche. — 2) eine einzige Silbe Spr. 1400.

2. ऐकाक्षर 1) Adj. einsilbig. Nom. abstr. °त्व n. — 2) wohl m. Titel einer Sammlung einsilbiger Wörter. — 3) n. a) ein einsilbiges Wort. °कोश m., °नाममाला f., °निघण्ट m., °मालिका f. und एकाक्षराभिधानकोश m. Titel von Sammlungen solcher Wörter. — b) die Silbe ओम्. — c) Titel einer Upanishad.

एकाक्षरगणपतिकवच n. Titel eines Gebetes zu Gaṇeça.

एकाक्षरीभाव m. Zusammenziehung zweier Silben in eine.

एकाक्षरीभाविन् Adj. in einer Contraction von Silben bestehend.

1. एकाग्नि m. ein und dasselbe Feuer Lāṭj. 4,9,3.

2. एकाग्नि Adj. nur ein Feuer unterhaltend Âpast.

एकाग्निक m. = 1. एकाग्नि Hemâdri 1,20,4.

एकाग्निकाण्ड n. Titel eines Abschnitts im Kâṭhaka Ind. St. 3,387 (vgl. 13,334).

एकाग्र 1) Adj. (f. आ) auf einen Punct —, auf einen Gegenstand gerichtet, seine Aufmerksamkeit auf einen Gegenstand richtend. °दृष्टि, °धी und °मनस् Adj. Häufig in Composition mit der Ergänzung. °म् und °तम् Adv. °ता f. und °त्व n. Nom. abstr. — 2) wohl n. the whole of the long side (in an excavation) which is subdivided.

एकाग्रमति m. N. pr. eines Mannes Lalit. 391,11.

*एकाग्र्य Adj. = एकाग्र 1).

*एकाङ्क m. N. pr. eines Mannes.

1. एकाङ्ग n. ein einzelnes Glied, — Theil.

2. एकाङ्ग 1) m. a) Pl. Leibwache. Am Ende eines adj. Comp. f. आ. — b) *der Planet Mercur. — c) *der Planet Mars. — d) *Bein. Vishṇu's. — 2) f. ई ein best. wohlriechender Stoff (aus Gurjara kommend; Bhâvapr. 1,191. 3,105. — 3) *n. Sandelholz.

एकाङ्गरूपक n. ein unvollständiges Gleichniss 251,21.

1. एकात्मन् m. der einzige Geist.

2. एकात्मन् Adj. 1) auf sich allein beschränkt, alleinstehend MBh. 13,107,4. — 2) eines und desselben Wesens mit (Gen.). Nom. abstr. °त्मता f.

एकात्म्य fehlerhaft für एकात्मन् und ऐकात्म्य.

एकादश 1) Adj. (f. ई) a) der elfte. Am Ende eines adj. Comp. f. आ. सर्षभैकादशा गाः so v. a. zehn Kühe und einen Stier Gaut. 22,16. Hemādri 1,467,8 (वृषभैकादशाश्च zu lesen). वृषभैकादशी f. Sg. dass. 1. 2. — b) mit elf verbunden, + 11. — c) aus Eilfen bestehend. — d) = एकादशन् Hemādri 1,627,14. 628,4. — 2) f. ई der eilfte Tag in einem Halbmonat. — 3) n. Eilfzahl.

एकादशक 1) Adj. a) der eilfte Kap. 2,18. 19. Sāṁkhjak. 25. — b) aus Eilfen bestehend, eilftheilig. — 2) n. Eilfzahl.

ऐकादशकपाल Adj. auf elf Schüsseln vertheilt.

एकादशकृत्वस् Adv. elf Mal.

एकादशत्व n. Eilfzahl.

एकादशधा Adv. eilffach, in elf Theile Çat. Br. 10,4,2,10.

ऐकादशन् Adj. Pl. eilf.

एकादशम Adj. der eilfte.

एकादशमारिका f. ein Frauenname (Mörderin von Eilfen).

एकादशरात्र ein Zeitraum von elf Nächten (Tagen; Gaut.

एकादशविध Adj. eilffach.

एकादशत्रिभुगणाश्राद्ध n. ein best. Çrāddha.

एकादशस्कन्धार्थनिरूपणकारिका f. Titel einer Kārikā zum Bhāg. P.

एकादशाक्ष m. N. pr. eines Mannes.

ऐकादशाक्षर Adj. (f. आ) eilfsilbig.

ऐकादशारत्नि Adj. elf Ellen lang.

1. एकादशाह n. ein Zeitraum von elf Tagen R. 1,19,14.

2. एकादशाह m. ein eilftägiges Opfer MBh. 13,103,32.

एकादशिन् 1) Adj. aus Eilfen bestehend. — 2) f. °शिनी Eilfzahl.

एकादशिन fehlerhaft für ऐका°.

*एकादशोत्तम m. Bein. Çiva's.

एकादेश m. 1) die Substitution eines einzigen Lautes für zwei oder mehrere. — 2) ein aus einem einzigen Laute bestehendes Substitut, das an die Stelle von zwei oder mehreren tritt.

एकाधिप m. Alleinherrscher Spr. 3588.

एकाध्यायिन् Adj. allein studirend Āpast.

एकानंशा f. Bein. 1) der Kuhū. — 2) der Durgā.

एकानर्थ Adj. dieselben Nachtheile empfindend 30,1.

एकानुगान n. Name eines Sāman Ārsh. Br.

एकानुदिष्ट n. ein einem einzigen (kürzlich) Verstorbenen geltendes Çrāddha.

एकानेकस्वरूप Adj. einfach und zugleich vielfach VP. 1,2,3.

1. एकान्त m. 1) ein einsamer, abseits gelegener Ort. °न्तम् in der Einsamkeit. — 2) Theil, Bestandtheil. Nom. abstr. °न्ता f. und °न्त्व n. — 3) Beschränkung auf Eins, Ausschliesslichkeit. नैष एकान्तो यत् es ist keine absolute Nothwendigkeit, dass Pañkat. ed. Bomb. III,56,18. °न्तम्, °न्तेन, °न्तात् (Kap. 3,115). °न्ततस् und एकान्त° (°लाभ absoluter Gewinn Bhāg. P. 3,6,37) ausschliesslich, absolut, durchaus, schlechterdings, vollkommen. °न्ते Pañkat. 247,18 wohl fehlerhaft für °न्तं. — 4) das Aufgehen in Einem, absolute Einheit. — 5) Dogma Comm. zu Njājas. 4,1,28. 31. 36. सांख्यैकान्त Adj. ein Anhänger der Sāṁkhja-Lehre 10,13.

2. एकान्त Adj. ganz in Etwas oder Jmd (Loc. oder im Comp. vorangehend) aufgehend, nur Einem hingegeben. Nom. abstr. °न्ता f.

एकान्तग्रहण n. einseitige Auffassung Kāçikā 3,3.

एकान्तग्राहिन् Adj. einseitig auffassend Kāçikā 3,8.

*एकान्तदुःषमा f. bei den Gaina Bez. zweier Speichen im Zeitrade.

एकान्तभाव m. = एकान्त 4) MBh. 12,336,28.

एकान्तभूत Adj. ganz allein stehend.

एकान्तर Adj. (f. आ) nur durch ein Zwischenglied getrennt Gaut.

एकान्तरहस्य n. Titel eines Werkes.

*एकान्तराज m. N. pr. eines Bodhisattva.

एकान्तशील Adj. einen einsamen Ort aufsuchend, sich in die Einsamkeit zurückziehend MBh. 1,30,4. 14,19,19.

*एकान्तसुषमा f. bei den Gaina Bez. zweier Speichen im Zeitrade.

एकान्तिन् Adj. = 2. एकान्त. Die Ergänzung im Gen. oder Loc. °न्तित्व n. Nom. abstr.

एकान्तीतीर्थ (!) n. N. pr. eines Tīrtha.

एकान्नत्रिंश Adj. aus 29 bestehend Vaitān. 20,7 (nach der richtigen Lesart).

एकान्ननक्तभोजन n. das nur einmal am Tage — oder das nur in der Nacht Speisen Hemādri 1,156,13.

एकान्नपञ्चाशद्रात्र Adj. 49 Tage während; m. n. ein solches Opfer Kātj. Çr. 24,2,37. 3,36. Comm. zu 24,2,38.

एकान्नभोजिन् Adj. nur einmal am Tage essend Hemādri 1,166,21.

एकान्नविंश m. ein 19theiliger Stoma Lāṭj. 6,7,14.

एकान्नविंशतिधा Adv. 19fach, in 19 Theile Çat. Br. 10,4,2,13.

एकान्नादिन् Adj. die Speise Eines essend.

एकान्वय Adj. von derselben Familie wie (Gen.) Çiç. 104,8.

एकापचय m. Abnahme um Eins Gaut. 27,13.

*एकाब्दा f. eine einjährige Kuh.

एकाम्र, °म्रा, °म्रवन und °म्रकवन n. N. pr. eines geheiligten Waldes.

1. एकायन n. 1) ein nur für Einen gangbarer, schmaler Pfad. — 2) Vereinigungspunct, Sammelplatz. — 3) das Aufgehen in Einem, absolute Einheit. — 4) das einzige, richtige Verfahren, Lebensklugheit.

2. एकायन Adj. 1) nur für Einen gangbar, überaus schmal. — 2) *nur auf einen Gegenstand gerichtet, nur an e. G. denkend.

एकायनगत Adj. 1) auf einem schmalen Pfade sich befindend MBh. 1,176,5. — 2) * = 2. एकायन 2)

एकायनी Adv. mit भू zum Vereinigungspunct von Etwas (Gen.) werden.

ऐकायु m. der vornehmste Lebendige.

एकार m. der Laut ए TS. Prât. Tāṇḍja-Br. 5,7,5.

ऐकारत्नि Adj. eine Elle lang Çat. Br. 11,7,4,1.

एकाराम Adj. nur an Einem sich ergötzend Jāég. 3,58. Nom. abstr. °मता f.

एकार्णव m. ein einziges Meer, nichts als Meer.

1. एकार्थ m. ein und derselbe Gegenstand Spr. 5320.

2. एकार्थ 1) Adj. (f. आ) a) gleichen Zweck —, gleiches Ziel habend MBh. 3,55,7. Spr. 1407 (°र्थां zu lesen). — b) dieselbe Bedeutung habend, ein und dasselbe ausdrückend; n. in der Rhetorik ein best. Fehler des Ausdrucks Vâmana 2,2,11. Kâvjâd. 3,125. 135. — c) die Bedeutung eines Ganzen habend, nur einen Begriff bildend. — 2) m. Titel eines synonymischen Wörterbuchs.

एकार्थता f. Nom. abstr. zu 2. एकार्थ 1, a).

एकार्थत्व n. Nom. abstr. zu 2. एकार्थ. 1) zu 1) a) 218,4. — 2) zu 1) c) Mahâbh. 2,366,a.

एकार्थनाममाला f. Titel eines Wörterbuchs.

एकालापक n. Wortspiel Bâlar. 6,1.

एकावम Adj. um Eins geringer.

एकावर्त Adj. einen Wirbel bildend Vishnu. 1,7,15.

एकावलि und °ली f. 1) ein aus einer einzigen Perlenschnur bestehender Schmuck Kâd. 232,7. Bâlar. 279,6. Naish. 6,69. Am Ende eines adj. Comp. f. ई Chr. 218,13. — 2) in der Rhet. eine Reihe von Sätzen, in denen ein regelmässiger Uebergang eines Prädicats in ein Subject oder umgekehrt erfolgt, Kâvjapr. 10,15. — 3) Titel eines rhet. Werkes. °तरल (Kommentar zu Prataparudr.) und °प्रकाश m. Titel von Commentaren dazu

एकाव्याय Adj. um Eins abnehmend.

एकाशिन् Adj. allein speisend, das Mahl nicht mit Andern theilend Suçr. 1,333,17.

एकाशीत Adj. der 81ste.

एकाशीति f. einundachtzig. °तम Adj. der 81ste.

एकाश्रित Adj. an Einem haftend, einem einzel-

nen Gegenstande zukommend.

एकाष्टका f. *der achte Tag nach dem Vollmonde*, insbes. im Monat Mâgha Vaitân.

एकाष्ठील 1) *m. f. (आ) angeblich *Agati grandiflora*. — 2) f. आ a) *eine Art Calotropis* Karaka 8, 10. — b) **Clypea hernandifolia*.

एकास्य Adj. *nur ein Gericht habend* Hemâdri 1, 823,17.

एकाहँ m. 1) *Zeitraum eines Tages* Gaut. — 2) *Eintagsfeier*. Unter den Soma-Feiern *diejenigen, welche an einem einzigen Tage Trankbereitung haben*. Bei den Commentatoren oft so v. a. der Agnishṭoma *als Grundform der anderen*.

एकाहगम m. *Tagereise*.

एकाहन् n. *ein einziger Tag*. °ह्ना *in einem Tage*.

एकाहतानँ m. *die Schnur*, d. i. *die ununterbrochene Reihe von* Ekâha Çat. Br. 13,5,1,9.

1. एकाहार m. *eine einmalige Mahlzeit am Tage* Spr. 1408.

2. एकाहार Adj. *nur einmal am Tage essend*.

एकाहार्य Adj. nach Nîlak. *nur zu einerlei Speise geeignet* MBh. 3,190,41. एकहार्य v. l.

एकिन् Adj. *einfach*; m. *ein aus einem Verse hergestellter* Stoma Lâṭy. 6,5,18. 6,12.

एकी Adv. 1) mit कर् *vereinigen, verbinden, sammeln* Daçak. 40,18. — 2) mit भू *zu Eins werden, sich vereinigen, — vermischen*.

एकीकरण n. *das Vereinigen, Verbinden* Comm. zu TS. Prât.

एकीभाव m. *das Einswerden, Vereinigung*.

एकीभाविन् Adj. *auf das Verschmelzen von Vocalen bezüglich*.

एकीय Adj. 1) *von Einem herrührend, nur eine Autorität habend*. — 2) **zu derselben Partei gehörig*.

एकेन्द्रिय Adj. *nur ein Organ habend* H. 21.

एकेष Adj. *nur eine Deichsel habend*.

एकेष्टक Adj. *einen Backstein habend* Çat. Br. 6,1,2,30. 10,5,2,33.

एकेष्टका f. *ein Backstein* Çat. Br. 3,1,2,14.

एकैक Adj. (f. आ) *je einer, jedes Mal einer, jeder einzelne*. Pl. 161,7. °म् Adv. °तर *einer unter Mehreren* Bâlc. P.

एकैकवृत्ति Adj. *sich an einem einzelnen Gegenstande befindend*.

एकैकशस् Adv. *einzeln, je nach der Reihe, je und je*.

एकैकश्य n. Nom. abstr. von एकैकशस्. Instr. = एकैकशस्. °श्येन (!) Karaka 3,1. Wohl fehlerhaft für ऐ°.

एकैश्वर्य n. *Alleinherrschaft* Mâlav. 1.

एकैषिका f. *Ipomoea Turpethum oder Cissampelos hexandra* Madanav. 95,46.

एकोक्ति f. *ein einziger Ausdruck, ein Wort*.

एकोच्चय m. *Zunahme um Eins* Gaut. 27,13.

एकोति Adj. *einem und demselben Ziele zustrebend* Çat. Br. 12,2,2,4.

एकोत्तर Adj. *um Eins grösser, — mehr, — zunehmend*. °क्रमशस् Adv. *der Reihe nach stets um Eins mehr*.

एकोत्तरिका f. oder °गम m. Titel eines buddh. Âgama.

एकोदक Adj. *mit Jmd in dem Verwandtschaftsgrade stehend, dass man mit ihm die Wasserspende für einen und denselben Verstorbenen darbringt*.

एकोदात्त Adj. *einen Acut habend* VS. Prât. 2,1.

एकोद्दिष्ट und °श्राद्ध n. = एकानुदिष्ट.

एकोन Adj. (f. आ) *woran Eins fehlt* Spr. 1428.

एकोनविंशति f. *neunzehn*.

एकोन्नत Adj. *eine Erhöhung habend* TS. 6,2,6,3.

एङ् Bez. der Vocale ए und ओ 235,11.

एज् 1) ऍजति *sich ruhren, — bewegen, — in Bewegung setzen, erbeben*. Partic. ऍजत् *beweglich*; n. *das Bewegliche, Lebendige*. — 2) *एजते (दीप्तौ). — Caus. एजयति, °ते *in Bewegung setzen*. — Mit उद् *sich rühren, — erheben*. — Caus. in *उदेजय. — Mit *प्र प्रेजते. — Mit सम् *sich in Bewegung setzen* 44,6.

एजत्कँ 1) Adj. *zitternd* (vor Alter). — 2) m. *ein best. Insect*.

एजथुँ m. *das Beben* (der Erde).

°एजय Adj. mit vorangehendem Acc. *in Bewegung setzend, erzittern machend*.

*एजि (!) m. N. pr. eines Mannes.

ऍडय Adj. (f. आ) *darzubringen*.

*एठ्, एठते (विबाधायाम्).

एड 1) *Adj. *taub*. — 2) m. *eine Art Schaf*. — 3) f. ई N. pr. einer der Mütter im Gefolge Skanda's.

एडक 1) m. a) *ein breithörniges fettschwänziges Schaf* Bhâvapr. 2,10. °रजस् n. *ein Staubkörnchen auf einem Schafhaare*. — b) *eine best. Heilpflanze*. — 2) f. *एडका und एडिका (Bhâvapr. 2,10) f. zu 1) a).

*एडकमुख m. ein Kiṁdara's Gal.

*एडकीय्, °यति Denom. von एडक. — Mit *उप, उपेड° oder उपैड°.

एडगज m. *Cassia Tora oder alata* Karaka 6,7.

*एडमूक Adj. 1) *taubstumm*. — 2) *blind* Gal. — 3) *böse, schlecht*.

एडिकाली f. *eine best. Pflanze* Utpala zu Varâh. Bṛh. S. 48,41.

*एडुक n. = एडूक.

एडूक m. *n. *Beinhaus, Reliquientempel* (der Buddhisten).

*एडोक 1) Adj. *taub* Gal. — 2) n. = एडूक.

एण 1) m. a) *eine Antilopenart*. — b) *der Steinbock im Thierkreise*. — 2) f. एणी *das Weibchen des* एण Spr. 7618. 7783.

एणक m. = एण 1) a).

एणजङ्घ m. N. pr. eines Laufers Daçak. 42,21.

*एणतिलक m. *der Mond*.

एणदृश् 1) f. *Gazellenauge* Naish. 7,32. — 2) m. *der Steinbock im Thierkreise*.

एणनाभि m. *Moschus* Hâs. 15.

एणनेत्रा f. *eine Gazellenäugige* Hâs. 20.

*एणभृत् m. *der Mond*.

एणमद m. *Moschus* Naish. 2,92.

एणशिरस् n. = मृगशिरस् Weber, Nax. 2,891 (एन° gedr.).

एणाक्षी f. *eine Gazellenäugige* Spr. 1413. Viddh. 82,7.

एणाङ्क m. *der Mond*.

एणाङ्कमणि m. *der Mondstein* (चन्द्रकान्त).

एणीकृत Adj. Bez. *einer best. fehlerhaften Aussprache der Vocale* Mahâbh. (K.) 13,22. 26.

एणीदाह m. *eine Form des Fiebers* Bhâvapr. 3,79.

एणीदृश् f. *eine Gazellenäugige* Bâlar. 190,8. Prasannar. 37,14. Viddh. 28,9. 83,2.

एणीनयना f. *dass*. Spr. 7628.

*एणीपचन m. Pl. N. pr. eines Volkes. Davon *Adj. °नीय.

एणीपद् m. *eine Schlangenart*.

एणीपदी f. *ein best. giftiges Insect*.

एणेक्षणा f. *eine Gazellenäugige* Naish. 6,40. Viddh. 63,5.

1. एतँ Pron. (f. आँ) *dieser hier, dieser*. Davon alle Casus mit Ausnahme des Nom. Sg. m. und f. Diese lauten एष:(स्) und एषा. Weist häufiger auf etwas Vorangehendes als auf etwas Folgendes hin. एतस्मिन् *in diesem Falle* 308,14. एष याति शिव: पन्था: *hier geht*, एष काल: *jetzt ist die Zeit*, एष त्वां नयामि स्वर्गम् *wie ich hier stehe, stracks*. Congruirt als Subject in genere und numero in der Regel mit dem Prädicat ohne Rücksicht auf das zu ergänzende Nomen. Häufig mit andern Demonstrativen, mit dem Relativum und Interrogativum verbunden, und wie त in Correlation mit dem Relativum. एतेन — यतस् *deshalb — weil*.

2. ऍत 1) Adj. (f. *एता und ऍनी) *bunt, schimmernd, schillernd*. — 2) m. a) *eine Hirschart*. — b) *Hirschfell*. — 3) f. एता *Hirschkuh*. — 4) एनी **Fluss*.

3. ऍत Partic. von 3. इ mit आ.

1.*एतक (f. एतिका) Demin. zu 1. एत.

2.*एतक Adj. (f. एतिका und एनिका) Demin. zu 2. एत.

एतग्व Adj. bunt schimmernd.

एतत्पर Adj. ganz damit beschäftigt Kull. zu M. 3,147.

*एतत्प्रथम Adj. dieses zum ersten Male thuend P. 6,2,162.

एतद् 1) Nom. Acc. Sg. n. von 1. एत. — 2) Adv. auf diese Weise, so, also 35,32. 36,3. Spr. 2103.

एतदन्त Adj. (f. आ) damit schliessend M. 1,50.

एतदर्थम् Adv. zu diesem Endzweck, deshalb. In Correlation mit यद् zu dem E. — dass.

एतदवस्थ Adj. in dieser Lage sich befindend 310,13. derartig Vikr. 136.

एतदात्म्य n. Khând. Up. 6,8,7 fehlerhaft für ऐ°.

एतदायतन Adj. diesen Standort habend Tândja-Br. 12,10,16.

एतदीय Adj. 1) diesem, dieser oder diesen gehörig, sein, ihr Hemâdri 1,2,7. 13. 3,10. Kathâs. 18,119. — 2) darauf bezüglich.

एतदु m. N. pr. eines Asura.

एतद्दा Adj. dieses verleihend Çat. Br. 9,2,3,17.

एतद्देवत्य Adj. diese zur Gottheit habend Çat. Br. 8,3,3,6.

*एतद्द्वितीय Adj. dieses zum zweiten Male thuend P. 6,2,162, Sch.

*एतन m. 1) der ausgestossene Athem. — 2) Silurus pelorius.

एतन्मय Adj. (f. ई) daraus bestehend, so geartet.

*एतय्, °यति = एनीमाचष्टे.

एतर् Nom. ag. 1) am Ende eines Comp. der da geht. — 2) एतॄ (एतॄरि Padap.) von unbekannter Bed.

एतर्हि 1) Adv. a) jetzt, nunmehr, heut zu Tage. — 2) dann in Correlation mit यर्हि. — 3) n. ein best. Zeitmaass, = 15 इदानि.

एतवे, एतवै Dat. Inf. von 3. इ RV.

एतव्य 1) Adj. dem man sich hinzugeben hat Tândja-Br. 9,1,11. — 2) n. impers. vorzugehen mit (Instr.) Tândja-Br. 4,4,2. 5,11.

एतश und एतश 1) Adj. bunt, schimmernd. — 2) a) m. buntes Ross, Schecke; insbes. Sonnenross. — b) *ein Brahman. — c) N. pr. eines Mannes.

*एतशस् und *एतस m. ein Brahman.

एतादृक्ष und °दृश् Adj. ein solcher, derartig.

एतादृश Adj. (f. ई) dass. von derselben Art Spr. 6802. In Correlation mit einem Relativum.

एतावच्छस् Adv. so oft Maitr. S. 1,9,8 (°च्छसाम्).

एतावत्त्व n. Quantität, Anzahl, Grösse, Umfang. Mit folgendem यद् das Soweitgehen, dass.

एतावद्धा Adv. so vielfach.

एतावन्त् 1) Adj. so gross, — viel, von solchem Umfange, so gross und nicht grösser, so viel und nicht mehr, so weit und nicht weiter, nur so weit sich erstreckend, nur insofern Etwas seiend. Häufig in Correlation mit einem Relativum. एतावति in solcher Entfernung. — 2) °वत् Adv. so viel, — weit, bis hierher, so, tam.

एतावन्मात्र Adj. dieses Maasses, so gross, — viel, — wenig.

एति f. Ankunft.

एतिवस् Adj. eine Form von 3. इ enthaltend TBr. 1,4,6,1 (vgl. Comm.).

एतु in स्वैतु.

एतोस् Abl. Inf. von 3. इ RV.

एद् (आ + इद्) mit folgendem Acc. als Ausruf der Ueberraschung. एतिरोभूताम् sieh da, sie war verschwunden 29,30. 30,23 (vielleicht ताममिहिरण्य° zu lesen). 30. एदपुरोडाशमेवं कूर्मं भूत्वा सर्पन्तम् Çat. Br. 1,6,2,3. 2,2,3,3. 4,12. 3,8,3. 4,1,2,4. 11,6,1,3. ऐत् (so Hdschrr., wohl एत् zu lesen) पशुमेव निराब्धं शयानम् Ait. Br. 2,13.

एदिधिषुःपति m. der Gemahl einer jüngeren Schwester, deren ältere noch nicht verheirathet ist.

एध्, एधते (selten एधति) gedeihen, Wohlergehen finden, glücklich sein (insbes. mit सुखम्); gross werden, um sich greifen (von Feuer und Leidenschaften), anschwellen (von Wasser). Partic. एधित (oder zum Caus.) erstarkt, verstärkt, gross geworden, aufgewachsen, angewachsen, angeschwollen. — Caus. एधयति gedeihen machen, verstärken, kräftigen. आशीर्भिः mit Segenswünschen Jmd hoch leben lassen. — Mit अधि, Partic. अध्येधित (oder zum Caus.) erstarkt, verstärkt. — Mit *उप und *प्र, उपैधते, प्रैधते. — Mit सम् gedeihen, Wohlergehen finden, erstarken. समेधित (oder zum Caus.) erstarkt, gekräftigt, verstärkt. — Caus. gedeihen machen, kräftigen, beglücken, vermehren, anschwellen.

एध 1) Adj. entzündend, in घृतैध. — 2) m. Sg. Pl. Brennholz. एधोदक n. Brennholz und Wasser.

एधतु 1) m. f. (Çat. Br.) Gedeihen, Wohlfahrt. — 2) *m. a) Mensch. — b) Feuer. — 3) *Adj. = एधित.

एधमानद्विष् Adj. dem im Glück Uebermüthigen feind.

एधवस् Adj. mit Brennholz genährt Ragh. 13,41.

1. एधस् n. Sg. Pl. Brennholz.

2. एधस् n. und *एधा f. Gedeihen.

एधि 2. Sg. Imper. von 1. अस्.

1. एन Pron. subst. der 3ten Person (er, sie, es). Davon folgende oblique Casus: एनम्, एनाम् (einmal im RV. एनाम् am Anfange eines Stollens), एनद्, एनेन, एनया; एनौ, एने, एनयोस् und एनोस् (ved.); एनान्, एनास्, एना, एनानि. In der späteren Sprache häufig mit एत verwechselt.

2. एना und एना Instr. von 1. अ. In der Bed. dann, alsdann 17,16. Vgl. एना.

3. एन m. Hirsch, in घनेन.

एनद् Bez. der Casusendung एन in den Advv. दक्षिणेन u. s. w. 232,9.

एनश्चारम् s. एणा°.

एनस् n. 1) Frevel, Unthat, Fluch, Unglück AV. 2,35,2. — 2) Sünde, Sündenschuld. — 3) *Tadel.

एनस्य, एनसिष्ठ Adj. 1) durch Frevel veranlasst. — 2) sündig, unrecht.

एनस्वत् und एनस्विन् Adj. sündig, frevelhaft.

एना Adv. 1) hier, da. — 2) dann. — 3) auf diese Weise, so. — 4) एना परः weiterhin. — 5) परः एना mit Instr. hinaus über.

एनी s. 2. एत.

एनोमुच् Adj. von Sünde befreiend Maitr. S. 3,13,11.

एम m. und एमन् n. Gang, Weg, Bahn.

एमुषं s. u. 1. अम्.

एमूष m. Nom. entstellt aus एमुषम्.

एरक 1) m. N. pr. eines Schlangendämons. — 2) f. आ Typha angustifolia, eine knotenlose, sehr harte Grasart Bhâvapr. 1,210. Mat. med. 297. VP. 5,27,11. 39. — 3) f. ई a) eine best. Pflanze. — b) N. pr. eines Flusses. — 4) *n. wollener Teppich (buddh.).

एरङ्ग m. ein best. Fisch Bhâvapr. 2,13.

एरण्ड 1) m. Ricinus communis. °तैल n. Ricinusoel. — 2) *f. आ langer Pfeffer.

*एरण्डपत्रक 1) m. = एरण्ड 1). — 2) f. °त्रिका = एरण्डफला.

*एरण्डफला f. Croton polyandrum Spr.

एरण्डतीर्थ n. N. pr. eines Tîrtha.

एरमत्तक m. N. pr. eines Mannes. Auch ऐर°.

एरिरे 3. Pl. Perf. von ईर् mit आ.

एरु m. (?) AV. 6,22,3.

एर्वारु m. f. und °क m. Cucumis utilissimus; n. die Frucht; Melone Mat. med. 297.

*एल n. eine best. Zahl (buddh.).

*एलक m. = एडक eine Art Schaf.

*एलङ्ग m. ein best. Fisch.

*एलद n. eine best. Zahl (buddh.).

एलवालु und °क n. die wohlriechende Rinde von Feronia elephantum; ein rothes Pulver (der Same einer best. Pflanze) Mat. med. 297.

*एलविल m. = ऐलविल.

एला f. 1) Kardamomen. — 2) ein best. Metrum. — 3) N. pr. eines Flusses Hariv. 9512. ऐला v. l.

*एलाक m. N. pr. eines Mannes.

एलाकपुर n. N. pr. einer *Stadt*.

*एलागन्धिक n. = एलवालु Rάǵan. 4,127.

*एलाम n. *Orange* Nigh. Pr.

एलापत्र m. N. pr. eines Schlangendämons.

एलापत्या f. *die dritte Nacht im* Karmamâsa Ind. St. 10,296.

*एलापर्णी f. *Mimosa octandra* Roxb.

एलापुर n. N. pr. einer *Stadt* LA. 17,9. Ind. St. 14,115. 127.

*एलाफल n. = एलवालु Rάǵan. 4,127.

*एलाय्, °यति (विलासे).

*एलावली f. *eine best. Pflanze*.

*एलाह्व n. = एलवालु Rάǵan. 4,127.

*एलीका f. *kleine Kardamomen*.

*एलु n. *eine best. Zahl* (buddh.).

एलुक *eine best. Pflanze* oder *Arzeneistoff*.

*एल्ववालुक (Rάǵan. 4,126), एल्वालु (Bhâvapr. 1, 194) und एल्वालुक (Karaka 6,9) n. = एलवालु.

1. एवं, एवा Adv. 1) *so, gerade so*. Im MBh. einmal = इव. — 2) *allerdings, ja wohl, wirklich*. — 3) das unmittelbar vorangehende Wort mit Nachdruck hervorhebend und durch *gerade, eben, kaum, nur, noch, schon* u. s. w. wiederzugeben. Oft genügt der blosse Nachdruck, und bisweilen, insbes. nach einigen Partikeln, ist एव ganz bedeutungslos. Ausnahmsweise am Anfange eines Stollens 122,9.

2. एव 1) Adj. (f. आ) *eilig, rasch*. — 2) m. *a) Lauf, Gang*; meist Instr. Pl. — *b)* Pl. *das Gebaren, Handlungsweise, Gewohnheit*. Instr. *more suo, wie es hergebracht ist* u. s. w. — *c) die Welt*.

एवंरूप Adj. (f. आ) *so gestaltet, derartig*. Nom. abstr. एवंरूपता f. Comm. zu Tâṇḍja-Br. 13,4,6.

एवंविद् Adj. *so oder Solches wissend, wohlunterrichtet, des Richtigen kundig*.

एवंविदंस् Adj. dass. Çat. Br. 14. Sonst stets एवं वि°.

एवंविध Adj. (f. आ) *derartig*.

एवंविशेषण Adj. *so prädicirt, — definirt* Comm. zu Njâjas. 1,1,43.

एवंविषय Adj. (f. आ) *darauf gerichtet, — sich beziehend* Kull. zu M. 2,2.

एवंवीर्य Adj. 1) *darin stark* Çat. Br. 13,8,2,11. — 2) *solche Kraft besitzend*.

एवंवृत्त (f. आ) und °वृत्ति Adj. *sich so benehmend, so verfahrend, — beschaffen*.

एवंव्रत Adj. 1) *diese Pflichten erfüllend*. — 2) *so verfahrend*.

एवंसंस्थितिक Adj. (f. आ) *von dieser Beschaffenheit* MBh. 3,32,59.

एवंसंज्ञक Adj. *so benannt, diesen terminus technicus habend* Mahâbh. (K.) 81,2.

एवंसमृद्ध Adj. *so vollkommen* Çat. Br. 5,1,2,10.

*एवंकारम् Adv. *auf diese Weise*.

एवंकार्य Adj. *dieses bezweckend* Káraka 3,8.

एवंकाल Adj. *so viele Moren enthaltend* P. 1,2, 27, Sch.

एवंक्रतु Adj. *so gesinnt*.

एवंगत Adj. (f. आ) *in solchem Zustande befindlich, sich so verhaltend, so beschaffen*. °गते *bei so bewandten Umständen*.

1. एवंगुण° *solche Eigenschaften, — Vorzüge*.

2. एवंगुण Adj. *mit solchen Eigenschaften* oder *Vorzügen ausgestattet*.

एवंगुणजातीय Adj. dass. MBh. 13,22,37.

एवंजातीय Adj. *derartig* Lâṭj. 2,6,3. Gobh. 2,1, 20. °क dass.

एवंथा Adv. = 1. एव.

एवंद्रव्य Adj. *von solchem Stoff* Káraka 1,12.

एवंनामन् Adj. *so genannt*.

एवंप्राय Adj. (f. आ) *von dieser Art* Ait. Br. 6,14.

एवंन्याय Adj. *nach dieser Regel gehend*.

एवम् Adv. *so, auf diese Weise*. यथा — एवम्, एवम् — यथा *wie — so, so — wie*. एवमेवैतत् *so verhält sich dieses, so ist es*. नेतदेवम् *damit verhält es sich nicht so*. एवमस्तु, एवं भवतु und एवम् allein (323,7) *so geschehe es, gut*. अस्त्येवम् *so ist es*. यद्येवम् *wenn es sich so verhält*. किमेवम् *inwiefern?* नैवम् (134,3) und मा मैवम् *nicht so!* Nicht selten in der Bed. von एवंविध.

एवमभ्यनुज्ञात Adj. *in Bezug worauf Solches gesagt worden ist*.

एवमर्थीय Adj. *darauf bezüglich*. In Correlation mit यथा Nir. 3,1.

एवमवस्थ Adj. *in solcher Lage sich befindend*.

एवमाकृति Adj. *so gestaltet* Daçak. 87,16.

एवमाचार Adj. *solchen Wandel führend* Gaut.

एवमात्मक (f. °त्मिका) *so beschaffen*.

एवमादि und एवमाद्य Adj. *von der eben erwähnten Art*, — *Beschaffenheit*.

एवंपूर्व Adj. *dem dieses vorangeht* 223,26.

एवंप्रकार Adj. *derartig*.

एवंप्रभाव Adj. *von solcher Macht*.

एवंप्राय Adj. (f. आ) *derartig*.

एवंभूत Adj. (f. आ) *so beschaffen, ein solcher*.

एवयावन् Adj. *rasch gehend*.

एवयामरुत् 1) als Refrain in ṚV. 5,87 wohl ein Ausruf. — 2) Bez. *des Liedes* ṚV. 5,87. — 3) angeblich N. pr. des Verfassers dieses Liedes.

एवयामरुत m. = एवयामरुत् 3) Âçv. Br.

एवयावन् Adj. *rasch gehend*.

एवार Adj. *so bereitstehend, fertig*.

एवावद Adj. *wahr redend, wahrhaftig*. Nach Sâj. N. pr.

एष्, एषति, °ते *schleichen, gleiten* AV. — Mit अति *hingleiten über*. — Mit उप *herbeischleichen, herbeikommen*.

1. एष s. u. 1. एत.

2. एष m. *das Hineilen*.

3. एष 1) Adj. *suchend*, in नष्टैष. — 2) m. *das Aufsuchen*.

4. एष m. *Wunsch, Wahl*.

5. एष Adj. *hingleitend, eilend*.

*एषक (f. एषका und एषिका) Demin. von 1. एष.

1. एषण n. oder °णा f. *Drang, Trieb*.

2. एषण 1) Adj. *suchend, wünschend*. — 2) *m. *ein eiserner Pfeil*. — 3) f. एषणा *a) das Suchen, Ersuchen um, Wunsch, Verlangen*. — *b)* = एषणासमिति. — 4) f. एषणी *a) Sonde*. — *b)* **Goldschmidtswage*. — 5) n. *a) das Suchen*. — *b) das Sondiren*.

एषणासमिति f. *tadelloses Benehmen beim Betteln* Hem. Jog. 1,37.

*एषणिका f. *Goldschmidtswage*.

*एषणिन् Adj. *suchend, strebend*.

एषणीय Adj. 1) *wünschenswerth, erwünscht*. — 2) am Ende eines Comp. *zur Untersuchung von gehörig*.

*एषवीर m. *ein best. verachtetes Brahmanengeschlecht*.

*एषिक ganz पुरोहितादि in der Kâç.

*एषितर् Nom. ag. *der Etwas sucht, — haben will* Bhaṭṭ. 9,31.

एषितव्य Adj. 1) *zu suchen* Çaṅk. zu Bâdar. 2, 2,10. — 2) *als wahr anzunehmen* Comm. zu Njâjas. 2,1,27. 3,2,33.

एषिन् Adj. *suchend, nachgehend, wünschend*. Meist in Comp. mit der Ergänzung.

(एषैष्य) एषैषिय Adj. *suchenswerth, wünschenswerth*.

ऐष्ट n. Pl. *das Erbetene* ṚV. 1,184,2.

1. एष्टर् Nom. ag. *der da vordringt* Maitr. S. 2,2,13.

2. *एष्टर् Nom. ag. = एषितर् Bhaṭṭ. 9,31.

ऐष्टवै Dat. Inf. *aufzusuchen* Çat. Br. 4,5,9,1. 13,3,6,4.

एष्टव्य Adj. 1) *aufzusuchen, wünschenswerth, erwünscht*. — 2) *als wahr anzunehmen*.

ऐष्टि f. *Aufsuchung, Begehr, Wunsch*.

1. एष्य Adj. *zukünftig*.

2. एष्य, एषिय Adj. 1) *aufzusuchen* Tâṇḍja-Br. 13, 9,11. 11,20. — 2) *zu sondiren*.

एष्यत्कालीय und एष्यस् Adj. *zukünftig*.

एर्ह Adj. (f. ई) *begierig, verlangend.*

ऐक्रम् n. = *क्रोध. Vgl. घनेर्हम्.

*एक्ति m. N. pr. eines Mannes.

*एक्तिकटा und *एक्तिहितीया f. gaṇa मयूरव्यंसकादि.

ऐक्तिमाय Adj. fehlerhaft für वैक्तिमाय.

*एक्तियव n. und *एक्तिरेयाक्तिरा f. gaṇa मयूरव्यंसकादि.

एक्तिवत् Adj. *das Wort* एक्ति *enthaltend* Tâṇḍja-Br. 11,11,1.

*एक्तिवाणिज्ञा f., *एक्तिविपसा f., *एक्तिस्वागता f. und *एक्तीड n. gaṇa मयूरव्यंसकादि.

*1. ऐ Interj. *des Anrufens, der Anrede und des Sichbesinnens.*

*2. ऐ m. Bein. Çiva's.

*ऐक gaṇa गर्गादि.

ऐककर्म्य n. *Einheit der Handlung* Gaim. 6,1,17. 3,12.

ऐककाल्य n. *Gleichzeitigkeit* Gaim. 5,4,24.

*ऐकगविक Adj. *nur eine Kuh habend.*

ऐकगुण्य n. *einfacher Betrag, einfaches Maass.*

ऐकध्य n. *das auf ein Mal.* °म् und °तम् *auf ein Mal, zusammen.*

ऐकपत्य n. *Alleinherrschaft über* (Gen.).

ऐकपदिक Adj. 1) *zu einem einfachen Worte gehörig.* — 2) *in einzelnen Wörtern bestehend.*

ऐकपद्य n. *Worteinheit.*

*ऐकभाव्य n. *das Einzeln.*

ऐकभौतिक Adj. *aus einem einzigen Element bestehend.*

ऐकमत्य n. *Einmüthigkeit, Einstimmigkeit* Spr. 1479. 1481.

ऐकराज्य n. *Alleinherrschaft.*

ऐकरात्रिक Adj. *eine Nacht verweilend* Gaut.

ऐकरूप्य n. *Einartigkeit, Identität.*

*ऐकलव Adj. von ऐकलव्य.

*ऐकलव्य m. Patron. von एकलू.

ऐकवर्णिक Adj. *nur einer Kaste zukommend* MBh. 3,150,34.

*ऐकशतिक Adj. *mit 101 versehen.*

ऐकशफ Adj. *von Einhufern kommend* Gaut.

ऐकशब्द्य n. *Worteinheit, Identität des Wortes* Gaim. 1,4,6. 3,1,30.

*ऐकशालिक Adj. = एक°.

ऐकश्रुत्य n. *Gleichtönigkeit.*

*ऐकसहस्रिक Adj. *mit 1001 versehen.*

ऐकस्वर्य n. 1) *das nur einen Accent Haben.* — 2) *Gleichtönigkeit.*

ऐकागारिक m. *Dieb.* f. ई *Diebin.*

ऐकाग्निक Adj. *ein einziges Feuer betreffend.*

*ऐकाग्र्य H. 1438 fehlerhaft für एकाग्र.

ऐकाग्र्य n. *die auf einen Gegenstand gerichtete Aufmerksamkeit.*

ऐकाङ्कायन m. Patron. von एकाङ्क.

ऐकाङ्ग m. *ein Soldat von der Leibwache.*

ऐकात्म्य n. *Wesenseinheit* Bhâg. P. 4,13,6. 21,29.

ऐकादशाक्ष m. Patron. von एकादशाक्ष.

ऐकादशिन Adj. *zu einer Eilfzahl gehörig.*

ऐकाधिकरण्य n. *Einheit des Bezuges.*

ऐकान्तिक Adj. (f. ई) *alles Andere ausschliessend, ausschliesslich, absolut.*

ऐकान्त्य n. *Ausschliesslichkeit, ein absolutes Verhältniss* Sarvad. 42,4.

*ऐकान्यिक Adj. *der beim Hersagen einen Fehler gemacht hat.*

*ऐकायन m. Patron. von एक.

ऐकार m. *der Laut* ऐ TS. Prât. AV. Prât.

ऐकार्थ्य n. 1) *Einheit der Absicht, — des Zwecks.* — 2) *Begriffseinheit* Mahâbh. 2,368,a. — 3) *Gleichheit der Bedeutung* Gaim. 2,1,38.

ऐकाश्रम्य n. *das Bestehen nur eines Stadiums im religiösen Leben* Gaut. Comm. zu Njâjas. 4,1,61. fg.

ऐकाहिक Adj. (f. ई) 1) *eintägig, quotidianus* (Fieber) Agni-P. 31,18. — 2) *zur Eintagsfeier gehörig, dem einfachen* Soma-*Opfer eigen, — entsprechend.*

ऐकाह्य n. Nom. abstr. von एकाह Çâṅkh. Br. 20,3.

*ऐकीय Adj. von ऐक.

ऐकेक्षय्य n. richtiger als एनेक्षय्य, aber nicht zu belegen.

ऐक्य 1) *m. Patron. von एक. — 2) n. a) *Einheit, das Einssein, Identität.* — b) *Summe.* — c) *aggregate; the product of the length and depth of the portions or little excavations differing in depth.*

ऐक्याभावयत् (!) Partic. *vereinigend* Ait. Âr. 348,16.

ऐक्यारोप m. *Gleichsetzung, Identification.*

ऐक्षव 1) Adj. (f. ई) *aus Zuckerrohr gemacht, vom Z. kommend* Çat. Br. 3,4,2,16. 6,2,10. Kâtj. Çr. 8,1,4. Hemâdri 1,428,20. Bâlar. 62,13. — 2) n. *Zucker.*

*ऐक्षुक 1) Adj. a) *für das Zuckerrohr gut.* — b) *Zuckerrohr tragend.* — 2) m. Pl. *die Bewohner von* Ikshukîja.

ऐक्ष्वाक 1) *Adj. (f. ई) *dem* Ikshvâku *gehörig u. s. w.* — 2) m. Patron. von Ikshvâku Çat. Br. 13, 5,4,5. MBh. 12,29,130. 13,3,9. R. ed. Bomb. 1,24, 13. Pl. Viṣṇu-P. in VP.² 3,70. — 3) f. ई f. zu 2).

ऐक्ष्वाकु m. fehlerhaft für ऐक्ष्वाक.

ऐङ्गुद 1) Adj. (f. ई) *von der Pflanze* Iṅguda *herrührend* Kauç. 3,8. — 2) *n. *die Frucht des* Iṅguda.

ऐच्छिक Adj. *der Wahl anheimgestellt.*

*ऐड्य m. Patron. von एडि.

ऐडल n. Name verschiedener Sâman Ârsh. Br.

1. ऐड 1) Adj. (f. ई) a) *Labung —, Stärkung enthaltend.* — b) *von der* Iḍâ *abstammend* Viṣṇu-P. in VP.² 3,69. — 2) m. a) Patron. des Pâkajajña Gobh. 1,9,17. — b) Metron. des Purûravas. Pl. *sein Geschlecht* Viṣṇu-P. in VP. — 3) n. Name *verschiedener auf* इडा *ausgehender* Sâman.

2. ऐड Adj. *vom* एड *genannten Schaf kommend* MBh. 8,44,29.

ऐडक 1) Adj. (f. ई) in ऐनैडक. — 2) m. *eine Art Schaf*; vgl. एडक.

ऐडकाय, ऐडवैतस, ऐडक्रोश, ऐडगाम und ऐडद्यासिष्ठ n. Namen von Sâman.

ऐडविड m. 1) Metron. Kubera's. — 2) N. pr. eines Sohnes des Daçaratha.

ऐडमुद्वामुदीय, ऐडतैन्धुक्षित und ऐडसौपर्ण n. Namen von Sâman.

*ऐडूक n. = एडूक.

ऐण Adj. (*f. ई) *von der schwarzen Antilope herrührend.*

*ऐणिक Adj. *schwarze Antilopen jagend.*

*ऐणीकीय Adj. Mahâbh. 4,75,b.

*ऐणीपचन Adj. (f. ई) von एणीपचन.

ऐणेय 1) Adj. a) *von einer schwarzen Antilopenart herrührend.* — b) *herrührend von Etwas, das von einer schwarzen Antilopenart herrührt.* — 2) m. = एण *eine schwarze Antilopenart.* — 3) *n. *quidam coeundi modus.*

ऐतदात्म्य n. *das dessen-Wesen-Sein* 283,5.

*ऐतर Adj. von इतर.

ऐतरेय 1) m. Patron. oder Metron. des Mahidâsa. — 2) Adj. *von* Aitareja *verfasst.*

ऐतरेयक und ऐतरेयब्राह्मण n. *das von* Aitareja *verfasste* Brâhmaṇa.

ऐतरेयिन् m. Pl. *die Schule des* Aitareja.

ऐतरेयोपनिषद् f. Titel einer Upanishad.

ऐतवाह्य n. Name eines Sâman Ârsh. Br.

ऐतश m. N. pr. eines Muni. °प्रलाप m. Bez. eines Bestandtheils der Kuntâpa-Lieder Vaitân.

ऐतशायन m. Patron. von एतश.

ऐतिकायन m. Patron. von इतिक. Pl. Saṁsk. K. 184,a,7 (ऐमि° gedr.).

ऐतिकायनीय Adj. von ऐतिकायन.

ऐतिशायन m. Patron. von इतिश Gaim. 3,2,43. 6,1,6.

ऐतिह n. = ऐतिह्य.

ऐतिहासिक 1) Adj. (f. ई) *auf eine alte Legende zurückgehend* Sâj. zu RV. 3,31,5. — 2) m. *Erzähler oder Kenner von Legenden.*

ऐतिह्य n. *Ueberlieferung* Taitt. Âr. 1,2,1. MBh. 12,218,27.

ऐतोस् Gen. Inf. (abhängig von ईश्वर [!]) zu erreichen Ait. Br. 8,7.

ऐदंयुगीन Adj. in diesem Zeitalter lebend Çaṅk. zu Kândo. Up. 1,9,4.

ऐदंपर्य n. Hauptsache, Zweck, Ziel Çaṅk. zu Bâdar. 2,3,1.

ऐधं m. Gedeihen ṚV. 1,166,1 (ऐधेव = ऐधमिव).

ऐध्मकाण्व, ऐध्मवाह und ऐध्मस्कार n. Namen von Sâman.

ऐन m. Pl. MBh. 13,2126 fehlerhaft für ऐल.

*ऐनस n. = एनस्.

ऐनिकायन s. ऐतिकायन.

ऐन्दव 1) Adj. (f. ई) lunaris. — 2) m. der Planet Mercur. — 3) *f. ई Serratula anthelminthica Bhâvapr. 1,64. — 4) n. a) das Mondhaus Mṛgaçiras. — b) eine best. Kasteiung, = चान्द्रायण Pañkar. 4,12,6.

ऐन्दुमतेय m. Metron. Daçaratha's Bâlar. 268,15.

ऐन्दुशेखर 1) Adj. dem Çiva gehörig Bâlar. 22, 10. 78,9. — 2) n. die Geschichte, wie der Mond zu Çiva's Diadem wurde, Bâlar. 29,15.

ऐन्द्र 1) Adj. (f. ई) dem Indra gehörig, ihm geweiht, von ihm ausgehend u. s. w. अम्बु, सल, तोय Regenwasser Karaka 1,27. 6,30. कार्मुक, धनुस् Regenbogen. दिश् Osten. — 2) m. der für Indra bestimmte Opfertheil. — 3) f. ई a) ein an Indra gerichteter Vers. — b) Osten. — c) *das Mondhaus Ǵjeshṭhâ. — d) der 8te Tag in der dunkelen Hälfte des Monats Mârgaçîrsha (oder Pausha). — e) Indra's Energie, personif. als seine Gattin. Auf die Durgâ übertragen Mârk. P. 88,24. — f) *böses Geschick. — g) Koloquinthengurke Bhâvapr. 1,141. Karaka 6,17. — h) *Kardamomen. — 4) n. a) das Mondhaus Ǵjeshṭhâ. — b) *wilder Ingwer. — c) Name verschiedener Sâman. — d) N. pr. eines Gebiets in Bhâratavarsha VP.² 2,113.

ऐन्द्रजाल n. Zauberei.

ऐन्द्रजालि m. Zauberer Ind. St. 15,428.

ऐन्द्रजालिक 1) Adj. (f. ई) mit Zauberei sich abgebend, auf Z. bezüglich. — 2) m. Zauberer, Gaukler 321,28. Utpala zu Varâh. Bṛh. 18,3.

*ऐन्द्रजालेय m. Patron. von इन्द्रजालि gaṇa कुर्वादि in der Kâç.

ऐन्द्रतुरीय Adj. zum Viertel dem Indra gehörig.

ऐन्द्रद्युम्न Adj. auf Indradjumna bezüglich.

ऐन्द्रद्युम्नि m. Patron. Ǵanaka's MBh. 3,133,4.

ऐन्द्रनील Adj. (f. ई) aus Sapphir gemacht Spr. 8039.

*ऐन्द्रमहिक Adj. (f. ई) von इन्द्रमह.

ऐन्द्रमारुत Adj. zu Indra und den Marut in Beziehung stehend.

*ऐन्द्रलाज्य m. Metron. von इन्द्रलाजी.

*ऐन्द्रलुप्तिक Adj. dessen Haare ausfallen.

ऐन्द्रवायव 1) Adj. Indra und Vâju gehörig. — 2) m. der I. und V. gehörige Graha. °वायवपात्र n. Çat. Br. 4,1,5,19. °वायवाग्र Adj. 4,1,3,17. 5,9,1. fgg.

ऐन्द्रशिर m. eine Elephantenart.

ऐन्द्रसेनि m. Patron. von इन्द्रसेन.

*ऐन्द्रहव Adj. von ऐन्द्रहव्य.

*ऐन्द्रहव्य m. Patron. von इन्द्रहू.

ऐन्द्राग्न 1) Adj. (f. ई) Indra und Agni geweiht, — gehörig, von ihnen kommend. विधान MBh. 13, 60,29. — 2) n. das Mondhaus Viçâkhâ. Auch ऐन्द्राग्न्य n.

ऐन्द्राग्नकुलाय m. ein best. Ekâha Kâty. Çr. 22, 11,13.

ऐन्द्राग्न्य v. l. für ऐन्द्राग्न.

ऐन्द्राजगत Adj. an Indra gerichtet und im Ǵagati-Metrum verfasst Vaitân. Gop. Br. 2,6,16. Vgl. Ait. Br. 6,35.

*ऐन्द्रद्युम्न Adj. (f. ई) von इन्द्रद्युम्न.

ऐन्द्रानैर्ऋत Adj. Indra und Nirṛti gehörig.

ऐन्द्रापौष्ण Adj. Indra und Pûshan gehörig.

ऐन्द्राबार्हस्पत्य Adj. Indra und Bṛhaspati gehörig Maitr. S. 2,1,12.

ऐन्द्रामारुत Adj. Indra und den Marut gehörig Kâty. Çr. 22,4,10.

ऐन्द्रायण 1) *wohl m. als Patron. von इन्द्र. — 2) f. ई ein Frauenname.

*ऐन्द्रायणक Adj. von ऐन्द्रायण.

*ऐन्द्रायुध Adj. (f. ई) von इन्द्रायुध.

ऐन्द्रार्भव Adj. zu Indra und den Ṛbhu in Beziehung stehend.

*ऐन्द्रालिश Adj. (f. ई) von इन्द्रालिश.

ऐन्द्रावरुण Adj. zu Indra und Varuṇa in Beziehung stehend Ait. Br. 6,14. 25. 26. Vaitân.

ऐन्द्रावली f. Bez. des Lautes ल.

ऐन्द्रावसान Adj. (f. ई) von इन्द्रावसान.

ऐन्द्रावारुण Adj. = ऐन्द्रावरुण Tâṇḍya-Br. 8,8,6.

ऐन्द्रावैष्णव Adj. (f. ई) Indra und Vishṇu gehörig.

ऐन्द्रासौम्य Adj. Indra und Soma gehörig.

ऐन्द्रि m. 1) Patron. a) Apratiratha's. — b) Ǵajanta's. — c) Arǵuna's. — d) *des Affen Vâlin. — 2) Krähe.

ऐन्द्रिय (Comm. zu Nyâyas. 3,2,14) und °क (Karaka 4,1. VP. 1,3,19) Adj. die Sinne betreffend, sinnlich wahrnehmbar; n. Sinnengenuss. Nom. abstr. °त्व n. Comm. zu Nyâyas. 3,2,14. 15. 5,1,14.

ऐन्द्रियेधी Adj. nur an Sinnengenuss denkend.

ऐन्द्रोत m. und °ति m. Patron. von Indrota.

ऐन्धन Adj. aus Brennstoff entstanden (Feuer). Auch fehlerhaft für इन्धन.

*ऐन्धायन m. Patron. von इन्ध.

ऐन्य m. 1) *Patron. von इन. — 2) इन्द्रस्यैन्यौ Name zweier Sâman Ârsh. Br.

ऐन्वक n. Name zweier Sâman Ârsh. Br.

ऐभ 1) Adj. (f. ई) einem Elephanten gehörig Muditâ. 66,18 (108,5). Çiç. 18,71. — 2) *f. ई ein grosser Kürbis.

ऐभावत m. Patron. Pratidarça's.

ऐयत्य n. Quantität, Anzahl, Werth.

ऐपिस् 3. Sg. Aor. von ईष्.

ऐर Adj. von इरा.

*ऐरका m. Metron. von एरका.

ऐरण्ड und °क Adj. aus Ricinus communis gewonnen. तैल Karaka 1,27. 6,3.

ऐरमतक s. एरमतक.

ऐरंमद 1) Adj. von Wetterleuchten stammend Bâlar. 41,10. — 2) m. Patron. Devamuni's.

ऐरंमदीय n. N. pr. eines Sees in Brahman's Welt.

ऐरय n. Name eines Sâman Ârsh. Br.

ऐरावण m. N. pr. des Elephanten Indra's Lalit. 249,3.

ऐरावत 1) m. a) N. pr. α) eines Schlangendämons. — β) des Elephanten Indra's 322,27. °पथ m. MBh. 3,162,24. — b) eine Elephantenart. — c) Artocarpus Lacucha Roxb. — d) *Orangenbaum. — e) = ऐरावती d). — f) Name einer Sonne Ind. St. 10, 373. — 2) m. n. eine Art von Regenbogen. — 3) f. धा = ऐरावती d; VP.² 6,276. — 4) f. ई a) N. pr. α) des Weibchens von Indra's Elephanten. — β) eines Flusses. — b) *Blitz überh. oder eine best. Art Blitz. — c) ein Farnkraut. — d) die Strecke der Mondbahn, welche die Mondhäuser Punarvasu, Pushja und Âçleshâ umfasst. — 5) n. a) die Frucht von Artocarpus Lacucha. — b) N. pr. eines Varsha. *Pl. H. 946.

ऐरावतक 1) *Adj. P. 4,2,121, Sch. — 2) n. = ऐरावत 5) a).

ऐरिण n. 1) *Steppensalz. — 2) Name eines Sâman.

*ऐरेय n. ein berauschendes Getränk.

ऐर्म्य Suçr. 2,86,2 wohl fehlerhaft.

ऐल 1) m. Metron. des Purûravas. Pl. sein Geschlecht MBh. 13,34,17. — 2) f. धा N. pr. eines Flusses Hariv. 2,109,25. एला v. l. — 3) *n. eine best. Zahl (buddh.).

ऐलक Adj. vom एडका genannten Schafe herkommend Âpast.

ऐलधान 1) m. N. pr. eines Dorfes. — 2) f. ई N. pr. eines Flusses Karaka im Comm. zu R. ed. Bomb. 2,71,3.

ऐलब m. Lärm, Getöse, Geschrei.

ऐलबकार Adj. lärmend.

ऐलबृद und ऐलभृद (Maitr. S. 2,9,9) Adj. Nahrung bringend (?).

*ऐलवालुक n. = एलवालु.

ऐलविल m. 1) Patron. Dilipa's. — 2) Metron. Kubera's Bâlar. 119,16. 290,5.

*ऐलाक 1) Adj. von एलाका. — 2) m. N. pr. eines Mannes.

*ऐलाक्य m. Patron. von एलाक.

*ऐलि m. und *°शाला f. Kâç. zu P. 4,2,86.

ऐलिक m. Metron. von इलिनी oder ईलिनी.

ऐलूष m. Patron. des Kavasha, der auch ऐलूषीपुत्र genannt wird.

*ऐलेय n. = एलवालु.

1. ऐश Adj. von Çiva herrührend, ihm gehörig Agni-P. 27,73.

2. ऐश 3. Sg. Imperf. von 1. ईश् Maitr. S. 1,6,8.

ऐशान 1) Adj. (f. ई) a) zu Çiva in Beziehung stehend. — b) nordöstlich. — 2) f. ई Nordost.

*ऐशानक m. Pl. = ईशानक.

ऐशिक Adj. zu Îça in Beziehung stehend R. ed. Gorr. 1,37,6. ऐषीक v. l.

ऐश्य n. Herrschaft, Macht.

ऐश्वर 1) Adj. (f. ई) a) einem Gebieter —, grossen Herrn angemessen, mächtig, majestätisch. — b) Çiva gehörig. — 2) n. Herrschaft, Oberherrlichkeit.

ऐश्वरि m. Patron. von ईश्वर.

ऐश्वर्य n. 1) der Stand eines grossen Herrn, Herrschaft, Oberherrlichkeit über (Gen., Loc. oder im Comp. vorhergehend). पुत्रैश्वर्य unter der Herrschaft des Sohnes. — 2) eine übernatürliche Kraft. — 3) Herrschaft, so v. a. Reich.

ऐश्वर्यविवरण n. Titel eines Werkes.

ऐश्वर्यवन्त् Adj. im Besitz der Herrschaft, — Oberherrlichkeit.

ऐष n. Name verschiedener Sâman.

ऐषमस् Adv. heuer.

*ऐषमस्तन und *ऐषमस्त्य Adj. heurig.

ऐषावीर m. der ein Mann sein will, es aber nicht ist, ein unbedeutender Mann.

ऐषिक Adj. = ऐषीक. ऐषिकास्त्र n. Agni-P. 6, 36. 14,22.

*ऐषिक्य n. Nom. abstr. von एषिक gaṇa पुरोहितादि in der Kâç.

ऐषिर n. Name verschiedener Sâman.

ऐषीक 1) Adj. a) aus Halmen bereitet, aus Rohr geflochten. अस्त्र n. ein solches Geschoss. — b) über aus Halmen bereitete Geschosse handelnd. — 2) m. Pl. N. pr. eines Volkes.

ऐषीकायस्ति (wohl so zu lesen) m. Patron. Verz. d. B. H. 58,5.

ऐषीरथि m. Patron. des Kuçika.

*ऐषुकारि m. wohl Patron. von इषुकार. *°भक्त adj. von solchen Leuten bewohnt.

ऐषुमत 1) *Adj. (f. ई) von इषुमन्त्. — 2) m. Patron. des Trâta.

ऐष्टक 1) Adj. aus Backsteinen gemacht. गृह Hemâdri 1,648,5. — 2) n. a) die Gesammtheit der Backsteine. — b) das Schichten der Backsteine Çulbas. 2,11.

*ऐष्टकावत Adj. von इष्टकावन्त्.

ऐष्टिक Adj. (f. *ई) was zum Ishṭi genannten Opfer gehört, dient u. s. w. Hemâdri 1,7,16. nach Art einer I. zu feiern Paddh. zu Kâty. Çr. 387,15.

ऐष्टिकपौर्तिक Adj. was sich auf Opfer und fromme Werke bezieht Hemâdri 1,7,14.

ऐष्य Adj. = 1. एष्य zukünftig.

ऐष्यत्सूर्य (Ind. St. 10,202) und ऐष्यद्वर्ग Adj. (f. आ) wohin die Sonne alsbald kommen wird.

ऐहलौकिक Adj. (*f. ई) von dieser Welt, in d. W. erfolgend, zu d. W. in Beziehung stehend.

ऐहिक Adj. dass.

*1. ओ Interj. der Anrede, des Anrufs, des Sichbesinnens auf Etwas und des Mitleids.

*2. ओ m. Bein. Brahman's.

3. ओ 6,7. 18,22 = 2. आ + 2. उ.

ओक °m 1) Wohnstätte. — 2) *Zodiakalbild.

ओकज Adj. im Hause geboren, selbstgezüchtet. Kühe Hemâdri 1,448,1. 5.

*ओकण und *ओकणि m. = मत्कुण Wanze.

ओकस् n. 1) Behagen, Gefallen. — 2) Ort des Behagens, gewohnter Ort, Heimatstätte, Wohnstätte. द्वारकौकस् Adj. so v. a. Bewohner von Dv.

ओकःसारिन् Adj. den gewohnten Ort besuchend.

ओकार m. der Laut ओ Lâṭy. 7,2,11. AV. Prât.

ओकारी Adv. mit कर् zu ओ machen.

ओकिवंस् Adj. Gefallen findend.

*ओक्कुल m. grün geröstete Weizenkörner Râǵan. 16,96.

ओकूलक (!) m. N. pr. eines Mannes.

*ओकोदनी f. Wanze.

ओकोनिधन n. Name eines Sâman.

*ओक्कणी f. Wanze.

(ओक्य) ओकिय 1) Adj. heimatlich. — 2) n. a) Behagen, Gefallen. — b) gewohnter, behaglicher Platz, Heimatstätte.

*ओख्, ओखति (शोषणालमर्थयोः). — Mit *परा, परोखति.

ओगण Adj. alleinstehend, verachtet.

ओगीयंस् Adj. = ओजीयंस्.

ओघ m. (adj. Comp. f. आ) 1) Fluth, Strömung, Strom. — 2) Fluth, Schwall, Menge, Masse. — 3) *schneller Tact. — 4) *Ueberlieferung. — 5) *Unterweisung.

ओघनिर्युक्ति f. Titel eines Werkes.

ओघरथ m. N. pr. eines Sohnes des Oghavant.

ओघवन्त् 1) Adj. einen starken Strom habend. — 2) m. N. pr. eines Fürsten. — 3) f. °वती N. pr. a) eines Flusses. — b) einer Tochter (Schwester) des Oghavant.

ओंकार (ein vorangehendes अ + ओं° giebt ओं°) 1) m. a) die heilige Silbe ओम्. स्वस्तिमोंकारं कर् so v. a. sein Dankgebet verrichten für. कृतोंकार Adj. an den man sich mit einem Gebet gewendet hat. Mit einem Gen. ein Glück verheissender Anfang Bâlar. 209,12. Wird auch personificirt. — b) Name eines Liṅga. — 2) *f. आ eine best. buddh. Çakti.

ओंकारग्रन्थ m. Titel eines Werkes.

ओंकारतीर्थ n. N. pr. eines Tîrtha.

ओंकारपीठ n. N. pr. einer Oertlichkeit.

ओंकारभट्ट m. N. pr. eines Mannes.

ओंकाराख्य? Davon Adj. °प्य Hemâdri 1,827,1.

ओंकारी Adv. Lâṭy. 6,10,15 fehlerhaft für ओकारी.

*ओंकारीय्, °यति Denom. von ओंकार.

ओंकारेश्वर Name eines Liṅga.

*ओज्, ओजति (वृद्धौ), ओजयति (बलतेजसोः).

ओज 1) Adj. ungerade, der erste, dritte u. s. w. in einer Reihe. — 2) m. a) *= ओजस् 1) a). — b) N. pr. eines Sohnes des Kṛshṇa.

ओजस् 1) n. a) Sg. und Pl. Kraft, Stärke, Tüchtigkeit, Lebensfrische, Energie; in der Med. Lebenskraft. ओजसा mit Macht, kräftig, muthig, entschlossen, nachhaltig. — b) eine kraftvolle, schwungvolle Ausdrucksweise Vâmana 3,1,4. 5. 2,2. — c) ein mit zusammengesetzten Wörtern reich ausgestatteter Stil. — d) *Wasser. — e) *Glanz, heller Schein. — f) *Stütze. — 2) m. N. pr. eines Jaksha.

ओजसीन Adj. sich kraftvoll erweisend.

*ओजस्तर Adj. Compar. zur Erklärung von ओजीयंस्.

*ओजस्य्, °स्यते Denom. von ओजस्.

ओजस्य (Maitr. S. 2,3,1) und ओजस्वन्त् Adj. kraftvoll.

ओजस्विता f. eine kraftvolle, schwungvolle Ausdrucksweise.

ओजस्विन् 1) Adj. kraftvoll, energisch, muthig. — 2) m. N. pr. eines Sohnes des Manu Bhautja VP.[2] 3,29.

ओजाय्, °यते sich anstrengen, Kraft anwenden. °यित n. herzhaftes Benehmen Bâlar. 175,10.

ओजिष्ठ 1) Adj. Superl. der kräftigste unter (Gen.)

24,21. überaus kräftig, — gewaltig. — 2) m. N. pr. eines Muni. Pl. sein Geschlecht.

ओजीयंस् Adj. kräftiger —, gewaltiger als (Abl.), überaus kräftig, — gewaltig.

ओजोदा Adj. Kraft verleihend, stärkend.

ओजोपति m. N. pr. einer Gottheit des Bodhivṛksha Lalit. 347,8.

ओजोबला (wohl so zu verbinden und ओजोवृद्धि: zu lesen) f. desgl. ebend. 411,16.

ओजोमानी f. eine best. Pflanze Kauç. 53. 34.

ओज्मन् m. Kraft.

ओड m. N. pr. eines Mannes.

*ओडक m. = ओडव.

ओडदेश m. N. pr. einer Gegend.

ओडव m. = षाडव.

*ओडिका und *ओडी f. wilder Reis.

ओडीयदेश m. N. pr. einer Gegend.

ओड्र m. 1) Pl. N. pr. eines Volkes, Sg. des Landes. — 2) *= ओड्रपुष्प.

*ओड्राख्या f. Hibiscus rosa sinensis Rāǵan. 10,124.

*ओड्रपुष्प n. die Blüthe von Hibiscus rosa sinensis.

ओढ Partic. von वह् mit आ.

*ओढीय्, °यति Denom. von ओढ.

ओड्ड fehlerhaft für ओड्र.

*ओण्, °णति (अपनयने, अपसारणे).

ओण्यो m. oder f. ein best. Soma-Gefäss; gewöhnlich Du. Nach den Comm. Himmel und Erde. ऊर्ण्यो v. l.

ओण्ड्र m. Pl. N. pr. eines Volkes MBh. 6,9,57 (ओड्र v. l.). Sg. ein Fürst dieses Volkes Bālar. 76,12.

ओत Partic. von 3. उ mit आ und von वा, वयति mit आ.

ओतप्रोत Adj. ein- und angewebt Çira-Up. 6.

ओतवे und ओतवै Dat. Inf. zu weben ṚV.

ओतु 1) m. Einschlag eines Gewebes Kauç. 107. — 2) m. f. *Katze. — 3) n. Name eines Sāman Ārsh. Br.

ओत्सूर्यम् Adv. bis die Sonne am Himmel steht AV. 4,5,7.

ओथामोदैव ein Ausruf in der Litanei Çat. Br. 4,3,2,13. Vgl. Ind. St. 10,37.

ओदर्क Adj. Taitt. Ār. 1,26,7 fehlerhaft für ओ°.

ओद्ती Partic. f. 1) Adj. quellend, wallend. — 2) f. *Morgenröthe.

ओदन 1) m. n. Mus, Brei. Häufig in Composition mit dem Stoffe, aus welchem oder mit welchem der Brei gekocht wird. — 2) m. *Wolke. — 3) *f. ई Sida cordifolia.

ओदनपचन m. das südliche Altarfeuer Kāṭh. 36,12.

ओदनपाकी f. Barleria caerulea Nigh. Pr. Ka-
sama 3,9.

*ओदनपाणिनीय m. Pl. Schüler des Pāṇini, denen es nur um den Brei zu thun ist.

ओदनवत् Adj. mit Brei versehen.

ओदनसव m. ein best. Opfer Comm. zu TBr. 2,786.

*ओदनाह्वया und *ओदनाह्वा f. eine best. Pflanze.

*ओदनिक 1) Adj. (f. आ) dem regelmässig Brei gereicht wird Kāç. zu P. 4,4,67. — 2) f. आ Sida cordifolia Rāǵan. 4,96.

ओदनीय्, °यति Brei wünschen.

*ओदनीय und *ओदन्य Adj. von ओदन.

ओद्रिक MBh. 7,6390 fehlerhaft für औ°.

*ओद्म m. und ओद्मन् n. das Wogen, Fluthen.

*ओधस् n. = ऊधस् Euter.

ओपश m. 1) Haarbusch, Zopf, Flechte. — 2) Horn.

ओपशदा Adj. Flechten —, Locken gebend Kāṭh. 39,9.

ओपशिन् Adj. gelockt.

ओप्य Absol. von वप् mit आ.

ओम् Interj. der feierlichen Bekräftigung und ehrfurchtsvollen Anerkennung, dem Sinne nach oft ἀμήν entsprechend. Wird im Gottesdienst als ein heiliger Ausruf viel gebraucht und beim Beginn und Schluss der Recitation heiliger Werke, sowie vor dem Namen der Gottheit, die angerufen wird, und auch als Gruss ausgesprochen. Erhält später einen mystischen Charakter und wird zum Gegenstand einer religiösen Betrachtung und Vertiefung. ओमिति ब्रुवन् so v. a. bejahend Comm. zu Nyāyas. 3,2,78.

ओम m. Genosse ṚV.

1. ओमन् m. Gunst, Freundlichkeit, Beistand.

2. ओमन् m. Genosse.

ओमन्वत् Adj. (f. °न्वती) 1) freundlich, annehmlich. — 2) günstig, gnädig Maitr. S. 4,3,9.

ओमला f. eine best. Çakti Ind. St. 9,98. ओपला v. l.

ओमात्रा f. Freundlichkeit, Bereitwilligkeit zur Hülfe.

ओमिल m. N. pr. eines Mannes.

ओम्या f. Gunst, Schutz, Hülfe Maitr. S. 1,3,9.

(ओम्यावत्) ओमियावत् Adj. freundlich, annehmlich.

ओरिमिका f. Titel eines Abschnittes in der Kāṭhaka-Recension des Jaǵurveda.

*ओल 1) Adj. nass, feucht. — 2) m. Arum campanulatum Roxb.

*ओलण्ड्, °ण्डयति und *ओलज्, ओलजयति (उत्क्षेपणे).

*ओल्ल Adj. und n. = ओल.

ओवा f. ein Ausruf in der Litanei Lāṭy. 7,2,2.12.9,8.

ओविली f. = ओवीली Karmapr. 7,9. 5.

ओवीली f. das Holzstück, in welchem der obere Theil der Spindel läuft (bei der Feuererzeugung).

ओष m. das Brennen.

*ओषण 1) m. scharfer Geschmack. — 2) f. ई eine best. Gemüsepflanze.

ओषद्दावन् (Conj.) Adj. rasch gebend.

ओषधि und °धी f. Kraut, Pflanze, insbes. Heilkraut. Im System eine einjährige Pflanze. Der Mond gilt als Herr der Kräuter, und einige Kräuter sollen leuchten. Heilmittel überh. Suçr. 1,4,15.

*ओषधिगर्भ m. der Mond.

ओषधिज Adj. unter Kräutern geboren, — lebend.

ओषधिपति m. 1) der Mond Kād. 226,8. — 2) Arzt.

ओषधिप्रस्थ m. N. pr. einer mythischen Stadt.

ओषधिलोक m. die Welt der Kräuter.

ओषधिवनस्पति n. Sg. und m. Pl. (in einem unaccentuirtem Texte) Kräuter und Bäume.

ओषधीपति m. 1) das Haupt der Kräuter (die Soma-Pflanze) Suçr. 2,173,1 (ओ° gedr.). — 2) der Mond.

ओषधीमत् Adj. mit Kräutern verbunden.

*ओषधीश m. der Mond.

ओषधीसंशित Adj. von Kräutern getrieben.

ओषधीसूक्त m. eine best. Hymne.

ओषध्यनुवाक m. ein best. Anuvāka.

1. ओषम् Adv. geschwind, sogleich.

2. ओषम् Absol. brennend, so v. a. gar machend.

ओषस् in दुरोषस्.

ओषसी f. = घोषसी.

ओषिष्ठदावन् Adj. sehr rasch gebend.

ओषिष्ठहन् Adj. sehr rasch treffend TS. 1,4,36,1.

ओष्टर m. v. l. für उष्टर Pflugstier.

ओष्ठ 1) m. (adj. Comp. f. *आ und ई; ein vorangehendes अ giebt mit ओ — ओ oder औ) a) Oberlippe, Lippe überh. — b) bei einer Feuergrube so v. a. पाल्यय Hemādri 1,136,13. fgg. — 2) *f. ओष्ठी Coccinia grandis W. u. A.

ओष्ठक 1) am Ende eines adj. Comp. = ओष्ठ 1) a). — 2) *Adj. auf die Lippen Sorgfalt verwendend.

ओष्ठकर्णक m. Pl. N. pr. eines Volkes R. ed. Bomb. 4,40,26.

ओष्ठकोप m. Lippenkrankheit.

*ओष्ठजाह n. = ओष्ठस्य मूलम्.

ओष्ठपुट m. die Höhlung zwischen den geschlossenen Lippen.

*ओष्ठपुष्प m. Pentapetes phoenicea Rāǵan. 10,120.

ओष्ठप्रकोप m. Lippenkrankheit.

*ओष्ठफला f. = ओष्ठोपमफला Nigh. Pr.

*ओष्ठरोग m. Lippenkrankheit.

ओष्ठापिधान Adj. von den Lippen bedeckt Man-

Vaitân. 1,7,15. Ait. Âr. 304,17.

*ओष्ठोपमफला f. Coccinia grandis W. u. A.

ओष्ठ्य 1) Adj. an den Lippen befindlich, mit d. L. hervorgebracht. — 2) m. Lippenlaut Pâr. Gṛhj. 2,16.

*ओष्ण Adj. lauwarm.

ओह m. etwa Aufmerksamkeit, so v.a. Erweisung derselben, Gefälligkeit, officium.

ओहब्रह्मन् m. ein echter Priester.

ओहल (?) m. N. pr. eines Mannes.

ओहस् n. Gewährung der Anwartschaft, — der Aussicht auf Etwas.

---

1. *औ Interj. der Anrede, des Anrufs, Widerspruchs und der Entscheidung.

2. *औ 1) m. a) Laut. — b) Bein. Çesha's. — 2) f. die Erde.

औकार m. der Laut औ TS. Prât. AV. Prât.

*औक्थ Adj. von औक्थ्य.

*औक्थिक Adj. der die Uktha kennt, — hersagt.

*औक्थिक्य n. der Text —, die Richtschnur der Aukthika.

औक्थ्य 1) *m. Patron. von उक्थ. — 2) n. मरुतो° Name eines Sâman.

औक्ष Adj. (f. ई) vom Stier kommend, taurinus.

*औक्षक n. eine Menge von Stieren.

औक्षगन्धि f. N. pr. einer Apsaras.

औक्षण m. Patron. von उक्षन्. Pl. sein Geschlecht.

औक्ष्ण und औक्षण (Çat.Br.14) 1) Adj. taurinus. — 2) *m. Patron. von उक्षन्.

औक्ष्णोऽनुपान n. und औक्ष्णोरन्ध्र m. n. Namen verschiedener Sâman.

औखीय, औखेय und औख्य m. Pl. die Schule Ukha's.

*औख्येयक Adj. von उख्या.

औग्रसेनि, *°सेन्य und °सैन्य m. Patron. von उग्रसेन.

*औग्रेय m. Patron. von उग्र.

औग्र्य n. grausiges, furchtbares Wesen.

औघ m. Fluth.

औचथ्य (°थ्यं) m. Patron. von उचथ्य.

औचिती f. Angemessenheit, Schicklichkeit Naish. 2,49. 3,107. 3,61. 6,83. Râgat. 7,1581.

औचित्य n. 1) das Gewohntsein an (im Comp. vorangehend). °मात्रतस् Ind. St. 15,268. — 2) Gewöhnlichkeit. — 3) Erfahrung Ind. St. 15,349. — 4) Angemessenheit, Schicklichkeit.

औचित्यालंकार m. Titel eines Werkes.

औच्चामन्यव m. Patron. von उच्चामन्यु.

औच्चैःश्रवस m. N. pr. von Indra's Rosse.

औच्च्य n. Höhe, Entfernung (eines Planeten).

*औजस n. Gold.

*औजसिक Adj. energisch zu Werke gehend.

औजस्य 1) Adj. der Lebenskraft zuträglich. — 2) n. Energie, in घनौ°.

औज्जागारि m. Patron. eines Sundara.

*औज्जयनक Adj. von उज्जयनी.

औज्जयनिक m. ein Fürst von Uggajanî.

*औज्जिहानि m. Patron. von उज्जिहान.

औज्जिहायनक m. Pl. N. pr. einer grammatischen Schule.

औज्ज्वल्य n. 1) Glanz, heller Schein. — 2) Pracht, Schönheit.

*औड und f. *औडी gaṇa गौरादि.

औडव 1) Adj. (f. ई) stellaris Kâd. 200,22. — 2) m. ein nur aus fünf Tönen bestehender Râga S. S. S. 32. 100. — 3) f. आ eine best. Râgiṇî S. S. S. 38. fgg. 47. 48. 34.

*औडवि m. Pl. N. pr. eines Kriegerstammes.

*औडवीय m. ein Fürst der Auḍavi.

*औडायन n. Patron. *°भक्त von Auḍâjana bewohnt.

*औडुप und *औडुपिक Adj. von उडुप.

औडुम्बर schlechte Schreibart für औदुम्बर.

औडुलोमि m. Patron. eines Philosophen.

*औडुलोम्या f. zum Patron. औडुलोमि.

औड्र m. Pl. N. pr. eines Volkes, = ओड्र MBh. 6,365. औड्राः ed. Bomb.

औतङ्क fehlerhaft für औत्तङ्क.

औतथ्य m. Patron. von उतथ्य Bâlar. 17,18.

औतथ्येश्वर n. Name eines Liṅga.

औत्कण्ठ्य n. 1) Sehnsucht, Verlangen. — 2) hoher Grad.

औत्कण्ठ्यवत् Adj. sehnsüchtig, verlangend.

औत्कर्ष (Pat. 30,20) und *औत्कर्ष्य n. = उत्कर्ष 2) a).

औत्क्य n. Sehnsucht.

*औत्क्षेप m. Patron. von उत्क्षेप.

औत्तङ्क Adj. (f. ई) dem Uttaṅka eigen MBh. 14,56,3.

औत्तम und औत्तमि m. Patron. des 3ten Manu.

औत्तमिक Adj. auf die am höchsten Orte (im Himmel) befindlichen Götter bezüglich.

औत्तमेय m. Patron. von औत्तमि.

औत्तर Adj. im Norden wohnend.

*औत्तरपथिक Adj. vom Nordland kommend, dahin gehend.

औत्तरपदिक Adj. am hintern Gliede einer Zusammensetzung erscheinend.

औत्तरभक्तिक Adj. = उत्तर° Karaka 6,24. 8,9.

औत्तरवेदिक Adj. zur Uttaravedi gehörig.

औत्तराधर्य n. ein Drüber und Drunter, so v. a. 1) das Uebereinanderstehen. — 2) ein Pêle-mêle P. 3,3,42.

*औत्तरार्धिक Adj. = उत्तरार्ध्य.

*औत्तराहिक Adj. vom folgenden Tage.

औत्तरेय m. Metron. von उत्तरा.

औत्तानपाद und °पादि m. Patron. Dhruva's.

औत्थानिक Adj. auf das Sichaufrichten (eines Kindes) bezüglich.

औत्थासनिक Adj. Bein. Gokkandra's.

औत्पत्तिक Adj. (f. ई) angeboren, naturgemäss, natürlich, ursprünglich Gaim. 1,1,5. Lâṭj. 7,10,8. °केन in der Bed. eines Adv. Bhâg. P. 3,2,30.

*औत्पात Adj. über portenta handelnd.

औत्पातिक 1) Adj. (f. ई) eine ausserordentliche Erscheinung bildend, prodigiosus, portentosus. — 2) m. Titel des 3ten Actes im Mahânâṭaka.

*औत्पाद Adj. den उत्पाद betreffend, davon handelnd.

*औत्पुट und *औत्पुटिक Adj. von उत्पुट.

*औत्पुतिक Adj. von उत्पुत.

औत्र Adj. bei den Mathematikern grob, roh, ungenau.

*औत्स Adj. (f. ई) in einem Brunnen geboren u. s. w.

*औत्सङ्गिक Adj. (f. ई) auf den Schooss nehmend, in den Busen steckend.

औत्सर्गिक Adj. allgemeine Geltung habend. Nom. abstr. °त्व n.

*औत्सायन m. Patron. von उत्स.

औत्सुक्य n. (adj. Comp. f. आ) 1) Sehnsucht, Verlangen. — 2) Ungeduld. — 3) Diensteifer.

औत्सुक्यवत् Adj. mit Ungeduld Etwas (Dat.) erwartend.

औदक 1) Adj. (f. ई, a) im Wasser lebend (Wasserthier), — wachsend (Wassergewächs), mit W. zu thun habend, — in Beziehung stehend. — 2) f. आ eine von Wasser umgebene Stadt.

औदकल Adj. von Wassergewächsen herrührend.

*औदकि m. Patron. von उदक. Pl. N. pr. eines Kriegerstammes.

*औदकीय m. ein Fürst der Audaki.

*औदङ्कि m. Patron. von उदङ्क. Pl. N. pr. eines Kriegerstammes.

*औदङ्कीय m. ein Fürst der Audaṅki.

*औदज्ञायनि m. Patron. von उदज्ञ.

औदञ्चन Adj. in einem Schöpfgefäss enthalten.

*औदञ्चनक Adj. von उदञ्चन.

*औदश्वि m. Patron. von उदश्व gaṇa बाह्वादि und पैलादि.

*औदनिक Adj. (f. ई) sich auf das Breikochen verstehend.

औदन्य und औदन्यव m. Patron. des Muṇḍibha.

*औदन्यायनि (gaṇa तिकादि in der Kâç.) und

*औदन्य m. Patron. von उदन्य.

औदन्वत 1) Adj. *marinus* Bālar. 267,9. — 2) *m. Patron. von उदन्वत् Kāç. zu P. 8,2,13.

*औदपान Adj. (f. ई) von उदपान.

*औदबुद्धि m. Patron. gaṇa पैलादि in der Kāç.

*औदभृज्जि und *औदमज्जि m. Patron.

*औदमेघ m. 1) Pl. *die Schüler der* Audameghjā. — 2) = औदमेघ्यानां संघः.

*औदमेघि m. Patron. Kāç. zu P. 6,3,87.

*औदमेघीय Adj. *dem* Audameghi *gehörig.*

*औदमेघेय Adj. von औदमेघ्या.

*औदमेघ्या f. zu औदमेघि Mahābh. 4,33,a.

*औदमेयि m. Patron. gaṇa रैवतिकादि in der Kāç.

औदयक m. Pl. Name einer astronomischen Schule.

औदयन Adj. *von* Udajana *herkommend, ihm eigen.*

औदयिक Adj. 1) *von Sonnenaufgang zu rechnen* Comm. zu Gobh. Gṛhj. 5. — 2) bei den Gaina *aus dem Thätigkeitsdrange hervorgehend, beim Erscheinen der Thätigkeit sich bildend.*

औदर Adj. *im Bauche befindlich* Suçr. 17,1. Krankheiten Hemādri 1,723,4. 5.

औदरिक Adj. (*f. ई) 1) *den Genüssen des Bauches fröhnend, Schlemmer* MBh. 7,148,8. Suçr. 1,335,17. — 2) *dem Bauche zusagend* (Speise) Lalit. 331,5. 6. 337,11. — 3) *wassersüchtig* Hemādri 1,768,11. — 4) *ganz hingegeben.* कार्यविषये Comm. zu Gaṇar. 2,101.

औदर्य Adj. *im Bauche —, im Mutterleibe sich befindend.*

औदल 1) m. Patron. von उदल. — 2) n. Name verschiedener Sāman Ārsh. Br.

*औदवापि m. Patron. von उदवाप. °वाहि Kāç.

औदवाहि (AV. Pariç. 43,4) und औदवाहिं (!) m. Patron. von उदवाह.

औदव्रज Adj. (f. ई) *von* Udavraǵa *herrührend* Ind. St. 14,160.

औदव्रजि m. Patron. von उदव्रज.

*औदशुद्धि m. Patron. von उदशुद्ध.

*औदश्वित und *°श्वित्क Adj. *mit* Udaçvit *zubereitet.*

*औदस्थान Adj. von उदस्थान.

औदात्त्य n. *Hochbetontheit.*

औदारिक m. bei den Gaina *der gröbere Körper der Seele.*

औदार्य n. 1) *edles, würdevolles Wesen, Adel.* — 2) *Freigebigkeit.* — 3) *edle Ausdrucksweise.*

औदार्यता f. *Freigebigkeit* Pañkat. 35.

औदासीन्य und औदास्य n. *der Zustand des Unbetheiligten, Gleichgültigkeit* Kād. II,115,11.

औदीच्य Adj. *aus dem Norden stammend, nördlich* Ind. St. 13,365.

औदीच्यप्रकाश m. Titel eines Rechtsbuches.

औदुम्बर 1) Adj. (f. ई) a) *vom Baume* Udumbara *herrührend, aus dessen Holze gemacht.* Nom. abstr. °ता f. und °त्व n. Nidānas. 1,2,6 und Comm. — b) *kupfern* Sāmav. Br. 2,5,3. — c) °री संहिता Titel eines Werkes. — 2) m. a) **eine an* Udumbara *reiche Gegend.* — b) *ein best. Wurm* Karaka 1,19. — c) Bein. Jama's. — d) Pl. N. pr. eines Volkes. — e) Pl. N. pr. eines Geschlechts. — f) Pl. Bez. *einer Art von Asketen.* — 3) f. ई a) *ein Zweig vom* Udumbara Lāṭj. 1,7,1. Nidānas. 1,3,4. — b) *ein best. Saiteninstrument* S. S. S. 185 (औदुम्बरी). — 4) n. a) *ein Gehölz von* Udumbara. — b) *ein Holzstück von* U. — c) *Frucht des* U. — d) *eine Art Aussatz.* — e) **Kupfer.*

*औदुम्बरक m. *das von den* Udumbara *bewohnte Gebiet.*

*औदुम्बरच्छद m. *Croton polyandrum* Nigh. Pr.

औदुम्बरायण m. Patron. von उदुम्बर. N. pr. eines Grammatikers.

औदुम्बरायणि m. Patron. von औदुम्बरायण.

*औदुम्बरि m. *ein Fürst der* Udumbara.

औद्गात्र 1) Adj. *den* Udgātar *betreffend.* — 2) n. *die Function des* U.

औद्गात्रसारसंग्रह m. Titel eines Werkes.

औद्गाहमानि m. Patron. von उद्गाहमान Gobh. 3,10,7. 13. *f. °नी.

*औद्गाहमानीय Adj. von औद्गाहमानि.

औद्ग्रभण (Mastr. S. 3,6,5. औद्ग्रभणानि n. Nom. abstr. ebend.) und औद्ग्रहणी n. Bez. *gewisser Libationen.*

*औद्दण्डक Adj. von उद्दण्ड.

औद्दालक n. 1) *Honig von Bienen, welche in die Erde bauen,* Bhāvapr. 2,63. Rāǵan. 14,118. — 2) *ein best. Gelübde.* — 3) N. pr. eines Tīrtha.

*औद्दालकायन m. Patron. von औद्दालकि.

औद्दालकि m. Patron. von उद्दालक.

औद्देशिक Adj. *aufweisend, aufzählend.*

औद्धत्य n. *Aufgeblasenheit und die damit verbundene Geringschätzung Anderer.*

औद्धारिक Adj. *zum ausgeschiedenen, ausgewählten Theil gehörig.*

औद्बिल्य n. *ausgelassene Freude* (buddh.).

औद्भट m. Pl. *die Schüler des* Udbhaṭa.

*औद्भारि m. Patron. von उद्भार.

औद्भिज्ज 1) Adj. *aus der Erde hervorkommend* Hariv. 11122. — 2) *n. *Steppensalz* Rāǵan. 6,108.

औद्भिद 1) Adj. *durch einen Durchbruch zu Tage tretend* MBh. 3,197,28. *hervorsprudelnd.* लवण *Steppensalz.* — b) *zum Ziel durchdringend, siegreich.* — 2) n. *Quellwasser.*

औद्भिद्य, औद्भिद्य (Mastr. S. 2,11,4) und औद्भेदिय (Āpast. Ça. 6,20) n. *Sieghaftigkeit.*

*औद्भाव Adj. (f. ई) von उद्भाव.

औद्वाहिक Adj. *mit der Hochzeit in Verbindung stehend, bei dieser Gelegenheit geschenkt* 192,11 (Conj.).

*औद्वेप Adj. von उद्वेप.

औधस Adj. *im Euter enthalten.*

औधेय m. Pl. N. pr. eines Geschlechts und einer Schule des weissen Jaǵus Āraṇy. 46.

औन्नत्य n. *Höhe.*

*औन्नेत्र n. *die Function des* Unnetar.

औन्मुख्य n. *das sehnsüchtige Hinaufblicken nach, das Erwarten von* Spr. 5888.

*औपकर्णिक Adj. *am Ohr befindlich.*

*औपकलाप्य n. Adj. von उपकलापम्.

औपकायन m. Patron. von उपक. N. pr. eines Autors Hemādri 1,52,16. Auch im *Pl.

औपकार्य n. (?) und °र्या f. *ein königliches Zelt.*

औपकुर्वाणक m. = उपकुर्वाणक.

*औपकूल Adj. *am Ufer gelegen.*

औपगव 1) *Adj. *dem* Upagu *gehörig.* — 2) m. Patron. von Upagu. Auch im Pl. *f. ई. — 3) n. Name zweier Sāman Lāṭj. 7,10,10.

*औपगवक 1) Adj. *von den* Aupagava *kommend* Ind. St. 13,416. — 2) m. *ein Verehrer* Upagu's P. 4,3,99, Sch.

औपगवि m. Patron. von औपगव.

*औपगवीय m. Pl. *die Schüler des* Aupagavi.

औपगात्र n. Nom. abstr. von उपगातर् Çiksh. Br. 12,5.

*औपग्रस्तिक und *औपग्रहिक m. *die Sonne oder der Mond während einer Finsterniss.*

औपजन्धनि m. = औपजन्घनि.

*औपचाकवि m. Patron. von उपचाकु.

औपचारिक Adj. (f. ई) 1) *auf Höflichkeit beruhend.* नामन् *Ehrenname.* — 2) *uneigentlich gemeint, nicht wörtlich aufzufassen.*

औपच्छन्दसक (wohl falsch) und °न्दसिक 1) Adj. *dem* Veda *gemäss.* — 2) n. *ein best. Metrum.*

औपजन्धनि m. Patron. eines Lehrers.

*औपजानुक Adj. *am Knie befindlich.*

औपतस्विनि m. Patron. eines Rāma.

औपदेशिक Adj. (*f. ई) 1) **vom Unterricht lebend.* — 2) *auf besonderer Vorschrift (ad hoc) beruhend* Pañkav. 120,2. Nom. abstr. °त्व n. Comm. zu Kātj. Ça. 1,11,21.

औपद्रविक Adj. *die Symptome betreffend, davon handelnd.*

औपद्रष्ट्र n. *Augenzeugenschaft, Aufsicht.*

औपधर्म्य n. *falsche Lehre, Ketzerei.*

औपधिक Adj. *betrügerisch;* m. *Betrüger, Schelm* KĀRAKA 1,8. *Erpresser von Geld* (KULL.) Chr. 204,13.

औपधेनव m. N. pr. eines Arztes.

*औपधेय 1) Adj. *zu dem* उपधि *genannten Theile des Rades dienend.* — 2) n. = उपधि 3).

औपनायक (wohl °यिक) Adj. *zur Darbringung bestimmt.*

औपनायनिक Adj. *das* Upanajana 4) *betreffend, dafür bestimmt.*

औपनासिक Adj. *an der Nase befindlich.*

औपनिधिक Adj. *ein Depositum bildend.*

*औपनिषत्क Adj. *von einer* Upanishad *lebend.*

औपनिषद 1) Adj. (f. ई) *in einer* Upanishad *enthalten, — gelehrt.* — 2) m. *ein Anhänger der* Upanishad, d. h. *ein* Vedāntin ÇAṂK. zu BĀDAR. 2,2,10.

औपनिषदक Adj. Upanishad-*artig.*

औपनीविक Adj. *am Schurz befindlich* ÇIÇ. 10,60.

औपपक्ष्य Adj. *in der Achselhöhle befindlich.*

औपपत्तिक Adj. *was gerade vorhanden ist.*

औपपत्य n. *ein Verhältniss mit einem Nebenmanne.*

औपपातिक 1) Adj. *der eine kleinere Sünde begangen hat.* — 2) n. Titel eines Upāṅga bei den Gaina.

औपपादुक (?), °पादिक (KĀRAKA 4,3 neben den beiden anderen Formen) und °पादुक (LALIT. 143, 1) Adj. = उपपादुक.

*औपबाहवि m. Patron. von उपबाहु.

*औपबिन्दवि m. Patron. von उपबिन्दु.

औपभृत Adj. *zum* Upabhṛt-*Löffel gehörig, darin enthalten u. s. w.* GAIM. 4,1,11.

औपमन्यव m. 1) Patron. von Upamanju. — 2) Pl. Name einer Jagus-Schule ĀRJAV. 11,19.

औपमानिक Adj. *auf Induction beruhend* Comm. zu NJĀJAS. 2,1,19.

औपमिक Adj. *zur Vergleichung dienend, V. bildend* DAÇ. BR. 3.

औपमित Adj. *dem Jmd gleichkommt, erreicht, aequatus* DAÇAK. 3,21.

औपम्य n. (adj. Comp. f. आ) *das Verhältniss der Aehnlichkeit oder Gleichheit, Vergleichung.* बीजौपम्येन *in der Weise des Samens,* आत्मौपम्येन *als wenn es die eigene Person beträfe,* वात्यौपम्या Adj. f. *einem Sturmwind ähnlich.*

औपयज Adj. *zu den* Upajaǵ *gehörig* ĀÇV. ÇR. 4,12,3.

औपयिक Adj. (f. ई) 1) *schicklich, passend, angemessen.* Nom. abstr. °ता f. (Comm. zu ĀÇV. ÇR. 1,1,1) und °त्व n. — 2) *Jmd gehörend.*

°औपयोगिक Adj. *die Anwendung von — betreffend.*

औपर m. Patron. des Daṇḍa MAITR. S. 3,8,7.

औपरव Adj. von उपरव Comm. zu KĀTY. ÇR. 8,5,7.

*औपरिष्टिक Adj. (f. आ und ई) von उपरिष्ट.

*औपराधय्य n. Nom. abstr. von उपराधय.

*औपरिष्ट Adj. *superus.*

औपरिष्टक Adj. *dass.* °रत n. = विपरीतरत.

*औपरोधिक und *औपरौधिक m. *ein Stab von* Pīlu-*Holz.*

औपल 1) Adj. a) *steinern.* — b) **von Steinen (Mühlsteinen) erhoben* (Abgabe). — 2) f. आ N. pr. einer Çakti Nqs. UP. (Bibl. ind.) 66. औपला v. l.

औपवसथिक 1) Adj. *zum* Upavasatha *gehörig, — bestimmt* GOBH. 1,5,26. 6,1. — 2) Titel eines Pariçishṭa zum SV.

औपवसथ्य Adj. = औपवसथिक 1).

औपवस्त und °क (Comm. zu KĀTY. ÇR. 176,2) n. *Einleitungsfeier am Vortage, im Fasten u. s. w. bestehend* ĀPAST.

*औपवस्तिक Adj. *von* उपवस्ति *lebend.*

*औपवस्त्र n. *Fasten.*

*औपवस्त्रक n. *Fastenspeise.*

औपवस्य n. = औपवस्त.

*औपवास Adj. (f. ई) *zu den Fasten in Beziehung stehend.*

*औपवासिक Adj. (f. ई) 1) *für die Fasten geeignet.* — 2) *die Fasten zu halten im Stande seiend.*

औपवाह्य 1) Adj. *zum Fahren oder Reiten bestimmt.* — 2) *m. *ein von einem Fürsten gerittener Elephant.*

औपवीतिक n. *das Umhängen der heiligen Schnur.*

औपवीली f. v. l. für औवीली.

औपवेशि m. Patron. des Aruṇa.

*औपवेशिक Adj. (f. ई) *vom* उपवेश *lebend.*

औपश = ओपश in स्त्र्यौपश.

औपशद m. *ein best.* Ekāha.

औपशमिक Adj. *bei den* Gaina *aus dem zur Ruhe Gekommensein hervorgehend.*

*औपशाल Adj. *an der Halle gelegen.*

औपशिव Adj. (f. ई) *zu* Upaçiva *in Beziehung stehend.*

औपशिवि m. Patron. eines Grammatikers.

औपश्लेषिक Adj. *mit unmittelbarer Berührung verbunden.*

*औपसंक्रमण Adj. (f. ई) von उपसंक्रमण.

औपसंख्यानिक Adj. *auf einer Hinzufügung, Ergänzung beruhend, in einer E. erwähnt.*

1. औपसद Adj. 1) *mit* Upasad *beschäftigt u. s. w.* — 2) *das Wort* उपसद् *enthaltend.*

2. औपसद m. fehlerhaft für औपशद.

औपसंध्य Adj. *zur Dämmerungszeit in Beziehung stehend.*

औपसर्गिक Adj. 1) **Widerwärtigkeiten —, störenden Erscheinungen u. s. w. gewachsen.* — 2) *hinzutretend, aus einem Andern sich entwickelnd* (eine Krankheitserscheinung). — 3) *ansteckend* (Krankheit) SUÇR. 1,271,13.

*औपसीर Adj. *am Pflug befindlich.*

*औपस्थान und *औपस्थानिक Adj. (f. ई) von उपस्थान.

*औपस्थिक Adj. (f. ई) *von Hurerei lebend.*

*औपस्थूण Adj. *an einem Pfosten befindlich.*

औपस्थ्य n. *Geschlechtsgenuss.*

औपस्वस्ति f. Patron. °पुत्र m. N. pr. eines Lehrers.

*औपहस्तिक Adj. von उपहस्त.

औपहारिक n. *Darbringung.*

औपाकरण 1) Adj. *die Vorbereitung betreffend.* — 2) n. *Beginn des* Veda-*Studiums* ĀPAST.

औपादानिक Adj. von उपादान.

औपाधिक Adj. *von einer bestimmten Bedingung abhängig, nur unter gewissen Bedingungen wahr und gültig, nicht zum Wesen einer Sache gehörig* SARVAD. S. 402. Nom. abstr. °त्व n.

*औपाध्यायक Adj. *vom Lehrer stammend.*

*औपानह्य Adj. *zur Bereitung von Schuhen dienend.*

औपानुवाक्य 1) Adj. *im* Upānuvākja *erwähnt* GAIM. 5,3,15. — 2) n. = उपानुवाक्य 2) Comm. zu TS. 1,11,22 und zu GAIM. 5,3,13.

औपायिक fehlerhaft für औपयिक.

*औपावि m. Patron. des Gānaçruteja.

1. औपासन m. 1) *das für häuslichen Gottesdienst bestimmte Feuer.* °प्रयोग m. *das betreffende Ritual.* — 2) *ein für die Manen bestimmter kleiner Kloss.*

2. औपासन Adj. (f. ई) *was mit dem* Aupāsana-*Feuer vollbracht wird.*

औपासनिक m. = 1. औपासन 1).

औपेय (?) m. Patron.

*औपोदिति m. Patron. des Tumiñga.

औपोदितेय m. Metron. von उपोदिता.

औपोद्घातिक Adj. *gelegentlich, durch Etwas veranlasst* SĀJ. zu SHAḌV. BR. 2,9.

औप्य wohl m. Patron.

औम् Indecl. *die heilige Silbe der* Çūdra.

औम Adj. (*f. ई) 1) *flächsen.* — 2) *zur* Umā *in Beziehung stehend.*

*औमक Adj. *flächsen.*

औमापत 1) Adj. Çiva *gehörig* BĀLAR. 77,10. — 2) n. *die Geschichte, wie* Çiva *der Gemahl der* Umā *wurde.* BĀLAR. 29,14.

*औमिक Adj. (f. ई) von उमा.

*औमीन n. *Flachsfeld.*

*औम्भेयक Adj. von उम्भि.

औरग 1) Adj. zu den Schlangen in Beziehung stehend, serpentinus Naish. 8,44. — 2) *n. das Mondhaus Âçleshâ.

औरभ्र 1) Adj. vom Widder —, vom Schaf kommend. — 2) m. a) *eine wollene Decke. — b) N. pr. eines Arztes.

*औरभ्रक m. Schafheerde.

औरभ्रिक m. Schafhirt.

औरव 1) m. Patron. des Arga. — 2) *n. Weite, Geräumigkeit, Ausgedehntheit, Grösse.

औरश m. ein Bewohner von Uraça oder Uraçâ. औरस Kâç.

1. औरस 1) Adj. (f. ई) a) aus der Brust kommend (Laut). — b) angeboren, eigen (बल). — c) selbsterzeugt, leiblich. — 2) m. a) Brustlaut Pâr. Gṛhj. 8,16. — b) ein leiblicher Sohn. — 3) f. ई eine leibliche Tochter Naish. 9,72.

2.*औरस Adj. aus Urasâ stammend. Vgl. औरश.

*औरसायनि m. Patron. von उरस् und औरस.

औरसि m. Patron. Auch Pl.

औरस्य Adj. 1) aus der Brust kommend (Laut). — 2) selbsterzeugt, leiblich Spr. 1496, v. l.

औरा f. N. pr. einer Frau.

*औरिपा n. Steppensalz Râgan. 6,105.

औरुक्षय n. Name eines Sâman.

औरुक्षयस m. Patron. von उरुक्षयस् Âçv. Çr. 12,13,2.

और्जस्य n. eine best. lobenswerthe Eigenschaft des rednerischen Ausdrucks.

और्जित्य n. Vollkraft, Fülle Comm. zu Kâvjâd. 1,71.

और्ण Adj. (*f. ई) wollen.

*और्णक Adj. dass.

*और्णनाभ m. Patron. von ऊर्णनाभ.

*और्णनाभक Adj. vom Stamme der Ûrṇanâbha bewohnt.

और्णवाभ m. Patron. von ऊर्णवाभ. Auch Pl. Insbes. N. pr. 1) eines Dämons. — 2) eines Grammatikers.

और्णायव n. Name eines Sâman.

*और्णावत und *°वत्य m. Patron. von ऊर्णावत्.

और्णासूत्र Adj. (f. ई) aus wollenen Fäden bestehend Çâñkh. Gṛhj. 2,1 (ऊर्णा° gedr.).

और्णिक Adj. (*f. ई) wollen.

*और्दायनी f. Patron. oder Metron. von उर्दि.

*और्ध्वकालिक Adj. (f. आ und ई) aus der späteren Zeit.

और्ध्वदेह n. das künftige Leben.

और्ध्वदेहिक Adj. (f. आ) was mit dem künftigen Leben in Verbindung steht; n. Vorbereitungen zum künftigen Leben, Todtenceremonie, Gaben, welche bei einem Todesfalle vertheilt werden. क्रियतामौर्ध्वदेहिकम् so v. a. bereite dich zum Tode.

और्ध्वदेहिककल्पवल्ली f., °निर्णय m. und °पद्धति f. Titel von Werken.

*और्ध्वदेहिक Adj. = और्ध्वदैहिक.

*और्ध्वद्मिक Adj. von ऊर्ध्वद्म.

और्ध्वभक्तिक Adj. nach dem Essen angewendet.

और्ध्वसद्मन n. Name eines Sâman.

*और्ध्वस्रोतसिक m. ein Verehrer Çiva's.

और्मिलेय m. Metron. von ऊर्मिला.

और्म्य m. eine best. Personification.

1. और्व 1) Adj. (f. ई) zur Erde gehörig. छाया der Schatten der Erde. — 2) *n. Steppensalz Râgan. 6,100.

2. और्व m. Patron. (von उर्व) verschiedener Ṛshi 105,26. Pl. Bez. bestimmter Manen. *f. और्वी.

3. और्व 1) Adj. den Ṛshi Aurva betreffend. — 2) m. das unterseeische Feuer (das in's Meer gefahrene Zornesfeuer des Aurva Bhârgava). Pl. 159,25.

और्वदहन m. = 3. और्व 2).

और्वभृगुवत् (औरुभृगु°) Adv. wie Aurva und Bhṛgu ṚV. 8,91,4.

और्वर Adj. von der Erde kommend (Staub) Spr. 5903.

*और्वश Adj. das Wort उर्वशी enthaltend.

और्वशेय 1) Adj. von der Urvaçî stammend. — 2) *m. Metron. Agastja's.

और्वाग्नि und और्वानल (Kâd. 48,2. II,50,10) m. = 3. और्व 2).

और्वाय्, °यते wie das unterseeische Feuer sich geberden Vâsav. 60.

*औल m. = घोल 2) Nigh. Pr.

*औलन्दक Adj. von उलन्द.

*औलपि m. Patron. von उलप. Pl. N. pr. eines Kriegerstammes.

*औलपिन् m. Pl. die Schüler des Ulapa.

*औलपीय m. ein Fürst der Aulapi.

*औलभीय m. ein Fürst der Ulabha gaṇa दामन्यादि in der Kâç.

औलानेय m. nach Sâj. Patron. = शौलानेय.

*औलुण्ड्य m. Patron. des Supratila.

1.*औलूक 1) m. N. pr. eines Dorfes Ind. St. 13,393. — 2) n. eine Menge von Eulen.

2.*औलूक Adj. (f. ई) von औलूक्य.

*औलूकीय Adj. von 1. औलूक.

औलूक्य m. 1) Patron. von उलूक. — 2) ein Anhänger der Vaiçeshika-Lehre.

औलूखल Adj. vom Mörser kommend u. s. w.

औवीली f. v. l. für ग्रावीली.

औशिपान n. ein best. Gesang.

औवेली f. = औवीली Comm. zu Kâtj. Çr. 25,7,33.

औशत m. Patron. von उशत Hariv. 1,36,7 (औषत gedr.).

औशन 1) *Adj. (f. ई) = औशनस. — 2) n. Name verschiedener Sâman Comm. zu Njâjam. 9,2,9.

औशनस 1) Adj. (f. ई) von Uçanas herrührend, ihm eigenthümlich Mudrâr. 6,9. — 2) m. Patron. von Uçanas. f. ई. — 2) n. a) das von Uçanas verfasste Gesetzbuch. — b) N. pr. eines Tîrtha.

औशनस्य (!) Adj. von Uçanas herrührend Mudrâr. (1926) 24,9.

औशान Adj. ṚV. 10,30,9 vielleicht = घा॑उशान.

औशिज 1) Adj. begierig, eifrig, verlangend. — 2) m. Metron. oder Patron. des Kakshîvant.

औशीनर 1) Adj. (f. ई) zum Volk der Uçînara gehörig. — 2) f. ई N. pr. einer Gemahlin des Purûravas.

औशीनरि m. ein Fürst der Uçînara.

औशीर 1) Adj. aus Uçîra gemacht. — 2) m. n. *der Griff eines Fliegenwedels. — 3) n. a) eine aus Uçîra bereitete Salbe. — b) *ein Bett, welches zugleich als Sitz gebraucht wird.

*औशीरिका f. 1) Schössling. — 2) Napf. — Buddh.

*औषण n. brennender Geschmack.

औषत s. औशत.

औषदश्वि m. Patron. des Vasumant.

औषध 1) Adj. aus Kräutern bestehend. — 2) f. औषधी Bein. der Dâkshâjaṇî. — 3) n. a) das Kraut, die Gesammtheit der Kräuter. — b) Heilstoff aus Kräutern, Arzenei. — c) Kräutergefäss.

औषधपेषक m. Arzeneireiber Karaka 1,15.

औषधावली f. Titel eines Werkes.

औषधि und औषधी f. in der Bed. von Kraut fehlerhaft für ओ°.

औषधी Adv. mit कर् in eine Arzenei umwandeln.

*औषर n. 1) Steppensalz. — 2) eine Art Magnet.

*औषरक n. Steppensalz.

औषस 1) Adj. morgendlich. — 2) f. ई Tagesanbruch. — 3) n. Name verschiedener Sâman.

*औषसिक Adj. in der Nacht wandelnd.

औषित्त und औषीत्त fehlerhaft für औशिज.

औष्ट्र 1) Adj. a) vom Büffel oder Kamel kommend Gaut. — b) *reich an Büffeln oder Kamelen. — 2) n. a) Büffelfell Vaitân. — b) *das Kamel (als Gattung).

*औष्ट्रक 1) Adj. vom Kamel herrührend. — 2) n. eine Menge Kamele.

*औष्ट्ररथ Adj. zu einem von Kamelen gezogenen Wagen gehörend.

औष्ट्राक्षि m. Patron. von उष्ट्राक्ष.

*औष्ट्रायण m. Patron. von उष्ट्र.

औष्ट्रिक 1) Adj. vom Kamelweibchen herrührend. — 2) m. Oelmüller (nach Nilak.).

औष्ठ्य Adj. lippenförmig.

औष्णिक 1) Adj. aus Ushṇih bestehend, mit U.

beginnend u. s. w. — 2) °n. = उष्णिक् gaṇa प्रज्ञादि in der Kâç.

औष्णिक m. Pl. N. pr. eines Volkes.

औष्ण्य n. Wärme, Hitze, Brennen.

औष्म्य n. fehlerhaft für औष्ण्य.

Nachträge und Verbesserungen.

3. अ°, अस्वतुम् Tâṇḍja-Br. 18,4,4.

अंश 1) केनांशेन so v. a. in welchem Stücke? Daçak. 51,7. — 8) Nenner eines Bruchs.

अंशसवर्णन n. das Reduciren von Brüchen auf einen gemeinschaftlichen Nenner Lîlâv. S. 8.

अंशस्वर m. Haupt- oder Leitton in einem Musikstücke S. S. S. 34.

अंशु 1) auch eine best. Soma-Libation Çat. Br. 4,1,1,2. 6,3,1. fgg. अंशुवत् Adv. Kâtj. Çr. 12,5,19. 15,8,22. अंशुचमस m. 22,8,23. — 4) Faden Kâraka 4,1.

अंशुधारय m. Lampe Maitrjup. 6,35.

अंशूदक n. Wasser, das den Strahlen der Sonne oder des Mondes ausgesetzt war, Bhâvapr. 3,15.16.

अंसदघ्न Adj. (f. घ्नी) bis zur Schulter reichend Çat. Br. 14,1,3,10.

अंहोमुच् m. N. pr. eines Ṛshi Ârsh. Br.

अकण्ठ auch keine Stimme habend, heiser Spr. 4913.

*अकत्त Adj. P. 5,1,121.

अकत्थन 1) Adj. nicht prahlend MBh. 3,45,10. — 2) n. auch vieles Reden Suçr. 2,363,12.

अकपिल Adj. (f. आ) nicht bräunlich Hemâdri 1,681,17.

अकम्पित auch nicht in eine zitternde Bewegung versetzt.

अकम्प्य Adj. nicht zum Zittern zu bringen, — von der Stelle zu rücken.

अकराल Adj. (f. आ) 1) nicht schartig Suçr. 1,27,14. — 2) sanft, milde. Augen Bhâg. P. 3,13,28.

अकर्णप्रावृत Adj. bis zu den Ohren exclusive verhüllt Âpast. im Comm. zu Tâṇḍja-Br. 8,7,7.

अकलित Adj. unbekannt, unbestimmbar Mâlatîm. 40,3 (96,1). Kathâs. 123,239.

अकल्माष Adj. (f. ई) nicht bunt Çat. Br. 5,3,5,22.

अकल्प्य (so zu lesen) Adj. nicht zu errathen Daçak. 42,19.

*अकशाप m. N. pr. eines Mannes gaṇa शुभ्रादि in der Kâç.

अकस्यविद् Adj. nicht auf Etwas merkend Maitr. S. 1,5,12.

अकाञ्चन Adj. ohne Gold, — Goldschmuck Naish. 9,28.

अकामयमान Adj. nicht wünschend Çat. Br. 14,7,2,8.

अकाम्य Adj. nicht begehrenswerth Kap. 1,85.

1. अकारण, °णम् = अकारणात् u. s. w. Çiç. 10,16.

अकार्पण्य definirt Hemâdri 2,a,9,8.7.

अकावङ्क n. = अङ्काङ्क Maitr. S. 2,8,7.

अकिंचिज्ज Adj. Nichts wissend Spr. 5168.

अकिंचिद् Nichts. उक्ता MBh. 13,41,27.52,36.53,3.

अकुण्ठ Adj. nicht stumpf, scharf (eig. und übertr.).

अकुण्ठधिष्ण्य n. = वैकुण्ठलोक Bhâg. P. ed. Bomb. 3,5,43.

अकुण्ठित Adj. = अकुण्ठ.

अकुष्ठिपृषत् Adj. weder aussätzig noch gesprenkelt Âçv. Gṛhj. 4,8,4.

अकूजन n. das Schweigen MBh. 12,109,13.

अकृत 1) a) Nom. abstr. °त्व n. Kâtj. Çr. 20,4,6.

अकृतकृत्य Adj. der seine Pflicht nicht gethan hat. Nom. abstr. °त्व n. Ind. St. 15,348.

अकृतव्यूह Adj. eine Sache nicht weiter verfolgend, sich über Etwas nicht aussprechend Pariçish. 56.

अकृतश्मशान Adj. der keine Leichenstätte angelegt hat Çat. Br. 13,8,1,1.

अकृप Adj. (f. आ) mitleidlos, grausam Daçak. 80,3.

अकृष्ट 1) c) nicht gezogen, von einer best. Aussprache der Vocale Saṃhitopan. 29,2. 6. 7.

अकृष्ण Adj. nicht schwarz Kâtj. Çr. 22,4,13.

अकोपन Adj. (f. आ) nicht zornig, — böse. Kuh Hemâdri 1,456,2.

अकौद्रेय m. kein Kaudreja Kâtj. Çr. 10,2,21.

अकौशल Mudrâr. 70,19. 20 (117,11. 12).

अक्का Hurenwirthin Pañkad.

2. अक्रम, °म् Adv. gleichzeitig Naish. 8,4.

अक्रमशस् Adv. dass. Kap. 2,32.

अक्रिमि m. kein Wurm Çat. Br. 5,4,1,2.

अक्रीत Adj. nicht gekauft Çat. Br. 3,2,4,7. Tâṇḍja-Br. 9,5,1.

अक्रुद्ध Adj. nicht erzürnt Taitt. Âr. 4,4,2.

अक्रुध्यन्त् Adj. nicht zürnend Çat. Br. 14,2,2,30.

अक्रूर 1) Çat. Br. 5,4,5,12.

अक्रूरपरिवार Adj. eine milde Umgebung habend. Nom. abstr. °ता f. Kâm. Nîtis. 8,11.

1. अक्रोध Çat. Br. 3,2,2,24.

2. अक्रोध, f. आ Hemâdri 2,a,92,9.

अक्लिष्ट 3) keine Pein verursachend Kap. 2,33.

अक्लेश Adj. dass. Hemâdri 1,13,2.

3. अक्ष 1) n. auch sinnliche Wahrnehmung Nîlak. 1,1,17.

अक्षतामय m. eine Krankheit ohne Verletzung Çat. Br. 13,3,4,3.

अक्षत्रिय m. kein Kshatrija Çat. Br. 6,5,8,12.

अक्षदाय m. Zug mit einer Spielfigur Naish. 6,71.

अक्षदार n. Achsenloch Sâj. zu ṚV. 1,30,1.

*अक्षभार m. gaṇa वंशादि.

अक्षमालामय Adj. aus Rosenkränzen gebildet Hemâdri 2,a,104,14.

अक्षय 2) f. 8) N. pr. einer Joginî Hemâdri 2,a,93,18.

अक्षयवट m. N. pr. eines Tîrtha Comm. zu Vishṇus. 85,5.

अक्षय्य, अक्षय्योदक n. Wasser, begleitet von dem Wunsche, dass es nie mangeln möge, Jâgn. 1,242. Vishṇus. 21,4. 73,27. अक्षय्यस्थाने Çâñkh. Gṛhj. 4,2. Jâgn. 1,251.

अक्षर 2) m) Name eines Sâman Ârsh. Br.

अक्षरांशम् Maitr. S. 1,1,1.

अक्षरशिक्षा f. das Abece Daçak. 15,12.

अक्षरेखा Adj. in Silben bestehend Tâṇḍja-Br. 16,8,4.

अक्षर्य, °र्ये रेवत् Name eines Sâman Ârsh. Br.

अक्षशील Adj. dem Würfelspiel ergeben Âpast.

अक्षसङ्गम् Adv. so dass die Achse hängen bleibt Maitr. S. 3,9,3.

अक्षसूत्र Adj. (f. आ) mit einem Rosenkranz versehen Hemâdri 2,a,103,7. 16.

अक्षसूत्रक n. = अक्षसूत्र Hemâdri 1,285,6.

अक्षान्त Adj. nicht geduldet Naish. 6,18.

अक्षावली f. Rosenkranz Kâd. 166,22.

अक्षिति Adj. unvergänglich, nicht verloren Maitr. S. 1,9,6.

अक्षिदुःख n. Augenübel Taitt. Âr. 1,1,1.

*अक्षिनिकाशम् Absol. mit zugekniffenen Augen.

अक्षिबन्ध m. Verblendung Naish. 8,91.

अक्षिरोगवत् Adj. augenkrank Hemâdri 1,745,7.

अक्षिलक्षी Adv. mit कर् zum Ziel der Augen machen, hinblicken auf Naish. 2,107.

अक्षीव 2) lies m. statt f.

अक्षु ist = अक्ष Wagenachse.

अक्षेत्रज्ञ Adj. nicht ortskundig Çat. Br. 13,2,3,3.

अक्षेत्रतर n. eine zum Bebauen oder Bewohnen sehr ungeeignete Gegend.

अक्षेम n. Leid R. Gorr. 2,6,14.17.

अक्षोधुक Adj. nicht hungernd Maitr. S. 1,6,3.

अक्षोभ्य 3) f. आ N. pr. einer Joginî Hemâdri 2,a,93,2.

अक्ष्णयापक्त Adj. verkehrt gethan Çat. Br. 14,4,3,26.

अखण्डिताज्ञ Adj. dessen Befehle nicht verletzt werden. Nom. abstr. °त्व n. Râgat. 8,215.

अखर्व 1) auch nicht klein, gross, bedeutend Daçak. 4,13. Naish. 2,91.

अखर्वन् (!) Adj. unverstümmelt Hemâdri 2,a,75,19.

अगणयत् Adj. nicht achtend auf (Acc.) R. 4,10,4.

अगणितप्रतियात Adj. heimgekehrt, weil nicht beachtet, Çiç. 10,30.

2. अगति Adj. 1) nicht gehend. Nom. abstr. °ता f. Stillstand Muḍrâr. 151,8 (220,7). — 2) hülflos, unglücklich Daçak. 12,15.

अगदवेद m. Heilkunde Karaka 6,17.

अगदंकार Naish. 4,116.

अगन्धसेविन् Adj. nicht den Wohlgerüchen ergeben Âpast.

अगम्यगा Adj. f. verbotenen Umgang mit einem Manne pflegend Varâh. Bṛh. 24(23),3.

अगर्भ Adj. nicht in einem andern Baume wurzelnd Kâty. Çr. 4,7,25.

अगस्ति 3) lies grandiflora.

अगस्त्याश्रम m. N. pr. eines Tîrtha Vishṇus. 85,29.

अगाध 1) °रुधिर eine grosse Menge Blut Daçak. 5,23. Nom. abstr. °ता f. Naish. 2,31.

अगार, क्रोधागारं प्र-विश् so v. a. in Zorn gerathen R. Gorr. 2,8,18.

अगुञ्जिन् Adj. keinen brummenden Laut von sich gebend Bâlar. 151,5.

अगुरु 3) m. kein Lehrer Âpast.

अगुरुक n. = अगुरु 2) a) Hemâdri 1,423,18.

अगुरुतल्प n. kein Ehebruch mit der Frau eines Lehrers Âpast.

अगृह Adj. hauslos. Nom. abstr. °ता f. Tâṇḍja-Br. 19,3,16.

*अगृहपति und *°क gaṇa चार्वादि.

अंगृहीत Adj. nicht geschöpft Çat. Br. 3,9,2,8. 4,3,2,2.3.

अगृह्यमाणकारण (!), चार्यसमय Âpast.

अगो f. keine Kuh Pâr. Gṛhy. 3,11,1.

अगोत्रचरण Adj. ohne Geschlechter und Schulen Agni-P. 1,18.

1. *अगोप m. kein Kuhhirt P. 2,2,14, Sch.

2. अगोप Adj. (f. आ) hirtenlos.

अगोरस Adj. ohne Milch Hemâdri 1,639,14.

अगोपवन m. kein Gaupavana Kâty. Çr. 10,3,21.

अग्नाविष्णु Çat. Br. 12,1,3,1.

अग्निक 4) = आग्निक 2) Pañkad.

अग्निद 1) Maitr. S. 2,7,3.

अग्निज्वाल Adj. wie Feuer flammend Hemâdri 1, 206,16.

अग्निदैव Adj. Agni zur Gottheit habend. °भ das Mondhaus Kṛttikâ Hemâdri 1,792,18.

अग्निपूजा f. Verehrung des Feuers Âpast.

अग्निमय Çat. Br. 12,3,2,11.

अग्निमुख Adj. (f. ई) Agni zum Munde habend Çat. Br. 7,1,2,4. 12,4,4,13.

अग्निरस vielleicht fehlerhaft für अग्निरेस: bewegliches Feuer.

अग्निरूप n. eine Form des Feuers Çat. Br. 6,1, 2,13. 19.

अग्निवेताल m. N. pr. eines Vetâla Ind. St. 15,373.

अग्निशिख 2) c) N. pr. eines Vetâla Kathâs. 121, 28. 209. fgg.

अग्निष्टुत् Çat. Br. 13,7,2,3.

अग्निष्टोम 3) = अग्निष्टुत् 2) VP.² 1,177. fgg.

अग्निष्ठ 1) a) Çat. Br. 3,7,2,4.

अग्निस्पर्श Adj. (f. आ) glühend heiss Âpast.

अग्निहुत Adj. im Feuer geopfert Vaitân.

1. अग्निहोत्र 1) °देवता f. Âçv. Gṛhy. 1,2,3. Nom. abstr. °त्व n. Maitr. S. 1,8,1.

अग्निहोत्रिन् Çat. Br. 11,3,2,3.

अग्नेह्रु Adj. etwa beim Feuer(-Opfer) fehlgehend, d. h. keinen Theil erlangend Maitr. S. 1,3,35.

अग्नीवेक्षण Çat. Br. 6,4,2,17. 19.

अग्न्यगार Çat. Br. 12,4,2,2.

अग्न्यर्चिस् f. oder n. Feuerflamme Çat. Br. 14,5, 3,10.

अग्न्याधेय, °देवता f. Pâr. Gṛhy. 1,2,3.

अग्न्युत्पात Feuersbrunst Pâr. Gṛhy. 3,11,3.

अग्र n. auch Rest Lalit. 133. °क n. dass. 134.

अग्रगणना f. das obenan Stellen, — Stehen Comm. zu Naish. 1,88.

*अग्रग्रासिका f. der Anspruch auf den ersten Bissen Kâç. zu P. 3,3,111.

अग्रतलसंचार m. eine best. Stellung beim Tanz S.S.S. 241.

*अग्रभोजन n. der erste Bissen P. 6,4,66, Sch.

अग्रसारा f. eine best. hohe Zahl Lalit. 169,12.

अग्रसूची f. Nadelspitze Naish. 1,80.

अंग्रहण Adj. Maitr. S. 1,8,4.

अग्रहण n. das Nichtmeinen, — Daruntervorstehen Pariçh. 72.

अग्रहोम m. eine best. Spende Hemâdri 1,195,8.

अग्रांश the product added to the ultimate term Colebr. Alg. 326.

अग्रियवती f. der Vers ṚV. 9,62,25 Lâṭy. 4,3,19.

अग्रेदधुस् m. = अग्रेदिधिषु 1) Maitr. S. 4,1,9.

अग्लासु auch unverdrossen Âpast. 1,3,21.

अघ m. N. pr. eines Asura Bâlar. P. 10,12,18.

अघटित Adj. nicht zu Stande gebracht, — hervorgebracht Ind. St. 15,332.

अघन auch wolkenlos Kâvyâd. 3,88.

अघभिद् Hemâdri 1,619,6.12 fehlerhaft für अर्घभिद्.

अंघातुक Maitr. S. 1,8,3.

अघोरकल्प m. Name eines Kalpa Hemâdri 1, 536,21.

अघ्न्यात्व n. Nom. abstr. von अघ्न्या Maitr. S. 4,2,12.

अङ्कता f. Nom. abstr. zu अङ्क 3) Naish. 1,8.

अङ्कपाश m. Combination (math.) Lîlâv. S. 119.

अङ्कुरार्पणविधि m. Titel eines Werkes Bühler, Rep. No. 561.

अङ्कुश 1) a) अभिलषस्याङ्कुशौ Name zweier Sâman Ârsh. Br.

अङ्कुशखेटिन् Adj. mit einem Haken und einem Schilde versehen Hemâdri 2,a,93,16.

अङ्गक्रिया f. das Einreiben des Körpers mit Salbe u. s. w. Daçak. 49,1.

अङ्गज 2) b) Haar am Körper Karaka 6,18.

अङ्गवादा f. N. pr. der Gattin Bhava's Hemâdri 1,799,3.

अङ्गविलेप Pañkad.

अङ्गसुश्रूषक m. Leibdiener. f. °का Ind. St. 15,446.

अङ्गारकलिका f. N. pr. einer Surâṅganâ Ind. St. 15,241.

अंङ्गिरोयामन् Adj. bei den Aṅgiras seine Stätte habend Maitr. S. 3,2,9.

अङ्गुलिमात्र Adj. fingergross Maitr. S. 3,9,4.

अङ्गुष्ठक n. = अङ्गुष्ठ 1) und 2) Agni-P. 23,31. 24,13.14.

अङ्घ्रि 3. = पद Fach, Feld Agni-P. 40,14. 17.

अङ्घ्र्यवनेजन Adj. (f. ई) zum Abwaschen der Füsse dienend Bâlar. P. 18,41,15.

अचकित Adj. nicht zitternd, fest. Gang Daçak. 45,6.

अचण्ड Adj. nicht ungestüm, gemessen. Gang Kir. 6,25.

अचण्डमरीचि m. der Mond Naish. 4,108.

अचन्दन Adj. ohne Sandel Mṛkkh. 161,22.

अंचयन n. das Nichtschichten Çat. Br. 9,5,2,11.

अचरण Adj. (f. आ) apathisch (ein Fehler der weiblichen Geschlechtstheile) Karaka 1,19. 6,30.

अचल 1) Nom. abstr. °त्व n. Bhâg. 4,1,9. — 2) c) N. pr. eines Devarshi VP.² 3,68.

अचलदत्त m. N. pr. eines Schreibers Muḍrâr. 69,1 (114,2).

अचलेन्द्र m. der Himavant Kir. 13,18.

अचलेश्वर m. dass. Çiç. 4,64.

अचातुर्मास्य Adj. ohne Kâturmâsja-Opfer Muṇḍ. Up. 1,2,3.

अचापल n. Gesetztheit, Besonnenheit MBh. 12, 329,12.

अचापल्य n. dass. Spr. 3870.

2. अचित् ist f. das Nichtwissen, also = 1. अचित्. अंचित्तपाजस् und अंचित्तमनस्.

अचिन्तनीय Adj. woran man nicht zu denken braucht, worauf man nicht zu achten hat Spr. 1833.

अंचित्त्य Maitrup. 6,19.

अचिरांशु Çiç. 6,71. अचिराभा Kir. 4,24.

अचेतन, Nom. abstr. °त्व n. Kâd. 3,59.

अचेतित Adj. 1) *unbeachtet, unberücksichtigt* Kâd. 69,13. II,121,0. 140,14. — 2) *gedankenlos* Kâd. 67, 8. °म् Adv. 13,10.

अचैत्रभानव Adj. *nicht vom Feuer kommend* Bilar. 33,20.

अच्छत्रक Adj. *ohne Sonnenschirm* Naish. 9,79.

अच्छद्मन् n. *keine Hinterlist* MBh. 1,118,13.

अच्छन्दस्क Adj. *ohne Metrum* Maitr. S. 4,7,5.

अच्छभल्ल Bilar. 167,1.

अच्छायोपग Adj. *sich nicht in den Schatten begebend* Âpast.

अच्छिद्र Adj. *ununterbrochen* Naish. 6,81.

अच्छिद्रत्व n. = अच्छिद्रता Maitr. S. 3,8,7. 10,4.

अच्छिन्न 3) *ununterbrochen* Agni-P. 27,7.

अच्छैर (अच्छोर) Adj. (f. आ) als Beiw. von Wassern Maitr. S. 4,4,1.

अच्युत 1) c) *vom rechten Wege nicht abgewichen* Kâtjâs. 2,322.

अच्युतलोक Adj. *im Besitz von Vishṇu's Welt.* Nom. abstr. °ता f. Agni-P. 38,3. 47.

अच्युति f. *das Nichtwandern aus einer Welt in eine andere* Kilaś. 4,125.

*अजक्रन्द m. Pl. N. pr. einer Völkerschaft Kâç. zu P. 4,2,125.

अजतीरे Maitr. S. 3,1,5.

अजगाव oder आज° m. N. pr. eines Schlangendämons Tâṇḍja-Br. 25,15,3.

अजङ्गम Adj. *unbeweglich* Hemâdri 1,368,15.

अजडप्रमातृसिद्धि f. Titel eines Werkes Bühler, Rep. No. 433.

अजनवादशील Adj. *nicht dem Geklatsch ergeben* Âpast.

अजनापीय Adj. *nicht den Blicken der Leute ausgesetzt* Çânkh. Gṛhj. 6,2.

*अजनाशम् Absol. *wie eine Ziege verloren geht* P. 3,3,45, Sch.

*अजबन्धु m. N. pr. eines Mannes Kâç. zu P. 4,1,96.

अजरक *Indigestion* Karaka 6,18.

अजातगुण Adj. *nicht wieder hergestellt* Ind. St. 15, 305.

अजापाल m. N. pr. eines Fürsten Hemâdri 1,717,12.

अजिनरत्न n. *Glückssäckel* Daçak. 63,15. 65,5.

अजिह्म 1) auch *nicht träge* Naish. 2,103.

अजीर्ण Adj. (f. आ) *nicht gealtert, — alternd* Pâr. Gṛhj. 3,3,5.

अजीर्णि f. *Indigestion* Comm. zu Nâlaw. 4,8,10.

अज्ञातृ Nom. ag. *Etwas nicht wissend* Naish. 6,91.

अज्यायंस् Adj. *nicht grösser als* (Abl.) TBr. 3,7,8,6.

अजनाभ m. auch Bein. Râhu's Kilaś. 1,126.

*अज्ञनिक gaṇa पुरोहितादि.

अटन Adj. *herumzuschweifen gewohnt* Varâh. Bṛh. 16,9. 17,1.7.10. 18,1.4.17.

2. अट्टहास 2) c) N. pr. einer Stadt Hemâdri 1,63,10.

अणिक Adj. *vom Sohne lernend* Âpast.

अणिमतस् Adv. *an der dünnen Seite* Maitr. S. 3,10,4.

अणु n. auch = अणुतैल Karaka 6,24.

अणुज्योतिस् Adj. *trübsinnig* Karaka 5,11.

अण्ड auch *Kuppel* Varâh. Bṛh. S. 56,22. 24. 28.

अण्डत्तर und पण्डतात *eine Art Tanz* S. S. S. 261.

*अण्डारक m. N. pr. eines Mannes. Pl. *sein Geschlecht* Kâç. zu P. 2,4,68.

अण्डिका f. *ein best. Gewicht* = 4 Java Karaka 7,12.

अतच्छब्द m. *kein vedischer Beleg dafür* Bhâsh. 1,3,3.

अतच्छ्रुति f. dass. Bhâsh. 2,3,21.

अतद्धित Adj. *kein Taddhita-Suffix habend* Gobh. 2,8,15.

अतद्भाव m. *das Nichtdassein, Anderswerden* Bhâsh. 3,4,40.

अतद्रूप Adj. *nicht wie es sein sollte, verkehrt* Bhâsh. 3,4,40.

अतद्विद् Adj. *dieses nicht verstehend* Bhâg. P. 4,0,4.

अतनुबल Adj. (f. आ) *stark* Mudrâr. 137,1 (231,3).

अतन्त्र. गोतमस्य तन्त्रातन्त्रे Name zweier Sâman Ârsh. Br.

अतन्त्रित Adj. 1) *durch Nichts gebunden, sich vollkommen frei fühlend* Cit. im Comm. zu Gobh. 1,5,26 (S. 214). — 2) häufig fehlerhaft für अतन्द्रित.

अतमोविष्ट Adj. *nicht in Finsterniss gehüllt* Maitrjup. 6,24.

अतरुण Adj. *nicht jung* P. 1,2,73.

अतर्कावचर Adj. *sich nicht in spitzfindigen Erwägungen bewegend* Lal. de la b. l. 353.

अतल्प्यान Adj. *sich in Etwas* (Dat.) *nicht fügend* Çat. Br. 12,3,6,1. fgg.

अताच्छील्य n. *das Nichtgewohntsein an Etwas* P. 3,2,79, Sch.

अतापभृत् Adj. *keine Glut in sich bergend* Naish. 4,78.

अतिकठिन Adj. *überaus hart.*

अतिकातर Adj. *gar ängstlich* Mâlatim. 62,10.

अतिकान्ति f. *grosse Anmuth.* Personif. Agni-P. 33,39.44.

अतिगरीयंस् Adj. *zu theuer.* °यसा क्री — *kaufen* Daçak. 39,7.

अतिचपिडका f. = अतिचण्डा Hemâdri 2,a,85,5.

अतिचार 3) *Vergehen* Vaitân.

अतिजटाधर Adj. *starke Flechten tragend* Hemâdri 2,a,121,12.

अतिजितकाशिन् Adj. *sich zu sehr als Sieger gebarend* Mudrâr. 82,15 (137,9).

अतितृप्त Adj. *vollkommen befriedigt.* Nom. abstr. °ता f. Naish. 2,49.

अतिथी Adv. 1) mit कर् a) *Etwas* (Acc.) *einem Gaste gewähren* Naish. 5,23. — b) *Etwas* (Acc.) *gelangen lassen in* (Loc.) Naish. 1,134. श्रुतेरतिथीकृता *zu Ohren gebracht* Comm. zu 2,56. — 2) mit भू *Jmds* (im Comp. vorangehend) *Gast werden* Naish. 4,01.

अतिदुर्नय m. *eine grosse Gemeinheit* Naish. 4,01.

अतिदुर्बल, f. आ Hemâdri 2,a,100,6.

अतिदुःसह Adj. *überaus schwer zu ertragen* Hemâdri 1,744,1.

अतिदूषित Adj. *sehr gemissbilligt* Bṛhasp. im Comm. zu Âpast. 2,27,3.

अतिधर्म m. *die strengste Pflicht* Hemâdri 1,54,20.

अतिधवल Adj. *sehr weiss* Daçak. 73,15.

अतिधूम Adj. *starken Rauch gebend* Varâh. Jogaj. 8,9.

अतिनिभृतम् Adv. *ganz im Geheimen* Mudrâr. 55. 12 (88,12).

अतिनिरोध m. *vollkommene Unterdrückung, — Vernichtung* Hemâdri 1,735,2; vgl. 733,21. 734,1.

अतिनिर्मल Adj. *überaus rein* Hemâdri 1,164,8. 183,12.

अतिनिर्वृत Adj. *überaus erfreut* Bhâg. P. 1,6,18.

अतिनील Adj. *dunkelblau* Hemâdri 2,a,118,9.

अतिनेद in अनतिनेद.

अतिपावन Adj. *in hohem Grade entsündigend* Hemâdri 1,83,8.

अतिपौरुष Adj. *überaus mannhaft* Mudrâr. 154. 12 (227,9).

अतिप्रतिलोम Adj. (f. आ) *überaus widrig, — unangenehm* Naish. 8,98.

अतिप्रथित Adj. *weltberühmt* Naish. 4,79.

अतिप्रभावती f. N. pr. einer Surâṅganâ Ind. St. 15.

अतिप्रमाण auch *von grosser Autorität* Hemâdri 2,a,10,6.

अतिप्रमाद Adj. *sehr fahrlässig, — unachtsam* MBh. 5,37,37.

अतिप्रिय Adj. *überaus lieb* P. 8,1,13, Sch.

अतिप्लव m. oder n. = अतिबल 3) a) Varâh. Jogaj. 9,18.

अतिबहु auch *zu viel* Maitr. S. 2,4,5.

अतिभक्ति f. *grosse aus Glauben entspringende Liebe* Hemâdri 1,575,9. 613,12.

अतिभयानक Adj. *gar fürchterlich* Bhâg. P. 3,9,19.

अतिभारवस् Adj. *schwer belastet* Naish. 3,58.

अतिभीत Adj. *sehr furchtsam* Kilaś. 3,142.

अतिमञ्जुल Adj. *überaus lieblich* Daçak. 86,12.

अतिमतिमत् Adj. *überaus klug* Mudrâr. 88,16 (141,8).

अतिमद m. *heftige Aufgeregtheit* Çiç. 10,82.

अतिमहत् Adj. *überaus gross* (Baum) Daçak. 46,18. *allzulang* (Erzählung) 79,3.

*अतिमहिमन् Adj. *überaus gross* P. 6,1,11, Sch.

*अतिमाल Adj. *schöner als eine Perlenschnur* Laghuk. 1017.

अतिमूर्ख Adj. *sehr thöricht* Kâlav. 3,143.

अतिम्लानि f. *tiefe Schwärze* Naish. 5,63.

अतियात्रा f. *Ueberfahrt* Çaṁk. zu Bâdar. 4,3,5.

अतिरमणीय, Nom. abstr. °ता f. Mudrâr. 59,15 (96,7).

अतिरय Adj. *überaus schnell laufend* Daçak. 21,4.

अतिराग m. *dunkles Roth* und *starke Zuneigung* Naish. 7,39.

अतिरेच in अनतिरेच.

अतिरोक m. *Lichtloch, Durchblick* Maitr. S. 3,6,1.

अतिरौद्र Adj. als Beiw. von Rudra-Çiva Hemâdri 1,210,9.

अतिल auch *keinen Sesam habend* Hemâdri 1,594,17.

अतिवक्र auch *sehr krumm* und zugleich *sehr unverständlich* Naish. 7,62.

अतिवाम Adj. *überaus hart, — grausam gegen* (Loc.) und zugleich *um Weiber sich nicht kümmernd* Naish. 9,93.

अतिवितथवाच् Adj. *stark lügend* Mudrâr. 63,10 (103,5.)

अतिवितीर्ण Adj. *in hohem Grade gewährt* Naish. 8,11.

°अतिविद्वंस् Adj. *überaus erfahren in* Hemâdri 1, 319,11.

अतिविमल Adj. *überaus rein* Naish. 2,108.

अतिविश्रम्भ m. *grosses Vertrauen* Naish. 2,7.

अतिविश्व Adj. (f. आ) *Alles übertreffend* Naish. 7,107.

अतिवीर्य Adj. *überaus mächtig* Hariv. 1558.

अतिवृद्ध m. N. pr. des Weltelephanten des Westens Gaṅgâ in J. R. A. S. 1871, S. 274.

अतिवैचक्षण्य n. *sehr grosse Erfahrenheit* Daçak. 69,15.

अतिवैष्णव Adj. *dem* Vishṇu *sehr ergeben* Agni-P. 19,7.

अतिव्यपकार m. Âpast. schlechte Lesart für अतिव्यवकार.

अतिव्यवकार m. *zu vieler Verkehr* Âpast. 1,28,4.

अतिशंसन n. = अतिशंसना Vaitân.

अतिशापवत् Adj. *übermässig* Daçak. 83,17.

अतिशिष्ट Adj. *sehr gelehrt* Hemâdri 1,724,18.

अतिशीघ्र, °म् Adv. Saṁhitopan. 9,1.

अतिशुभ्र Adj. *überaus weiss* Hemâdri 1,725,19.

अतिशृत Adj. *zu stark gekocht* Maitr. S. 1,8,9.

अतिश्लक्ष्ण Adj. (f. आ) *überaus glatt* Hemâdri 1, 729,14.

अतिश्वास m. *Kurzathmigkeit* Agni-P. 31,20.

अतिषि॑ह्यम् Acc. Inf. *bemeistern* Maitr. S. 1,6,3.

अतिसंसिद्धि f. *ein überaus vollkommener Zustand* Saṁhitopan. 36,1.

अतिसंहृष्ट Adj. *überaus erfreut* Hemâdri 1,473,7.

अतिसत्वरम् Adv. *überaus eilig* Daçak. 42,13.

अतिसंप्रीति f. *grosse Freude, — Befriedigung* Hemâdri 1,15,1.

अतिसरूप Adj. *überaus ähnlich* Naish. 8,46.

अतिसर्ग 3) *Abschied.* °र्गं॑ दा *Jmd* (Dat.) *Lebewohl sagen* Maitr. S. 2,13,22.

अतिसुन्दर Adj. (f. ई) *sehr hübsch* Hemâdri 2,a,87,13.

अतिसृष्टप्रतिबद्ध Adj. *zu lose oder zu fest* Karaka 3,5.

*अतिस्वन् v. l. für अतिघ्नन् gaṇa पत्तादि in der Kâç.

अतिहर्ष m. *grosse Freude* Naish. 6,53.

अतिहार m. *Hinzufügung* (Gegens. लोप) Saṁhitopan. 16,2.

अतिहास Adj. *laut lachend* (Rudra-Çiva) Hemâdri 1,206,5. Vgl. अट्टहास.

*अतिहिमम् Adv. *nach Ablauf des Winters* Laghuk. 972.

अतिहृष्ट Adj. *sehr erfreut* Daçak. 72,5.

अतुल्य Adj. *verschieden* P. 2,4,25, Sch.

अतोय Adj. (f. आ) *wasserlos* Hemâdri 1,500,11.

अ॑त्य ṚV. 2,34,13 *flüchtig.*

अत्यग्निष्टोमक m. = अत्यग्निष्टोम Agni-P. 30,5.

अ॑त्यणु Adj. *sehr dünn* Maitr. S. 3,9,4.

अत्यब्ज Adj. *schöner als eine Lotusblüthe* Naish. 3,24.

अत्यल्पबुद्धि Adj. *von sehr geringem Verstande* Mṛkkh. 136,12.

अत्यसदृश Adj. *überaus unangemessen* Naish. 5,115.

अत्याकुलित Adj. *sehr verworren* I. A. 37,17.

अत्याचार m. *zu feines Benehmen* Spr. 156 (lauter Acc. anzunehmen).

अत्यापु n. *ein best. Gefäss* Tâṇḍja-Br. 1,2,4. 5,6,3. 7.

अत्यारोह m. *das zu hoch Hinauswollen.*

अत्यार्ति f. *heftiger Schmerz* Kathâs. 52,226.

अत्यावेग m. *heftige Aufregung* Prab. 92,1.

अ॑त्याशित Adj. *übersatt* Maitr. S. 3,6,2.

अत्यासन्नता f. *ausserordentliche Nähe* Sâh. D. 12,10.

अत्युच्च Adj. *überaus hoch* Kathâs. 17,135. Ind. St. 15,296.

अत्युत्क Adj. (f. आ) *ein heftiges Verlangen empfindend* Kathâs. 52,401. 65,218.

अत्युत्तम Adj. (f. आ) *ganz vorzüglich* Kathâs. 87,4.

अत्युदार Adj. 1) *ganz vorzüglich* Daçak. 36,15. — 2) *allzufreigebig.* Nom. abstr. °ता f. Daçak. 87,12.

अत्युन्नति f. *sehr bedeutende Höhe* Sâh. D. 41,12.

अत्युष्णता f. *allzugrosse Hitze* Daçak. 18,11.

अ॑त्युत्पत॑वै Dat. Inf. *zu durchschreiten* ṚV. 5,83,10.

अत्यौत्सुक्य n. *grosse Ungeduld* Kathâs. 89,55.

अत्रपुस् Adj. *unverzinnt* Maitr. S. 1,8,2.

अ॑त्रासुक Adj. *sich nicht fürchtend* Maitr. S. 4,2,3.

अत्रिज m. = 1. आत्रेय 1) a) Karaka 1,3.

अत्रिनेत्रप्रसूत m. *der Mond* Hemâdri 1,432,11.

अदक्षिणीय auch = अदक्षिण्य Tâṇḍja-Br. 8,1,5.

अदग्ध Adj. *nicht verbrannt* R. 5,51,5.

अदण्डवासिक Adj. *ohne Dorfältesten* Hemâdri 1,639,16.

अदरिद्र Adj. (f. आ) *nicht arm, reich* Hemâdri 2, a,2,10.

अदर्श Adj. *ohne* Darça-*Feier* Muṇḍ. Up. 1,2,3.

अदर्शन 1) *das Nichtansehen* Pâr. Gṛhj. 2,8,3.

अदसीय Adj. (f. ई) *Jenem —, Jener gehörig* Naish. 7,36. 54.

अदाभ्यत्व.

अदाम्भिक Adj. *nicht heuchelnd* Âpast.

अदाम्भोल Adj. *nicht von* Indra's *Donnerkeil herrührend* Bâlar. 53,19.

अदासीक Adj. *ohne Sclavinnen* Hemâdri 1,639, 14. 16.

अ॑दाशुक.

अदितिकुण्डलाहरणनाटक n. Titel eines *Schauspiels* Bühler, Rep. No. 104.

अदिवाशिन् Adj. *nicht am Tage essend* Âpast.

अदिवास्वापिन् Adj. *nicht am Tage schlafend* Âpast.

अदीन auch *mit vollem Tone ausgesprochen.* °नम् Saṁhitopan. 8,1.

अदुःखिन् Adj. *kein Leid empfindend, nicht unglücklich.* Nom. abstr. °त्व n. Hemâdri 1,131,22.

अदुःस्पृष्ट Adj. *nicht falsch articulirt* Saṁhitopan. 9,3. 6.

अदूर m. N. pr. eines Sohnes des 12ten Manu Hariv. 1,7,77. अदूर v. l.

अदृढभक्तिक Adj. *nicht anhänglich* MBh. 5,37,27.

अदृश्यता f. und अदृश्यत्व n. *Unsichtbarkeit* Daçak. 11,4. 8,10. Bâdar. 1,2,21.

अदृष्टि f. 1) *das Nichtsehen* Kap. 1,156. — 2) *das Nichtgesehenwerden, Nichtangetroffenwerden* Kap. 3,20. 5,129.

अदेवदेह Adj. *nicht den Leib eines Gottes habend, menschlich gestaltet* Naish. 6,34.

अदेवमातृक Adj. (f. आ) *regenlos, des Regens nicht bedürfend.*

2. अदोष Adj. *tadellos* Kap. 1,123.

अदोषता, lies *das Nichtfehlersein.* In der angegebenen Bed. Naish. 3,97.

अद्भुतकर Adj. (f. ई) *in Staunen versetzend* Naish. 4,55.

अद्भुताय्, °यते *als Wunder erscheinen* Daçak. 88,16.

अद्योतक Adj. *nicht ausdrückend, — bezeichnend.*

अद्रव, Nom. abstr. °त्व n. Kirâṭ. 5,119.

अद्रव्यार्थ und °क Adj. *keine Substanz bezeichnend* Sch. zu P. 1,4,57. 38.

अद्रिजालु Karaka 6,15.

अद्रिपति m. *der Himavant.* °कन्या f. Bez. der Pârvatî Daçak. 13,22.

अद्रुताली f. *ein best. Tact* S. S. S. 213.

अद्वयवाद m. *der Ausspruch, dass es keinen Zweiten gebe,* Naish. 5,55.

अद्विवर्ष Adj. *noch nicht zwei Jahre alt* Pâr. Gṛhy. 3,10,2.

अधःकर auch *eine niedriger gelegene Hand* (unter vieren) Hemâdri 1,237,7.

अधःपात्र n. *Unterschale* Hemâdri 1,226,2. 5. 18.

अधनवत् Adj. *besitzlos, arm* Agni-P. 38,11.

अधमर्णता f. Nom. abstr. von अधमर्ण Naish. 9,3.

अधरत्व n. Nom. abstr. zu अधर 1) *b*) und 2) *a*) Naish. 7,35.

अ॑धरसपत्न.

अधर्म° = अधर्मेण Âpast. 1,28,11.

अधर्मचर्या f. *Nichterfüllung der Pflichten* Âpast.

अधर्मशरण vor अधर्मिष्ठ zu setzen.

अधर्मोत्तरता f. *das Vorwalten des Unrechts* MBh. 1,37,10.

अधम 1) *b*) mit कर् auch *mit Geringschätzung behandeln* Naish. 5,61.

अधासनशायिन् (st. अधश्यासन°) Adj. *auf dem Erdboden sitzend und schlafend* Âpast.

1. अधि 2) *c*) *a*) *unter* Daçak. 79,10.

अधिकण्ठम् Adv. *um Halse* Naish. 7,67.

अधिकमासफल n. Titel eines Werkes Bühler, Rep. No. 45.

अधिकर्णम् Adv. *am Ohr* Çiç. 7,59.

अधिकाधि Adj. *voller Sorgen* Daçak. 6,12.

अधिकारवन्त् m. *Beamter* Mudrâr. 65,18 (106,8).

अधिकारिता auch Nom. abstr. zu अधिकारिन् 1) *b*) Naish. 1,20.

अधिकारित्व dass. Kap. 3,123.

अधिक्षिति Adv. *auf der Erde* Naish. 5,100.

अधिगणपति m. *oberster Schaarführer* Kâlak. 2,134.

अधिगुण, f. आ Naish. 3,126.

*अधिगोपम् Adv. *auf dem oder den Kuhhirten* Laghuk. 970.

अधिजङ्घम् Adv. *an den Beinen* Naish. 7,96.

अधितल्पम् Adv. *auf die Thürme* Çiç. 3,39, v. l.

अधिदैवत, adj. Comp. f. आ Hemâdri 1,643,13.

अ॑धिदैवत n.

अ॑धिम्यो (Nom. °म्योस्) f. Bez. *eines best. Backsteins* Maitr. S. 2,8,14.

अ॑धिपतिवती.

अधिरात्रि Adv. *in der Nacht* Çiç. 11,51.

°अधिरुह् Adj. *reitend auf* Çiç. 12,20.

अधिरूढक m. *Schmarotzerpflanze* Hemâdri 2,a,47,15.

अधिरूढकर्ण Maitr. S. 2,6,12.

अधिरूढि f. *Zunahme —, das Dickerwerden von unten nach oben* Naish. 7,96.

अधिरोह Adj. *reitend auf,* mit Acc. Çiç. 11,7.

°अधिरोहिन् Adj. *aufsteigend —, hinaufführend zu* Daçak. 83,1.

अधिलीलागृहभित्ति Adv. *auf die Wand des Lusthauses* Naish. 1,38.

अधिवाद.

अधिवासनक n. = अधिवासन 2) Hemâdri 1,232,11.

अधिवासनीय Adj. *zu weihen* Hemâdri 1,232,12.

°अधिवासिन् Hemâdri 1,251,9.

अधिविवाहम् Adv. *in Bezug auf die Hochzeit, bei der H.* Çâṅkh. Gṛhy. 2,15. Pâr. Gṛhy. 1,3,20.

अधिष्ण्य n. *Sitz, Wohnort* Hemâdri 1,603,20 (wenn nicht स्थानि धिष्ण्यानि zu lesen ist).

अधिस्थिति f. *Herrschaft* Kap. 5,115.

अधिस्त्रि *in Bezug auf eine Frau* Naish. 9,22.

अधीतपूर्व Adj. *der vorher schon studirt hat* Âçv. Çr. 8,11,22.

अधीमांस m. (?) *Hypertrophie der Fleischtheile* Karaka 6,17. Vgl. अधिमांस.

अधीरम् Adv. *ängstlich* Daçak. 40,13.

अधीश्वर 1) Naish. 2,1.

अधीष्ट n. *freundliches Angehen eines Lehrers um Unterweisung* P. 3,3,161. 166. Mahâbh. 3,88,a.

अधूत Adj. *nicht bewegt* Tâṇḍya-Br. 7,9,9.

अधून्वत् Adj. *nicht bewegend* Tâṇḍya-Br. 7,9,9.

अधृति 1) *Verzagtheit* Kathâs. 121,107. 123.

अधोगामिन् Adj. *herab —, zur Erde kommend* Naish. 6,99.

अधोगुडा f. *Argyreia speciosa* Karaka 1,1.

अधोनाभि Adv. *unterhalb des Nabels* Maitr. S. 3,2,1. Âpast.

अधोबाण m. N. pr. eines Berges Divyâv. 168.

अधोमुख 1) f. आ Çiç. 10,17.

अधोवाम m. *eine niedriger gelegene linke Hand* Hemâdri 2,a,127,4.

अधोहस्त m. *eine niedriger gelegene Hand* (unter vieren) Hemâdri 1,285,8.

अध्ययनमात्रवत् Adj. *der nur studirt hat* Bâdar. 3,4,12.

अध्यर्धिकाधार m. *eine best. Stellung beim Tanz* S. S. S. 241.

अध्याधार m. *Bereich* Pâr. Gṛhy. 2,14,5.

अध्यासन s. अनध्यासन.

अ॑ध्युध्नी Maitr. S. 3,10,1.

अध्येय auch *zu erlernen* Naish. 1,67.

2. अध्येय Adj. *woran man nicht denken soll* Hemâdri 1,624,3.

अध्रियमाण Adj. *nicht mehr am Leben seiend* Mayne, Ind. Erb. 18.

अध्वरत्व n. Nom. abstr. zu अध्वर 2) *a*) Maitr. S. 3,8,10.

अध्वरमय, lies अध्वरम.

अध्वशील Adj. *reiselustig* Âpast.

अध्वसह Adj. *ein unermüdlicher Fussgänger* Varâh. Bṛh. 17,11.

अध्वगत Adj. *auf der Reise befindlich* Âpast.

अनक्ताशिन् Adj. *nicht in der Nacht essend* Âpast.

अनक्षज्ञ Adj. *das Würfelspiel nicht verstehend* MBh. 3,52,11.

अ॑नक्षसङ्गम्.

अनक्षिगत Adj. *kein Dorn im Auge seiend* Harshac. 118,18.

अनग्निसाक्षिक Adj. *wobei* Agni *nicht Zeuge ist* Naish. 9,80.

2. अनङ्ग 2) *d*) *ein best. Tact* S. S. S. 211.

अनङ्गरूपा f. N. pr. einer Surâṅganâ Ind. St. 15.

अनङ्गता f. = अनङ्गत्व Naish. 8,60.

अनङ्गद्विष् m. Bein. Çiva's Harshac. 189,15.

अनङ्गधरा f. N. pr. einer Surâṅganâ Ind. St. 15.

अनङ्गन m. N. pr. eines Mannes Divyâv. 109.

अनङ्गीकरण n. *das Nichteinräumen* und zugleich *das Jmd körperlos Machen* Naish. 8,41.

अनङ्गीकृत 2) auch *was man sich nicht hat angelegen sein lassen* Naish. 7,64.

अनणु 1) auch *nicht klein, — unbedeutend* Naish. 3,37. 9,69.

अनत auch *der sich vor Niemand neigt* Ait. Âr. 354,3.

अनतित्रस्नु Adj. *nicht sehr furchtsam* Daçak. 70,3.

अनतिदर्शन n. *kein häufiges Sehenlassen* Daçak. 49,3.

अनतिदेश m. *keine Uebertragung* Paribh. 101.

अ॑नतिनिद्.

अनतिपात m. *Nichtversäumniss, Nichtvernach-*

lassigung P. 3,3,88, Sch.

अनतिपाद m. das Nichtüberschreiten, — springen Tâṇḍja-Br. 4,5,12. 7,3,29.

अनतिपीडम् Absol. unter sanftem Drucke Daçak. 87,6.

अनतिप्रयोजन Adj. keinen besondern Zweck habend, ziemlich unnütz Naish. 9,8.

अनतिरेच n. das Nichtzuvielsein Maitr. S. 4,1,2.

अनतिवलित Adj. nicht sehr gewölbt (Bauch) Daçak. 73,7.

अनतिवादिन् Maitr. S. 4,1,12.

1. अनत्यय auch das Nichtverstrichensein, Nichtzuspätsein Âpast. 1,1,21 (अना° fehlerhaft).

अनधर Adj. (f. आ) nicht geringer, — nachstehend Naish. 3,42.

अनधीतपूर्व Adj. der vorher noch nicht studirt hat Âçv. Çr. 8,14,21.

अनधीतवत् Adj. der Etwas (Acc.) nicht studirt hat Hemâdri 1,524,20.

अनधीयान Adj. nicht studirend Âpast.

अनध्याय m. das Schweigen Naish. 9,81.

अनध्यापक Adj. die Einstellung des Studiums veranlassend Çâñkh. Gṛhj. 6,1.

अनध्यासन n. das Nichtbetreten Ind. St. 13,472.

अननियोगपूर्व Âpast. fehlerhaft für अननुयोग°.

अननुख्याति.

अननुज्ञात Adj. wozu man nicht die Erlaubniss hat M. 2,116.

अननुपात्ते Maitr. S. 3,7,2.

अननुयोग Adj. wonach man sich nicht erkundigt hat Âpast. 1,19,12, v. l. °पूर्व Adj. w. m. s. n. zuvor s. h. ebend. (Conj.)

अननुशास्त Adj. wonach nicht recitirt worden ist Tâṇḍja-Br. 6,9,18.

अनन्त 2) b) α) auch eines Vidjeçvara Hemâdri 1,823,8. 16. 2,a,126,11.

अनन्तकाय Adj. unvergänglich als Bez. bestimmter Pflanzen.

अनन्तधूप m. ein best. Räucherwerk Hemâdri 2,a,50,18.

अनन्तघ्ना f. N. pr. einer Surâṅganâ Ind. St. 15.

अनन्तर् 1) c) nicht ablassend von (Abl.) Âpast.

अनन्तर्गिक (Hemâdri 2,a,41,2) und अनन्तर्गर्भिन् (Cit. im Comm. zu Gobh. 1,7,6. 2,7,8) Adj. = अनन्तर्गर्भ.

अनन्तर्हिति f. das Nichtverdeckwerden Maitr. S. 1,3,3.

अनन्तवात m. eine best. rheumatische Krankheit Karaka 6,19.

अनन्तसोर m. N. pr. eines Mannes Daçak. 90,20.

अनन्त्य Adj. so v. a. अनन्त Âpast. अनन्तर v. l.

2. अनन्य keinem Andern zugethan TS. 3,2,8,2.

अनन्यगति Adj. hülflos Daçak. 50,11.

अनन्यव्यावृत्ति Adj. mit nichts Anderm beschäftigt Daçak. 84,10.

अनन्यनारीकमनीय Adj. wonach kein anderes Weib verlangen kann Kumâras. 1,37.

अनन्यप्रतिम Adj. (f. आ) mit Anderm nicht zu vergleichen Naish. 2,32.

अनन्यविश्रम Adj. (f. आ) keinen andern Ruhepunct habend Naish. 1,11.

अनन्यव्यापार Adj. (f. आ) mit nichts Anderm beschäftigt Daçak. 80,19.

अनन्यशासन Adj. (f. आ) unter keines Andern Befehlen stehend Daçak. 3,14.

अनन्वाभाव und अनन्ववाय.

अनन्ववाय m. das Nichtnachschleichen Maitr. S. 1,10,20. 2,5,6. 3,2,1. 6,1.

अनन्वित Adj. in keiner logischen Verbindung mit etwas Anderm stehend Sâh. D. 9.

अनन्विष्यत् Adj. nicht nachforschend nach (Acc.) 120,20.

अनपक्रामुक.

अनपच्छादयमान Adj. nicht geheim haltend Âpast.

अनपजय्य Adj. nicht abzuerobern Tâṇḍja-Br. 11,10,21.

अनपपात् Adj. sich nicht entfernend Harshaé. 107,4.

अनपवृञ्जन n. das Nichtabhalten Tâṇḍja-Br. 13,10,14.

अनपिधान° ohne dass ein Schutz dagegen wäre Naish. 4,9.

अनपिमत्त Adj. nicht Rede stehend Kâtj. 13,1.

अनपुंसक n. kein Neutrum P. 1,2,69. 2,4,4.

अनपेक्षमाण Adj. keine Rücksicht nehmend auf (Acc.) Ragh. 5,67.

अनभिगीत Adj. nicht mit dem zweiten Svara beginnend und mit dem ersten endend Saṁhitopan. 17,2.

अनभिघ्नत् Adj. nicht darauf schlagend Âpast. 2,22,13.

अनभिज्ञात Adj. von dem man Nichts weiss. Nom. abstr. °ता f. Daçak. 8,14.

अनभिधृष्णुवत् Adj. nicht bezwingend Maitr. S. 1,10,14.

अनभिनन्दत् Adj. sich über Etwas nicht freuend Tâṇḍja-Br. 5,9,8.

अनभिभव m. das Nichtunterliegen Bhâg. 3,4,85.

अनभिमुख Adj. (f. ई) abgewandt Mudrâr. 67,1 (109,2).

अनभियुक्त Adj. sich um Etwas (Loc.) nicht kümmernd Mudrâr. 68,8. 69,19 (112,8. 115,8).

अनभिरूप 3) hässlich Daçak. 34,6.

अनभिलक्षित Adj. ungesehen, unbemerkt.

अनभिसंधिपूर्व Adj. unbeabsichtigt Âpast.

अनभ्यवचारुक Adj. (f. आ) nicht andringend gegen (Acc.) Maitr. S. 3,8,7.

अनभ्यसूया f. = अनसूया Hemâdri 2,a,7,19.

अनभ्यावृत्तम् Adv. ohne Unterbrechung, — Wiederholung Âçv. Çr. 4,15,11.

अनर्क m. etwas Anderes als die Sonne Naish. 3,76.

अनर्गल, lies ungehemmt, frei.

अनर्चिस् Adj. nicht flammend Hemâdri 1,138,8.

अनर्थमय Adj. (f. ई) unheilvoll und zugleich sinnlos Naish. 4,107.

अनर्धार्धविभागभाज् Adj. sich nicht halbiren lassend Naish. 8,4.

2. अनल m. ein Anderer als Nala Naish. 3,77 (zugleich Feuer).

1. अनलता f. Nom. abstr. von अनल Feuer Naish. 5,68.

2. अनलता f. Nom. abstr. von 2. अनल ebend.

अनवकर्णित Adj. nicht überhört, — in den Wind geschlagen Kâd. II, 115,4.

अनवस्काम m. das Nichtentfliehen Maitr. S. 4,1,14.

2. अनवधक् Adj. ungehemmt Mâlatîm. 24,7. Naish. 1,120.

अनवधानक Adj. der die Varṇa verwechselt (Sänger) S. S. S. 118.

अनवधि Naish. 2,60.

अनवन Adj. (f. ई) nicht erquickend Çiç. 6,87.

अनवपाद m. das Nichtdarunterderathen Tâṇḍja-Br. 4,5,12.

अनवर्ण Adj. (f. आ) schön, prächtig Taitt. Âr. 1,8,2.

अनवर्ति Adj. nicht in Noth seiend Tâṇḍja-Br. 7,9,21.

अनवलम्ब Adj. keine Stütze —, keinen Halt bietend Naish. 2,52.

अनवलम्बित Adj. in keiner Beziehung zu Etwas stehend Naish. 2,70.

अनवशेषम् Adv. ohne dass ein Rest übrig bliebe Âpast.

अनवेत Adj. nicht abgelaufen TS. 2,6,2,8.

अनवेष्ट Adj. nicht durch Opfer abgewendet Maitr. S. 1,10,11.

अनशनायुक Adj. (f. आ) keinen Hunger leidend Tâṇḍja-Br. 2,7,2. 13,6,3.

अनश्लील Adj. anständig Nom. abstr. °ता f. Hemâdri 2,a,18,1.

अनष्ट n. mit अनष्टम् hast du Nichts verloren? begrüsst man einen Vaiçja Âpast.

अनष्टद्रव्य Adj. dem Nichts abhanden kommt. Nom. abstr. °ता f. VP. 4,11,3.

अनसूयिन् Adj. = अनसूय 1). Nom. abstr. °यिता f. Hemâdri 2,a,6,5.

अनस्तंगत Adj. nicht untergegangen R. 5,3,41.

अनस्थक 1).

अनस्थिचित् Adj. nicht wie Knochen geschichtet Maitr. S. 3,3,1.

अनस्थिमत् = अनस्थ Gaut. 22,21.

अनहंकृति Adj. nicht der Meinung seiend, dass man Ich sei, Bhâg. P. 11,9,30.

अनहंबुद्धि Adj. ohne Hochmuth MBh. 13,108,6.

अनाकाङ्क्षा n. das Nichtfordern einer Ergänzung P. 3,4,23.

अनाकाशीकरण n. das Nichtveröffentlichen Saṁhitopan. 30,3. 40,1.

अनाकृष्ट Adj. nicht behäufelt (Korn).

अनाक्रन्द Adj. (f. आ) keinen Freund —, keinen Beschützer habend.

अनाक्रम m. das nicht über Einen Kommen Maitr. S. 4,1,14.

अनाक्रमण n. das Nichtbetreten Ind. St. 13,172.

अनाक्रम्य Adj. unerreichbar für (Gen.) Kathâs. 72,337.

अनाक्रेय Adj. den man nicht anführen darf Âpast.

अनागति f. das Nichtkommen Naish. 5,13.

अनागम m. das Nichtwiederkommen MBh. 3,107,10.

अनागमन n. dass. Pańkat. 89,8.

अनाग्रयण Adj. ohne die Libation Âgrajaṇa Muṇḍ. Up. 1,2,3.

अनाङ्ग Adj. nicht das Thema betreffend P. 1,1,63, Sch.

अनाचार्य m. kein Lehrer (mehr) Âpast.

अनाचार्यसंबन्ध m. keine Beziehung von Schüler zu Lehrer Âpast.

अनाच्छादित Adj. nicht unter Dach seiend Vaitân.

अनाज्यभोजन Adj. wo es kein Âǵja zu essen giebt Hemâdri 1,639,17.

अनात्मपरज्ञ Adj. weder sich noch Andere kennend Naish. 4,73.

अनात्म्य n. Mangel an Selbstbeherrschung Âpast.

अनात्यय m. Âpast. fehlerhaft für अनत्यय.

*अनाथकुटी und *अनाथसभा f. P. 2,4,24, Sch.

अनाथी Adv. 1) mit कर् schutzlos machen Nâgân. 70,5 (90,16). — 2) mit भू schutzlos werden, verwaisen Harshaḱ. 140,4.

अनादान n. das Nichtempfangen MBh. 3,32,10.

अनादि Adv. so v. a. immerwährend Naish. 6,101.

अनादिनिधन Adj. ohne Anfang und Ende Hemâdri 1,311,23.

अनादिमध्यान्त Adj. ohne Anfang, Mitte und Ende Ind. St. 15,290.

अनादेशन n. Nichtangabe Mahâbh. 2,311,b.

अनाधार Adj. ohne Halt Agni-P. 3,7.

अनानम्य Adj. nicht zu biegen MBh. 1,185,9.

अनाप्तृ Nom. ag. der nicht theilhaftig wird Çiç. 10,38.

अनाबाध, f. आ Hemâdri 1,507,15.

अनाभास Adj. lichtlos Kâṭh. 48 zu Muṇḍ. Up.

अनाभोगिन् Adj. aller Genüsse bar Taitt. Âr. 1,8,5.

अनामा Hemâdri 2,a,51,20.

अनामिष Adj. uneigennützig MBh. 3,271,28.

अनामृष्ट Adj. unberührt Daçak. 71,16.

अनायम्य Adj. nicht zu spannen MBh. 1,6953. अनानम्य v. l.

अनारब्ध Adj. nicht begonnen Bhâm. 4,1,15.

अनारोप्य Adj. nicht mit einer Sehne zu beziehen Hariv. 1304.

अनार्यत्व n. Unehrenhaftigkeit Âpast. Vgl. आर्यत्व.

अनालक्ष्य Adj. unsichtbar Kathâs. 88,32.

अनालम्ब m. und °म्बता f. Wüstheit des Kopfes Sâh. D. 222.

अनालस्य Adj. unverdrossen Hemâdri 1,532,11.

अनालोक Adj. finster, dunkel MBh. 13,61,10.

अनावश्यकत्व n. keine Unumgänglichkeit Sâh. D. 123,14.

अनाविष्कुर्वत् Adj. nicht kund thuend Bhâg. 3,4,30.

अनाविःस्रगनुलेप Adj. keine Kränze und keine Salbe zur Schau tragend Âpast. 1,32,5.

अनावृत 2) °वृतार्गल Adj. so v. a. unverschlossen MBh. 3,3,37.

अनाश Adj. (f. आ) aller Erwartungen baar. आशानाशां कर् allen E. entsagen Spr. 7078. Vgl. निराश.

अनाश्रमधर्मिन् Adj. seinem Âçrama untreu Prab. 67,4.

अनाश्रव Adj. (f. आ) ungehorsam, mit Gen. Ragh. 10,49. Naish. 6,88.

अनासवाख्य Adj. nicht Liqueur heissend Kumâras. 1,31.

अनासित Adj. dem man nicht obliegt R. 2,71,35. अनापित v. l.

अनास्थित Adj. nicht eingenommen (Platz) Bhâg. P. 4,12,26.

अनास्माक Adj. nicht unser AV. 19,57,3.

अनास्वाद्य Adj. nicht schmackhaft (übertr.) Sâh. D. 117,4. Nom. abstr. °त्व n. 6.

अनाह्नस्य Adj. nicht schamlos, züchtig (Kleid) Çâṅkh. Gṛhy. 2,1.

अनाहूत Adj. nicht aufgefordert, — eingeladen.

अनिङ्गन Adj. unbeweglich.

अनिचित Adj. nicht besäet mit (Instr.) MBh. 3,21,7.

अनिच्छ Adj. keine Wünsche habend MBh. 12,237,36.

अनिड Adj. nicht das Wort इडा enthaltend Tâṇḍja-Br. 6,9,23.

अनितिपर Adj. worauf kein इति folgt P. 1,4,62.

अनिधन Adj. ohne den निधन genannten Schlusssatz Tâṇḍja-Br. 7,3,5. 11.

अनिबद्ध 1) in seinen Theilen unzusammenhängend (Musikstück) S. S. S. 120.

1. अनिमित्त n. schlechtes Vorzeichen Mṛkkh. 129,11.

2. अनिमेष 1) f. आ Naish. 3,19.

अनिरसित Adj. nicht eingeschrumpft Çat. Br. 2,1,4,27.

अनिरुक्त Adj. durch Metrum und Tact nicht beschränkt S. S. S. 121. 138 (अनिर्युक्त).

अनिराकरण 2) das Nichtvergessen Pâr. Gṛhy. 3,16,1.

अनिराकरिष्णु Adj. nicht vergesslich Pâr. Gṛhy. 3,4,3.

अनिराकृतिन् Adj. der das Gelernte nicht vergessen hat Âçv. Çr. 1,14,1.

अनिरुक्त, streiche 1).

अनिरुद्धक m. = अनिरुद्ध 2) a) Agni-P. 25,1.

अनिरुद्धभट्ट m. N. pr. eines Autors Pischel, de Gr. pr. 17.

अनिरुद्धमय Adj. Aniruddha darstellend Agni-P. 37,10.

अनिर्दाह m. Nichtverbrennung Maitr. S. 3,3,3.

अनिर्दाहुक Adj. nicht verbrennend, — versengend Maitr. S. 1,4,8.

अनिर्भुग्न Adj. (f. आ) wobei man die Hände auf die Kniee legt Saṁhitopan. 9,3. 10,1. 12,17.

अनिर्भेद m. das Nichtverrathen Daçak. 72,10.

अनिर्मार्ग m. Nichtverwischung Maitr. S. 1,8,5. 2,3,1.

अनिर्मुक्त Adj. nicht befreit von (Abl.) MBh. 1,120,16.

अनिर्युक्त s. अनिरुक्त.

अनिर्वृत Adj. nicht froh, traurig Naish. 4,87.

अनिवृत्त 1) auch nicht abstehend von (Abl.), — aufgebend, — vernachlässigend Hemâdri 1,25,13.

अनिश्चित Adj. unbestimmt, ungewiss. Nom. abstr. °ता f. Daçak. 12,18.

अनिर्यात Adj. ungesühnt M. 11,53.

अनिष्टसोम Adj. der kein Soma-Opfer dargebracht hat Vaitân.

अनिसृष्ट Adj. nicht ermächtigt MBh. 3,213,7.

अनीचत्व n. Nom. abstr. zu अनीच 1) Maitr. S. 1,10,14.

अनीक्षा f. das Nichtsehen, nicht zu Gesicht Bekommen Naish. 6,43.

अनीदृश् Adj. nicht gleichkommend, nachstehend Naish. 1,61.

अनीह Adj. 1) sich nicht anstrengend, unthätig MBh. 3,32,10. — 2) ohne Bemühung erlangt MBh. 3,2,48.

अनीक्षमाण Adj. Nichts verlangend Ait. 2,116.

अनुकम्पित m. Mitleiden, Mitgefühl.

अनुकर्षण 2) c) das Spannen (eines Bogens) R. Gorr. 1,60,10.

अनुकार 1) auch nachzuahmen verstehend S. S. S. 118.

अनुकारानुकारिन् Adj. gleichend, mit Gen. Hemâdri 2,a,88,7.

अनुकूलकारिन् Adj. Liebes erweisend Çiç. ed. Pisch. 61,1.

अनुक्ति f. Verschweigung Sâh. D. 888.

अनुक्रोशिन् Adj. sympathisch (Person) Âçv. Çr. 8,14,1. 16.

*अनुखड्गम् Adv. gaṇa परिमुखादि in der Kâç.

अनुग्रहीतर् Nom. ag. Förderer, beitragend zu Etwas Çaṁk. zu Bâdar. 3,4,38.

अनुच्च Adj. niedrig (Geschlecht) Râgat. 5,478.

अनुच्छास्त्रवर्तिन् Adj. die Gesetze nicht übertretend.

अनुच्छित्ति f. Unzerstörbarkeit Kap. 6,13.

अनुच्छ्वसमान Adj. nicht athmend R. 1,65,8.

अनुच्छ्वास m. das Nichtathmen R. 1,65,7.

अनुच्यमान Adj. nicht gesagt, — angegeben werdend Karmapr. 13,1.

अनुज्ञापन n. das Sichverabschieden Ind. St. 15,441.

अनुज्येष्ठम् Maitr. S. 1,8,4.

अनुतापक Adj. (f. °पिका) Jmd (Acc.) Reue verursachend Naish. 6,96.

अनुतोदन n. das Nachstossen, häufiges Wiederholen Comm. zu Tâṇḍja-Br. 12,10,11.

अनुतोदवन्त् Adj. von अनुतोद Tâṇḍja-Br. 18,6,6.

अनुत्कीर्ण Adj. nicht ausgehöhlt.

अनुत्खात n. kein unebener Boden Çiç. 192, v. l.

1. अनुत्तर n. eine mangelhafte Antwort in einem Process Kâtj. in Mit. 16. Nom. abstr. °त्व n. ebend.

2. अनुत्तर 1) c) mit keiner Stipulation verbunden Nâr. 1,5.

अनुत्तरङ्ग Adj. nicht wogend Kumâras. 3,48.

अनुत्तरप्रकाशपञ्चाशिका f. Titel eines Werkes Bühler, Rep. No. 436.

अनुत्थित Adj. (f. आ) nicht aufgestanden (Wöchnerin) Âpast.

अनुत्साहिन् Adj. willenlos. °नी मतिः Indolenz in Bezug auf (Loc.) Kathâs. 72,118.

अनुत्सृष्ट auch nicht ausgesetzt, unausgesetzt gefeiert Tâṇḍja-Br. 5,10,2. 3.

अनुदक n. Nichtwasser, das Trockene MBh. 12,68,11.

अनुदय m. Nichtaufgang MBh. 12,68,10.

°अनुदेशक Adj. zeigend, weisend Hemâdri 2,a,23,14.

अनुद्भव m. das Nichthervortreten Kap. 1,11.

अनुद्भासिन् Adj. nicht glänzend Âpast. 1,30,12, v. l.

अनुद्भिन्न Adj. nicht zu Tage getreten Kâvjâd. 2,284.

अनुद्रिक्त Adj. nicht überschüssig, nirgends ein Uebermaass zeigend.

अनुध्यायिन् Adj. Vieles vermissend Maitr. S. 1, 8,4. 5.

अनुनायक Adj. (f. °यिका) versöhnend Çiç. 6,7.

अनुन्मत्त Adj. nicht verrückt Daçak. 75,9.

अनुन्माद Maitr. S. 3,1,10 (nicht 2).

अनुन्मुक्त Adj. nicht befreit Maitr. S. 3,7,8. 9,7.

अनुपकरणीय Adj. dem kein Dienst zu erweisen ist von (Gen.) Ind. St. 15,329.

अनुपकुर्वाण Adj. keinen Dienst —, keine Gefälligkeit erweisend.

अनुपक्रमणीय, °क्रम्य und °क्राम्य Adj. nicht zu behandeln, — heilbar.

अनुपगम m. das Nichtkommen Naish. 5,25.

अनुपगृहीत Adj. unverändert Saṁhitopan. 17,4.

अनुपदेश m. keine Anweisung Kap. 1,9.

अनुपदेश्य Adj. nicht anzugeben, — mitzutheilen Mâlatîm. 38,5 (93,3).

अनुपधि Adj. bedingungslos Buhl. Insr. 390. fgg.

अनुपनत Adj. sich nicht verneigend und zugleich nicht zur Hand seiend. Nom. abstr. °ता f. Naish. 8,22.

अनुपनीत Adj. nicht in die Lehre aufgenommen Kâtjâj. 3,179.

अनुपन्यास m. Nichtbeifügung P. 3,3,131, Sch.

अनुपपत्ति Adj. nicht zutreffend, unstatthaft, unmöglich Spr. 6003.

अनुपपत्तिमन्त् Adj. dass. Naish. 4,110.

अनुपपन्न, Nom. abstr. °त्व n. Vâmana 4,2,30.

अनुपयोग m. Nichtverwendung Hemâdri 1,327,5.

अनुपराग Adj. nicht unter dem Einfluss irgend einer Leidenschaft stehend MBh. 5,120,32.

अनुपर्वत m. Vorberge Hemâdri 1,315,17.

अनुपलक्ष्य Adj. nicht erkennbar Naish. 5,26.

अनुपलक्ष्यमाण Adj. unbemerkt Ind. St. 15,273.

अनुपलब्धिसम Z. 1 lies auf die.

अनुपविष्ट Adj. nicht sitzend Hemâdri 1,253,16.

अनुपवीत Adj. nicht mit der heiligen Schnur behängt Hemâdri 2,a,38,19.

अनुपशय m. keine Vorliebe für Etwas Karaka 3,8.

अनुपश्रुति f. das Nichthören Bhâg. P. 10,42,32.

अनुपसर्ग m. keine Praeposition. Nom. abstr. °त्व n. Sch. zu P. 1,4,90. 94.

अनुपस्कृत Adj. 1) unbearbeitet, nicht präparirt, im natürlichen Zustande sich befindend. — 2) schlicht, einfach. — 3) nicht versehen mit (Instr.). — 4) uneigennützig.

अनुपह्वयमान.

अनुपात्यय n. Nichtversäumniss, Nichtvernachlässigung P. 3,3,38.

अनुपादेय Adj. nicht anzunehmen, — zu beherzigen. Nom. abstr. °त्व n. Sâh. D. 118,10.

अनुपाध्याय m. kein Lehrer MBh. 14,88,26.

अनुपाय, °येन so v. a. zwecklos MBh. 12,88,13.

अनुपायिन् Adj. das Ziel nicht erreichend, verhallend (Laut) Weber, Râmat. 336.

अनुपालभ्य Adj. nicht zu tadeln Kâm. Nîtis. 11,35.

अनुपेक्षण n. das Nichtunbeachtetlassen Mudrâr. (n. A.) 120,3.

अनुपेत Adj. nicht die Beistimmung von (Instr.) habend. Nom. abstr. °त्व n. Kull. zu M. 3,197.

अनुप्रदान m. darauf folgende Spenden Âpast.

अनुबन्धिका f. ungünstiges Symptom, Todeszeichen Harshak. 124,4.

अनुबन्ध्य 3) primär, natürlich, günstig (Krankheitssymptom) Karaka 3,6.

अनुबिम्ब m. n. Naish. 8,46.

अनुबिम्बित Adj. wiedergespiegelt Naish. 2,79.

अनुमर्तर् TBr. 3,10,4,3. 9,7. 10,3.

अनुमास° Adv. allmonatlich Naish. 8,37.

अनुयाजवन्त् Maitr. S. 3,7,2.

अनुयायिन् 1) Nom. abstr. °यित्व n. Kull. zu M. 9,109.

अनुयोज्य 3) der Kritik unterliegend Karaka 3,8.

अनुरणन n. das Nachtönen S. S. S. 21. 22.

अनुराधपत्नी f. N. pr. einer Surâṅganâ Ind. St. 15,441.

अनुरोद्धे Maitr. S. 2,3,8.

अनुल्बण, Nom. abstr. °ता f. Vâmana 3,2,4.

अनुल्लङ्घनीय Adj. nicht zu übertreten Pańkat. 247,19.

अनुवा f. das Nachwehen TS. 3,3,8,3. 4,4,8,1. Vgl. अन्वा.

अनुवाक्य n. Wiederholung Âpast. 1,11,6.

अनुविलेपन n. Salbe Hemâdri 1,155,6 fehlerhaft; vgl. MBh. 13,37,38.

*अनुविष्णु Adv. nach Vishṇu Laugâx. 972.

अनुवृत् Maitr. S. 2,8,8.

अनुवृत्ति 7) Dienst Hemâdri 1,12,8. 11.

अनुव्रतन Hemâdri 1,476,7.

अनुशंसन n. nachfolgendes Hersagen Comm. zu Tâṇḍja-Br. 4,9,13.

अनुशायिन् 4) *gleichgültig gegen Alles* Kap. 5,115.

अनुशंसे Dat. Inf. etwa *mit einzustimmen* RV. 5,30.2.

अनुष्टुप्छन्दस् Adj. *die* Anushṭubh *zum Metrum habend* Maitr. S. 3,3,3.

अनुष्ठान 1) auch *das Jmd* (Gen.) *zu Diensten Stehen* MBh. 13,33,2.

अनुसंतति Maitr. S. 2,4,3.

अनुस्तनित n. *anhaltender Donner* Āpast.

अनूढता f. *das Nichtverheirathetsein einer Frau mit* (im Comp. vorangehend) Naish. 3,46.

अनूत्सर्ग m. angeblich = अनुत्सर्ग *Nichteinstellung* Āpast.

अनूद्देश auch *hinterherfolgende Angabe* Kāvjād. 3,141.

अनूद्वासिन् Adj. angeblich = अनुद्वासिन् Āpast.

अनूपरेखा und अनूपवती f. N. pr. zweier Surāṅganā Ind. St. 15.

अनूर्जित Adj. *nicht vollkräftig, matt* Kāvjād. 1,71.

अनूर्ध्वकर्मन् n. und °क्रिया f. *keine Handlung nach oben* P. 1,3,24 und Sch.

अनूर्ध्वज्ञु Adj. *die Kniee nicht in die Höhe richtend* Çāṅkh. Gṛhj. 1,10.

अनूषर, f. आ Hemādri 1,507,15. 630,19.

1. अनूह m. *keine Veränderung, — Modification.*

2. अनूह Adj. *nicht lange überlegend, kein Bedenken tragend.*

अनूह्य.

2. अनूह्य Adj. *nicht zu verändern, — modificiren* Āçv. Çr. 3,2,20.

अनृचम् Maitr. S. 3,3,3.

अनृणी Adv. mit भू *sich von einer Schuld befreien* Pañkad.

अनृतपशु Maitr. S. 1,10,12.

अनृतसंगर Adj. *eine Zusage nicht haltend* Āpast. 1,19,16 (°संकर Text und Comm.).

अनृतु Adv. *zu unrechter Zeit* Maitr. S. 3,6,7.

अनृषभ Adj. *ohne Männchen* Tāṇḍja-Br. 13,3,18. 10,11. 15,3,17.

अनेकधृत् Adj. Beiw. Rudra-Çiva's Hemādri 1,206,1.

अनेकाग्र Adj. (f. आ) *keine Aufmerksamkeit auf Etwas wendend.*

अनेकान्त auch *kein Bestandtheil* Paribh. 4.

अनेकार्थकैरवकौमुदी f. Titel eines Werkes Bühler, Rep. No. 702.

अनेजत् Adj. *sich nicht bewegend* Bhāg. P. 7,3,32.

*अनेद (Nom. °नाः) *nicht dieser hier* P. 6,1,132, Sch.

अनेन्दव Adj. *nicht vom Monde kommend* Bālar. 33,20.

अनैरंमद Adj. *nicht von Wetterleuchten kommend* Bālar. 33,19.

अनैश्चारिक Adj. *nicht ablenkend, — zerstreuend* Āpast.

अनैषध m. *ein Anderer als* Nala Naish. 3,79.

अनोकशायिन् Adj. *nicht in einem Hause schlafend* MBh. 1,91,3.

अनौचिती f. *ungebührliches Benehmen* Naish. 3,97.

अनौपम (Hemādri 1,368,22) und अनौपम्य Adj. *mit Nichts zu vergleichen.*

अनौपयिक Adj. *unangemessen.* Instr. in der Bed. eines Adv. Naish. 5,113.

अनौपाधिक Adj. *uneigennützig.*

अनौशीर Adj. *ohne* Auçīra-*Salbe.*

अन्तःकोटरपुष्पी Karaka 1,1.

अन्तकरण 1) Adj. (f. ई) Hemādri 1,514,9.

अन्तदीपक n. *eine best. rhetorische Figur.* Beispiel Bhaṭṭ. 10,23.

अन्तनामन् Adj. *das Ende bezeichnend* Tāṇḍja-Br. 5,9,4. 5.

अन्तप्लुत Adj. *am Ende mit dem* Pluta *gesprochen* Vaitān.

अन्तरक्रीडा f. *ein best. Tact* S. S. S. 213.

अन्तरा 1) a) wiederholt Daçak. 38,8.

अन्तरात्मक.

अन्तरात्मन् Maitr. S. 1,9,3.

अन्तरान्तरतम् Adv. *je dazwischen* Hemādri 1,320,21.

अन्तरित Adj. (f. आ) Tāṇḍja-Br. 1,3,2 fehlerhaft für अन्तर°.

अन्तरिति Maitr. S. 2,10,1.

अन्तरीप Naish. 7,73. °नगर Ind. St. 15,343.

अन्तरीय Gobh. 1,2,21.

°अन्तर्गण m. *ein* (im Gaṇa —) *enthaltener* Gaṇa Sch. zu P. 1,1,71. 3,1,55.

अन्तर्गर्भा Adj. f. *trächtig* Hemādri 1,417,23. 418,8.

अन्तर्जानु 2) *mit den Händen zwischen den Knieen* Hemādri 1,100,11.

अन्तर्जानुक Adj. = अन्तर्जानु 1) Hemādri 1,64,15.

अन्तर्भाव m. *das Verschwinden.* °वं गम् *verschwinden* Daçak. 38,14.

अन्तर्मन्दिर n. *Gynaeceum* Daçak. 38,10.

अन्तर्लोम Adj. *mit der Fleischseite nach innen gekehrt* Hemādri 1,703,9.

अन्तर्मुख n. *das Innere des Mundes* Vāmana 5,23, Z. 9.

अन्तर्यामीय Adj. *zum* Antarjāma *gehörig* Vaitān.

अन्तर्लोम Maitr. S. 3,6,6.

अन्तःश्वास m. *eine best. Krankheit der Athmungsorgane* Agni-P. 31,20.

अन्तःसामिक Adj. *innerhalb eines* Sāman *erscheinend* Saṁhitopan. 27,3.

अन्त्यपत् *zu streichen.*

अन्त्रकूजन n. *Kollern im Leibe.*

अन्त्रवृद्धिमत् Adj. *einen Leistenbruch habend* Hemādri 1,732,12.

अन्त्रापीडप्रकर्षिन् Adj. *heftiges Leibschneiden habend* MBh. 6,30,17.

अन्धकारा Naish. 1,57. 8,35.

अन्धस्वत् Adj. *das Wort* अन्धस् *enthaltend* Tāṇḍja-Br. 12,3,3.

अन्नद्रवशूल n. *eine Form der Kolik* Bhāvapr. 5, 19. Çārṅg. Saṁh. 1,7,34. Wise 347.

अन्नपत्य.

अन्नपर्यायम् (wohl so zu lesen st. °पर्याय) Adv. *so dass alle Speisen der Reihe nach umgehen* Pār. Gṛhj. 1,19,13.

अन्नप्राशनक n. = अन्नप्राशन Hemādri 1,231,1.

अन्नकार Adj. *Speise enthaltend* Hemādri 2,a,108,7.

अन्नाशन n. = अन्नप्राशन Agni-P. 32,3.

अन्यतरतोऽतिरात्र Adj. *nur von einer Seite einen* Atirātra *habend* Vaitān.

अन्यत्रकरण m. *der Sohn eines Buhlen* Çāṅkh. Gṛhj. 3,13.

अन्यपर Adj. *zu etwas Anderm dienend.* Nom. °त्व n. Kap. 5,64.

अन्योऽन्याश्रय, Nom. abstr. °त्व n. Kap. 5,14.

अन्वन्तरम् Adv. *je nach dem Laut* Saṁhitopan. 25,3.

अन्वारम्भणीयदेवता f. *eine Gottheit der Eingangsceremonie* Çāṅkh. Gṛhj. 1,3.

अन्वेतवै Dat. Inf. *einzuholen* RV. 7,33,5.

अपकर्षण Z. 2 lies *folglich.*

अपकल्मष, f. आ Rāgat. 2,55.

अपकारक Adj. *Jmd Schaden zufügend, wehe thuend* Naish. 9,11.

अपक्रान्त n. *das Hinwegschreiten und Name eines* Sāman Tāṇḍja-Br. 5,8,3.

अपक्षपाति.

अपक्षपात m. *Unparteilichkeit* Ind. St. 15,277.

अपगृह्य Adj. *ausser dem Hause befindlich* Çāṅkh. Gṛhj. 3,2. उपगोह्य Pār. Gṛhj.

1. अपघन Naish. 8,11.

अपचायिन्, वृद्धापचायिन् n. (so zu lesen) MBh. 14,3198.

अपतनीय Adj. *nicht zu Fall bringend, — zum Verlust der Kaste führend* Āpast.

अपतन्त्र n. = अपतन्त्रक Hemādri 1,709,6.15. °न्त्रिन् Adj. *daran leidend* 707,22.

अपत्याग.

अपत्यद n. *die Frucht der* Apatjadā Karaka 6,25.

अपत्रपिष्णु Naish. 3,111.

अपदर्प Adj. (f. आ) frei von Selbstüberschätzung Naish. 1,31.

अपदान्त m. nicht der Auslaut eines Wortes P. 8,3,24.

अपदान्तस्थ Adj. nicht am Ende eines Wortes stehend P. 8,3,24, Sch.

अपदृष्टि f. ein Blick des Missfallens Naish. 5,120.

अपद्यमान Adj. nicht fallend TS. 4,1,9,3.

अपनिद् auch sich sträubend (Härchen am Körper) Naish. 6,78.

अपनिद्रस् Adj. sich öffnend Naish. 6,161.

अपनुत्ति f. Vertreibung, Verscheuchung Tāṇḍja-Br. 12,4,10. Vaitān.

अपनी auch zurücknehmen Nīl. 4,81.

अपभाषण n. ungrammatische, falsche Ausdrucksweise Mitâk. 3,181.

अपमार्गिक Adj. = अपमार्जन 1) Agni-P. 31,46.

*अपरकाय m. Hinterkörper Lalit. 993.

अपरागत Adj. nicht weggegangen Tāṇḍja-Br. 1,5,17.

अपराजित 3) h) ein best. Backstein Maitr. S. 2, 8,14. — i) N. pr. einer Surâṅganâ Ind. St. 15. — k) Titel eines Werkes Bühler, Rep. No. 47. — 4) b) ein best. Spruch Varâh. Jogaj. 6,6.

अपरादित्य m. N. pr. eines Fürsten Ind. St. 14,192.

अपराद्धृ Nom. sg. eines Vergehens schuldig Çiç. 10,11.

अपराद्धेषु Naish. 3,74.

अपरापात m. das Nichtverstreichen Maitr. S. 2,6,7.

अपराबाध Adj. wobei einem Andern kein Leid geschieht Hemâdri 1,13,2.

अपराव्याप m. Nichtzerstreuung Maitr. S. 1,4,2.

अपरिलोपाशक्ति Adj. von ungeschwächter Kraft. Nom. abstr. °त्व n. Daçak. 44,3.

अपरिगृहीत Adj. 1) nicht eingepfercht Tāṇḍja-Br. 6,8,10. — 2) von Niemand in Besitz genommen, N. gehörend Âpast.

2. अपरिग्रह 3) Niemand gehörend Hemâdri 1,440,18.

अपरिच्छेद्य Adj. nicht genauer zu bestimmen.

अपरिजीर्ण Adj. unverdaut Suçr. 2,188,2.

अपरिनिर्मित Adj. nicht geschaffen. Vishṇu Vi-shṇus. 98,30.

अपरिनिर्वाण Adj. nicht ganz zu Ende gegangen (Tag).

अपरिभूताज्ञ Adj. dessen Befehle beachtet werden Mudrâr. 67,11 (110,8).

अपरिमितकृत्वस् Adv. unzählige Male Taitt. Âr. 4,28,1.

अपरिश्रान्त Adj. unermüdet, unermüdlich.

अपरिष्वन n. kein eingeschlossener Platz Tāṇḍja-Br. 6,8,10.

अपरिक्षित Adj. = परिवेषणकोन (Nilak.) MBh. 13,104,90, v. l.

अपरिक्षीयमाण Adj. nicht mangelnd 41,21.

अपरोदित Adj. unbekannt R. 5,81,7. Spr. 543.

अपरीत्त (अपरित्त Böhtl.) Adj. nicht übergeben Maitr. S. 3,1,8.

अपरेघुन् Maitr. S. 3,7,3.

*अपरेषुकामशमी f. N. pr. Kâç. zu P. 2,1,50.

अपरौघुक.

अपरोपतापिन् Adj. Andern keinen Schmerz bereitend. Nom. abstr. °पिता f. Hemâdri 2,a, 18,1.

अपर्येषित und अपर्येष्ट Adj. nicht gesucht Saddh. P. 4,31,b. 7,b.

अपर्वभङ्गनिपुण richtig. अपर्वभङ्ग m. das Brechen (intrans.) an einer Stelle, wo kein Gelenk ist, d. h. das Brechen im Gegensatz zum Biegen; vgl. अप्यपर्वणि भज्येत न नमेतेह कस्य चित् MBh. 12,133,10.

अपलपन n. das Schmeicheln Mudrâr. (n. A.) 102,8.

अपलपनीय Adj. zu läugnen, — verneinen Kap. 5,126.

अपलायिन् Adj. nicht fliehend.

अपविद्धि f. Verwerfung Kâraṇḍ. 1,36.

अपव्यवस्थ Adj. schwankend, bald so bald anders seiend Naish. 6,106.

अपशब्दनिराकरण n. Titel eines gramm. Werkes Bühler, Rep. No. 271.

अपशालीन Adj. nicht verlegen. Nom. abstr. °ता f. Naish. 8,18.

अपश्रम Adj. unermüdlich Naish. 7,11.

अपस्कन्द Adj. wegschnellend AV. Paipp. 2,3,4.

अपस्वर Adj. einen falschen Ton singend S.S.S. 117.

अपहस्तक Adj. handlos Çâṅkh. Gṛhy. 2,12. 6,1.

अपहार्य Adj. dem Etwas (Acc.) wegzunehmen ist Âpast.

अपहृव 4) R. Gorr. 2,21,12.

अपाकर्तोस् Maitr. S. 1,4,3.

अपाटित Adj. nicht gespalten Hemâdri 2,a,75,19.

अपापक Adj. = अपाप Naish. 4,62.

अपापरोगिन् Adj. mit keiner bösen Krankheit behaftet Hemâdri 1,11,16.

अपामभविष्णु.

अपामित्य n. Aequivalent Maitr. S. 1,10,2.

अपार्थय्, °यति unnütz machen Naish. 9,56.

अपास in दुरपास.

अपासु Adj. entseelt Naish. 4,10.

अपिङ्गाक्ष Adj. (f. ई) nicht gelbäugig Hemâdri 1, 651,17.

अपिन्वमान Adj. nicht mehr tropfend Çâṅkh. Gṛhy. 6,3.

अपिपासित Adj. keinen Durst empfindend Saṁhitopan. 42,6.

अपिप्रीषस् Maitr. S. 4,13,1.

अपिहिति.

अपुत्र्यपशव्य Adj. (f. आ) für Söhne und Vieh nicht dienlich Saṁhitopan. 8,7.

अपुनराभाव m. das Nichtwiedererscheinen Maitr. S. 3,8,1.

अपुनर्भव Adj. (f. आ) ohne Wiedergeburt Hemâdri 1,213,3.

अपुरस्कृत Adj. hintangesetzt Naish. 2,30.

अपुरुषार्थ m. nicht das Ziel des Menschen, — der Seele Kap. 1,17. 82. 5,76.

अपुष्कल Adj. auch inhaltleer, nichtssagend Harshac. 136,7.

अपूतभृत् m. kein Pûtabhṛt Maitr. S. 2,11,3.

अपूर्व 1) b) Z. 3 lies प्रजापतेस्तनूः. — e) früher nicht verheirathet Âpast.

अपृथग्धर्मचरण Adj. in Bezug auf Pflicht und Lebenswandel nicht seinen eigenen Weg gehend Agni-P. 18,23.

अपृष्ठ n. kein richtiges Pṛshṭha Tāṇḍja-Br. 5,2,4.

अपोनप्त्रीय Maitr. S. 3,3,8.

अपौरुषेय, Nom. abstr. °त्व n. Kap. 5,41. 48.

अपौर्णमास Adj. ohne Vollmondsfeier Muṇḍ. Up. 1,2,3.

अप्तुमत्.

अप्रकाशित Adj. nicht offenbar gemacht Çiç. 10,18.

अप्रकृतिस्थ Adj. (f. आ) = अप्रकृति Hemâdri 1,680,7.

अप्रचोदित Adj. nicht angekündigt.

अप्रमसिष्णु.

अप्रयाण TS. 5,3,6,2.

अप्रज्ञान n. Unkenntniss Vaitân.

अप्रणामिन् Adj. nicht mit dem zweiten Svara beginnend und dem dritten endend Saṁhitopan. 17,2.

अप्रतिक्रियमाण Adj. nicht ärztlich behandelt werdend (Krankheit).

अप्रतिगृहीत Adj. nicht angenommen Tāṇḍja-Br. 13,7,12. 13.

अप्रतिग्राहिन् Adj. Nichts annehmend.

अप्रतिनन्दत् Adj. Nichts wissen wollend von (Acc.) MBh. 3,96,8.

अप्रतिनोद Maitr. S. 3,3,5. 6,6.

2. अप्रतिभात Adj. verblüfft, rathlos Harshac. 131,20.

1. अप्रतिबन्ध m. Ungehemmtheit.

2. अप्रतिबन्ध Adj. ungehemmt.

अप्रतिवार्य Adj. unwiderstehlich Daçak. 4,11.

अप्रतिरव 3) अप्रतिरथ.

अप्रतिरुद्ध Adj. ungehemmt.

अप्रतिलोमयत् Adj. sich nicht widersetzend. आ-

°था so v. a. nicht widersprechend Âpast.

अप्रतिविधान n. das Nichttreffen von Maassregeln Mudrâr. 70,21 (117,13). Am Anf. eines Comp. ohne alles Hinzuthun Çiç. 10,37.

अप्रातिषिक्त und अप्रतिषेक्य.

अप्रतिष्ठा f. Unbestand TBr. 1,2,5,1.

अप्रतिष्ठागुक.

अप्रतिहृत Adj. nicht vom Pratihartar unterbrochen Tâṇḍja-Br. 7,1,1.

अप्रत्त Adj. nicht zurückgegeben Tâṇḍja-Br. 6,10,18.

अप्रत्रास m. das Nichterzittern Tâṇḍja-Br. 6,7,10. 18.

अप्रथमयज्ञ m. nicht das erste Opfer Vaitân.

अप्रदुष्ट Adj. nicht verdorben (moralisch) Jâǵń. 3,269.

अप्रधान Adj. (f. आ) Hemâdri 1,311,20.

अप्रपूजित Adj. nicht hoch geehrt Hemâdri 1,689,2.

अप्रयुक्त Adj. nicht in Gebrauch genommen Maitr. S. 1,9,7.

अप्रयोग auch Nichtanwendung Tâṇḍja-Br. 8,9,21.

अप्रलय° ohne dass die Welt zu Grunde ginge Ragh. 10,33.

अप्रचोदित Adj. nicht angekündigt Âpast.

अप्रसन्न 3) unversöhnt, grollend auf (Loc.) Çiç. 10,14.

अप्रस्रंस m. das Nichthinfallen.

अप्रक्षाव्नरी.

अप्राकृत auch nicht in normalem Zustande sich befindend Hemâdri 1,19,5. 11.

अप्राण m. kein Lebenshauch Maitrjup. 6,10.

अप्राप्तवत् Adj. nicht erlangt habend MBh. 14, 90,31.

अप्राप्ति f. das Nichterreichen Kap. 3,104.

अप्रायश्चित्त Adj. ohne Sühne Âpast.

अप्रास्ताविक Adj. (f. ई) zur Unzeit vorgebracht Mâlatim. (1870) 93,1.

अप्रियंकर Adj. (f. ई) Unliebes erweisend Agni-P. 6,24.

अप्रीतिकृत् Adj. = अप्रियकार Hemâdri 1,332,21.

अप्लोष m. Nichtverbrennung Naish. 7,15.

अप्सराय्, Partic. f. °यिता Naish. 1,115.

अप्सव्य.

अप्सुषदस् n. Sitz in den Wassern Maitr. S. 2,7,15.

अबद्ध 1) auch ungezügelt. मनस् TS. 3,1,4,2.

अबलिष्ठ Adj. überaus schwach Tâṇḍja-Br. 7,3,18.

अबहुपाद् Adj. nicht vielfüssig (Site) Âpast.

अबाधमान Adj. nicht hemmend Naish. 6,34.

अबान्धवकृत Adj. nicht durch die Angehörigen bewirkt Çik. 92.

अबिभ्रत् Adj. nicht ernährend MBh. 12,10,31.

अब्ज 4) f. आ N. pr. einer Tochter Bhârgava's VP.² 3,238.

अब्जार्क n. Lotusblüthe Agni-P. 29,12.

अब्जनाभक m. = अब्जनाभ Agni-P. 30,1.

अब्जभू m. Bein. Brahman's Daçak. 30,18.

अब्जगोमि Hemâdri 1,780,21.

अब्रह्मवर्चसिन् Adj. kein hervorragender Geistlicher Maitr. S. 3,6,5.

1. अब्राह्मण 1) auch so v. a. kein ächter Brahman Hemâdri 1,28,2. fgg.

अभक्षणीय Adj. ungeniessbar Tâṇḍja-Br. 9,9,9.

1. अभय 2) b) eines Sohnes des Idhmaǵihva Bhâg. P. 5,20,2. 3. Das Kind Dharma's ist eine Personification von 4) a), also n. Bhâg. P. 4,1,50. — 3) c) N. pr. eines Flusses in Krauńkadvîpa Bhâg. P. 5,20,22. — 4) c) hierher vielleicht Hemâdri 1,723, 18. 727,4. 790,19. 2,a,81,14. 82,1. 2. 84,6. 99,3. — d) N. pr. des von Abhaja beherrschten Varsha in Plakshadvîpa Bhâg. P. 5,20,3.

अभयप्रदानसार Titel eines Werkes Bühler, Rep. No. 400.

अभर्तृक Adj. keinen Ernährer habend Haradatta im Comm. zu Âpast. 2,27,2.

अभवदीय Adj. nicht dir (dem Herrn) gehörig Daçak. 40,6.

अभस्मीकरण Adj. nicht in Asche verwandelnd, so v. a. wobei man nicht verbrennt Harshak. 126,3.

अभाग, f. आ Tâṇḍja-Br. 6,7,3.

अभावप्रत्ययव्याख्या f. Titel eines Werkes Bühler, Rep. No. 703.

अभिक auch verliebt Naish. 4,5. 7,19.

अभिकर्णकूपम् Adv. in den Gehörgang Naish. 7,64.

अभिक्रान्ति n. das Hinzuschreiten und Name eines Sâman Tâṇḍja-Br. 5,8,2.

अभिप्रक्रीतरि.

अभिघात 3) fehlerhaft für अभिघात.

अभिजनितोस् liesse sich anders fassen, wenn man ईश्वरः dazu ergänzte.

अभिज्ञात m. N. pr. eines Sohnes des Ǵaǵńabâhu; n. N. pr. des von ihm beherrschten Varsha Bhâg. P. 5,20,9.

अभितरम्.

अभिद्रवण n. feindseliges Losgehen auf (Gen.) Kâraka 2,7.

अभिधर्षणितव्य Adj. zu entehren. परस्त्रियः Kâraka 3,8.

अभिनामिन् m. N. pr. eines Ṛshi im 6ten Manvantara VP.² 3,13.

अभिपर्यावर्त m. Beschleichung Maitr. S. 2,4,3.

अभिपूर्य Adj. zu füllen Maitr. S. 1,10,7.

अभिपूर्व Z. 2 lies अभिपूर्वम्.

अभिप्रियतमम् Adv. in Gegenwart des Liebsten Çiç. 10,15.

अभिभावुक Adj. überlegen Sâj. zu RV. 3,34,4.

अभिभूति 1) c) ein best. Ekâha Vaitân.

अभिमङ्गल Adj. glückbringend Pâr. Gṛhj. 3,3,2.

अभिमत् Adj. das Wort अभि enthaltend Tâṇḍja-Br. 10,0,5.

अभिमन्युक m. = अभिमन्यु N. pr. eines Sohnes des Manu Kâkshusha Agni-P. 18,9.

°अभिमर्दिन् Adj. berührend, antastend Daçak. 68,9.

अभिमेर्ग.

अभिमातिषह्, lies °षाह्.

अभिमान 7) N. pr. eines Ṛshi im 6ten Manvantara VP.² 3,12.

अभिमृशे Dat. Inf. zu berühren RV. 2,10,5.

अभिमेथन n. das Schmähen Vaitân.

अभियुक्त m. Pl. Bez. der Vaiçja in Kuçadvîpa.

अभिरुद्दता s. अभ्युद्दता.

अभिरोदं.

अभिलक्षण n. das Kennzeichnen Hemâdri 1,366,13.

अभिवन्द्य Adj. preisenswerth Naish. 3,57.

अभिविपस् oder kräftig, frisch.

अभिवाञ्छित n. Wunsch.

1. अभिवासस्, °वासं Âçv. Br., aber wohl fehlerhaft.

अभिव्यक्तौ Adv. mit भू offenbar werden Naish. 5,126.

अभिशास्तर् Nom. ag. Anweiser, Anordner TBr. 3,10,4,3. 9,7. 10,3.

अभिषेण्य auch sorgend, Jmds wartend.

अभिषव 3) VP. 3,10,15.

अभिषवण 1) °होम m. Vaitân.

अभिषङ्गिन्.

अभिसिद्धि f. das Zustandekommen Agni-P. 29,11.

अभिसारयिषु Adj. f. den Geliebten (Acc.) zu besuchen beabsichtigend Çiç. 10,20.

अभिहवन n. das Beopfern Âçv. Çr. 4,8,26.

अभिहिक्लं zu beopfern, — begiessen Maitr. S. 1,8,6.

अभिहोम m. Beopferung Vaitân.

अभीष्टि f. Wunsch Tâṇḍja-Br. 1,1,13.

अभूत auch nicht vorhanden Mudrâr. 63,9 (103,2).

अभूमि m. N. pr. eines Sohnes des Kitraka VP.² 4,96.

अभूरि Adj. nicht viel, gering Varâh. Jogaj. 7,2.

अभोक्तर् Nom. ag. Nichtgeniesser. Nom. abstr. °क्तृत्व n. Kap. 3,33.

अभोजित Adj. ungespeist Hemâdri 1,675,21.

अभ्यधिकाधिक Adj. (f. आ) stets zunehmend Naish. 4,6.

अभ्यवकर्षण S. 92, Sp. 3, Z. 2 steht an falscher Stelle.

अभ्यवबाहुक in अभ्यु°.

°अभ्यवायिन् Adj. *hinabgehend in* Âpast.

अभ्यादाव्य m. *das dem Feuer der Vedi nahegekommene und mit diesem sich mischende wilde Feuer* Maitr. S. 1,8,9.

अभ्यारूढक.

अभ्याश्रावण n. *das Zurufen im Ritual* Vaitân.

अभ्यासङ्ग्य m. *ein best.* Ekâha.

अभ्युत्थिति f. = अभ्युत्थान 1) Naish. 8,7.

अभ्युद्धृता, gedr. अभिउद्धृता; statt dessen अभिहुङ्कृता Mahâ, Acc. 39.

अभ्युद्गति f. *das Entgegengehen* Daçak. 27,10.

अभ्युपपादन n. = अभ्युपपत्ति 1) Daçak. 79,3.

अभ्युपाय 1) Nom. abstr. °ता f. Daçak. 92,14.

अभ्युपेतोस् Gen. Inf. (abhängig von ईश्वर:) *zu erlangen* Ait. Br. 7,29.

अभ्रग m. *Vogel* Agni-P. 8,14.

अभ्रगिरि m. N. pr. *eines Berges* Hemâdri 1,315,18.

अमत्सर n. *Uneigennützigkeit* Hemâdri 2,a,8,6.

अमत्सरिन् Adj. = अमत्सर Hemâdri 1,262,8.

अमनाक् Adv. *nicht in geringem Maasse* Naish. 2,17.

अमनीभाव.

अमर्तर्.

अमन्दहृदय Adj. (f. आ) *munteren Herzens* Daçak. 6,1.

अमरगिरि m. *der Berg* Meru Kilâd. 2,59.4,162.

अमरधुनी f. *die* Gaṅgâ Ind. St. 15,296.

अमरनाथमाहात्म्य n. Titel eines Werkes Bühler, Rep. No. 48.

अमरपर्वत Bez. des Meru Hemâdri 1,353,22.

अमरपुर n. = अमरपुरी Daçak. 2,14 (am Ende eines adj. Comp.).

अमरवधू f. *eine* Apsaras Hemâdri 1,301,6. 318,9.

अमरस्त्री f. dass. ebend. 1,364,20.

अमरेश्वरकल्प m., अमरेश्वरमाहात्म्य n. und अमरेश्वरयात्रा f. Titel von Werken Bühler, Rep. No. 49. fgg.

अमस्वरी Adj. f. Maitr. S. 2,4,7. 8 st. समस्वरी der TS.

2. अमांस, auch *ohne Fleisch* Pâr. Gṛhy. 1,3,19.

अमात् Adj. *keinen Baum habend in* (Loc.) Çç. 3,78. 13,1.

अमाष auch *mit Ausnahme von Bohnen* Hemâdri 1,793,1.

अमिति auch *Unbegrenztheit* Naish. 4,53.

अमित्रकर्षिन् Adj. = अमित्रकर्षण R. Gorr. 2,6,27.

अमिथुन Adj. Pl. *nicht beide Geschlechter untereinander* Âçv. Gṛhy. 4,2,2.

अमी Adv. mit कर् *mit dem Namen* अमा *belegen* Naish. 4,63.

अमुक्त 4) *wobei man nicht alle Finger ausser Spiel lässt* Saṁhitopan. 16,4.

अमुह्यमान Adj. = अमुह्यत् Naish. 6,103.

अमुत्रार्थ Adj. *für das Jenseits nützlich* MBh. 12, 269,2.

अमृत 3) *f*) γ) eines Flusses Hemâdri 1,314,12.

अमृतर्चित् Adj. *wie Nektar geschichtet* Maitr. S. 3,4,4.

अमृतद्युति Naish. 2,101.

अमृतप्राश n. *eine best. Mixtur* Káraka 6,16.

अमृतवर्षिन् Adj. *Nektar regnend* Çiç. ed. Pisch. 64,9.

अमृतापिधान n. *eine unvergängliche Decke* Taitt. Âr. 10,35.

अमृतासङ्ग Káraka 6,7. 9.

अमृतोपस्तरण n. *eine unvergängliche Unterlage* Taitt. Âr. 10,32.

अमृत्पात्रप.

अमृत्युशङ्कित Adj. *den Tod nicht fürchtend* Naish. 9,87.

अमृन्मय TBr. 3,7,6,11.

अमोघ 1) Nom. abstr. °ता f. Daçak. 32,14.

अम्बिका 8) *f*) zweier Flüsse Hemâdri 1,314,11. 315,19.

अम्बुकुक्कुटिका f. *Wasserhuhn* Suçr. 1,205,14.

अम्बुजन्मन् Naish. 1,132.

अम्बुजात Adj. *im Wasser geboren*. Rudra-Çiva Hemâdri 1,207,21.

अम्बुजासना f. Bein. der Lakshmî Daçak. 40,5.

अम्बुजिनी f. *eine Gruppe von am Tage blühenden Lotusen* Naish. 3,48. 7,87.

अम्बुदागम m. *Beginn der Regenzeit* Naish. 2,46.

अम्भःश्यामाक m., so zu lesen.

अम्भोजबन्धु m. Bein. *der Sonne* Hemâdri 1,760,5.

अम्लान 2) Hemâdri 1,284,15. 285,9.

अयक्ष्मस्, अयक्ष्मा Maitr. S. 3,3,9.

अयत Adj. *nicht angereiht*, — *angeschlossen* Maitr. S. 1,8,6.

अयथादेवत्य Adj. *nicht* Jama *zur Gottheit habend* Maitr. S. 3,2,3.

अयसे Dat. Inf. *zu gehen* Ṛv. 1,57,3.

अयस्कील m. N. pr. eines Berges Devîâv. 43.

अयाचितव्रत Adj. *von freiwillig gereichten Speisen lebend* Âpast.

अयाच्य Adj. *nicht mit einer Bitte anzugehen von* (Gen.) Ind. St. 15,399.

अयाशार्य.

अयुद्धमनस् Adj. *nicht kampflustig* R. 7,8,2.

अयुपित.

1. अयोग 9) *Zerstreutheit* Âpast.

अयोगिन् Adj. (vom geliebten Gegenstande) *getrennt* Naish. 4,49. 97.

अयोमिश्र Adj. (f. आ) *mit Eisen besetzt* Âpast.

अयोरस् und am Ende eines adj. Comp. °रस्क Káraka 6,7.

अयोरजोमय Adj. *aus Eisenrost*, — *Eisenfeilicht* Káraka 6,19.

अर् Caus. 9) *Jmd* (Acc.) *versehen mit* (Instr.) TS. 6,1,6,2.

अरक्षक Adj. (Bedrängte) *nicht schützend* Agni-P. 18,11.

अरक्षस्य Adj. *frei von* Rakshas Maitr. S. 3,7,7.

अरग्वक *wohl eine best. Frucht* Hemâdri 1,621, 5. 622,8.

अरन्ध्र Adj. *keine Oeffnung habend* Naish. 3,44.

अरशन Adj. *ohne Gurt* Maitr. S. 2,9,4.

अरमपितर्.

अरागिता f. *Gleichgültigkeit gegen* (Loc.) Sâh. D. 22.

अरिक्त Adj. *nicht ermangelnd*, *voll von* Naish. 6,65.

अरुणत्व n. *Röthe* Hemâdri 1,288,12.

अरुपीत Adj. *gelb gesprenkelt* TS. 5,6,23,1.

अरुष्क am Ende eines adj. Comp. = अरुस् *Wunde* Káraka 6,24.

अर्जल Maitr. S. 1,8,5.

अरोचकिन् Adj. *keinen Appetit habend zu* (Loc.) Hemâdri 1,3,20.

अरोमश Adj. *unbehaart* Varâh. Bṛh. S. 70,5.

अर्ककर m. *Sonnenstrahl* Naish. 2,100.

अर्कनेत्र Adj. *zwölfäugig* Kilâd. 4,18.

अर्कवत् auch *dem zu Ehren der* Arka *dargebracht wird* (Maitr. S. 2,2,9) und *das Wort* अर्क *enthaltend* (Tâṇḍja-Br. 5,1,8).

अर्कोपल Naish. 2,87.

°अर्जितत्व n. *das Erworbensein durch* Kap. 2,168,33.

अर्जुनार्चपारिजात, lies अर्जुनार्चा°.

अर्थकर्तर् Nom. ag. *Nutzen stiftend* Kilâd. 5,259.

अर्थकारणात् *eines Vortheils wegen* Hemâdri 1, 89,20.

अर्थकारिन् Adj. *Nutzen schaffend*. Rudra-Çiva Hemâdri 1,209,1.

अर्थग्राहिन् Adj. *den Nutzen wählend* Âpast.

अर्थदान auch *das Spenden mit egoistischer Absicht* Hemâdri 1,14,3.

अर्थपर Adj. *habsüchtig* R. Gorr. 2,16,24.

अर्थबहुल Adj. *dem Inhalte* —, *dem Stoffe nach reich* Káraka 3,8.

अर्थमत्त Adj. *geldstolz* Daçak. 66,12.

अर्थप् mit अभि, अभ्यर्थसि = प्रेरयसि Comm. zu R. ed. Bomb. 2,21,56. Vielleicht ist अभ्यार्हसि gemeint.

अर्थयितृ Nom. ag. ein Bittender Naish. 3,134.

अर्थराशि m. Reichthum Daçak. 83,6.

अर्थलुब्ध Adj. geldgierig Daçak. 67,18.

अर्थलोल Adj. dass. Kirât. 3,121.

अर्थशास्त्रक n. = अर्थशास्त्र Agni-P. 1,17.

अर्थाय् wie Geld behandeln, so v. a. ängstlich verbergen Naish. 3,63.

अर्थालंकार m. auch Titel eines Werkes Bühler, Rep. No. 223.

अर्थोत्सर्ग m. Geldausgabe Mudrâr. 67,20 (111,10).

°अर्दिन् Adj. hart mitnehmend Naish. 2,10.

अर्ध्, शर्द्ध 3) gelingen VS. 18,11. — Mit वि, व्यृद्ध sündlich Âpast.

अर्धक auch Hälfte Hemâdri 1,479,18.

अर्धकाटसंधिक Adj. Bez. eines best. Verbandes Suçr. 1,30,1.

अर्धकर्ण m. Radius.

अर्धचन्द्र Adj. halbmondförmig Hemâdri 2,a,61,3.11.

अर्धचन्द्रधर Adj. einen Halbmond tragend. Rudra-Çiva Hemâdri 1,204,3.

अर्धनागरी f. eine best. Schriftart.

अर्धनारीश्वरस्तोत्र n. Titel eines Werkes Bühler, Rep. No. 107.

अर्धपतित Adj. halb verfallen. Haus Agni-P. 38,16.

अर्धपद auch ein halbes Fach, — Feld Agni-P. 40,1.3.

2. अर्धपद Adj. ein halbes Fach oder Feld einnehmend Varâh. Bṛh. S. 53,55.

अर्धपाद auch Viertel Hemâdri 1,612,7.

अर्धप्रसूता Adj. f. noch im Gebären begriffen Hemâdri 1,82,2.

अर्धवर्त्मन् n. = अर्धपथ Naish. 3,18.

अर्धदेहा Adj. f. deren halber Körper Çiva ist Naish. 3,29.

अर्धशाणी f. ein halbes hänfenes Gewand. °पत्त m. die Hälfte davon Âpast.

अर्धषष्ठ Adj. Pl. sechstehalb Pâr. Gṛhy. 2,11,10.

अर्धसप्तम Adj. Pl. siebentehalb Pâr. Gṛhy. 2,11,11.

अर्धसमस्या f. Ergänzung eines nur halb ausgesprochenen Gedankens Naish. 4,101.

अर्धस्थ Adj. ein halbes Fach oder Feld einnehmend Agni-P. 40,7.

अर्धर्चशस्य n. das Recitiren nach Halbversen Vaitân.

अर्धावभेद m. = अर्धभेद Karaka 1,15. °क m. dass. 2,7.

अर्भकौकस् Adj. ein kleines Haus habend. Nom. abstr. °स्त्व n. Bhâm. 12,7.

अर्यमनन्दन m. Patron. Jama's Naish. 8,58.

अर्शसिन् Adj. = अर्शस Hemâdri 1,440,15.

°अर्हक Adj. Ansprüche habend auf Hemâdri 1, 673,4. 5.

अलघु 4 nicht unbedeutend Daçak. 51,1.

अलंकाररत्नाकर m. Titel eines Werkes Bühler, Rep. No. 277. fg.

अलंकारिक s. आलं°.

अलंकारिन् Adj. sich auf Schmuck verstehend Ind. St. 15,293.

अलंकारोदाहरण n. Titel eines Werkes Bühler, Rep. No. 210. fg.

अलङ्घनीय auch unerreichbar für (Instr.) Hemâdri 1,282,16.

अलस, f. आ Naish. 3,39.

अलमर्थवचस् n. ein Wort der Abwehr, ein Nein Çiç. 10,75.

अलाक m. = अलर्क 3) Karaka 8,10.

अलिङ्गसंख्य Adj. ohne Genus und Numerus Comm. zu Gaṇar. 2,68.

अलीक 1) f. आ Naish. 6,16.

अलीकनली Adv. mit कर् zum Schein Nala's Gestalt annehmen Naish. 6,61.

अलीकवादशील Adj. lügenhaft Daçak. 90,19.

अलीढ Adj. unbeleckt Varâh. Jogaj. 8,2.

अलीन Adj. nicht in Etwas steckend Spr. 3250.

अल्पतपस् Adj. der wenig Kasteiungen geübt hat Varâh. Jogaj. 8,13.

अल्पप्रचार Adj. sich selten zeigend.

अल्पवसु Adj. wenig besitzend Hemâdri 1,433,9.

अल्पवित्तवत् Adj. dass. ebend. 1,361,19.

अल्पवीर्य Adj. schwach Kirât. 3,50.

अल्पश्रुत Adj. ungelehrt Hemâdri 1,329,19.

अवका m. = अवका Maitr. S. 3,15,1.

अवकेशिन् m. ein unfruchtbarer Baum Naish. 2,15.

अवक्षाम in अनवक्षाम.

अवगाह 1) auch so v. a. das in der Erde Stecken (eines Berges) Hemâdri 1,297,11.

अवतंस 1) Nom. abstr. °ता f. Daçak. 87,9.

अवतमन auch das Stossen (eines Wagens) Karaka 6,26.

अवतंसय् als Kranz verwenden. मूलावतंसित so v. a. gepfählt Daçak. 41,16.

अवतर m. Gelegenheit, günstiger Augenblick Naish. 3,53.

अवतारप्रेतिन् m. N. pr. eines Mannes Lalit. 391,14.

अवधानवत् Adj. aufmerksam. Nom. abstr. °वत्ता f. Comm. zu Naish. 8,9.

°अवधिक Adj. nach — erfolgend Daçak. 60,12.

अवधी Adv. 1) mit कर् zum Grenzpunct machen, sich erstrecken lassen bis (Acc.) Hemâdri 1, 130,11. 15. — 2) mit भू zum Grenzpunct werden, Einhalt gebieten Naish. 3,131.

अवधूलय्, °यति bestreuen Hemâdri 1,588,4.

अवधेय n. impers. = अवधातव्य ebend. 1,192,11.

अवनाटनासिक Adj. mit einer herabhängenden Nase Harshaé. 199,15.

अवनिपातम् Absol. mit पत् zu Boden fallen Daçak. 48,13.

अवनिभृत् Berg und zugleich Fürst, König Naish. 4,11.

अवनीगुप् m. Fürst, König Naish. 1,107.

अवनीभृत् m. dass. Naish. 2,66.

अवन्तीकुमार m. N. pr. des Gründers von Avanti Ind. St. 15,269.

अवन्तीपुरी f. = अवन्ती 1) Ind. St. 15,313.

अवन्तीसुकुमाल m. N. pr. eines Mannes Ind. St. 15,290. fg.

अवन्ध्य 1) Nom. abstr. °ता f. Daçak. 5,3.

अवपदस् Abl. Inf. mit त्रा vor dem Herabfallen schützen ṚV. 2,29,6.

अवपन n. das Nichtscheeren Pâr. Gṛhy. 2,1,25.

अवपूरण n. Ueberschüttung mit (im Comp. vorangehend) Karaka 6,12.

अवभृथ 1) °यजूंषि TS. 6,6,3,1. °सोम m. Vaitân.

अवम m. n. und °वासर m. ein mit drei lunaren Tagen zusammenstossender Wochentag Hemâdri 1,77,15. 19. 21.

अवये Dat. Inf. fortzugehen ṚV. 8,47,12.

अवरुणगृहीत Adj. nicht von Varuṇa ergriffen Maitr. S. 1,10,12. 2,3,6.

°अवरोधिन् auch hemmend Naish. 1,6.

अवर्षिन् Adj. nicht regnend Hemâdri 1,11,7.

अवर्ष्य (f. आ) Maitr. S. 2,9,7. nicht vom Regen kommend TS. 7,4,13,1.

अवलम्बक Adj. herabhängend Hemâdri 1,194,5.

अवलम्बनक n. Halt, Stütze ebend. 1,191,22.

अवलम्ब्य Adj. anzuhängen ebend. 1,173,11. 16. 177,13.

अवलुप्ति f. Abfall Tâṇḍja-Br. 6,3,12.

अवश्य 1) Hemâdri 1,675,4. 5.

अवसथिन् Adj. eine Wohnung habend ebend. 1, 674,20.

अवसर्पिन् Z. 3 lies 3,9.

अवसितार्थ Adj. (f. आ) zufriedengestellt Daçak. 86,10.

अवसे Dat. (Abl.) Inf. प्रावसे bis zur Einkehr ṚV. 3,33,20.

अवस्फूर्ज m. = °थु Pâr. Gṛhy. 2,11,2.

अवस्वद्वस् Adj. mit Strebenden vereint Maitr. S. 2,6,3.

अवस्वन्य Adj. rauschend, tosend Maitr. S. 2,9,5.

अवहनन 2) genauer *die linke Lunge* Comm. zu Vishṇus. 96,91.

अवहितत्व n. *Aufmerksamkeit* Naish. 5,19.

अवाच्य 1) *a*) Nom. abstr. °त्व n. Naish. 2,105.

अवाचीनबिल Adj. (f. आ) *mit der Oeffnung nach unten* Tāṇḍja-Br. 2,13,1. 2. Nom. abstr. °त्व n. Comm.

अवाच्यवचनयुद्ध n. *ein Wettstreit im Sagen von Unanständigkeiten* Harshaḱ. 96,19.

अवाप्त n. *Quotient* Utpala zu Varāh. Bṛh. 7,1.

अवामन m. *kein Zwerg* Agni-P. 4,10.

अवारक (?) Mān. P. 49,17.

अवारितद्वार Adj. *dem der Eingang nicht verboten ist*. Nom. abstr. °ता f. Naish. 3,41.

अवारितम् Adv. *ungehemmt* Mudrâr. 79,7 (133,7).

अविकम्पित Adj. *nicht zitternd, unerschüttert* Kathâs. 60,128.

अविकृष्ट Adj. *auch unberaubt* Ait. Br. 8,11.

अविलिप्त Adj. *nicht vereitelt* MBh. 12,237,37.

अविलोभ m. *das nicht aus der Ordnung Kommen* Maitr. S. 2,3,3.

अविचलत् Adj. *sich nicht bewegend* Naish. 4,97.

अविच्युत Adj. 1) *unverlierbar*. — 2) *fehlerlos*.

अविशद 1) Nom. abstr. °ता f. Naish. 5,130.

अवितर्कयत् Adj. *sich nicht lange bedenkend* Hemâdri 1,683,2.

अविदाहिन् Adj. *nicht brennend* Karaka 6,18. Nom. abstr. °हित्व n.

अविद्रोह.

अविविद Adj. *die Vorschrift nicht kennend* Hemâdri 1,471,13.

अविधेय, Nom. abstr. °ता f. *Widerspänstigkeit* (des Schicksals) Mudrâr. 78,3 (130,9).

अविनिर्यत् Adj. (f. °न्ती) *nicht hinausgehend* Naish. 4,34.

अविभिन्नकालम् Adv. *zu derselben Zeit* Mudrâr. 63,13 (103,8).

अविमुच्यमान Adj. *nicht ausgespannt werdend* Ait. Br. 6,23.

अविमोक्ष m. *Nichterlösung* Bâdar. 2,1,11.

अविरेचनीय Adj. *dem man keine Abführung geben darf* Suçr. 2,188,1. 6.

अविरोचित Adj. *nicht ungern gesehen* Çiç. 10,49.

अविश्रम° *ohne auszuruhen* Naish. 3,19.

अविस्मृत Adj. *nicht vergessen* Mudrâr. 107,17 (166,19).

अवीक्षित Adj. 1) *vorher nicht gesehen* Naish. 1, 40. 8,12. — 2) *nicht erkannt* Spr. 6213.

°अवीक्षिन् Adj. *nicht sehend* Naish. 1,23.

अवीर्यवत् Adj. *schwach, machtlos* Maitr. S. 3,8,1.

अवेक्षण 1) *das Hinabblicken in* Pâr. Gṛhj. 3,7,6.

अवेदनीय Adj. *unerkennbar* Hemâdri 1,209,16.

अवैदिक Adj. *nicht mit dem Veda vertraut* Hemâdri 2,*a*,73,21. 22.

1. अव्यङ्ग, f. आ Agni-P. 41,17.

अव्यथिष्यै Kâṭh. 3,7. अव्यथिषे (!) Maitr. S. 1,2,17.

अव्ययवृत्ति f. *Titel eines Werkes* Bühler, Rep. No. 272.

अव्यवस्थितचित्त Adj. *unbeständigen Sinnes* Spr. 1988.

अव्यवानम् Absol. *ohne dazwischen zu athmen, ununterbrochen* Maitr. S. 1,10,9.

अव्यात्त Adj. *nicht geöffnet*. Mund Agni-P. 44,19.

अव्याधित Adj. *Nichts mit einer Krankheit zu thun habend* MBh. 2,64,18.

अव्यापुक Adj. *nicht entlaufend* Maitr. S. 4,1,3.

अव्युत्क्रान्त Adj. *keiner Uebertretung schuldig*, mit Loc. Hemâdri 1,32,5.

अव्युप्तकेश Adj. *mit ungeschorenem Haar* Maitr. S. 2,9,5.

अव्रय, f. आ Karmapr. 15,11.

2. अश् mit संप्र *geniessen* Hemâdri 1,398,6. 481,12.

अशकलीकरण Adj. *wobei keine Zerstückelung stattfindet* Harshaḱ. 126,3.

अशकुनी Adv. mit भू *zu einem bösen Omen werden* Naish. 3,9.

अशक्तिमन्त् Adj. *unvermögend* Hemâdri 1,335,3.

अशङ्कम् Adv. *ohne Bedenken* ebend. 1,792,9.

अशतवर्ष Adj. *noch nicht hundert Jahre alt* Pâr. Gṛhj. 3,10,1.

अशनीश m. Bein. Rudra-Çiva's Hemâdri 1, 203,11.

अशयान Adj. *nicht liegend* ebend. 1,253,16.

अशरण्य (f. आ) 3) *schutzlos* Daçak. 7,16.

अशान्त 1) Maitr. S. 3,1,6.

अशितव्य n. impers. Maitr. S. 1,5,7.

अशिथिर Adj. = अशिथिल. Nom. abstr. °त्व n. Maitr. S. 2,2,8. 3,5,3. 7,3.

अशिरःस्नान n. *das Nichtnassmachen des Kopfes* Suçr. 2,363,18.

अशिरोग्रीव Adj. *ohne Kopf und Hals* R. 3,74,14.

अशिल Adj. (f. आ) *steinlos* R. 3,74,15. 6,82,182.

अशिल्पजीविन् Adj. *von keinem Handwerk lebend* MBh. 1,91,5.

अशीति, अशीत्यंतर Adj. und अशीत्यन्तरत्व n. Nom. abstr. Maitr. S. 3,2,5.

अशीर्णाग्र Adj. *mit nicht abgebrochener Spitze* Karmapr. 13,19.

अशुभचिन्तक m. N. pr. *eines Wahrsagers* Kautukas.

1. अशून्यार्थ m. *Aufklärung* Mudrâr. 168,4 (n. A.).

°म् Adv. *zur A.* 106,3. 115,18 (176,6).

2. अशून्यार्थ Adj. *klar, verständlich* Mudrâr. (n. A.) 109,2.

अशोकवर्ण Adj. N. pr. eines Ḱakravartin Divyâv. 35.

अशोकवनिका n. *das* Açoka-*Wäldchen auf* Laṅkâ Agni-P. 7,18.

अशौचक Adj. *unrein* Hemâdri 1,603,7.

अश्मसक्तु n. *Erdharz* Karaka 6,18.

अश्मशानचित् Adj. *nicht wie eine Leichenstätte geschichtet* Maitr. S. 3,3,1.

अश्रावयत् Adj. *Jmd* (Acc.) *Etwas nicht hören lassend* Hemâdri 1,323,1.

अश्रुत 1) *a*) Nom. abstr. °ता f. *Unbekanntheit* Daçak. 12,16.

अश्रुमय Adj. *aus Thränen bestehend* Naish. 4,88.

अश्रूयमाण Adj. *was nicht gehört oder gelehrt wird* Hemâdri 1,238,18.

अश्वोत्तर.

अश्वक्रान्त Adj. *von Rossen betreten* Taitt. Âr. 10,1,8.

*अश्वक्रीत Adj. (f. ई) *für ein Pferd gekauft*.

अश्वतीर्थक m. N. pr. eines Schlangendämons Divyâv. 72.

अश्वत्थ 1) *a*) °त्थी f. Maitr. S. 2,6,6. Nom. abstr. अश्वत्थत्व n. 1,6,12.

अश्वपद् (stark °पाद्) m. *Pferdefuss* Vaitân.

अश्वमेधवत्.

अश्ववत् Adj. *das Wort* अश्व *enthaltend* Tâṇḍja-Br. 12,1,13.

1. अश्ववार = अश्ववाल 2); vgl. आश्ववार.

अश्वशीर्ष m. *eine Form* Vishṇu's (*mit einem Pferdekopf*) Agni-P. 49,2; vgl. Hemâdri 1,309,1.

अश्वहन् m. *Nerium odorum* Karaka 1,3.

अश्वहृदयम्.

अश्वामुख m. *das unterseeische Feuer* Naish. 8,41.

अश्वावत्, lies अश्वावती.

अष्टकोण Adj. *achteckig* Hemâdri 2,*a*,60,18. °क dass. 61,5.

अष्टमहासिद्धिमय Adj. *den acht grossen Vollkommenheiten gleichkommend* Ind. St. 15,390.

अष्टलोह n. = °क Hemâdri 1,215,11.

अष्टवार्षिक Adj. (f. ई) *acht Jahre dauernd* ebend. 1,86,14.

अष्टशती f. *achthundert* Sûrjas. 2,64.

अष्टस्तनी (so zu lesen) Maitr. S. 2,1,7.

अष्टाङ्गप्रणिपात m. *das Niederfallen zur Erde mit acht Theilen des Körpers* Hemâdri 1,244,12.

अष्टाचत्वारिंशक Adj. *48 (Jahre) während* Pâr. Gṛhj. 2,6,2.

अष्टादशता f. Nom. abstr. von अष्टादशन् Naish. 1,1.

अष्टादशवक्र m. N. pr. eines Berges Divyâv. 43.

अष्टादिश् (!) f. Pl. die acht Weltgegenden Hemâdri 2,a,61,21.

अष्टानिधन n. Name zweier Sâman Ârsh. Br.

अष्टाप्रुष् Adj. (Nom. °प्रूट्) achttropfig. Gold TS. 3,4,6,1.

अष्टामृड Adj. zu हिरण्य Kâṭh. 13,10.

अष्टास्तना Adj. f. achtzitzig TS. 5,1,6,1.

अष्ठील m. oder n. = अष्ठीला 3) Hemâdri 1,729,6.

2. अस् mit उद् 2) auch schleudern (eine Waffe) Naish. 4,39. — Mit अभिसम् zusammenstellen Kâraka 1,1.

3. अस् Interj. am Ende eines Sâman Tâṇḍya-Br. 12,3,21.

*असं (Nom. °सम्) nicht er P. 6,1,132.

असंयोगोपध Adj. dessen vorletzter Laut kein Doppelconsonant ist P. 4,1,54.

असंवर Adj. nicht verborgen, — zu verbergen Naish. 1,53.

असंशुद्ध Adj. nicht bereinigt, — bezahlt.

असंस्कार m. keine Einweihung Pâr. Gṛhy. 2,5,42.

असंस्यूत Adj. unzerbissen Pâr. Gṛhy. 2,14,23.

असंक्राप्य auch nicht zu beseitigen, dem kein Einhalt zu thun ist. °म् Adv. so v. a. auf Nimmerwiedersehen Tâṇḍya-Br. 9,1,21. 22.

असक्त 2) c) im Nu Daçak. 45,14.

असंक्रान्त m. Schaltmonat Hemâdri 1,79,20.

असंख्येय 1) Nom. abstr. °ता f. Ind. St. 15,364.

असंख्येयक Adj. = असंख्येय 1) Agni-P. 10,5.

असंत्रास Adj. sich nicht bäumend.

असंचेतयमान Adj. nicht gewahr werdend Spr. 0125.

असत्यवाद m. Lüge Daçak. 72,13.

असपत्नेष्टका f. = असपत्न 2) Vaitân.

असब्रह्मचारिन् m. kein Mitschüler Pâr. Gṛhy. 2, 11,9.

असमता f. das Keinen seines Gleichen Haben Naish. 3,123.

असमर्पण n. das Nichtabliefern, Nichtbezahlen Hemâdri 1,19,7. 46,6.

असमशर m. Bein. des Liebesgottes Naish. 3,133.

असमान Adj. mit keinem Andern gemeinsam, unvergleichlich Daçak. 19,1.

असमावेश m. Nichtbesetzung Mahâbh. in Ind. St. 13,472.

असमाशुग m. der Liebesgott Naish. 4,118.

असमीलित Adj. dem Auge sich entziehend R. 5,81,3.

असंपत्ति f. das Nichtausreichen, Zuwenigsein Hemâdri 1,643,10.

असंप्रकीर्ण Adj. unvermengt.

असंप्रमाणि Adj. nicht zu geräumig Çâṅkh. Gṛhy. 6,2.

असंभिन्दत् Adj. (f. °ती) nicht verletzend Tâṇḍya-Br. 7,9,11.

असंभूत Adj. nicht gemacht, natürlich Kumâras. 1,31.

असरूप Adj. ungleichartig P. 3,1,94.

असहचरित Adj. kein Genoss seiend Paribh. 103.

असहमान Adj. nicht ertragend. — duldend Mudrâr. 82,18 (137,10).

असापत्न्य n. Feindlosigkeit Naish. 7,17.

असारूप्य n. Formverschiedenheit Paribh. 8.

असार्वत्रिक, f. ई Bâdar. 3,4,10.

असितपुच्छक m. ein best. Thier, = कालपुच्छक Kâraka 6,12.

असितवर्त्मन् m. Feuer, Gott Agni Harshaḱ. 170,11.

असिपुत्रिका Hemâdri 1,647,17. °पुत्री 703,2.

असीम Adj. (f. आ) = असीमन् Naish. 3,98.

असुदर्शन Adj. nicht leicht zu erblicken. Nom. abstr. °ता f. Hemâdri 1,333,13.

असूत Adj. ohne Wagenlenker R. ed. Bomb. 6,91,28.

असूय्, statt des blossen Acc. auch Acc. mit प्रति MBh. 12,109,13. — Mit अभि ungehalten sein Naish. 3,102.

असूयिन् in अनसूयिन्.

अस्तर्य Maitr. S. 1,3,10.

अस्ताभिलाषिन् Adj. zum Untergang sich neigend Mudrâr. 93,8 (153,8).

अस्तेयता f. = अस्तेय Hemâdri 2,a,7,21.

अस्तोम m. kein rechter Stoma Tâṇḍya-Br. 3,9,3.

अस्थिचित् Adj. nicht wie Knochen geschichtet Maitr. S. 3,3,1.

अस्थुषस् in einem best. Falle zu sprechen für तस्थुषस् Tâṇḍya-Br. 7,7,10.

अस्नान n. das Nichtbaden MBh. 14,19,6. = नैष्ठिकब्रह्मचर्य Nîlak.

अस्नायिन् Adj. der sich nicht gebadet oder gewaschen hat Hemâdri 1,99,1 v. u.

अस्पृक्, Nom. abstr. °त्व n. Hemâdri 2,a,8,13.

अस्फुटित auch nicht geöffnet (Augen) Naish. 1,141.

अस्फुरत् Adj. nicht zitternd Hemâdri 1,681,17.

अस्मद्देवत्य Adj. uns zur Gottheit habend Tâṇḍya-Br. 9,1,36.

अस्मीवर्ती (Nom. °म्) = अस्मीचि Maitr. S. 2,8,3. 13,14.

अस्वधर्म m. Pflichtvergessenheit Daçak. 55,9.

अस्वाङ्गपूर्वपद Adj. dessen erstes Glied (in der Zusammensetzung) kein Körpertheil ist P. 4,1,53.

1. अंहस् Maitr. S. 2,9,3.

अह्र्पति 1) Maitr. S. 1,11,3.

अह्चार Adj. am Tage wandelnd Çâṅkh. Gṛhy. 2,14.

आक्लुप्तम् 2, आक्लुप्ताय Pâr. Gṛhy. 2,13,2.

अक्लिष्ट Adj. betrübt Naish. 5,121.

अक्षेतुक. f. आ Naish. 4,105.

अकेलि m. etwas Anderes als die Sonne Naish. 3,80.

अकेलिन् Adj. nicht tändelnd ebend.

अक्रोतव्य Adj. nicht zu opfern Maitr. S. 1,6,10. 8,7.

अक्रोमक Adj. ohne Spende Comm. zu Gobh. 1, 9,27 (Karmapr. 9,7). Nom. abstr. °त्व n. ebend.

अह्रस्त Adj. unverkürzt Vaitân.

आकर्णतट° Adv. bis zum Ohrknorpel Naish. 6,57.

आकर्णदेशान्तम् Adv. bis zur Gegend des Ohres MBh. 3,99,53.

°आकर्णिन् Adj. hörend Naish. 1,18.

आकर्षफलक n. Würfelbrett Pâr. Gṛhy. 2,10,17.

आकर्षिन् 1) mit sich fortschleppend Daçak. 77,17.

आकाल्पसार Adj. putzsüchtig Daçak. 68,9.

आकाश, lies Anthemis.

आकीटम् Adv. vom Wurm an Naish. 6,106.

आकुमार° vom Knaben an Ragh. 4,20.

आकृतिलोष्ट ? Vaitân.

आकैटभवैरि Adv. bis zum Feinde Kaiṭabha's, d. i. bis Vishṇu Naish. 6,106.

आक्रोडम् Adv. bis zum Unterleibe Bhâg. P. 10, 83,23.

आक्षिद् Adj. der ansichreisst Maitr. S. 2,9,8.

आख्या 2) lies Betrag, Belauf.

आगति 1) Nom. abstr. °त्व n. Daçak. 63,11.

आगरव Adj. = आगुरव Harshaḱ. 184,19.

आगर्भम् Adv. bis zum Kinde im Mutterleibe Ind. St. 14,104.

आग्निवाहर्ण Adj. (f. ई) Maitr. S. 2,1,4.

आग्रयणदेवता f. eine Gottheit des Erstlingsopfers Çâṅkh. Gṛhy. 3,8.

आघर्घरम् Adv. knurrend Mâlatîm. 78,7 (171,5).

आचन्द्रतारकम्, lies so lange Mond und Sterne bestehen und füge Hemâdri 1,601,18 hinzu.

आचमनक Harshaḱ. 115,7. 121,13.

आचमनीयक Agni-P. 34,21. Hemâdri 1,787,13.

आचार्यकालकूट m. N. pr. eines Priesters Kautukas.

°आडम्बरित Adj. auf's Höchste gesteigert Ind. St. 15,371.

आतपनिवारण n. Sonnenschirm Varâh. Jogaj. 8,13.

आतपत्रारण Adj. vor Hitze schützend. वृष्टेरातप° vor Regen und H. sch. Hemâdri 1,137,19.

आतिच्छन्दस Maitr. S. 3,13,10.

आतिजगत Adj. im Metrum Atigagatî verfasst Comm. zu Tâṇḍya-Br. 12,10,2.

आतियात्रिक Adj. von आतियात्रा Çaṁk. zu Bâdar. 4,3,5.

आतिशायिक Adj. in Ueberfluss vorhanden Çiç. 10,25.

आलिमारिक Adj. (f. ई) gleich wie beim Durchfall Kāraka 3,8.

आत्मदेवता f. N. pr. einer Gottheit Hemādri 2,a,84,11.

आत्मयोनि 4) Vishṇu's Mudrâr. 167,1 (231,5).

आदधीचि Adv. mit Einschluss von Dadhîki Naish. 5,111.

आदरिन् Adj. ein grosses Gewicht auf Etwas legend, nicht gleichgültig Naish. 3,63. Am Ende eines Comp. berücksichtigend, hervorhebend 5,25.

आदर्श 4) Musterbild. Nom. abstr. °ता f. Naish. 4,56.

आदशकण्ठबन्धम् Adv. bis zur Gefangennahme Râvaṇa's Bâlar. 183,5.

आदार्य Adj. Maitr. S. 2,10,4 fehlerhaft für अदार्य ṚV. 10,103,7.

आदिचक्रिन् Adj. der zuerst den Discus führte. Vishṇu-Kṛshṇa Agni-P. 31,10.

2. आदित्य 2) अहस् Sonntag Vishṇus. 77,1.

आदित्यवर्ण.

आदित्यधामन् Adj. bei den Âditja seine Stätte habend Maitr. S. 3,2,9.

आदिदीप m. die erste Leuchte. Rudra-Çiva Hemādri 1,205,14.

आदेहदाहम् Adv. seit der Verbrennung des Körpers Naish. 8,43.

आद्यन्तस्थायिक Adj. von Anfang bis zu Ende dauernd Ind. St. 15,392.

आद्वादशवर्षभाविन् Adj. zwölf Jahre während Ind. St. 15,410.

आधारक m. = आधार 2) Hemādri 1,192,12.

आधिकारिक 1) (f. ई) auch zu den einzelnen Abschnitten gehörig Çlâna. Gṛhj. 6,4. vorschriftmässig, ordinär Bhâg. 3,4,11. — 2) füge m. hinzu.

आधीतयजुस्, Nom. abstr. °जुष्ट्व n. Maitr. S. 3,8,4.

आध्यात्मिकी Adv. mit कर् zur Allseele in Beziehung bringen Agni-P. 27,51.

आनन auch Eingang, Thür Hemādri 1,169,9.12.

आनन्द 9) auch ein Name der Gaurî Hemādri 1,393,16.

आनन्दकाव्य n. Titel eines Werkes Bühler, Rep. No. 108.

आनन्दप्रभा f. N. pr. einer Surâṅganâ Ind. St. 15.

आनर्तक m. Pl. = आनर्त 1) c) Hemādri 2,a,29,20.

आनीलनिषधायत Adj. vom Gebirge Nîla bis zum Gebirge Nishadha sich erstreckend Hemādri 1,293,21. 296,6.

आनीलनिषधायाम Adj. dass. ebend. 1,307,19.

आसर 3) n. Herz Naish. 9,100.

आन्दोल = °क Hemādri 1,366,1.

आप् mit अव Caus. Jmd (Acc.) Etwas (Acc.) erlangen lassen Naish. 8,29.

आपल्ल eine best. Körnerfrucht Maitr. S. 2,6,5.

आपत्तिसम m. = उपपत्तिसम Sarvad. 114,18.

आपर्वभङ्गनिपुण zu streichen; vgl. oben अपर्व°.

आपादन Adj. bewirkend Agni-P. 43,12.

°आपादिन् Adj. gerathend in, unterliegend Lâṭj. 2,7,19.

आपीठान्तम् Adv. bis zum Ende des Piedestals Hemādri 1,259,7.

आपीड 2) am Ende eines adj. Comp. f. आ Hemādri 2,a,90,21. 119,12.

आपुङ्खाग्रम् Adv. bis zum untersten Ende des Pfeils Naish. 8,2.

आपृच्छा, lies wonach man zu fragen —, d. h. sich zu richten hat.

आप्तच्छन्दस् Adj. dem Metrum nach vollständig Tâṇḍja-Br. 4,8,7.

आप्तमीमांसालंकृति, °मीमांसाविवृति und °मीमांसावृत्ति f. Titel von Werken Bühler, Rep. No. 564. fgg. आप्त° in den zwei letzten Titeln.

आप्तर् in अनाप्तर्.

आप्तवाद m. der Ausspruch einer Autorität Ind. St. 15,355.

आप्तविभक्तिक Adj. in den Casusendungen vollständig Tâṇḍja-Br. 4,8,7.

आप्तस्तोम Adj. in den Stoma vollständig ebend.

°क Codin.

आप्यानवत्, so zu lesen.

आप्यायिनी f. eine best. Çakti Hemādri 1,198,1.

आप्सर Adj. den Apsaras gehörig Hemādri 1,164,12.

आब्रह्मभुवनान्तिकम् Adv. bis zu Brahman's Welt Hemādri 1,273,8.

आब्रह्माण्ड° Adv. so lange die Welt besteht Hemādri 1,700,11.

आभरणी Adv. mit भू zum Schmuck werden Naish. 6,2.

आभिज्ञानिक Adj. auf das Erkennen sich beziehend Daçak. 92,4.

आभिरामिक Adj. liebenswürdig Mudrâr. 82,8 (136,12).

1. आभोग 8) Harshak. 185,21. °गाण्ड्य 188,18.

3. आभोग Adj. aller Genüsse theilhaftig Taitt. Âr. 1,8,8.

आभ्र Adj. vom Talk Naish. 6,62.

आमज्जम् Adv. bis in's Mark Naish. 8,31.

आमर्दिन् Adj. roh zerstampfend Maitr. S. 1,10,11.

आमृणालम् Adv. bis zur Wurzel (eines Lotus) Naish. 8,69.

आमेखलम् auch bis zum Gürtel, so v. a. bis zur schmalsten Stelle (eines Kuṇḍa) Hemādri 1,130,14.

आम्बुद Adj. von einer Wolke kommend Naish. 4,39.

आयासन wohl das Reizen, Aufbringen.

आयुर्वेदिन् Ind. St. 15,295.

आयुष्य 2) c) ein best. Spruch Vaitân. Jour. 8,8.

आरत n. quidam coeundi modus Cit. im Comm. zu Kir. 5,23.

आरूढ n. das Bespringen Hariv. 4104.

आरोग्य Adj. 1) gesund Hemādri 1,609,2. — 2) Gesundheit verleihend ebend. 1,376,19. 619,12. 766,19. 797,20.

आरोग्यय्, °यति salutare, begrüssen Divjâv. 82.

आरोग्यवत् Adj. gesund Hemādri 1,741,5.

आर्णव Adj. aus dem Meere gekommen Naish. 4,81.

आर्तरव m. Nothgeschrei Daçak. 67,10.

आर्तस्वन m. dass. Pâr. Gṛhj. 2,11,6.

आर्थत् Tâṇḍja-Br. 11,8,10. 12,6,10. 11,10 fehlerhaft für आर्हत्, wie die Hdschrr. haben.

आर्हता f. Nom. abstr. zu आर्ह 1) a) Çiç. 10,49. zu d) 36.

आर्यपुत्रीय Adj. von आर्यपुत्र Naish. 9,65.

आर्हत 2) auch ein Buddhist Agni-P. 16,4.

आलंकारिक (so zu lesen) m. Rhetoriker Comm. zu Çiç. 10,21.

आलम्भम् Absol. anfassend, mit Acc. Tâṇḍja-Br. 3,6,2.

आलिङ्गना f. = आलिङ्गन n. Naish. 6,75.

आलोकक m. Zuschauer Naish. 3,48.

आलोकाचल m. N. pr. eines Gebirges Hemādri 2,a,38,16.

आवामदेव्यम् Adv. mit Einschluss des Vâmadevja Çlâna. Gṛhj. 6,2.

आविर्भूय Adj. das Offenbarwerden Maitr. S. 1,8,6.

आविशम्, lies 2,24,6.

आविष्पृष्ठ Adj. dessen Rücken sichtbar ist Maitr. S. 1,10,7.

°आशंस Adj. erwartend Daçak. 14,1.

आशातिक Adj. Taitt. Âr. 1,8,7. = आगत्य आत्यमानः, अस्माभिरेव बाध्यमानः Comm.

आशापति m. = आशापाल Naish. 8,71.

आशापल्ली f. N. pr. eines Dorfes Ind. St. 15,225.

आशापाल, lies 2,12,4.

आशापुरा f. N. pr. einer Gottheit Ind. St. 15,313.

आशिखम् auch so v. a. vom Fusse bis zum Scheitel Naish. 8,27.

आशीयस् Adv. schneller Tâṇḍja-Br. 18,6,10.

आशुगी Adv. mit भू zu Jmds (im Comp. vorangehend) Pfeil werden Naish. 6,67.

आशूर Adj. Suçr. 1,335,17 fehlerhaft für आसुर.

आश्याम Adj. dunkelfarbig Hemādri 1,581,14.

1. आश्मव 1) Nom. abstr. °ता f. Naish. 3,64.

आश्रवणम् Adj. *bis zum Ohr* Naish. 4,92.

आश्विनेय 2) Naish. 8,29.

आष्टादंष्ट्रु, so zu betonen.

2. आस् v; कथमास्ते तातः so v. a. *wie geht es dem Vater?* Harshac. 126,9. — Mit अनु 1) *sich in Jmds* (Gen.) *Nähe aufhalten* Hemâdri 1,35,20.

आसहस्रकृत्वस् Adj. *bis tausend Mal* Taitt. Âr. 4,28,1.

आस्फाल auch *das Zurückprallen* Naish. 8,88.

आहृत्य Adj. 1) *herbeizuholen* Tâṇḍja-Br. 8,3,2. — 2) *darzubringen* (ein Opfer) ebend. 6,7,14.

3. इ mit अधि Caus. Med. *veranlassen, dass Jmd Jmd* (Acc.) *lehrt*, Hemâdri 1,323,4. — Mit प्राधि *weiter studiren* Çâṅkh. Gṛhj. 6,3. — Mit उद् 9) उदीत = उदित Naish. 1,83. 6,32.74. — Mit अभिपला *einen Fliehenden* (Acc.) *verfolgen* Tâṇḍja-Br. 9,1,20.

1. इक्षुकाण्ड Maitr. S. 2,7,9.

इक्षुदण्डमय Adj. *aus Zuckerrohrstengeln gemacht* Hemâdri 1,404,17.

इक्षुमय Adj. *aus Zuckerrohr gemacht* Hemâdri 1, 341,19.

इक्षुयष्टि f. *Zuckerrohrstengel.* °मय Adj. *daraus gemacht* Hemâdri 1,413,10. 416,17.

इडात्व n. Nom. abstr. von इडा Maitr. S. 4,2,2.

इदंयुगीन Adj. *zu dieser Weltperiode gehörig* Ind. St. 15,204.

इदमीय Adj. (*ihm —, ihr gehörig* Naish. 4,12. 7,87.

इध्मव्रश्चन m. = इध्मप्रव्रश्चन Agni-P. 34,27.

इन्दुका f. N. pr. eines Flusses Hemâdri 1,313,20.

इन्दुगौर m. Bein. Çiva's Ind. St. 15,210.

इन्दुता f. Nom. abstr. zu इन्दु 2) Naish. 6,26.

इन्द्रगृह, vgl. Pâr. Gṛhj. 3,4,18.

इन्द्रजय m. wohl = इन्द्रचित् 1) Agni-P. 40,15.

इन्द्रदेवत्य Adj. Indra *zur Gottheit habend* Pâr. Gṛhj. 2,13,1.

इन्द्रनीलक Hemâdri 1,399,9.

इन्द्रनीलमणिमय Adj. = इन्द्रनीलमय Hemâdri 1, 280,7.

इन्द्रपाश m. Indra's *Schlinge* Pâr. Gṛhj. 3,7,3.

इन्द्रपुरुष m. Indra's *Diener.* Pl. Âçv. Gṛhj. 1,2,5.

इन्द्रप्रस्थमाहात्म्य n. Titel eines Werkes Bühler, Rep. No. 33.

इन्द्रसव Maitr. S. 3,6,3.

इन्द्राशन *Hanf* Kautukar.

इन्धन्वन्, lies *auf dem Feuer stehend, heiss.*

ईम् Interj. Maitr. S. 4,9,22.

इषुमुख n. *Pfeilspitze* Taitt. Âr. 1,4,3.

इषुवर्ष m. *Pfeilregen* Daçak. 84,10.

इषुविक्षेप m. *Pfeilschussweite.*

इष्टकामय Adj. (f. ई) *aus Backsteinen gemacht* Hemâdri 1,160,20.

ईदृक्त्व n. Nom. abstr. zu 1) ईदृश 1) *b*) Naish. 6,106.

ईडेड n. Name eines Sâman Tâṇḍja-Br. 12,12,1.

1. ई als Nidhana eines Sâman Tâṇḍja-Br. 10,10, 1. 12,13. 12,11,16.

ईलति (fingirte 3. Sg. Praes.) *die Bedeutung der Wurzel* ईल् Bâlar. 1,1,3. 3,12.

ईङ्कार Adj. *den Laut* ईम् *hervorbringend* TS. 7, 1,19,1.

ईङ्कृत Adj. *der den Laut* ईम् *hervorgebracht hat* ebend.

ईदृग्भूत Adj. *ein derartiger seiend.* Nom. abstr. °ता f. Naish. 4,55.

ईशाक m. Çiva. Loc. so v. a. *im Nordost* Agni-P. 13,3.

ईशागोचर m. Çiva's *Bereich*, so v. a. *Nordost* Agni-P. 43,4. Hemâdri 1,123,9. 2,*a*,62,15. 63,17.

ईशत्व n. Nom. abstr. zu ईशा 2) *a*) Hemâdri 1,823,3.

ईशानदिश् f. *Nordost* Hemâdri 1,138,1.

ईश्वरकारणिन् m. *Deist* Çaṅk. zu Bâdar. 1,1,11.

ईश्वरकारिन् m. dass. Harshac. 204,7.

ईश्वरशतक n. Titel eines Werkes Bühler, Rep. No. 100.

उक्तिपोष m. *Pleonasmus* Comm. zu Mâlatim. ed. Bomb. S. 2.

उक्तत्व n. Nom. abstr. von उक्त 1) *a*) Maitr. S. 2,5,1.7.

उग्रचण्ड 2) f. आ N. pr. einer Nâjikâ der Devî Hemâdri 2,*a*,83,6.

उग्रदर्पिन् Adj. *von grausigem Aussehen* Hemâdri 2,*a*,100,13.

उग्रवंशकार Adj. *ein gewaltiges Geschlecht erzeugend.* Rudra-Çiva Hemâdri 1,208,3.

उच् mit अभि, अभ्युचित *entsprechend, passend* R. Gorr. 1,73,12.

उच्चतरता f. *Uebermaass* Naish. 5,104.

उच्चनासिक Naish. 2,28.

उच्छल Adj. *hervorspringend* Hemâdri 1,2,13.

उच्चाटनीय Adj. *zu verscheuchen, verscheucht werdend* Naish. 3,7.

उच्चैर्मान m. *grosser Hochmuth* Naish. 5,47.

उच्चैर्वाद m. *ein hochfahrendes Wort.*

उच्चैर्विस्मय m. *grosses Erstaunen* Naish. 5,2.

उच्छ्वसन n. *das Schlaffwerden* Mâlatim. 35,9 (88,2).

उच्छ्वास 2) auch *Athemzug.* °वत्तक n. Hemâdri 1, 221,5.

उज्ज्वली Adv. 1) mit कर् *glänzend —, schmuck machen* Harshac. 128,8. 142,22. — 3) mit भू *aufstrahlen, hell prangen* Harshac. 139,4.

उत्क 1) Nom. abstr. °ता Naish. 1,126.

2. उत्क Adj. *dessen Wasser sich erhoben hat.* Nom. abstr. °ता f. ebend.

उत्कर्षवत् Adj. *hervorhebend, steigernd* Kâvjâd. 1,76.

उत्कुटिल Adj. *nach oben schief, — verzogen* 9. S. S. 117,8.

उत्खानम् Absol. *ausgrabend* Lâṭj. 8,2,5.

उत्तब्धि f. *Befestigung* Maitr. S. 1,3,1.

उत्तमता f. Nom. abstr. zu उत्तम 1) *b*) Hemâdri 1, 367,3.

उत्तरधारय Adj. *Jmd* (Dat.) *eine Antwort schuldend* Naish. 9,3.

उत्तरली mit भू *in eine hüpfende Bewegung gerathen* Naish. 3,55.

उत्तरवती f. Bez. *einer best. Schichtung* Maitr. S. 3,3,2. 4,8.

उत्तराङ्ग auch *das Querholz über den zwei Pfeilern einer Wage* Hemâdri 1,173,4. 8.

उत्तराशापति Hemâdri 1,760,16.

उत्तापन n. *das Kasteien* Hemâdri 2,*a*,6,10.

उत्थापनीय n. *etwa ein Mittel auf die Beine zu bringen* Maitr. S. 1,10,14.

उत्थापितोत्प्रेक्षा f. *eine Art Gleichniss* Comm. zu Naish. 1,80.

उत्पातिन् Adj. *auffliegend* Naish. 1,126.

उत्प्लव m. *das Auffliegen* Naish. 1,125.

उत्फुल्लतनूरुही Adv. mit कर् *bewirken, dass bei Jmd die Härchen* (*Federn*) *sich erheben* Naish. 2,2.

उत्सव 2) पुत्रोत्सव so v. a. *Geburt eines Sohnes* Pariçh. 122.

उत्सृज्य Adj. *auszusetzen, nicht zu feiern* Tâṇḍja-Br. 5,10,1.

उदककमण्डलु m. = उदकमण्डलु Hemâdri 2,*a*,79,3.

उदकपात्र n. = उदपात्र 1) *a*) Hemâdri 2,*a*,77,5.

उदकपूर्व 1) °म् Adv. Hemâdri 1,820,3.

उदकमणि m. *Wassertopf* Divjâv. 27.

उदपुरी f. Bez. *eines best. Backsteins* Maitr. S. 2,8,14.

उदरभेदिन् Adj. *Oeffnung des Leibes bewirkend.*

उदस्र Adj. *Thränen vergiessend* Naish. 8,24.

उदारचरित्र Adj. = उदारचरित 1) Kautukar.

उदारवित्त Adj. *edelmüthig* Kautukar.

उदित auch *aufgegangen* Naish. 4,38.

उदितोस् mit पुरा Maitr. S. 1,6,10.

उद्गमनीय auch Adj. °ये दुकूले Harshac. 142,3.

उद्घाटन 3) *das Verkünden, Mittheilen* Naish. 9,19.

उद्मन् n. *das Wogen, Fluthen* VS. 13,53. Maitr. S. 2,7,16 16. 8,14.

उद्वह 1) Adj. (f. आ) *e*) *tragend, haltend* Hemâdri 2,*a*,89,6.7.

उन्नति 1) *erectio* (*penis*) Kautukar. 68.

उन्मत्तीकरण n. *das Berauschen* Kautukar. 98.

उन्मदिष्णु auch *toll machend* Naish. 7,79.

उन्मुक्ति f. *Befreiung* Maitr. S. 1,6,7.

उन्मुक्ती f. dass. Maitr. S. 3,9,7.

*उपकर्षम् Absol. *heranziehend.*

उपक्षेप 3) *Herbeischaffung* R. 2,15 in der Unterschr.

उपदेशरत्नमाला f. Titel eines Werkes Bühler, Rep. No. 568.

उपदेशरसायन n. desgl. ebend. No. 704.

उपद्रष्टिका f. *Zeugin* Maitr. S. 1,2,4.

उपप्रातर् Adv. *kurz vor Tagesanbruch* Mahidh. zu VS. 33,1.

2. उपमातर् Nom. sg. *Vergleicher* Naish. 7,16.

उपयुक्ततमत्व n. *das ganz besonders am Platze Sein* Hemâdri 2,a,31,17.

उपवत्स्यद्भक्त n. *Speise vor Beginn des Fastens* Kauç. 1. S. Vaitân. 6,13.

उपरिशाखस्वन् Adj. = उपरिशाखस्वतया Maitr. S. 1,2,7.

उपव्यासक, füge n. hinzu.

*उपस्कारम् Absol. *spaltend.*

*उपस्कीर्ण n. *etwa das Geschundenwerden.*

उपाकर्तव्य n. impers. *an die Eröffnungsfeier zu gehen* Çâṅkh. Gṛhy. 4,5.

उपाप्ति f. *Gebrauch, Anwendung* Comm. zu Kâty. Çr. 1,8,3.

उपासकाध्ययन n. Titel eines Werkes Bühler, Rep. No. 569.

उपेप्सौ Maitr. S. 2,9,8.

उभयादत् Maitr. S. 1,8,1.

उररी mit कर् 6) *vorangehen lassen, beginnen mit* (Acc.) Bâlar. ed. Bomb. 108,7.

उरी mit कर् 5) dass. Bâlar. 71,22.

उरोविदारम् Absol. *mit Aufschlitzung der Brust* Çiç. 1,47.

उलप्यै Maitr. S. 2,9,8.

ऊतिमती f. *der Vers* ṚV. 1,30,7 Maitr. S. 3,1,8.

ऊनी mit भू *sich vermindern, abnehmen* Kâlaç. 1,25.

ऊरुक am Ende eines adj. Comp. (f. आ) = ऊरु 1) Hemâdri 2,a,64,16.

ऊर्दप्, ऊर्द्वितम् Adv. *stolz, mit Selbstbewusstsein* Nâgân. 62,21 (82,9).

ऊर्णामृदु Adj. *wollenweich* TBr. 3,7,6,3.

ऊर्ध्वज्योतिस् Adj. *dessen Licht nach oben strebt* Maitr. S. 2,13,19.

ऊर्ध्वमूल Adj. *mit den Wurzeln nach oben* Taitt. Âr. 1,11,5.

ऊर्ध्वकृशक m. = 1. ऊर्ध्वकर Hemâdri 2,a,127,4.

ऊष्माप् Haravj. 139,3. 160,5.

1. ऊह् mit प्रतिवि 4) *aus einander schieben* R. Gorr. 2,12,26.

ऋतकर्णी f. N. pr. einer Joginî Hemâdri 2,a,93,4. 6.

ऋगुत्तम Adj. *mit einer* Ṛk *schliessend* Maitr. S. 3,1,1.

ऋणक Titel eines Werkes Bühler, Rep. No. 6.7.

ऋषभनाथचरित्र n. desgl. ebend. No. 370.

ऋषिदेश m. = ब्रह्मर्षिदेश Hemâdri 2,a,27,15.

ऋषिमण्डल n. Titel eines Werkes Bühler, Rep. No. 571.

ए Interj. Maitr. S. 4,9,21.

एककर्ण Adj. (f. ई) *einohrig.*

एकधारक m. N. pr. eines Berges Divyâv. 167.

2. एकवर्ण 1) e) *zu derselben Kaste gehörig* Kâlaç. 3,196.

एकाशीतिचक्रोद्धार m. Titel eines Werkes.

एकीभावस्तोत्र n. desgl. Bühler, Rep. No. 572.

ऐ Interj. Maitr. S. 4,9,21.

ऐरावतक 3) m. N. pr. eines Berges Divyâv. 108.

www.ingramcontent.com/pod-product-compliance
Lightning Source LLC
Chambersburg PA
CBHW020500270326
41926CB00008B/687

* 9 7 8 3 3 3 7 3 2 1 2 4 6 *